获 中国年鉴奖暨全国年鉴编纂质量综合一等奖
首届中国地方志年鉴奖一等奖

东莞年鉴

DONGGUAN YEARBOOK

2009（总第9卷）

中共东莞市委员会
东莞市人民政府 主办
东莞年鉴编委会 编纂

图书在版编目（CIP）数据
《东莞年鉴》. 2009 /《东莞年鉴》编委会编纂. —广州：
岭南美术出版社，2009.7
ISBN 978-7-5362-4130-5
Ⅰ. 东…　Ⅱ. 东…　Ⅲ. 东莞市—2009—年鉴　Ⅳ. Z526.53
中国版本图书馆CIP数据核字（2009）第116515号

责任编辑：李晓莉
责任技编：陆建豪

东莞年鉴（2009）

中共东莞市委　东莞市人民政府　主办
《东莞年鉴》编委会　编纂
地址：广东省东莞市鸿福路99号
行政办事中心主楼13楼
邮编：523888
电话：0769-22831396
Email：szb@dg.gov.cn
网址：http://history.dg.gov.cn

出版　总发行：岭南美术出版社
地址：广州市文德北路170号3楼
邮编：510045
网址：http://www.lnaph.com
经　销：全国新华书店
海外发行：香港经济导报社图书业务部
地址Add：香港轩尼诗道342号国华大厦10字楼
电话Tel：852-25738217转图书部
传真Fax：852-25738469
Email：eiasub@pacific.net.hk
网址：http：//www.jdonline.com.hk
HONG KONG，MACAO，TAIWAN & OVERSEA GENERAL DISTRIBUTOR：
ECONOMIC INFORMATION & AGENCY，BOOKS DEPT
10/F，KUO WAH BUILDING，342 HENNESSY ROAD，HONGKONG
排　版：东莞市正本电分制版有限公司
印　刷：深圳市汇亿丰印刷包装有限公司
版　次：2009年7月第1版　2009年7月第1次印刷
开　本：889mm×1194mm　1/16
印　张：41
印　数：1-3500册
ISBN 978-7-5362-4130-5

国内定价：人民币220元
海外定价：港　币380元

编 辑 说 明

一、《地方志工作条例》第八条、《广东省地方志工作规定》第八条规定：以县以上行政区域名称冠名的地方志书、地方综合年鉴，分别由本级人民政府负责地方志工作的机构按照规划组织编纂，其他组织和个人不得编纂。

二、根据以上的行政法规，《东莞年鉴》是在东莞市委、市政府的领导下，由东莞市地方志办公室具体组织编纂，并由全市各单位参与撰写的大型资料性工具书。自2001年创刊以来，《东莞年鉴》每年出版一卷，通过全面、系统、翔实地载录每年东莞市自然与社会的基本情况，旨在记载历史、宣传东莞，为今后编修地方史志积累历史资料。

三、《东莞年鉴》2009年卷着重记载2008年东莞经济、政治、文化与社会各事业的大事、要事及基本情况，重点记述创建全国文明城市、抗击金融海啸、建设富强和谐新东莞的奋斗历程。本期年鉴分正文和彩页两大部分。正文采用分类编辑法，以类目、分目、条目组成主体结构，条目为基本形式，其标题以黑体字加“【 】”表示。正文设“大事记、特载、东莞之最、概况、政治、莞港经贸合作、莞台合作、政法、地方军事、城建·环保、交通·邮电、松山湖·虎门港·生态园、对外经济、工业·商业、农业·水利·气象、旅游业、财政·税务、金融业、经济管理、科学技术·社会科学、教育、文化、体育·卫生、社会生活、镇街、人物、社会经济统计资料”等共27个类目。彩页以“文明东莞”为主题，分公共版和宣传版两大类，以形象生动、鲜明亮丽的图片展现东莞的实力与风采。全书前有目录，后有索引，便于检索。

四、《东莞年鉴》2009年卷的统计数据采用法定计量单位，绝大部分为统计部门公布的数据。若与某些单位的数据不一致，使用时应以统计部门提供的数据为准。

五、稿件作者署名，除在撰稿人员栏目中刊列外，“特载”等类目的作者在标题下方标明，彩页在每张图片下方标明，其他类目的作者则在条目文末标出。

六、《东莞年鉴》的编纂工作在市委、市政府的重视下，得到各镇街、各单位部门的支持与配合，并依靠全市撰稿人共同参与而完成的，在此谨致谢意。由于编辑水平有限，书中难免有疏漏之处，请各位读者批评指正。

《东莞年鉴》编纂委员会（东委办发【2008】20号）

《东莞年鉴》编辑部

《东莞年鉴》撰稿人员（按姓氏笔划排序）

目 录
CONTENTS

2008年大事记
CHRONOLOGY OF MAJOR EVENTS IN 2008

特 载
SPECIAL SECTION

东莞之最
NUMBER ONES OF DONGGUAN

概 况
DONGGUAN PROFILE

政 治

POLITICS

莞港经贸合作

THE INTERCOMMUNION BETWEEN HONGKONG AND DONGGUAN

莞台合作

THE COOPERATION BETWEEN TAIWAN AND DONGGUAN

政　法

POLITICAL AND LAW AFFAIRS

地方军事

LOCAL MILITARY AFFAIRS

城建·环保

URBAN CONSTRUCTION·ENVIRONMENTAL PROTECTION

交通·邮电

TRANSPORTATION · POSTS AND TELECOMMUNICATIONS SERVICE

松山湖·虎门港·生态园

SONGSHAN LAKE · HUMEN PORT · ECOLOGICAL GARDEN

对外经济
FOREIGN ECONOMY

工业·商业
INDUSTRY · COMMERCE

农业·水利·气象

AGRICULTURE·WATER CONSERVANCY·METEOROLOGY

旅游业

TOURISM

财政·税务
FINANCE · TAXATION

金融业
BANKING

经济管理
ECONOMIC MANAGEMENT

科学技术·社会科学

SCIENCE AND TECHNOLOGY · SOCIAL SCIENCES

教 育
EDUCATION

文 化
CULTURE

体育·卫生

SPORTS · HEALTH

社会生活

SOCIAL LIFE

镇　街

URBAN AND TOWNSHIP

人 物

CELEBRITIES

社会经济统计资料

STATISTICS OF SOCIAL ECONOMY

索 引

INDEX

图片专辑——文明东莞

SPECIAL SELECTION OF PHOTOS——CIVILIZED DONGGUAN

领导关怀

2008年7月19日，中共中央政治局常委、国务院总理温家宝在汪洋、黄华华、刘志庚、李毓全等省、市领导的陪同下到东莞考察。图为温家宝(前右二)在东莞华宝鞋业有限公司认真听取企业负责人介绍情况（摄影 张村城）

2008年11月14日，中共中央政治局常委、国务院总理温家宝在汪洋、黄华华、刘志庚、李毓全等省、市领导的陪同下到东莞考察。图为温家宝(右三)在东莞冠越玩具有限公司与员工亲切交谈（摄影 张村城）

2008年10月19日，中共中央政治局常委李长春到东莞考察。图为李长春(前左三)在汪洋、林雄、刘志庚、李毓全等省、市领导的陪同下考察岭南画院（摄影 张村城）

2008年7月4–5日，中共中央政治局常委、中央书记处书记、国家副主席习近平到东莞考察。图为习近平(右二)在汪洋、黄华华、刘志庚、李毓全等省、市领导的陪同下考察长安图书馆（摄影 张村城）

2008年3月25-26日，中共中央政治局委员、省委书记汪洋到东莞调研。图为汪洋(左二)到大朗镇长塘花园社区调研
（摄影 张村城）

2008年10月10日，全国人大常委会副委员长桑国卫(左一)一行深入东莞企业检查劳动合同法的实施情况（摄影 郑志波）

2008年11月27日，海协会会长陈云林(右二)来莞考察，并与东莞台商子弟学校的学生深入交流（摄影 郑志波）

2008年7月30-31日，省委副书记、省长黄华华(前排右二)到东莞调研。图为黄华华在刘志庚、李毓全等市领导的陪同下到寮步镇爱铭数码电子有限公司调研（摄影 郑志波）

2008年2月18日，省委常委、省公安厅厅长梁伟发(前左二)莅莞调研。图为梁伟发到清溪镇公安分局了解“粤安08”行动情况（摄影 程永强）

2008年1月4日，常务副省长汤炳权(前左一)率调研组在江凌等市领导的陪同下到徐福记参观调研（摄影 郑志波）

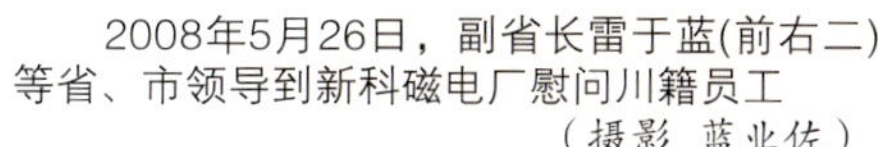

2008年5月26日，副省长雷于蓝(前右二)等省、市领导到新科磁电厂慰问川籍员工（摄影 蓝业佐）

2008年6月3-4日，副省长佟星(前左三)率省直有关部门负责人到东莞督查安全生产工作（摄影 蓝业佐）

改革开放历程

1979年7月实行农业生产联产承包责任制

1984年9月确立“向农村工业化进军”发展战略

年 份	地区生产总 值(万元)				工业总产值(万元)	户 籍人 口(万人)	公路通车里 程(公里)	程控电话用 户(万户)	移动电话用 户(万户)	全社会固定资产投资(万元)
		第一产业	第二产业	第三产业						
1978	61122	27235	26781	7106	42046	111	1259	0.20		2319
1979	66233	26460	29244	10528	48834	112	1225	0.21		1641
1980	72199	26323	33290	12586	59060	113	1225	0.31		2395
1981	91131	32772	42980	15379	68611	114	1225	0.34		3756
1982	114322	37257	58137	18927	82538	116	1225	0.35		18102
1983	130340	39847	68962	21531	94823	118	1225	0.39		18370
1984	159632	45671	78091	35869	114237	119	1240	0.48		30050
1985	226033	61475	116584	47973	173495	121	1240	0.77		70600
1986	300167	81416	135735	83016	239348	123	1248	0.88		115173
1987	392859	98236	177249	117373	366859	125	1261	1.63		141856
1988	554583	118888	282771	152924	617244	127	1302	2.52		165459
1989	609202	126568	279724	202910	774616	129	1325	4.30	0.02	50135
1990	804401	132787	405290	266325	985847	132	1325	4.90	0.05	75052
1991	959073	134523	503220	321330	1283565	134	1759	7.50	0.11	137464

1978年9月创办全国首家对外来料加工企业

1981年建造全国第一座“集资建桥，过桥收费”的地方公路桥

1987年建成全国第一个城乡一体化数字程控电话交换网

1985年2月被列入沿海经济开放区

1985年9月撤县设市，1988年1月升格地级市

1999年5月确立“率先基本实现现代化”发展战略

社会消费品零售总额(万元)	出口总额(万美元)	进口总额(万美元)	新签利用外资合同数(宗)	新签合同外资额(万美元)	实际利用外资(万美元)	地方预算内一般财政收入（万元）	地方预算内财政支出（万元）	城乡居民储蓄存款余额（万元）	居民消费价格指数（%）
21269	3938					6604	1792	5409	
24956	5382		184	476	173	6634	1908	7184	
31595	7737		415	1055	934	6710	2015	11718	
40201	9173		555	806	535	6823	2139	20339	
48126	10879		470	787	715	8103	2612	27650	
52255	11890		454	1616	901	8578	2804	38597	
73930	12966		551	3217	1917	8469	3013	61823	99.3
93640	17545		625	6815	3493	11118	4999	91941	106.5
122420	23280		618	3398	4541	16053	9916	131352	104.2
150511	26755		824	18513	13213	20221	12512	189654	112
246518	31781		2048	62173	29888	27076	17475	249134	136
270354	34868		939	23365	27253	31888	21623	325670	122
319738	56828	51401	1267	30180	25610	35719	22779	455140	96.6
364972	165159	152304	1636	64483	28320	44374	27499	614737	102.4

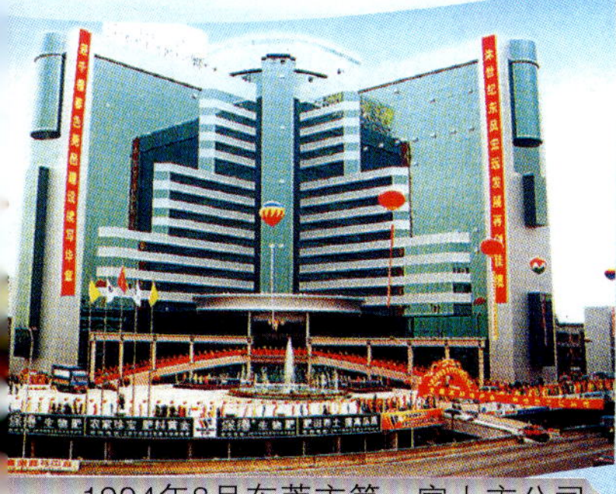
1994年8月东莞市第一家上市公司挂牌上市

1999年10月起每年举办国际电脑资讯产品博览会

2000年9月建成全国首条地级市投资兴建的高速公路

2001年、2004年确立“一网两区三张牌”、“一城三创五争先”战略思路

2001年建设城市新区

年份	地区生产总值(万元)	第一产业	第二产业	第三产业	工业总产值(万元)	户籍人口(万人)	公路通车里程(公里)	程控电话用户(万户)	移动电话用户(万户)	全社会固定资产投资(万元)
1992	1108922	144115	592701	372106	1866746	136	2055	9.70	0.30	188824
1993	1570491	143953	873114	553424	2676691	139	2260	14.98	0.72	327630
1994	2170341	174796	1194928	800616	3891280	141	2292	23.19	2.41	1407621
1995	2962892	214306	1669723	1078863	5225826	144	2327	31.57	4.77	631355
1996	3617502	248645	1994826	1374031	6761860	145	2330	36.91	8.24	676185
1997	4485981	256388	2432816	1796777	7986175	147	2330	42.65	15.29	658941
1998	5579964	259437	3056779	2263749	9877754	149	2428.5	50.13	26.17	769953
1999	6672386	257863	3670519	2744004	12419007	151	2466.5	60.87	51.01	883201
2000	8202530	259087	4507072	3436372	15197858	153	2519	78.12	123.68	1028914
2001	9918905	260968	5405092	4252845	18468234	154	2570	98.96	295.76	1254945
2002	11869374	248791	6488109	5132474	22964444	156	2641	127.93	412.39	1915741
2003	14525186	228165	7981954	6315068	28747891	159	2688	206.11	660.86	3193889
2004	18060258	227087	10160382	7672789	36836125	162	2759	281.35	856.09	4548691
2005	21816245	196179	12362473	9257593	44700346	166	2871	384.52	1016.41	5972443
2006	26271464	123936	15272791	10874737	55297003	168	3891	461.31	1216.34	7054511
2007	31519126	118991	17909748	13490386	66678555	171	3924	469.17	1408.23	8412074
2008	37025344	123020	19541736	17360588	72223826	175	4001	444.23	1454.29	9430252

注：出口总额1990年起为海关口径，1990年以前为外经贸口径。

2002年建设松山湖科技产业园

1992年、2003年医疗保险制度重大改革

2002年10月实施“村改居”农村管理体制改革

2007年1月确立东莞城市精神为“海纳百川，厚德务实”

2008年5月东莞开展科学发展观学习实践活动试点工作

社会消费品零售总额（万元）	出口总额（万美元）	进口总额（万美元）	新签利用外资合同数（宗）	新签合同外资额（万美元）	实际利用外资（万美元）	地方预算内一般财政收入（万元）	地方预算内财政支出（万元）	城乡居民储蓄存款余额（万元）	居民消费价格指数（%）
443464	260272	248735	2232	208825	48075	56204	38162	815404	109.2
636882	321137	354510	3118	355515	104919	93828	72910	1071715	121.8
851556	429416	453581	2678	349703	119459	76940	88984	1515445	123.5
1130081	779867	759245	3077	330920	115842	115618	124173	2329685	113.9
1255311	918683	865539	1678	208861	131033	96541	124059	3180215	106.8
1460396	1136768	993117	1685	121351	151563	114069	148510	4258238	101.5
1751551	1306055	1021269	1383	163677	154756	151012	179064	5337482	99.9
2023008	1515391	1330900	1362	147247	178923	182577	212641	6163430	97.9
2351634	1715927	1488599	1276	183633	195424	304730	336102	6720704	101.5
2757143	1898924	1546533	1395	209779	202929	450163	478646	7991768	96.6
3212436	2373646	2051060	1391	248914	234844	552933	649606	10016909	98.1
3697814	2800227	2410396	1524	325633	277213	674461	765190	12310616	100.7
4264704	3519237	2932538	1423	413216	334714	826389	941554	14316777	103
5000109	4092905	3344245	992	475238	424849	1039680	1170427	17282760	102.4
5845425	4737640	3684467	786	552758	500432	1289445	1478955	20133979	101.2
6958942	6023212	4664078	790	625088	504395	1864468	1930968	21207413	103.1
8382342	6553738	4776209	755	517997	555995	2092248	2158269	26380433	105.5

1996年1月成为首批“广东农村小康达标市”

2007年4月确定“新莞人”为“外来工”新称谓

东莞市中心广场夜景

荣获"全国文明城市"

2009年1月20日，在全国精神文明建设表彰大会上，东莞市荣获"全国文明城市"称号。从1999年起，东莞市就提出了创建文明城市的目标，揭开了创建的序幕；2002年，市委、市政府将创建"广东省文明城市"工作摆上重要议事日程；2003年成功创建"广东省文明城市"；2005年，被中央文明委授予"全国创建文明城市工作先进城市"称号；2008年，东莞市围绕"创建全国文明城市"这一奋斗目标，确立"东莞因你而文明"的创建口号，全力以赴，精心组织，积极推进，确保各项创建工作落到实处。在这几年里东莞市大力弘扬"重在参与、重在过程、重在实效"的创建理念，把文明城市创建活动与加快转型发展、优化城市环境、提升市民素质、改善民生民计、推进共建共享、增强文化软实力等方面紧紧结合起来，唱响了"创建为了人民、创建依靠人民、创建成果由人民共享"的主旋律，走出了一条多元包容、城乡一体的独具特色的创建之路。东莞市创建全国文明城市工作形成十大亮点：推进经社会双转型战略、"建城、修路、整山、治水"行动、确定"东莞因你而文明"创建理念、整治社会治安"亮剑"行动、"四清理"和"五整治"行动、现代公民教育行动、确定"东莞因你而文明"创建行动、文化零距离行动、志愿服务"三车五行动"。最终在全国数十个城市中脱颖而出，成功跻身"全国文明城市"行列，这是中央对东莞四个文明建设的最高最新评价。

2009年1月20日，全国精神文明建设工作表彰大会在北京举行。图为东莞市委书记、文明委主任刘志庚代表东莞接过"全国文明城市"牌匾（摄影 蓝业佐）

2009年1月20日晚，市文明委领导迎接"全国文明城市"牌匾仪式（市文明办提供）

东莞市中心广场全景

2008年2月27日，东莞市举行创建全国文明城市再动员大会暨“树新风、迎奥运、创文明城市”2008年全民行动启动仪式。图为省、市有关领导启动活动

东莞志愿者邀请广大市民一起参加“东莞因你而文明 奥运因你而精彩”百万市民网上签名寄语活动

城市的文明与和谐在广场文化中孕育提升（摄影 张超满）

抗击“金融海啸”

2008年12月23日，建行广东省分行与市政府签署协议，3年内将向东莞提供600亿元的信贷支持（摄影 郑家雄）

2008年，东莞市切实采取积极措施，推动企业扎根东莞，做大做强。尤其在危机到来之际，加大帮扶力度，稳定企业经营,帮助企业增强信心。深入开展政策宣讲，组织系列帮扶活动，发动市、镇、村三级干部全面走访企业，表明共渡难关的态度，增强企业发展信心；加强莞港、莞台合作招商，实行对欧登门招商；成立内资经济促进中心，强化内资引进。**帮助企业减轻资金压力**。设立10亿元融资专项资金，以财政贴息和风险补偿相结合的方式，帮助企业解决融资难问题；取消或降低多项收费，共为企业减负约10亿元；推动口岸保税物流中心建设，降低企业物流成本。**帮助企业缓解资源瓶颈**。积极向省争取网电指标；市财政借款2.5亿元、补贴1093万元，支持地方电厂发电，缓解用电供需矛盾；统筹年度新增用地指标1.2万亩，保障优质项目和重点民生工程用地。**帮助企业拓展国内市场**。在100家外资企业开展内销试点，建立内销“快速通道”，全市外资企业内销总额1673.6亿元，增长19.5%，缓解出口订单减少的影响。

2008年11月5日，市委书记、市人大常委会主任刘志庚到诺基亚东莞分公司调研（摄影 郑志波）

2008年11月19日，市委副书记、市长李毓全到市台商协会走访，了解企业情况，表示政府要与企业同舟共济克服金融危机带来的困难（摄影 程永强）

2008年5月5日，东莞邮政储蓄成功开办“好借好还”小额贷款业务（邮政储蓄局供）

2008年5月15日，东莞市召开“破解难题，民营企业排忧解难协调会”（摄影 郑志波）

2008年3月21日，为帮助东莞市企业防范出口风险，积极拓展国际市场，市贸促会和省贸促会联合举办“2008东莞企业开拓国际市场培训班”。培训班邀请了中国国际经济贸易仲裁委员会华南分会刘晓春博士为企业讲述如何防范和解决国际贸易中的各种纠纷（市贸促会供）

2008年11月2日至5日，第七届中国(大朗)国际毛织产品交易会在大朗镇举行（摄影 曹永富）

2008年12月24日，东莞市召开中小企业工作会议（摄影 郑志波）

全国首创新莞人服务机构

2008年11月6日，新莞人服务管理局成立晚会现场（摄影 张超满）

2008年11月6日，东莞市新莞人服务管理局成立，这是国内首个为外来人口而设的专职行政机构。东莞市从2004年成立流动人员和出租屋管理领导小组，下设出租屋及租住人员管理办公室；2005年，出租屋及租住人员管理办公室改名为流动人员及出租屋管理办公室；2007年，东莞市提出经济社会双转型，外来工的称谓改为“新莞人”，11月东莞市新莞人服务管理局经省政府批准成立；2008年2月17日，东莞市机构编制委员会办公室下发《东莞市新莞人服务管理局职能配置、内设机构和人员编制规定》对人员、编制、职能等进行了详细规定。11月6日，东莞市新莞人服务管理局正式挂牌对外办公。这标志着东莞将流动人口的工作重点从管理转移到服务上，体现了东莞“海纳百川、厚德务实”的城市精神。

东莞市新莞人服务管理局（东莞日报供）

2008年2月3日，石排镇举行新莞人廉租公寓首期入伙仪式，120户新莞人住进温暖的“新家”。图为市委书记刘志庚和刚入住廉租公寓的新莞人一起包饺子，喜迎新春（摄影 程永强）

2008年2月1日，市长李毓全参加长安品质电子厂一对新莞人的婚礼（摄影 郑志波）

支援汶川地震灾区

2008年5月12日，四川省汶川县发生里氏8.0级强烈地震。东莞市获悉灾情后，发扬“一方有难、八方支援”的精神，迅速行动、全力以赴投入到抗震救灾中。派出救援支援队伍200多人次，收治伤病人员21名，接收学生就读359名，全市累计捐款捐物7亿多元，援建板房18104套。对口支援映秀镇恢复重建第一批6个项目已经启动。

2008年9月23日,市委书记、市人大常委会主任刘志庚，市委副书记、市长李毓全等在阿坝州委书记侍俊(右三)的陪同下到映秀镇察看灾情（摄影 张村城）

2008年6月5日，市委书记、市人大常委会主任刘志庚前往东莞市活动板房生产企业了解生产进度情况（摄影 蓝业佐）

2008年5月30日，市委副书记、市长李毓全，前往市部分小学亲切看望来自地震灾区的孩子，并给孩子们送上节日礼物（摄影 郑志波）

2008年10月21日上午，东莞公安援川特遣队第一批队员50人离开映秀。图为灾区人民自发欢送特遣队离开（市援建办供）

2009年1月5日，“云海归来”慈善拍卖会在莞城举行。此次拍卖所得的款项将全数捐给四川灾区。竞拍者喊价五万元（摄影 曹雪琴）

2008年6月5日，第2批救灾物资运离东莞（市援建办供）

东莞松山湖科技产业园区管委会

东莞松山湖2008深圳推介会

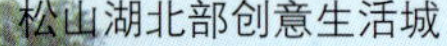
松山湖北部创意生活城

松科苑

松山湖海谷公园

东莞生态园管理委员会

2008年10月15日，东莞生态园管委会揭牌暨12项工程奠基仪式举行后，市委书记、市人大常委会主任刘志庚，市委副书记、市长李毓全等市几套班子领导视察东莞生态园规划发展蓝图

2008年7月10日，市委、市政府在寮步镇召开东莞生态园现场办公会

东莞生态园中心区规划图

东莞生态园生态岛群风景区

虎门港管理委员会

2008年11月18日，市委书记、市人大常委会主任刘志庚，市委副书记、市长李毓全等市领导启动虎门港沙田港区5号、6号泊位投产暨7号、8号泊位动工按钮

虎门港沙田港区5号、6号泊位雄姿

装卸集装箱

虎门港沙田港区5号、6号泊位蓄势待发

虎门港与海南洋浦经济开发区签署战略合作框架协议，携手促进两地共同发展。东莞市政府副市长、虎门港管委会主任邓志广与海南省儋州市市委书记、海南洋浦经济开发区管理局局长丁尚清代表双方签字

虎门港与国家安监总局研究中心签订安全生产合作协议，共同打造安全虎门港。东莞市政府副秘书长、虎门港管委会常务副主任刘宁与国家安监总局研究中心副主任李传贵代表双方签字

虎门港中海油立沙油品储运项目效果图

虎门港东洲国际石化仓储有限公司码头项目效果图

2008年12月26日，东莞市保税物流中心获得海关总署等国家四部委联合批复，使虎门港成为东莞首个拥有国家级特殊政策的园区

东莞市东江水务有限公司

2009年2月2日，市委副书记黄双福、副市长梁国英到东江水务第三水厂进行春节慰问

2008年12月31日，市人大常委会副主任吕兢、市城市管理局局长钟耀祥、东江水务董事长罗沛强到花园新村东江水务的供水管网改造展示现场视察

2008年11月7日，东江水务收购东莞市自来水股份有限公司举行签约仪式

2008年5月15日，东江水务干部员工为四川灾区捐款

东江水务第四水厂

2008年6月24日，东江水务组织全体党员干部到东纵纪念馆参观学习

2008年4月26日，东江水务工会组织员工举行登山活动

建设中的东江水务第六水厂

2008年1月31日，东江水务第四水厂港口大道蔡白路口供水管道抢修现场

DongGuan

威尼斯国际

历经二十余年的发展，愉景集团完成了现代企业集团的构筑和产业布局。

愉景实业集团有限公司注资12亿元人民币筹建愉景东方威尼斯广场，全力打造东莞新的“商业航母”

天虹商场、顺电家电、威尼斯百乐大酒店、肯德基、味千拉面、三和寿司、东海茶皇轩等著名商家已顺利进驻。

威尼斯家纺国际城是以国际化、品牌化、专业化，具有五星级的硬件软件，凭借区域优势，便捷优势和雄厚的产业基础，为珠三角企业及世界家纺企业，提供展示、交易与服务平台。

家纺产品交易区1、床上用品类、家居饰品；2、床上用品、浴室毛帽等；3、窗帘布艺类；4、吞丝被真丝睡衣家纺旅游纪念品；5、家居灯饰、装饰材料。

项目地址：东莞市莞城区东纵

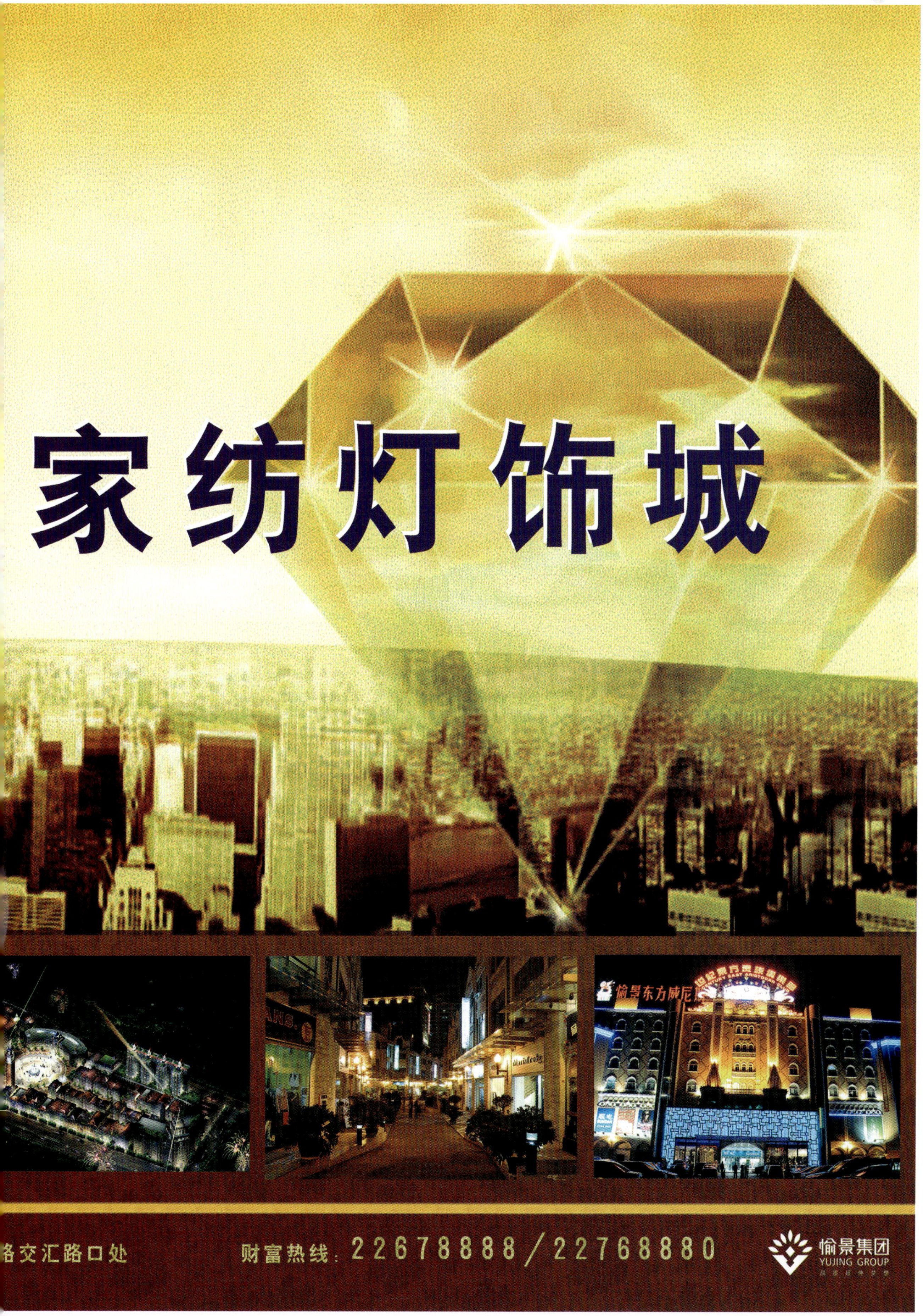

中惠熙元房地产集团有限公司（前身中惠房地产集团有限公司）始创于1994年，是中国华南地区一家大型房地产企业集团，现有管理人员400余名，公司总部设于广东省东莞市。

中惠熙元自1999年开始房地产业务以来，秉持“基于品，始于心”的理念，以“构筑和谐空间”为企业使命，持续创造艺术与价值生活的完美体验。在十几年的发展历程中，中惠熙元先后在东莞地区开发了中惠华庭、中惠大厦、中惠·丽阳时代、中惠新城、中惠·山水名城、中惠·山畔名城、中惠·阳光国际商城等十余个房地产项目，产品类型涉及普通住宅、别墅、商业、写字楼等多种物业类别。2005年以来，中惠熙元首倡“莞深同城生活”模式，并在此基础上，先后开发了中惠·金士柏山、中惠·沁林山庄、中惠·香樟绿洲等多个建筑面积逾50万平方米的大型住宅项目，不仅推动了城市住宅品质的升级，也推进了城市之间的融合。通过十几年的不懈发展，中惠熙元先后荣获“中国房地产资信百强企业”，“广东地产资信20强企业”，“2007年广东房地产综合实力10强企业”，“2007年广东房地产最具竞争力10强企业”，“2007年广东房地产诚信经营10强企业”，“2007年中国房地产省市品牌TOP10”，“2008年中国房地产百强企业”等数十项荣誉，赢得业内及市场的尊敬。

2007年，中惠熙元从珠三角出发，策略性地迈向全国市场，目前已在东莞、阳江、天津、海南成立子公司，逐渐从一个区域性的房地产开发企业成长为一个全国性的房地产开发企业集团。

中惠·香樟绿洲

中惠·金士柏山

中惠·沁林山庄

东莞·阳江·天津·海南 | 中国房地产百强企业 | www.zovie.cn

中惠熙元房地产集团有限公司 | 中国 · 东莞 · 东城中路南88号中惠大厦 | 邮编：523129 | 电话：0769-2236 0398

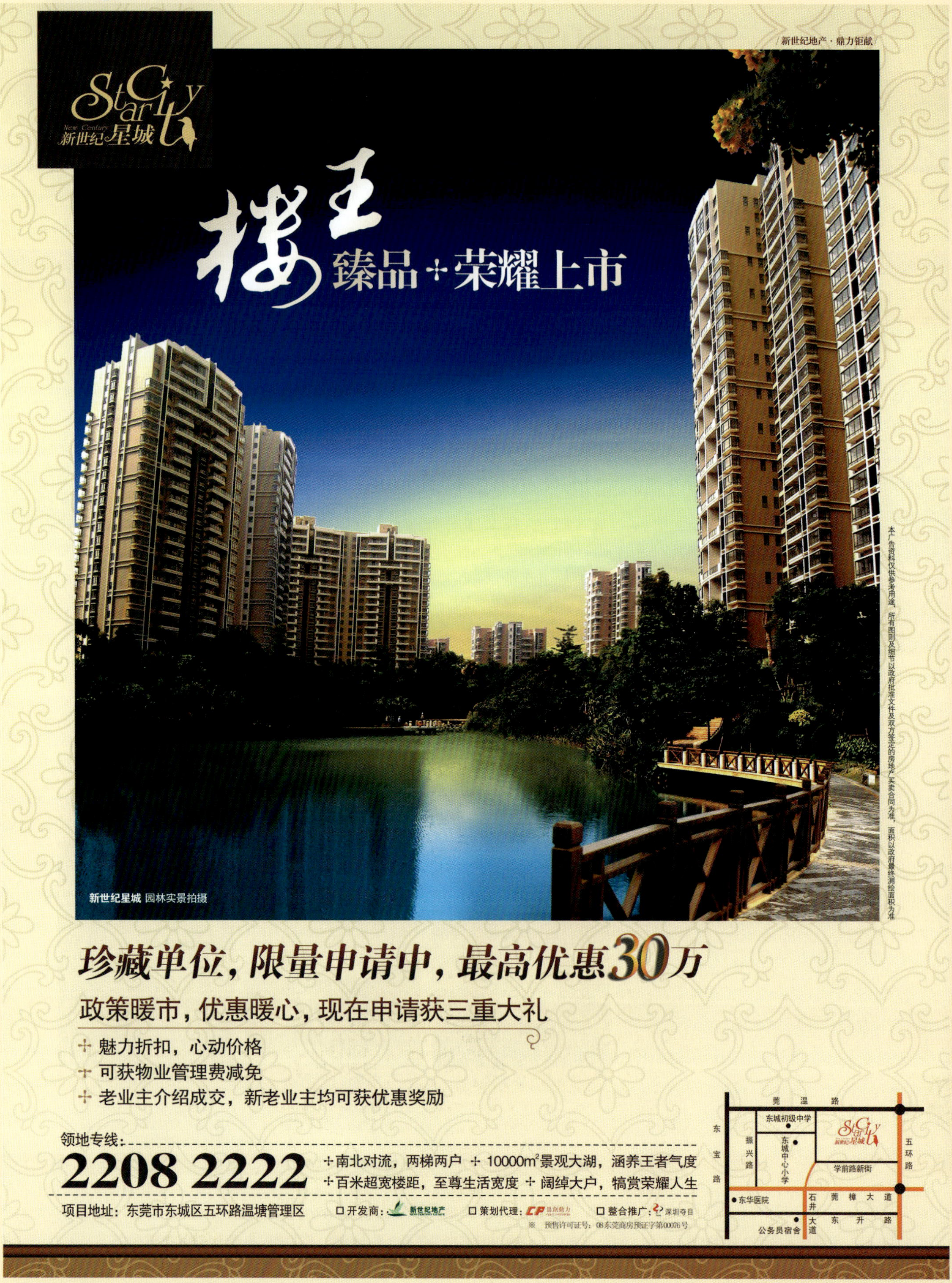

莞温路
东城初级中学
东城中心小学
振兴路
东宝路
五环路
学前路新街
东华医院
石井
莞樟大道
大道
东升路
公务员宿舍

执信于民：光大地产，立足东莞，根扎东莞，秉持“诚信”美德，造福东莞！

执品于城：光大地产，以专业化为支撑，精益求精，视品质为生命力！

执掌未来：光大地产，以城市经营者的长远视野，领驭东莞人居文化，和你一起描绘东莞城市美好未来！

执信|执品|执未来

整合推广：金燕·达观

中国人的山河梦

锦绣山河位于风景秀丽、景色怡人的松山湖新城核心地段，是一个融山、水、园为一体的高尚商住区。

Tel: 0769 2289 3888

东莞市松山湖红棉路

天骄峰景 | Top Of The World

俯瞰世界的高度

天骄峰景是广东光大企业集团有限公司开发的东莞首席豪宅，位于黄旗片区，南向俯瞰黄旗山、峰景高尔夫球场。户型面积为140-330㎡。

Tel: 0769 2316 6888

东莞市东城峰景高尔夫北侧

景湖名郡 ELEGANCES DUE TO GENIUS

景湖家天下·气质永流传

景湖家天下 气质永流传

景湖名郡傲踞城市CLD中央，坐拥大景湖3000亩城邦，尽享30万东城人家成熟居住氛围。十年景湖品质，名郡标杆鼎立，十重名贵荟萃，为您呈献优景优湖优生活。

Tel: 0769 2266 1888

东莞市东城区南四环路景湖花园南

生活·美学·家

景湖春晓始终致力于打造建筑、美学、家的幸福社区；收官之作婚房组团坐拥成熟大社区、大园林、大配套，以精装修全现楼推出，真正购房即入住，投资高收益。

Tel: 0769 2285 5888

东莞市四环路景湖春晓

心情在风中绽放

景湖湾畔—东莞水岸品质豪宅，繁华便捷配套，3分钟步行教育圈。风墅连城，城央仅此33栋别墅，尊享多车位、私家双花园、豪迈双大厅，系景湖湾畔的经典收官之作。

Tel: 0769 2299 2888

东莞市沿河路南城步行街旁

09'上市

景湖时代花园

景湖时代花园位于东莞新城市中心区，地处南四环路与东莞大道交汇处。项目占地14.7万平米，总建筑面积46万平米，由17栋多层、小高层、高层建筑组成。

春天印象

春天印象地处鸿福东路与银树路，新源路交汇处。中央生活区的核心位置，与景湖、光大社区前后呼应，生活教育配套一应俱全。区内举目远眺黄旗山龙脉，近揽将军帽青翠，特色优雅户型满足“三房一步到位”的愿望！秉承光大景湖社区品质，延续春天的印象！

光大地产 | 珍重每个家的期望

执信·执品·执未来

光大集团荣誉出品

东莞市经济贸易局

2008年，市经贸局深入贯彻落实科学发展观，按照市委、市政府推进经济社会双转型的战略部署和产业结构调整升级的中心任务，强化“发展、管理、服务”三大职能，积极应对挑战，狠抓工作落实，在推进结构调整、加快自主创新、发展产业集群、扶持中小企业、搞活商贸流通、开展节能降耗、加强市场监管等方面取得了显著成效，有力促进全市工业商贸经济在逆境中保持平稳增长。

2008年11月13-15日，东莞市组团参加“第五届珠江三角洲与山区及东西两翼经济技术合作洽谈会”。图为中共中央政治局委员、广东省委书记汪洋(左二)在副市长邓志广(右二)和市经贸局局长陈桂明(右一)的陪同下参观东莞展区

2008年7月18日，东莞市能源监测中心正式挂牌。图为副市长邓志广(左二)、省经贸委副主任毕志坚(右二)、市政府副秘书长任新合(左一)、市经贸局局长陈桂明(右一)为中心揭牌

市经贸局积极落实市、镇、村三级干部走访企业工作，切实加强指导服务，稳定企业发展信心。图为副局长梁经昌(左一)带队走访技术改造试点企业

2008年，为加强拍卖和典当行业自律，规范行业经营管理秩序，市经贸局指导成立了东莞市拍卖典当行业协会。图为7月22日副局长罗斌在“东莞市拍卖典当行业协会”揭牌仪式上致辞

2008年12月3-5日，市经贸局会同有关单位举办2008“节能东莞”系列活动，图为副局长叶葆华在全国水煤浆技术推广工作会上讲话

2008年，全市完成工业更新改造投资60.6亿元，增长104.34%。图为5月16日召开的全市技术改造投资与节能降耗工作现场会

2008年，东莞市完成中小企业局与民营办的合并，进一步加大扶持力度，促进中小企业稳定发展。图为12月24日召开的全市中小企业工作会议

2008年，市经贸局加大力度统筹引进内资工作，成立内资经济促进中心，并把招商作为全年引资工作的重点来抓。图为内资经济促进中心与松山湖科技产业园区联合举办的香港推介会现场

2008，市经贸局共举办六场企业信息化“信翔”工程系列宣传推广活动，图为副局长刘炯贤(右二)参加“虎门服装技术产业升级与发展系列平台启动仪式暨服装行业移动信息化论坛”活动

为引导健康消费和放心消费，积极推广酒文化，促进行业交流，2008年3月26日，市经贸局与长安镇政府共同举办“世界名庄之夜”活动

东莞市公证处

新办公地点——鸿禧中心

2008年，公证处全面贯彻落实党的十七大和省委十届二次全会精神，深入贯彻司法部及省厅、市局等上级部门的工作部署，解放思想，改革创新，落实科学发展观，牢固树立社会主义法治理念，围绕新一轮思想大解放，推动新一轮大发展的大局，以解放思想为先导，以科学发展为主题，充分发挥职能作用，进一步在促进经济社会发展、维护人民利益、维护社会和谐稳定方面作出积极贡献。

在解放思想学习讨论活动中，市公证处积极组织，分阶段的完成解放思想大讨论活动到每一个步骤，公证处以定期业务交流、政治学习等方式积极对工作进行总结交流，同时谋划本处公证体制、机制和制度创新。分析不适应科学发展的突出问题的原因所在，及时调整业务创新、制度管理的新方向、新模式，借鉴其他公证处的先进经验，解放思想，谋求发展。

紧密结合东莞市经济产业“双转型”，拓展服务领域，创新服务方式。充分挖掘公证行业的自身潜力，在巩固原有业务的基础上，不断拓展服务领域，完善服务手段，创新服务方式，提高服务能力，认真办好涉及金融、房地产、知识产权保护、出国、劳动争议、委托等与人们生活息息相关的各类事项的公证，切实做到公证工作、保证公证法律服务的优质高效。同时，加强与各有关职能部门的沟通合作，努力寻找业务工作的突破口，进一步处理好社会效益与经济效益的关系，使公证业务得到不断巩固和开拓。

2009年将着重开拓证源，坚持做好为东莞经济保驾护航的工作，积极推动东莞市的经济社会双转型。

一楼办证厅

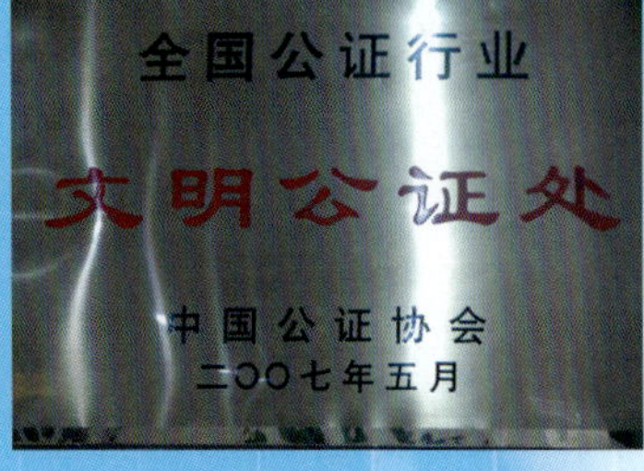

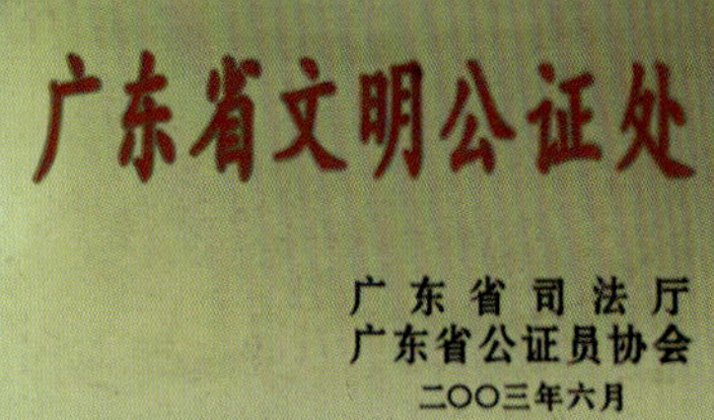

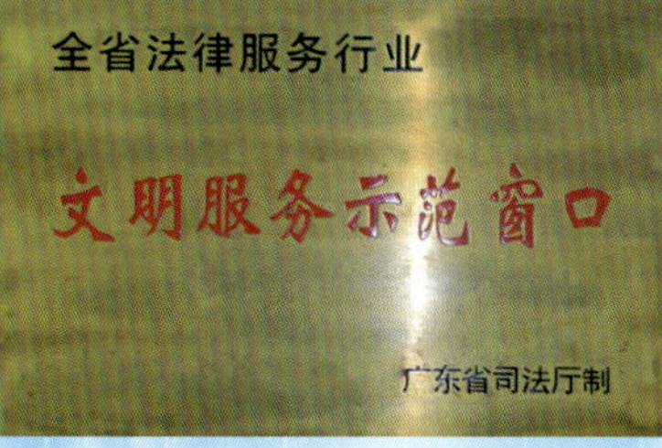

2008年大事记

CHRONOLOGY OF MAJOR EVENTS IN 2008

东莞市人民公园（市林业局供稿）

- 温家宝、汪洋视察东莞
- 开展解放思想实践科学发展观活动
- 深入推进“双转型战略”
- 创建全国文明城市通过“国检”
- 东莞被列为全国改革开放18个典型地区之一
- 向困难群众发放千元生活补贴
- 东莞对口支援映秀灾区重建
- 基本医疗保险制度改革全面铺开
- 首设市长奖奖励科技创新
- 新莞人服务管理局挂牌成立

编辑：卢　敏

一　月

1日　首届新莞人元旦联欢晚会在万江华南MALL举行。

□ 由市妇联、市民政局、市旅游局联合主办的首届新莞人集体婚礼举行。

2日　加拿大华人商贸会会长李玮博士、加中科技协会名誉会长陆见明博士率团携定位跟踪系统、污水处理技术等一系列技术以及专利到东莞考察。

4日　常务副省长汤炳权莅莞，就抓好加工贸易的升级转型、推动广东外经外贸工作当好排头兵进行专题调研。

□ 东莞市在市体育馆举行2007年度总结表彰大会。

□ 中国共产党东莞市第十二届委员会第二次全体会议在玉兰大剧院召开。学习贯彻中央经济工作会议和省委十届二次全会精神，听取市委书记、市人大常委会主任刘志庚报告市委十二届一次全会以来的工作，并就第一季度工作安排提出的意见。由市委副书记、市长李毓全总结2007年全市经济社会发展情况和部署2008年工作任务。

□ 位于东莞市常平镇的号称“常平经济发展里程碑”的全国首家镇级高级宾馆荔香楼正式停业。

7日　市委书记、市人大常委会主任刘志庚会见来莞考察的招商银行行长马蔚华一行。

8日　全市2007年度人口和计划生育工作总结表彰大会召开。

□ 全市民营经济工作会议召开。

9日　市委书记、市大常委会主任刘志庚，市委常委、副市长江凌会见了世界500强企业泰科电子CEO汤姆·林奇一行。

（郑家雄　摄）

▲10—11日　东莞市第十四届人民代表大会第三次会议召开。大会由市委书记、市人大常委会主任主持，市委副书记、市长李毓全作工作报告。大会号召加强东莞市民主法制建设，以新一轮的思想大解放推进经济社会双转型，建设富强和谐新东莞。

11日　东莞市海外联谊会成立20周年暨第八届理事会就职典礼举行。

□ “商贸东莞、和谐家园”商贸东莞创新成果颁奖晚会举行。

11—12日　广东省各地女市长、女副市长到东莞市参观交流。

13日　原全国政协副主席叶选平来莞考察。

14—16日 市领导冷晓明、何嘉琪、游敏达、朱伍坤率春节慰问团分别前往广西河池、韶关市乳源县和新丰县进行春节慰问活动。

□ 由哈佛大学医学院跨学科医学研究中心主任Vikas. P.Sukhatme带队的哈佛大学医学院到莞考察。

15日 2008年东莞市外商投资企业代表新春酒会暨第三批东莞市荣誉市民颁授仪式举行，为大沼公纪等54人颁授“东莞市荣誉市民”证书，并第一次把台湾同胞纳入参评之列。

□ 全市安全生产工作会议召开。

□ 国务院农民工工作督察组莅莞督察。

16日 由市委书记、市人大常委会主任刘志庚，市委副书记、市长李毓全，市人大常委会常务副主任张继雄率领的东莞代表团启程出席省第十一届人民代表大会。

□ 2007年度全市工会工作总结表彰大会召开。

□ 据《东莞日报》报道，东莞市林业部门新发现了1000多株古树名木，树龄大都100多年，古树名木总量近4000株。

19—20日 由省青联和粤港青年交流促进会主办，市青联承办“粤港青少年迎奥运倒数200天”交流活动在莞开展。

21日 韶关市委常委、副市长张志才率韶关市党政代表团到东莞市访问。

□ 市委副书记、市长李毓全当选为十一届全国人大代表。

22日 河池市人大常委会副主任银景生率河池市党政代表团莅莞考察访问。

□ 东莞市历届政协委员联谊会2008年迎春茶话会举行。

□ 2007年度全市科技工作总结表彰大会召开。

23日 共青团东莞市委召开十四届五次全会（扩大）会议。

□ 2008年东莞市科技工作者迎春茶话会召开。

24日 东莞市举行新闻媒体迎春联谊会。

27日 国家劳动保障部副部长杨志明带领调研组一行到东莞市调研《劳动合同法》实施有关情况。

28日 2008年全市组织工作会议召开。

□ 副省长佟星在市委书记、市人大常委会主任刘志庚，副市长梁国英等陪同下到东莞东火车站视察春运工作。

□“纪念东莞建立地级市20周年高层论坛”召开。

29日 庆祝东莞市第六次获全国双拥模范城大会暨春节军政联谊会在市会议大厦举行。

30日 驻港部队副政委张志国少将率团莅莞访问。

□ 由省委常委、常务副省长黄龙云率领的省委省政府送温暖慰问团到东莞市慰问扶贫村、困难户和工厂企业留莞过年的新莞人。

□ 中共东莞市第十二届纪律检查委员会第三次全体会议召开。

31日 中共中央政治局委员、省委书记汪洋到东莞视察春运情况。在刘志庚、李毓全、崔建、梁国英等市领导陪同下先后慰问了常平客运停车场、东莞东火车站候车室以及常平镇会展中心安置点的返乡旅客。

□ 市消防指挥中心举行落成庆典仪式。

二 月

1日 2008年“东莞城市暖流行动”春节慰问活动举行。

（蓝业佐 摄）

▲ 东莞市举行庆祝建城1250年·成立地级市20周年·改革开放30周年庆典活动。

□ 东莞市首家公办美术馆——莞城美术馆开馆暨首展“莞城美术馆·馆藏中国书画名家精品展”开幕仪式举行。

2日 全市消防隐患整治工作会议召开。

3日 市委书记、市人大常委会主任刘志庚，市委副书记、市长李毓全，市政协主席刘树基等市领导慰问南城公安分局干警，视察莞城可园北路景观工程，并到农贸市场和百货超市调研节日物资供应情况。

□ 石排新莞人首期廉租公寓入伙。

□ 省安监局局长陈建辉率省督查组到东莞市检查加油站安全管理工作。

□ 全国多个省市遭受严重雪灾，东莞市委、市政府响应省委、省政府的号召，要求全市各镇街各单位及社会各界开展“送温暖、献爱心”社会捐助活动。

6日 副市长梁国英带领市春运领导小组成员到市汽车总站送走最后一班跨省长途汽车。

13日 市领导刘志庚、李毓全、刘树基、黄双福等到市中心广场、东江水务有限公司第四水厂、东城交警大队、东莞供电局慰问一线工作人员。

□ 东莞市获“国家园林城市”称号。

□ 东莞市民营企业金河田实业有限公司的“金河田”商标被认定为“中国驰名商标”，这是机箱电源乃至整个计算机外围设备行业中，首个被认定的驰名商标。

14日 市委书记、市人大常委会主任刘志庚，市委副书记、市长李毓全，市政协主席刘树基，市委副书记、政法委书记黄双福等市领导视察莞深高速大修工程、龙林高速清溪连接线工程、塘厦林村污水处理厂及配套截污主干管网等12项城建“亮点”工程。

15日 2008年度全市武装工作会议在东莞军分区召开。

18日 省委常委、省公安厅厅长梁伟发莅莞调研。

20日 全市农业抗灾减灾和春耕生产工作会议召开。

25日 东莞市外商投资企业协会15周年庆典暨2008年春茗晚宴举行。

26日 市委书记、市人大常委会主任刘志庚向省委解放思想学习讨论活动巡视督查组汇报东莞市前一阶段学习讨论活动的基本情况。

□ 新华社调研组到莞开展“科学发展看东莞——‘东莞现象’透视”专题调研。市委书记、市人大常委会主任刘志庚接受采访。

□ 广东宏远篮球队2007/2008赛季CBA总冠军庆功晚会在宏远酒店国际宴会厅举行。

□ 东莞理工学院教育发展基金会成立暨杨振宁奖学金颁奖典礼举行。

27日　创建全国文明城市再动员大会暨“树新风、迎奥运、创文明城市”2008年全民行动启动仪式举行。

□ 市领导刘志庚、李毓全、黄双福、何嘉琪、张顺光、邓志广、游敏达、袁德和等出席东莞市非公有制经济代表人士新春茶话会。

□ 市宣传思想工作会议召开。

28日　省委常委、省公安厅厅长梁伟发到莞调研。

□ 全市统战工作会议召开。

□ 东莞市首家专业健康保险公司中国人民健康保险东莞中心支公司正式营业。

29日　东莞市被授予“信息产业国家高技术产业基地”牌匾，成为国家信息产业基地。

□ 市台商投资企业协会举行产业转型升级专题演讲会。

□ 全市经贸工作会议召开。

□ 深圳航空公司最新引进的一架喷有“东莞号”的波音737—800型飞机飞抵深圳，表明了深圳航空公司对于深广腹地——东莞航空客源市场的看好。

三　月

1日　全国人大代表、市委副书记、市长李毓全等赴北京出席5日召开的全国人代会，东莞市举行欢送仪式。

3日　市委书记、市人大常委会主任刘志庚主持召开市委中心组理论学习会。

□ 全市政法工作暨维护稳定及社会治安综合治理表彰大会举行。

□ 全市解放思想实践科学发展观动员大会召开，市委书记、市人大常委会主任刘志庚传达中央及省委把东莞市作为全国深入学习实践科学发展观活动试点单位的精神并部署活动的开展。至8月基本结束。东莞市开展解放思想实践科学发展观活动，经过学习讨论和调研，最终形成《东莞市委市政府领导班子贯彻落实科学发展观情况分析报告》，明确“新产业、新东莞”的发展新思路，完成实践科学发展观试点工作任务，受到中央和省委的充分肯定。

4日　中央财经领导小组办公室副主任刘鹤率调研组莅莞调研劳动密集型企业的发展情况。

4—17日　市委书记、市人大常委会主任刘志庚率市民营企业考察团赴墨西哥、古巴、苏里南三国考察访问。这是东莞市第一次组织民营企业家走出国门考察。

6日　市委副书记、市长李毓全做客人民网，围绕“改革开放成就和经验”、“坚持科学发展、构建和谐社会”、“推进双转型、建设新东莞”等方面回答记者提问。

□ 由市直机关单位抽调人员组成的深入学习实践科学发展观活动领导小组办公室成立并召开动员大会。

□ 东莞“巾帼十杰”表彰大会召开。戴红、黎笑媚、谢慧卿、温小燕、黄凤琴、钟羽坡、钟凤群、邱国凌、杨俊瑜、安玉红等获奖。

7日　东莞市广益食品添加剂有限公司的“广益”、英科水墨有限公司的“英科”等34件商标被认定为广东省著名商标，新增数为历年之最。

11日　黄双福、张继雄、冷晓明、庞国梅、江凌、卢广海等市领导到松山湖中心公园参加一年一度的植树活动。

12日　《中国改革报》、《经济日报》分别刊发《东莞在双转型中告别“世界加工厂”》和《加大统筹力度　推动城乡发展》，专访全国人大代表、市委副书记、市长李毓全。

13日　东莞市人民法院被授予广东省“全省优秀法院”荣誉称号。收、结案数量连年名列全省基层法院第一、全国基层法院前列。

13—15日　2008年首届东莞机电博览会在南城宏成国际五金机电模具城举行。

14日　东莞市首次公推直选党组织书记。

16—17日　中央纪委副书记黄树贤一行就乡镇纪检监察干部工作莅莞调研。

16—20日　第19届国际名家具（东莞）展览会在厚街广东现代国际展览中心举行。

17日　市信息产业局正式挂牌成立。

21日　市政府主席刘树基率调研组到大岭山镇开展“如何推进不同地区、不同阶层协调发展，促进社会公平”专题调研。

□ 深入学习实践科学发展观活动联系点调研座谈会召开。

22日　由14家城市信用社以及19家独立核算营业部等组建而成的东莞市商业银行更名为东莞银行，这是第一家总部设在东莞的区域性股份制银行。

24日　省委常委、统战部部长周镇宏率省委解放思想学习活动专题调研组莅莞就自主创新专题开展调研。

25—26日　中共中央政治局委员、省委书记汪洋在省委常委、秘书长肖志恒等陪同下，到东莞进行专题调研。

25—28日　市委常委、常务副市长冷晓明率领由东莞市民营科技企业家组成的科技考察团到浙江大学、南昌大学等高校进行产学研合作考察，并签订31项产学研合作协议。

□ 市政府廉政工作会议召开。

26日　《东莞时报》创刊文艺晚会——“太阳出世”举行。

27日　市委副书记、市长李毓全会见到莞访问的江苏省副省长、徐州市委书记徐鸣率领的徐州市党政代表团。

□ 香港东莞同乡总会新春团拜会在香港中环四季酒店举行。全国政协常委、中央驻港联络办公室副主任黎桂康，市领导刘志庚、黄双福、庞国梅、邓志广、游敏达、袁德和等出席了团拜会。

28日　全市32个镇（街）同时开展代号为“春雷”的专项打击行动对全市治安复杂地区进行清查整治。

四　月

1日　市人民医院举行建院120周年纪念日庆祝活动。

2日　全市平安社区建设工作动员大会召开。

□ 全市名牌带动战略工作暨表彰大会召开。

3日　东莞市召开深入学习实践科学发展观活动方案实施动员大会。

7日　市深入学习实践科学发展观网站正式开通。

7—8日　副省长万庆良率队莅莞对加工贸易企业升级转型进行专题调研。

8日　中央办公厅副主任张建平一行莅莞参观考察。

□ 由重庆市市长王鸿举率领的重庆市党政代表团一行在省委常委、常务副省长黄云龙的陪同下莅莞考察。

9日　副省长佟星率队莅临东莞，对东莞市中小企业自主创新工作进行专题调研。

□ 东莞市创建全国文明城市活动“文明之火照亮东莞”标志和“东莞因你而文明”口号启动。

□ 农业部党组成员、中纪委派驻农业部纪检组组长朱保成率农业部有关负责人到莞调研农业生产情况。

□ 香港特区政府投资推广署署长卢维思一行莅莞访问。

10日 全市中小学校风建设工作会议召开。

11日 市领导刘志庚、梁国英等到长安，就长安围垦滩涂填海造地规划进行实地考察，并召开工作现场会议。

11—12日 中央军委原委员、总政治部原主任于永波，南京军区原政委雷鸣球，广州军区原司令员李希林一行莅莞参观。

15—16日 香港中联办九龙工作部副部长余汝文，全国政协委员、香港九龙城区议会主席王国强带领香港20多个莞籍社团首长、秘书一行40多人到东莞市访问。

16日 市道路交通安全秩序综合整治领导小组全体（扩大）会议召开。

17日 市信息产业局正式挂牌成立。

□ “新产业新东莞”市党代表座谈会召开。

□ 省人大常委会副主任钟胜阳率队到莞进行实践科学发展观调研活动。

18日 东莞广州中医药大学中医药数理工程研究院在松山湖揭牌。

□ 台湾国际青年商会总会总会长杜国良率代表团一行9人来莞交流访问。

19日 海南省儋州市委书记、海南洋浦经济开发区管理局局长丁尚清一行莅临虎门港实地考察。

21日 广州军区副政委兼南海舰队政委黄嘉祥一行莅莞调研。

22日 可园博物馆、岭南画院启用暨首届岭南美术节举行。

23日 省政协常委、经济委员会主任张远贻率专题调研组莅莞，就“加快现代服务业发展，促进广东产业升级”展开调研。

□ 市“信息产业国家高技术产业基地”揭牌暨LED照明发展论坛举行。

24日 省政协副主席汤炳权与省政协专题调研组成员莅莞调研会展业发展情况。

25日 国家水利部副部长胡四一一行莅莞调研。

26日 国土资源部副部长、国家测绘局局长鹿心社一行莅莞调研。

27日 市委副书记、政法委书记黄双福会见中国国民党副主席江丙坤一行。

28日 广东省卫生厅副厅长黄飞一行对东莞市血液安全专项情况进行督查。

□ 国家工商总局纪检组组长石见元、省工商局副局长郑勇明莅莞考察。

29日 中国第一家中法合资的保险公司——金盛人寿保险有限公司进驻东莞市。

30日 2008东莞“青年月”暨第五届东莞青年欢乐节在东莞理工学院启动。

五　月

1日 市委副书记、市长李毓全就媒体报道的“四川凉山童工被拐骗到东莞打工事件”接受新华社记者采访。

3日 横沥一模具厂以多台设备典当抵押获得银行60万元贷款，从而成为东莞市首例凭动产获得贷款的个体户。

4日 由河源市委书记陈建华、市长刘小华率领的河源市党政代表团莅莞参观访问。

□ 全国人口计生委副主任江帆莅莞调研和考察计生工作。

□ 纪念五四运动89周年暨第九届“东莞市十大杰出青年”颁奖典礼举行。

6—8日 省民政厅党组书记、厅长刘洪率省双拥工作检查组莅莞，对东莞市创建全省双拥模范城“七连冠”的工作进行检查验收。

7—9日 全市解放思想实践科学发展观专题调研成果汇报会召开。

8日 国家环保部污染控制司处长李蕾率调研组到东莞市调研。

8—9日 省环保局副局长王子葵率省有关环保专家一行8人，对东莞市创建国家环保模范城市工作进行调研。

9日 市委书记、市人大常委会主任刘志庚在副市长吴道闻和市政协副主席邝明子陪同下，到市人民医院儿科病房看望手足口病患者。

□ 全国妇联副主席、书记处书记洪天慧率领全国妇联调研组到东莞市开展调研。

（郑志波　摄）

▲ 全市解放思想实践科学发展观转段动员大会在会议大厦举行。

10日 公安部、科技部科技强警示范建设城市验收考核组莅莞考核，考核组高度评价东莞市科技强警工作。

□ 全国人大常委会委员、科教文卫委员会副主任程津培率调研组莅莞对专利法实施情况进行专题调研。

□ 由省政府应急办组织有关单位和应急管理专家编写的《你准备好了吗——广东省应急知识宣传手册》在东莞举行首发仪式。

12日 省政协副主席温兰子率省政协调研组就“探索解决广东省非户籍务工人员子女受教育问题的新途径”到东莞市调研。

12—13日 国家商务部副部长姜增伟一行在广东省外经贸厅副厅长朱泽南等陪同下莅莞，就台资企业转型升级展开专题调研。

13日 全国人大外事委员会副主任委员卢钟鹤率调研组莅莞，就出入境管理立法进行调研。

14日 市民营企业举行支持地震灾区捐赠活动。

□ 市委、市政府领导班子学习实践活动专题民主生活会暨扩大会议召开。

15日 市委书记、市人大常委会主任刘志庚会见美国戴维斯律师事务中国业务部主席骆家辉一行。

□ 国家文物局副局长童明康一行考察东莞市文物保护工作情况。

□ “破难题，民营企业排忧解难协调会”召开。

16日 市委书记、市人大常委会主任刘志庚，市委常委、组织部部长庞国梅出席万江拔蛟窝社区举行的解放思想实践科学发展观转段动员大会。

18日 市残联、东城街道办、中国移动东莞分公司在市残疾人托养中心联合举办助残活动。市委常委、常务副市长冷晓明，省残联副理事长孙俊明等出席活动，并为市残疾人托养中心和“中国移动·全国特奥活动示范社区”揭牌。

19日 为表达对四川汶川大地震遇难同胞的深切哀悼，刘志庚、李毓全、刘树基、黄双福、张继雄、冷晓明、何嘉琪、甄瑞潮、江凌、王道平等市几套班子领导同全市人民一起肃立默哀3分钟。

19—20日 由惠州市委书记、市人大常委会主任黄业斌率领的惠州市党政代表团到莅莞参观考察。

20日 全市举行党组织“党心·真情”特殊党费捐缴活动。

□ 2008年“走进东莞文明”活动暨“东莞巨变—纪念改革开放三十周年、东莞地级市设立二十周年巡回展”启动仪式举行。

21日 10名来自地震灾区的伤员到达东莞市市人民医院普济分院和市中医院进行治疗。

□ 市创建全国文明城市模拟测评报告会暨迎检动员大会召开。

22日 市委书记、市人大常委会主任刘志庚会见深圳能源集团董事长高自民，总经理李冰。

□ 市抗震救灾大型募捐晚会在玉兰大剧院举行。

23日 《东莞市产业结构调整和转型升级试点工作方案》出台。

24日 市产业结构调整升级试点工作动员大会召开。

26日 副省长雷于蓝率领省府办公厅、人口计生委及公安厅、卫生厅等单位的负责人到东莞市督查流动人口计生服务管理专项活动情况。

□ 市委书记、市人大常委会主任刘志庚就产业和劳动力“双转移”问题接受广东卫视的采访。

□ 由黑龙江省大庆市委书记韩学健率领的党政代表团一行到东莞市参观考察。

27日 江苏省副省长张卫国率考察团莅莞考察。

□ 中国共产党东莞市第十二次代表会议在会议大厦举行。市委书记、市人大常委会主任刘志庚向会议作报告，提请党代表评议《东莞市委市政府领导班子贯彻落实科学发展观情况分析报告（讨论稿）》，会议由市委副书记、市长李毓全主持。

28日 南美洲苏里南东莞同乡会的乡亲们在会长张丰年的率领下回到东莞进行考察。

29日 海关总署党组书记、署长盛光祖在副省长万庆良和海关总署副署长兼广东分署主任吕滨的陪同下到东莞海关考察。

□ 东莞资产评估协会成立。

□ 市科普特色学校、科普社区、科普教育基地授牌仪式举行。

六月

2日 来自美国华人生物医药科技协会的23名博士到松山湖科技产业园区参观考察。

□ 中国第五支赴海地维和警察防暴队先进事迹报告会在市会议大厦举行。

□ 来自青川地震灾区的24名小学生到长安镇培英小学读书。

3—4日 副省长佟星率省直有关部门负责人到东莞市就安全生产及产品质量和食品安全工作进行督查和调研。

4日 东莞市向低保对象、五保户、非低保对象的优抚对象、非低保对象的一至四级残疾人、非五保户的孤寡老人、弃婴、已治愈的麻风病人和低保边缘户共19.9万人，每人发放1000元生活补贴。

5日 市委书记、市人大常委会主任刘志庚，市委副书记、市长李毓全，副市长邓志广、李小梅等到活动板房生产企业了解生产进度情况。

□ 东莞市卫生局和气象局联合建立“全市应对不良气象条件引发公共卫生安全问题合作机制”，及时向社会公众提供可能引发公共卫生问题的气象条件信息和提醒。

6日 由省“平安家庭”创建活动协调小组办公室编写的《平安家庭手册》在东莞市举行首发赠送仪式。

□ 省建设银行首家小企业经营中心落户东莞市。

□ 电博会组委会召开新闻发布会，对外公布电博会携手汉诺威合作办展。这也是汉诺威与内地展览公司的首次合作。

8日 东莞市档案馆通过测评，晋升为国家二级档案馆。这是全省第一个晋升为国家二级档案馆的地级市档案馆。

11日 商务部副部长蒋耀平带队走访调研台达电子和东聚电子公司。

□ 由汕尾市市委书记、市人大常委会主任戎铁文，市委副书记、市长王蒙徽带队的汕尾市党政代表团到东莞市访问交流。

11—12日 全国政协人口资源环境委员会副主任李金明一行到东莞市作“流动人口计划生育服务管理体制创新研究”专题调研。

11—12日 受高空槽和西南暖湿气流影响，东莞市普遍出现暴雨到大暴雨，最大3小时雨量为219.4毫米，突破东莞市3小时最大雨量的历史纪录。

12—15日 由副市长李小梅率领的巡察组赴四川灾区查看东莞市在那里的板房建设情况，并慰问参与建设的东莞援建队员们。

13—14日 全国人大常委会委员、全国台联会长梁国扬，台盟中央副主席、广东省政协副主席陈蔚文带领台湾省十一届全国人大代表莅莞调研。

14日 东莞市的龙舟制作技艺入选第二批传统技艺类国家级非物质文化遗产名录。这也是东莞市继千角灯后，又一入选国家级非物质文化遗产名录的项目。

17日 市文明办正式对外发布《东莞文明公约》和《东莞市民文明行为规范》。

18日 副市长吴道闻到北大学园博雅外国语学校探望61名在该校汶川班就读的青川学子。

19日 茶山镇举行“中国食品名镇”授牌庆典仪式。

20—28日 桥头镇第五届荷花艺术节举行。

23日 玉兰大剧院上演由东莞市组织创作、向中国改革开放30周年献礼的大型组歌《香飘四季》专场演出。

□ 昆明携120多个项目在东莞召开招商引资推介会。

□ 安徽省商务厅厅长王福宏在加工贸易产业梯度转移对接会上向东莞的企业招商。

23—24日 以国家民委副主任杨健强为组长的国家民委检查组莅临莞，检查落实东莞市《国务院办公厅关于严格执行党和国家民族政策有关问题的通知》。

23—25日 省人大常委会执法检查组莅莞，对贯彻实施《农业法》的相关情况进行检查。

24日 由中央统战部举办的民族地区地州统战部长研讨班

到东莞市参观考察。

□ “方达资源”成为东莞首家异地借壳上市成功的民营企业。

□ 全市解放思想活动总结暨实践科学发展观转段动员大会召开。

□ 国家水利部移民局到东莞市考察大朗镇宝陂村移民安置情况。

25日　由市老干局、市体育局、市老龄工委等部门联合举行的“银发飞扬耀五环——广东百万老年人迎奥运东莞健身行”活动启动。

□ 东莞市防火安全生产委员会第一次会议暨消防安全大宣传大培训试点工作会议召开。

25—26日　受“风神”影响，东莞市大部分地区出现暴雨，部分镇街出现内涝，多个地方遭严重水浸。

26日　市领导刘志庚、李毓全、黄双福等率领市财政局、国土局、市金融办等17个相关职能部门的“一把手”就松山湖科技产业园区建设发展中遇到的“瓶颈”问题作出回应，现场办公、现场解决。

27日　东莞市纪念中国共产党成立87周年暨先进基层党组织、优秀共产党员、优秀党务工作者表彰大会举行。

28日　菲律宾、越南、柬埔寨、韩国、新加坡、美国等国驻穗领事官员到莞参观。

七　月

2日　省政府办公厅副主任陈志英在石碣镇主持召开推动产业和劳动力“双转移”专题座谈会。副市长邓志广参加座谈会。

□ 市委书记、市人大常委会主任刘志庚就“东莞产业转移和转型升级”接受中央电视台的采访。

□ 东莞松山湖科技产业园区香港推介会在香港君悦酒店举行。市松山湖管委会一举签下22个项目，引资总额达130亿元。

4—5日　中共中央政治局常委、中央书记处书记、国家副主席习近平在中共中央政治局委员、广东省委书记汪洋和省长黄华华等陪同下到东莞，对推进粤港澳合作、加强和改进党的建设等问题进行调研。

5日　“争当实践科学发展观排头兵”省委宣讲团到莞作省委十届三次全会精神宣讲报告，报告由省委宣讲团成员、省社科院院长梁桂全主讲。

7日　内蒙古鄂尔多斯市市长杜梓率党政代表团到莞访问。

□ 省委统战部副部长、省民族宗教委主任陈绿平一行莅莞调研民族宗教和维稳工作。

8日　在四川奋战41天的东莞赴地震灾区过渡安置房建设工作驻川指挥部一行12名队员完成第一阶段任务回到东莞。

□ 省政协副主席温思美一行莅莞，专题调研推进产业结构调整升级和产业转移有关情况。

□ 市民政局和中国网通东莞分公司联合发行的《莞川同心，重建家园》纪念册首发仪式举行。

9日　全省公安消防部队勤务实战化建设现场会在东莞市召开。

□ 东莞市危险货物运输协会正式成立。

10日　江苏省委常委、南京市委书记朱善璐率领南京市党政代表团到东莞市访问。

11日　市国防动员委员会各成员单位和多支民兵应急分队，在国防教育训练基地举行东莞市国防动员指挥机构带部分实兵演练。这是东莞市首次网上指挥国防演练。

□ 东莞市副市长梁国英与河源市副市长张丽萍在河源市签订《万绿湖直饮水项目》合作框架协议。这是两市合作开发万绿湖直饮水项目的首个正式协议，意味着两市的合作正式进入轨道。

14日　东莞市为中央确定的全国深入学习实践科学发展观试点工作城市之一，市委书记、市人大常委会主任刘志庚就试点工作的开展情况接受新华社记者的采访。

□ 麻涌镇汇丰粉煤灰建材厂发生水泥储罐坍塌事故，造成3人死亡、2人重伤、6人轻伤的事故。该企业没有工商营业执照，其中转罐建设工程也没有报相关部门审批，属典型的“三无”（无照、无证、无报建）企业。

15日　新修订《东莞市科学技术奖励办法》施行。

16日　四川省内江市委书记、市人大常委会主任唐利民率考察团一行莅莞考察经济发展和工业园区建设等的经验和做法。

□ 全市各镇街统一开展党委书记大接访活动。刘志庚、李毓全、黄双福、张继雄等市几套班子领导分赴各镇街督导接访活动，集中解决群众反映强烈的热点难点问题。

17日　全国法院政治部主任座谈会暨2007年度法院系统全国青年文明号表彰会在东莞市召开，东城法庭获全国“青年文明号”称号。

18日　东莞市能源利用监测中心正式挂牌成立。

□ 广东省教育部科技部产学研结合工作座谈会在东莞市召开。

□ 虎门港首个投产项目、总投资5亿元的东莞三江港口储罐有限公司的石化码头项目通过竣工验收。

19日　中共中央政治局常委、国务院总理温家宝在中共中央政治局委员、广东省委书记汪洋，省长黄华华，市委书记、市人大常委会主任刘志庚，市委副书记、市长李毓全等省市领导陪同下到东莞调研。

21日　共青团中央书记处第一书记陆昊率团中央干部到东莞，就企业共青团工作的开展情况展开调研。

□ 东莞市图书馆获美国图书馆协会颁发的国际创新奖。这是美国图书馆协会历史上第一次表彰国外的图书馆，也是中国首家图书馆受到美国图书馆协会的表彰和奖励。

22日　全国交通综合行政执法座谈会在东莞市举行。

□ 东莞市拍卖典当行业协会成立，东莞市集中拍卖中心也正式启用。

（郑志波　摄）

▲ 市几套班子领导率“八一”拥军慰问团分赴海军沙角部队、宝山部队、赤山部队、黄江司卫大队、武警支队、东莞边检站、边防支队、消防支队、麻涌武警海关监管部队，向官

兵们带去全市人民最诚挚的节日问候。

□ “百城市道德模范巡讲网上行”活动在东莞正式启动。

23日 由香港亚洲卫视、无线电视、文汇报、大公报、香港商报、明报等媒体组成的香港传媒高层访问团到东莞市访问。

□ 全市领导干部会议召开，会议传达中共中央政治局常委、国务院总理温家宝在广东考察调研的讲话精神。

24日 湖南省委副书记、省长周强一行在广东省副省长佟星的陪同下到莞，深入企业考察东莞产业发展情况。

□ 英国财富控股集团和美国USAE公司到东莞市进行洽谈。

□ 望牛墩镇下漕村的泰昌纸业有限公司，其厂区内的废纸堆放场发生火灾，过火面积约6000平方米，没有发现人员伤亡。

25日 东莞市盐务局在东莞市盐业总公司基础上挂牌成立。

29日 市委书记、市人大常委会主任刘志庚就东莞产业结构调整转型升级等话题，接受《人民日报》和《经济日报》的采访。

30日 省委常委、省公安厅厅长梁伟发莅莞，督导、检查奥运期间东莞市的安保工作。市委常委、市公安局局长崔建陪同。

□ 副省长、省文明委副主任雷于蓝率领省直有关部门相关负责人莅莞，对东莞市申报全国文明城市进行“整体观察”和“听取汇报”测评。

□ 由东莞市市镇两级公安系统的50名民警组成的东莞首批支援汶川工作警察特遣队奔赴映秀灾区，支援当地公安系统。

30—31日 省委副书记、省长黄华华莅莞就东莞加工贸易企业转型升级进行专题调研。

31日 市领导刘志庚、冷晓明、吴道闻带队视察东莞职业技术学院工程、东莞大酒店迎宾路隧道立交桥工程、环城路至广深高速石鼓连接线龙旺铺小区拆迁工程和环城路北环段工程。

八 月

1日 庆祝东莞检察机关重建30周年暨“检察开放日”活动在市人民检察院举行。

2日 广东省广西商会东莞分会举行八桂乡贤座谈会。

4日 省抗震救灾先进事迹报告团第四分团7名成员到东莞市做巡回报告。

□ 市委书记、市人大常委会主任刘志庚为东莞市“树新风，迎奥运，创文明城市”系列宣传教育实践活动题词，标志着“东莞因你而文明，奥运因你而精彩”金钥匙工程全面启动。

□ 市委书记、市人大常委会主任刘志庚会见联合国新闻部外展司司长雷蒙·柔魁英一行。

5—6日 市委常委、东莞军分区政委卢广海，副市长李小梅率东莞市拥军慰问团一行赴汕头慰问“东莞舰”官兵并走访汕头水警区。

6日 市公安消防支队第七大队正式成立，第七大队将配置大型泡沫车，主要负责虎门港辖区、沙田镇和洪梅镇的防火、灭火及抢险救援等任务。

□ 东莞援川特遣队首批50名民警到达映秀。东莞特遣队将在映秀和当地公安一起负责映秀的社会治安和家园重建，首批50名民警将在映秀工作3个月以上。

7—10日 “2008广东省集邮展览”系列活动在莞城美术馆举行，被誉为中华四大珍邮之一的“世界孤品——稿子四方连”展出。

8日 东莞市内资经济促进中心正式挂牌成立。

□ 全国“百城市道德模范巡讲网上行”东莞市巡讲报告会在横沥镇举行，敬老爱幼代表黄柱深和见义勇为代表陈惠松，与村民展开面对面的交流。

11日 省公路管理局党委书记顾青波到东莞市公路管理局视察。

□ 东莞台商产业转型升级论坛举行。

□ 市委、市政府领导班子贯彻落实科学发展观群众满意度测评大会在市会议大厦举行。满意度达97.1%。

12日 著名的商业杂志《福布斯》中文版发布最新的2008年“中国顶尖企业榜”百强名单。位于东莞麻涌的玖龙纸业位列第38位，比上年上升6位。

□ 市委书记、市人大常委会主任刘志庚，市委副书记、市长李毓全率市几套班子领导和市直机关负责人赴惠州市惠东县、博罗县、龙门县考察园区选址事宜。

□ 台湾地区电机电子工业同业公会东莞联络处在松山湖揭牌，为东莞市企业转型升级提供人才培训、技术咨询、信息咨询等智力支持。

13—14日 市委书记、市人大常委会主任刘志庚，市委副书记、市长李毓全率市党政代表团赴粤北韶关市，就加强对口合作、推进“双转型”工作展开实地调研和考察。

15日 市政协常委会组织视察东莞市外资企业发展情况。

□ 中国工商银行东莞分行与永强汽车正式签订“企业上市顾问业务”合作协议。

19—20日 “明清珠江三角洲（东莞）区域史国际学术研讨会”召开。

20日 惠州市委常委、市纪委书记李松率惠州市纪委考察团来莞参观考察。

□ 市委组织部召开深入学习实践科学发展观活动工作总结大会。

22日 市委书记、市人大常委会主任刘志庚会见来莞调研的中国工商银行广东省分行行长黄明祥一行。

□ 市委书记、市人大常委会主任刘志庚会见肇庆市委书记、市人大常委会主任覃卫东率领的肇庆党政领导考察团。

□ 市委书记、市人大常委会主任刘志庚会见广东省粤电集团董事长潘力一行，双方就粤电集团沙角A电厂三期2×1000MW（兆瓦）机组扩建项目有关情况进行交流。

23—24日 交通运输部副部长翁孟勇率“推进广东现代交通运输业发展”综合调研组到东莞市调研。

25日 省政协副主席梁国聚率重点提案办理工作小组莅莞，就提案的办理进行调研。

26日 25个国家驻穗的33名领事组成考察团到东莞市考察。

27日 东莞市2008—2009年公益文化活动项目招商集体签约仪式举行。

28日 东莞首批32个达标的“平安社区（村）”正式挂牌。

30日 全省纪检监察机关执法监察效能监察工作（珠三角）座谈会在东莞市召开。

□ 海外华侨华人与广东改革开放论坛在东莞市举行。

九 月

1日 市委、市政府设宴欢迎东莞市赴四川地震灾区援建过渡安置房的人员凯旋，庆祝东莞市援建过渡安置房工作完成。

2日　东莞市第二届特约研究员聘任仪式暨产业结构调整升级研讨会举行。

□　“2008福布斯中国大陆最佳商业城市”榜揭晓，东莞列最佳商业城市榜第31位。

3日　东莞市安全监管“双基”（即安全生产基层和基础监管）工作暨建筑电气消防安全检查检测现场会召开。

□　“2008中国东莞—印度尼西亚企业对接洽谈会”在印尼雅加达举行，东莞市明盛能源有限公司现场与印尼企业签订2000万美元的煤矿开采协议。

4日　市委副书记、市长李毓全在市行政办事中心会见由黑龙江省哈尔滨市市委副书记、市长张效廉率领的哈尔滨党政考察团一行。

5日　海南省海口市市长徐唐先率海口党政考察团莅莞参观考察。

□　甘肃省委常委、兰州市委书记陆武成率党政考察团莅莞考察。

□　2008年光电企业（企石）峰会暨光电产业发展高峰论坛会举行。

6—9日　第20届国际名家具（东莞）展览会在厚街广东现代国际展览中心举行。

9日　“2008中国广东——越南经贸合作洽谈会”在越南河内举行。

10日　省委常委、省公安厅厅长梁伟发莅莞视察东莞公安的信息化建设。

11日　全市“双无建设”总结会暨“治摩5号”行动动员会召开。

12日　由市委书记、市人大常委会主任刘志庚和市委常委、副市长江凌率领的东莞经贸分团参加在吉隆坡举行的“2008年中国广东——马来西亚经贸合作洽谈会”。东莞华尔泰装饰材料有限公司与欧美铝业有限公司签订了投资额1000万美元的建厂协议。

13日　东莞市年市科技创业投资合伙企业（有限合伙）正式挂牌，这是东莞市首家本土的风险投资公司。

16日　东莞市科技创业投资合伙企业（有限合伙）正式挂牌。

17日　全市安全生产工作会议召开。

□　东莞市第十一届全国推广普通话宣传周语言艺术展示会举行。

18日　东莞市第二次全国经济普查大会在市会议大厦召开。

18—20日　全国政协副主席、民建中央第一副主席、全国总工会副主席张榕明率领的全国政协视察团到东莞市，就贯彻落实《劳动合同法》展开调研。

19日　市档案局举行建馆50周年座谈会。

□　西藏林芝地委副书记、行署专员卓嘎率林芝党政考察团莅莞考察东莞市经济发展、城市建设等方面的情况。

□　2008年中国城市幸福感调查暨最具幸福感城市推选活动，全国50个城市参加角逐，东莞市再次入围“最具幸福感城市”。

22—26日　市委书记、市人大常委会主任刘志庚，市委副书记、市长李毓全率领市党政代表团赴成都、重庆和昆明学习考察。

23日　市委书记、市人大常委会主任刘志庚，市委副书记、市长李毓全率市党政代表团一行到映秀镇察看地震灾情、慰问援建工作人员，并与当地政府商量援建大计。

24—25日　由省卫生厅副厅长耿庆山带领的省乳制品生产销售情况检查组一行莅莞检查东莞市处置“三鹿奶粉”事件工作。

24—26日　全国人大华侨委员会在东莞召开七省区人大侨委华侨农场改革和发展问题研讨会。

26日　昆明—东莞友好合作框架协议在昆明正式签订。

27日　东莞市各项存款余额突破4000亿元庆祝活动“2008东莞金融论坛”召开。

□　中联办副主任彭清华带队40多人莅莞考察。

□　市委书记、市人大常委会主任刘志庚就学习实践科学发展观活动接受了广东卫视的采访。

28日　307个社区卫生服务机构正式启用，全市540万名社会医保参保人均可到参保地指定的社区卫生服务机构就医。

29—30日　“长城世家杯”2008年中美滑水明星对抗赛在东莞松山湖科技产业园区举行。

十　月

1日　东莞市社会基本医疗保险社区门诊医疗保障启动实施，参保人只需凭身份证和社保卡到参保地指定的社区卫生服务机构就医，可享受免收挂号费、零差价药品，最高可报销60%基本医疗费等实惠。

2日　国务院安委办副主任、国家安全监管总局副局长孙华山率领国务院安委办督查组莅莞督查安全生产工作。

6日　市委书记、市人大常委会主任刘志庚主持召开市党政领导班子联席会议，专题讨论东莞中小企业融资等事宜，市委、市政府作出决定，一次性拿出10亿元支持中小企业融资。

□　东莞市新注册登记的小型汽车车主，可采用计算机自动选取、机动车所有人自行编排和竞价发放三种方式选号。

8日　郁南县人民政府与东莞市供销合作联社举行沙糖桔产销合作签约仪式。

□　东莞市传达贯彻省科技大会精神暨科技奖励大会召开，共颁发奖金1430万元，其中包括首次设立的市长奖。

9日　市委书记、市人大常委会主任刘志庚到市金融办、中国人民银行东莞市中心支行、东莞证券等单位就宏观经济形势、10亿元扶持中小企业贷款等问题进行调研。

10日　全国人大常委会副委员长桑国卫到莞检查劳动合同法实施情况。

13日　国家发改委副主任张晓强到东莞市松山湖科技产业园区了解中国散裂中子源项目的选址和建设前期准备情况。

□中国少年先锋队东莞市第七次代表大会召开。

14日　东莞市首届哲学社会优秀成果奖表彰大会暨《科学发展观与东莞双转型实践研究丛书》首发式举行。

□　位于大朗的华南国际汽配城打开实体商铺与网络商铺的经营大门，成为国内首个汽配实物视频采购模式专业市场。

15日　东莞市举行纪念东莞抗日模范壮丁队成立70周年大会。

16—19日　2008年东莞国际科技合作周在科学技术博物馆举行。

17日　东莞市开展“市镇人大代表活动日”活动。各镇街人大工作机构根据市人大常委会的统一部署，组织市镇人大代表开展集中学习、视察、调研、听汇报等多种形式的活动。

19日　中共中央政治局常委李长春到莞视察。

20日　第10届中国东莞国际电脑资讯产品博览会开幕。

21日　全国人大常委会委员、省人大常委会副主任王宁生率领省人大教科文卫委员会，在东莞市召开部分市人大常委会教科文卫委员会座谈会。

22日　全市金融机构联席会议召开。

23日　市委书记、市人大常委会主任刘志庚到徐福记慰问并了解企业生产经营情况。

□　市政府在松山湖举行新建博士后科研工作站授牌仪式。

□　市第九届老年人运动会开幕。

24日　东莞市与萨洛尼卡市缔结友好城市签约仪式在希腊萨洛尼卡市政厅举行。

□　市几套班子领导黄双福、冷晓明、张顺光等走访在莞重点外资企业，了解全球金融危机给企业带来的影响、企业的生产经营情况和面临的困难。

28日　市委常委、副市长江凌率领由市相关部门和镇街人员组成的考察团赴台湾开展为期8天的交流考察活动。

30日　中组部副部长、人力资源与劳动社会保障部部长尹蔚民莅莞调研。

□　省人民检察院咨询委员座谈会在东莞市召开。

□　东莞“推进双转型、建设新东莞”杰出企业评选揭晓。

31日　市第三次全国文物普查工作会议召开。

10月　中央调研组发表《在中国特色社会主义旗帜指引下开拓成功发展之路——对全国18个典型地区的调研综合报告》，报告将东莞列为全国改革开放18个典型地区之一。

十一月

2日　省档案局组织评审组到东莞，对东莞档案事业发展的综合情况进行评估检查，确定东莞市为“广东省档案事业发展综合评估先进单位”。

□　河南省委常委、省纪委书记叶青纯一行到东莞市考察争当实践科学发展观排头兵的做法和经验。

□　东莞市新增9家省级工程中心，新增数量为历年之冠。以东莞市企业为依托的省级工程中心总数达24家。

□　第三届广东省青少年书法大赛东莞市颁奖大会举行。

2—5日　第七届中国（大朗）国际毛织产品交易会举行。

4日　市委副书记、市长李毓全会见由行政长官吉安·马里奥·斯巴卡率领的意大利马尔凯地区访问团一行。

□　东莞市首次举行高等教育现场办公会。

5日　河北省委常委、省纪委书记臧胜业率河北省委考察团到东莞市学习考察。

5—7日　全省决战三个冬春全面完成城乡水利防灾减灾工程建设任务项目法人代表培训班在莞举行。

6日　国家税务总局党组书记、局长肖捷等莅莞深入企业了解生产经营情况。

□　东莞市新莞人服务管理局挂牌。并确定每年11月6日为“新莞人服务日”。

□　2008年国际花园城市评选决赛市长见面会举行。

7日　庆祝第九届记者节暨“安利杯”首届东莞新闻奖颁奖晚会在东莞天域歌剧院举行。

8日　中子质子科技及工业应用国际研讨会在大朗举行。东莞与中国广东核电集团签订共同发展民用核技术的协议。

□　位于石排镇龙岗大道的国家加油机质检中心和华南国家计量测试中心/广东省计量科学科研究院第二检测基地举行奠基仪式和动工仪式。

□　东江水务有限公司正式并购市自来水股份有限公司，标志着东莞市朝着全市统一供水的目标迈出历史性的一步。

8—10日　第八届大京九农副产品食品（常平）交易会在常平会展中心举行。

9日　东莞“119”消防宣传月活动暨万名消防志愿者行动启动仪式在莞城文化广场举行，市消防志愿者服务队正式成立。

10日　2008年国际花园城市颁奖宴会举行。东莞光大社区获得了国际花园城市/社区奖A类银奖，锦绣山河社区获得环境可持续项目金奖。

□　联合国环境规划署专门在东莞市举办宜居城市论坛。副市长梁国英在论坛上介绍东莞为改善环境采取的多种措施。

11日　东莞市“帮扶在莞港企促进扎根发展”系列活动在香港举行。

12日　香港特别行政区行政长官曾荫权到凤岗镇的港资企业诚兴行五金制品厂了解企业的发展情况，为出台扶持对策进行了调研。

□　市委书记、市人大常委会主任刘志庚，市委副书记、市长李毓全，市委副书记、政法委书记黄双福，市委常委、组织部部长庞国梅在市行政办事中心会见了来莞履新的8名省市联合公选干部。

□　以中央综治办协调室巡视员季勤为组长的中央综治委检查验收组莅莞对东莞市创建“全国社会综合治理优秀市”进行检查验收。

13日　市政协经济委员会和市政协港澳台侨外事委员会组织部分委员视察东莞海关服务和管理创新情况。

□　由全国总工会副主席、书记处书记、党组副书记乔传秀率领深入学习科学发展观调研组到东莞市调研。

□　由广东省委、省政府主办的第五届珠江三角洲与山区及东西两翼经济技术合作洽谈会在湛江市开幕。东莞市共有32个项目签约，签约总金额79.81亿元。

14日　中共中央政治局常委、国务院总理温家宝在中共中央政治局委员、广东省委书记汪洋，省长黄华华等领导陪同下到东莞市考察。

□　市委副书记、市长李毓全会见了改革开放30周年全国重点网络媒体广东行参观采访团。

14—17日　纪念改革开放30周年为主题的广东省第四届群众音乐舞蹈花会在玉兰大剧院举行。东莞11个节目揽下6金5银。

15日　东莞市博士创业促进会第一届第二次会员大会暨珠三角五市博士论坛召开。

16日　东莞市医院协会正式成立。

□　中央护路办特邀调研员吉振英率中央护路办检查组莅莞，对铁路护路联防暨“平安铁路示范路段”创建工作进行考核验收。

17日　市委书记、市人大常委会主任刘志庚会见来莞访问的新加坡南洋理工大学文学院副院长吴伟一行。

（郑志波　摄）

▲18日　虎门港沙田港区5、6号泊位正式投产，东莞结束了没有多用途深水码头泊位的历史。

20日　东莞市10亿元融资支持计划正式实施，超过2000家企业进入首批支持名录。

21日　东莞台协举行15周年庆典。

□ 全市32个镇街同时举行公开销毁赌博游戏机大会。

21—24日　第八届中国（长安）国际机械五金模具展览会举行。

21—25日　第十三届中国（虎门）国际服装交易会举行。

22—29日　广东省摄影家协会成立50周年庆典暨东莞·东城摄影文化节在东城文化中心广场举行。

23日　中科院常务副院长白春礼莅莞调研。

24日　全市政法系统大学习大讨论专题研讨班暨政法综治业务培训班动员会在市委党校举行。

26日　国家信息化专家咨询委员会常务副主任周宏仁、工程院院士吴澄一行莅莞就《信息化与工业化融合战略研究》课题进行调研。

27日　海协会会长陈云林莅莞考察。

29日　2008创新型城市论坛在北京人民大会堂举行。东莞成为中国最具创新力的50个城市之一。

11月　市委、市政府积极应对金融危机，初步计划投资1400亿元，实施基础设施、民生建设、现代产业体系建设、生态环境建设、创新创业等“四大工程”，努力扩大内需，确保东莞市经济平稳较快增长。

十二月

1日　中共中央委员、国务院发展研究中心主任、党组书记张玉台率队莅莞调研金融危机下东莞市经济的真实状况。

2日　全国人大常委会委员、财经委主任委员石秀诗率专题调研组就东莞市扩大内需、促进经济增长措施落实情况开展调研。

□ 首个标准水煤浆项目在东江边的新和社区正式投产。

□ 市委书记、市人大常委会主任刘志庚，市委副书记、市长李毓全会见了西安市市长陈宝根一行。

3日　副省长佟星专门就计生工作莅莞调研。

3—5日　2008年“节能东莞”系列活动举行。36名来自企业、学界和行业协会的专家领取了节能专家和清洁生产专家聘书，帮助东莞完成“十一五”期间能耗下降20%的硬性任务。

□ 经水利部和全国节约用水办公室批准，东莞市被列为第三批全国节水型社会建设试点城市。

4日　中华全国总工会组织北京、上海、内蒙古等15个省（区、直辖市）和金融、民航系统的108名全国劳模莅莞参观考察。

5日　瑞典斯科纳省副省长塔莉娜·艾林森女士一行到莞访问。

□ 东莞社会保险协会成立。

□ 河源市投资环境（东莞）推介会举行。

□ 厚街中学建校50周年，省教育厅督导室主任陈健给厚街中学颁发“广东省国家级示范性高中、广东省普通高中教学水平优秀学校”的牌匾。

7日　在2008年度广东省重大科技专项计划项目中，东莞有9个项目立项，全省3亿元资助重大科技专项，东莞获得资助金额6050万元，占1/5强。

11日　广东医学院在东莞校区举行建校50周年暨东莞校区落成5周年庆典。

□ 市委常委、副市长江凌在市行政办事中心会见日本神奈川县日中友好协会常任理事田中誉士一行。

12日　东莞文学艺术学院大楼启用；第二届创作项目签约仪式举行；长篇报告文学《东方光芒》首发。

14日　松山湖管委会在北区创意生活城广场举行了“东莞制造产业支持中心”项目签约仪式暨松山湖“创意嘉年华”新闻发布会。首批23个项目落户。

15日　东莞市纪念改革开放三十周年暨专题音乐会在玉兰大剧院举行。

16日　市委书记、市人大常委会主任刘志庚，市委常委、副市长江凌，市委常委、宣传部部长王道平会见了广东省新闻学会会长、羊城晚报报业集团社长梁国标率领的采访团。

□ 全市慈善迎春长跑活动举行。

17日　黄埔海关在莞召开新闻发布会，向外界公布推出八项支持企业发展的措施。

□ 由市委、市政府、市政协举办的爱国将军蒋光鼐诞辰120周年纪念活动在虎门举行。

□ 中国建设银行党委书记、董事长郭树清一行到莞调研。

18日　市委书记、市人大常委会主任刘志庚会见韶关市委书记、市人大常委会主任徐建华，市委副书记、市长郑振涛等一行。

18—23日　“华彩豪情——纪念改革开放30周年书画联展”在岭南画院举行。

19日　新加坡南洋理工大学教授杨建伟莅莞授课,为各级领导干部讲授“新加坡经济转型、产业升级经验及对东莞的启示”。

□ 广州东莞社会经济发展研究会在广州召开2008年年会。

22日　中纪委委员、中央纪委监察部驻文化部纪检组组长李洪峰率队的检查组莅莞。

□ “台资企业转型升级服务团”启动仪式在东莞市举行。

23日　商务部中国国际电子商务中心、市信息产业局和东莞中大科技网络科技有限公司签署电子商贸平台合作框架协议，共建东莞市国际电子商贸平台。

25—26日　全省国有企业反腐倡廉建设座谈会在东莞市召开。

□ “让祝福满格、新春关爱行动”百场活动暨东莞市2009“青春暖流”行动在东莞常平火车东站启动。

26日　东莞市举行今冬明春防火工作推进会暨17支消防大队正式授牌成立。

□ 市科技馆举行莞籍院士铜像揭幕典礼。

27日　广东省广西商会东莞分会周年庆典暨东莞八桂乡贤迎春联谊会召开。

□ 四川省委常委、省总工会主席李登菊一行，到北大学园博雅外国语学校慰问在莞复课的汶川班的孩子。

28日　中央文明办对第二批全国文明城市（城区）、文明村镇、文明单位候选名单进行公示，东莞名列其中。

29日　国务院原副总理钱其琛莅莞参观考察。

□ 工行广东省分行、中行广东省分行分别与东莞市签署3年内投放500亿元的信贷协议。

□ 2008年度全市总结表彰大会召开。

30日　2008年科技工作总结表彰大会暨科技工作者迎春团拜会举行。

31日　省委常委、省委政法委书记、公安厅厅长梁伟发深入东莞市基层政法单位，看望慰问坚守岗位的政法干警。

□ 松山湖“东莞制造”产业支持中心项目动工开业庆典暨松山湖创意嘉年华开幕式举行。

12月　东莞市决定大幅提高社会基本医疗保险待遇标准，从2009年1月1日起，在参保人缴费不变的前提下，银卡、农医保卡年最高支付额提至10万元，金卡最高支付额提至15万元。

SPECIAL SECTION　特　载

东城广场

编辑：黄文挺

争当实践科学发展观的排头兵

东莞市委书记、市人大常委会主任　刘志庚

改革开放以来，东莞坚持解放思想、抢抓机遇，积极探索沿海开放地区建设中国特色社会主义的道路，取得了改革开放和现代化建设的巨大成就。当前，东莞正以中央深入学习实践科学发展观活动试点单位为契机，以十七大精神为强大动力，增强科学发展观念，提高科学发展能力，创新科学发展机制，破解科学发展难题，创造科学发展业绩，争当实践科学发展观的排头兵。

【以转型发展为纲，理清科学发展思路】 经过30年的改革发展，东莞已进入人均GDP4000美元的新阶段。面对新形势新任务，东莞市委市政府决定，要确立新的发展战略，探索转型发展之路，努力实现经济社会又好又快发展。

坚持解放思想，走转型发展之路。坚决冲破一切妨碍科学发展的思想障碍，改变一切束缚科学发展的习惯做法，革除一切影响科学发展的体制机制弊端，推进经济社会转型发展。

坚持改革开放，走创新发展之路。深化资源利用、户籍管理、行政审批、镇村管理、区划调整等改革；实施加工贸易升级转型三大工程，提升外源型经济水平；集约开发产业园区，发展生产服务业，提高自主创新能力。

坚持统筹兼顾，走协调发展之路。统筹区域发展，分类指导、分类扶持、分类考核；统筹城乡建设，提升中心城区功能，加强镇村规划；统筹经济社会发展，注重社会建设，弘扬东莞精神，提升文化软实力。

坚持环保优先，走生态发展之路。围绕创建国家环保模范城市，提高集约用地水平，落实节能减排责任，严格关停高污染企业，加快建设治污工程，整治运河和内河，打造宜居生态城市。

坚持以人为本，走和谐发展之路。实施“创业东莞”工程，完善医疗、住房等保障体系，优化教育结构，深化各项改革，加强党的执政能力和先进性建设，构建和谐党群、干群关系。

坚持互利共赢，走合作发展之路。加强与珠三角、广东省东西两翼和北部山区合作，优势互补，开创合作发展新局面。

【以结构调整为主，突出科学发展重点】 贯彻落实科学发展观，实现经济又好又快发展，关键在于转变发展方式。我们以产业结构调整为主线，推动产业结构和产品结构转型升级，促进产业经济持续健康发展。

明确结构调整目标。坚持以建设现代制造业名城为目标，走新型工业化道路，打造先进制造业和现代服务业“双轮并转”、高新技术产业和适度重化工业“两翼齐飞”的现代产业体系，提高产业自主发展能力和核心竞争力，降低资源能源消耗和环境污染程度。力争实现三次产业结构、产品技术结构、资源配置结构、人口结构、区域布局结构明显优化，到2010年，第三产业增加值占GDP比重提高到47%以上，科技进步贡献率达到60%左右，全市单位GDP能耗降低12%。

把握结构调整原则。牢牢把握调稳结合、进退结合、统分结合、内外结合、政企结合、点面结合的结构调整原则，综合运用行政、经济、法律手段，坚定不移、积极稳妥、有力有序地推进产业结构调整。

突出结构调整重点。把加工贸易企业就地转型升级作为产业结构调整的重要基础，力争成为“中国加工贸易转型升级综合试验区”；把发展现代服务业作为产业结构调整升级的重要力量，积极发展生产性服务业；把激活流量作为产业结构调整升级的重要途径，推动低端项目向产业转移园区或其他地区有序转移；把自主创新作为产业结构调整升级的中心环节，推动“东莞制造”向“东莞创造”转变；把培育龙头企业作为推动产业结构调整升级的重要依托，全面提升行业竞争力；把抓好资源节约利用和生态环境保护作为产业结构调整升级的重要载体，大力发展循环经济。

拓展结构调整路径。努力实现优化增量与调整存量相结合、扩大外延与提升内涵相结合。加大优质项目和大项目的引进培育力度，进一步做强做优增量；削减不符合我市产业发展规划的企业，实现节能降耗减排增效；聚集高素质人才、发展高质量经济、打造高品位城市，使经济增长的质量和效益倍增。

【以健全完善体制机制为先，夯实科学发展基础】 坚持与时俱进，顺应形势变化，不断调整优化各种体制机制，为科学发展提供坚强保障。

完善政策导向机制。制定全市产业结构调整和转型升级指导性意见，及时更新产业结构调整和转型升级指导目录，重点编制制造业发展、现代服务业发展、产业转移、人口发展等专项规划。出台“科技东莞”工程、重点产业扶持、重大项目引进、低端产业转移、旧村旧厂改造、“两自”（自有技术、自有品牌）企业培育、生态利益补偿等一系列政策措施。

完善评价考核机制。建立健全领导班子和领导干部落实科学发展观评价指标体系和考核评价办法，从单纯评价经济总量和增长速度转向更加注重社会效益、生态效益、人文效益等指标，把贯彻科学发展观的目标和要求转化为可考核的客观标准。

完善资源利用机制。建立反映资源稀缺程度、污染排放量和市场供求关系的资源要素利用体制机制，系统制定全市循环经济发展规划，健全重点耗能产品和行业的市场准入制度、再生资源回收利用体系。

完善利益协调机制。调整市、镇、村财权和事权的划分，调动各方调整产业结构的积极性。加强土地开发统筹，探索建立“市、镇主导开发，市、镇、村三级分利”的发展模式。改革福利分配制度，逐步取消按人头分配的福利项目，将社区（村）集体资产的纯收益按照一定的比例分为再投资留成金、特别补助金、养老提留金和现金分红四部分。

完善人才保障机制。实施“高层次高技能急需紧缺人才绿色通道”，着力解决人才引进培养中涉及的住房、配偶工作、子女入学、创新创业扶持等实际问题，组织重点企业招聘高层次人才。加大人才培训投入，选派各领域杰出代表到国内外著名院校培训学习。加快科技创新平台建设，集聚高层次人才。以行政、法律和经济手段调控人口规模，提高人口素质。

完善环境优化机制。推进城市化集约发展，顺应珠三角同城化的趋势，加快形成以轻轨、高速公路为纽带的组团式城市格局。优化生态环境，加快实施以治污、治水、治山、绿化为重点的环境整治，提高城市环境承载力。优化营商环境，提高政府效率，减少审批事项，取缔不合理的行政事业性收费，推进依法行政，建设服务型政府。

同时，我们还以改善民生为本，强化社会保障，狠抓社会管理，完善公共服务，关爱困难群体；以富民安民乐民为目标，扎实推进以改善民生为重点的社会建设，把改革开放的成果转化为群众可享受到的实惠，不断提高人民群众的生活水平和幸福指数。以提升能力为要，突出加强理论武装、干部培训、党内民主建设，增强基层组织活力，加强干部队伍素质建设，不断提高各级领导班子的执政能力和执政水平，为推动又好又快发展提供坚强保障。（原载2008年10月1日《求是》）

▲ 东莞市会议大厦

政府工作报告（2009）

——2009年1月14日在东莞市第十四届人民代表大会第四次会议上

东莞市人民政府市长　李毓全

各位代表：

现在，我代表市人民政府向大会作政府工作报告，请予审议，并请政协各位委员和其他列席人员提出意见。

2008年工作回顾

刚刚过去的2008年，是很不寻常、很不平凡的一年。改革开放30周年、东莞成立地级市20周年的辉煌成就，让我们豪情满怀；北京奥运和神舟七号的成功壮举，令我们心潮澎湃；抗震救灾的举国动员，使我们众志成城。而国内外纷繁复杂的形势，又给我们带来了严峻挑战。一年来，在上级和市委的坚强领导下，我们高举中国特色社会主义伟大旗帜，继续解放思想，深入落实科学发展观，推进经济社会双转型，开拓创新，克难奋进，较好地完成了市第十四届人大三次会议确定的年度目标任务。

过去一年，是形势异常严峻、复杂多变的一年。从国际看，能源和原材料价格暴涨暴跌，美国次贷危机引发了全球金融危机，欧美消费市场大幅萎缩，世界经济增长明显放缓。从国内看，严重自然灾害频频发生，人民币升值，劳动力成本攀升，经济增长高位回落，国家宏观政策大幅调整，转向全力保增长。从我市看，东莞正处在矛盾多发期、内部调整期和转型攻坚期，在突如其来的形势变化面前，产业结构不合理、资源主导、外向依赖、抗御风险能力不强的问题更加凸显，经济发展受到严重冲击，尤其第四季度出现了较大回落。这使全市经济社会发展遭遇了新世纪以来最为严峻的考验和挑战。

过去一年，是我们迎难而上、沉着应对的一年。面对日益激烈的区域竞争，面对转型发展的艰巨任务，面对金融海啸的巨大冲击，面对危机引发的社会矛盾，我们迎难而上、沉着应战。我们全面总结改革开放的成功经验，坚定了信念，鼓舞了士气。我们继续解放思想，深入实践科学发展观，开展大学习、大讨论、大调研，查摆了问题，明确了任务，落实了整改。我们积极稳妥推进产业结构调整，铺开了各类试点，完善了政策体系，积累了宝贵经验。我们树立世界眼光，确立标杆城市，加强区域合作，积极融入珠三角，着力谋求新发展。我们洞察形势变化，快速决策部署，切实加强对经济工作的领导，全力以赴保增长。我们以就地转型为根本，以财税支持为重点，以改善服务为手段，出台和贯彻了一系列针对性强的政策措施，千方百计帮扶企业渡难关。我们深化专项整治，加强长效管理，有效处置化解矛盾冲突，维护了安定局面，促进了社会和谐。

过去一年，是全市稳安转型、稳中求进的一年。经济发展在逆境中实现较快增长。预计全市生产总值3710亿元，比上年增长14%，来源于东莞的财政收入601亿元，增长11.4%，其中市财政一般预算收入209亿元，增长12.2%。出口总额654.5亿美元，增长8.7%。实际利用外资24.5亿美元，增长15.5%。固定资产总投资942亿元，增长12%。社会消费品零售总额839亿元，增长20.5%。金融机构本外币各项存款余额4460亿元，增长16%。城市居民人均可支配收入30268元，农村居民人均纯收入12328元，分别增长12%和6.2%。居民消费价格总指数上涨6%。产业转型初见成效。第三产业增加值增速快于第二产业18个百分点，三次产业比例从0.4：56.8：42.8调整为0.3：52.6：47.1。一般贸易出口增速快于加工贸易26.7个百分点，民营固定资产投资增速高于外资经济15个百分点。单位GDP耗地下降15%，耗电下降11.6%。社会转型持续深化。综合治理深入开展，管理机制不断完善，社会大局稳定和谐，各项事业全面进步，全国文明城市创建活动成效明显，市民素质不断提高。城市形象有效提升。过去一年，东莞获得了中国制造业名城、国家园林城市、信息产业国家高技术产业基地、省林业生态市等荣誉称号，创建全国社会治安综合治理优秀市工作通过国家检查考评，省双拥模范城实现七连冠，城市环境考核排名从全省第九位上升到第四位，东莞入选中国城市综合创新能力50强，被列为中国改革开放18个典型地区之一。在中国社科院发布的报告中，东莞综合竞争力在全球500座城市中名列第254位。

回顾过去一年，我们重点抓了以下八项工作：

一、帮助企业扎根发展。切实采取积极措施，推动企业扎根东莞，做大做强。尤其在危机到来之际，加大帮扶力度，稳定企业经营。帮助企业增强信心。深入开展政策宣讲，组织系列帮扶活动，发动市、镇、村三级干部全面走访企业，表明共渡难关的态度，增强企业发展信心，外资企业增资占合同利用外资总额的65.6%，提高6.2个百分点。加强莞港、莞台合作招商，实行对欧登门招商。成立内资经济促进中心，强化内资引进。帮助企业减轻资金压力。设立10亿元融资专项资金，以财政贴息和风险补偿相结合的方式，帮助企业解决融资难问题。取消或降低多项收费，共为企业减负约10亿元。推动口岸保税物流中心建设，降低企业物流成本。帮助企业缓解资源瓶颈。积极向省争取网电指标；市财政借款2.5亿元、补贴1093万元，支持地方电厂发电，缓解用电供需矛盾。统筹年度新增用地指标1.2万亩，保障优质项目和重点民生工程用地。帮助企业拓展国内市场。在100家外资企业开展内销试点，建立内销"快速通道"，全市外资企业内销总额1673.6亿元，增长19.5%，一定程度上缓解了出口订单减少的影响。

二、推进产业结构调整。把结构调整升级作为落实科学发展观最核心的任务，积极稳妥推进。以各类试点为突破。制订《关于推进产业结构调整促进产业转型升级的意见》等"1+26"政策文件，铺开了镇、村、行业、企业等4大类共62

个试点的工作，有关试点在“退二进三”、技术改造、创建名牌等方面初见成效。认定上市后备企业15家，新增上市公司1家。以加工贸易转型升级为重点。设立10亿元专项资金，加强政策指导服务，帮助加工贸易企业就地转型升级。全市来料加工企业转“三资”企业和民营企业197家，外资企业设立研发机构12个，内销品牌215个。东莞被列为省加工贸易转型升级试点城市。以园区建设为龙头。松山湖全年引进项目105个，合同引资85.4亿元。虎门港5号、6号泊位建成投产，获批的深水泊位增至17个，成为对台直航首批港口之一，保税物流中心（B型）获国家批准设立。东莞生态园12项基础工程动工建设。长安滨海新区规划建设前期工作开始起步。以节能减排为硬约束。拒批污染项目371个，关闭“四纯两小”企业149家，加强企业排污监控，深化养殖业污染等整治。组建能源利用检测中心，落实重点耗能企业节能任务。修编土地总体规划，出台节约集约利用土地实施细则。实行阶梯水价，促进节约用水。以产业和劳动力双转移为推动。与惠州、韶关合作筹建两个市级产业转移园，接收我省东西北地区5100名学生到我市就读职校，接收劳动力就业33.6万人。

三、增强自主发展能力。扎实推进“科技东莞”、“创业东莞”工程，增强企业竞争力和内源经济实力。强化政策引导。落实和完善科技政策，筹资3亿元组建市科技创业投资公司，首设“百万元市长奖”，发放1.46亿元免息小额贷款，扶持创新创业，激励发明创造。全市专利申请量和授权量分别居全省第二、第三位，其中发明专利授权量增长1.5倍，首获国家专利金奖1项。加快平台建设。建成公共技术创新平台6个。新增省级企业工程中心和技术中心11个，总数达34个。新认定省专业镇和专业镇技术创新平台各2个，总数分别达11个和10个。新增企业博士后科研工作站4家。培育“两自”企业。获批国家高新技术企业153家。新增省民营科技企业55家，总数470家。获国家和省资助项目110个。全市高新技术产业工业总产值2403亿元，占全市工业总产值的33.4%。深入实施名牌带动战略，新增省级以上名牌名标65个，累计376个，参与制定修订国家标准和行业标准68个。新增各类人才1.7万人。壮大民营经济。落实“新48条”，建立民营企业排忧解难协调制度，推动民营经济发展，全市民营单位注册总户数48万户，注册资金925亿元，分别增长6%和12%。

四、强化公共安全管理。坚持专项治理与加强防控相结合，积极维护社会稳定。着力加强社会治安。深化“三基工程”建设，推进警力下沉，基层一线警力占总警力89.1%。完成110、119、122“三台合一”首期工程，在用各类视频监控点12.8万个，东莞获评全国科技强警示范城市。加强群防群治，严打违法犯罪，深化“治摩禁电”，治安形势保持平稳，飞车抢夺案下降42.2%，涉摩交通事故下降27.3%。着力整治安全隐患。开展隐患治理年行动，继续狠抓安全生产，深入推进“三小”场所、出租屋、非法行医、无证照经营、危旧桥梁厂房、产品质量和食品药品安全等专项整治，全市火灾事故宗数、死亡人数分别下降22.7%和75.6%。着力化解矛盾纠纷。扎实开展重信重访专项治理和市镇领导大接访活动，大力加强劳资调解，有效化解了一批群众关注的热点难点问题，群众越级到省上访批次下降9.5%，劳动争议案件调解率80.6%。

五、加大城乡统筹力度。坚持以工促农、以城带乡，促进区域协调发展。加快基础设施建设。26项市属道路交通和城市功能配套重点工程顺利竣工，30项开工建设。完成电网建设投资18.8亿元，新增LNG管网105公里，建成水利防灾减灾工程164项。积极扶持镇村发展。市财政共安排42.9亿元支持镇村各项建设，减轻村组负担。32个镇街可支配收入206亿元，增长30.3%。全市村组两级可支配收入181亿元，增长3.5%；净资产852亿元，增长6%。对573个村进行经济责任审计整改。完成村（居）委会换届选举。努力改善城乡环境。划定1103平方公里的生态控制线。建立生态补偿机制。完成生态环境整治工程146项，新增绿地699万平方米。在336个村（社区）铺开了旧村整治。市财政补贴1.54亿元建设农村公厕和垃圾转运站。运河综合整治稳步推进。开展违法用地专项整治，拆除违章建筑面积108万平方米，复耕复绿1.6万亩。

六、全面发展社会事业。坚持经济社会同步建设，大力推动各项社会事业发展。促进教育优质均衡发展。“三转二”办学体制改革稳步推进，东莞职业技术学院一期竣工，各级各类教育质量全面提升。全市普通高考录取率84.3%，每万户籍人口升大学92人，在全省地级以上市中名列第一。促进文化事业繁荣发展。创建全国文明城市通过国检。“文化三城”建设和公益性文化事业单位改革稳步推进，岭南画院、可园博物馆、文学艺术院正式启用，举办了首届“岭南美术节”，承办了广东省第四届音乐舞蹈花会、国际花园城市决赛等活动。促进社保、体育、卫生、人口计生等事业协调发展。继续抓好社保扩面征缴，全市各险种参保总人次1951万，增加503.6万。最低工资标准从690元提高到770元。推动全民健身运动，全市新增体育场地面积264万平方米。基本完成市人民医院新院、妇幼保健院新院、第三人民医院、疾病预防控制中心的主体工程建设。改革社区卫生服务管理体制，实现向“政府办政府管”的转变。加强人口和计生管理，人口自然增长率6.2‰。援助广西河池、西藏林芝、新疆哈密、重庆巫山及韶关新丰、乳源等对口帮扶地区财物9051万元。国防人防、气象测报、科普法普、外事侨务、工青妇幼、民族宗教、统计审计、档案方志以及打私、老龄等工作扎实推进。

七、坚持办好民生实事。以办好十件实事为重点，推进民生工程建设。一是创建平安社区。新建社区警务室127个，实现社区全覆盖。建成平安社区100个。二是优化公交服务。投入1.46亿元，新建一批公交站场、站亭和站台，增加了公交班次，延长了服务时间。三是加强住房保障。筹集建设廉租房17573套、经济适用房3107套；规划安排18亿元改造渔民社区。四是推动村际联网路改造。完成33条，总长115公里。五是加快治污工程建设。基本建成污水处理厂16座、截污主干管网工程13项。六是完善社区卫生服务。318个公办社区卫生服务机构建成并投入使用。七是健全基本医疗保障。为住院基本医疗保险参保人增加了普通门诊医疗保障。八是落实教育减负。对困难家庭高中生和大学生提供补助，低保家庭学生分别提高到3000元和7000元；为全市中职一、二年级户籍和部分非户籍学生提供1500元助学金。免收义务教育阶段户籍借读生杂费差额。九是帮扶困难群众。最低生活保障标准提高到400元。向19.9万名户籍困难群众发放每人1000元临时生活补贴。向1.9万名残疾人提供专项补助金以及康复、就业服务。市财政安排1.18亿元用于全市低温洪涝灾害救灾复产。十是促进培训就业。市财政补贴5859万元，资助技能培训11.7万人次。

八、着力提高行政效能。以提高行政效率为主线，强化执行能力，优化政府服务。积极创新行政管理。推进第三轮行政审批制度改革，调整行政审批事项108项，取消10项。探索并联审批，下放审批权限。46个单位和17个镇街设立了“一站式”办事窗口。成立新莞人服务管理局，城市综合执法管理局挂牌运作。健全监督考核体系。制定镇街领导班子和领导干部落实科学发展观评价考核办法。从预算编制、审批、执行等环节入手，加强财政绩效评价管理。完成行政审批电子监察系统三期工程，在全省率先实行审批绩效测评结果向社会公布。机关效能投诉减少22.6%。加强机关作风建设。严格执行党风廉政建设责任制，完善各项制度，整治行业风气，继续开展“市民评机关”活动。深入调查研究，形成了一批调研成果，有效增强了政府工作的系统性和主动性。

此外，我市支援汶川地震灾区抗震救灾和恢复重建工作也取得了显著成效，派出救援支援队伍200多人次，收治伤病人员21名，接收学生就读359名，全市累计捐款捐物7亿多元，援建板房18104套。对口支援映秀镇恢复重建第一批6个项目已经启动。

各位代表！回顾过去一年，我们倍感成绩来之不易。在严峻复杂的形势下，我们迎难而上，奋力攻坚，在转型发展的征程上迈出了坚实的步伐。这些成绩的取得，离不开上级和市委的正确领导，离不开市人大、市政协的监督支持，离不开广大投资者的勤奋经营，离不开全体市民和驻莞部队的共同努力，离不开港澳台同胞、海外侨胞以及国际友人的关心帮助。在此，我们表示衷心的感谢！

回顾过去一年，我们也清醒地认识到，全市经济社会发展还存在不少问题和隐忧。经济下行的压力加大，出口增长放缓，利用外资减速，固定资产投资回落；企业经营较为困难，生产成本上升，订单有所减少，关停企业数量有所增加；农村集体增收难度大，收不抵支矛盾显现；资源环境问题仍然突出，社会管理任务十分繁重，等等。充分暴露了发展方式仍然粗放、产业结构不合理、自主创新能力不强、体制机制不够完善等深层次问题，迫切要求我们重视解决。

回顾过去一年，我们还得到了许多有益的启示。我们深深地体会到：要应对危机和战胜困难，必须坚定科学发展、转型发展的决心。实践证明，转变经济发展方式是提高抗御风险能力和核心竞争能力的根本途径，要毫不动摇地推进结构调整，推进自主创新。必须坚定以世界眼光谋划发展的理念。今日之东莞，是中国东莞，也是世界东莞，没有开阔的视野和创新的思维，就无法找准定位，决胜未来。必须坚定以制造产业立市的方向。美国次贷危机表明，实体经济是持续发展的重要支撑。制造业是东莞赖以生存和发展的根基，要坚定不移地建设以信息产业为特色的现代制造业名城。必须增强防范经济风险的意识。开放型经济的风险突发性强，波及面广，我们要切实强化风险意识，完善防范机制，确保经济安全。

总体形势与工作要求

当前，国际金融危机的影响仍未见底。只有科学研判形势，明确工作要求，积极有效应对，才能趋利避害，在新一轮的发展中赢得主动。

首先，我们仍然面临严峻的困难挑战，必须清醒认识。应该看到，国际金融危机已经从局部发展到全球，从金融领域扩散到实体经济领域，世界经济增长明显减速。随着外部需求的萎缩和跨国企业扩张步伐的放缓，我市外贸出口将继续受到影响，招商引资工作的难度也将加大，经济增长的外部拉动作用明显不足。应该看到，去年受冲击的主要是直接出口企业，接下来将波及更多上下游配套企业，各级财政特别是村组集体经济增收的困难不小。因经济减速、企业减产或关停，也容易引发劳资纠纷、失业等系列社会问题。应该看到，金融危机造成消费者信心不足和消费预期下降，股市、房市、车市相继受挫，市场消费短期内难以有大的增长。2008年我市经受的冲击主要集中在第四季度，但2009年我们将要面临的，很可能是全年的困难。我们必须把情况掌握得更全面一些，把困难估计得更充分一些，做好艰苦奋战、应对挑战的准备。

其次，我们拥有克服困难的有利条件，必须坚定信心。面对困难，信心至关重要。我们要坚信，虽然国际经济金融发展遇到了困难和挫折，但世界和平发展的主题、经济全球化和技术革命的趋势没有改变。世界各国纷纷出手救市，对稳定经济形势、增强消费信心将起到积极的作用。我们要坚信，我国综合国力日益增强，集中力量战胜困难的优势明显，当前经济基本面良好，金融体系稳健，政治社会稳定，国内市场广阔，劳动力资源丰富，在国际竞争中具有较大优势，国际社会仍然看好中国。特别是中央迅速出台了一系列刺激经济政策，4万亿元的项目投资，必将有效拉动经济增长。我们要坚信，经过改革开放30年的发展，东莞拥有了比较雄厚的财力物力，构筑了相对完善的市场机制，积累了发展经济的丰富经验，锤炼了奋发有为的优秀干部和企业家队伍，为应对危机打下了坚实的基础。我市下来1400亿元的投资拉动，将在保增长上发挥重要作用。当前东莞的地缘人缘商缘优势仍在，产业配套优势仍在，企业生产能力仍在，市场基本需求仍在。而诸多不利因素正在化解，消费物价涨幅回落，资源瓶颈有所缓解，尤其是加工贸易出口退税率的提高、增值税的转型、银行利率的下调，燃油、钢材等原材料价格的大幅下降，将有效缓解企业经营压力。只要我们充分发挥优势，积极妥善应对，就一定能够战胜困难。

第三，我们处于不进则退的关键时期，必须主动作为。危机当前，不进则退。我们必须以非常的工作状态和精神状态，认真落实中央、省、市应对困难的各项措施，确保经济平稳较快增长。我们必须善于在危机中抓住机遇，在逆境中推动发展。尤其要认识到，当前的危机，是危中有机，是传统发展模式之危，科学发展模式之机。实践证明，资源主导、外向依赖的发展模式，不仅直接带来了资源环境代价沉重、社会管理压力巨大等问题，而且抗御风险能力不强，无法承受国际市场波动、国内政策调整造成的冲击。实践证明，凡是转型升级早的企业，市场竞争能力就强，在危机面前就显得主动。在危机的倒逼下，广大干部群众进一步认识到科学发展的重要性，进一步增强了转型发展的主动性。广大企业切实感受到了转型升级的必要性，切实强化了改变经营策略、提高自主发展能力的积极性。这种转变就是转机，是统一思想、坚定信念之机，是加快转型、增创优势之机。我们必须因势利导，更加积极地推进结构调整，推动转型发展。

总之，办法总比困难多。我们必须积极主动，出手要快，出拳要重，措施要准，工作要实。今年政府工作的总体要求是：高举中国特色社会主义伟大旗帜，全面贯彻中央、省的重要会议以及市委十二届四次全会精神，深入实践科学发展观，推进经济社会双转型。坚持应对危机与化危为机相结合，切实落实“三促进一保持”要求，把保持经济平稳较快增长作为首要任务，把结构调整升级作为根本出路，把加强经济社会管理作为重要保障，把改善民生作为出发点和落脚点，着力保增长，积极促转型，全面抓管理，更加重民生，确保全市经济社会又好又快发展。

具体来讲，保增长，就是要实施积极的财税金融政策，通过加大基建投资、稳定企业经营等多种手段，最大限度地扩大内需、刺激消费、稳定出口，保持经济平稳较快发展。促转型，就是要积极促进自主创新、促进传统产业转型升级、促进现代产业体系建设，确保转型发展的方向不变、力度不减、步子不停。抓管理，就是要加强宏观经济形势研判，密切监控经济运行状况，强化财政收支和集体资产管理，切实防范和应对经济风险；加强隐患排查整改，及时化解经济减速时期可能增加的矛盾纠纷，维护社会稳定和谐。重民生，就是要着力发展普惠型、共享型的社会事业和保障体系，认真解决社会热点难点问题，减轻危机对群众生活的影响。

综合考虑各方面因素，今年全市经济社会发展的目标是：生产总值增长10%；市财政一般预算收入增长8%；固定资产投资总额增长16%；社会消费品零售总额增长14%；力争外贸出口有所增长；居民消费价格总指数上升控制在4%以内；城镇登记失业率控制在3%以内；城市居民人均可支配收入增长6%；农民人均纯收入增长5%；单位生产总值能耗下降4.4%；人口自然增长率控制在6.4‰以内。

2009年工作安排

为了实现年度目标任务，具体要抓好以下九个方面工作：

一、着力加强扶企引商，多策并举共度时艰

动员全社会力量，团结携手，共度时艰，突出稳定企业经营，促进经济平稳增长。

营造帮扶企业氛围，千方百计稳定企业信心。密切关注宏观经济运行趋势，及时主动决策应对。密切关注企业经营，及时介入帮扶指导。继续举办“稳定企业扎根发展”系列活动，完善落实各项企业服务制度，充分发挥商会和行业协会沟通政企、服务企业的作用。加强政策宣传，树立正面典型，推广成功经验，营造政府帮扶、企业自强、社会支持的良好氛围。

狠抓扶持政策落实，想方设法帮助企业解困。认真落实中央、省、市各项扶持政策，突出抓好我市“五个10亿”计划的细化实施，积极帮扶中小企业，扩大政策普惠面。加快解决产权抵押问题，有效盘活沉淀资产，增强金融机构放贷积极性，用好四大银行2100亿元的授信贷款。鼓励企业拓展市场，实行政府采购向在莞企业倾斜。坚决清理不合理收费，有效减轻企业负担。

更加注重招商引资，内外并重引进优质项目。细化招商目录，针对大型项目、产业链缺失项目、产业服务项目，主动组织各种招商活动，突出加强对港澳台、日韩、欧美招商，奖励引资贡献突出的单位和个人。抓住我市被确定为落实CEPA及先行先试政策措施试点市的机遇，大力引进港澳现代服务业。加大内资引进力度，加强与周边地区的产业合作。

二、稳妥调整产业结构，构建现代产业体系

贯彻落实《珠三角地区改革发展规划纲要》，积极推进产业结构调整升级，主动融入珠三角区域经济一体化发展。

坚定不移地谋求重点领域突破。总结推广试点经验，出台实施“1+26”政策文件，整合优化各项扶持措施，向重点行业企业倾斜，着力扶优扶强。突出扶持电子信息等先进制造产业，加快松山湖IT研发园建设，积极发展平板显示、新光源、新能源和新型移动通信等产业。突出扶持现代服务产业，加快发展金融、物流、会展等产业，稳步发展服务外包、创意产业和总部经济。突出扶持重点企业，各镇街分别从优势产业中筛选5—8家企业，进行重点扶持，促进做大做强。突出打造镇村转型典范，对原5个试点镇继续落实“三优先”，力争在优质项目引进、“退二进三”、集体经济转型等方面取得新的突破。

坚定不移地促进加工贸易转型。继续推动来料加工企业不停产转“三资”企业，鼓励资助拓展内销、技术改造、设立研发机构和地区总部。支持港台产业服务机构进入东莞，直接为企业转型升级提供服务。协调解决企业内销碰到的突出问题，探索建立外资企业产品直销中心，继续做好内销试点工作。加快“两仓合一”保税物流发展，推动加工贸易合同电子审批全覆盖。

坚定不移地推动产业集群升级。积极改造提升传统优势产业，继续抓好长安五金模具、虎门服装、大朗毛织、大岭山家具、石龙电子等省级产业集群升级示范区建设，推动特色产业、专业市场、会展经济互动发展。加快专业镇技术创新平台建设，大力创建区域品牌。

坚定不移地落实节能降耗减排。深入创建国家环保模范城市，控制污染项目引进，加强企业排污监管，开展污染专项整治。抓紧9个环保专业基地的规划、报批和建设。加强项目节能评估审查，深化企业节能行动，大力推广节能路灯。积极开展省循环经济和国家节水型社会建设试点工作。推广应用天然气、水煤浆等清洁能源，新建一批汽车供气站，加大清洁生产执法力度。深入推进依法集约节约用地，落实土地利用总体规划，加强土地执法监察，严守耕地保护红线，继续清理盘活闲置用地。

三、积极推进自主创新，增强核心竞争能力

加大引导扶持力度，弘扬艰苦创业精神，营造全民创业氛围，激发企业创新活力，推动自主创新发展。

大力培育“两自”企业。落实企业研发费税前抵扣等优惠政策，用好我市多个财政专项资金，对认定的高新技术企业、民营科技企业，给予重点扶持。鼓励企业设立研发机构，增加研发投入，加快技术改造，开发专利产品。鼓励企业争取重大科技专项，对国家级、省级资助项目给予配套支持。落实省“千百亿名牌培育工程”，扶持企业争创各类名牌名标。积极参与行业标准、国家标准的修订制定。

大力推动产学研合作。加强科研院所与行业、企业的有效对接，加快东莞中山大学研究院、工业和信息化部第五研究所东莞分中心等建设。组建发展省部产学研创新联盟。认真实施省部企业科技特派员行动计划。大力推进节能减排与再生资源、产业共性技术等省重大科技专项，积极配合中国散裂中子源项目。办好东莞国际合作周等科技交流活动。

大力优化创新创业环境。积极开展省科技金融试点工作，促进科技与金融结合，发展创业投资，推进企业上市。加快产品质量检测基地等各类公共平台和行业技术平台的建设。加大知识产权保护力度。推进集体福利分配制度改革，落实小额低息免息贷款、税费减免等政策，鼓励就业创业。放宽企业人才入户标准，简化落户审批和办理程序，在各镇街和市级园区成立新型社区居委会，解决基层入户难问题；帮助人才解决配偶就业、子女入学等实际困难。继续资助技能培训，提升劳动者素质。

四、加大园区开发力度，培育经济新增长点

加快园区载体建设，迅速形成产业规模，强化辐射带动作用，使园区成为全市发展的重要引擎。

加速松山湖的产业集聚。把壮大产业实力作为当前最突出的任务，真正发挥全市科学发展示范区、产业升级引领区的作用。以市级审批权限下放为契机，全力加快引资步伐，强化跟踪服务，推动已签在建项目早日投产，加快集聚一批高新技术企业和产业支援服务企业。继续推进科技园二期、创意生活

城、生态景观带等建设，积极做好国家级园区申报工作。

推动虎门港的全面提速。积极支持港区主码头泊位的建设运营，全面推进保税物流中心建设，积极申报综合保税区，提升港口核心功能。切实加强征地拆迁工作，推动立沙岛整体开发。成立对台直航促进机构，加速莞台航运合作。推进虎门港资本运营，优化港口开发模式。

加快东莞生态园和长安滨海新区的基础建设。加快完善东莞生态园规划体系，完成收地清拆任务，抓紧已动工的12项工程，全面启动拟开工的19项工程，基本完成主要路网建设。加快长安滨海新区的规划编制和申报，尽快启动水利、道路、填海等项目建设。

推进镇村工业集聚区的整合提升和产业转移园区建设。研究统筹东部工业园发展，实行统一规划管理，提升开发建设水平。加强镇村工业集聚区的整合改造，优化厂区布局，完善功能配套。推动与韶关、惠州共建市级产业转移园，争创全省示范性产业转移园区。

五、加快基础设施建设，有效扩大投资拉动

把基础设施建设作为拉动投资、扩大内需的重要抓手，全力加快在建筹建项目进度。

加快推进道路交通项目建设。加快建设轨道交通，力争年内动工东莞轻轨首期工程，配合穗莞深城际轨道干线东莞段建设。加快完善高快速路网，建成环城路与广深高速石鼓连接线、环莞快速路首期、莞深高速三期、常虎高速新联支线、惠常高速东莞段，推进深圳外环高速东莞段、博深高速、从莞高速、常虎高速虎门港支线二期、东莞大道延长线等建设。加快石大公路、中麻公路、中望公路、谢樟公路等市域公路建设改造。加快镇村联网路建设。

加快推进城市功能配套项目建设。加强电网建设改造，建成110千伏及以上输变电工程16项，新增主变容量344万千伏安。推进供水管网改造，完成第六水厂优质供水工程，加快东江与水库联网工程。新建LNG管网160公里。加快水利防灾减灾工程建设，完成前两批共365宗，启动第三批70宗。建成市人民医院新院、妇幼保健院新院、第三人民医院、疾病预防控制中心、广电中心等项目，动工市中医院新院、卫校新校、东莞篮球中心等项目。

加快推进生态环境工程项目建设。基本完成污水处理工程，启动支次管网工程，建成医疗废物处理中心和污泥处理厂，加快5座生活垃圾处理厂的建设。按照“截污、清淤、活源、治堤”八字方针，扎实推进运河综合整治。深化农村环境“五整治”，提高生态环境质量。

六、加强基层统筹管理，加力扶持镇村发展

坚持“统筹、放权、扶持”有机结合，积极推进体制机制改革，促进镇村持续稳定协调发展。

以“三旧”改造为突破，有效整合发展空间。以省“三旧”改造试点为契机，出台实施暂行管理办法，对转型企业土地权属、建设用地改变用途、成片拆迁改造等进行分类处置，着力解决历史遗留问题，简化操作程序，调动各方参与的积极性。加大统筹推进力度，结合产业结构调整，制订镇一级“三旧”改造规划实施方案，倡导农民公寓多村联建，推进工业进园，鼓励“退二进三”。

以转移支付为激励，增强镇村发展动力。完善镇街“超收奖励”的财政激励机制。积极探索村级体制改革，逐步分离村级行政管理与经济运营职能。继续实施专项扶贫政策，重新划定经济欠发达镇、村，对新列入的欠发达镇提供连续3年每年1亿元扶贫贴息贷款；对新列入的欠发达村提供300—700万元扶贫贴息贷款，贴息3年，一次性增加50—100亩的用地指标；对原11个欠发达镇的扶贫贷款统一延期贴息3年。市财政安排2.3亿元，对经济实力排名靠后的285个村（社区）公共管理支出进行补助。

以资产管理为重点，促进增收节支减债。严格执行重大事项审查、土地款管理、经济合同管理等制度，强化镇街内部审计和农村审计监督，切实加强镇街财政收支和农村集体资产管理。严控一般性支出和楼堂馆所建设，严控举债推进基础设施建设，严控分红过快增长，严控低价出让集体资产，规范村一级担保贷款，积极防范集体债务风险。大力完善集体经济组织公司化管理，实现资产保值增值。及时做好关闭企业厂房设备的盘活利用。

以生态高效为方向，加快现代农业发展。积极推动土地承包经营权流转，加强农业机械化推广，促进适度规模经营。力争全市农业龙头企业达 20 家以上，新型农民专业合作组织达 25 家以上。基本完成 10 个市级农业园区的基础设施建设，建成现代标准农田 7 万亩，建设市级特色农业标准化示范基地 4 个。完善农业补贴机制，开展农产品产销联建，加强主要农产品的应急储备。开展农业政策性保险试点。加快渔民社区的规划改造。

七、强化城市综合治理，维护社会安全稳定

把维护稳定作为第一责任，加大治理力度，提高管理水平，营造安定有序的社会环境。

连续作战，推动治安形势持续好转。坚持夯实基层，继续推进警力下沉，加大路面巡逻力度，加强出租屋和流动人口管理，新建平安社区200个。坚持严打高压，重拳打击恶性犯罪和多发性犯罪，严厉打击老虎机、地下“六合彩”等赌博行为以及娱乐场所涉毒涉黄行为。坚持科技强警，推进公安系统信息化建设，继续完善视频监控网络。坚持从优待警与从严治警相结合，提高队伍综合素质。

毫不松懈，全面加强安全生产监管。执行最严格的安全生产和食品药品质量安全标准，继续深化专项整治，突出抓好危险化学品、人员密集场所、“五小”经营单位等重点领域，严厉打击非法生产经营，切实消除安全隐患，坚决遏制重特大事故发生。建立重大危险源监控预警系统，推动化工重点规划区域、安全农产品加工配送中心、镇街食品生产基地等建设。夯实基层消防队伍，在全市所有村（社区）建立安全办。加强安全宣传教育培训，探索安全生产管理市场化运作模式。

疏堵结合，继续优化市政交通管理。加强城市管理综合执法，大力整治城市“六乱”。深入推进“治摩”工作，禁止摩托车在环城路以内的核心城区行驶。坚持公交优先发展，完善市区、镇内和跨镇三级公交网络，抓紧快速公交试验段和公交站点建设，增加公交运力投放。加强出租车行业的扶持和管理。加快无障碍自行车道建设，完善人行过街设施，缓解市民出行难压力。

协调联动，及时排查化解矛盾纠纷。加强和改进信访工作，着力抓好重信重访专项治理，及时有效处理群众反映的问题。深入开展普法教育，加强司法援助和司法调解，引导群众依法维权。加大劳动监察力度，完善企业倒闭风险预警机制，探索建立应急补偿金机制，有效处置因企业问题引发的群体性事件，严厉打击骗贷逃匿、欠薪欠租逃匿等违法行为。加快应

急平台一期和市镇两级应急救援指挥中心建设，健全预警体系和应急处理机制，不断提高处置突发事件的能力。

八、全面发展社会事业，推动民生持续改善

积极发展以民生为重点的各项社会事业，扎实推进民心工程，不断改善群众生活，促进社会文明。

坚持优化发展教育事业。深化“三转二”办学体制改革，加快高中阶段学校布局调整，抓紧新建扩建12所高中学校。大力发展职业教育，加快生态园职教城的建设，支持重点职校与我省东西北部市县开展联合办学。完善促进民办教育发展的财政政策。构建教师专业成长体系，培育优化师资力量，年内分类解决代课教师问题。研究制定新莞人子女接受义务教育的管理办法。继续支持高等教育发展。

坚持繁荣发展文体事业。巩固全国文明城市创建成果，深化文化事业单位改革，推进“文化三城”建设，大力发展文化产业。继续抓好公益文化活动项目招商。加快工人文化宫和市民艺术中心建设。加强文物和非物质文化遗产保护，充分挖掘虎门鸦片战争遗址、篮球城市等独特资源，打造富有东莞特色的文化旅游品牌。支持文艺创作活动。加强文化市场综合执法。实施“半小时体育生活圈”工程，完善各项体育设施，推动全民健身运动。认真备战第十三届省运会。

坚持全面发展卫生、社保、民政等各项事业。深化卫生体制改革，加强社区卫生服务机构管理，加快完善社区卫生服务六大功能。深入推进农（居）民养老保险制度改革，探索建立养老基金支付风险预警机制。调整提高医保年度最高支付限额，住院险从4万元提高到10万元，综合险从8万元提高到15万元，增加生育医疗待遇。继续推进“六好”平安和谐社区建设。引导社会组织发展，建立社会工作制度。坚决完成对口支援汶川映秀镇恢复重建年度任务，争创恢复重建样板工程。认真做好国防人防、双拥共建、人口计生、科普法普、区域协作、外事侨务、港澳台务、工青妇幼、老龄残疾、民族宗教、打私、气象、统计、档案、方志等工作。

坚持为群众办实事、办好事。做好大中专毕业生和失业人员的就业服务，落实资助性就业培训、公益性岗位援助等措施。落实最低生活保障和社会救助等制度。继续推进廉租房和经济适用房建设。加快市区和各镇中心区内涝整治。加强生活饮用水卫生监管，基本完成欠发达村老化水管改造。推行户籍人口免费孕检。年内建成32个样板农贸市场。深入开展关爱新莞人活动。今年继续为群众办好十件实事。

九、深化政府自身建设，打造务实高效政府

创新管理方式，改进机关作风，狠抓工作落实，为应对危机、转型发展提供坚强保障。

改革创新促提效。深化行政审批制度改革，加大审批权限向基层部门和镇街下放的力度。对财政投资项目“一书两证”等实行并联审批，确保重点项目优先办理。完善财政投资项目代建制。对重点企业试行筹建期核发临时营业执照制度。加强财政资金使用绩效评价，试行市级财政专项资金竞争性分配改革，切实提高专项资金的使用效益。

改进作风优服务。推进电子政务建设，严格落实一次性告知、首问责任等制度，积极推广办事“一条龙服务”。探索建立“一卡通”集中缴费智能系统。整合投诉平台，畅通投诉渠道，集中排查解决一些社会反映强烈的机关作风问题，坚决纠正行业不正之风。严格控制会议、文件数量，严格控制由财政出资举办的晚会、展览、庆典、论坛活动，腾出更多的精力和资金来扶持企业、改善民生。坚持深入基层，推广现场办公，解决实际问题。继续开展公务员行为规范和职业道德教育实践活动，建设为民、务实、清廉的干部队伍。

严格督查保落实。强化政府工作的分解执行，明确目标进度，创新方法举措，严格督查督办。落实重大产业项目和基建项目市镇领导挂钩督导制，建立重大问题报告制度和协调处置联席会议制度。实施新修订的工作考评办法，突出对年度重点任务的考核。加强效能监察，落实责任追究，深入推进廉政建设和反腐败斗争。继续开展“市民评机关”活动，主动接受人大、政协和社会的监督。

各位代表！在当前这样一个特殊的时期，我们更加需要坚定信心促发展，凝心聚力谋转型。我们坚信，有上级和市委的坚强领导，有人大政协的监督支持，有全市人民的共同努力，东莞一定能够克难奋进，续写新的辉煌！

名词注解：

“1＋26”政策文件：2008年4月东莞正式启动产业结构调整和转型升级试点工作，研究推进14个课题27项配套政策文件出台。其中“1”是指《关于推进产业结构调整促进产业转型升级的意见》，“26”是指《东莞市推进加工贸易转型升级工作方案》、《东莞市转型升级实施“三旧改造”土地管理暂行办法》等26项具体配套政策文件。

“三转二”办学体制改革：东莞从2007年开始，逐步实施市镇统筹办学、二级管理的办学管理体制改革。具体模式为：全市高中阶段学校由市统一管理；初中由市、镇（街）共管，以镇（街）为主；小学由镇（街）统一管理，村（社区）不再负责学校管理。

文化三城：即图书馆之城，博物馆之城，广场文化之城。

三促进一保持：这是省委提出的当前经济工作的重要要求，即促进提高自主创新能力、促进传统产业转型升级、促进建设现代产业体系，保持经济平稳较快增长。

“五个10亿”计划：即10亿元的加工贸易产业转型升级专项资金；10亿元的科技创新专项资金；10亿元的中小企业和加工贸易企业融资专项资金；10亿元的创业就业专项资金；清理规范行政事业性收费为企业减轻负担约10亿元。

CEPA：2003年中央与香港、澳门分别签署了《内地与香港关于建立更紧密经贸关系的安排》和《内地与澳门关于建立更紧密经贸关系的安排》，之后又签署了一系列补充协议，旨在促进内地与港澳的融合发展、加快发展。“更紧密经贸关系的安排”英文表述为“Closer Economic Partnership Arrangement”，简称“CEPA”。

试点镇“三优先”：对产业结构调整升级试点镇实行政策倾斜，优先办证办事，优先政策适用，优先资源投放。

综合保税区：指集保税区、出口加工区、保税物流区、港口等多种功能的海关特殊监管区域，可以发展国际中转、配送、采购、转口贸易和出口加工等业务，是目前国内功能最全的海关特殊监管区域。

“三旧”改造：即旧城区、旧厂房、旧村庄的改造。

“五小”经营单位：即小商店、小农资店、小作坊、小餐饮店和小屠宰场。

附：2009年市政府十件实事

一、市镇两级财政投入8000万元，新建200个平安社区，使全市50%的社区成为平安社区；在全市公路主干道、治安复杂区域建设38套治安卡口系统（车牌自动识别系统）。

二、全市新增公交线路47条，增加运力300辆；在市区新建一批人行天桥和自行车道。

三、市镇两级财政投入6000万元，基本完成63个欠发达村500千米的老化水管改造工作；农村集中式供水单位监督监测覆盖率实现100%、出厂水抽检合格率达88%以上；二次供水单位建档率达100%；分质供水（管道直饮水）单位领证率达100%，监督监测覆盖率达100%。

四、全市新建学生宿舍10栋，新增学生床位10000个。

五、市镇两级投入28.4亿元，全面完成365宗城乡水利防灾减灾工程，加固江河堤围633公里，新建、改建或加固水闸99座，新建或改建排站84座，新增装机容量7万千瓦，改善灌溉面积121万亩，改善治洪面积 73万亩。

六、市人民医院新院、市疾病预防控制中心、市第三人民医院一期、市妇幼保健院新院投入使用，新设病床2600张；建成58个社区卫生服务中心（站），使全市376个社区卫生服务机构全面投入运作，进一步完善社区卫生服务六大功能；启动市中医院新院建设。

七、启动市区内涝整治应急工程，年内投入1亿元，完成一期工程，整治行政中心广场、簪花路、环城路诺基亚路口、松山湖大道东莞救助站路口、东部快速立交、东莞大道石鼓立交、蛤地路口等7个内涝点，以及老城区兴贤街、上桥南方装饰市场、横岗新村等3个内涝点。

八、完成户籍劳动力资助性技能培训1.2万人次，完成新莞人技能提升培训5万人次，对登记失业人员的就业服务率达到100%；安排5000万元，为20000名户籍困难残疾人提供生活专项补助、康复、就业、特殊教育及托养服务。

九、年内解决2000户城乡低收入住房困难家庭的住房问题；出台改善新莞人居住条件的配套政策。

十、全市建成32个样板农贸市场。

▲ 东莞市中心广场

创建全国文明城市

东莞市位于广东省中南部，珠江口东岸，穗深港经济走廊中段，北靠广州，南连深圳，东邻惠州，是珠江三角洲的核心城市之一。2008年辖28个镇，4个街道办事处，386个村委会，205个居委会。全市陆地面积2465平方公里，常住人口694.7万人，其中户籍人口171.26万人，外来常住人口523.46万人。东莞是岭南文明的重要发源地、中国近代史的开篇地和改革开放的先行地。中外闻名的虎门销烟发生在东莞虎门镇，民族英雄袁崇焕、抗日名将蒋光鼐、著名画家邓白、举重冠军陈镜开等均为东莞籍人。

改革开放以来，东莞抓住机遇，加快发展，迅速从当年一个香飘四季的农业县跃变成为举世瞩目的现代制造业名城，创造出城市发展的"东莞奇迹"，成为全国改革开放一个精彩而生动的缩影。30年来，东莞生产总值以年均18%的速度快速增长，以占全国0.02%的土地、0.5%的常住人口创造了超过全国1%的生产总值、财政收入、储蓄存款。2008年，全市实现生产总值3710亿元，同比增长14%；来源于东莞的财政收入601.1亿元，增长12.2%；进出口总额1132亿美元，增长5.9%，其中出口总额654.5亿美元，增长8.7%；金融机构本外币各项存款余额4460亿元，比年初增长16 %。全市城市化水平达85.2%，基本实现城乡一体化，28个镇全部进入"全国综合实力千强镇"排行榜。东莞经济社会的快速发展，不但解决了本地农村劳动力的就业问题，而且吸纳了近千万来自全国各地的新莞人，他们在这里接受现代文明洗礼，又将现代文明传播到全国各地。新莞人来莞务工，不仅实现了"输出一人，全家脱贫"，而且造就了一大批产业工人、中小企业主等，使东莞成为全国最大的文明训练基地之一。2007年新莞人通过邮政汇出金额达370亿元，有力地支持了后发地区的发展。截至2008年，东莞先后获得"全国科技进步先进市"、"全国体育先进市"、"全国民族团结进步模范单位"、"全国无偿献血先进城市"、"中国优秀旅游城市"、"国家卫生城市"、"全国绿化模范城市"、"全国双拥模范城（六连冠）"、"国家园林城市"和"全国创建文明城市工作先进城市"等37项省部级以上荣誉称号，在国内外影响力与日俱增。

在开展创建文明城市活动中，东莞市主要做了以下几方面的工作：

一、以科学发展为统领，让文明创建体现高度。

东莞市一直把创建全国文明城市作为实现科学发展的战略任务来抓，作为提升城市品位的首要任务来抓，作为增强城市竞争力的突出任务来抓，作为造福百姓的政治任务来抓。早在1999年，东莞市就提出创建文明城市的目标，揭开创建的序幕；2002年，市委、市政府将创建广东省文明城市工作摆上重要议事日程，2003年成功创建"广东省文明城市"；2005年，被中央文明委授予"全国创建文明城市工作先进城市"称号后，东莞市确立2008年力争成为全国文明城市的目标。截至2008年，东莞市紧紧围绕这一目标，确立了"重在参与、重在过程、重在实效"的创建理念和"东莞因你而文明"的创建口号，全力以赴，精心组织，积极推进，确保各项创建工作落到实处。

一是健全强有力的组织领导机制。东莞市把创建全国文明城市工作列入"一把手工程"，纳入政府工作规划、年度工作计划和年度考核。市镇（街）两级分别成立创建全国文明城市工作领导小组、文明委和创建办，市委书记、市长亲自担任市创建全国文明城市工作领导小组组长、执行组长，亲自部署、亲自检查指导工作。各级创建领导小组组长、成员都是各级各部门一把手，分层分级落实责任，协调督办。2006年以来，市委常委会先后9次专题研究全市精神文明创建工作，召开4次全市性高规格大型会议，组织20多次不同形式的现场会、点评会、推进会，进行动员部署，推进责任落实。2006年和2007年市财政预算安排精神文明建设专项经费1.04亿元，在财力上极大地保证创建工作的深入开展。

二是健全大格局的工作运行机制。市委、市政府从文明委各成员单位抽调32名干部，充实到市创建办，专人、专职、专点办公，统筹指导、协调督查全市创建工作。市政府与各镇（街）、有关部门签订严格的目标责任书，先后出台《关于创建全国文明城市工作的意见》、《创建全国文明城市工作实施方案》、《创建全国文明城市模拟测评工作方案》、《创建全国文明城市迎"国检"实施方案》等，将测评体系的111项指标任务层层分解到各镇（街）、各部门。建立各类创建单位工作台账，实行全过程跟踪督查，推行文明委成员单位联检制和媒体公示制。

三是健全广覆盖的氛围营造机制。充分利用电视、电台、报纸、网络等媒体资源和社会宣传资源，进行多领域宣传、多形式造势、多维度传播，使得文明创建宣传进工厂、进社区、进村镇、进机关、进学校、进军营，做到"抬头可见、随处可读、每时可听"。报纸、电视、电台、网络等各级媒体开辟创建专版、专栏，播出专题新闻1918条，刊登845期专题报道，推出专题网页10个，拍摄14则创文电视、广播公益广告每天播放密度30次以上；电讯部门为60万固定电话用户、600万手机用户免费开通文明创建公益彩铃；在所有市内、省内公共汽车和出租车、旅游大巴上进行文明创建宣传；利用分众传媒1000多个终端视频，邮政300多个经营网点视频以及全市各大商业中心、大型住宅区、购物中心发布文明宣传片。全市形成"上下联动、各方支持、人人参与"，"创建为了人民、创建依靠人民、创建成果由人民共享"的创建格局。

二、以市民素质为支撑，让文明创建凸显实效。

东莞市把社会主义核心价值体系融入到精神文明建设全过程，努力提高市民文明素质，加快推进人的转型。

一是注重以科学理论武装人。坚持把干部素质放在首位，加强干部教育培养，提高科学执政能力。以中国特色社会主义理论、科学发展观、社会主义核心价值体系等为主要内容，以

"东莞学习论坛"为有效载体，推进党委中心组学习制度化、规范化。2006年以来，各单位、各镇（街）党委中心组学习达4000多次，"东莞学习论坛"举办报告会18期，参加人数超过1万人次。2006年以来，先后组织领导干部赴珠三角、长三角、环渤海、西南等地区以及澳大利亚、新加坡等国家进行学习考察，学习先进经验和理念，探索东莞市转型发展新路向。

二是注重以城市精神引领人。2006年开展声势浩大的东莞城市精神大讨论，最终确定"海纳百川、厚德务实"为新城市精神。组织城市精神百名杰出人物、"爱国、守法、诚信、知礼"现代公民教育活动年度人物、"推进双转型、建设新东莞"杰出企业等评选表彰活动，开展"讲感人故事，学身边榜样——寻找我身边的感人故事"征集活动。通过树立先进典型，引导市民学习先进人物，实践城市精神。

三是注重以道德教育感化人。积极打造平台、创新机制、营造氛围，把思想道德教育贯穿于文明创建的全过程。突出教育内容的针对性。坚持每年突出一个主题，先后开展"三德"（社会公德、职业道德、家庭美德）、"三立"（立德、立志、立业）、"五破五增"、"文明东莞三有序"、"树新风、迎奥运、创文明城市"、"东莞因你而文明，奥运因你而精彩"金钥匙工程等主题教育活动。突出教育对象的广泛性。在户籍居民中，开展"三现代"（现代人、现代生活、现代城市）教育，强化市民的城市意识。在未成年人中，开展"做一个有道德的人"主题实践活动，切实为未成年人办好十件实事。抓好新莞人的教育，免费开展道德、法纪、技能培训，帮助新莞人向新市民转变。突出教育载体的多样性。以社区为单位，以基层群众为主体，成立市民学校590多所，开设市民学校大讲堂，讲心里话，议身边事，解周边难。开展文化、科技、卫生"三下乡"，科教、文体、法律、卫生"四进社区"，以及"广东文明论坛"、"无环卫工人日"爱护市容体验教育、"东莞市文明日"、"我们的节日—2008广东（东莞）端午传统文化体验日"、"百城市道德模范巡讲"、"讲文明、促和谐"校园"八个一"等活动，颁布实施新的《东莞文明公约》和《东莞市民文明行为规范》，把社会主义核心价值体系渗透到人们日常工作生活之中。

四是注重以群众创建陶冶人。不断深化群众性创建活动，丰富创建内容，提高创建标准。以环境整治为切入点，开展文明镇村创建活动。改善镇村基础设施，完善镇村服务网络，健全镇村服务体系，有计划地组织镇村制定村规民约和日常行为规范。以和谐创建为重点，开展文明社区创建活动。围绕社区环境、服务、管理、文化和人际关系等五个方面建设，抓教育、抓阵地、抓载体、抓服务、抓队伍。以诚信教育为突破口，开展文明单位创建活动。在与群众生产生活密切相关的部门大力开展"共铸诚信，共创文明"主题教育活动，以政务诚信、商务诚信、社会诚信为重点，推进社会信用体系建设。

三、以共建共享为突破，让文明创建彰显特色。

截至2008年，东莞市有新莞人500多万人，加上流动人口达1000多万人。在创建中，东莞市扎实为新莞人办好事，做实事，解难事，使广大新莞人在经济上更有实惠，在政治上更有地位，在情感上更有归属。

一是确定"新莞人"称谓，让"来者"有"名份"。通过广泛讨论，确定将"新莞人"作为东莞市外来务工人员的正式称谓。积极整合行政资源，在全国率先成立新莞人服务管理局，促进新莞人与户籍人口管理的有机统一。

二是加强就业服务，让"工者"添"底气"。大幅提高工资待遇，月最低工资标准从2003年的450元提高到2008年的770元。实施劳动合同三年行动计划，劳动合同签订率达92.4%。实施"新莞人培训工程"，计划到2010年实施技能培训45万人次、岗前素质教育40万人次。开展面向新莞人的"春风行动"，全面实施免费就业服务。

三是解决子女就读，让"忧者"能"放心"。截至2007年，在东莞市就读的非户籍中小学生达44.2万人，占全市中小学学生总数比例由2001年的23%增加到2007年的58.6%。2007年市镇两级财政为新莞人子女就读提供的教育补贴达5.8亿元。

四是实施廉租解困，让"游者"得"安居"。市财政投资近10亿元建设新莞人廉租住房小区。截至2008年，在市区和8个中心镇先行试点，解决部分新莞人住房需求。计划建成廉租房约15000套、经济适用房约3300套。

五是放宽入户政策，让"能者"有"归宿"。制定企事业人才迁户、高水平体育人才入户、优秀新莞人入户、"两新"组织优秀共产党员入户、见义勇为新莞人入户等政策。2005年至2007年，共有5.65万名新莞人入户，其中通过上述政策入户的有4900多人。

六是营造"城市暖流"，让"劳者"获"舒心"。加大文化建设力度，在工厂企业相对集中的地区，兴建以新莞人为主要消费对象的文化娱乐场所。举办新莞人歌唱大赛、才艺大赛、新春团拜、送戏送电影等活动，形成一股"文化暖流"，满足新莞人的文化需求。

七是创新参政机制，让"外者"当"主人"。东莞市已有2名新莞人当选省第十次党代会党代表和省人大代表，另有新莞人市党代表17名、市政协委员5名。公开选拔新莞人任团市委专职副书记、市总工会副主席、市妇联副主席等职位。

八是扩大社保覆盖，让"难者"有"依靠"。在全国率先实施社保年检制度，将参加社保作为企业办理年检手续的必要条件。全面推进新莞人参加工伤保险。在全市职工各项保险参保中，新莞人占近九成。

四、以民生改善为目标，让文明创建激发活力。

在创建全国文明城市过程中，东莞市始终坚持以人为本，认真解决不同群体、阶层群众的各种现实问题，不断提高人民生活水平和幸福指数，使人民群众成为文明城市的创建主体和受惠主体。

一是保民安。2006年以来，坚持每年把社会治安列为十件民生实事之首，深入开展"端窝"、"断腿"、"禁电"、"清源"等专项行动，整治出租屋、摩托车，取缔电动自行车、"黑网吧"。陆续组织"打黑除恶"、命案侦破、"粤鹰"、"铁腕"、"雷霆"等一系列严打战役。建设治安、公交、出租屋三大视频监控系统，重奖见义勇为有功人员，加快创建平安社区（村），促进社会治安明显好转。群众对社会治安的满意率由2006年4月的43%提高至2007年底的87.25%。

二是促民富。实施创业东莞工程，从2006年起市财政连续五年每年拿出10亿元，推动全民就业创业。特别是妥善安置"摩的"司机就业。全市城镇登记失业率控制在3%以下。2007年城市居民人均可支配收入和农村人均纯收入分别达到27025元和11606元。

三是解民忧。率先在全国实行农（居）民养老保险，率先在全国建立全市城乡一体的社会基本医疗保险制度，推行农（居）民基本养老保险与职工基本养老保险的初步并轨，建立了覆盖城乡的基本养老保险、农（居）民基本医疗保险和计划生育养老保险体系，解决群众的后顾之忧。截至2008年，全市各项保险参保总人次达1951万。加快完善疾病防治、卫生监督和医疗救助三大公共卫生体系建设，建立稳定的社区卫生管理和投入机制，市镇投入6.82亿元建设社区卫生服务中心和服务站。首批318个社区卫生服务机构投入使用，社区门诊医疗保障正式启动。

四是帮民困。在全省率先免除城乡义务教育阶段学生学杂费和书本费，推进教育体制从“三级办学”向“两级办学”转变。2007年市财政教育支出27.5亿元。成功创建“广东省教育强市”，实现省教育强镇全覆盖。解决困难家庭子女的读书难问题，低保家庭在读大学生补助标准提高到每人每年度7000元；高中生提高到每人每年度3000元。将城乡居民最低生活保障标准提高到每人每月400元，居全国之首。2008年为低保户、优抚对象等19.9万名户籍低收入困难群众每人发放1000元的临时生活补贴。规划建设1000套左右的“解困房”，解决虎门新湾渔民安居问题。

五是暖民心。成立市慈善会，2006年以来，筹得慈善资金6000多万元，受助群众达4500多人。2007年和2008年连续开展“城市暖流行动”，在全社会组织关爱互助、权益保护、素质提升、和谐共融“四大行动”。其中2007年、2008年策划实施730项便民服务活动。“5·12”汶川特大地震后，全市派出11支救援队伍约200人，累计捐款捐物近7亿元，完成过渡安置房18104套，接收救治21名灾区伤员，接收安置359名灾区学生就学。做好对口支援映秀镇恢复重建工作，已拨出启动资金1.1亿多元。大力倡导志愿服务，全市成立志愿服务中心35个，志愿服务队1800多支，志愿者20.5万多人，为社会提供服务时间超过480万小时。

六是重民意。实行重大问题和重要事件集体决策制度，推进专家咨询制度、社会公示制度和听证制度建设，落实决策责任制、决策过错责任追究制度，坚持市、镇、村三级依法决策、科学民主决策。多次召开外商、台商、老干部、民营企业、民主党派、港澳政协委员、政府特聘顾问等座谈会以及全市人大、政协工作会议，充分听取意见和建议。在决策之前就市镇换届选举与民主党派进行政治协商。就东莞发展的热点难点问题多次召开有全国各地专家学者参加的务虚会、研讨会。

七是顺民愿。加大行政体制改革，简化审批权和办事程序，建立行政审批电子监察系统。推进政务公开、村务公开、厂务公开，严肃查处在征地拆迁、企业改制重组、新莞人工资兑现、教育收费、医药购销和医疗服务等方面损害群众利益的问题。开展市民评机关活动，大力改进机关作风。全面加强信访工作，专项治理21项民生信访问题，扎实开展镇（街）党委书记大接访活动，群众集体到省越级上访数量不断下降。

五、以城市环境为载体，让文明创建展示形象。

东莞市突出抓好城市环境优化工作，着力展示城市的文明形象。

一是完善城市功能。加大城市基础设施建设力度，以行政文化中心区为标志的城市新区基本建成，常虎、龙大、龙林高速和东部快速、环城路一期、松山湖大道、港口大道、西部干道等一批高等级公路建成通车，一批水、电、气、路、港等重点工程顺利建成，基本实现镇镇通高速公路或高等级快速路。截至2008年，全市公路通车里程达3924公里，公路密度达159.2公里/百平方公里，居全国地级市前列。加快发展公共交通。2007年以来投入公交建设资金10.18亿元，全市已有公交线路468条，公交车辆4656辆，实现公交“村村通、路路有”以及核心区100%覆盖。

二是狠抓污染治理。从2005年开始，全面启动“国家环保模范城市”创建工作。关闭189个采石场、218家砖厂和47条水泥立窑生产线。分类治理1129家重污染企业，规划建设9个环保产业园。加快建设37项污水处理工程和6项垃圾处理工程。全面治理东引运河。集中开展禽畜养殖业污染、重点工业水污染、内河涌污染、大气污染等专项整治。加强对重点污染企业的排放监控，建立污染举报有奖制度，推行排污限期削减制度。严格项目审批，拒批污染项目1231宗。“十五”时期，在全市生产总值翻了1.3番的同时，有效削减二氧化碳排放量7.8万吨、粉尘排放量21.4万吨、COD（化学需氧量）排放量41.4万吨。

三是整治城乡环境。实施以清理违法用地、违章建筑、无照经营和养殖业污染为重点的“四清理”工程，开展以生态环境、环境卫生、旧村、农贸市场等为内容的“五整治”工作。重视改善农村环境卫生和通路通水状况。升级改造86条镇村联网路。2007年，全市新建改建公厕907座、垃圾转运站512座，解决了193个自然村的“行路难”、70个自然村的“饮水难”问题。

四是建设绿色生态。2007年以来，市镇两级投入27亿元，突出以公园广场为平台，以道路绿线为网络，以森林生态为主体，以单位绿地为依托，以“整山”为手段，加快建设“生态绿城”。截至2008年，全市有各类公园、景点、广场915个，基本建成黄旗山、同沙、大岭山、水濂山、大屏嶂等五大森林公园和东莞植物园、同沙生态区，建成区绿地率36.71%，绿化覆盖率41.23%，森林覆盖率35.5%。2006年东莞市获“全国绿化模范城市”称号，2007年创建国家园林城市和广东省林业生态市分别通过国检和省检。

五是加强市场监管。成立城市管理综合执法机构，加强执法队伍建设，提高城市管理的快速反应能力。以强决心、铁手腕、硬措施狠抓安全生产、食品安全、医疗市场等一系列专项整治行动，加强社会管理，维护社会公正、社会秩序和社会稳定。全市基本清除“黑诊所”窝点，80%的“三小”场所和出租屋完成消防整改。

六、以文化建设为保障，让文明创建积淀底蕴。

东莞市围绕构建和谐文化，推进文化创新，建设图书馆之城、博物馆之城、广场文化之城，打造“音乐剧之都”，形成“三城一都”的文化发展格局，努力用浓厚的文化氛围来强化文明创建的力度和效果。

一是形成一流的公共文化设施网络体系。截至2005年，总投资超过15亿元，建成玉兰大剧院、展览馆、图书馆、科技馆、群众艺术馆、青少年活动中心和滨江体育公园等市级文化设施。动员社会力量兴建30座博物馆，建成总分馆制图书馆36个、图书流动车服务站102个。村镇共投入40多亿元，建成一大批基层文化设施。截至2007年，全市共有村镇文化中心80多个、图书馆（室）390个、文化广场447个，文化设施占地总面积4339万平方米，建筑总面积521万平方米。

二是形成多元化的公共文化活动体系。以文化广场为主要阵地，以传统文化、企业文化、家庭文化、校园文化、社区文化为主要内容，广泛开展群众性文化活动，营造出“天天有舞会、周周有晚会、月月有比赛、处处有讲座（展览）”的浓烈文化氛围。“文化周末”、“都市彩虹”、“绚丽大舞台”、“粤韵金声”等活动成为深受广大市民喜爱的广场文化品牌。2007年，全市共举办群众性广场舞1.2万场次，综艺晚会867场，专项比赛320场，各类艺术展览活动280期，参与人数达

1000多万人次。

三是形成多领域的文化精品体系。在文艺创作上实施精品工程，打造一系列文化精品。东莞展览馆“历史鸿篇 、 盛世华章——东莞文明发展大观”基本陈列广受赞誉。中国歌舞团东莞分团（东莞歌舞团）创作排演了《西班牙之火》、《打工谣》、《玉兰谣》等歌舞精品，其中《玉兰谣》参加广东省第九届艺术节获得9个奖项。成功举办首届东莞国际音乐剧节，大型音乐剧《蝶》在国内外演出好评如潮，成为东莞文化的又一亮丽名片。此外，镇（街）创编的粤剧、小品、舞蹈、歌曲等群众文艺精品屡获全省、全国大奖。2005年以来，东莞市共获得44个国家级奖项和413个省级奖项。

四是形成较大规模的文化产业体系。大力发展以印刷业为支柱，以演艺娱乐业、会展业、文化旅游业、出版发行业、艺术教育培训业、大众传媒业、信息服务业等为主干的门类齐全、规模较大的文化产业体系，文化产业已成为东莞市国民经济的重要产业。截至2007年，全市印刷企业3028家，总投资150多亿元，成为中国南方重要印刷基地。有图书批发市场10个，电子出版物零售单位74家，各类书报刊和电子出版物销售网点1068个。广播电视收入稳步增加，增值业务初具雏形，有线数字电视用户达100多万户，广电净资产5.5亿元，经营收入4.5亿元。

（摘编自2008年10月17日东莞市委、市政府《努力建设多元包容城乡一体的文明城市——东莞市创建全国文明城市工作情况汇报》）

▲ 2008年5月21日，创建全国文明城市模拟测评报告会暨迎检动员大会　（郑志波　摄）

东莞奇迹是如何创造的

——广东省东莞市经济社会发展调查

中国特色发展之路课题赴广东省东莞市调研组

《人民日报》编者按：改革开放30年来，位于珠江口的广东省东莞市，在全国率先引进外商投资，逐步扩大劳动力就业，建立加工贸易基地，培育出口产业集群。既能“请进来”，又能“走出去”，逐渐走出了一条外向型经济、园区经济、民营经济交相呼应，信息产业和现代服务业互为支撑的发展路子。城市面貌、投资环境不断改善，村镇经济不断壮大，实现城乡共同富裕。

到2007年底，东莞的经济总量跃居全国地级城市第一位，全市地区生产总值、城镇居民可支配收入和农村居民人均纯收入，分别是1978年的120倍、84倍和76倍，创造出举世瞩目的发展成就。东莞的奇迹得益于坚持解放思想、求真务实、大胆创新，始终置身改革开放的潮头浪尖，成为“华南模式”的缩影，也为建立社会主义市场经济体制提供了宝贵的实践经验。

提要：在迈向工业化、现代化的伟大征程中，东莞从一个百万人口的农业县一跃成为国际花园城市、中国最具经济活力城市、全国文明城市，东莞走出一条精彩的中国特色社会主义现代化之路。从引进外资到内资为主、从加工贸易到一般贸易、从基础设施到软环境建设、从经济发展到社会和谐，东莞人不断解放思想、与时俱进，在许多方面都走在全国城市发展的前列。

展望未来，东莞将继续按照科学发展观的要求，进一步发展经济、完善服务、促进和谐，力争早日成为特色鲜明、富有活力的现代制造业和现代服务业名城。

东莞位于珠江口东岸，北靠广州，南连深圳，总面积2465平方公里。160多年前林则徐虎门销烟、关天培抗英战斗就发生在这里，从此拉开了中华民族百年抗争、走向复兴的近代史序幕。

1978年，东莞仍是一个有111万人口的农业县，农村居民人均纯收入149元。当地人回忆那时的景象是“青年跑光，田地撂荒；老人心慌，干部难当！”党的十一届三中全会以后，东莞人民解放思想，抢抓机遇，扬长避短，敢为人先，经过不懈努力，东莞经济社会面貌发生了翻天覆地的变化。2007年底，全市地区生产总值达3151亿元，是1978年的120倍，按常住人口计算，人均地区生产总值46014元，是1978年的82倍；财政收入538亿元，是1978年的440倍；进出口总额1011亿美元，其中出口额602亿美元；城镇居民人均可支配收入26983元，农村居民人均纯收入11514元，分别是1978年的84倍和76倍。今日的东莞，经济总量已跃居全国城市第十二位，地级城市第一位，并先后荣获国际花园城市、中国最具经济活力城市等称号。在中华民族迈向工业化、现代化的伟大征程中，东莞人民又谱写了一曲动人心弦的乐章，树起了一座新的丰碑。

东莞奇迹是如何创造的？总结他们的经验，集中体现在以下5个方面：

【率先引进外商投资，形成加工出口产业集群】利用区位优势，通过招商引资加快发展，是东莞经济腾飞的主要途径。早在1978年8月，东莞虎门镇就尝试引进外资，在全国兴办了第一家出口加工企业——太平手袋厂。依靠港商提供的几个图纸样板和200万港元投资，边试产、边出口、边扩厂，当年出口30多万港元，6年收回投资，合作双方都很满意。此后，以外商来件、来料、来样加工进行补偿贸易的“三来一补”形式，在东莞及珠三角地区迅速发展起来。港商、台商和其他外商的资金、技术、营销渠道同内地的劳动力、土地、能源等生产要素相结合，大大提高了产品的国际竞争力。东莞作为加工贸易基地，在吸引外资、吸纳劳动力就业、扩大出口等方面发挥出越来越重要的作用。其发展的主要特点有：

一是以电子信息产业为主体，由小到大逐步形成产业集群。随着信息化时代的到来，电子信息产业成为全球增长最快的产业。为了增强竞争力，其制造环节向劳动力成本低的地方转移成为必然趋势。东莞抓住这个机遇，把招商引资的重点放在电子类企业上。开始以电子玩具、收音机、录音机的来件组装为主，逐步向电子元器件延伸，完善配套能力。上世纪90年代中期，进入电脑及网络产品大发展阶段。这样，由简单到复杂、由低端到高端、由数量扩张到质量提升、由面向国内市场到走向国际市场，电子类企业不断集聚，上下游产品配套，体系越来越完善，电子信息业像滚雪球一样迅速发展起来。目前全市拥有电子信息企业3300多家，主要集中在通信设备、计算机及其他电子设备制造业，从业人员达80多万人。2007年全市规模以上电子信息企业完成工业总产值2610亿元，占全市工业总产值的44.8%；机电产品出口436.8亿美元，占全市出口总额的72.5%。

配套体系的完善，成本的下降，进一步增强了对外资的吸引力，逐步使东莞成为对全球IT市场具有重要影响和竞争优势的产业集中地。目前全市电脑零部件配套率达到95%以上，IT产品在世界市场份额超过10%的有10多种，其中电脑磁头、电脑机箱及半成品占40%，敷铜板、电脑驱动器占30%，高级交流电容器、行输出变压器占27%，电脑扫描仪、微型马达占20%，电脑键盘占15%。仅台达一家企业就有20多家中小企业为之配套。产业集群的发展壮大，进一步提升了整体竞争力，使东莞在全球电子市场的覆盖范围不断扩大，份额不断增加，产品主要销往美、欧、日、韩等国。如宏威数码电子机械公司生产的光盘设备居世界第二位，2007年生产光盘7亿多张，居世界第五位。“东莞塞车、全球缺货”。这个说法形象地表明了东莞在全球电子市场举足轻重的地位。

二是从制造业向研发、制造、物流业不断延伸。先进制造业是东莞的支柱产业。为了提高制造业的档次和水平，实现由技术外源型向创新主导型转变，东莞建立了以引进消化吸收再创新为基本模式、以产学研合作为着力点、以企业为主体的自主创新体系，推动东莞从加工制造中心向技术研发中心转变，积极建设创新型城市。从2006年起，市财政计划连续5年每年投入10亿元，建设公共和行业性技术创新平台，健全技术创新支持体系。目前，全市拥有国家、省、市级企业工程技术研发中心分别为1家、13家和43家，有9个镇为广东省专业技术创新试点单位。环境幽雅的松山湖科技产业园，以IT和生物医药产业为主攻方向，吸引了一批高科技企业和研发机构入驻，正向"著名企业聚集中心、研发服务中心和人才教育中心"的目标迈进。

发展现代商贸物流业，实现科工贸一体化发展，是创造东莞经济奇迹的重要环节。从2005年起，实施了"商贸东莞"工程，颁布了城市商业网点规划，整合商业基础设施；市政府认定了54家工业商贸龙头企业，给予重点支持；市经贸局引入先进管理理念，着力培育商贸流通服务业名牌。目前全市已拥有9个中国商业名牌企业、12家国家级酒店，吸引了一批国际知名物流和展览企业前来投资。全市已形成半小时商业圈，进出口十分方便。良好的服务降低了流通成本，进而增强了出口竞争力。

三是从主要吸引港台资金转向吸引全球大企业。30年来，东莞依靠中央给广东的特殊政策和灵活措施，充分发挥东莞地处沿海、毗邻香港的地理人文优势，通过"借船出海"、"三来一补"等形式，大力发展外向型工业。1985年开始实施"向农村工业化进军"战略，通过大量承接香港的产业转移，推动了以加工贸易为主要形式的外向型工业发展。从上世纪90年代中期起，重点吸引台资。之后，抓住国际大企业进军中国大陆市场的机遇，及时把引资重点转向日、欧、美、韩等国，引进了一批技术先进、实力雄厚的国际大企业。民营经济也在为外资企业的协作配套中逐步成长，出现了以厂带厂、以商招商、以外引外、内外互补的景象。截至2007年11月底，东莞共吸引了来自30多个国家和地区的外商前来投资，拥有外商投资企业1.54多万家，有48家世界500强企业投资了81宗项目，全市累计合同吸收外资超过500亿美元，形成了电子、机械、服装、食品、塑料、化工等外向型现代工业体系。

四是从招商引资转向招商选资。随着企业数量和外来人口的增加，东莞以一个县的面积承载了1200万人口，成为一个特大型城市。土地、淡水供给能力已接近极限。如何贯彻落实科学发展观，节约利用土地等资源，保护生态环境，实现经济社会的可持续发展，成为面临的突出矛盾。他们一方面从集约使用土地资源入手，全面清理闲置土地，重点打造科技产业园、工业园和生态园；另一方面开始实施外向型经济转型升级工程，精心选择外资，优先为投资500万美元以上的项目解决用地指标，要求每亩投资强度必须在50万美元以上，不断提高引进项目的门槛，使全市利用外资水平不断提升。2006年，全市新签项目合同平均金额248万美元，比2003年增加1.2倍；其中超千万美元的项目31宗，世界500强企业项目新增5宗。

【鼓励能人来东莞创业，为发展内资企业搭建平台】 东莞人深知，由外商独资、控股的加工贸易不是支撑东莞经济的长久之计，只有内资企业不断壮大，实现由外资为主向内资为主、由加工贸易为主向一般贸易为主的转型升级，才是东莞经济持续发展的根本大计。为此，市政府采取措施，利用外资企业的溢出效应，鼓励内资企业发展。

一是为打工族提供创业服务。东莞有来自全国各地的几百万务工经商人员，他们中间既有普通的打工者，也有技术人员和管理人员，还有一批创业者。在外向型经济的带动和影响下，他们把外企作为学校，把外国管理者作为老师，潜心钻研，掌握技术，学习管理，少数人逐渐成长为成功的创业者。政府为他们的成才培训、土地供应、社会保障、工作环境、子女上学等提供一条龙式服务。2007年末，全市个体工商户、私营企业比2000年增长了近3倍，占全市各类经济实体的94%；注册资金超过800亿元，增长5倍多。全市逐步形成了纺织、服装、家具、五金、模具等以内资为主体的特色产业群，每年都有十几万劳动力进入东莞，走出了一条以创业带动就业的新路子。

二是为科研成果转化搭建舞台。为支持发展科技型企业，市财政每年安排1000万元作为中小企业发展专项资金，重点用于支持民营企业技术创新和中小企业服务体系建设，并引导企业向园区集中。良好的创业环境，吸引了境内外的创业者，像宏威数码、易事特等民营企业，就是带着技术成果来东莞创业成功的。仅松山湖科技园区留学归国人员创业企业就达100家，民营科技企业如雨后春笋迅速兴起，以自主创新带动创业的路子越走越宽广。现在，东莞民营企业已逐步从低附加值产品向高附加值产品转变，从"三来一补"的贴牌生产向自有品牌生产转变，培育出一大批名、特、优、新产品。截至2007年底，全市民营企业已拥有9个中国驰名商标、14个中国名牌产品，拥有广东省著名商标和名牌产品近200个。为贯彻落实国务院关于鼓励、支持私营、个体等非公有制经济发展的若干意见，东莞市制定了发展民营经济的实施细则，包括资助民营企业上市，引导民营企业上规模、上水平。目前已有12家成为重点培育的上市后备科技企业。2007年民营经济增加值993亿元，占全市地区生产总值的31.5%；民营企业纳税183亿元，占全市税收的38.8%。民营企业已成为支撑东莞经济发展的生力军。

三是鼓励本地劳动力在服务领域就业。东莞经济的发展带来了大量的服务需求。当地居民利用自身优势，在服务业各个领域积极创业，大显身手。目前他们已在酒店服务、房屋出租、市场营销、物业管理、教育医疗、旅游休闲、交通运输等方面站稳脚跟，仅厂房、宿舍、柜台出租即带来可观的收益，既为全社会提供了周到服务，也大幅度增加了居民收入，使全市人民随着经济的发展普遍富裕起来。

【加大基础设施建设投入，着力改善投资环境】 改革开放的实践让东莞人认识到：如果说企业是"摇钱树"，那么环境就是"聚宝盆"。栽得梧桐树，不愁凤凰来。为打造"投资者的天堂"，东莞始终把改善投资环境作为关系发展前景的一件大事认真来抓。

在硬环境建设上，东莞先后走了两步棋：第一步，改革开放之初着重打基础。上世纪80年代初主要是解决供水供电、交通运输等问题。随着企业的增多，1988年开始实施大规模建设基础设施战略，发展联网公路，扩大水电供给，改善住宅、商业环境。1992年又提出实施按现代化城市格局建设东莞战略，以高标准和超前意识抓城市规划，以现代化城市的标准抓城市建设和管理。90年代中期，用100多亿元建成全国第一个城乡光纤中继传输程控电话数字交换网；兴建了176座桥梁，修建了4条主干公路、13条联网公路，全市公路通车里程2000多公里，平均每平方公里91公里，公路密度超过韩国。这一时期，东莞的城乡面貌有了明显改观，原来的村镇已经变成了具有一定规模的城乡一体化的现代化城镇。第二步，新世纪以来着力抓提高。围绕统筹城乡发展，积极推进农村城市化、农业现代化、农民市民化，对市、镇、村统筹规划，优化城市空间布局，提升中心城区功能，形成了城乡一体的网络化基础设施。近年来共投入115亿元，用于环保设施建设。2005年，开展了清理违法搭建、违法用地、养殖业污染、无照经营等整治工作，彻底整治农村“脏、乱、差”，建设社会主义新农村。2006年，又推进以整治生态环境、整治旧村、整治环境卫生、整治农贸市场等活动，全面建设安全、文明、清洁、安静的社会环境，打造适宜居住的城市。2007年，启动了40多处污水和垃圾处理工程，对六大污染行业采取关闭、搬迁、在线监控等措施。市财政出资5.5亿元、镇村配套25亿元，兴建了5个森林公园，城市建成区新增绿地面积80平方公里，绿化覆盖率达41.2%，森林覆盖率33.1%；斥资5亿元建设面积为4平方公里的绿色世界城市公园，城市环境大为改善。

*在软环境建设上，东莞抓了两件事：一是建立服务型政府。*企业的发展需要有力的信贷支持和良好的金融生态。为了创造这一条件，东莞一方面重视发展金融保险业，积极吸引海内外金融机构来东莞开设分支机构；另一方面改革完善地方金融机构，建设高效、安全、开放的金融服务和监管体系。市政府建立了产业发展基金，重点支持企业自主研发技术成果产业化。通过建立风险投资基金、贷款担保公司，为重点发展产业的企业提供贷款贴息和担保，鼓励企业充分利用资本市场融资。为解决民营企业融资难问题，组建了科技投资担保公司，成立民营企业融资辅导中心，重点支持制造型、科技型、外向型和就业型民营企业的发展。目前全市金融机构不良贷款发生率只有2%。良好的金融生态吸引了更多的银行贷款，扩大了融资规模。*二是建设和谐东莞。*外来人口迅速增加，既带来了发展的活力，也给社会管理带来了压力。市委和市政府决定用“新莞人”代替“外来工”的称谓，十分重视处理好本地居民与新莞人的关系，以关爱新莞人为切入点，突出为新莞人办好实事。他们加强工资和用工管理，把最低月工资标准从2005年的450元提高到2007年的720元；做好社会保障工作，在全国率先实施社保年检制度，在新莞人中扩大工伤保险，目前新莞人参保率达82%；政府新建廉租房和收购农民旧房，以较低价格出租给新莞人。放宽新莞人入户规定，对企业技术骨干和表现优秀的新莞人，给予入户东莞等鼓励。为保障新莞人民主政治权利，在去年市党代会和两会上，新莞人首次出现5名政协委员和17名党员代表。最近，他们还在新莞人中公开选拔专职团市委副书记和市妇联副主席，并计划今后在工青妇组织中拿出若干职位进行公选。

【壮大村镇集体经济，走共同富裕和城乡一体化道路】 重视发展农村集体经济，是东莞经济的一大亮点，也是东莞发展现代农业、建设社会主义新农村的一条重要经验。

*在发展工商业中增强集体经济。*早在推行家庭联产承包责任制时，东莞市就对集体资产实行分类管理，将适宜分户使用的耕牛、农具分配到户，将会堂、仓库等适合统一经营的资产保留在集体。对外开放后，东莞农民充分利用这些保留下来的集体资产，通过土地开发、建厂出租、房屋出租和门面房出租等方式，增加了集体收入。目前，在以集体经济为主导的农村，集中了全市2/3的户籍人口、经济总量和工业企业。到2007年底，全市农村集体总资产已达1089亿元，占全省同级资产的1/3强；年经营收入140亿元，约占全市公共可支配财力的1/3。村均净资产1.47亿元，均纯收入1463万元，全市没有一个集体经济“空白村”。2007年，全市农村居民人均纯收入11514元，其中来自集体的收入6934元，占60%。集体经济已成为东莞农民收入的主要来源。

*在以工建农中发展现代农业。*东莞人懂得，农业的基础地位什么时候都不能动摇。发展现代农业是东莞的一大优势。近些年来，东莞市认真贯彻党和国家一系列发展农村经济的政策措施，在坚持农村基本经营制度的基础上，提出了走中国特色农业现代化之路的新目标，利用二、三产业的收入建设农业和农村，调整农业产业结构，加强农村基础设施建设，健全农村市场和服务体系，努力发展多种经营，积极扶持农民专业合作组织，并向专业化、产业化迈进。经过持续不断的发展，在外向型经济的带动下，全市农村以林果业为重点，初步形成了现代化农业的发展格局。如今，全市大部分农民已经过上了宽裕的小康生活，一大批有文化、懂技术、会经营的新型农民正活跃在东莞大地。

*在共同富裕中努力实现城乡一体化。*先富帮后富，富村带穷村，是东莞走向共同富裕的一条重要经验。改革开放初期，东莞一些村组集体经济相对薄弱，收入差距有所拉大。从上世纪80年代中期起，他们着手对经济后进村进行帮扶，并逐步提高扶持标准。1985年纯收入低于3万元的村为扶持对象。从2002年开始，把81个纯收入低于50万元的村和11个经济欠发达镇列为扶持对象，通过实施财政转移支付、发放扶贫贷款、化解不良债务、结对挂钩帮扶等一系列措施，使欠发达村镇的经济得到较快发展。到2007年底，这些欠发达村总资产达41.5亿元，年经营总收入3.1亿元。2002年以来，全市累计为经济欠发达镇发放扶贫贷款34.6亿元，市财政投入农村扶贫基础设施建设2.84亿元，在农村教育、文化体育、医疗保健和社会保障等方面实施财政倾斜，有力地改善了农村投资环境和生活条件，缩小了各村镇发展差距，促进了城乡一体化发展。

【富而思进，重视全面提高人的素质】 经过30年的迅猛发展，东莞人富了。怎样改变小富即安、不思进取的现象，做到富而思源、富而思进，这是摆在东莞人面前的一个新课题。为了激励大家朝着新的目标迈进，他们着重抓了3件事：

*一是以先进文化塑造人。*东莞作为一个新兴的城市，要保持城市发展持久不衰的活力，必须加强对青年一代的培养，塑造城市文明，夯实和谐社会的文化基础，实现经济、社会与文化的良性互动。为建设“文化新城”，创建图书馆之城、博物馆之城、广场文化之城，全市共投入15亿元建设文化设施，大剧院、展览馆、图书馆、群众艺术馆、岭南画院等文化设施相继落成。投入40多亿元建成村镇文化中心80个，图书馆（室）367个、文化广场360个、电影院和影剧院49间，市、镇、村三级文化设施网络初步形成。他们还定期举办以高雅艺术和知识普及为特色的“文化周末”、“文化高地直播车”、“东莞学习论坛”、“读书节”、“图书流动服务车”，各镇村举办了特色鲜明的广场文化活动。为了倡导和谐文化，2006年初，东莞开展了城市精神大讨论，“海纳百川、厚德务实”成为全市上下的共识，也成为全市和谐文化的主旋律。同时，开展了“温情东莞三联系”系列活动，即加强党和政府与人民群众的血肉联系，加强本地户籍居民与外来暂住人口的联系，加强企业老板与企业员工的联系，倡导情感关怀，增进沟通理解，构建和睦共处、和谐共进、同舟共济的人际关系，增强人们对东莞的认同感、亲切感和归属感。

*二是以优质教育培养人。*为实施科教兴市和人才强市战略，东莞市始终把教育摆在优先发展的战略地位。全市教育规模不断扩大，各项教育事业协调发展，1989年普及九年义务教育，1995年在全省率先普及高中阶段教育，2006年全市户籍人口高等教育毛入学率达58.6%。东莞市在保证增加教育经费、统筹协调义务教育和职业教育、公办与民办教育的同时，

还十分重视加强师资队伍建设。他们大力实施名教师、名校长、名学校的“三名工程”。选拔校长教师参加省“百千万人才工程”培训，选派校长出国挂职学习和轮训，开展英语教师“海外培训计划”，选聘学科带头人。鼓励教师参加各类学历进修、高级研修、业务技能培训、技能考证和技能竞赛，开展“崇教厚德、为人师表”专题教育，狠抓师德师风建设，有效提高了教师的业务和道德水平，为提供优质教育奠定了基础。

三是以创新创业激励人。随着家庭财富的增加，年轻人中出现了一些好逸恶劳、无所事事的现象。为培养新一代人吃苦耐劳和经营能力，鼓励青年人自主创业，近年来东莞市加快实施了“创业东莞”工程。构建了市、镇、村三级公共就业服务网络，健全城乡一体化公共就业服务体系，向劳动者提供“一站式”就业服务。通过使用《劳动力资源应用平台系统》，对劳动力资源实行动态管理，对落实各项就业政策实现信息化管理。从2006年起，市财政连续5年每年投入10亿元，用于青年人就业培训补贴，努力营造崇尚劳动、激励创业的社会氛围。长安镇对考上大学的青年人，给予学费资助和补贴，直到学业完成；对愿意出去打工的青年人，工资低于本村居民的，由村委会给予补齐；对于参军入伍的，保留户口和村民身份。与以前相比，这个镇的年轻人读书的多了、当兵的多了、打工的多了、入党的多了，出现了可喜的变化。

东莞30年来每一次大的发展，都得益于思想解放，得益于市委和市政府求真务实，根据发展的实际，不断作出新的正确决策，并带领全市干部群众努力实践，一步一个脚印地不断前进。2003年4月，胡锦涛总书记视察东莞时，对东莞“打基础、办实业、走正道”的发展道路给予充分肯定，并要求东莞率先发展、全面发展、协调发展，创造出更多的经验。胡锦涛总书记的指示给东莞人民以极大的鼓舞和鞭策。

展望未来，东莞人充满了信心。他们提出分两步走的宏伟目标：到2010年，全市地区生产总值达到4000亿元，人均地区生产总值达到61500元，人民生活水平进一步提高，物质生活更加富足，精神文化生活更加充实，成为特色鲜明、富有活力的现代制造业和现代服务业名城。到2020年，全市地区生产总值比2010年再翻一番，成为经济繁荣发达、生态环境优良、体制法制健全、社会和谐进步、生活富裕安康的现代化城市。

（原载2008年11月13日《人民日报》要闻A08版）

▲ 电博会

东莞市抗震救灾和对口援建工作

2008年5月12日，四川省汶川县发生里氏8.0级强烈地震。获悉灾情后，东莞市发扬“一方有难、八方支援”的精神，迅速行动、全力以赴投入到抗震救灾中。一是广泛筹集救灾款物支持灾区。5月13日，市委、市政府召开全市支援四川地震灾区捐赠动员大会，先后发出《告全市人民书》和《关于开展支援汶川地震灾区捐赠活动的通知》，迅速组织开展赈灾募捐。全市各级、各单位以及社会各界，通过捐款、捐物、义演、义卖和缴纳“特殊党费”等形式，广泛筹集救灾款物，迅速转送地震灾区。截至2008年，全市累计捐款捐物7亿多元。二是全力参与现场救灾。5月14日起，东莞市先后组建和派出现场搜救队、医疗救援队、卫生防疫队、卫生监督队、应急监测队、医疗卫生队和警察特遣分队等各类抢险救援队共200多人次，赶赴救灾前线，直接支援和参与抗震救灾工作，并顺利完成各项救援任务。三是全力收治灾区伤员。地震发生后，市人民医院、市中医院、市康华医院和市东华医院等4所医院共收治来自四川灾区的2批共21名伤病员，除其中4人转送广州进行治疗外，其余17名伤病员，均在莞治愈出院。四是积极接收灾区学生到莞就读。通过为灾区来莞就读学生开辟“绿色通道”和采取减免学费等措施，截至2008年，全市各中小学校累计接收359名灾区学生就读。在帮助灾区来莞就读学生解决实际困难的同时，东莞市还积极开展心理辅导和心理危机干预等工作，确保灾区学生的心理健康。五是高质、高效完成板房援建任务。地震发生后，东莞市迅速组织人力、物力和财力，经过近三个月的奋战，共援建板房18104套，其中广元市7260套、汶川县三江乡639套、阿坝州5865套、绵阳市4340套，在妥善安置受灾群众和帮助灾区尽快恢复正常生产生活秩序方面，具有积极的作用。六是做好来自灾区新莞人安抚工作。包括对来自灾区的新莞人进行心理辅导，帮助他们稳定情绪，以及采取发放救助慰问金、提供免费返乡车票、免费通讯设施、提前结算工资，千方百计为灾区在莞新莞人提供回乡探望便利等。

从2008年8月起，支援地震灾区的工作重心逐步由抗震救灾转入对口支援灾后恢复重建方面。按照党中央、国务院和省委、省政府的统一部署，东莞市对口支援地震灾区灾后恢复重建的任务是，按照每年对口援建实物量不少于上年地方财政收入的1%和“把映秀建成全国灾后恢复重建的样板”的要求，三年内完成震中汶川县映秀镇恢复重建。市委、市政府把对口援建工作作为一项重要任务摆在突出位置，强化措施，扎实推进。一是成立市对口援建工作领导小组。由市长李毓全为组长、市直有关部门为成员，以切实加强对援建工作的领导。二是市政府派出工作小组。进驻灾区映秀镇，具体负责对援建工作的实施和协调。三是编制总体规划。经过东莞规划设计院和同济大学规划设计研究院近半年来的共同努力，映秀镇总体规划的编制已初步完成，12月30日通过有关专家的初审。四是编制恢复重建项目总体方案。初步完成东莞市对口支援汶川县映秀镇灾后恢复重建项目总体方案的编制，提出援建项目58项、对口支援总投资约7.06亿元。五是安排专项资金。市政府从市财政中安排1亿元作为对口援建专项资金，其中1000万元已拨付映秀镇账户。六是第一批6个项目全面开工建设。Y021中黄路已全线贯通，过渡安置点广播电视建设也已基本完成，映秀中心卫生院、村卫生站、映秀镇过渡安置点文化服务站和C019中渔路等项目正抓紧推进。七是高度重视映秀群众的安全过冬问题。据统计，东莞市对映秀镇的暖冬行动从8月份开始至12月初止，历时5个月，共为映秀镇捐赠和组织采购棉被6100床、绒衣绒裤6100套、棉大衣2000套、电热毯3000床、毛衣8995件、羽绒服4632件、单人被903床、棉鞋7153双，总价值354.37万元。此举，受到国务院督查组的公开表扬。

2008年7月28日，广东省抗震救灾先进集体先进个人表彰大会暨抗震救灾先进事迹首场报告会在广州举行。东莞共有3个单位和17个个人分别被授予广东省抗震救灾先进集体、先进个人和优秀共产党员称号。

附：抗震救灾先进集体（3个）

东莞市建设局　东莞市卫生局　东莞监狱

抗震救灾优秀党员（2个）

谢德强（东莞市东坑镇商会会长）
蓝志平（东莞市石龙镇人民医院救护车司机）

抗震救灾先进个人（15个）

陈林佐（市政府副秘书长）
黎小成（市建设局副局长）
傅晓炜（市建设局副调研员）
陈志标（市财政局科长）
张顺全（市民政局科长）
萧志坚（市墙材革新与建筑节能办公室副主任）
黄勇东（市公安消防支队第三大队石龙中队班长）
王东鲁（市公安消防支队司令部副参谋长）
肖梁满（市公安消防支队特勤一中队班长）
钟向阳（市慢性病防治院副院长）
李润深（市卫生监督所科长）
罗　东（市卫生监督所科员）
黄良成（四川省泸县建筑安装工程总公司东莞分公司常务副总经理）
邱启光（广东启光集团东莞市亿鑫钢业有限公司董事长）
罗定智（中铁二局股份有限公司广东公司副总经理）

（市援建办供稿）

NUMBER ONES OF DONGGUAN 东莞之最

莞城夜景

- **入围2001—2005年全球经济增长最快城市**
- **创新能力居全国地级市第一**
- **入选全国最具幸福感城市50强**
- **全国首家为外来工服务机构**
- **中国大陆首创发放千元“红包”**

编辑：潘朝明

【入围2001—2005年全球经济增长最快城市】 2008年7月27日，中国社科院在扬州举办的第五届城市竞争力国际论坛上发布了《2007—2008全球城市竞争力报告》，东莞与包头、呼和浩特、烟台等城市被列为2001—2005年全球经济增长最快的城市。中国社科院对全球500个城市，以2001—2005年GDP规模、人均GDP、劳动指数、专利申请数、价格优势、人均增长率等多项客观指标，测评出全球经济增长最快的20个城市依次是：包头、呼和浩特、烟台、东莞、巴库（阿塞拜疆）、中山、惠州、潍坊、芜湖、玛瑙斯（巴西）、威海、合肥、多哈（卡塔尔）、日照、南昌、维拉克斯（墨西哥）、鄂木斯克（俄罗斯）、淄博、深圳、苏州。

【“亚洲第一屏”在东莞凤岗制造】 2008年3月，位于东莞市凤岗镇的东莞康佳电子有限公司制造出3400平方米巨型电视屏幕，安装在北京鸟巢附近的摩根大厦，用于直播奥运会盛况。此屏幕由8块电子显示屏组成，其物理解像超过100万像素，分辨率高达1312×768，具备24位真彩色，可视距离理论上超过10公里。此巨型电视屏幕不仅国内罕见，在同类产品中其面积在亚洲也是最大的。

【亚洲最高奖金的高尔夫球比赛】 据《广州日报》2008年11月27日报道，被誉为高尔夫比赛中的奥运会——第54届高尔夫世界杯在东莞观澜湖奥拉沙宝球场开赛。此届比赛总奖金达550万美元，是2008年亚洲最高奖金的高尔夫球比赛。

【创新能力居全国地级市第一】 2008年3月2日，中国城市发展研究会发布了2006—2007年度中国城市综合创新能力的综合测评结果，根据全国661个城市（港澳台除外）多项指标进行系统分析测评，创新能力前10名的城市依次是：北京市、上海市、深圳市、广州市、杭州市、东莞市、佛山市、天津市、南京市、青岛市，东莞市位居全国地级市第一。

【入选全国最具幸福感城市50强】 2008年9月至12月，新华社《瞭望东方周刊》联合中国市长协会主办了“2008年中国城市幸福感调查暨最具幸福感城市推选活动”，评选指标包括：生活节奏、人情味、赚钱机会、生活便利、自然环境、文化程度、文化娱乐、治安状况、贫富分化、发展速度、教育质量、医疗卫生、社会保障、政府威信等，采取公众调查和精英调查，通过网络、报纸、手机短信等方式进行，最终确定中国最具幸福感城市50强，东莞市名列其中。前20名城市依次是：深圳、上海、北京、广州、无锡、苏州、佛山、青岛、天津、杭州、东莞、宁波、大连、济南、厦门、南京、中山、长沙、沈阳、常州。

【虎门镇居全国乡镇综合实力500强首位】 2008年10月26日，由国家乡镇工作委员会牵头，民政部、农业部、国土资源部、中科院等单位组成专家评委会评定出2008年全国乡镇综合实力500强排名，东莞市虎门镇凭借在经济、社会、环境、基础设施、科技、文学等领域的综合发展状况、水平及能力优势，获评中国乡镇综合实力500强第一名。第二至第四名依次是：江苏昆山市的玉山镇、上海闵行区的莘庄镇、广东东莞市的长安镇。

【全国首个为台商转型提供商业规划的

公司】据《广州日报》2008年2月10日报道，自2006年东莞台商叶宏灯组建国内首家台资融资租赁公司后，台商郭大柱在东莞台协及东城分会的支持下，注册成立了全国首个为台商企业转型升级提供商业规划的公司，为台资企业提供投资评估、项目开发、项目经营、转型升级风险预测等一系列专业服务。

【内地首家在镇级开设外资银行支行】2008年6月2日，恒生（中国）长安支行正式营业，这是外资银行在内地镇一级开办的首家商业银行支行。截至2008年，东莞市已有恒生、汇丰、星展和东亚等4家外资银行。

【国家最高等级输配电设备质检中心】2008年6月16日，由广州电气安全检验所与石龙镇投资近1.2亿元，占地43亩、建筑面积2万多平方米的国家中低压输配电设备质量监督检验中心，通过国家质检总局能力建设现场验收，并成功获评为最高等级——A级国家质检中心。该中心最大电流短路试验能力达450V/280KA，位居国内第一，可以全年不限时进行试验，是国内通断试验能力最大的实验室之一，也是截至2008年中国及东南亚地区唯一可进行电力变压器突发短路试验的实验室，为中国相关产业转型升级、自主创新、电力设备行业质量的提高，提供了良好的技术服务平台和坚实的技术保障。

【全国首家集中拍卖中心】2008年7月22日，东莞市拍卖典当行业协会成立暨东莞市集中拍卖中心启用同时举行。东莞市集中拍卖中心总面积1000多平方米，内设2个大型、1个中型和2个小型拍卖场，可同时容纳400多人进场竞拍，这是全国首家集中拍卖中心。为维护公平、公正、公开的拍卖秩序，东莞市规定，凡是以东莞拍卖企业名义刊登公告进行拍卖的事项，都须在集中拍卖中心举行。

【广东“太阳神”创多项全国第一】据《南方都市报》2008年8月8日报道，广东太阳神集团在其主要的生产研发基地东莞市黄江镇举行成立20周年庆典大会。广东太阳神集团创下了多项全国第一：1995年国内保健食品行业第一个在香港联交所挂牌上市；率先在国内首家通过覆盖了保健食品、食品和药品等多个行业的ISO9001国际质量体系认证企业；率先在国内企业创立了企业、商标、产品三位一体的太阳神标志，实施了“中国CI第一案”；1996年太阳神品牌在全国营养口服液中的市场占有量、市场竞争力、市场影响力排名第一。

【全国首家镇级高级宾馆】据《南方都市报》报道，1981年6月30日，东莞市常平镇荔香楼开业，这是全国首家镇级高级宾馆。走过了27载风雨历程后，2008年11月拆除。这幢五层楼近2000平方米的建筑物，见证了常平镇乃至东莞市外向型经济的发展历程。

【全国首家专门为外来工服务机构】针对东莞外来务工者众多的实际情况，2008年2月，东莞市新莞人服务管理局经省、市机构编制委员会批准成立，并于11月6日正式挂牌对外办公。这是全国首家专门为外来工服务与管理的常设行政机构。该局为市政府直属正处级行政单位，编制23人，内设办公室、出租屋业务管理科、服务协调科和宣传信息科。主要职能是：贯彻落实国家和省市的有关法律法规；统筹全市新莞人和出租屋服务管理工作，制定发展规划并组织实施和监督检查；开展新莞人服务、培训、维权、督促等工作；收集、登记、统计和分析全市新莞人的信息，为市委、市政府和有关职能部门提供科学依据；协助有关职能部门做好房屋租赁登记备案、出租屋税收征管、计划生育、户口登记、暂住证发放、出租屋管理整治以及社会治安综合治理等工作；协调指导镇（街）新莞人服务管理中心开展新莞人和出租屋服务管理工作；负责全市新莞人和出租屋服务管理机构与队伍的建设；开展政策法规宣传、课题调研及理论研究。

【中国大陆首创发放千元“红包”】2008年5月，东莞市委、市政府决定对东莞户籍的低保对象、优抚对象、五保户、弃婴、已治愈的麻风病人、孤寡老人、低保边缘户每人发放1000元一次性临时生活补贴。至2008年10月7日发放完毕，共支出1.99亿元，惠及发放的对象19.92万人，占全市户籍人口的11.67%，有效地缓解了东莞生活困难群众的压力，进一步维护了社会的和谐稳定，此举措在中国大陆地区尚属首创。

【住院医疗费报销比例全国最高】从2008年10月1日起，东莞市把全市单位职工或城乡居民参加医疗保险的431万人门诊费用报销提高到60%，而且不限金额和次数；住院费用报销比例由原来的70%提高到95%，此比例属全国最高。这是东莞市率先在全国建立城乡一体医疗保障制度后的又一举措。为此，东莞市财政每年需对医疗保险补贴2.3亿元，比原来增加约0.9亿元/年。

【数字电视整体转换数量居全国地级市第一位】截至2008年，东莞市完成数字电视整体转换130多万户，整体转换率高达130%，远远超过整体转换前的模拟电视用户数，截至2008年，是全国整体转换城市中整体转换速度最快的城市之一，整体转换数量在全国地级市中位居第一。

【全国首个突发公共卫生预警信息系统】据《南方都市报》2008年7月29日报道，由东莞市疾病预防控制中心研发的突发公共卫生预警信息系统在全市22个镇街投入使用，当某地发生疫情，预警系统自动发出预警通知，相关人员5分钟之内就会收到短信。从该系统的指挥中心大屏幕上可以清楚显示疫区范围、所处区域、病例特征、严重程度、发展趋势等信息。此项成果广东省科技厅组织已通过鉴定，专家认定该预警系统为国内首创。

【全国首家地级市文学艺术院】2005年7月，东莞市文学艺术院成立，这是全国首家地级市文学艺术院。2008年12月，东莞市文学艺术院大楼正式投入使用，该艺术院大楼投资近1000万元，建筑面积7000平方米，功能完备，为文艺工作者提供良好创作环境。

【国家图书馆数字图书馆首个地方分馆】2008年9月27日，东莞市副市长吴道闻代表东莞市政府与国家图书馆正式签约，国家图书馆数字图书馆首个分馆正式落户东莞。国家图书馆有150T的数据资源，与东莞分馆5个数字库联网，实行资源共享，从而促进东莞图书事业的发展。

【全国首部市域地名总体规划】据《东莞日报》2008年7月7日报道，《东莞市地名总体规划（2007—2020）》经上级有关部门批准正式出台，这是全国首部市域地名总体规划。此规划对东莞的道路、桥梁、广场、公园、绿地、住宅区、高层楼宇、标志性建筑、各类风景名胜、古迹等冠名作了统一规范。

【国内首套奇石邮票】据《南方日报》2008年11月27日报道，东莞市石龙镇奇石协会为了纪念该协会成立3周年与邮电部门合作出版了一套奇石邮票。该套32枚邮票由该协会会员收藏的32块奇石组成，为国内赏石界的首创。

【海峡两岸首家专业妇产医院】2008年11月20日，以东莞民营资本为主体、台湾中山医院和新加坡联合注资的海峡两岸首家合办的东莞玛丽亚妇产医院正式开业。台湾新党主席郁慕明、新加坡国会主席（Cheg Hee Kok）等嘉宾出席开业盛典。东莞玛丽亚妇产医院引进台湾和新加坡的先进技术和经营理念，致力打造酒店式、智能化、高品质的专科医院，为两岸提供学习交流、互惠互利平台，造福两岸妇女同胞健康。

【华南地区首家射频识别实验室】据《广州日报》2008年11月18日报道，东莞市质量技术监督局与香港科技大学举行了签约仪式，华南地区首家射频识别（RFIT）联合实验室落户东莞。射频识别（RFIT）为高科技阅读器，适用于工厂、超市及物流业。

【全省首个标准水煤浆项目】2008年12月2日，投资1亿多元的全省首个标准水煤浆项目在东莞市万江新和社区正式投产，首期年产100万吨。水煤浆是煤炭深加工后作为燃油锅炉的替代液态燃料，具有易燃、稳定、流动性强的特性，并且燃烧效率高，所产生的烟尘、二氧化硫等污染物相对低，为洁净的环保能源。

【首个省级香蕉标准化示范区】2008年5月4日，首个省级香蕉标准化示范区在东莞市麻涌镇大步村白鳝湾香蕉园内正式挂牌。示范区将按照《东莞香蕉脱毒组培质量标准》、《东莞香蕉生产技术规程》、《东莞香蕉果实质量标准》等要求严格生产，以达到无公害生产的目的。麻涌镇此举措是为了重振久负盛名的麻涌香蕉产业，促进传统农业生产。

【省内首张名镇信用卡】据《东莞日报》2008年11月25日报道，东莞市虎门镇政府联合东莞银行、银联广东分公司发行省内首张名镇卡——“魅力虎门”信用卡。此卡制作精美，地方特色浓厚，卡面图案融入了虎门镇的服装、林则徐销烟地、虎门大桥等元素，更好地宣传推介虎门镇。

【每万户籍人口升大学人数居全省第一】据《南方日报》2008年9月5日报道，在2008年高考中，东莞市考生被各级大学录取总数达16702人，按户籍人口计算，每万户籍人口升大学人数为92人，居全省首位。

【全省首家地级市专业地震博物馆】2008年6月5日，东莞地震科普馆在东莞市科学馆一楼开馆。总投资200万元，馆场面积300平方米。广东省地震局局长黄剑涛说：作为全省第一家地级市专业地震博物馆，东莞地震科普馆在汶川大地震后20多天成立，具有特别意义。东莞地震科普馆在开馆当日被授予“广东省防震减灾科普教育基地”称号。

【全省最早一批具有能力检测EV71病毒的地级市】据《广州日报》2008年5月13日报道，东莞市疾病防控制中心成立检验室，专门检验呼吸道病毒，并对大朗镇一儿童因感染EV71（手足口病）进行第一例检验，证实该患儿感染EV71病毒。标志东莞成为全省最早一批有能力检验EV71的地级市。

【广东省第一个地级市外宣英文网站】2008年7月28日，广东省第一个地级市外宣英文网站——“今日东莞”英文网（http://www.dgtoday.com.cn）正式开通。网站全面、立体、及时地向国际社会展示东莞，提供采访联络、交通出行、翻译、通讯、饮食住宿、旅游购物、会展商贸、文化活动等大量实用资讯，并以英文、中文简体和繁体同步发布，满足不同地区境内外人士获取信息需要。

【审判法官人均结案数居全省第一位】2008年，东莞两级法院受理各类案件8.4万件，比上年增加1.78万件，增长26.81%；审结7.44万件，比上年增加1.22万件，增长19.66%；综合结案率为88.56%，诉讼标的额100.52亿元，涉案当事人达25万余人。两级法院审判法官人均结案277.6件，居全省法院第一位。

【百名民警信息采集率在全省出入境系统名列第一】2008年，东莞市公安出入境管理部门办理各类证件签证（注）111.07万个，其中公民出国（境）证件、签注105.76万个，境外人员签证（注）证件5.31万个。录入出入境“大集中”系统信息30.8万条，基础信息量增加至462万余条，百名民警信息采集率在全省出入境系统名列第一。

【全省首创“在建工程一张图”视频监控系统】2008年，东莞市完成115项新建工程494个摄像头的安装，基本实现对施工现场重大危险源、相关责任主体管理人员到位情况进行全过程、多方位即时监控。首创“在建工程一张图”系统，将全市在建工程基础信息及视频监控集成到东莞市域电子地图，以更直观、高效、系统的方式展现工程监管信息，该系统在全省乃至全国都是创新之举。

【体育体票销售额居全省地级市第一位】2008年，东莞市体育彩票销售额达3.47亿元，再创历史新高，在全省地级市排名第一。

【生猪肉品和生猪尿液样本检测数居全省第一位】　2008年，东莞市两级农产品质量安全检测机构共检测蔬菜样本55.67万份，检测生猪肉品及生猪尿液样本25.03万份，检测数量均居全省第一；蔬菜农残、生猪“瘦肉精”检测合格率分别达到97.30%、99.91%，创历史新高。全年没有发生瘦肉精等动物源性违禁药物残留中毒事件。

【农民人均纯收入居全省第一位】2008年，东莞市农民收入稳步增长，农民人均纯收入12328元，全省排名第一，增长6.22%。

【全省粤剧“私伙局”最多的城市】东莞是岭南文明的重要发祥地之一，又是广东著名的“粤剧之乡”、全国的“曲艺之乡”。2008年8月28日广东省政协就推动文化产业机制创新问题在东莞调研时统计，东莞不但有不少著名的粤剧名人，而且有300多家粤剧“私伙局”，数量居全省首位。“私伙局”其实就是由民间牵头成立的业余粤剧演出团队。（潘朝明）

▲ 东莞市图书馆

概 况 DONGGUAN PROFILE

望牛墩镇文化广场

■ 产业结构优化
■ 区域经济统筹发展
■ 内外源经济互补发展
■ 自主发展能力增强
■ 东莞城市暖流行动

编辑：施雪芬

建置沿革

东莞于东晋咸和六年（公元331年）立县，初名宝安，隶属东官郡。唐至德二年（757年）更名东莞，县治从芜城（今宝安南头）移至到涌（今莞城）。南宋绍兴二十二年（1152年）分东莞的香山镇立香山县（今中山市）；明万历元年（1573年）将东莞守御千户所、编户五十六里立新安县（今深圳市宝安区），东莞地域随之缩小。清沿明制。民国期间，先后隶广东省粤海道、粤中行政区、第一行政区和第四行政区。

1949年10月17日，东莞全境解放。初期属东江行政区管辖。1950年3月，东莞县隶珠江专区。1952年，撤销珠江专区，东莞县隶粤中行政区。1956年2月，撤销粤中行政区，东莞县隶惠阳专区。1958年11月，东莞县曾短期隶广州市。1959年1月，撤销惠阳专区，东莞县划归佛山专区。1963年6月，复置惠阳专区，东莞县又隶惠阳专区。1985年9月，国务院批准撤销东莞县，设立东莞市（县级），仍属惠阳地区管辖。1988年1月7日，国务院批复将东莞市升格为地级市，直属广东省管辖。（刘念宇）

自然地理

【位置·范围·面积】 东莞市位于广东省中南部，珠江口东岸，东江下游的珠江三角洲。因地处广州之东，境内盛产莞草而得名。介于东经113°31′—114°15′，北纬22°39′—23°09′。最东是清溪镇的银瓶嘴山，与惠州市惠阳区接壤；最北是中堂镇大坦乡，与广州市区和增城市、惠州市博罗县隔江为邻；最西是沙田镇西大坦西北的狮子洋中心航线，与广州市番禺区隔海交界；最南是凤岗镇雁田水库，与深圳市宝安区相连。毗邻港澳，处于广州至深圳经济走廊中间。西北距广州59公里，东南距深圳99公里，距香港140公里。东西长约70.45公里，南北宽约46.8公里，全市陆地面积2465平方公里，海域面积150平方公里。

【地质·地貌】 东莞市地质构造上，位于北东东向罗浮山断裂带南部边缘的北东向博罗大断裂南西部、东莞断凹盆地中。地势东南高、西北低。地貌以丘陵台地、冲积平原为主，丘陵台地占44.5%，冲积平原占43.3%，山地占6.2%。东南部多山，尤以东部为最，山体庞大，分割强烈，集中成片，起伏较大，海拔多在200—600米，坡度30°左右，银瓶嘴山主峰高898.2米，是东莞市最高山峰；中南部低山丘陵成片，为丘陵台地区；东北部接近东江河滨，岗地发育，陆地和河谷平原分布其中，海拔30—80米之间，坡度小，地势起伏和缓，为易于积水的埔田区；西北部是东江冲积而成的三角洲平原，是地势低平、水网纵横的围田区；西南部是濒临珠江口的江河冲积平原，地势平坦而低陷，是受潮汐影响较大的沙咸田地区。

东莞市握东江和广州水道出海之咽喉，有海岸线115.94公里（含内航道），主航道岸线53公里，拥有深水良港——虎门港。

【河流】 东莞市主要河流有东江、石

马河、寒溪水。境内96%属东江流域，东江干流自东北角惠州市博罗县、惠阳区之间入境后，沿北部边境自东向西行至桥头新开河口；有发源于深圳市宝安区的石马河流入，至企石有企石河流入。至石龙分出南支流后，北干流续流至石滩，与来自广州增城市的支流汇流，经市境的大盛注入狮子洋；南支流斜向西南流经石碣、万江，在峡口接纳来自市境中部的寒溪水，峡口以下有3支较小的支流牛山水、蛤地水和小沙河，自东向西汇入，续流至泗盛注入狮子洋。北干流与南支流之间为东江三角洲的河网区。

▲ 迎恩门　（张超满　摄）

【气候】 东莞市属于亚热带季风气候，日照充足，雨量充沛，温差振幅小，季风明显。2008年，年平均气温为22.2℃，最冷为2月，最热为7月（常年平均状况是一年中最冷为1月，最热为7月），高温日数突破历史纪录。年极端最高温36.8℃（出现在2008年7月28日），年极端最低温4.8℃（出现在2008年1月31日和2月3日）。雨量集中在4—9月，其中4—6月为前汛期，以锋面低槽降水为多；7—9月为后汛期，台风降水活跃。2008年受暴雨、台风、低温阴雨、雷暴及灰霾等灾害性天气的影响，年降雨量降至2711.2毫米。

【矿产资源】 东莞市内已知矿产有Ⅶ类19种，矿床点66处。其中，金属矿产Ⅲ类8种，矿床点34处：黑色金属矿产10处（铁矿点9处，钛铁矿1处），有色金属矿产23处（铜矿点4处、铅锌矿点4处、钨矿点10处、锡矿点4处、钛矿点1处），贵金属黄金矿化点1处。非金属矿产Ⅵ类11种32处：冶金辅助原料矿产9处（耐火粘土4处、泥炭土4处、石油1处），化工原料矿产14处（黄铁矿点6处、重晶石矿点3处、钾长石矿点4处、石盐矿点1处），建材非金属矿点3处（水泥灰岩2处、水泥粘土1处）。主要分布在东莞中部、南部和东部的山地、丘陵地带。矿产分布分散，无规律。

【动植物资源】 东莞市野生动物种类繁多，主要分布于山区和丘陵地带，体型较大的野兽多栖息在东南山区，一般兽类出没于平川、丘陵。主要野生动物有：哺乳类、鸟类、鱼类（134种）、甲壳类和多种贝类、两栖、爬行类、昆虫类等。主要野生植物有：树类114种、竹类23种、内陆水域水生维管束植物48种，水果类40多种、野生药用植物89种。内陆水域中常见的浮游生物共8门110属。

【旅游资源】 东莞是岭南古邑，东莞博物馆珍藏有村头遗址等新石器时代以来的出土文物，被誉为广东省历史文化名城。东莞是中国近代史的开篇地，虎门销烟揭开中国近代史第一页，存有中外闻名的林则徐销烟池、沙角炮台、威远炮台等抗英古战场遗址，建有鸦片战争博物馆、海战馆等爱国主义教育基地；东莞是东江人民抗日的根据地，大岭山抗日史实陈列馆、榴花抗日纪念亭吸引不少游客瞻仰。东莞又是改革开放的先行地，改革开放后，东莞迅速崛起为以现代制造业为特色的新兴工业城市。人文景观丰富，有宋代的黄旗古庙，明代的迎恩门楼、金鳌洲塔、榴花塔、袁崇焕故居，明清时期燕岭摩崖石刻，清代广东四大名园之一的可园等名胜。自然风景优美，有仙鹅湖、绿色世界、清溪山水天地以及珠江口滨海秀色、稻海蕉林、荔红荷香等景观。旅游、休闲度假设施完善，幽静、舒适、豪华的度假村点缀于秀水青山之间。荔枝、香蕉等新鲜水果四季不绝，虎门膏蟹、白沙油鸭、厚街腊肠、乌头鱼、水鸭、水鱼、“三蛇烩”等美食不胜枚举。

（刘念宇　施雪芬）

人口·民族·语言

【人口】 2008年东莞市户籍人口为174.87万人，外来暂住人口为552.50万人，常住人口为694.98万人。全年出生人口为1.84万人，出生率为10.77‰；死亡人口为7752人，死亡率为4.54‰；人口自然增长率为6.23‰。人口城镇化率为86.39%。

【民族】 据2000年第五次全国人口普查计，东莞市普查人口中，汉族人口625.99万人，占总人口的97.12%；少数民族人口18.58万人，占2.88%。

【语言】 东莞市境内流行粤方言和客方言。粤语区面积、人口均占全市的绝大部分，客方言主要通行在东南部与惠州、深圳相邻的丘陵地带，约占全市面积的18%。在32个镇街中，纯粤语镇街有石龙、长安、沙田、洪梅、道滘、麻涌、万江、中堂、望牛墩、石碣、高埗、大朗、寮步、茶山、企石、石排、

年末常住人口和户籍人口数

项目	单位	1978年	1980年	1985年	1990年	1995年	2000年	2005年	2006年	2007年	2008年
年末常住人口	万人				175.62	336.45	644.84	656.07	674.88	694.72	694.98
年末户籍人口	万人	111.23	112.7	120.85	131.85	143.65	152.61	165.65	168.31	171.26	174.87
#非农业人口	万人	18.49	19.83	25.49	30.87	35.38	39.61	65.84	70.42	73.67	76.80

常平、横沥、东坑、桥头等20个。兼有2种方言的镇街中，莞城、东城、南城、厚街、虎门、大岭山、塘厦、黄江、谢岗等9个镇街大部分甚至绝大部分讲粤方言；清溪、凤岗2个镇大部分讲客方言。全市仅樟木头是纯客方言镇。

（刘念宇　施雪芬）

行政区划

2002年，东莞市行政区划主要变更有：1月，莞城撤销1988年1月起分设的城内区、城外区街道办事处，合并设立莞城街道办事处。11月，万江区街道办事处（1987年10月设立）更名为万江街道办事处。另，2000年3月，东城街道办事处设立；2001年10月，南城街道办事处设立。至2007年底，行政区划情况见下表：

2008年东莞市行政区划

镇（街道）	社区、村委会（个）	村委会名称	社区居民委员会（居民委员会）名称
莞　城	9		东正　市桥　北隅　西隅　罗沙　博厦　细村　兴塘　创业
石　龙	10	西湖　忠维　林屋　蒲溪　新维　王屋洲　黄家山	中山东　中山西　兴龙
虎　门	29		虎门寨　东方　则徐　大宁　树田　白沙　沙角　怀德　博涌　镇口　村头　新联　九门寨　居岐　金洲　南面　北栅　小捷滘　北面　陈村　东风　武山沙　黄村　南栅　龙眼　宴岗　赤岗　路东　新湾
万　江	28		万江墟　万江　石美　莫屋　拔蛟窝　黄粘洲　蚬涌　谷涌　小享　滘联　上甲　新村　新谷涌　共联　水蛇涌　大莲塘　牌楼基　严屋　大汾　流涌尾　金泰　曲海　坝头　胜利　官桥滘　简沙洲　新和　新城
东　城	22		岗贝　花园新村　东泰　温塘　桑园　周屋　余屋　鳌峙塘　峡口　柏洲边　上桥　下桥　樟村　梨川　堑头　主山　石井　同沙　光明　牛山　立新　火炼树
南　城	17		鸿福　宏远　胜和　元美　亨美　三元里　篁村　新基　周溪　袁屋边　白马　石鼓　蛤地　西平　雅园　水濂　新城
中　堂	20	潢涌　三涌　湛翠　凤冲　袁家涌　吴家涌　鹤田　中堂　一村　东向　蕉利　槎滘　下芦　马沥　四乡	中心　斗朗　红锋　东泊　江南
望牛墩	22	李屋　望东　扶涌　赤滘　五涌　下漕　上合　聚龙江　望联　洲湾　洲涡　杜屋　寮厦　芙蓉沙　官桥涌　横沥　福安　石排　官洲　朱平沙　锦涡	望牛墩
麻　涌	15	麻一　麻三　麻四　大步　东太　新基　川槎　鸥涌　华阳　南洲　大盛　漳澎　黎滘	麻涌　麻二
石　碣	15	石碣　唐洪　黄泗围　西南　单屋　梁家村　沙腰　刘屋　水南　四甲　鹤田厦　涌口　横滘　桔洲	城中
高　埗	19	洗沙　卢溪　宝莲　塘厦　草墩　护安围　保安围　三联　横滘头　低涌　朱磡　新联　欧邓　芦村　高埗　凌屋　上江城　下江城	新创
道　滘	14	南城　南丫　闸口　大鱼沙　小河　永庆　北永　昌平　厚德　九曲　大罗沙　大岭丫　蔡白	兴隆
沙　田	17	中围　和安　大流　泥洲　杨公洲　福禄沙　阇西　民田　先锋　西大坦　穗丰年　大泥　齐沙　稔洲　义沙　西太隆	横流
厚　街	23	厚街　珊美　宝屯　三屯　陈屋　赤岭　河田　寮厦　汀山　环冈　大迳　新围　桥头　南五　新塘　涌口　双岗　溪头　沙塘　宝塘　下汴　白濠	竹溪
长　安	13		长盛　涌头　霄边　咸西　锦厦　新安　乌沙　新民　沙头　上沙　厦岗　厦边　上角

续上表

镇（街道）	社区、村委会（个）	村委会名称	社区居民委员会（居民委员会）名称
洪　梅	10	洪屋涡　新庄　梅沙　氹涌　黎洲角　夏汇　尧均　乌沙　金鳌沙	洪梅
寮　步	30	西溪　凫山　石龙坑　石步　良边　富竹山　塘唇　向西　霞边　上屯　下岭贝　竹园　上底　药勒　刘屋巷　浮竹山　陈家埔　井巷　小坑　长坑	寮步　塘边　横坑　岭厦　新旧围　缪边　牛杨　泉塘　坑口　良平
大　朗	28	高英　洋乌　洋坑塘　松柏朗　黎贝岭　松木山　犀牛陂　水平　宝陂　石厦　杨涌　沙步　新马莲　佛子凹　蔡边　水口	大朗　佛新　巷头　屏山　竹山　巷尾　求富路　长塘　黄草朗　大井头　圣堂　长富
大岭山	23	太公岭　大塘朗　下高田　连平　鸡翅岭　马蹄岗　金桔　大沙　百花洞　大塘　水朗　杨屋　矮岭冚　颜屋　大片美　梅林　元岭　大岭　新塘　旧飞鹅　大环	大岭山　农场
黄　江	14	社贝　鸡啼岗　袁屋围　合路　北岸　田心　龙见田　旧村　长龙　星光　大冚	新市　田美　三新
樟木头	9		圩镇　樟罗　百果洞　樟洋　石新　柏地　官仓　裕丰　金河
清　溪	21	浮岗　上元　清厦　铁松　铁场　谢坑　青皇　大埔　长山头　三中　九乡　三星　渔樑围　厦坭　大利　土桥　重河　松岗　罗马　荔横	清溪
塘　厦	21		塘厦　三局　林村　石潭埔　四村　振兴围　大坪　蒲心湖　平山　诸佛岭　桥陇　龙背岭　石鼓　田心　横塘　蛟乙塘　凤凰岗　莲湖　沙湖　石马　清湖头
凤　岗	12	雁田　官井头　油甘埔　凤德岭　塘沥　黄洞　竹塘　竹尾田　三联　五联　天堂围	凤岗
常　平	32	岗梓　塘角　苏坑　袁山贝　金美　还珠沥　朗贝　桥沥　卢屋　九江水　朗洲　陈屋贝　司马　霞坑　漱旧　漱新　黄泥塘　元江元　横江厦　沙湖口　白石岗　松柏塘　上坑　木棆　下墟　板石　田尾　白花沥　桥梓　麦元　土塘	常平
谢　岗	12	黎村　窑山　南面　大龙　大厚　赵林　稔子园　五星　曹乐　谢岗　谢山	泰园
桥　头	17	田头角　李屋　朗厦　岗头　屋厦　禾坑　邓屋　邵岗头　东江　山和　石水口	莲城　田新　桥头　大洲　迳联　岭头
横　沥	17	石涌　隔坑　半仙山　田头　田坑　横沥　村头　长巷　田饶步　六甲　村尾　水边　新四　山厦　月塘　张坑	恒泉
东　坑	15	东坑　坑美　角社　塔岗　黄麻岭　初坑　凤大　黄屋　寮边头　长安塘　新门楼　井美　彭屋　丁屋	草塘
企　石	20	铁岗　深巷　湖美　博夏　上洞　江边　旧围　清湖　东平　上截　下截　东山　莫屋　杨屋　新南　南坑　铁炉坑　企石　霞朗	宝石
石　排	19	石排　下沙　福隆　庙边王　沙角　黄家壆　赤坎　向西　水贝　田寮　横山　埔心　谷吓　塘尾　李家坊　田边　中坑　燕窝	太和
茶　山	17	上元　茶山　下朗　横江　增埗　卢边　寒溪水　南社　塘角　博头　冲美　粟边　孙屋　超朗　京山　刘黄	茶山圩
松山湖	1		松山湖
合　计	591	383	208

（民政局供稿）

经济发展

【概况】 2008年，东莞市深入落实科学发展观，推进经济社会双转型，开拓创新，克难奋进，经济发展在逆境中保持较快增长，社会和谐稳定；获得“全国文明城市”、“中国制造业名城”、“国家园林城市”、“信息产业国家高技术产业基地”、“省林业生态市”等荣誉，创建全国社会治安综合治理优秀市工作通过国家检查考评，“省双拥模范城”实现七连冠，城市环境考核排名从全省第九位上升到第四位，东莞入选中国城市综合创新能力50强，被列为中国改革开放18个典型地区之一。在中国社科院发布的报告中，东莞综合竞争力在全球500座城市中名列第254位。

2008年，全市生产总值（GDP）3702.53亿元，比上年增长14.0%，来源于东莞的财政收入601.06亿元，同比增长11.4%，其中市财政一般预算收入209.22亿元，同比增长12.2%。进出口总额1132.99亿美元，同比增长6.1%；其中进口总额477.62亿美元，同比增长2.5%；出口总额655.37亿美元，同比增长8.9%。实际利用外资24.47亿美元，同比增长15.6%；固定资产总投资943.03亿元，同比增长12.1%；社会消费品零售总额838.23亿元，同比增长20.5%；金融机构本外币各项存款余额4454.53亿元，同比增长16.1%；城市居民人均可支配收入30275元，农村居民人均纯收入12328元，同比分别增长12.0%和6.2%。居民消费价格总指数上涨5.5%。产业转型初见成效，第三产业增加值增速快于第二产业16.9个百分点，三次产业比例从0.4：56.8：42.8调整为0.3：52.8：46.9。一般贸易出口增速快于加工贸易26.7个百分点，民营固定资产投资增速高于外资经济15个百分点。单位GDP耗地下降15%，耗电下降11.6%。

【产业结构优化】 2008年，东莞市生产总值3702.53亿元，按可比价格计算，比上年增长14.0%。其中第一产业增加值12.3亿元，同比下降3.2%；第二产业增加值1954.17亿元，同比增长6.9%；第三产业增加值1736.06亿元，同比增长23.8%。三大产业比例为0.3：52.8：46.9。

第一产业结构进一步调整优化。 全年完成农业总产值25.53亿元，比上年增长27.8%。其中种植业产值12.99亿元，同比增长13.5%，占50.8%；林业产值0.36亿元，同比增长12.5%，占1.4%；牧业产值5.32亿元，同比增长38.5%，占20.8%；渔业产值6.03亿元，同比增长79.5%，占23.6%。新增市级农业龙头企业3家、国家级和省级龙头企业各1家。截至2008年，全市有18家市级龙头企业、23家农民专业合作组织、2家国家级龙头企业和4家省级龙头企业，有省名牌产品（农业类）27个、无公害农产品45个、绿色食品26个、有机食品8个。

▲ 2008年12月23日，建行广东省分行与市政府签署协议，3年内将向东莞提供600亿元的信贷支持（郑家雄　摄）

第二产业结构逐步向技术密集型和高附加值方向调整。 全年完成工业总产值7222.38亿元，同比增长6.5%。其中规模以上工业总产值6372.28亿元，同比增长6.2%；规模以上工业企业利润总额123.45亿元，比上年回落36.4%；工业经济综合效益指数为116.03，比上年回落4.13个点。全年规模以上八大支柱产业总产值4104.85亿元，同比增长6.4%。其中通信设备、计算机及其他电子设备制造业产值1688.1亿元，同比增长6.5%。全年规模以上电子信息制造业产值2775.01亿元，同比增长7.6%；实现利润总额54.82亿元，回落18.3%。全年实现建筑业增加值82.38亿元，同比增长13.1%。

第三产业中的交通运输、仓储、邮政业、金融等实力进一步提高。 全年实现交通运输、仓储和邮政业增加值38.39亿元，同比增长6.0%；批发和零售业增加值278.60亿元，同比增长9.7%；实现住宿和餐饮业增加值70.88亿元，同比增长7.6%；金融业增加值99.08亿元，同比下降3.5%。截至2008年，全市有星级酒店99家和旅行社42家。国际旅游外汇收入4.56亿美元，同比增长6.8%；国内旅游总收入128.69亿元，同比增长8.3%。

【区域经济统筹发展】 2008年，松山湖引进项目105个，合同引资85.4亿元。虎门港5号、6号泊位建成投产，获批的深水泊位增至17个，成为对台直航首批港口之一，保税物流中心（B型）获国家批准设立。东莞生态园12项基础工程动工建设。长安滨海新区规划建设前期工作开始起步。全年全市32个镇街本级总资产803.94亿元，净资产539.57亿元，分别比上年增长8.0%和8.6%；全年税收总额417.63亿元，同比增长19.7%。全市村组两级集体资产总额1134.13亿元，同比增长4.2%；净资产862.98亿元，同比增长4.2%；全年可支配纯收入179.89亿元，同比下降3.3%。2008年，可支配财政收入超10亿元的镇街有4个，GDP超100亿元的镇街有12个。可支配收入（扣除土地物业转让纯收入）超亿元的村有18个，超千万的村有385个，增加16个，超5千万的村有65个，增加3个。

【内外源经济互补发展】 2008年，东莞市民营单位登记注册户数47.63万户，同比增长5.2%。其中私营企业增长较快，达到6.32万户，同比增长17.4%；个体工商户41.27万户，同比增长3.6%。全年规模以上民营工业完成总产值909.95亿元，同比增长10.7%；民营经济完成固定资产投资368.20亿元，同比增长29.6%；社会消费品零售总额696.19亿元，同比增长19.9%；缴税总额200.40亿元，同比增长9.7%。2008年，按新口径统计，全年全市新签外商直接投资项目553宗，合同利用外资25.87亿美元（含增资和减资），同比下降17.2%；实际利用外资24.47亿美元，同比增长15.6%。增资项目815宗，合同增资金额17.04亿美元，同比下降8.2%。全市新签项目投资总额超千万美元的23宗，合同利用外资2.54亿美元；增资额超千万美元的项目有42宗，合同增资金额6.29亿美元；世界500强企业新投资及增资项目10宗，合同利用外资9552万美元。

【自主发展能力增强】2008年，东莞市专利申请量和授权量分别居全省第二、第三位，其中发明专利授权量增长1.5倍，首获国家专利金奖1项。建成公共技术创新平台6个。新增省级企业工程中心和技术中心11个，总数达34个。新认定省专业镇和专业镇技术创新平台各2个，总数分别达11个和10个。新增企业博士后科研工作站4家。获批国家高新技术企业153家。新增省民营科技企业55家，总数470家。获国家和省资助项目110个。新增省级以上名牌名标65个，累计376个，参与制定修订国家标准和行业标准68个。新增各类人才1.7万人。

【城乡环境完善】2008年，东莞市26项市属道路交通和城市功能配套重点工程竣工，30项开工建设。完成电网建设投资18.8亿元，新增LNG管网105公里，建成水利防灾减灾工程164项。划定1103平方公里的生态控制线。完成生态环境整治工程146项，新增绿地699万平方米。在336个村（社区）铺开旧村整治。市财政补贴1.54亿元，建设农村公厕和垃圾转运站。运河综合整治稳步推进。开展违法用地专项整治，拆除违章建筑面积108万平方米，复耕复绿1.6万亩。

【人民生活提高】截至2008年，东莞市户籍人口174.87万人，常住人口694.98万人。全年接收大中专毕业生1.50万人。城镇实有登记失业人数7630人，失业人员安置就业人数7515人，城镇登记失业率为1.64%。城市居民人均可支配收入30275元，农村居民人均纯收入12328元，分别比上年增长12.0%和6.2%，扣除价格因素，实际增长6.2%和5.6%。32个镇街都建立社会保障网络，纳入街道级最低生活保障范围的有1531户3653人，纳入镇级最低生活保障范围的有12125户33384人。向低收入户19.92万人发放“千元”红包，共发放1.99亿元。

（黄素标）

精神文明建设

【全国文明城市创建】2008年，市文明委坚持“重在参与、重在过程、重在实效”的创建原则，大力弘扬“东莞因你而文明”的创建理念，扎实推进全国文明城市创建工作，走出一条有东莞特色的创建之路。

做好规划部署。以市委、市政府名义印发《2008年东莞市创建全国文明城市工作实施方案》、《东莞市创建全国文明城市模拟测评工作方案》、《东莞市创建全国文明城市迎“国检”实施方案》等，全面规划部署创建工作，突出重点难点，推进整改提升。

健全创建机制。市、镇（街）两级分别成立创建全国文明城市工作领导小组，市委书记、市长亲自部署、亲自检查指导工作。市委、市政府从文明委各成员单位抽调32名干部组建市创建办，设立综合组、业务组、督导组、宣传组、材料组等，统筹指导、协调督查全市创建工作。

强化氛围营造。利用电视、电台、报纸、网络等媒体资源和社会宣传资源，使得文明创建宣传进工厂、进社区、进村镇、进机关、进学校、进军营。各级媒体开辟创建专版、专栏，播出专题新闻1918条，刊登845期专题报道，推出专题网页10个，拍摄14则创文电视、广播公益广告每天播放密度30次以上；电讯部门为60万个固定电话用户、600万个手机用户免费开通文明创建公益彩铃；在所有市内、省内公共汽车和出租车、旅游大巴上进行文明创建宣传；利用公众传媒1000多个终端视频，邮政300多个经营网点视频以及全市各大商业中心、大型住宅区、购物中心发布文明宣传片。

抓好整治提升。开展创建全国文明城市模拟测评工作，以“实地考察”为重点，由市领导带队对东莞市建成区开展实地考察测评。针对模拟测评中发现的问题，市创建办加强督查，协调有关部门和镇（街道），开展交通秩序、市容市貌、公共设施、社会治安、环境卫生、集贸市场、窗口服务、公益广告、出租屋管理、社区管理等10项整治行动。同时，组织督查小组每天分赴4个街道和松山湖的社区、集贸市场等创文实地考察申报点开展“暗访”，推进创建工作的常态化。

创新汇报展示。在“国检”中，以最佳的状态展示东莞城市和人民的良好风采。以综合实力打动人，依托东莞改革开放的巨大成就，把展示东莞的综合实力贯穿到整体观察、听取汇报的全过程，诠释东莞作为全国改革开放一个精彩而生动的缩影，展示城市发展的“东莞奇迹”。以城市精神打动人，着力于诠释“海纳百川、厚德务实”东莞城市精神，让“国检”测评组在检查过程中感受东莞人民求真务实、开拓进取的精神风貌，体现东莞多元包容、创新创业的城市文化。以特色汇报打动人，创新增加城市形象展示、城市陈述等特色环节，创新展示会场物料，创新运用待审核材料多媒体审核等。12月底，东莞市进入第二批全国文明城市候选名单，向社会进行公示。

【东莞城市暖流行动】2008年，市文明委按照“舆论氛围更浓厚、社会活动更实惠、志愿服务更深入、制度建设更深化”的要求，以“社会和谐人人有责，和谐社会人人共享”为主题，开展2008年“东莞城市暖流行动”，在全社会大力组织关爱互助、权益保护、素质提升、和谐共融“四大行动”，策划实施398项便民服务活动，营造“爱心文化”、“感恩文化”。2008年春节前，全市6个片区同时开展春节慰问活动，市儿套班子领导、文明委单位主要领导给广大群众送温暖、送关爱，直接受慰问群众达5000余人。“5·12”汶川大地震发生后，市文明委迅速开展“东莞城市暖流特别行动”，向全社会发出“用爱心诠释文明，让我们继续行动——东莞市抗震救灾献爱心、齐心共建文明城倡议书”，组织“川莞少年手拉手，抗震救灾心连心——东莞市关爱地震灾区留守少年行动”、“不一样的六一，一样的爱——川莞少年儿童手拉手·心连心大型儿童赈灾汇演”等活动，发动各镇（街道）、各部门和社会各界做好来自灾区新莞人的慰问安抚、帮困送温暖、维护权益工作，稳定来自灾区新莞人的就业就学和生活，继续组织捐款捐物支援灾区抗灾重建。

【“树新风、迎奥运、创文明城市”全民行动】2008年2月，市文明委整合市教育局、市交警支队、团市委等部门力量，铺开“树新风、迎奥运、创文明城市”全民行动，在提升市民素质、整治公共秩序、提高服务质量、改善城乡环境等4个方面取得了新的突破。开展文明风尚宣传普及行动，组织观看“用心为东莞加分”文明教育专题片，开展《东莞文明公约》、《东莞市民文明行为规范》和“创建全国文明城市对市民行为的10点基本要求”宣教活动，深化“创建全国文明城市公益宣传合作伙伴”宣传活动，开展“传递文明、你我共建”志愿服务宣讲行动。开展社会文明诚信建设行动，组织“创建文明机关、做人民满意公务员”活动，深化“百城万店无假货”活动。开展文明交通综合提升行动，加强交通教育执法。开展城乡环境卫生综合改善行动，加强城乡环境治理工作。开展“全民健身与奥运同行”

行动，推进“全民健身路径工程”和基层体育设施建设。开展“文明出游”教育实践行动，动员旅游企业开展礼仪示范和优质服务活动。开展节能减排全民行动，推动节能减排取得新成效。

【《东莞文明公约》和《东莞市民文明行为规范》正式发布】 2008年，市文明委在广泛征求社会各界意见的基础上，制订出新的《东莞文明公约（讨论稿）》和《东莞市民文明行为规范（讨论稿）》，引导市民对文明公约和行为规范开展讨论、提出修订意见，促进市民对日常生活特别是公共交往中的行为标准形成共识、达成契约。6月，《东莞文明公约》和《东莞市民文明行为规范》正式向全社会发布，进一步教育引导广大市民躬行实践社会公德，做文明言行的参与者、实践者和传播者。

【“讲道德，做好人”系列活动】 2008年，市文明委开展道德模范宣讲活动，以“讲道德，做好人”为主题，组织各镇（街道）开展道德模范巡讲活动。安排东莞市的“全国道德模范”提名奖、“城市精神杰出人物”、“十大杰出青年”等先进典型代表作专场报告，进工厂、进社区、进村镇、进机关、进学校，与广大干部群众进行面对面交流，用道德榜样的力量带动更多的普通市民见贤思齐、择善而从，营造人人学习模范、人人争当模范的良好社会氛围。开展“做一个有道德的人”主题实践活动。开展向“抗震救灾英雄少年”学习活动、“学英雄少年、为奥运添彩、做有道德的人”网上签名活动，组织广大学生集体观看《英雄少年》光盘；开展讲文明、促和谐校园文明创建系列宣传活动。

【第五期“广东文明论坛”】 2008年5月22日，由省委宣传部、省文明办主办，南方日报社、广东电台协办，东莞市承办的“包容让社会更和谐”——第五期“广东文明论坛”在东莞市图书馆举行。论坛嘉宾和现场观众围绕“包容让社会更和谐”这一主题探讨。论坛的举办，旨在宣传包容精神，倡导包容行为，传播包容文化，营造包容氛围，在全社会进一步形成和谐包容、团结奋发的文明风尚。

【市民学校大讲堂】 2008年5月30日，市文明委举行全市社区（村）市民学校成立大会暨首场市民学校大讲堂，在全市591个社区（村）挂牌成立市民学校，建立健全市、镇（街道）、社区（村）三级管理体制，保障场地设备、师资队伍、课程设置、活动组织，完善工作制度和教学制度，有计划地开展教学活动，进一步加强经常性的市民教育工作，提高社区（村）居民思想道德素质和科学文化素质。首场市民学校大讲堂围绕“奥运与市民文明礼仪知识”这一主题，为社区（村）市民听众送上一堂奥运和文明礼仪知识教育课。

【“我们的节日”主题文化活动】 2008年，端午节前夕，市文明委承办广东省首届“我们的节日——2008广东（东莞）端午传统文化体验日活动”，以综艺节目和赛龙舟两项活动，挖掘端午节文化内涵，追忆屈原、袁崇焕、林则徐、将光鼐等民族英雄的爱国情怀，展现东莞的历史人文特色和地方民俗风情，引导人们进一步了解传统节日、认同传统节日、喜爱传统节日、过好传统节日，在全社会叫响“我们的节日”这个主题。

【“东莞因你而文明，奥运因你而精彩”金钥匙工程】 2008年，市文明委在全市范围内实施“东莞因你而文明，奥运因你而精彩”金钥匙工程，为奥运和创建全国文明城市营造文明祥和的社会环境。包括七大行动：“我为东莞加分，我为奥运加油”百万市民网上签名寄语行动，发布《网上签名寄语倡议书》，组织市民网上或现场签名。“文明从我做起”公职人员示范及全民行动，组织全部公务用车、各公职人员在出行车辆贴上“文明车”标识，向广大市民发放“文明车”标识。“迎奥运，创文明”生活知识普及行动，向广大市民免费赠送100万本《东莞因你而文明，奥运因你而精彩——文明生活有奖问答读本》，组织文明生活有奖问答竞赛活动。“实践城市精神，创建文明城市”公益广告密集发布行动，向市民发布现代篇、前人篇、百杰（德）篇、百杰（主人）篇四组高质量的城市精神公益广告宣传片。“用心为东莞加分”公益宣传行动。广泛发布《用心为东莞加分》宣传片，推动文明公益宣传进社区、进学校、进工厂、进窗口行业。“知荣辱，树新风，我行动”东莞市第三届家庭文化节活动，举办“我廉洁，我幸福”家庭廉政文化大家谈活动，开展东莞“创业之家”、“学习之家”评选表彰活动，开展“孝敬父母、体验亲情”活动。“共建文明，共享和谐”交通城管执法教育整治行动，营造和谐礼让的交通环境，创造整洁优美的城市环境。

【“推进双转型，建设新东莞”杰出企业评选活动】 2008年，市文明委在全市开展“推进双转型，建设新东莞”杰出企业评选活动，采用“开放式推荐、开放式评审、开放式宣传”的方法，通过4个多月的初评、公众投票、复评、公示等程序，评选出在“自主创新”、“诚信经营”和“回馈社会”三方面做出突出成绩和贡献的先进企业30家，提名奖企业30家，特别贡献奖企业1家。制作发布一系列宣传广告短片、海报，开设评选活动专版、专栏和专题网页，组织媒体集中采访参选企业等。组织召开杰出企业见面会，市委、市政府主要领导亲自接见61家获奖企业代表，交流成功经验，共享创业激情。举办高规格的“光荣属于你”颁奖晚会，全面展示杰出企业的风采。通过杰出企业评选活动，延伸和创新道德模范评选工作，弘扬“海纳百川、厚德务实”东莞城市精神，在全社会兴起一个学习先进、崇尚先进、争当先进的热潮，为“推进双转型，建设新东莞”提供强大的精神动力和良好的氛围保障。 （叶晓平）

附：2008年东莞市精神文明建设委员会办公室领导名录

主　任：胡毅峰（任至11月）
　　　　李国全（11月到任）
副主任：宋　媛（任至11月）

▲ 2008年10月23日，市第九届老年人运动会开幕现场（郑家雄 摄）

POLITICS　政　治

■ 解放思想实践科学发展观活动

■ 推进产业结构调整和产品转型升级

■ 抗震救灾和对口援建工作

■ 创建全国文明城市

■ 为市民办十件实事

编辑：李文蔚

中国共产党东莞市委员会

【解放思想学习讨论活动】 2008年1月15日，根据省委有关部署，市委印发《东莞市开展解放思想学习讨论活动方案》，决定从2008年1—5月，在全市集中开展解放思想大讨论活动。力求通过活动，做到更新思想观念，为争当实践科学发展观排头兵提供思想保障；健全评价体系，为争当实践科学发展观排头兵提供考核依据；深化体制改革，为争当实践科学发展观排头兵提供体制机制保障；提高领导能力，为争当实践科学发展观排头兵提供组织保障。活动分3个阶段进行：一是学习宣传阶段（1月初—2月上旬），抓好组织发动，加强学习和宣传，营造解放思想、改革创新强大舆论声势和良好社会氛围；二是讨论调研阶段（2月中旬—3月底），围绕通过改革创新实现科学发展开展调查研究和讨论交流；三是决策部署阶段（4月—5月底），总结学习和调研成果，集中研究改进工作意见，形成指导科学发展的办法、措施、政策、制度，指导部署今后工作。6月24日，市委召开全市解放思想学习讨论活动总结大会，把活动经验和成果总结为“六个注重”：注重把学习贯穿始终，不断深化思想认识；注重领导带动，推动活动广泛开展；注重联系实际，积极查摆突出问题；注重调研成果转化吸收，形成破解难题的思路举措；注重发扬民主，广泛发动社会建言献策；注重宣传报道，营造强势舆论氛围。

【深入学习实践科学发展观活动】 2008年，按照中央《关于在全党开展深入学习实践科学发展观活动的试点方案》，东莞市被定为全国23个开展深入学习实践科学发展观活动试点单位之一。3月3日，市委召开东莞市解放思想实践科学发展观动员大会，印发《东莞市开展深入学习实践科学发展观活动方案》，对开展深入学习实践科学发展观活动进行全面部署。学习实践活动从2008年3月初开始，8月底结束，以“当好先行者，争创示范点”为主线，分5个阶段组织实施，分别以五大活动为抓手：一是思想发动阶段，以全省开展“解放思想大讨论”为抓手；二是学习调研阶段，以“三学三比”活动为抓手；三是分析检查阶段，以开展“两会一评一公开”为抓手；四是解决问题阶段，以开展“双为双帮行动”为抓手；五是完善制度阶段，以“构建新机制，争当排头兵”为抓手。全市共4144个单位11042名领导班子成员和102232名党员参加活动。8月19日，市委召开全市深入学习实践科学发展观活动试点工作总结大会，将活动成效总结为“六个新”：一是党员干部有新认识，更加牢固地树立科学发展理念，充分认识到产业结构调整升级是东莞落实科学发展观最核心任务，产业结构调整升级必须做到“四个忍得住”；二是科学发展有新思路，初步确立“新产业·新东莞”科学发展新目标，同时全面启动产业结构调整升级试点工作；三是改善民生有新成效，社会治安更加好转，困难群体保障加强，社保体系更加完善，抗震救灾进展顺利；四是体制机制有新突破，初步形成科学发展1+N系列政策文件；五是探索经验有新成果，形成回答中央8个问题和省委5个问题研究性报告；六是经济社会有新发展，上半年全市经济平稳快速增长，完成生产总值1736.6亿元，同比增长16%，高出全省增幅5.3个百分点。

【推进产业结构调整和产品转型升级】2008年3月26日，中共中央政治局委员、广东省委书记汪洋在东莞调研时，要求东莞把推进产业结构调整和产品转型升级，作为落实科学发展观最核心任务。东莞按照汪洋指示精神，结合开展解放思想学习讨论活动和学习实践科学发展观试点活动，探索推进产业结构调整和转型升级工作。一是凝聚社会各界共识。针对部分干部群众对传统发展模式依赖思想，大力宣传汪洋提出的“今天不主动调整产业结构，明天就会被产业结构所调整”等论断，教育干部群众要做到“四个忍得住”：忍得住暂时阵痛，忍得住暂时速度放缓，忍得住暂时收入减少，忍得住社会非议。二是推进4类试点工作。选择镇、村（居）、行业和企业4类62个单位，因地制宜开展产业调整试点，力争通过试点工作，以点带面推动全市产业结构调整和转型升级，最终达到三次产业结构明显优化、产品技术结构明显优化、企业组织结构明显优化、人口结构明显优化、区域布局结构明显优化、资源配置结构明显优化等六方面目标。三是制定1＋26政策体系。通过试点摸索，针对阻碍产业调整主要问题，制定1个总体意见和26项配套政策措施。在产业导向方面，出台建设现代产业体系意见、产业调整规划及指导目录；在支持重点产业和企业方面，出台促进创意产业、软件产业发展意见等；在支持科技创新方面，出台科学技术奖励办法、重大科技专项资助计划操作规程等；在资源配置方面，出台“三旧”（旧城、旧村、旧厂）改造土地管理办法、污染企业整治意见等；在利益协调方面，出台村级体制改革、镇街领导工作实绩分类考核方案等。四是搭建三大服务平台。包括政府服务平台，政府成立促进加工贸易企业转型升级服务中心；市场拓展平台，与香港贸发局、台湾物流协会等机构合作，协助在莞港台企业开拓市场；技术提升平台，全年建成公共技术创新平台6个，新增省级企业工程技术中心11个，新认定专业镇技术创新平台2个，引进香港和台湾生产力促进机构等产业服务平台。五是突出三大关键工作。通过提升产品层次、提升设备水平、提升创新能力、提升内销规模、提升异地拓展能力，升级转型一批加工企业；通过严把企业污染治理关，实行差别电价水价，加快与韶关、惠州共建产业转移园及7个镇级产业转移园发展，淘汰转移一批低端企业；通过发挥松山湖、虎门港等园区优势，坚持招商选资、引优替劣、扶优扶强，引进培育一批高端产业。2008年产业结构调整和产品转型升级取得初步成效：一是产业产品结构优化，三大产业比例由上年0.4：56.8：42.8调整为0.3：52.8：46.9；二是市场结构优化，全市外资企业内销增速高于出口总额10.8个百分点，对东盟、非洲等新兴市场出口增速加快；三是自主创新能力提高，全年专利申请量、授权量分别跃居全省第二和第三位；四是内外源结构优化，在工商税收总额中内源型经济税收所占比重增至63.8%，在GDP中内资经济所占比重增至58.3%；五是人均指标提高，2008年人均生产总值53285元，增长12.4%；六是节能节地减排成效明显，2008年全市每万元生产总值耗电比上年下降12.5%，每亿元生产总值消耗土地下降15%，每平方公里土地产出生产总值增长14%。

【对口支援地震灾区抗震救灾和灾后恢复重建】2008年“5·12”汶川地震发生后，市委、市政府迅速响应中共中央和省委号召，全力支援四川抗震救灾。5月13日，召开动员大会，发出《关于开展支援汶川地震灾区捐赠活动的通知》，在全市全面开展捐赠活动；5月14日起，陆续派出消防、卫生、公安等人员组成队伍奔赴灾区支援抗震救灾工作；6月24日，成立市对口支援地震灾区灾后恢复重建工作领导小组，由市委副书记、市长李毓全任组长；7月24日，省委、省政府正式安排东莞对口支援汶川县映秀镇；7月28日，东莞市召开党政领导班子联席会议，对对口支援映秀镇重建有关工作进行专门部署。截至2008年，东莞市累计派出各类抢险救援队伍200多人次，收治来自灾区伤病人员21名，接收灾区学生就读359名，全市捐款捐物7亿多元，援建板房18104套，启动第一批6个对口援建项目建设。

【抗击冰雪和冻雨灾害】2008年1月下旬以来，中国南方大部分地区遭受严重持续冰雪和冻雨灾害。由于省际公路交通运输受阻，铁路运力锐减，煤电油运输紧张等情况，导致东莞出现大面积旅客列车晚点，大量旅客滞留车站。1月25日至2月5日，东莞东火车站累计滞留旅客近40万人次，最高日滞留旅客5.5万多人。市委、市政府认真贯彻落实省委有关指示精神，组织全市各级各方面全力做好抗灾救灾工作，做到“八个确保”：确保领导靠前指挥；确保劝留大多数新莞人在莞过年；确保滞留旅客生活有保障；确保道路交通安全及站场秩序；确保食品供应和物价稳定；确保生产生活用电供应；确保留莞人员生活得到妥善安置；确保安全生产和社会治安稳定。1月31日晚，中共中央政治局委员、广东省委书记汪洋到东莞视察春运工作，在东莞东火车站听取市委书记、市人大常委会主任刘志庚汇报并充分肯定东莞工作。经过近1个月努力，东莞抗灾救灾工作取得胜利。东莞东火车站2月5日起实现旅客零滞留；春运工作过程中，没有发生挤压、踩踏导致旅客伤亡事故情况。

【创建全国文明城市】2008年2月15日，市委、市政府印发《2008年东莞市创建全国文明城市工作实施方案》，要求严格对照新《测评体系》标准，围绕注重过程、注重参与、注重实效创建宗旨，扎实推进创建各项工作，确保东莞市2008年保持“创建全国文明城市工作先进城市”称号并力争进入“全国文明城市”行列。实施步骤：第一阶段为规划部署，宣传发动（2007年12月至2008年1月）；第二阶段为重点突破，整体推进（2008年2—5月）；第三阶段为自评申报，迎接评审（2008年5—10月）。10月17日，市委、市政府向全国文明城市国家测评组提交《努力建设多元包容城乡一体的文明城市》创建全国文明城市工作情况汇报。

【学习世界先进城市】2008年10月7日，市委、市政府印发《中共东莞市委、东莞市人民政府关于学习世界先进城市的决定》，正式确定新加坡、香港和韩国仁川、日本川崎等城市作为东莞参照学习主要对象，积极学习借鉴其在产业调整、自主创新、城市建设、生态环保、政府改革、民生福利、文化软实力等方面经验，力争用10年左右时间，实现省委提出的从参与国际低端竞争转向参与国际高端竞争，推动东莞从传统发展模式转向科学发展模式，努力把东莞建成现代制造业名城、创新创业热土、宜居生态城市、和谐幸福家园。学习世界先进城市战略思路：一是学习先进城市经验，推进产业调整升级；二是借鉴现代创新体系，提高自主创新能力；三是瞄准国际城市标杆，优化城市建设管理；四是参照全球先进典范，推进生态文明建设；五是强化公众参与意识，不断完善公共管理；六是深化以人为本理念，切实改善民生福利；七是吸收世界优秀文化，提升城市软实力。

【应对国际金融危机】推出“五个10亿元”工程稳定企业发展。2008年，为帮助企业应对国际金融危机，稳定企业发展，实现企业就地转型升级，市委、市政府整合“科技东莞工程”等多项政策措施，推出“五个10亿元”工程，即：设立10亿元中小企业和加工贸易企业融资专项资金，以为企业提供贷款贴息和担保风险金等方式，引导金融机构和民间资金加大对中小企业融资支持力度，帮助中小企业解决融资难问题；设立10亿元产业转型升级专项资金，重点鼓励加工贸易企业开展产品升级、技术升级、研发升级、营销升级、品牌升级；拿出10亿元作为科技创新专项资金，鼓励企业自主创新；投入10亿元创业就业专项资金，落实“创业东莞”工程各项政策措施，鼓励就业创业；取消“三资”企业场地使用费、“三来一补”综合费用等收费项目，累计为企业减轻负担10亿多元。

市、镇街、村（社区）三级干部走访外资企业和重点民营企业活动。2008年10月23—24日，市几套班子领导分别带队走访各镇街在莞重点外资企业，宣传市推动加工贸易企业就地升级转型政策措施，帮助企业用好、用足政策促转型、促发展。11月6日，市委、市政府发出《关于开展市、镇街、村（社区）三级干部走访外资企业和重点民营企业活动的通知》，在前期走访基础上，11—12月开展市、镇街、村（社区）三级干部走访外资企业和重点民营企业活动。市组成32个走访工作组，每个工作组由1名市几套班子领导或市政府秘书长带队，市五大机关、相关部门抽派处级领导2名和材料员1—2名组成；镇街、村（社区）干部走访活动由各镇街参照市领导走访形式制定工作方案。

“稳定在莞港资企业扶持扎根发展”系列活动。2008年11月11日，东莞市在香港举行“帮扶在莞港企促进扎根发展”系列活动。市委书记、市人大常委会主任刘志庚，市委副书记、市长李毓全带队，部分市几套班子领导、外经贸、财政、环保、海关、税务等14个职能部门主要领导和全市32个镇街主要领导参加有关活动。主要活动内容：刘志庚、李毓全等市领导拜访香港创科集团和香港伟易达集团总部，32个镇街主要领导分别组织小分队拜访重点港企总部高层；市委常委、副市长江凌主持召开“第四次在莞港资企业转型升级联席会议”；举行香港媒体见面会；刘志庚、李毓全会见香港特区政府商务及经济发展局局长刘吴惠兰、香港特区政府驻粤办主任梁百忍，就莞港两地政府如何加强合作，帮扶港企交换意见；举行“携手合作、共渡时艰”大型招待酒会。通过活动，深入了解港资企业在经营中和升级转型中遇到困难，宣传市重视企业经营困境、全力帮扶外资企业应对全球“金融海啸”系列政策措施，营造政府与企业共渡难关、携手发展良好氛围，增强港商扎根东莞发展信心。

投资1400亿元实施“四大工程”。为扩大内需，大力挖掘投资和消费需求潜力，市委、市政府于2008年11月提出在未来几年投资1400亿元实施“四大工程”。一是实施基础设施和民生建设工程，投资480亿元，重点完善道路、供电、供水、供气等设施网络，发展医疗卫生事业，建设经济适用房和廉租房等；二是实施现代产业体系建设工程，投资500多亿元，抓紧开工建设中国散裂中子源东莞实验室等52个现代产业项目；三是实施生态环境建设工程，投入近350亿元，规划建设37项污水处理、4项垃圾处理、东莞运河整治和生态修复等工程；四是实施创新创业工程。

【与韶关市签订对口合作框架协议】2008年8月13日，东莞市与韶关市就加强对口合作、促进共同发展进行磋商，达成框架协议。协议主要内容：一是加强产业转移园区建设，推进莞韶产业转移。在大力推动已有莞韶产业转移园区建设基础上，双方在韶关市区共建1个大型产业转移工业园，争取建成省示范性产业转移工业园。二是推进劳动力转移，开展人力资源培训与配置合作。三是加强耕地占补平衡合作，推动可持续发展。四是加强对口扶持工作，确保扶贫项目发挥效益。五是加强农业开发与合作，建立优质农产品生产供应基地。六是加强旅游开发合作，实现旅游产业资源共享。七是进一步调动社会力量，推进韶关经济社会事业发展。八是建立联席会议制度，推进“双转移”工作。在签订对口合作框架协议同时，东莞市与韶关市政府签订12个合作项目，总投资11.93亿元。

【重要会议】中共东莞市委十二届二次全会。2008年1月4日在莞召开。61名市委委员、12名候补委员出席会议，市、镇街、村（居）有关领导共1400多人列席会议。全会主要任务是学习贯彻中央经济工作会议和省委十届二次全会精神，报告市委十二届一次全会以来工作，部署全年工作任务。市委书记、市人大常委会主任刘志庚和市委副书记、市长李毓全分别讲话。全会提出2008年全市工作总体要求是：高举中国特色社会主义伟大旗帜，以邓小平理论和“三个代表”重要思想为指导，深入贯彻落实科学发展观，深入贯彻党的十七大、中央经济工作会议、省第十次党代会、省十届二次全会精神，继续解放思想，坚持改革开放，按照“抓落实、优发展、重民生、促和谐”工作方针，促进经济又好又快发展，加强民主法制建设，加快文化新城建设，努力构建和谐东莞，全面推进党的建设新的伟大工程，努力开创各项工作新局面，争当实践科学发展观排头兵。主要抓好八方面工作：一是抓深入贯彻，把十七大精神和省委十届二次全会精神落到实处，在

▲ 2008年5月27日，中国共产党东莞市第十二次代表会议在市会议大厦举行

（蓝业佐　摄）

全市掀起解放思想大讨论热潮。二是抓优化结构，推动高新技术产业在关键技术上、传统产业在品牌上、重化工业在规模上、服务业在生产服务业发展上取得突破，推进发展方式从规模优势向质量优势转变。三是抓改革开放，积极稳妥地推进行政区划调整、镇村管理体制改革，实施加工贸易升级转型三大核心工程。四是抓统筹协调，继续加大落后镇村扶持力度。五是抓节能环保，严格落实节能减排目标责任制，建立完善节能降耗考核办法及污染减排统计、监测和考核体系，加快环保工程建设，抓好运河和内河涌整治。六是抓民生改善，努力完善教育体系、就业保障体系、医疗保障体系、社会保障体系、住房保障体系、社会防控体系。七是抓文明创建，争创全国文明城市，开展改革开放30周年、地级市成立20周年纪念活动。八是抓党建工程，组织部门镇街正副职领导到国内外轮训，认真做好村（居）委会、党支部换届选举工作。全会还对第一季度工作作出具体安排。

中共东莞市第十二次代表会议。2008年5月27日在市会议大厦召开。出席大会正式代表403名，列席会议人员36名。会议由市委副书记、市长李毓全主持。市委书记、市人大常委会主任刘志庚受中共东莞市委员会委托向会议作报告，提请党代表评议《东莞市委市政府领导班子贯彻落实科学发展观情况分析报告（讨论稿）》。听取报告后，党代表和列席人员对报告展开分组讨论。最后，市党代表对市委市政府领导班子贯彻落实科学发展观情况分析报告进行大会表决评议。

全市领导干部会议。2008年4月2日在市会议大厦召开。会议内容是学习贯彻中共中央政治局委员、广东省委书记汪洋来莞调研重要讲话精神，总结部署季度工作，动员全市上下统一思想，坚定信心，加快推进产业结构调整和转型升级。市委副书记、市长李毓全传达汪洋在莞调研情况和重要讲话精神，市委书记、市人大常委会主任刘志庚发表讲话，对东莞推进产业调整升级对策措施进行部署。明确东莞产业结构调整和转型升级总体方向：加快发展第三产业，优化调整第二产业，精细发展第一产业，努力打造先进制造业和现代服务业“双轮并转”、高新技术产业和适度重化工业“两翼齐飞”、以现代农业为重要补充产业格局，积极构建现代产业体系，提升产业综合竞争能力。坚持五个原则：调稳结合、进退结合、内外结合、点面结合、政企结合。重点抓好八项工作：把完善产业规划作为重要前提；把加工贸易企业升级转型作为重要基础；把引进培育关键项目和定向转移劳动密集型制造项目作为重要抓手；把创新体制机制作为重要动力；把减少人口数量、提高人口素质作为重要目标；把抓好试点作为重要方法；把重塑东莞形象作为重要途径；把优化发展环境作为重要保障。会议还总结第一季度工作，部署第二季度工作。

▲2008年7月23日，全市领导干部会议在市行政办事中心举行　（蓝业佐　摄）

6月24日，全市领导干部会议在市行政办事中心召开。会议内容是传达贯彻省委十届三次全会精神，总结上半年工作，部署下半年工作。市委副书记、市长李毓全分析上半年经济形势，提出下半年经济工作要求。市委书记、市人大常委会主任刘志庚作重要讲话，提出贯彻省委十届三次全会精神，要做到“四个深刻领会”：深刻领会“八个必须，八个解放出来”的科学发展新观念；深刻领会广东争当科学发展观排头兵总体要求和战略目标；深刻领会广东推动科学发展重点举措；深刻领会落实科学发展观保障措施。要求重点抓好六方面工作：解放思想求突破，突出转型求发展，深化改革求创新，统筹城乡求协调，改善民生求和谐，强化能力求提升。会议还对下半年工作提出十方面要求。

7月23日，全市领导干部会议在市行政办事中心召开。会议内容是传达学习贯彻中共中央政治局常委、国务院总理温家宝视察广东重要讲话精神。市委书记、市人大常委会主任刘志庚作重要讲话，传达温家宝在广东考察调研时讲话精神；对上半年经济形势作深入分析，要求全市统一一个认识，即东莞经济总体运行平稳较快发展，结构优化协调发展态势比较明显，要认识到各方面积极因素，进一步积极稳妥推进经济社会双转型，坚定科学发展信心和决心；对下半年工作进一步作出部署，提出7点要求：一是正确认识当前形势，增强做好工作信心和决心，二是增强调整结构、自主创新紧迫感，三是加大招商引资力度，内外投资一起抓，增强后续能力，四是继续优化投资环境，服务协调好东莞投资企业，进一步增强企业扎根东莞扩大投资信心，五是切实保障和改善民生，努力控制物价上涨，六是高度重视扩大内需，加快财政投资项目建设力度，七是进一步优化服务环境。

10月7日，全市领导干部会议在市行政办事中心召开。会议内容是总结赴西南学习考察活动情况；总结第三季度工作，研究布置第四季度工作。市委副书记、市长李毓全，副市长梁国英等作赴西南学习考察活动感受交流发言，市委书记、市人大常委会主任刘志庚作重要讲话。

11月3日，全市领导干部会议在市行政办事中心召开。会议内容是传达贯彻中共中央政治局委员、广东省委书记汪洋视察东莞讲话精神。市委书记、市人大常委会主任刘志庚作重要讲话，会议要求全市党员干部以学习贯彻汪洋视察讲话精神为动力，进一步坚定推进产业结构调整升级的信心和决心，努力做好四个方面工作：一是认清形势，做好长期应对金融危机准备；二是增强信心，坚定企业扎根东莞转型决心；三是加快调整，确保产业结构调整升级取得实效；四是积极作为，采取有效措施消除金融危机影响。

市委、市政府领导班子专题民主生活会暨扩大会议。根据《东莞市开展深入学习实践科学发展观活动方案》部署，2008年5月14日，市委、市政府召开领导班子学习实践活动专题民主生活活会暨扩大会议。会议以“新产业新东莞”为主题，市委、市政府领导班子结合各自分管工作，围绕影响和制约科学发展突出问题、群众反映最强烈突出问题、党性党风党纪方面突出问题，分别对照检查、深入剖析、查找原因、提出思路。市委书记、市人大常委会主任刘志庚，市委副书记、市长李毓全分别代表市委和市政府领导班子作突出问题情况分析，同时对个人贯彻落实科学发展观情况作对照检查。市委、市政府领导班子各成员依次进行批评和自我批评。市政协主席刘树基、市人大常委会副主任张继雄、非党员副市长吴道闻列席会议并发言。刘志庚作重要讲话，提出市委、市政府领导班子推动科学发展总体思路。

系列现场办公会。2008年5月28日，推动民营经济加快发展现场会召开，会议总结交流民营经济发展经验，加快民营经济产业结构调整升级。6家企业、6个镇街及市科技局作现场和书面发言，市委书记、市人大常委会主任刘志庚发表重要讲话，要求从五方面有序推进民营经济产业结构调整：突出抓好理念创新，突出抓好产业规划和引导，突出抓好人力资源结构优化，突出抓好自主创新，突出抓好政务环境优化。

6月26日，加快松山湖开发建设现场办公会召开，会议研究解决松山湖开发建设中碰到问题，并就松山湖开发建设宏观问题听取意见。市委书记、市人大常委会主任刘志庚作重要讲话，肯定松山湖取得成绩，指出松山湖要正视存在问题，要求下一步要做好找准定位目标，改革运作机制，优化管理服务等三方面工作，其中明确松山湖具体要从三方面为东莞产业升级发挥“发动机”作用：一是为优势产业引进培育高端项目和关键项目，成为东莞延伸完善产业链重要平台；二是成为东莞产业支援服务业中心；三是成为东莞新兴产业和高科技产业孵化培育基地。

7月10日，东莞生态园现场办公会召开，会议解决生态园开发建设中碰到问题以及与之直接相关7镇有关问题。市委书记、市人大常委会主任刘志庚作重要讲话，重新明确生态园建设目标，提出生态园发展定位是东莞市级湿地生态园、高端产业发展及配套服务区，建设生态园应该通过优化生态环境，打造优质平台，延伸松山湖北部工业园功能，引进承接东莞现有产业高端缺失项目和松山湖孵化出来优质新兴产业项目，促进全市产业升级转型。刘志庚强调要抓好生态园建设，加快收地进度，加快规划进度，加快工程进度，抓紧推进园区开发前期各项基础工作；为生态园简政放权，推进生态园体制创新；周边各镇要树立全市一盘棋理念，全力支持生态园建设；积极争取省关注和支持，使生态园成为省级园区。

【查处打击违法用工行为】 2008年4月28日，媒体报道来自四川凉山地区童工在东莞被贩卖，引起社会各界广泛关注。市委书记、市人大常委会主任刘志庚迅速作出批示。市委、市政府立即组织成立专项行动领导小组，迅速开展侦查工作，同时发出《关于在全市清查非法雇用童工情况的紧急通知》，统筹组织开展拉网式清查大行动，全面加强劳动用工管理。从七方面进一步规范劳动用工管理秩序，建立健全监督管理长效机制：提高认识，加强领导，将清理非法用工作为落实科学发展观大事来抓，抓出成效；抓住企业源头，依法规范劳动用工管理；加强部门配合，分工协作，形成管理合力；加强属地管理，落实属地责任；畅通信访渠道，鼓励群众举报；积极与劳务协作省区建立联动机制；加强行政管理队伍建设。

【向低收入市民发放1000元临时生活补贴】 2008年5月，鉴于物价持续高位运行，市委、市政府决定向全市户籍生活困难人员（即低保对象、优抚对象、五保户、非低保对象的一至四级残疾人、孤寡老人、弃婴、已治愈的麻风病人）和低保边缘户，共计约12.2万人，发放一次性临时生活补贴，每人1000元，共计资金1.2亿多元。所需资金由市财政资金和市残疾人就业保障金负担。该政策受到中共中央政治局委员、广东省委书记汪洋等领导充分肯定和社会各界广泛赞扬。

【市委书记、市长约见网友】 2008年，市委、市政府高度重视网络民意。部分网民发表长篇文章，对东莞市经济社会发展存在问题进行全方位深入思考，对东莞市应对国际金融危机、推进产业结构调整升级提出建议。如网民“未名晓望”（王晖辉）发表《十问东莞》并被南方日报选登，在各大论坛引发热烈讨论，受到市主要领导重视；11月9日，网民“我叫梁山伯”（路庆鹏）在天涯社区发表《东莞:“风暴眼”中的世界工厂》，市委书记、市人大常委会主任刘志庚于11月12日对该文作出长篇批示，要求印发市、镇街领导参阅，组织有关部门认真研究，吸收借鉴，转化为工作措施。12月2日，市委书记、市人大常委会主任刘志庚，市委副书记、市长李毓全主持召开网友见面会，邀请2008年以来在网上为东莞市热心建言献策的6名网友，面对面商讨如何共同应对国际金融危机。6名网友分别是：发表《十问东莞》的“未名晓望”（王晖辉）；3月份写出《六拍东莞》的“夜郎锅王”（陈宏）；11月发表帖子《东莞：“风暴眼”中的世界工厂》的“我

▲ 2008年9月22日，市委书记、市人大常委会主任刘志庚，市委副书记、市长李毓全率领的东莞市党政代表团到成都市考察（张村城 摄）

叫梁山伯”（路庆鹏），以及发表长篇跟帖的“我不是祝英台”（陈伟华、王猎）、“我是祝英台”（肖功俊）。6名网友和与会市领导就银行与企业沟通、行业协会服务、人才吸纳和培育、中小企业发展、建立民间智库等话题进行深入探讨。刘志庚发表讲话，感谢网友对东莞发展的关心和支持，并就网友关心的问题作出详细说明。

【市党政代表团赴西南部地区学习考察】 2008年9月22—26日，东莞市党政代表团赴西南部地区学习考察。代表团成员共110人，由市委书记、市人大常委会主任刘志庚和市委副书记、市长李毓全带队，市几套班子领导和市直部门、镇街主要负责同志组成。代表团先后考察成都、重庆、昆明市，与三市党政领导进行交流，听取当地经济社会发展情况介绍，实地考察城市建设、园区建设及产业结构调整、统筹城乡综合配套改革试验情况，签署《昆明—东莞友好合作框架协议》，并到汶川县映秀镇考察对口援建工作。

【纪念改革开放三十周年】 建城1250周年·成立地级市20周年·改革开放30周年庆典。于2008年2月1日下午在莞城西城楼前广场举行。省委常委、宣传部部长林雄，原省人大常委会副主任李近维，中央政府驻港联络办副主任黎桂康，刘志庚、李毓全、刘树基、黄双福、张继雄等市几套班子领导及社会各界代表1000多人出席庆典活动。

改革开放调研座谈会。2008年3月19日，市委书记、市人大常委会主任刘志庚就如何总结30年来经验，研究推进新一轮改革开放总体目标、基本思路和若干重点领域具体改革措施问题，邀请市社科界代表和部分职能部门负责人座谈。社科界代表和部分职能部门负责人发言；刘志庚作总结讲话，论述东莞30年来改革开放经验，提出9个基本观点。

东莞市改革开放30周年纪念大会。于2008年12月15日在玉兰大剧院举行，由市委副书记、市长李毓全主持，市委书记、市人大常委会主任刘志庚讲话。会后举办纪念改革开放30周年专题音乐会，由本土题材原创“东莞放歌”大型交响组曲作专场演出。

【东莞学习论坛】 2008年共举办6期（第十八期到第二十三期）。第十八期于1月18日举行，由中共广东省委讲师团副团长朱新行主讲，内容为继续解放思想，推进科学发展；第十九期于3月28日举行，由国家发展和改革委员会副秘书长杨伟民作关于构建高效协调可持续美好家园报告；第二十期于5月12日举行，由中南财经政法大学校长吴汉东主讲，内容为实施知识产业战略，推进产业结构调整；第二十一期于6月24日举行，由北京大学教授王思斌主讲，内容为社会工作的发展及其本土化问题；第二十二期于7月15日举行，由广东省金融服务办公室主任周高雄作关于资本与财富分配报告；第二十三期于9月19日举行，由中国电子信息产业发展研究院副院长罗文主讲，内容为从国内外发展趋势看东莞市加快信息产业结构调整目标与途径。

【市委中心组学习会】 2008年，市委中心组共进行20次专题学习，其中6期为参加东莞学习论坛报告会，其它14期分别为：1月4日，学习贯彻省委十届二次全会精神，并对全市如何开展解放思想学习讨论活动进行研究；2月13日，部署解放思想学习讨论活动；2月25日，交流学习党的十七大和省委十届二次全会精神体会；3月3日，部署解放思想学习讨论活动讨论调研阶段工作，确定19个重点调研课题；3月24日，交流深入学习实践科学发展观和解放思想学习讨论活动心得体会；5月7—8日，召开全市解放思想实践科学发展观专题调研成果汇报会；6月23日，学习省委十届三次全会精神；7月4日，举办省委十届三次全会精神宣讲报告会；9月22—26日，赴西南地区学习考察；10月7日，对赴西南地区学习考察活动作全面总结；10月13日，学习贯彻党的十七届三中全会精神，专题研究讨论扶持中小企业融资问题；11月4日，学习10月29日中共中央政治局委员、广东省委书记汪洋在莞调研时的重要讲话精神；11月17日，学习中共中央政治局常委、国务院总理温家宝11月14日来莞调研时的讲话精神；12月15日，学习中央经济工作会议精神。

【市委常委、副市长联席会议】 2008年，市委常委、副市长联席会议共召开34次，集体学习中央、省有关指示精神，讨论全市部分镇街和有关单位请示、报告，分析研究东莞经济社会发展问题和工作思路，研究部署全市有关方面工作等。 （何剑华）

附：2008年中共东莞市委领导名录

市委书记：刘志庚
市委副书记：李毓全 黄双福
市委常委：刘志庚 李毓全 黄双福
冷晓明 何嘉琪 庞国梅
甄瑞潮 崔建 江凌
王道平 卢广海

附：2008年中共东莞市委秘书长、副秘书长名录

市委秘书长：何嘉琪（兼）
市委副秘书长：吴才华 吴镇成
潘新潮 温淦荣
梁少虾 谢国文
蔡家华（任至8月）
黎桥根（8月到任）
张国平（9月到任）
卢贯纪（9月到任）

附：2008年中共东莞市委办主任、副主任名录

市委办主任：吴才华（兼）
市委办副主任：曲洪淇 谢小薇
李小兵（挂职，任至6月）

组织工作

【党组织和党员概况】 截至2008年，东莞市共有中共基层组织6224个（党委112个，总支部347个，支部5765个），其中“两新”组织党组织共2635个，占42.3%。全市党员共有111055名，其中农村党员72232人，占全市党员总数的65.0%；女党员26566人，占23.9%；35岁以下党员46404人，占41.8%；大专以上学历54250人，占48.8%，其中研究生以上学历2462人。另外，“两新”组织共有党员23579人，其中组织关系在莞的9026人，流动党员14553人。

【全国开展学习实践活动试点工作】 2008年，中共中央将东莞确定为全国23个开展深入学习实践科学发展观活动试点单位之一。在中央和省委高度重视、关心和支持下，市委和全市组织系统以高度政治责任感和政治敏锐性，把试点工作作为首要政治任务来抓。全市共4144个单位11042名领导班子成员和102232名党员参加活动，覆盖市几套班子、市直机关、镇街党政领导班子和党员领导干部以及村（社区）“两委”班子和党员干部、“两新”组织党组织班子和党员干部。围绕产业结构调整和转型升级这一东莞科学发展最核心任务和试点工作要解决的最主要问题，创新“解放思想大讨论”、“三学三比”（向理论精学，比思想大解放；向标杆求学，比差距找得准；向实践真学，比信心树得牢）、“两会一评一公开”（民主生活会；党代表会议；群众评议；社会公开）、“双为双帮”（领导为基层服务，帮助基层解决制约科学发展的突出问题。组织为群众服务，帮助群众解决利益问题）和“构建新机制，争当排头兵”等活动载体，精心策划和组织落实各阶段、各环节工作。市委书记刘志庚、市长李毓全等市几套班子领导带头参加学习实践活动，到联系点指导工作，广泛听取意见，召开高质量座谈会和民主生活会，全程主持撰写高质量的市委、市政府领导班子分析检查报告。在市领导带动下，试点工作取得显著成效，极大地增强全市各级贯彻落实科学发展观的自觉性和坚定性，促使党员干部有新认识、科学发展有新思路、改善民生有新成效、体制机制有新突破、探索经验有新成果、经济社会有新发展，为全党开展深入学习实践科学发展观活动提供有益借鉴。习近平、李源潮、汪洋等中央和省委领导对东莞试点工作多次给予充分肯定。中组部《组工通讯》和新华社、中央人民广播电台、中央电视台、人民日报、光明日报等各大媒体相继刊发报道东莞市试点工作经验。

【领导班子建设】2008年，市委组织部统筹兼顾，合理安排，抓好镇街领导班子届中跟踪考察，对20个镇街党政正职和11个市直部门正职共54人进行交流调整，优化机关和镇街班子结构。配合省委组织实施“双百”（从本省机关企事业单位选拔100名、面向社会选拔100名厅处级领导干部）领导干部人才计划，选拔4名镇长交流到广东省两翼山区担任县级党政正职、1名市直单位正职交流担任地级市政府副职；参加省市联合公选，选拔7名副处级干部。选拔4名干部援川、援疆。东莞是全省输送和接受干部数量最多的地级市之一，进一步盘活干部人才资源。认真总结面向全国及全市公开选拔领导干部工作经验，不断完善公选办法和机制，部署开展公选松山湖管委会总经济师、虎门港管委会总工程师、市总工会新莞人专职副主席、市妇联新莞人专职副主席相关工作；公开选拔选调团市委机关干部；不断加大年轻干部、女干部、后备干部、党外干部培养管理使用力度，进一步增强干部队伍活力。全年共办理干部任免611人次，其中，市管干部319人次，组织部管理干部292人次；为1320名干部办理任前备案手续。有序推进境外培训和各主体班次培训工作，举办正职领导新加坡培训班3期，举办副职领导国内高校培训班、市直单位和镇街中青班、科级干部轮训班共17期，推荐选送参加省组织培训44人次，进一步促进干部素质提升。

【干部制度改革】2008年，市委组织部总结全市开展量化考核工作经验，探索构建科学考核评价体系，初步制订《东莞市镇街、市直单位党政领导班子和领导干部落实科学发展观评价指标体系及考核评价试行办法》。实行市委干部选拔任用工作“一报告两述评”（1、市、县（市、区）党委常委会报告工作时，要把2008年度干部选拔任用工作作为一项专题内容；同时，在全委会委员中对干部选拔任用工作进行民主评议。2、各地级以上市要选择不少于二分之一的县（市、区），开展在全委会委员中对2008年新提拔的党政主要领导干部进行民主测评工作），市全委会委员、候补委员及列席人员269人参加评议，对市委干部选拔任用工作总体评价满意度达98%。加强干部监督管理，对干部初始提名工作落实情况和镇街、市直单位执行《干部任用条例》情况进行检查，确保干部选拔任用工作责任制落到实处。重点抓好贯彻落实民主集中制，制订下发《关于进一步规范基层党委（党组）讨论决定干部任免事项的通知》和《东莞市市属单位及镇街领导集体决策重大事项议事规则（试行）》，健全完善用人决策机制。坚持干部监督工作联席会议制度，拓宽审计覆盖面，加大任中审计力度，先后对11名领导干部进行经济责任审计。加强对党员干部特别是一把手“八小时”以外活动监督，抓好出国（境）证照统一管理，严把出国（境）政审关。

【人才智力支撑】2008年，市委组织部坚持党管人才原则，以更好实施人才强市战略为抓手，规划实施引才、育才、留才“三大工程”，研究各类人才发展定位、培养方向，创新人才政策，优化人才服务。以加强高层次人才引智载体建设为重点，着重做好博士后科研工作站、留学人员创业园、博士创业园建设工作，增强对高层次创新人才吸纳、集聚能力，全市人才总量保持稳定增长。建立健全市、镇、市场、企业四级联运育才机制，联系协调中央党校、华中科技大学、中国人民大学等国内知名院校在莞举办在职研究生、MPA（公共管理硕士）等高学历培训班，促进人才队伍能力素质提高。建立健全人才工作目标责任制，开展“一把手”抓“第一资源”专项考核，实施领导干部联系人才、专家制度，切实加强对人才工作领导、指导和服务。建立完善高层次人才市场服务体系，创办“东莞发展与百名博士创业洽谈会”，召开全市人才服务站建设工作现场会，邀请外地高校来莞举办人才交流会等。初步形成以“人才办、人才服务站和人才市场”为主要框架的“三维”人才公共服务平台，营造人才服务“绿色通道”。建立以市、镇两级政府投入为引导，企事业用人单位投入和社会投资为主体的多层次、多渠道人才培训投入机制，实现投入主体多元化和市场化。

【基层党建工作】抓好基层班子建设。2008年，市委组织部顺利完成村（社区）党组织集中换届选举，进一步配强“一把手”，优化基层班子结构。换届后，村（社区）党组织委员平均年龄比上届下降3岁，35岁以下人数增长9%，大专以上文化程度人数增长12%；女干部人数增长21%。

探索基层民主。抓好16个村（社区）党组织书记“公推直选”试点，首次实行“三推荐一测评”，试点村（社区）书记年龄平均下降10岁。

突出“一把手”培育。开展“百名农村党组织书记后备干部培养工程”成效显著，直接由市委组织部选拔培养的47名农村党组织书记后备干部在换届中走上书记岗位；继续办好“东莞市农村党组织书记学习论坛”品牌，对全市村（社区）书记进行定期统一集中培训；选聘优秀高校毕业生到农村任职，拓宽基层干部选拔培养渠道。

开展结对共建。组织第四批“十百千万”干部下基层驻农村，安排100个市直机关单位、镇街机关单位党组织与村（社区）党组织结对共建；推选300个村（社区）党组织与韶关市“一帮一”结对共建，慰问韶关党员群众731人次，帮扶困难户543户，资助贫困学生1607人，办实事164宗，扶持资金共计475.62万元。

加强电教工作。推进农村党员干部远程教育基地建设，实现网络站点全覆盖；制作一批高质量电教专题片，在全国和中组部获奖并被选入全省电教教材。

推进“两新”组织党建。完成“两新”组织党组织集中换届，对全市2500多名党组织书记实施全员大轮训，开展流动党员管理服务中心绩效考评，完成流动党员管理服务IC卡研发工作，开展“展示形象、共建和谐”主题实践活动，全面实行党员承诺制，推动党员志愿服务，有效发挥“两新”组织党组织和党员队伍在应对国际金融危机中的作用。

【组织部门自身建设】 2008年，市委组织部结合解放思想大讨论和深入学习实践科学发展观活动，组织开展“讲党性、重品行、作表率”活动，有效解决干部群众反映的突出问题，提升干部工作公信度和组织工作满意度。继续办好“组工论坛”，举办全市组织系统业务培训班，开展“组工杯”知识竞赛，营造浓厚组工学习氛围。完善领导带头的组织工作调查研究制度，各级组工调研蔚成风气。重新清理、修订和完善组织部门学习、办公和管理制度，健全机关工作运行机制，确保工作协调运转，提高工作效率和水平。带头支持汶川灾区建设，认真组织开展“党心·真情”特殊党费捐缴活动，在全市各级党组织和组织部门影响和带动下，全市党员踊跃捐缴4919万余元特殊党费。在2008年全市市直机关部门年度考核评比中，市委组织部获第一，连续第五年名列榜首。 （李汉容）

附：2008年中共东莞市委组织部领导名录

部 长：庞国梅

副部长：陈柏南 朱榜明（任至8月）
游其晃（8月到任）
欧阳贵有 黄少文（任至8月）
喻丽君（10月到任）

宣传工作

【理论学习】 2008年，市委宣传部大力加强党委（党组）中心组学习制度化、规范化建设，制定下发《关于2008年全市各级党委（党组）中心组理论学习的意见》，对全市各级党委（党组）中心组学习作出部署和安排，充分发挥市委中心组“东莞学习论坛”的示范和带动作用，全力推进理论武装工作。组织学习党的十七大、十七届二中全会，省委十届二次、十届三次全会精神，结合东莞市落实科学发展观核心任务、经济社会双转型等中心工作，举办6期“东莞学习论坛”，专题学习新一轮解放思想的特点和要求、主体功能区规划、金融产业发展、知识产权战略、社会工作、电子信息产业发展态势等内容，拓宽领导干部谋划工作思路，提高领导干部工作本领。积极完善“机关大学堂”、“市民学堂”等学习阵地，提高党员干部素质，促进学习型机关和学习型社会建设。认真做好市委中心组学习服务工作，获2007—2008年度“广东省优秀学习秘书工作”荣誉。分片区召开加强和改进党委中心组学习座谈会，开展中心组学习秘书评优活动，加强中心组学习考核检查，有效推动各级党委（党组）理论学习积极性、主动性。编印《党委中心组学习秘书工作手册》，对学习秘书和理论骨干进行培训，提高中心组学习秘书工作能力和服务水平。

【理论宣传】 2008年，东莞市围绕学习宣传党的十七大精神、“继续解放思想，推进科学发展”、争当实践科学发展观排头兵、党的十七届二中全会精神和纪念改革开放30周年等，开展形式多样理论宣传普及活动。从市直机关、市委党校、理工学院等抽调骨干力量，组成宣讲队伍，成立宣讲团，在全市各地各单位开展宣讲报告会500场，受众达16万人次。充分利用改革开放30年来东莞取得的伟大成就和成功经验进行理论宣传，在全市组织“东莞纪念改革开放30周年”理论征文活动，结集出版《东莞三十年——一个沿海开放地区建设中国特色社会主义的成功实践》，向改革开放30年献礼。撰写《东莞模式：成功与启示》，入选广东省纪念改革开放30周年理论研讨会，并作大会发言。举办“东莞市纪念改革开放30周年高层论坛”，组织高层领导、专家学者出席为东莞下一轮新发展建言献策。出版《东方光芒——东莞改革开放30年史记》等一批理论宣传文学作品，举办“纪念改革开放30周年东莞社科图书作品书展”。协调《东莞日报》、东莞电视台、东莞阳光网等市属媒体开辟“争当实践科学发展观排头兵”、“解放思想东莞行”、“新产业、新东莞”等专栏，组织全市理论社科界专家学者发表学习体会文章。2008年，东莞市理论宣传工作得到省委宣传部充分肯定，获“全省理论宣传工作组织奖”、“全省理论宣传优秀理论专栏奖”、“全省宣讲先进个人”、“全省理论宣传理论文章三等奖”等荣誉。

【理论研究】 2008年，市委宣传部围绕东莞双转型和科学发展观实践中的重大理论和实践问题，紧密结合东莞实际，组织开展一系列理论社科研究：组织省市专家学者深入开展“东莞发展模式转型研究”等5项重大课题专题调研，编撰出版《跃迁大未来—东莞发展模式转型研究》、《构筑大和谐—东莞社会管理研究》、《铸就城市之魂—东莞文化软实力研究》、《农民的嬗变—东莞亚市民现象研究》和《打造城市之基—东莞和谐社区建设研究》等“科学发展观与东莞双转型实践”系列研究丛书。修改出版《中国共产党东莞历史》第一卷，编写《东莞改革开放三十年大事记》和《东莞改革发展研究》，撰写《东莞改革开放30年30件大事》。召开东莞市首届哲学社会科学优秀成果奖表彰大会，首次以市委、市政府名义对75项优秀社科成果进行表彰。

【解放思想学习讨论活动】 2008年上半年，根据省委部署，市委宣传部牵头在全市开展解放思想学习讨论活动。期间，各级党委（党组）理论中心组共举行学习会467次，其中市委中心组11次，全市共召开各级领导班子专题座谈会491次，基层专题组织生活会5113次。学习宣传阶段，各级领导班子成员共参与组

▲ 2008年2月27日，东莞市召开全市宣传思想工作会议 （郑志波 摄）

织各种形式宣讲团35个，深入机关、企业、社区、学校等地开展182次宣讲。讨论调研阶段，全市共开展市厅级调研课题19个，处级调研课题913个，召开调研座谈会770次；完成市厅级调研课题报告19篇，处级调研课题报告360篇。各镇街、各部门在学习讨论活动期间出台政策性文件261份。通过组织研讨会、座谈会、专题论坛等，广泛发动社会各界建言献策，收集社会（包括网络）意见建议近5000条。编印专题辅导资料11种、《简报》112期，省刊发东莞市简报信息13期。市直媒体开设各类解放思想专题专栏55个，刊登新闻报道6200篇、学习体会文章350篇。在市委高度重视、各级领导干部积极参与，及各级宣传部门全力推动下，东莞市解放思想学习讨论活动取得丰硕成果，得到省委充分肯定。

【宣传阵地建设】2008年，东莞市宣传阵地不断巩固扩大，报纸、电视、网络等宣传阵地建设取得突破性进展。7月28日，正式开通广东省第一个地级市外宣英文网站——“今日东莞”英文网（http://www.dgtoday.com.cn）。网站全面、立体、及时地向国际社会展示东莞，提供采访联络、交通出行、翻译、通讯、饮食住宿、旅游购物、会展商贸、文化活动等大量实用资讯，并以英文、中文简体和繁体同步发布，满足不同地区境内外人士获取信息需要。东莞阳光网、人民网“今日东莞”外宣频道、新华网“新华东莞·城市理想”外宣频道等点击率不断增多，阳光网日均点击量达130万人次，位居广东分类网站第六位。东莞日报社成功创办本土第一份都市类报纸《东莞时报》，社会影响力不断扩大。东莞报业网更名为“东莞时间网”，实现新闻综合网站向城市生活资讯服务类网站转型。东莞广播电视台全部64个广播电视栏目全面实行栏目制片人制，精彩影视艺术团和精彩影视制作公司相继成立；数字电视整体转换突破130万户，整体转换工作走在全国地市前列；与广东卫视合办电视栏目《魅力东莞》在北美播出，与新疆电视台合办电视栏目《南海潮》在新疆卫视一频道播出，宣传渠道进一步拓展。

【主题宣传】2008年，市委宣传部紧紧围绕市委、市政府中心工作，有效指导协调在莞新闻媒体及基层新闻宣传部门开展解放思想学习大讨论活动和实践科学发展观试点活动、产业结构调整升级、创建全国文明城市、东莞地级市成立20周年、改革开放30周年、北京奥运会以及春运抗击冰雪、抗震救灾等一系列重大主题宣传活动，形成宣传舆论强势。主动邀请《人民日报》、中央电视台、凤凰卫视、香港《经济日报》等主流媒体来莞采访113批次，积极协调媒体就东莞产业结构调整升级、发放千元红包、帮扶企业渡过难关、企业就地转型升级等重点内容进行集中宣传报道，有效消除外界对东莞误解，扩大东莞在海内外正面影响。举办“帮扶在莞企业、促进扎根发展”系列宣传推广活动，在香港举办帮扶企业扎根东莞新闻发布会，邀请27家香港主流媒体参加。继续打响每年一度的“网络行”活动品牌，邀请全国50余家重点网络媒体近百名采编人员来莞参观采访。积极配合省委宣传部做好纪念改革开放30周年《南粤楷模》重大先进典型、“感动广东人物、事件”评选活动以及“改革开放30周年成就展览”等系列宣传活动。举办以“抗震救灾众志成城”为主题大型图片展，与省文明办共同举办广东省抗震救灾先进事迹报告会东莞巡回报告会，弘扬抗震救灾精神。

【新闻管理】2008年，市委宣传部着力加强媒体管理，积极开展新闻发布，妥善做好突发事件新闻应对工作，营造良好社会舆论环境。进一步完善驻莞媒体登记备案制度，及时掌握境内外媒体驻莞机构及人员动态，加强规范性管理。精心编写《季度宣传报道意见》，定期召开媒体通气会、座谈会、联谊会，加强媒体沟通。将《新闻月评》改为《新闻阅评》，由过去“一月一评”改为“一事一评”，更加侧重新闻监控时效性、针对性。下发《关于进一步支持媒体做好采访工作的通知》，营造更加开放开明媒体发展环境。妥善处理10多项对媒体投诉。推动东莞新闻工作者协会开展媒体业务学习、交流、评比等活动，举办首届东莞新闻奖评比活动，对全市优秀新闻作品进行奖励，鼓励创优，提升行业水平。举行庆祝记者节座谈会及新闻奖颁奖晚会，凝聚新闻队伍力量。妥善做好玖龙“血汗工厂”事件等58宗突发事件新闻处理工作，撰写《关于我市突发事件新闻处理情况的调研报告》。结合东莞实际编写《东莞市突发公共事件新闻发布应急预案》，进一步加强突发事件新闻处理工作规范化、制度化建设。

【对外宣传精品工程】2008年，市委宣传部围绕北京奥运会和纪念改革开放30周年，打造一批对外宣传精品，对外积极主动宣传东莞城市形象。结合奥运“采访线”工程，印制“中国改革开放精彩而生动的缩影”“采访线”工程宣传折页（中、英文版），发放至全市酒店、码头、口岸等公共场所，为境外人士提供高效、细致服务。结合纪念改革开放30周年，在境内外重点媒体上推出一系列有深度、有分量纪念专题文章和纪念专版。编辑出版《见证：1978—2008传媒眼中的东莞故事》，收录30年来境内外主流媒体约100篇报道东莞的重要作品。反映东莞改革开放30周年历史风云的长篇报告文学《东方光芒》由作家出版社出版发行，产生较大社会影响力。组织摄制《东莞：城市传奇》电视政论片，该片由著名作家张胜友撰稿、著名文学评论家雷达担任文学顾问、中央电视台主持人任志宏配音，在广东卫视等主流媒体播出，全景式地展示东莞改革开放30年光辉历程。设计发行4套20枚“东莞西城楼”专用邮资图明信片，以邮资票品形式向全国展示“东莞文物八景”、“东莞新八景”等。

【文化事业】2008年，在市委宣传部组织推动下，东莞市大力推进“文化三城”（图书馆之城，博物馆之城，广场文化之城）建设，积极开展地方文化活动，城市文化软实力大幅提升。东莞图书馆正式成为中国国家数字图书馆首家地方分馆，总分馆网络壮大为40个分馆和102个服务站，农家书屋挂牌104家。成功举办东莞第四届读书节，推出449项丰富多彩读书活动。全市博物馆数量达到24座，在建博物馆17座，村史展览馆（室）60个。成功举办2008年“走进东莞文明”系列活动、第十届广东省艺术节、首届岭南美术节、2008年东莞市春节文艺晚会、抗震救灾文艺演出、东莞粤剧黄金周、东莞国际音乐剧节等各类省、市大型文化活动，文化影响力和辐射力不断增强。推出一批有影响文艺精品力作，大型交响合唱《大岭山之歌》、大型诗舞剧《香飘四季》成功创演，并在省第四届艺术节上获得多项殊荣；音乐剧《蝶》先后在韩国、北京、上海等地进行近70场巡演，并获韩国第二届大邱国际音乐剧节最高奖项——特别奖。开展“2008—2009年公益文化活动招商”工作，面向社会推出91个招商项目和19个招标项目，签约项目76项，总签约资金为6830万元。道滘粤晖园文化产业园、东莞市创意产业中心园区(原莞城联丰工业区)、大朗天域歌剧院、石碣袁崇焕纪念馆等文化产业园区建设稳步推进，粤晖园文化产业基地被省文化厅正式命名为“广东文化（创意）产业园区”。

【队伍建设】 2008年，市委宣传部按照按照“先导、先锋、先行”要求，以“思想活跃、政治敏锐、工作有为”为目标，大力加强干部队伍建设。调整、充实各单位领导班子，把一大批政治能力强、业务水平精、工作作风好的年轻干部提拔到领导岗位。抓好各级各部门新闻发言人队伍、舆情信息队伍、网上评论员队伍和基层宣传委员队伍建设。扩大网评员队伍，建立新闻单位评论员、专家学者评论员、镇街评论员和市直单位评论员队伍，共70人左右，强化网络舆论引导。举办“北京奥运与‘采访线’工程建设”培训班、新闻发言人培训班、文化产业人才培训班、全市基层宣传干部培训班等，切实加强对各级宣传干部培训，进一步提高宣传思想队伍政治素质和业务水平。 （张　超）

附：2008年中共东莞市委宣传部领导名录

部　长：王道平

副部长：叶泽驹　黄贵田　李翠青　胡毅峰

纪检组长：萧庆强

市政府新闻办主任：李翠青

常务副主任：李　娜（11月到任）

统战工作

【统战工作协调机制健全】 2008年，市委统战部开展解放思想大讨论和深入学习实践科学发展观活动，更新思维观念，提高驾驭统战工作全局和落实科学发展的能力。针对全市统战工作协调机制层面不高、跨度不够、管道不畅问题，经请示市委同意，全市统战系统联席会议升格为市委统战工作联席会议，成员单位从7个扩大为19个，初步形成全市大统战工作格局。针对镇街统战工作制度机制上下对应矛盾、沟通协调不顺、工作开展困难等问题，市委统战部深入调查研究和广泛征求意见，向市委作关于健全镇街统战工作体制机制的请示，得到批复执行，为全市统战工作协调发展、全面推进打下坚实基础。

【全市统战工作会议】 2008年2月，市委召开全市统战工作会议。会议传达全国、全省统战部长会议主要精神、省委书记汪洋视察省委统战部所做重要讲话精神，对东莞争当全省统战工作排头兵进行动员和部署。市委书记刘志庚出席会议并讲话。

【多党合作和政治协商工作】 2008年，市委统战部围绕做好政治交接，加强民主党派自身建设、健全制度机制，民主党派和无党派知识分子工作稳步推进、活力增强。

*开展民主党派主题教育活动。*按照中央和省委统战部统一部署，市委统战部在全市各民主党派开展以政治交接为主题的专题学习教育活动，结合解放思想学习讨论活动和深入实践科学发展观活动，协助民主党派加强自身建设，进一步完善多党合作制度。通过专题学习中共十七大、十七届三中全会等会议精神和座谈、考察、讲座等活动，进一步坚定民主党派自觉接受中国共产党领导的信念，增强民主党派政治把握能力、组织领导能力、参政议政能力和合作共事能力，促进民主党派领导班子建设、组织建设和制度建设。

*开展纪念“五一口号”发布60周年活动。*2008年是中共中央发布“五一口号”（各民主党派、各人民团体、各社会贤达迅速召开政治协商会议，讨论并实现召集人民代表大会，成立民主联合政府）60周年，市委统战部按照中央和省委统战部指示精神，开展形式多样纪念活动。在活动过程中，坚持把纪念活动与深入学习实践科学发展观活动相结合，以纪念活动促进思想解放，以创新精神推动科学发展，提高民主党派辨别是非能力、社会实践能力、调查研究能力和分析问题能力。

*加强民主党派自身建设和无党派代表人士工作。*2008年，市委统战部举办民主党派主委、骨干和党外干部培训班、座谈会，开展理论学习和工作研讨。支持、协助民革东莞市委会、农工党东莞市委会建立健全基层支部，完善各种制度建设。发挥市知识界人士联谊会作用，健全制度机制，确定一批无党派代表人士作为重点培养对象，党外知识分子工作取得新进步和发展。虎门、石龙、常平、樟木头、茶山镇建立联系交友和重大问题协商沟通机制，拨出活动经费，支持民主党派基层组织和党外代表人士开展工作。

【非公有制经济领域统战工作】 2008年，市委统战部抓住发展这一主题，以服务为根本，发挥各级商会组织和统战工作平台作用，促进市非公有制经济健康发展。

*稳定投资信心，积极排忧解难。*针对全球金融危机对东莞经济发展的负面影响，调整工作重点，及时采取应对措施，对非公有制经济企业进行政策引导、咨询服务、信息反馈，稳定企业经营发展和在莞投资信心。11月，中央统战部副部长陈喜庆率调研组来莞开展专题调研，广泛听取诉求，全面了解实情，充分肯定市统一战线在稳定投资信心、服务经济发展方面所做因应对策，明确把东莞作为中央统战部信息直报点，建立起东莞统一战线重要情况直达中央高层联系管道，提升市统战工作地位和作用。

*坚持学习教育，提高综合素质。*加强对非公有制经济人士的思想政治工作，全市统战部门全年举办非公有制经济代表人士培训班60多个，培训人数达4600多人次；举办学习会、座谈会200多次，参加人数达8700多人次；举办讲座、研讨会120多次，参加人数有1.1万多人次。

*坚持服务经济，增强凝聚力。*会同市有关部门围绕促进经济发展、健全非公有制经济服务体系、发挥商会组织的桥梁纽带作用和后勤保障优势。开展调研活动，为经济发展提供决策依据。开展交流活动，接待国内外社团组织40多个，协助引进项目25个；协助组团出访考察50多次，人数1200多人次。协助解决经济纠纷80多起。协助60多家企业贷款3.5亿元，解决民营中小企业融资难问题，促进全市非公有制经济健康发展。

*鼓励参与公益，促进社会和谐。*开展创建和谐社会活动，鼓励非公企业积极参与社会公益事业。协助省开展第二届“广东省优秀中国特色社会主义事业建设者”评选表彰活动，联合市有关部门开展143家“和谐企业”评选活动。引导和带领民营企业家到东莞对口帮扶的乳源县等捐建学校、医院10所，到位资金716万元；投资兴办企业11家，到位资金4023万元，支持当地经济发展和缓解群众就业生活困难。

【港澳台和海外统战工作】 2008年，市委统战部重视推进港澳台海外统战工作可持续发展，加强海外统战工作载体建设，完善统战工作网络，促进全市海外统战工作上新台阶。

*开展港澳台和海外交流联谊活动。*发挥市海外联谊会、同乡会等平台载体作用，密切与海外社团和乡亲沟通和联系，重视培养乡亲社团新一代接班人，形成宽领域、多层次、全方位联谊交流新局面。利用春节、端午节、中秋节等

传统节庆和龙舟节、荔枝节、泼水节、荷花节、香港节、啤酒节等各具当地特色节庆时机，邀请港澳和海外莞籍社团首长和乡亲会员参观交流和座谈联谊；每逢港澳和海外莞籍社团换届庆典和重要活动，市几套班子领导和统战部门都组成访问团前往庆贺慰问。全年请进来走出去570余批次，来往人员达1.62万余人次，广泛团结、争取爱港爱澳和爱国爱乡力量。

推动基层同乡会组织建设和发展。加强指导推动，积极协助配合。长安、虎门、石龙、道滘、茶山、石排等镇高度重视同乡会组织建设，资助力度大、投入多、效果好；常平、樟木头、大朗、万江、黄江、东坑等镇街加强调查、全面启动，同乡会筹备成立工作扎实开展。

【纪念蒋光鼐诞辰120周年活动】 2008年12月17日是莞籍著名爱国民主人士、抗日将领蒋光鼐诞辰120周年纪念日。为纪念蒋光鼐的非凡人生，弘扬爱国主义精神，密切共产党同民主党派团结合作，促进东莞文化软实力和城市文化形象提升，市委、市政府、市政协举行蒋光鼐诞辰120周年纪念活动，市委统战部为主办单位。中央、省、市部门和领导，全国各界代表，蒋光鼐海内外亲属参加纪念活动。

【开展抗震救灾活动】 2008年1月冰雪灾害和5月汶川大地震发生后，市委统战部响应市委、市政府号召，发动广大统一战线成员捐款捐物。在抗冰救灾中，全市统战组织和成员捐款捐物达2000万元；“5·12”汶川地震后，全市统一战线捐款达2.7亿元，其中非公有制经济代表人士捐款2.5亿元。市委统战部被市委、市政府授予“东莞市抗震救灾先进集体”称号。　（姚进洪）

附：2008年中共东莞市委统战部领导名录

部　长：袁德和
常务副部长：钟淦泉（8月到任）
副部长：张灿炎　卢寿维　许守千
　　　　温少生

政策研究工作

【概况】 2008年，市委政研室共完成各类文字材料150多篇，超过100万字，其中：上报和编发《决策参考》26期，《决策参考》（增刊）16期；《东莞调研》21期；《学习参阅》25期；编发负责组织及参与的中国（东莞）加工贸易转型升级综合实验区研究等重要事项实施过程《会议纪要》3期。编发《省市情资讯》9期，《电传内参》48期，《每日文摘》92期。结集出版《关注东莞研究东莞》（城市篇）、《谋事之基，成事之道——2007重要调研成果》、《东莞市领导干部研究文集》、《西南行成果集》4本书。全年被市委、市政府采纳并形成工作决议、方案、措施近10份；被《学习与研究》、《广东调研》和《情况与建议》等省以上刊物采用文稿有：《东莞应从低级的“租赁经济”走向高级的“楼宇经济”》、《东莞市加工贸易转型升级的做法与启示》等约10篇，《东莞市加工贸易转型升级的做法与启示》一文由省委书记汪洋批示转发各市及媒体刊登。在《人民日报》、《南方日报》刊发《八大措施关爱新莞人收到实效》、《“东莞奇迹”是改革开放的缩影》等。在《东莞日报》刊发7篇。主任温淦荣撰写的《长三角学习考察启示录》被评为东莞市首届哲学社会科学优秀成果调研报告类一等奖，市委政研室编撰的《东莞市经济社会发展战略研究》和《关于推动我市全民创业尤其是农民就业的调研报告》分获著作类二等奖和调研报告类二等奖。在上报材料中，市委书记刘志庚批示75次，其他市领导批示39次。

【开展产业结构调整调研】 2008年，市委政研室围绕产业结构调整这一东莞经济社会发展主旋律，深入开展调研，发挥“以文辅政”重要职能。一是承担全市产业结构调整和学习世界先进城市两大重要调研课题，形成《推动东莞产业结构调整的调研报告》和《关于赴韩国日本考察世界先进城市的情况报告》。代拟《关于学习世界先进城市的决定》，使调研成果转化为市委市政府重大决策。二是承担制定东莞市产业结构调整意见和村级体制改革方案两大任务，形成《东莞市委市政府关于推进产业结构调整　促进产业转型升级的意见》、《关于我市村级体制改革的调研报告》和《村级体制改革方案》。三是围绕发展服务外包产业问题开展调研，形成《关于推动我市服务外包产业发展的调研报告》、《东莞市促进服务外包产业发展的意见》。后文以东莞市人民政府文件下发。四是围绕加快发展创意产业问题开展调研，撰写《关于加快我市创意产业发展的调研报告》。9月，东莞市成立创意产业发展领导小组，扶持创意产业园区建设，促进创意产业发展。五是围绕信息产业转型升级问题开展调研，形成《当前我市信息产业转型升级面临的突出问题及对策》。六是围绕企业外迁问题开展调研，形成《关于力霸公司外迁的思考与启示》。七是围绕劳动合同法影响开展调研，撰写《关于〈劳动合同法〉实施对我市经济社会发展影响的调研报告》。八是围绕市关爱新莞人经验总结开展调研，形成《关于赴中山市学习外来务工人员管理服务经验的考察报告》及《东莞采取积极措施　卓有成效做好关爱新莞人工作》。九是围绕企业自主创新经验总结开展调研，撰写《政府推动，企业主动，拓展自主创新之路》。此外，撰写《西南行的启示》、《赴台考察的感思》、《关于东莞解放思想亟待解决的几个深层次问题》和《关于当前我市经济社会发展中的一些突出问题的情况综述》等文稿。

【调研方式创新】 2008年，市委政研室创新调研方式，摸索出“上下贯通、横向联合、内外结合”的“大调研”路子，政研事业再上新台阶。一是谋求中央高层介入东莞发展热点问题研究。经市主要领导同意，委托中央政研室经济局开展“中国（东莞）加工贸易转型升级综合实验区”课题研究，形成研究总报告和专题报告。二是聘请高层专家担任市特约研究员。聘请中央财经领导小组办公室局长张松涛作为市第二届特约研究员，提升市特约研究员队伍层次。三是邀请中央高层智库作形势报告。10月，张松涛应邀来莞为市三级领导干部1000多人作国内外经济形势专题报告，反响热烈。四是派员参加首届政策研究与决策咨询（国际）研修班。10月，温淦荣率员赴京参加国务院发展研究中心举办的首届政策研究与决策咨询（国际）研修班，开阔思路和视野，加深与国家层面政研部门沟通和联系。五是聘请专家开展宏观研究。委托市特约研究员、中国城市竞争力首席研究专家倪鹏飞、广东省社科院院长梁桂全、中国科学院广州地球化学研究所可持续发展研究中心、中央党校政法教研部经济法室等有关专家，开展“东莞城市国际竞争力”、“东莞发展现代产业体系”、“构建东莞生态文明问题”和“社会保障与和谐东莞建设”等课题研究，形成相关研究报告。六是携手市产调办就加工贸易转型升级经验总结开展调研，形成《孜孜以求　破茧而出——关于总结我市加工贸易企业转型升级成功经验的调研报告》。七是联合市委组织部、市民政局就社会工作开展调研，形成《关于加强社会工作人才队伍建设 推进我市社会工作发展的调研报告》，获市联席会议讨论通过。调研组于8月赴香港学习考察社会工作，形成《关于赴香港学习考察社会工作的报告》。八是联合寮步镇开展松山湖大道两侧土地开发建设课题调研，形成《关于松山湖大道两侧土地开发建设的调研报告》，九是联合虎门镇开展发展定位及发展战略研究。受虎门镇委托，与广东省社科院联合开展虎门发展定位及发展战略研究，课题组由梁桂全领衔。

【指导调研工作机制健全】 2008年，市委政研室抓好全市调研平台和载体建设，树立和强化“以为辅政”意识，健全调研指导工作机制。一是搞好“一个培训”。4月，举办2008年全市调研工作业务辅导讲座。邀请省府发展研究中心李鲁云作调研业务报告，邀请倪鹏飞作关于中国新型城市化以东莞为案例报告，邀请清华大学教授于永达作关于东莞从比较优势向集聚优势转变、提高经济发展质量和水平报告。二是出好“四本书”。推出《谋事之基，成事之道—2007年东莞市重要调研成果》、《东莞市领导干部研究文集》、《关注东莞，研究东莞》（城市编）、《西南行成果集》；编印《决策参考》、《东莞调研》等刊物合订本。三是办好“六个刊物”。办好《决策参考》、《东莞调研》、《学习参阅》、《电传内参》、《省市情咨询》、《每日文摘》。四是跟好“19个课题”。按照省委部署，东莞市认真查摆影响全市科学发展的突出矛盾和问题，充分酝酿讨论，敲定19个重大调研课题，由市几套班子领导成员分别负责牵头调研。按市委决定，市委政研室密切跟踪各课题组动态和进展，及时综合上报，并将成果汇编成册。

【精心筹办会议】 2008年，市委政研室与市委宣传部、市社科联联合举办东莞建立地级市20周年高层论坛。中央政策研究室经济局局长李连仲等10位国家、省领导专家参加论坛。3月，主持召开2008年全市调研工作座谈会，各镇区及部分市直单位办公室分管调研工作负责人参加会议。会后，形成书面材料《关于当前我市经济社会发展中的一些突出问题的情况综述》下发。9月，主办第二届特约研究员聘任仪式暨产业结构调整转型升级研讨会。10月，联合市委宣传部、市社科联举办东莞市纪念改革开放三十周年高层论坛，刘志庚、张松涛等10多位中央及省市领导、专家出席。10月，协助中央电视台策划编制《新闻会客厅》访谈节目，介绍东莞在改革开放30年取得的成功经验。市委副书记黄双福,时任虎门太平手袋厂副厂长唐志平及温淦荣应邀赴京参加该节目录制。

（黄素标）

附：2008年东莞市委政策研究室领导名录

主　任：温淦荣
副主任：刘锦明　卢汉彪

中共东莞市直属机关工作委员会

【概况】 截至2008年，东莞市直工委内设办公室、组织科、宣教科3个职能科室和市直机关武装部及市直机关纪工委。共管理党委48个，党总支部22个，党支部25个，党员17769人。

【开展深入学习实践科学发展观学习实践活动】 2008年3月3日至8月20日，按照市委统一部署，直工委开展学习实践科学发展观活动。据统计，市直机关单位对直工委分析报告赞成率为99.8%，群众满意度达到98%。直工委配合市委学习实践活动领导小组加强对市直机关指导督促。2月，开展解放思想“党组织书记大家谈”活动，组织市直党组织以笔谈方式交流思想、明确思路、谋划举措，收集心得体会文章98篇。4月，组织开展机关形象讨论活动，归纳提炼出机关形象词条：“公正公平的可信形象、廉洁守纪的可靠形象、规范高效的可敬形象、和谐真诚的可亲形象”。5月，发动机关党员干部积极支援地震灾区，共收交机关党员特殊党费1064余万元，其中个人捐交1000元以上共7174人。

【开展“市直机关示范党支部”创建活动】 2008年，市直工委在市直机关中开展为期3年的示范党支部创建活动，55个单位的95个党支部申报为首批创建单位。围绕“推动科学发展、构建和谐机关”主题，将“科学发展好、作用发挥好、工作机制好、创新成果好、服务基层好、硬件建设好”等“六个好”目标细化成具体指标，对申报单位进行现场提问、实地查看等严格的交叉验收，确定市委督查室党支部等60个示范党支部并予以命名表彰。

【建立集中换届选举工作长效机制】 2008年8—11月，市直工委对2009年年底前到期的27个市直党组织实施集中换届。通过下发《基层党组织换届选举工作参考资料》、组队分头指导等方式做好换届重要环节把关和服务，帮助24个市直党组织完成换届选举任务；指导16个市直党组织班子进行届中补选，调整充实班子成员23名；进一步规范基层党组织班子任期制、班子成员任职资格和推荐提名制度、候选人预备人选考察考核制度、选举大会工作流程制度、上级党组织贴身服务制度、届中补选制度等一系列制度机制。

【构建党员教育发展工作新机制】 2008年，通过总结党员保持先进性和成长成才规律，市直工委对机关工作人员从申请入党到入党后政治上相对成熟的过程进行整体规划、分段指导、重点把关，形成链条式工作体系和制度体系。4月，下发《关于进一步做好发展党员工作的通知》，对发展党员程序、材料上报及审批时限进行规范，确保跟踪培养、政审考察、集中表决、发展公示、上报审批等制度机制落实。8月，举行2008年度入党积极分子培训班，对市直机关682名入党积极分子进行集中培训。11月，下发《关于对2008年度发展党员工作进行自查的通知》，要求各党组织对照有关制度要求，认真总结反思，提交详尽自查报告。12月，以2008年度预备期满转正460多名新党员为对象，创新举办市直机关新党员培训班，针对新党员理论基础、人生阅历、行为心理等实际，以理论学习、专家教授、老党员现身说法和互动交流等多种形式结合教育，取得良好效果。

【推进市直机关党务公开】 2008年，为发扬党内民主，强化群众监督，进一步落实中央、省委和市委有关要求，市直工委、纪工委根据纪委、市委办、组织部联合下发的《关于推行党务公开的意见》，下发《关于做好市直机关党务公开工作若干事项的通知》，结合机关实际，将党务公开主要内容、公开时间、公开类型、程序和形式进一步细化。12月，组织30余名市直党务干部，参观考察珠海市直机关党务公开示范点，学习经验做法；在直管党组织中选取若干党务公开工作基础较好的单位进行重点指导，培养亮点典型。

【举办机关运动会】 2008年10月，市直工委与体育局共同举办2008年机关运动会。运动会以强体魄、促和谐为主题，突出趣味性和机关特色，强化运动员团队意识、拼搏意识和参与意识。市直76个单位共3600人次参加比赛，市委书记刘志庚等市领导亲自参与，近2万余人次加入到观赛啦啦队、服务保障队当中，使运动会成为机关文化活动一件盛事。

【创新机关党建宣传载体】 2008年，市直工委加大改革创新和资源整合力度，增强机关大学堂学习主平台功能，通过问卷调查和个别征求意见等方式，确定全年4期讲座主题，探索建立较为完备师资库。将前8期讲座整理成册，将全年4期讲座编辑成影碟，分发市直单位学习。增强《机关党建》专刊宣传主阵地功能，开设"巩固实践科学发展观活动成果"、"工作动态"、"他山之石"、"领导讲话"等专栏，及时跟踪宣传机关党建贯彻落实、创新实践等方面情况，营造氛围、交流经验、促进落实。

【夯实民兵武装基础工作】 2008年，贯彻党管武装方针，围绕组织、政治、军事"三落实"要求，机关武装部加强基础工作落实，做好兵员增补和造册登记工作，组织政治动员演练和战术技能训练。11月，组织市直机关民兵应急分队负责人学习考察汕头国防训练基地等民兵训练场所，建立同区域民兵组织间良好沟通协作平台。东莞军分区领导班子专程视察机关武装部，对各项工作给予充分肯定。

【建设高素质市直党务干部队伍】 2008年，市直工委坚持严格要求与人文关怀相结合，严把换届选举关、届中补选关，切实保证想干事、能干事、会共事的干部进班子；积极与有关部门协调，争取在直属机关设立党组织专职副书记和党务专干，充实党务工作力量；加强党务干部学习交流，12月，组织市直机关部分党组织书记前往青岛等地进行为期5天学习考察。

【健全市直党建工作量化考评机制】 2008年，市直工委总结近年来目标管理和量化考评工作经验，规范考评内容、形式、程序等，形成纵贯全年、覆盖广泛的考评体系。年初，以年度十项重点工作为主要评分内容，兼顾日常党建工作，细化评分标准，制定《市直党组织量化考核评分表》下发各单位；年中，利用通知、调研、专项检查及党建信息交流等方式，督促各单位完成好各项目标任务；年底，在各单位自评打分、工委各科室审核评分基础上，由工委书记办公会研究确定先进单位和个人。通过综合衡量，共评出市人大办机关党委等48个机关党建先进单位和周华驹等83名先进个人。　（周晓鸿）

附：2008年东莞市直属机关工作委员会领导名录

书　记：欧阳贵有
副书记：李　砳　邵宏武　殷炯棠

老干部工作

【概况】 东莞市委老干部局是负责全市老干部管理的工作机构，隶属市委组织部，2008年，内设办公室、生活福利科、离退休干部管理科3个科室，市老干部活动中心是老干部局下属正科级事业单位。截至2008年，东莞市有离休干部528人（行政单位离休干部有189人，事业单位离休干部有95人，企业离休干部有244人），转制企业副处级以上退休干部109人，另有易地安置离休干部47人。

【老干部政治待遇落实】 开设老干部"学习论坛"。2008年，市委老干部局每季度组织老干部进行1次专题学习，举办"党的十七大精神专题讲座"、"争当实践科学发展观排头兵专题报告"、"学习党的十七届三中全会精神报告会"和"农村及三农问题"等专题讲座。抓好报刊订阅工作。为离退休干部订阅《老人报》、《秋光》、《东莞日报》各1228份。抓好离退休党支部建设。全市各级组织人事部门坚持每月定期召集支委开会，听取意见，通报工作，解释政策，全年共为离退休支部提供党员活动经费137.36万元。举办全市离退休干部党支部书记学习培训班，104名离退休党支部书记参加培训，向老干部发放《广东老干部政治理论读本》、《十七大报告辅导读本》、《2007年社会主义理论读本》等学习资料。做好工作通报和意见征求工作。春节、中秋节召开老领导、老同志座谈会，邀请市委书记刘志庚、市长李毓全向老领导通报工作情况。全市各级党委、组织人事部门共召开老干部座谈会、通报会772次，参加座谈会的老同志有4896人次。6月、12月，市委老干部局分别在凤岗、莞城召开老干部联络员会议，认真听取老干部建议。抓好老干部外出学习参观。组织离退休干部295人参观虎门港和唯美陶瓷艺术博物馆。全市组织人事部门全年共组织各种学习活动310次，共有4740人次老干部参加学习活动。

【老干部生活待遇落实】 离休干部离休费按时足额发放。2008年7月，东莞市工资发放方式进行调整，市委老干部局做好跟踪落实工作，做到离休费无错发漏发。离休干部医疗费实报实销。2008年，市委老干部局共为全市369名离退休干部报销医疗费630多万元，全市离休干部医疗费实报实销。组织全市108名副处级以上及抗日战争时期参队老干部到清远进行为期1周短期休养活动，组织全市76名副厅级以上老领导到市人民医院体检，举办老年人常见疾病健康专题讲座7场。关爱老干部，帮助老干部排忧解难。开展"进百家门、问百家事"走访老干部活动，市委老干部局走访慰问120户离退休干部，全年共走访慰问离退休干部500人次，向216名行动不便、家庭困难离退休干部发放困难补助30万元。全市组织人事部门为267名老干部做好事实事601次。做好老干部探视慰问工作。全市组织人事部门慰问住院离退休干部470人次，发放慰问金77万元。春节、中秋节期间，慰问全市离退休干部共发放慰问金799.4万元。健全已故企业离休干部配偶困难补助制度，对55名已故企业离休干部配偶进行生活补助，发放补助金18万元。积极开展生日集体祝寿活动。"七一"期间市委老干部局为160名年满80周岁老干部举办集体生日会，全市各组织部门领导亲自上门为99名年满80周岁以上离休干部祝寿，并送去生日蛋糕和慰问金。

【老干部活动中心】 2008年，市老干部活动中心共举办书画、摄影展15次；组织关工委文艺队、中心合唱团、老干部大学舞蹈队参加社会公益演出8场；举办乒乓球、台球、象棋、门球等比赛15场；举办"银发飞扬—广东百万老年人迎奥运东莞健身行"活动，各镇街积极配合，全市共有1.3万名老年人参与健身活动，有18万老年人通过电视、报纸等新闻媒体观看活动；2008年，各镇街共投入2255万元新建或改建老干部活动场所，85%镇街建有老干部活动中心，50%村（社区）建有老年人活动场所。截至2008年，全市共有老干部活动中心和老人活动场所349个，建筑面积14.72万平方米，每天约2.6万人次活动。

【老干部大学】 2008年，老干部大学坚持"老有所学、老有所教、老有所乐、老有所为”办学宗旨，建设一支安教、乐教、善教的教师队伍，以现代老年教育理念贯彻无压力教学，合理开设教学科目，按需施教，形成“宽松详和、学教为乐”校风。2008年，市老干部大学有教师23人，学员1040人，开设17个专业，共37个教学班。

【关工委工作】 2008年，市、镇、村三级关心下一代工作组织共1537个，全市参与关心下一代工作“五老”（老干部、老战士、老专家、老教师、老模范）有1.95万人。在指导大学生参加暑期社会实践、青少年思想道德和理想信念教育、关爱“四失”（失足、失学、失业、失爱）青少年儿童等一系列关爱活动中做了很多工作，形成东莞关工特色。获得市内外领导与群众高度评价。

（洪 纲）

附：2008年东莞市委老干部局领导名录

局 长：陈柏南

副局长：黄程垵 郭带娣

东莞日报社

【概况】 2008年，东莞日报社锐意改革创新，积极开拓进取，克服经济大环境对报业经营带来不利影响，保持平稳较快发展，全年广告收入1.17亿元，同比增长17%；在业界权威机构各类评比中，获“全国最具品牌价值地市党报十强”、“中国十大地市报品牌”、“中国地市报报业发展五十强”等称号。

【报道·新闻宣传】 2008年，东莞日报社围绕中央、省委大政方针和市委、市政府决策部署，精心策划组织解放思想实践科学发展观活动、产业结构调整升级、迎战金融海啸、中央和省委领导莅莞视察重要讲话精神、东莞改革开放30周年巨大成就和创建全国文明城市、治廱等民生关注热点、北京奥运及抗震救灾、三鹿奶粉事件和“老虎机”等社会热点“八大系列报道工程”，和学习实践科学发展观试点工作、《六拍东莞》万言网文、市党政代表团西南之行、《隆中对》、《寻找源动力》、《破题》、《迎战》、《牵手渡难关》、《金援》、学习贯彻汪洋书记重要讲话精神十六谈系列评论、创建全国文明城市、《改革地理》、和谐治廱、抗击雪灾、“两会”报道、抗震救灾、奥运报道、食品安全、“痛打”“老虎机”等“二十大新闻宣传战役”，为东莞经济社会发展造势鼓劲，摇旗呐喊。有99件作品获各类省级以上新闻奖项，其中一等奖19件、二等奖41件、三等奖32件。有10件作品获得各类行业新闻奖。

【《东莞时报》创办】 2008年3月26日，由东莞日报社主管主办的《东莞时报》顺利出版发行。东莞日报社抓好报纸定位和特色，解决报纸格调和品味问题；强化报纸品牌和影响，抓住汶川地震、北京奥运等重大新闻事件，通过报道策划、活动营销，提高市场号召力和竞争力；加强队伍培训，让年轻的采编团队了解东莞，融入东莞。经过艰苦创业，《东莞时报》趋向理性成熟，日均发行6—8万份（“5·12”地震期间最高达到日发行18.5万份，创全国新办报纸发行记录），2008年广告收入1700多万元。

【自办发行】 2008年，东莞日报社成立发行中心，组建自办发行和物流配送网络。发行中心拥有600多名发行员、35个发行站点、6000多个销售终端，是东莞地区规模最大、覆盖最广、服务最好的发行网络，为2009年《东莞日报》自办发行和开展电子商务、物流配送等多种经营提供良好保障。

【“东莞时间网”建设】 2008年，东莞日报社将东莞报业网更名为“东莞时间网”，定位为城市生活资讯平台，全面升级，与东莞阳光网形成错位发展。筹建东莞时间数字传媒有限公司，加速东莞报业数字化战略推进实施，以东莞时间网为主要载体，做好报网互动产品生产，在为用户提供数字报纸、新闻资讯、博客、论坛等各大模块和功能同时，搭建房产、健康、旅游等商务信息平台以及娱乐、时尚等生活信息平台。以东莞手机报为主要载体，开展手机媒体服务，着手办理手机报进入中国移动全网业务，截至2008年，手机报用户达2万户。

【报业经营】 2008年，东莞日报社积极探索新的营销模式，采编、广告、发行、品牌“四轮驱动”，增强整合营销意识。*强化采编与经营互动，树立报业品牌形象。*通过采编、经营联席会议，互通情况和信息，创意策划专刊、周刊、特刊，做好报道，拉动广告。《东莞日报》策划《新地标》、《升学宝典》等特刊，推出“楼市周刊”、“旅游周刊”、“汽车周刊”等。《东莞时报》创刊当日推出“太阳出世”特刊，广告占版率高达50%，广告收入近200万元；随后推出“地产周刊”、“家居周刊”等。*强化特色活动组织，推广报业品牌。*倡导打造全国最具互动性媒体，以活动带动经营，进而带动报纸品牌影响力。《东莞日报》举办元旦购车节、车市金軚奖评选、五一汽车“门店联展”、2008上市新车赏车会、国庆车展装饰展、标志楼盘评选等活动；《东莞时报》举办小记者俱乐部、东莞时报社区行、“家·装饰”大型团购等活动。*探索营销新模式，提升报业品牌价值。*《东莞日报》策划组织东莞市首次“珠三角名校招生咨询会”，深受广大学校和学生、家长欢迎。探索试行“网购分红”新模式，与北京益生康健电子商务有限公司、北京康尔沃公司合作“网购分红”；《东莞时报》策划“知客卖报”等营销模式。*强化市场监测，明确报业品牌定位。*对每日见报广告进行复核、监督，对未按合同见报广告、无合同上版广告、有广告嫌疑新闻进行备注、登记。建立市场监测制度，全面分析市场占有率、广告营收估算、行业广告市场态势以及报社下属两报广告缺位等。

【实施精细化管理】 *提高流程效率和人员素质，规范采编管理。*2008年，东莞日报社修订并完善编前会、采前会制度和部门周会制度，提升记者编辑业务水平。完善并严格执行采编流程制度，堵塞流程漏洞，有效解决迟签版迟出报老大难问题。拟定主任级员工考核制度、计件制工资考评机制，完善考评大纲。开展采编业务学习、采编部门分组调研活动和业务培训活动，由分管采编工作的副社长亲自授课，定期考核学习培训效果。*建章立制，规范经营管理。*完善经营工作各项规章制度，狠抓规章制度落实，强调用制度管人，用制度规范办事程序，提高工作效率，提升经济效益，调动员工积极性。做好财务预算、决算工作，严格预算制度、审批制度，严守申报制度。对印务公司材料、废料实施申报和登记制度，完善进销存财务制度。*精细高效、节约成本，规范行政管理。*规范办文办会流程和人员引进、调岗和待遇调整审核程序，修订报社考勤和假期管理制度、专业技术职称评聘规定和试用人员管理规定。精心策划组织大型活动，提升接待水平和能力，注重从细节方面展现报业文化。严格执行物资集中采购制度，降低采购成本；完善物料入库登记和领用审核登记制度，减少办公耗材浪费，节省办公成本；对食堂食品采购价格随时对比及监督，控制食物采购费用；加强内务管理，控制水电费用、车辆费用、耗材费用、通讯费用、接待费用。实施新薪酬管理制度，规范薪酬管理。印发、试行《东莞日报社薪酬管理制度》，初步实现吸引人才、留住人才、激励人才目的，建立起以选拔、竞争、激励、淘汰为核心的用人机制，为报社企业化管理、市场化运作、实现集团化长远发展奠定基础。

【报业文化建设】2008年，东莞日报社高举“军队、学校、家庭”三面大旗，追求理想主义、专业主义、简单主义，打造报业文化，形成干事创业的氛围，艰苦创业的精神，与人为善的品格。像军队一样纪律严明。开展新员工军训、拓展训练，严格执行重大活动纪律要求和相关管理制度，加大常规检查和处罚力度。像学校一样好学上进。定期举办报业讲坛、报业学堂、报业沙龙，对参加在职教育和学历培训员工制定补贴办法进行学费补贴。像家庭一样和睦温馨。每月组织员工集体生日会，为员工送上祝福；组织职工三人篮球赛、十大歌手争霸赛、采编人员清远漂流等活动；为四川地震遇难者祈祷烛光会和募捐、慰问员工家属和重病员工；办好食堂、增加餐费补贴，搞好记者俱乐部和图书阅览室。不断营造干事创业氛围，大胆起用年青人才，让每个人的才能得以充分发挥，让每个人的价值得到逐步实现。（韩耀东）

附：2008年东莞日报社领导名录

社长、总编辑、党组书记：陆世强
副社长、党组成员：张海廷　黎树根
谭军波（1月到任）
曾平治（1月到任）

党史研究工作

【贯彻落实《中共广东省委关于进一步加强党史工作的意见》】2008年，为贯彻落实《中共广东省委关于进一步加强党史工作的意见》及7月举行的全省党史工作会议精神，市委党史研究室创新工作思路和方法，加强全市党史工作。7月28日，市委党史研究室在市党政领导班子联席会议上汇报近年党史工作情况，提出市党史工作任务，会议还研究解决党史工作存在的突出问题；9月1日，市委发出《中共东莞市委关于进一步加强我市党史工作的意见》，对贯彻落实省委文件作出具体部署。10月23日，市委党史研究室与市委宣传部联合印发《关于加强我市镇街党史工作的通知》，对镇（街）党史工作提出具体要求。截至11月，全市各镇街均落实党史工作分管领导、具体工作部门和工作人员。

【党史资料征编工作】修改《中国共产党东莞历史》第一卷。2008年1月，市党史研究室在广州、东莞召开审稿会，进行第四稿（定稿本）修改。启动地方党史第二卷征编工作。成立《中国共产党东莞历史》第二卷编写组，确定党史资料征集提纲；组织人员到惠州市档案馆、东莞市档案馆进行为期2个多月的史料征集工作，共查阅资料1530卷（册），复印资料6872份，共2413.2万字，对征集到的史料进行分类整理；9月，拟出《中国共产党东莞历史》第二卷写作提纲，着手编写部分章节，计划2010年完成编写出版任务。完成东莞市抗战时期人口伤亡及财产损失课题调研。调研成果上报省委党史研究室；编辑中国抗战损失课题调研成果丛书——《广东省东莞市抗战时期人口伤亡和财产损失》，于12月由中共党史出版社出版发行。与东莞市档案馆联合编辑出版《东莞历届人民政府工作报告选编（1954—2007）》，26万字。在2008年东莞市首届哲学社会科学优秀成果奖评奖中，市委党史研究室主任陈立平撰写的《邓小平小康社会思想与东莞小康社会建设》获论文类二等奖，市委党史研究室编著的《东莞抗日实录》获著作类二等奖。

【党史宣传教育活动】改革开放30周年纪念活动。2008年，市委党史研究室编写《东莞改革开放三十年大事记》和《东莞改革发展研究》2本书，共62万字，于11月由中共党史出版社出版发行；撰写《东莞改革开放30年30件大事》，在《东莞日报》等报刊发表。陈立平撰写的《中国改革开放的一个精彩而生动的缩影——东莞奇迹·东莞特色·东莞经验》入选中共中央党史研究室、中国中共党史学会主办的纪念改革开放30周年学术研讨会，并安排在大会宣读，文章同时入选广东省纪念改革开放30周年理论研讨会。10月15日以市委、市政府名义举办东莞抗日模范壮丁队成立70周年纪念活动。旨在宣传党领导东莞人民英勇抗战的光荣历史，弘扬以爱国主义为核心的民族精神。办好期刊《东莞党史》。全年出版《东莞党史》2期，重点开设“开展解放思想学习讨论、深入学习实践科学发展观活动”、“纪念改革开放30周年”、“纪念东莞抗日模范壮丁队成立70周年”等栏目，共10多万字。协助镇街建立党史教育基地。（谢向阳）

附：2008年中共东莞市委党史研究室领导名录

主　任：陈立平
副主任：林俊强

党校工作

【干部培训轮训】2008年，中共东莞市委党校（东莞市行政学院、东莞市社会主义学院）完成计划内主体班60期3217人次，比上年增长15.38%和15.59%，包括：市直处级领导干部620人，镇街领导干部529人，科级干部603人，一般干部1465人。其中：（1）党校主体班次24期1652人。包括：处级、镇街正职领导轮训班1期110人，处级副职领导干部能力建设轮训班4期175人，镇街党政副职领导能力建设轮训班8期419人，科级干部轮训班2期86人，市直中青年干部培训班2期73人，镇街中青年干部培训班1期32人，专业技术拔尖人才培训班1期17人，深入学习实践科学发展观活动专题讲座5期740人。（2）行政学院主体班次35期2028人。包括：正科级公务员任职培训班1期36人，副科级公务员任职培训班2期74人，公务员初任培训班5期504人，军转干部岗前培训班1期155人，人力资源管理专题研讨班2期69人，依法行政专题研讨班4期109人，公务员口头表达艺术培训班6期163人，公共管理专题研讨班2期62人，社会管理专题研讨班5期155人，韶关对口培训班5期201人，警校新警培训班2期500人。（3）市社会主义学院主体班次1期37人，即统战干部培训班共1期37人。承办公务员公务礼仪课程培训5期930人、沟通协调能力课程培训5期900人、学习创新能力课程培训5期879人。完成行政机关公务员处分条例培训班7000余名公务员考试、阅卷、登记、办证等工作。完成计划外办班62期10181人次和函授学历教育5个班241人。完成教学课时共4662个，其中在校学习3156课时，外出学习1506课时；在校学习课时中，校内教学人员完成计划内2825课时，人均100.89课时。

【教学改革】 2008年，市委党校坚持以学习邓小平理论、“三个代表”重要思想以及科学发展观等重大战略思想为中心，结合实际编制双转型、产业调整升级、城市管理等系列性专题118个，其中新专题38个，新课率占32.2%。着眼东莞应对急剧变化的国际国内经济形势，把讲清发展形势、把握发展走向、增强发展信心作为干部教育培训主题，在主体班开设《金融危机下的东莞形势》、《世界经济及珠三角对外经济热点分析》、《宏观经济形势与宏观调整》、《新兴国家和地区产业演进启示与东莞产业结构调整》等专题。

市委党校推进研究式教学，理论学习坚持“1.5+1.5”课时和小班圆桌研讨模式，采取专题解读、师生研讨、案例教学、课题研究等教学方法；能力培训应用情景模拟、现场体验、学员论坛、专题辩论、主题演讲等教学方法。全年在各班次开设21场专题辩论会和28场专题论坛，尝试组织学员通过网络平台讨论热点问题。持续开展旁听市法院行政诉讼案件庭审、“答记者问”情景模拟、学员军训和拓展训练等活动。其中，经济教研室组织“东莞劳动密集型产业去与留的利弊”、党建教研室组织“东莞到底是浮华外表、沉重肉身还是平实外表、矫健肉身”等辩论会。

市委党校坚持“请进来”，开设“领导报告会”、“知名专家讲座”、“部委办局领导与学员热点问题对话”等项目，刘志庚、黄双福等市领导亲自为学员培训班作开班动员，邀请刘树基、何嘉琪、江凌、王道平、卢广海、梁国英等市领导和市委办、经贸、外经贸、科技、统计、金融等部门领导授课并与学员现场交流，邀请专家学者79人次讲课；积极“走出去”，坚持“党校+高校”教学模式，延续与人民大学、暨南大学、香港理工大学等联合办学，新开辟北京大学、华南师范大学、浙江大学、浙江省委党校等培训点，全年安排有外出高校学习任务35个班次1590人，有16个班次是全部或一半以上时间外出培训，走出校门选择先进企事业单位和基层社区短期参观学习的做法普及覆盖大多数主体班。

【理论研究】 2008年，市委党校完成科研成果84项，公开发表专著和论文31项，其中专著2项，省级期刊公开发表论文20篇，国家级期刊发表论文4篇，有1篇论文被人民大学复印资料《民商法学》转载。根据市委提出“围绕十个方面展开解放思想大讨论”要求，组织力量撰写10篇论文，被市委宣传部编印成册，供全市各级党组织在解放思想活动中学习参考。组织编著的《东莞和谐社区建设研究》被列入东莞市“科学发展观与东莞实践”研究系列丛书；《东莞改革开放辞典》成为全市纪念改革开放30周年活动的一份独特作品，刘志庚在该书序言中指出：“这是迄今为止第一部全方位系统反映东莞改革开放30年历史概貌的专著”。5篇论文和3篇调研报告被评为东莞市首届哲学社会科学优秀成果三等奖，2篇论文被选编入《求是》杂志、省委组织部与《南方日报》联合举办的纪念党的十一届三中全会召开30周年党的建设理论研讨会。完成市社科联东莞流动人口问题研究，市统计局东莞人口战略研究3个课题，市委、市政府第四季度重点工作安排要求市委党校对东莞经济形势预测分析课题。编印2005级中央党校在职研究生论文集。1名任市政协委员的干部的提案被评为市优秀提案奖。1名特聘为市人民政府法律顾问的干部，参与修改87项市政府规范性文件。

【理论宣讲】 2008年，市委党校服务于东莞开展解放思想学习讨论和开展深入学习实践科学发展观试点活动，派出多名专家分赴30多个镇街和市直单位为1万多名党员干部开展以“继续解放思想，推动科学发展”为主题的“送理论下乡”活动。全年举办15期“周日党课”，培训3952人次，其中，校内举办9期，听课人数2811人次；校外举办6期，听课人数1141人次。全年《东莞党校》校刊编印发行4期，发表论文92篇50万字，围绕时政热点问题开设“解放思想大家谈”、“解放思想、科学发展”等专栏。7—9月，反腐倡廉和预防职务犯罪教育基地共接待镇街、市直部门及市大中型企业83个单位94批次5386人次学习参观。

【行政后勤管理】 2008年，市委党校引进1名博士研究生和1名硕士研究生。启动办公自动化系统建设，将学员住宿管理推向社会化。承接省市联合公选100名领导干部东莞面试考场考务、省委深入学习实践科学发展观活动专题讲座远程直播、省委党校“干部教育培训方法”师资培训（珠江口东岸）班、全省党校2008年函授教育工作会议以及全市政法系统大学习大讨论专题培训班等活动。

（甘　雨）

附：2008年中共东莞市委党校领导名录

校　长：黄双福

常务副校长：杨靖波

副校长：赵卫华　张惠玲

校务委员：达蕃钦　张小聪

信访工作

【概况】 2008年，东莞市信访局受理群众信访总量24462件次，与2007年相比上升89.8%。受《劳动合同法》实施和金融危机等因素影响，全市信访总量出现较大幅度上升，但是越级上访得到有效遏制，信访秩序有所好转。

【重信重访问题专项治理】 2008年3—8月，东莞市开展重信重访问题专项治理和市、镇领导干部“万人大下访”活动，市、镇街信访部门和有关单位排查出一批重信重访案件，落实有关领导包案调处，推动一批重信重访问题妥善解决。

【全市信访维稳工作会议】 2008年7月4日、8月4日，东莞市2次召开信访维稳工作会议，市委、市政府主要领导，分管信访维稳工作的领导，市加强信访工作和维护社会稳定协调领导小组成员单位领导，各镇街党委书记、镇长（办事处主任），第九批市信访督查专员以及信访局有关人员参加会议。会议传达中央和省电视电话会议精神，部署做好奥运期间信访维稳工作。

【全市信访办主任会议】 2008年7月9日，东莞市召开信访办主任会议，各镇街信访办主任、第九批市信访督查专员及市信访局有关人员参加会议。会议传达中央和省、市有关会议精神，部署开展镇委书记大接访活动及奥运期间信访工作。

【镇街党委书记大接访活动】 2008年7—12月，东莞市推行镇街党委书记大接访活动，镇街领导班子成员轮流在工作日接访群众。7月16日、8月7日，全市2次统一开展镇街党委书记大接访活动，市几套班子领导分赴各镇街督导检查并接访群众。7月10日至11月30日，全市镇街领导累计接访群众2491批15535人次，当场解决530宗，落实领导包案193宗，落实责任单位1768宗，切实把信访问题化解在基层。

▲ 2008 年 7 月 16 日，市委书记、市人大常委会主任刘志庚到石龙镇督导大接访
（蓝业佐　摄）

【中央信访工作督导组来莞督查】 2008年7月17—19日，国家教育部副部长李卫红率中央信访工作督导组，在省委副秘书长、省信访局局长陈山地，省驻莞信访维稳督导组组长、省法院副院长谭玲，省信访局副厅级专职信访督查专员张怡妮等陪同下，来莞进行督导、检查工作。

【奥运期间信访督查工作】 2008年奥运前夕，东莞市专门成立8个信访维稳督导组，每个督导组由3名成员组成，分片深入各镇街督导检查奥运期间信访维稳工作，发现问题及时责成整改，确保不出问题。 （曾轶荣）

附：2008年东莞市信访局领导名录

局　长：梁少虾

副局长：袁润标　黎雪琴　安连天

保密工作

【概况】 2008年，东莞市各级保密组织认真履行保密工作领导干部责任制，加强保密技术基础建设，规范保密工作管理，不断提高领导干部、涉密人员的保密意识。市国家保密局依照保密工作目标管理考评标准，经市委保密委员会同意，评选出莞城街道办事处党政办公室等61个“保密工作先进单位”和李杰华等61名“保密先进工作者”，高埗镇党政办公室等25个“保密工作表扬单位”和赵景耀等25名“保密工作表扬个人”。

【保密工作会议】 2008年4月7日，中共东莞市委保密委员会召开全体成员会议。会议传达贯彻全省保密委（办）主任保密局长会议精神，总结全市2007年保密工作情况，审议2008年工作要点，研究布置2008年工作任务。市委副书记、市委保密委员会主任黄双福出席会议并讲话。

4月10日，全市保密工作会议召开。各镇街、单位保密领导小组负责人、保密员300多人参加会议。市国家保密局局长祁日光在会上布置2008工作任务，市委常委、秘书长、市委保密委员会副主任何嘉琪出席会议并讲话。

8月1日，全市保密工作会议召开。会议主要传达全省保密工作半年会议精神，通报市保密、公安、国安、信息四部门联合信息安全保密检查情况，布置下半年工作任务。各镇街、单位的保密员及计算机网络管理员约350余人参加会议，市委保密委副主任、市委副秘书长吴镇成出席会议并讲话。

【保密技术检查中心成立】 2008年4月17日，市机构编制委员会批复同意成立东莞市保密技术检查中心。该中心为市委保密办（市国家保密局）管理的正科级事业单位，编制4人。主要职责是负责市委、市政府重大会议、重大活动的保密技术检查和技术保障；负责通信、办公自动化设备和计算机信息系统的保密技术检查工作；负责互联网涉及国家秘密信息的检查等。

【保密技术专家小组成立】 2008年6月10日，经市委保密委员会领导同意，东莞市保密技术专家小组成立暨第一次会议召开。东莞市保密技术专家小组由广东省通信管理局、华南师范大学、市有关单位推荐在信息安全方面具有副高以上技术职称的9名专家组成，主要任务是为市保密技术工作发展方向、对策进行研讨；为市保密技术检查和保密技术防范工作提出意见；参与市涉及国家秘密的通信、计算机信息系统设计方案审查论证，并对系统安全保密方面进行评估等。

【保密大检查】 2008年6月、9月，市委保密委员会15名委员带队督导，保密、公安、国安、信息四部门联合开展保密大检查和计算机及移动存储介质专项保密检查，主要检查办公计算机及网络、移动存储介质的保密管理、涉密文件的收发及管理、保密要害部门部位、政府信息公开保密审查工作和日常工作开展情况。两次检查共抽查37个单位和14个镇街的办公网络41个、计算机424台、移动存储介质114个、涉密文件190份、办公场所104间。

【保密工作量化考核机制】 2008年5月5日，市国家保密局从时量、数量、质量三方面，围绕保密“查漏补缺”、“网络安全”、“警钟长鸣”三项重点工程，完善保密工作量化考核办法。管理标准分3大类22项，明确考核内容及评分标准。2008年起保密工作考核分数不设上限，根据实际情况实行奖励分与倒扣分，以最高分为满分，年终考核评比时，公布得分情况。如发生泄密情况，总分为零，并追究责任人责任。

【政府信息公开保密审查】 2008年，为配合《政府信息公开条例》的实施，保证公开的政府信息不涉及国家秘密、商业秘密和个人隐私，市国家保密局要求各机关单位建立和完善信息公开保密审查制度。全市有130多个机关单位明确信息公开保密审查机构和人员，并向市国家保密局备案。

【纪念《保密法》颁布20周年】 2008年是《中华人民共和国保守国家秘密法》颁布20周年，东莞市将7—9月定为保密教育月，把保密教育与纪律教育结合起来，开展纪念《保密法》颁布20周年宣传教育活动。8月19日，市委保密委员会、市委组织部、市人事局组织开展保密法律法规知识测验，共1.5万名机关干部、职工参加；9月5日前后，市国家保密局在市有线电视播放保密宣传口号、在《东莞日报》刊登保密知识50

问、利用手机平台发送保密宣传短信，宣传保密法制知识；市国家保密局编印保密宣传教育刊物——《警钟常鸣》，免费提供给机关单位学习，设立“开展保密教育月活动，纪念《保密法》颁布20周年专刊”，刊登各保密组织的经验和做法。活动期间，全市各机关召开保密工作学习会议100场，观看保密教育片54场次，接受教育达2万人次；编印保密宣传资料、宣传单张3.5万册（份）；悬挂保密宣传标语、摆放宣传牌和宣传墙报320条（个）；发放保密宣传挂图100套、宣传扑克100副；利用网站开设保密宣传专栏40个，组织创作保密法制宣传公益广告14个。（袁鸣春）

附：2008年东莞市国家保密局领导名录

局　长：祁日光

副局长：李国培（任至7月）

东莞市人民代表大会常务委员会

【东莞市第十四届人民代表大会第三次会议】 于2008年1月9—11日在市会议大厦举行。会议听取和审议东莞市人民政府工作报告；审查和批准东莞市2007年国民经济和社会发展计划执行情况报告与2008年国民经济和社会发展计划；审查东莞市2007年预算执行情况的报告和2008年预算草案，批准东莞市2007年市级预算执行情况报告和2008年市级预算；听取和审议东莞市人民代表大会常务委员会、东莞市中级人民法院和东莞市人民检察院工作报告；表决通过《东莞市第十四届人民代表大会第三次会议〈关于加强食品安全工作，建立健全食品安全保障体系的议案〉的决议》。大会设立旁听席，接受55名公民（其中有5名新莞人）旁听第一次全体会议，并召开旁听人员座谈会，市委书记、市人大常委会主任刘志庚，市人大常委会副主任张继雄、冯同恩参加座谈、听取意见。

【依法治市工作】 *指导市依法治市工作领导小组办公室日常工作*。2008年，市人大常委会协助市委召开市依法治市工作领导小组会议，研究依法治市工作形势，对2008年依法治市工作进行部署，制定《东莞市2008年依法治市工作要点》。指导市依法治市工作领导小组办公室做好《依法治市》的创刊、编写工作，《依法治市》全年共出版12期。协助举办全市依法治市工作联络员培训班，5—6月，市依法治市工作领导小组办公室组织分3期赴河源、梅州、潮州、汕头、汕尾、茂名、湛江市培训学习。*推动人民调解工作上新台阶*。3月12日，协助市依法治市工作领导小组办公室组织召开诉调检调对接机制建设联席会议。4月23日，市依法治市工作领导小组办公室组织法院、检察院和司法局等部门前往广州市花都区参观，学习诉调检调对接机制建设的先进做法。5月，推动两级法院及常平、石龙、虎门镇成立5个诉调对接工作室。*促进“一府两院”依法行政，公正司法*。常委会听取市政府关于政务公开工作和市中级人民法院关于法院内部监督工作情况报告。2008年是《政府信息公开条例》实施的第一年，11月28日，市第十四届人大常委会第十三次会议听取和审议市政务公开工作，要求市政府及有关职能部门进一步落实《全面推进依法行政实施纲要》和《政府信息公开条例》，做到依法、公开行政，提高信息透明度。9月11日，市第十四届人大常委会第十一次会议听取和审议市中级人民法院《东莞市中级人民法院关于法院内部监督工作情况的报告》，推动法院完善内部监督工作机制，进一步提高司法工作的公正性和透明度。*进一步理顺司法体系*。针对市法院和检察院基层机构不足，案多人少矛盾突出的状况，市人大常委会大力支持两院增设基层院的工作，10月8日市十四届人大常委会第十二次会议对市设立第一、第二、第三人民法院和第一、第二、第三市区人民检察院作出决定，使东莞市司法体系进一步合理，从根本上保障两院职能作用的发挥。*支持人大代表参与“百庭观摩”活动*。9月23—26日，市两级法院开展人大代表“百庭观摩”活动，邀请代表观摩庭审和参与监督执行，征求代表们对中院庭审活动、执行活动和法院工作的意见和建议。*坚持开展人大制度宣传*。常委会通过媒体报导、参加理论研讨、组织“人大新闻奖”评选活动等形式加强人大制度与人大工作的宣传，如《年轻的人大代表爱“管闲事”》获第十七届广东人大新闻奖一等奖；提高《东莞人大通讯》办刊水平，全年共编印12期；及时更新东莞人大网站内容。*及时依法在第092选区（中堂镇）补选1名市第十四届人民代表大会代表*。

【监督工作】 *开展专题调研*。2008年，市人大常委会围绕全市工作大局，就节能减排、政府效能、农村（社区）集体经济可持续发展、合同法实施后的劳资关系、水利基本建设等5方面深入调查研究。调研专题直指东莞发展难题，调研报告为破解发展难题和市委作决策提供有益参考。*听取和审议专项工作报告*。2008年，常委会共召开7次常委会，听取和审议专项工作报告13项。听取和审议2007年东莞市社会保险基金预决算情况报告，市2007年决算草案和2008年上半年预算执行情况报告，市本级2007年预算执行和其他财政收支情况审计工作报告； 2008年财政预算变更问题等。逐步规范对预算编制、执行、调整和决算的审查批准监督程序，使财政工作更加依法、规范。听取市政府关于政务公开工作、外事侨务港澳工作、运河整治工作、农村（社区）集体经济可持续发展情况报告等工作，促进政府依法行政。11月28日，市第十四届人大常委会第十三次会议听取和审议市政府“十一五”规划实施中期评估，是常委会首次对“五年规划”实施进行中期评估。报告委托主任会议审议每个季度市财政资金使用情况、律师工作、发放一次性生活补贴等7个专项工作报告。*组织视察、评议*。一是抓住热点难点开展视察。常委会分别在4月、8月和10月视察民营经济发展、“平安社区”创建和高中阶段学校布局调整等工作。二是以解决民困为出发点开展工作评议。2008年全市实施禁摩，常委会对禁摩后的出行问题深入调研，在全面掌握全市公共交通发展工作情况的基础上，对市公共交通工作进行评议，建议市政府提高公交优先意识、科学规划、优化公交网络、加大监管力度等，促进公共交通健康发展，满足人民群众出行要求。*开展执法检查*。市人大常委会坚持依法监督，努力保证法律法规在东莞正确实施。10月16日，常委会通过实地检查、听取汇报等方式检查全市执行贯彻《东莞市河道堤防管理规定》的情况，建议有关部门加大法规宣传、资金投入，严格执法，确保东莞安全度汛。*加强跟踪监督*。常委会认真贯彻《东莞市人民代表大会常务委员会跟踪监督工作制度》，注重监督的连续性，对于一些重大问题或与民生密切相关的工作，多次进行监督，一抓到底，抓出成效。“四院一中心”及新建医疗项目建设情况，是事关全市人民身体健康、生命安全的重点工作，常委会委托教科文卫工委多次深入调研、视察，督促有关部门尽快解决项目选址、资金不足、管理不顺等问题，加快各项目建设进度，早日缓解群众看病难问题。常委会多次跟踪督促律师管理工作，使市政府及有关部门对监督意见和建议逐步进行落实。做好信访工作。常委会认真抓好信访工作，做到督促“一府两院”改进工作与实现为民解难题、为群众办实事相结合。全年市人大常委会信访电总量为1820次，办结1771件，办结率为97.3%。12月，常委会制定《东莞市人大常委会机关信访工作办法》，信访工作更加依法有序。

【讨论决定重大事项】 2008年，市人大常委会围绕市委中心工作，结合市经济社会发展实际，及时依法行使讨论决定重大事项权，共就授予太田义胜等49人“东莞市荣誉市民”称号、批准市政府拨款10亿元用于帮助企业解决融资难，成立第一、第二、第三人民法院、市区检察院，补选市人大代表，召开人民代表大会等问题作出决定决议9项，通过和修订地方性规定2项。及时对本地区重大事件作出决定。市人大常委会密切配合市委部署，结合东莞经济发展实际情况，10月8日，市第十四届人大第十二次常委会依法作出《关于批准市政府拨款10亿元用于帮助解决有关企业融资难的决定》，积极应对金融危机；面对金融危机影响，12月19日，市第十四届第十四次会议及时作出《关于批准东莞市2008年预算调整方案的决议》。审议通过地方性规定。通过《东莞市在建违法建筑管理办法》，为东莞处理违法违规用地，遏制违法建筑，加强城市规划管理，为有关行政管理部门、镇（街）、村（居）委会的各负其责提供依据。修订《东莞市人民代表大会常务委员会拟任命人员任前演说工作制度》，进一步完善人事任免程序。

【依法进行人事任免】 2008年，市人大常委会坚持党管干部原则与人大依法任免相统一，完善人事任免程序，修订《东莞市人民代表大会常务委员会拟任命人员任前演说工作制度》，加强与“一府两院”组织人事部门联系与协调，及时任免“一府两院”干部，保证工作衔接。共依法任命干部87名，其中：人大系列13名，政府系列9名，两级法院35名，两级检察院30名；共免职干部38名，其中：人大系列4名，政府系列6名，两级法院19名，两级检察院9名。市第十四届人大常委会第十二次会议于10月8日决定任命严小康为东莞市人民政府副市长，于11月28日决定任命顾春芳、成洪波为东莞市人民政府副市长。市第十四届人大常委会第十一次会议于9月11日决定任命殷焕明为东莞市人民政府秘书长。

【开展代表工作】 指导设立代表联络平台。2008年，市人大常委会大胆创新，3月20日指导莞城街道设立东莞首个“市人大代表联络群众访谈室”，在全省开创代表工作先河。南城街道和万江街道分别于7月16日和7月25日设立“市人大代表联络工作室”、“市人大代表联系选民工作室”。指导组织开展“市镇人大代表活动日”活动。10月17日，是东莞第四个“市镇人大代表活动日”，各镇街人大及工作机构根据常委会统一部署，组织市镇人大代表开展集中学习、视察、调研、听汇报、座谈、代表自由走访等活动，就推进经济社会双转型提出意见和建议。协助召开市长约请市人大代表座谈会。11月25日，常委会配合市政府做好座谈会的准备工作，对各镇街报送的发言材料进行分类整理，汇编成册，落实参会人员和拟在会上发言的代表。共汇编66件发言材料，10多位代表在会上踊跃发言。协助组织全国、省人大代表开展活动。协助组织东莞的全国、省人大代表分别于6月围绕水利基本建设这一专题开展调研活动，重点了解城乡水利防灾减灾建设（包括堤围达标、排站、水闸建设）方面情况等；12月围绕企业经营发展，升级转型面临的困难，如何坚定信心，共渡时艰进行集中视察。做好全国、省人大代表出席、列席全国、省人大会议的服务工作，协助全国、省人大代表小组开展小组活动，落实部分代表参加全国、省、市人大组织的培训学习、执法检查、立法调研、视察等活动。组织代表参政议政。配合落实部分履职能力较强、有相关专业知识及来自不同层面的代表参加有关活动。如参加常委会及工委组织的检查、调研、视察，承办单位办理建议座谈会、市第十二次党代会、“新产业新东莞”座谈会、省市联合公选干部面试评委、行政执法评议考核、行风评议、“市民评机关”活动等，发挥代表应有作用。

【督办代表议案和建议】 2008年1月，东莞市第十四届人民代表大会第三次会议通过代表议案1件，收到代表建议101件，办结率和代表满意率均为100%。做好议案督办工作。常委会分别于3月的市第十四届人大第八次会议和12月的第十四次会议听取和审议市政府关于办理《加强食品安全，建立健全食品安全保障体系的议案》的办理方案和办理情况专项工作报告。2008年全市无重大食品安全事故发生。做好重点建议督办工作。常委会把代表建议按类别分配给各工委跟踪督办，明确6件重点建议的督办，对重点建议进行跟踪督办，增强督办实效。如常委会重点督办关于加快高埗上江城至市区梨川大桥立项建设的建议，综合运用视察、现场督办、座谈会督办等多种方式，为提出建议的代表和承办单位搭建面对面交流平台，充分发挥代表在参与中监督、在监督中支持的良性互动，增强办理实效。市政府已同意建设高埗连接市区梨川大桥，市规划局牵头作进一步深化论证，常委会会进一步跟进督办。完善代表建议动态管理系统。评选优秀代表议案建议和先进承办单位，及时移交、督办闭会期间代表提出的建议，加强与市政府有关部门沟通联系，把代表议案建议办理工作纳入规范化管理。

【指导基层人大工作】 指导基层人大依法开好人代会。2008年，市人大常委会加强对各镇召开人代会的业务指导，规范会议程序，督促各镇在第一季度内依法依规召开，发挥地方国家权力机关作用。9月，市委对17个镇街主要领导作出调整，常委会指导有关镇筹备好人代会，及时贯彻好市委意图，保证工作的连续性。指导基层人大依法开展闭会期间各项活动。常委会从多方面联系和指导基层人大开展闭会期间活动，围绕经济社会双转型、当地中心工作和群众关注的民生问题，有计划地组织评议、视察、调研、执法检查、镇长约请人大代表座谈、代表培训等活动。抓好代表议案建议督办、人大信访、宣传工作等。召开基层人大工作会议。6月3日，在塘厦镇召开全市镇人大副主席（街道联络委副主任）会议，会议回顾上半年工作，着重研究基层人大分片互访交流和设立代表联络平台问题。指导基层人大开展分片互访交流活动和学习。2008年进一步深化基层人大分片互访交流活动，由片内互访向片外互访延伸，共同推进基层人大工作，活动取得预期效果。常委会非常重视提高基层人大干部工作水平，分别组织全市基层人大干部到云南、江浙、东北考察学习，加强与外省市人大联系，进一步提高基层人大干部整体素质。

（李胜銮）

附：2008年东莞市人大常委会及其机关领导名录

市人大常委会主任：刘志庚

市人大常委会常务副主任：张继雄

市人大常委会副主任：张顺光　陈国辉
冯同恩　吕　兢
李秀冰
市人大常委会秘书长：周华驹
市人大常委会办公室主任：李卫忠
市人大常委会副秘书长：李卫忠　叶国志
刘智勇　林儒森
市人大常委会办公室副主任：卢　英

市人大常委会各工作委员会主任、副主任

法制工作委员会主任：陈锡稳
财政经济工作委员会主任：梁帝祺
城建环境与资源保护工作委员会主任：
殷计祥
教科文卫华侨外事工作委员会主任：
谭素红
选举联络人事任免工作委员会主任：
陈柏南
农村农业工作委员会主任：何肖弟
法制工作委员会副主任：殷国群　江　流
财政经济工作委员会副主任：叶绍波
李雄华
城建环境与资源保护工作委员会副主任：
廖志文　王业宽
教科文卫华侨外事工作委员会副主任：
张云华　刘学高
选举联络人事任免工作委员会副主任：
莫广华　伍志鸿
农村农业工作委员会副主任：祁　伟

市依法治市工作领导小组办公室主任、副主任

主　任：刘洪芳
副主任：陈俊荣

东莞市人民政府

【市政府全体（扩大）会议】 2008年7月16日，东莞市政府召开全体（扩大）会议，主要议题是研究部署推进全市产业结构调整和转型升级工作。

【市政府常务会议】 2008年3月31日，东莞市政府召开市政府常务会议，主要研究行政审批事项调整工作，审议有关规划及规范性文件。

【市长办公会议】 2008年，东莞市政府召开市长办公会议26次，讨论492项有关事项，主要包括：审议《东莞市居民基本医疗保险暂行办法》；审议《东莞市固定资产投资项目节能评估和审查办法（试行）》；审议《东莞市城市管理综合执法暂行规定》；研究开展解放思想学习讨论活动；研究路灯节电改造工程；审议《东莞市科技兴贸专项资金管理暂行办法》；研究义务植树绿化费征收问题；研究2008年市政府主要工作任务落实问题；审议《关于加强我市社区卫生人才队伍建设的意见》；审议产业结构调整试点工作初步方案；审议《一至六级残疾军人医疗保障实施意见》；审议《关于加强存量房交易结算资金监管的通知》；研究环保专业基地建设问题；审议《东莞市污水处理厂BOT项目运营费支付暂行办法》；审议《东莞市自然灾害救济暂行办法》；审议《关于加快培育和发展东莞市工业商贸龙头企业的实施细则》；研究支援四川抗震救灾工作；审议《东莞市经济适用住房管理办法（试行）》和《东莞市廉租住房保障办法（试行）》；研究“双转移”工作；研究防汛抗洪救灾工作；审议《东莞市科学技术奖励办法》和《东莞市科学技术奖励办法实施细则》；审议《东莞市建筑行业企业管理规定》；审议《东莞市支援四川省地震重灾区过渡安置房建设资金使用管理办法》；审议修订《东莞市奖励举报违法排放工业废水行为暂行办法》；审议污染企业建设项目环保审批原则；审议市区环境空气与噪声适用区划；审议《东莞市节能与清洁生产专项资金管理暂行办法》；审议《东莞市生态控制线管理规定》；审议《关于加强气象灾害预警信息发布工作的通知》；审议《东莞市举报摩托车非法营运奖励试行办法》；审议《关于促进创意产业园区发展的实施意见》；审议《东莞市推广天然气汽车加气项目实施方案》；研究“公共的士”管理工作；研究核心城区小巴运输公司组建工作；审议《东莞市公路网规划》；审议《东莞市水资源综合规划》；研究安全生产工作；研究村级集体经济发展问题；审议《东莞市生活饮用水二次供水管理办法》；审议废止《东莞市有形土地市场管理规定》；研究市镇两级财政投资建设项目办理“一书两证”试行并联审批工作；审议《东莞市农民集体所有土地收入款项管理若干规定》；研究调整种粮直补政策；审议《东莞市推进制造业标准化工程实施办法》及其操作规程；审议《东莞市推广应用水煤浆试点方案》；审议《东莞市房屋安全管理规定》；审议《关于实施重点中小工业企业和加工贸易企业融资支持计划的通知》；审议《东莞市科技人才健康检查资助办法》；审议《关于解决我市中小企业融资难问题的指导意见》；审议《关于住宅专项维修资金交存、使用和监管若干规定》；审议修订《东莞市污水处理费征收管理办法》；研究对口支援四川映秀镇恢复重建工作；审议《东莞市学生接送站安全管理暂行办法》；研究2009年市政府十件实事；研究市长约请市人大代表座谈会代表建议和市长会见市政协委员座谈会委员建议的办理工作；研究《东莞市市属关停、破产企业原在册在职固定职工移交社区管理的暂行办法》；审议《东莞市促进软件产业发展的若干规定》；研究2009年《政府工作报告》；审议《关于加大投资力度促进经济增长的意见》；研究社区门诊医疗保障工作；审议《东莞市农村劳动力技能培训及转移就业实施方案》；审议《东莞市企业人才迁户暂行办法》。

【市政府工作会议】 2008年，东莞市政府召开市政府工作会议并形成会议纪要87次，主要研究部署：厚街辖区市属重点工程建设有关问题；东莞生态园大道选线及生态园收地有关工作；广深沿江高速、广深港铁路客运专线建设有关工作；加强突发事件信息报告和处置工作；外商投资企业生产运作中遇到的问题；南城街道辖区内市属工程征地拆迁有关工作；市容及交通综合整治有关工作；保障粮食供应维护市场稳定有关工作；沿江高速公路立沙岛段建设有关问题；市区公交枢纽站和首末站设计工作；建立社会基本医疗保险制度有关问题；市区城市管理和综合执法有关工作；松山湖2008年建设工程项目以及部分历史遗留问题；东江水库联网供水工程有关问题；莞深高速与环城路共线段工程建设有关问题；汛期饮用水安全保证有关工作；虎门港集中查验区及沙田车检场规划建设问题；全市污水处理工程建设工作；促进保税物流发展有关工作；长安滩涂填海造地工作；产业结构调整工作；援建四川灾区临时安置板房问题；松山湖建设项目审批问题；虎门港口岸规划和沙田港区5号、6号泊位口岸开放问题；来料加工企业转三资企业操作指引及设立外资企业产品展销中心有关问题；全市信息产业试点工作；大岭山和大屏嶂森林公园二期建设有关工作；市区内涝情况问题；运河整治工程征地拆迁工作；全市门诊医疗保险制度改革工作；市中医新院筹建工作；上市候选企业产权证办理工作；全市电网规划建设工作；生态园职教城建设工作；学生接送站安全整治监管问题；全市村（社区）消防队伍建设工作；出租车行业管理工作；计生养老保险金有关工作；中小企业融资有关工作；市专项应急预案编制和演练工作；法律服务市场管理有关工作；市CNG汽车加气项目推广有关工作；轨道交通R2线站点有关问题；东引运河路堤与景观工程有关问题；完善援建工作信息互通和协作配合机制问题；东莞大堤石排段安全隐患排查工作；民营企业发展有关工作；石鼓连接线南城路段拆迁工作和其他工程有关问题；清理整治无证照经营工作；散裂中子源项目有关问题；同沙水库水污染综合整治工作；全市春运工作。

【全市性重要专项会议】 2008年，东莞市政府召开全市性重要专项会议主要有：庆祝第六次荣获“全国双拥模范城”大会暨春节军政联谊会；全市外经贸工作总结表彰大会；东莞市外商投资企业代表新春酒会暨第三批东莞市荣誉市民颁授仪式；全市卫生工作会议；春运工作动员大会；全市安全生产工作会议；全市物价工作会议；公路工作总结表彰大会；全市交通工作会议；全市建设工作会议；全市综合整治城市“六乱”工作会议；全市经贸工作会议；东莞市城市管理工作会议；全市民政工作会议；全市统计工作会议；东莞市住房保障工作会议；全市公开销毁非法摩托车大会；全市三防工作会议；全市体育工作会议；全市污水处理工程建设工作会议；全市安全生产百日督查工作会议；全市名牌带动战略工作暨表彰会议；全市产品质量和食品安全专项整治工作会议；东莞市产业结构调整升级试点工作动员大会；全市加强企业风险管理工作会议；全市旅游工作会议；全市气象防灾减灾工作会议；全市支援四川地震灾区捐赠工作会议；全市优先发展公共交通工作会议；运河综合整治工作会议；全市镇际村际联网路升级改造工作会议；东莞市城市管理综合执法工作会议；东莞市落实土地利用年度计划执行责任制工作会议；全市整治农贸市场后续管理工作会议；东莞市第二次土地调查工作会议；全市机动车排气污染防治工作会议；全市安全生产工作会议；东莞市传达贯彻省科技大会精神暨科技奖励大会；市对口支援地震灾区灾后恢复重建工作领导小组（扩大）会议；市集中开展违法违规用地查处整治行动工作动员大会；东莞高等教育现场办公会；全市人口计生工作会议；市财政投资重点工程项目建设工作会议；全市环保基地建设工作会议；国土资源管理工作总结表彰会议；东莞市食品安全暨供奥食品保障和兴奋剂整治工作总结表彰及“五小单位”整治工作会议；全市中小企业工作会议；全市出租汽车行业稳定健康发展工作会议。

【重要政事活动】 2008年，东莞市政府举行的重要政事活动主要有：“商贸东莞”创新成果颁奖晚会；东莞市抗震救灾大型募捐晚会；东莞市内资经济促进中心挂牌；全市社区卫生服务机构暨社区门诊医疗保障启动仪式；2008年中美滑水名星对抗赛；东莞市促进外资企业转型升级系列活动；第十届中国东莞国际电脑资讯产品博览会；帮扶在莞港企促进扎根发展系列活动；市律师协会十周年庆典；承办第12 届国际花园城市评选决赛；虎门港沙田港区5、6号泊位投产暨7、8号泊位动工；承办广东省第四届群众音乐舞蹈花会；莞籍院士铜像揭幕暨2008年东莞市青少年科技创新大赛开幕典礼；第九届老年人运动会；第十三届环南中国海国际自行车比赛；东莞市中小企业发展促进会成立；东莞市信用担保协会成立。

【重要决策】 经济发展。2008年1月，市政府印发《东莞市市属企业投资监督管理暂行办法》；2月，市政府印发《关于调整我市城镇土地使用税征收范围和税额标准的通知》、《关于认定2007年度东莞市工业商贸龙头企业的决定》；3月，市政府印发《东莞市科技兴贸专项资金管理暂行办法》、《东莞市2008年国民经济和社会发展计划》；4月，市政府印发《关于认定东莞市上市后备企业的通知》；5月，市府办印发《加快培育和发展东莞市工业商贸龙头企业实施细则》；6月，市政府印发《东莞市存量房交易结算资金监管有关规定》、《关于进一步加快旅游业发展的意见》；7月，市府办印发《东莞市培育企业上市操作规程》；8月，市政府印发《东莞市基层农业技术推广体系改革与建设实施方案》，市府办转发市经贸局《关于推进引进内资工作的意见》；10月，市政府印发《东莞市农民集体所有土地收入款项管理若干规定》、《关于东莞市促进服务外包产业发展的意见》，市府办印发《关于认定2008年东莞市信息产业百强企业的通知》；11月，市府办印发《关于解决我市中小企业融资难问题的指导意见》、《东莞市民营企业排忧解难协调制度实施方案》；12月，市府办印发《东莞市优秀民营企业家评选暂行办法》、《关于鼓励获广东省百强及东莞市50强称号民营企业的实施意见》，转发市农业局《东莞市现代标准农田建设规划》。

产业结构调整。1月，市政府印发《东莞市留学人员创业园、博士创业园管理办法》；6月，市政府印发《东莞市科学技术奖励办法》，市府办印发《东莞市科学技术奖励办法实施细则》；7月，市府办印发《关于促进创意产业园区发展的实施意见》；9月，市府办印发《东莞市重点实验室资助计划操作规程》；10月，市政府印发《东莞市加工贸易转型升级专项资金管理暂行办法》；11月，市政府印发《关于实施重点中小工业企业和加工贸易企业融资支持计划的通知》，市府办印发《东莞市创建名牌奖励实施办法》。

社会管理。1月，市府办印发《关于加强我市应急预案体系建设工作的通知》、《东莞市城市管理综合执法工作实施方案》；2月，市政府发布《东莞市城市综合执法暂行规定》，市府办印发《东莞市突发事件应急体系建设“十一五”规划》、《关于东莞市突发事件应急体系建设“十一五”规划的实施意见》、《关于加强我市出租屋视频监控系统管理工作的指导意见》；3月，市政府印发《东莞市2008年消防安全大宣传大培训工作方案》，市府办印发《东莞市2008年打假工作方案》、《东莞市清明节期间祭奠活动突发事件应急预案》；4月，市政府印发《关于规范全市企业用工管理打击非法介绍使用“童工”行为的通知》，市府办印发《东莞市“三小”场所、出租屋消防安全监管长效机制工作方案》、《东莞市机动车号牌竞价发放工作实施细则》、《东莞市2008年产品质量和食品安全专项整治工作方案》、《关于进一步加强职业病防治工作的通知》、《东莞市安全生产百日督查专项行动方案》；5月，市政府印发《东莞市自然灾害救济办法的通知》，市府办印发《东莞市兴奋剂生产经营专项治理工作方案》、《东莞市地名总体规划》、《东莞市整治非法营运专项工作方案》、《东莞市2008年消防安全隐患整治工作方案》；6月，市政府印发《关于准予被评为“东莞市见义勇为好市民”的新莞人入户的通告》；7月，市政府印发《关于建立完善劳动用工管理长效机制坚决打击介绍使用童工违法行为的意见》，市府办印发《东莞市举报摩托车非法营运奖励暂行办法》；8月，市政府发布《东莞市机动车停放服务收费管理办法》，印发《关于解决我市农村出嫁女子女入户问题的意见》；9月，市政府印发《东莞市安全生产大检查实施方案》，市府办印发《东莞市赤潮灾害应急预案》；10月，市府办印发《东莞市危险化学品事故应急救援预案》、《东莞市处置森林火灾应急预案》；11月，市政府发布《东莞市房屋安全管理规定》，印发《东莞市中心区“禁摩”实施方案》，市府办印发《东莞市集中清理整治无证照经营专项行动方案》、《东莞市2008年今冬明春防火工作方案》；12月，市府办印发《东莞市五类小型经营单位产品质量和食品安全专项整治工作方案》、《关于进一步加强农产品质量安全监管工作的意见》、《东莞市防风应急预案》、《东莞市防汛应急预案》、《东莞市抗旱应急预案》、《东莞市重大水上交通事故应急预案》。

城市升级。1月，市政府印发《东莞市国有工业建设用地使用权招标拍卖挂牌出让若干规定》、《东莞生态园拆迁安置补偿补充规定》，市府办印发《东莞市水利工程管理体制改革实施细则》，转发市国土资源局《关于规范东莞市村居民公寓建设的工作意见》；4月，市府办印发《东莞市2008年度地质灾害防治预案》；5月，市府办印发《东莞市推广应用水煤浆实施意见》；6月，市政府印发《东莞市采石场整治和复绿工程财务管理办法》，市府办印发《东莞市轨道交通R2线站点范围内土地统筹工作方案》；7月，市政府发布《关于修改〈东莞市奖励举报违法排放工业废水行为暂行办法〉的决定》，印发《东莞市建筑行业企业管理规定》、《东莞市2008年土地利用年度计划量化考核办法》；8月，市政府印发《东莞市2008年整治违法排污企业保障群众健康环保专项行动工作方案》，市府办印发《东莞市单位GDP能耗考核体系实施方案》、《东莞市推广天然气汽车加气项目实施方案》、《东莞市村际道路联网升级改造工程实施方案》；9月，市府办印发《东莞市机动车排气污染防治实施方案》、《东莞市节能与清洁生产专项资金管理暂行办法》；10月，市政府印发《关于废止〈东莞市有形土地市场管理规定〉的决定》、《东莞市集中开展违法违规用地查处整治行动工作方案》，市府办印发《关于清理残旧管线及广告招牌的通知》；11月，市政府发布《东莞市污水处理费征收管理办法》，印发《关于推进我市第二次土地调查工作的通知》、《关于住宅专项维修资金交存、使用和监管若干规定》，市府办印发《东莞市镇际联网路升级改造工程（二期）建设实施方案》、《东莞市整治核心城区校园周边道路交通堵塞工作方案》、《关于进一步加强地质灾害防治管理工作的实施意见》；12月，市政府印发《东莞市区环境空气适用区划》、《东莞市区环境噪音适用区划》、《关于进一步加快推进市财政投资建设项目的实施意见》，市府办印发《东莞市机动车环保标志管理暂行办法》、《东莞市“十一五”期间主要污染物总量减排工作方案》、《关于进一步开展运河沿线面源整治工作的通知》、《东莞市“十一五”主要污染物总量减排相关制度》、《东莞市运河市区水质保障应急方案》、《东莞市节能减排工作实施方案》。

社会事业及民生。1月，市政府印发《关于取消我市购房入户政策的公告》、《东莞市2008年社区卫生服务机构设置与建设规划》；2月，市府办印发《关于切实做好住房保障工作的通知》；3月，市政府发布《东莞市名人档案管理办法》，印发《东莞市体育彩票公益金资助村（社区）公共体育设施建设办法（试行）》；4月，市政府印发《关于建立东莞市社会基本医疗保险制度的通知》、《关于加强我市社区卫生人才队伍建设的意见》；7月，市政府印发《东莞市经济适用住房管理办法（试行）》、《东莞市廉租住房制度保障办法（试行）》；10月，市政府发布《东莞市生活饮用水二次供水管理暂行办法》；11月，市政府印发《关于贯彻实施〈全民科学素质行动计划纲要〉的意见》；12月，市政府印发《关于提高东莞市社会基本医疗保险待遇的通知》，市府办印发《关于进一步加强市区公交保障工作的意见》、《东莞市市属关停、破产企业原在册在职固定职工移交社区管理办法》。

依法治市。2月，市政府印发《关于在全市文广新系统开展行风评议工作的通知》；3月，市府办印发《东莞市2007年度收费综合年审工作方案》、《关于加强和改进部门统计工作意见的通知》；4月，市政府发布《东莞市人民政府第三轮行政审批事项调整目录（第二批）》，市府办印发《关于做好〈中华人民共和国政府信息公开条例〉实施工作的通知》；5月，市府办印发《东莞市查处违法建筑责任追究暂行办法》、《东莞市市级财政资金支出审批管理暂行管理规定》；7月，市政府发布《东莞市废止部分规范性文件的决定》，市府办印发《东莞市支援四川省地震重灾区过渡安置房建设资金使用管理办法》、《关于调整耕地占用税征收有关政策的通知》，转发市财政局《关于东莞市市级财政专项资金试行竞争性分配改革的意见》；9月，市政府印发《东莞市电子监察系统第三期工程建设工作实施方案》；10月，市政府印发《东莞市人民政府办理人大代表建议和政协提案办法》、《东莞市网上行政审批系统运行管理暂行办法》、《东莞生态园市财政性资金投资建设工程财务管理办法》。

【十件实事】2008年，东莞市政府继续为市民办好十件实事。社会治安方面。建成平安社区127个，全市大约65%的社区建成视频监控室，新建社区（村）警务室127个。公共交通建设方面。建成市区公交站亭520个、站牌200个，启动核心城区40个公交枢纽站、首末站和综合维修保养场规划建设，新增公交运力487辆，公交服务时间进一步延长。廉租房筹建方面。共筹集、建设廉租房和经济适用房20680套，其中廉租房17573套，经济适用房3107套，总完成率达113%。村际联网路升级改造方面。共改造完成村际道路32条总长106公里。污水处理工程建设方面。基本建成污水处理厂16座和截污主干管网工程13项。社区卫生服务建设方面。建成投入使用社区卫生服务中心（站）318个，其中社区卫生服务中心33个，社区卫生服务站285个，覆盖全市300多个村（社区）。基本医疗保险制度建设方面。建立城乡一体的社会基本医疗保险制度，实现职工住院基本医疗保险和农（居）民基本医疗保险统筹，参保人可以享受门诊费用报销60%。教育方面。2007—2008学年本市户籍中等职业学校国家助学金累计发放2795万元，2008—2009学年中职学校助学金前4月累计发放1712万元，免收义务教育阶段本市户籍借读生杂费差额。提高低保待遇和残疾人帮扶方面。最低生活保障标准提高到每人每月400元，全年为16377名残疾人发放生活专项补助1582万元，为14879名残疾人发放一次性临时生活补贴1000元共1488万元，为2420名残疾人免费提供康复服务，安排177万元为355名残疾人免费提供技能培训和为4560名残疾人免费提供就业服务。劳动就业和技能培训方面。新增就业岗位13.2万个，组织26553名户籍劳动力参加资助性技能培训，核拨技能培训补贴4439.5万元，组织新莞人技能提升培训107416人，核拨培训补贴2298万元。

（市府办）

附：2008年东莞市人民政府市长、副市长、市长助理

市　长：李毓全

副市长：冷晓明　江　凌
顾春芳（挂职，11月到任）
李小梅　梁国英　吴道闻
邓志广　严小康（11月到任）
成洪波（11月到任）
市长助理：陈林佐（8月到任）

附：2008年东莞市人民政府秘书长、副秘书长

秘书长：吴湛辉（任至9月）
殷焕明（9月到任）
副秘书长：陈林佐（任至7月）
梁近东　朱益民　钟英才
刘裕昌　陈健枝　任新合
刘　宁　黄冠球（任至8月）
莫淦泉　郭惠良（9月到任）
陈　波（12月到任）
刘学聪（12月到任）
黎达潮　朱斌华
张永忠（12月到任）

附：2008年东莞市人民政府办公室副主任

副主任：张永忠（任至12月）　黄福泉

政府法制工作

【统筹规划依法行政】 贯彻落实《国务院关于加强市县政府依法行政的决定》。2008年，《国务院关于加强市县政府依法行政的决定》颁布实施后，市府法制局对全市行政部门和基层依法行政的情况进行调研，剖析存在问题，提请市政府印发《转发省政府转发国务院关于加强市县政府依法行政决定的通知》，提出具体工作要求。建立依法行政工作汇报制度。2008年，东莞市建立依法行政工作汇报制度，要求各镇街、各部门每年向市府法制局报送依法行政情况，再由市府法制局综合报市政府，为市政府部署、推进依法行政工作提供依据。推进政府法制机构建设。市府法制局积极推进部门法制机构建设，劳动、国土等执法任务重的部门相继成立法制科室。根据市长办公会议要求，市府法制局积极与市编办沟通、协调，拟在镇街设立法制办，配1至2名工作人员。市编办已形成调研报告，等候上会讨论。

【规范性文件审查备案】 市政府规范性文件审查工作。2008年，市府法制局共办理市政府规范性文件25件。对涉及市建筑管理、房屋安全、摩托车治理、住房保障、人才引进、服务收费等规范性文件，会同相关部门、镇街深入调研，征求群众意见，听取专家建议，提高政府决策透明度，扩大公众参与立规范围。部门规范性文件前置性审查工作。市府法制局全年审查部门规范性文件7份，1份文件由于法律依据不足、可操作性不强等原因予以退回，6份文件由市府法制局严格审查把关，确保合法性。规范性文件备案工作。上报省备案规范性文件25件，对镇街规范性文件备案审查44件。年中，通报2007年镇街规范性文件备案审查情况，指出存在问题，提出工作要求，促进镇街规范性文件上报备案工作。规范性文件清理工作。根据《国务院全面推进依法行政实施纲要》的要求以及《东莞市行政规范性文件管理办法》的规定，市府法制局对2002—2003年颁布实施的政府规范性文件（涉及29个部门共45份规范性文件）进行清理审查，共废止规范性文件10份，并以《东莞市人民政府关于废止部分规范性文件的决定》文件向社会公布。

【行政执法监督和服务】 行政执法队伍建设。2008年，市府法制局对拟上岗行政执法人员进行培训，经考试合格授予行政执法资格。共举办4期初次申领行政执法证人员培训班，培训700多名行政执法人员；协助财政、物价、公积金中心等20多个部门开展行政执法人员换证考试。全年共办理行政执法证3245个，其中申领946个，换领2299个。行政执法证管理。对调动岗位、部门的行政执法人员要求上交原有执法证件，避免一名行政执法人员同时持有不同岗位、不同执法类别的情况发生。整顿行政执法队伍，严格行政执法主体管理。市府法制局牵头对全市行政执法队伍的“三乱”等问题进行全面的清理整顿。清理整顿后，全市有行政执法队伍250支，执法人员6821人，协管队伍164支，协管人员9718人。行政执法队伍依法设立、依法管理、依法执法，各项管理制度较为完善，执法人员整体素质较高。规范行政执法行为，落实行政执法责任制。3—4月，会同市监察局、人事局、机编办、财政局等市推行行政执法责任制工作领导小组成员单位，邀请部分市人大代表、市政协委员共同组成4个执法评议考核小组，对市政府所属32个行政执法部门2007年度行政执法工作开展评议考核。根据评议考核结果，市府法制局报请市政府批准授予市外经贸局等15个单位“2007年度行政执法工作先进单位”称号。完成全市47个行政执法部门的报送的执法职责分解方案及执法流程图的审核和发布。截至6月，审核、整理完全市47个行政执法部门的执法职责分解方案及执法流程图，上传至东莞政府公众网的政务公开专栏，供社会各界查询和监督。完善相关制度，推进重大行政处罚备案工作。共完成重大行政处罚案件备案5586宗，对审查案件时发现的问题形成书面意见，及时反馈给有关部门，有效维护了重大行政处罚的合法性。进一步完善重大行政处罚案件备案工作相关制度，规范工作的办理程序。

【行政复议】 积极受理行政复议案件，注重案件办理质量。2008年，市府法制局共收到行政复议案件296宗，其中，决定不予受理的10宗、驳回申请6宗，申请人自愿撤回申请而未予立案的15宗。在受理的265宗案件中，已办结265宗，其中决定予以维持的205宗，决定撤销原具体行政行为的3宗，终止复议审查的57宗。加大调解力度，化解社会矛盾。通过运用立案前化解矛盾、调解结案的复议案件72宗，有效化解矛盾，平衡利益，促进当事人与行政机关的相互理解和信任，做到定纷止争，案结事了。

【法律顾问室工作】 依法办理涉法事务，严把法律审查关。2008年，法律顾问室审核把关的合同及相关法律文件共112件，内容涉及土地权属、交通、公安、消防、物价、卫生、环保等多个领域。行政应诉工作。法律顾问室共出庭代理以市政府为被告的行政诉讼案件8宗，1宗民事申请再审案件，2宗因不服市政府环保行政处罚向省政府申请行政复议案件，5宗土地权属争议案件。已审结的行政诉讼案件无一宗败诉，切实维护市政府的合法权益。指导2个镇街、4个部门做好行政应诉工作，确保政府行为的规范性和安全性。围绕市委、市政府的中心工作提供配套法律服务。法律顾问室负责草拟《东莞市人民政府龙门县人民政府合作开发建设东莞（龙门）产业转移工业园协议》、《东莞市人民政府惠东县人民政府合作开发建设东莞（惠东）产业转移工业园协议》，并对《关于在韶关设立省示范性产业转移工业园的协议》及补充协议进行认真审核，提出具体法律意见。统筹政府法律顾问开展工作。全年，法律顾问协助处理环保处罚案件14宗，涉及市政府的行政民事纠纷案件等重大复杂涉法事务8件，参与政府处理行政复议案件2件，培训行政执法人员690人次，出具《东莞市房屋安全管理规定》、《东莞市企业人才迁户暂行办法》等规范性文件法律意

见6件。 （巫有武）

附：2008年东莞市人民政府法制局领导名录

局 长：郭瑞华
副局长：陈鸿钧

督查工作

【政务督查】2008年，市政府督查室围绕市委、市政府中心工作，围绕市领导批示指示精神，加强制度建设和机制建设，狠抓落实，提升政务督查工作计划性、针对性和实效性。督查制度建设。草拟《市府办督办工作制度》，分清市府办内设科室和督查室工作职责，构建市府办大督查工作体系；制定《2008年督查专题计划》，选取19个专题作为全年政务督查重点，推进廉租房和经济适用房建设等多个专题督查活动开展；建立督查联系人制度，保证督查事项落实情况能得到及时反馈；修改完善全市办公室系统督查考核方案，增强督查工作考核操作性。专项督查实施。组织开展电网建设、食品安全整治、污水处理工程建设、廉租房及经济适用房筹集建设、镇际村际联网路升级改造、节能减排工作、生态环境整治、环境卫生整治、农贸市场整治等9项专项督查，强化政务督查针对性，灵活督查手段，增强工作实效，所形成的专题情况汇报，多次得到市领导批示和肯定。督查工作统筹。统筹督查任务，制定2008年市政府主要工作任务分解表、10件实事责任分工以及年度督查专题计划，组织、引导政府部门和镇街抓好工作落实；统筹人员力量，明确市政府工作任务和10件实事工作联系人，协调有关部门，组织成立各类综合督查组，保障专项督查开展；统筹情况反馈，全年共刊发《督查情况》等情况反馈材料29期，统筹各部门、各镇街编发《督查专报》1362期。交办工作办理。负责承担市产业调整办日常运作、综合协调及会务工作；参与市领导批示重要检查活动，组织或参与全市违法违规用地查处整治行动、水利工程减灾防灾专项督查及全市清查评比活动等工作；落实市领导交办工作，对松山湖征地拆迁遗留问题、散裂中子源项目产权事项、企石镇污水处理工程纠纷等工作进行协调，有关事项得到妥善解决；开展2009年市政府为民办实事项目征集活动。

【承办人大政协相关工作】2008年，市政府督查室作为市政府对口承办市人大、市政协相关事宜工作机构，完成大量办文，办会、综合、协调、调研等工作。优质办理议案、建议、提案。制定办理方案，及时召开交办会，跟踪办理进展，全面加强督办催办，全年共协调办理人大议案、建议、政协提案以及旁听人员建议574件。所有意见、建议和提案均在规定时间内办结，实现办结率100%；全部办理单位分别以电话、见面、座谈、视察、走访等方式加强与建议人、提案人沟通，实现沟通率100%；从反馈情况来看，绝大部分代表和委员对办理结果表示满意，79%代表建议和82%委员提案已基本解决或列入计划解决。创新办理机制。完善办理制度。重新修订建议提案办理工作制度，形成《东莞市人民政府办理人大代表建议和政协提案办法》，对办理流程各个环节作出更加明确的规定。搭建办理平台。协调有关部门，研发出“东莞市人大代表建议、政协委员提案网上办理系统”，通过系统对建议、提案进行网上分办，提高办理效率。创新办理、评价机制。组织开展对2007年建议提案办理结果“回头看”活动、“人大建议政协提案办理工作评价会”，由代表委员对部门建议提案办理进行现场评价。突出督办重点，与人大常委会各工委联合督办《关于进一步加强社会治安综合治理的建议》、《关于加大对欠发达镇街社区卫生服务工作扶持力度的建议》等6项建议，取得良好效果。高效开展工作协调。全年共办理人大政协来文111份，草拟20多份人大政协汇报材料，协调市人大、市政协以及上级人大、政协检查、视察、考察、调研等活动10多批次。牵头组织召开2008年市长约请市人大代表座谈会和2008年市长会见市政协委员座谈会，得到各方认可。

【《政府热线》和机关效能投诉工作】2008年，市政府督查室认真办理《政府热线》和机关效能投诉处理工作，处理《政府热线》9006封，其中，已办理回复8765封，回复率达97.32%。市机关效能投诉中心正式受理效能投诉8宗，全部处理完毕。落实制度。开展效能投诉办理机制调研，赴市监察局学习行政审批监控系统工作制度、效能投诉处理制度，探索并完善市机关效能投诉相关工作制度。制定并实行《政府热线》和效能投诉办理年度量化考核制度，强化各单位、镇街落实《政府热线》和效能投诉处理工作回复、限时办结等工作制度。加强统筹。加大对全市各效能投诉机构统筹力度，落实责任，明确要求，及时掌握各效能投诉机构工作情况。全年全市82个效能投诉中心共受理、处理效能投诉206宗，绝大部分投诉得到妥善答复，并对其中144项投诉实施整改。积极配合。参与“市民评机关”活动，对全市有关单位行政效能建设进行考评；根据市府办安排，参与市人大对政府部门落实政务公开工作调研会汇报工作。

（张旭健）

附：2008年东莞市政府督查室领导名录

主 任：朱斌华（任至11月）
梁杰钊（11月到任）
副主任：梁杰钊（任至11月）

地方金融管理服务

【搭建中小企业融资平台】2008年，东莞市金融服务办公室（以下简称“市金融办”）着力搭建中小企业融资平台，解决中小企业融资难问题。

一是广泛听取有关职能部门、各镇街及银行机构、担保机构意见和建议，吸收江浙地区实施贷款风险补偿机制经验做法，提出实施东莞市融资支持计划原则思路。

二是根据《关于实施重点中小工业企业和加工贸易企业融资支持计划的通知》精神，会同市财政局、经贸局、外经贸局、中小企业局牵头制定《东莞市重点中小工业企业和加工贸易企业融资支持计划操作规程》，使融资支持计划更具可操作性。

三是协助市政府召开“东莞市实施东莞市重点中小工业企业和加工贸易企业融资支持计划动员会”，对实施市重点中小工业企业和加工贸易企业融资支持计划进行解读。配合、支持有关镇街举行帮扶企业政策说明会暨融资动员会，作政策解读和宣讲。

四是深入长安镇社区调研基层金融需求，探索组建小额贷款公司、村镇银行等新型经济组织可行性，为全市充裕民间资本构建投融资对接平台，拓宽中小企业融资渠道。

五是组织部分金融企业、民营企业和科技企业参加第二届天津国际融资洽谈会，了解国内外经济发展趋势及资本市场最新发展动向，为企业搭建国内外融资平台。

【推动企业上市】2008年，市金融办做好发展利用资本市场工作，推动企业上市。6月，广东方达集团借壳上市成功，成为市第一家异地借壳上市成功企业；年内，全市已认定上市后备企业15家，其中10家进入辅导期并向省证监局备案，3家企业通过省证监局验收，2家企业将首次公开发行股票申请上报到中国证监会。

一是组织市发展利用资本市场工作领导小组部分成员考察全市已完成上市辅导和正在接受上市辅导企业，了解企业筹备上市基本情况及工作进度，组织召开上市后备企业评审工作会议，认定市第一批上市后备企业15家。

二是根据市发展利用资本市场工作领导小组会议精神，修改和完善《东莞市培育企业上市操作规程》。根据市政府对上市后备企业奖励的有关规定，落实有关企业政策奖励。

三是主动服务，切实为企业办实事。落实拟上市企业跟踪服务制度，指派专人跟踪落实后备上市企业所申报事项办理情况；贯彻市关于解决企业办证难问题工作会议精神，会同市科技局、民营办做好拟上市企业办证难摸底调查工作，多次与市房管局、国土局、消防局等职能部门沟通，加快企业上市工作进程。

四是编写《东莞市企业上市工作指引》，为拟上市企业及有关职能部门提供参考和指引；加强与省各行业主管部门沟通协调，协助企业解决在上市过程中需出具有关证明文件问题；协调市外管局解决相关企业结汇问题。

五是深入企业调研。重点对方达集团借壳上市进行调研，为拟上市企业上市提供新借鉴，形成《东莞金融情况反映》供市领导参阅；撰写《东莞市推动企业上市工作进展情况汇报》，省金融办通过《重要金融信息参阅》向全省介绍东莞经验做法。

六是强化风险教育。举办“东莞市上市及拟上市公司董监事及高管责任与风险管理研讨会”，提高上市企业及拟上市企业高管人员风险意识，促进各中介机构和市上市企业、拟上市企业间交流；承办“2008有色金融期货投资论坛”，提高群众对有色金融期货认识，增强群众风险意识。

七是做好评选第二批后备上市企业前期准备工作，为东莞上市企业储备一批优质后备军。

【全市金融工作会议召开】2008年10月22日，市金融办协助市政府召开全市金融机构联席会议，研究如何解放思想、开拓创新，应对全球金融危机，有效解决中小企业融资难，优化东莞金融发展环境，进一步发挥金融在推动东莞经济健康平稳发展核心作用等问题，并提出建设东莞金融商务区设想。

【推进地方金融发展】2008年，市金融办积极推进地方金融发展，做大做强地方金融。先后就市农信社升级为农村商业银行问题与省金融办、省农信联社进行沟通协调，将《关于组建东莞农村商业银行的请示》呈报省政府；进一步规范东莞证券股权结构。根据省证监局要求，组织市国资委、东莞证券及其主要股东研究规范东莞证券股权问题；加强对东莞证券指导和监督，督促加强风险控制，健全内控监管机制。

【金融工作考察调研】2008年，市金融办加强考察调研工作，为全市金融业发展提供参考、借鉴。先后对苏州市金融业改革、创新、发展情况进行实地考察。赴南海市“广东金融高新技术服务区”考察调研，学习借鉴建设金融服务区先进经验。赴浙江调研考察，探索建立市集中支付平台可行性。贯彻市产业结构调整和转型升级工作会议精神，研究落实市金融办在产业结构调整和转型升级工作中分工及职责，建立相应工作制度，确定试点企业；配合中央政策调研组做好关于产业结构调整和转型升级专题调研，提出意见和建议；配合省政协做好“加快现代服务业发展，促进广东产业升级”专题调研。配合国家政策调研组金融分组关于编制《珠三角地区改革发展规划纲要》调研要求，牵头组织召开调研座谈会，向调研组汇报东莞金融发展基本情况，提出亟需国家和省政府支持政策建议。就如何推动市金融产业发展问题，撰写《关于加快金融产业发展的调研报告》。协助市科技局做好自主创新专题调研，撰写《关于推动金融支持科技创新的若干思考》。

【金融风险防范和处置】2008年，市金融办强化金融风险防范和处置，切实维护好社会稳定。先后协助石碣镇政府处理东莞雅新电子集团财务危机，组织召开多次协调会，帮助企业化解危机；加大对沙田美邦家具厂，因火灾保险赔付问题，导致聚众到投保保险公司深圳总部闹事事件协调力度，维护社会稳定；根据省处置非法集资联席会议办公室要求，完善处置非法集资工作信息统计和报送制度；主动派员列席地方金融机构各种活动，及时掌握各种风险动态，通过《东莞金融信息季报》、《东莞金融情况反映》等信息期刊及时向市领导报告。

【金融业宣传报道】2008年，市金融办积极推动东莞市金融业对外交流，加大宣传力度，促进地区交流与合作。先后会同人行东莞市中心支行、东莞银监分局举办“东莞市各项存款余额突破4000亿元庆祝文艺晚会”和“2008东莞金融论坛”；借助“东莞学习论坛”，会同市委宣传部举办“资本与财富分配”专题报告会，提高各级领导干部金融产业观，推进东莞金融强市建设；安排业务骨干到市委党校授课，讲授“金融产业面临的新形势与发展机遇”等内容，普及现代金融知识；接洽由陕西省宝鸡市、河北省邢台市对东莞专题金融调研，促进东莞与其他地区金融交流与合作；配合新闻媒体做好对东莞市开展小额贷款公司及地方金融改革发展情况宣传报道；配合《上海证券报》及《证券时报》记者做好有关东莞市推动企业上市工作采访和宣传报道。　（陈国成）

附：2008年东莞市金融服务办公室领导名录

主　任：叶浩鹏

应急管理

【组建应急管理专家库和成立专家组】2008年，为完善东莞市应急管理机制，加强应急管理理论研究，更好地为应急管理工作提供决策咨询和技术支撑，市政府组建东莞市突发事件应急管理专家库，成立东莞市突发事件应急管理专家组。专家库成员118名，涉及5大类26个领域，其中自然灾害类20名，事故灾难类49名，公共卫生类29名，社会安全事件类11名，综合管理类9名。专家组成员36名，涉及5大类23个领域。

【健全应急预案体系】2008年，市政府应急办以市府办名义下发《关于加强我市应急预案体系建设工作的通知》，要求全市各镇街、各单位抓紧落实应急预案编制工作，并根据东莞实际情况确定4大类26项应急预案为市专项应急预案。截至2008年，全市编制完成《东莞市防汛抗旱防风应急预案》、《东莞市赤潮灾害应急预案》、《东莞市重大水上交通事故应急预案》、《东莞市通信保障应急预案》等24项专项应急预案，全市各镇街、各有关单位根据单位实际编制应急预案。至此，全市应急预案体系初步建立。

【推进宣教培训体系建设】 2008年5月，市政府应急办邀请国务院应急管理专家组组长教授闪淳昌来莞讲授中国特色应急管理知识，市有关领导、市应急委成员等单位领导、各专项应急指挥机构办公室主任、各镇街镇长（主任）、分管领导及应急管理相关人员约500人参加学习。转发《关于进一步加强应急管理宣教培训工作意见的通知》，普及各类应急知识，提高群众应急意识和应对能力。与中新社合作，在《中国新闻-东莞特刊》杂志上创办应急知识专栏，根据社会热点和群众关注问题宣传相关应急知识。协助全市有关单位、镇街征订广东省应急知识宣传手册《你准备好了吗？》6万多本，并制作成挂墙宣传图板，在全市各镇街图书馆、中小学校内巡展。

【全力开展抗震援建工作】 2008年“5·12”汶川大地震发生后，市政府应急办迅速按照市委市政府工作要求，全力以赴做好支援地震灾区抗震救灾和灾后恢复重建有关工作。一是做好信息报送工作，每天编发一期值班刊物，汇总、更新支援地震灾区抗震救灾和灾后恢复重建工作有关捐款捐物、援建队伍分布、援建项目进展情况等动态数据，及时向领导报告；二是派员前往四川灾区参与援建工作，协助援建过渡安置房；三是做好派遣支援人员协调工作，组织3批次共42人赴川援建过渡安置房；在灾后恢复重建阶段，组织市规划、国土、交通、水利、建设等部门6批共45人次专业技术队伍支援映秀镇恢复重建，完成当地规划编制、国土测绘、交通道路、水利工程、危房评估等工作；四是做好救灾物资调拨协调工作，协助有关部门向映秀镇送去防寒冬棉被、冬衣、冬裤各6100套，棉大衣2000套，电热毯3000床等御寒物资，协调市城管局向映秀镇捐赠垃圾运输车2台；五是协助市委市政府做好抗震救灾表彰工作，表彰一批抗震救灾先进集体和先进个人，市政府应急办被评为东莞市抗震救灾先进集体。

【妥善做好突发事件处置工作】 2008年，市政府应急办积极有效地协助参与雨雪冰冻灾害、广深高速重大交通事故、四川凉山童工事件、热带气旋“黑格比”和“鹦鹉”、“6·13”和“6·25”特大暴雨及由此引起的200年一遇的海潮、三鹿问题奶粉、樟木头合俊玩具厂倒闭等多起重大突发事件。尤其是在抗击2008年初雨雪冰冻灾害和处置几次较大群体性事件中，及时掌握和报告市内外相关重大情况和动态，充分发挥运转枢纽作用，得到省、市领导充分肯定。 （黄树彬）

附：2008年东莞市政府应急管理办公室领导名录

主　任：朱默河

打击走私综合治理

【概况】 2008年，东莞市共查获走私贩私案件152宗，同比下降14%；案值3.98亿元，同比上升8.6%；查获走私塑料6764吨、钢铁1222吨、成品油242吨。销毁“三无”走私船31艘、组拼装汽车23辆（套）。市两级法院审结走私案件52宗，判处有期徒刑34人。

【打击走私联合行动和专项斗争】 2008年，市打私办组织开展3次打击走私联合行动和专项斗争：元旦、春节期间打击走私联合行动，为期2个月，全市共出动缉私检查人员5450多人次，查获走私案件20多宗，案值450万元；中秋、国庆期间打私联合行动，出动执法人员2830人次，查获走私案件11宗，案值1373万元；11—12月，打击成品油走私专项行动，全市共出动执法、检查人员2260人次，检查油库、油站280多家、共查获涉嫌走私“红油”案5宗80吨。

【反走私综合治理】 2008年，市打私办组织工商等部门以及黄江、常平镇开展打击非法组拼装车活动，关闭黄江胜前岗汽配市场，清理两镇交界地区的地下组装车窝点。对塑料、木材、汽配等专业市场进行调研，于5月在大朗华南国际汽配城推行“经营台帐制度”、“商品进货查验登记制度”。开展反走私综合治理检查考核，25个镇街被评为“较好”（最高等次）、7个镇街被评为“一般”（第二等次）。开展调查研究，撰写《探索建设加工贸易诚信体系，将加工贸易反走私工作推上新水平》文章，获全省打私系统改革开放30周年反走私论文评比二等奖。 （祝　春）

附：2008年东莞市人民政府打击走私综合治理办公室领导名录

主　任：黄冠球（任至8月）
　　　　郭惠良（9月到任）
副主任：林　红（任至8月）
　　　　邱　崧（11月到任）
　　　　叶冠强（11月到任）

治理公路“三乱”工作

【概况】 2008年，市府治理公路三乱办坚持“标本兼治、综合治理、稳步推进、常抓不懈”工作方针，加大从源头上预防和治理公路“三乱”力度，保持和巩固全市所有公路基本无“三乱”成果，确保公路畅通无阻，为东莞市经济发展和社会进步，创造良好交通运输环境。严肃查处各类公路“三乱”案件，维护群众利益。加强对交通、公安、农业等具有上路执法权的职能部门执法部门监督检查，加大对各镇街巡查力度，坚持明察暗访，从源头上防范公路“三乱”行为发生。全年办理公路“三乱”投诉案件15宗，其中省督察队转办案件4宗。共查处公路“三乱”案件6宗，处理3人，查处违法资金5.9万元，退还当事人款项6250元。加强对治理超限超载执法行为监督。通过加强行业管理，采取切实可行措施，确保国家关于治理车辆超限超载工作有关规定得到落实。对治理超限超载专项行动中违法设置检查站、凭目测认定超限超载、乱查乱扣绿色农产品运输车、只罚款不卸载、罚款不给票据以及通过非法中介收费罚款等行为，一经发现，严肃查处。清理整顿路桥收费站。在全市道路收费站顺利撤并基础上，对道路收费站收费还贷、转让收费经营权、收费年限等方面问题进行清理整顿，严禁将非收费道路捆绑到收费道路进行变相收费。加强整治公路收费站存在违规问题，进一步规范管理。加强对机动车收费项目监督检查。杜绝越权审批收费、审批超标准收费等违法行为，针对停车场、拯救单位对执法部门暂扣车辆进行乱收费和超标准收费现象，开展专项检查行动，对发现乱收费现象进行处理。 （钟志坚）

附：2008年东莞市人民政府治理公路三乱督察队办公室领导名录

主　任：黄淦昌
副主任：钟志坚

人事工作

【机构改革和编制管理】 长安镇机构改革试点。2008年，市编办按照《长安镇机构改革试点实施方案》要求，稳妥推进长安镇机构改革试点工作，并于4月通过省检查组检查验收。通过改革，长安镇政府职能更加明确，政府运作明显畅顺，办事效率进一步提高。

水利管理体制改革和种子管理体制改革。2008年，市编办对水利管理机构进行体制改革，对直接从事水利工程管理的14个水利工程管理单位和电排总站全部定性为纯公益性水利管理单位；水利质量监测站定性为准公益性水利管理单位；市水利预制构件场定性为企业单位。完成种子管理体制改革工作，将东莞市种子站更名为东莞市种子管理站，明确为直属市农业局管理正科级事业单位，人员经费由市财政核拨。

新莞人服务管理局"三定"（定职能、定机构、定人员编制）工作。2008年2月，经省编办批复同意，东莞市成立新莞人服务管理局。新莞人服务管理局在原来出租屋管理办公室职能基础上加强统筹和服务职能，赋予统筹新莞人和出租屋服务管理工作，研究制定发展规划，并组织实施和监督检查；规划和建立健全新莞人服务、培训体系，协调督促有关部门做好新莞人的服务、培训和维权工作；负责界定新莞人享受优惠服务的资格和各行业中评优推先的组织协调工作等职能。

基层检察院和基层法院的"三定"工作。2008年，为做好基层人民检察院和基层人民法院组建工作，市编办对基层检察院和基层法院编制分配、内设机构设置、领导职数配备、管辖范围划分等工作进行细致研究，制定方案。经最高人民检察院、最高人民法院同意批准，东莞市市区人民检察院更名为东莞市第一市区人民检察院，设立东莞市第二、三市区人民检察院；撤销市人民法院，分别设立市第一、第二、第三人民法院。

机构编制管理。2008年，市编办做好机构编制督查工作，联合市安全生产监督管理局对32个镇街及松山湖安监分局人员列编情况进行专项督查，及时纠正部分镇街安监分局执法人员编制被占用情况，纠正、归位执法人员编制50名。理顺市直部门派驻镇街机构规格，经市党政班子联席会议讨论同意，各镇街交通分局、社保分局、劳动分局、国土分局、城市管理综合执法分局、财政分局、环保分局、安监分局、文化市场综合执法分队升格为正科级，司法所升格为副科级。

事业单位登记管理。2008年，市编办共办理事业单位法人设立登记52家，事业单位变更登记250家，注销登记30家，重新设立登记70家。办理事业单位年检811家，年检率和网上年检率都达到100%。坚持"一户一档"制度，整理事业单位登记档案1200多份。

【人才工作】 人才资源状况。2008年，东莞市通过调进或人才市场招聘11.78万人，调出或流动（失）10.05万人，截至2008年，全市人才总量为110.36万人，比上年底108.63万人净增加1.73万人。高层次人才达21845人，比上年底18633人净增加3212人。110.36万人中，按学历层次分，博士研究生343人（含博士后13人），硕士研究生7956人，本科生23.95万人，大专生38.54万人，中专生47.03万人；按职称层次分，高级职称15318人，中级职称13.21万人，初级职称20.57万人，未评职称75.05万人。2008年，全市新增博士后科研工作站4家，博士后工作站数量增加到9家；受理职称申报（考核认定）9495人，通过考试取得相关资格证有2.52万人次；培训实用和技能人才1.53万人次。

人才政策。2008年8月，市人事局协同市委组织部人才办、市民营办等职能部门，在深入调研基础上草拟《关于加快引进创新创业领军人才的实施意见》、《关于创新团队和科技领军人才培养实施意见》和《关于促进本市生源高校毕业生就业的实施意见》征求意见稿，经征求市财政局、科技局、民政局、劳动局等有关部门意见后，送市政府研究审定。

企业博士后科研工作站。2008年6月，国家人力资源和社会保障部批准东莞市宏威数码机械有限公司、广东志成冠军集团有限公司、信义玻璃工程有限公司、东莞松山湖科技产业园区设立博士后科研工作站。截至2008年，东莞拥有9家博士后科研工作站，覆盖生物医药、电源、化工、机械制造等研究领域，在站博士后研究人员4人，已出站2人。高层次人才引智载体进一步丰富，截至2008年，落户东莞的公共基础科技创新平台11家，其中5家建成开业，6家正在筹建中。各科技创新平台充分利用背靠高等院所优势和行业带头人优势，累计引进各类高层次人才200多人。

留学人员创业园和博士创业园。截至2008年，留学人员创业园和博士创业园引进归国留学人员230名，其中博士122人，硕士108人。引进企业160家，合同注册资本4亿元人民币。入园项目中有2个项目获国际发明专利，108个项目获国家专利，169个正在申请国家专利；2个项目获国家科技型中小企业技术创新基金立项，15个项目获东莞科技型中小企业创新资金立项；59个项目通过东莞市科技局高新技术项目认定，1家企业被认定为广东省高新技术企业，5家企业被认定为广东省民营科技企业。

【人才人事公共服务】 人才服务站。2008年7月25日，市委组织部、市人事局在石碣镇召开全市人才服务站建设工作现场会，总结交流人才服务站工作经验，树立先进典型，进一步带动全市人才服务站建设顺利开展。

人才市场体系。2008年，市人事局收到申请成立人才中介服务机构资料3份并批准成立；受理广东省人才中介服务许可证变更材料20份并全部同意变更。截至2008年，东莞市共有43家人才中介服务机构，其中人才市场15家，人才中介服务机构咨询服务点27家，网上人才市场1家。2008年，全市各人才市场举办人才招聘会1108场次，参加招聘单位14.98万个次；入场应聘177.45万人次，到人才市场应聘成功人数为82.87万人，其中市内流动人才72.63万人，市外引进人才10.24万人。

职称申报、考核认定和考试。2008年，市人事局受理职称申报评审5193人，其中高级926人，中级2406人，初级1861人；受理职称考核认定4300人，其中中级职称35人，初级职称4265人；通过中心人才市场和镇街人才服务站人事中介服务受理考核认定2600人。职称库具备各专业技术资格、职（执）业资格按证书记录数统计共10.16万条，其中：评审4.38万条，认定3.16万条，考试2.62万条；按人员统计共8.68万人，其中，高级资格5844人，中级资格2.97万人，初级资格5.11万人，职称库净增记录数1.51万条。加强专业资格考试组织工作，完成53项资格考试相关考务工作，合计报考6.24万人次。

高校毕业生就业指导服务。2008年，东莞生源应届高校毕业生总数再创新高，达到11811人，比上年增加1590人，增长15.6%。市人事局切实做好高校毕业生就业指导工作，开展2008年高校毕业生就业服务月专项活动，举办高校毕业生供需见面会7场，698家企业单位为毕业生提供近5000个职位，入场应聘人数达2.88万人次，达成就业意向有3200人次。举办东莞市电子行业人才石碣专场招聘会，提供3000多个职位，约6000人到场应聘，达成初步就业协议约有1500人，共引进中高级人才300多人，各类技能人才800多人。举办第五届高校毕业生就业暨实习指导工作（东莞）交流会，达成合作协议50多项，意向性人才输出安置协议72项，预计引进优秀毕业生近6000人。加大对毕业生培训投入力度，2008年市财政共核拨246万元用于毕业生岗前培训，全年举办就业指导培训班45期，共有1.03万名学员参加培训。截止到年底，东莞生源应届高校毕业生当年已就业9103人，就业率为77%。

【公务员管理】 事业单位参照公务员法管理申报。2008年，根据《广东省实施〈中华人民共和国公务员法〉工作方案》相关精神，市人事局制定《东莞市事业单位参照〈中华人民共和国公务员法〉管理申报工作实施方案》，组织市外商投资促进中心和市交通工程质量监督站2个事业单位进行申报，得到省人事厅批复同意。

公务员招录。2008年，省人事厅共下达东莞市公务员录用计划指标811名，全市共有13938人报名，创下市历年报考公务员人数之最，报考人数与招考职位数比例达15：1。2149名考生通过笔试，经面试、体检、考核、公示等一系列工作，择优录用对象801人。

公务员培训。2008年，市人事局贯彻落实《“十一五”行政机关公务员培训纲要》，大规模开展以初任培训、任职培训、更新知识培训、专门业务知识培训为核心的公务员“四类”培训。全年共组织公务员培训35期，培训3548人次。举办对乳源、新兴、南雄三市县公务员对口扶贫培训班4期，培训161人。举办2007年军队转业干部岗前培训班1期，154名军转干部参加培训。

工资福利与退休干部管理。2008年，市人事局规范市直机关和事业单位工作人员津贴补贴，从7月起分2次实施省批准东莞市公务员津贴标准，分2次提高市直事业单位工作人员岗位津贴。规范镇街机关公务员津贴补贴，与财政局等7个部门联合申请以市政府名义下发《关于填报2007年镇街机关公务员收入情况的通知》，进一步掌握各镇街公务员收入水平和分配情况，为规范镇街机关公务员津贴补贴奠定基础。市人事局联合市财政局向市政府申请适当提高东莞市市属企业非“五类人员”退休干部生活补贴标准，经市党政领导班子联席会议讨论，同意从2008年1月起，对2006年12月31日前办理退休的已改制市属企业中非“五类人员”提高生活补贴标准。

年度考核。2007年机关、事业单位工作人员年度考核工作仍然采用省人事厅提供量化测评方法进行。全市机关单位应参加年度考核12265人，实际参加12226人，其中优秀2279人，称职9801人；事业单位应参加年度考核41870人，实际参加41710人，其中优秀7265人，合格32629人。

【军队转业干部安置和服务工作】 军转干部接收安置。2008年，省军转办移交东莞市接收军转干部档案145名，随调家属档案43名。经审查，其中144名军转干部和43名随调家属符合东莞市接收安置条件，不符合条件1人。按职级分，团职干部19人、营职干部65人、连排职干部31人、专业技术干部29人。43名随调家属中，干部12名，职工31名。2008年东莞市继续采取“双向选择”和指令性安置相结合的办法对军转干部进行安置，10月22日，在东莞理工学院城市学院举行双向选择见面会，有接收任务的74个单位和全体军转干部参加见面会。

企业军转干部解困和维稳。2008年，为维护大局和谐，为北京奥运会顺利举行创造良好的社会环境，市军转办切实做好东莞市军队退役人员稳定工作，在“八一”建军节前夕，在全市范围内组织开展1次大规模对军队退役人员入户慰问活动，为生活困难的企业军转干部送去慰问金和慰问品。

【人事争议仲裁】 2008年，市人事局围绕服务人才人事编制中心工作，加强仲裁机构建设，开展人事争议仲裁工作业务培训，规范人事争议仲裁工作办案程序，提高人事争议案件处理专业化水平。全年共收到人事争议仲裁案件18宗，其中办结仲裁案17宗，1宗在协调中。（黎燕嫦）

附：2008年东莞市人事局领导名录

人事局局长：朱榜明（任至9月）
游其晃（9月到任）
人事局副局长：叶松柏
黄少文（任至8月）
莫达兴 卢耀昆
机编办主任：朱榜明（任至8月）
游其晃（8月到任）
机编办副主任：李照光
人事局纪检组组长：韩柏森
人才管理办公室主任：方贺仔
人才管理办公室副主任：陈柏林
尹志辉（11月到任）
事业单位登记管理局负责人：王子健
专业人员资格考试中心主任：
谢锦萍（10月到任）

外事侨务工作

【机构更名】 2008年，根据省编办《关于东莞市外事侨务局更名的批复》精神，经市党政班子联席会议研究决定，市机编办发出《关于市外事侨务局更名问题的通知》，同意东莞市外事侨务局更名为东莞市外事局（加挂东莞市侨务局、东莞市港澳事务局牌子）。

【高层出访】 2008年，市外事局把安排和组织好领导出访和重大对外经贸活动团组作为外事服务经济最有效方式，本着务实、高效、精简、节约原则，努力协调，精心策划，完成市委书记、市人大常委会主任刘志庚率民营企业赴南美考察、市长李毓全率团赴希腊签订友好城市协议及赴西班牙举办经贸合作交流会、刘志庚和江凌率东莞经贸团随省经贸团考察东盟四国、市政府代表团赴韩日考察调研团组等共11批重要外事出访活动。利用出访机会，通过举办东莞经济社会发展情况说明会、投资政策说明会、签署城市间合作协议书、境外培训及文化交流等形式，促进全市重大经贸合作项目进程，达成对外经贸、科技、文化等方面多个合作意向。全年高层出访共达成贸易成交额10.44亿美元，引进外资5.18亿美元。

【礼宾接待】 2008年，市外事局接待内外宾客271批8359人次。重点接待中非共享发展经验高级研讨班、东非三国执政党党报干部考察团、东帝汶独立革命阵线副主席阿尔塞尼奥·派尚、巴诺及哥斯达黎加议会外事委等重要外事团组。

【开拓对外交往合作】 2008年，市外事局贯彻为基层服务、为企业服务宗旨，参与为企业开拓对外交流和经贸合作，利用举办各国驻穗领事春茗会、啖荔会、全市家具节、服装节、毛织节等传统活动，安排参观，加强推介，提高本地展会国际影响，为对外交往合作牵针引线。市领导先后接见联合国新闻部外展司、新加坡国际企业发展局、新加坡裕廊集团、摩根基金组织、法国阿尔斯通公司等高层，加强与世界发达国家（地区）和国际500强企业沟通与合作。利用省邀请24个国家驻穗领事馆总领事、商务领事赴珠三角参观考察机会，宣传东莞改革开放30年建设成就，推介市松山湖科技产业园区等亮点项目，展示东莞作为对外开放窗口和排头兵的建设成果。根据东莞发展实际需要，在各国驻穗总领事馆协助下，荷兰交通水利公共事务部、奥地利Kao Geo污泥处理公司、加拿大清洁能源公司、美国Honeywell自动化控制系统集团、法国威立雅水务公司先后与东莞环保、城管、水利部门进行磋商，就污水处理、水资源利用、节能降耗等方面开展合作进行交流，为筹建科技、环保等项目提供参考经验。

【向世界先进城市学习】2008年，市外事局按照省委和市委市政府要求，寻找发展新的国际友城关系和合作学习伙伴，精心安排并派出代表参与东莞市学习世界先进城市调研组前往韩国、日本实地调研考察。调研组先后拜会韩、日5市政府代表；会见首尔大学、早稻田大学代表；拜访中国驻釜山总领事馆总领事和中国驻日本大使馆总领事；参观当地有关企业和工程；与当地日中友好协会交流，为市委、市政府提供决策参考意见。

【结交友城】2008年10月23—24日，根据全国友协及广东省政府批复，李毓全率市政府代表团赴希腊第二大城市萨洛尼卡，与萨洛尼卡市市长瓦西里西·帕帕佐普鲁斯共同签订友好城市协议。萨洛尼卡市在欧洲拥有良好区位优势，可以作为东莞企业进入中南欧平台，在产业、会展、港口、教育及旅游等领域与东莞有着良好交流与合作前景。东莞与萨洛尼卡交往始于2003年，正式签订友好城市协议，是东莞外事工作一个重大成果。4月28日，东莞派出友好城市代表团一行8人再次访问美国友好城市哈特福德市，与哈特福德社会各界进行交流，该市市长、议会主席、党派领袖等接见访问团。

【奥运年把好国门】2008年是奥运年，市外事局重点筑牢安全防线，做好外国人来华入境申请审批工作，全年共办理外国人来华入境申请5849批7624人次，办理外国人来华读书申请54批92人次。由于中央政策调整，东莞受理外国人来华入境申请数量猛增数10倍，市外事局在网站上推出多项便民服务，提高工作效率。同时在政策规定范围内，适时调整外国人来莞条件要求，按照政策要求严把外国人入境审批关，严密堵塞“三非人员”（非法入境、居留和就业人员）流入东莞前沿关。积极配合公安等部门，依法协调处理涉外案件，维护东莞社会安全、和谐与稳定。

【为港资企业排忧解难】2008年11月，刘志庚、李毓全等市主要领导率团专程赴香港开展“帮扶在莞港企促进扎根发展”系列活动，并举办莞港企业转型升级联席会议，会见香港特区政府官员、约见香港媒体，向香港企业和有关方面介绍东莞帮扶企业、推动升级转型相关政策及措施，听取港商和有关方面意见和建议，受到港资企业及香港各界欢迎和赞赏，增强港资企业在莞增资扩产、加强经贸合作信心。

【引侨资侨智】2008年8月，东莞市与广东省侨办、南方日报社共同主办“同根同源·合作发展——海外华侨华人与广东改革开放论坛”。刘志庚接见出席论坛海外嘉宾，李毓全致开幕词，江凌出席论坛并发表演讲。2008年，市侨务局与松山湖管委会合作，以松山湖科技产业园为载体，在以侨引资引智方面取得喜人成绩。松山湖留学人员创业园和博士生创业园组团参加“华创会”；美国华人生物医药科技协会23位博士参观考察松山湖后，博士李兴祥创办东莞赛莱克斯生物技术有限公司落户松山湖；10月，“松山湖2008人才创业交流会”举办，近400家海内外企业出席活动。

【依法护侨】2008年，东莞市侨捐项目监管制度基本建立。截至2008年，全市有侨捐项目327个，分布在全市28个镇街，侨捐总金额为15642.5万元。市外事局与市教育局共同下发《关于进一步加强海外华人教育工作的在我市就读有关问题的通知》和《关于华侨华人子女在我市就读有关规定的实施办法》，较好地解决回莞生活华人和在莞投资侨商子女就读问题。为加强侨务法律宣传，东莞市在凤岗镇油甘埔村建立首个“侨法宣传角”。

【凝聚侨心】2008年，市侨务局实施“归侨侨眷关爱工程”，受理来信21件，立案办理21件，已办结20件，办结率95.2%；受理来访1件。全面开展归侨普查，建立归侨情况电子数据库，使归侨侨眷生活得到更好保障。6月，通过积极争取，市财政同意给予市困难归侨一次性每人发放1000元临时生活补贴。四川汶川地震发生后，市侨务局倡议世界东莞籍海外侨胞、港澳同胞、侨资企业及华人社团发扬扶危济困、乐善好施光荣传统，伸出援助之手。侨胞们积极响应，踊跃募捐。据不完全统计，全市海外侨胞、港澳同胞、侨资企业共捐赠款物3797万元，其中侨资企业捐赠3480万元，莞籍海外社团捐赠317万元。《东莞乡情》改为月刊发行，有利于提升东莞知名度和影响力。

【促海外侨团发展】2008年，市侨务局推动海外莞籍社团发展，利用市财政划拨150万元专项经费资助“苏里南东莞同乡会”、“东安会馆”、“斐济东莞同乡会”等海外社团，密切家乡政府与海外乡亲友好关系，增强海外乡亲向心力和凝聚力，提升海外莞籍社团在当地华人社会及居住地的知名度和影响力。

（李贵城）

附：2008年东莞市外事局（侨务局、港澳事务局）领导名录

局　长：卢治邦

副局长：谢玉华　陈国良

侨联工作

【组织建设】2008年，东莞市各级侨联大力加强侨联基层组织建设。推进各镇街侨联换届选举工作，塘厦、洪梅、茶山等15个镇街侨联顺利完成换届工作；巩固和加强市各级侨联组织建设工作，完善市侨联团体会员制度；争取建立和完善镇街基层统侨组织建设；把侨联工作列入镇街党委、政府统战工作年度考核内容，加强督促工作；对在2008年侨联工作有突出表现的23个镇街侨联和78名侨联干部进行表彰。

【为经济建设服务】引资方面。2008年，据不完全统计，东莞市各级侨联全年直接或间接引进项目70多宗，引进资金数亿元，接受捐赠共9000多万港元。引智方面。市侨联在全市范围内开展留学人员摸查统计工作，据不完全统计，在东莞工作、生活的留学人员有（不含外资企业员工）520多人，在国外就读的留学人员200人。7—8月，分片组织召开留学人员座谈会。中秋前夕，举办全市留学人员中秋联谊会，140多名留学人员和市、镇街侨联干部欢聚一堂，共迎中秋佳节。*慈善事业*。四川汶川地震发生后，根据市委、市政府和广东省侨联要求，市侨联向全市32个镇街侨联发出动员侨界抗震救灾倡议书，发动侨界捐款4700多万元。*关心侨资侨属企业*。2008年，市各级侨联还通过走访侨资企业、开展探访调研等多种形式，积极为侨资侨属企业排忧解难。

【为侨服务】 2008年，东莞市各级侨联受理信访案件312件，办结302宗，办结率达97%。市侨联积极参政议政，上报市政府和政协多项提案，在相关部门共同努力下，解决东莞华侨华人子女在莞就读市义务教育和高中阶段学校可享受与东莞市户籍适龄子女入学同等免费待遇的问题。市侨联成立2个调研组，分别前往17个镇街开展调研活动；市侨联领导随广东省侨联调研组前往深圳、珠海、中山、佛山、广州等地侨联调研、学习。通过调研，形成《践行科学发展观，创新侨联工作》等3篇调研报告。市侨联继续参加市扶贫办开展的“千干扶千户”活动；春节前，前往清溪和凤岗等镇慰问27位老归侨困难户。

【宣传联络工作】 2008年，东莞市各级侨联接待来访海外华侨、华人、港澳同胞及上级侨联领导和兄弟市侨联等1万多人次，6月，市侨联和石排镇侨联接待石排籍旅港乡亲观光考察团一行730多人；10月，市侨联接待台湾侨联125人的观光考察团和印尼、越南侨友团148人的观光团等。市各级侨联干部前往世界多个国家和地区考察侨情、拜访重点人物和莞籍社团、参加海外社团举办的春茗、就职典礼和恳亲大会等活动达3000多人次，4月，市侨联应邀参加美国安良工商会在中山市举办的第九十二届年会暨成立一百一十五周年志庆活动；5月，以市侨联主席曾民盛为团长的140多人组成的东莞代表团，前往马来西亚砂拉越首府古晋市参加第七届世界东安恳亲大会；10月，市侨联赴澳门出席由中国侨联和台湾侨联总会主办，澳门归侨总会承办的“2008两岸侨联和平发展论坛”。

（潘伟强）

附：2008年东莞市侨联领导名录

主　席：曾民盛
副主席：祁树基　梁佳沂（兼）
　　　　王惠棋（兼）
秘书长：祁树基

接待工作

【概况】 2008年，市委、市政府接待办（以下简称“市接待办”），接待内宾、重要港澳台侨团体共525批30909人次。其中，中央领导18批，省部级领导226批，部队领导49批，地、县级领导227批。接待一级警卫任务5批，二级警卫任务9批，三级警卫任务4批。来莞视察的中央领导有：中共中央政治局常委、国务院总理温家宝（2次），中共中央政治局常委李长春，中共中央政治局常委、国家副主席习近平，时任国家副主席、中共中央政治局原常委曾庆红，中共中央政治局委员、广东省委书记汪洋（7次），全国人大常委会副委员长桑国卫，全国政协副主席张榕明、李金华，国务院原副总理钱其琛，全国政协原副主席叶选平、毛致用。

【赴外考察活动后勤服务】 2008年9月，东莞市党政代表团一行150余人赴西南地区考察学习，市接待办成立赴西南地区考察专项工作小组，积极与考察方沟通、配合，顺利完成代表团行程安排、参观考察活动和食宿安排等后勤服务工作。11月，市接待办参加市代表团赴港拜访港商活动，首次在境外直接实施接待操作。市接待办指导、协助各镇街、部门做好组团出访工作，提供政府交流纪念品。据统计，全年发函、联系外地接待镇街、部门参观考察团36批。

【编制《东莞市参观景点汇编》】 2008年，市接待办深化和落实参观点和参观路线汇编整理工作，为上级领导和各地宾客提供认识东莞、了解东莞直接途径。针对各级客人不同参观、视察目的，对全市重要参观点进行重新收集整理，编制《东莞市接待景点汇编》。全书共收录全市各类景点、企业110多个，具体分为人文自然参观景点、党建工作先进模范、优秀杰出企业，其中企业又细分为外资企业、民营企业和高新技术型企业，涵盖全市32个镇街各类模范、特色参观景点。

【建立《酒店服务质量评价登记表》反馈机制】 2008年，市接待办加强与各接待酒店沟通联系，建立《酒店服务质量评价登记表》反馈机制。接待人员在每次任务结束后对接待酒店服务、菜色等方面进行及时评价，将意见定期汇总，根据实际情况跟踪整改落实。积极指导、督促接待酒店改进住房、会场、用餐等工作，提高政务接待水平。

【创新接待手段】 2008年，市接待办重新改版设计宴会菜单、人员名单、东莞简介“三合一”的《宴会手册》，优化改良欢迎台卡、座谈卡和名片，在接待礼仪、餐饮、礼品等方面推陈出新，形成具有东莞特色接待模式，提升东莞接待文化内涵。9月，为市党政代表团西南考察设计礼盒，安排警卫工作人员随团深入“5·12”汶川地震震中映秀镇，提高代表团应急安全系数。12月，对全体人员年度接待任务数量进行量化统计，制定《市接待办年度先进工作者评比方案》，将实际工作量作为年度考核重要考评指标，首次实行“市接待办年度工作先进个人评比”活动，建立奖优惩劣激励机制。

【接待教育培训】 2008年，市接待办加强干部职工政治和业务素质培训教育，定期举办业务研讨会、业务培训和交流会。3月，举行接待知识测验，采取“自学自查、考教结合”方式，督促接待人员提高业务知识水平。7月，选派1名年轻干部参加全省接待干部培训班。7月、10月，组织全市接待系统干部分批赴庐山、景德镇和天津、北戴河接待部门学习取经；11月，主任吴小峰随市委常委、秘书长何嘉琪赴华东地区考察接待基地建设；12月，市接待办赴省政府接待基地召开第四季度业务研讨会，与省政府接待办举行座谈交流，考察接待基地建设。

（袁检文）

附：2008年东莞市委、市政府接待办领导名录

主　任：吴小峰
调研员：张庆祥（1月到任）
副主任：刘庆佐　张庆祥（任至1月）
　　　　尹志雄　李　刚（11月到任）
副调研员：毕瑞江

经协工作

【概况】 2008年，东莞市人民政府经济协作办公室（市府经协办）致力于区域经济协作和对口帮扶工作，全年共接待内地党政、经贸代表团和扶贫考察团122批1864人次，参加区域协作交流、对外帮扶活动46批135人次，协调落实全市援助对口帮扶地区资金及物资折价9051.2万元，协调援建希望学校17所，援助二手摩托车2000辆，促成经贸合作项目13个，协议投资12.6亿元，审核设立驻莞办事机构2个。10月，被市委、市政府评为“东莞市抗震救灾先进集体”；12月，被国务院扶贫开发领导小组评为“全国东西扶贫协作先进单位”，主任刘学聪赴京参加表彰会并受到中共中央政治局委员、国务院副总理、国务院扶贫开发领导小组组长回良玉接见。市府经协办党支部被市直工委命名为首批“市直机关示范党支部”。

【区域协作与交流】 2008年，市府经协办按照市委、市政府加强内源型经济发展，推动经济结构调整和产业转型升级要求，利用国内区域合作平台，引导企业“走出去”开拓国内市场，参与区域协作与交流。*参与大京九经济协作带合作与交流*。4月，派员参加“2008中国菏泽投资贸易洽谈会”，布置展位介绍东莞经济社会发展情况。11月，负责组织并派员随副秘书长朱斌华赴安徽阜阳市参加第十一届大京九市长联席会，完成“2008皖西北（阜阳）投资贸易洽谈会”东莞参展工作，从“中国近代开篇地、世界著名制造业基地、文化新城和宜居生态绿城”4个方面宣传东莞，受到好评。*“走出去”交流*。8月，应宁夏银川市经协办邀请，派员赴该市进行考察学习。10月，组织东莞经协考察团一行22人，赴湖南岳阳市参加“2008湖南经济合作洽谈会暨第二届湘商大会”，考察郴州、永州和岳阳市11个工业园区和8家企业，召开4场座谈会。*接待各方来客*。全年接待来自国家和各省市有关部门、友好城市、大京九协作城市考察团共76批1386人次，协助对方开展市情或招商项目推介，为东莞企业了解内地投资环境提供平台。

【编纂《大京九发展蓝皮书》】 2008年6月，市府经协办会同市统计局、地方志编纂办公室和常平镇等单位开展《大京九发展蓝皮书》（东莞篇）编纂工作；10月底，完成稿件编纂工作并送编委会。

【驻莞办事机构协调管理】 2008年，市府经协办加强对各地政府驻莞办事机构协调服务工作，为驻莞办事机构与市各部门和镇街之间工作联络畅通渠道，引导办事机构发挥桥梁与维稳作用，为东莞经济社会“双转型”服务。各地政府驻莞办事机构全年接待内地党政领导共693批3434人次，协调1708批11.8万务工人员来莞工作，协助市有关部门和镇街处理各类纠纷1080宗2460人次。

【2007—2008年各地政府驻东莞办事机构工作总结表彰大会】 于2008年12月23日召开。27个政府（部门）驻东莞办事机构及全市各有关部门、镇街分管领导、新闻记者共123人参加会议。广东省梅州市等15个驻莞办事机构和长安镇党政办等15个镇街办事机构协调部门获表彰。副市长顾春芳出席会议并讲话。

【承办“全国东西扶贫协作会议”】 2008年3月20—21日，市府经协办协助国务院扶贫办在东莞召开“全国东西扶贫协作工作会议”。全国26个省、区、市扶贫办协作部门及有关方面负责人近100人参加会议。省府副秘书长颜学亮，市委书记、市人大常委会主任刘志庚，市委常委、常务副市长冷晓明分别代表省政府和市委、市政府接待和宴请与会领导和代表。副市长李小梅出席会议并讲话。国务院扶贫办对市府经协办“东莞市对口帮扶广西河池的做法与经验”给予肯定。

【莞韶“双转移”对口合作】 2008年7—8月，市府经协办会同市有关部门，先后3次赴韶关市开展2市对口合作前期考察协商工作。8月13—14日，市委书记、市人大常委会主任刘志庚和市委副书记、市长李毓全率东莞市党政代表团赴韶关市，就推进“双转移”、加强对口合作工作开展为期2天实地调研和考察，市领导何嘉琪、李秀冰、邓志广、刘发枝以及相关部门、镇街负责人共26人参加活动。双方政府签订《关于进一步推进产业和劳动力“双转移”，加强两市对口合作的框架协议》、《关于重点扶持省示范性产业转移工业园的框架协议》，经贸、劳动、旅游和扶贫部门签订4个合作框架协议，12家企业签订总投资额11.93亿元合约。刘学聪代表东莞市扶贫领导小组办公室与新丰县人民政府、乳源瑶族自治县人民政府签订《对口帮扶协议书》。

【对口帮扶成效显著】 *调动镇街部门积极性，突显结对帮扶效用*。2008年，市府经协办做好镇街领导班子量化考核，下基层指导工作和召开结对帮扶工作座谈会，调动镇街结对帮扶积极性。据不完全统计，全年各镇街开展扶贫考察互访856人次，援助无偿帮扶资金1025.3万元，援建希望学校17所，资助贫困学生600人，开展劳务扶贫接收7155人，落实经贸合作项目1个，协议资金1500万元。*加强与各部门协作，拓宽帮扶工作途径*。2008年市委组织部承接广西河池市中青班一行60人来莞开展为期2个月学习挂职，帮助解决学习培训经费8万元；教育局组织25名支教教师和干部到韶关市挂职服务；劳动局组织开展对口帮扶地区劳务帮扶，资助培训750人，帮助韶关市建立10个劳动力资源库，发布用工信息12.6万条，共接收劳动力3.8万人；市委宣传部及辖下媒体，以西藏林芝县为重点，开展多次专项扶贫宣传活动，对林芝县等对口帮扶地区推出新闻报道20多条次。*适时进行检查指导，落实财政帮扶资金*。2008年，市府经协办2次分别赴广西河池市和韶关市新丰、乳源县检查对口帮扶资金项目，形成《关于赴韶关市乳源、新丰两县检查对口帮扶资金项目的情况报告》。全年协调市财政扶贫资金4477万元支援广西河池、韶关市新丰和乳源县、西藏林芝县、新疆哈密市和三峡巫山县。年初，市财政紧急拨付260万元资金和物资支持广西河池地区和韶关市新丰、乳源县抗寒救灾工作，下半年拨付600万元支持韶关市和广西河池地区抗洪救灾。*高层互访*。市府经协办全年派员随冷晓明、何嘉琪等市领导或自行组织赴河池、韶关和西藏等地开展扶贫活动共11批，与对口帮扶地区开展互访交流上百批1407人次。

【经济协作和对口帮扶工作调研】 2008年3月，市府经协办深入各有关部门和各地政府驻莞办事机构进行专题调研，摸清东莞市劳资关系现状，形成《适应新形势，构建和谐劳资关系生力军》调研报告；4—5月，深入韶关市新丰、乳源县，广西河池市等贫困地区进行调研，摸清东莞市在对口帮扶地区企业发展情况，形成《拓展扶贫协作思路，服务我市产业升级转型》专题调研报告；9—10月，赴河池市，韶关市新丰、乳源县检查调研，形成《关于赴韶关市乳源、新丰两县检查对口帮扶资金项目的情况报告》。（尹健清）

附：2008年东莞市人民政府经济协作办公室领导名录

主　任：刘学聪

副主任：陈　俊

无线电管理

【概况】 2008年，市无线电管理办公室完善制度建设，加大台站监管力度，准确排查各类无线电干扰，保障合法频率不受干扰，实现无线电监测网无缝覆盖，促进通信事业和谐发展。全年共发放执照1251个，其中新办执照1202个，补发执照49个；年审执照13489个；撤销电台执照 57个；办理54种产品型号核准；办理各种业务文件268份。全年共完成检测任务218宗，检测无线电设备407台，发放电磁环境检测报告29份。共处理各种无线电投诉68宗，其中处理无线电电磁环境投诉63宗，处理无线电干扰投诉5宗，办结率100%。

【无线电安全保障】 2008年，在年初低温雨雪冰冻灾害、奥运火炬在粤传递、“春运”、“两会”、高考等重大事件期间，市无线电管理办公室投入大量技术力量，采取有效措施，保障东莞辖区内重要无线电通信频率不受干扰，圆满完成通信保障任务。全年累计出动监测人次595人次、监测时间达4816小时。在奥运火炬传递途经东莞期间，无线电管理办公室派出移动监测车蹲点监测，加大监测力度，对专用频率做好前期数据收集统计摸底，确保专用频率不受干扰。在高考期间，派出移动监测车到各考点对各敏感频率监测监听，防止利用无线电波作弊。

【无线电技术基础设施建设】 2008年，市无线电管理办公室加大无线电技术设施建设力度，提高无线电管理技术含量。更新升级无线电中心站监测测向系统，兴建常平固定监测分站，在麻涌、沙田、凤岗、松山湖、石龙建设小型监测站。东莞市形成由5个固定监测站、5个小型监测站和1个移动监测站构成的无线监测网络，确保各项重要无线电业务安全。

【无线电监管】 2008年，市无线电管理办公室多次组织移动、电信、联通三大移动通信运营商就“基站建设与管理”、“通信市场的管理”、“政府服务意见和建议”开展专题调研。12月，组织召开年度移动通讯工作总结会，加强移动基站监管，抓好移动基站群众投诉和维稳工作。发挥监管作用，加强对移动基站检测力度和执法力度，与各镇街投诉中心、城管、环保、村委会等部门合作，加大基站电磁辐射知识宣传，协调解决因基站设置而产生矛盾。

【查处干扰投诉】 2008年，市无线电管理办公室查处无线电干扰投诉68宗，排查成功率100%。3月，市无线电管理办公室接到珠海交警支队对讲机频率受干扰协查通报，迅速组织人员进行干扰排查，确定干扰源为大岭山镇大井头村委会非法设置使用的对讲机，责令立刻停止使用，圆满完成协查任务。 （李凯扬）

附：2008年东莞市无线电管理办公室领导名录

主　任：刘国新
副主任：梁东明

小汽车定编

【概况】 2008年，东莞市小汽车定编办公室共受理定编单位申请660份，核发定编803个，核发许可证1373份，受理定编年审2825个。完善对市直单位和32个镇街（含部分直属单位）838辆执法和公务车辆的后续管理，杜绝私用公车等现象发生，保证车改工作落到实处。加强与市纪委联系，与市公安局车管部门积极沟通，为部分公司企业性质界定提供协助，严把小汽车定编入户关，有效杜绝违规现象发生。 （孙新勇）

附：2008年东莞市小汽车定编办公室领导名录

主　任：叶志超
副主任：杜柱光

行政审批制度改革 行政服务管理

【审批制度改革】 2008年，东莞市按照国务院、省政府的部署和要求，依据《行政许可法》继续推进第三轮行政审批制度改革。公布第二批调整目录。4月，市政府向社会公布《东莞市人民政府第三轮行政审批事项调整目录（第二批）》。根据调整目录，由市级实施的行政许可事项31项；由市级实施的非行政许可事项，按一般业务管理75项；取消行政审批的事项10项；不作为行政审批，实行自律管理的事项2项。启动第三批调整工作。10月，市政府转发《广东省人民政府第三轮行政审批事项调整目录（第三批）》，启动东莞市第三轮审改第三批行政审批事项的清理调整工作，要求各有关单位进一步规范行政审批行为，积极创新审批方式，报送第三批行政审批事项调整方案。规范行政审批行为。为规范行政审批行为，市审改办牵头，会同市监察局、市发改局、市机编办、市府法制局、市行政服务管理办等单位，对市有关单位提出调整的行政审批事项进行审核，对照相关法律、法规条款，对调整事项提出审核意见。为加强对行政审批的管理和监督，促进依法行政，市审改办起草《东莞市行政审批管理监督办法》，呈市政府审定后向社会公布。推进网上行政审批。2008年，为深化电子政务建设，提高机关效能，推进网上行政审批工作，市审改办会同市行政服务管理办、市信息办制定《东莞市网上行政审批系统运行管理暂行办法》，10月印发。

【政务公开】 2008年，《东莞日报》政务公布版共刊登147期，刊登内容涉及政府工作方案、政府采购、公务员招考、干部任前公示、土地使用权拍卖等。利用《东莞日报》政务公布栏，打造“阳光政务”品牌，结合时政热点，策划新《中华人民共和国律师法》、打击整治非法用工、纪念《保密法》颁布20周年、纪念东莞市档案馆建馆50周年、爱国卫生运动、依法行政、工伤预防、行政审批电子监察等共13个专题。提高《东莞市人民政府公报》编印质量，扩大发行范围，共编发《东莞市人民政府公报》12期。

【政府信息公开】 2008年，《中华人民共和国政府信息公开条例》（简称《条例》）正式施行。市行政服务管理办编印《条例》宣传手册3000多份，分发到镇街和市直有关单位，解读《条例》的立法精神、主要内容、重要意义；在《东莞日报》政务公布版设3期阳光政务系列——《中华人民共和国政府信息公开条例》专题，分别刊登《条例》全文、主要内容解读、主要法律规范解读等。6月，根据省府办公厅通知要求，拟定《东莞市政府信息公开指南参考样本》、《东莞市政府信息公开目录参考样本》等规范性文本，指导各镇街、各部门编制政府信息公开指南和公开目录。截至7月，全市32个镇街、78个单位部门全部完成编制工作。9月，“东莞市政府信息公开门户网站”正式开通试运行。11月，开通网上依申请公开栏目，公众可通过网络平台，提交政府信息公开申请，并要求各镇街、各部门在网站上开设政府信息公开专栏与市政府信息公开门户网站链接，建立起全市政府信息公开网上平台，提高市政府网站信息公开水平和公共服务能力。

【业务调研和指导】2008年，市行政服务管理办积极开展对镇街行政服务办事大厅建设和政府信息公开工作的调研和指导工作，先后到东城、中堂、道滘、清溪、寮步、石龙等镇街进行调研和指导，公开授课，为镇街相关负责人答疑解惑，提高对“一站式”行政服务窗口建设和政府信息公开工作的认识和工作水平。（石玉英）

附：2008年东莞市政府审批制度改革领导小组办公室领导名录

主　任：吴湛辉（兼任至11月）
　　　　殷焕明（11月兼任）
副主任：叶德标　刘汉森

2008年东莞市行政服务管理办公室领导名录

主　任：刘汉森

档案工作

【晋升国家二级档案馆】2008年6月6日，市档案馆成为国家档案局《市、县级国家综合档案馆测评办法》出台后，广东省首个晋升为国家二级档案馆的地市级档案馆。

【获评为全省档案事业发展综合评估先进单位】2008年11月3日，省档案事业发展综合评估组对东莞市档案事业发展情况进行检查评估。评估组根据《广东省档案事业发展综合评估办法》标准，听取市档案局汇报，实地检查东莞市档案馆，查阅市档案事业发展综合评估材料，抽查东莞市公路局档案室。经评审组成员审核评定，东莞市以94.8分的成绩被评为全省首批档案事业发展综合评估先进单位。

【档案行政管理】2008年，市档案局（馆）结合全市档案工作实际，加强对各镇街、机关、企事业单位档案工作监督和指导，深入开展档案目标管理认定，推动全市档案工作健康发展。截至2008年，全市共有289个单位档案综合管理达到省一级以上标准；348个村、社区实现档案工作目标管理省一级以上认定。转制企业档案处置工作及重点建设项目、民营企业等各个领域档案工作都取得新成绩。

【档案馆事业发展】2008年，市档案馆新馆建设各项审批手续基本完成，准备进入网上招标阶段。市档案馆馆藏档案资源更加丰富，馆藏量增长迅速，全年共接收文书档案和专门档案7503卷又23193件。截至2008年，市档案馆共有馆藏纸质档案119813卷又85942件，比上年底增加近18%。以市政府颁发实施《东莞市名人档案管理办法》为契机，加强名人档案和各类历史文献照片图书资料收集、征集工作，共收到图书资料400多册、照片近700张。4月和10月，市档案馆分别挂牌成为东莞理工学院城市学院实践基地和爱国主义教育基地，接待实习学生和参观学生近100人次。在2008年度全省档案馆年度评估中，市档案馆被省档案局确定为优秀等次。

【档案利用服务】2008年，市档案馆作为政府信息公开场所，共接收已公开现行文件9600多份。截至2008年，共有已公开现行文件23000多份；已公开现行文件网上查询利用服务点击数超过14万人次，已公开现行文件利用工作扩展到全市32个镇街。全年接待来馆查阅利用档案者1295人次；提供档案利用复印数量比上年增长42%；接待来馆参观人数比上年增长72%。

【家庭建档工作启动】2008年，市档案局（馆）在全市范围内启动家庭建档工作。10月11日，市档案局和市文明办、市民政局、市总工会、市妇联等单位联合举办“建立家庭档案 构建和谐社会”推广活动，展出一批家庭建档宣传图片，派发《家庭档案建档工作指引》和《致全体市民建立家庭档案的倡议书》各3000多份，接受数百人次咨询，向市民免费派发家庭档案盒2000多个。全年全市建立100多户家庭档案示范户。

【市档案馆建馆五十周年座谈会】2008年，市档案馆召开建馆50周年座谈会，总结市档案馆50年来的发展历程，对未来发展提出设想。原省人大常委会副主任李近维以及分管过档案工作的老领导姚锦柏、张顺彩等出席座谈会。

【档案法制宣传及教育培训】2008年，市档案局（馆）完成对第一批88个单位编制《文书档案归档范围和保管期限表》初审工作，完成对第二批56个编制单位培训。认真组织实施《广东省档案中介机构备案登记管理办法》，顺利通过东莞市首个中介机构备案登记，并颁发《广东省档案中介机构备案登记证书》。围绕《档案法》和“五五”普法活动，开展档案法制宣传活动。5月，市档案局（馆）和市档案学会联合参加由市科协组织的科技进步月活动，解答市民提出的档案知识、档案法规问题，派发《东莞市档案局（馆）简介》、《现行文件为您服务》、《查档指南》、《了解档案》、《建立家庭档案 促进社会和谐》等宣传资料。抓好档案工作人员岗位培训，与省档案局联合举办2期档案人员上岗培训班，培训档案工作人员280人；对东莞城市学院、虎门镇等镇街社区、市供销社系统档案员进行档案业务培训，培训档案人员240多人。

【档案信息化建设】2008年，市档案局（馆）完成“东莞市已公开现行文件查询中心系统”二期建设；召开“数字化档案网上管理系统二期”建设需求说明会和机关数字化档案室建设研讨会，引导全市各单位、各镇街开展档案数字化工作；市档案馆完成馆藏档案数字化处理近300万页；“东莞市电子档案馆管理平台”顺利通过科技成果鉴定。（黄晓静）

附：2008年东莞市档案局领导名录

局（馆）长：成洪生
副局（馆）长：吴汉成　陈美婵

地方志工作

【概况】东莞市地方志编纂办公室成立于1985年3月，隶属市府办，为参照公务员管理的副处级事业单位。2008年12月，经批复同意市志办增设年鉴科，增设科长职数1名，所需人员编制从原有编制总额中调济解决；增设机构和职数后，市志办内设机构2个——业务科和年鉴科，正副科长3名。业务科主要工作任务是：拟定地方志书编撰规划和方案；组织、指导、督促和检查地方志书编撰工作；组织地方志书的审查验收；组织培训地方志书编撰人员；搜集、整理、保存地方志书文献和资料，组织整理旧志，推动方志理论研究；组织地情调查研究和开发利用地方志书资源。年鉴科主要工作任务是：拟定年鉴工作规划和编撰方案；组织、指导、督促和检查年鉴工作；编撰、审核、出版《东莞年鉴》；组织培训年鉴编撰人员；搜集、整理、保存年鉴文献和资料；推动年鉴理论研究；开发利用年鉴资源。

【全市地方志工作会议】 2008年2月27日，市政府在行政办事中心召开2008年全市地方志工作会议。市政府副市长吴道闻出席会议并作《贯彻法规，圆满地完成第二轮新方志编修工作任务》讲话；市政府办公室副主任张永忠作《认真学习、贯彻〈广东省地方志工作规定〉，推动我市第二轮修志工作再上新台阶》讲话；市志办主任潘朝明总结2007年全市地方志工作，重点布置2008年工作任务。市纪委副书记莫布兴及各镇街、各部门单位分管地方志工作的领导和撰稿人员240多人参加会议。会议要求各镇街、各部门和全市地方志工作者，树立法律意识，领会条例内容，依法修志，促进东莞市地方志事业持续、稳定、健康发展。

【《东莞年鉴》2008卷编撰出版发行】 2008年2月1日，中共东莞市委办公室、东莞市人民政府办公室发文“转发市地方志办公室关于《东莞年鉴》2008卷编撰规划与实施意见的通知”，对《东莞年鉴》2008卷编撰工作作总体部署。全市189个单位、211名撰稿员撰写初稿，经《东莞年鉴》编辑部责任编辑三审五校及市领导审阅、定稿，《东莞年鉴》2008卷于8月29日由广东岭南美术出版社出版发行。《东莞年鉴》2008卷分正文和彩页两大部分，正文分31个类目约100万字，彩页以“平安东莞”为主题，收录图片约300张，全面系统记载2007年东莞经济与社会发展的大事、要事和基本情况，重点记述经济社会双转型、建设富强和谐新东莞的奋斗历程；并打破年度限制，编制“1986—2006年外来暂住人口和外来劳动力”等50张统计图表，征集130多幅照片插入内文，平均每3页1幅插图，全书具有浓郁东莞地方特色。

《东莞年鉴》2008卷纸质版和电子版各发行3500本（张），赠送各级领导、档案馆、图书馆、科研单位、高等院校等1500多本，公开发售1000多本，全国志鉴交流680本，保存200本。

▲ 2008年2月27日，全市地方志工作会议在市行政办事中心举行 （张德全 摄）

【第二轮新方志编修工作大力推进】 2008年，市志办组织指导、审核出版《东莞市检察志》、《东莞市人口与计划生育志》、《东莞市塘厦镇志》、《东莞市樟木头镇志》、《东莞市塘厦四村志》、《东莞市凤岗镇官井头村志》；完成《东莞市志（1979—2000）》总撰的50%；编修、审核《东莞市虎门镇志》、《东莞市长安镇志》等10部志书。编纂出版《东莞改革开放30年图鉴》等地情丛书。

【《塘厦镇志》首发式暨经验推介会召开】 2008年4月2日，市志办联合塘厦镇府召开《塘厦镇志》、《塘厦四村志》、《塘厦医院志》首发式暨经验推介会，省地方史志办主任陈强、市政府副秘书长朱益民到会并讲话，市志办主任潘朝明主持会议，塘厦镇领导介绍《塘厦镇志》编修过程及经验做法，全市各镇街分管领导、修志人员、塘厦镇各村委会及镇属单位有关人员共400多人参加会议。

【《东莞市虎门镇志》志稿评议会召开】 2008年11月13日，为贯彻落实广东省开展“地方志书编纂质量年”活动的要求，经市政府同意，市志办在虎门镇龙泉国际大酒店举行《东莞市虎门镇志》志稿评议会。《东莞市虎门镇志》记载虎门镇有史以来特别是中华人民共和国成立以来至2000年的辉煌历史和奋斗历程，约100万字，是东莞市第二轮修志工作的重点工程之一。会上，虎门镇委委员、副镇长刘劲智介绍镇志编写过程，省史志办处长吕克坚、科长萧艳娥，广州市志办副主任胡巧利、深圳史志办博士张劲和南城街道志主笔翟学良分别点评志稿。市志办主任潘朝明通报全市二轮修志以来开展质量活动的情况，要求各镇街把好地方志书编纂质量，把握好政治关、史实关、体例关、文字关、图表关；切实开展志稿评议活动，确保志书质量。各镇街志办分管领导、主笔及虎门镇委镇政府领导、镇志编委会委员等近百人参加会议，改革开放以来虎门镇的历届镇委书记出席会议。市委书记、市人大常委会主任刘志庚午餐时特别前来看望与会人员，为全市地方志工作者加油鼓劲。

【《东莞市外经贸志》评议会召开】 2008年11月18日，经市政府同意，市志办在市行政办事中心召开《东莞市外经贸志（1979—2004）》志稿评议会。《东莞市外经贸志（1979—2004）》是市第二轮部门专业志编修工作的重点工程、样板工程，2004年4月开始编纂，耗时4年多，约60万字，记载东莞市改革开放以来在外经贸领域取得的辉煌成就和经历的奋斗历程。会上，市外经贸局副局长蔡康介绍《东莞市外经贸志（1979—2004）》的编纂过程和经验、体会；省史志办副处长杨波，市志办张万知、刘丹、姚少华、刘念宇点评志稿。市政府副秘书长朱益民出席会议并讲话，要求各部门专业志编纂单位学习借鉴市外经贸局的经验，坚持志书质量第一的理念，把好质量关；切实开展志稿评议活动，进行自评，每次评议活动后都要形成会议纪要，保证志稿质量。市志办主任潘朝明对会议进行总结。21个有编修部门专业志单位的分管领导、主笔等60多人参加会议。

【东莞市地方志书审查委员会成立】 2008年9月10日，为贯彻落实《广东省地方志书审查验收办法（试行）》，规范地方志书审查验收工作，确保地方志书质量，根据《地方志工作条例》和《广东省地方志工作规定》，市政府下发《关于贯彻落实〈广东省地方志书审查验收办法（试行）〉有关事项的通知》，成立东莞市地方志书审查委员会，由市政府副秘书长朱益民任主任，市志办主任潘朝明任副主任，成员由市政协、市统计局、市保密局、市委党史研究室、市府法制局、市档案局、市志办、东莞军分区相关领导以及市内市外部分文史学专家组成。文件明确了委员会的职责和审查程序，规定各承修单位负责所承修志书的初审，市志办负责各镇街志、部门专业志的复审，市地方志书审查委员会负责各镇街志、部门专业志的终审。

【《东莞改革开放30年图鉴》编撰出版】 2008年，经东莞市人民政府批准，市志办承办的《东莞改革开放30年图鉴》于12月由广东岭南美术出版社出版发行，全书以1978—2007年东莞大事记为主线，以图表为主体，辅以文字纪实，述说东莞改革开放30年的发展历程、展现东莞改革开放30年的辉煌成就，体现东莞人民勇于改革、开拓创新、敢为天下先的精神风貌。

【提高服务水平】 2008年，市志办充分利用地情资源、图片资料丰富权威的优势，以服务经济、服务社会、服务基层为宗旨，完成市委、市政府交办的《中国城市年鉴》、《广东年鉴》、《中华人民共和国年鉴》、《大京九发展蓝皮书》等书的文字组稿、彩版认刊、推广发行工作，宣传东莞，扩大东莞知名度，展现东莞实力与风采；先后为虎门博物馆、市委经研室、市文明办、新华社、省委巡视组等20几个单位及多批群众提供资料和档案查阅服务，特别为东莞争创全国文明城市提供大量文字资料、图片资料及文件资料等，有力配合创建工作的开展。（市志办）

附：2008东莞市地方志编纂办公室领导名录

主　任：潘朝明

副主任：李文蔚

机关事务管理

【机构建设】 2008年，市机关事务管理局积极推进内设机构改革，经市机构编制委员会《关于市机关事务局增设领导职数和增设内设机构的批复》同意，增设副局长职数1名和后勤服务科、保卫科2个内设机构，机关事务管理局内设机构增至7个：办公室、财务科、行政事务科、物业管理科、直属机关车队、后勤服务科和保卫科，事业编制94名（其中后勤服务事业编制53名），正副局长4名，正副科长19名。全年共招录公务员6名、职工8名，提拔任用科长1名、副科长2名、副主任科员2名，队伍结构进一步优化。

【机关安保工作】 2008年，市机关事务管理局根据机关安保工作特别是奥运安保工作要求，完善机关安保工作机制，初步建立与公安、武警、消防、信访、应急和物业公司等部门和单位协调联动机制；健全安保设施设备，先后投入数十万元，完善市行政办事中心门禁系统硬件建设，购置物品检测、身份识别及金属探测仪等设备，保障机关办公场所安全。

【机关日常服务】 2008年，市机关事务管理局坚持以服务为核心，为市级机关提供坚强有力后勤保障。全年共保障5000多次各级各类会议顺利召开，协助机关寄发信件4万多件，安排公务用车7000多台次、行驶里程160多万公里，受理机关用款计划7660份，组织政府采购300多场次。协调推进市行政办事中心地下停车库建设，完善门禁系统建设和管理工作，有效解决干部职工和办事群众停车难等问题。

【机关住宅小区管理】 2008年，市机关事务管理局推进红山住宅小区水网改造工程招投标和施工组织工作，规范推动石井住宅小区智能化系统升级等工程建设。推进石井住宅小区精神文化建设，组织中秋联谊、为地震灾区捐赠、“11·9”消防演练等公益活动。促进石井、红山住宅小区成立业主委员会筹备工作，推动机关住房管理模式。

【机关餐饮服务】 2008年，市机关事务管理局推进机关饭堂管理改革，成立后勤服务科进行专门管理。制定《机关饭堂“四定”方案》等制度，规范、完善各项管理工作。及时拨付饭堂补贴款项，加强成本核算，提高用餐补贴，推动菜式创新、服务创新，有效应对物价大幅上涨等不利因素，确保机关膳食水准稳中有升。（黎俊宁）

附：2008年东莞市机关事务管理局领导名录

局　长：翟耀东（任至9月）
　　　　黄伟青（9月到任）

副局长：黄伟青（任至9月）　卢福华

中国人民政治协商会议东莞市委员会

【中国人民政治协商会议东莞市委员会十一届二次全体会议】 于2008年1月8—11日在东莞市会议大厦召开。市政协主席刘树基作政协东莞市第十一届委员会常务委员会工作报告，市政协副主席游敏达作政协东莞市第十一届委员会常务委员会关于十一届一次会议以来提案工作情况报告。大会表彰市政协十一届一次会议以来42件优秀提案、46件表扬提案和30个办理提案先进单位。全体市政协委员列席市人大十四届三次会议开幕大会，听取市政府工作报告及有关报告。市委、市人大、市政府、市纪委、东莞军分区、市中级人民法院、市人民检察院主要领导出席会议。会议邀请市各民主党派、各人民团体以及社会各界人士参加大会旁听。

会议审议通过市政协十一届二次会议议程、日程、主席团成员及主席团会议主持人名单、大会秘书长名单，选举王玉成、卢寿维、许守干、杨东如、杨晓棠、莫淑华、曾民盛、游匡正为政协东莞市第十一届委员会常务委员。刘树基向新当选市政协常委颁发当选证书。大会审议通过十一届二次会议期间提案审查情况报告，通过市政协十一届二次会议决议。

【市政协常务委员会会议】 市政协十一届六次常委会议。于2008年3月20日在市政协二楼常委会议室召开。刘树基主持。会议审议通过《2008年市政协常委会工作要点（草案）》、《2008年政协东莞市第十一届委员会常务委员会和专门委员会工作计划（草案）》。会议任命各专门委员会主任、副主任。

市政协十一届七次常委会议。于6月13日召开，组织视察全市职业教育发展情况。刘树基主持会议，通报市政协委员为四川汶川地震灾区赈灾捐款情况。副市长吴道闻向市政协常委会通报市职业教育发展基本情况。常委会分成3个小组实地视察6所学校职业教育发展情况。

市政协十一届八次常委会议。于9月18日召开，对东莞加强村（社区）建设工作情况进行专题议政。刘树基主持会议。副市长李小梅到会听取意见建议并讲话，市民政局副局长黄容开向与会人员汇报市社区组织建设与社区服务情况。会议审议通过《政协东莞市委员会全体会议工作规则》、《政协东莞市委员会常务委员会工作规则（修正案）》、《政协东莞市委员会专门委员会通则（修正案）》。

市政协十一届九次常委会议。于12月24日召开。市委常委、副市长江凌应邀出席并讲话；市人民检察院检察长黄文艾在会上通报东莞市人民检察院2008年工作情况；受市长李毓全委托，市政府副秘书长刘裕昌通报市政府工作报告（征求意见稿）起草说明，并听取委员意见和建议。会议听取并讨论市政协副秘书长冉红宇代秘书长黎锦辉作常委会工作报告和常委会关于提案工作情况报告起草说明。市委统战部副部长许守干作委员变更和增补委员说明。会议协商通过委员辞职、增补委员有关事宜。会议同意杨东如辞去市政协常委、委员职务请求，协商通过增补钟淦泉、黄冠球等16人为市政协十一届委员会委员，会议同意任命吴润玲为市政协副秘书长。会议审议通过市政协十一届三次会议议程草案、日程及会议有关事项。

【专门委员会工作】提案委员会。2008年，提案委员会收到提案305件，立案275件。其中，各民主党派提案58件，专委会提案7件，政协小组提案9件，有30件转为意见处理。提案委员会探索改进提案工作方式方法，推动提案工作创新和发展。一是抓创新，提高提案质量。初步建立市政协提案工作动态管理系统（试运行）；在《东莞政协》上及时公布提案工作信息，让委员了解提案工作动态；编印《重点提案及复文集》，供委员撰写提案借鉴参考。二是抓学习，加强自身建设。参加全省提案工作座谈会，总结和交流重点提案选题和督办工作。组织委员赴中山、恩平市政协学习大会期间提案审查立案工作经验。三是抓协调，增加工作合力。由市各民主党派、有关人民团体、各专门委员会共同参与重点提案推荐和优秀提案评选工作，与相关专委会一同走访承办单位，了解提案办理情况。四是抓督办，保障提案落实。协助主席会议督办重点提案，加强联系沟通，确保提案办理落实，深入调研促进提案办理成果转化。

经济委员会。2008年，经济委员会配合常委会开展2次调研、2次视察，开展转变村集体经济发展和分配方式、解决国企转制职工遗留问题等2项专题调研。根据下半年经济形势新变化，组织对海关服务和管理模式创新情况专题视察，宣传和推广东莞海关创建服务型机关。努力推动实际问题解决，在调研视察过程中，推广宣传中堂镇潢涌村、凤岗镇雁田村村集体经济转变发展和分配方式；敦促解决虎门港麻涌港区进港主干道、用水用电等基础设施建设缓慢等问题，促进调研成果转化。坚持开展走访委员活动，加强与兄弟省市政协联系和经验交流。4月，接待省政协专题调研组一行17人，组织协调市发改局等11个部门，参与关于加快现代服务业发展，促进产业结构优化升级专题座谈会；11月，在全省政协经济委主任会议上作《把调研做深做实，提高参政议政水平》经验介绍。全年共有26名委员撰写提案29件，撰写集体提案1件，承办2期周末访谈节目；参加对口部门重要会议，及廉政、执法、纠风等专项检查活动，共22次累计22天。

教科文卫体和文史委员会。2008年，教科文卫体和文史委员会精心组织调研活动。组织视察市广播电视中心工程建设进展情况，针对工程建设具体问题提出5点意见，形成视察报告；开展“因病致贫、因病返贫”专题调研，分别召开座谈会听取市社保局、市民政局、市卫生局关于全市农（居）民医疗保障基本情况、低保户情况，以及全市村（社区）医疗卫生服务和医疗保障建设等情况汇报，赴麻涌、大岭山等镇实地调研，形成调研报告。组织视察市档案工作建设情况、体育工作开展情况，对存在困难和问题建言献策。搜集社情民意，及时以《社情民意》形式向市政府报送专题建议，有效解决南博职业技术学院雅园桥路段出行问题。协助市政协书画交流促进会编辑出版第一期会刊《翰墨东莞》；承担东莞市青少年书法选拔赛、东莞市粤曲选拔赛组织工作；承担市政协组织的“历代名人咏东莞书法精品展”，以及市政协与广州市荔湾区政协联合举办的“华彩豪情——纪念改革开放三十周年书画联展”筹展工作。

社会法制和人口资源环境委员会。2008年，社会法制和人口资源环境委员会关注社会热点和难点问题，开展调研和视察工作。组织视察组到同沙水库、大岭山镇污水处理厂实地视察污水治理情况，听取市创模办工作汇报，就进一步做好创模工作提出意见和建议。组织对市平安社区警务室建设情况进行调研，实地走访大岭山镇百花洞社区、望牛墩镇横沥村、万江街道金泰社区等警务室，召开座谈会，听取市公安局对警务室建设情况汇报，以及镇街领导、公安分局、派出所、警务室、居委会等相关人员对于推进社区警务室建设的意见和建议。组织视察常平镇东部和西部污水处理厂及截污主干管网等四项工程施工情况，听取市环保局工作情况汇报，形成《关于视察我市污水处理工程建设情况的报告》。召开3次主任工作会议，及时研究和通报专委会工作情况,走访市食品药品监督管理局、广东医学院、市社会保障局等对口部门，加强联系和沟通。全年共接受征求意见文件11件，为政府出台规范性文件提供28条修改意见。参加全省政协经验交流会，配合全国政协、省政协在莞开展各项调研视察工作。

港澳台侨外事委员会。2008年，港澳台侨外事委员会加强自身建设，修订《港澳台侨外事委员会工作简则》、《港澳台侨外事委员会工作制度》等规章制度。加强与港澳委员联系沟通，首次在澳门召开座谈会，港澳委员座谈会由1年1次改为多次。专委会在塘厦镇召开座谈会，就企业如何应对严峻经济形势等问题展开讨论，宣传市帮扶企业解决问题政策措施。到大朗镇视察经济发展情况，听取大朗镇推进产业结构调整和转型升级情况汇报，实地走访大朗毛织贸易中心，提出意见和建议。联同经济委员会，组织委员视察东莞海关服务和管理模式创新情况，了解海关深化业务改革和促进加工贸易转型升级工作思路和措施，深化港澳委员对海关创新工作认识。

【市长会见政协委员座谈会】于2008年11月25日在市政协多功能会议厅召开。市政协主席刘树基主持，市委副书记、市长李毓全，市委常委、副市长江凌，副市长梁国英、邓志广、严小康，市政协领导、市各民主党派、工商联、人民团体负责人及市政协部分常委、委员出席会议。市政协委员向大会提交书面意见和建议共55篇。李毓全在会上通报上年座谈会以来委员提案和建议办理

▲ 2008年11月25日，召开市长会见政协委员座谈会　（郑家雄　摄）

情况、市政府2008年工作情况，希望市政协委员为企业走出困境多提宝贵意见，更加有效开展民主监督，推动政府改进工作。

【周末访谈节目】 2008年，市政协共组织节目23期，邀请职能部门有关负责人以及民主党派成员、政协委员约90人次参加访谈。特别组织“严峻形势下如何推进东莞加工贸易企业转型升级”和“我市中小企业如何走出困境探讨”2期节目，邀请有关职能部门领导和金融领域专家学者，宣传相关政策，明晰市帮扶企业政策措施，消除误解与忧虑，搭建政府与企业之间连心桥。

【政协迎春茶话会】 2008年1月25日，市政协在东莞会展国际大酒店举行迎春茶话会。市政协副主席林明枢主持茶话会，市政协主席刘树基在会上通报市政协2007年工作情况，市委副书记、政法委书记黄双福通报2007年经济社会发展情况，市政协副主席、民建东莞市委主委周楚良代表市各民主党派在会上发言。市政协领导以及全体委员，历届正副主席、专职常委、正副秘书长，历届政协委员联谊会理事出席茶话会。

【港澳委员新春座谈会】 2008年2月15日，市政协历届港澳委员新春座谈会在香港召开。市政协主席刘树基主持座谈会，通报东莞2007年经济社会发展情况。市政协副主席林明枢、游敏达、袁德和，原主席李汉松，秘书长黎锦辉，常委、港澳台侨外事委员会主任、市外事侨务局局长卢治邦，港澳台侨外事委员会副主任沈新娥及市政协历届港澳委员出席座谈会。

【“贺中秋、迎国庆”茶话会】 2008年9月5日，市政协、市委统战部2008年“贺中秋、迎国庆”茶话会在东莞会展国际大酒店举行。茶话会由市政协副主席袁德和主持，市政协主席刘树基在会上讲话。市委副书记黄双福代表市委、市政府通报市2008年经济社会发展情况。市政协常委、民革东莞市委主委余毅代表市各民主党派在茶话会上发言。

【东莞市第六届历届政协委员联谊会会员大会】 于2008年9月5日在东莞会展国际大酒店召开。市政协秘书长、市第五届历届政协委员联谊会会长黎锦辉主持会议。原市政协副主席、市第五届历届政协委员联谊会副会长莫满群在会上作工作报告。会上，黎锦辉当选为市第六届历届政协委员联谊会会长，原市政协副主席莫满群、李永康、陈文敏当选为副会长，原市政协主席袁李松等21人被聘为联谊会名誉会长。会议选举产生联谊会正副秘书长、常务理事及理事。市政协主席刘树基到会讲话。

【调研视察】 *组织专题调研*。2008年3月，市政协就“推进不同地区、不同阶层协调发展，促进社会公平”，以及“加强村（社区）组织建设，实现政府行政管理与基层群众自治有效衔接和良性互动”2个专题组织调研。市政协领导分别率领2个调研小组，先后召开10场座谈会，听取18个镇街和13个职能部门负责人意见和建议，走访横沥镇村民车间和青年车间、石排镇新莞人廉租公寓以及莞城、黄江等镇街。发出900份调查问卷，听取群众意见和建议，形成两份调研报告。

视察市职业教育发展情况。2008年6月，市政协常委会对市职业教育情况开展专题视察。听取副市长吴道闻代表市政府作关于《东莞市职业教育工作情况》通报，分成3个小组，前往东莞职业技术学院（筹）、东莞市东城职业高级中学、东莞南博职业技术学院、东莞市高级技工学校、东莞理工学校、东莞市经济贸易学校考察，召开座谈会听取汇报，提出意见和建议。

视察市外资企业发展情况。2008年8月，市政协常委会对外资企业发展情况开展专题视察。常委会首先集中听取市委常委、副市长江凌代表市政府作《东莞市外资企业发展情况通报》，随后分成5个小组，分别前往清溪、厚街、常平、石碣、长安镇，召开座谈会听取汇报，实地视察工厂企业。就外资企业在转型升级过程中遇到问题积极建言献策。

推进市社区建设专题议政。2008年9月，市政协常委会举行推进市社区建设专题议政会，市政府和职能部门有关领导到场听取意见和建议。为了使专题议政取得预期效果，市政协常委会以专门委员会为基础，先后前往15个镇街，专门就社区建设情况进行调研。市政协办公室还组织机关、专委会有关人员前往广州市白云区、深圳市龙岗区、无锡市滨湖区、温州市鹿城区实地考察，借鉴先进经验。会上，市民政局作关于推进市社区建设情况汇报，市政协5个调研组代表以及办公室代表分别发言，就加强市社区建设，提出具体意见和建议。

【召开界别座谈会】 2008年4月9—16日，市政协组织召开4个界别座谈会。听取来自经济、农业、教育、科技界等16个界别80多位委员意见和建议。委员们结合“推进经济社会双转型，建设富强和谐新东莞”战略，就推动东莞经济社会发展，促进产业结构升级调整，以及群众反映强烈热点问题踊跃发言，提出意见和建议。会后，整理出34条意见和建议供市委、市政府领导参考。

【走访行业协会】 2008年5月7—13日，市政协分成两组，由正副主席带队，走访市私营企业协会、台商投资企业协会、证券业协会、外商投资企业协会、电子行业协会、律师协会、家具协会、纺织服装行业协会、玩具协会、食品行业协会，就如何发挥行业协会作用、推进产业结构调整升级等问题进行深入探讨，并形成报告。

【学习培训】 *开展学习实践科学发展观活动*。2008年，市政协坚持以“当好先行者，争创示范点”为主线，准确把握科学发展观目的和要求，制定《市政协开展深入学习实践科学发展观活动方案》，严格按照有关要求开展各项活动，坚持开诚布公广泛征求整改意见，抓住突出问题，落实整改措施，确保活动成效。通过活动，市政协进一步明确政协工作努力方向，增强为产业结构调整服务动力，创新调研工作方式方法，扩大与社会各界联系的团结面，加强政协自身建设。

召开省委十届三次全会精神宣讲报告会。2008年8月4日，市政协召开学习省委十届三次全会精神宣讲报告会，邀请市委党校教授李秋阳解读省委十届三次全会精神。市政协正副主席、机关全体同志以及离退休老同志参加报告会。

举办第二期北戴河培训班。2008年7月8—15日，市政协举办第二期北戴河培训班，150多名市政协委员参加培训学习。

【明清学术研讨会】2008年8月19—20日，市政协、中国明史学会、暨南大学历史系在东莞会展国际大酒店联合举办"明清珠江三角洲（东莞）区域史国际学术研讨会"。中国明史学会副会长、南开大学教授南炳文，英国牛津大学教授科大卫、香港中文大学历史系教授朱鸿林，浙江社会科学院教授陈学文、日本大阪经济法大学伍跃等80多名国内外专家学者聚首东莞，共同研讨明清时期珠江三角洲历史。市委书记刘志庚致开幕词，市政协主席刘树基主持开幕式。市委常委、宣传部部长王道平，副市长吴道闻，市政协副主席刘发枝、游敏达、邝明子、朱伍坤，秘书长黎锦辉参加研讨会。

【抗震救灾捐款活动】2008年5月汶川特大地震灾害发生后，市政协响应党中央和国务院号召，发动机关干部和政协委员积极参加捐款捐物活动。据不完全统计，市政协和政协委员在这次抗震救灾中共捐款捐物达8000多万元，充分体现市政协委员情系灾区、无私奉献精神。（莫庆才）

附：2008年政协东莞市十一届委员会正副主席、正副秘书长、办公室正副主任以及专门委员会领导名录

正副主席

主　席：刘树基

副主席：林明枢　刘发枝　游敏达　邝明子　朱伍坤　袁德和　周楚良（女）

正副秘书长

秘书长：黎锦辉

副秘书长：冉红宇　吕小华　吴润玲（11月到任）

办公室正副主任

主　任：冉红宇（兼）

副主任：吴润玲（任至11月）

专门委员会正副主任

提案委员会

主　任：莫淑华（女）

副主任：赫喜华（女）　欧阳贵有　李　勇　余　毅　朱益民　温淦荣　叶松柏　陈锐康　许守干　陈建国　梁建新

经济委员会

主　任：张盛昌

副主任：洪晓杨　陈广钊　吕琦元　刘伟全　袁志强　方茂明　欧阳南江　梁经昌　叶浩鹏　王庆华　卢寿维　何锦成　张玉其　陈　刚　林　平

教科文卫体和文史委员会

主　任：丁林枝

副主任：李炳球　蔡一平　李光霞（女）　邹　联（女）　陆世强　蔡建勋　吴美良　杨晓棠　黄永贵

社会法制和人口资源环境委员会

主　任：李福友

副主任：刘树勋　张灿炎　彭启尧　何镜清　吴才华　李泽林　陈　波　钟新力　袁绍东　徐诠清　黄　钢　梁应昌　管林海

港澳台侨外事委员会

主　任：卢治邦

副主任：沈新娥（女）　蒋小莺（女）　温少生　戴松林　梁　麟　王国强　杨东如　曾民盛　游匡正

广东省政协第十届委员会委员：

刘树基　袁德和　叶惠全　张玉其　陈　焘　李光霞（女）　陈锡康　吕　兢　麦照平　李胜堆　陈伟洪　陈焕全　黎俊东　黄宇东　章　俊（女）

中共东莞市纪律检查委员会

【概况】中共东莞市纪委和东莞市监察局合署办公，履行党的纪律检查和政府行政监察职能，对市委、市政府全面负责。2008年4月24日，根据市机编委文件精神，市纪委、市监察局增设案件管理室，机关内设机构由11个增至12个：办公室、党风廉政建设室、纠正部门和行业不正之风室、执法监察综合室、效能监察室、第一纪检监察室、第二纪检监察室、案件管理室、案件审理室、信访室（举报中心）、教育研究室、干部室。

【重要会议】2008年1月30日，中国共产党东莞市第十二届纪律检查委员会第三次全体会议召开，会议传达贯彻中央纪委十七届二次全会、省纪委十届二次全会精神，总结2007年全市党风廉政建设和反腐败工作情况，部署2008年工作任务。3月16—17日，中央纪委在东莞召开部分省（市）纪委干部工作座谈会，会议听取有关省（市）纪委分管领导汇报纪检监察干部工作基本情况，分析纪检监察干部工作中存在的突出问题，探讨如何以改革创新精神加强纪检监察干部队伍建设，中央纪委副书记黄树贤出席会议并讲话。3月19日，市纪委召开2008年落实党风廉政建设和反腐败专项工作任务暨行风评议动员大会，研究落实2008年党风廉政建设和反腐败专项工作任务，动员部署开展民主评议行风活动。3月21日，市纪委召开全市纪检监察信息工作座谈会，总结交流2007年全市纪检监察信息工作情况，研究部署2008年工作。5月30日，市纪委、市监察局召开派驻（出）机构统一管理工作会议，部署加强市纪委、市监察局派驻（出）机构统一管理工作。6月30日，全市纪检监察工作会议召开，会议传达全市领导干部会议精神，总结上半年工作，交流工作经验，研究部署下半年工作。7月10日，市委召开全市纪律教育学习月活动动员大会暨第六期领导干部"三纪"（党纪、政纪、法纪）教育培训班开班仪式，邀请省纪委副书记赵振华作专题辅导报告。8月31日，全省纪检监察机关执法监察效能监察工作（珠三角片）座谈会在东莞举行，会议总结上半年工作情况，部署下半年工作。9月10日，全省纠风工作情况汇报会在东莞召开，会议总结上一阶段工作情况，部署下阶段工作。11月4日，全市农村基层党风廉政建设暨落实党风廉政建设责任制工作会议召开，会议传达全省农村基层党风廉政建设工作会议和全国落实党风廉政建设责任制电视电话会议精神，总结全市农村基层党风廉政建设和落实党风廉政建设责任制情况，交流工作经验，研究部署下阶段工作。11月18日，2008年"市民评机关"活动工作会议召开，对“市民评议机关”工作进行部署。12月16日，省纪委、省监察厅深入学习实践科学发展观珠三角片征求意见座谈会在东莞召开，会议围绕用科学发展观统领和指导纪检监察工作等方面征求意见建议。12月25—26日，全省国有企业反腐倡廉建设座谈会在东莞召开，会议传达全国国有企业反腐倡廉建设座谈会精神，部署广东省国有企业反腐倡廉工作，省委常委、省纪委书记朱明国出席会议并讲话。

【监督检查职能履行】2008年，全市各级纪检监察机关坚持把科学发展观贯穿于反腐倡廉全过程，紧紧围绕保障和促进发展第一要务谋划工作，保证中央、省、市重大决策贯彻落实。制定出台《关于进一步加强对贯彻落实科学发展观情况监督检查工作的意见》，会同有关部门重点开展对市场价格调控、节能减排、节约集约用地、环境保护等一系列政策措施执行情况监督检查，保证政令畅通。严格控制供气、供水、城市公交等公用事业价格以及学校学费、住宿费标准上调，查处价格违法案件17宗。严格实行土地执法监察动态巡查责任制，全面开展违法违规用地查处整治行动，拆除违法违规用地建筑211宗。认真落实节能降耗工作责任制和“一票否决”制，把节能指标作为各镇街经济社会发展综合评价、绩效考核和政绩考核重要内容之一，对市监管51家重点耗能企业开展节能考核。加强对固定资产投资政策执行情况监督检查，对22项财政投资项目立项审批程序等情况进行检查。

【领导干部廉洁自律规定执行】2008年，市纪委、市监察局严格执行领导干部廉洁自律各项规定，着力解决领导干部党性党风党纪方面存在突出问题。制定《关于禁止公职人员利用职权参与经商办企业和违规经营物业的意见》，对全市公职人员及亲属参与经商办企业和经营物业行为提出具体要求。严格执行领导干部配偶、子女从业规定，健全与组织人事部门之间信息通报制度，进一步完善领导干部配偶、子女从业信息数据库。严禁党员干部参与赌博活动，严格执行出国（境）审批、报告、登记备案、证件统一管理等制度，严格控制因公、因私出国（境）团组人员次数，加强教育，防止在境外赌博。对个人“小灵通”电话捆绑办公电话使用问题进行清理，共清理出捆绑“小灵通”电话239台。切实加强农村基层党风廉政建设，制定《东莞市农民集体所有土地收入款项管理若干规定》、《关于开展村（居）两委班子及成员述职述廉和民主评议工作的实施意见》等制度。推进国有（集体）企业党风廉政建设，实行《东莞市市属企业投资监督管理暂行办法》，进一步增强国有（集体）企业负责人在重大投资决策中责任意识。

【违纪违法案件查处】2008年，市纪委、市监察局贯彻从严治党方针，继续保持查办案件工作力度。开通全国纪检监察机关统一举报电话“12388”，全年共受理群众来信来访、电话举报1007件次；立案查处违纪违法案件76宗，结案79宗，处分党员干部92人。通过办案为国家和集体挽回直接经济损失1955.2万元。防治商业贿赂长效机制进一步完善。在执纪办案中，坚持实事求是、以人为本，严格区分一般错误和违纪违法、改革中因缺乏经验出现失误和违纪违法界限，为212名受到诬告错告党员干部澄清是非。强化案件管理工作，加强案件剖析，进一步发挥办案在警示教育、完善制度、强化监督等方面治本功能。积极支持配合中央纪委和省纪委办案工作。

【纠正损害群众利益的不正之风】2008年，市纪委、市监察局积极协调有关单位大力开展产品质量和食品安全专项整治，推行“信誉通”食品备案信息系统，深入开展特殊药品、保健食品、化妆品系列专项整治，处理投诉举报案件208宗，作出行政处罚477宗。着力纠正医药购销和医疗服务中不正之风，318个公办社区卫生服务机构建成运作，全市非营利性医疗机构网上阳光采购药品17亿元。着力治理教育乱收费，加强对民办学校收费管理，及时解决回复群众反映教育收费问题81宗，清退违规收费18万元。着力纠正损害农民利益突出问题，开展强农惠农政策落实情况监督检查，开展农资打假护农综合治理行动，查处违法案件47宗。强化对社保基金、住房公积金和扶贫、救灾专项资金监管，全年发放农业救灾复产专项补助资金4304万元，投入救灾资金1亿多元。积极清理对镇街的检查考核活动，着力解决各种检查考核过多过滥的问题。继续治理公路“三乱”（乱设站卡、乱罚款、乱收费），规范公路执法行为，纠正公路“三乱”问题13宗。深化“阳光热线”工作，群众咨询和反映问题办结率达100%；网络专栏共处理回复群众反映问题8646宗，办结率为85.1%。继续开展“市民评机关”活动，组织1万多名社会各界代表对32个镇街、36个市直和省属驻莞主要窗口部门进行评议。完成行政审批电子监察系统三期工程建设，并将行政审批绩效测评结果向社会公布，系统全年累计共受理业务42.17万笔，总体提前办结率达97.8%。

【源头防治腐败工作】2008年，市纪委、市监察局认真贯彻执行《党政领导干部选拔任用工作条例》，推进干部人事制度改革，落实党政领导干部职务任期、交流、任职回避等制度，制定《东莞市镇（街）、市直单位党政领导班子和领导干部落实科学发展观评价指标体系及考核评价试行办法》，抓好20个镇街党政正职和11个市直部门正职共54人交流调整。推进第三轮行政审批制度改革，调整行政审批事项108项，取消10项。推进公共财政管理体制改革，完善预算国库信息化系统功能，健全部门预算管理体系。深化投资管理体制改革，推进公益性投资项目“代建制”工作，全年集中代建工程108项，完成投资约29亿元。要素市场建设进一步健全和完善，市建设工程交易中心共办理工程招标登记413项，预算总额79亿元，中标总额64.7亿元，平均下浮18.1%；制定工业用地招拍挂出让配套措施，公开出让经营性用地31宗，成交金额67亿元，公开出让工业、科研用地41宗，成交金额16亿元；推进产权交易市场建设，防止国有、集体产权权益受到侵害，完成产权交易79宗，成交额4.5亿元；加强政府采购网建设，完善与国库支付系统数据交换资金管理功能，完成市级政府采购3911次，采购预算27.9亿元，采购金额25.9亿元，节约率7.4%。

【党风廉政宣传教育】2008年，市纪委、市监察局以“增强党性观念，推进科学发展”为主题开展纪律教育学习月活动，举办第6期全市党政领导干部“三纪”培训班，市几套班子领导分别到32个镇街为基层党员干部上廉政党课，受到广大党员干部欢迎。积极推进反腐倡廉宣传教育“六进”（进机关、进学校、进家庭、进企业、进农村、进社区）活动，举办“我廉洁，我幸福”廉政文化大家谈活动。举办首届“廉泉杯”廉政文化摄影大赛和廉政小品小戏创演大赛，参加全省农村基层反腐倡廉文艺汇演，小品《局长家事》获一等奖。

【对领导干部的监督】2008年，市纪委、市监察局认真落实党内监督制度，严格执行“三谈两述”和重大事项报告制度，全年进行领导干部任前廉政谈话148人次，领导干部述职述廉70人次，诫勉谈话19人次，纪委负责人同下级党政主要负责人谈话14人次，党员领导干部个人有关事项报告1193人次。落实“一年一巡视”制度，协助上级巡视组在莞开展工作。稳步推进纪检监察派驻

(出)机构统一管理工作，完善管理体制和工作机制，加强对驻在部门领导班子及其成员监督。加强对领导干部经济责任审计，完成6名领导干部经济责任审计工作。结合村(社区)“两委”换届选举，对全市各村(社区)班子进行经济责任审计。推行《东莞市村(居)干部廉政谈话制度》和《东莞市村(居)干部廉政承诺制度》，加强对村(居)干部监督管理。全市各级党组织认真召开民主生活会。严格执行责任追究制度，对4宗安全生产事故中14名责任人员进行责任追究。 (黄贵新)

附：2008年东莞市纪律检查委员会领导名录

市纪委书记：甄瑞潮
市纪委副书记：莫布兴 洪讲厚 陈锦洪
市纪委常委：甄瑞潮 莫布兴 洪讲厚 陈锦洪 罗乐英 叶柏茂 何念瑶 何植尧 卢淑贤
市监察局局长：莫布兴
市监察局副局长：罗乐英
赖鸿就(任至1月)
罗暖培
夏显辉(7月到任)

中国国民党革命委员会东莞市委员会

【概况】 截至2008年，中国国民党革命委员会东莞市委员会(简称民革东莞市委会)有党员65人，设3个支部。成员主要分布在医卫、教育、文艺界；成员平均年龄45.8岁；具有中高级职称59人，约占总人数91%；担任市人大常委1人，市政协委员6人(其中常委2人)，市特约“十员”4人。

【参政议政】 2008年“两会”期间，民革东莞市委会提交并被立案11个提案；人大代表提交议案1个；政协委员提交个人提案8个。其中，民革东莞市委会《关于打造爱国主义品牌促进东莞旅游产业大发展的建议》被评为优秀提案；《关于林则徐销烟池与虎门炮台旧址的保护规划的建议》等3个提案被评为表扬提案；在市长会见市人大代表、市政协委员座谈会上，主委余毅、副主委何环珠、委员祝铭的发言得到领导重视和媒体广泛关注；在政府工作报告征求意见会上，副主委李恒提出意见并被采纳。民革东莞市委会通过“周末访谈”、社情民意反映、工作信息等多种渠道、多种形式参政议政，承办题为《收藏热后的冷思考》、《谈新莞人维权》2期“周末访谈”；报送社情民意2期、工作信息16期，多篇信息被《民革地方情况反映》、《广东民革》、《东莞政协》及《统战信息》采用。协助省委会开展“广东人才问题”专题调研；协助惠州市委会开展有关城市综合治理调研。

【思想建设】 2008年4月，民革东莞市委会组织全体党员前往井冈山开展政治学习教育活动，重温革命历史，增强历史责任感和使命感；7月，召开全体党员会议，传达学习民革广东省第十一届委员会第二次全体会议及东莞市全市领导干部会议有关精神；8月，开展“传承和发扬优良传统，坚持走中国特色社会主义政治发展道路”为主题政治交接学习教育活动，重温民革与中共合作历史，深入学习《中国政党白皮书》有关理论知识。

【组织建设】 2008年，民革东莞市委会发展新党员3人。其中博士学历1人，硕士研究生学历1人，本科学历1人，平均年龄41.3岁。11月1日、8日，成立城区综合一支部和城区综合二支部。开展支部“一一三”工程建设，即每年要有一个高质量提案，发展一个党员，组织三次以上较好的组织活动。

【社会服务】 2008年，民革东莞市委会响应号召，广泛动员党员参与抗震救灾工作。据不完全统计，通过各种途径向灾区捐款15.6万元，衣物约70件，棉被3张。有3名党员个人捐款1万元以上，获市民政局、市慈善会颁发捐赠证书。党员踊跃报名参加救援医疗队，在危难时刻体现民革优良传统和民革党员优秀品质。 (黎丽香)

附：2008年民革东莞市委会领导名录

主 委：余 毅
副主委：何环珠 李 恒

中国民主同盟东莞市委员会

【概况】 中国民主同盟东莞市委员会(市民盟)成立于1991年7月5日。截至2008年，共有盟员172人，比2007年增长13人，增长率8.2%。新发展盟员10人，其中高级职称6人，中级职称3人；转入盟员5人，转出1人，死亡1人。设有三个专委会——参政议政委员会、科技委员会和文教委员会。7月，成立城建环保支部，支部增至11个。盟员中教育界113人，占总数的 65.7%；医卫界16人，占总数的9.3%，其它界别占25%。盟员中90.1%具有高、中级职称，其中正高职称4人，副高职称68人，中级职称83人。担任市政协副主席1人，市政协常委2人，政协委员8人，市人大常委1人，市特约四员等10人次。

【参政议政】 2008年，市民盟不断提高全盟的参政议政能力，履行参政党职能。在市政协十一届二次会议上提交11件市盟提案，20件委员提案；在市政协十一届一次会议上提交的集体提案《关于东莞市出租屋管理市场化与产业化发展的建议》获优秀提案奖，《关于加强东莞市加油站管理工作的建议》获市政协表扬提案奖，个人提案《关于施行〈东莞市民办学校自律公约〉，共创和谐民办教育环境》获市政协优秀提案奖；承办2次周末访谈节目——《问题学生背后的问题在哪里》和《当前经济形势下个人理财问题的探讨》；在11月举行的市长会见政协委员座谈会上提交发言材料2份——《大力发展职业教育，为东莞企业转型提供高素质劳动力资源》和《关于进一步促进我市农村改革发展的几点建议》；积极参加各项专题调研活动，配合省盟完成“关于开展最低生活保障”和“广东省农村劳动力流动对农村产业及农村社区的影响” 调研课题。

【思想建设】 2008年4月，市民盟召开“政治交接 解放思想”暨纪念“五一口号”发布60周年座谈会，主委朱伍坤在座谈会上讲话，强调做好政治交接，坚持中国共产党的领导，继承民盟优良传统和踏实作风，全面理解中国的政治制度和政党制度、了解民盟的历史，增强责任心。7月，举行《搞好政治交接，推动参政党建设》专题报告会，邀请广东省人民政府参事、原民盟广东省委专职副主委王则楚做报告。市民盟以《东莞盟讯》作为推动全盟思想建设工作的主阵地，开放某些政论、文学栏目向盟员征文，完成第25期《东莞盟讯》试讯工作。

【社会服务】 2008年5月12日四川汶川地震发生后，市民盟响应中共中央、国务院及盟省委关于开展抗震救灾工作的号召，全体盟员捐款捐物，其中捐款近14万元。9月27日，市民盟一行13人前往清远市佛冈县进行捐资助学活动，给予佛冈中学、佛冈一中的31名高中贫困生每人1000元资助，资助为期三年，直至学生完成高中学业。

（王雪萍　蔡子萍）

附：2008年市民盟东莞市委会领导名录

主　委：朱伍坤

副主委：李奎山　程发良

中国民主建国会东莞市委员会

【概况】 截至2008年，中国民主建国会东莞市委员会（简称市民建）有会员65人，比上年增长4.8%；有4个活动小组；成员平均年龄47.3岁，主要分布在经济界、教育界和公务员队伍；成员大学以上学历占80%，其中具有研究生学历15人，占23.1%，具有本科学历37人，占56.9%；具有中、高级技术职称以上会员占83.1%；会员中有民建省委会委员2人，有市十一届政协委员8人，其中副主席1人、常委2人；有市“特约四员”9人次。

【参政议政】 2008年，市民建在政协东莞市十一届二次会议向大会提交《关于加大东莞市廉租住房建设力度的提案》、《关于防止企业欠薪的建议》和《关于加大东莞高端IT产业集群发展的建议》等15件集体提案和委员提案，其中《关于加大东莞高端IT产业集群发展的建议》被列为5件督办重点提案之一；向政协十一届一次会议提交的集体提案《关于加快我市住房公积金制度建设的建议》被评为优秀提案，《东莞建筑节能存在问题及建议采取措施》被评为表扬提案；在“市长见面座谈会”上作《推进科技创新和自主创新，推动东莞制造向东莞创造转变》发言；4人次参加2期和市政协合办的东莞电台议政节目“周末访谈”，内容涉及鼓励环境保护、人才引进等。针对全球金融危机对东莞经济产生的负面影响，积极开展调研活动，发动会员提出意见和建议。11月，与省民建经委会合办“协助中小企业度过难关”学习论坛，反映东莞中小企业在全球金融危机中遇到的困难，探讨协助中小企业渡过难关的各种措施，受到好评；金融界骨干会员调研后向有关部门提出应对金融危机的意见和建议；会员企业向中央、省、市考察团介绍在加强自主创新、发展自主品牌及知识产权产品、促进企业产业升级、做大做强方面的成功经验。多次参加市委、市政府、市政协和有关部门召开的民主协商会、情况通报会以及视察活动，就全市中心工作提出意见和建议。

【社会服务】 2008年3月，市民建全体会员在松山湖科技产业园开展义务植树活动；5月，汶川大地震发生后，市民建响应民建中央、民建广东省委会号召，配合市委、市政府工作布署，发动全体会员捐款捐物，参与抗震救灾工作。据不完全统计，截止到6月30日，市民建会员及会员企业向灾区捐款捐物达60.33万元。

（罗建锋　叶尧斌）

附：2008年民建东莞市委会领导名录

主　委：周楚良

副主委：何思模　邓立虎

中国民主促进会东莞市委员会

【概况】 截至2008年，中国民主促进会东莞市委员会（简称民进东莞市委会）有会员79人，比上年增加6人，其中新发展会员3人，转入3人。

【参政议政】 2008年1月，民进东莞市委会向市政协十一届二次会议提交并被立案提案21件，其中集体提案6件，个人提案15件。《净化校园环境　杜绝“垃圾食品”保障儿童健康的建议》获优秀提案奖，《关于贯彻落实科学发展观，建立东莞可持续发展评估制度的建议》和《关于防范虎门港水上危险品装卸运输风险的对策建议》获表扬奖。《请关注莞城运河三路段无名小桥潜在的安全隐患》、《关于在黄旗山顶设立市容导视图的建议》、《关于将全市中小学生的课桌椅更换为可调性课桌椅的建议》、《关于整治东莞东站环境和服务，擦亮东莞城市名片的建议》等提案被市政府采纳。2008年，民进东莞市委会参与2期“周末访谈”：“关注我市生活垃圾处理现状，改善人民生活环境”和“提高旅行社服务质量，满足旅游者多元化需求”。11月，占少云参加市长会见市政协委员座谈会，发言题目是《校园暴力的成因及解决对策初探》。在民进广东省委响应中共广东省委“我为广东自主创新献一策”征文活动中，民进东莞市委会报送论文《解放思想，体制先行》，论文被收入广东民进网站《同为广东自主创新献一策》专题。7月，民进东莞市委会接待民进泉州市委会专职副主委和秘书长来莞就台资企业对接等专题进行调研。

【社会服务】 2008年5月汶川大地震发生后，民进东莞市委会响应中共东莞市委、市政府和民进中央、民进省委号召，发动广大会员在松山湖举行义工活动，进行现场募捐，募得善款1.98万元，市委会又捐出1万元，共捐款2.98万元。梁佳沂被民进省委评为民进广东省委抗震救灾优秀会员。5月1日，民进东莞市委会组织爱心义工队走上街头，清理垃圾，普及环保理念。

【纪念东莞民进成立十周年暨迎国庆茶话会】 于2008年9月举行。60余人出席茶话会。民进东莞市委会编印《东莞民进会员手册》，内容包括中共中央指导文献，中国民主促进会发展概况、组织机构、会历届领导人、组织条例、相关学术团体，东莞民进大事记、会员名录等。

（黎清华）

附：2008年中国民主促进会东莞市委会领导名录

负责人：梁佳沂

中国农工民主党东莞市委员会

【概况】 截至2008年，中国农工民主党东莞市委员会（下称市农工党东莞市委会）有党员114人，其中医卫界70%、科技10%、教育10%、其他界别10%,具有中高级职称的占总人数的91%，平均年龄53岁。有农工党省委委员1人，省政协委员1人，市人大代表1人（常委），市政协委员8人（常委2人），市特约人员6人。全年发展党员4人，均为医卫界。12月，在长安、樟木头镇成立镇街第一、二支部，张长河、谷利民分别当选为支部第一届主任。主委李光霞，副主委赫喜华、袁明杰分别参加省政协举办第八期“提高参政议政能力”培训班和市委统战部在中央社会主义学院举办的各民主党派主委学习班，班子成员参加市委统战部举办的各民主党派班子成员学习班和市政协在北戴河全国政协干部中心举办的政协委员培训班。

【参政议政】 2008年，农工党东莞市委会履行参政党职能，向市政协十一届二次会议提交4件提案，其中《关于加强社区建设的几点建议》被市政协确定为5件重点提案之一。在十一届二次会议上，市委会提案《关于加强社区建设的几点建议》获优秀提案奖，《关于组建东莞社会科学院、繁荣东莞社会科学研究的建议》获表扬提案，党员李惠忠个人提案《关于大力发展民营医疗机构，促进医疗市场健康发展的建议》获表扬提案。11月，在市长会见政协委员座谈会上，赫喜华代表市委会作《关于加强我市危险化学品经营、储存行业规划和监管的建议》发言，提交《加快科技创新基础条件平台建设，为经济社会双转型提供更加有力的支撑》书面发言。委员杨海龙、张敏等就落实“社区建设管理办法”，加强和改进社区服务工作、全市社区卫生服务工作现状和发展等专题参加市政协举办的《周末访谈》电台直播节目。

【社会服务】 2008年，农工党东莞市委会与市图书馆联合举办“职业与健康”、“优生优育与孕期保健等”5期“百姓健康系列讲座”，向1000多名群众宣讲医学知识。组织党员为《东莞政协》的《健康知识》栏目撰稿，发表2篇医学科普文章。11月9日，与农工党省委、东莞市环保局联合在中堂建晖纸业有限公司举办首届“中国环境与健康宣传周”活动，广州大学环境学院教授何国伟作“水与健康”环保知识讲座，组织泌尿外科、皮肤科、妇科等专家在厂区为员工进行健康咨询。汶川地震后，党员通过各种途径捐款6.7万元，交缴“特殊党费”1.09万元；有7位党员参加地震灾区伤员救治；由多名党员共同创作的歌曲《别哭》在东莞电台播放，并参加2008年东莞原创歌曲大赛，入选50强作品。12月，农工党东莞市人民医院支部委员会被农工党中央评为抗震救灾先进集体，彭晓云、周柯、段卫红、伦丽芳、王芳、袁湘瑜等被农工党中央评为抗震救灾先进党员。 （杨小红）

附：2008年中国农工民主党东莞市委员会领导名录

主　委：李光霞

副主委：赫喜华　袁明杰

中国致公党东莞市委员会

【概况】 2008年，中国致公党东莞市委员会筹备小组有成员57人，其中归侨8人，侨眷侨属10人，港澳台属6人；少数民族2人；其他有海外关系31人；平均年龄45.9岁；大部分成员分布于科教文卫界。成员中，大学本科以上49人，大专8人；副处级干部1人、科级干部4人；高级职称23人，中级职称25人；有省人大代表1人、市人大代表1人；市政协常委2人，市政协委员5人；市人民监督员1人、市特约检察员1人、市侨联委员会顾问1人、市政府采购监督员2人、市食品药品执法廉政监督员1人、市公安局局警务廉政监督员1人、市法院司法监督员1人。市委会（筹）全年发展5位新党员。

【参政议政】 2008年，致公党东莞市委会（筹）围绕市委、市政府中心工作，认真履行参政议政、民主监督职能。在市政协十一届二次会议上，共提交《关于进一步加强对东莞东火车站开展综合整治的建议》等23件提案，包括市委会（筹）集体提案8件，政协委员个人提案15件。致公党东莞市委会（筹）提案《关于加强农产品生产环节监控，改善农产品源头污染问题的建议》、张亚清提案《关于尽快解决我市污水处理厂污泥处理问题的建议》、陈树良提案《关于加大社工队伍建设力度的建议》被评为2008年度政协优秀提案。致公党东莞市委会（筹）提案《关于在我市建立五侨联席会议制度，进一步完善我市侨务工作的建议》被评为2008年度政协表扬提案。在“市长会见市政协委员座谈会”上，致公党东莞市委会（筹）提交发言稿2篇、陈树良提交发言稿1篇，黄蔚然代表市委会（筹）现场发言《我市公共设施被盗原因及对策初探》和《关于建立社工体制的建议》。阮雪玲作为东莞代表出席省十一届人大一次会议，并向大会提交：《关于进一步加强石马河流域水污染整治工作的建议》和《关于加强食品安全工作的建议》。致公党东莞市委会（筹）有7位党员被聘为各类监督员，参与各种调查、检查、监督等工作；有12人次参与东莞广播电台《周末访谈》节目，其中王晓春、赖道波参加东莞电台以“中小企业如何走出困境”为主题周末访谈，关注社会热点问题。

【联谊工作】 2008年，致公党东莞市委会（筹）及党员接待来访海外亲友、华侨、外宾、港澳台同胞共2200多人次，党员出国出境探亲访友、参观考察、交流学习约20多人次。2月，组长戴松林接待美国洪门致公总堂外交专员、时捷电子科技（深圳）有限公司总经理黄瑞泉等人，并妥善帮助其公司解决环保方面问题。9月，戴松林同外事局共同接待来自委内瑞拉华侨同胞。黎平5月出访美国、加拿大等国家，访问美洲各地中华会馆中华公所华侨总会联谊会以及美京洪门致公堂，受到友好接待。

【社会服务】 2008年，致公党东莞市委会(筹)为支援受冰雪灾害破坏地区发动捐款，共募集1.64万元。在抗震救灾活动中，全体党员共捐款7.06万元；8月，阮雪玲前往汶川东莞派驻当地医护人员对口帮扶地区实地调研。黎平获致公党中央颁发抗震救灾贡献奖，王晓春被致公党中央评为抗震救灾先进个人，张亚清被评为“东莞市搞震救灾先进个人”。 （郑燕娟）

附：2008年致公党东莞市委员会筹备小组领导名录

组　长：戴松林

副组长：陈树良

九三学社东莞市委员会

【概况】 截至2008年，九三学社东莞市委会有社员83人。其中工程技术界占41%，医药卫生界占29%，高等教育界占17%，其他界别共占14%。有市人大常委会副主任1人、市政协常委2人、市政协委员4人。在政府部门担任副厅级干部1人，科级干部1人。2008年，发展新社员5名。

【参政议政与民主监督】 2008年，市政协全会期间，九三学社市委会提交提案8件，委员个人提交提案13件，就促进村组两级发展，改善村组民生，促进和谐东莞建设、推进水务体制改革、加快推进垃圾无害化处理工作进程、成立“东莞高等学校工作委员会”、加快东莞职业技术学院建设（下转171页）

2008年11月，广州军区政委张阳中将(中)到东莞军分区视察

在2008年抗击雨雪冰冻灾害天气中，军分区积极组织民兵应急分队巡逻执勤，维护稳定。图为司令员刘国辉在东莞火车东站慰问鼓舞执勤队员

2008年7月，军分区组织举行全市首次国防动员指挥机构带实兵演练活动，锻炼民兵预备役队伍应急应战效能，提高遂行多样化军事任务能力

狠抓“四个基本”建设，提高基层建设水平。图为2008年3月在万江街道拔蛟窝社区民兵营举行民兵政治教育现场观摩会

积极组织发动应征青年报名应征。图为在虎门镇举行2008年冬季征兵报名仪式

东莞市公安局

2008年，东莞市公安局将出入境办证窗口前移至各公安分局

出入境办证窗口民警热情为群众服务

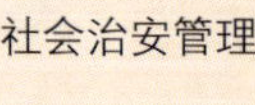

社会治安管理

打击违法犯罪

治摩执勤点一批被查扣的嫌疑摩托车装车待运

交警整治人力三轮车

2008年春天，我国南方遭遇特大寒流灾害，东莞市公安局投入大量人力、物力抗寒救灾，在做好春运安保工作方面取得显著成效

援川

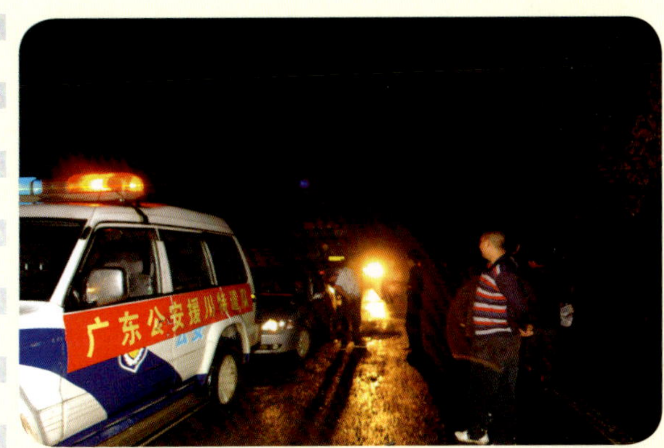

东莞市公安局交通警察支队

2008年12月31日，广东省委常委、省政法委书记、省公安厅厅长梁伟发(前右二)到支队慰问

公安部交管局副局长王金彪在南城客运站视察春运工作

支队作为东莞市创建“全国科技强警示范城市”受检单位，接受公安部、科技部专家验收

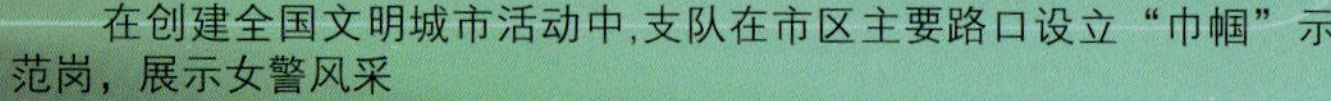

在创建全国文明城市活动中,支队在市区主要路口设立“巾帼”示范岗，展示女警风采

市委常委、宣传部部长王道平视察城区交通安全文明路口

东莞市公安边防支队

奥运会期间，为进一步加强部队维稳处突能力，东莞市边防支队组织开展实战处突演练

六一儿童节，20名来自汶川灾区的小朋友与东莞市边防支队官兵欢度节日

奥运会期间，东莞市边防支队官兵开展了为期4个月的海上巡逻清查，确保了东莞边防海域的高度稳定

东莞市公安边防支队为公安部现役部队，主要担负东莞市沿海边防管理、海上治安管理和虎门、长安两镇部分陆地治安管理任务。2008年，东莞市公安边防支队在公安部边防管理局、省公安边防总队和市委、市政府等各级领导的关怀指导下，加强班子建设，深化爱民固边，打击违法犯罪，夯实基础建设，规范部队管理，圆满完成了奥运安保、抗寒救灾、抗汛救灾等重大任务，为维护边境地区稳定，服务地方经济发展做出了突出贡献，部队建设取得了优异成绩。1名个人、1个单位获公安部边防局表彰，10名个人、4个单位获省边防总队表彰；1个单位被公安部边防局记集体三等功，2名个人荣立总队二等功，25人荣立三等功，部队连续七年安全无事故。

2008年9月24日，台风“黑格比”登陆广东，东莞市边防支队官兵紧急出动，及时解救被大水围困的130名村民

东莞市边防支队创新便民措施，官兵上船为渔船民办理出海船舶证件

东莞市中级

2008年4月24日，广东省高级人民法院院长郑鄂(前右)莅莞考察东莞两级法院的工作。图为在东莞市委书记、市人大常委会主任刘志庚，市委副书记、市政法委书记黄双福，市中级人民法院院长何碧霞等陪同下考察东城法庭

2008年7月17日，全国法院政治部主任座谈会暨2007年度法院系统全国青年文明号表彰会在东莞召开，市法院东城法庭获“全国青年文明号”称号。最高人民法院党组成员、政治部主任李克、团中央工青部副部长张良驯、广东省高级人民法院院长郑鄂及共青团广东省委领导、东莞市委领导为获奖单位授匾

2008年8月21日，东莞市委副书记、市委政法委书记黄双福，市委常委、市纪委书记甄瑞潮，市纪委副书记、市监察局局长莫布兴在市中级人民法院院长何碧霞、市人民法院院长叶柳东等领导的陪同下参观两级法院廉政文化板报展

2008年5月22日，东莞市诉调对接人民调解工作室挂牌，东莞市人大会副主任陈国辉(左二)、东莞市中级人民法院院长何碧霞(右二)、东莞市司局长彭启尧(左一)、东莞市中级人民法院副院长陈斯(右一)揭幕

人民法院

2008年5月21日，东莞市中级人民法院机关党委开展"党情·真情"特殊党费捐缴仪式，全体党员以自愿交纳"特殊党费"的方式，表达自己支援汶川灾区的心愿。图为院长何碧霞交纳特殊党费

2008年，东莞市中级人民法院大力开展法院领导大接访活动，化解涉法涉访问题。图为院长何碧霞接访当事人

2008年10月15日，全国法院第20届学术讨论会暨20周年庆祝大会在北京举行，全国共评出6个中级法院组织工作先进奖。图为东莞市中级人民法院研究室主任程春华(左二)在主席台领奖

2008年6月12日，东莞市中级人民法院召开全市法院调解工作现场会

东莞市第一人民法院

东莞市第一人民法院党组成员

东莞市第一人民法院由原东莞市人民法院拆分而设立，于2009年1月1日挂牌成立，暂时在东莞市石龙法庭办公，内设刑事审判庭、民事审判一庭、民事审判二庭、民事审判三庭、民事审判四庭、行政审判庭、审判监督庭、执行局、立案庭、研究室、政工科、办公室、法警支队、纪检监察室、机关服务中心等15个行政综合部门及业务庭，派出8个人民法庭，包括石龙法庭、石碣法庭、麻涌法庭、东城法庭、石排法庭、道滘法庭、松山湖法庭、南城法庭。全院共有正式干警182人，具有研究生学历5人、本科学历167人（其中4人获在职法律硕士学位）、大专学历4人，其中109人具有审判资格，另有职工20人，及其他协助人员65人，全院干警平均年龄32.4岁。

2009年3月4日，东莞市第一人民法院院长叶柳东接受中央电视台记者采访

2009年1月1日，东莞市中级人民法院党组副书记、副院长黄锡明与东莞市第一人民法院院长叶柳东为东莞市第一人民法院成立揭牌

2009年1月1日，东莞市中级人民法院党组副书记、副院长黄锡明代表东莞市中级人民法院授印给东莞市第一人民法院院长叶柳东

2008年7月17日，最高法院政治部主任李克(右)在副市长邓志广(左)的陪同下参观获得“全国青年文明号”的东城法庭

2008年12月31日，广东省委常委、省政法委书记、省公安厅厅长梁伟发在市委副书记、政法委书记黄双福及市第一人民法院院长叶柳东的陪同下到东城法庭视察

2008年8月21日，市委副书记、政法委书记黄双福在东莞市中级人民法院院长何碧霞的陪同下到市第一人民法院视察工作

2009年1月1日，东莞市中级人民法院领导、辖区镇街领导与东莞市第一人民法院全体干警合影留念

东莞市第二人民法院

2009年1月1日，广东省高级人民法院副院长凌祁漫(右三)、东莞市委副书记、政法委书记黄双福(左三)、东莞市人大常委会副主任陈国辉(右二)、东莞市中级人民法院院长何碧霞(左二)、东莞市长安镇镇委书记欧林高(右一)、东莞市第二人民法院院长陈葵(左一)等领导共同为东莞市第二人民法院揭牌，东莞市第二人民法院正式对外办公

2009年1月1日，东莞市中级人民法院院长何碧霞(右)为东莞市第二人民法院院长陈葵授院印

第二法院大岭山法庭揭牌

东莞市第二人民法院院长陈葵代表第二人民法院承诺，将为辖区社会和谐、经济转型提供公正高效权威的司法保障

第二法院大朗法庭揭牌

第二法院虎门法庭揭牌

第二法院厚街法庭揭牌

市人大常委会副主任陈国辉(后排左四)等人大领导到第二法院进行调研

市委政法委副书记卢锡光(后排右二)等政法委领导到第二法院进行调研

第二法院召开中层领导干部会议，讨论研究全年工作

2009年1月19、20日，第二法院开展春季执行大行动，在全市率先推进执行攻坚

2009年3月13日，第二法院干警参加“法院林”义务植树活动

2009年1月17日，第二法院开展新春游园活动，全院干警及家属共同参与

2009年1月7日，第二法院公开审理第一宗刑事案件

东莞市第三人民法院

2009年1月1日，东莞市第三人民法院成立仪式，市中级人民法院副院长陈斯、第三人民法院院长罗念卫、塘厦镇委书记叶锦河及辖区内其他9个镇的领导出席参加

东莞市第三人民法院于2009年1月1日正式挂牌成立，系原东莞市人民法院分拆而设立。第三法院办公地点设在东莞市塘厦镇，内设刑事审判庭、民事审判第一庭、民事审判第二庭、民事审判第三庭、民事审判第四庭、行政审判庭、执行局、审判监督庭、纪检监察室、立案庭、研究室、政工科、办公室、机关服务中心、法警队等15个行政综合部门及业务庭，派出4个人民法庭，包括常平法庭、樟木头法庭、横沥法庭、清溪法庭。全院共有正式干警125人，具有研究生学历5人，本科学历113人，大专学历4人，其中86人具有审判资格。

2009年3月13日，市人大常委会副主任张继雄到第三人民法院视察，塘厦镇镇委书记叶锦河陪同

2009年4月9日，市政协副主席林明枢到第三人民法院视察并与院领导及中层干部展开座谈

2009年2月23日，市政法委副书记卢锡光到第三法院视察并与第三法院院长罗念卫亲切交谈

见证执行活动日——法官、法警、执行监督员列队整装待发，挂蓝色牌子的为执行监督员。

见证调解

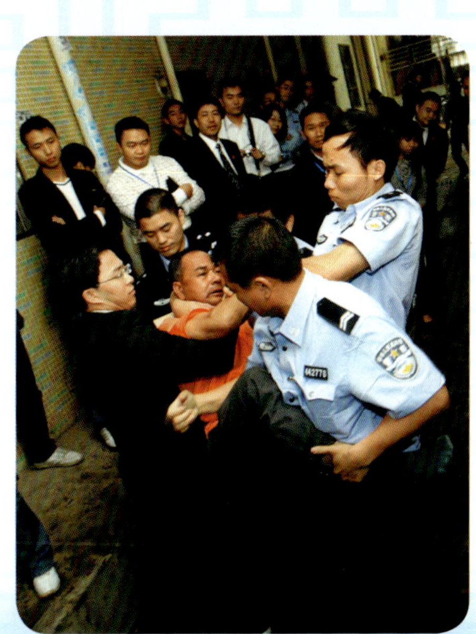

执行过程中抓“老赖”

第三法院正面全景

东莞市人民检察院

广东省人民检察院检察长郑红、副检察长欧名宇和市委副书记、政法委书记黄双福，在东莞市人民检察院检察长黄文艾、副检察长曾广华陪同下，参观市检察院文化墙建设

第一市区人民检察院领导班子在研究工作

第一市区人民检察院控告接待室被最高人民检察院评为“文明接待室”

第二市区人民检察院领导班子

第三市区人民检察院领导班子

第一市区人民检察院于2009年1月1日成立，广东省人民检察院副检察长郑新俭和市委副书记、政法委书记黄双福、东莞市人民检察院检察长黄文艾等领导出席挂牌仪式

第二市区人民检察院于2009年1月1日成立。图为挂牌仪式

第二市区人民检察院开展法律咨询活动

第三市区人民检察院于2009年1月1日成立。图为挂牌仪式

第三市区人民检察院开展业务讨论

东莞市司法局

2008年7月30日，广东省司法厅厅长陈伟雄到洪梅镇调解委员会指导工作

2008年9月8日，省“五五”普法中期检查组到市司法局检查普法工作

2008年10月17日，东莞市第一次法律服务市场管理联席会议召开

2008年4月1日，市法律援助处举办成立10周年系列活动，图为工作人员在大朗镇关爱一号活动现场为群众提供法律服务

2008年11月28日，市律师协会在城区文化广场报告厅举办律师协会成立十周年庆典

东莞水利局

市委书记、市人大常委会主任刘志庚深入基层指导抗洪排涝工作

寮步军氹河

水濂山水库

清溪湖

东莞大堤石排湿地公园

东莞市林业局

2008年10月7日，市委书记、市人大常委会主任刘志庚在市林业局局长罗松茂的陪同下视察大岭山森林公园建设情况

东莞市被省政府授予“广东省林业生态市”称号。图为2008年5月19日在全省造林现场会上，副市长李小梅代表东莞市领取“牌匾”

2008年9月3日，省林业局局长张育文在副市长李小梅的陪同下检查东莞市林业生态工作

东莞森林公园开放以来得到广大市民的热烈欢迎。经统计，2008年有1570万人次游览森林公园。图为2008年9月19日谢岗登山节市民登银瓶山森林公园的盛况

2008年3月11日，市领导率领市直机关工作人员、部队官兵、学共600多人在松山湖参加义务植树活动

东莞市土地储备中心

土地收购储备机制是城市土地集约、高效利用的客观要求，是提高城市建设水平、提高城市竞争力的需要，是改善投资环境和获得城市建设资金的重要措施。对于促进城市土地市场的健康、规范发展，提高政府对城市土地市场的调控能力具有相当重要的作用。

东莞市土地储备中心是东莞市土地收购储备工作的执行机构，受市政府委托，在市城市建设工作领导小组的领导下，实施土地收购、储备以及前期开发准备工作的副处级非盈利性事业单位。其主要职责是：根据市城市建设工作领导小组提出的收购计划，对全市需盘活的存量土地和其他需调整的存量土地适时进行收购；根据土地利用总体规划和城市总体规划以及市场需求，适量储备土地，增强政府对土地供应的调控力度；管理由市政府依法没收和依法收回的闲置、抛荒及其他无力继续开发的土地，并纳入储备土地范围；在市政府职能部门的指导下，做好储备土地的前期开发工作等。

东莞市国土

国土资源部、省国土资源厅领导十分关心东莞市国土管理工作

东莞市集中开展违法违规用地查处整治行动工作动员大会

市委、市政府重视土地管理，多次召开会议部署各项工作

资源局

服务全市产业结构调整升级

解放思想、践行科学发展观

以法制教育年活动为主线推动全年工作

雷厉风行、不怕坚苦，积极援建灾区

东莞市城建工程管理局

市委书记、市人大常委会主任刘志庚视察市重点工程

环城路北环等五项工程竣工

东莞市廉租房一期工程顺利封顶

东莞职业技术学院一期交付使用

市人民医院新院展露靓装

东莞市房产管理局

2008年度全市房产管理工作表彰大会，副市长梁国英出席并讲话

市房产管理局办公大楼

东莞市住房公积金管理中心

2008年10月28日，由省财政厅巡视员韩晓进带队，由省财政厅、中国银监会广东监管局、广州市住房公积金管理中心组成的省加强住房公积金管理专项治理工作领导小组检查组一行4人，到东莞市检查2008年度加强住房公积金管理专项治理工作情况

2008年5月29日，市住房公积金管理委员会召开二届二次会议，市政府副市长、住房公积金管理委员会主任梁国英主持会议

为进一步增强住房公积金队伍的整体业务素质，提高各镇街住房公积金管理能力和服务水平，2008年7月15日，市住房公积金管理中心举办了为期一天的住房公积金业务培训班。各镇街住房公积金业务主管及工作人员、市住房公积金管理中心新招人员等共80多人参加了培训，这是市住房公积金管理中心自2003年成立以来首次举办涵盖全市32个镇街的业务培训活动

常平办事处位于常平镇新市一街128号建行常平新市分理处三楼，联系电话：81178992

塘厦办事处位于塘厦镇花园街16号建行塘厦支行二楼，联系电话：82772882

虎门办事处位于虎门镇港口路银丰大厦建行虎门支行四楼，联系电话：85168102

2008年9月26日，市住房公积金管理中心设于常平、塘厦、虎门三镇的办事处同时举行了揭牌仪式

东莞市城市管理局

2008国际花园城市评选决赛11月6日－10日在东莞市隆重举行。作为东莞市有史以来最大规模的外事活动，本次赛事吸引了15个国家和地区的43个城市及项目，共195人参赛。图为市长李毓全(右)在欢迎仪式上与参赛城市代表互赠礼物

市第六水厂液氧站是安全优质供水深度处理工艺的主要设备之一

2008年10月，市委、市政府提出要创建“东莞市市容环境优美村(社区)”，继续深入开展全市环境卫生整治工作。图为首批“东莞市市容环境优美村(社区)”之一：长安沙头社区

图为东江大道LED节能灯实验路段。LED节能路灯平均比传统路灯消耗能源减少60%

东莞市城市管理综合执法局

副市长梁国英在东莞市城市管理综合执法工作会议上布置工作

市城市管理综合执法局局长赖源顺一行在中堂调研流动商贩规范管理问题

市城市管理综合执法局深入学习实践科学发展观转段动员会议

市城市管理综合执法局与有关镇(街)研究广深铁路东莞段沿线景观整治

综合执法人员在广深高速至环城路南城石鼓连接线拆迁现场

企业赠送锦旗感谢市城市管理综合执法局打击造假工作

综合执法人员查处冒牌啤酒生产窝点

综合执法人员向乱扔吐者开罚单

中国南方电网
CHINA SOUTHERN POWER GRID

广东电网公司东莞

领导关怀，如沐春风。图为市委书记刘志庚、市长李毓全视察东莞供电局电网调度中心

优质服务，深入民心。图为供电局领导及相关部门负责人接听阳光热线电话，就供电问题为群众排忧解难

一方有难，八方支援。图为供电局干部职工踊跃为四川汶川地震灾区捐款

供电局

奥运会期间，自动化主站人员全天24小时在岗值班，并且每天对运行设备进行四次全面检查

栉风沐雨，抗冰救灾。图为2008年2月，市供电局抗冰救灾队伍在广东清远抢修电网

500千伏莞城变电站高压设备带电水冲洗作业场景

东莞供电局抗冰救灾队伍在贵州都匀抢修电网

东莞市环境保护局

2008年5月13日，副市长梁国英、环保局局长袁绍东等领导为新办公大楼揭牌

2008年6月5日，东莞市举行《东莞创模手册》首发仪式，图为市环保局局长袁绍东进社区为居民派送手册

2008年8月28日，环境监察分局四大队挂牌，标志着六个环境监察大队正式成立

2008年7月31日，东莞市举行学习实践活动环保专题新闻发布会

截至2008年，全市基本建成污水处理厂主体工程16项，其中，市区污水处理厂更被评为全国先进污水处理厂

全市815公里的截污管网建设进展顺利，有望成为全国首个污水处理设施城乡全覆盖的城市。图为松山湖截污管道施工现场

东莞运河整治初见成效，中心区河段基本消除黑臭现象

东莞市环保产业促进中心

东莞市环保产业促进中心成立于2003年，系环保局直属副处级单位，主要任务是担负全市环保基础设施建设、水污染治理工程的组织管理和环保产业规范发展工作。市环保产业促进中心以“打造一流团队、营造一流环境、争创一流业绩”为目标要求，以“朝气蓬勃、团结实干、开拓创新、奋发有为”为工作理念，极大地激发干部职工的工作主动性、积极性和创造性，有力推进了污水处理工程建设、运河综合整治净水工程项目以及环保产业规范发展等各项工作的新发展。截至2008年，全市污水处理工程全年完成投资19.8亿元；其中管网13.3亿元，主体工程投入6.5亿元。规划建设的34家污水处理厂已建成16家，处理规模为99.5万吨/日；35个截污管网建设项目已完成管道施工554.02公里，进度为68.33%。运河综合整治净水工程项目中，完成石排中心涌纯氧（臭氧）曝气快速消除黑臭试点工程，启动了桥头小海河生态修复试点工程和同沙水库综合整治工作，医疗废物处理厂主体工程全面开工，污泥处理厂基本确定处理的工艺方案。环保产业规范发展方面，成立市环保产业协会，启动环保产业发展规划编制工作，为促进全市环保产业规范发展进一步坚实了基础。

2008年9月10日，东莞市在大岭山召开全市污水处理工程建设工作现场办公会议，市委副书记、市长李毓全出席会议并作重要讲话

2008年9月10日，副市长梁国英在市环保局局长袁绍东、环保产业中心主任邓伟斌的陪同下视察污水处理厂

2008年11月19日，市环保产业协会成立

2008年6月27日市环保产业促进中心全体党员、团员赴清远开展素质拓展活动

东莞市公路管理局

2008年8月11日，东莞市委书记、市人大常委会主任刘志庚(中)、广东省公路管理局党委书记顾青波(右)在东莞市公路管理局党组书记、局长方茂明(左)等领导的陪同下，到东莞公路大厦视察工作

2008年3月7日，省公路局党委书记顾青波(右二)在东莞市公路管理局党组书记、局长方茂明等领导的陪同下，来到107国道东莞江南收费站调研

2008年1月13日，副市长梁国英(中)，原政协副主席、市公路局局长李卢谦(右一)在市公路管理局党组书记、局长方茂明(左一)的陪同下参加市公路管理局2008年新春团拜会

2008年1月13日，副市长梁国英(中)与市公路管理局党组成员一齐向全体人员祝贺新春

市公路管理局领导巡察督导在建重点工程

东莞市公路管理局开展向汶川地震灾区捐款活动，局长方茂明第一个带头捐款

2008年11月3日，广东省档案事业发展综合评估组在东莞市政府副秘书益民、市档案局局长成洪生、副局长吴汉成的陪同下，到市公路管理局档案综合管理工作，并给予好评

2008年10月30日，市直工委在市公路管理局开展示范党支部创建单位观摩交流活动

2008年6月4日，东莞市公路管理局召开省道S256、S358东莞段大修工程初步设计评审会

2008年6月13日，东莞地区遭受强降雨袭击，市公路管理局下属养护单位组织职工奔赴水浸路段冒雨抢修公路

市公路管理局管养的省道S357莞樟路段

市公路管理局管养的国道G107长安涌头立交桥

东莞市交通局

2008年春运期间，中共中央政治局委员，广东省委书记汪洋在市委书记刘志庚、市长李毓全的陪同下视察东莞春运工作，并亲切慰问滞留旅客

2008年1月28日，东莞市委书记、市人大常委会主任刘志庚在市交通局局长韩任海的陪同下视察东莞春运

2008年3月28日，市交通局局长韩任海在公交车上与优秀乘务员郑元亲切交谈

2008年10月29日，广州港引航站东莞分站挂牌成立

2008年11月24日，市交通局局长韩任海与各出租车集团的出租车司机座谈

2008年3月28日，“文明东莞”公交体验日活动启动

2008年6月30日，在第五届“永远跟党走”合唱比赛中，市交通局组队演唱歌曲《香格里拉》，荣获机关组金奖

2008年12月24日，市交通局综合执法局执法人员在长安展开打击非法营运活动并销毁一批非法车辆

东莞市公路桥梁开发建设总公司

2008年12月23日，东莞市人民政府、中国建设银行广东分行举行战略合作签约仪式，建行以600亿元信贷支持东莞。图为建行东莞分行副行长葛新华(前左)与市路桥总公司总经理尹锦容(前右)签署协议，向从莞高速东莞段等4个高速公路项目提供105亿元的信贷支持

2008年12月29日，莞深高速与环城路共线段石碣立交段完工通车，通过增莞高速增城段、广惠高速连通增城、广州、惠州等城市，东莞增加了一条北向重要出口。图为开通启用的莞深高速公路石碣收费站

建设和谐工地。图为市路桥总公司团委、莞深高速石碣段项目部举行篮球友谊赛

2008年8月31日，西部干道麻涌段通车，标志着西部干道全线完工通车，东莞市西部水乡有了一条对外交通的快速通道。图为完工通车后的路面

即将合龙的莞深高速与环城路共线段东江大桥

2008年12月25—26日，莞深高速东江大桥2008年度专家顾问年会召开，会议评审东江大桥钢梁安装架设方案，审议和验收东江大桥11个科研课题

中国工程院院士、桥梁专家方秦汉(右一)现场指导莞深高速与环城路共线段东江大桥建设

2008年5月30日，莞深高速公路黎光至东莞立交段大修工程完工通车。图为大修完工通车后的路面

东莞发展控股股份有限公司
000828 Dongguan Development (Holdings) Co., Ltd.

2005年12月29日，莞深高速公路收费收益权专项资产管理计划成功设立并挂牌转让(图为东莞市委常委、常务副市长冷晓明发言)

东莞发展控股股份有限公司是东莞市属国有控股上市公司（证券简称"东莞控股"，证券代码"000828"），主营业务为东莞市高速公路的投资、建设和经营，注册资本10.39亿元，其中控股股东为东莞市公路桥梁开发建设总公司持有41.54%的股份。截止2008年底，公司总资产41.72亿元，净资产26.68亿元。

2004年，公司完成重大资产置换入主高速公路行业，成功实现了主业的转型。2005年12月，公司通过创新的"莞深收益"专项计划成功融资5.8亿元，成为全国首家采用资产证券化方式融资的上市公司，开创了中国上市公司的先河。2007年，公司成功发行了规模为5.5亿元的短期融资券，成为东莞企业历史上的首例。

2004年以来，公司紧紧围绕资产经营和资本运营两条主线开展工作。公司先后收购了莞深高速三期东城段和龙林高速资产以及虎门大桥公司11.11%的股权、东莞证券公司20%的股权。公司通过不断探索外延式发展和主业有限多元化经营，既实现了公司资产规模的扩张，提高了主业的核心竞争力，也优化了公司的资产结构，为公司的长期稳健发展奠定了基础。

2007年4月，公司成功发行第一期5.5亿元短期融资券(图为公司董事长尹锦容在庆典仪式上致辞)

2008年3月19日，公司喜挂东莞市"文明标兵单位"、"文化建设先进企业"牌匾

2008年7月11日，莞深高速石大路收费站喜挂全国"巾帼文明岗"牌匾

2008年8月25日，莞深高速大朗收费站喜挂全国"工人先锋号"牌匾

东莞市口岸局

2008年4月11日，广东省口岸系统共建文明口岸工作会议在东莞举行，省政府口岸办公室主任邬公权（主席台左二）、国家口岸管理办公室副主任罗文金（主席台左三）出席会议，市委常委、副市长江凌（主席台左一）出席会议并致欢迎辞

2008年9月18日，虎门港口岸沙田港区5号、6号泊位通过由省政府口岸办公室、海关总署广东分署、广东出入境检验检疫局、广东边防总队和广东海事局组成的省政府验收组的验收

2008年11月19日至12月16日，东莞市口岸系统第九届运动会成功举办，市委常委、副市长江凌(前排中) 出席运动会开幕式并宣布运动会开幕

寮步进出境货运车辆检查场陆路智能化通关改革获得“2008年东莞市科学技术奖市长奖”，并且已通过广东省科技进步奖的评审，是国内最先进的电子监管通关模式

东莞市对外贸易经济

2008年1月15日，市委书记、市人大常委会主任刘志庚(左六)，市委副书记、市长李毓全(右七)在东莞市外商投资企业代表新春酒会暨第三批东莞市荣誉市民颁授仪式上与外商代表及荣誉市民代表合影留念

2008年，市外经贸局围绕市委、市政府“推进经济社会双转型”战略思路，积极开展解放思想学习讨论活动和深入学习实践科学发展观活动，认真贯彻落实全市产业结构调整和转型升级的重要部署，将应对金融危机与推进加工贸易转型升级结合起来，加快实施外源型经济转型升级“三大核心工程”，积极创新和认真落实各项帮扶企业措施，突出抓好稳定企业、平台建设、试点推进、招商引资等工作，在市委、市政府的正确领导下，在各镇街党委、政府、各职能部门和外经贸战线广大干部职工的共同努力下，全市外源型经济保持了相对平稳的发展态势。

2008年，全市实际利用外资24.47亿美元，增长15.6%；合同吸收外资25.87亿美元（含增减资），同比下降17.2%。全市外贸进出口总值1133.0亿美元，增长6.1%，其中出口655.4亿美元，增长8.9%，进口477.6亿美元，增长2.5%。

2008年，全市外经贸工作受到上级单位的肯定和表彰，荣获全省吸收外商直接投资综合奖特等奖、加工贸易转内销特等奖、外贸出口一等奖、一般贸易出口一等奖、外经工作二等奖、一般贸易进口二等奖，以及吸收世界500强跨国公司投资三等奖等7个奖项。

2008年8月19日，推进东莞加工贸易转型升级试点工作座谈会召开

合作局

2008年5月13日，商务部副部长姜增伟(左二)莅莞调研台资企业转型升级情况，市委常委、副市长江凌(右二)陪同调研组参观

2008年4月8日，广东省副省长万庆良(左三)在省外经贸厅厅长梁耀文(右二)，市委常委、副市长江凌(左二)陪同下到市外经贸局调研

2008年11月19日，市委副书记、市长李毓全到市外经贸局调研

2008年5月23日，市外经贸局召开深入学习实践科学发展观活动党员大会

东莞地区海关风采

2008年5月29日，在广东省副省长万庆良、总署副署长兼广东分署主任吕滨，黄埔海关关长李佩林的陪同下，海关总署党组书记、署长盛光祖视察东莞海关保税业务现场、寮步车检场，看望一线关员，并与大家合影

2008年10月29日海关总署副署长、广东分署主任吕滨(左二)到凤岗办事处调研

2008年7月30日，广东省委常委、省政法委书记、省公安厅厅长梁伟发到常平旅检口岸检查奥运安保工作

2008年4月，东莞市委常委、副市长江凌(右四)出席驻沙田办事处“文明单位”挂牌仪式

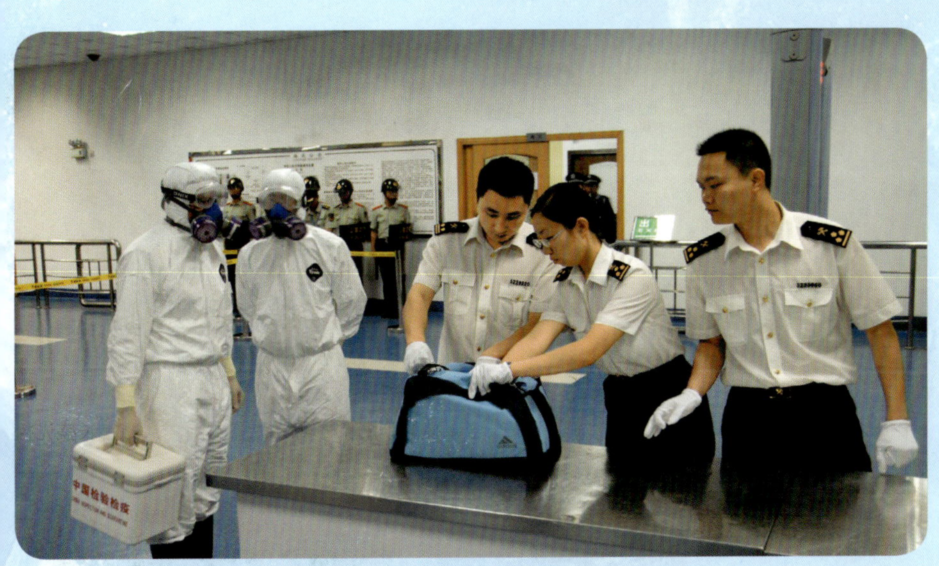

黄埔海关驻常平办事处参加东莞铁路口岸奥运安保演习

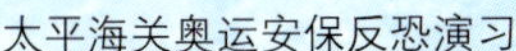
太平海关奥运安保反恐演习

2008年10月8日，“超大流量车载货物通关智能监管系统”(即“智能通关”)喜获2008年东莞市科学技术市长奖

2008年5月22日，东莞海关代表黄埔海关驻东莞片区海关在“大灾无情，人间有爱——东莞市抗震救灾大型募捐晚会”上再次向灾区捐款50万元

太平海关查获走私出口粮食

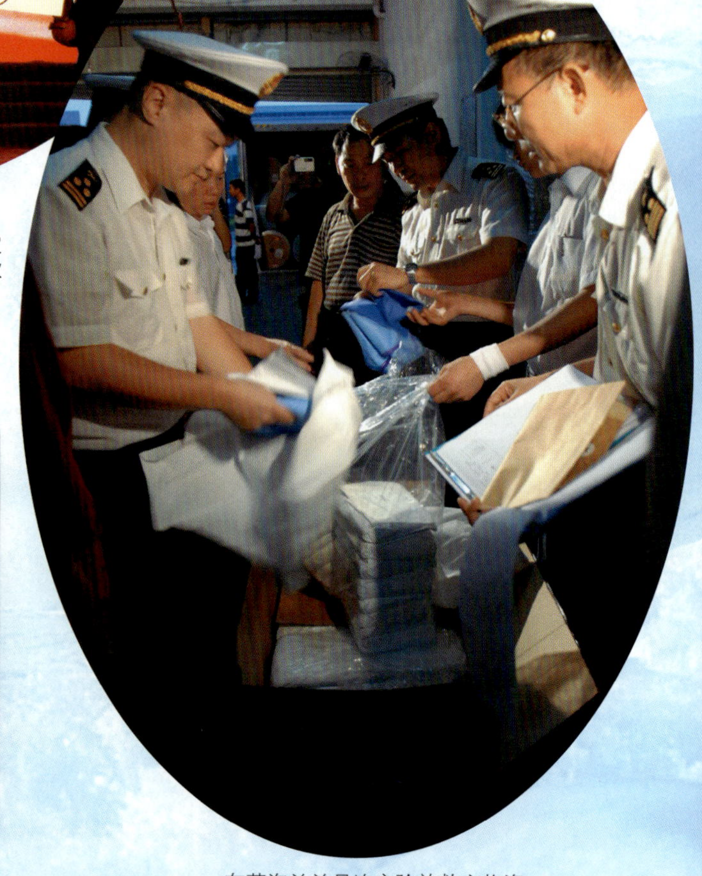

东莞海关关员连夜验放救灾物资

2008年7月1日，东莞海关举行升国旗暨关员宣誓活动纪念建党87周年暨建关20周年

秩序井然的驻长安办事处车检场

新沙海关打造华南汽车进出口平台，汽车进口业务蓬勃发展

东莞出入境检验检疫局

2008年10月24日，广东检验检疫局党组书记、局长李延辉到东莞检验检疫局开展学习实践科学发展观活动调研。调研期间，局长李延辉与东莞市委书记刘志庚、副市长江凌进行了亲切会谈

2008年11月27日，国家质检总局党组成员、认监委主任孙大伟(右二)一行在广东检验检疫局局长李延辉等领导的陪同下到东莞检验检疫局调研

2008年6月2日，东莞检验检疫局石排检验检疫实验室签约仪式在石排镇政府举行。东莞检验检疫局党组书记、局长詹少彤与石排镇镇长简任昌签署了合作协议，标志着东莞检验检疫局实验室局外选址扩建工作迈出坚实的一步

东莞检验检疫局严格按照国家质检总局2
年第75号公告要求，确保供港奥运蔬菜质量安

2008年7月15日，广东检验检疫局纪律教育月暨党日主题活动(东莞)现场会在东莞市会议大厦召开

2008年11月5日，东莞检验检疫局与东莞市打私办加强联合执法，销毁了113吨来自疫区的非法进境牛肉

东莞市贸促会

2010年上海世博会是继2008北京奥运后的又一场全球顶级盛会，将首次以“城市，让生活更美好”作为主题。市贸促会积极推荐东莞松山湖科技产业园区作为“城市最佳实践区”参选项目。经积极争取，松山湖已中选“其他展示案例”，同时将以“创新-让城市充满活力”为主题代表省承办上海世博会专题论坛。2008年3月5日，市贸促会会长李文峰(后排左二)陪同市委常委、副市长江凌(前排右三)随同由副省长万庆良率领的广东代表团赴上海世博局进行相关游说工作

市贸促会引入直接参与制定欧盟鞋业技术准入标准的法国鞋业皮具专业技术中心(法国CTC集团)在东莞市松山湖科技产业园区建立检测中心和实验室。图为2008年5月26日，市贸促会会长李文峰(左一)陪同市委常委、副市长江凌(右二)会见法国CTC集团总裁伊夫·莫林(右一)和法国皮革皮具联合会主席皮尔·万特罗(左二)

2008年12月10日，市贸促会组织了来自东莞电子、纺织和五金等相关行业的24家企业共51名代表赴香港参加了由香港贸发局主办的“中小企国际推广博览会”及“创新科技及设计博览会”。博览会针对在金融危机的大环境下，就融资、经营以及开拓市场遇到的难题，为企业提供了实用的咨询以及商务服务、创意产品及市场推广的最新资讯

为帮助东莞企业防范出口风险，积极拓展国际，2008年3月21日，市贸促会和省贸促会在东合举办了“2008东莞企业开拓国际市场培训。培训班邀请了中国国际经济贸易仲裁委员会分会刘晓春博士为企业讲述如何防范和解决国易中的各种纠纷。共有107名东莞企业的代表了培训班。活动取得了良好的效果

2008年11月5日，荷兰鹿特丹市市政代表团一行10人在常务副市长马克·哈波斯的率领下到访东莞。市贸促会会长李文峰陪同客人一行参观了虎门和麻涌两镇及当地两家企业，促进了两地的经贸交流与合作

2008年4月26-29日，由市贸促会主办的“2008东莞国际茶业博览会”在东莞国际会展中心隆重举行。“茶博会”展览面积超过10000平方米，共有100多家境内外知名企业参展，参观人次突破10万，在业界获得肯定

东莞市旅游局

东莞市旅游形象主标识、宣传语揭晓暨东莞旅游网启用新闻发布会2008年3月25日隆重举行。“多彩的玉兰”和“为东莞喝彩”成为东莞旅游形象主标识及宣传语

2008年4月11日，东莞市旅游局在郑州举行旅游专场推介会，并与中国康辉集团签定战略合作协议，双方将在品牌宣传、旅游资源整合推广、商务会展、节庆旅游、人才培训等方面开展全方位的合作

由东莞市旅游局、东莞市旅游饭店协会联合举办的“东莞市尚佳杯饭店业服务技能大赛”于2008年8月12日隆重举行，来自全市星级酒店的27支代表队、共239名选手参加了比赛，参赛规模为历年之最。图为获奖选手与市旅游局领导合影

2008年11月28日，来自全市32个镇街的2300名海内外嘉宾出席了第四届广东国际旅游文化节开幕式晚会，从中感受到了开放广东、和谐东莞的巨大魅力。开幕式花车巡游中，东莞市的花车把旅游形象主标识“多彩的玉兰”和宣传语“为东莞喝彩！”融入了主题，体现了“海纳百川、厚德务实”的东莞城市精神，给海内外嘉宾留下了深刻的印象

（上接122页）进程问题，为全市经济社会发展建言献策。《东莞日报》、《广州日报（东莞版）》对多件提案进行选登。向政协十一届二次会议提交的《推进水务体制改革为解决我市的水问题提供制度保障》被评为优秀提案，《促进村组两级发展，改善村组民生，促进和谐东莞建设》被评为表扬提案。多名社员参加市政协全会旁听。11月，市长会见政协委员座谈会上，副主委王旭珍代表九三学社东莞市委会作《设立创业投资引导基金，促进我市创投产业的发展》发言。市委会承办2期市政协与东莞电台联合举办的“周末访谈”节目；有7人次担任市各单位特约监督员，直接参与有关监督、检查工作，对全市党风、行风和机关作风建设起到促进作用。

【社会服务】 2008年年初南方冰雪灾害期间，九三学社东莞市委会号召广大社员积极捐钱捐物；在四川汶川大地震后，发动全体社员捐款，募得资金2.3万多元；联合清华校友会开展捐资助学活动，资助韶关市新丰县第一中学多名贫困学生。（鲁　宇）

附：2008年九三学社东莞市委会领导名录

主　委：吕　兢

副主委：何镜清　王旭珍

总工会

【激发广大职工的创造活力】 2008年，东莞市各级工会广泛开展“当好主力军、建功‘十一五’、和谐奔小康”、创建“工人先锋号”、“我为节能减排作贡献”、建设创新型企业等竞赛活动，激发广大职工的创新活力，促进经济社会发展。全市共有10个行业26个工种（项目）纳入职工职业技能竞赛范围，举办各种技能比赛1300多次，参赛职工9万多人，创新技术成果2700多项，职工提出合理化建议4万多条，实现企业经济效益的提升。其中虎门、石龙、市电信局、市卫生局、市邮政局、市人民银行、沙角A电厂、沙角C电厂工会组织进行多种形式的职业技能竞赛活动，取得良好成效。

【维护职工队伍和社会稳定】 2008年，东莞市各级工会面对全球金融危机的冲击，增强大局意识和全局观念，对辖区企业经营状况进行排查，做好劳动争议预防预警工作；对关闭的企业，各级工会主动介入，协助处理善后工作，在按照有关法律法规坚决维护好职工合法权益的同时，注意教育和引导职工群众理性表达自己的利益诉求，自觉维护社会大局稳定，有效减少职工群体性事件发生。

【组织广大职工抗震救灾】 2008年四川汶川地震发生后，东莞市各级工会响应党和国家的号召，按照市委和上级工会部署，组织动员广大职工多次为灾区捐款捐物，开展送温暖、献爱心活动，全市各级工会和工会会员共向灾区捐款751万多元。各级工会切实做好灾区在莞职工的慰问帮扶工作，召开慰问会、发放慰问金、成立受灾儿童援助小组、提供心理辅导等。

【弘扬劳模精神】 2008年，东莞市各级工会发挥劳模示范引领作用，表彰和宣传李少辉、茹敬宏、尹月仙、余桂珍、郭世安等先进模范人物，推动广大职工学习劳模、争当劳模，立足本职岗位、争创一流业绩。

【工会组织建设】 2008年，全市工会加强工会组建，推进工会组织建设。抓好外商投资企业工会组建，推进世界500强等跨国公司在莞企业集中建会行动。截至2008年，世界500强在莞经营机构130家，已建立工会组织119家，建会率达92%。贯彻落实《企业工会工作条例》，加强企业工会工作规范化建设，推动沃尔玛百货公司、东莞马士基集装箱有限公司、南城百音电子有限公司等企业工会组织发挥作用，总结经验加以推广，形成示范带动效应，促进全市工会组建工作的开展。创建“职工之家”，完善规范企业工会运作，全年验收合格“职工之家”2691家。全市全年共组建工会组织4801家，发展会员36万多人，较好地完成全国总工会和省总工会下达的组建工作任务。市总下发《关于在村（社区）“两委”换届后做好村（社区）工会联合会领导班子调整工作的通知》，加强村（社区）工会工作，促进全市591个村（社区）工会联合会领导班子配好配强。同时，市总工会抓好村（社区）工会联合会代表大会制度规范化建设，推进虎门、黄江、大岭山、中堂、石排等镇开展村（社区）工会联合会集中统一换届。

【落实维权工作】 2008年，全市开展“员工满意企业”评选活动9361家；已签订集体合同企业19102家，覆盖职工270多万人；签订女职工权益专项集体合同的企业有3569家，覆盖女职工47.58万人；全市共有17055家企事业单位推行民主管理制度，10571家企事业单位建立职代会制度，其中非公有制企业建立职代会9226家。配合省总工会在虎门服装行业开展行业性工资集体协商试点工作，推动建立工资共商共决机制。市总工会、麻涌镇总工会和省总工会组成联合调查组对玖龙纸业公司被报道为“血汗工厂”进行调查，掌握大量一手资料，形成调查报告，立场鲜明地表达工会意见。进一步从机构、人员、经费三方面加强法律援助工作，发挥“12351”工会职工热线电话作用，为职工提供全天候服务，努力化解劳资矛盾，维护职工权益和社会稳定。保护职工文化、安全和健康权益，启动“职工书屋”建设，首期80家已全部完成挂牌；开展“安康杯”竞赛活动，参赛单位1642家，职工68万人；抓好安全生产知识电视培训，培训职工42万人。

【加大帮扶工作力度】 困难职工帮扶中心建设。2008年，市总工会制订下发《东莞市市级困难职工帮扶专项资金使用管理办法》、《财政帮扶、送温暖等专用资金使用规定》等规章制度，完善和规范帮扶中心资金使用与帮扶救助有关制度；举办帮扶管理系统操作使用培训班，规范困难职工建档工作，共建立760个困难职工档案。全市32个镇街均建立帮扶中心。2008年市财政拨给市困难职工帮扶中心专项资金130万元，32个镇街财政也逐步设立专项帮扶资金，提供有力支持。送温暖活动。元旦、春节期间，市总工会联合东莞移动公司开展“和谐东莞、真情移动”为主题的送温暖活动，筹集80万资金，慰问全市800户困难职工。据统计，全年全市各级工会筹集送温暖资金698.2万元，走访慰问4962户困难职工家庭。金秋助学活动。全市各级工会共筹集助学资金740多万元，资助困难职工子女4218人。

【为香港市民排忧解难】 2008年，市总工会配合香港东莞工联咨询服务中心开展工作，为香港市民排忧解难，全年接来电来访咨询求助1750人次，涉及房产纠纷、护送回港、法律涉案、申请赴港定居等个案530多宗，直接为香港市民挽回经济损失达400多万元。（郭富春）

附：2008年东莞市总工会领导名录
主　席：张顺光
常务副主席：马凤彪
副主席：黎卓荣　黄慧红（任至12月）

团市委

【概况】 2008年，东莞市有共青团员177213人，占全市14—28周岁青年总数的28.3%，其中，学生团员为108008人，占全市共青团员总数的57.5%；有基层团委175个，其中一级团委76个，镇街道团委32个，厂局团委25个，市属一级学校团委18个；二级团委99个，其中学校团委76个，“两新”组织团委18个；基层团总支789个，团支部5036个；推优6708人，推优入党2541人。

2008年，东莞市及团组织多次获奖。其中，东莞市被团中央、全国学联评为“中国大学生骨干培养学校社会实践基地”；东莞理工学院被中央宣传部、中央文明办、教育部、团中央、全国学联评为“全国大中专学生志愿者暑期‘三下乡’社会实践单位”；长安镇被团中央评为“2007年度全国青年中心建设先进县（市、区）”；石碣中心小学被团中央、全国少工委评为“中国少年儿童平安行动示范学校”；郭东林被团中央授予中国五四青年奖章。

【共青团东莞市十四届五次全委（扩大）会议】 于2008年1月23日在市行政办事中心召开，会议主题是坚持科学发展，推动青年转型，团结带领广大团员青年共建共享富强和谐新东莞。团市委委员、候补委员，各镇街团委正副书记、专职团干，厂局、市属学校团委书记以及市直机关各团（总）支部书记共250多人参加会议。市委常委、市委组织部部长庞国梅出席会议并讲话，团市委书记陈慧贞作《坚持科学发展，推动青年转型，团结带领广大团员青年共建共享富强和谐新东莞》工作报告。会议当天还召开共青团东莞市代表会议，增选团市委委员、候补委员，表彰2007年度共青团工作先进集体和个人。

【村、社区团组织集中换届】 2008年8月，全市村、社区团组织集中进行换届选举。全市589个村、社区团组织顺利完成换届选举工作。新一届村、社区团组织班子平均年龄为25.8岁，比换届前下降3.3岁，书记平均年龄为28.1岁，比换届前下降4.5岁；共配备书记589名，其中有318名由村、社区“两委”成员兼任，占54%。以集中换届为契机，开展无候选人直接选举试点工作。全市31个试点单位认真执行试点工作各项程序，全部顺利直接选举产生团领导班子。

【“两新”组织团建工作】 2008年，团市委在市、镇两级进一步建立和完善“两新”组织团建台帐，摸清“两新”组织党团建设现状，重点抓好500人以上“两新”组织团建工作，制订“两新”组织团建工作规划。“七一”前后，石碣、黄江、塘厦、樟木头、万江、清溪、企石等镇街先后举行“两新”组织批量挂牌仪式，为“两新”组织团建创新工作注入新活力。

【团干部和团员教育培训】 思想教育。2008年6月，团市委召开全市学习贯彻团十六大精神大会，组织全市400多名团员青年深入学习团十六大精神。各基层团组织通过召开专题座谈会等形式，在广大团干和团员青年中深入开展学习党的十七届三次全会、团的十六大精神、学习《团章》、重温入团誓词等学习教育活动。

技能培训。4月，团市委联合市少工委举行东莞市少先队辅导员交流学习培训班。6月，组织全市55名基层团委书记到北京中央团校进行集中培训。8月，组织28名镇街团委书记到广州参加广东省团县委书记科学发展观专题培训班。9—10月，组织全市全部589个村、社区团组织书记分6批到省团校参加培训学习。

挂职锻炼。选拔基层团委书记、副书记、专职团干到团市委挂职锻炼。配合团中央、兄弟市团委，为来自广西都安、揭阳、韶关团干部来莞挂职营造好工作、学习、生活条件，确保挂职工作圆满成功。

【第九届“东莞市十大杰出青年”评选活动】 2008年3月11日，第九届“东莞市十大杰出青年”评选活动评委会在莞召开第一次会议，会议确定20名杰出青年候选人。4月10日，经充分酝酿、讨论、投票，产生第九届“东莞市十大杰出青年”10名初步人选。5月4日，由团市委、市青联、市文明办、东莞日报社、东莞广播电视台联合主办第九届“东莞市十大杰出青年”评选活动评选结果揭晓。刘雄山、李建明、李振强、何伟汉、张秀薇（女）、陈永快、姚柏祥、黄锦辉、梁国沛、蔡玲霞（女）当选为第九届“东莞市十大杰出青年”。

【志愿服务】 2008年，全市各级团组织配合东莞创建全国文明城市，推动全市志愿服务事业发展。

组织领导。12月，东莞市成立由市委副书记、市委政法委书记黄双福任主任，市委常委、市委组织部部长庞国梅，市委常委、市委宣传部部长王道平，副市长吴道闻、成洪波任副主任，市委宣传部、团市委等26个职能部门领导任成员的全市志愿服务事业指导委员会。

网络构建。各镇街和高校均建立志愿服务中心，全市中学均成立志愿服务站，全市村（社区）建立志愿服务站点，初步构建三级志愿服务组织网络。

队伍建设。举办全市志愿者骨干系列培训班，提高志愿者综合素质，吸引机关党员、“两新”组织员工、老同志、学生等参与志愿服务，壮大志愿者队伍。

营造氛围。2月，面对低温雨雪冰冻灾害，团市委、市志协组织志愿者到各旅客滞留点和困难群众家庭开展送衣送药、送水送食、送书送报、送文艺送关爱等服务，深入企业、工地、厂区，劝吁员工留莞过年，开展丰富多彩文体活动。3月，深入开展志愿服务统一行动月活动；12月，开展“与文明同行，与爱心同步”主题志愿服务活动；杰出青年带头签署公益活动承诺，投身志愿服务，宣传志愿服务理念。

拓展服务。8月，5名东莞奥运志愿者参与奥运志愿服务工作；11月，启动消防志愿者行动；11月6—10日，培训50名志愿者参与在莞举行的2008年度国际花园城市评选决赛接待工作。基层成立党员义工巡逻队、义教服务队、彩虹心理热线服务队等多类团队，提高志愿服务专业化水平。

工作创新。基层探索建立志愿服务基地、开通网上志愿者信箱、创办志愿者报刊、成立慈善爱心店、举行志愿者万米公益长跑等有效工作载体，志愿者自主策划的12个项目争取到省级财政“志愿服务专项资金”6.55万元。

【2008年东莞市志愿服务表彰大会】 于2008年12月22日在市行政办事中心会议厅举行。黄双福到会讲话，庞国梅、王道平等领导出席大会。市志愿者协会理事，各镇街、厂局、市属学校分管志愿服务工作领导、宣传办主任、各基层团委书记，部分志愿服务组织负责人，受表彰先进集体和个人代表共230人参加大会。陈慧贞作2008年志愿服务工作总结发言。大会设立市志愿服务金、银、铜奖和志愿服务贡献奖，有532个先进单位和个人获得表彰。会上举行2008年省

级财政支持志愿服务事业发展重点项目资金发放仪式。

【少先队东莞市第七次代表大会】于2008年10月13日在市会议大厦召开。市委书记、市人大常委会主任刘志庚，市委常委、市委组织部部长庞国梅，团省委副书记、省少工委主任陈小锋，市关工委常务副主任曾均明，团市委书记陈慧贞等领导出席大会。出席本次大会正式代表共357名，其中少先队员代表198名，少先队辅导代表79名，团教代表和其他部门代表80人。会议总结东莞市第六次少代会以来工作，研究制定东莞市下一个5年少先队工作计划，并选举产生新一届少先队东莞市工作委员会。会议期间还开展红领巾提案征集活动，举行“我为文明加分”少先队雏鹰论坛和少先队活动成果图片展览，创建红领巾体验教育基地，表彰一批全市少先队工作先进集体和优秀个人。会前，刘志庚接见市“十佳少先队辅导员”和“十佳少先队员”并讲话。

【东莞市青年企业家协会第四次会员大会】于2008年11月26日在东莞市会展国际大酒店召开，近220名会员和各镇街团委书记参加大会。大会听取和审议东莞市青年企业家协会第三届理事会工作报告，选举产生新一届理事会。会后，市委常委、副市长江凌为全市基层团干部和市青企协会员作国内外经济形势报告，并和副市长吴道闻等领导出席理事会就职典礼，为新当选会长、副会长、名誉会长、理事颁发就职证书。

【深入学习实践科学发展观青年论坛】2008年3月25日，团市委联合寮步镇镇委镇政府、东莞日报社、东莞广播电视台在寮步镇市民广场举办“解放思想，青年争先”——东莞深入学习实践科学发展观青年论坛，开辟“科学发展，青春畅想”专题网页，组织和动员广大团员青年深入学习实践科学发展观。据统计，专题网页开通到青年论坛开始前5天时间内，累计有1万多人次点击浏览网页，2200多人次网上留言。论坛网络直播期间，共有1600多人次在线关注，有260多人次网上留言与论坛现场互动，为东莞共青团发展建言献策。

【“青春暖流”系列活动】2008年春节前后，团市委联合市文明办等12个部门开展以“共献爱心，共享和谐”为主题的“青春暖流”活动。1月18日，联合市青联等10多个部门在万江庆丰小学开展“互助手拉手，和谐共成长”——东莞市2008“青春暖流”行动启动仪式暨关爱新莞人子女手拉手活动，庞国梅出席启动仪式。1月20日，联合市青联在广东以纯集团有限公司举办“青春暖流，欢乐以纯——2008迎新春慰问新莞人文艺晚会”。1月21日，联合市城建工程管理局、市卫生局举行慰问市属重点工程新莞人青年建设者文艺演出。1月31日，联合市青联、市青企协开展“青春暖流，情系学子”——慰问留校困难大学生活动，组织20多名困难大学生前往圣茵新感觉都市生态农业科研基地开展创业环保科技体验活动。

【抗震救灾系列活动】2008年5月12日，汶川特大地震发生后，团市委组织广大志愿者进行义演、义卖、义务献血,举办全市地震应急志愿者培训班、“志愿浓情，心脉相通”抗震赈灾义演活动、“心系灾区，众志成城”赴川抗震救灾出发仪式，发动社会各界捐款捐物，募集救灾款物500多万元，组织“爱心义教”、“手拉手关爱行动”等活动，把温暖送给在莞复课灾区儿童和川籍新莞人子女。6月1日，团市委、市少工委联合东莞阳光网、四川新闻网共同举办“不一样的六一，一样的爱——莞川少年儿童手牵手心连心大型儿童赈灾汇演”，东莞近千名儿童、老师和家长与10位来自四川地震灾区留守儿童及家长参加活动。6月20—23日，团市委和市青旅组成慰问团赴四川探访东莞驻青川援建板房建设工作组，深入广元、青川探访慰问市驻川指挥援建工作人员，了解灾区受灾情况和重建进展；前往四川团省委了解最新抗震救灾信息。7月31日，团市委联合东莞广播电视台等部门在市青少年活动中心举办“迎奥运，庆八一”莞川青少年趣味运动会，来自全市各镇街100名中学生及70名青川在莞就读小学生参加活动。

【大学生创业（社会）实践行动】2008年7—8月，团市委联合市关工委、市学联开展以“中国加油　青春飞扬”为主题东莞市大学生创业（社会）实践行动。7月15日，活动在石排镇启动，省关工委名誉主任方苞，团省委副书记曾颖如及庞国梅等领导出席启动仪式。主办单位开展体验教育、社会调查、就业实践、素质拓展和志愿服务等实践活动，创建专题网站，为全市大学生创造交流互动、分享经验信息化平台。长安镇团委组织大学生开展“我与环卫工人的一天”，寮步镇团委组织大学生开展商海创业体验活动，黄江镇团委组织大学生参观东纵纪念馆等。据统计，2008年，共有1.58万名在校大学生参加创业（社会）实践行动，其中，4691人参加岗位实践，3500人成立184个调研组开展调研，形成调查报告199份、心得体会4541篇。

【中国大学生骨干培养学校第二期学员广东实践锻炼活动】于2008年8月8—16日由团中央、全国学联组织在莞开展，210名来自全国198所重点高校优秀学生参与活动。学员们深入东莞市8个镇21个企业、12个政府部门、8个社区、9个村、11个志愿服务点，开展挂职锻炼、劳动实践和志愿服务，在流水线上和工人同劳动，和基层干部共同工作，了解民生国情，与改革开放亲历者和见证者进行座谈交流，开展专题调研，形成《城市化进程的农民、农村、政府角色与作用》等调研报告11篇。团中央、全国学联授予东莞市“中国大学生骨干培养学校社会实践基地”称号。

【第五届东莞青年欢乐节】2008年4月30日，由团市委、市青联、市志协、市学联主办的2008东莞“青年月”暨第五届东莞青年欢乐节在东莞理工学院正式启动。吴道闻等领导以及团员青年和志愿者代表共约2000人参加启动仪式。欢乐节以“共享快乐东莞”为欢乐主题，“解放思想、革新自我、改变时代”为责任主题，组织东莞青少年三人篮球赛、东莞青年街舞大赛、东莞青少年百米长卷“迎奥运、树新风、创文明”主题绘画比赛等活动，吸引近万人次青年学生踊跃参与。

【爱心助学】2008年9月2—3日，团市委组织机关干部、市青联委员、市青企协会员38人赴汕尾市陆河县实验小学开展爱心助学阳光行活动，赠送电脑、电视机等价值10万元教学用品。9月20—21日，团市委联合市少工委、中国移动东莞分公司举办“感动广东·希望工程南粤会亲——东莞会亲”活动，庞国梅等领导出席启动仪式，全市各镇街100名受助学生、会亲家庭、基层团干部以及志愿者等近350人参加活动。各镇街团委组织会亲学生和会亲家庭开展趣味亲子活动，参观粤晖园、博物馆，到松山湖骑自行车、放风筝等活动。2007—2008学年度，全市共有740人次受到“希望工程——金龙鱼农民工子女助学金”资助，助学金总额为22.2万元。

【“民族精神代代传”教育活动】2008年4—5月，团市委、市少工委组织全市团员青年和少先队员开展“继承先烈志，弘扬中华魂”民族精神代代传活动，开展“英雄励我快成长”、“红色之旅”、参观纪念场馆、祭扫烈士陵墓、寻访革命老战士等实践活动。沙田镇团委、大朗中学、寮步香市中学、石碣中学组织学生团员到东莞人民公园革命烈士英雄纪念碑、松柏朗烈士纪念碑等爱国主义教育基地进行祭扫活动。东城、樟木头等镇街团委组织广大团员青年开展网上献花留言祭扫活动。

【十八岁成人教育活动】2008年10月是东莞第十三个18岁成人宣誓教育活动月，团市委联合市教育局、市学联围绕“实践青春誓言，共创文明东莞”主题开展2008年东莞市十八岁成人教育活动，以公民意识教育、成人预备期志愿者服务、十八岁成人宣誓仪式三个环节为重点，加强广大青年学生爱国主义教育和公民责任意识教育，组织青少年学生志愿者深入社区、街道、车站、敬老院、公园等场所，开展扶贫济困、帮孤助残等志愿服务活动。10月18日，各镇街、市属高中设立会场，组织年满18周岁青年学生统一举行成人宣誓仪式。

【“重走东纵路”东莞市青少年军事夏令营活动】于2008年7月29日—8月2日由团市委联合东莞阳光网等单位组织来自全市10个镇街100名青少年举行。主办单位开设“重走东纵路”东莞市青少年军事夏令营专题网页和博客。活动主要有军事技能竞赛、军体拳竞赛、野战，参观军人内务、吃军营餐、部队荣誉室和接受军事训练、实弹射击等。

【“手拉手”读书基地建设】2008年，团市委、市教育局、市少工委在全市加强和深化红领巾“手拉手”读书基地建设，全市各镇街少先队组织以“互助手拉手，和谐共成长”为主题，通过读书基地开展活动，加强莞籍学生和新莞人子女间交流。截至10月，全市“手拉手”读书基地正式挂牌成立54个，有藏书100.89万册，其中公办学校捐赠22.71万册。（叶凤娟）

附：2008年共青团东莞市委领导名录

书　记：陈慧贞

副书记：叶淦奎　李　纲　何学文

市妇联

【女性素质工程】2008年，市妇联依托妇女学校举办政治理论、科技文化、卫生保健、文明礼仪、心理知识等讲座3800多场次，近43万妇女参加学习。动员组织4000多名农村低学历妇女参加大中专学历教育。举办科技直通车活动200多场，11万多名群众参与，派发资料35万份。开办东莞女性讲坛4期，建立妇女书屋10家。

【十万妇女卫生健康行】2008年，市妇联整合“母亲健康快车”、“健康服务车”等资源，举行健康体检、妇科病普查、孕期保健等服务400多场，为18万多名妇女群众提供健康服务。

【妇女创业就业】2008年，市妇联与劳动部门联合举办电脑、会计、服装、烹饪、美容美发、家政等劳动技能培训645期，培训妇女4.4万人次。创新就业模式，建立“村民车间”、“姐妹工场”、“妇女车间”、“创业梦工场”、“小手工发放点”等就业场所538个，推动1万农村妇女转移就业。组织家政服务员参加省妇联系统职业资格培训，36人取得初级职业证书。

【“巾帼建功”活动】2008年，市妇联加大宣传力度，完善“巾帼文明岗”创建制度，掀起新一轮创建高潮，“巾帼建功”活动取得丰硕成果。全市创建全国“巾帼文明岗”3个、省级岗16个、市级岗69个，省“三八”红旗集体1个。

【第四届“巾帼十杰”评选表彰】2008年，市委宣传部、市妇联、市文广新局、市文明办、东莞日报社、东莞广播电视台联合举办东莞市第四届“巾帼十杰”评选活动。以公平、公正、公开为原则，经过基层推荐、群众投票、评委审议等严格程序，谢慧卿、安玉红、戴红、邱国凌、钟羽坡、钟凤群、黎笑媚、黄凤琴、杨俊瑜、温小燕当选为东莞市第四届“巾帼十杰”。东莞市第四届“巾帼十杰”表彰大会于3月6日举行。

【“千岗联千村”活动】2008年，市妇联发挥城镇“巾帼文明岗”资源优势，扶持带动新农村建设，统筹城乡妇女共同发展。全市“巾帼文明岗”与村（社区）结对1151对，扶持物资达179万元，8.6万多名妇女直接受惠。

【妇女法制宣传年】2008年，市妇联广泛开展“不让‘黄、赌、毒’进我家”、“预防艾滋病、健康全家人”、“零家庭暴力社区”等主题宣传活动和妇女法律知识有奖问答活动。全市开展普法宣传现场活动392场次，举办普法讲堂729场次，发放宣传品60万多份，培训12.71万多人。

【妇女维权服务】2008年，市妇联成立“幸福家庭工作室”，加强信访工作，全市调处来信来访来电1744宗。推动出台《关于解决我市农村出嫁女子女入户问题的意见》，解决出嫁女子女入户难问题。开展“降消”（降低孕产妇死亡率、消除新生儿破伤风）、“防拐”（实施“中国预防以劳动剥削为目的的拐卖女童和青年妇女项目”）、免费婚检等工作，推动出台《东莞市推行免费孕期健康检查工作实施方案（试行）》。

【第三届家庭文化节】2008年，市妇联举办第三届家庭文化节。通过“我廉洁，我幸福”家庭廉政文化大家谈、家庭节能减排知识竞赛、家庭才艺大赛等一系列文化活动，评选表彰“绿色家庭”80户、“学习之家”68户、“创业之家”47户、才艺家庭32户、文明小标兵71名，使“以德治家、以爱暖家、以学兴家、以廉守家”的和谐家庭建设理念深入人心。

【家庭运动会】2008年，市妇联以“迎奥运·促和谐”为主题，举行东莞市家庭运动会。全市192户家庭1000多人参加，充分展示市妇女和家庭成员“讲文明、树新风、促和谐”良好精神风貌。

【家庭教育工作】2008年，市妇联开展“家庭道德教育宣传实践月活动”、千师访万家、家教论坛、儿童论坛等活动。出版《家庭文明礼仪漫画集》，编印《家庭教育经典锦囊》。举办全市家庭教育骨干培训班3期。组织部分家庭教育骨干赴四川学习考察。召开东莞市家庭教育工作总结表彰大会。全市举办家教知识讲座、报告会416场，培训家长17万多人，学生7000多人。

【援助困境妇女儿童】2008年，市妇联深化援助单亲特困母亲家庭活动和“爱心父母”牵手困境儿童志愿行动，慰问单亲特困母亲家庭2572户，帮助3304名困境儿童健康成长。支持四川灾区救援工作，募得救灾款物324万多元，被全国妇联评为全国抗震救灾先进妇联组织。举办首届新莞人集体婚礼，培训新莞人女工10万多名。

【基层妇女组织建设】2008年，市妇联认真做好女干部进“两委”工作，新一届妇代会主任进“两委”比例达94.4%，比上一届提高4.4个百分点。新建“两新”组织妇女组织138个。

【妇女组织横向联谊工作】2008年，市妇联举办东莞市各界妇女庆中秋迎国庆联欢会，热情接待新疆哈密市妇联、佛山市妇联、广州市妇联、香港东莞同乡会妇女会等姐妹单位，组织全市处级以上女干部到中山市联谊交流，促进各界妇女交流、合作与发展。（黄子炎）

附：2008年东莞市妇联领导名录

主　席：喻丽君（任至12月）
　　　　黄慧红（12月到任）
副主席：叶丽云　郭瑞华（兼职）

工商联

【概况】截至2008年，东莞市工商联（总商会）共有镇街商会32个，行业商会1个，会员3591个，有12个基层商会建立党支部，251个会员企业建立党组织，564个企业建立工会组织。会员中担任全国人大代表1人，省人大代表3人，省政协委员8人，省工商联常委12人，执委8人，市人大代表40人，市政协委员81人。5人被评为“广东省优秀中国特色社会主义事业建设者”，9人被评为劳动模范，56人获市以上表彰。会员企业中有中国名牌产品13个，中国驰名商标7个，国家免检产品34个，广东省名牌产品、著名商标160个。在东莞市50强民营企业中会员占42家；东莞市9家登上广东省企业百强榜企业有8家是工商联会员企业。2008年市工商联被评为全国工商联系统先进单位、广东省工商联系统先进集体。

【参政议政】2008年，市工商联共向各级人大、政协提出议案46份，提案38份，向各级党政部门提出建议89份，其中被采纳或引起重视有51份，报送调研材料、情况反映、专题信息166份，履行参政议政职能。

【商会实力增强】2008年，在全市32个镇街商会中，常平、大朗、东坑、道滘、沙田5个商会建设了商会大厦，石碣、清溪、万江3个商会的商会大厦已报建动工，常平、高埗等10个商会设立经济实体，通过物业租赁等方式有了较为稳定经济来源。

【为会员服务】2008年，市工商联运用民企融资服务中心、机动车牌证办理点、商联企业服务部、东莞商会网、政联业余学校5大服务体系为会员解决融资、办证、宣传、培训等一系列问题，为会员企业发展做好后勤工作。全年市工商联及基层商会共举办学习会、座谈会149次，参加人数6579人次，举办讲座、研讨会102次，参加人数7463人次，举办、参加各种培训班46个，参加人数5459人次；协助会员解决经济纠纷，维护会员合法权益86起，涉及金额2601万元；协助会员申报民营科技企业65个、科技项目75个；协助会员申请著名商标、驰名商标、名牌产品、免检产品56次，协助44个企业申请自营进出口权；为60家会员企业融资4亿元；转发中央、省、市有关扶持民营企业发展政策法规文件8篇，印发8000份。通过《东莞民企》、《情况简报》和“东莞商会网”，及时向市委、市政府和会员企业反映工作情况，提供经济信息，推介企业发展经验。

【开展社会公益活动】2008年，市工商联积极引导会员为社会公益事业、光彩事业发展作无私奉献，先后发动基层商会、会员参与光彩事业、抗击雪灾、抗震救灾、扶贫、见义勇为基金、社会教育基金、文化体育、拥军等各项社会公益活动。据不完全统计，全年共发动会员对各项慈善事业捐款达16739.62万元。捐助兴建学校、医院10所，到位资金716万元，到贫困、落后地区投资办企业，帮助贫困、落后地区经济发展和解决群众就业，共实施项目11个，到位金额4023万元。在“5·12”汶川大地震抗震救灾活动中，各基层商会和会员企业共为灾区捐献1.1亿元钱物。市工商联被市委授予“东莞市抗震救灾先进集体”称号，12名会员被授予“东莞市抗震救灾先进个人”称号。

【对外交流】2008年，市工商联加强与国内外工商界联系，广泛开展交流活动，先后有加拿大（东莞）同乡会、香港九龙城工商业联会等访问团37个，403人到访，协助政府招商引资，引进项目25个，资金32000万元。市工商联响应市委市政府号召组织民营企业家走出去，先后组团50个，出访人数1195人次，签订各种投资合作协议31个，合计金额10230万元。

【开展“暖流行动”】2008年，市工商联通过致全体会员公开信，组成3个走访组，走进20个基层商会和100多家会员企业，开展“倾听企业心声，宣传应对措施，坚定企业信心”的“暖流行动”。主要宣传解读方针政策，摸清企业存在困难和问题，积极引导企业解放思想，坚定科学发展理念，树立挑战就是机遇意识，齐心共渡难关。将走访调研情况向市委、市政府反映，为政府决策提供参考依据。将走访中会员企业反映的困难与问题及时向有关职能部门反映，沟通协调，帮助企业解决困难。

【“访千户民营企业”调研活动】2008年，市工商联通过召开调研交流会、走访企业、发放调查问卷等形式对全市行业协会发展情况、民营企业《劳动合同法》执行情况，进行深入调研。撰写《关于我市行业协会、商会发展情况的调研报告》、《关于我市民营企业贯彻执行〈劳动合同法〉情况的调研报告》上报给市委政研室和有关部门。5月15日，市工商联结合企业实际情况，举办《劳动合同法》专题讲座，请专家结合《劳动合同法》辅导企业做好企业管理工作。

【“走访百家民营企业”调研活动】2008年，市工商联开展“走访百家民营企业”活动，就全市实行产业结构调整，企业转型升级等热点问题进行调研，向会员企业派发调查表了解会员企业转型升级和在转型升级中需要资金情况，为产业结构调整出谋划策。调研文章《走“内外结合”发展之路，推动民营企业升级转型》被《南方日报》、《东莞日报》转登，中共中央党校把这篇调研文章作为优秀代表作刊入《科学发展观的忠实执行者》大型画册之中。民营企业在产业结构调整中的情况分析这一调研成果还被《南方日报》节选刊登。（梁　达）

附：2008年工商联领导名录

主　席：张玉其
党组书记、副主席：卢寿维
常务副主席兼秘书长：何伟光

莞港经贸合作

THE INTERCOMMUNION BETWEEN HONGKONG AND DONGGUAN

虎门港

- 莞港经贸合作源远流长
- 莞港经贸合作规模不断扩大
- 莞港经贸合作领域逐渐拓宽
- 莞港经贸合作层面不断深化

编辑：刘念宇

【莞港经贸合作源远流长】 东莞毗邻港澳，莞港两地有着深厚的人缘关系，截至2008年，东莞拥有港澳同胞70多万人。1978年，东莞与港商合作开办全国第一宗来料加工项目——太平手袋厂，使香港成为东莞发展外向型经济最早的合作者。随着改革开放的不断深入，越来越多的港商在亲缘关系带动下或通过"以商引商"到莞投资，使东莞成为港商投资的主要地区之一。30年来，香港一直是东莞吸收外资的主要来源地之一，港商在莞投资无论是项目宗数、合同利用外资金额，还是实际利用外资金额，其所占比重均超过全市五成，位居第一。

【莞港经贸合作规模不断扩大】 香港是东莞最大的外资来源地。截至2008年，东莞累计吸收港资项目8776宗，占59.4%；合同利用港资363.6亿美元，占62.2%；实际利用港资235.8亿美元，占50.6%。2008年全市新签港资项目319宗，合同利用港资23.0亿美元，占60.0%。截至2008年，在东莞投资超过1000万美元的港资企业有475家，涉及的总投资金额171.7亿美元，投资总额超亿美元的有21家，其中包括伟易达集团、新科集团、理文造纸集团等。在一些生产传统劳动密集型产品的港资企业，还不断通过自主研发、创立品牌、加大投入等提升市场竞争力。其中，东莞龙昌玩具有限公司生产的玩具产品不再是以往的填充类玩具、玩偶玩具，而是电子电动型、智能型等高附加值玩具，在常平建立龙昌国际常平工业中心，已发展成为玩具的生产、销售基地。

【莞港经贸合作领域逐渐拓宽】 改革开放初期，莞港经贸合作主要是通过引进港资大力发展"三来一补"，港商在东莞的投资主要集中在毛织、制衣、玩具、制鞋等劳动密集型领域，项目以小型企业为主，以租用厂房为主，企业分布比较零散。进入1990年代中后期，港商在东莞的投资不断转型升级，投资领域逐步向电子通讯产品、五金机电产品等高附加值、高科技含量领域转变。进入21世纪，在CEPA框架协议下，莞港经贸合作逐渐向服务业拓展，香港服务业进入内地市场，为东莞制造业发展提供产业支援。港资投向逐渐拓展至基础产业、基础设施、第三产业和高新技术领域，进入农业、工业、交通、贸易、餐饮、房地产、服务业、教育、卫生等各行各业。

【莞港经贸合作层面不断深化】 随着莞港合作领域的逐渐拓宽，莞港经贸合作不断向纵深推进。一是利用CEPA框架协议，加快推进香港服务业进入内地市场，为制造业发展提供产业支援。东莞市多次联合香港贸易发展局、香港投资推广署、香港工业贸易署等机构，中央、省属、市直有关部门，以及东莞市总商会、外商协会等组织开展了一系列的宣传推广活动。截至2008年，东莞市引进CEPA项下服务贸易项目11宗，全部来自香港，投资总额6215万美元，合同利用外资2832万美元，主要涉及仓储、企业管理服务、咨询、交通运输、广告和零售等行业。此外，东莞市同期还引进不以CEPA名义设立的资金来源于香港的非生产性项目115宗，投资总额4.18亿美元，合同利用外资2.2亿美元，主要涉及房地产、餐饮业、仓储业、咨询和批发等行业。二是实行莞港联合对外招商，发挥莞港资源互补优势，增强区域竞争力。2004年以来，东莞与香港投资推广署、香港贸易发展局等投资促进机构共同举办8场投资推介活动，并取得可喜成效。

同时，香港也是东莞通向世界市场的桥梁。据统计，2004年以来，东莞每年直接出口香港的商品占全市出口总额的27%以上，出口份额仅次于美国。2007—2008年，东莞每年直接出口香港的商品占全市出口总额的30%左右，出口份额超过美国，跃居第一位。2008年东莞对香港的直接出口额为194.9亿美元，占全市出口总额的29.7%。

（杨　荣　刘晓明）

东莞市投资总额前30名港资企业

单位：万美元

序号	企业名称	行业名称	投资总额	经营范围
1	东莞时力科技电子厂	电子元件及组件制造	111574	软线路板半成品，线芯擢片半成品，电脑磁头，磁臂组合，喷墨打印头，磁盘，激光打印头，光盘头，硬盘驱动器、电子及电脑周边零部件等。
2	广东理文造纸有限公司	机制纸及纸板制造	62960	生产和销售高档纸及纸板（新闻纸除外）。
3	东莞海龙纸业有限公司	其他纸制品制造	57890	生产和销售高档纸及纸板（新闻纸除外），在境内组织收购生产所需废纸作原料自用。
4	东莞天龙纸业有限公司	其他纸制品制造	56345	生产和销售高档纸及纸板（新闻纸除外）。
5	东莞玖龙纸业有限公司	机制纸及纸板制造	53013	生产和销售高档纸和纸板（新闻纸除外），在境内组织收购生产所需废纸作原料自用。
6	东莞德永佳纺织制衣有限公司	棉、化纤纺织加工	44450	生产和销售高档织物面料的织染及后整理加工（含高档染整布、高档色布、高档针织胚布、高档染整色纱等产品和织前生产工序）。设立研发中心，从事针织布、色纱的研究和开发。
7	东莞地龙纸业有限公司	机制纸及纸板制造	42080	生产和销售高档纸及纸板（新闻纸除外）。
8	广东虎门大桥有限公司	公路管理与养护	33079	共同建设、经营和管理虎门大桥及有关配套设施与桥下铺项目。在大桥工程沿线经营停车场、机动车维修站、客货汽车站、快餐店、餐厅、广告、公共汽车、加油站项目（另行报批）。
9	东莞生益电子有限公司	电子元件及组件制造	24138	生产和销售新型电子元器件（新型机电元件：多层印刷电路板），从事非配额许可证、非专营商品的收购及出口业务。
10	东莞美维电路有限公司	电子元件及组件制造	22000	生产和销售新型电子元器件（新型机电元件：多层印刷电路板，高密度互连积层板：多层、高密度印刷电路板）。
11	东莞建晖纸业有限公司	机制纸及纸板制造	18620	生产和销售高档纸（新闻纸除外），废纸收购（限公司自用）。
12	东莞理文造纸厂有限公司	其他纸制品制造	15648	生产和销售纸及纸制品（不含卫生纸，生产所需原材料的废纸在国内采购）。
13	东莞厚街爱高电子总厂	其他仪器仪表的制造及修理	13166	收录放机
14	东莞伟易达电子厂	玩具制造	12834	电子玩具、数码相机、填充玩具。
15	东莞发展控股股份有限公司	公路管理与养护	12527	东莞高速公路的投资、建设、经营。
16	广东生益科技股份有限公司	电子元件及组件制造	11902	生产销售覆铜板和粘结片、印制线路板、陶瓷电子元件、液晶产品、电子级玻璃布、环氧树脂、铜箔、电子用挠性材料、显示材料、封装材料、绝缘材料，自有房屋出租。从事非配额许可证管理、非专营商品的收购出口业务。
17	东莞清溪晶达电子制品厂	文化、办公用机械制造	11528	电子制品、塑胶、五金制品。
18	东莞东城东兴热电有限公司	电力供应	10858	天然气发电站的建设、经营。
19	东莞虎门电厂	火力发电	10820	生产和销售电能。
20	东莞凤岗三和盛科技电子厂	其他仪器仪表的制造及修理	10659	计算机及周边设备、仪器、仪表、音响器材、通讯器材、塑胶制品、集成线路板贴装。
21	东莞冠亚环岗湖商住区建造有限公司	房屋工程建筑	10343	兴建环岗湖商住区、商品零售。
22	东莞深赤湾港务有限公司	其他仓储	9779	公用码头的建设、经营、货物仓储（不含危险品）及配套服务。
23	前锋数码技术（东莞）有限公司	记录媒介的复制	9647	生产和销售可录光盘。

续上表

序号	企业名称	行业名称	投资总额	经营范围
24	华润雪花啤酒（广东）有限公司	啤酒制造	9000	生产和销售啤酒及副产物。
25	东莞王氏港建电子有限公司	其他电工器材制造	8954	生产和销售电视游戏机（不含电视机）、万用摇控器、电子日记本、图文传真机、电子保安设备、激光组合音响、车用无线对讲机、电话机、安全气囊及其他汽车电子设备系统，数字音、视频编解码设备（数字音频放大器），电子专用设备、测试仪器（移动检测系统、电表集中控制器、ATM）。
26	东莞新能源科技有限公司	电池制造	8868	生产和销售高技术绿色电池（锂离子电池、燃料电池），并提供上述产品的售后服务。
27	深南电（东莞）唯美电力有限公司	其他能源发电	8760	天然气发电站的建设、经营。
28	东莞深能源樟洋电力有限公司	火力发电	8377	天然气发电站的建设、经营。
29	东莞深赤湾码头有限公司	其他仓储	8335	散杂货仓储及配套服务。
30	东莞南玻工程玻璃有限公司	技术玻璃制品制造	8317	生产和销售无机非金属材料及制品（特种玻璃：环保节能玻璃、低辐射镀膜玻璃、热反射镀膜玻璃、导电膜玻璃及其深加工产品）、平板玻璃深加工设备，并提供相关技术咨询与服务。

▲ 石龙准高速电气化客运站

THE COOPERATION BETWEEN TAIWAN AND DONGGUAN 莞台合作

中堂镇

■ 推动台资企业转型升级

■ 台湾电电公会东莞联络处设立

■ 虎门港跻身两岸直航港口行列

编辑：刘念宇

【台资概况】东莞是中国大陆台商投资最为集中的地区之一。截至2008年，全市累计签订引进台资企业6000多家，正在经营的近5000家，占全市外资企业总数的三分之一；历年累计合同利用台资近150亿美元，实际利用台资超过120亿美元，投资总额超千万美元的台资企业有261家。2008年新签台商投资项目超过120宗，合同利用台资7.12亿美元，实际利用台资12.05亿美元，增长16%；台资企业进出口额达到430亿美元，占全市进出口总额38.1%。在莞台资企业主要从事制造业，其中台资IT企业已成为东莞制造业的支柱。石碣源利电子厂是2008年全市出口额最大的外资企业，年出口总值达14亿美元；寮步铨讯电子厂、黄江达裕科技电子厂和黄江精成科技电子一厂也进入全市出口额前十强企业榜单；徐福记食品公司全年纳税额2.93亿元，是全市纳税额前十强外资企业之一。

【推动台资企业转型升级】2008年，台湾事务局积极帮助台资企业适应广东省"产业人口双转移"和东莞市"经济社会双转型"发展战略，有效消除国际金融海啸和全球经济下滑带来的负面影响，进一步引导台资企业增强技术研发、塑造自有品牌、开拓内销市场的力度，实现转型升级和扎根东莞持续发展。在深入调查研究的基础上，提出打造"机制、辅导、融资、人才、信息"五个服务平台工作思路，为台资企业转型升级提供支持和服务。一是构建机制平台。与东莞台商投资企业协会建立协调合作机制，定期召开会议，集中研究解决问题。二是构建辅导平台。就融资、品牌和技术创新等方面进行跟踪服务，宣讲有关政策措施；协助市政府举办台商产业转型升级论坛，邀请两岸专家学者具体辅导企业；积极引入岛内产业服务机构，成功推动台湾电电公会来莞设立联络处，下来争取将生产力中心、工研院、资策会和物流协会等引入东莞；鼓励支持台资企业设立研发中心。三是构建融资平台。与中国出口信用保险公司签订合作协议，为台资企业落实融资承保金额达9.2亿元；支持台资企业申请政策性贷款共6亿元；与汇丰银行、恒生银行达成合作共识，共同支持台资企业融资；积极推动台湾中信金控和富邦金控等金融机构来莞设点。四是构建人才平台。举行首届"台资企业人才服务平台专场招聘会"，共有250多家台资企业、6000多名求职者参加。协助东莞台商投资企业协会在理工学院举办第二届台资企业专场招聘会；推进台湾生产力中心等机构来莞提供职业教育。五是构建信息平台。建立台资企业、台湾居民信息综合管理服务平台，并进入试运行阶段。

【东莞台商产业转型升级论坛】2008年8月11日，由东莞市政府主办，东莞台商投资企业协会、台湾电电公会协办的东莞台商产业转型升级论坛举行。来自中山、肇庆、茂名、阳江、清远等市的台商协会负责人以及东莞市台资企业代表近600人参加了此次论坛。市委常委、副市长江凌和台湾电电公会副理事长郑富雄、台湾生产力中心总经理张宝诚和多名知名的台湾专家学者应邀出席论坛，就台资企业如何应对经营困境，政府如何帮助企业顺利渡过难关实现转型升级作了专题演讲。此次论坛规格高、规模大、内容多、效果好，得到了台商的广泛认可和媒体的集中关注。不少台商都表示，政府体恤并切实帮助台商，进一步坚定了他们转型升级和扎根东莞发展的信心。

【台资企业人才服务平台专场招聘会】2008年8月30日，台湾事务局和智通人才连锁有限公司、市台商投资企业协会在智通人才市场联合举行首届“台资企业人才服务平台专场招聘会”。250多家台资企业参加现场招聘，提供涉及电子信息、机械五金、生物化学、物流服务等行业的工程技术、产品研发和管理咨询等高端专业职位3000多个，吸引6000多名求职者前往应聘。举行此次为台资企业量身定做的招聘会，目的是帮助转型中的台资企业解决高端专业人才不足的难题。

【台湾电电公会东莞联络处设立】2008年8月6日，台湾电电公会理事长焦佑钧一行来莞拜访市委常委、副市长江凌，主要探讨进一步加强与东莞合作和台湾电电公会来莞设立联络处的问题。在市委、市政府的高度重视和市委常委、副市长江凌的积极推动下，8月12日，台湾电电公会东莞联络处在松山湖管委会办公楼挂牌成立。该联络处是台湾电电公会在大陆地区设立的第六家联络处，也是其在珠三角地区设立的第一家常驻性联络服务机构。通过联络处把台湾电电公会全面最新的信息资讯、强大的技术研发和产品开发能力，以及先进的人才管理经验和良好的人才培训机构等优质资源引进东莞，为东莞市台资企业转型升级提供相关支持和具体服务。9月初，台湾事务局领导专程赴杭州市考察学习台湾电电公会杭州联络处经营运作的经验，为东莞市推动台湾电电公会来莞驻点开展工作提供参考。

【虎门港跻身两岸直航港口行列】2008年11月4日，海峡两岸关系协会（海协会）会长陈云林与台湾海峡交流基金会（海基会）董事长江丙坤在台北签署了《海峡两岸海运协议》。海峡两岸相互开放的74个港口中，虎门港也位列其中。虎门港成功成为两岸直航的港口后，一改以往东莞市对台贸易货物，主要通过香港进行装船中转的“货通船不通”的通航模式，不仅提升虎门港港口综合竞争力，同时大大降低东莞的物流成本，尤其在巩固台商在东莞持续发展的信心，稳定台资企业，促进全市外贸经济发展方面产生巨大的作用。

【莞台交流】2008年，莞台两地交流呈现频度密、人员多、领域广、层次高的景象，经贸、文化、教育、科技、农业、旅游等领域交流频繁活跃，交流层面向镇村基层组织和基层对台工作人员延伸，形成全方位、宽领域、多层次的莞台交流局面。年内，中国国民党副主席兼海基会董事长江丙坤，海基会副董事长兼秘书长高孔廉，新党主席郁慕明，台北市副市长吴清基，台湾电电公会理事长焦佑钧，生产力中心总经理张宝诚，资策会理事长陈瑞隆，物流协会理事长苏隆德，金属工业研究中心董事长黄启川，中信金控董事长辜濂松，富邦金控总经理李晋颐，著名学者石齐平、吕鸿德，以及台北东莞同乡会理事长郑安国等知名人士先后来莞参观访问。2008年台湾事务局接待中华联合总工会、中国国民党桃园县党部、台湾国际青年商会总会、高雄西子湾青商会、桃园中坜青商会、台湾联合报、东森电视台、三立电视台及台北建中等来莞参观访问的台湾团组共31批430多人次，协助台资企业员工办理赴台培训手续242人次。

【江凌率团赴台开展经贸考察交流】2008年10月底至11月初，市委常委、副市长江凌率领由松山湖、虎门港及相关部门和镇街负责人组成的考察团赴台开展经贸考察交流活动。考察团广泛拜访了岛内主要产业服务机构和金融机构，通过深入交流和实质性互动，使得这些机构都非常认同东莞的投资环境，生产力中心、资策会、工研院、物流协会、金属工业研究中心和中信金控、富邦金控等都表达了尽快进入东莞的愿望，纷纷表示来莞考察，加快在莞设立办事机构的步伐，并在技术提升、产品开发、管理咨询、物流和金融等方面提供配套服务，推动东莞市台资企业转型升级。同时通过拜访老客户，结识新客户，了解全球金融海啸对企业造成的影响，以及有哪些具体问题需要政府协助解决，并通过介绍东莞市帮扶台商转型升级的具体措施，稳定他们在莞投资的信心。台商纷纷表示有信心继续在莞渡过难关，并进一步增资扩产，设立研发机构，提高科技化程度和经营管理水平，实现转型升级和扎根发展。台达、致伸、正崴、宝成、徐福记等10多家企业集团明确表示将继续加大在莞投资，涉及投资额达3.62亿美元。忆声电子、关贸网络、京扬物流和鸿天通运等一批产业缺失项目也有意来莞投资。通过考察和交流，切实增强了台资企业在莞扎根发展的信心，同时争取一批产业缺失项目来莞投资，推动岛内主要产业服务机构和金融机构来莞设点，学习台湾在推动产业转型方面的成功经验，并增进了莞台两地的联系和友谊。

【吴道闻率团赴台开展教育考察交流】2008年10月中旬，副市长吴道闻率团赴台湾开展教育考察交流活动，学习和借鉴台湾教育的先进理念和成功经验，重点推动莞台两地加强教育合作尤其是职业教育合作方面的合作。台湾职业教育发展较早，社会配套资源丰富，校企合作程度较深，与产业发展和市场需求的匹配程度较高，很值得东莞市发展职业教育学习。考察团表示将结合东莞市职业教育实际情况，制定切实可行的措施，大力加强莞台两地职业教育的交流与合作，进一步推进东莞市职业教育发展，为东莞市经济社会双转型提供人才服务。

【陈云林莅莞考察】2008年11月底，海峡两岸关系协会会长陈云林莅莞考察，参观东莞台商子弟学校，并与东莞市台商代表举行座谈，鼓励台商坚定信心度过经济危机。市领导刘志庚、李毓全、黄双福、何嘉琪、江凌、袁德和等会见了陈云林一行，市政府秘书长殷焕明、台湾事务局局长游匡正等陪同会见。陈云林高度赞扬了东莞台商在大陆所取得的成就，并对东莞市积极推动莞台人员交流、促进莞台经贸合作等工作表示肯定，称赞东莞的对台工作有很多好经验、好做法，应该好好总结再作推广。

【江丙坤莅莞“谢票”】2008年4月27日，中国国民党副主席、候任海基会董事长江丙坤一行莅莞参观访问并向台商“谢票”。市领导黄双福、何嘉琪、江凌等会见并宴请江丙坤一行，双方就进一步加强莞台交流合作以及推动台资企业更好地转型升级等深入交换意见。当晚，江丙坤代表中国国民党在会展国际酒店举办题为“感恩的巡礼”的“谢票”晚宴，感谢东莞台商踊跃返台参加“大选”投票，并对中国国民党执政后将积极推动两岸三通、开放大陆观光客赴台、台商权益保障、避免台商双重课税、开放大陆资金赴台投资、与大陆签订自由贸易协定等政策进行说明。东莞台商投资企业协会会长叶春荣向江丙坤提出相关建议，包括尽快出台两岸投资保障协议，延伸台湾全民健康保险制度到大陆，开放台湾银行进驻大陆，以及参照台湾对学校补贴的标准加强对大陆台商子弟学校的补贴等，并表示东莞台商将加倍努力，共同为谋求两岸交流、和平发展及人民福祉作出贡献。

【全市对台联络员工作会议召开】 2008年11月25日，全市对台联络员工作会议在塘厦镇召开，各镇街对台工作联络员近80人与会。台湾事务局局长游匡正在会上讲述了海峡两岸形势和中央对台工作方针政策，总结了2008年对台工作情况，同时部署了2009年对台工作任务。副局长陈锡辉传达了上级台办关于台商投诉协调的会议精神，对各镇街对台联络员提出了工作要求。会议印发《解放思想，科学发展，推动台企转型升级》文集及《东莞市对台工作业务手册》，帮助全市对台联络员学习中央对台方针政策，准确把握两岸形势，明确东莞对台工作思路和任务，提高对台业务水平。

【台商大厦建设】 东莞台商大厦位于市中心区域东莞大道东侧火炼树区位，占地约2.7万平方米，大厦设计为地下4层、地上68层总高达289米，工程建筑面积28万平方米，由台商募集资金逾十亿元投资兴建。2005年底奠基，2008年，台商大厦项目有序进行，核心楼已建至21层，外围建至14层。

【台心医院建设】 东莞台心医院项目用地位于东城区牛山村107国道莞长路段与环城路交汇处，占地面积为15.24公顷，预估投资总额7.5亿元，设置1200张病床，运营后将与台湾的全民健康保险制度良好衔接。台心医院于2008年8月与广东医学院松山湖分校签订了合作协议，共同筹建广东医学院附属医院。将学校所需要的教学、科研等教学区空间和师生宿舍等生活区空间规划并入医院规划方案，学校则在师资力量、科研技术、临床实验等方面为医院提供支持。年内，该项目已获得国家卫生部和商务部的相关批准文件。

【东莞台商投资企业协会】 东莞台商协会是全国会员最多、组织最为庞大、结构最为严密的台商协会，截至2008年，拥有3600多家会员企业和32个镇街分会。11月21日，市台商协会在厚街镇嘉华大酒店举办主题为“爱心、关怀、永续东莞”的15周年庆典活动。中央驻港联络办副主任黎桂康，台湾海基会副董事长高孔廉，国台办秘书局局长龙明彪，海协会副秘书长王小兵，全国台湾同胞投资企业联谊会会长张汉文，市领导刘志庚、李毓全、黄双福、江凌、李秀冰、刘发枝、游敏达、袁德和，以及各地台协会代表等1100多人出席了庆典。会长叶春荣表示，全球金融海啸的爆发和经济环境的恶化给台商带来严重的负面影响，但有各级政府的关心重视和帮助支持，协会有信心带领会员企业共克时艰并实现转型升级。市委书记刘志庚表示，15年来台商协会与东莞一起努力打拼，形成了风雨同舟、唇齿相依的伙伴关系，这是迎接挑战、战胜困难的重要法宝，市委、市政府出台一系列举措帮扶企业，就是希望广大台商坚定信心，扎根东莞，咬紧牙关，知难而进，和政府一道战胜困难。11月19日，市长李毓全率市府秘书长殷焕明、外经贸局局长黄冠球、台湾事务局局长游匡正等走访市台商投资企业协会，了解台资企业情况，鼓励台商增强信心，表示政府将与企业同舟共济，共渡难关。

【东莞市台胞台属联谊会】 东莞市台胞台属联谊会于1987年成立，截至2008年共有会员近230名，分布于全市各镇街。2008年，市台联会抓住机遇，为加强两岸人员交往和服务台胞台属做了大量工作，协助东莞市定居台胞获得省台联发放的生活补助12000元，向台北东莞同乡会及在台莞籍同胞寄送《东莞乡情》1800份和《东莞台联》150份。市台联会还积极加强对外联络交流，2月派员参加了在台北市政府内举行的台北东莞同乡会春节团拜活动，5月派员参加了在马来西亚举行的第七届世界东安恳亲大会，10月会长王建锋陪同市委常委、副市长江凌拜访台北东莞同乡会。

【东莞台商子弟学校】 东莞台商子弟学校于2000年创立，截至2008年，办学规模从600多名学生增长至近1800名，硬件设施、师资力量、教学水平和校务管理等方面均有了长足的进步，得到了各方的肯定，成为两岸教育、文化交流的重要平台，对推动莞台交流，吸引台商扎根东莞起到重要的作用。2008年，学校基础设施继续完善，游泳馆竣工并投入使用，并正在建设图书馆、科技楼、艺术馆、教育综合楼、综合体育馆和教职工宿舍等项目，以满足学校发展的需要。4月23日，东莞台商子弟学校举行成年典礼，省政协、省教育厅、省台办和市人大、市政协、市台湾事务局、市教育局等各级领导到场观礼，并为60多名成年学生授冠。6月12日，学校举行高中第四届、初中第八届、高职第一届毕业典礼，庆祝该校264名毕业生（其中高中92名、国中172名）毕业。市台湾事务局、市教育局、北京清华大学等单位领导及数百名来自两岸教育界的嘉宾和学生家长参加了典礼。2008年，该校40%的毕业生被台南大学等台湾公、私立大学录取，2名学生通过“高职繁星计划”入读国立高雄餐旅学院及南台科技大学，4名优秀毕业生被保送入读中国人民大学、中山大学和华南农业大学等高等院校。　（叶　林）

附：2008年中共东莞市委台湾工作办公室、东莞市人民政府台湾事务局领导名录

主　任（局长）：游匡正
副主任（副局长）：陈锡辉
　　　　　　　　　胡国勇（7月到任）

▲ “台湾街”——厚街珊瑚路，长五六百米，有台商开设经营的餐饮店40余家，占整条美食街店铺的70%以上，台湾味浓郁

政　法 POLITICAL AND LAW AFFAIRS

南城水濂山水库

- 排查调处矛盾纠纷
- 妥善处置群体性事件
- “平安社区（村）”创建
- 新设基层人民法院、人民检察院
- 援川特遣队

编辑：刘　丹

政法·综治工作

【概况】 市委政法委是市委领导政法工作的职能部门，含4个合署办公单位，内设9个科室。2008年，东莞市政法机关全面推进政法工作步入科学发展轨道，全市社会大局保持稳定，社会治安持续好转，东莞市被授予“2005—2008年广东省禁毒人民战争综合考评先进单位”称号，并作为候选地市参加全国“2005—2008年社会治安综合治理工作优秀市”评选表彰活动，“平安铁路示范路段”创建工作也通过中央护路办的检查验收。

【排查调处矛盾纠纷】 2008年，东莞政法机关按照“属地管理”和“谁主管，谁负责”的原则，建立健全矛盾纠纷排查调处领导责任制；坚持每月开展社会矛盾纠纷排查调处工作行动，全市共调处民间纠纷2万宗，调解成功1.95万宗，成功率达97%；防止民间纠纷激化244宗，防止民间纠纷导致自杀13宗，防止民间纠纷转化为刑事案件149宗，防止群体性上访251宗，制止群体性械斗39宗，没有因调解不及时或调解不当而引起自杀、凶杀和严重伤害案件发生。

【妥善处置群体性事件】 2008年，东莞政法机关强化检查考核，把防范和处置群体性事件列入全市镇（街）领导班子及村级两委会年度工作量化考核；健全情报信息预警机制和网上突发事件监测、研判和处置机制；推进“战训合一”训练机制，强化警区协作机制，3月20日举行反恐处突实战技能演练。全市共妥善处置群体性事件336宗，没有发生造成严重社会影响的重特大群体性事件。

【“平安社区（村）”创建】 2008年，东莞市成立平安社区（村）建设领导小组及办公室，4月2日召开全市平安社区（村）建设动员大会，出台《东莞市创建“平安社区（村）”工作试行方案》和《东莞市“平安社区（村）”达标评估标准》等创建工作指导性文件。将“平安社区（村）”创建工作列入市领导包镇督导内容。7月，市人大组织人大代表视察全市“平安社区（村）”创建工作。7月下旬，全市首批32个“平安社区（村）”通过验收后，市委书记刘志庚、市长李毓全等市几套班子领导分赴各镇（街道）视察“平安社区（村）”创建情况，并为首批“平安社区（村）”揭牌，掀起平安社区（村）创建高潮。12月，全市又有95个社区（村）通过检查验收，全年共有127个社区创建成为“平安社区（村）”。

【“平安铁路示范路段”创建工作】 2008年6—9月，东莞政法部门在铁路沿线10个镇开展铁路重点区段集中整治行动和“平安奥运铁路通道”创建活动，对铁路沿线治安复杂的重点区段实行挂牌督办整治。辖区内全年发生危及行车安全案件8起，同比下降33%；发生路外伤亡事故2起死亡2人，同比分别下降75%和71.4%。11月16日，中央护路办组织检查考核组对东莞市铁路护路联防工作和“平安铁路示范路段”创建活动进行检查验收，对东莞市铁路护路联防工作取得的成效给予了高度评价。

【全国综治先进检查验收】 2008年，

东莞市制定《迎接全国综治工作检查暨全国综治先进验收工作方案》（以市委办、市府办名义印发），撰写《攻坚克难保平安，维护稳定促和谐》的汇报材料，制作《庄严的承诺——东莞市2005—2008年社会治安综合治理工作纪实》记录片，编印《东莞市社会治安综合治理文件资料选编》，收集整理192项共73本综治工作台账，精选市公安局公交分局视频监控指挥中心、万江街道拔蛟窝社区、长安镇综治工作中心等作为实地参观点。11月11—12日，中央综治委检查验收组莅莞对东莞市2005—2008年的综治工作暨全国综治先进（优秀市、先进工作者）检查验收，对东莞市社会治安综合治理工作取得的成效给予高度评价。

▲ 2008年8月28日，市委副书记、市长李毓全等领导为获评“平安社区”的莞城创业社区揭牌（郑志波 摄）

【重点整治】 2008年，东莞市、镇（街）两级综治部门继续坚持每半年开展一次排查整治治安重点地区和突出治安问题，共排查出市级治安重点地区和突出治安问题84个，并逐一落实整改措施，确保治安面貌得到改观。3—9月，市综治办组织全市集中开展排查活动。期间，全市各镇（街道）共排查整治治安重点地区314个；检查出租屋、娱乐场所、网吧等各类场所部位7.9万处；抓获逃犯35名；查扣各类嫌疑车辆3564辆；查处涉黄、涉毒案件134起149人，捣毁赌博、卖淫窝点73个，有效打击各类违法犯罪行为。

【严厉打击赌博活动】 2008年8月25日，市委、市政府下发《东莞市打击利用游戏机赌博活动专项行动方案》，成立以市委副书记、政法委书记黄双福为组长的领导小组，在全市范围内组织开展打击游戏机赌博违法犯罪活动。期间，各镇（街道）、各成员单位出动执法人员5.5万人次，车辆1.2万台次，检查士多店、小超市、桌球室等各类小店铺、出租屋49万余间次，查处涉赌案件1424宗，查处涉赌人员2635人，收缴赌博游戏机7856台。11月21日，全市32个镇（街道）同时举行公开销毁赌博游戏机大会，销毁涉赌游戏机6820台。

【见义勇为“新莞人”入户】 2008年6月，经市党政领导班子联席会议讨论同意，市委、市政府出台准予被评为“东莞市见义勇为好市民”的新莞人入户东莞政策。市委政法委、市综治办积极配合，起草有关指导性文件，组织媒体开展宣传。截至2008年，全市公安机关共办理25名见义勇为好市民的入户手续。

【全省综治工作会议在东莞市召开】 2008年4月24—25日，全省综治工作会议在东莞市召开。会议强调，要加强以流动人口服务管理为重点的社会管理，进一步深化平安建设，为北京奥运会顺利举办营造稳定和谐的社会环境。市委书记、市人大常委会主任刘志庚代表东莞市委、市政府在会上作了综治工作经验发言。广东省领导刘玉浦、梁伟发、梁国聚，东莞市领导刘志庚、李毓全、黄双福、崔建，以及省直有关单位、各地级市分管领导近200人出席了会议。

【政法队伍建设】 2008年，东莞市政法系统先后开展学习解放思想学习讨论活动、深入学习实践科学发展观活动、全市政法系统大学习大讨论活动，组织干警深入学习十七大精神、学习胡锦涛总书记在全国政法工作会议代表和全国大法官、大检察官座谈会上的重要讲话精神以及周永康在中央政法委专题研讨班上的讲话精神。组织干警进行学习讨论和调查研究，查找政法干警在思想观念、工作作风等方面存在的突出问题，并进行深层次的理性思考，找准结症，寻求解决办法，共举办专题辅导班34场次，参加人数4758人次；组织集中学习交流94场次，参加人数7522人次；领导干部共撰写心得体会89篇；召开调研交流会60场次，形成调研文章91篇；归纳存在问题327个，征求到意见和建议1949条。

【政法综治业务培训研讨】 2008年11月24—27日，市委政法委在市委党校举办政法系统大学习大讨论专题研讨班暨政法综治业务培训班。培训期间，市委党校四位老师分别就马克思主义法律观、中国共产党几代领导集体对马克思主义法律和法治思想中国化的丰富和发展、社会主义法治理念以及社会主义法治建设等专题作了辅导；市委政法委及合署办公单位领导分别就维稳、综治、反邪教、禁毒等业务工作，对各镇（街道）维稳及综治办主任、副主任以及市委政法委机关工作人员进行综合培训。

【政法机构基层关系理顺】 2008年，市委政法委起草市委审议通过并印发《中共东莞市委关于进一步加强政法工作的意见》，对进一步加强政法工作提出了16条具体要求。其中，设立镇（街道）党委政法办，要求警务室警长兼任社区（村）党组织副书记,明确党委政法委协助管理政法部门领导干部范围为全市政法系统副处级以上干部、市直政法各单位领导班子成员、市公安局各分局局长、政委和各镇（街道）党委政法办（维稳及综治办）主任、副主任，以及规范选拔职位及建议任职人选必须先征求市委政法委意见并由市委政法委书面回复、市委组织部会同市委政法委对建议任职人选进行民主推荐和组织考察的任免程序等措施，作为东莞市加强政法工作的有益探索，尤其引人关注。

【禁毒工作】 *考核表彰*。2008年11月12—14日，省禁毒人民战争检查考核组对东莞市三年禁毒人民战争工作情况进行检查考核，根据考核结果，在12月25

日召开的全省政法工作会议上，东莞市被授予“2005—2008年广东省禁毒人民战争综合考评先进单位”称号，市委副书记、政法委书记黄双福代表东莞市上台领取牌匾。

禁毒宣传。由东莞市委宣传部、市禁毒办、市文明办、市文广新局等7家单位联合主办大型交响乐清唱剧《虎门长啸》禁毒主题晚会，于6月20日在东莞玉兰大剧院演出。全市各行各业的机关干部、社会群众、中小学生等600多人观看了演出，东莞电视台对演出进行了现场直播。

由市禁毒办和市司法局联合举办，《禁毒法》知识问答抽奖活动于4月至6月在全市范围内开展，参加活动人数达到6万多人次。活动以《东莞普法》报、东莞日报和东莞阳光网为载体，开展答案征集，并于6月25日在市司法局举行竞赛抽奖仪式。此次活动持续时间长、覆盖面广，遍布全市各镇街的社区、家庭，是一次学习、宣传《禁毒法》的重大举措，对全市广泛开展学习贯彻《禁毒法》起到积极的推动作用。

2008年12月31日，由省禁毒办、省文化厅牵头，市禁毒办和市文广新局负责承办的《禁毒法》宣传文艺晚会，在东莞市理工学院大礼堂上演，理工学院500多名师生观看了演出。禁毒宣传文艺演出活动以“依法禁毒，构建和谐”为主题，演出活动题材多样，内容丰富，以多种形式深刻揭示毒品给个人、家庭和社会带来的巨大危害，警惕人们要远离毒品，珍惜美好生活。用形象生动的故事情节、感人肺腑的语言来打动每一位观众，引起强烈的反响。

【信访工作】2008年，东莞市政法部门在全市政法系统组织开展为期一年的集中排查化解重信重访工作。中央政法委一次交办案件4宗，已结息3宗；中央政法委二次交办案件4宗，全部结案。省委政法委交办案件1宗，已结息。自排查案件11宗，已结息9宗。确保重要敏感时期东莞市无进京到省上访事件发生。全年处理信访案件150宗，案件办结率为100%。其中，转办案件59宗，督办案件24宗，核查案件31宗，协调案件13次。

【执法联动机制】2008年，市委政法委组织市两级人民法院，努力筹划建立执法联动机制，建立执行联动机制及领导小组联席会议制度，解决“执行难”问题。随后，市委政法委组织召开执行联动工作领导小组第一次联席会议，部署开展为期半年的全市清理执行积案专项行动，集中解决一批疑难积案。

（李惠民 黄泽华）

附：2008年东莞市委政法委领导名录

书　记：黄双福

副书记：卢锡光　陈　波（任至12月）
　　　　杨天泰

审判工作

【概况】2008年，东莞两级法院克服“案多人少”的矛盾，切实履行宪法和法律赋予的职责，审判和其他各项工作不断取得新成绩。全年受理各类案件8.4万件，比上年增加1.78万件，增长26.81%；审结7.44万件，比上年增加1.22万件，增长19.66%；综合结案率为88.56%，诉讼标的额100.52亿元，涉案当事人达25万余人。其中，东莞中院受理各类案件1.66万件，比上年增加3147件，增长23.34%；审结1.59万件，比上年增加2941件，增长22.63%；综合结案率为95.83%。两级法院审判法官人均结案277.6件，居全省法院第一位。

东莞中院在全省法院年度考核中总成绩排名第三，连续四年被省高级人民法院授予“年度考核工作先进单位”称号，被最高人民法院授予“全国法院调研工作先进集体”称号；中院民一庭被省高级人民法院记“集体一等功”；东莞市人民法院获“全省优秀法院”称号，东城法庭被授予“全国法院系统青年文明号”称号。

【严惩刑事犯罪】2008年，东莞两级法院积极贯彻落实市委加强社会治安工作的重要部署，稳、准、狠地打击各类犯罪活动，受理各类刑事案件7422件（其中一审6692件），审结7175件，判处罪犯1.25万人，综合结案率96.67%。

按照“宽严相济”的刑事政策，对杀人、伤害、绑架及“两抢一盗”等多发性犯罪，该打击则打击，该重判则重判，绝不留情。全年共判处实施上述犯罪的罪犯8491人。同时，对初犯、偶犯等符合从轻、减轻或者免除处罚条件的，依法从轻、减轻或者免除处罚。

为增强铁案意识，东莞中院与市公安局互派法官、民警进行业务交流与学习半年，拓宽相互沟通渠道，推进刑事证据关口前移。

在案件审理过程中，东莞中院还在案发地召开情况通报会，广泛听取人大代表的意见，大力开展法制宣传教育，最大限度实现法律效果和社会效果的有机统一。

【民商事审判】2008年，东莞两级法院共受理各类民商事案件5.49万件，比上年增长43.58%；审结5.14万件，比上年增长41.68%；结案率93.76%，诉讼标的达91.49亿元。其中，审结婚姻家庭、继承、侵权、劳动争议等各类民事案件3.18万件，保障了人民群众合法的人身权利和财产权利；审结买卖、运输、租赁、借贷等各类合同纠纷案件1.96万件，维护了市场经济的稳定发展；审结涉及著作权、商标权、专利权等各类知识产权纠纷案件472件，保护了各类知识产权权益人的利益；审结各类涉外、涉港澳台民商事纠纷案件4441件，优化了外商投资发展环境。

【平息行政纷争】2008年，东莞两级法院坚持严格审查、依法监督的原则，既审查行政机关的违法行为，又尊重行政机关依法行使职权；既保护公民的合法权利，又支持行政机关强化社会管理。2008年，两级法院共受理各类行政纠纷案件499件，审结484件，结案率97%。此外，两级法院还不断探索行政审判的和解机制，缓解双方对立情绪，努力营造官民和谐相处的良好社会环境。

【全力化解执行难】2008年，东莞两级法院积极开展集中清理执行积案活动，优先执结一大批涉及弱势群体的案件，保障他们的利益；改变以往将案件整体打包给外地法院执行的做法，坚决做到“以我为主”，促进执行工作良性发展；在市委的主导及有关部门的密切配合下，建立执行工作联动机制。两级法院共执结各类案件1.15万件，执结标的达8.5亿元。为配合市人民政府关闭重污染企业的环保政策，对申请强制关闭26家重污染企业的案件，采取各种有效措施依法强制执行，确保重污染企业全部准时关闭。

【队伍建设】队伍建设的方式方法不断创新。2008年，东莞两级法院的干警多为年轻大学生，法律理论知识丰富，但缺乏社会生活经验和实际工作经历。为解决这一情况，东莞中院党组多渠道多方式采取措施让干警们了解社情民意，加大选派年轻干警到基层法庭和基层村委会挂职锻炼的力度；安排新进法院工作的书记员和新任法官轮流到信访部门接访；组织考察学习组分别前往北京、天津、江苏、浙江等地先进法院考察学习。经过培训和锻炼，干警们对地方形势和群众需求有更深切的了解，服务大局的意识和能力得到明显增强。

审判调研和法院软实力不断增强。2008年，东莞两级法院坚持“打造学习型法院，培养专家型法官”的建院目标，进一步加大对干警的业务培训力度，组织干警积极开展调研，取得了一定成果。在2008年司法考试中，两级法院97人参考，通过48人，有2人考试成绩位居全市前三名，全市司法考试状元为东莞中院干警。在全市开展的首届“哲学社会科学优秀成果奖”评比中，中院获4项奖励，其中一等奖2项，占全部一等奖的三分之一；在全国法院系统开展的第二十届学术讨论会论文评比中，东莞两级法院有3篇论文获奖，其中一等奖1篇，是广东法院系统在历届评比中第二次获得一等奖，中院获得全国法院系统学术讨论会“组织工作先进奖”。截至2008年，两级法院606名在编干警中，具有本科以上学历人员593人，占全体干警总数的98.2%，其中硕士57人，博士4名。

内部监督机制不断完善。2008年，东莞两级法院着重在建立健全一系列审判监督机制，狠抓案件审判质量上下功夫。建立“审判质量分析情况通报”和“审判监督大要案审理情况通报”制度，对被二审发改的案件和现行的审判监督大要案件进行自查、核查、评析，并同步审查是否存在涉嫌违法审判线索。两级法院对1425件案件进行质量审查监督，办结1422件，对确有质量问题的3件案件给予全院通报，并提出整改意见。2008年9月，市人大常委会审议通过《关于法院内部监督工作情况的报告》，对两级法院的审判监督工作给予肯定。

党风廉政建设工作形式多样。2008年，两级法院认真贯彻落实各级纪检监察工作会议精神，始终坚持廉政工作和审判工作同部署、同落实、同检查，在落实和完善各项党风廉政建设制度上下功夫，加大反腐倡廉宣传教育工作力度，成功举办法院廉政文化板报展、“廉在我心中”演讲比赛、廉政格言警句征集节等活动；认真组织开展庭审作风等各项专项检查；进一步做好信访举报工作，认真查处各类信访投诉，2008年，两级法院共收到各类信访投诉134件，比上年同期下降13.5%。

【司法服务转型】维护困难企业发展。2008年，金融危机导致东莞市部分企业经营困难或破产倒闭，东莞中院就此先后两次召开专题会议，要求法官在处理涉及该类企业的案件时，正确处理好依法办案与保护经济发展的关系，谨慎、灵活运用查封、扣押等强制措施，力保企业能在困境中求发展。主动收集审判工作中发现的矛盾和问题，形成有关的调研报告或司法建议，上报市委，并提供给市经贸局等有关单位，为他们制定风险防范措施提供参考。

妥善处理群体性纠纷。2008年，东莞两级法院受理的劳动争议案件达2.3万件，比上年同期增长159.18%。为将不稳定因素化解在萌芽状态，东莞两级法院与司法局等部门联动，对集体劳动争议纠纷、倒闭企业的货款纠纷、房地产买卖合同纠纷等案件进行定期排查，对排查出的不稳定因素，积极与有关部门协调，努力消化在诉讼程序前。对已经发生的群体性纠纷，及时引导工人通过法律途径维护自己的合法权益，将纠纷纳入法律程序，尽量通过协商、调解等和缓方式平息矛盾，避免事件恶化。其中，大型玩具加工企业“合俊玩具厂”倒闭后，樟木头法庭及时介入，并提供法律建议，配合当地政府采取相关措施，迅速控制局势，避免事件的恶化。

完善纠纷解决机制。2008年，东莞中院组织召开全市法院调解工作现场会，积极推行法官助理庭前调解、特邀人民调解员调解、商会调解、律师和解和保险公司和解等调解新方式，促使调解能力和效率大幅度提高。两级法院全年以调解撤诉方式审结各类民商事案件1.92万件，调撤率达37.26%。东莞中院进一步完善立案调解工作机制，全年立案调撤案件530件，诉讼标的额达2.68亿元。在市人大、市依法治市办的大力支持下，进一步完善诉调对接机制，与市司法局合作，在东莞中院审判大楼和部分法庭内成立“东莞市诉调对接人民调解员工作室”，由司法局派出人民调解员，对起诉到法院的部分民商事案件先行调解。2008年10月，虎门镇某台商企业因经营困难，475名工人近三个月工资无法解决，工人多次采取怠工等形式进行对抗，导致企业每天损失超过200万元。虎门法庭诉调对接工作室联合镇台商协会前往进行调解，仅用两个小时，工人便与企业达成和解协议，企业生产迅速恢复正常。

加强法制宣传力度。2008年，东莞两级法院通过对故意杀人、抢劫、绑架等严重暴力犯罪进行公开宣判，震慑违法犯罪分子，维护东莞市稳定发展的大环境；采取派出法官下镇街进企业、在媒体开设专栏等措施，加大对新劳动合同法的宣传力度，引导企业和工人正确理解法律；与媒体紧密合作，对知识产权案件进行集中宣判、报道，加大知识产权法律法规的宣传力度。2008年，两级法院与各级媒体联合制作节目或报道400多篇（次）。东莞中院获得2007年—2008年全省法院“新闻宣传先进单位”，其中一篇报道获得广东省“法制好新闻”一等奖。

切实化解社会矛盾。2008年，两级法院共接到信访申诉来信527件，接待来访656人次。通过加强对热点敏感案件的排查，积极开展联合大接访活动，做好当事人的教育稳控工作，妥善处理各类信访申诉案件，切实化解社会矛盾。特别是对中央及省政法委交办的数件当事人反复进京到省上访案件，中院领导实行包案处理，通过全面研究案情，采取切实可行的措施，绝大多数案件已经妥善处理。

【接受人大监督】2008年，东莞两级法院牢固树立“监督就是支持”的观念，完善人大代表联络机制，主动请求和接受人大及其常委会的监督。通过法院领导上门走访、召开人大代表座谈会等方式，定期征求人大代表对法院工作的意见和建议。针对人大代表提出法院在查封破产倒闭企业的财产时，要注意保护厂房出租人的合法利益，东莞中院审判委员会出台《关于变更财产保全措施的指导意见》；对人大代表关注的案件，中院实行专人督办，限期回复，对一时不能办结的，及时向代表说明情况，征得理解；邀请人大代表、政协委员以参观法院、旁听庭审的形式监督法院工作。下半年，组织开展“百庭观摩”活动，邀请426名各镇街和行业的代表观摩数十宗案件的庭审，取得良好效果。

为加强与人大代表的经常性联络工作，东莞中院专门设立人大代表联络办公室，方便及时向人大代表通报法院的工作情况和相关信息。中院还与全市各镇街之间建立“工作联系制度”，法院专任一名中层领导干部负责联系一个镇街，了解和掌握基层的司法需求。

【新设基层人民法院】2008年12月30日，东莞中院召开新闻发布会，正式向社会公布，经最高人民法院批准，于2008年12月31日撤销东莞市人民法院，成立第一、第二、第三人民法院。东莞市委、市人大相关会议决定，新设立的基层法院于2009年1月1日开署办公。

东莞市第一人民法院办公地址暂设

在石龙镇，待新审判办公楼建成后，再搬迁回南城街道。其辖区包括：莞城街道、东城街道、南城街道、万江街道、道滘镇、洪梅镇、望牛墩镇、麻涌镇、中堂镇、高埗镇、石碣镇、石排镇、企石镇、石龙镇、茶山镇、寮步镇和松山湖科技产业园区。

东莞市第二人民法院办公地址为长安镇。其辖区包括：虎门镇、厚街镇、沙田镇、大朗镇、长安镇、大岭山镇。

东莞市第三人民法院办公地址为塘厦镇。其辖区包括：樟木头镇、黄江镇、谢岗镇、常平镇、桥头镇、横沥镇、东坑镇、塘厦镇、清溪镇、凤岗镇。 （段晓慧）

附：2008年东莞市中级人民法院领导名录

院　长：何碧霞

副院长：黄锡明　陈　斯　陈树良
　　　　林辉芳　陆效龙（11月到任）

东莞市第一人民法院领导名录

院　长：叶柳东（10月到任）

副院长：陈莫强（11月到任）
　　　　周金亮（11月到任）
　　　　苏卫东（11月到任）
　　　　姚勇刚（11月到任）

东莞市第二人民法院领导名录

院　长：陈　葵（10月到任）

副院长：陈义权（11月到任）
　　　　蔡泽伟（11月到任）
　　　　周国贞（11月到任）

东莞市第三人民法院领导名录

院　长：罗念卫（10月到任）

副院长：邵沛良（11月到任）
　　　　陈浩辉（11月到任）
　　　　陈学坚（11月到任）

检察工作

【刑事检察】 2008年，东莞市检察机关继续保持对严重刑事犯罪的高压打击态势，将严重危害人民群众生命财产安全的“两抢一盗”（抢劫、抢夺、盗窃）多发性犯罪、杀人、绑架等严重暴力犯罪以及贻害社会的毒品犯罪，作为打击重点，稳、准、狠打击各种严重刑事犯罪分子。全年受理批捕案件7097件1.17万人，受理移送审查起诉7340件1.25万人。经审查，批准逮捕6650件1.09万人，同比下降5.5%和2.5%；提起公诉6496件1.07万人，同比下降2.8%和1.98%。所办案件全面实现“无错案、无超期、无违法违纪办案、无办案事故”，圆满完成全年的刑事办案任务。

*突出重点，快捕快诉，依法严惩严重刑事犯罪。*结合东莞市社会治安实际，依法从重从快办理省委书记汪洋亲自批示的长安“3·16”爆炸案、肖某等17人特大制造贩卖毒品案以及叶某等11人高速公路系列抢劫案等一批有重大社会影响的刑事案件，有力打击犯罪分子的嚣张气焰，维护社会治安稳定。

*结合办案，加强对侦查和审判活动的监督。*受理立案监督案件20件，成功监督立案3件；依法追加逮捕8人，追加起诉7人；对不应当追究刑事责任和证据不足的，依法决定不批准逮捕307人、不起诉75人，对侦查活动中的其他违法行为提出检察纠正意见9件。在善于监督上下功夫，如在胡某抢劫案的审查起诉中，发现胡某原籍所在地派出所3名干警（其中1人为派出所所长），为犯罪嫌疑人提供虚假年龄证明材料，依法应当追究刑事责任，在市检察院依法监督下，3名涉案干警均被当地检察机关立案侦查。

从构建和谐社会的内在要求出发，积极探索宽严相济刑事政策在检察工作中的具体应用，对可捕可不捕的坚决不捕，对可诉可不诉的坚决不诉，切实做到严格依法、区别对待、注重效果。对无逮捕必要的，决定不批准逮捕104人；相对不起诉272人。

【反贪污贿赂、渎职侵权检察】 2008年，东莞市检察院共受理贪污贿赂犯罪案件77件77人，立案侦查25件25人，其中，千万元以上案件7件7人，百万元以上案件6件6人；查处要案6件6人；并集中力量查处了群众反映强烈的国家工作人员利用司法权和行政权进行权钱交易的贿赂案件2件2人；工程建设、医药购销方面的商业贿赂案件2件2人。协助外地检察机关查办职务犯罪案件176次，协助抓获犯罪嫌疑人7人。

以开展专项工作为重点，大力查办各类渎职侵权犯罪案件。根据最高人民检察院的统一部署，开展查办国家机关工作人员危害能源资源和破坏环境渎职犯罪的专项工作。共受理各类渎职侵权案件线索19件，立案5件5人。派员参与重大生产安全责任事故调查12次，向有关单位提出检察建议8次，并深挖责任事故背后的其他职务犯罪。

【预防职务犯罪】 2008年，东莞市检察机关坚持“惩治腐败是成绩，预防腐败也是成绩，更加注重治本、更加注重预防、更加注重制度建设”的工作思路，围绕双转型发展大局，着力探索预防职务犯罪新模式。主动融入全市惩防腐败体系建设，进一步完善镇街领导班子、村级两委会预防工作量化考核办法，大力开展预防工作达标单位、先进集体考评活动，提高各单位预防工作热情，推动全市党风廉政建设。

在建设领域推广企业诚信管理体系、行贿犯罪档案查询、抽签定标等招投标制度，较好地保证建设资金安全。围绕“看病贵”的民生问题，向市政府建言献策，建立完善“行贿企业黑名单”、“药品使用动态监控”等制度，积极协助市政府推进社区卫生服务改革，切实降低看病费用。

积极配合农村“两委”换届选举，事前开展“防贿选”，选举过程中接受群众举报和咨询，有效促进全市基层民主法制建设。2008年，市检察院在全省预防绩效考核中排名第一，省检察院给予充分肯定，其做法并在全省推广。

【民事行政检察】 2008年，东莞市检察机关受理民事、行政申诉案件102件，立案73件，提请抗诉10件，建议提请抗诉5件，支持起诉案件1件，向法院提出再审检察建议2件，向法院提出执行及其他建议6件；对法院判决正确的80件民行申诉案件，做好息诉罢访工作，维护司法权威。将检察长列席审委会的监督方式规范化，对审判监督工作进一步强化。

【监所检察】 2008年，东莞市检察机关监所检察部门以维护在押人员合法权益和监管执法规范为重点，参加监管安全大检查48次，提出监所检察建议76件；超期羁押预警1632次，审查减刑、假释和保外就医案件3570件，纠正监外执行脱管、漏管罪犯17名；市检察院被中央五部委评为全省检察系统唯一的“监外执行罪犯脱管漏管专项行动”全国先进单位；此外，还侦办了东莞监狱一名监区长收受35万元贿赂案件，增强对监管场所的法律监督效果。

【控告检察】 2008年，东莞市检察机关控告检察部门认真处理群众来信来访，解决群众的合理诉求，突出抓好化解社会矛盾。共受理群众来信562件，接待来访530批895人次，化解社会矛盾32件，解决群众实际困难37件。成功协调解决一名准备在全国“两会”期间越级上访的刑事案件被害人的问题；奥运期间及时处理59名村民集体上访案件，有效将矛盾化解在基层、稳控在当地；积极参与因金融危机而引发的劳资纠纷协调处置工作，有效化解多起劳资纠纷，取得良好的社会效果。

【刑事申诉检察】 2008年，东莞市检察机关受理刑事申诉案件32件，立案20件，提出抗诉和提请抗诉案件18件，同比翻两倍。成功办理东莞市第一宗依审判监督程序提出抗诉的刑事案件。此外，针对涉检信访中刑事被害人的“救助难”的问题，在全省试点制定《刑事被害人经济救助工作规定》，为刑事被害人得到经常性救助提供有力保障。

【检察技术】 2008年，东莞市检察机关重点开展信息资源管理工作。对职务犯罪案件进行全程同步录音录像人164次，提供视听证据164份；保证审讯工作的正常进行。全年受理办结法医检验31宗，执行死刑临场监督7次39人。完成任务文证审查344宗，改变原鉴定结论1宗。

【检察文化建设】 2008年，东莞市检察机关积极推动技能培训，采取委托高校办班模式，选派105名干警分别到清华大学、西南政法大学、中国政法大学进行脱产培训，效果良好。创办“东检学习论坛”，邀请多名专家学者为干警作专题报告，开拓干警的视野。在国家统一司法考试中，有27人顺利通过，通过率高达50%，在全省排名第一。在国家级刊物上发表论文20篇，省级刊物51篇，成功举办全市检察机关第二届检察理论与实践研讨会。检察调研成绩在全省排名第二；借助东莞市检察机关硕士学历干警数量较多的优势（共有硕士研究生57人，博士研究生2人），建立全市检察机关硕士研究站，为检察工作创新发展提供智力支持。着力打造检察文化精品，通过“展示科室精神”的演讲比赛和创办“检察文化墙”等活动，弘扬检察职业道德，提升干警文化品位，营造出一个“和谐向上、奋发有为”的团队氛围。涌现出一批优秀的检察官，如市院选派4名干警参加省“优秀公诉人”比赛，全部获得省“优秀公诉人”称号；市检察院检察官办理的“黄灿申诉案”，被最高人民检察院评选为“全国刑事申诉案件十大精品案件”，东莞市检察院是全国地级市唯一获此荣誉的检察院。 （石亚明）

附：2008年东莞市检察院领导名录

检察长：黄文艾

副检察长：叶惠英　曾广华　鲁　罡
尹小茹

公安工作

【概况】 东莞市公安局是市直属正处级单位，截至2008年有14个内设单位，13个直属单位，1个事业单位和34个派出单位。2008年，全市公安机关以“建为民公安，保东莞平安”为目标，深入排查化解社会矛盾，重拳打击违法犯罪，持续开展“粤安08”、“春雷”、“打盗抢追逃犯”、“公交反扒”、“迎奥运、创建全国文明城市”、打击涉车违法犯罪等一系列专项行动，全力推进“三基”（基层、基础、基本功）工程建设和科技强警示范城市创建工作，完善队伍正规化管理，促进全市社会治安大局持续好转。2008年，东莞市被评为“全国第二批科技强警示范城市”，报警与视频监控系统顺利通过公安部验收；东莞市公安局获“全省‘三基’工程建设二等奖”、“全省公安信息采集工作先进集体”、“全省侦破命案专项行动先进单位”称号；派出所建设和社区警务建设分列全省第一、第二名，并取得“全省公安系统第二届运动会地级市团体总分第一名”的优异成绩。同时，被市评为“市直机关先进单位”、“社会治安综合治理工作先进集体”、“综合治理摩托车工作先进集体”、“春运工作先进单位”、“抗灾救灾先进集体”、“拥军优属先进单位”。

【“三基”工程建设】 2008年，东莞市公安机关积极开展“三基”工程建设，完成公安部、省公安厅三年集中开展“三基”工程建设的各项任务，并根据市委、市政府“2008年新建120个警务室”的工作部署，继续抓好警务室建设，使全市规范化、实效化、科技化警务室从2007年的507个增加到627个，同时，加强警务室信息化建设，将公安网接入警务室，构建市局、分局、派出所、警务室四级信息网，并自主开发和推广应用警务室电子台账，实现“基础工作信息化，信息工作基础化”目标。2008年12月，东莞市顺利通过省公安厅考核，获得“全省公安机关‘三基’工程建设二等奖”，大岭山、松山湖公安分局获得“全省公安机关‘三基’工程建设先进单位”称号。通过三年“三基”工程建设，全市公安工作取得长足发展。

公用经费逐年增长。全市公安民警人均公用经费由2005年的3.2万元提升至2008年的6.1万元，增长90.62%。

警用装备换代升级。单警装备配备数由2005年的2849套增长到6222套，增长率达118.39%；警用车辆由2005年的2276台增长到5083台，增长率达123.33%；电脑配备数由2005年的2673台增长到6962台，增长率达160.46%。

硬件建设跨越式发展。在33个交警大队逐步建成交通指挥分中心，在33个公安分局全部建成街面、道路视频监控系统（简称大视频），在莞城、南城、长安、中堂、石龙、松山湖分局还建成内巷、房屋视频监控系统（简称小视频），各类视频监控摄像头达到11万个；在21个地级市公安机关中第一个完成交警大队及车管所外观改造任务，并按时完成111个派出所外观改造。

警队素质全面提升。2005—2008年，全市共组织开展33次多警种合成演练，对全市216名副科长以上领导、1876名公安分局股所队以上干部和8600多名民警开展全警实战大轮训、全警信息采集应用大会战、全警执法大考核、岗位技能大比武等苦练基本功活动，全面提升警队战斗力。

【奥运安保工作】 2008年，东莞市公安机关始终把奥运安保作为压倒一切的头等大事，深入开展“平安奥运”系列专项行动，加强排查稳控工作。奥运会期间，全市共摸排重点场所、部位17.16万处，发现违法犯罪线索3040条，破获刑事案件2352起，摧毁犯罪团伙399个，抓获犯罪嫌疑人4432人，其中现行作案人员3623人、部级督捕在逃人员34人。同时，从严格审查、落实责任、加强演练着手，全面落实各项安保措施，严密防范恐怖袭击活动，确保北京奥运会火炬传递和奥运会期间东莞市各类大型活动的安全、顺利、有序进行。另外，还对全市6个供奥运食品企业开展调查摸底，审查工作人员身份及运输车辆，加强日常监督检查及企业周边安全防范，并安排民警驻守企业监督生产全过程，积极开展奥运食品安全护送工作，圆满完成供北京奥运食品的安全保卫任务，被市评为“供北京奥运食品安全保障工作荣誉单位”。

【援川特遣队】 汶川“5·12”地震发生后，根据省公安厅统一部署，2008年7月30日至12月26日，东莞市公安局先后抽调78名民警，组建两批特遣队赴地震重灾区汶川县映秀镇协助维持社会治安。在川期间，特遣队员们出动警力

▲ 东莞市公安局公交视频监控中心

1.19万人次，处置山体塌方等各类突发性事件19起，处理交通事故178宗，承担大型警卫任务97批次，办理案件89起，帮扶资助灾民逾12万多元。为保障（成）都汶（川）“生命线”畅通和灾区家园重建作出突出贡献，受到当地党委、政府和广东省公安厅、东莞市委、市政府的充分肯定，并收到灾区群众自发送来的锦旗100多面及感谢信一批。因援川工作突出，东莞公安援川特遣队申报集体一等功1次，游振强、廖建华申报个人一等功1次，还有75名特遣队员立个人三等功1次。

【创建科技强警示范城市】2008年，东莞市继续深入开展全国第二批科技强警示范城市创建工作，将创建任务细化分解为20个分项目，并投入2亿元资金开展创建工作。主要创建项目有：

视频监控平台。由电信部门按照“全投全建、政府租用”的方式建成，包括市公安局、公安分局、派出所及部分社区警务室四级共215个视频监控中心（含交警指挥中心）、7718个监控点，并将各社区和农村视频监控信号与派出所或警务室的视频监控平台对接。2008年4月，全市社会治安视频监控系统建设通过公安部检测组检测，并获得好评。

交通智能管理平台。由市公安局交警支队指挥控制中心和交通信号自适应控制系统、闯红灯自动拍照系统、“122”报警服务系统、电视监控系统、办公自动化系统、交通诱导系统、GPS卫星定位系统等“一个中心、七个系统”组成，极大地提升了全市交通管理水平和交通通畅程度，交通事故数得到有效压减，全市道路交通管理水平达到国家二级。

综合警务应用平台。以综合信息查询系统和派出所综合系统为基础，通过进一步整合资源，搭建综合警务应用平台，有效提高工作效率，节省行政成本和警力资源。

交警移动无线警务平台。市公安局交警支队利用社会公用通信网GPRS和CDMA 1X作为通信承载平台开发了移动警务系统，使执勤交警能实时查询相关信息，提高路面执勤交警的工作效率和实战能力。

公交视频监控系统。投资1.2亿元，分两期在全市8000辆公交车上安装视频摄像头和GPS模块，使群众能在公交车上实时报警，且公安机关能实时对报警车辆进行精确定位并提取视频信号，为打击公交车犯罪提供强有力的支撑。

350兆无线同播网。该项目已建成23个通信基站，其中包括20个固定站、1个通信车移动站和2个备用站，信号基本覆盖全市路面，主要用于大型会议、活动保卫任务及专项行动中指挥调度任务。

【信息采集百日会战】2008年5月开始，东莞市公安机关根据省公安厅部署，全面开展信息采集百日会战工作，截至9月19日，累计新增数据量5543.8万条，使全市数据总量达到10359.2万条，初步形成“全警采集、全警录入、全警应用、全警共享”的信息化应用格局，真正实现“四服务，两提高”（服务侦查破案、服务维护稳定、服务人民群众、服务情报导侦，提高工作水平、提高工作效率）的目标。同时，各级公安机关积极利用已采集入库的信息，为办案部门提供实时信息查询服务，并通过信息筛选、信息比对等手段，从各类社会资源信息与公安业务信息中比对出有价值的逃犯信息600多条，并据此抓获逃犯400多名，取得了良好的实战效果。

【严厉打击刑事犯罪】2008年，东莞市公安机关继续保持严打高压态势，重拳打击各类刑事犯罪活动。全年共立刑事案件3.44万宗，侦破8997宗，抓获各类刑事犯罪嫌疑人1.61万人。其中抓获在逃人员2868人，摧毁犯罪团伙757个，刑事拘留1.33万人，呈捕1.14万人，检察院批捕1.1万人，移送起诉1.05万人。同时组织开展“粤安08”、“春雷”、“打盗抢抓逃犯”、“公交反扒”、“平安奥运”等一系列专项行动，严厉打击各类违法犯罪活动；并继续采取“规模用警、联合作战、集中清查、精确整治”的方式，对全市102个治安重点地区和部位进行多次集中清查整治。

【信息化应用技能培训考核】2008年，根据省公安厅统一部署，东莞市公安局深入开展信息化应用技能培训考核工作。通过有针对性的分期、分批培训学习，提高全市民警在信息化系统应用、公安部资源库查询和网络安全等方面的认识和技能。在省公安厅抽考中，市公安局局领导抽考合格率为100%，平均成绩为全省第一名；各公安分局领导抽考合格率为97.92%，全省排第四；民警抽考合格率为98.21%，全省排第二，平均分为82.63，全省排第一。另外，在全省县级公安局局长信息化技能竞赛中，东莞市取得总成绩全省第八名、优秀率全省第四名、合格率100%，1人获全省第一、15人获全省一等奖的好成绩。

【打击赌博活动】2008年8月25日至12月31日，东莞市公安局在市委政法委牵头组织开展的打击利用游戏机赌博活动专项行动中发挥主力军作用，行动中查处涉赌案件1424宗，涉赌人员2635人，收缴赌博游戏机7856台，有效遏制利用游戏机赌博、聚众赌博等涉赌活动的蔓延发展势头。

【治安管理】2008年，东莞市公安机关以“平安奥运”为目标，深入开展社会治安专项整治工作，积极预防、妥善处置各类群体性事件，加强特种行业、重点行业和公共娱乐场所管理，全年查处各类治安案件4.23万宗。组织开展打击利用游戏机赌博、网络赌博、娱乐场所整治等多个专项行动，全年共查处涉黄案件382宗、涉赌案件6260宗，处理违法犯罪嫌疑人4.08万人。开展打击破坏“三电”（电力、电信、广播电视）设施专项斗争，破获涉及“三电”刑事案件374起，抓获犯罪嫌疑人649人；查处治安案件613起，行政拘留491人。开展全市治爆缉枪专项行动，排查整治涉爆涉枪单位27家，查处涉爆涉枪案件16宗，查处涉案人员31人。开展废旧金属收购专项整治行动，排查清理收购站点1109个，清查流动收购废旧物品人员3406人，查处治安案件63起，破获刑事案件1起，抓获违法犯罪嫌疑人113名。集中整治非法传销活动，捣毁传销窝点41个，查获涉嫌传销人员805人，有力打击了非法传销人员的嚣张气焰。对全市8所高校、565所中小学、519所幼儿园开展专项整治，共查处治安案件6宗、刑事案件17宗，整改学校消防安全隐患4574处，消防检查2.64万次，在校园周边增设治安岗亭601个，增派法制副校长503名，法制副校长到校园工作3.64万次。高标准完成各类大型政治、经济、文化安全保卫任务145次，其中超过5000人以上的大型群众性活动42次。对全市116个公安派出所进行等级评定工作，其中虎门公安分局龙眼派出所等6个派出所被评为一级公安派出所，东城公安分局东城派出所等23个派出所（含3个边防派出所）被评为二级公安派出所，其他87个派出所（含1个边防派出所）被评为三级公安派出所。

【户政管理】2008年，东莞市户政管理部门以实现人口信息数据“完整、准确、鲜活”为目标，全面开展户口核对工作，多渠道拓宽人口信息采集手段，进一步提高信息数据质量。2008年，全市户籍人口50.64万户，174.87万人；全年办理户口迁移4.4万人，其中市外迁入3.36万人，迁出市外5974人，市内迁移4462人；全年为引进人才及其随迁家属办理入户手续2316人，其中为企业人才及其家属办理迁户手续414人，为事业单位人才及其家属办理迁户17人；协助市委政法委制定“东莞市见义勇为好市民”入户实施细则，为18名被评为“东莞市见义勇为好市民”的新莞人办理入户手续；组织全市各公安分局、高等（中等）专业技术院校、技工学校清理毕业生因空挂户口专项工作，减少大中专（技校）毕业生空挂户口造成人口管理难问题的发生；全年共办理居民身份证8.89万张，其中申领3.24万张、换领（补领）5.65万张，销毁居民身份证1.34万张，实有持证人数162.7万人；为各级政府部门、其他社会团体和群众等提供人口信息查询2.99万人次；按时保质完成人口统计年报工作，及时纠正户口登记中重登、漏登及差错等问题。

【流动人口管理】2008年，东莞市公安机关流动人口管理部门坚持“以人为本，公平对待，依法保护，服务至上”原则，与相关职能部门密切合作、相互配合，不断探索适合东莞实际的流动人口和出租屋治安管理新手段、新机制，切实加强流动人口管理工作。进一步加大对全市暂住人口统计工作的指导力度，顺利完成2008年暂住人口统计工作。据统计，截至2008年6月30日，全市有暂住人口552.5万人，比上年略有减少，其中男265.77万人、女286.73万人。从暂住人口分布情况分析，广东（除东莞市外）、湖南、四川、湖北、河南、广西、江西等7个省（自治区）在东莞的暂住人口为422.6万人，约占暂住人口总数的76.5%；从从事行业种类分析，务工、务农、经商、服务四种行业暂住人口为530.3万人，约占暂住人口总数96%；从暂住人口主要居住地分析，长安、厚街、虎门、东城、塘厦、清溪、常平、大朗等8个经济发展相对较快的镇（街）的暂住人口约268.9万人，约占暂住人口总数的48.7%。

开展大排查大清查行动和流动人口治安管理专项行动，以出租房屋、中小旅馆、闲置厂房、地下空间、劳务市场、废品收购站点、歌舞娱乐场、洗浴休闲场所等场所部位为重点区域，组织广大民警和社区干部、治保人员、协管员不断加大摸底排查工作力度，逐村逐户、逐企逐院摸底排查，最大限度地防范和打击混迹于流动人口中的违法犯罪分子。

进一步明确外国人管理工作职责分工，加强外国人临时住宿登记管理，做到“人来登记、人在走访、人走注销”，将外国人纳入实有人口管理。

【出入境管理】2008年，东莞市公安出入境管理部门办理各类证件签证（注）111.07万个，其中公民出国（境）证件、签注105.76万个，境外人员签证（注）证件5.31万个。录入出入境“大集中”系统信息30.8万条，基础信息量增加至462万余条，百名民警信息采集率在全省出入境系统名列第一，数据质量大幅提高。

进一步理顺境外人员管理工作机制，强化签证源头管控，组织开展清理非法聘用外国籍教师、查处外国（地区）常驻代表机构非法经营等专项工作，全年共查处“三非”（非法入境，非法居留，非法务工）境外人员649人次，罚款629人次，拘留审查20人，遣送出境23人。

落实各项便民利民措施，优化智能IC卡、电话、网上申请工作流程，启用出入境证件数码照片检测系统，保障证件照片质量，并通过“东莞警察网”公布办事指南，提供各类申请表格下载，为群众搭建更便利、互动性更强的服务平台。

深化岗位练兵，组织民警参加全国出入境民警任职资格考试，取得平均分全省第二的优良成绩。

【办证窗口前移】2008年，东莞市公安出入境管理部门全面实施出入境窗口前移工作，将群众申请出国（境）旅游业务的受理权限下放给镇（街）公安分局。按照县级公安机关出入境接待场所建设标准对各镇（街）公安分局办证厅进行改造升级，组织基层出入境民警分期分批培训并进行考核。同时，明确分局窗口受理业务和对象范围，进一步优化、规范工作流程，提高数据质量，严格落实警务公开、限时办结等各项工作制度，提高窗口民警服务意识和水平。截至2008年，全市已有29个镇（街）公安分局开通出入境窗口，受理居民出境申请10.29万人次，占同期全市窗口受理总量的27.4%，其中11月分局受理量约占全市受理总量的40%，窗口前移作用更加凸显，越来越多群众享受到“足不出镇，办妥证件”的优质服务，受到上级领导的充分肯定和人民群众的一致好评。

【治摩工作】2008年，东莞市深入推进“治摩”工作。广泛开展宣传发动，通过各种媒体深入宣传“治摩”的意义以及中心市区 “禁摩”的政策措施，并由市委副书记、政法委书记黄双福带队赴印尼、越南考察摩托车交通状况，对两国摩托车交通之乱和污染之重进行专题宣传报道，社会反映良好。深入开展“无摩托车搭客、无电动自行车上路社区”建设工作（即“双无建设”），通过开展“治摩3号”、“治摩4号”、治摩5号”3次全市统一行动，采取各种方式取缔摩托车搭客营运和禁止电动自行车上路。2008年，全市共查扣假牌、套牌、报废等各类摩托车2.57万辆、非法搭客营运摩托车9851辆、违规上路行驶电动自行车8.51万辆、冲闯禁区摩托车3.84万辆。全市摩托车实际存量进一步减少，电动自行车在各主要道路基本绝迹，90%“摩的”司机转型就业，涉及摩托车和电动自行车交通事故持续下降，“两抢”（抢劫、抢夺）犯罪进一步得到遏制。积极筹备市中心区“禁摩”工作，出台《东莞市中心市区禁摩工作实施方案》，明确自2009年1月1日起全天禁止摩托车在市区环城路范围内行驶，并设置3个月的公劝期，2009年4月1日起对冲禁区的摩托车实施处罚。同时，市政府出台新一轮的摩托车提前报废奖励办法，鼓励群众提前报废摩托车，2008年供接受群众提前报废摩托车7.2万多辆，发放补偿、奖励金约1.5亿元。还积极采取各项措施，加快公交发展，保障群众方便出行。

【道路交通管理】 2008年，东莞市公安交警部门围绕“降事故、保安全、保畅通”的工作目标，强化各项道路交通安全工作措施，促进全市道路交通和谐畅通。

全力以赴做好事故预防工作。建立健全事故预防联席会议制度，发动政府各部门齐抓共管；投入约1400万元，排查治理事故黑点15个，加强交通事故研判，深入开展道路交通安全秩序综合整治工作，预防和减少交通事故发生。2008年，全市共发生道路交通事故5377宗，造成590人死亡、5985人受伤，直接经济损失640.6万元，分别比上年同期下降7.52%、8.39%、8.23%、14.91%。

开展专项整治活动。以交通秩序整治为主线，先后开展“春运交通保卫战”、“奥运交通攻坚战”、“创建全国文明城市交通秩序集中整治”、“预防特大交通事故百日行动”以及“粤安08”等一系列专项整治行动，重点查处酒后驾驶、疲劳驾驶、超载、超速、闯红灯、私家车占用公交车道、故意遮挡、污损机动车号牌等交通违法行为，并加大对校车、危险化学品运输车辆、客运车辆的监管和对套牌车、无牌无证、假牌假证车的打击力度，全年共查处交通违法64.98万宗，查处套牌、无牌无证、假牌假证机动车4998辆，治安拘留2282人，刑事拘留436人，吊销驾驶证269本。

创新责任机制。以创新交通勤务模式为突破口，制定以路定岗、以岗定人、以人定责的方案，形成大队领导包片、中队领导包线、民警包点的责任机制，切实提高路面见警率和民警管事率。建立“警情、警力、指挥”三位一体的指挥机制，充分利用交警指挥中心先进的监控和通讯设备，做到第一时间发现警情，第一时间处置警情，提高预防和处置突发交通事件的能力，逐步形成“科学系统、权责分明、横纵有致”的应急预案体系和“统一指挥、反应灵敏、运行高效”的应急管理机制。全年共成功处置突发性事件20多宗，提供交通事故录像313件，卡口识别假牌、套牌车辆2356辆次，协查侦破重大案件35宗，实施重大警情指挥调度23次，完成级别以上交通警卫任务90宗。

科技强警。以创建“全国科技强警示范城市”为契机，全面开展交警大队电视电话会议系统和交通指挥分中心建设。莞城、长安、石碣、厚街、麻涌等镇（街）交通指挥分控中心已建成并投入使用。

交通安全宣传。深化交通安全宣传进农村、进社区、进学校、进家庭、进企业“五进”宣传教育活动，与东莞广播电视台、电台等新闻单位合作，开办《春运快讯》、《交通事故案例大家说》、《焦点关注》等节目，及时宣传交通管理措施及交通安全常识。共发放宣传资料280多万份，上交通安全课1.86万次，悬挂宣传横幅、标语3.56万条。

【机动车和驾驶员管理】 2008年，东莞市交警部门按照“管理更科学、服务更热情、群众更满意”的总体要求，不断拓宽服务渠道，提高服务水平。扩大“车证速递”业务范围，增加驾驶证遗失补证和期满换证、提交身体条件证明、核发检验合格标志、号牌和行驶证补换发等证件速递业务；通过群发手机短信息50多万条提醒驾驶人及时办理期满换证和交体检表等，方便广大车主和驾驶员办理车管业务。规范驾驶人考试项目建设，加强考试员纪律教育，严抓考场秩序。建立驾校培训质量排行榜制度，开展驾校“查摆整改月”活动，联合市交通部门、市驾驶培训行业协会等部门开展专项整治工作等措施，把好预防交通事故第一道防线。认真开展机动车安全防护装置安装和车身反光标识粘贴工作，深入开展专项检查行动和“上门服务”活动，严格落实责任倒查制度，有效治理交通安全隐患。加大业务培训力度，开展业务技能考核，完善值日警官和业务咨询员制度，整理各项管理台账，重新印制车管业务办事指南，全面促进车管业务正规化建设。

2008年，全市共办理机动车注册登记10.51万辆，转移登记5.39万辆，抵押登记1.24万辆，变更登记7459辆，注销登记1.07万辆，年检45.4万辆；办理初学、增驾驾驶人14.91万人，驾驶证换证6.24万个，驾驶证补发1.68万个，驾驶证注销4.67万个，接收驾驶人年度体检表23.57万份。截至2008年，全市机动车驾驶人达到100.3万人，同比增长8.5%；机动车保有量达到122.53万辆（其中：汽车70.16万辆，摩托车52.11万辆，其他2558辆），同比增长4.0%。

【机构调整】 2008年，东莞市公安局在广泛调研的基础上对机构编制进行调整，其中市公安局刑警支队三大队增设4个副科级专业中队，交警支队南城大队增设中心广场中队，市第二看守所增设副所长职数1名，沙田公安分局增设副局长职数1名；市公安局经济犯罪侦查支队、行动技术支队、国内安全保卫支队、特警支队、网络警察支队、警务督察支队、禁毒支队、收容教育所、市看守所、市第二看守所等机构正职领导可由副处级干部担任，市看守所、市第二看守所、收容教育所及收容教育所虎门分所的内设机构调整为队建制，升格为副科级，并在各大队增设若干中队；市公安局强制戒毒所和市公安局强制戒毒所虎门分所分别更名为市公安局强制隔离戒毒所和市公安局强制隔离戒毒所虎门分所，黄江分局黄牛埔派出所更名为新区派出所。同时，根据省公安厅部署，开展规范镇（街）公安分局机构设置工作，在大量调研基础上制定了机构设置方案，正呈市有关部门审批。

【立功创模】 2008年，东莞市公安系统共有9个集体立集体二等功，60个集体立集体三等功，31个集体受嘉奖；1人立个人一等功，21人立个人二等功，404人立个人三等功，1502人获个人嘉奖。

（李泽林　李寒来）

附：2008年东莞市公安局领导名录

党委书记、局长：崔　建
党委副书记、副局长：陈伟强　利焕祥
党委委员、纪委书记：樊希炎
党委委员、副局长：李泽林　梁建柱
李伟雄　梁均耀
卢伟琪
党委委员、政治处主任：刘沛雄
党委委员、指挥中心主任：何澄彪
党委委员：张绍培

消防工作

【不断提升火灾防控能力】 2008年，东莞市新增市政消火栓3984个，市政消火栓总数达到1.66万个；建立健全“三小”场所、出租屋消防安全监管长效机制，对全市“三小”场所和出租屋整治工作进行专项考核评估；积极在全市开展消防安全隐患排查工作，推进公共娱乐场所和宾馆、饭店消防安全专项治理，全年共出动消防监督执法人员1.57万人次，进行消防安全检查6300余次，消除火灾隐患7.15万处，关停单位53家、查封取缔121家，社会消防安全环境明显优化，全年火灾宗数、死亡人数、受伤人数同比上年分别下降21.5%、76.6%、51.9%。

【创新指挥体系】 2008年，东莞市公安消防部队瞄准实战，以勤务工作实战化、灭火救援专业化、执勤训练规范化、战勤保障体系化等为目标，创新全勤指挥体系，在全省先行建立灭火救援全勤指挥部，统一灭火救援力量调度；立足实战实用，不断加大实战练兵力度，全面推行联勤联训，强化火灾防控动态管理和多种队伍协同作战能力；以创建厚街、寮步镇消防专职队正规化建设示范单位为契机，进一步规范全市各专职消防队伍执勤训练，提高其灭火救援能力和处置突发事故能力。全年共接警出动2203次，出动车辆5951辆次，出动警力2.92万人次，抢救被困人员1796人，疏散被困人员4051人，抢救保护财产近10亿元。

【“三基”工程建设】 截至2008年，东莞市公安消防部队深入推进倒计时管理、扶弱治短和对口帮扶“三项活动”，顺利完成“三基”（基层、基础、基本功）工程建设阶段性任务；建成23个现役消防大队，形成“一镇一队”的消防管理格局，招收161名合同制消防员，消防工作力量明显增强。

（江　昶）

附：2008年消防支队（消防局）领导名录

支队长：张小宏

政　委：崔　勇

边防工作

【侦破案件】 2008年，东莞市公安边防部门继续保持高压态势，严厉打击各类违法犯罪活动，全年破获贩毒案5宗，缉获毒品4688克，抓获犯罪嫌疑人22名；破获走私案件11宗，案值约100万元；侦破刑事案件14宗，辖区码头和水域实现“零发案”。大力加强海上管控力度，累计出动船艇390艘次，警力2580人次，检查船舶1.23万艘、人员5.73万人，查处违规船舶191艘，走访码头123个，与沿海61家作业单位签订海上治安管理协议，并通过信息比对，抓获21名网上通缉在逃人员，其中通过船舶管理首次在海上抓获在逃人员。同时，加强渔船民管理，主动上门为渔民办理户口簿320本、出海船民证960张，年审船舶340艘。

【边防部队管理】 2008年，市公安边防部门继续狠抓规范管理，部队连续7年安全无事故发生。大力开展“三基”（基层、基础、基本功）建设，加大基层软、硬件建设投入力度，充实基层一线警力，积极开展岗位练兵，拉动处置突发事件实战演练12次；加大信息化建设，提升执法水平，1人被公安部边防局评为“执法标兵”，2个基层单位分别被省边防总队评为“执法示范和‘三基’建设先进单位”。全面开展“大走访”活动，累计走访群众1.91万户、2.85万人，外来人口8.86万人；清查工厂、企业和重点场所1320个，出租屋9800多间次；化解上访苗头13个，调解辖区纠纷26起，为群众挽回经济损失500余万元。开展创建爱民固边模范村和民警任村官活动，关爱辖区9名留守儿童，重点帮扶35户贫困户，为辖区群众做好事136件；作为东莞市首个捐款单位，为地震灾区捐款9万多元；在抗击“黑格比”等台风中转移解救群众425名。加强警营文化建设，建成多媒体教室、电子图书馆、运动场、文体室，组建威风锣鼓队。加强宣传，在各级媒体发稿164篇，其中中央级稿件8篇。年内，1个基层单位被公安部边防局记集体三等功，2名个人立二等功，1个党支部、2名党员和1名党务工作者受到表彰。

（查远瞩）

附：2008年边防支队领导名录

支队长：陈宏伟

政　委：杜彦华

边防检查

【概况】 2008年，东莞边检站全力抓好奥运安保和提高边检服务水平工作，检查出入境人员101.98万人次（入境50.12万人次，出境51.86万人次），比上年减少7.363%，其中旅客89.03万人次（入境43.31万人次，出境45.73万人次），比上年减少5.94%；船舶服务员工12.94万人次（入境6.81万人次，出境6.13万人次），比上年减少16.08%。检查和监护出入境交通运输工具2.24万艘（列）次，比上年减少18.38%，其中出入境船舶1.51万艘次（入7957艘次，出7148艘次），比上年减少18.38%；出入境列车7280列次（出境3638列次、入境3642列次），比上年增加8.64%。发现和处理手续不符人员534人次，查获偷引渡案件2起2人次、在控对象9人次。

【奥运安保】 2008年，为打赢奥运安保工作硬仗，东莞边检站成立两级安保工作指挥所，先后3次组织召开迎奥运安全管理协调会；与23家码头经营单位、外轮代理公司及31家船务公司签订奥运安保协议书；修改完善处置突发事件预案，购置一批处置突发事件装备和器材；在各口岸现场成立处置突发事件尖刀分队，先后13次联合有关单位开展联合实战演练；坚持“走出去，引进来”，先后15次组织证件研究骨干与天河、罗湖等边检站进行技术交流。期间共查获6名在控对象，协助有关部门成功破获一起恐怖事件，受到总队通报表扬；强化调研力度，先后出版16期《证件研究周刊》，5期被公安部六局证件研究网采用；2008年7月，广东省委常委、公安厅长梁伟发到常平口岸检查指导工作，对奥运安保工作给予充分肯定。

【边检服务】 2008年，东莞边检站推出港澳旅客自助查验、口岸援助服务、贵宾接待服务、口岸特别商务服务、船舶信誉通行等服务举措，为出入境人员和交通运输工具提供优质、高效的通关服务。积极配合有关部门完成了中国国民党副主席江丙坤，香港特区政府投资推广署署长卢维思，香港经济日报执行董事、副社长陈早标，国家开发银行行长蒋超良，国家工商总局外事司副司长张焕以及省市有关领导出入境的边检服务工作，受到各方好评。中央电视台、《人民日报》、《新华每日电讯》、广东卫视、珠江电视台、《南方日报》等新闻媒体先后20多次对东莞边检服务工作进行深入报道，展现了良好的国门卫士形象。东莞边检站被公安部评为“全国提高边检服务水平工作成绩突出单位”，1名检查员被评为“全国提高边检服务水平成绩突出个人”，1名干部被评为“全国边防部队执法标兵”，2个基层单位分别被评为市“青年文明号”和

"巾帼文明岗"。

【"三基"工程建设】2008年，东莞边检站"三基"（抓基层、打基础、苦练基本功）建设成效显著，在全国现役边检站率先建设启用常平口岸旅客自助通关系统，在沙田分站打造全国首个检查员培训基地，完善边防检查"梅沙系统"建设，全面改造口岸现场闭路电视监控系统和边检标志，提高了口岸通关效能。

全站官兵坚持与"文明东莞"建设的氛围相适应，时刻保持部队优良传统，严格落实部队各项规章制度，部队执勤、训练、工作和生活正规有序，官兵作风紧张活泼，干事雷厉风行，部队形象良好。

坚持大练兵长效机制，扎实开展素质培训，组队参加军地组织的各类比赛竞赛，取得了一系列优异成绩。东莞边检站被公安部评为"全国公安机关出入境管理暨外国人管理工作先进集体"，被广东边防总队评为"全省边防部队信息化工作先进单位"、"安全工作先进单位"、"机要工作先进单位"、"爱民固边战略先进工作办公室"，1个基层科被公安部边防局和广东边防总队分别评为"基层建设标兵单位"和'三基'工程建设先进单位"；在全总队年度财务会审中获边检类二等奖，营房建设被广东边防总队评为先进单位；1名干警赴海地执行维和任务载誉归来，获联合国和平勋章；派出2名官兵赴四川抗震救灾，抢救伤员66人，从废墟中救出生还者5人，东莞边检站被市委、市政府评为"抗震救灾先进单位"，1名干警被评为"抗震救灾先进个人"；思想政治工作成效突出，东莞边检站被评为"全省边防部队新闻报道工作先进单位"，政委章俊获评"全国公安宣传思想工作先进个人"、"全国边防部队主题教育优秀教员"和广东边防总队"新闻报道工作优秀组织领导奖"，1名干部被公安部边防局评为"宣传工作先进个人"；7名干警分别被广东边防总队评为"十佳检查员"、"十佳思想工作骨干"、"爱民固边先进个人"、"提高边检服务水平先进个人"、"'三基'工程建设先进个人"、"信息化工作先进个人"、"机要工作先进个人"；7名干部被确定为副团职后备干部，5名干部取得中级检查员资格；全站共有2个基层单位立集体三等功，16名干部立个人三等功，一大批干警被评为优秀干部和优秀士兵。

【拥政爱民活动】2008年，东莞边检站官兵深入开展"送温暖，献爱心"活动，积极向灾区和贫困地区群众捐款10余万余元，定期到儿童福利院、敬老院及驻地社区走访慰问孤寡老人和贫困户，与6户失学儿童结成常年"助学对子"，以最大爱心、尽最大能力为他们排忧解难；设立救助热线，积极为人民群众排危解难，赢得了人民群众的信任、支持和上级的嘉奖。1名干警被广东省评为"拥政爱民模范"，2个单位和1名干警分别被市委、市政府评为"拥政爱民工作先进单位"和"拥政爱民工作先进个人"，副站长王晓明获"东莞市志愿服务银奖"。

【党委班子建设】2008年，东莞边检站党委把团结作为班子建设的灵魂、队伍发展的动力。班子成员经常交心通气，坦诚相待，营造团结氛围，提升团结质量。始终坚持民主集中制原则，严格落实民主生活会制度，努力营造和衷共济、融洽和谐、科学决策的干事环境。坚持党委中心组学习制度，坚持团以上领导干部基层包干责任点制度，落实站主官到基层单位当兵制度；站党委心系基层，情系官兵，重点为部队办了10件实事，圆满完成了奥运会、十七大安保、维和防暴、抗震救灾等重大任务。落实各项廉政规定，完善并落实述职述廉、诫勉谈话和重大事项报告制度，自觉接受群众监督，树立好形象，赢得好口碑。站党委连续2年被总队评为"先进党委"，站军政主官被评为"优秀主官"，2名干部被评为"优秀团职干部"，1名干部被评为"优秀大队级主官"。（陈德智）

附：2008年东莞边防检查站领导名录

站　长：曾良光
政　委：章　俊
副站长：朱日昶　王晓明　宋代良
副政委：冯正瑶
司令部参谋长：戴　舸
政治处主任：张振茂
后勤处长：陈连坝

司法行政

【普法教育】2008年，市司法局继续贯彻执行《广东省法制宣传教育条例》，举办学习讲座近10次，认真学习领会并付诸行动，开展多种形式的普法活动，充分发挥各政府部门的专业特性和领域内的影响力。其中，联合市妇联于年初在万江市汽车总站开展"青春暖流关爱新莞人"活动；联合市禁毒办于5月在全市开展"禁毒法律知识竞赛"；联系市检察院抽调人手参与市普法办组织的各种法治讲座、主题活动。

充分利用电视、电台、报纸、网络等媒体宣传普法工作。4月起，与东莞广播电视台《与法同行》栏目共同推广"与法同行·法律六进"活动，全年累计开展5次，将法律送进工厂、社区、学校、单位。通过电视投放普法公益广告，并制成光碟，下发到各镇街。全年，《法制日报》、《羊城晚报》、《东莞日报》、《全国普法依法治理通讯》、《广东普法》、《东莞阳光网》等新闻媒体共宣传报道东莞市普法工作55次。

针对企业经济社会双转型所面临的问题，通过多种普法形式，将有关处理劳资纠纷的正确途径和方式传递到东莞市的各个厂区，很大程度上缓解劳资矛盾的加剧，得到市政府的充分肯定。全市法制宣讲团深入村（居）、学校、工厂和企业开展法制宣传讲座、座谈会700多场次，直接参与人数达60多万人次。累计举办依法行政、预防职务犯罪、新法解读等各类法制讲座205场，受教育人数达3.2万人。针对各镇（街）村两委换届选举，深入大岭山、大朗、桥头等镇开展依法行政和预防职务犯罪知识的宣传；针对村（居）妇女权益易受侵犯及财产纠纷情况，深入虎门镇村头社区、横沥镇长巷、寮步镇下岭贝村、黄江镇田美社区等农村、社区宣传《妇女权益保障法》、《物权法》等法律法规。通过司法所、基层人民调解组织和出租屋管理机构向农民、社区居民、新莞人、学生派发法制宣传资料达192.44万（册）份。

普法工作与东莞创建文明城市相结合。编印、派发《东莞普法》（特刊）15万份；制作创建全国文明城市（法治篇）普法宣传挂图6000套，免费派发到村居、社区等场所。

充分运用各项资源，坚持发挥大规模、大阵地普法的规模效应，扩大普法覆盖面，东莞普法大规模、大阵地普法观念已经普及。省对这种大规模、大阵地普法工作给予高度评价。

【公证工作】2008年，东莞市公证体制改革进一步深化，虎门公证处于11月挂牌成立，全市公证机构设置调整工作基本到位，布局更加合理。公证管理能力进一步增强，公证协会筹备工作取得重大进展。在国际金融危机和相关政策的影响下，公证业务发展受到严峻考验，公证业务量有所下降，3家公证处全年共办理各类公证案件2.84万件，其中国内经济公证3104件，国内民事公证1.59万件，涉外民事公证5249件，涉港民事公证1765件，涉台民事公证2396件。

【律师工作】 2008年，东莞市新设律师事务所7家，新增执业律师169人，全市律师事务所总数达到77家（含市法律援助处），其中公职律师事务所1家，律师事务所分所13家；注册执业律师1056人。各律师事务所业务量稳步增长，共代理各类诉讼案件2.16万宗，办理非诉讼法律事务2.39万宗。

市司法局进一步推进律师工作规范化建设，严格准入，强化培训，表彰先进，修订、完善全市律师事务所考核评价体系，将律师事务所的内部管理全面纳入规范化考核范围，以推动全市律师事务所规范化发展；积极支持、鼓励律师多渠道参政议政，推荐2名律师担任省人大代表、省政协委员，推荐3名律师担任市、镇人大代表，5名律师担任市政协委员；积极组织律师参与信访工作，在每个月的10日、20日两个工作日的上午及市领导接访日全天组织律师到市政府信访值班室接访。全市律师充分发挥专业优势，在努力拓展业务的同时，积极参与维稳工作、信访接待、法律援助、普法教育和社会公益活动，为建设富强和谐新东莞作出积极贡献。

【法律服务稽查】 2008年，东莞市创建联合稽查平台，10月17日召开第一次全市法律服务市场管理联席会议，成立以副市长邓志广为组长、10个部门领导为组员的东莞市法律服务市场管理领导小组，制定《东莞市法律服务市场管理联席会议实施方案》，建立东莞市法律服务市场管理联席会议制度。法律服务稽查队全年共接到各类投诉案件51宗，稽查49宗，稽查率达96%。其中涉及法律咨询服务机构的案件26宗，追回被投诉人违法收受的案件代理费近3万元；参与并稳妥处理因劳资纠纷引发的群体性案件5宗；依法撤销6家非法设立的法律服务机构。

【法律援助】 2008年，东莞市法律援助处共接待来访群众1.21万人次，接听“12348”法律服务专线1.04万人次，受理法律援助案件3075宗，比上年同期增长17%，其中，基层法律援助办事处承办法律援助案件1032宗；代写法律文书172份；服务人数2.87万人次，共为困难群众节省律师费用922.5万元。

市法律援助处继续坚持“为民、利民、便民”服务宗旨，工作稳步推进。重视规范化建设，确保服务质量，继续在服务程序、岗位职责、监督制约等方面扩大规范化建设成果。谋求多方协作，积极应对东莞市产业结构调整升级及《劳动合同法》颁行带来的群众维权方面的新情况、新特点，积极加强与相关部门的协调和沟通，最大限度地实现资源整合和优势互补，切实提高法律援助服务的质量和效率。加强法律援助宣传，结合东莞市开展法律援助工作十周年的活动，采取多种形式进行宣传，如积极举办或参与大型的法律咨询和法制宣传活动，以创建“全国文明单位”为契机，制作大型宣传横幅，并为中央文明网“全国文明单位大看台”栏目制作东莞市法律援助处浏览网页。

【基层法律服务】 2008年，东莞市各镇（街）基层法律服务所共代理民事诉讼代理1650件，非诉讼法律事务代理2859件，协办公证166件，办理见证5227件，解答群众法律咨询3.94万人次，避免或挽回经济损失25325.5万元。

【人民调解】 2008年，东莞市有人民调解委员会1596家，其中村（社区）调委会590家，企业调委会974家，镇（街）调委会32家，有调解员1.95万名。全年调处民间纠纷2万件，调解成功1.95万件，成功率达97.5%；防止民间纠纷激化244件，防止民间纠纷转化为刑事案件149件，防止群体性上访251件，防止群体性械斗39件，司法与信访接访调处1650件，未发生因调解不及时或调解不当而引进的自杀、凶杀和重伤害案件。

【安置帮教工作】 2008年，东莞市有两劳（劳改、劳教）回归人员265人，帮教265人，帮教率100%，安置252人，安置率95%，没有出现脱管现象。对下落不明和虚假信息的刑满释放、解除劳教人员继续开展有针对性的查找核实工作，针对无法查实的185名刑满释放、解除劳教人员再次展开调查摸底专项活动，通过排查发现，86人核实清楚（其中有73人衔接帮教，6人服刑、劳教，5人死亡，2人无犯罪记录），99人因信息虚假以及非莞户籍等原因无法查实（其中信息虚假34人，非莞户籍65人）。

【司法鉴定】 2008年，东莞市有司法鉴定机构12家，司法鉴定人121人，涉及十类鉴定，基本能够满足社会的需要。2008年完成司法鉴定业务6236宗，比上年增加66.88%，其中三大类鉴定业务达到5640宗，占总数的99.66%。年内，东莞市司法鉴定协会正式成立，确立了东莞市司法鉴定行政管理和行业管理相结合的管理模式。

【司法考试】 2008年，国家司法考试东莞考区报名人数创历年新高，达1793人，比上年增长29%。1575人参加考试，包括5名台湾居民。330人通过，合格率达20.95%。

【队伍建设】 2008年，市司法局始终坚持以加强政治思想教育为核心，狠抓各项制度的落实，不断强化服务意识、全局意识、责任意识，提高队伍的整体素质。*开展富有特色的政治理论学习教育*。按照中央、省、市的统一部署要求，在全市司法行政系统开展历时半年的解放思想、学习实践科学发展观的活动，针对不同时期、不同层次人员的思想特征安排政治理论学习，全局人员的理论水平和政治素质有很大的提高。*加强党组织建设，多层次、多渠道开展党员教育活动*。局党总支按照“加强建设、拓展思路”的基本工作思想，重点加强组织制度建设和党员教育，使组织建设逐步走上规范化、制度化的轨道，逐渐形成具有特色的党员教育形式和教育格局。*扎实推进党风廉政建设*。深化细化反腐倡廉的各项任务，进一步落实领导干部“一岗双责”制度，深入开展以“增强党性理念，推进科学发展”为主题的纪律教育学习月活动。积极争取市委、市政府的重视和支持，将镇（街）司法所升格为副科级建制，为基层司法所做大做强提供有力的组织保障。 （杜鹃　陈洋）

附：2008年东莞市司法局领导名录

局　长：彭启尧

副局长：吴　敏　赖鸿就　孔庆威
严继宗

地方军事 LOCAL MILITARY AFFAIRS

编辑：刘 丹

东莞军分区

【概况】东莞军分区正式组建于1994年5月28日，前身是东莞市人民武装部，接受广东省军区和东莞市委的双重领导。东莞军分区是东莞市人民政府的兵役机关，是东莞市军事领导指挥机关。2008年军分区下辖36个基层武装部和东莞市国防教育训练基地。其中32个镇（街）武装部以及市直机关直属武装部、理工学院武装部、2个企业武装部。

【战备工作】2008年，东莞军分区着眼战备行动需要，完善武警工作方案计划；组织了一期以东莞地区军警民联防指挥所及各镇（街）防卫责任区指挥组有关人员参加的指挥机构人员集训；组织了重要军事目标的支援警戒力量现地勘察、方案对接和实地演练。

【民兵训练】2008年5—7月，东莞军分区采取基地化训练模式，分6批次组织全市1800名基干民兵全面开展基础科目和专业训练；举办一期新任职民兵营长集训；组织基干民兵班和民兵营长军事技能比武考核，所有参考单位成绩合格率达100%，优良率达96.7%，全市总评成绩为优秀。

【作战指挥系统建设】2008年，东莞军分区对机动通信指挥系统进行全面调试，完成民兵特勤分队的组建，组织了一期“动中通”系统操作人员培训，初步形成战斗力；建成覆盖全市32个镇（街）和国防动员委员会各部门，融视频会议、文电传输、语音通信于一体的国防动员信息系统，并将地方政务、海事、交通、卫生、气象等信息引入共享，初步实现动员资料数字化、指挥控制自动化、文电传输一体化，从根本上改变传统的指挥手段，提高指挥效能。

【国防动员】2008年5月，东莞市国防动员委员会组织军分区各部和市交通战备办公室、国民经济动员办公室、人民防空办公室等单位，对全市国防动员潜力进行全面调查，拟制应急动员方案及其配套计划。抓了民兵组织整顿，较好解决了国防后备力量各支队伍任务重叠、编组交叉、一兵多职、建用脱节等问题。

6月，东莞军分区联合市双拥办、国防教育办、东莞日报社、东莞阳光网和移动东莞分公司组织全民国防知识竞赛，用报纸、网站和短信刊登、发送100道国防知识竞赛试题，有4万多人参与答题，扩大了教育覆盖面，强化了全民国防观念。

为提高国防动员组织指挥能力，2008年7月上中旬，军分区组织市国防动员委员会各成员单位，以及多支民兵应急分队和专业保障队伍，进行东莞市首次军警民联防指挥机构带实兵演练，受到前来指导演练的广州军区副司令员吕丁文、副参谋长周瑞华和省军区副司令员倪善学等上级首长的充分肯定。这次演练的经验做法，先后被省国防动员委员会、广州军区国防动员委员会和国家国防动员委员会转发。

【新兵征集】2008年，东莞市征兵办公室积极适应征集主体转变的新要求，发动全市8000名应征青年报名，组织2851名预征对象体验，较好完成了604名新兵征集任务，其中高中以上文化程度的占81%。

【党委中心组带机关专题理论学习】2008年，东莞军分区坚持用中国特色社会主义理论体系武装头脑，完成6个专题理论学习，积极参加省军区每月一期的“学习论坛”，有效提高党委班子和干部队伍的理论素养，分区领导结合工作实践每人都撰写一篇以上调研文章。为提高学习质量，邀请国防大学金一南教授为全市党政干部、专武干部和驻军领导上了一堂国家安全形势辅导课。

【“信念、使命”教育】按照省军区的部署安排，东莞军分区于2008年4月8—16日，集中7天时间进行“信念、使命”主题教育。教育期间，组织5堂专题辅导课，开展参观东江纵队纪念馆、重温入党誓词、参观驻军新装备、参观东莞市城市展览馆等8项配合活动，每个干部都写出3000以上文字的学习体会，并认真进行对照检查。

【后勤和装备保障】2008年，东莞军分区修订完善各类后勤保障“应战”、“应急”方案；组建医疗救护、汽车运输、油料保障等7支保障队伍并组织分队骨干进行集训；抓了国防教育训练基地的靶场建设和军分区新址营院设计和报批各项工作。完善应急防卫装备保障方案及民兵武器装备仓库联防、武器装备应急发放等方案；组织仓库保管员队伍培训；完成了万余件武器装备的调配；完善市民兵装备仓库的安全设施，安装了与公安“110”联网的红外线摄像头和报警装置。

【安全管理教育】2008年，东莞军分区坚持把安全管理教育工作作为一项政治要求，着眼大局抓防范，针对薄弱抓整治。先后三次组织开展安全教育管理集中整治行动，不断强化干部、战士和职工的安全意识，特别是对少数机关干部和武装部人员使用的假军牌进行坚决清理；奥运期间，集中开展防范重大案件事故和政治性问题教育整顿，不断提高全体官兵的安全观念和遵规守纪意识；着力建章立制，制定了涵盖人员、车辆、营房等内容的《军分区管理规定》和《民兵特勤分队管理细则》；在办公大楼等重点部位安装监控设施，加大监控力度，确保军分区安全稳定，全年无事故、案件。

【基层武装部建设】2008年，东莞军分区在大抓基层武装部“四个基本”（基本教育、基本队伍、基本制度、基本设施）建设的基础上，针对民兵政治教育难落实的问题，狠抓基本教育的规范与落实。从2月份开始，在拔蛟窝社区民兵营抓民兵政治教育试点，统一进行规范，努力树立样板。3月28日，召开全市民兵政治教育现场观摩会。省军区政治部副主任黄思潮、市政府副市长邓志广到会指导并讲话，经验做法被省军区转发。按照军分区要求，全市各镇街武装部都选择一个民兵营抓民兵政治教育的试点先行，有力促进了基层武装部“四个基本”建设的整体推进和协调发展，全市32个镇街武装部全部实现达标。

【参建维稳】在2008年春节期间的抗击雨雪冰冻灾害行动中，东莞军分区组织全市32个镇（街）民兵应急分队连续奋战9个昼夜，疏导进站旅客38万人、遣返滞留人员23万人、转移疏散旅客15万人，为维护车站及周围秩序做出了重大贡献。军分区还组织为东莞火车站滞留旅客捐赠2万元的生活物资，组织向清远地区捐款20万元的救灾物资。6月13日深夜，樟木头镇遭遇50年一遇特大暴雨，造成严重内涝，军分区迅速组织附近镇街轻舟分队紧急支援，连夜转移受困群众800余名。在白云嶂山和狮子岩山发生重大山火后，军分区副司令员李建平两次率机关指挥组迅速组织谢岗、清溪、塘厦、樟木头、凤岗等镇民兵森林扑火队员参加扑救，出色完成任务。东莞军分区被省军区评为“捐献救灾物资先进单位”，军分区副司令员兼参谋长陈怀德、军分区参谋柳东明、常平镇武装部部长周锡英被省军区评为“抗击雨雪冰冻灾害先进个人”；万江街道武装部部长陈练球、常平镇武装部部长周锡英被省委、省政府评为“抗灾救灾先进个人”，常平镇民兵应急分队被省委、省政府评为“抗灾救灾先进集体”。

（杨兴会）

附：2008年东莞军分区领导名录

党委第一书记（兼）：刘志庚
司令员：刘国辉
政治委员：卢广海
副司令员：李建军
副政委：喻清明
参谋长：黄汉光
政治部主任：管林海
后勤部部长：秦桂清
政治部副主任：彭剑山

▲2008年7月29日，东莞市连续七次被省委、省政府、省军区授予广东省“双拥模范城”称号。图为市领导卢广海、李小梅为东莞捧回“双拥模范城”的牌匾

（郑志波　摄）

武警东莞市支队

【概况】中国人民武装警察部队广东省总队东莞市支队（简称武警东莞市支队）组建于1990年9月28日。部队主要担负警卫、看押、看守、守护、城市武装巡逻和处置突发事件等任务。支队机关驻东莞市东城区莞龙路下桥。2008年，支队以奥运安保为主线，深入贯彻落实科学发展观，紧紧围绕高标准抓建设、谋发展，各项任务完成圆满，部队建设全面推进，实现了安全稳定。支队被总队评为“安全工作先进单位”，政治处被总队评为“先进政治处”，四、五中

队被总队评为“先进中队”。

【党委班子建设】 2008年，武警东莞市支队党委紧紧围绕能力建设和先进性建设，在磨合中巩固团结，在学习中提高能力，在实践中增长才干，班子成员的政治意识、大局观念、思维能力得到进一步加强，党委班子核心领导作用明显。扎实开展“讲党性、重品行、作表率”学习教育活动，较好地解决了在形势估价上盲目乐观、视野不宽；在精神状态上责任缺失、心浮气躁；在对待升迁上患得患失、跑官要官；在形势权力上假公济私、以权谋私等问题。坚持以课题调研为牵引，以探索特点规律、破解发展难题为突破口，在深入领会重大理论观点、重大战略思想、重大工作部署的基础上，进一步研究理论学习的新方法。党委“一班人”抓建思路更加清晰，抓建方法更加科学，抓建成效更加明显。严格党委议事和决策程序，不断提高党委科学民主依法决策能力，集体领导作用发挥明显。加大重大敏感问题监督力度，党风廉政建设扎实推进，领导干部事业心责任感进一步增强，凝聚力战斗力明显提升，集体领导作用发挥明显，官兵认同感和满意度明显提高。

【军事训练】 2008年，武警东莞市支队以新《军事训练与考核大纲》、《中国人民武装警察部队军事训练规定》和军事训练教材为依据，注重打牢新兵、骨干、干部三个层面的军事技能基础，在新兵中开展练队列、比形象，练体能、比毅力，练动作、比技能“三练三比”活动；在骨干中开展新训骨干、反恐尖子、预提士官军事竞赛；在干部中开展示范作业、示教作业、体能等军事技能比赛，按照“锻造尖子、训强部队”的做法，突出抓好部队反恐比武训练。针对部队训练实际和各项执勤任务的需要，下发全年军事训练工作指示，制定首长机关、基层警官、机动中队、执勤中队训练计划，确保部队训练有序运行，官兵整体素质有较大提高，为完成全年军事训练任务打牢基础。全年，机动分队完成125个训练日875小时，执勤分队平均完成86个训练日602小时，参训率分别为90%和75%；机动分队完成35个科目训练，执勤分队完成29个科目训练，全支队基本按计划完成军事训练任务。全年培训的新兵总评成绩良好，合格率达100%；预提指挥士官训练效果明显，骨干基本具备“三能四会”（能指挥打仗，能组织训练，能管理士兵和会讲、会做、会教、会做思想工作）能力。全支队训练工作安全无事故，训练成绩总评达到优秀，部队遂行任务的能力有新的提高。

【执勤与处置突发事件】 2008年，武警东莞市支队始终坚持中心居中，认真贯彻总队执勤思路，开展“专勤专训日”评选活动，在一中队召开正规化执勤现场会，加强执勤能力和执勤设施建设，5个中队达到执勤一级水平，连续9年实现执勤安全无事故，执勤工作更加规范。突出抓好应对重大事变军事行动准备和奥运安保执勤，召开武装押解勤务座谈会，精心组织春运执勤、冬休警卫、武装巡逻、武装押解等临时勤务，圆满处置“家乐福”、“出租车司机”等群体性事件。年内，协调目标单位投入资金300多万元，狠抓执勤设施配套规范建设，执勤安全系数大大提高。

【行政管理】 2008年，武警东莞市支队认真贯彻总部、总队安全发展精神，扎实开展“条令学习月”和“安全宣传教育月”活动，深入进行法纪和安全常识教育，从严治警、安全发展理念不断强化。严格落实规章制度，狠抓部队经常性管理，深入开展作风纪律教育整顿和安全隐患排查，狠抓不假外出、违规使用手机、喝酒宵夜、落实值班制度不严格等倾向性问题治理，突出“两会”、“台湾大选敏感期”、“奥运会”和补选退等特殊时期管理，严格“两个值班”，加大督查检查和从严执纪力度，部队秩序正规。严格枪弹安全管理和车辆事故预防。保密工作扎实深入，加大涉密场所、资料、电脑、网络和移动存储介质的管控力度。全年实现秩序正规、纪律严明、内部和谐、安全稳定的目标，支队被总队评为“安全工作先进单位”。

【思想政治工作】 2008年，武警东莞市支队思想政治工作紧紧围绕“学习贯彻十七大精神”这条主线，着眼驻地环境和任务实际，注重理论牵引，推动实践转化，紧紧围绕“跟得紧、贴得实、重实效、保中心”的思路开展思想政治工作，服务保障作用发挥明显。采取“党委带头、实践模拟、探讨互动、游戏促进、评比竞赛”等方法抓好学习实践科学发展观活动，中央级媒体先后10多次宣传支队的做法，参加科学发展观智能游戏比赛获得总队二等奖。结合形势任务，广泛开展“坚定理想信念、忠实履行使命，永远做党和人民忠诚卫士”主题教育活动；针对全球性金融危机，抓好形势政策教育试点，总部、总队转发了支队教育做法。大力抓好干部“思进、守纪、尽责”教育，增强在东莞支队工作的“幸福感、光荣感、责任感”。结合纪念党的十一届三中全会30周年，开展书法、绘画、板报、歌咏等多项竞赛活动，丰富官兵文化生活。贯彻总队经常性基础性政治工作会议精神，重点对政治环境进行改造，推广“橄榄文化”试点经验，建设支队政工信息网，警营文化建设初现规模、初具特点。紧贴任务实际，扎实做好临时勤务中政治工作。扎实开展隐蔽战线斗争和“四反”（反赌、反毒、反黄、反私）工作，确保了部队内部纯洁稳定。政治处被总队评为先进政治处。

【拥政爱民工作】 2008年，武警东莞市支队继承和发扬“拥政爱民、拥军优属”的光荣传统，以共建社会主义精神文明和和谐警民关系为主要内容，深入扎实进行拥政爱民教育，积极主动开展各项双拥共建活动，进一步巩固和发展“同呼吸、共命运、心连心”的新型警政警民关系，为促进地方改革、发展、稳定做出积极贡献，树立武警部队“威武之师、文明之师”的良好形象，得到市委、市政府和全市人民的广泛赞誉。与驻地街道、学校、车站等单位建立12个共建点，担负民兵、治安、公安、交警和4所学校义务军训任务；参加抗击雨雪冰冻灾害、东莞“春运”执勤、处置突发事件和社会治安综合治理等任务，为驻地经济建设和社会稳定做出积极贡献。3月份，支队参加市委组织的松山湖绿化美化环境植树活动，支队长、政委带队共60人参加，植树300多株。4月份支队官兵还参加清明祭奠烈士纪念碑活动，并担负礼宾和敬献花圈任务。5月份，汶川大地震后，支队积极响应总队党委和东莞市委市政府的号召，为灾区人民捐款15万余元。2008年，支队被市委、市政府评为“中央和省属驻莞机关先进单位”和“拥政爱民先进单位”。

【后勤管理】 2008年，武警东莞市支队围绕“保障有力”总目标，坚持“面向基层，加强管理，深化改革，提高效益，服务中心”的总体思路，始终把保中心、保生活作为保障的重点，把基层作为保障的重心，以深化后勤规范化管理为主线，以推进后勤信息化建设为突破口，以抓好基层基础设施建设为着力点，注重在工作的深化、延伸、拓展、落实上狠下功夫，圆满完成后勤各项保障任务。针对形势任务特点修订完善各类后勤保障预案23种，按照“突出重点、合理布局、规模适度、注重效益”的原则建立战备物资库、战备器材库及战备药材库，完善支队和中队两级后勤战备物资储备体系，与地方大型商场、超市签定战备食品代储代供协议，有效地提高实施全天候遂行任务自我保障的能力。年初处置因冰冻灾害天气影响导致的东莞火车东站旅客大量滞留、东莞家乐福“4·27”、“5·1”及奥运安保备勤等任务保障有力。坚持严把经费预算、投向、投量、审批、结算关，各基层单位的财务管理均达到上级要求。坚持每周组织司务长集体办公,统一研究制订食谱。按照“逐级负责、责任明确、管理到位”要求，加强基本设施管理，基本设施完好率达到95%以上，武器装备完好率、配套率达到98%以上。严格落实车辆派遣联管责任制不走样，车辆运行良好。卫生防病工作成效明显，计划生育检查达标。

【营房及配套设施建设】2008年，武警东莞市支队继续把设施建设作为后勤工作的重点，牢固树立科学发展理念，着眼部队发展要求，积极发挥双重领导、双重保障的体制优势，大力争取地方党委政府及用兵的支持，以总部新大纲试训训保设施现场会为牵引，狠抓以训练基地为龙头的配套设施建设，有力提升基层基础设施建设的层次和水平，使官兵基本实现“执勤有保证、训练有场地、娱乐有场所、生活有保障”的目标。强化执勤根本，狠抓执勤设施配套规范建设，加大对执勤设施改造力度，彻底根除安全隐患。改善哨位设施，创造舒适执勤环境；建好文体基础，健全基层图书阅览室，补充大批书籍。完善基层篮球场、体育活动室，配置下发乒乓球台、健身器等一批文体器材。完善生活设施。

【现场观摩】2008年10月25日，武警部队军事训练与考核大纲集训训练设施现场观摩会在东莞训练基地和东莞支队一中队召开。武警部队副司令员息中朝中将、副政治委员崔景龙少将带领总部机关、各总队领导80余人亲临现场观摩。东莞市委常委、市公安局长崔建全程陪同首长和会议代表现场观摩。东莞市委书记刘志庚热情接见了首长一行。武警部队副司令员息中朝、副政治委员崔景龙、总部政治部副主任张补旺、总部后勤部副部长周锁海，广东总队总队长龙汉荣、政治委员朱凤云等参加了会见。息中朝向刘志庚介绍了总部新大纲集训的总体情况，对东莞市委、市政府对训练基地和支队建设的关心表示感谢。刘志庚代表市委、市政府感谢武警东莞支队长期以来对东莞改革、发展、稳定给予的大力支持，特别是在抗击雨雪冰冻灾害、台风等极端天气灾害中所作出的突出贡献。他表示，东莞将一如既往支持武警东莞训练基地和东莞支队的各项建设。（姜铁丰）

附：2008年东莞市武警支队领导名录

第一书记：崔　建
（任至12月，兼第一政治委员）
书　记：曾凡荣
（任至12月，政治委员）
副书记：黄天云
（任至12月，总队副参谋长代支队长）
副支队长：王守刚（任至12月）
李瑞泽（任至12月）
副政治委员：刘志学（任至12月）
参谋长：黄志华（任至12月）
政治处主任：张建国（任至12月）
后勤处处长：陈远华（任至12月）

人民防空

【概况】2008年，市人防办积极推进“战备人防、效益人防、和谐人防”建设，较好地完成了上级赋予的各项任务，有效地增强全市的人民防空能力，在2008年全省人防建设目标管理考评中被评为达标先进单位。

【指挥通信建设】2008年，市人防办认真落实上级的要求，切实把抓好人防指挥体系建设作为做好人防应急准备重中之重的工作来抓，按照统一规范、突出重点、加快进度、确保质量、系统高效、管用实用的要求，不断提高人防应急组织指挥保障能力。

加快指挥场所建设步伐。为确保在时间节点内完成全市人防战备指挥所和应急指挥中心建设，市分管领导、东莞军分区领导和人防办主要负责人经常过问工程进展情况，多次组织召开协调会，较好地解决了工程建设存在的问题，加快了工程建设进度，两个项目的主体工程已基本竣工，进入设备安装调试阶段。

认真组织修订《东莞市城市防空袭方案》。为增强城市的防空袭保障能力，市人防办按上级的要求组织政府相关职能部门对原《东莞市城市防空袭方案》中的各个预案进行认真的修改和完善，新修订的方案于8月份通过专家评审并已上报省政府审批。认真组织开展人防专业队演练。为提高人防专业队的整体素质，市人防办先后于3月份和7月份组织全市7支人防专业队参加由东莞军分区组织的防卫演练和国防动员演练，检验和锻炼了队伍。

加强防空警报建设。完成6个镇（街）46台新增警报器的安装任务，并对原有警报器进行全面的升级改造，使防空警报始终处于良好的战备状态。为检验警报设施的性能，市人防办还于5月19日（四川汶川大地震死难同胞悼念日）和11月20日（警报试鸣日）成功组织防空警报鸣放。

【人防工程建设】2008年，为增强城市平时的防灾抗毁能力，市人防办认真落实《人民防空法》的要求，把结合民用建筑修建防空地下室作为人防工程建设的重点，坚持依法建设，依法管理，严格工程报建审批，使全市人防报建率逐步得到提高，保证了人防建设与经济社会发展相协调，与城市建设相结合。全年共受理自建防空地下室项目48项，人防报建面积达到38万多平方米；受理易地修建防空地下室项目29项，收取人防易地建设费3800多万元；受理竣工验收项目34项，竣工面积14万多平方米。同时，市人防办还按照战备工作的要求积极做好人防工程的平战转换工作，确定平战转换的试点工程，落实转换经费。

【机关“准军事化”建设】2008年，市人防办按照“准军事化”建设纲要的要求，把机关“准军事化”建设作为一项管根本、管长远、管全局的基础性工作摆上重要位置，狠抓队伍整体素质的提高，有效增强队伍遂行任务的能力。

认真组织开展学习实践科学发展观活动。通过活动，进一步解放人防科学发展的思想空间，探索东莞市人防建设的新思路、新途径、新举措，有力地推动全市人防工作的创新和发展能力的提高。狠抓班子建设。通过抓作风建设，使班子成员的思想作风、学风、工作作风、领导作风得到明显的改进，有效增强了队伍的学习力、执行力和战斗力。狠抓党风廉政建设。市人防办严格遵守廉政建设的有关制度，认真落实党风廉政建设责任制，建立健全人防工程报建审批监督机制，加大从源头上预防和治理腐败工作，保证了队伍的纯洁。（叶春华）

附：2008年东莞市人民防空办公室领导名录

主　任：陈艾戈
副主任：周建子　刘俊廷

城建·环保 URBAN CONSTRUCTION·ENVIRONMENTAL PROTECTION

常平镇丽城开发区

- 轨道交通立项报批
- 汶川映秀灾后重建规划
- 灾区过渡安置房振建
- 汶川地震震情应急处置
- 举办2008年国际花园城市决赛
- 抗冰救灾和奥运保电

编辑：何 青

城市规划

【概况】 东莞市城建规划局（正处级），是主管城市建设规划管理工作的市人民政府组成部门。2008年，内设办公室、用地规划科（原为规划科）、报建科、村镇科、技术管理科、法规监察科、规划编制科和交通市政科，下设32个镇（街）规划所。2008年，市规划局坚持"优先为市属重点工程服务，优化程序、打造绿色通道；立足科学分析、考验执政能力，既好又快、不违规"的指导思想，加强城市规划管理，不断提高规划审批的效率，大力推进轨道交通规划上报审批、全市生态环境整治等工作，完成各项市属重点项目规划设计任务。

【轨道交通立项报批】 2008年5月，国家发改委中咨公司组织召开《东莞市城市快速轨道交通建设规划》专家评估会，妥善处理东莞市轨道交通和穗莞深城际轨道交通的衔接问题，为中咨公司顺利开展评估工作奠定基础，12月初，中咨公司正式出具评估意见。9月底，《东莞市城市快速轨道交通建设规划环境影响评价》通过国家环保总局组织的专家评审。12月上旬，《轨道交通外部电源规划研究》通过专家评审。12月底，建设部组织召开了《东莞市城市快速轨道交通建设规划》专家评审会。

【规划、指导生态环境整治】 2008年，东莞市规划局认真落实生态环境整治工作方案，组织编制规划、制定指引、狠抓工程，市属和镇街重点生态工程获得有序推进。已完成市属重点工程运河道路及景观整治工程峡口至东坑神山桥段施工图设计工作；清溪森林公园施工图设计、工程预算已通过审定；市属莞长、莞龙、莞樟、东深4条主干道路以及港口大道景观改造部分路段生态环境整治工程已实施完工；西部干道、莞深高速景观改造设计方案已完成。同时，各镇街深入实施整山育林工程、道路绿化工程、农业生态园建设工程、河道生态修复工程和公园广场工程，截至11月，32个镇街累计增加绿地面积约4430.97万平方米，种植乔木约810.50万株，清污、清淤约653.74万立方米，完成投资28.94万元。累计完成的绿化面积占3年计划的84%，完成投资占3年计划的63%。

【城市功能设施建设】 2008年，东莞市规划局承接了东莞大酒店、黄旗山城市公园、植物园、城市规划展览馆、市篮球中心等10多项市属重点工程项目的规划设计工作，通过狠抓落实，工作得到顺利开展。此外，市规划局还加快推进东莞东站改扩建、石龙火车站迁建、BRT试验段工程等项目，已基本完成环莞路二期（博览大道—长安镇）、东莞大道延长线、东部快速路（企石—桥头段）改造工程、环城路泰新路立交改造工程、松山湖大道大朗段和松山湖大道延长线等一批市政道路设计工作。

【汶川映秀灾后重建规划】 2008年，东莞市规划局积极响应市委、市政府号召，开展"抗震救灾献爱心"募捐活动，全体党员积极缴纳特殊党费。在市援建小组的统一领导组织下，市规划局负责映秀镇的灾后重建规划工作，市规划局援川人员和规划院积极与当地有关部门沟通，迅速适应工作环境，克服时间紧、任务重、余震多、交通不便、环境恶劣等困难，加班加点全力以赴的投入到灾后重建工作中。已累计绘制各类图纸上百张，《映秀镇灾后恢复重建规划》已原则获得审批通过，受到了当地政府和四川省建设厅的肯定。

【城市规划体系健全】2008年，东莞市规划局修改完善《东莞市城市规划管理技术规定》，出台《控制性详细规划技术审查标准》，制定《东莞市控制性详细规划审批暂行管理规定》，进一步规范东莞市的控规编制和技术审查的标准，增强可操作性，推进规范化、法治化管理，重点加快松山湖、虎门港、生态园等地区的控规编制与审批。截至2008年，全市已编制控规245个，控规编制的覆盖率达到70.1%，已完成审批的控规114个，正在审查的131个，上报编制计划的32个。8月份，市规划局经市编委同意增设规划编制科后，在短短几个月间，审批通过的控制性规划达50多个，审批速度大大提升。

为适应东莞城市建设的总体要求，提升重点地区、地段的人居环境和城市形象，市规划局借鉴国内外先进城市的规划管理经验，在松山湖、南城探索性地开展城市设计工作，指导完成了《松山湖北部工业城D区部分区域城市设计》、《南城宏图片区城市设计》、《会展中心站交通接驳及土地综合开发概念性规划成果深化》等多项城市设计。通过开展城市设计，使东莞市重点地区和地段的建设标准得到提升，达到了优化城市功能，塑造良好空间形态，提高城市环境品质及形象的目的，为下一阶段规划建设提出了更为明确的指引。

根据城市发展和规划管理新的形势要求，市规划局组织编制一批专项规划：《东莞市生态控制线规划》已通过市政府审批，已形成送审稿并上报市政府审批；《东莞市住房建设规划（2008—2012）》，6月底已向社会公布并上报省建设厅备案；《东莞市快速公交（BRT）线网规划》、《东莞市BRT试验段运营后公交线网调整研究》、《东莞市区综合交通规划》等。

【规划管理制度建设】2008年，东莞市规划局为提高控制性详细规划审查的工作效率，成立控规审查小组，由局长、分管副局长定期牵头会审控规；成立规划编制科，专事控规编制管理和审查工作；强化对各镇街控规编制的前期介入指导，切实提高控规审批效率；建立控制性详细规划草案的前置审查程序，对各镇街所有新编制的控制性详细规划草案完成后，即由市规划局组织专门技术审查会议，提前对规划草案进行审议，确认方案构想，协调解决技术问题。

▲ 2008年10月15日，刘志庚、李毓全等市领导参观东莞生态园规划（蓝业佐　摄）

为加快推进东莞市产业结构调整升级工作，市规划局积极协助相关企业办理物业产权的规划审批手续，认真做好以下工作：一是加强对试点工作的引导和服务。遵循“重点关注、加强规划引导、从速办理”的原则，认真做好各项规划调研、项目审批工作，对长安、厚街、大朗、谢岗、麻涌五个试点镇，符合产业结构调整升级的规划项目加快审批、加强管理。围绕市政府中心工作，根据各镇街的意见，出台《关于试行市财政投资项目办事绿色通道的通知》等政策文件，对全市产业结构调整升级有重大意义的项目，提前介入，开展技术审查；对重点产业项目采取规划评估的方式，加快审批进度；对市属重点工程开辟绿色通道，制定办事指南，特事特办。深入松山湖科技产业园区和长安、厚街、谢岗等地现场办公，及时解决问题。二是优化审批程序。理顺新纳入市区管理的松山湖、虎门港、生态园、寮步镇的办事程序，通过规划评估、技术审查等方式，加快办事进度。三是本着大力扶持、特事特办的原则，围绕产业结构调整和升级，对拟上市企业、试点镇重点企业、中小工业企业和加工贸易企业，了解企业有关物业产权办理情况，经过对每一项物业核对相关规划后，研究制定分类处理办法，较好地落实了企业产权办理工作。

依法行政和规划管理的制度化进一步加强。截至2008年，市规划局共办理“一书两证”约1700份，修建性详规审批51份，小区方案91份、建筑方案审批116份。市城市规划委员会发送会议资料124份次、办理规委会发文47份，共召开会议4次，审议《莞城区控制性详细规划调整》等控规，《东莞市公路网规划》、《东莞市水运发展规划》等市域专项规划和《茶山镇总体规划》、《麻涌镇总体规划》等总规的修编申请，标志着东莞市规划委员会制度正式步入规范化、制度化轨道。市规划局制定《用地拍卖批准书审批程序》，修改《用地拍卖批准书》格式，对规划的强制性要求和指导性要求进行明确；制定《东莞市规划设计市场管理暂行规定》，加强对东莞市规划设计单位的管理；在规划设计审查方面，建立专家评审机制，以保证规划成果的科学性；坚持一周一次的报建讨论会制度，加快审批速度。

严格依法颁发拆迁许可证和按拆迁年度计划审批拆迁项目，对不符合条件的申请项目不予受理。经省建设厅、省发改委核准，东莞市2008年度城镇房屋拆迁规模为50万平方米，2008年，市规划局核发拆迁许可证4宗，组织做好全市规划系统执法人员申领执法证工作。此外，加强信访维稳工作，制定信访案件处理制度，规定信访案件接访、受理、分办、检查督促等环节的工作程序，规范信访案件处理行为，积极协调配合有关部门妥善处理信立农批中心拆迁等问题，维护了社会稳定。8月，市规划局被市政府评为“行政执法工作先进单位”。

城市规划的指导和协调作用进一步发挥。市规划局认真执行科室预审—科室会审—局审的建设项目规划审批制度，定期召开科室规划设计技术会审会议、局务会，加强建设项目规划和规划编制成果的技术审核，较好地指导了项目建设。2008年，共办理各类建设项目规划技术审核约600项，办理各类规划编制成果技术审核200多件次。

市规划局进一步完善领导班子包镇调研制度，局领导班子成员结合全市中心工作和规划工作目标，每两个月到镇街与领导班子座谈，及时听取镇街经济社会发展和城市规划建设中的新意见和新想法，不断加强和改进规划管理工作。

【城市规划课题研究】2008年，东莞市规划局配合解放思想、学习实践科学发展观活动，完成市政府调研课题《以城市化为统领，加快推进经济社会双转型》并上报市政府，报告中有关“空间转型”等内容已转化为相关政策和建议；完成《以修建性详细规划为抓手，推进城市规划精细化管理》调研课题，积极探索加强规划精细化管理的措施和方法；选取茶山镇茶山村作为试点，开展旧村改造试点研究工作；针对控规编制、审批中存在的问题，深入镇区调研，形成《东莞市控规审批中存在的问题及其对策》的调研报告；组织开展《长安填海地区发展策略研究》；完成《东莞市地下综合管线普查以及信息系统建设的可行性研究报告》等调研报告。

【规划议案提案办理】2008年，东莞市规划局收到人大建议和政协提案60份，按时办复率达100%。针对议案提案办理工作任务重、要求高、时间紧的特点，市规划局重新制定《市规划局议案（提案）办理规定》，落实领导责任制，对重点议案提案，局领导亲自督办，并参加专题座谈会和现场视察；对民生问题，如在市区规划建设人行隧道或人行天桥、加快公交设施建设满足“治摩”后群众出行需求等民生问题，局领导专门与相关科室研究考虑特事特办，推动其尽快启动，并对议案提案的落实情况及时跟踪处理，抓好各项民生实事的办理落实。通过努力，2008年所有议案提案在5月中旬全部办理完毕。

【城市规划信息化管理】2008年，东莞市城建规划局全面铺开信息化管理工作。完成了基于遥感和GIS（地理信息系统）的东莞市生态环境资源核算研究、东莞市“控制性详细规划一张图工程”、协助开展东莞市控规辅助设计与审核系统项目，完成《东莞市地下综合管线普查以及信息系统建设的可行性研究报告》，开展东莞市地下综合管线普查以及信息建库项目。（朱永盛）

附：2008年东莞市城建规划局领导名录

局　长：欧阳南江

副局长：卢沛超　黄宇东　陈　巡

国土资源管理

【概况】东莞市国土资源局（正处级），是代表市政府主管土地资源、矿产资源和测绘事业的职能部门。1999年开始对镇街国土所实行垂直管理。2008年有9个科室（办公室、计财科、土地利用科、地籍科、资源规划科、执法监察科、政策法规科、测绘管理科、矿产资源管理科）、7个事业单位（土地储备中心、土地交易中心、土地开发中心、国土资源信息中心、土地监察大队、测绘队、砂石土管理站）、32个国土资源分局，全系统干部职工800多人。

2008年，市国土资源局紧紧围绕全市产业结构调整和转型升级的工作思路，继续解放思想，学习实践科学发展观，坚持以“管得住、用得好”为根本目标，以“法制教育年”活动为工作主线，着力构建保障和促进科学发展的新机制，国土资源管治能力和保障能力全面提高。

【违法违规用地查处整治】2008年，东莞市按照省委、省政府要求，开展了违法违规用地查处整治行动，促进全市土地管理“从失之于宽、失之于情向成之于严、成之于法转变”。实现了四个“刚性目标”。做好省第三次卫片执法检查的查处整改和新发生违法违规用地的自查自纠，拆除各类违法违规用地建筑278宗，建筑面积108万平方米；复耕复绿653宗，面积502.83公顷；全市各镇街未因违法用地被国家确定为重点整治地区；未发生因违法违规用地或违法违规用地查处整治导致社会不稳定或其他严重后果的事件。达到了四个“前所未有”。市委、市政府对土地管理的重视程度前所未有，查处整治力度前所未有，产生社会影响前所未有，基层干部用地观念转变前所未有。落实了四个“管理机制”。落实了属地负责机制，各镇街主要领导对本辖区的土地管理和违法用地监管负总责；落实了共同责任机制，实行分级管理、分口把关、齐抓共管、共同负责，实现了土地管理“一家管、大家用”向“大家管、大家用”转变；落实了联动执法机制，纪检、检察、公安、司法和国土部门在案件查处、移送和信息共享等方面建立了沟通、合作平台；落实了节约集约用地机制，查处整治行动对依法和集约用地形成倒逼压力，促使基层政府更加重视节约集约用地。

【建设用地管理】2008年，东莞市国土资源局推进土地资源节约集约利用，在六个方面拓展用地空间：一是抓紧规划修编，向合理布局要地。省下达影子规模后，组织市镇同步修编，加快进度。截至2008年，市级规划已通过专家评审并报省政府审批，镇级规划有10个镇街上报了规划初稿。通过规划修编，可腾挪整合建设用地1.6万公顷。二是统筹用地指标，向优化结构要地。坚持有保有压，继续由市统筹年度新增用地指标，保障首期投资500万美元以上的优质项目和民生工程。全年经市批准使用新增建设用地指标658.53公顷。三是严守入市规则，向市场机制要地。严格执行国家工业用地和经营性用地公开出让政策。全年举行36期经营性用地招拍挂出让会，成交地块31宗，面积178.93公顷，成交金额67亿元；公开出让工业、科研用地41宗，面积264.6公顷，成交金额16亿元；新收购储备土地44公顷，出库利用25公顷，回笼资金7.5亿元，实现增值收益6.8亿元。四是提高用地门槛，向供地审批要地。出台节约集约利用土地实施细则，明确各镇街土地投资强度标准，项目供地严格执行供地目录和投资强度、容积率等控制指标，通过严把审批关口，核减用地100公顷。五是推进三旧改造，向存量资源要地。探索符合实际、操作性强的实施办法，建立鼓励和引导社会投资参与的利益机制，代市草拟《东莞市推动产业结构调整和转型升级实施“三旧改造”土地管理暂行办法》，通过了市联席会议审定。六是实施滩涂围垦，向新增空间要地。配合整合长安滩涂资源，建设虎门港长安新区。围垦项目规模近2000公顷。

【耕地保护】2008年，东莞市国土资源局跳出简单的面积保护思维，结合产业发展、生态绿化和利益引导，创新耕地保护方式。一是配合推进农业产业园和产业转移园区建设。全市统一规划建设10个农业产业园，总面积1733.33公顷；在原有8个镇属产业转移园区的基础上，由市统筹与韶关、惠州签订了合作协议，加快探索区域经济一体化下的土地利用新模式。二是提请市对基本农田保护实行财政补助。从2008年起，市财政每年投入1.2亿元对基本农田保护任务超全市平均水平的村组按超划基本农田面积实行财政补助，每公顷每年补助7500元。三是实行基本农田和生态绿地双重保护。提请市将基本农田划入1100平方公里生态绿线，严禁在生态绿线范围内进行建设，实现国土、规划部门对基本农田保护区的双重保护。四是采取多种途径补充耕地。利用园地、山坡地开发补充耕地，预计补充耕地1333.33公顷。以易地开发方式补充建设占用耕地60.8公顷，实现全年用地报批占补平衡。积极向河源等市购买了666.67公顷耕地占补指标，用于解决2009年批次报批的占补平衡。

【重点工程保障】2008年，东莞市国土资源局坚持科学规划、有保有压、积极主动的原则，保重点、保发展。一是在规划修编中保重点。分解下达市重点工程项目用地指标，要求各镇街落实到修编的土地利用总体规划中，指标不落实的镇街规划不能通过审批。二是在过渡期采取灵活措施保重点。按新规划选址的市财政投资重点工程，同意采用挂账方式处理。按照"特事特办"的原则，开通"绿色通道"，对城建项目建设单位送来的《东莞市建设工程施工前期审批手续办理意见表》（市属），即到即加具意见，全年共办理81宗。三是在统筹指标中保重点。坚持实行土地利用年度计划指标统筹制度，优先保障市重点园区、重点项目和民生工程用地。四是做好跟踪服务保重点。跟进广深沿江高速公路、广深港客运专线等省重点工程的征地协调；做好市区廉租房、市新中医院、市医疗废物处理中心等市重点工程的权属调查和征地工作，涉及征地141.73公顷；根据"尊重历史、实事求是"的原则，经市政府同意，对历史遗留的五种工业用地给予政策补办用地手续。全年共向省、市申报新增建设用地59批次，面积654.4公顷；经省、市批复批次报批57批次，面积644.67公顷。积极服务企业融资，全年办理新增抵押登记380宗，抵押金额180多亿元。

【业务建设】大力普及国土资源法律知识。2008年，东莞市国土资源局按照国家六部局要求，会同市委组织部、司法局等部门，开展国土资源法律知识宣传活动，举办国土政策形势专题宣讲33场，培训基层干部1.5万人次，基层干部群众依法用地意识明显提高。加快推进第二次土地调查。成立领导机构，制定工作方案，落实1624.17万元专项资金，定期进行实地督查，完成野外调查1000多平方公里。着力解决群众信访纠纷。开展国土资源局长"接访周"和"下访月"活动，局党组成员与信访人面对面听情况反映，带领局中层干部，分片带案下访，深入基层、深入现场了解情况，解决信访群众的合法合理诉求。对重要信访案件实行领导包案，责任到人，紧抓稳控，限期办结。全年受理土地信访437宗，办结434宗，办结率99%。扎实做好防灾复绿工作。开展全市地质灾害调查和研究，制定《东莞市地质灾害防治管理实施意见》，开发重点地质灾害隐患点实时网络监测系统，对全市641处地质灾害隐患（危险）点进行专项治理；组织制定采石场整治复绿工作方案，落实复绿资金4.49亿元。加速推进信息化建设。开展信息化建设专题调研，调整优化网络系统，做好地形修补测数据收集、地籍调查成果整理入库，升级完善电子政务系统功能，开发并应用土地监察实时巡查系统。加强队伍建设。开展解放思想、深入学习实践科学发展观活动和"法制教育年"活动，转变思想观念，破解资源发展瓶颈。以升格、增编为手段，加强分局建设，稳定了干部队伍。做好干部轮岗交流、培训教育和选拔任用，配齐配强局属单位领导班子。持之以恒抓好党风廉政建设，巩固反腐保廉防线。

（喻运青）

附：2008年东莞市国土资源局领导名录

局　长：刘润荣

副局长：陈润池　邓耀桃　叶绍焜

纪检组长：刘　杰

城市建设

【概况】东莞市建设局（正处级）是主管建设管理工作的市人民政府组成部门。2008年，内设9个科室：办公室、人事科、建筑市场管理科、质量安全管理科、技术管理科、建设工程招标投标管理办公室、房地产开发管理科、城乡建设科、信访科。下辖6个事业单位：建设工程质量监督站、建设工程安全监督站、建设工程造价管理站、墙材革新与建筑节能办公室、建设工程交易中心、建筑科研所。

2008年，东莞市建设局以建章立制为主线，奠定更为完善的建筑市场监管体系，以改革创新为重点，构建更为科学的质量安全监督体系，依法行政、严格执法，建立了市重点工程"绿色通道"、实现部门间业务并联审批，工程质量安全水平稳步提高、建设市场有序运行。

【建筑市场管理】2008年，东莞市建设局以企业管理为切入点，正本清源，两场联动，建立企业信用档案，构建企业信用管理平台，倡导企业诚信经营，建筑行业企业管理实现规范化、法制化，企业素质明显加强，市场环境得到净化。

规范管理。为规范建筑市场秩序，2008年，市建设局制定了《关于发布<东莞市建设工程企业记分办法（试行）>的通知》、《关于启用企业信用动态监管平台的通知》、《关于执行〈建设工程监理与相关服务收费规定〉具体事项的通知》、《关于进一步加强对建设工程企业资质和注册人员管理的通知》、《关于进一步做好建筑施工企业工人工资支付有关工作的通知》等一系列指导性文件，推进了企业在莞登记备案、合同履约、企业资质、人员资格、工资支付、工程开工管理的制度建设，行业监管制度初步实现体系化，依法行政有了坚实的基础。

市政府颁布《东莞市建设工程企业管理规定》。2008年7月26日，《东莞市建设工程企业管理规定》以政府规范性文件颁布，8月1日正式实施，该规定共七章一百四十五条，涵盖了建设行业各类企业，重点对企业经营行为、企业质量安全责任及企业信用管理三个方面进行规范，在全国建设领域都具有首创性。为确保规定的贯彻落实，市建设局配套制定了《建设工程企业不良行为记分标准》、《建设工程企业行为记分办法》，对企业实施信用管理。

倡导企业诚信经营。企业进莞必须符合"三个固定"要求，即有固定的办公场所，有固定联系方式和电话，有固定管理机构人员。企业在莞从事建设活动必须做到"三个相符"，即承揽的工程项目所需资质与在莞登记的资质等级相符，现场项目管理班子人员与在莞登记的人员相符，人员配置与规定的工程规模、技术复杂程度相适应的项目技术管理人员相符。建立信用管理平台，采用记分机制，对建筑行业企业、人员进行累计计分，累计得分自动形成信用等级，企业的信用等级分为A、B、C三个级别，对存在严重违法违规行为的企业不进行定级，根据企业的信用等级，实行差别化监督管理。

积极处理企业拖欠民工工资行为。

共受理劳资纠纷信访案件191项，其中工人工资纠纷159项，涉及拖欠数额超过2388万元，工程款结算纠纷23项，涉及拖欠数额超过6706万元，工伤9项，较好地维护了农民工合法权益。在处理劳资纠纷方面，坚持总承包企业负总责，采取调取保函和网上公示等措施，严厉处理恶意拖欠行为。2008年，72家施工企业拖欠行为被网上曝光，14家受到暂停办理事项和承接工程任务的处理，市建设局获省政府“农民工工作先进集体”称号。

严厉查处违法建筑。严格执行基本建设程序，任何项目必须先办理施工报建手续才能动工建设，对“违法建筑”工程，坚决停工并及时进行查证、处理，严格、依法实施行政处罚，全年共立案145宗（其中80%为违法建筑处罚案件），发出《行政处罚告知书》137宗，发出《行政处罚决定书》114宗，举行听证会3宗，开出罚款额1131万元。

全面实施新的招投标政策。2008年，房屋建筑及市政类工程实施“一加两减”（即加大围标串标成本，减少围标串标的中标机率和非法利润，减少招标投标过程中的各种人为因素）系列措施，市交易中心办理施工类招投标299项，预算总金额78.85亿元，中标总金额64.63亿元，节约资金14.22亿元，平均下浮18.03%（同比增加3.4个百分点）。新措施极大提高了围标、串标的难度，中标价下浮率波幅大幅减少，工程预算在5000万元以上的工程项目效果更加明显，新措施有效打击围标串标行为，进一步保障国有、集体资金的安全。

【工程质量和安全监督】2008年，东莞市建设局大胆创新，推进质量安全监督模式改革，强化勘察、设计、建设、施工、监理各方主体责任，与政府监督形成监管合力，以科技提升宏观监管能力，实现视频远程监控，构建了横向到边、纵向到底、宏观与微观相结合的立体型质量安全监督体系。全年受理施工报建862项，建筑面积892.8万平方米；在建工程质量监督面积1891.49万平方米，总造价109亿元。43个项目评为“市优良样板工程”，38个项目评为“市双优工地”；12个项目被评为“省优良样板工程”，18个项目被评为“省双优工地”，项目数分别在全省排名第二和第三位。在建工地发生1起一般生产安全事故，死亡1人，死亡人数比上年度下降80%，建筑施工百亿产值死亡率为0.92，远低于全国、全省平均水平。

改革二十年一贯制的监督模式。在全面深入调查研究的基础上，结合工程建设及监督的实际情况，制定了《建设工程质量监督模式方案》，经报请市政府同意实施。除市财政投资工程实行市监督站一级监督外，其它所有工程纳入市、镇（街）两级监督，明确市站监督与镇（街）监督的工作分工，强化市站的督查作用，形成涵盖全市工程、标准统一的质量监督模式，突出随机抽查，建立行为监督与实物监督并重的监督运行机制，实行工程监督联络员制度，改固定监督员制为集体监督、随机派员模式，实施项目差异化管理。

建立“视频监控”系统。完成115项新建工程494个摄像头的安装，基本实现对施工现场重大危险源、相关责任主体管理人员到位情况进行全过程、多方位即时监控。首创“在建工程一张图”系统，将全市在建工程基础信息及视频监控集成到东莞市域电子地图，以更直观、高效、系统的方式展现工程监管信息，该系统在全省乃至全国都是创新之举。

严控勘察设计质量源头关。严格执行施工图文件审查及审查备案制度，把施工图文件审查备案作为工程上网招投标必备条件，共完成122项市属大中型建设工程初步设计审查、595项房屋建筑工程施工图设计文件审查备案，备案总建筑面积715.2万平方米。严厉查处无证挂靠、代审代签、越级设计等严重扰乱市场的行为，7家企业被取消了《信用管理手册》，其中情节严重的2家取消两年内在莞从业资格。组织勘察设计评优，59个项目被评为优秀勘察设计。

加强建筑工人安全生产培训。以推行“平安卡”为契机，抓好工人的安全教育培训，使之具备必要的安全生产知识，熟悉有关安全生产规章制度和操作规程，掌握本岗位的安全操作技能。全年共有3.5万人参加“平安卡”考试，合格人数2.8万人，全市累计参加考试人数超过11万人，合格人数8.2万人。

【房地产市场监管】2008年，东莞市的房地产开发企业共有504家，其中一级资质企业3家，二级企业11家，三级企业有60家，四级企业228家。全市商品房批准预售面积634.75万平方米，其中住宅面积527.65万平方米，商业面积58.75万平方米，写字楼9.47万平方米，别墅20.31万平方米。建立预售商品房建设进度情况报告制度，对预售款的收存和使用进行严格的监管。开展房地产市场专项整治自查工作，房地产企业基本做到依法开发经营，已基本形成了较为规范的房地产市场秩序。积极进行房地产投诉处理，共受理投诉190宗，涉及楼盘90个，对群众反映问题多的项目重点监控，及时纠正、查处房地产开发企业不良行为，维护小业主的权益。

【旧村整治】2008年，东莞市建设局编印《东莞市整治旧村试点村成果图册》，展示全市45个试点村工作成果，宣传推广经验做法。加强对第二批开展整治的村（社区）检查督导，169个村（社区）整治旧村工作通过考核。2006—2008年，全市已有347个村（社区）开展整治，积极投入大量人力、物力、财力，对包括旧围新村在内的居住区范围的基础设施、村容村貌等进行了全面整治，共投入资金超过13亿元（不包括农民公寓建设项目），村（社区）基础设施进一步完善，村容村貌更加美观协调，休闲绿化空间明显扩展，环境卫生大大改观，人居环境得到实质性的改善。

【建筑节能方案实施】2008年，东莞市建设局制定《东莞市建筑节能2008—2010年实施方案》，明确2008—2010年建筑节能总目标，全面实施建筑工程节能质量监督管理，建筑项目节能施工图设计文件100%进行审查，建立建筑节能竣工验收备案制度。实施新建建筑节能示范工程建设，推广应用适合东莞市的节能新材料、新技术。开展节能示范小区和太阳能照明示范工程建设，累计完成建筑面积超过31.61万平方米。完成节能改造面积49万平方米，完成可再生能源利用面积32.6万平方米。

【行政办事效能提高】2008年，东莞市建设局进一步提升“东莞建设网”信息服务功能，基础信息全部及时、准确、动态地公开。建立综合信息管理系统，所有事项及办事环节纳入电子信息系统。改变办事模式，精简办事环节，规范办事程序，实现“流水线作业、程序化办公”，一个窗口对外。窗口50项办事事项，28项做到即来即办，占56%；5个工作日内办结事项43项，占86%。全年受理各类业务共计13981项，按250个工作日计算，平均每日办理业务56项。纳入监察系统的业务1348项，提前办结1338项，提前办结率达99.3%。

【灾区过渡安置房援建】自2008年5月底起，按照市统一部署，东莞市建设局积极参与援建四川地震灾区过渡安置房任务，认真考察和确定生产厂家、落实生产任务、安排产品调运、组织施工队伍，先后派出三批人员，赴地震灾区援建过渡安置房，完成18104套过渡安置房援建工作。住房和城乡建设部、省政府分别授予东莞市建设局“抗震救灾先进集体”称号。（杨远辉）

附：2008年东莞市建设局领导名录

局　长：朱　川

副局长：方毓佳　黎小成　许　斌
韩金田

纪检组长：颜志勇

防震减灾

【概况】 东莞市地震局（副处级事业单位）是代表市政府规划、建设、管理东莞地震监测预报、震灾预防、应急救援三大工作体系的职能部门。2008年，内设办公室、业务科。

截至2008年，东莞市已建成1个地震信息实时数据接收系统，1个前兆综合观测系统，5个强震台站，8个群测群防点，具有对辖区及周边地震监测能力。2008年，进一步加强对大中型建设工程地震安全性评价工作管理。

【防震减灾“十一五”规划重点项目建设】 2008年，东莞市地震局稳步推进“十一五”规划各项重点项目实施，完成虎门地震综合监测站、防震减灾科普宣传教育基地建设，组织“石龙—厚街、南坑—虎门断裂探查与地震危险性分析”实施。

*石龙—厚街、南坑—虎门断裂探测与地震危险性评价项目实施。*依据《政府采购法》和《广东省防震减灾条例》，经市主管部门同意项目按照有关规定，委托省地震局组织实施，市地震局对项目实施进行监管。年内主要实施“小地震精确定位”、“断层条带状填图”、“浅层人工地震纵波探测”等课题。

*防震减灾科普教育基地建设。*5月初完成地震科普展品展项的布展工作。“5·12”汶川大地震发生后，与承建单位紧急制作汶川地震有关展项内容融入到已建设展项中。6月5日正式开馆，免费向社会开放。广东省地震局局长黄剑涛、东莞市人民政府副市长梁国英出席开馆仪式并作重要讲话。开放以来，东莞地震科普馆接待参观群众8万余人次，充分发挥了防震减灾宣传固定阵地作用，全面系统地宣传普及地震科普知识和法律法规。10月20日经广东省防震减灾科普教育基地评审会议评审，东莞地震科普馆被确定为“广东省防震减灾科普教育基地”。

*虎门地震综合监测站建设。*7月21日虎门镇规划建设办公室组织有关单位、部门对东莞市虎门地震综合观测站基建进行验收。省完成地震测震、强震设备采购和防雷地网的建设及安装工作。由市承担的监测站GPS（全球定位系统）基准观测设备购置和道路、供电、供水等配套设施报请市政府安排建设。

【地震日常监测设备运行维护】 2008年，东莞市地震局共处理设备故障30次。5月，对测震实时接收系统进行设备硬件更新升级。8月，对虎门中学电磁波监测系统设备进行改造优化。6月12—14日，东莞市受高空槽和西南暖湿气流影响，出现大暴雨局部特大暴雨，樟木头地震数字强震台设备所在地遭受洪水淹没，造成设备全部毁坏，无法修复。9月16日市第17次市长办公会议讨论同意在樟木头镇重新选址重建地震强震台。重建工作随即展开。

【地震群测群防】 2008年7月，东莞市地震局在大岭山林场召开群测点半年工作会议，各群测点对上半年工作情况进行介绍交流，其中沙田明珠学校就四川汶川8.0级特大地震作了震前观测资料分析专题发言。12月，组织群测点人员到清远开展地质地貌实地考察，并召开年度总结会议。奥运期间，各群测点按照地震局要求，加强观测，认真执行宏观前兆零报告制度，协助市地震局顺利完成奥运保安工作。同时，按要求坚持每月上报观测资料，为地震部门开展地震监测提供丰富的资料。

【大中型建设工程地震安全性评价工作管理】 2008年，东莞市地震局根据省建设厅《关于印发〈广东省建设厅大中型建设工程初步设计审查管理办法〉的通知》，5月，向各有关地震安全性评价单位下发《关于地震安全性评价纳入大中型建设工程初步设计审查有关问题的通知》，对审查程序、地震安全性评价单位提交资料、地震安全性评价工作质量监督检查等重要内容作出规定。6月1日起与市建设局共同将大中型建设工程地震安全性评价纳入初步设计审查工作，把学校、医院、商场等重点场所，高层建筑，市属重点工程以及重要的交通线路、供水、供电、供气等生命线工程，从可行性研究和初步设计阶段入手，在设计审查阶段提交地震安全性评价报告，严格履行报告审批程序，把好抗震设防管理关。

【农村民居地震安全工程建设规划编制】 2008年，东莞市地震局按照省地震局、建设厅《关于加强农村民居地震安全工程建设的意见》要求，农村民居地震安全工作重点抓了编制农村民居地震安全工程建设规划。7月下发《关于上报农居地震安全工程建设规划基础资料的通知》，由各镇（街）规划建设办协助开展全市各镇（街）农村民居基础资料调查，9月完成相关资料收集工作，10月完成规划送审稿，联合市建设局签署后上报省。

【地震志愿服务队伍活动】 2008年5月16日，东莞市地震局为提高全市志愿者地震应急技能，邀请省地震局预报研究中心综合分析室副主任、高级工程师叶秀薇来到东莞市，在市志愿者协会为全市32个镇街300名团委志愿骨干力量进行培训。组织地震应急服务志愿者5月24日到常平镇文化广场、6月1日到东城翠景花园小区进行防震减灾宣传活动，向市民派发宣传单张，现场为咨询者解答近期地震方面的热点问题。

汶川地震后，为进一步提高广大青少年的防震减灾意识，普及防震避震、自救互救的常识，市地震局联合团市委向各基层团委、志愿服务组织下发《关于开展全市青少年地震知识普及活动的通知》，组织开展一系列活动。

【防震减灾宣传】 2008年，在汶川地震发生后，社会公众对防震减灾宣传需求迫切。东莞市地震局以“防震减灾知识宣传行动要快、宣传覆盖面要大、宣传内容要贴近群众切身需求”为震后宣传原则，大力开展宣传工作。与相关单位组织地震科普、防震减灾人人有责等电台节目直播4小时1期，电视专题节目3期，地震专题讲座培训教育11次，培训人员包括新上岗和进修教师、广播电视系统骨干、理工学院城市学院、东莞中学、茶山嘉玛学校、凤岗英才学校、地震志愿者骨干等共2万余人，分派、上街派发宣传单10万张，联合市科学馆开展地震专题宣传版画巡展活动，历时半年行经32个镇街参观群众达20余万人次，接受电视、电台、报刊媒体采访10余次，通过“东莞市地震局信息网”及时发布有关地震信息、防震避险科普知识以及防震减灾法律法规，最大限度满足社会对地震信息和科技知识需求。6月，通过市政府办公室向全市各镇人民政府

（街道办事处）下发《关于组织我市学校、企业参观地震科普馆的通知》，通知下发后，6—8月间，地震科普馆日均接待观众千余人，充分发挥科普教育基地宣传效用。7月，联合市委宣传部、市教育局向各镇（街）宣教办、市直新闻单位、市直属学校下发《关于进一步加强全市防震减灾宣传教育工作的通知》，对学校每年度进行两次应急避险演练作了明确规定。

【奥运期间香港赛区地震安全保障】2008年，东莞市地震局按照省地震局《奥运期间香港赛区地震安全保障工作预案》要求，制定《特殊时段地震应急处置预案》。7月，组织局工作人员和全市群测点人员一起开展一次地震谣传应急演练，有效提高实战水平。

按照省地震局《奥运期间香港赛区地震安全保障前期工作实施方案》要求，制定《东莞市特殊时段地震应急值守方案》，实行24小时值班。8月20日深圳大鹏发生M2.0级地震，市地震局迅速启动方案，初步了解掌握东莞市情况后，编写《震情速报》上报市政府，并严密关注后续震情。

【汶川地震震情应急处置】2008年5月12日14时28分四川汶川发生8.0级特大地震，约3分钟后地震波波及东莞市，全市大部分地区有震感。面对突发震情，东莞市地震局迅速启动应急处置机制。一方面，分析实时数据接收系统、强震台等监测设备地震监测相关数据，同时与省地震监测台网中心核查震情信息，及时组织全市32个镇街地震助理员、8个群测群防点群测员开展震情调查，进一步了解掌握地震震情及地震给东莞市带来影响等各方面情况；同时，先后形成《震情速报》和《震情简报》紧急上报市政府应急办备案。另一方面，迅速通过电话、政府办公自动化系统、天气预报“121”台、电视、电台等渠道第一时间向全社会发布有关震情。

地震发生后，由于震区与外界联系暂时中断，百余万在莞四川籍新莞人焦急万分。按中国地震局《关于四川汶川地震后加强地震应急处置工作的紧急通知》要求，为确保社会稳定，市地震局一方面实施24小时值班制，值班人员日以继夜、不辞劳苦，连续数天艰苦奋战，耐心为来电来访群众做好安抚和释疑工作；另一方面，启动震后应急宣传机制，积极配合电视电台专题节目的制作和各大新闻媒体对汶川地震相关情况、东莞震情社情的后续采访工作，澄清各种地震误传、谣传，及时回答政府热线、阳光热线转办的市民来信及东莞市地震局信息网的群众留言，组织多场地震专题科普讲座、专题宣传版画巡展活动，做好社会服务工作。

根据地震应急的需要，市地震局积极采取措施进一步完善应急工作机制。一方面，为做好地震应急信息上报和发布工作，确保地震突发事件信息畅通，与市气象局建立地震突发事件手机短讯信息发布机制并共同签署备忘录，与市安监局、气象局、海洋与渔业局、林业局、三防办共同建立“东莞市可能引发安全生产事故灾难的自然灾害预警机制工作协议”，与全市32个镇街地震助理员和8个群测群防点群测员建立日常地震信息畅通机制；另一方面，进一步加强应急工作制度建设，建立健全《应急处置工作程序》、《应急值班守则》、《震情速报、震情简报范本》、《宏观观测疑似地震事件（信息）处置程序》、《东莞市地震局震情监测预报制度（试行）》等工作制度。

为做好支援四川汶川灾区工作，局领导先后三次随省地震局、市建设局赴川，深入灾区现场救灾重建第一线；按照省建设厅、省地震局有关要求，与建设局抽调工程技术人员18人待命，组成房屋鉴定队伍，随时听令赴四川地震灾区进行房屋鉴定、震害评估、重建设计等工作，全力投入应急救灾援助。

（黄宇东）

附：2008年东莞市地震局领导名录

局　长：盘绍凤

副局长：陈伟东

▲ 2008年5月22日，“大灾无情，人间有爱”——东莞市抗震救灾大型募捐晚会在东莞玉兰大剧院举行

城建工程管理

【概况】东莞市城建工程管理局为市政府直属正处级事业单位，主要负责市财政投资基建项目的代建。2008年，内设总工室、办公室、人事监察科、工程一科、工程二科、工程三科、工程四科、合同科、工程预结算科、技术科、拆迁办、财务科。全局在编干部职工66人，招聘人员140多人，其中具有中、高级以上专业技术职称的100人。

2008年共承建工程108项，其中环城路北环、环城路—广深高速望牛墩连接线、环城路—广园东快速路连接线、东莞职业技术学院一期等26项工程完工；东莞大酒店、市教师进修学校、市中小学德育基地等26项工程开工；市妇幼保健院新院、市第三人民医院等5项工程主体封顶。全年完成投资29亿元。

【工程质量管理】2008年，东莞市城建工程管理局坚持质量第一的方针，精心组织施工，加大技术攻关，严格质量监管，确保了工程质量和效果。全年未发生一起重大质量安全事故，市群众艺术馆装修工程获省优秀建筑装饰工程奖，市委党校新校等5个单项工程被评为市优工程，市妇幼保健院新院工地被评为市“双优”工地。

通过ISO9000国际质量管理体系认

证。年初顺利通过ISO9000国际质量管理体系认证，促进了管理的规范化、科学化。同时，进一步健全工程管理制度，完善工作指引，优化办事流程，各项工作、各个环节更加规范、顺畅、高效。

提升工程信息化管理。启动信息化升级改造工程，对内部办公、远程视频监控、工地指纹考勤等系统进行整合开发，形成新的信息化平台，共有18个工地安装了视频监控，实现对工地现场实时动态监控，有力地提升工程信息化管理水平。

开展工程后评价研究。与华中科技大学合作，开展工程后评价课题研究，对玉兰大剧院、环城路两项工程进行了后评价，初步建立工程后评价模式，对全面总结市属工程建设的经验教训、评价工程的社会和经济效益、改进工程建设管理有着积极作用。

成立局招标委员会。针对招标文件讨论时间长、材料品牌选型难等问题，成立招标委员会，对招标文件、材料品牌选型进行集中审核，提高工作效率，促进招标和材料品牌选型管理的规范化、快捷化。

强化质量监督检查。严格工程质量监管，充分发挥技术人员和质检组的作用，严把工程设计关、现场检查关、竣工验收关。成立图纸审核小组对施工图进行严格审核，全年共提出修改建议160多条，现场解决技术难题33个；质检组对所有在建工程进行不定期检查、抽查，重点对关键部位、隐蔽工程进行严格检查，对发现的问题及时督促整改到位。同时，坚持回访制度，对完工交付使用的工程进行了质量回访，认真整改回访发现的问题，并全面总结经验教训。

【工程投资控制】 2008年，东莞市城建工程管理局严格投资控制，将市政府确定的投资作为一项硬指标来执行，作为一项硬纪律来抓，实行限额设计、限额建设，在保证工程功能不降低的情况下，尽可能节省工程投资。

严格限额设计。按照市政府批复的投资规模，在设计前进行投资分解，要求设计单位按照投资分解进行分项限额设计，从源头控制工程投资。

严格公开招标。严格执行国家招投标规定，坚持所有工程都在市交易中心或政府采购中心公开招标、采购。全年共完成招标、采购213项，签订合同841份，累计中标总金额约24.5亿元，平均下浮19.6%。

严控工程变更。充分发挥工程变更审核小组、财务专责小组的作用，严把工程变更审核关。严格工程变更纪律，所有变更都先申报审定后方可实施，确保了每项变更的必要性、科学性。全年共受理工程变更705项，驳回条件不充分变更130项，审核变更金额平均核减33%。

【阳光工程建设】 2008年，东莞市城建工程管理局保持廉政建设高压态势，坚持预防为主，标本兼治，构筑使人不愿腐败、不能腐败的长效机制。

强化教育保廉。全年共开展廉政教育报告会、廉政座谈会、项目组长廉政培训班等廉政教育11次，参加人数1700多人次。通过参观廉政教育基地、观看廉政警示教育片等形式，不断丰富廉政教育内容，提高实效。推进廉政文化上墙上网，举办廉政书画摄影展和廉政征文活动，实行廉政短信提醒，营造了人人尚廉、人人保廉的良好氛围。

完善制度保廉。落实党风廉政建设责任制，明确责任分工，强化责任追究。在与施工、监理单位签订廉政协议的基础上，实行局党组与分管领导签订党风廉政责任状、分管领导与科室签订廉政建设责任书、科长与项目组长签订廉政承诺书“三签”制度，局领导、科室负责人、项目组长述廉“三述”制度。

严格监督保廉。坚持对在建工程全程介入、筹建工程提前介入、关键环节重点介入，将廉政监督贯穿到工程建设全过程。深化政务公开，对招投标、征地拆迁、工程变更、工程款支付、办事程序等全面公开。主动接受社会监督，开通网上举报热线、设立工地举报箱、利用媒体舆论等，形成内外齐抓、合力监督的良好局面。

改进作风保廉。按照常讲信念、常提责任、常鸣警钟、常做常新的“四常”要求，深入开展“好作风、好形象”活动，着力培养敢于动真碰硬、敢于触及矛盾、敢于突破创新“三敢”精神，打造学习型、创新型、服务型、和谐型、廉洁型“五型”干部，努力形成勤政为民、干净干事等良好风气，取得了明显效果。

【重点工程建设】 环城路北环竣工通车。工程西起环城路莞穗立交，东接环城路沙腰立交，途经万江、高埗、石碣等镇街，全长12.4公里，双向六车道，设计时速80公里，全线设跨河、跨渠、跨线桥梁31座，匝道桥9座。工程于2006年3月动工，2008年12月29日竣工通车。

环城路——广深高速望牛墩连接线竣工通车。工程西起广深高速望牛墩收费站，东接环城路莞穗立交，全长4.7公里，双向六车道，设计时速80公里。工程于2006年12月动工，2008年12月29日竣工通车。该工程的建成，实现了环城路、西部干道、望洪公路、107国道与广深高速公路的快速连接，进一步完善西部交通路网，促进西部各水乡镇域“半小时生活圈”的形成。

环城路——广园东快速路连接线竣工通车。工程南起北环广园立交，北接广园东快速路在东莞境内的终点，全长1.84公里，双向六车道，设计时速80公里。工程于2006年3月动工建设，2008年12月29日竣工通车。该连接线的建成，使东莞通往广州更加方便快捷。

松山湖兴园路——同沙环湖路连接线竣工通车。该工程是连接松山湖与同沙生态公园的一条生态、休闲通道，全长9.5公里，起于松山湖兴园路，终至同沙环湖路，途经东城、大岭山、寮步、松山湖科技产业园，由松沙路和兴园路延伸段两部分组成，其中松沙路长约8公里，双向两车道，设计时速20公里；兴园路延伸段长约1.5公里，双向四车道，设计时速40公里。工程于2006年12月动工建设，2008年5月完工。该连接线的建成将松山湖与同沙生态公园乃至城市新区有机连为一体，促进东莞中心大城区框架的形成。

东莞职业技术学院一期竣工使用。工程位于松山湖科技产业园，占地约55.3万平方米，总建筑面积29万平方米，设计办学规模1万人。其中一期工程建筑面积22.5万平方米，投资约7.4亿元，包括行政楼、教学楼、宿舍楼及图书馆等23栋单体建筑，可容纳学生5000人。工程于2008年1月开工建设，9月完工，12月底全部建成投入使用。

“五位一体”国防训练基地竣工。工程位于莞长路牛山管理区，占地约11.8万平方米，建筑面积2.78万平方米。市城建局负责建设绿化、边坡、移动射击靶等，于2007年4月动工，2008年5月完工。

理工学院研究生楼竣工。工程位于理工学院北区，占地约8800平方米，建筑面积约1.6万平方米。于2008年3月动工，9月底完工投入使用。

体育运动学校新校二期竣工。工程位于东城牛山管理区，占地1970平方米，建筑面积7660平方米。于2007年6月动工，2008年3月完工。

整治生态环境市属首期道路工程竣工。主要对莞龙路、莞樟路、莞长路、东深路和港口大道等5条道路两侧进行绿化改造，总绿化面积约153万平方米。

▲ 2008年7月31日，刘志庚、冷晓明等市领导视察部分市属重点工程 （蓝业佐 摄）

于2007年10月开工建设，2008年10月完工。

东莞图书馆原馆舍改建少年儿童图书馆工程竣工。工程位于莞城区新芬路人民公园旁，改造、装修面积约9000平方米。于2007年8月动工，2008年11月完工。

广深高速石鼓立交站场改造竣工。广深高速石鼓立交是连接广深高速、东莞大道、科技路、环莞快速路、莞太路、环城路至广深高速石鼓连接线和博览大道的一个大型综合立交，占地约32万平方米，主要包括新建和改建道路、景观绿化和排水改造。于2006年1月开工，2008年12月完工。

市妇幼保健院新院主体封顶。工程位于东城振兴路九山环背岭，占地约5万平方米，建筑面积约5.5万平方米，设计床位500个，总投资约2.56亿元。于2007年10月开工建设，2008年8月主体封顶。

市第三人民医院主体封顶。工程位于中堂镇江南村麦洲岛，占地约12万平方米，建筑面积约7.6万平方米，设计床位1000个，总投资约4.43亿元。于2007年12月动工建设，2008年底主体封顶。

市疾病预防控制中心主体封顶。工程位于南城袁屋边南城汽车站西侧，占地约3.54万平方米，建筑面积约3.1万平方米，投资概算约1.72亿元。于2007年9月开工建设，2008年底主体封顶。

（陈盛邦）

附：2008年东莞市城建工程管理局领导名录

局　长：丁海潮

副局长：黄贺权　李天海　朱利民　丁加兴

纪检组长：钟发枝

房产管理

【概况】 东莞市房产管理局（正处级），是负责全市房产产权登记管理，核发房产产权证书；负责全市房产交易市场管理；负责全市物业管理等工作的职能部门。2008年，内设办公室、产权产籍科、房产管理科、房产抵押登记科、房产技术科、住房制度改革办公室、出租屋管理科、政策法规科、住房保障科，局机关干部职工44名。下辖东莞市房地产交易所、东莞市房屋租赁管理所、东莞市房产物业估价所（正科级事业单位）和莞城房地产管理所、虎门房地产管理所、石龙房地产管理所（副科级的事业单位），全局干部职工共198名。

2008年，市房产管理局不断建立健全各种便民、利民措施，针对群众反映强烈的“办证难”、“办证慢”问题，切实改善服务态度，提高行政效能，努力为群众提供优质、快捷、便利的办证服务。2008年，东莞市房产管理局被评为广东省建设系统思想政治工作先进单位、创建全国文明城市工作先进单位、市直机关党建工作量化考评先进单位、市级预算管理工作先进单位、部门统计工作先进单位、办公系统办文工作先进单位、人口和计划生育综合治理达标单位。

【创建“全国文明城市”活动】 2008年，为响应市委、市政府创建“全国文明城市”的号召，东莞市房产管理局专门成立全市房管系统创建全国文明城市领导小组，并于6月19日召开全市房管系统创建文明城市动员大会，对东莞市房管系统的创建工作做了全面系统的动员和部署，制定《东莞市房管系统创建全国文明城市迎检工作方案》，就住房保障和物业服务等方面的工作内容提出一系列严格的措施和要求，并组织多次大规模的督查活动，对照工作中存在的问题进行彻底的整改，取得明显的成效。东莞市文明办对市房产管理局创建工作的快速反应、得力措施以及积极成果给予高度肯定，并单独以工作简报的方式上报中央文明办。

【房地产权登记发证】 2008年，东莞市房产登记户数为85645户，同比增长31.28%；房地产权证发证数为108590份，同比增长71.03%。

为了保证房产档案的真实性和安全性，东莞市房产管理局在全市范围内开展房产档案录入和整理工作，2008年，各镇（街）房管所已经基本完成录入工作，全市共录入产权档案达50多万份，为市房产管理局早日建成房产数字档案馆打下坚实基础。

为了明晰东莞市民营企业产权，切实解决民营企业发展中遇到融资难问题，促进市民营经济加快产业结构调整，市房产管理局成立了民营企业办证工作领导小组，由分管副局长任组长，落实专人跟踪，对前来办证的民营企业承诺，在15个工作日内办理房产证，比国家规定的60个工作日缩短了45个工作日。

市房产管理局在实现房产业务系统全市联网的基础上，从3月1日起，在全市范围内大力推行网上电子办证业务，有效堵塞漏洞、提高工作效率、方便群众办事。

市房产管理局不断改革创新服务方式，变被动服务为主动服务，先后以万江、南城、长安和虎门4个镇（街）为试点，主动联合房地产开发商、银行和房管所工作人员到现场为业主办理交易办证业务，让群众在家门口享受到优质的办证服务，提高办证速度，该项业务已逐步向全市推广。

为有效解决按揭商品房办证慢问题，市房产管理局从7月1日起，在全市范围内推行商品房交易登记及按揭转抵押业务，只要办理银行按揭的商品房完成了确权手续，业主无须等到还清银行贷款即可申请办理房产证，大大缩短按揭商品房办理房产证的时间。

【房地产交易】2008年，东莞市房产管理局共办理商品房和二手房交易76548宗，面积累计960.24万平方米，交易金额375.89亿元。其中商品房交易63254宗，同比增长67.48%；面积728.96万平方米，同比增长59.25%；交易金额329.73亿元，同比增长103.01%；二手房交易13294宗，面积231.28万平方米，同比增长24.31%；交易金额46.16亿元，同比增长12.70%。

【房产抵押登记】2008年，东莞市房产管理局共办理抵押登记31190宗，同比增长68.35%；抵押房产建筑面积为2037.68万平方米，抵押金额为404.87亿元，同比增长16.44%。

【住房保障】2008年，东莞市房产管理局积极开展住房保障工作，解决东莞市低收入家庭“住房难”问题。5月设立了住房保障科，负责做好东莞市的住房保障工作。

完成2008年廉租住房和经济适用住房筹集及建设任务。筹集、建设15000套廉租房和3300套经济适用房是2008年“十件实事”之一，是一项重要的“民生工程”，市房产管理局十分重视，创新工作思路和工作方法，积极引导和鼓励各镇（街）大胆探索和实践，灵活运用新建、“统包统租”以及收购和改造空置物业、“烂尾楼”等方式筹集房源，使各镇（街）既加快廉租住房的筹建步伐，又节约土地资源和投资成本，还充分地消化存量房源，避免重复建设和浪费，在相当程度上保障广大群众的经济利益。

同时，市房产管理局切实加强对廉租住房、经济适用住房建设专项工作的督促检查，会同市府督查室开展多次督查活动，及时解决东莞市住房保障工作存在的问题，确保这项“民生工程”顺利通过市政府的验收。2008年，全市共筹集、建设廉租住房和经济适用房20680套（其中廉租房17573套，经济适用房3107套），是年度目标的113.01%，超额完成全年的工作任务。其中超额完成任务较大的镇（街）有凤岗（381.25%）、塘厦（251.35%）、石龙（269%）、南城（157.97%）、石排（125.44%）等。

建立和完善东莞市住房保障制度。为完善东莞市住房保障制度，保障低收入家庭的基本住房需要，市房产管理局制定《东莞市经济适用住房管理办法（试行）》和《东莞市廉租住房保障办法（试行）》，于2008年8月1日开始实施，明确了东莞市廉租住房和经济适用住房保障对象的认定标准以及相关的执行程序，为东莞市住房保障工作的开展提供了政策依据。

落实住房保障工作。国家和广东省要求在2009—2011年全面解决低收入家庭住房困难问题，市房产管理局制定了《东莞市低收入住房困难家庭住房状况调查方案》，并从3月至8月，对全市低收入住房困难家庭住房状况开展全面的调查摸底，制定了东莞市及各镇（街）2008—2010年解决低收入家庭住房困难的发展规划和年度计划的编制工作。2008年各镇（街）受理廉租住房保障对象的申请，有个别镇（街）已完成调查、核实、公示等程序，并送到市房产管理局审批。

【物业管理】2008年，东莞市房产管理局严格执行物业管理企业资质认证制度和业主委员会登记备案制度。共为118家机构核发了《物业管理企业资质证书》，其中物业服务企业三级资质86家，暂定三级资质32家；共对23个业主委员会、169份物业服务委托合同的有关资料进行了备案登记。组织2008年度东莞市物业管理示范项目的评比活动，评出花街十八商住小区、世纪城·国际公馆一期和二期、东田翠湖湾、江南雅筑、活力康城、蓝山锦湾花苑一期、东港城一期、愉景花园、第一国际百安中心、能源华庄、龙泽居、阳光粤港花园一期等12个2008年度“物业管理示范项目”。沙田镇“活力粤港”项目获得2008年度“广东省物业管理示范项目”称号。

市房产管理局指导市物业管理协会组织物业管理行业开展了一系列活动：举办物业管理员培训班两期，参加培训人员共93人次；针对《劳动合同法》的实施，举办《劳动合同法》的专题讲座，增强物业服务从业人员的服务意识，服务质量和水平也有了显著的提高；5月12日，汶川县发生8级大地震后，为帮助灾区尽快恢复生产、重建家园，协会向各会员单位发出倡议，号召大家捐助，推进全民救灾抗灾，共收到善款64291.6元；11月14日，举办2008年东莞市物业管理服务发展论坛。

【信息化建设】2008年，东莞市房产管理局通过推动房产管理工作数字化，不断加大硬件及软件建设投入，使数字化房管工作的手段日趋成熟，在实践和应用中取得较好效果，逐步积累了科学管理的经验。

全面使用《房产综合业务系统》。市房产管理局从3月1日起全面使用房产综合业务系统，全市各镇（街）房管所的房产业务全部实现联网和网上办理业务，即由开发商售楼、合同备案、楼房按揭、房产交易、产权登记和房产抵押都由网上受理和办理业务。

东莞市商品房网上预（销）售备案系统使用效果显著。网上合同备案系统的建立，实现了对商品房预（销）售的即时监控、房地产交易信息的统计和分析，并向社会公布房地产市场的实时信息，提高政府对房产市场的监控水平。由系统运行到12月底，《东莞市商品房网上预（销）售备案系统》中共注册开发企业217家，银行181家，注册用户1132个，网上销售楼盘936个，2008年共签订合同38197份，办理按揭29937份。

房产地理信息管理系统试点取得成功。2008年，市房产管理局投入开发的房产地理信息管理系统已经建立，并且以莞城街道为试点取得成功，实现以图管房，防止重复登记，保证了房产的唯一性。

【房产市场资金管理】2008年，东莞市房产管理局为了规范存量房交易行为，切实保障交易资金安全，维护当事人合法权益，制定《东莞市存量房交易结算资金监管实施办法》，于7月1日起实施，对存量房交易结算资金实行第四方监管，通过规范管理，堵塞交易结算资金监管漏洞，保障人民群众的合法权益。

为了加强对住宅专项维修资金的管理，保障住宅共用部位、共用设施设备的维修和正常使用，市房产管理局制定《关于住宅专项维修资金交存、使用和监管若干规定》。

【房地产中介服务管理】2008年，东莞市房产管理局加强对房产中介机构的资质认证制度，对其资信、资格、素质等方面进行审核并据此作出确认和颁发证照等措施，全年共对295家房地产经纪机构进行登记备案，共受理房地产经纪机构资质年审152家，受理房地产经纪人年审340人，其中年审合格330人；委托东莞市房地产中介协会举办了7期“东莞市房产经纪人培训班”，共培训567人；举办2期房地产经纪人再教育培训班，有205人参加再教育培训。

【房地产评估管理】2008年，东莞市房产管理局加强对评估机构和行业的管理，共对7家房地产价格评估机构进行资质初审，其中暂定三级1家，暂定升三级3家，三级重新核定3家。同时，为规范房产评估市场行为，印发了《关于加强评估机构管理的通知》，对房产评估机构建立信用管理系统，对评估报告实施备案制度，实行统一合同、按标准收费等。

为维护房地产估价行业的运行秩序，规范房地产估价机构和执业人员的执业行为，推动行业健康发展，市房产管理局组织市房地产估价师与房地产经纪人学会进行专门研究，制定了《东莞市房地产估价行业执业自律公约》，通过行业自律的方式约束行业的不正当竞争，提高行业的执业专业水准及社会公信力。

【房改工作】 2008年，东莞市房产管理局的房改办核准发放住房津贴5445人，发放金额2502.5万元；核准发放住房差额津贴4人，发放金额6.484万元；核准补办购买房改房10套，面积741.15平方米，售房款37.43万元。

【房产测绘管理】 2008年，东莞市房产管理局审核符合测绘资质的测绘单位8家。为加强东莞市房产测绘管理和规范测绘市场管理工作，保证房产测绘成果质量，市房产管理局对房产测绘公司的房产测绘单位备案资格实行年检制度、企业信用级别评分制度和对房产测绘成果实行评分制度。 （张敬东）

附：2008年东莞市房产管理局领导名录

局　长：张伟华

副局长：熊裕新　陈旺南　谢卫东　唐建强

住房公积金管理

【概况】 东莞市住房公积金管理中心（副处级），为直属市人民政府管理的不以营利为目的的事业单位。2008年，内设机构共5个：综合科、归集管理科、核算科、贷款管理科和提取管理科。

2008年，市住房公积金管理中心积极探索思路，提高运行质量，提升管理水平，充分发挥住房公积金在住房保障制度建设中的作用。

住房公积金归集量稳步提高。2008年实现新增缴存人数13.6万人、30.27亿元。分别比上年增长70.21％、34.29％。住房公积金缴存职工达到43.89万人、缴存总额96.33亿元，当年提取额13.82亿元。

住房公积金贷款快速增长。2008年发放个人住房公积金贷款6820户、21.71亿元，分别比上年增长61.76％、85.24％。累计发放57.24亿元贷款解决21250户职工住房问题；个贷率为73.19％。

住房公积金提取持续增长。2008年职工提取住房公积金169335人次、13.82亿元，分别比上年同期增长137.71％、38.34％。累计提取35.98亿元，占归集总额的37.35％。

【住房公积金扩面】 2008年，东莞市住房公积金管理中心把推进住房公积金制度与落实科学发展观、促进东莞市经济社会双转型结合起来，与认真解决好关系人民群众切身利益的问题结合起来，取得良好效果。

树立科学发展的战略思想。市住房公积金管理中心认真学习贯彻全市解放思想实践科学发展观活动精神，住房公积金工作摆上了市委、市政府贯彻落实科学发展观的重要议事日程。“稳步扩大住房公积金制度的覆盖面”列入市委、市政府《关于率先探索转型发展之路，争当实践科学发展观排头兵的意见》，成为市公积金中心贯彻落实科学发展观的指导思想。

加强镇（街）管理。市住房公积金管理中心加强与镇街联系，共同探讨工作方法，促进了镇街开展工作。5月，市住房公积金管理中心下发了《关于进一步做好我市住房公积金管理工作的通知》，重点就落实各镇街住房公积金管理的责任、扩大住房公积金制度覆盖面、加大住房公积金政策宣传力度等工作提出了明确要求。10月，召开全市镇街住房公积金工作总结考核会议。各镇街制订方案计划、落实考核措施、圆满完成了年度住房公积金工作实绩量化考核工作。

设立三镇办事处。结合各镇街住房公积金的业务量及全市行政区域布局情况，2008年9月市住房公积金管理中心首批在常平、塘厦、虎门三镇分别设立了办事处。办事处承办的业务包括：住房公积金的提取、贷款、封存、启封、转移、缴存比例或缴存基数调整、单位名称变更或注销、补缴、缓缴。办事处逐步建立各项内部管理制度，深入当地展开调研摸底，配合市住房公积金管理中心进行媒体政策宣传，认真受理群众投诉，有效地分散了市住房公积金管理中心前台的压力，搭建了基层的服务桥梁。截至12月底，办事处共办理公积金提取2178人次、6856.37万元，办理公积金贷款52笔、1641.4万元。

加强部门间配合。2008年6月1日起，质监局规定凡是在东莞市行政区域内经批准成立的机关、事业单位、企业（不含个体工商户）、民间组织、驻粤机构和其它经有关部门批准成立的组织机构，在办理《中华人民共和国组织机构代码证（副本）》申领、变更、年检、换证或注销时，要提供本单位住房公积金缴存登记情况证明。市住房公积金管理中心从技术监督管理局获取东莞市企业的相关信息，有选择的主动宣传发动，便于工作开展，缴存单位迅速增加。

【住房公积金贷款管理】 2008年，东莞市住房公积金管理中心紧跟时势，有效防范资金风险，完善制度、帮扶困难弱势群体，住房公积金使用业务快速健康发展，前8个月就完成了全年的贷款发放计划。

全面运行公积金业务审批系统。为适应东莞市住房公积金业务发展和信息化管理的需要，9月初，由市住房公积金管理中心自主开发的公积金贷款、提取审批管理业务系统正式运行。业务系统使中心所有对外办理业务实现用电脑系统操作，对住房公积金数据信息进行集中管理，完善住房公积金业务操作流程，也为广大职工提供了更加便捷的服务。

接受申请开具住房公积金贷款利息支出凭证。根据财税文件精神，住房公积金在指定的委托银行发放个人住房贷款取得的利息收入，免征企业所得税。为便于借款人以公积金贷款利息冲抵纳税基数，市住房公积金管理中心自2008年1月23日开始接受申请开具住房公积金贷款利息支出凭证，共开具利息支出凭证58份，利息金额共计153.34万元。

抓好逾期贷款追收工作。市住房公积金管理中心按照逾期贷款的程度分层次逐级加大追收力度，每月10日前由受委托银行报送上月逾期贷款户明细表及逾期催收记录表，做好逾期贷款实时监控；联合受委托银行通过发送短信、邮寄信函、电话、上门等催收方式对1至2期逾期贷款进行催收；通过委托律师起诉等法律手段向连续3期以上逾期贷款者及有风险隐患的欠贷户追索欠款。2008年共起诉3笔，已进行调解，其中1笔借款人已履行义务。12月底，全市公积金贷款逾期率（3期及以上）为0.04％，明显好于上年底的0.08％，也远低于省建设厅考核规定的0.1％的标准，贷款状态良好。

【住房公积金服务】2008年，东莞市住房公积金管理中心拓宽住房公积金业务和服务渠道，规范操作，提高办理效率，全市行政审批电子监察绩效测评统计表显示，市住房公积金管理中心排名一直位于前列。2008年12月排名第三，列为优秀单位。

正式全面发行住房公积金龙卡。从9月27日起，市住房公积金管理中心联合建设银行开始发行住房公积金龙卡联名卡取代住房公积金存折，该卡把住房公积金账户与储蓄卡账户相结合，使职工住房公积金账户查询、提取、还贷等功能与个人储蓄、结算和消费功能进行关联组合，实现一卡两用，满足缴存住房公积金职工的多样化金融需求，方便个人公积金的查询、提取、自动还贷。主要向新开户单位发放，截至12月底，全市已发放公积金龙卡22422张。

开展帮助生活困难职工提取业务。市住房公积金管理中心高度重视利用住房公积金帮困工作，全年职工因家庭突发事件或重大疾病造成生活严重困难的共提取住房公积金85人次240.49万元。尤其是“5·12”地震后，积极响应住房和城乡建设部的号召，帮助受灾群众重建家园。凡户籍在地震灾区而在本市缴存住房公积金的职工，可凭当地政府证明，一次性提取本人住房公积金账户中的存款余额。已有19人共提取45.29万元。

取消强制购买个人住房抵押贷款保险。市住房公积金管理中心根据人民银行文件，要求住房贷款借款人必须购买房产保险。为减轻缴存人的购房负担，简化手续，参照其他城市和商业银行的普遍做法，2008年10月起不再要求购买房产保险，借款人可自由选择是否购买，受到借款人的普遍欢迎。

简化提前办理房产证手续。配合市房产管理局新实行的“商品房交易登记及按揭转抵押一体化办事流程”，取消了借款人办房产证需经公积金中心同意的程序，借款人可直接到银行或委托代理机构申请办理房产证。

【住房公积金管理专项治理】2008年，东莞市住房公积金管理中心按建设部的统一布置，开展为期半年的加强住房公积金管理专项治理工作，认真自查自纠，制订实施方案，上报自查报告。10月28日省检查组到东莞市检查，充分肯定东莞专项治理工作。认为东莞市个贷比率较高，注重风险回避，平稳发展取得了很多经验，希望能再接再厉，实现又好又快的发展。12月底，广东省建设厅下发的《关于对部分城市住房公积金管理专项治理工作重点检查的情况通报》对东莞市高度重视此次专项整治、积极整改审计问题、住房公积金业务办理规范高效、实现“一站式”便捷服务等方面予以表扬。（石海娇）

附：2007年东莞市住房公积金管理中心领导名录

主　任：秦庆祖

副主任：温远军　李庆星　邓文森

市政管理

【概况】东莞市城市管理局是代表市政府主管全市市政、环境卫生、园林绿化、城市供排水、燃气、城市综合管理的职能部门。2008年，内设办公室、人事监察科、法规科、市政科、园林绿化科、市容环卫科、燃气科、供水科和排水科，下属单位有正科级建制的市园林管理所、东莞植物园、市水质监测中心、市生活固废弃物与余泥渣土处理中心，直属企业有市东江水务有限公司、市区污水处理厂、樟村水质净化厂。全市32个镇（街）及松山湖、虎门港管理区设有公用事业服务中心，属副科级事业单位，直属各镇（街）领导和管理，业务上接受市城管局指导；596个村（社区）设立环境卫生管理办公室，属村（社区）下设机构，业务上接受镇（街）公用事业服务中心的指导。

2008年，全市供水量约17.7亿立方米，日平均供水量约485万立方米；全市共铺设天然气管网105公里，建成南城高中压调压站，约7.7万户用上了清洁高效能源。31个镇（街）获得约1.54亿元的市财政公厕、垃圾转运站专项补助，全市共有国家二类以上标准公厕1155座、标准压缩式垃圾转运站246座。城乡一体化的环卫保洁、园林绿化市场化、监理制覆盖面达65%以上。全市征收污水处理费约10亿元。东莞市城市管理局先后获“广东省2003年至2007年环境保护责任考核先进集体”、“广东省建设系统精神文明建设先进单位”、“东莞市人大议案、政协提案、建议先进承办单位”、“全市安全生产先进单位”和“东莞市优先发展公交工作先进单位”等称号。局直属机关党委被评为“全市党建工作先进单位”。市区污水处理厂被评为“2008年度全国城镇污水处理厂优秀运营单位”。

【市容环境整治】环境卫生整治。2008年全市共有环卫工人约2.78万人，共配备扫路车122辆、洒水车203辆、垃圾运输车551辆、果皮箱6万多个。市区、横沥垃圾焚烧发电厂落实了二期工程用地，长安、清溪、水乡片区垃圾焚烧处理厂已完成初步选址方案。建立健全“门前三包”（包卫生整洁、包绿化、包秩序）责任制、上门收垃圾、中心区16小时保洁、村（社区）8小时保洁、垃圾随产随清、定时清洗路面等保洁制度，市区和各镇（街）中心区“门前三包”签订率达100%，整治工作带动了各镇街创建工作成功开展，茶山镇被评为“广东省卫生镇”，黄江镇创建国家卫生镇顺利通过省、市考核，清溪镇20个村已有19个被评为“省卫生村”，基本实现“省卫生村”全覆盖。

运河沿线面源整治。对位于东莞生态园内的茶山镇横江坑口、超朗麦屋、粟边牛家地三个填埋场开展整治，共清运垃圾2.2万立方米，抽取渗滤液5000立方米。制定第二批24个填埋场整治方案，开展石马河、寒溪河、东引运河等水面垃圾清运保洁码头选址的可行性研究工作。

加强“五路一广场”（环城路、东莞大道、东江大道、松山湖大道、东部快速、中心广场）的绿化养护与市区道路渠化岛时花种养管理，完成中心广场和东莞大道部分景观的升级改造。及时处理年初受冻植物，挽回经济损失1500多万元。修复沥青路面8万多平方米，翻新热熔标线4万多平方米、修补标牌570个，修复公交站牌站亭108处，油漆护栏约5.5万平方米。

【城市公共保障】安全优质供水工程不断推进。2008年，东莞市城市管理局推进示范工程建设，第六水厂深度处理工程开始试投产。国家“十一五”水专项申报课题通过建设部评审，东江水务有限公司水质监测站成为全省第二家具备新国标全项目检测能力的监测站，东城自来水公司开展了制水膜处理工艺试验，石碣镇自来水公司进行原水生物预处理试验。加快供水管网改造，草拟《东莞市供水管网改造工作实施方案》，制定以大城区为试点的示范方案。加强水源保护，开展大王洲岛蓄原水工程、取水口集中上移方案和水库联调三项备用水源工程的可行性研究工作，积极筹备河源万绿湖直饮水项目的论证工作。加强行业指导，开展年终检查评比，推行供水企业“军事化管理”制度和企业管理测评体系。积极推动供水企业整合，完成东江水务有限公司对原市自来水股份公司整体资产的收购。于10月1日正式分阶段、分步骤地实施阶梯水价制度。

燃气一张网工程不断推进。石碣、沙田、凤岗三镇天然气开发项目已开始投入运行，清溪、麻涌、道滘等镇已达成合作开发意向。建成东城子母站、科技大道汽车加气站工程，完成石龙加气站、泰新路加气站等工程的立项、施工图设计等前期工作。完成西气东输二线东莞段天然气管道项目的实地调研、路由规划等工作。

市区污水三期工程不断推进。2008年，东莞市城市管理局开展市区污水处理厂及截污管网三期工程前期工作。开展资料收集、现场踏勘工作，完成了工程污泥处理系统方案、可研报告和初步设计的编制评审工作并向市城建局提交施工图设计。

【市政设施建设管理】2008年，东莞市520个公交站点站亭完成招标；40个站场中有16个抓紧实施，8个完成了施工图设计。东莞市城市管理局强化城市桥梁管理，完成北门桥、坝头一桥、樟村桥和筷子河桥的加固维修工作，对市区49座桥梁进行特殊检测评估，完成市区19座桥梁的加固维修方案设计。全年共翻新市直管路灯及景观灯饰约5万多套次，清洗1.4万多套次。南城、大朗等镇街积极做好桥梁检修工作，虎门、沙田、中堂开展市政路网建设和道路升级改造。

【内涝整治】2008年，东莞市城市管理局出动抢险人员160多人次。建成松山湖大道上屯村排涝泵站。完成直管道路下水道清淤42公里、改建排水管渠607米。修订《东莞市市区内涝整治应急工程方案设计》。各镇街广泛开展下水道清淤工作，其中凤岗清淤26公里，石碣清淤14公里，石龙清淤7公里。

【燃气管理】2008年，东莞市开展燃气行业大检查，共检查液化石油气储配站46家次、LNG卫星站（LNG储备站）4家次、液化石油气气化站2家次、瓶装液化气供应站200多家次，开展清理无证经营燃气专项行动30多次。开展“燃气堵漏技术交流会暨液化石油气储罐泄漏应急处置演练”和“城市燃气管道泄漏应急抢险演练”等活动。

【城市管理机制建设】健全规章制度，落实规范化管理。2008年，东莞市城市管理局出台《东莞市城市管理局绩效考核及奖惩办法》、《东莞市城市管理局采购管理办法》和《东莞市城市管理局固定资产管理办法》；修编《东莞市上门收集垃圾指引（试行）》和《东莞市城市生活垃圾处理费收费实施办法》；开展《临时占用城市绿地核准》、《修剪、砍伐城市树木审批》及《改变绿化规划、绿化用地的使用性质审批》三项行政审批项目，草拟《东莞市城市绿化补偿费标准》和《东莞市恢复绿化补偿费标准》，完成59家市内园林绿化企业信用管理手册审核登记，制定《市外园林绿化企业领取〈东莞市园林绿化企业信用管理手册〉指南》；汇编《东莞市燃烧器具推荐目录》；为加强供水企业监管，修订《东莞市城镇供水企业管理测评体系》、《东莞市城市供水管理暂行办法》和《东莞市二次供水管理暂行办法》，向全市供水企业印发相关法规汇编材料。

开展数字化调研，探索精细化管理。确立“以数字化城管破解精细化管理难题”的结论办法。完成《东莞市数字城管系统可行性研究报告（初稿）》。莞城、石龙、清溪等镇街开展了试点工作。

调整机构设置，职能科学化管理。增设市水质监测中心和市固废弃物与余泥渣土处理中心。市城市管理局在原园林环卫科的基础上实行市容环卫科与园林绿化科分立，常平镇公用事业服务中心开展“一室四股”改制，黄江镇实行“大城管”整合，理顺城市管理分工责任。东城、高埗、茶山等镇街设置投诉、暗访机构。

实行政事分开，推广市场化管理。市属直管道路广场、全市65%以上镇（街）中心区和村（社区）在市政维护、环卫绿化等城管工作的各方面实施了市场化。出台《东莞市园林绿化监理工作指引》、《东莞市环卫保洁监理工作指引》等行业规范。

【城市管理队伍建设】2008年，东莞市城市管理局形成《市城市管理局领导班子深入学习实践科学发展观整改工作方案》，在班子建设等5个方面19个问题上落实整改措施。深入基层调研，形成《关于推进城市精细化管理的调研报告》、《落实科学发展观，提高东莞城市园林绿化水平》、《东莞市区污泥处理处置调研报告》等专题调研文章。召开城管系统廉政建设暨机关作风教育大会，形成《东莞市城市管理局加强党风廉政建设和改进机关作风工作措施汇编》。全年做好信访、提案工作，处理各类信访共444个，回复率100%；办理各类建议、提案共55件，办结率100%。组织全市城管系统相关人员赴国内外城管先进城市进行考察，开展全市供水供气、环卫园林、桥梁检修等业务培训。东莞市城市管理局机关举办8期“学习园地”活动，编辑出版10期《东莞城管信息》，组织部分人员接受英语、礼仪、医疗等志愿者培训。在2008年市直机关运动会上取得拔河比赛冠军、工间操比赛第二的成绩。

【“2008年国际花园城市决赛”举办】2008年11月7—10日，“2008年国际花园城市决赛”在东莞市举办。本次赛事吸引了15个国家和地区的43个城市及项目，共195人参赛，国内外二十多家新闻媒体进行了连续报道。

【“市容环境优美村（社区）”创建】2008年，东莞市城市管理局协助市政府起草并出台《创建“东莞市市容环境优美村（社区）”活动实施方案》，提出用四年时间，把全市596个村（社区）全部建为“环卫管理机构健全，环卫基础设施完善，社区环境优美、文明和谐”的“市容环境优美村（社区）”。出台大型宣传策划方案，开展三期创建标准讲解和相关业务培训。已有89个村（社区）申请参加创建活动，其中7个镇（街）上报了创建方案。（王栩峥）

附：2008年东莞市城市管理局领导名录

局　长：钟耀祥

副局长：萧细流　朱旭根　陈旭坚　吴育新（10月到任）

纪检组长：刘运梅

城市供水

【概况】2008年，东莞市东江水务有限公司（下称“东江水务”）设有统筹协调部、行政管理部、财务部、生产经营部、人力资源部、资产经营部、物资供应部、设备管理部、信息技术部、工程管理部、工程管理委员会、党群事务部、总工办。截至2008年，公司日生产能力达303万立方米，日最高供水量为253.72万立方米，全年供水量达80047万立方米（含供原水4531万立方米），比上年下降了1.21%。

【安全供水保障】2008年春节，东莞市遭受冰冻灾害的影响，供水管线爆管现象严重。从1月30日至2月11日，东江水务位于港口大道、企石、虎门连升路、东莞大道、沙田沙太路的管线出现了多处爆管。东江水务主管领导和生产经营部、工程技术部和东江给排水公司的相关人员，第一时间赶赴各个事故现场，紧急制定抢修方案，抵受严寒天气，迅速组织抢修队伍，不辞劳苦连续奋战，及时做好管道抢修，恢复通水。确保春节期间东莞市的正常供水。

2008年，为确保奥运期间安全供水，东江水务把预防恐怖袭击作为安全工作重点，按照军事化的要求，对属下各水厂安全保卫工作进行全面的整改。一是全面完善水厂安全保卫制度，提高全体员工的安全意识，实行群防群治。二是进一步落实保安措施，对进出各水厂的人、车辆进行严格检查和登记，严禁与业务无关的外来人员和车辆进入。三是增加保安力量和添置保安装备，落实每天对闭路监控和红外线报警系统的检查工作。四是发现安全漏洞及时堵塞，迅速建造和整改一批安全设施。五是发动党员干部组成多个突击检查组，不分昼夜对各水厂的安全措施落实情况进行抽查。六是开除经教育后仍不称职的保安人员。通过以上措施，各水厂奥运期间没有出现安全供水事故，员工的安全意识和安全保卫工作得到很大的提高。

【106项水质检测项目认证通过】为配合实施国家新颁布的《生活饮用水国家标准》（GB5749—2006），2008年东江水务共投入700多万元购置相应的仪器设备和改造实验室，加强专业技术人员技能培训，为满足水质检测项目增至106项的新标准创造了良好的条件。5月13日，东江水务监测站成功制定106项检测项目的检测方法，正式具备106项水质新国标项目的检测能力。10月31日—11月2日，监测站通过广东省质量技术监督局计量认证扩项评审，成为省内继深圳水务集团监测站后，第二家通过国标106项水质全项目计量认证的水质监测站。11月7号，监测站成功开发出三聚氰胺的检测项目。监测站通过计量认证的总项目达164项（含106项新国标），与之前相比增加81项，涵盖生活饮用水、地表水、矿泉水、水处理剂（聚合氯化铝、活性炭、石灰、高锰酸钾）等4个领域。

【水质快速测毒仪配置】2008年，东江水务监测站着重提高应急检测能力，投入50.73万元配置便携式快速毒性检测仪，可以迅速地完成各项应急检测任务，为安全供水提供了多种快速检测手段和多重保障。5月30日至6月上旬，东莞市连续下大雨，内河排涝影响到东江水源水质。在水质最恶化时，监测站人员利用快速检测仪连续多日进行24小时监测，并对水源和出厂水进行全项目分析，为生产调度和领导决策提供了可靠的水质依据。

【东江水务并购东莞市自来水股份有限公司】2008年11月6日，在市委、市政府的指导下，经过各有关单位的共同努力，东江水务成功并购东莞市自来水股份有限公司，正式签定了《资产转让合同》。资产转让签约仪式在莞城街道办事处举行，市国资委主任梁建新、市城管局局长钟耀祥、莞城街道办主任陈志坚、东江水务董事长罗沛强等出席了签约仪式。这次并购成功，是东江水务响应市委、市政府提出的“全市供水一张网”战略部署迈出的重要一步，也是推动东莞市供水管网改造、逐步迈向全市统一供水、统一管理、统一调度、统一水价的总体目标的重要举措。

为做好并购工作，东江水务自2008年1月1日起派出托管工作小组进驻东莞市自来水股份有限公司，对其日常工作进行管理，逐步完善有关业务流程和各项规章制度，组织员工培训学习，灌输东江水务的管理理念，提升队伍的整体素质，加强员工的岗位意识、责任意识及安全生产意识。

【重点供水工程建设】2008年12月22日，东莞市第六水厂常规工艺（一期）正式通水，深度处理工艺主体基本完成。莞长路C线DN1800管道工程已完成全线5.7公里管道的施工图设计。第六水厂一期管道工程中，寒溪河沿线、环城路、西南路和松山湖大道段管道已具备通水条件。

西部干道10条过河管道工程已完成总工程量的80%，涉及的拆迁工作基本完成。

东莞大道延长线供水管道工程石鼓立交段DN2000管道工程（约1.5公里）管道安装完毕，进入竣工验收阶段；非过河段管道工程（约5.4公里），基本完成招标前期准备工作。

【供水管网改造启动】2008年，东江水务根据东莞市委、市政府打造“全市供水一张网”的总体思路，东莞供水行业的战略重点从“确保水量”向“确保水量和水质安全”进行转变和调整。为使全市供水管网改造科学有序地开展，东莞市城市管理局制定了管网改造以莞城为试点的示范方案。东江水务承接莞城16个小区供水管网改造任务,计划投入5000万元。2008年12月，东江水务投入300多万元，正式启动花园新村小区的旧管网改造。在这个小区供水管网改造工程中，为加大宣传力度，东江水务将一期管网改造更换出来的旧管进行解剖展览，让群众了解水管锈蚀是影响水质的真正原因，取得广大群众对管网改造的支持。东莞市人大对全市管网改造工作也十分关注，市人大常委会副主任吕兢带领市人大环资委一行到现场考察，高度肯定了本次管网改造的试点工作，并表示继续关注和推动这项工作的开展。

【松山湖园区供水管网整改】2008年，东江水务松山湖供水公司参与了松山湖园区新建市政供水管道的规划和建设，1月19日开始配合园区管委会对新城大道三段共4.5公里的供水主管道进行诊断；6月26日，园区管委会对园区供水管道组织了专家评估会，对不达标的管道根据专家提出的整改意见，结合园区供水管网的优化规划进行整治，为下一步接收整个园区供水管网做好准备。

【东江水务支持创建环保模范城市】2008年，东江水务第三水厂积极开展各项创模工作:一是做好“创模”宣教工作，向员工宣讲“创模”基本知识，加深员工对“创模”工作重要性的认识，并在厂区、水源吸水点和重要生产岗位上悬挂“创模”标语牌，大力营造“创模”氛围。二是加强水厂吸水点周边水源保护工作，完善水源巡查制度，明确水源巡查范围，并在吸水点加建水源保护区围栏，对吸水点上下游100米范围内实施封闭管理。三是在“一源一档”建档工作方面，按照“企业基本情况”、“企业环保审批情况”、“污染防治与环境管理”、“‘创模’有关材料”四方面内容对第三水厂“一源一档”资料进行补充，重点增加水厂应对突发性事件应急预案和处置措施等方面的内容，将供水安全和环境管理放在档案的重点位置，使档案资料内容更加丰富全面，更加规范合理。

【东江水务队伍建设】2008年，为提高干部的素质，东江水务组织所有中层干部及部分业务骨干到高校进行培训，通过比较系统的理论学习，提高管理层的综合素质和团队的执行力；同时实施干部轮岗，对部分领导班子成员的分工进行了调整，对部分部门负责人也进行轮岗，使管理架构更趋完善。

2008年，东江水务引进2位博士和1名硕士生，优化公司的人材结构。截至2008年，公司中级以上职称的有48人，其中高级工程师5人，硕士学历以上8人，增加了人才储备，进一步提高公司的科研能力和管理水平。

【招投标管理】2008年，东江水务对招投标工作制定多项措施，从源头堵截违法行为：一是扩大招标代理对象，设备类采购项目招标代理机构由5家扩大到7家,从而调动工作积极性，提高服务水平，增加招投标工作的透明度。二是完善健全招标文件，源头堵截违法行为。三是完善公司规章制度建设，健全招标办事程序。在原来招标文件的基础上，制定《东莞市东江水务有限公司招标预算审核程序》、《东莞市东江水务有限公司招标预算审核意见表》（分货物、设备采购类和工程类两种）及《历史采购信息表》等一系列文件。通过落实这些措施，招标工作取得明显成效，大大降低招标成本，全面优化和改善招投标监管机制，增加招投标工作的透明度，杜绝了各种人为的干扰，保证市政工程建设的顺利进行。

【ISO9001质量管理体系引入】2008年，东江水务把贯彻标准工作正式列入议事日程，组建了贯彻标准工作领导小组，明确工作职责和目标任务，进一步创新管理理念和管理机制。在ISO9001编写文件阶段，各部门的工作制度按贯彻标准要求作了全面的修订，通过实施“流程再造”，进一步提高工作的程序化和规范化水平，减少工作的随意性，管理工作更加明晰、规范、有序。

【捐赠救灾活动】2008年，中国经受了冰冻灾害和“5·12”汶川大地震特大自然灾害。面对灾区同胞的困境，东江水务广大员工发扬“一方有难、八方支援”的中华民族优良传统，积极行动起来，捐款捐物，以实际行动支持灾区人民。在这两次捐赠救灾行动中，东江水务累计捐款捐物合计650560元，员工捐款55024元，特殊党费42700元。

【污水处理】2008年，东莞樟村水质净化厂全年保持满负荷生产，全年污水处理总量约83574万吨，实际处理量约274万吨/天，比原设计水平260万吨/天增加了14万吨/天。处理后的水质异臭味明显减少，全年湿污泥产出总量约29.5万吨。

2008年，樟村水质净化厂重点加强制度建设，紧紧围绕工厂管理、稳定生产、安全生产三方面开展工作，将原有的管理文件重新审核汇编成册；继续抓好生产、设备、安全“三检查”活动，实行生产药剂全方位监控；同时制定《设备巡查与保养责任人明细表》，明确每台设备的维护责任人、保养周期和巡查内容。

2008年，樟村水质净化厂对厂区设备进行大维修和保养，自3月份依靠本厂技术力量成功大修第一台进口离心脱水机后，全年共大修了3台，为市财政节约90多万元。10月份又对提升泵进行大修和60套非金属链板式刮泥机进行大整改，重新投入使用后一直正常运行。

2008年，东莞市区污水处理厂出水水质全部达标排放，日均处理生活污水量为21.17万吨，比上年同期增长6.38%。2008年，市区污水处理厂确定了污泥无害化处置中标单位；经东莞市城市管理局批准决定在厂内划出约600平方米土地面积用于污泥水热干化技术中试实验，中试规模为15吨/日；完成第一批处理填埋场垃圾渗滤液的收集、运输及无害化处理工作；第三期污水处理工程的前期工作基本完成。11月，市区污水处理厂获得“2008年度全国城镇污水处理厂优秀运营单位”称号。

（周永坚　黄全弟）

附：2008年东莞市东江水务有限公司领导名录

董事长：罗沛强

总经理：黎泽钧

副总经理：唐　旭　唐展鹏（1月到任）

城市供电

【概况】东莞供电局是中国南方电网广东电网公司下属的特大型供电企业，主要负责东莞市的电网管理、电力营销和业务服务。2008年，全局在册省属员工1341人，内设职能部门10个、党群部门3个、二级执行机构12个，代管全市29个镇（街）供电公司。

2008年，东莞供电局完成供电量507.35亿千瓦时、售电量487.32亿千瓦时；综合线损率3.95%，综合电压合格率98.94%，城市供电可靠率99.92%，农村供电可靠率99.71%。至2008年底，全市电力总用户数177.29万户。东莞电网共有110千伏及以上输电线路（含电缆）3034千米，变电站126座，主变381台，容量4043.9万千伏安。其中：500千伏线路211千米，变电站3座，主变11台，容量1000万千伏安；220千伏线路1004.6千米，变电站23座，主变79台，容量1605万千伏安；110千伏线路1813千米，变电站100座，主变291台，容量1438.9万千伏安。

2008，东莞供电局党委被南方电网公司党组及东莞市委评为“先进基层党组织”。东莞供电局被授予“全国模范职工之家”、“中国南方电网公司文明单位”、“广东省优秀企业文化突出贡献单位”、“广东省慈善总会抗震救灾社会捐赠先进集体”等称号，被市委、市政府评为“中央和省驻莞机关先进单位”。

【抗冰救灾和奥运保电】2008年，在抗冰救灾的紧急关头，东莞供电局贯彻落实南方电网公司、广东电网公司工作部署，迅速调集610名精兵强将、51台车辆、66台发电机和517只应急灯开赴灾区支援抢修复电，在贵州都匀和广东清远两个战场日夜奋战，倒排工期，提前完成了所有抢修任务，被南方电网公司、广东电网公司表彰为“抗冰救灾抢修复电先进单位”。2008年，东莞供电局把奥运保供电作为一项极其重要的政治任务抓紧抓实，及早谋划，周密部署，期间，全局共投入2193人次，启动33个抢修班组、79台抢修车、93台发电机和6台应急发电车参与作战；全局员工自觉投身到奥运保供电工作之中，有力地保证了奥运期间电网安全运行、电力可靠供应和队伍和谐稳定。东莞供电局被南方电网公司表彰为“迎峰度夏暨奥运保供电先进集体”。

【安全生产管理】*安全保障体系日趋成熟。*2008年，东莞供电局认真研究电网运行存在的各种风险，结合运行方式变化和设备停电情况，做好风险辨识与评估，全年发布风险预警35次，均采取措施有效控制和化解。完善应急响应机制，编制《东莞供电局突发事件总体预案》及13个专项应急预案，积极开展应急指挥平台建设，应急管理水平不断提高。深入开展安全生产百日督查和隐患排查治理工作，对663处生产作业现场进行安全监察，发现并纠正违章作业行为28起、安全隐患16起，整改完成率100%，消除了安全隐患。完善“两票”监督制度，共执行工作票28409张，操作票51210张，合格率均达100%。加强安全责任的传递和落实，首次实行安全风险抵押金制度，以经济手段强化人员的安全意识。

安全生产管理扎实有效。全方位部署迎峰度夏暨奥运保供电工作，分解具体措施61项，逐项进行跟踪落实。加强设备运行维护和技术改造，完成设备预试定检7619项，处理缺陷2142宗，紧急缺陷处理率100%，重大缺陷处理率94%；落实反措22项，涉及变电站201座次、间隔692个次、输电线路584条次。强化二次系统管理，220千伏及以上继电保护正确动作率100%，安自装置正确动作率100%。加强防风防汛戒备，面对持续强降雨和多个台风的袭击，6次启动防风防汛应急响应，成功化解了险情，电网抗灾保障水平明显提升。电力设施保护工作取得显著成果，全年盗窃破坏电力设施的案发数同比下降24%，直接经济损失同比下降14%。

2008年，东莞供电局经受住电网负荷6次创历史新高、自然灾害频发、奥运保供电任务繁重等严峻考验，确保了电网的安全稳定运行。截至12月31日，全局连续安全运行490天，全年实现3个百日安全记录，实现年初与广东电网公司签订的10项安全生产目标。

【供电管理】2008年第一季度，因南方多省遭受冰雪凝冻灾害影响，东莞供电形势十分严峻，最大负荷缺口达205万千瓦。东莞供电局审时度势，沉着应对，积极协调厂网关系，配合政府做好地方燃油机组补贴工作，努力增加电厂出力；同时坚持“有保有限”的原则，及时启动应急错、避峰预案，积极争取省网动态负荷，电力紧缺局面得到有效控制。6月份以后，根据经济发展形势变化，东莞供电局敏锐地注意到用电增长出现放缓的趋势，及时将供电措施由“挖潜控需”转向“增供扩销”，较好地实现了向用户多供电、供好电的目标。2008年，东莞电网最高负荷达955万千瓦，同比增长8.4%，全年完成供电量507.35亿千瓦时，电力供应实现了平稳有序。面对电力供应的复杂形势，坚持以提高供电可靠率为总抓手，大力加强综合停电管理，2008年东莞城市用户平均停电时间同比减少33%，农村用户平均停电时间同比减少12.6%。完善故障抢修响应机制，建成城区配电抢修中心，进一步提高抢修能力和效率。以客户需求为导向进行流程梳理，共简化了26个业务流程，关键工作环节流转时间缩短了20%。主动开展流动营业厅服务、社区服务、志愿者服务等，全年共为客户提供上门服务42515户次，召开客户座谈会177次，“95598”平台发出服务短信461.54万条，接听电话32.56万个，回访客户4819次，客户满意率达99.48%。

【电网建设】2008年，东莞供电局全面推动东莞电网专项规划工作，已通过了凤岗、谢岗、企石等镇的网架规划方案。着力抓好松山湖、虎门港和东莞生态园等片区的电网规划工作，已将电网规划建设意见纳入以上片区的城市总体规划，并顺利通过审查。积极参与广东电网“十二五”规划工作，提出东莞220千伏网架推荐方案。试行输变电工程前期工作属地化管理及责任制，与配电营业部、供电公司等27个单位签订了2008年输变电工程前期工作责任状，就45项110千伏及以上输变电工程的前期工作落实了工作内容和完成时间，前期工作进展明显加快。主动加强与市委、市政府的联系沟通，争取到市委、市政府对电网建设的重视和支持，成立东莞市电网规划建设协调领导小组，协调市各部门、各镇（街）共同解决电网规划建设中遇到的难题，为推动东莞电网发展创造了良好的平台。2008年，东莞供电局在建设时间紧、任务重、条件艰巨等情况下，主网投产110千伏及以上输变电工程20项、主变容量224.5万千伏安、输电线路248千米，其中220千伏裕元、黎贝变电站被评为“2008年度广东电网公司优质工程”。配网新装及更换配变容量43万千伏安，建设与改造10千伏线路899千米、低压线路904千米。

【企业管理能力增强】2008年，东莞供电局继续深化“管理年”活动，完成执行战略的修订和完善，制度群建设取得了阶段性成果，“管理年”活动基本实现“一年打基础、两年有进步、三年见成效”的目标。积极推动标杆管理在农电机构的应用和延伸，厚街、塘厦两个试点单位的标杆班组创建工作成效显著。加强节能降耗工作，深入开展“绿色行动”，制定《2008年引导企业节能服务方案》，并向专变客户发出《节电建议书》13500多份，引导客户节能增效。加强线损管理，全面开展基础资料的核查建档工作，完成对16个单位的线损达标管理工作检查，全年综合线损率3.95%。

信息化和自动化水平不断提高。突出抓好主营业务系统的开发应用，重点完成生产管理系统、财务管理系统、负荷预测系统（二期）等八大主营业务系统的建设，其中大客户负荷管理系统已安装终端36000个，对专变客户的负荷监测覆盖面达80%以上；27个基层单位已实现负荷终端远程抄表；变电站计量遥测系统覆盖率达100%。积极开展城区配网自动化试点工作，城区配网自动化试点工程（一期）已竣工投产。继续推进集控功能下放和变电站无人值班工作，成立跃立、北栅、大朗、立新、板桥5个集控中心，共有113座变电站实现了无人值班，变电站运行管理模式进一步优化。（刘燕明）

附：2008年东莞供电局领导名录

党委书记（兼副局长）：祁寿枝
局长（兼党委副书记）：罗　辑
党委副书记（兼纪委书记）：祁福才
副局长：卢永昌　李铭钧　许国强
　　　　佟　才（9月到任）
　　　　刘毅忠（9月到任）

新奥燃气

【概况】东莞新奥燃气有限公司（简称东莞新奥）是由东莞市政府与新奥燃气控股有限公司共同出资组建的中外合资企业，于2003年6月30日注册成立。2008年8月28日，组成为东莞新奥燃气集团公司。公司拥有市政府授予的东莞市管道燃气30年特许经营权，负责东莞市域4街道28镇及松山湖科技产业园区管道燃气的建设、运营和天然气汽车加气业务，同时提供燃气器具的销售及售后服务。公司先后成立了樟木头、长安、厚街、松山湖等18个镇街公司和分支机构；建成了LNG（液化天然气）储配站3座，总储气能力超过80万立方；建成了3座天然气加气站，已发展1000多辆天然气汽车；铺设了近700公里的高中压燃气管网，基本覆盖东莞城区和大部分的镇街。

2008年1月，东莞新奥获得广发行“AAA资信评级证书”；4月，评为“广东省和谐企业文化建设先进单位”；6月，评为“2008年广东省A级纳税信用等级企业”；10月，职业培训中心被建设部评为燃气行业广东东莞培训基地；12月，公司获得广东省安全生产监督管理局授予的“广东省安全文化建设示范企业”称号。

东莞新奥积极承担社会责任。“5·12”汶川大地震，公司通过集体和员工自发捐赠等多种形式向灾区共捐赠了60多万元。

【市场开发】2008年，东莞新奥共安装

民用户3.2万户，敷设近130公里的高中压燃气管网，完成南五环和南城高中压调压站建设，已投产运营，建立城区及周边“双主一辅”的供气网络，形成两种气源的安全供气模式。

东莞新奥车用燃气项目取得突破。市政府专门成立了CNG（压缩天然气）领导小组，统筹协调东莞汽车加气项目的各项工作。针对出租车和公交“油改气”，出台了具体的财政补贴办法；并规定，从2008年8月1日起东莞市更新或新投放的出租车和小公共汽车全部采用天然气或双燃料汽车。

2008年，东莞新奥加快了汽车加气站的建设步伐。胜和站、科技大道站、石龙站已投入运营，万江泰新路站进场施工，东城加气站和厚街加气站项目立项得到了政府的批复，主城区加气站网络已见雏形，全年共完成汽车改装近1000余辆。

【经营管理】2008年，东莞新奥为切实将战略绩效项目落到实处，年初，东莞新奥进一步明晰了战略绩效管理架构及相关职责。通过对战略地图和平衡计分卡定期更新和修订，战略绩效管理体系逐步与其他管理体系相融合。季度战略回顾的开展，对梳理战略执行过程中存在的问题起了非常积极的作用，平衡计分卡逐步成为公司高层、各部室日常管理工作的重要工具。

12月9日，东莞新奥正式启动了全面信息化项目，已经完成组织结构、考核办法和推广计划的前期项目准备和业务流程调研工作，进入数据收集和清理阶段。

【客户服务】2008年，东莞新奥在“强化服务意识，优化服务流程，提升服务能力，推进服务协同，倡导服务创新和加强服务监督”的服务工作方针指导下，各部门高度重视服务工作，形成售前、售中和售后的服务协同链条，健全内外部服务监督体系，统一了全东莞市域的服务形象。

在售前环节，东莞新奥开发客户谈判软件包，提高市场开发人员的专业和职业素质，增强客户对产品和公司的信心。

在售中环节，公司针对施工质量、路面恢复的及时性以及安装位置的合理性和政府有关部门、房地产商进行重点沟通和回访。

在售后环节，公司通过使用移动临时气源，保障停气作业期间用户的正常使用；统一东莞市域民用户服务性收费标准，统一全市域服务大厅的布置，实现“95158”在镇区和汽车加气的全覆盖。

同时，东莞新奥开始向镇区推广银行联网售气系统，厚街、寮步、石龙、石碣、松山湖的民用户已使用上银行联网售气系统。

【安全和运营管理】2008年3月27日，东莞新奥启动“三个零”的承诺活动，开展危险识别、风险评价工作。在“安全、专业、创新、服务、责任”五大观念指导下，公司完善管线地面标识并确保地面标识完好，完成管线原始资料整理，保证地下管道信息准确、完整；增加对用户的安检次数，实行“上门必安检、安检必宣传”，并全面对小区内的管道进行检查和维护；继续落实和完善HSE（健康安全和环境）管理体系，加强对全员的安全教育和技术培训，同时组织开展“工程验收置换通气”、“燃气管网设施、设备安全保护”和“燃气安全进万家”等专项治理活动，实现了公司全年安全稳定的运营。

12月5日，东莞新奥HSE管理体系顺利通过北京中油健康、安全和环境认证中心的复审。12月9日，东莞新奥承办“东莞市城市燃气管道应急抢险演练”活动，展示公司完善的应急抢险体系和应对能力。12月，东莞新奥获“广东省安全文化示范企业”称号。

【队伍建设】2008年3月5日，东莞新奥成立职业培训中心。拥有内部兼职讲师队伍，共有高级教师 2名，中级讲师2名，初级讲师15名；年内，承担员工专业技能培训、各级管理干部培训3268人次，共10672课时。

职业培训中心还协助东莞市燃气协会承办“燃气燃烧器具安装维修作业人员培训班”，协助中国燃气协会承办首届“职业发展及人力资源管理论坛”。

2008年，东莞新奥的人才培养从“外部引进”为主逐步转变为“内部培养”为主。年初，公司严格选拔骨干层、中坚层和核心层的后备干部共38名，开始实施三级人才梯队建设。通过制定学员职业发展规划，开展针对性培训和定期的培养、考核和评估，初步实现不同层级人员的有序循环和发展，形成内部人才培养的新模式。

2008年，东莞新奥开始实施基层员工岗位技能等级认证。公司以客服系统维修人员为试点，组织相关资源开展普训、题库开发、资格考试、定级培训和等级评定，通过日常考核、理论和实操成绩以及评议小组的最终评议，有7人评为中级技工，13人评为初级技工。从而规范任职资格管理体系，初步建立基层员工的职业晋升机制。（张海亚）

附：东莞新奥燃气有限公司领导名录

董事长：李志荣

总经理：韩继深

执行总经理：黄　平

副总经理：陈仲新　吴晓菁　刘　柱　张韶武

环境保护

【概况】东莞市环境保护局（正处级）是市人民政府环境保护行政主管部门。2008年有9个内设机构、7个直属事业单位。9个内设机构分别为：办公室、人事监察科、污染控制科、项目审批一科、项目审批二科、监督管理一科、监督管理二科、政策法规科、环境监察科（挂环境监察分局牌子）。其中：局机关核定行政编制34名，局长1名，副局长5名，纪检组长1名。7个直属事业单位分别为：市环保产业促进中心、市环境保护监测站、市环保宣传教育中心、市环保信息中心、市机动车排气污染监督管理所、市环境科学研究所、市环保技术服务中心，共有事业编制169名。在各镇（街）设立环境保护分局，为市环境保护局派出机构，人、财、物下放给镇（街）管理，业务上接受市环境保护局管理。5月13日，东莞市环境保护局新办公大楼正式挂牌启用。

2008年，全市环保系统深入贯彻落实科学发展观，围绕市委、市政府推进转型升级的决策部署，以创建国家环保模范城市（创模）为抓手，全力推进污水处理工程、固体废物处理处置工程、环保专业基地等环保基础设施建设，全面深化大气和水环境综合整治，大力加强环保执法监管，强化环保能力建设，努力解决群众关心的环境热点、难点问题，较好地完成了全年目标任务。2008年，东莞市顺利通过2007年度广东省环境保护责任考核和城市环境保护定量考核，分列全省第3名和第4名；二氧化硫减排1.2万吨，化学需氧量减排1.5万吨，完成省下达年度减排指标。

【环境质量改善】2008年，东莞市环境质量持续改善，大气污染指数平均值为60，全年空气质量优良天数占95.08%，大气中的二氧化硫、二氧化氮、可吸入颗粒的平均浓度分别比上年下降12.2%、12.5%和2.78%；全市饮用水源水质稳定达标，运河黑臭现象有所减缓，主要污染物的浓度有所降低，运河水质继续保持逐年改善的趋势；城市环境噪声符合国家标准。

城市空气质量。2008年，市区空气环境质量良好，二氧化硫、二氧化氮和可吸入颗粒物年均浓度均符合国家二级标准，降尘符合广东省标准。二氧化硫年平均浓度值为0.036毫克/立方米，二氧化氮年平均浓度值为0.042毫克/立方米，可吸入颗粒物年平均浓度值为0.070毫克/立方米，灰尘自然沉降量年平均浓度值为6.47吨/平方公里·月。

城市降水。全年降水pH平均值为4.83，比上年度下降0.38个pH单位；酸雨出现频率为60.1%，比上年度上升5.9个百分点。

城市饮用水源。饮用水源水质保持良好，市区饮用水源（东江南支流）水质达标率为100%。

地表水。东江东莞段两个断面（石龙南河、石龙北河）水质符合国家地表水Ⅱ类标准，整体水质状况为优。

城市声环境。在市区建成区范围内，主要交通干道交通噪声昼间等效声级平均值为67.6分贝，比上年度下降0.3分贝，符合4类区标准。市区区域环境噪声昼间等效声级平均值为55.9分贝，符合国家2类区（居住、商业、工业混杂区）昼间标准。

【环保基础设施建设】 污水处理工程建设。2008年4月10日及9月9日，东莞市政府两次专门组织召开污水处理工程建设工作现场会。全年共完成工程投资19.8亿元，其中，管网工程13.3亿元，建成管网长度190公里；污水处理主体工程投入6.5亿元。35项截污主干管中，塘厦林村、塘厦石桥头、清溪长山头、凤岗竹塘、大岭山、长安三洲、东城牛山、石碣沙腰、黄江、桥头、谢岗、清溪厦坭、大朗松山湖等13个项目基本完成。34项污水处理主体工程中，塘厦林村、塘厦石桥头、清溪长山头、凤岗竹塘、大岭山、长安三洲、东城牛山、石碣沙腰、桥头、高埗、大朗松山湖、麻涌、中堂、凤岗雁田、松山湖北部、寮步竹园等16项基本建成。

固体废物处理处置工程建设。2008年，医疗废物处理中心已全面开工建设；污泥处理厂工程已编制完成可研报告，初步拟定了建设方式，并已于9月初向市政府报送《关于污泥处理技术考察比选情况的报告》，待市政府审批；餐厨垃圾处理工程方面，对处理模式进行合理调整。

环保专业基地建设。2008年，全市9个环保基地，洪梅基地已基本建成。中堂、麻涌、大朗基地已获省市审批，其中：中堂基地被列为全省造纸示范基地，基本完成企业整治及建设规划，开展排污专管设计；麻涌基地已全面动工建设。虎门基地环评报告书以及长安、沙田、常平3个基地的环评大纲已通过省、市专家评审。

【环境综合整治】 水污染整治。2008年，东莞市环保局着手编制《东莞运河截污工程方案》；完成石排中心涌纯氧曝气快速消除黑臭试验，取得明显成效，并选择与运河流速相近的石碣中心涌进一步试验；推进小海河整治试点工程，已通过了可研评审；加强饮用水源保护，编制《饮用水源水质污染事故应急预案》，编制同沙水库污染整治方案，市政府已原则同意建设；推进畜禽养殖业污染整治，组织开展全市清理养殖业污染复查，并实行严格的责任考核。

机动车排气污染整治。2008年，东莞市环保局制定实施《东莞市机动车排气污染防治实施方案》，9月10日组织召开全市机动车排气污染防治联席会议，建立部门联防联动机制；制定实施《东莞市机动车环保标志管理暂行办法》，启动环保标志发放工作，全年核发近5万张；开展客运、货运车专项整治，强化路检和停车场检测，整治车辆34091辆，整治超标车辆1259辆，排气合格率由去年的84.4%上升到91.2%。

重污染企业整治。2008年，东莞市环保局完成作为全市产业结构调整升级十四个配套政策之一的关于加强污染企业整治课题调研工作，草拟《关于加强污染企业整治促进产业结构调整升级的意见》，并上报市政府审定。对“四纯两小”（即“纯电镀、纯漂染、纯洗水、纯印花，小规模造纸、小规模制革”）企业进行全面整治，累计强制关闭149家。

造纸企业整治。东莞市造纸行业环境问题被列为省十大重点区域环境整治工作之一。2008年，东莞市环保局要求造纸企业做到“五个必须”，即废水回用率必须达到80%以上，废水处理必须采用生化处理工艺，配套锅炉必须建设脱硫设施，必须配套建设在线监控（监测）系统，必须实行清洁生产，深化造纸企业整治。全市125家造纸企业（含卫生纸厂）中，已关闭14家，自然停产2家，限期关闭16家，17家已全面验收，74家通过整治验收。

二氧化硫整治。2008年，东莞市环保局大力推进第二批企业锅炉烟气脱硫工作，将脱硫范围由30蒸吨/时扩大到10蒸吨/时以上。配备30蒸吨/时以上锅炉的43家企业（95台锅炉）中，共有17家（50台锅炉）建成脱硫设施，其余26家已报送相关工程方案；配备10吨以上锅炉的企业，要求确定建设方案，按计划推进脱硫工作。

黑烟囱整治。2008年，东莞市环保局将黑烟囱整治范围从主干道两旁扩大到全市范围，4月至10月对全市冒黑烟企业进行全面核查，共核查冒黑烟企业303家，责令上述企业通过改变燃料等方式进行整改，共完成整治企业285家，对18家仍存在冒黑烟现象的企业进行强制监测、限期治理，使全市冒黑烟现象得到明显改善。

【环保监管】 环保项目审批。2008年，东莞市环保局制定《东莞市污染企业建设项目环保审批原则》、《东莞市重点污染企业续期审批原则》、《东莞市工业废水回用促进政策》、《东莞市小规模生产废水排放企业的审批原则》等制度，理顺市镇环保审批权限，有效规范环保审批工作。全市共审批建设项目4562项，拒批不符合产业结构调整方向、选址不宜等污染项目371项（其中重污染项目34项），审批辐射项目47项、危险废物转移2310项。

“三同时”制度。2008年，东莞市环保局完成新建项目“三同时”验收2112家，对2005—2007年的“三同时”执行情况全面督办，补办验收手续6390家。

环保执法监管。2008年，东莞市环保局强力打击环境违法行为，累计出动执法人员49353人，检查企业20911家，查处违法企业642家，对存在环境违法行为的企业立案541宗，结案359宗，向法院申请强制执行137宗，移送工商等其他部门处理51宗，罚款入库金额总计2746万元。加强排污许可和排污费征管，市局发放排污许可证2401份，辐射安全许可证47份；共开征排污单位7593户，排污费开征金额10022万元，入库金额9774万元。强化危险废物管理，审批转移危险废物1379家共1977次，审批计划转移量63287吨，对308家企业补办手续；共检查医疗机构797家。强化环境信访查处，共接到群众投诉12820宗，已办结12783宗，办结率为96%。

制度管理。2008年，东莞市环保局健全环境信用管理制度，评价范围扩大到545家企业，评定绿牌企业324家、黄牌企业161家、红牌企业60家；完善“一源一档”制度，完成854家重点企业的“一源一档”建设；实施有奖举报制度和违法公告制度，共接报104宗，查实60宗，奖励举报30人次、73万元，对117家被处5万元以上罚款的严重环境违法企业实行网上公布；推进污染源在线监控系统建设，137家企业建成在线监控系统并实现联网监控；大力推广清洁生产，共组织16家企业自愿开展清洁生产，对9家企业强制实行清洁生产。

【环保专项行动】推进“创模”工作。2008年，东莞市环保局基本完成“创模”汇报材料，完成31项考核指标2005—2007年的资料整理。基本解决在生活垃圾处理、机动车尾气和水厂尾水排放等方面影响创模的问题。6月17至19日，邀请3位多次参与国家“创模”审核的专家对“创模”工作进行专项评估指导，得到专家肯定。12月19至21日，组团20人赴北京参加“第三届中国国际建设环境友好型社会成果展览会”，展现“创模”成果。

第三届环境安全月活动。2008年，东莞市环保局对各镇（街）重点流域和化工、电镀、辐射及放射等重点隐患企业进行检查，共检查企业685家，发现隐患企业259家，已全部发出限期整改通知，完成整改136家。核查涉放射源单位56家，其中I、II类源单位各1家，持放射源各1枚；III类源单位1家，持放射源2枚；IV类源单位23家，持放射源108枚；V类源单位29家，持放射源4292枚；开放源单位1家，操作场所等级为乙级，排查中未发现紧急性安全隐患。对全市49家重点危险废物产生、处置单位进行督查，指导编制事故应急预案和开展环境安全隐患排查。对全市饮用水源保护区范围内的化工、电镀等105家重点企业进行排查，督促33家存在安全隐患的企业进行全面整改，有效消除安全隐患。2008年9月9日，由省环保局局长李清带队的专项行动检查小组到莞检查环保专项行动，给予了充分肯定。

检查涉水源排污企业行动。2008年9月至10月，东莞市环保局对东引运河和上游沿岸的排污企业进行全面检查。共检查企业450家，其中污染防治设施正常运转的366家，停产12家，关闭15家，搬迁2家，查处违法企业15家，发出限期整改通知书40份。通过检查，基本摸清东引运河和上游沿岸排污企业的情况，保障了东引运河水环境安全。

处理突发事件。2008年，东莞市环保局密切配合各有关部门，及时妥善处置黄江镇东莞新东方化工有限公司化学品泄漏事件、厚街电力有限公司输油管道油料（重油）泄漏事件、常虎高速公路胶水运输车泄漏胶水事件等多起突发环境事件，维护环境安全。

污染普查。2008年，东莞市环保局根据国家和省的部署，着力抓好污染源普查工作，共组织3000多名普查人员走街串户，完成对全市近5.5万家排污单位进行普查，基本摸清全市污染排放状况。

【环保能力建设】总量管理体系。2008年，东莞市环保局制定实施东莞市“十一五”主要污染物总量减排考核、统计、监测暂行办法，建立了在线监控、定期监测等一系列管理制度，对总量减排工作实行规范化、制度化管理。

环境功能区划。2008年，东莞市环保局组织开展市区饮用水源地、空气适用区、噪声适用区的区划调整工作，其中：《东莞市市区环境噪声适用区划》、《东莞市市区环境空气适用区划》得到市政府、省环保局的同意颁布实施。

环境科学研究。2008年，东莞市环保局承担完成广东省《环境噪声自动监测技术规范》编制工作，研究成果填补了国家空白；完成国家环保部《珠江口及毗邻海域碧海行动计划》项目的环境与生态调查子项目——珠江口陆域点调查任务；开展《东莞市空气和噪声监测点位优化布点研究》，获广东省环境保护科学技术三等奖；开展《东莞市土壤污染源调查和土壤污染控制及其修复》课题研究，获省级科技计划立项，并获市配套科技项目资助；开展“生物修复土壤重金属污染的应用研究”、“造纸废水处理生物技术的优化与调控”等实用技术研究，已进入试验阶段。

两大体系建设。监察体系方面：2008年8月，东莞市环保局组建成立六支环境监察大队，分别派驻在南城、长安、清溪、常平、松山湖、石碣六镇，分片区行使环境执法监察职能。监测体系方面：投入1919万元，新建监测实验室、3个大气监测子站、饮用水源水质自动监测站；东莞市环境保护监测站通过九类116项检测项目能力认证和国家二级站（东部）标准化验收。

机构建设。2008年，东莞市环保局经市政府批准成立东莞市环保宣传教育中心、东莞市环境信息中心、东莞市机动车排气污染防治监督管理所，内部专门设立总量办和普查办，有效强化环保职能。7月，印发《东莞市环保系统深化环保办事制度改革提高办事效率工作方案》，制定实施23项具体措施，全面深化办事制度改革。10月，各镇街环保分局正式升格为正科级建制。

【环保氛围建设】环境宣传。2008年，东莞市环保局共举办新闻发布会3次（其中：6月5日世界环境日期间，联合市新闻办，举办东莞市环境质量状况公告新闻发布会；7月31日，联合市实践办，举行环境保护专题新闻发布会，全面介绍环境保护进展情况）、发布新闻通稿57篇，媒体刊登东莞市环保新闻300余篇。共编印50万册《东莞“创模”手册》，编印《环保动态》、《环保舆情》、《生态东莞》画册等，全面宣传创模理念。加强与电视台合作，从5月份开始，每周制作播出环保专题2期，共播发66期。先后开展环保公益广告评选、环保袋租赁、中小学生环保电脑桌面设计比赛、环保进企业、环保开放日、旧挂历回收等活动，引导市民、企业参与环保实践，社会参与人员超过10万人。

绿色创建。2008年，东莞市环保局组织开展第九批市绿色学校的创建工作，共有43家学校、幼儿园通过了考评验收，累计创建绿色学校327所，其中：国家级8所，省级64所，市级255所；开展第三批市级绿色社区创建工作，共有10个社区评为市级绿色社区，累计创建绿色社区35个，其中：国家级3个，省级12个，市级20个。开展首届环境友好企业创建活动，40家企业通过创建审核。同时，还推动塘厦镇、大岭山镇、企石镇成功创建全国环境优美乡镇。

【抗震救灾帮扶活动】2008年，“5·12”汶川大地震发生后，东莞市环保局大力开展帮扶活动，对口帮扶灾区应急监测仪器总值90多万元。组织干部职工捐款捐物，共计捐款23.77万元；捐赠新棉衣、棉被144件，衣物8袋，展现了互助友爱的环保形象。（吴根旺）

附：2008年东莞市环保局领导名录

局　长：袁绍东

副局长：刘国军　赖以坚　杨亲焕　莫练初　张溥栋

纪检组长：香杰新

城市管理综合执法

【队伍建设】2008年，东莞市城市管理综合执法局在整合原城监、城管队伍基础上，城市管理综合执法系统面向社会公开招考部分公务员和协管员，从政府有关部门选调了一批年纪轻、素质高、有经验的公务员。东莞市城市管理综合执法局内设办公室、综合科、政策法规科；派出机构35个，包括市局的直属分局和各镇（街）、松山湖、生态园分局；518个村（社区）成立城市综合管理办公室，占全市村（社区）总数的86%。市、镇、村三级执法人员、协管员、管理员已达4500多人（其中有行政执法证的公务员286人、事业编制人员126人；分局协管员768人，村级管理员3320人）。在全国率先建立市、镇、村“三位一体”的组织管理架构，组建一支公务员、协管员、管理员“三员结合”的执法、管理队伍。

【建章立制】2008年，东莞市政府出台了《东莞市城市管理综合执法工作实施方案》、《东莞市城市管理综合执法暂行规定》，市城市管理综合执法局出台了《东莞市城市管理综合执法局行政处罚程序暂行规定》、《东莞市城市管理综合执法暂行规定实施细则》，明确综合执法工作任务、目标要求，界定职责范围、执法权限，规范执法程序、处罚依据和标准，使执法工作有法可依、有章可循。在内部管理上，制订了27项日常管理制度，基本做到用制度管人、管事，使各项管理逐步走上规范化、制度化轨道。

【规范化建设】2008年，东莞市城市管理综合执法局把统一规范化建设作为提高执法形象的一项重要工作来抓，基本实现“八个统一”的工作目标：全市90%以上的分局有统一相对独立办公场地；执法分局有统一的内设机构；公务员、事业编制人员、协管员有统一的分级供养；执法、管理人员有统一标准的工作着装、工作证件；车辆有统一的标识；执法系统有统一的执法文书；分局财务有统一的独立账户；罚没财物有统一的管理制度。由于狠抓了规范化建设，使执法基础建设进一步规范，对外执法形象大大提升。

【重点整治】2008年，东莞市城市管理综合执法局主要抓以城市“六乱”、违法建筑、无证照生产经营食品和非法行医为重点的执法工作。据统计，全市共教育、纠正“六乱”行为11.96万宗，处罚853宗；查处各种违法建筑共1750宗，面积约67万平方米；打击无证照生产经营食品和地下制假生产窝点3358宗，案值近500万元，罚款21.1万元；整治无证照经营小杂货店和小饮食店5400多间；取缔非法行医361宗，案值约20万元，罚款6.3万元。通过一系列整治，有效改善了市容环境，遏制了违法建设势头，有效打击了无证照生产经营食品和非法行医，探索了执法新机制。

【全国文明城市创建】2008年，东莞市城市管理综合执法局积极参与东莞市创建全国文明城市工作，按照市委、市政府的统一部署，明确目标、分解任务、落实责任，调集各分局力量，支持莞城、东城、南城、万江四街道开展创建活动。据统计，四个街道在创建文明城市活动中，共纠正和查处城市“六乱”行为等各类案件34865宗，其中市容环境卫生、工商管理32416宗，无证照生产经营食品130宗，非法行医20宗，违法建筑143宗，环境保护472宗，城市绿化、市政设施等其他投诉案件1684宗。市城市管理综合执法局在创建全国文明城市活动中，集全局之力，通过加大宣传教育力度和严格执法，使市容环境大为改观，为东莞市成功创建全国文明城市做出了贡献，一些先进单位和个人受到了市委、市政府表彰。

【执法宣传】2008年，东莞市城市管理综合执法局在新闻媒体上宣传报道综合执法工作信息230多次，为综合执法营造了良好的舆论氛围；组织开展执法宣传进学校、进社区、进企业的“三进”教育活动，共印发各类宣传单张52.3万份、宣传小册子43000本，对学生、市民和企业员工进行文明行为规范和法制知识教育。 （向国华）

附：2008年东莞市城市管理综合执法局领导名录

局　长：赖源顺

副局长：刘永潮　林树辉　莫志强

▲ 东莞大道

交通·邮电

TRANSPORTATION·POSTS AND TELECOMMUNICATIONS SERVICE

鸿福桥

- 春运工作应急
- 莞深高速公路大修完工通车
- 西部干道全线通车
- 莞深高速公路与环城路共线段石碣立交段建成通车

编辑：何 青

交通运输

【概况】 东莞市交通局是市人民政府主管公路和水路交通行业的工作部门。2008年，交通局内设交通局综合行政执法局，下辖6个直属单位，包括市道路运输管理局、市港航管理局、市交通职业技术培训学校、市交通规划勘察设计院、市交通工程质量监督站、市地方公路管理总站，局机关设办公室、人事监察科、政策法规科、运输管理科、工程管理科、规划科技科、财务审计科、安全保卫科、综合业务科；32个镇街和松山湖设交通分局，为市交通局派出机构，实行市镇双重管理，以交通局管理为主，党务工作由镇街负责管理。交通局机关人员编制为45名。

2008年，东莞市累计完成交通建设投资约64.54亿元，其中：公路建设投入45.8亿元，港口建设投入17.1亿元，公交建设投入1.46亿元，航道建设投入1780万元。新建公路总长116.8公里，改造公路总长236.6公里；建成3万吨级码头1座、泊位2个；新增公交车519辆。全市共计完成公路、水路客运量5.6亿人次，旅客周转量137.86亿人公里，货运量5971万吨，货物周转量37.44亿吨公里，同比增长50.73%、8.98%、5.20%、4.97%。全市港口货物吞吐量完成3208.49万吨（含沙角A、B、C电厂吞吐量），同比增长3.8%；完成集装箱吞吐量19.5万标准箱，同比下降11.76%。全市国、省道公路年平均好路率达95.7%，航道维护水深年保证率、航标维护正常率均达100%。全年共征收交通规费35.53亿元，同比增长2.99%。市人大常委会评议公共交通满意和基本满意率达96.43%；获“全国交通行政执法责任制示范单位”和“全省交通系统抗灾保通先进集体”称号。

【春运工作开展】 2008年春运，历史罕见的雨雪灾害使东莞市春运面临前所未有的巨大压力。为确保春运顺利完成，东莞市交通局提早进入春运临战状态，并制定了一系列工作方案和应急预案，推进春运工作规范化、制度化、程序化、正常化。春运期间，东莞市公路客运站场基本无旅客滞留，秩序比往年更加平稳，市内客车无发生一起伤亡事故，整个春运平稳安全地进行，在全省是做得较好的市之一，得到省、市领导的高度评价。春运40天，东莞市水陆共发送长途旅客614.67万人次，同比减少10.36%。其中公路发送旅客529.18万人次，水路发送旅客4.96万人次，分别同比减少12.79%、1.29%；铁路发送旅客80.54万人次，同比增加9.05%。

【交通发展规划完善】 2008年，《东莞市公路网规划》、《东莞市客货运站场布局规划》和《东莞市水运发展规划》经市政府同意实施，《东莞市公共交通规划》通过市规划委员会审议。完成《东莞市公路水路交通“十一五”规划》中期评估工作；《东莞市综合交通发展战略研究》项目纳入省交通厅2008年度科技项目；《市际联网路规划方案》已获市政府审批。深圳外环高速东莞段、常虎高速虎门港支线（二期）、从莞高速公路东莞段（含清溪支线）、番莞高速公路厚街至桥头段、常虎高速长安港区支线等项目前期工作加快开展，东部快速、西部干道升级为高速公路论证的初稿已基本完成。

【交通基础设施建设】 2008年，东莞市高等级路网建设进展迅速。莞深高速塘厦至东莞立交段路面大修工程和莞深高速石碣立交已建成通车；莞深高速石碣段、常虎高速虎门港支线一期、惠常高速东莞段、广深沿江高速东莞段以及省道S120中麻公路槎滘大桥、西部干道麻涌立交等工程分别累计完成工程总量的95%、61%、73%、20%、31%和69%。

主干公路改造工程得到加快。省道S120线新南桥改造工程已完工通车。省道S120中麻公路大修工程已完成施工图设计，招标文件已经编制完成，待省交通厅批复后即可进行施工招标。省道S256篁村至虎门及S358虎门至长安段路面大修工程初步设计评估咨询已经市委、市政府讨论通过。石大公路路面大修工程立项已经省发改委批复同意，工程勘察设计招标资格预审结果已报省交通厅。省道S120石排至桥头段路面大修工程已经完成勘察设计招标工作。

镇、村际联网公路升级改造协调加快。镇、村际联网路升级改造共完成40条，总长139.6公里；施工建设43条，动工里程159.2公里。村际联网路升级改造完成市政府十件实事提出的改造目标。

港口设施建设步伐有序加快。广州港引航站东莞分站正式挂牌成立，进出虎门港船舶实现一次引航。三江2个5000吨级石化泊位、天明电力1000吨级油码头和穗丰食品2000吨级散杂货码头顺利通过竣工验收，正式投产运营；沙田港区5#、6#泊位完成各项专项验收投入试运营；九丰LPG（液化石油气）码头、东洲油气化工码头、海湾石化码头（一期）、海昌煤码头（一期）、麻涌港区新沙南作业区2#、3#泊位、沙田港区7#、8#泊位等大型深水码头项目建设展开。另外，阳鸿、中海石油3万吨级液体化工泊位使用港口岸线获交通运输部审批，玖龙5万吨级散杂货泊位获省发展和改革委员会核准，使虎门港获国家、省有关部门批准的深水泊位累计达17个。

【公共交通发展】 2008年，东莞市加大公交运力投放，全市共新增投放运力519辆，新增公交线路32条，调整城巴线路10条，规划开通广州新塘至中堂和增城至石碣2条跨市农村客运班线。与此同时，市政府已同意组建核心城区小巴运输公司。首批3条城巴和72条镇公汽及毗邻镇互通重点线路末班发班时间最迟延长至23时30分，解决群众夜间乘车难问题。市城巴公司和凤岗公汽已全面启用IC卡服务，IC卡充值点已扩充至172个，共发放敬老乘车卡、公交爱心卡、公交学生卡等专用IC卡约26.6万张，全市近44万人使用公交IC卡。在争创全国文明城市活动中，动员组织565名迎接国检交通宣传员开展行业文明宣传，印发创文明城市宣传卡片1.1万张，免费派送《城巴乘车指南》2万册，完成7016名公交司机文明礼仪培训，实现出租车行业统一管理，更新出租车顶灯6811套，更换座套13233套，驾驶员服37500套。完成6770名“摩的”司机转型公交从业人员培训。进一步加快配套设施建设，省道S120线103个和S359线14个公交站台及候车亭（站牌）主体已全部完成；省道S358线樟谢段30个候车亭（站牌）已完成15个。核心城区规划建设的40个公交枢纽站、首末站和综合维修保养场中，市城管局已完成22个站点的设计工作并移交属地实施；另有10个站点正在进行施工图设计。加大财政扶持力度，经请示市政府并协调省市有关部门，及时落实财政油价补贴资金1.38亿元，帮助企业舒缓油价上涨压力，解决运输企业因油价上升出现经营困难问题，稳定社会形势。逐步推进公交节能减排，分步推广CNG（压缩天然气）汽车项目，全年完成改装使用天然气的出租车1003辆。

【交通行业监管】 2008年，东莞市交通局通过开展安全生产大检查、全市桥梁质量安全专项整治以及道路标志标识专项整治等行动，敦促相关企业整改大小安全隐患300多处，拆除、重建、维修加固四、五类桥梁18座，完成北王公路交通标志标线的整治工程施工，完善交通标志、标线的设置。并加强危险货物作业从业人员培训，全年培训危险货物从业人员1320名，港口设施保安人员81名，为严格履行人员持证上岗工作打下了良好基础。先后开展打击非法营运、假出租车、异地营运出租车、过境客车、旅游包车、泥头车、客运站场、超限超载、逃缴规费、道路环境、水上运输、港航执法等专项整治行动，全方位、多层次地整顿规范运输市场秩序。全市出动执法人员10.82万人次，查处各类违章车辆35678辆次，其中非法营运车辆13508辆次，其他违章车辆22170辆次；清理拆除违规埋设管线及广告牌903处。海事部门出动监督船艇2444艘次、巡航里程30561海里，检查船舶16500艘，纠正违章船舶1258艘次，有效维护交通市场的稳定。建立并完善交通综合执法机构，理顺和整合交通六大门类执法职能，在全省率先推进交通综合行政执法体制改革的步伐，全系统执法人员通过培训换发综合执法证。与公安、交警、城管等部门建立起联合执法机制，集合分局力量开展区域集中执法，逐步实现从单一专项执法向综合执法转变。汇编《东莞市交通局综合行政执法局管理制度》和《交通综合行政执法手册》，明确执法依据、处罚标准，对执法着装、风纪风貌、用语规范、程序规范、文书使用、案件审查、培训考核等进行规定。强化执法监督，按省交通厅执法监督检查的要求，组织开展全系统的行政许可、行政处罚及档案的检查，规范窗口部门、执法队伍的行政行为。

【交通队伍建设】 2008年，东莞市交通局按照“便民、高效”的原则，积极推进政务办事中心及交通分局的窗口服务建设，所有行政审批事项均通过网络对外公开，网上查询审批结果，实现政务中心集中受理、业务部门科室办理功能。全年共受理申办件3333件，办结3333件，无行政许可服务投诉，无行政复议案件发生。组织全系统干部职工685人参加交通行业突发公共事件应急管理培训，举办三期交通综合执法培训班，提高从业人员和执法队伍素质。落实“五五”普法教育，组织全系统400多名公职人员参加学法考试。提拔任用优秀干部90人，对64名干部职工进行交流轮岗。完成对14个交通分局和地方公路总站的领导离任审计。狠抓队伍的廉政勤政教育。完善信访工作网络，共办理信访投诉197宗、“阳光热线”466宗、政府热线239件、局长信箱461件；办理人大建议及政协提案共25件，满意率达100%。完成深入学习实践科学发展观主题教育活动，剖析交通发展难题，明确发展方向。通过群众测评，学习实践科学发展观活动开展情况及整改落实成效和解决群众反映强烈的突出问题的满意度均达到100%。　（卢宇雄）

附：2008年东莞市交通局领导名录

局　长：韩任海

副局长：孔繁斌　叶伟雄　周金岱　梁国胜

纪检组长：欧富海

路桥建设

【概况】 东莞市公路桥梁开发建设总

公司（正处级事业单位）为承担市属政府还贷公路、市属经营性高速公路的投资建设、收费和经营管理的主体，并代建部分市财政投资的道路桥梁工程。2008年，设有办公室、人事监察科、财务科、收费管理科、综合计划科、合同管理科、技术开发科、拆迁管理科、建工科，事业编制50名，全系统共有员工约2000人；下属有东莞市公路桥梁收费所，全资子公司有东莞市新远高速公路发展有限公司、东莞市经纬公路工程有限公司、东莞市新远建材有限公司，控股公司有东莞发展控股股份有限公司（上市公司）。东莞市新远高速公路发展有限公司设常虎高速公路分公司，负责常虎高速公路的收费运营，与照洲公司按65:35的股权比例组建东莞市新照投资有限公司负责惠常高速公路东莞段的建设和营运。

2008年，东莞市公路桥梁开发建设总公司获得市直机关党建工作以及督查、办文、工会、妇女等工作的“先进单位”称号，东莞控股莞龙路收费站、常虎高速公路常平收费站获得省“巾帼文明岗”，东莞控股石大路收费站获全国“巾帼文明岗”、大朗收费站获得全国、省“工人先锋号”称号。

【路桥开发建设】 2008年，东莞市公路桥梁开发建设总公司承担16个路桥项目建设任务，完成路桥建设投资18亿元。莞深高速公路大修工程5月30日完工通车，西部干道全线9月1日建成通车，莞深高速公路与环城路共线段石碣立交段12月29日实现了先行通车。莞深高速公路与环城路共线段（东江大桥）、常虎高速公路虎门港支线一期、惠常高速公路东莞段、西部干道新增麻涌立交、中麻公路槎滘大桥等在建工程扎实推进；东深公路新增塘厦跨线桥及凤岗玉泉工业区平交口工程12月份动工建设。认真做好中麻公路路面大修、常虎高速公路虎门港支线二期、从莞高速公路东莞段（含清溪支线）、深圳外环高速公路东莞段、省道S120石排至桥头段路面大修等筹建工程的前期工作；跟踪配合市交通局、市城建规划局做好石大公路路面大修（市交通局负责前期工作）、东莞大道延长线和东部快速公路企石至桥头段（市城建规划局负责前期设计工作）等工程的前期工作。开展南阁大桥、南丫中桥、道滘大桥、大王洲大桥的加固抢修和望沙公路交通安全设施整治及其西海大桥加固抢修等工程的前期设计工作。开展全市道路交通标志标线专项整治北王公路样板试点路段工作。

【莞深高速公路大修工程完工通车】 莞深高速公路大修工程于2008年5月30日完工通车。

莞深高速公路黎光至东莞立交段自2000年9月建成通车运营以来，车辆流量大幅增长，至2007年断面交通量超过4万辆/日，高峰期呈拥堵状况，且经行的各类重车较多，造成部分路段路基下沉，路面平整度较差，甚至破损，构造物局部出现病害等问题。为保障高速公路行车安全，提高道路服务水平，满足交通量增长的需要，经市政府批复同意，并经省交通厅批准，对该段进行路面大修。大修工程起于深圳观澜黎光，经塘厦、大朗，终于东莞市东城（东莞立交），全长40.69公里，工程总投资控制在59140万元以内，采用高速公路技术标准，设计行车速度100公里/小时，路基宽度33.5米。主要工程量包括50座桥梁加固，16万平方米破损水泥路面缺陷修补，122万平方米沥青路面摊铺，以及配套的桥梁伸缩缝和交通安全设施更新改造。

工程于2007年8月动工，分3个阶段进行工期控制。第一阶段（2007年8月1日—10月8日），完成封闭施工的准备和全线交通管制方案编制、报批以及公告、宣传、设置临时标牌等。第二阶段（2007年10月9日—2008年1月15日），南行方向（东莞至深圳方向）封闭施工，北行方向双向行车。春运期间停止施工。第三阶段（2008年3月3日—5月底），北行方向（深圳至东莞）封闭施工，已完成大修的南行方向双向行车。为确保工程质量、通行安全和运营收费，进行了周密的部署和安排。经过近6个月的施工，2008年5月30日零时全线开放通车。

【西部干道全线通车】 西部干道全线于2008年9月1日完工通车，城市主干道新增通车里程3.8公里。西部干道起于麻涌镇新沙港货运干道进出口，经洪梅、望牛墩，终于道滘镇广深高速公路道滘立交，全长16.09公里。西部干道麻涌大道至广深高速道滘立交主线（K3+800—K16+089）于2007年11月15日通车。剩余的新沙港段—麻涌大道（K0+000—K3+800），因新沙路口至二丫涌桥的软基沉降不稳定，需继续进行软基处理。主线通车后，加快完善主线通车路段的人行道板铺砌、交通标志牌和标线设置和管养交接工作。同时，密切观测新沙港段—麻涌大道的软基沉降情况，4月，该段软基沉降数据符合处理要求，立即开展卸载等下一步施工工作，该段主辅道沥青路面、人行道、绿化照明等工程于8月底全部完成，2008年9月1日，西部干道全线完工通车。

【莞深高速公路与环城路共线段石碣立交段建成通车】 莞深高速公路与环城路共线段石碣立交段2008年12月29日建成通车，高速公路新增通车里程0.98公里。莞深高速公路与环城路共线段（东江大桥）2006年8月8日动工建设，其中的石碣立交段2008年12月完工，12月25日通过交工验收。石碣立交段路线为：莞深高速公路与环城路以双层桥跨越东江南支流后向北逐渐分离，至崇焕路两路平行，环城路通过崇焕路立交、庆丰路立交分别连通石碣镇的崇焕路、庆丰路，至梁家村附近转向西，接环城路北环段；莞深高速公路向北至梁家村附近设置梁家村立交连通环城路北环段，并继续向北至莞深高速终点——东江北干流大桥中心，接增莞高速公路增城段。经省交通厅批准，在梁家村立交设置石碣收费站，通过4个匝道收费站出入口进出莞深高速公路。2008年12月29日，市委、市政府举行环城路北环段等5项工程通车典礼，石碣立交段为其中之一。石碣立交段中，环城路通车路段为崇焕路立交至接环城路北环段的路段；莞深高速公路通车路段为梁家村立交至东江北干流大桥中心的路段（桩号为K51+840—K52+818，其中的K52+200—K52+818段委托增莞高速公路增城段业主广州市景洋投资有限公司代建），石碣收费站同时开通收费。石碣立交段建成通车，连通了环城路北环段、莞深高速公路以及石碣镇的崇焕路、庆丰路，并通过增莞高速公路增城段、广惠高速公路，直通增城、广州、惠州等城市。

【东江大桥科研工作开展】 莞深高速公路与环城路共线段东江大桥属刚性悬索加劲钢桁梁双层桥，桥梁结构新颖、科技含量较高，制造及安装难度大。为确保大桥顺利实施和工程质量，结合项目特点和实施中的难点，2008年，东莞市公路桥梁开发建设总公司开展了11项科研课题研究，具体是：刚性悬索加劲三片钢桁双层桥面桥梁结构制作安装误差分析与精确合龙技术研究、刚性悬索加劲三片钢桁双层桥面桥梁结构破坏模式与极限承载力研究、东江大桥塔柱弦杆施工稳定性及大型起重机械关键技术研究、东江大桥特殊节点模型试验研究、高强螺栓拼接接头传力特性的有限元数值模拟研究、考虑整体节点刚性影响的钢桁梁桥空间受力简化计算方法研究、东江大桥整体节点模型焊接残余应力测试、焊接残余应力的数值模拟及预测研究、厚钢板焊接接头韧性试验及仿真技术研究、基于防水粘结应力吸收层的组合梁桥面铺装技术研究、东江大桥引桥双层桥墩结构隔震研究等。12月25—26日，召开了东江大桥2008年度专家顾问年会，对东江大桥钢梁安装架设方案进行评审，对东江大桥11个科研课题进行审议和验收。东江大桥科研课题研究取得的成果，填补了各专项课题研究领域的空白，达到了国内先进水平，对指导东江大桥施工，确保大桥工程质量和安全生产，具有重要作用。

【路桥收费运营】2008年，东莞市公路桥梁开发建设总公司运营经营性高速公路98公里（含莞深高速、龙林高速、常虎高速公路，2008年新增0.98公里），政府还贷公路342公里（含莞长公路等16个一级公路项目）。扎实做好道路养护和收费运营服务。全年路桥通行费总收入15.59亿元，比上年增长0.82%。其中，莞深高速、龙林高速公路因莞深高速公路大修等因素的影响，车辆通行费收入4.28亿元，比上年下降12.45%。常虎高速公路车辆通行费收入3.80亿元，比上年增长8.22%。政府还贷公路收费，市政府发布施行《东莞市机动车辆路桥通行费年票制实施办法》，路桥费征收率有效提高，路桥费收入7.51亿元（年票4.74亿元，增长7.8%；次票2.77亿元，增长3.69%），比上年增长6.25%。车辆通行费实行收支两条线管理，除按照省政府规定提取必要的管理费用外，全部用于偿还路桥投资贷款的本息。为完善东莞，深圳两市车辆通行费年票制，调节路网交通量，根据省政府领导批示精神，省物价局批准，在连接东莞市长安镇振安一路与深圳市松岗街道松安路立交桥处设立碧厦双向次票收费站，东莞、深圳两市各收一边，东莞市的收费按东莞市双向次票收费站的收费标准执行。

【全省普通公路电子联网收费试点工作开展】2008年3月，省联合收费公司与东莞市路桥收费所签署了潢涌（广园大桥）、雁田、塘厦、麻涌和碧厦（已批准待建）5个收费站的电子收费协议，收费公路加快了收费系统建设改造，10月9日，广园大桥收费站顺利开通粤通卡收费；10月22日至28日，雁田、塘厦、麻涌收费站完成系统联调，11月中旬开通粤通卡收费。至此，东莞市属收费公路全部纳入全省非现金电子收费。

【资本运营】2008年，东莞发展控股股份有限公司按照市委、市政府大力发展资本市场的要求，利用上市公司融资平台，开展资本运营工作，做大做强企业。2007年，东莞发展控股股份有限公司在银行间市场发行5.5亿元，利率为3.95%，期限为9个月的短期融资券，2008年到期后，履行了短期融资券融资的还款义务。短期融资券的成功发行和兑付,为公司资本运营积累了经验。2008年，东莞发展控股股份有限公司开展受让东莞市城信电脑开发服务有限公司持有的东莞证券有限责任公司20%股权的工作。4月30日，东莞发展控股股份有限公司发布公告，拟与东莞市城信电脑开发服务有限公司签订合同，以3.76亿元收购其持有的东莞证券20%股权；5月16日召开的2008年第一次临时股东大会，审议通过此次收购事宜。（姚庆保）

附：2008年东莞市公路桥梁开发建设总公司领导名录

总经理：尹锦容
副总经理：黄锡培　王启波　郭旭东　钟冠星
纪委书记：邓旭文（8月到任）

▲ 龙林高速迎宾站收费站

公路养护管理

【概况】东莞市公路管理局是市人民政府直属单位，并作为市委的派出机构成立了党组（保留局机关党委，党委下设的支部重新划分为8个）。2008年，公路局机关内设7科1室（办公室、纪检监察人事科、财审科、工程管理科、路政管理科、安全保卫科、综合计划科、养护管理科），另有5个正科级直属单位（规费征稽所、路政所、路桥收费所、机械材料站、后勤服务中心）、18个副科级公路养护所。局机关公务员编制为45人。全局总人数728人，在编人员446人。负责管养东莞辖区1条国道、6条省道干线公路，分别是：G107京深线、S120广下线、S255龙深线、S256从虎线、S357平东线、S358惠庙线、S359西宝线。

2008年，市公路管理局紧紧围绕全国、全省交通、公路工作会议的部署要求和东莞市确立的经济社会双转型发展战略，完成省公路局赋予的公路养护、桥梁维修、路政管理、规费征收、安全生产、廉政建设、文明创建以及国防交通战备等项工作任务。同时，根据市的工作部署，积极配合有关部门开展春节公路运输保障、重点公路工程建设、四条主干线部分路段公交候车亭建设、道路交通标志标线专项整治、安全生产综合整治、桥梁隐患排查治理、截污管网及公路联网配合施工、争创国家园林城市和文明城市、奥运火炬转场备选线路的应急保障、捐款捐物抗震救灾、学习实践科学发展观试点活动等有关工作。先后获得“春运工作先进单位”、“勤政廉政先进单位”以及档案、信访、保密工作先进单位等各项集体荣誉。

【路桥建设】2008年，东莞市公路管理局完成约4000万元的工程量，同时，加快旧107国道路面大修工程的筹建进度。

完成公交候车亭等项工程的建设任务。一是完成S120线、S357线、S359线公交候车亭及港湾式停靠站的工程建设任务(投资额近1300万元)；二是完成“两桥一路”（S120线新南桥、桥东大桥及S255线鹅公岭路段）改造工程（投

▲ 东深公路

资额共计1640万元，桥东大桥改造尚未完工）；三是完成桥头、麻涌、林村、企石新建养护所基建工程（主体工程及配套附属设施累计总投资额约为2700万元，其中2008年完成的工程量约为500万元）；四是完成S120桥头镇2.65公里路段水毁路面的改造工程（投资额达741万元，含95万元变更工程）。

加快旧107国道路面大修工程筹建进度。关于旧107国道路面大修工程，已完成初步设计方案的评估、提交和上报工作，并着手做好部分工程先期开工的有关准备工作。

【公路养护】 2008年，东莞市公路管理局继续把公路养护管理工作放在第一位，加强对公路养护工作的组织领导，全面推行定额养护制度，注重日常巡查维护和预防性养护，突出汛期公路、桥梁的安全检查、抢险抢通及水毁路段的修复。全年完成公路小修、桥梁维修、水毁抢修及标志标线修复的工程量近2000万元。在防御、抗击水灾过程中，汛期公路督查工作组成员和基层一线养护工人坚守岗位、连续奋战，得到有关领导的肯定。在抓公路养护工作中，提倡和鼓励科技创新，万江养护所积极探索在普通沥青中添加改性剂用于修补沥青路面，起到很好的示范引路作用。通过努力，管养的国、省道公路年平均好路率达95.7%、年末好路率为96.2%、年末优等路里程占总里程的75%；创建文明样板路和实施GBM（具有中国特色的公路标准化、美化建设工程的简称）工程均在全省前列。

【路政管理】 2008年，东莞市路政部门克服交通行政综合执法改革造成暂时性的人手不足等不利因素，认真抓好公路用地产权登记与确认工作、交通标志标线专项整治工作、公路交通“黑点”的配合治理以及公路路政业务审批工作。全年审批设置非公路标志195宗、开设平交道口33宗、道路管线施工97宗、公路改造及设置人行天桥等附属设施63宗，有效地维护了国、省道公路的路产、路权。

【规费征收】 2008年，东莞市规费征稽所、路桥收费所（站）坚持一手抓征费创收、一手抓教育管理，努力提高人员思想道德素质；坚持抓行风建设，强化服务意识，以争创省“青年文明号”活动为契机，努力塑造规费征收队伍“文明窗口”新形象；坚持建章立制，以管促征，有效地堵塞了漏洞。通过全体征收人员的共同努力，2008年征收汽车养路费达11.978亿元，完成年度计划的113%，同比增长14.61%；收取路桥通行费约1.08亿元，收费额稳中有升。

（万全旺）

附：2008年东莞市公路管理局领导名录

局　长：方茂明
副局长：朱卫东　卢沃轩　吴润敏
　　　　王玉坤（10月到任）
总工程师：林家瑜
纪检组长：罗伟强

海事管理

【概况】 东莞海事局是东莞辖区水上交通安全监督管理和口岸海事管理的主管部门，也是交通运输部直属驻莞单位，2000年12月在原广东省东莞港务监督局基础上组建而成，负责辖区水上安全监督、防止船舶污染、船舶和水上设施检验等工作。2008年，内设指挥中心、监管处、督察处、船舶检验处、办公室、财务处、党群工作部7个正科级职能处室，下设沙田、太平2个副处级海事处以及石龙、麻涌、莞城、中堂、长安海事处、沙角办事处和执法支队7个正科级派出机构。2008年，增设西大坦、新沙南、潢涌3个办事处。

2008年，东莞辖区进出港船舶26.8万艘次，旅客运送量43.5万人次，货物吞吐量8001.8万吨，其中危险货物818.8万吨，集装箱41.5万标箱。东莞海事局共出动监督船艇2444艘次、执法人员5546人次，巡航里程30561海里，检查船舶16500艘次、渡口码头1431座次，纠正违章1258艘次，查处“三无”（无船名船号、无船籍港、无船舶证书）船舶59艘次、超载船舶467艘次，征收规费2847.5万元。全年辖区水上交通事故四项指标分别为：事故数3宗，死亡1人，沉船2艘，经济损失292万元，辖区水上安全形势持续平稳。2008年，东莞海事局被东莞市评为“安全生产先进单位”、“春运工作先进单位”；东莞海事局“贴心服务”的举措荣获“广东海事局党建创新成果奖”，太平海事处党支部被广东海事局授予“优秀品牌支部”，沙田海事处党支部先后被广东海事局、交通部海事局、东莞市委授予“先进基层党组织”，沙田党支部、太平党支部被市直工委授予“市直机关示范党支部”称号。

【海事执法巡查】 2008年，东莞海事局继续加强对“四客一危”（客船、客滚船、高速客船、客渡船、危险品运输船）船舶以及辖区“五大河口”（倒运海河口、东江南河口、齐沙河口、太平水道、东宝河口）和“三大作业区”（立沙岛作业区、西大坦作业区、新沙南作业区）的安全监管；做好春运、“十一”等重大节假日的安全监管；根据船舶运行规律，采取动静结合、联动执法、区域协作、弹性检查等方式，加强现场巡航检查，做到有的放矢，有效监管，有力地打击水上交通违法行为，维护良好的水上交通秩序。开展“两船”（砂石运输船和施工船）、“隐患治理年”、“安全生产百日督查”以及“两防”（防碰撞和防泄漏）、“渡口渡船”回头看和奥运安保等专项整治活动，排查消除安全隐患。沙田海事处有效整治坭洲渡口农用船非法载客行为，石龙海事处清理取缔鳒鱼洲8艘非法营运的“三无”船舶；取得良好的整治成效。

【海事行政许可审批】2008年，东莞海事局进一步规范业务流程，做好各项行政许可的审核审批工作。全年共办理船舶进出港许可26.8万艘次，船舶登记617宗，核发配员证书151份，船舶进口岸审批724次，水工审批160宗，发布航行通告57宗，海事行政许可审批及时办结率100%，合格率100%。

【船舶管理】2008年，东莞海事局开展海上移动通信业务标识和船舶保安集中检查，进一步加强船员实操检查。全年共开展PSC（港口国检查）检查60艘次，安全检查海船142艘次，安全检查河船1426艘次，海船单船缺陷数6.58项，河船单船缺陷数6.01项，滞留船舶38艘次，对151名船员实施了实操性检查。东莞海事局从加强源头管理入手，把好船公司安全管理关。对辖区31家船公司安全管理活动开展监督检查，督促船公司建立、完善各项安全管理规章制度，落实安全管理主体责任，有效遏制辖区船舶“挂而不靠、靠而不管”的势头。认真做好船公司安全管理体系审核工作，全年完成公司审核任务128.5人·天。

【危险货物管理和污染防治】2008年，东莞海事局组织开展低闪点燃油专项整治行动，有效打击船舶违规使用和供应低闪点燃油的行为。加强“两员”（危险品申报员和装箱检查员）知识更新培训，对57家危险货物从业单位和128名“两员”进行诚信分类管理。开展船舶污染物限排专项整治行动，对已实施铅封的27艘船舶进行复查，复查率100%，铅封完好率100%。做好6家水上加油站的竣工验收工作；对船舶清污单位和危险品码头设施实施防污染备案管理。

【船员管理】2008年，东莞海事局做好船员考试、评估和发证工作，加强船员实操考试，规范船员培训机构和船员服务机构的管理。提高船员安全意识和技能，确保船员适任。全年共完成各类船员考试280人次，签发船员证件743本，没有发生违规签发证书和考试泄密事件。

【船舶检验】2008年，东莞海事局完善船舶建造检验程序，开展造船新工艺的学习和研究，加强船舶建造检验、营运检验、船舶审图工作，提高检验质量，确保船舶适航。全年共完成各类船舶检验953艘次，审图39套。

【水上交通应急体系建设】2008年，东莞海事局修改完善《东莞海事局水上交通应急反应预案》和《东莞海事局船舶污染事故应急预案》，组织制定《东莞市重大水上交通事故应急预案》，得到东莞市政府的颁布实施，并制定应变部署卡，明确岗位职责，确保反应及时有效。继续实行指挥中心24小时值班，片区海事处监督船艇全天候应急待命，成功防抗“北冕”、“鹦鹉”、“黑格比”3个对东莞海事局辖区影响较大的台风。首次组织开展桌面应急反应演习。全年共处置险情报警40次，组织救助行动16次，成功救助遇险船舶17艘，救助遇险人员173人，搜救成功率98.3%。收集辖区五大河口、桥区通航水域、临时监管水域、水工作业水域等重点监管水域的桥梁、码头、取水口等资料，在辖区图上进行汇总更新，并整理后输入广东海事局综合平台，形成数据库，便于查找和使用。完成松山湖水上安全管理工作有关数据的收集、调研工作。

【地方经济服务】2008年，东莞海事局按照“安全、畅通、有序”的要求，开通电煤、电油等重要物资运输绿色办事通道，确保200多万吨电煤、电油、农副产品等重要物资运输的安全畅通，由于积极组织防抗雨雪冰冻灾害工作，沙角办事处被部海事局评为“保电煤运输先进集体”。进一步提高船舶口岸通关效率，切实做好口岸海事管理工作，提高外轮审批、查验工作效率，减少外轮停港时间；推动理顺东莞引航机构关系，加强引航安全监管；简化口岸查验手续，推进海事信息综合平台运行，实现部分业务网上申报办理，打造“高效、快捷、文明、便利”的通关环境，提高船舶通关效率。发挥海事专业优势，主动服务虎门港开发建设，在虎门港5#、6#泊位的建设过程中，争取上级支持，协调兄弟局关系，帮助解决了超大型桥吊设备进港问题，指导企业做好口岸验收各项准备工作，促成其通过口岸开放验收，为5#、6#泊位顺利开港创造了良好条件。加强与地方政府和有关部门联系协作，为东莞市各镇区龙舟赛、烟花燃放等重大活动提供安全保障；走访港航企业、落实具体措施，举办“港航海事一家亲”等主题活动，主动帮扶港航企业应对国际金融危机。

【基础设施与信息化建设】2008年，东莞海事局办公大楼和生活配套设施项目得到市政府批准。虎门港VTS（水上交通管理）中心建设项目完成工可设计工作。中堂下芦现场监管浮码头完成了项目工可，石龙海事处业务用房封顶，石龙海事处工作船码头建设项目已获得批准。虎门港溢油应急基地项目初步设计基本完成。启动虎门港重点监管航段和码头的CCTV（电视电话视频）监控系统配布建设工作，参与虎门港信息化建设规划工作，做好综合信息平台和船检业务系统运行推广工作，争取网络信息安全建设费用46万元，对信息网络进行升级改造。完善监督船艇“管、用、养、修”档案和维修采购管理，新增添1艘双体海事监督船。

【规范化管理】2008年，东莞海事局组织修改质量管理体系文件，将党群、后勤、综治等业务纳入C/0版体系，并加强日常管理；开展2次内审和服务质量体系岗位练兵活动，干部职工的质量意识得到加强，有效推进体系运行。积极探索建立长效管理机制新模式，将好的做法和经验固化下来，形成《长效管理机制工作手册》。启用并完善人事信息管理系统，开展海事职务等级标识套改工作。修订《东莞海事局专业技术人员管理规定》，完善以能力和业绩为导向的专业技术人员评价机制。（林旭文）

附：2008年东莞海事局领导名录

局　长：吴远扬
党组书记：羊少刚（6月到任）
副局长：罗锡均　欧阳锦强
　　　　王锦坤（任至6月）
纪检组长：马　娟

航道管理

【概况】2008年，东莞航道局内设办公室、航管科和计财科，下辖测量队、航政所和石龙航道分局，共有干部职工69人（编制74人），主要负责航道设施的维护、建设和管理，依法查处侵占、损坏航道和偷盗、破坏航道设施的行为，征收航养费等。2008年，东莞航道局实现年度总体目标：辖区维护管理574公里航道安全畅通，航道维护水深年保证率、航标维护正常率均达100%，船舶期末完好率、优秀率100%；航养费征收1862万元；安全生产无事故。

【航道管理】2008年，东莞航道养护管理实现年度预期目标。航道维护水深保证率、年通航保证率和航道主尺度维护正常率均达到100%，按上级要求完成洪屋涡水道、大汾北水道航道专项测量42公里，完成中堂水道、大王洲河段维护性炸礁工程，炸礁后，安全畅通系数提高。审批“三河”（拦河、临河、跨河）建筑物28宗，回复业务咨询函14份，办理水上水下施工许可31宗，全年无发生堵、塞船事件，辖区航道安全畅通。

【航标养护】2008年，东莞航道局维护管理航标605座、标灯923盏，在日常维护管理方面，通过加强航标日常巡查，按时进行保养，强化航标基础管理工作等，确保了航标维护质量达到技术标准。航标专项技术改造方面，中堂水道、倒运海南水道、仙村水道全线10座岸标6座浮标改造工程按时完成，改造后，航标配布更规范，颜色更鲜明，助航效果更明显。全年辖区标志标位准确，结构完好，发光正常，颜色鲜明，灯光视距达到要求，助航作用明显，航标维护正常率达到100%。

【航道建设】2008年，东江下游航道整治配套工程龙城航道站工作码头按计划完成，站房建设按计划实施。东莞水道创建文明样板航道配套工程航道服务大楼在曲折中推进，各项审批手续基本完善，主体工程于10月动工，年底已基本完成。

【规费征收】2008年，东莞航道局全年（2007年12月至2008年12月）共征收航养费1862万元，同比增长2.36%，超收34万元。

【航政监理】2008年，东莞航道局采取航标巡查与执法同时开展，与交通综合执法局等部门联合执法等措施，开展执法巡查31天，出动工作人员90人次，出动车船36航次，巡查航道566公里，查处违法案件9宗，现场监管项目47项，最大限度的确保了航道资源不受侵害。

【安全生产】2008年，东莞航道局举办安全培训5期，参加人数达50人次，开展全局性安全生产事故专项隐患排查治理工作6次。深圳龙岗“9·20”火灾事故发生后，东莞航道局对安全生产工作进行了再动员、再部署，并立即进行专项排查，组织有关人员对局机关办公楼、站、船等进行重点检查，发现问题及时处理，把问题控制在萌芽阶段。开展航标盗窃专项打击行动。2008年，辖区航标维护管理出现了安全隐患，航标器材接连大量被盗，先后被盗太阳能电池357个，电池箱、标牌等航标器材一批，个别地方出现反复被盗的情况，严重威胁辖区水上交通及设施的安全，先后尝试了派人现场伏击，改进航标安装技术，提高偷盗难度等措施，均未能取得理想效果，经反复研究，最后采取安装GPS追踪器，与公安部门开展联合打击行动，于11月抓获犯罪嫌疑人3名，追回被盗太阳能电池91个、电池箱、标牌等航标器材一批，航标器材被盗现象初步得到遏制。

【精神文明建设】2008年，东莞航道局深入开展学习实践科学发展观主题教育活动，剖析东莞航道发展难题，完成制约东莞航道科学发展的3个主要课题的调研，明确了发展方向。通过群众测评，学习实践科学发展观活动开展情况及整改落实成效和解决群众反映强烈的突出问题满意度均达到100%。石龙航道分局党支部开展的“创建市直机关示范党支部”活动，以创建工作为载体，认真制订方案，查找不足，采取措施，落实整改，实现提高，通过了验收，被市直工委评为“市直机关示范党支部”。干部职工培训教育有序开展，组织各类培训12期，参加人数达130多人次，参加上级组织的各类培训90人次，职工培训人次率达到150%。工会工作有计划进行，以“创航道优秀单位”竞赛为主线，调动全局干部职工对照要求，开展创建工作，取得明显效果。并以开展群众性活动为抓手，丰富干部职工生活，增进团结，先后组织开展了乒乓球选拔赛、象棋比赛、组织参加市交通系统运动会，并取得两个单项第一。

（李文峰　叶宗校）

附：2008年东莞航道局领导名录

党组书记：王海林
局　长：陈天锦
副局长：邹德华

中国邮政

【概况】2008年，东莞市邮政局下辖9个职能部室、8个专业分局以及29个镇（区）分局，员工达5000人左右，邮政业务范围涵盖金融业务、物流速递、商函广告、报刊发行、电子邮政、集邮礼仪等种类。

2008年，东莞市邮政局稳步推进邮政企业改革工作，企业持续发展能力明显增强。全年累计实现业务收入7.49亿元，完成省公司计划进度的105.86%。获得的主要荣誉包括：“广东省安全文化建设示范企业”、“东莞市创建全国文明城市工作先进单位”、“东莞市2008年度安全生产工作先进单位”、“2008年度东莞市工会工作先进单位”、“2006—2008年度统计系统先进单位”。

【打造能力支撑平台】2008年，东莞市邮政局重点推进储蓄网点的“迁、扩、改、建”工作。全年共扩建5个网点，搬迁1个网点，新建1个储蓄营业部，全市网点布局得到进一步优化，企业的品牌形象得到较大提升。

加快推进投递网优化工作。推动实施提高邮政信箱覆盖率、提高邮政信箱使用率、提升投递人员素质、提升投递人员营销能力、投递工作三规范、标准名址库建设和本埠函件次日递等七项工程，开展函件VIP商函专投和普邮揽投速递标准件的试点运行工作，邮政投递网络的支撑能力和服务能力明显提升。

大力推进信息化建设。2008年全市共新增ATM机320台，总数达到800台，新增自助汇款机75台，提高金融服务自助化水平；完成邮政速递“11185”中心建设，整合原“185”和速递语音平台，实现与业务系统对接，提升速递专业化服务能力。

【推进服务规范化工作】2008年，东莞市邮政局积极融入东莞市创建文明城市工作，着力推进全市营业网点和投递服务规范化工作，积极开展服务星级创建活动。全年共申报星级营业窗口和投递部60个，通过省公司验收的达59个。在星级创建活动的促进下，营业和投递服务质量全面提升。通过调查函、电话调查和现场调查，全市邮政综合用户满意度达到90.82分，重点投递服务指标中的商函帐单妥投率达到99%以上，邮件投递及时率达到99.7%。在奥运期间，为确保国家安全和社会秩序的稳定，东莞市邮政局大力开展邮政生产服务专项治理活动。活动期间对营业收寄、生产封发和揽收投递三个重点环节严防死守，确保奥运期间东莞市邮政系统通信服务安全。

【挖掘发展潜力】2008年，东莞市邮政局坚持“能力的增长是业务增长的源泉，品质是最好的营销”的经营理念，深入挖掘发展潜力，大力发展“高效益、低风险、少人手、信息化、智力化”业务。邮政储蓄，余额再上新的台阶，期末余额达到130亿元；公司业务和信贷业务发展顺利，公司存款余额和小额贷款规模不断扩大。函件业务，积极配合政府部门，成功举办广东省集邮展览及“东莞西城楼”邮资图首发式，策划开发“东莞成立地级市20周年”和纪念蒋光鼐诞辰120周年专题纪念邮册，精心策划“关爱新莞人、慰问企业主”的主题营销，实现政府、企业、社会公众三方共赢。速递业务，推出“经济快递”、“自邮一族 车管家”、同城“半日递”等新业务，进一步丰富速递业务种类，其中“自邮一族”会员达到了1.7万名。报刊业务，进一步实施“抓期刊、提费率、调结构、增效益”的工作方针，整体效益明显提高。电子邮政业务，规模不断扩大，其中代办电信、移动话费等代收代付类业务同比增长82%。（石志会）

附：2008年东莞市邮政局领导名录

局　长：陈明志

副局长：辛永宏　马志雄　王宇斌

中国电信

【概况】中国电信股份有限公司东莞分公司（以下简称东莞电信分公司）是中国电信股份有限公司广东公司的下属分公司，主要提供电话业务、互联网接入及应用、数据通信、视讯服务、国际及港澳台通信等多类综合信息服务。2008年，东莞电信分公司以“商务领航”和“我的e家”两个客户品牌为统领，进一步推动固定电话、小灵通等基本业务和宽带、视频监控、号码百事通等转型业务的发展，同时大力部署移动业务的市场拓展工作，积极推动东莞信息通信事业发展。完成业务收入52.46亿元，并先后获得了“2008中国城市信息化杰出服务商”、“广东省用户满意企业”、“东莞市2008年度先进单位”、“东莞市诚信经营类杰出企业”、“抗冰雪灾害保通信畅通先进单位”等称号。

【以信息化服务双转型】2008年，东莞电信分公司深入贯彻集团公司聚焦客户的信息化创新战略，结合东莞实际，充分发挥中国电信强大的网络技术和综合信息服务优势，以服务企业的“商务领航”和服务家庭的“我的e家”两个客户品牌以及“号码百事通”、“宽带互联网”、“互联星空”、“全球眼”等为全社会提供综合信息服务的业务品牌，在更高层次和更广领域服务于东莞经济社会信息化。

聚焦党政军和企业客户，以“商务领航”品牌为统领，以提升东莞信息化水平为切入点，大力推进政府信息化应用和企业信息化建设。重点向客户提供网络互联、协同办公、IT（信息技术）维护外包、企业信息化管理等综合信息服务解决方案。积极为政府服务推进电子政务建设，增强政府行政协同能力和公共服务能力面；以环保能耗监测和食品安全为突破口，依托视频监控业务，推进企业污染源治理设施的在线监测，建设“信誉通”食品流通监管系统，有效提升政府监管能力；服务“平安东莞”，协助建成覆盖全市的城市治安视频监控系统，积极实施建筑工地施工及材料安全视频监控，健全城市安防体系。依托“商务领航”客户品牌，以IT服务及应用、“全球眼”、企智通、企业总机、IDC（互联网数据中心）等企业信息化应用，重点针对近30万家中小企业提供综合信息服务解决方案，帮助企业降低运营成本，提高运作效率；通过语音与视频、“全球眼”、系统集成的有机结合，成功向大型企业拓展信息化建设项目，以全国VOIP（互联网协议语音技术）组网、VPN（虚拟专用网）组网、视频会议和视频监控等业务融合的大型信息化解决方案，帮助大型企业实现协同办公、高效运营。依托高带宽的光纤接入和无线城市的建设，推进以科技、教育、医疗、社区信息化为切入点，为公共服务提供全方位的信息化应用。

聚焦家庭客户，以“我的e家”品牌为统领，将话音连接、宽带接入、话音增值、宽带应用和信息应用有机结合，提供融合服务，不断丰富品牌内涵，以信息化应用来满足家庭客户的多元化信息娱乐需求。大力推动宽带升速活动，使客户能够享受到更高质量、更快速度的上网体验。进一步加大互联网视听业务推广力度，丰富市民的生活娱乐。同时大力开展e家俱乐部活动，推广“e家邮箱”、“e家硬盘”、“e家音乐”、“e家剧场”等信息化应用，实施“e家俱乐部”积分计划，回馈客户，不断提升客户服务感知。

聚焦个人客户，强化业务融合和客户价值填充，精耕细作，依托小灵通、智能公话IP（互联网协议）超市、无人值守公话，全方位满足客户通信信息需求。通过大力推广小灵通包月限时套餐、“华夏风009”套餐、集群网和预存话费送话费，进一步降低客户的通信成本。通过继续优化网络质量，强化智能公话IP超市基础维护，开展“200”专用电话、卡式公话清洁、巡机、维护等工作，不断提升客户服务水平，增强客户满意度。

【网络质量提升】2008年，东莞电信分公司围绕企业转型要求，加大投资力度，进一步增强网络覆盖，提升中国电信强大的网络服务优势。通过优化投资结构，有效配置网络资源，重点保证宽带、ICT（信息通信技术）等转型业务的投资，支撑转型业务的拓展；通过深挖潜力，盘活资源，保证固话和小灵通网络质量；积极推进“光进铜退”（即将部分地区的铜缆换成光缆，尽可能地将光缆向用户靠近）战略，加强新增接入点和接入光缆网建设力度；进一步加快WIFI（无线局域网）无线网络的谈点和建设工作。

【服务能力提高】2008年，东莞电信分公司狠抓服务工作薄弱环节的治理和新服务承诺的落实，努力实施服务精确管理，进一步提升服务水平和品牌价值；继续加大诚信服务理念的宣贯力度，强化装、拆、移、修过程的服务过程管控，提高前端人员的服务规范性；通过优化流程、完善IT支撑、加强考核，提高修障及时率，确保服务承诺顺利落地。在服务窗口的服务质量提升方面，通过强化管理，切实提升“10000”号的人工接通率、亲和力和业务能力，严格规范营业厅服务用语，加强对营业员的培训力度，提升“10000”号和营业厅的窗口服务形象。

【企业社会责任履行】2008年，东莞电信分公司积极履行企业社会责任。一方面，认真做好北京奥运会通信保障网络安全工作。按照“谁主管、谁负责，谁运营、谁负责”的原则，通过高效的组织管理、完善的工作流程、周密的应急准备、详尽的实施方案，不断演练总结，确保北京奥运会期间通信网络畅通，通信网络安全运行，信息安全管控有效。通过努力，顺利完成了奥运会及残奥会期间的通信保障任务。另一方面，发扬友爱互助的传统美德，以实际行动积极援助灾区。在冰雪灾害期间，及时启动通信保障应急预案，保障通信网络畅通，同时在火车站、汽车站，为滞留旅客免费提供“爱心”长途电话，发放6000多份饼干和矿泉水，派发价值10万元的2000张电话卡和1000把雨伞。在汶川大地震期间，积极参与抗震救灾活动，免费为省文化厅、市政府主办的“大灾无情，人间有爱——东莞市抗震救灾大型募捐晚会”提供募捐热线电话，共计接通电话1585个，认捐总额达147万多元；与此同时，广大员工还自发踊跃捐赠100余万元。（何超政）

附：2008年中国电信股份有限公司东莞分公司领导名录

总经理、党组书记：杨一鸣

副总经理：黄　杰

柳河鹏（兼工会主席、纪检组长）

刘志斌　王　震

李亚斌（3月到任）

梁伟杰（10月到任）

中国移动

【概况】中国移动通信集团广东有限公司东莞分公司（简称“东莞移动”）下设16个部门、6个分公司，拥有各类销售网点逾7000个，覆盖东莞市各镇街。2008年，东莞移动全面推进深度运营，实现了企业的持续健康增长，客户市场份额、收入市场份额、主叫话务市场份额均创历史新高，网络容量达到1500万户，运营收入较上年增长5.1%，14个集体分别获国家级、省级、市级“青年文明号”；4人次分别获“2008亚太客户服务卓越贡献大奖”“广东省五一奖章”、“广东省用户满意杰出管理者”称号、“东莞市十大杰出青年”称号；公司被评为“广东省工人先锋号”、“广东省用户满意服务明星企业”、“广东省实施卓越绩效模式先进企业”、“东莞市外资企业纳税大户”；在“2008亚太最佳客户服务颁奖盛典”上，东莞移动获“2008亚太最佳服务管理奖”。

【“感动广东，和谐东莞”行动开展】2008年，东莞移动结合改革开放30周年、建市20周年、奥运年等地方背景，从“创我文明新东莞、创我文化新东莞、创我和谐新东莞、创我魅力新东莞、创我绿色新东莞、东莞为奥运加油、共建创新型东莞、共建创业型东莞”八个方面，全面开展一系列弘扬社会正气、促进社会文明和谐发展的“感动广东，和谐东莞”八大行动。

3月27日活动正式启动，开展了“绿色奥运墙”、新业务奥运会、5月劳动者关怀月、“中秋猜灯谜”等紧密结合社会热点的活动；推出“关爱100”新莞人信息服务工程，为新莞人提供资费低廉、内容丰富、形式多样的移动信息服务。并全面结合东莞作为中央直接指定的全国深入学习实践科学发展观的试点城市、全省解放思想大讨论的重要阵地、“创建全国文明城市”等特殊背景开展了“红段子”活动，充分发挥红段子的群众基础作用，将红段子的内涵和形式进一步延伸，通过千字文、手机小说等大众能广泛参与的多种形式，将其与地方政府重点，和社会热点难点充分结合，以推进东莞的地方文化建设和精神文明建设。

【“绿色行动，创新东莞”信息化行动开展】2008年，东莞移动联同东莞市信息办、东莞市科技局共同开展了“绿色行动，创新东莞”信息化八大行动，在2007年已有的信息化建设成果基础上，围绕政务信息化、创建平安社区、医疗信息化等内容，重点开展“政务东莞、平安东莞、产业东莞、田园东莞、资讯东莞、文化东莞、生态东莞、民生东莞”等八大信息化项目,并聘请了17名熟悉和重视信息化建设工作，在政务、教育、金融、电力、医疗、民生、农村等方面具有较高威望的专家为东莞市信息化建设献计献策，成为推动移动信息化进程的重要力量。

【网络质量整治】2008年，东莞移动以网络规模领先为导向，继续保持网络规模优势。为此，开展了GSM（全球移动通信系统）话务网络、TD-SCDMA（时分同步的码分多址技术）网络、承载网络的全方位规划、储备工作，为3G（第三代移动通信技术）网络建设做好技术储备；进行网络质量大整治活动，从覆盖优化、干扰整治、黑点解决等9个方面提升全网网络质量，使广深铁路CRH（中国高速铁路）覆盖率和交通干道覆盖率持续领先；圆满完成奥运会、残奥会等大型活动通信保障工作，成功实现全年信息安全零事故，保证了网络的平稳运行。

【不良信息整治】2008年，东莞移动积极响应号召，把不良信息治理作为最紧迫的一项政治任务和生产经营任务，迅速成立了不良信息治理领导小组及资费清理、欠费管理、SP（服务提供商）管理、不良信息发送举报、不良信息系统拦截、客户信息安全管理等10个工作小组，全面展开包括集中治理违规群发、严肃处理违规群发SP、杜绝利用小区短信系统发送垃圾短信、严格控制客户信息使用范围等一系列不良信息的整治清理工作。同时结合红段子之“型我新广东，创我文明新东莞”，整治与倡导同步进行，全力营造移动通信消费的和谐氛围。

【卓越服务链构建工程启动】2008年，东莞移动以“以服务促管理，以管理推服务”为目标，于6月3日启动卓越服务链构建工程（DESS）。DESS工程从服务理念（明道）、管控体系（取势）和重点流程优化（优术）3个方面着手，全面开展服务理念重塑、内部管控体系建设、核心流程优化工作。DESS工程的创新和实践得到了国内学术界的高度认可，《北大商业评论》、《人民邮电报》、《国际商报》等享有较高知名度和权威性的媒体、刊物先后做了系列专题报道，项目还获第三届“中国管理学院奖”，入选北大管理案例库，入选2009年《哈佛商业评论》管理行动奖。

【抗灾救灾参与】2008年，面对春运期间百年不遇的冰雪灾害和“5·12”大地震，东莞移动立即启动应急预案，紧急部署、迅速行动，采取多项举措投入抗灾救灾工作。

春运期间，配合政府开展春运应急工作，在全市各大车站开展了包括移动亲情汇款、“关爱100”、应急通信保障、“我爱我家”免费长途电话等大规模的“回家工程”服务。累计为滞留旅客及全市低余额客户赠送500万元话费，协助东莞市政府发送了超过1100万条公益短信，为春运指挥部、公安干警、车站工作人员、执勤民警及相关政府的工作人员提供电话卡、充电器等慰问品和相关必要的支持。

“5·12”大地震期间，立即加强电路疏通，缓解灾区方向的通信拥塞；通过“关爱100”向用户及时下发最新灾情信息、发动群众捐款捐物、劝导新莞人不要盲目返川，保障了救灾工作紧张有序地开展；在WAP（手机上网无线应用协议）网站建立“抗震救灾”专区，向500多万移动用户发送最新的抗震救灾信息，开辟了“寻亲专区”“震灾祈福”功能，让用户互动寻亲和自发上传对灾区人民和救灾前线工作者的祈福和祝愿，并为中国红十字会短信捐助平台提供宣传途径。此外，积极开展员工募捐活动，公司上下共捐献抗震救灾款87万余元。（刘梦霞）

附：2008年中国移动通信集团广东有限公司东莞分公司领导名录

总经理、党委书记：黄利超（任至2月）
温乃粘（2月到任）
副总经理：谢惠仪（兼党委副书记、纪委书记、工会主席）
江　通（任至11月）
陈永快

中国联通

【概况】 中国联合通信有限公司与中国网络通信集团公司均是中国特大型电信企业，根据国家深化电信体制改革需要，2008年10月15日，两家公司成功合并，中国联合网络通信有限公司（以下简称“中国联通”）正式挂牌成立。中国联通拥有覆盖全国、通达世界的现代通信网络，主要经营移动通信业务、国内和国际固定电话通信、宽带多媒体通信与增值业务、IP电话业务，以及与通信信息业务相关的系统集成等业务。

中国联通东莞市分公司（以下简称东莞联通）是中国联通设在东莞的分支机构。2008年，东莞联通拥有1200多名员工，17个业务管理和职能支撑部门，设立城区、石龙、厚街、长安、虎门、常平、樟木头、塘厦、清溪9个区域分公司，移动和固定网络资源全面覆盖东莞32个镇街，拥有用户240万户。

2008年，公司成功创建了5家市级“青年文明号”、3家“巾帼文明示范岗”，先后有17人次获中国联通总部、广东联通、东莞团市委及东莞市妇联等单位颁发的“优秀党员”、“优秀员工”、“青年岗位能手”、“巾帼建功标兵”等称号，公司继2007年成功创建为广东省直工委“文明单位”之后，又成功创建广东省“文明单位”，公司工会创建的职工之家获中国联通总部“全国模范职工之家”称号，新时空营业厅获广东省“巾帼文明岗”称号。

【基础管理】 2008年，东莞联通狠抓基础管理，从管理要效益，推进基层组织机构建设，启动营销管理系统建设项目，搭建一个面向全业务、全局的综合性生产系统，基本实现了售前、售中和售后的全过程管理。实施简政放权，激发一线活力，在机制体制改革方面不断进行有效的创新与尝试。

【网络建设】 2008年，东莞联通按照总体思路，有计划、按进度全部完成本地网建设任务。2008年通过网络建设及一系列优化改善网络的行动，网络的覆盖效果和容量得到进一步改善，全网覆盖率、通话质量、切换成功率、主干道覆盖率等都有了显著提升。

【业务发展】 2008年，东莞联通营业收入及用户量稳步上升，可持续发展势头良好。在移动业务方面，个人移动用户净增发展比16.3%，固网大客户收入同比增长23%，固网宽带保持了较高的月增长率。全面整合无线及固网业务和资源，大力推进全业务经营；进一步加快建设和完善现有移动通信网络、固网宽带网络及未来3G网络建设步伐，积极推进固定和移动网络的宽带化，为广大用户提供全方位的宽带通信服务；继续以用户为中心，加强技术、业务、应用和产品创新，全面满足广大用户的综合信息服务需求。

【重组融合】 根据工业和信息化部、国家发展和改革委员会、财政部《关于深化电信体制改革的通告》文件精神和统一部署，2008年，东莞联通完成了C网资产及业务出售和与原网通的重组合并工作（新公司名称为：中国联合网络通信有限公司东莞市分公司），稳妥有序地完成重组融合后新公司的组织架构调整、人员融合、相关业务融合、资产融合等等，制定了融合后新公司的各项业务优化流程、规章制度。

【客户服务】 2008年，东莞联通为贯彻执行国资委及省公司“金牌服务年”的总体要求，落实“金牌服务迎奥运，服务社会尽责任”的服务理念，通过优质服务提升客户满意度，增强客户忠诚度，保持市场存量；实施多方位的主动服务，竭诚做好销售支持。2008年，客服中心建立了内部快速响应机制和各种紧急处理流程，保持客户问题处理流程的顺畅，在坚持原则的基础上，采取灵活应变的措施，加速客户投诉和需求的解决进程，有效解决各种疑难投诉和服务中存在的问题；积极探索电话营销工作；建立了各服务渠道的服务满意度实时监控制度，及时监控、及时整改；针对诱导短信、垃圾短信的热点问题，通过建立检测反查机制，设置本地垃圾短信收集端口、监控SP（服务提供商）业务的开通量、检测投诉量变化，对SP的异常情况或违规进行反向取证。（尹格娟）

附：2008年中国联合网络通信有限公司东莞市分公司领导名录

党委书记兼总经理：袁　健
副总经理：张新强　李海鸥　苏爱国
胡卫红

▲ 东部快速公路

松山湖·虎门港·生态园

SONGSHAN LAKE·HUMEN PORT·ECOLOGICAL GARDEN

松山湖科技产业园区

■ 松山湖协议引进资金250.25亿元

■ 虎门港获准设立市保税物流中心

■ 沙田港区5号、6号泊位投产运营

■ 东莞生态园管委会揭牌暨12项工程奠基

编辑：刘念宇

松山湖科技产业园区

【概况】东莞松山湖科技产业园区（简称松山湖）位于大朗、大岭山、寮步三镇之间，规划控制面积72平方公里，有近8平方公里湖面。2008年实现国内生产总值66亿元，同比增长63%；工业总产值150亿元，同比增长32%；本级可支配财政收入5.3亿元，同比增长28%；税收总额8.36亿元，同比增长53%。

【招商引资】2008年，松山湖积极实施“走出去，引进来”策略，快速推进招商引资工作。一方面，整合招商队伍，壮大招商力量。在松山湖经济贸易发展局和科技教育局的基础上，成立重点招商办公室，主要负责世界500强企业、国内外大型龙头企业、大型研发机构的招商工作。另一方面，加大招商宣传，拓展招商渠道。2008年5月、7月、11月分别在北京、香港、深圳以“科技沃土、创新乐园”为主题举办大型招商推介会，吸引大批政界和企业精英参与，签约一批科技企业；全年先后参加第二届APEC中小企业对话世界500强财富论坛、中国国际投资促进会联席会议、杭州电子信息产业博览会、厦门投资贸易洽谈会等大型推介活动，在上海、西安、武汉、南京等城市设立招商据点，不断拓宽招商网络。全年引进105个高科技项目，协议引进资金250.25亿元。

【科技创新】2008年，松山湖在完善松科苑、创意生活城等功能的同时，加快IT研发园、科学苑、新竹苑等规划建设，逐步构建布局合理、功能互补、资源共享的科技载体群。

10月8日，在东莞市科技奖励大会上，松山湖园区企业研发的4个科研项目获东莞市科技奖励，其中，东莞新能源科技有限公司承担的《汽车用动力型锂离子电池系统的开发和产业化》项目获首届东莞市科学技术奖市长奖；广东生益科技股份有限公司承担的《高耐热性、低CTE环氧玻纤布覆铜箔层压板与粘结片（S1000/S1000B）》项目获一等奖；广东易事特电源股份有限公司承担的《集成化UPS供电系统研究》项目获得二等奖，东莞市乐邦电子有限公司与四川大学轻纺与食品学院联合研发的《新型节能养生电炊具——糊来王》获三等奖。全年松山湖有6个项目获东莞市科技创新奖，3个产品获“广东省高新技术产品”称号；新增5家东莞市民营科技企业；4家企业通过申报国家高新技术企业广东省初评。

松山湖继续完善知识产权保护体系。4月16日，“广东省知识产权试点园区”、“广东省版权兴业示范基地”、“广东省中小学知识产权教育试点学校”和“国家专利技术（东莞）展示交易中心松山湖分中心”在松山湖正式揭牌。成立“东莞市知识产权研究会松山湖分会”，初步建成知识产权数据库，收集国内外专利公共数据资源、重点行业专利数据库和专利文献。全年松山湖专利申请量为320件，其中发明专利申请量为160件，专利授权量为146件。

【企业服务】2008年6月26日，市委、市政府在松山湖召开现场办公会议，讨论、协调加快松山湖发展的系列政策措施。会议决定除土地招、拍、挂和工程招投标由市相关职能部门具体运作外，其它市级行政审批权限由市相关职能部门通过行政授权的方式下放到松山湖管委会。松山湖管委会按照授权范围完成行政审批后，将审批材料和意见按照审批事项类别上交到市相关职能部门备案，由市相关职能部门盖章生效，即市相关职能部门“不审批、只备案”，以此提高办事效率。之后，松山湖管委会加强与市直相关部门沟通协调，与市国土、房管、建设、环保、经贸等职能部门理顺行政授权手续。

松山湖管委会进一步完善与企业沟通协调机制，通过建立干部联系企业制度、现场办公制度、定期拜访企业制度、定期召开企业座谈会等多种途径，及时了解企业筹建进度以及在行政审批、开工建设、经营管理过程中遇到的实际困难，加快企业建设投产步伐。全年促成美达王板和精密金属（东莞）有限公司、杰斯比塑料（东莞）有限公司、通快金属制品(东莞)有限公司等25个项目投产。

【生态旅游】 2008年，松山湖积极实施“以旅游带人气，以人气带配套，以配套促招商，以招商促发展”的旅游发展思路，围绕“吃、住、行、游、购、娱”的旅游六要素，积极完善各项旅游基础设施。相继修建沟谷公园、梦幻百花谷、岁寒三友、桃源公园、宝陂湿地公园等一批旅游景点，配套电瓶车观光、游船观光、卡丁车、阳光沙滩等旅游项目，逐步形成从北部区到中心区的生态旅游带。此外，松山湖修建45公里长的人行道、自行车道，开通“一元公交”，建成汽车客运站、停车场等，完善各类旅游指示牌，方便游客进入园区主要旅游景点。修建创意生活城、滨湖服务区等购物、餐饮区。成立松山湖旅行社，为游客提供各项旅游服务。

【文化·体育】 文化事业。2008年，松山湖积极开展文化娱乐活动，先后主办“燃点生活，品味和谐”五四青年联欢晚会、“中国名戏曲走进松山湖”系列活动之“易事特·黄梅戏剧场”、创意嘉年华等多场文艺晚会，与中国唱片广州公司联合举办“松湖之声——松山湖原创歌曲创作大赛”，大力打造园区高雅文化、白领文化。继续办好面向精英群体的文化品牌活动，举办8期“湖畔沙龙”、10期“博士论坛”，邀请国际著名经济学家罗伯特·蒙代尔、中国道教协会会长任法融等十多位国内外专家博士到松山湖讲学论道。

体育事业。2008年9月29—30日，由国家体育总局水上运动管理中心和东莞市人民政府主办，松山湖管委会和东莞市体育局共同承办的“长城世家杯”2008中美滑水明星对抗赛在松山湖举行。中美两国34位滑水运动员应邀参赛，以其优美而惊险的动作，吸引20万观众前来观赛。此外，松山湖还举办“水上趣味运动会”、“路从花影过，人自柳荫来”单车秋游、创意嘉年华企业篮球赛等体育活动，把竞技与娱乐融为一体，把体育活动办成欢乐聚会。

【人才·教育】 博士后工作站。2008年6月19日，经国家人力资源和社会保障部批准，东莞松山湖科技产业园区博士后科研工作站成立，采取“总站+企业分站”的模式进行建设，在加快总站建设的同时，逐步设立东莞市凯法生物医药有限公司、东莞拓扑实业有限公司、广东电子工业研究院、东莞市普赛特电子科技有限公司等4个企业分站。至此，松山湖博士后科研工作站达到3个，分别是广东易事特博士后科研工作站、广东医学院医药科技开发中心博士后科研工作站和松山湖科技产业园区博士后科研工作站。

教育事业。2008年9月，东莞市职业技术学院建成开学，首批招生500人。11月，松山湖启动中心区小学规划建设，中心区小学占地面积为3.33万平方米，总建筑面积为3.4万平方米。到2008年底，园区共有在职教师2137人，在校学生27051人，其中大学在校学生22273人，中学在校学生3050人，小学在校学生1728人。

▲ 2008年1月8日，原中共中央政治局常委、国家副主席曾庆红视察松山湖

【高新技术创业服务中心】 2007年12月11日，东莞留学人员创业园被国家科技部认定为“国家高新技术创业服务中心”。2008年6月松山湖管委会向东莞市政府上报松山湖国家高新技术创业服务中心建设方案。8月，市人民政府批准建设“松山湖高新技术创业服务中心”，拟对留学人员创业园、博士创业园、虚拟大学园、国际企业创新园和人才集聚平台进行统一管理。

2008年，留学人员创业园、博士创业园先后参加北京国际科技产业博览会、华侨华人创业发展洽谈会、大连海外学子创业周、深圳高交会以及国际人才交流大会等针对性较强的专业展会，并于5月和10月分别在西安和深圳举办人才创业推介会，11月举办第七届中日电子环境保护会议。全年引进中小科技创业企业49家。截至2008年，累计引进中小科技创业企业近160家，注册资本达4亿元。

【综合管理】 国土管理。2008年，松山湖成功上报8个批次233.6公顷用地，上报林地175.4公顷，其中已经批复113.4公顷；成功挂牌8个项目28.2公顷用地。办结华为、易事特、泛亚太、杰斯比、美达王、佐川、力优、领亚、宇龙等32个项目的国有土地使用证，办证面积225.67公顷。

财政管理。2008年，松山湖完善财政财务管理架构，把好财务审核关。加强招投标监管，完善招投标所工作流程，全年完成政府采购及招投标项目85项，总预算金额4602.09万元，总中标金额3742.45万元，节约金额859.63万元，下浮率为18.67%。

治安管理。2008年，松山湖各类刑事案件立案121起；成功破获各类刑事案件33起，抓获刑事案件作案人员51人。加大交通管理力度，全年查处各类交通违法行为531宗，处理交通事故581宗。

社区建设。12月10日，经市人民政府批准，松山湖社区居民委员会挂牌成立。按照建设新型社区居委会的目标，充分利用网络等现代手段为园区居民提供入户、入学等社区服务。

党建。6月13日，中共松山湖园区企业委员会举行成立大会。选举产生第一届中共松山湖园区企业委员会，曾莉当

选为书记，罗热当选为副书记。下设东莞市松山湖控股有限公司党支部等8个独立党支部，拥有党员96名。 （方志权）

附：2008年东莞松山湖科技产业园区管理委员会领导名录

主　任：冷晓明

常务副主任：陈建枝

虎门港

【规划科研】 2008年，虎门港先后启动立沙岛石化基地控规、中心服务区控规等规划的修编以及虎门港五年规划的编制工作，进一步加强统筹规划的力度，明确港口发展的目标和思路。同时，组织完成绿地规划和环卫专项规划的编制工作，并通过市规划局组织的专家审核，在此基础上，加快启动“抓好环保工作，建设生态文明”的科研工作，全面推动生态港口的建设步伐。为进一步满足港口发展的需要，扎实推进立沙岛公用配套工程方案研究和铁路进港专题研究等工作，编制完成锚地规划报告和沙田穗丰年水道规划方案，其中，锚地规划报告已获得省交通厅的审查。

【招商引资】 2008年，虎门港继续开展产业链招商，强化定向招商、以商引商工作，成功引进汽车滚装船码头项目，并引进国际知名的芬兰劳模集团有限公司合作参与虎门港水上危险品应急中心项目，上述两个项目总投资额约6亿元。截至2008年，虎门港已引进投资项目38个，总投资额约301亿元。

与此同时，虎门港积极与分别位居全球第一、二位的化工物流跨国公司的荷兰孚宝集团、德国欧德油储集团以及国际先进石化园区——新加坡裕廊国际集团等行业巨头进行洽谈，推进立沙岛石化产业园区招商工作，并与全球最大的物流基础设施提供商和服务商普洛斯公司洽谈合作开发保税物流和非保税物流业务，展开物流项目的招商。为进一步完善虎门港功能系统，虎门港还先后启动国际产品展示交易中心、冷冻（冷藏）仓等项目的可行性研究工作，并积极寻求与国内外知名企业展开合作。

2008年，为提高企业服务的速度和质量，虎门港引进招商引资信息化服务平台，主要应用于跟踪基础招商和企业服务工作进度，掌握全方位实时的投资信息，全面提高决策效率和服务水准，该平台已通过验收。同时，为进一步完善企业服务机制，虎门港建立管委会领导班子成员对口企业服务制度，全面提高行政服务效率，切实解决投资项目建设及经营过程中所遇到的各种困难。

【东莞市保税物流中心获准设立】 2008年，虎门港不断加大工作力度，密切跟进申报进程，通过坚持不懈的努力和积极争取，12月26日，东莞市保税物流中心最终获得海关总署、财政部、税务总局、外汇局联合批准设立，成为首批获批的17家保税物流中心之一，虎门港也成为东莞市首个拥有国家级特殊政策的园区。该项目首期建设面积为0.46平方公里，总投资约需8亿元，包括完成土地地面处理、海关监管设施投入、综合服务设施建设、中心配套设施、公共配套区（堆场）、仓库建设及配套设施等多项工程。同时，建设国际配送区、集装箱处理区、国际采购区、中心——港口一体化物流区等四大核心业务设施。根据有关要求，于2009年实现封关运作。该项目对于加快虎门港发展，推动现代物流业，降低东莞企业成本，提升企业竞争力，推动产业结构升级将发挥显著作用。仅解决“香港一日游”和国货复进口问题，每年可为东莞企业节约物流成本约10亿元。

【立项报批】 2008年，虎门港继续加大企业码头项目报批力度，中海油、阳鸿以及玖龙码头等项目共4个泊位获得国家、省有关部门核准。其中，中海油立沙液体化工品泊位项目拟建设1个5万吨级液体化工品泊位（码头水工结构按靠泊8万吨级船舶设计），设计年通过能力300万吨，项目总投资约16.8亿元。阳鸿液体化工品泊位使用岸线331米，建设规模为1个3万吨级液体化工品泊位（码头水工结构按靠泊5万吨级船舶设计），兼顾同时停靠2艘5000吨级化学品船舶的需要，设计年通过能力190万吨，项目总投资约3亿元。玖龙散杂货码头项目规划建设2个5万吨级通用泊位，设计年通过能力320万吨，项目总投资约6.12亿元。截至2008年，虎门港获得国家、省有关部门核准的深水码头泊位项目增至17个。

【沙田港区5号、6号泊位投产运营】 截至2008年，沙田港区5号、6号泊位是虎门港第一个获国家核准的大型多用途深水码头泊位，也是虎门港引进的最大外商投资项目。2008年，虎门港全力扎实做好各项重要工作，继码头主体工程全面竣工后，大型装卸设备进场，码头口岸如期开放，确保11月18日项目投产运营。该项目使用岸线678米，占地面积48.47公顷，由新加坡港务集团与虎门港共同出资合作，总投资额约14亿元，码头结构按5万吨级标准建设，设计吞吐能力为每年30万标箱和件杂货60万吨。其顺利投产有利于虎门港更好地掌握发展的主动权，全面提升港口的综合竞争实力，并且每年可为东莞企业节省5—6亿元的货物流通费用。

【项目建设】 2008年，虎门港不断加快工作进度，扎实完善虎门港三大作业区一期市政工程建设，其中，西大坦一期市政工程主体和大部分绿化工程以及立沙岛疏港路工程均已基本完成，新沙南一期工程已移交麻涌镇政府组织实施。在此基础上，进一步加快启动虎门港三大作业区二期市政工程及其他重点市政工程建设，其中，西大坦、立沙岛二期市政工程，虎门港水上危险品应急中心以及立沙岛特勤消防站等工程的前期准备工作稳步推进，新沙南二期市政工程已移交麻涌镇政府组织实施。

2008年，虎门港继续抓紧做好沙田港区7号、8号泊位项目建设的前期准备工作，先后完成工程初步设计、施工图设计的编制和报批工作，并陆续完成项目管理、监理、施工的招投标工作和合同签订工作，同时建立并完善工程建设的各项规章制度。该项目于11月18日动工建设，为加快实现虎门港核心功能规模化效应奠定良好的基础。与此同时，中海油立沙液体化工品泊位项目和东洲石油化工码头等项目继续加快建设。截至2008年，虎门港在建企业项目总投资额已达92亿元。

【对台直航】 2008年，虎门港为进一步稳定在莞台资企业，密切莞台之间的贸易往来，争取更有利的政策支持，迅速启动申报对台直航的相关工作，积极与国台办、省台办等部门加强沟通，并充分发挥市台商协会的平台优势，成功争取到海基会的支持。在市委、市政府的高度重视和各方的共同努力下，虎门港最终成功跻身大陆首批对台直航的63个港口之一，在争取国家政策优势方面取得重大突破，有利于改变东莞以往“货通船不通”的通航模式，大大降低企业物流成本，巩固台商在东莞持续发展的信心，稳定台资企业，促进全市外贸经济发展。

【拓宽合作空间】 2008年，为了在更大空间、更高层次寻找战略合作伙伴，谋求更大发展，推动东莞市产业结构转型升级，虎门港与华南地区首个保税港区、中国唯一享受保税区政策的国家级经济开发区——海南洋浦经济开发区正式建立战略合作伙伴关系，重点在招商引资等方面互通信息、资源共享，同时大力推进两地企业间的合作，围绕石化、物流、航运等产业，鼓励和组织两地企业加强交流合作，促进两地的共同发展。同时，为不断提高安全生产监管体系的科学性、专业性和有效性，虎门港与国家安监总局研究中心建立合作关系，共同致力于推广多位一体的园区安全管理新模式，不断优化立沙岛石化园区总体布局，促进重大项目的合理建设，加快应用最新研究成果，为虎门港提供全方位的安全管理顾问咨询服务。

【港口配套】 2008年，虎门港按照一体化大港区的发展思路，继续深入推进口岸监管区域规划并制定相关配套监管方案，积极启动集中查验场建设的前期工作，同时，加快口岸查验配套设施发展规划及三大作业区口岸查验配套设施工程可行性研究，完成报告初稿的编制工作。此外，为充分应用高科技手段提高口岸通关效率，虎门港积极研究运用射频识别技术（RFID）的可行性，并邀请有关单位开展海关电子走廊监管系统设计方案的编制工作，完成设计方案初稿。同时，继续抓紧开展信息平台和通信网络的相关规划，完成报告编制工作并通过专家评审会的评审。同时，组建虎门港信息网络公司，有效连接政府部门、口岸监管单位、投资企业、社会服务机构以及其他各类企业，进一步增强信息共享功能，为提升港口运作效率，优化口岸通关环境奠定基础。

（莫肖玲　王　琼）

附：2008年虎门港管委会领导名录

主　任：邓志广

常务副主任：刘　宁

东莞生态园

【概况】 东莞生态园地处东部快速路两侧，统筹寮步、东坑、企石、横沥、石排、茶山六镇汇合处30.5平方公里，园区地势低洼，东部快速路（东快）和广深铁路横穿全境。2008年是东莞生态园的起步之年，2008年10月15日，中共东莞市委、市政府在生态园管委会举行了“东莞生态园管委会揭牌暨12项工程奠基仪式”，标志着生态园进入实质性开发建设阶段。

【规划修编】 2008年，东莞生态园按照高标准、高档次、超前性的要求，启动并完成10项规划编制研究工作，其中《生态园总体规划》和《东快沿线（六镇）土地统筹协调规划》已经市政府审批同意；《生态园总体规划环境影响评价》、《生态园水系及水环境综合整治规划》、《东快两侧绿化带景观设计》、《中心区城市设计》、《市政工程专项规划》、《生态园绿地系统专项规划》、《生态园电力走廊专题研究》、《东莞职教城选址评估报告》共8项专业规划完成修编，并上报专业部门审批；《生态园产业专题研究》、《寒溪河流域防洪排涝规划》正在深化；《生态园启动区控规》正在编制中。

【收地工作】 2008年，东莞生态园通过积极邀请相关镇村民代表到生态园参观，加大土地统筹宣传力度；制定《征地拆迁安置补偿规定》，适当提高拆迁补偿标准；运用不可预见费解决镇、村市政设施补偿；全面确定返还土地的选址，妥善处理茶山镇超朗村麦屋村民小组行政复议案。全年签订土地移交协议面积2884.07公顷，占应收土地面积的95.7%；实际收到土地面积1383.53公顷，占应收土地面积的45.9%，收地工作成效明显。

【土地管理】 2008年，东莞生态园实行“以租代管”，把暂时闲置的土地、鱼塘出租，从事园艺花木、养鱼的经营，提高土地使用效用，降低土地管理成本；加大对已收土地的巡查力度，阻止抢耕、偷倒垃圾淤泥等行为；积极配合城管部门清运园区内的垃圾，整顿环境卫生。

【工程建设】 2008年，东莞生态园全面启动治水、治污、绿化、道路等建设工程13项，投资规模约20亿，包括：管委会现场办公楼装修工程、南畲塱污水处理厂“三通一平”工程、大圳埔主排渠清淤挖深及疏通拓宽工程、南畲塱主排渠清淤挖深疏通拓宽工程、大圳埔排涝站扩建工程、南畲塱排涝站及水闸扩建工程、下沙排涝站及水闸扩建工程、中央水系土方及护岸建设工程、下沙湿地建设工程、东部快速路两侧风景走廊绿化工程、龙岗大道修改段道路市政工程、龙岗大道东延长段道路市政工程、古村落连接道路市政工程等。其中管委会临时办公楼、南畲塱污水处理厂“三通一平”已完工。

【工程管理】 2008年，东莞生态园建立健全《生态园项目组工作管理细则》、《生态园工程变更管理办法》、《生态园工程竣工验收管理细则》、《生态园财专小组职责》、《生态园财专小组会议实施细则》、《生态园建设工程质量监督管理手册》、《生态园建设工程安全监督管理手册》等规章制度，成立了项目组、财专组和质安组，确保各项工程有序推进。

【招商引资】 2008年，东莞生态园着力做好招商引资的宣传推介和前期准备工作，起草《招商代理机构管理办法》、《招商引资奖励办法》、《生态园项目入园条件、入园投资政策》、《生态园投资指南》等招商政策；制作生态园网页、宣传小册子、宣传短片、总规模型和中心区模型；派员参加“广东—东盟四国经贸合作交易会”，接待了国际友人范克高夫一行和中日友好协会田中誉士夫一行的来访，接洽多批来自港台及东南亚的客商，积极探索申报省级园区的途径，多渠道扩大生态园的影响力。

【机构建设】 2008年，东莞生态园管委会组建，配备生态园管委会领导班子，调入和招聘管理人员及专业技术人员70多人充实职能科室力量，增设招标合约科，筹建中共生态园工作委员会、东莞生态园财政分局、东莞生态园综合执法分局和生态园企业投资服务中心。

【现场办公会议】 2008年7月10日，市委、市政府在寮步召开东莞生态园工作现场会。生态园建设工作领导小组有关成员单位主要领导参加了会议。会上市委书记刘志庚现场“把脉”，就涉及收地、规划、职教城建设、治水工程、供电线网迁改、机构设置等14个制约生态园建设的问题逐一解决，并提出了具体工作要求。

【东莞生态园管委会揭牌暨12项工程奠基仪式】 2008年10月15日，中共东莞市委、市政府在生态园管委会办公楼前举行“东莞生态园管委会揭牌暨12项工程奠基仪式”。市委书记、市人大常委会主任刘志庚，市委副书记、市长李毓全等市领导，市直、中央和省驻莞正处级以上单位主要领导和各镇（街道）的主要领导，及周边六镇的分管领导和村（居）委的（支）书记、主任以及生态园项目中标单位的负责人共400多人出席仪式。这标志着生态园实质性开发建设的开始。　（余宗良　陈广明）

附：2008年东莞生态园管委会领导名录

主　任：梁国英（任至11月）

　　　　严小康（12月到任）

常务副主任：莫淦泉

副主任：方德佳　尹沛通

对外经济 FOREIGN ECONOMY

常平镇

■ **外贸进出口总值达1133亿美元**

■ **设置“北京奥运海关专用窗口”**

■ **加强检验检疫应急管理**

编辑：施雪芬

对外贸易经济合作

【概况】 东莞市对外贸易经济合作局是主管全市对外贸易经济合作的市人民政府组成部门，正处级。2008年内设办公室、综合科、加工贸易一科、加工贸易二科、外资管理科、国际贸易科、对外经济促进科、通关业务科、信息技术科、政策法规科、财务审计科、人事教育科等12个科室。2008年9月，原加工贸易一科和加工贸易二科合并为加工贸易科，增设产业发展科（挂加工贸易转型升级办公室牌子），通关业务科更名为通关物流科。直属单位有东莞市外商投资促进中心（副处级）和东莞市外商投资咨询服务中心（正科级）。截至2008年，全市拥有外商投资企业14775家，累计合同吸收外资584.3亿美元，实际利用外资465.8亿美元（含对外借款）。

【利用外资】 2008年，东莞市实际利用外资24.47亿美元，增长15.6%；合同吸收外资25.87亿美元（含增减资），同比下降17.2%。2008年东莞市获全省吸收外商直接投资综合奖特等奖、吸收世界500强跨国公司投资三等奖。

*第三产业吸收外资大幅增长，三次产业结构进一步优化。*2008年全市新签第三产业项目110宗，合同外资3.07亿美元，增长16.8%，增幅高于制造业34.9个百分点，第三产业比重从2007年的8.4%提高到2008年的11.8%。一批商业分销、仓储、软件服务、专业技术服务和商务服务项目落户，其中新设商业分销企业70家，合同外资1.5亿美元，增长107.1%。

*电子信息业吸收外资比重提升，制造业吸收外资结构不断优化。*2008年全市电子信息制造业合同吸收外资占制造业吸收外资比重达51.4%，同比提高9.0个百分点；传统产品制造业合同吸收外资占制造业吸收外资比重为31.5%，同比下降6.7个百分点。2008年全市电子信息制造业实际吸收外资占制造业吸收外资比重44.6%，同比提高3.0个百分点；传统产品制造业实际吸收外资占制造业吸收外资比重37.4%，同比下降4.1个百分点。

*企业增资扩产金额占利用外资比重持续提升。*2008年全市有外资企业增资17.04亿美元，占全市吸收外资比重的65.9%，同比提高6.5个百分点。

*外资企业增设研发机构增多。*2008年全市新增外资研发中心5家，其中独立法人研发机构2家，内设研发机构3家。截至2008年，经外经贸部门批准设立的外资研发中心有14宗，其中独立法人研发机构6家，内设研发机构8家。

*世界500强企业在莞投资增加。*2008年，世界500强企业在东莞市新投资及增资项目10宗，合同外资9552万美元。其中新签世界500强企业项目4宗，投资总额3840万美元，合同外资3540万美元；有500强企业增资扩产6宗，合同增资6012万美元。

【外贸出口】 2008年，东莞市外贸进出口总值1133.0亿美元，增长6.1%，其中出口655.4亿美元，增长8.9%；进口477.6亿美元，增长2.5%。2008年，东莞市获全省加工贸易转内销特等奖、外贸出口一等奖、一般贸易出口一等奖、一般贸易进口二等奖。

出口产品结构不断优化，出口产品

技术含量提升。2008年全市机电产品出口483.7亿美元，增长10.8%，增速较全市外贸出口快1.9个百分点，占全市外贸出口73.8%，提高1.3个百分点。传统大宗商品出口增幅放缓，玩具出口同比下降3.7%，低于全市出口12.6个百分点；纺织服装出口增长1.6%，低于全市出口7.3个百分点；家具出口增长1.3%，低于全市出口7.6个百分点。

出口贸易结构不断优化，一般贸易出口增长快于加工贸易。2008年全市一般贸易出口48.7亿美元，增长36.1%，增速较加工贸易出口快29.3个百分点，占全市外贸出口的7.4%，提高1.5个百分点。

出口贸易主体不断优化，民营企业出口快速增长。2008年全市新增民营企业进出口经营权1189家，同比增加217家；全市民营企业出口105.3亿美元，增长25.0%，增速较全市外贸出口快16.1个百分点，占全市外贸出口的16.1%，提高2.1个百分点。

出口市场进一步多元化，新兴市场出口快速增长。2008年香港、美国、欧盟以及日本依次列东莞市进出口贸易伙伴的前4位，分别进出口202.1亿美元、196.6亿美元、148.6亿美元和136.6亿美元，分别增长5.7%、4.7%、11.3%和9.2%。新兴市场方面，东莞市对东盟地区出口21.0亿美元，增长16.9%，增速较全市外贸出口快8.0个百分点；对非洲地区出口2.9亿美元，增长11.6%，增速较全市外贸出口快2.7个百分点；对拉美地区出口17.2亿美元，增长14.0%，增速较全市外贸出口快5.1个百分点。

销售市场兼顾内外，外资企业内销快速发展。2008年全市外商投资企业国内销售总额1673.56亿元，增长19.5%。

【台资企业】2008年，按旧口径，东莞市新签台资项目131宗，合同利用台资10.6亿美元，其中新签合同外资金额超千万美元的台资项目有4宗。按新口径，东莞市新签台资项目129宗，合同利用台资7.5亿美元，其中新签合同外资金额超千万美元的台资项目有4宗。截至2008年，东莞市已投产的台商投资企业达4554家，占全市已投产外商投资企业总数的30.8%，主要涉及电子电器、机械、纺织服装、食品、塑胶五金、化工等行业，累计合同利用台资149.4亿美元，占全市累计合同利用外资的25.6%；累计实际利用台资124.4亿美元，占全市累计实际利用外资的26.7%。

【黄华华莅莞调研加工贸易企业转型升级情况】2008年7月30—31日，省委副书记、省长黄华华率省直有关部门和中央驻粤有关单位负责人，就加快推动加工贸易企业转型升级、促进全省经济社会又好又快发展的专题到东莞市进行调研。黄华华先后深入东莞爱铭数码有限公司等5家不同行业、不同类型的加工贸易企业，详细了解他们应对新的国内外经济形势、推动企业加快转型升级等方面的情况。随后召开东莞市加工贸易转型升级专题座谈会，听取东莞市委、市政府的工作汇报及东莞市外商投资企业协会、台商投资企业协会以及企业代表的意见、建议。黄华华强调，东莞要继续把加工贸易转型升级作为东莞产业结构调整优化升级的核心内容，积极抢抓机遇，趋利避害，促进加工贸易企业向更高技术含量、更大增值环节发展，率先探索出加工贸易转型升级新模式，在全省乃至全国发挥示范带动作用。

【加工贸易转型升级试点工作座谈会】2008年8月19日，省政府在东莞召开东莞加工贸易转型升级试点工作座谈会。副省长万庆良在会上宣布：省政府同意东莞市作为广东省加工贸易转型升级试点城市。市委常委、副市长江凌汇报东莞市加工贸易转型升级的思路、进展情况、存在问题和面临的困难。

【外商联络小组协调会议和集中服务日活动】2008年，东莞市分别在凤岗、常平、石排、长安、道滘、高埗、清溪、桥头、茶山、虎门、东城等镇街举行外商联络小组协调会议和集中服务日活动各11次。东莞市外商联络小组协调会议和外商投资企业集中服务日活动在每月10日（节假日顺延至第一个工作日）举行。协调会议主要以定期召开会议的形式进行，由市外商投资企业协会、台商投资企业协会在会前分别收集和提交需要协调解决的问题，涉及问题的职能部门在会上解答，事后书面反馈。同时，由市有关职能部门宣讲最新政策法规和扶持措施。集中服务日活动主要通过现场办公形式，组织涉及外资企业管理的17个职能部门的领导和业务骨干为企业解答疑难问题，提供咨询服务；不能现场解答或办理的，由主管部门填表承诺跟进。2008年协调会共讨论问题40多个，主要涉及加工贸易政策、外汇、社保、收费、劳动等方面，大部分问题都先后得到协调解决。

【外商投资企业代表新春酒会暨第三批荣誉市民颁授仪式】2008年1月15日，东莞市召开外商投资企业代表新春酒会暨第三批东莞市荣誉市民颁授仪式。市几套班子领导与在莞投资的世界500强企业、出口大户、投资大户、纳税大户等外商代表、第三批东莞市荣誉市民以及有关国家驻穗领馆、有关商会和促进机构代表500多人参会。市委书记、市人大常委会主任刘志庚代表市委、市政府向与会外商代表和嘉宾致以节日的问候，向第三批荣誉市民表示衷心的祝贺，并通报了东莞市2007年社会发展、经济建设的情况，感谢广大外商一直以来对东莞经济社会发展作出的贡献，希望广大外商、港澳台同胞和世界各国朋友继续关心和支持东莞建设，继续扎根东莞，为东莞的经济社会发展作出更大的贡献。市委副书记、市长李毓全向大沼公纪等荣誉市民颁授“东莞市荣誉市民”证书。

【全国商务系统先进集体及先进工作者评选】2008年1月17日，首次全国商务系统先进集体、劳动模范和先进工作者表彰大会在京召开，东莞市外经贸局被授予“全国商务系统先进集体”称号，石碣镇叶景良、石龙镇李健民被授予“全国商务系统先进工作者”称号。市外经贸局局长黎桥根作为广东省先进集体代表赴京领奖。

【“帮扶在莞港企，促进扎根发展”系列活动】2008年11月11日，东莞市在香港举办“帮扶在莞港企，促进扎根发展”系列活动。市委书记、市人大常委会主任刘志庚，市委副书记、市长李毓全分别率相关部门和镇街的领导拜访香港创科集团和香港伟易达集团总部，实地了解集团及其在莞投资企业的生产和经营状况，听取企业负责人对政府的意见和建议。是日，东莞市举办“第四次在莞港资企业转型升级联席会议”，香港特区政府驻粤经济贸易办事处、香港工业总会、香港中华总商会、香港中华厂商联合会、香港总商会、东莞市外商投资企业协会、香港生产力促进局、香港贸易发展局、香港出口信用保险局等商会和机构代表共约40人参会。市委常委、副市长江凌通报东莞出台的一系列帮扶企业、推动转型升级的相关政策，包括加工贸易转型升级10亿元专项资金、中小企业融资10亿元专项资金、来料加工企业就地不停产转三资企业操作指引、鼓励外资企业扩大内销的扶持措施、东莞特色“口岸保税物流中心”功能介绍等。期间，东莞市举行香港媒体见面会，向《大公报》、《文汇报》、《香港商报》、《明报》、《经济日报》、无线电视、亚洲电视、凤凰卫视等媒体通报、解读相关政策。是日晚，东莞市政府举办“携手合作，共渡时艰”大型酒会，东莞市领导和香港政府商务及经济发展局、驻粤办、香港出口信用保险局、贸发局、生产力促进局、香港四大商会以及在莞投资的港资企业代表1000余人出席酒会。

【促进在莞港资企业转型升级系列活动】*在莞港资企业转型升级联席会议*。2008年1月16日和6月5日，东莞市政府先后在香港召开两次促进外资企业转型升级系列活动之“在莞港资企业转型升级联席会议”，香港特区政府工业贸易署、香港中华总商会、香港工业总商会、香港中华厂商联合会、香港总商会等代表参会。东莞市外经贸局、黄埔海关、东莞海关、劳动局、环保局分别就最新政策法规进行解读。市委常委、副市长江凌总结指出，港商要充分认识各级地方政府扶持促进企业转型升级的有利形势，东莞市将倾全市之力帮助企业转型升级。

促进在莞港资企业建立品牌、开拓内销市场联席会议。2008年6月5日，东莞市政府与香港贸易发展局在香港联合举办促进在莞港资企业建立品牌、开拓内销市场联席会议。来自香港制衣、玩具、电子、眼镜、医疗器材、家私、塑料、五金、包装等行业的40多家港资企业代表参加座谈。东莞市外经贸局通报在莞港资企业建立品牌、开拓内销市场的工作进展情况。香港贸发局、东莞市外经贸、海关、税务等部门负责人详细解答港资企业代表就开展内销业务所关心的重点问题。

【招商推介与经贸交流】*参加2008广东东盟系列经贸活动*。2008年9月3—16日，广东省政府组织经贸代表团赴印尼、越南、马来西亚和新加坡等地举办2008广东东盟系列经贸活动，市委常委、副市长江凌率东莞市有关部门及20多家民营企业代表参加系列活动。东莞市代表团先后参加了省政府组织的中国广东—印度尼西亚经贸合作洽谈会、中国广东—越南经贸合作洽谈会、中国广东—马来西亚经贸合作洽谈会以及中国广东—新加坡经济技术贸易合作交流会等活动，共签订投资项目50宗，累计投资金额2.63亿美元；签订境外投资项目3宗，投资金额4000万美元；签订贸易货单5.28亿美元，其中出口贸易货单1.68亿美元，进口贸易货单3.6亿美元。除参加省举办的活动外，东莞市代表团还举办2008中国东莞—印度尼西亚企业对接洽谈会、在越南投资的东莞企业代表座谈会等活动。

参加2008年德国柏林国际电子消费品博览会。2008年8月29日至9月3日，东莞市组织6家实力较强的民营企业组成分团参加2008年德国柏林国际电子消费品博览会，现场签订约1150万美元的出口意向定单。

参加第十二届中国国际投资贸易洽谈会。2008年9月8—11日，东莞市代表团随广东代表团参加第十二届中国国际投资贸易洽谈会。代表团向来自美国、日本、英国、香港、台湾等国家和地区的客商推介东莞投资环境，与客商达成3000万美元的投资合作意向。

参加2008粤港—欧洲（西班牙）经济技术贸易合作交流会。2008年10月28日，市委副书记、市长李毓全率东莞市经贸分团参加省政府在西班牙举办的2008粤港—欧洲（西班牙）经济技术贸易合作交流会。东莞市代表团签订项目82个，合同外资2.5亿美元，签订对欧进出口贸易意向订单5.09亿美元。

赴台开展经贸考察活动。2008年10月28日—11月4日，市委常委、副市长江凌率市委政研室、市台办、口岸、外经贸、松山湖、虎门港以及部分镇街领导一行16人赴台开展经贸考察。考察团拜访20多家台湾工商企业界在莞投资的企业高管，访问相关产业服务机构，参访拟来莞设点的台湾金融机构，考察相关区港的建设情况和运作管理模式，并与台北东莞同乡会进行交流，明确莞台合作交流的发展方向。

【组织参加第103届、104届广交会】2008年，东莞市参加第103、104届广交会的筹备、组织及管理工作由市外商投资促进中心负责，使东莞更多企业通过广交会平台“走出去”开拓国际市场。参加第103、104届广交会的企业分别有124家和148家，出口成交额分别达3.45亿美元和3.55亿美元。参展企业中生产型企业和民营企业继续占主导地位，比重进一步提升，其中“两自”企业数量明显增多，参展企业结构进一步优化。

【志稿评议】2008年11月18日，市第二届新方志编纂委员会在市行政办事中心召开《东莞市外经贸志》志稿评议会。会议认为，《东莞市外经贸志》体例规范、内容丰富、资料翔实、特点突出，基本达到出版要求，但也存在个别篇目设计欠合理、部分历史照片处理不当等问题，需进一步修改、补充和完善。

【捐款救灾】为支持汶川地震灾区重建，2008年5月至6月，市外经贸局先后组织4次捐款活动，共募集善款281350元，其中“党心·真情”特殊党费128160元。

【办理纺织品出口证件】2008年，东莞市纺织品出口办证点统一设在市外商投资促进中心。市外商投资促进中心安排专职人员负责打证、出证、统计、协调和管理工作，全年共办理纺织品出口各类产地证和许可证38万多份，平均每个工作日出证和办证1600多份，保障了纺织品出口企业的顺利通关出货和正常生产运作。（杨荣　刘晓明　李建平）

附：2008年东莞市对外贸易经济合作局领导名录

局　长：黎桥根（任至9月）
黄冠球（9月到任）
副局长：杨东如（任至9月）
方见波　蔡　康
周伟森（1月到任）
纪检组组长：周伦辉

附：2008年东莞市外商投资促进中心领导名录

主　任：叶国柱

▲ 2008年5月13日，市委书记、市人大常委会主任刘志庚深入万江企业调研（郑志波　摄）

贸促工作

【概况】 中国国际贸易促进委员会东莞市支会（简称东莞市贸促会）成立于1987年4月，是市政府直属参照公务员管理的正处级事业单位。东莞市贸促会同时使用中国国际商会东莞商会名称（简称东莞国际商会），是由东莞市从事对外经济贸易活动的人士、工商企业、团体组成的东莞对外民间商会。2008年，内设3个科（室）：办公室、综合科和会务科，有事业编制21名。

【办证服务】 2008年，东莞市贸促会签发一般原产地证29500份，认证外贸单据350份，代办使馆认证1300份，签发国际商事证明书2700份，网上签证900份，全年为8家企业的出境参展展品办理同意函10份。4月，申请纳入市财政第一批非税收管理系统单位，在办证窗口安装缴费POS机，实现办证、缴费“一条龙”服务。为诺基亚公司开设绿色通道，根据其特殊要求派专人跟踪快速办理，确保公司在递交申请后的第二天即可领回签发的发票证明书。

【为企业牵线搭桥】 来访接待 2008年，市贸促会接待境内外来访团体18个105人次。重要的来访团有：国家贸促会副会长王锦珍一行、法国皮革业代表团一行、蒙古工商会首席代表一行、印度——中国工商会首席代表一行、荷兰鹿特丹市政代表团一行等。

专题培训班和研讨会 2008年，为帮助企业解决在升级转型过程中遇到的各种难题，市贸促会组织东莞企业代表230人先后参加6场专题培训班和研讨会。3月21日，市贸促会联同省贸促会主办“2008东莞企业开拓国际市场培训班”，有107名企业代表参加，培训班以“进出口贸易风险防范及纠纷解决”为题，为企业讲述如何防范和解决国际贸易中的各种纠纷。7月9日，市贸促会举办“中国出口企业风险管理研讨会”，有近200名企业代表出席，研讨会邀请有关专家就美国贸易形势、产品出口责任等问题进行讲解，针对中国出口产品在国际市场面临的责任风险日趋增大的国际形势，帮助东莞企业准确而及时地判断风险，进而主动预防、控制及转移和化解风险。12月2日，市贸促会组织东莞电子行业协会、玩具行业协会、家具行业协会、皮革鞋业协会、纺织服装行业协会及台商投资企业协会等9家行业协会的负责人举行“企业应对金融危机研讨会”，代表们针对各行业在金融危机中遇到的难题提出多项对策。

参加境内外展览会 2008年，市贸促会先后组织企业参观考察在法国和意大利举行的皮革鞋业展览、在菲律宾马尼拉举行的“2008菲律宾中国商品展览会”以及在香港举行的“2008香港秋季电子产品展”、“中小企国际推广博览会”和“创新科技及设计博览会”。4月26—29日，市贸促会在东莞国际会展中心举办“2008东莞国际茶业博览会”，展览面积超过1万平方米，有100多家国内知名企业参展。

【招商引资】 引进法国鞋业皮具专业技术中心（法国CTC集团公司）检测中心 2008年5月26—28日，经市贸促会多次联系，直接参与制定欧盟鞋业技术准入标准的法国鞋业皮具专业技术中心（法国CTC集团公司）总裁伊夫·莫林和法国皮革皮具联合会主席皮尔·万特罗一行5人到访东莞。市贸促会安排并陪同客人对东莞的皮革鞋材市场和松山湖科技产业园区等地方进行实地考察。通过考察，法国CTC集团公司最后敲定，将在松山湖科技产业园区建立检测中心，先期以“法国CTC集团上海公司东莞办事处”之名开展工作，并表示，下一步将有意在东莞建立具有世界一流水平的环保监测中心。

协办“松山湖科技产业园区2008香港推介会” 7月，由市贸促会与香港贸发局等机构共同协办的东莞松山湖科技产业园区“创新合作模式，共创美好未来——松山湖2008香港推介会”在香港举行，与会人员近500人，市贸促会联系香港贸发局、香港中小企业经贸促进会和深圳贸促会等机构协助组织近60名高级企业管理人员参加推介会。在推介会上，松山湖管委会签订22个项目，引资总额达130亿元（由市贸促会促成的法国CTC集团在松山湖设立检测中心项目也在会上举行签约仪式）。

【组织松山湖园区参与上海世博会“城市最佳实践区”遴选】 2008年，市贸促会建议东莞以松山湖科技产业园区作为案例，参与2010年上海世博会“城市最佳实践区”的遴选。在获得东莞市委、市政府的肯定后，市贸促会先后联同松山湖科技产业园区、市外事局等部门，准备申报所需资料，先后多次飞赴上海世博局进行相关工作。在东莞市委、市政府的重视下，在有关部门的努力和配合下，最终松山湖科技产业园区中选“城市最佳实践区”的“其他展示案例”。

经市贸促会建议、东莞市政府及广东省政府同意，松山湖产业园区将于2009年以“创新——让城市充满活力”为主题，代表广东省承办2010年上海世博会的专题论坛。8月28日，市贸促会与松山湖管委会联合向市政府提交有关组织举办论坛的请示，10月23日市政府同意成立东莞参与2010年上海世博会领导小组。

【企业服务信息平台开通】 2008年12月底，东莞市贸促会企业服务信息平台

▲ 2008年4月23日，东莞市被国家发改委授予“信息产业国家高技术产业基地”称号，成为全国建设信息产业国家高技术产业基地的9个城市之一　（郑家雄　摄）

（www.trade0769.com）开通。

（谢海燕）

附：2008年中国国际贸易促进委员会东莞市支会领导名录

会　长：李文峰

副会长：莫锦志

口岸工作

【概况】东莞市口岸局是代表东莞市人民政府规划、建设、管理东莞口岸和协调处理口岸问题的职能部门，2008年，内设办公室、业务、财务、人事监察4个科室，下设太平、沙田、凤岗、常平、长安、寮步、麻涌7个正科级口岸分局，下辖东莞市进出境货运车辆检查场管理服务中心、东莞市口岸建设发展有限公司和市口岸应急指挥部办公室。截至2008年，东莞市建成和开通了7个口岸。其中虎门港口岸和东莞铁路（客运）口岸为一类口岸。二类口岸5个（太平、沙田、莞城、麻涌、中堂进出口货物装卸点），纳入口岸管理的进出境货运车辆检查场4个（凤岗、长安、寮步、虎门车检场），其中凤岗车检场是全国最繁忙的二线车检场。

驻东莞口岸的检查检验单位有：东莞海关、太平海关、黄埔海关驻凤岗办事处、黄埔海关驻长安办事处、黄埔海关驻沙田办事处、黄埔海关驻常平办事处、新沙海关、东莞出入境检验检疫局、东莞边防检查站、东莞海事局、广州海事局沙角海事处。在东莞口岸配置的经营服务机构有：外轮代理、外轮理货、中国银行、港澳客运公司、航运公司、外贸进出口公司和庞大的报关服务业。东莞口岸已初步形成客、货运兼有，水路、公路、铁路多通道，检查检验和经营服务机构齐全，人员、货物、交通工具进出境比较方便快捷的口岸网络。2008年全年经市口岸入出境旅客90万人次，进出境货运车辆221万辆次，进出口货物1741万吨，进出境列车7290辆次，入出境船舶18812艘次。2008年东莞市口岸局连续第三年获“广东省口岸大通关建设”一等奖。

【口岸设施完善】2008年，市口岸局修订完善《东莞市口岸五年发展规划》；展开沙田和常平车检场的筹建工作；解决驻莞海关执勤武警营房建设用地问题；做好虎门港（太平）客运口岸搬迁相关选址论证工作；虎门港口岸沙田作业区口岸单位工作船公用码头2008年8月8日投入使用。

【协调管理】2008年，市口岸局为多家企业办理码头纳入虎门港口岸并对外开放的有关手续，9月18日，虎门港沙田港区5号、6号泊位通过省验收组的验收；10月16日，正式对外开放；11月18日，正式投入使用。全力做好奥运口岸安保工作，确保东莞市口岸安全、稳定、畅通。开展东莞市保税物流的调研，加快现代物流业发展。协助省口岸办召开广东省口岸系统共建文明口岸工作会议。

（李　珉）

附：2008年东莞市口岸局领导名录

局　长：郭　水

副局长：莫国源　姜　伟　袁沛洪

纪检组长：翟肖如

海　关

【概况】截至2008年，东莞地区共有7个隶属关、办事处，分别是太平海关、东莞海关、新沙海关，驻凤岗办事处、驻常平办事处、驻长安办事处、驻沙田办事处，均隶属于黄埔海关。

其中，太平海关的前身是黄埔海关驻太平工作组，后经海关总署批准，1984年7月2日升格为中华人民共和国太平分关。1985年，全国海关机构名称改革时改称中华人民共和国太平海关。2008年内设16个科室。

东莞海关的前身是黄埔海关驻东莞办事处，后经海关总署批准，1988年3月10日升格为中华人民共和国东莞海关。1988年7月1日，正式对外办公。2008年内设22个科室、1个东莞国际快件监管中心筹备工作组，业务辖区内有1个车检场（东莞市寮步进出境货运车辆检查场）及1个二类码头（龙通码头）。2008年，东莞海关被东莞各单位高票评选为“中央及省直驻莞机关先进单位”。

新沙海关于1993年11月经国务院批准设立，1999年1月成立筹备处，2002年1月28日正式开关，是隶属于黄埔海关的正处级海关。2008年内设13个科室。

驻凤岗办事处于1990年12月设立，原为东莞海关下属的副处级二级办事处。2004年11月经海关总署批准升格为一级办事处，正处级单位，直接隶属于黄埔海关。2008年内设17个科室。

驻常平办事处于1994年10月设立，原为东莞海关下属的副处级二级办事处。2006年9月经海关总署批准升格为一级办事处，为副处级单位。2007年1月直接隶属于黄埔海关。2008年7月经海关总署批准升格为正处级机构，内设16个科室。处于海关监管下的常平国际快件中心是东莞地区唯一办理国际快件进出口通关业务的场所。

驻长安办事处原为太平海关下属机构，自1997年开始筹备，1999年正式对外办理业务。2004年经海关总署同意升格并更名为黄埔海关驻长安办事处（正处级），直接隶属黄埔海关。

驻沙田办事处原为太平海关下属的沙田监管科，2001年升格为太平海关驻沙田办事处（筹），2004年1月12日正式成立太平海关驻沙田办事处。2007年1月1日，经海关总署批准，直接隶属黄埔海关。2007年1月11日，黄埔海关驻沙田办事处正式挂牌成立。2008年7月14日，由副处级机构升格为正处级机构。

黄埔海关缉私局是黄埔海关属下的副厅级缉私警察机构，前身是黄埔海关走私犯罪侦查分局，成立于1999年1月8日。1999年6月，下辖的黄埔东莞、太平等2个支局成立。2003年1月1日，行政执法的部分职能调整到侦查分局，侦查分局正式更名为“黄埔海关缉私局”，所属隶属海关“侦查支局”更名为隶属海关“缉私分局”。2005年7月1日，黄埔海关驻凤岗办事处分局和驻长安办事处分局成立。2007年1月18日，新沙海关缉私分局成立。

【海关业务建设】通关监管改革。2008年，东莞地区海关扎实推进各项业务改革，优化通关环境，服务地方经济社会发展：在继续推进“无纸通关”和推广“属地申报、口岸验放”通关模式的同时，进一步提升科技业务应用一体化程度，推进智能通关改革，优化升级智能通关系统，截至2008年，东莞地区海关车检场全部推广使用智能通关监管模式。智能通关监管系统获2008年东莞市科学技术最高奖“市长奖”，并通过广东省科技进步一等奖评审。

保税监管改革。全面推行纸质手册电子化，为实现“电子审核，在线服务”的改革目标打下了坚实基础；进一步扩大H2000深加工结转子系统试点改革成果；深化外勤标准化作业模式，完善过程管理；落实外发加工网上审批，进一步规范、推广保税加工货物边角余料网上公开拍卖运作；促进保税物流健康发展，与地方政府签订加强企业管理的合作备忘录，出口监管仓库货物入仓退税试点工作进展顺利，新沙海关永得利保税物流模式示范效应形成，被东莞市政府推广；强化企业管理的基础作用，积极探索并逐步建立企业户籍式和诚信管理模式。

【调整工作思路】2008年，东莞地区海关支持企业渡过难关，帮助其谋求生存发展。认真落实《海关总署关于支持扩大内需促进经济增长的十项措施》、《黄埔海关促进企业发展八项措施》，在确保监管到位的同时，最大限度地提供通关便利。帮助企业转型升级，提出支持来料加工企业不停产就地转型的具体办法；推动东莞保税物流业发展，用足用好现行政策法规，提升保税物流配套服务能力；支持解决企业转型升级过程中的历史遗留问题，与市外经贸局开展联合调研，明确解决办法；支持扩大内销，与地方外经部门构建内销联合管理机制，广东省委副书记、省长黄华华对此予以高度评价。加强与地方党政和有关部门、各镇街及主要企业协会的联系沟通，加大海关政务公开力度，设立个性化服务岗，推行企业负责人约见制度，开展以“关企携手、共度时艰”、“同渡风雨，共沐阳光”等为主题的走访活动，给予企业及时、正确的政策引导，增加办事程序公开透明度。

【打私工作】2008年，东莞地区海关始终保持打私高压态势，有效打击关区走私违法犯罪活动。科学运用稽核联动和报送稽查机制，优化常规和专项稽查。加强后续监管，强化风险分析的先导作用，拓宽风险信息来源，及时反馈风险信息处置情况，形成风险信息闭合回路，提高核查、稽查命中率。强调沟通联系，推动关警融合，完善协作配合机制，提高关区反走私快速反应能力和整体效能。加大与地方政府的信息交流通报，切实推动反走私综合治理机制的建立。开展普法活动，进一步规范企业行为。打私能力明显增强，年内，各部门密切配合，适时开展行动，侦破了东莞地区首宗、黄埔关区唯一一起走私出口粮食涉罪案件，案值达553.77万元，偷逃税额达103.44万元。

【奥运安保】2008年，奥运安保是海关工作的重中之重，东莞地区海关落实总署、总关有关精神，成立领导机构，制定应急预案和实施方案，细化值班报告、技术巡查、后勤保障等各方面规定，确保运转有序。根据监管现场的实际情况组织各种演练，系统开展岗位培训，抽调人员全力重点支援监管现场，推行办事时限和服务承诺，在奥运安保期间设置“北京奥运海关专用窗口”，为涉奥运货物提供快速通关服务，认真落实各项监管措施，实施“6个100%”查验（对进境枪支弹药、易燃、易爆、有毒生物化学品等危险品、低空慢速小型飞行器、无线电通信器材、卫星接收转播设备等进行重点监管，要做到100%核对，确保单货相符；对进境快件要做到全部100%机检；原则上对进境旅客行李物品要做到100%机检；对来自重点国家、重点地区旅客的行李物品要做到100%开箱查验，对有疑问的物品要严格按有关规定和程序处理；对货运现场确定的重点目标，要对整票货物实施100%机检查验；对从船员闸口进出的船员，对其携带物品均要进行100%查验），形成安保群防合力。　（施　琼）

附：2008年东莞海关领导名录

关　长：王庆华
副关长兼东莞海关缉私分局局长：
　　李文龙
副关长：李鸿昌　郑忠（任至7月）
　　黄　舸　林远明
特派员：丁俊宏（任至7月）
　　黄志平（7月到任）

附：2008年太平海关领导名录

关　长：俞熙方
副关长兼太平海关缉私分局局长：陈　平
副关长：毛明曦　郑　忠　林　臻
特派员：王苏林

附：2008年新沙海关领导名录

关　长：李佳丽
副关长兼新沙海关缉私分局局长：邓志平
副关长：李永新　单城新　汤　勇
特派员：刘　锋

附：2008年黄埔海关驻凤岗办事处领导名录

主　任：俞熙方（任至7月）
　　王　强（7月到任）
副主任兼驻凤岗办事处缉私分局局长：
　　朱伟建
副主任：曾海瑛（任至7月）
　　罗益建　贺韶辉　王茂盛
特派员：钟宏文（任至7月）

附：2008年黄埔海关驻常平办事处领导名录

主　任：黄志平（任至7月）
　　曾海瑛（7月到任）
副主任：黄渊文　吴　锋　吴加林
特派员：李尚明

附：2008年黄埔海关驻长安办事处领导名录

主　任：武　刚
副主任兼长安缉私分局局长：
　　杨海平（任至7月）
　　师　众（7月到任）
副主任：何志忠　谢安政　尹敬仁
特派员：庄文庆

附：2008年黄埔海关驻沙田办事处领导名录

关　长：武　非
副关长：倪小祥　周婉虹　吕永清
特派员：温仁峰（任至8月）

▲ 御景湾酒店

检验检疫

【概况】 东莞出入境检验检疫局是主管东莞地区出入境卫生检疫和动植物检疫，以及进出口商品检验、鉴定、认证和监督管理的行政执法机构，为正处级单位。2008年，内设正科级职能科室16个：办公室、人事政工科、纪检监察室、财务科、法制与综合业务科、认证监管科、快速核放中心、检务科、产地证科、卫检科、动检科、轻纺科、食检科、机电科、植检科、化矿科；下设太平办事处、凤岗办事处、常平办事处、长安办事处、沙田办事处、龙通码头办事处、寮步办事处等7个副处级分支机构；下辖综合技术中心、国际旅行卫生保健中心、机关服务中心。

2008年，东莞出入境检验检疫局共检验检疫出入境货物157万批，货值400亿美元；检疫出入境交通工具1.4万辆次、集装箱161.3万标箱，监测体检1.2万人次；签发原产地证书39万份。外商投资财产鉴定工作为国家和企业挽回损失约519万美元。检出3027批不合格货物，货值1.3亿美元；检出进境有害生物及违规情况6730批次。受理行政处罚案件1636宗，查获及销毁非法入境的疫区冻肉113吨。

2008年，东莞检验检疫局被广东检验检疫局评为“2007年度新闻宣传先进单位”、“2007年度信息宣传先进单位一等奖”、“2006—2007年度法制工作先进集体”、“2007年度卫生监督先进集体”、“2007年度检验鉴定监管工作先进单位”；被东莞市人民政府评为“产品质量和食品安全专项整治工作先进单位”、“食品安全工作先进单位”、“东莞市供奥运食品安全保障工作荣誉单位”，2007年口岸系统“优秀信息单位”、“信息积极投稿先进单位”；办公室被评为“档案工作先进单位”、“保密工作先进单位”，机关党委和寮步办事处党支部分别被市直工委评为“党建工作量化考评先进单位”和“党建工作量化考评先进单位”，团委评为“东莞市五四红旗团委”，妇委会被市妇联评为“妇女工作先进单位”；2人被广东检验检疫局评为“2007年度新闻宣传先进个人”，1人被广东省团委评为“广东省优秀团干部”，1人被东莞市评为“优秀共产党员”。

【依法施检】 巩固产品质量和食品安全专项整治成果。2008年，东莞检验检疫局对东莞辖区注册备案养殖场、出口饲料加工企业、供港蔬菜种植基地和加工企业、出口食品加工企业进行100%拉网式清查，与1771家企业签订质量承诺书，建立1727家企业的质量档案，完成产能核定的企业471家，对5批环保不合格的废物原料及12批以旧充新设备进行退运处理。

狠抓食品检验监管工作，确保进出口食品安全。2008年，东莞检验检疫局加强进出口食品中添加剂、致病微生物和转基因等项目的检测；开展对出口冷冻加工食品抽样送检和农药残留项目检测，对进口食品、化妆品收货人实施备案管理；举一反三应对“三鹿奶粉”事件，迅速对食用盐的亚硝酸盐、米制品的转基因成分、面粉的苯甲酸、糖果中食用明胶的重金属等安全卫生项目开展拉网式排查，有效保证食品质量安全。年检验进出口深加工食品1.1万批，货值1.5亿美元。加强源头管理、免疫监管、过程监管以及体系监管，确保供港冰鲜冷冻家禽的质量安全，东莞地区年供港冰鲜家禽3167批、2.6万吨、2949万美元。全面落实“公司+基地+标准化”的管理模式，规范检验检疫监管流程，严格实施监装和铅封制度，年出口蔬菜3.3万批、24.8万吨，货值2579万美元。

围绕安全、卫生、健康、环保和反欺诈等工作重点，进一步加强检验把关。2008年，东莞检验检疫局全面实施检验监管新模式，加快推行首件产品备案，加大出口玩具抽批检验及符合性验证的力度，强化产品安全项目检测。落实出口服装的专项检测工作，向企业宣传欧盟PFOS禁令要求，继续加大对出口儿童服装的检验监管力度。不断完善与食品接触器皿、餐厨具等产品的相关检验监管工作规范，加大抽批检验，实施安全卫生项目专项检测。继续加强对输美日用陶瓷生产企业在原料验收、工艺流程、产品检测等方面的监管力度。在木制品木家具生产企业中继续推行“生产原料备案+有毒有害物质检测+过程监督检验”的检验监管模式，并在其他敏感产品中逐步推行新的检验监管模式，通过专项整治督促和帮助企业建立质量管理体系，全面提升产品质量水平。

加强进出口敏感业务检验监管工作。2008年，东莞检验检疫局完善到货检验工作模式，进一步规范和加强异地转关货物的有效后续检验监管，确保进口机电产品的检验监管工作质量，加强出口非洲的商品检验监管和装运前检验工作，完善进境废物原料视频监控系统，定期实施两级视频监控，制定“出口食品包装日常检管工作指导书”，帮扶企业建立生产批次管理程序，逐步建立和完善工作质量长效机制。

加强疫病疫情检疫和监测，严防疫病疫情传入传出。2008年，东莞检验检疫局加强对进境木质包装的监管，加大现场查验和处罚力度，查出不符合规定的木质包装600多批；通过全申报全面规范装载目录外货物集装箱的监管工作，2008年报检量达48.8万个，有效防止疫情疫病随运输工具传出传入。

【应急处理】 抗震救灾。2008年，东莞检验检疫局先后组织多次捐款捐物活动，累计捐款总额39万多元，衣物等2400多件；组建赴四川赈灾防疫后备队，派出1名具有心理咨询师资格的员工，随同东莞市心理辅导机构前往灾区增援心理辅导志愿服务；迅速开辟国际赈灾救援物资绿色通道，对捐赠灾区的物品实施快速验放。

全力保障奥运安全。2008年，东莞检验检疫局对供港奥运食品实行严密监管，成立联合驻点工作组，采用GPS电子锁，实行全过程有效的监控，检验供奥运蔬菜33批次，无出现任何质量问题，完成供港奥运蔬菜检验检疫监管工作任务；联合口岸联检单位分别在太平客运口岸、常平铁路口岸举行处置突发事件联合演练及奥运安保反恐实战演练。

积极应对“三鹿奶粉”特大食品安全事件。2008年，东莞检验检疫局组成20个驻厂工作小组对辖区内含乳与乳制品出口生产企业实行驻厂监管；督促企业建立原辅料和半成品进厂检验制度、生产过程质量责任制度、出厂含乳与乳制品检验制度；对原辅料备案情况进行清查，从源头抓食品安全；对需要抽样的原辅料进行抽样检测，对生产过程实施监管，确保成品在生产过程中未添加三聚氰胺，使东莞地区含乳与乳制品生产企业顺利恢复生产和出口。

加强应急管理工作。2008年，东莞检验检疫局成立应急管理工作领导小组，对全局应急工作预案进行梳理，并督导各部门细化应急预案流程、熟悉与演练预案。围绕保障奥运安全工作，加强值班应急工作，落实日报制度。

【检验检疫改革创新】 推动实施认证监管与检验监管相结合的工作模式。2008年，东莞检验检疫局全面推行《出口玩具生产企业综合监督管理记录册》，采取“企业自查、检验检疫监管、检验检疫后续跟踪”的三级监管模式，实现1次下厂完成多项工作，1次填表完成多项监管内容，部门之间实现有效的监管资源共享。

积极探索工业品质量源头监管模式。2008年，东莞检验检疫局研发并推广应用玩具首件备案系统，建立出口玩具企业电子档案，实现出口玩具及其原材料的电子备案，实现对“原有产品的设计再审查”，从设计环节防止产品安全项目不合格。

完善全申报系统功能应用。2008年，东莞检验检疫局加快全申报系统自动抽批查验平台建设，通过全申报系统的自动抽批查验规则实现对法定检验检疫货物的自动抽批查验，试点工作在凤岗办事处和寮步办事处进展顺利。

与产地检验检疫机构签订供港蔬菜检验检疫监管合作备忘录。2008年，东莞检验检疫局对供港蔬菜基地、加工地检验检疫部门的协作事项进行规范，进一步提高蔬菜原料安全监控合作等方面的可操作性和实效性，有效探索与产地检验检疫机构相互联动的工作机制。

加强与地方政府及有关职能部门的协调联动。2008年，由市政府牵头召开进出口重点产品和食品专项整治宣贯大会，与东莞市质监局探索联合执法机制的建立，与东莞市公安局签署《关于加强执法协作的意见》，与市打假办、打私办等部门建立常态的联合执法机制，11月联合对来自疫区的113吨非法进境冻肉进行集中销毁，其数量和规模均为东莞地区历史之最。

【服务外贸】2008年，东莞检验检疫局配合东莞市提出的促进加工贸易转型升级的战略及就地不停产转型政策，出台扶持来料加工企业就地不停产转三资企业的措施；组织人员开展调研，探索“两仓功能合一”模式下的“监管有效，不重复检验”的出口监管和进口保税物流检验检疫监管新模式；在东莞检验检疫局重点扶持下，一批知名民营企业出口规模和实力逐步发展壮大，品牌效应逐渐形成；在国内发现鸡蛋含有三聚氰胺的不利因素下，加强对饲料的监控与检测，保证出口蛋制品的质优与量稳；加大出口品牌培育力度，用足用好普惠制产地证及区域原产地证政策，服务“东莞出口”品牌；对东莞市“守合同重信用”进出口企业实施简化办理手续、优化服务、重点扶持等措施；加强政策宣贯与技术扶持，相继就出口蔬菜检测技术、合同诚信管理、出口玩具标准法规、家具质量安全控制、供港食品标签等方面业务召开企业培训班。

【科技兴检】2008年，东莞检验检疫局与广东检验检疫局检管处合作研发的《出口玩具首件备案管理系统》通过国家质检总局的科技成果登记，1个科研项目获东莞市科技进步奖；加强实验室建设，投入大额资金购置气质联用仪等大型仪器设备；通过CNAS专家组监督评审和扩项评审，认可检验项目由490项增加到646项；信息化建设步伐加快，率先启动信息安全管理体系ISO27001项目认证工作，从体系运行的新角度规范信息安全工作；电子标签课题中标“2007年关键领域重点突破项目招标（东莞专项）”；食品温控项目基本完成开发，在试点企业应用。常平、太平旅检口岸建设客运口岸视频监控系统基本完成。OA系统开始二期研发并不断升级完善，后勤管理系统、外勤管理系统、对外政务网站投入使用。新大楼的智能化建设方案进入论证阶段。

【基础建设】2008年，东莞检验检疫局完成综合实验用房项目的前期工作，开展土建施工招标的准备，项目报建进入最后申报阶段；寮步办事处二期工程基本竣工并准备投入使用，凤岗办事处、长安办事处和虎门港5、6号泊位检验检疫查验设施的建设进行；龙通办事处麻涌监管科正式对外办公；配合地方政府做好常平、沙田车检场永久性查验设施的规划建设；多次参与虎门港码头的建设调研；理顺同舟石化码头、三江石化码头、沙角A、B、C电厂煤码头等新开办公点的业务管理关系。　（蔡雪梅）

附：2008年东莞出入境检验检疫局领导名录

局　长：詹少彤

副局长：钟其浪　程开宇　兰　敏　卓汉涛

党组成员、纪检组长：何荣桢

▲ 银丰路

2008年世界500强企业在莞投资情况表

序号	企业名称	投资方式	投资者	
			中方	外方
1	东莞雀巢有限公司	外资		雀巢公司
2	东莞南城新科磁电制品厂	来料加工		香港新科实业有限公司
3	东莞市桥头安迅电子厂	来料加工		赏益发展有限公司
4	东莞市桥头安迅电子厂	合资	东莞拆船轧钢工业公司	兴宝国际工业有限公司
5	东莞石龙粤龙光学制品厂	来料加工		香港环球光学制品厂有限公司
6	东莞三星电机有限公司	外资		韩国三星株式会社
7	东莞麦当劳食品有限公司	合资	广东三元麦当劳食品有限公司	麦当劳（香港）有限公司美国特立华州麦当劳公司
8	东莞力达电机有限公司	外资		力达电机有限公司
9	东莞汇勋电器制品有限公司	外资		汇勋实业有限公司
10	东莞住商益安金属制品有限公司	合资	东莞市东海实业集团公司	（香港）住商益安五金有限公司
11	东莞川电钢板制品有限公司	外资		香港正广达有限公司
12	东莞杜邦电子材料有限公司	外资		杜邦（中国）集团公司
13	东莞石龙事务机工厂	来料加工		柯尼卡美能达商用科技制造（香港）有限公司
14	东莞大华汽车维修服务有限公司	合资	东莞市溢华贸易有限公司	溢华实业有限公司
15	金霸王（中国）有限公司	合资	东莞市华信实业公司	金霸王公司
16	三井高科技电子（东莞）有限公司	外资		三井高科技（香港）有限公司
17	国民淀粉化学（广东）有限公司	外资		国民淀粉
18	东莞日技金属加工有限公司	外资		香港日技有限公司
19	东莞宝田化工有限公司	合资	东莞市沙田对外经济发展总公司	兴宝企业有限公司
20	东莞华强三洋电子有限公司	合资	深圳华强集团有限公司	日本三洋电机株式会社
21	西斯尔（广东）岩棉制品有限公司	外资		西斯尔（亚洲）投资有限公司
22	诺基亚首信通信有限公司东莞公司	合资	东莞市南信实业发展有限公司	诺基亚（中国）投资有限公司
23	东莞铁和金属制品有限公司	外资		日铁商事株式会社
24	可口可乐装瓶商生产（东莞）有限公司	合资	东莞市华信实业公司	太古可口可乐香港有限公司
25	东莞石龙京瓷光学有限公司	合资	东莞市石龙粤龙实业公司	日本京瓷株式会社
26	东莞华强三洋马达有限公司	合资	深圳华强集团有限公司	日本三洋电机株式会社
27	东莞佳汇视讯电子厂	来料加工		香港佳汇电子有限公司
28	恩倍福显示器（东莞）有限公司	外资		（香港）恩倍福股份有限公司
29	东莞时力科技电子厂	来料加工		新科实业有限公司
30	罗门哈斯电子材料（东莞）有限公司	外资		希普励亚洲有限公司
31	东莞喜威液化石油气有限公司	合资	东莞市燃料工业总公司 东莞市经济贸易总公司	SHV 南中国有限公司
32	东莞百音电子有限公司	外资		百音控股有限公司
33	东莞石龙粤龙办公设备制造厂	来料加工		京瓷美达工业（香港）有限公司
34	广东福地日合偏光器件有限公司	合资	广东福地彩色显像管股份有限公司	丸红株式会社和丸红香港有限公司 日本合成化学工业株式会社
35	东莞佳汇电子厂	来料加工		香港佳汇电子有限公司
36	恩智浦半导体广东有限公司	外资		（荷兰）飞利浦电子中国有限公司
37	先锋高科技（东莞）有限公司	合资	先锋电子（中国）投资有限公司	日本先锋株式会社
38	最上（东莞）电子有限公司	外资		最上香港有限公司
39	东莞茶山宏日电容器厂	来料加工		香港 AIC 有限公司
40	阿克苏诺贝尔涂料（东莞）有限公司	外资		阿克苏诺贝尔涂料国际有限公司

金额单位：万美元

投资总额	外资金额	设立时间	所在单位	所属跨国公司名称
7489	5702	1988.1	南　城	雀巢（瑞士）Nestle
61836	61836	1988.10	南　城	日本东京电气化学工业公司（TDK）
216	216	1990.9	桥头镇	美国保德信人寿保险 Prudential finanical
500	400	1992.1	沙田镇	伊藤忠（日本）Itochu
3668	3668	1992.3	石龙镇	京瓷（日本）Kyocera
19580	6610	1992.7	寮步镇	三星（韩国）Samsung
375	246	1993.4	莞城等	麦当劳（美国）McDonald's
2183	2183	1993.6	塘厦镇	通用电气（美国）General Electric
2518	2518	1993.6	塘厦镇	通用电气（美国）General Electric
1549	516	1993.7	沙田镇	住友商事（日本）Sumitomo
2066	1072	1994.1	长安镇	川铁商事（日本）Kawasho
1550	680	1994.3	南　城	杜邦（美国）E.I.Du Pontde Nemours
5620	5620	1994.6	石龙镇	日本柯美
90	59	1994.7	南　城	怡和（香港）Jardine Matheson
8973	0	1994.7	南　城	美国吉列公司
1127	564	1994.8	长安镇	三井（日本）Mitsui
1740	1040	1994.9	虎门镇	帝国化学（英国）Imperial Chemical Industries（ICI）
740	500	1995.11	常平镇	住友商事（日本）Sumitomo
965	885	1995.12	沙田镇	伊藤忠（日本）Itochu
6640	1095	1995.12	塘厦镇	三洋电机（日本）Sanyo Electric
1504	1504	1995.12	石龙镇	西斯尔（亚洲）投资有限公司
12930	3724	1995.5	南　城	诺基亚（芬兰）Nokia
1770	1000	1995.6	南　城	新日铁（日本）Nippon Steel
26070	11132	1995.7	南　城	（美国）Coca-Cola
11198	5476	1995.8	石龙镇	京瓷（日本）Kyocera
1400	420	1996.12	塘厦镇	三洋电机（日本）Sanyo Electric
994	994	1996.12	大岭山镇	皇家飞利浦电子（荷兰）Royal Philips Electronics 伟创力（新加坡）Flextronics International
2630	1310	1996.3	清溪镇	日本电气公司（日本）NEC
111688	111688	1997.1	长安镇	日本东京电气化学工业公司（TDK）
810	617	1997.12	东　城	罗门哈斯 Rohm and Hass
1630	1464	1997.6	经贸总公司	（荷兰）SHV Holdings
572	572	1998.6	南　城	先锋电子（中国）投资有限公司
2713	2713	1999	石龙镇	京瓷（日本）Kyocera
2174	304	1999.7	南　城	丸红商事（日本）MaruBeni
5484	5484	1999.8	大岭山镇	皇家飞利浦电子（荷兰）Royal Philips Electronics 伟创力（新加坡）Flextronics International
17180	6000	2000.1	黄江镇	皇家飞利浦电子（荷兰）Royal Philips Electronics
9000	3600	2000.11	寮步镇	日本先锋株式会社
550	550	2000.2	塘厦镇	日本先锋公司
103	103	2000.3	茶山镇	日立（日本）Hitachi
2100	1050	2000.4	大岭山镇	阿克苏・诺贝尔（荷兰）Akzo Nobel

续上表

序号	企业名称	投资方式	投资者	
			中方	外方
41	东莞清溪三清半导体厂	来料加工		三洋半导体电子（香港）有限公司
42	东莞肯德基有限公司	外资		百胜（中国）投资有限公司
43	先锋信泰（东莞）光学有限公司	合资	先锋电子（中国）投资有限公司	（日本）十和田电机株式会社
44	东莞三星视界有限公司	外资		三星电管（香港）有限公司
45	东莞大岭山铃鹿富士施乐电器厂	来料加工		富士施乐远东有限公司
46	东莞新长桥塑料有限公司	外资		三菱商事株式会社 TOHO 工业株式会社新桥实业有限公司见龙创业投资有限公司
47	京瓷美达办公设备（东莞）有限公司	合资	东莞市石龙粤龙实业公司	日本京瓷美达株式会社
48	东莞大岭山双叶机械厂	来料加工		双叶科技有限公司
49	东莞石龙京粤光学制品厂	来料加工		香港环球光学制品厂有限公司
50	洪梅富士通电装电子厂	来料加工		富士通电装国际有限公司
51	东莞石龙粤龙电磁离合器厂	来料加工		香港达机有限公司
52	东莞百悦电子有限公司	合资	先锋电子（中国）投资有限公司	百音控股有限公司
53	东莞沃尔玛百货有限公司	合资	深圳国际信托投资公司 东莞市东湖实业总公司	英属维尔京群岛沃尔玛中国有限公司
54	日立化成工业（东莞）有限公司	外资		日立化成工业株式会社
55	泰科电子（东莞）有限公司	外资		联亚科技（香港）有限公司
56	三井高科技（广东）有限公司	外资		三井高科技（香港）有限公司
57	东莞能率科技有限公司	外资		佳能企业股份有限公司
58	东莞新科技术研究开发有限公司	外资		新科实业有限公司
59	日立蓄电池（东莞）有限公司	外资		新神户电机株式会社
60	麦德龙物业管理（东莞）有限公司	外资		麦德龙国际参股有限公司
61	东莞长安新科磁电制品厂	来料加工		香港新科实业有限公司
62	日立金属（东莞）特殊钢有限公司	外资		日立金属株式会社　日荣钢材株式会社
63	日立粉末冶金（东莞）有限公司	外资		日立粉末冶金株式会社
64	东莞百安居装饰建材有限公司	外资		B&Q（CHINA）B.V.
65	东莞住矿电子浆料有限公司	合资	上海住矿电子浆料有限公司	住友金属矿山股份公司
66	东莞马士基集装箱工业有限公司	外资		马士基集装箱工业公司
67	爱思开钢铁（东莞）有限公司	外资		SK NETWORKS 有限公司　昌正有限公司
68	东莞石龙京化镁金属制品厂	来料加工		京瓷化成香港有限公司
69	东莞家乐福商业有限公司	外资		荷兰家乐福（中国）控股有限公司
70	东莞贝盈激光仪器有限公司	外资		博世电动工具投资股份有限公司
71	杰斯比塑料（东莞）有限公司	外资		株式会社 JSP、伊藤忠商事（香港）有限公司
72	东莞杜邦华佳高性能涂料有限公司	合资	黄山永佳（集团）有限公司 美佳粉末涂料有限公司	杜邦中国集团有限公司
73	东莞永佳中通汽车服务有限公司	合资	广东路华物资有限公司	丰田通商株式会社
74	东莞三星钢材加工有限公司	外资		三星物产（株）、三星香港有限公司
75	柯尼卡美能达商用科技（东莞）有限公司	外资		柯尼卡美能达商用科技制造（香港）有限公司
76	日铁商事（东莞）经济咨询有限公司	外资		日铁商事（香港）有限公司
77	东莞京瓷置业有限公司	外资		广场置业有限公司
78	东莞伟创力实业有限公司	外资		伟创力国际有限公司
79	东莞大朗庞巴迪动力产品厂	来料加工		庞巴迪动力产品亚洲有限公司
80	欧图（东莞）企业管理咨询有限公司	外资		欧图国际（香港）有限公司
81	东莞邦基中储粮蛋白饲料科技有限公司	合资	东莞市中储粮粮油有限公司	邦基毛里求斯有限公司
82	东莞三星道达尔工程塑料有限公司	外资		三星 TOTAL 株式会社

投资总额	外资金额	设立时间	所在单位	所属跨国公司名称
2441	2441	2000.5	清溪镇	三洋电机（日本）Sanyo Electric
1200	700	2000.8	莞城等	百事公司（美国）Pepsi co.
1300	850	2000.8	长安镇	（日本）十和田电机株式会社
8749	3370	2001.11	厚街镇	三星电子（韩国）Samsung Electronics
5435	5435	2001.11	大岭山镇	施乐（美国）Xerox　富士（日本）Fuji Photo Film
3940	2940	2001.12	沙田镇	三菱商事株式会社
13284	5259	2001.12	石龙镇	京瓷（日本）Kyocera
1999	1999	2001.4	大岭山镇	丰田通商（日本）Toyota Tsusho
649	649	2001.5	石龙镇	京瓷（日本）Kyocera
91	91	2001.9	洪梅镇	富士通（日本）Fujitsu
170	170	2001.9	石龙镇	京瓷（日本）Kyocera
24	24	2002.2	南　城	日本先锋公司
1460	830	2002.6	莞　城	沃尔玛（美国）Wal-Mart Stores
5160	2630	2002.6	茶山镇	日立化成工业株式会社
900	450	2002.6	厚街镇	美国泰科国际
3708	1596	2002.8	长安镇	三井（日本）Mitsui
5400	2200	2003.12	寮步镇	佳能（日本）Canon
2500	1050	2003.12	南　城	日本东京电气化学工业公司（TDK）
2443	1073	2003.5	茶山镇	日立（日本）Hitachi
1200	500	2003.5	万　江	麦德龙 Metro（德国）
6020	6020	2004.4	长安镇	日本东京电气化学工业公司（TDK）
1264	747	2004.5	茶山镇	日立（日本）Hitachi
1850	950	2004.6	茶山镇	日立（日本）Hitachi
1250	500	2005.10	万　江	（英国翠丰集团）kingfisher
179	125	2005.12	松山湖	住友商事（日本）Sumitomo
7500	2670	2005.5	麻涌镇	马士基集团 A.P.Moller-Maersk Group
1000	350	2005.7	寮步镇	鲜京 sk
11	11	2006.09	石龙镇	日本京瓷
609	360	2006.11	东　城	家乐福（法国）Carrefour
100	100	2006.11	樟木头镇	德国博世
800	400	2006.12	松山湖	伊藤忠（日本）Itochu
160	8	2006.5	万　江	杜邦（美国）E.I.Du Pontde Nemours
456	164	2006.8	厚街镇	丰田通商（日本）Toyota Tsusho
500	300	2006.9	大朗镇	三星物产
5780	2000	2007.11	石龙镇	日本柯美
36	26	2007.11	南　城	日本新日铁
2040	2040	2007.11	石龙镇	日本京瓷
600	300	2007.12	机械公司	伟创力（新加坡）Flextronics International
247	247	2007.4	大朗镇	加拿大庞巴迪
38	38	2007.7	万　江	德国奥托集团
9088	2531	2007.8	麻涌镇	美国邦奇
1100	1100	2008.5	大岭山镇	韩国三星　法国道尔顿 total

（东莞市对外贸易经济合作局供稿）

工业·商业 INDUSTRY·COMMERCE

桥头镇

- 工业经济平稳增长、结构优化、质量提高
- 商贸流通规模不断扩大
- 整顿和规范市场经济秩序
- 能源供应紧张

编辑：李缙文

工业

【概况】 2008年，东莞市工业经济发展呈现“平稳增长、结构优化、质量提高”的特点。全市生产总值3702.53亿元，同比增长14%；工业总产值7222.38亿元，同比增长6.5%；出口总额655.37亿美元，同比增长8.9%。

受金融危机等因素影响，2008年，工业增速放缓，但在逆境中仍然实现6.5%的增长，处于平稳运行区间。内源型工业总产值增长11.9%，增速比外源型工业快5.9个百分点，占规模以上工业总产值的21.9%，同比提高0.6个百分点。更新改造投资明显加快，其中工业更新改造投资大幅增长104.3%。一般贸易出口增长36.1%，比加工贸易出口快29.3个百分点；机电产品出口占全市的比重为73.8 %，比上年提高1.3个百分点；高新技术产品出口占全市的30.7%，出口商品技术含量较高。每亿元GDP消耗土地28公顷，同比下降14.6%；每平方米建设用地创造GDP355元，同比增长17.9%；单位GDP电耗下降11.4%，单位工业总产值电耗下降5.2%。

【产业结构调整】 2008年，东莞市制定实施《关于加快建设现代产业体系的实施意见》，深入推进产业结构调整和转型升级。

推动信息产业升级。开展信息产业结构调整和转型升级试点工作，制定出台《关于加快发展我市现代信息服务业的实施意见》、《东莞市促进软件产业发展的若干规定》、《关于促进创意产业园区发展的实施意见》。成立市信息产业局，认定帮扶市信息产业百强企业，推进信息产业重点项目建设。新型平板显示产业发展取得突破，东莞宏威数码机械有限公司的“OLED（有机发光显示）显示屏示范生产线”项目获广东省发展平板显示产业财政扶持资金1.5亿元的财政资金扶持；广东有机发光显示（OLED）产业技术研究院落户东莞并挂牌成立；企石镇获“广东省光电产业基地”称号。推动创意产业加快发展，认定市创意产业园区3个，包括东莞市创意产业中心园区、大朗创意产业园和广东永正图书创意产业园。

促进产业技术进步。开展技术改造试点工作，制定实施《东莞市经济贸易局推动工业技术进步工作方案》。扶持技术进步项目，2008年核准备案技术改造投资项目120个，总投资24.66亿元，占全省的7.5%；列入省技术进步支持计划、省财政支持技改招标、粤港关键领域重点突破等各类项目共35个，获省扶持3905万元；安排市专项资金1.2亿多元，资助实施各类技术进步专项计划的项目107个，分别同比增加30%、15.1%。加快企业技术中心建设，新增省、市级企业技术中心分别为2家、15家，全市有省级企业技术中心10家、市级企业技术中心33家。受理、协助91个技术改造项目申请办理进口设备免税手续，可减免税收约4.5亿元；落实企业研发费用抵扣税政策。在财政资金和重点项目的有力拉动下，2008年全市完成工业更新改造投资60.6亿元，增长104.3%。

培育发展重点企业和项目。2008年，制定《关于加快培育和发展东莞市工业商贸龙头企业的实施细则》，认定81家龙头企业，并给予每家10万元奖

▲ 2008年4月26—29日，由市贸促会主办的“2008东莞国际茶业博览会”在东莞国际会展中心举行　（市贸促会供）

励。重新认定装备制造业重点企业35家，安排4133万元资助32个装备制造业发展专项技术改造项目，加快广东中远船务工程有限公司等重点项目建设。

实施名牌带动战略。开展创建名牌试点工作，出台《东莞市培育发展名牌指导目录》，新增中国驰名商标1件、省名牌产品30个、省著名商标38件、无公害农产品2个、绿色食品3个和有机产品4个。至2008年末，全市共拥有各类名牌名标381个（件），其中中国名牌产品18个、中国驰名商标10件、商务部重点培育和发展的出口名牌1个、国家出口免验商品3个、省名牌产品133个、省著名商标164件、无公害农产品18个、绿色食品26个和有机产品8个。

统筹引进内资。2008年，引进内资工作开局良好。制定出台《关于推进引进内资工作的意见》、《东莞市加强与周边地区产业合作规划》、《东莞市镇村引进投资项目奖励实施办法（试行）》等一系列促进引进内资的政策文件；成立内资经济促进中心，建立内资统计制度，开通内资经济网，加强内资招商推介。2008年，全市协议引进内资270亿元，实际利用内资132亿元。

发展产业集群。2008年，制定出台《东莞市产业集群发展项目经费操作规程》和《东莞市重点扶持发展产业集群认定管理暂行办法》，明确市重点扶持发展产业集群的资助对象、扶持鼓励措施等。安排产业集群发展项目经费540万元，资助大朗毛织产业集群升级示范区区域品牌及公共服务平台建设专项；4个项目列入省产业集群公共服务体系建设专项计划，共获资助510万元。新获7个“名镇（基地）”称号，产业集群进一步发展。至2008年末，全市拥有珠三角地区（东莞）国家电子信息产业基地（石龙、石碣、寮步、清溪、虎门、长安、黄江、塘厦、松山湖科技产业园、东部工业园）、中国电子信息产业名镇（寮步、石碣、常平、大朗）、中国电子信息产业重镇（长安）、中国机械五金模具名镇（长安）、中国女装名镇（虎门）、中国羊毛衫名镇（大朗）、中国港口物流重镇（沙田）、中国现代港口物流重镇（麻涌）、中国最佳物流名镇（常平）、中国会展名镇（厚街）、中国塑胶商贸重镇（樟木头）、中华餐饮名镇（常平）、中国食品名镇（茶山）、广东省光电产业基地（企石）、中国粮油食品加工流通基地（麻涌）、中国市场名镇（长安）、中国汽车销售名镇（寮步）以及石龙电子信息、大朗毛织、虎门服装、长安五金模具和大岭山家具产业集群五个省级产业集群升级示范区。

开展节能降耗。成立市能源行业协会。组建能源利用监测中心，开展全市能源利用状况调研和节能监察工作。制定出台《东莞市循环经济试点城市实施方案》，大力开展循环经济试点工作。开展“双千节能行动”，扩大节能行动实施范围，将年耗能量1000吨标准煤以上的近900家企业纳入监管。出台《东莞市推广应用水煤浆实施意见》，神华环保水煤浆项目建成投产，补贴企业开展工业锅炉改造试点工作，推广应用水煤浆。出台《东莞市节能与清洁生产专项资金管理暂行办法》，认定市清洁生产企业9家，新增省清洁生产企业2家。举办2008“节能东莞”大型活动。完成13万只财政补贴高效照明产品推广工作。

【帮扶企业发展】 加强工业商贸经济运行监测。2008年，市经贸局密切关注工业商贸经济受金融危机等因素影响的实况与趋势，着重加强支柱产业、重点行业、重点企业运行监测。建立镇街经济运行分析工作评价考核制度，指导镇街加强经济运行分析工作。深入监测微观经济动态，走访300多家重点企业，广泛宣传各级政府帮扶企业共渡难关的政策措施，协助企业解决实际困难，稳定企业发展。

扶持中小企业稳定发展。2008年，完成中小企业局与民营办的机构合并，重新组建成立市中小企业局。强化政策引导，出台《关于促进我市中小企业稳定发展的意见》和《关于鼓励获广东省百强及东莞市50强称号民营企业的实施意见》。加大财政扶持力度，修订中小企业发展专项资金管理办法。优化企业服务，建立并实施民营企业排忧解难协调制度，深入实施“111工程”（即从2006年起至2010年，在全市范围内对100名民营企业家、1000名民营企业高级管理人员、10000名民营企业管理和技术骨干进行现代企业管理培训），全年培训民营企业家及企业高管近4000人（次）。评定2006—2007年度市50强民营企业，其中有6家获评定为2006—2007年度省百强民营企业。解决中小企业融资难问题，出台《关于解决中小企业融资难问题的指导意见》，实施重点中小工业企业和加工贸易企业融资支持计划。制定信用担保业发展规划，指导成立中小企业发展促进会和信用担保协会，信用担保机构增至38家，全年为2282家中小企业提供贷款担保总额达94.04亿元。抓好企业治乱减负，取消和减免部分行政收费，全年为企业减轻负担约13亿元。　（王蔚蔚）

【东莞企业生产的奥运产品】 为迎接2008年北京奥运会，东莞市企业生产的奥运产品有：康佳电子（东莞）有限公司生产的超宽屏幕、东莞市双鱼体育用品厂生产的奥运专用乒乓球、东莞琪胜皮鞋厂生产的姚明专用皮鞋、东莞炜光礼品有限公司生产的奥运礼品、东莞市意高皮革制品有限公司生产的奥运休闲包、东莞飞达帽业有限公司生产的奥运棒球帽、麻涌镇中德风电能源有限公司生产的照明设备风光互补路灯系统的小型风力发电机产品等。还有印有“福娃”的手袋、标有“福娃”的帽子等纪念品多是东莞企业制造。　（黄文挺）

商贸流通业

【概况】2008年，东莞市商品流通活跃兴旺，规模不断扩大，全市社会消费品零售总额838亿元，比上年同期增长20.5%。消费市场稳中见旺，消费结构加快升级，形成以汽车、服装服饰、食品餐饮等消费热点，批发零售贸易业全年零售总额725.3亿元，住宿和餐饮业零售总额112.8亿元。

【连锁经营发展加快】2008年，东莞市随着营商环境的不断改善，重点连锁企业加快发展，连锁经营门店总数超8000家。中域电讯、真功夫餐饮、美宜佳便利店等本土连锁企业已发展成为国内知名品牌，其中美宜佳便利店的省内门店已增至2000家。

【社区商业网点增多】2008年，东莞市社区内商业网点数量不断增多，规模不断扩大，业态、业种呈现多元化方向发展，商业网点布局不断优化。美宜佳便利店、嘉荣商场、真功夫餐饮、鹤留山餐饮、东莞国药、福奈特干洗等知名连锁企业纷纷进驻社区，社区商业网点连锁化程度得到提高。2006—2008年，共评定52个市级社区商业示范社区，其中东城东泰、长安锦厦、万江新城和大朗长塘社区被国家商务部评定为“全国社区商业示范社区”。

【专业批发市场辐射力强】截至2008年，东莞市拥有专业批发市场151个，涉及到20多个行业，较成熟的有农副产品、纺织服装、塑料、家具、五金机械模具等，在衔接产销、活跃流通、增强辐射方面发挥重要作用。虎门富民时装城、樟木头粮食批发市场等部分大型专业批发市场，拥有相当稳定的国内客源，并发展成为华南地区的主要集散基地之一。信立农副产品贸易城被评为“全国双百市场”之一。广东众源五金饰品城、富民服装展示中心等大型批发市场项目竣工招商，兴业国际家具之都等一批新项目正在建设，专业市场集散和配套功能不断增强。除批发市场获得良好发展外，各类批发贸易企业也迅速成长，规模不断壮大。

【物流业发展加快】2008年，东莞市重点物流园区和项目建设顺利推进。东莞保税物流中心（B型）获国家批准建设，虎门港5、6号5万吨级码头、港口大道、西部快速路等大型物流基建工程建成投产，中外运红海物流中心、嘉荣超市配送中心、天虹商场配送中心等一批大型物流项目相继兴建。物流总量不断扩大，2008年全市运输、仓储、邮政业实现增加值38.39亿元，港口货物吞吐量完成3208.49万吨，分别同比增长6%和3.8%。

【商贸流通业监测扶持力度加大】2008年，东莞市逐步建立商贸流通业市场运行监测体系，加强商贸流通领域市场运行和重点商品供应监测工作。安排商贸流通业发展专项资金2814.9万元，扶持124个重点项目，10个项目获省专项资金扶持共350万元。

【餐饮行业分等定级】2008年，东莞市开展餐饮业分等定级，共有14家企业获“国家级酒家”称号，其中五钻9家、四钻4家、三钻1家。截至2008年，全市共拥有国家级酒家26家，其中五钻19家，四钻6家，三钻1家。

【服务业名牌新突破】2008年，东莞市商贸服务行业新获评广东省著名商标4个，累计拥有省著名商标20件、中国商业名牌企业9个、国家级酒家26家、全国十大特许经营品牌2个、全国最佳展馆1个、商务部重点扶持展会1个等一批商业服务品牌。

【会展业平稳发展】2008年，东莞市共举办各种展览展销会82个，与上年举办展会数量（81个）基本持平，全年展览总面积共155.38万平方米，与上年（155.17万平方米）基本持平。尽管受金融危机影响，第十届中国（东莞）国际电脑资讯产品博览会、第二十届国际名家具（东莞）展览会、第八届中国（长安）国际五金机械模具展览会、第七届中国（大朗）国际毛织产品交易会、第十三届中国（虎门）国际服装交易会、第十届东莞国际模具及金属加工展、第十届东莞国际橡塑胶包装压铸及铸造展、第八届中国东莞国际鞋展·鞋机展等大型专业展会均如期举行，并取得良好效果。（王蔚蔚）

【第十届中国东莞国际电脑资讯产品博览会】由广东省信息产业厅、经贸委、外经贸厅、科技厅和东莞市人民政府联合主办的“第十届中国东莞国际电脑资讯产品博览会”（简称第十届东莞电博会），于2008年10月20日至22日在东莞国际会展中心举行。

第十届东莞电博会展览面积2万平方米，830个展位。中国大陆、港台地区、东莞32个镇街，松山湖科技产业园区和“2008东莞信息产业百强企业”的353家企业参展，其中包括京瓷美达、柯尼卡美能达、方正、金霸王、三洋、日本电产、艾利和、东京光学、乐依文、太阳诱电、先锋、爱科、希克斯、信浓马达、骅国、高铁检测、光宝、扬宣、技嘉、华科、百一、耀胜、精成、伟易达、佳禾、依安达、中国电信、中国移动、方正、康佳、金立、东方、勤上、奇声、迈科、志成冠军、宏威、新进、精阳、康达、步步高、泰科、金河田等国内外知名企业。展会期间，共接待美国、德国、英国、法国、澳大利亚、日本、韩国、印度、泰国、沙特阿拉伯、芬兰、西班牙、伊朗、香港、台湾等海外公司的专业买家、国内企业界人士和观众约2万人。

与同上届相比，第十届电博会整体规模扩大68.2%，参展商、展位数及展示面积分别增长242.7%、118.4%及81.8%，参观人次和海外买家人数增幅分别达53.8%和94.1%，网上预登记人数和海外买家预登记人数分别增加34.1%和78.2%。

广东现代会展管理有限公司从2006年接手举办第八届东莞电博会，至2008年共举办3届。在展会的市场化、专业化和国际化方面迈出新的步伐。一是展会策划新思维，实施专业化运作。电博会组委会与德国汉诺威展览公司共同承办，加强东莞电博会的国际影响力。第十届东莞电博会从招商、专业买家组织和现场接待等各方面，体现专业化贸易展览会的特点。二是展会贸易气氛，参展企业和产品多。第十届东莞电博会近六成参展商拿到展品定单，或是达成合作意向；八成以上参展商对现场效果感到满意，近八成参展商表示明年将继续参展，其中三成左右要求扩大展位面积。第十届东莞电博会展出产品丰富多样，涵盖包括计算机及配件、视听产品及配件、电子数码产品及配件、通讯产品及配件、汽车电子、办公设备及配套产品、网络设备及配件、计算机零部件、电子应用产品等。（易朝晖）

整顿和规范市场经济秩序

【生猪屠宰专项整治】推进生猪产销

联建工作。2008年，东莞市扩大供莞生猪定点基地认定范围，认定第四批供莞生猪定点基地。至年底，认定供莞生猪基地四批共110家，年供莞生猪能力达720多万头；逐步实现从供莞生猪定点基地采购生猪，定点屠宰场所屠宰的生猪约80%来源于供莞生猪定点基地。在博罗、增城等地开展生猪产销对接工作，各镇（街）对产销对接点生猪开辟“绿色通道”，加快基地生猪入市步伐。

抓好整治农贸市场后续管理。召开全市整治农贸市场后续管理工作会议，制定整治农贸市场后续管理系列方案，重点开展市场食品准入、禽鸟蔬菜、肉品安全和生产加工类食品等四个专项督查，突出抓好全市食品安全样板市场创建工作，继续提升农贸市场的软硬件设施和经营管理水平。

开展猪肉质量安全和生猪屠宰专项整治工作。加大生猪市场流通和消费环节的监管力度，严厉打击私屠滥宰生猪等违法行为，督促农贸市场、商场超市、酒楼食肆、集体食堂等生猪肉品流通和消费环节主要单位完善索证索票和肉食品台账制度，保证销售和使用的生猪肉品来自定点屠宰场。

逐步建立全市肉品安全信息化监管系统。2008年，由市、镇（街）两级财政拨款建立全市肉品安全信息化监管系统，成为利用现代科技协助开展社会管理的创新性工作。全市肉品安全信息化监管系统建成运行，强化了肉品质量信息追溯机制。

此外，加强生猪屠宰管理法制建设，出台《东莞市经济贸易局生猪屠宰企业管理办法》，督促落实《生猪定点屠宰厂（场）病害猪无害化处理管理办法》；保障冰灾、奥运和节假日期间全市生猪稳定供应；加强整治农贸市场后续管理，重点开展市场食品准入、禽鸟蔬菜、肉品安全和生产加工类食品等四个专项督查，突出抓好食品安全样板市场创建工作；做好私宰生猪日常执法工作，2008年，全市共查处私宰违法案件1541宗，查获私宰窝点298个，查获私宰猪肉（含病死猪）约259.15吨、私宰牛肉3.85吨。

【酒类专卖管理】 2008年，市经贸局做好酒类专卖行政许可工作，共发证和到期换证605个，年检1290个，逐步建立全市酒类生产、经营企业基本情况档案；切实履行酒类市场打假职能，全年出动执法人员1000多人次，检查酒类经营企业900多家，查获假冒伪劣国产酒、洋酒5800多瓶，涉案金额165多万元，立案175宗，罚款28.76万元，查处1起制售假冒伪劣酒品大案要案。加强队伍建设，成立东莞市酒类行业协管队，开展镇（街）专职人员培训。构建以市酒类专卖局、镇街经贸办、东莞市酒类行业协管队为主体的市、镇（街）及行业的三级管理模式。开展酒类文化及消费安全宣传推广，举办“世界名庄之夜”、“世界名啤品鉴会”、“东莞市首批酒类产品经营诚信单位”授牌仪式，首次举办酒类厂家工作会议，参加“全省‘3·15’假冒伪劣酒类产品联合销毁活动现场会”，共销毁东莞市2007年查获的假冒伪劣高档国产酒、洋酒5200多瓶，价值约160万元。

▲ 食品安全检查

【典当业管理】 截至2008年，东莞市经批准设立的典当企业共20户（其中2008年新批准设立4户），分支机构6户（其中2008年新批准设立2户），参加2007年度年审的典当企业共12户，全部均为A类企业通过。2008年，典当总额为5.75亿元，比2007年增长52.5%，户均典当总额3594万元，比2007年增长33.4%。典当业务结构为：动产典当金额2.61亿元，占典当总额45.4%；房地产典当1.88亿元，占典当总额32.7%；财产权利典当1.26亿元，占典当总额21.9%。典当余额为9260万元，业务笔数为8.15万笔，行业从业人员128人。

【拍卖业管理】 2008年，受国际经济环境不景气、部分拍卖资源领域宏观政策改变等因素的影响，东莞市拍卖行业经营效益大幅下滑。2008年，全市拍卖企业共举办拍卖会476场次、拍卖总成交额约4.55亿元，比2007年分别下降10.2%、75%，比2006年分别下降8.8%、43.4%。东莞市拍卖标的主要集中在房地产实物领域，全年房地产拍卖成交额约2.46亿元（约占拍卖总成交额的54%），其次为财产权利7126.1万元（约占15.7%）、机动车384.38万元（约占0.8%）和其他标的拍卖1.34亿元（约占29.5%），文化艺术品、农副产品拍卖尚未开拓。

此外，东莞市在全国地级市中率先建立集中拍卖中心，将全市拍卖活动纳入集中拍卖管理；指导成立市拍卖典当行业协会；做好拍卖企业年审、设立和变更工作。2008年，新增拍卖企业3家，共有拍卖企业34家；变更《拍卖经营批准证书》相关事项的企业4家；到期重新换证的企业15家；除1家拍卖企业没有上报年审资料外，其余企业均顺利通过2007年年审考核。

【东莞市拍卖典当行业协会成立】 东莞市拍卖典当行业协会成立大会于2008年7月22日举行。拍卖和典当行业为企业资本化运作提供资产变现和融资的有效手段，在市场经济发展中担当着越来越重要的角色，适时建立东莞市拍卖典当行业协会，作为沟通政府与企业、企业与企业之间的桥梁和纽带，对加强拍卖和典当行业自律、规范行业经营管理秩序、促进行业健康、有序、快速发展具有积极作用。协会成立后，协助政府部门做好“集中拍卖中心”的日常管理工作，做好拍卖会日程编排、拍卖现场电子监控和突发事件应急处理等；加强与政府有关部门的沟通与协调，为会员企业参与对话提供平台；坚持诚信经营，搞好行业自律、规范企业行为、树立拍卖典当行业新形象；加强自身建设，发挥协会信息、聚合、协调、管理、自律、维权等服务功能，促进行业健康、有序发展。

【民爆器材经营行业管理】2008年，东莞市开展民爆行业安全隐患排查治理暨安全生产百日督查专项行动，促进安全生产方针政策法规以及“隐患治理年”各项工作的落实；举办全市民爆从业人员培训学习，邀请省民爆行业有关专家对民爆行业相关知识和政策进行深入讲解和现场指导，提高民爆从业人员素质，确保民爆行业安全，参加培训达50人次。

【治乱减负】2008年，东莞市完善市、镇两级的联席会议制度和村组建立的工作监督员和价格监督员制度；成立市收费综合年审办公室和镇收费监督检查部门；完善收费公示制度、涉企执收执罚制度、收支两条线、“三个集中”（集中收缴、集中支付、集中核算）、行政事业性收费公示等管理制度和政府部门考核评议制度。全年累计国家、省、市减负约13亿元。（王蔚蔚）

能源供应

【电力供应】2008年，东莞市电力供应仍存在紧张状况，年初，受冰灾影响，电力供应十分严峻，最大错峰负荷达205万千瓦；全市累计完成供电量为507.35亿千瓦时，同比下降0.11%，最高负荷达955万千瓦，同比增长8.4%。争取省增加网电指标共80万千瓦。协助落实市财政借款2.5亿元、补贴1093万元，支持地方电厂发电，截至2008年在运行的地方电厂10家，总装机容量达201.2万千瓦。加快地方电网建设，截至2008年，全市共有110千伏以上变电站126座，其中500千伏变电站3座、220千伏变电站23座、110千伏变电站100座，主变容量4043.9万千伏安，输电线路3034.23千米。实施应急预案，有效保障年初冰灾及奥运期间的电力供应。协助电化公司“上大压小”整合柴油机电厂及IGCC电厂项目筹建。支持沙角A、B电厂扩建工程。

【成品油供应】2008年，东莞市成品油供应呈阶段性紧张，特别是上半年柴油供应偏紧。市经贸局加强与省经贸委和成品油经营企业的沟通协调，努力增加东莞资源配置；重点关注春运及奥运会期间成品油保障供应，要求各镇街经贸办及中石化、中石油两大公司确保社会用油稳定，确保各渠道的配置资源及时调入，并加强对属下加油站的管理，提高服务质量；加强市场监测，关注成品油价格、调运、仓储等影响市场波动的各种因素，实行成品油库存情况日报制度；加强加油站规划建设，至2008年，全市拥有296座加油站，规划至2010年增加150座；推广使用“粤国III”车用成品油，实施天然气汽车项目，建成加气站4座，在建1座。（王蔚蔚）

附：2008年东莞市经贸局领导名录

局　长：陈桂明
副局长：梁经昌　罗　斌　叶葆华
　　　　侯小平　刘炯贤
纪检组长：张炳林
副调研员：王秋玉

民营经济 中小企业

【民营经济发展】截至2008年，东莞市民营登记注册户数达47.63万户，比上年末增长5.2%；登记注册资金达928.01亿元,比上年末增长12.4%；缴税总额200.4亿元，同比增长9.7%，占全市总税收的37.4%。2008年，民营经济增加值达1203.34亿元，同比增长15.6%，占全市生产总值的32.5%；民营社会消费品零售总额达696.19亿元，同比增长19.9%，占全社会消费品零售总额的83.1%；规模以上民营工业总产值（当年价）达909.95亿元，同比增长10.7%，占全市完成规模以上工业总产值（当年价）的14.3%；民营固定资产投资额达到368.2亿元，同比增长29.6%，占全社会固定资产投资总额的39.04%；全年民营经济进出口总额达到181.9亿美元，同比增长20.3%，占全市进出口总额的16.1%。2008年，市级民营科技企业累计达到1700家，比2007年底增长13.3%；省级民营科技企业累计达到470家，比2007年底增长13.8%。

【民营经济工作会议】2008年1月8日，市委、市政府召开全市民营经济工作会议，市委书记、市人大常委会主任刘志庚等市几套班子领导和相关人员共300多人出席会议。刘志庚在会上明确提出，要促进东莞市民营经济发展再上新台阶必须坚持“五个双推进”：一是坚持扩大总量与提升质量双推进；二是坚持发展先进制造业与现代服务业双推进；三是坚持壮大本地民资与引进外地民资双推进；四是坚持技术创新与机制创新双推进；五是坚持重点人群创业与全民创业双推进。同时要求：各级党委、政府要用抓招商引资的劲头抓好民营经济的发展；要像给外商各种优惠一样，给民营企业优惠；既要关心民营企业的发展，也要关心民营企业家的身体健康。

【民营企业踊跃赈灾捐赠】2008年5月14日，“5·12”汶川大地震后的第三天，由市民营办牵头，多家民营企业共同发起的东莞市民营企业支持地震灾区捐赠活动在东莞市行政办事中心举行，现场共有16家企业向灾区捐款捐物总值1500万元。市委书记刘志庚出席活动并发表讲话，市委常委何嘉琪、副市长邓志广出席活动。中山大学EMBA东莞班80多位学员为灾区捐建一所希望小学。广东光大集团除捐款500万元外，还动员业主和员工募捐，并组织援建队伍，携带救灾物资，奔赴灾区参加抗震救灾活动。新世纪房地产有限公司除捐款外，旗下的新世纪篮球俱乐部发起赈灾义赛筹集善款426万元。

【民营企业排忧解难协调制度】2008年5月15日，东莞市为探索建立解决长期困扰民营经济发展问题的模式，召开首次民营企业排忧解难协调会，市委书记、市人大常委会主任刘志庚，市委副书记、市长李毓全等市领导出席会议。刘志庚会上特别就转变机关工作作风提出“五个坚决”：一是机关作风问题必须坚决整改，二是督查落实的方式必须坚决改进，三是教条主义、本本主义必须坚决纠正，四是管理体制、工作机制必须坚决创新，五是发展环境必须坚决优化。11月19日，第二次民营企业排忧解难协调会召开，会上市经贸局、市金融办、市财政局、市科技局等有关部门介绍东莞市扶持企业发展的一批优惠政策，答复企业现场提出的问题。经过多次尝试和探索，2008年底，《东莞市民营企业排忧解难协调制度实施方案》正式印发实施，文件规定成立东莞市民营企业排忧解难协调小组，原则上每一季度召开一次协调会，同时明确实施步骤、督办反馈。

【推动民营经济加快发展现场会】2008年5月28日，东莞市委、市政府召开“解放思想实践科学发展观推动民营经济加快发展现场会”。市委书记、市人大常委会主任刘志庚出席会议并发表讲话。刘志庚明确指出，今后几年是东莞民营经济产业结构调整的关键期，必须抓住这个时机，有序推进民营经济产业结构调整，寻求新突破，增创新优势，重点是要突出抓好理念创新、产业规划和引导、人力资源结构优化、自主创新、政务环境优化五个方面工作。刘志庚还对唯美陶瓷、石龙镇和市科技局等民营企业、镇（街）和部门代表介绍的产业结构调整升级方面的主要做法给予高度评价。

【中小企业局和民营经济发展协调办公室合并】2008年，东莞市为落实《中华人民共和国中小企业促进法》，促进全市中小企业的改革与发展，进一步统筹做好全市推动民营经济和中小企业发展的工作，市委、市政府正式决定将市民营经济发展协调办公室并入市中小企业局，并将市中小企业局调整为市经济贸易局的内设机构，增挂市民营经济发展协调办公室牌子，内设综合科、改革发展科、企业技术创新科和企业服务科4个科室。主要职能包括贯彻落实和起草相关政策、规划指导中小企业发展、监测分析经济运行态势、推动中小企业科技创新和技术改造，组织中小企业开展经济技术合作交流，推动相关社会服务体系建设、帮助中小企业融资和协调部门提供高效优质的服务等方面。

【中小企业专题调研报告出台】2008年，东莞市为了在整体上把握中小企业的发展状况和未来发展趋势，客观分析中小企业自身成长的规律，为政府部门制订有针对性的发展中小企业的方针、政策和措施提供有效的咨询依据，东莞市经贸局、东莞市中小企业局联合广东省中小企业局、广东省信用担保协会、广东省中小企业研究咨询中心、华南理工大学、中山大学等部门单位共同开展了一系列专题性调研，形成了《2007东莞市成长型中小工业企业评价研究报告》、《2007东莞市中小企业现状调研报告》和《2007东莞市中小企业“融资难”问题调研报告》3个调研成果，并汇编成册对外派送，进一步促进了社会各界对东莞中小企业情况的了解和掌握，也为东莞推动中小企业科学发展提供决策依据。

【10亿元融资支持计划实施】2008年，东莞市政府为鼓励银行机构和担保机构加大对中小工业企业和加工贸易企业的信贷支持和贷款担保力度，降低企业融资成本，切实帮助中小工业企业和加工贸易企业平稳实现转型升级，决定安排10亿元专项资金实施“重点中小工业企业和加工贸易企业融资支持计划”。融资支持计划分直接贷款支持计划、贷款担保支持计划和贷款贴息计划三部分。与此相对应，融资支持资金分贷款风险补偿金、贷款担保风险补偿金和贷款贴息资金三部分。11月20日，市政府召开动员会议，正式颁布该计划及

2007年度东莞市50强民营企业名单

序号	镇街	企业名称	序号	镇街	企业名称
1	东城	东莞市东糖集团有限公司	26	莞城	广东大地通讯连锁服务有限公司
2	南城	中域电讯连锁集团股份有限公司	27	企石	东莞市凯晟灯头实业有限公司
3	长安	广东步步高电子工业有限公司	28	寮步	东莞市永强汽车制造有限公司
4	松山湖	广东洛贝电子科技有限公司	29	道滘	东莞市搜于特服装股份有限公司
5	虎门	广东丰泰集团有限公司	30	厚街	东莞市金河田实业有限公司
6	虎门	东莞市以纯集团有限公司	31	南城	广东省东莞电机有限公司
7	桥头	东莞市三正房地产开发有限公司	32	万江	东莞市金翔电器设备有限公司
8	企石	广东名冠集团有限公司	33	东城	东莞市光润家具制造有限公司
9	高埗	广东唯美陶瓷有限公司	34	莞城	广东智通人才连锁股份有限公司
10	莞城	广东南峰集团有限公司	35	东城	东莞市德生通用电器制造有限公司
11	塘厦	广东志成冠军集团有限公司	36	松山湖	广东康菱动力科技有限公司
12	塘厦	东莞市坚朗五金制品有限公司	37	寮步	东莞市开关厂有限公司
13	常平	东莞勤上光电股份有限公司	38	长安	东莞市鸿元电子有限公司
14	大岭山	东莞市金铭电子有限公司	39	万江	东莞市科达机电设备有限公司
15	南城	广东宏远集团有限公司	40	长安	广东欧珀电子工业有限公司
16	南城	东莞市建工集团有限公司	41	寮步	东莞市康达机电工程有限公司
17	松山湖	广东易事特电源股份有限公司	42	大朗	东莞市颖祺实业有限公司
18	南城	东莞市世纪城商住开发有限公司	43	长安	东莞市东阳光电容器有限公司
19	东城	东莞市高能电气股份有限公司	44	东城	东莞市奕东电子有限公司
20	麻涌	东莞市奇声电子实业有限公司	45	石龙	东莞市隆泰实业有限公司
21	石龙	广东众生药业股份有限公司	46	厚街	东莞市华源集团有限公司
22	石碣	东莞市明盛能源有限公司	47	麻涌	东莞市龙腾纸业有限公司
23	虎门	广东领亚电子科技有限公司	48	洪梅	东莞市富之源饲料蛋白开发有限公司
24	横沥	广东明家科技股份有限公司	49	万江	东莞市至诚涂料有限公司
25	黄江	东莞市盛和化工有限公司	50	南城	东莞市杉杉电池材料有限公司

操作规程，并公布3184家列入首批“重点中小工业企业和加工贸易企业数据库”的企业名单，包括1821家中小企业和1363家加工贸易企业。

【中小企业融资服务体系】2008年，东莞市中小企业局与中国信用保险公司共同搭建中小企业政策性融资服务平台，为急需融资的企业开展项目洽接，实现中小企业以应收帐款获得融资支持，截至2008年，中国信用保险公司东莞办事处已累计带动企业融资超过20亿元。市中小企业局下发《转发省府办公厅〈转发省经贸委等部门关于进一步加强中小企业信用担保体系建设意见的通知〉的通知》，建立以市财政局等13个部门为成员单位的全市信用担保体系建设工作联席会议制度，制定信用担保业发展规划，成立东莞市信用担保行业协会，有计划有步骤地推动信用担保机构发展。截至2008年，信用担保机构增至38家，全年为2282家中小企业提供贷款担保总额达94.04亿元。市中小企业局积极推动银企合作，如举办“广发好融通行业协会融资恳谈会”，促进广发行大力支持东莞市中小企业发展。

【推动中小企业、民营经济发展】2008年11月5日，东莞市印发《关于解决我市中小企业融资难问题的指导意见》，就长期困扰中小企业发展的融资难这一具体问题提出加强企业建设、推动金融业发展、开拓多元化融资渠道和加快中小企业信用体系建设等四大方面22条意见，对解决东莞市中小企业融资难问题提出较为系统的解决方案。2008年12月23日，东莞市印发《关于鼓励获广东省百强及东莞市50强称号民营企业的实施意见》，为获得相关称号的民营企业提供申请资金、信贷支持、用电用地、人才引进和减轻企业负担等多方面的扶持措施，推动企业做大做强。

▲ 东莞市积极引导企业申报专利（张村城 摄）

【中小企业工作会议】2008年12月24日，东莞市委、市政府召开全市中小企业工作会议，市委书记、市人大常委会主任刘志庚，市委副书记、市长李毓全，常务副市长冷晓明、副市长邓志广等市领导以及相关人员共400多人出席会议。刘志庚要求大家认清形势，坚定信心，切实增强中小企业在管理、市场、集群和技术等方面的创新能力，从加大政策落实、加大扶持服务、加大规范引导等方面全面提升对中小企业的服务水平。会上，邓志广还传达全省中小企业工作会议精神。现场发放《近期国家、省、市部分重要政策文件汇编》。

【50强民营企业认定和优秀民营企业家评选】2008年12月，东莞市经贸局、东莞市中小企业局牵头开展2006—2007年度东莞市50强民营企业的认定工作和东莞市优秀民营企业家的评选工作，经市政府审定后公布。这是东莞市继2004年和2006年开展50强民营企业认定工作以来的第三届。

【民营企业家健康工程】2008年，为体现对民营企业家的关怀，东莞制定并实施“民营企业家健康工程”，由市财政安排专项资金，对重点民营企业的负责人进行身体检查。12月，首次组织80多名企业家前往东莞康华医院进行全面、专业的健康体检。

【民营企业家和管理者素质提升】2008年，东莞市举办“东莞民营企业家南京大学人力资源班”和“东莞民营企业家中山大学酒店管理高级研修班”，并组织举办13期“东莞民营企业家面对面”活动，近4000人次接受免费培训。

【东莞市中小企业发展促进会和东莞市信用担保协会成立】东莞市中小企业发展促进会、东莞市信用担保协会成立大会于2008年12月18日举行。东莞市中小企业发展促进会是由市经贸局、市中小企业局主管，专为中小企业服务的社会团体组织，时有会员150多家。东莞市信用担保协会是依照国家有关法律法规和市委、市政府关于建立完善信用担保体系建设，促进中小企业、民营企业发展的一系列政策措施的要求，为实现担保行业实现自律管理和担保机构的可持续发展，经东莞市经济贸易局、东莞市民间组织管理局批准成立的非营利性社会团体法人。成立市中小企业发展促进会、市信用担保协会是东莞市为贯彻落实《中华人民共和国中小企业促进法》、《广东省促进中小企业发展促进条例》，扶持和促进中小企业发展，加强市信用担保行业自律和健康良性发展的一大举措。（陈　刚）

东糖集团有限公司

【概况】东糖集团有限公司（简称东糖集团），是由始建于1935年的广东省东莞糖厂改制设立的民营企业，是广东省百强民营企业之一、东莞市工业龙头企业和50强民营企业之一。2008年，东糖集团拥有28个控股、参股子公司。主营食糖生产贸易、原糖加工，制浆造纸、食品生物工程、热电能源。总部设在东莞市东城。建有广东东莞，广西来宾、横县、天等，山西大同，云南建水、石屏等多个生产基地。

2008年，面对国际金融危机、糖价下跌和发电成本上涨等诸多不利因素的影响，东糖集团审时度势，积极应对，加强各项管理工作，开源节流，降低综合经营成本，在逆境中保持健康发展。全年实现产品销售收入达45亿元，实现利税3.9亿元。

【投资与发展】2008年1月，东糖集团为拓展国际市场，在香港成立独资的香港东卓发展有限公司。7月和9月，先后收购广西天等俊杰糖业有限责任公司60%、广西横县新凯糖业有限责任公司40%的股权。年内，对属下有关公司进行增资扩股：分两次对广西来宾东糖纸业有限公司增资2200万元；以现金分别向广西丹宝利酵母有限公司和广西一品鲜科技有限公司增资3600万元和1200万元；向广东中轻南方炼糖纸业有限公司增资124.44万元。

2008年，广西来宾东糖纸业公司浆纸扩产工程已进入试产阶段，其生产规模已达年产15万吨。与法国乐斯福集团合营的广西丹宝利酵母有限公司和广西一品鲜生物科技有限公司主体车间完成，全面进入安装阶段，累计投资已达4.8亿元。启动广西来宾东糖桂宝有限公司搬迁扩建8000吨/日工程，完成申报和土地平整。（下转307页）

中国烟草

广东省东莞市烟草专卖局
广东烟草东莞市有限公司

2008年7月29日，东莞市烟草专卖局(公司)参加东莞市卷烟打假联席会议暨专项行动表彰会（摄影 许家铭）

2008年1月16日，东莞市烟草专卖局(公司)召开职工代表大会，通过职工代表的充分讨论，会议通过了《广东烟草东莞市有限公司劳动规章制度》和《广东烟草东莞市有限公司职业资格鉴定工作考核奖惩办法》。职工代表对两项制度积极献言献策，充分行使了民主权利（摄影 许家铭）

2008年6月28日，东莞市烟草专卖局(公司)会同东莞市公安局经侦支队等职能部门破获"6·28"长安特大贩运假烟案（摄影 许家铭）

2008年7月4日，东莞市烟草专卖局(公司)举办"抗震救灾，我们同在"演讲比赛（摄影 许家铭）

广东省东莞市盐务局
广东省东莞盐业总公司

东莞市副市长邓志广(右)出席广东省东莞市盐务局挂牌仪式

食用碘盐的作用

碘是人体必需的微量元素，碘对维持生命活动，促进生长发育，影响脑发育意义重大。食用加碘盐是众多国家和事实都证明的消除碘缺乏病最有效、最经济、最方便、最易接受的群体干预措施。

营养盐产品介绍

☆自然晶盐

自然晶盐是以天然的海水自然结晶并经科学加工而成的新一代食盐，具有晶莹洁白、颗粒均匀、味道鲜美的优点，富含人体所需的钙、镁、钾等微量元素，长期食用能使人体获得天然有益元素的持续补充，符合现代人"绿色环保"的生活理念。

☆低钠盐

普通食盐氯化钠含量90%以上，过多摄入氯化钠会影响健康。本品采用科学方法处理，氯化钠含量降至70%左右，适合中老年人和高血压患者人群，同时补充人体必需的钾元素。

☆加钙盐

本品以食用盐和易被人体吸收的活性钙为原料，经科学方法研制而成，含人体所需的钙、铁、锌、碘等元素，长期使用本品可有效地为人体补充钙营养。

依法行政，严厉打击制售假冒伪劣食盐的违法行为

☆食盐鉴别要点

1、防伪标识以端正为真品；
2、包装袋背面电脑喷码编号绝无重复及褪色；
3、盐袋两边（腰侧）无折痕；
4、食盐包装袋干净卫生，无沾手及油腻感。

☆真假食盐查询方法

短信查询方法：
编写数字信息"16位激光防伪编码"
中国移动、中国联通发至：15961131115
电话查询方法：自动咨询：020-61131115
人工咨询：020-61131029
查询网址：WWW.61131115.COM
投诉及举报电话：0769-22383896
东莞盐业配送中心：22185263

东莞盐业配送中心

全自动化食盐包装生产线

东莞市质量技术监督局

2008年3月3日，东莞市质监局召开继续解放思想学习讨论活动动员大会

2008年10月21日，美国法洛克公司赠匾感谢东莞市质监局打假维权

2008年11月17日，东莞市质监局和香港科技大学相关负责人为实验室揭幕

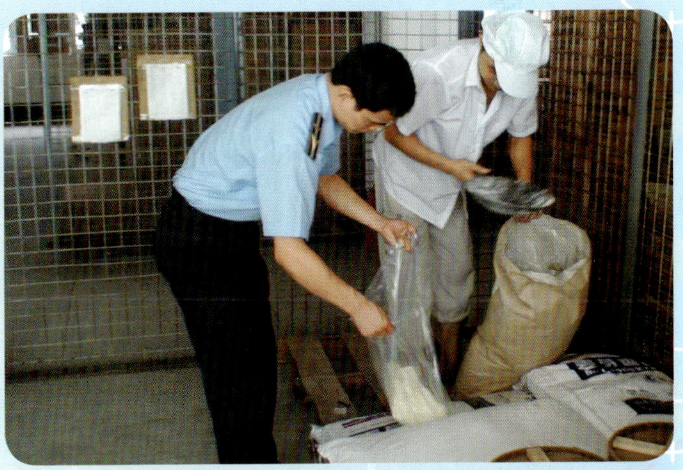

东莞市质监局工作人员严查乳制品生产加工企业

援川人员在灾区检验特种设备

2008年9月23日，东莞市质监局举行廉政文艺汇演及廉政宣誓

东莞市安全监管局

2008年6月广东省副省长佟星(右三)率省安全生产检查组在东莞市副市长邓志广(右二)等陪同下到虎门港百安石化仓储基地进行安全检查

省安全生产检查组在百安石化仓储有限公司的监控室了解该公司对各储罐及企业重点部位的监控情况

国务院安委办在国庆期间对东莞市安全生产工作进行了督查。图为督查组在东莞三江港口储罐有限公司的消防总控室检查管道压力的情况，中间是国务院安委办副主任、国家安全监管局副局长孙华山，左一是市安全监管局局长陈建国，右一是市政府副市长邓志广，右二是该企业安全负责人、右三是国家安全监管局监管三司司长王浩水

东莞市召开全市安全生产工作会议，市委书记、市人大常委会主任刘志庚在会上做了重要讲话，肯定了全市各职能部门2008年安全生产工作取得的优异成绩，更勉励全市安全生产战线的干部职工要“克难奋进、长期努力”。会上市人民政府副市长邓志广作了2008年全市安全生产总结和布置了2009年工作，会议还表彰了2008年度全市安全生产工作先进镇街、先进单位和先进个人

主席台就坐领导有：市委书记、市人大常委会主任刘志庚，市委副书记、市长李毓全，市人大常委会副主任张顺光，市政府副市长邓志广，市政协副主席周楚良，市政府秘书长殷焕明，市政府副秘书长任新合，市安全监管局局长陈建国

2008年11月27日，东莞市2008年危险化学品事故应急救援演练在东莞大宝化工制品有限公司举行，副市长邓志广担任本次演练的总指挥，市相关部门领导担任副总指挥，市安监局、市公安局、市公安消防局、市卫生局、市交通局、市环保局、市气象局、市城管局、东莞大宝化工制品有限公司等17个单位参加演练，参演人员超过300人。这是东莞首次举行危险化学品事故应急救援演练，演练按计划和程序顺利完成

图中为危险化学品应急救援演练现场指挥部，中间是应急救援演练现场总指挥、市安全监管局副局长符基英，左侧为公安消防部门一线指挥人员

图中为公安消防官兵对模拟事故现场进行火灾扑救

东莞市食品药品监督管理局

市食品药品监督管理局牵头开展三鹿婴幼儿奶粉事件查处工作

省督查组检查东莞市兴奋剂专项治理工作

省食品安全委员会对东莞市食品安全示范镇创建工作进行验收

市政府督查室督办市人大重点议案办理工作

Winnerway 宏遠 广东宏远集团有限公司

宏远男篮在2008-2009赛季第五度问鼎中国男子篮球职业联赛总冠军，又一次捧起至尊鼎

广东宏远集团有限公司成立于1987年12月，经过20多年的发展，逐步形成了以工业区开发经营为基础，房地产、药业为龙头，体育产业、服务业、国际贸易等产业相配套发展，跨地域、多元化经营的发展格局。宏远集团连续3年入选中国进出口企业500强，2007年3月，广东省工商行政管理局认定"宏远"商标为省著名商标，同年2月，被东莞市委、市政府授予"东莞市50强民营企业"称号，2008年8月荣获"2006-2007年度广东省百强民营企业"称号，2009年再度被东莞市委、市政府授予"东莞市50强民营企业"称号。

1994年7月，由宏远集团发起组建的东莞宏远工业区股份有限公司，成为东莞市首家上市公司，其属下的广东宏远集团房地产开发有限公司是东莞较早涉足房地产、具有国家二级开发资质的本土知名企业之一，主要从事工业区、综合商住区及其它房地产项目的开发建设与经营。宏远地产倡导"生活因我而变"的企业开发理念，秉承"以人为本，诚信经营，创造精品，回报社会"的经营理念，成功开发了金丰花园天景居、活力康城、江南世家、江南雅筑、江南第一城等享誉东莞、耳熟能详的高品位房地产项目。先后获得"全国社区体育健身俱乐部试点单位"、"广东省住宅小区体育示范单位"、"广东省绿色住区"、"广东省文明社区"、"东莞房地产最具城市贡献发展商"、"东莞城市标志住宅金奖"、"广东省房地产企业诚信联盟成员"、"企业公民奖"、"东莞地产品牌企业金奖"、"东莞最佳人文社区"、"中国别墅金鼎奖"等荣誉称号。

宏远药业秉承"质量第一，服务至上"、"救死扶伤，造福于民"的宗旨，开发了一批疗效显著的产品，获得国家药品批准文号有35种；拥有多个发明专利，造就了一批国内知名品牌。自1996年以来，宏远药业先后获得了"广东省高新技术企业"、"省医药行业信息统计工作先进单位"、"广东省创新质量、诚信经营企业"、"东莞市优秀民营科技企业"、"东莞市生产经营先进单位"、"东莞民科企业创新奖"、"AA级信用企业"、"广东省医药行业抗非典模范单位"等各项殊荣，在同行业中具有较强的竞争优势。

宏远集团组建的广东宏远篮球俱乐部是国内最早的职业篮球俱乐部，宏远男篮继2003-2004赛季、2004-2005赛季和2005-2006赛季，连续三次荣获中国男子篮球职业联赛总冠军之后，于2007-2008赛季再夺总冠军，2008-2009赛季第五度问鼎中国男子篮球职业联赛总冠军。宏远男篮在以优异的体育成绩传播企业形象，谱写企业文化新篇章的同时，也成为东莞打造文化新城、建设体育强市的重要品牌……

现场挥毫

宏远地产

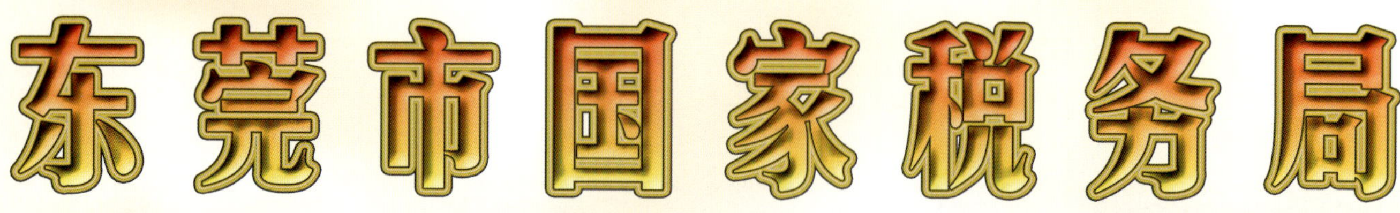

东莞市国家税务局

2008年11月，国家税务总局局长肖捷(前右三)深入东莞调研，图为视察东莞三星电机有限公司

全面展开解放思想学习讨论

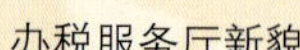

办税服务厅新貌

办税服务厅使用统一的门牌标识

市国税局多次举办税收新政宣讲会

积极参与主题为“适应加工贸易退税政策调整，促进东莞加工贸易转型升级”的“阳光热线”直播节目

机关妇女干部开展丰富多彩的文体活动

东莞市地方税务局

2008年1月23日，市地税局召开中国共产党东莞市地方税务局机关委员会成立大会

2008年11月21日，市地税局石排分局荣获“全国青年文明号”揭牌仪式

2008年11月20日，市地税局开展副科级领导干部公推工作

2008年11月4日，市地税局召开政风行风座谈会

2008年9月2日，市地税局对新任公务员进行廉政教育

2008年1月17日，市地税局举办新企业所得税法及其实施条例培训班

2008年10月23日，市地税局开展送税法进企业活动

2008年2月27日，市地税局进行加工贸易转型税收政策调研

2008年4月26日，市地税局参加东莞市“阳光热线”电台直播节目

2008年4月24日，市地税局举办送税法进校园活动

ICBC 中国工商银行 东莞分行

2008年12月29日，东莞市政府与中国工商银行股份有限公司广东省分行合作签字仪式，政、银双方紧密合作，共促经济发展

2008年8月15日，中国工商银行股份有限公司东莞分行举行上市顾问业务推介会暨签约仪式，大力支持企业融资上市工作

2008年3月28日，中国工商银行股份有限公司东莞分行营业部财富管理中心隆重举行揭幕仪式，加速推进优质服务进程

中国银行 BANK OF CHINA

中国银行行长李礼辉(左)到东莞调研与市委常委、常务副市长冷晓明亲切座谈

中国银行东莞分行党委书记、行长刘劲

中国银行东莞分行本部三楼财富管理中心

中国银行东莞分行2009年分行本部中层干部合影

中国银行东莞分行大楼

中国建设银行
China Construction Bank

东莞市分行

中国建设银行股份有限公司董事长郭树清到东莞调研，并会见市委书记、市人大常委会主任刘志庚

举行“与奥运同行”系列文体活动

与市政府签订战略合作协议

举行中小企业融资推介会

广东发展银行 东莞分行
GUANGDONG DEVELOPMENT BANK Dongguan Branch

广东发展银行 东莞分行
经营管理专题讲座
2008.03.16
卢少斌 金海腾

2008年3月16日，广发总行副行长金海腾参加广发东莞分行经营管理专题讲座

2008年5月4日，广发东莞分行在松山湖举办庆祝成立二十周年系列活动启动仪式

广发东莞分行党委组织全体党员到东莞党校参观学习

2008年10月29日，广发东莞分行举办全行运动会篮球比赛

交通银行 BANK OF COMMUNICATIONS 东莞分行

2009年1月15日，与东莞市政府签署战略合作协议

东莞市金融系统领导在分行调研

分行管理层深入企业调研，积极支持企业发展

OTO沃德财富服务中心，为高端客户提供尊贵、优质的服务

通过各种渠道，积极扶持中小企业发展

东莞银行

2008年3月23日，“东莞市商业银行”正式更名为“东莞银行”。图为东莞市委常委、常务副市长冷晓明，东莞市委常委、市委秘书长何嘉琪等领导及东莞银行董事长廖玉林、监事长王国栋、行长卢国锋为东莞银行揭牌剪彩

2008年12月16日，东莞银行广州分行开业，标志着东莞银行从地方性银行成功转型为区域性银行，为实现全国性区域银行的战略目标迈出了坚实的第一步。图为广东省人民政府副秘书长李捍东(右二)，东莞市委常委、常务副市长冷晓明(左二)，广东银监局副局长林海(左一)和东莞银行董事长廖玉林共同主持“东莞银行广州分行”启动仪式

2008年12月28日，东莞银行被金融时报社、中国社会科学院金融研究所联合评定为“2008年度最佳成长性中小银行”。图为副行长张涛(右三)代表东莞银行领取“2008年度最佳成长性中小银行”奖牌

招商银行 CHINA MERCHANTS BANK 东莞分行

2008年招商银行东莞分行南城支行荣获中国银行业“文明规范服务示范单位”称号

2008年9月26日，招商银行东莞分行财富管理中心开业

2008年10月16日，招商银行东莞分行与东莞国际科技合作周项目发布及签约仪式

2008年6月，招商银行举办“金葵花”杯全国少儿钢琴大赛

兴业银行成立于1988年8月，是经国务院、中国人民银行批准成立的首批股份制商业银行之一，总行设在福建省福州市，2007年2月5日正式在上海证券交易所挂牌上市（股票代码：601166），注册资本50亿元。2008年8月26日，本行成立20周年。开业20年来，兴业银行始终坚持与客户“同发展、共成长”和“服务源自真诚”的经营理念，致力于为客户提供全面、优质、高效的金融服务，从一家区域性小商业银行快速成长为全球银行200强和全国银行10强，完成由地方银行、区域银行、全国银行到上市银行的四级跨越，全面确立在中国银行业的主流地位。截至2008年6月末，兴业银行资产总额为9169.64亿元，股东权益为438.82亿元，上半年累计实现净利润65.44亿元。根据英国《银行家》杂志2008年7月发布的全球银行1000强的最新排名，兴业银行按总资产排名列第124位，比2007年提升21位，按一级资本排名147位，比2007年提升113位。

2008年11月30日，在《21世纪经济报道》主办的“2008年亚洲银行竞争力排名”中，本行凭借出色的盈利能力荣获“中国内地最佳股本回报奖”，连续两年蝉联中国内地银行收益指标第一名。2008年12月6日，在21世纪报系主办的“2008年中国企业公民论坛暨2008年第五届中国最佳企业公民颁奖典礼”上，本行再次荣获“最佳企业公民”大奖。2008年12月28日，在《金融时报》和中国社会科学院金融研究所联合主办的“中国改革开放最具影响力50件大事暨2008中国最佳金融机构排行榜发布仪式”上，本行荣获“年度最佳股份制银行”奖。

员工登山活动

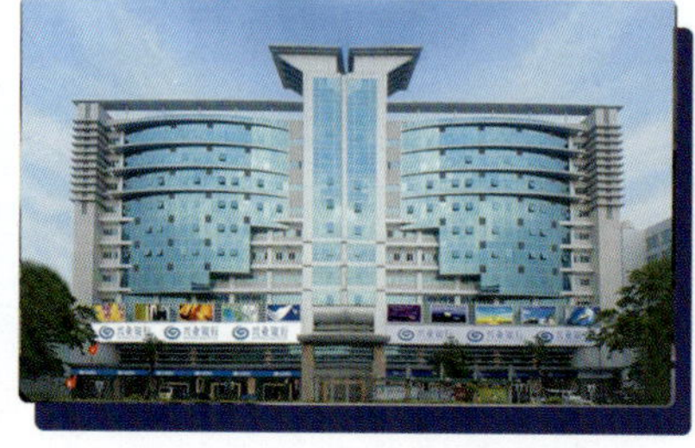
兴业银行东莞分行大楼

20年行庆文艺会演

中信银行 东莞分行
CHINA CITIC BANK DONGGUAN BRANCH

2009年3月13日，中信银行东莞分行隆重举行成立十周年暨乔迁庆典。图为中信银行行长陈小宪、中信集团董事李康、市政协主席刘树基、市常务副市长冷晓明、市金融办主任叶浩鹏、东莞银监分局局长陈云青、市人行行长林平、南城区党委书记钱超、中信银行东莞分行行长彭周福参加剪彩仪式

2008年12月3日，中信银行东莞分行成功举办“信福年金”品牌推介会。中信银行副行长苏国新、东莞市社会保障局局长梁冰、东莞银监分局纪委书记匡才满和中信银行东莞分行行长彭周福共同推动发布杆

2008年9月13日，中信银行东莞分行在中信常平高尔夫球会举办“第二届天才少年高尔夫训练营”活动，进一步加深了与贵宾客户的交流

地　　址：东莞市南城区鸿福路106号南峰中心大厦
联系电话：0769-22667888
传　　真：0769-22667999

中信银行东莞分行新办公大楼外景

东莞信托有限公司
DONGGUAN TRUST CO.,LTD.

公司简介

东莞信托有限公司成立于1987年，2002年获得重新登记，注册资本5亿元，2007年换领新金融许可证，并更名为“东莞信托有限公司”。作为银监会监管的非银行金融机构，公司主要从事信托投资、资产管理、资本运营等综合金融服务，截至2008年，是广东省内唯一一家地级市信托公司。

公司成立22年来，秉承“受人之托、代人理财”的服务宗旨，坚持“以诚待人、人信立业”，以服务东莞经济发展为已任，规范经营、稳健发展，面向社会团体、企业及个人提供多元化、个性化的金融服务。公司管理团队凭借多年积累起来的丰富的金融从业经验、多元的金融创新、严密的风险控制及科学的经营管理，在资本市场、货币市场和产业市场的广阔领域中，为广大客户设计个性化的金融产品，实现客户资产的保值增值。

公司致力于培育诚信、效益、责任的企业精神，以建设现代企业制度为落脚点，具有健全的法人治理结构，完善的内控制度，稳健专业的管理团队，在地方金融和信托行业中具有良好的口碑和信誉。至2008年底，公司管理信托资产102.89亿元。

服务宗旨：受人之托、代人理财

经营范围

（一）资金信托；

（二）动产信托；

（三）不动产信托；

（四）有价证券信托；

（五）其他财产或财产权信托；

（六）作为投资基金或者基金管理公司的发起人从事投资基金业务；

（七）经营企业资产的重组、购并及项目融资、公司理财、财务顾问等业务；

（八）受托经营国务院有关部门批准的证券承销业务；

（九）办理居间、咨询、资信调查等业务；

（十）代保管及保管箱业务；

（十一）以存放同业、拆放同业、贷款、租赁、投资方式运用固有财产；

（十二）以固有财产为他人提供担保；

（十三）从事同业拆借；

（十四）法律法规规定或中国银监会批准的其他业务。

经中国银监会批准，公司可调整经营范围。

公司地址：东莞市城区旗峰路98号福民购物广场12楼　　邮政编码：523008
联系电话：0769-22312322　公司网站：www.dgxt.com　电子邮箱：bgs@dgxt.com

东莞证券有限责任公司

DONGGUAN SECURITIES CO.,LTD.

东莞证券有限责任公司成立于1988年6月，注册资本5.5亿元，由东莞市市属国有企业控股，是全国性综合类证券公司、规范类证券公司，并为全国首批承销保荐机构之一。

作为综合类证券公司，东莞证券公司业务范围涵盖了经纪、资产管理、投资银行、自营、研究资讯等业务领域。公司经纪业务在东莞地区的市场份额超过了60%，下属10家证券营业部、10家证券服务部，覆盖东莞市各经济发达镇街及上海、深圳等城市，为客户提供包括A、B股、权证、债券、回购、基金等齐全的投资品种；公司投资银行部以一流的专业水准和一流的服务质量积极推进优质企业的改制、辅导及境内外发行上市，先后完成了伟星股份、广东榕泰等公司定向增发项目的主承销工作以及多家公司股改和再融资工作；资产管理业务作为公司重点发展的业务之一，以实现客户资产的保值、增值为己任，致力于为客户提供各种低风险、高收益的投资品种。

经营理念："规范、诚信、务实、创新"

核心价值观："智慧创造财富、专业成就价值"

总部地址：东莞市莞城可园南路1号金源中心30楼

客服热线：961130

网址：http://www.dgzq.com.cn

中共东莞市委党校

市委党校召开“周日党课”举办两周年座谈会，图为市委副书记、党校校长黄双福为优秀联络员颁奖

市委党校召开《东莞改革开放辞典》出版发行暨科研工作座谈会

2008年第一期中青班举行“东莞到底是浮华外表、沉重肉身，还是平实外表、矫健肉身”专题辩论会

市反腐倡廉和预防职务犯罪教育基地(设在市委党校图书馆)接待各单位党员干部参观

共青团东莞市委员会

团中央书记处第一书记陆昊(三排中)率调研组一行莅莞调研

市委书记、市人大常委会主任刘志庚与少先队员亲切交谈

市委副书记、市长李毓全为中国青年五四奖章获得者颁奖

市委副书记、市委政法委书记黄双福，市委常委、市委组织部部长庞国梅与市志愿服务金奖获奖代表合影留念

市委常委、市委组织部部长庞国梅(中)参加关爱新莞人子女手拉手活动

副市长吴道闻与地震灾区留守少年儿童合影留念

东莞市人事局

2008年11月11日，市人事局局长游其晃(左)到智通人才市场调研金融危机下的人才招聘和高校毕业生就业工作

2008年7月25日，市人事局召开全市人才服务站建设工作现场会，全面推进镇街人才服务站建设，优化人才服务

2008年春节前夕，市人事局、市军转办领导到困难军转干部家中慰问并与老人亲切交谈

2008年10月23日，东莞市新建博士后科研工作站授牌仪式在松山湖举行，为四家新建博士后工作站授牌

东莞市机关事务管理局

市机关事务管理局新春团拜会

市领导在市行政办事中心监控室指导工作

市领导带队检查市行政办事中心地下水泵房

中共东莞市机关事务管理局支部党员大会

深入学习实践科学发展观专题民主生活会

市行政办事中心饭堂厨房工作情况，图为饭堂工作人员正为机关干部烹调美味菜肴的情形

东莞市人民政府

2008年12月，市府经协办荣获“全国东西扶贫协作先进单位”称号，27日至29日，市府经协为主任刘学聪代表单位赴京参加了表彰会议并上台领奖。图为刘学聪(一排右二)接受中共中央政治局委员、国务院副总理、国务院扶贫开发领导小组组长回良玉(前左)的接见

2008年8月13日至14日，市委书记、市人大常委会主任刘志庚(后排左三)和市委副书记、市长李毓全(左二)率领东莞市党政代表团赴韶关市，就推进“双转移”、加强对口合作工作展开为期两天的实地调研和考察，双方签订了一系列对口合作框架协议。图为市府经协办主任刘学聪(前排左三)代表东莞市扶贫工作领导小组办公室签署2008年对口帮扶协议书

2008年1月14至16日，市委常委、常务副市长冷晓明(四排右四)率东莞市春节慰问团前往对口帮扶的广西河池市进行慰问活动。图为慰问当地贫困村和村小学

经济协作办公室

2008年12月23日，市府经协办组织召开2008年各地政府驻莞办事机构工作总结表彰会议。副市长顾春芳出席会议并作重要讲话，市有关部门、各镇街分管领导和各驻莞办事机构在编人员参加了会议。图为市领导为先进办事机构和先进镇街协调部门颁奖

2008年3月20日至21日，市府经协办具体承办了全国东西扶贫协作工作会议。国务院扶贫办副主任王国良在会上作重要讲话，全国26个省、区、市扶贫协作部门及有关方面负责人近100人参加了会议，省府副秘书长颜学亮、市领导刘志庚、冷晓明、李小梅分别接待了与会领导和代表。图为国务院扶贫办国际合作与社会扶贫司司长吴忠(右二)、广东省扶贫办主任林果先(左二)、副市长李小梅(右一)出席会议并作重要讲话

2008年11月13日，第五届“珠江三角洲与山区及东西两翼经济技术合作洽谈会” 在湛江举行，副市长邓志广(左三)任团长，副秘书长任新合(左二)、市经贸局局长陈桂明（右三）、经协办主任刘学聪(左一)为副团长的东莞代表团参加了洽谈会。期间，东莞市签约32个项目，其中超亿元的项目9个

2008年，市府经协办党支部积极开展“市直机关示范党支部”创建活动，成效明显，12月，被市直工委命名为首批“市直机关示范党支部”。图为副市长顾春芳 (右二)、市府办直属机关党委书记殷焕明(右一)、党委委员张永忠(左一)检查党支部工作，支部书记刘学聪(左三)、副书记陈俊(左二)陪同

2008年，市府经协办积极参与支援汶川地震抗震救灾工作，10月，被市委、市政府评为“东莞市抗震救灾先进集体”；该办曹华军参加了东莞市首期援建过渡安置房工作，被市委、市政府表彰为“东莞市抗震救灾先进个人”

东莞市地方志办公室

2008年2月27日，全市地方志工作会议在行政办事中心举行

2008年5月19日，东莞市地方志办公室举办抗震救灾募捐活动

2008年，东莞市地方志办公室在市委、市政府和省史志办的领导下，全面贯彻落实《地方志工作条例》和《广东省地方志工作规定》，团结协助、开拓进取，扎扎实实地开展编鉴修志工作。高质量地编纂出版《东莞年鉴》2008年卷，约100万字；组织指导、审核出版《东莞市检察志》、《东莞市人口与计划生育志》、《东莞市塘厦镇志》、《东莞市樟木头镇志》、《东莞市塘厦四村志》、《东莞市凤岗镇官井头村志》等一批部门专业志、镇街志和村志；《东莞市志（1979-2000）》按计划完成总纂的50%，进展顺利；虎门、长安、东坑、常平、横沥、洪梅、寮步及社保、水利、人事、统计等部门一大批镇街志和部门专业志完成初审、复审；组织编纂《东莞改革开放30年图鉴》，全面回顾和总结东莞改革开放30年的发展历程；较好地完成上级有关部门和市委、市政府交给的各项工作任务。

东莞市第二轮修志成果

2008年4月15日，《东莞市塘厦镇志》、《四村村志》、《塘厦医院志》首发式暨经验推广会在塘厦镇举行

2008年9月24日，《东莞市虎门镇志》志稿评议会在虎门镇举行

2008年11月18日，《东莞市外经贸志》评议会在行政办事中心召开

东莞市科学技术协会

2008年，市科协联合市公安消防局、市教育局共同举办“消防科普年”活动暨“珍爱生命、防火自救”科普展览，市领导冷晓明、吕兢、李秀冰、邝明子出席启动仪式

2008年，市科协开展了东莞市首次公民科学素质调查

2008年8月，市科协联合市卫生局赴汶川慰问东莞市派驻汶川的一线医疗科技工作者

2008年，市科协新设“东莞节能减排技术系列论坛”等专题系列学术交流活动

2008年，市科协推动非公有制企业科协组织的创建工作

东莞市文化广电新闻出版局

2008年10月19日，中共中央政治局常委李长春(右二)参观了万江拔蛟窝社区居民学习网络培训基地和"广东省农家书屋"阅览室

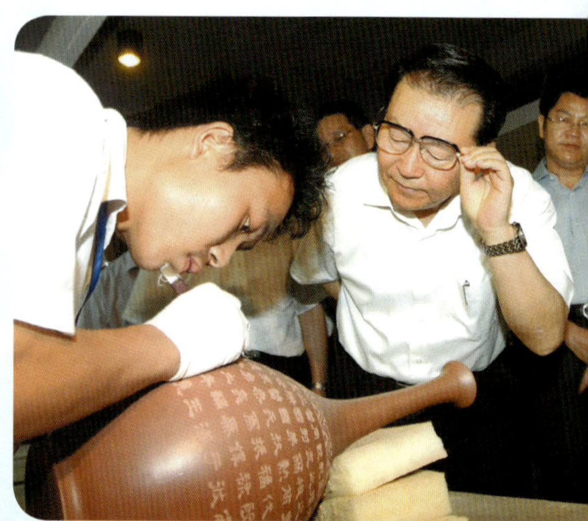

2008年10月19日，中共中央政治局常委李长春参观了陶瓷博物馆

2008年7月4日，中共中央政治局常委、中央书记处书记、国家副主席习近平(前右二)在省领导汪洋、黄华华，市领导刘志庚、李毓全等陪同下，视察了唯美陶瓷博物馆

2008年4月22日，可园博物馆、岭南画院启用暨首届岭南美术节开幕仪式隆重举行

市委书记、市人大常委会主任刘志庚在“走进东莞文明”活动暨“东莞巨变——纪念改革开放三十周年、东莞地级市成立二十周年巡回展”启动仪式上致辞

2008年5月20日，“走进东莞文明”活动暨“东莞巨变——纪念改革开放三十周年、东莞地级市设立二十周年巡回展”启动仪式在东莞展览馆正门广场举行

2008年9月28日，东莞第四届读书节开幕暨莞城图书馆开馆仪式在莞城市民广场隆重举行

2008年9月28日，东莞第四届读书节开幕暨莞城图书馆开馆仪式在莞城市民广场隆重举行

东莞大型组歌《香飘四季》

2008年“纪念改革开放30周年——全国首届农民文艺汇演”上，《红红火火炸糖环》节目获得广东省参赛节目中唯一的“金穗奖”

2008年11月21日，作为省第十届艺术节中唯一一部全新创作的本土题材交响合唱作品，东莞市大型交响合唱“大岭山之歌”在广东星海音乐厅上演

东莞广播电视台

DONG GUAN GUANG BO DIAN SHI TAI

2008年3月28日，在东莞广播电视台3周年台庆晚会上，市委书记、市人大常委会主任刘志庚(左)与东莞广播电视台党组书记、台长黄永贵共同举杯祝贺

东莞广播电视台成立于2005年3月28日，是隶属东莞市委宣传部领导的正处级事业单位。

2008年，东莞广播电视台60多个广播电视栏目全面推行制片人制，自办栏目月平均收听（收视）率提高12%。新闻综合频道的平均收视率和市场份额比上年同期增长4倍以上，9月22日至10月12日，东莞广播电视台电视自办频道黄金时段平均收视率和市场份额连续三周蝉联东莞地区第一名。2个广播频率实现24小时全天候播出，市场份额同比增长22.3%，占领东莞地区七成以上听众。东莞阳光网日均浏览量超200万，跃居全国省市分类网站排名前20强。2008年广告经营创收2.7亿元，比上年增长约8%。首次推出的栏目剧《家园》荣获全国栏目剧优秀奖节目三等奖，广播剧《追梦的人》获得2008年度中国广播剧研究会广播剧专家奖金奖；全市有线数字电视整体转换130多万户，整转工作基本完成；与新疆电视台合办卫视栏目《南海潮》，节目覆盖中国大陆及周边8个国家；相继成立东莞市精彩影视艺术团和东莞市精彩影视制作有限公司；解决了干部群众关心的住房公积金、停车场遮阳棚、食堂伙食、住房、办公条件五大热点问题，获得了全台广大员工的广泛好评。

2008年8月5日，市委常委、宣传部部长王道平(左二)莅临东莞广播电视台检查安全播出情况

2008年11月17日至19日，东莞广播电视台组织中层管理人员到中山大学管理学院参加综合管理能力提升培训班

2008年12月18日，东莞市精彩影视制作有限公司挂牌成立

2008年9月28日，东莞市精彩影视艺术团挂牌成立

2008年6月20日，东莞宣传文广系统考察团赴西藏林芝县考察。东莞广播电视台共向林芝县捐赠价值46万元的物资、10万元经费及20万元项目建设资金

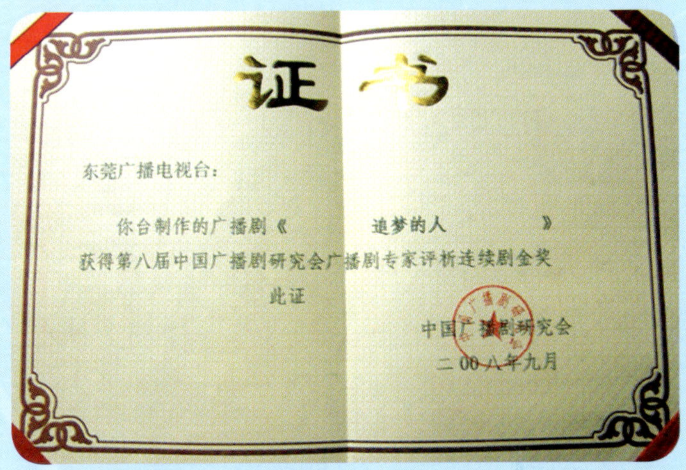
证书

东莞广播电视台：

你台制作的广播剧《　　追梦的人　　》获得第八届中国广播剧研究会广播剧专家评析连续剧金奖

此证

中国广播剧研究会

二00八年九月

2008年9月18日，东莞广播电视台组织录制的广播剧《追梦的人》获2008年度中国广播剧研究会广播剧专家奖金奖

2008年11月21日，新疆电视台与东莞广播电视台联合举行合办栏目《南海潮》的开播仪式。《南海潮》将在新疆电视台汉语卫视频道播出，节目覆盖中国大陆及周边8个国家

东莞日报社

東莞日報 本土就是主流

胡锦涛昨抵北川

東莞日報

汶川地震破坏超唐山

日俄韩新救援队驰援

東莞時報

刘翔伤别

北京奥运会是刘翔最重要的一场比赛！北京奥运会不是刘翔的最后一场比赛！

N+1优品户型，价值更胜一筹

东莞|时间网

www.timedg.com 一网一世界

转型力量

东莞日报社始终坚持把舆论导向放在报社工作的首位，时刻牢记“政治家办报”的指导思想。2008年，围绕中央、省委的大政方针和市委、市政府的决策部署，重点策划组织“八大系列报道工程”，全力打好“新闻宣传二十大战役”。图为《东莞日报》、《东莞时报》、东莞时间网部分重点宣传报道版面

2008年东莞日报社市场影响和行业地位进一步确立，在业界权威机构各类评比中，先后荣获“全国最具品牌价值地市党报十强”、“中国十大地市报品牌”、“中国地市报报业发展五十强”等称号。图为由东莞日报社主办的首届“中国地市报发展高峰论坛”现场

2008年3月26日，在市委、市政府的的关心支持和市委宣传部的具体指导下，由东莞日报社主管主办的《东莞时报》顺利出版发行。经过几个月的艰苦创业，《东莞时报》趋向理性成熟，风华正茂，赢得了报业同行的高度评价和市民读者的普遍喜爱。图为《东莞时报》创刊当天，市委常委、宣传部部长王道平（右一）走上街头为《东莞时报》助阵

2008年，东莞日报社建立了拥有600名征订投递人员、35个发行站和6000个销售终端的发行网络。2009年，《东莞日报》、《东莞时报》全面实行自办发行，两报跟读者客户的沟通更加直接、服务更加贴身。图为东莞日报社发行中心成立暨2009年度征订誓师动员大会

东莞市民政局

2008年春节前夕，市委书记、市人大常委会主任刘志庚率团到中堂镇敬老院，看望并慰问老人

2008年1月29日，全市庆祝第六次荣获"全国双拥模范城"大会在市会议大厦召开

2008年3月3日，全市村社区"两委"换届选举工作会议在市会议大厦召开

2008年10月14日，市民政局局长杨东如(后排右三)带队赴深圳学习考察社会工作

2008年5月22日，"大灾无情、人间有爱"——东莞市抗震救灾大型募捐晚会在玉兰大剧院举行。图为晚会现场全体民政工作人员合影

2008年10月23日至12月24日，东莞市举行第九届老年人运动会

东莞市社会保障局

2008年10月30日，人力资源和社会保障部部长尹蔚民(左一)在省、市领导的陪同下到东莞市调研农民工参加社会保险情况

2008年9月28日，市委书记、市人大常委会主任刘志庚在市社会保障局局长梁冰陪同下到万江街道社区卫生服务中心详细了解社区门诊医疗保障系统建设情况

东莞市社会保障局领导班子风采

东莞市教育局

2008年“六一”期间，东莞市委书记、市人大常委会主任刘志庚深入学校慰问少年儿童

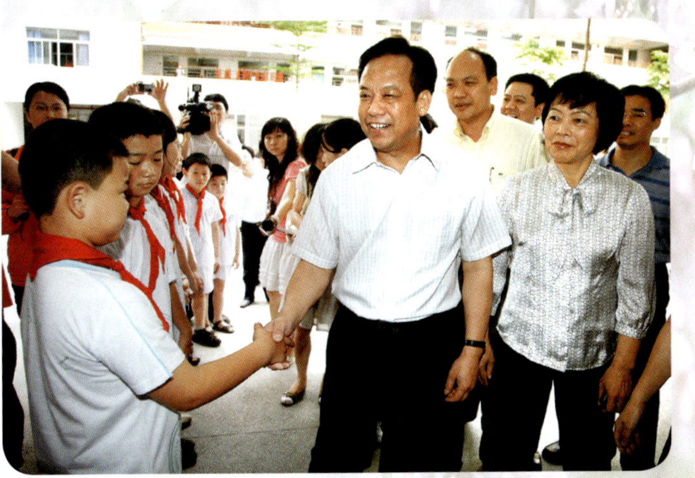

2008年“六一”期间，东莞市委副书记、市长李毓全深入学校慰问少年儿童

2008年9月10日，市委、市政府召开全市教育工作者座谈会，市委副书记、市长李毓全，副市长吴道闻，市政府副秘书长朱益民参加

2008年11月8日，教育部副部长章新胜(右一)在东莞市副市长吴道闻(左一)、广东省教育工委副书记谭泽中(右二)、东莞市教育局局长杨晓棠(左二)的陪同下视察松山湖科技产业园区

2008年10月28日，市人大常委会副主任张继雄(左一)在副市长吴道闻(右二)、市教育局局长杨晓棠(右一)的陪同下视察高中阶段学校布局调整工作

東莞理工學院

DONGGUAN UNIVERSITY OF TECHNOLOGY

2008年1月18日，全国政协原副主席叶选平伉俪莅临东莞理工学院视察，并欣然题词“学思”，殷切寄望师生。东莞市政协主席刘树基，东莞市原市长郑锦滔，东莞理工学院领导周致纳等接待了叶选平伉俪（摄影 张友炳）

2008年2月26日-27日，世界著名物理学家、诺贝尔物理学奖获得者、东莞理工学院名誉院长杨振宁博士莅校指导，并参加了东莞理工学院教育发展基金会成立暨杨振宁奖学金颁奖典礼等系列活动，为首届“杨振宁奖学金”获得者颁奖（摄影 张友炳）

2008年5月11日-16日，教育部本科教学工作水平评估专家组莅校展开了为期6天的本科教学工作水平评估。专家组组长为福州大学校长吴敏生教授，副组长为长春工业大学副校长熙莹教授，成员为福建工程学院副校长陈文哲教授、成都信息工程学院副校长杨家仕教授、河海大学校长助理王济干教授、西北工业大学出版社社长兼总编辑李恩普教授、华中师范大学汉传媒学院院长沈振煜教授。12月，经教育部专家委员会全体委员投票，教育部正式下文，确定东莞理工学院本科教学工作水平评估结论为“良好”（摄影 张友炳）

2008年12月18日，东莞理工学院校长杨晓西在全省依法治校工作会议的授匾仪式上，接过“广东省依法治校示范校”牌匾和证书。东莞理工学院是广东省高校首批8所“广东省依法治校示范校”之一（摄影 曾鹏举）

2008年12月20日，东莞理工学院举行“与区域经济”校长论坛，中山大学校长黄达授、福州大学校长吴敏生教授、吉林大学常校长赵继教授、广东医学院校长周克元教授、邑大学校长胡社军教授及东莞理工学院校长西教授等，分别围绕“大学与区域经济可持展的关系”等进行探讨（摄影 张友炳）

2008年3月18日，东莞理工学院举行新校门奠基仪式；5月12日，新校门竣工通行（摄影 张友炳）

东莞理工学院城市学院

东莞理工学院城市学院图书科技信息大楼举行奠基仪式

截至2008年，东莞理工学院城市学院经过4年多的发展，拥有8859名学生，700多名教职工、有12个教学系部、开设42个本专科专业，是一所机构健全，设施较为完善，功能齐备的本科独立学院。2008年，学院加强师资队伍建设、改善办学条件、不断提高教育教学质量、加大服务东莞力度、全面提升管理水平，各项工作顺利开展并取得良好的效益。新生报到率和毕业生就业率继续位居全省同类院校前列。东莞理工学院城市学院，已发展成为一所深受东莞老百姓欢迎的地方本科院校，为地方培养出大批“肯干、好用”的合格人才。

董事长：东莞理工学院党委副书记、校长 杨晓西教授（兼）
院　长：东莞理工学院副校长 安少华教授（兼）
地　址：东莞市城区学院路251号
电　话：22680818

东莞理工学院城市学院党委中心组召开“服务东莞”专题研讨会

暑假，东莞理工学院城市学院组织首批大学生游学团赴美游学

奥运冠军李小双、李大双莅临东莞理工学院城市学院运动会现场助兴

东莞理工学院城市学院创业班上课形式

凤凰卫视高级策划王鲁湘教授为东莞理工学院城市学院师生讲授中国文化

（图片由东莞理工学院城市学院新闻中心提供）

东莞理工学校

东莞理工学校是一所全日制国家级重点中专学校，在校学生3500多人，教职工230人，师资力量雄厚，有副教授、高级讲师、高级工程师70多人，还有一大批有实践经验的"双师型"专业教师。

学校开设有数控技术、汽车运用与维修、计算机应用与软件、电脑装璜设计与印刷、会计等十多个专业。办学贴近市场需求，重视学生技能培养，为东莞地区培养适应市场需求的中等技术人才。

学校充分发挥资源优势，东莞市教育局中等职业教育研究室、东莞市中等职业学校联合办学基地、经广东省教育厅批准建设的东莞市中等职业教育实训中心和广东省职业技术教育学会教育技术工作指导委员会都挂靠在学校，学校已成为地区中等职业教育的骨干龙头。

副省长宋海(右二)、教育厅副厅长李小鲁在副市长吴道闻陪同下来校视察

学校地址：东莞市莞城学院路249号
邮　编：523000
电　话　0769-22267137　22200090
网址 http://www.dglg.net

原广东省省委常委、省政协副主席、省公安厅厅长梁国聚在市委书记刘志庚、市长李毓全陪同下来校视察

学校与横沥镇人民政府联合举办百名模具师傅培训工程

学校第二届"信达杯"学生汽车技能大赛

老师指导学生进行机械加工实训

东莞南博职业技术学院

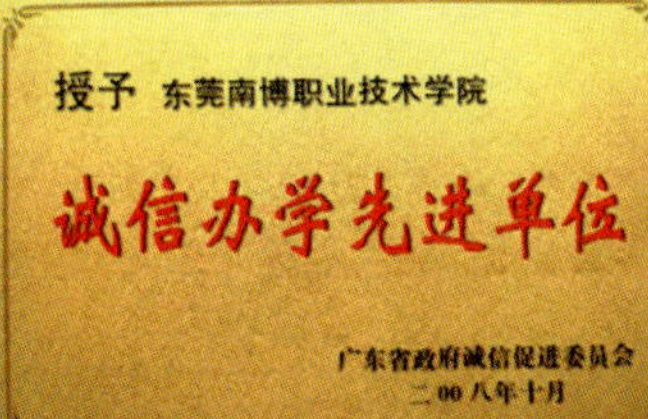

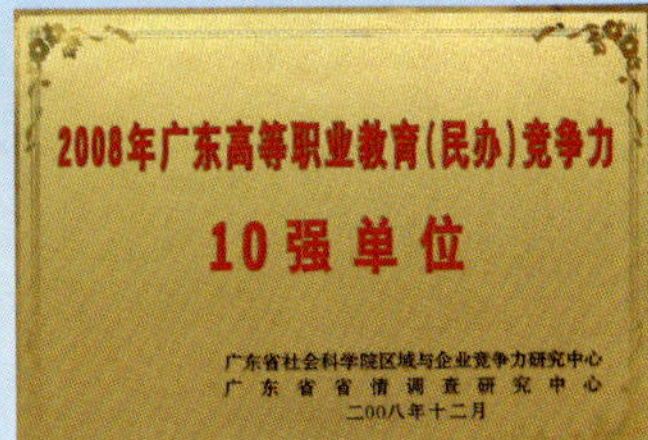

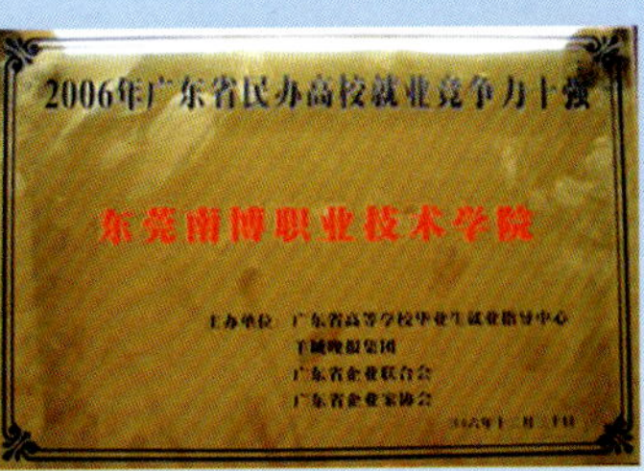

东莞南博职业技术学院是2003年3月由东莞南博科技有限公司投资创办，2004年3月经广东省人民政府批准设立、国家教育部备案的一所多科性全日制民办普通高等院校，2008年有在校学生近万人。

学院坚持“办学规范从严、基础建设从严、学院管理从严”，高起点、高规格、高质量办学。坚持“抓改革、促建设、创特色、上一流”的办学方针，走校企合作、产学结合的办学道路，积极推进项目化、订单式教学，学生理论基础扎实，专业技能熟练，动手能力强，敬业意识好，连续三届毕业生的就业率都在98%以上。

学院2006、2007、2008年连续三年荣获“广东省民办高校竞争力十强单位”和“广东省民办高校就业竞争力十强单位”称号。2007、2008连续两年荣获“广东省诚信办学先进单位”称号，2007年学院党委荣获“东莞市固本强基工程示范点标兵单位”称号。

学生在数控加工中心实习操作

舞蹈表演专业学生在舞蹈大厅训练

教师在电子实训室给学生上课

东莞南博职业技术学院

东莞台商子弟学校

东莞台商子弟学校创立于2000年9月，由时任东莞台协会长、现为学校董事长叶宏灯先生等协会干部创办。学校是一所含括幼儿园、国小、国中、高中（含高职）的住宿型学校。其创办宗旨为培育优秀子弟、增进家庭和谐、推动公益活动、加强文化交流，办学理念是温馨校园、全人教育、终身学习。以台湾教育模式办学，师资来自两岸及国际（台湾约占70%），学生来自台湾，目前人数约1,700余人，使用经广东省教育厅、省台办审查核准的台版教材。

国台办主任陈云林莅校指导

东莞台商子弟学校董事长叶宏灯在成年礼上为学生配冠

东莞台商子弟学校校长陈金妆与在校学生合影

学校校门

东莞市气象局

2008年8月28日，东莞市委书记、市人大常委会主任刘志庚(中)与广东省气象局局长余勇(左)、东莞市气象局局长贾天清(右)共商东莞气象发展大计

2008年9月18日，东莞市气象局联合市应急办召开全市气象协理员队伍建设工作会议，正式聘任39名镇街和有关部门工作人员为首批气象协理员

先进的东莞气象预报业务平台

2008年5月16日，东莞市政府召开全市气象防灾减灾大会，东莞市政府副市长李小梅、广东省气象局纪检组长邹建军出席会议并作讲话

2008年3月24日，东莞市气象综合探测基地正式启用

2008年12月16日，石龙人民医院举行新院落成暨建院105周年庆典

东莞市石龙人民医院是一所具有105年悠久历史的、拥有现代化管理手段的二级甲等综合性医院，其诊疗水平、专科发展、人才储备、设备档次居东莞市卫生系统前列，是本地区中心医院。

该院建筑面积9.8万平方米，以三级甲等医院的标准建设，开放床位800张，拥有直线加速器、16排CT、核磁共振、数字减影血管造影机（DSA）、钼靶乳腺X光机等尖端医疗设备。医院设有院本部和惠育分院，设27个临床科室及医技科室，全院医疗队伍人才济济，拥有高级职称的医疗专家达150多名，硕士研究生以上专科人才30多名。该院心血管理内科、肿瘤专科、妇产科、创伤外科、肝胆外科、儿科的诊疗水平在东莞市享有盛誉，每年门诊量逾100万人次，住院达2.3万人次，在全市名列前茅。

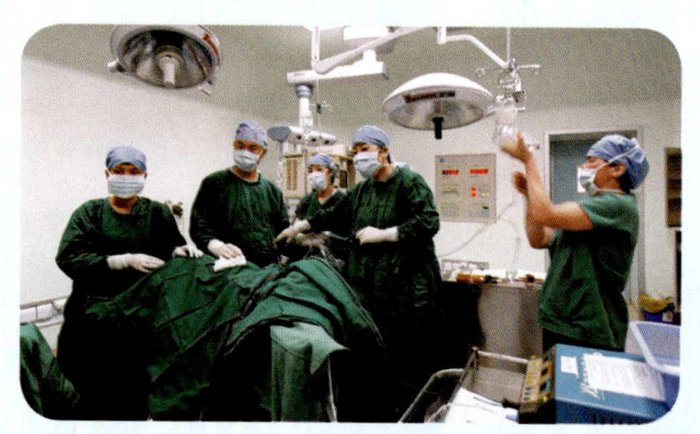
石龙人民医院开展的腹腔镜等微创治疗技术取得良好的发展

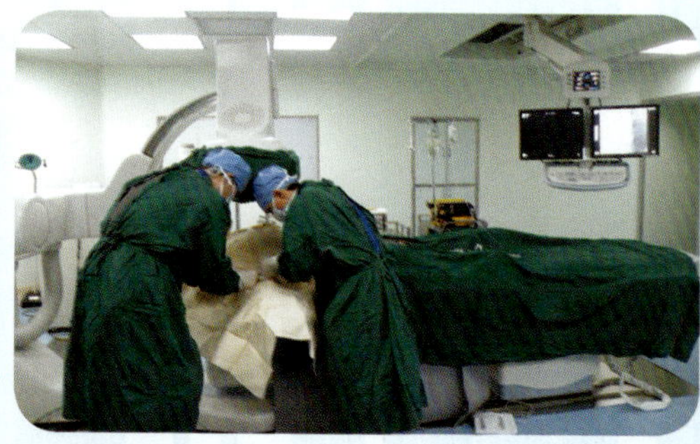
石龙人民医院开展的数字减影血管造影(DSA)技术达省内先进水平

2008年7月新院投入使用，医院面貌焕然一新

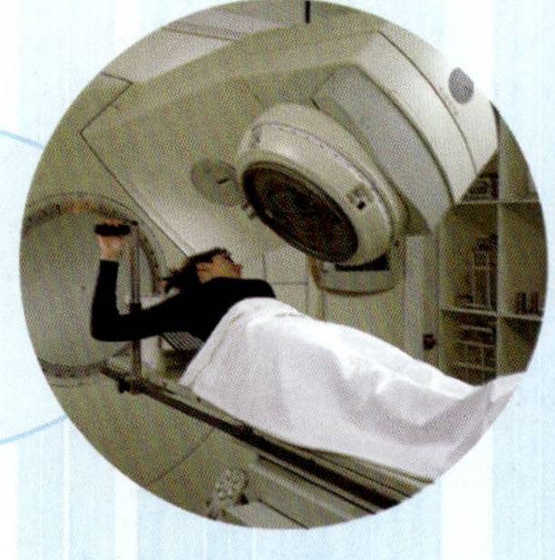
石龙人民医院设有肿瘤中心，对肿瘤的放疗、化疗业务开展较好

医院地址：东莞市石龙镇黄洲祥龙路1号
惠育分院地址：东莞市石龙镇中山西路34号
咨询总机：0769-81368666　　81368222
传真：0769-81368802

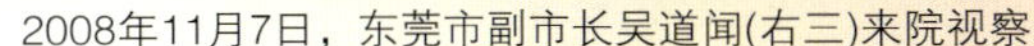
2008年11月7日，东莞市副市长吴道闻(右三)来院视察

2008年11月14日，东莞市卫生局局长管敏政(右三)来院视察

东莞市沙田医院

Shatian Hospital of Dongguan city

成立于1958年的沙田医院，位于沙田镇中心区南环河畔，是一所集医疗、疾病控制、卫生监督、妇幼保健、科研教学为一体的具有二级甲等规模的现代化园林式综合性医院。

医院于2008年12月开展了“步伐与风采”为主题的建院50周年暨新院启用4周年的庆典活动，提炼并形成了浓厚的文化管理特色。

医院坚持科学发展观，全面推进“实施文化建设，打造闻名强院”战略，并将以人为本的理念，以奉献社会的公益心，向广大人民群众提供环境优雅，技术优质的健康服务。

沙田医院全貌

沙田医院举行建院50周年院庆

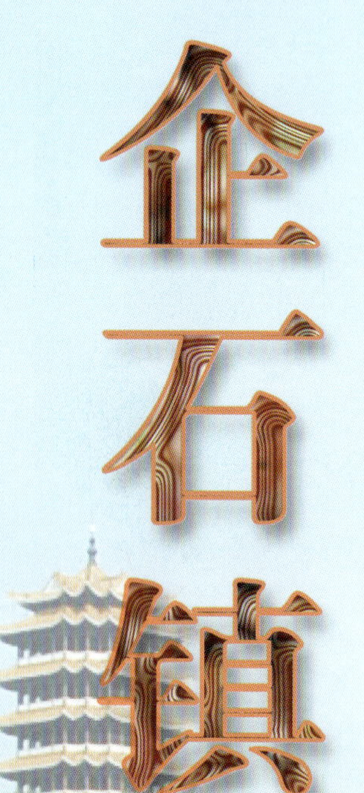

企石镇

市委副书记、市长李毓全(左二)，副市长李小梅(左一)在企石视察工作

副市长梁国英(右一)在企石主持召开现场办公会，直接协调省道S120道路升级改造工程相关问题

市政协副主席朱伍坤(中)，镇委书记、镇人大主席麦广钦(左一)在大接访中与来访群众交谈

杨屋村直选村党支部书记，党员们认真投票

企石镇第四届村委会换届选举如期举行，东山村村民投票后等待公布选举结果

省信息产业厅厅长温国辉在企石考察该镇光电产业发展情况

镇委书记、镇人大主席麦广钦（右）在走访企石企业

镇委副书记、镇长邓辉(右一)在企业调研

镇职能部门推进思想解放，服务企业

（摄影 王道辉）

2008光电企业(企石)峰会暨光电产业发展高峰论坛在企石举行

广东省光电产业(企石)发展基地挂牌成立

北京大学与东莞聚民科技有限公司签署协议，投资数亿元在企石镇合作发展光电产业

企石镇委、镇政府在香港召开企石旅港乡亲座谈会，共商发展大计

连锁百货企业SPAR在润升商业广场开业

副市长吴道闻在杨屋村慰问时与当地的干部群众座谈

企石镇社区卫生服务机构及门诊医疗保障正式启动，服务群众

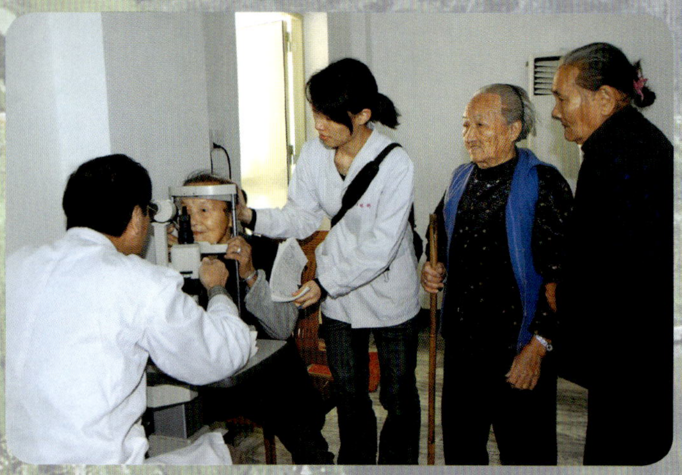

市镇两级政府十分关心群众的身体健康，派出专业医务人员，深入企石镇各村普查白内障患者，为他们提供免费手术治疗

社会各界干部群众积极为四川地震灾区捐款

环境优美的居民住宅小区

企石镇获东莞市“创建文明镇街工作先进单位”称号

企石镇成功创建省教育强镇

东莞市首届新莞人书法大赛在企石举行

企石中学建校50周年庆典

企石镇第二届运动会开幕式

企石镇女子舞龙锣鼓队活跃在莞邑大地上，传承我国优秀传统文化

（摄影 王道辉）

获得“亿万农民健康教育促进行动东莞市示范医院”称号

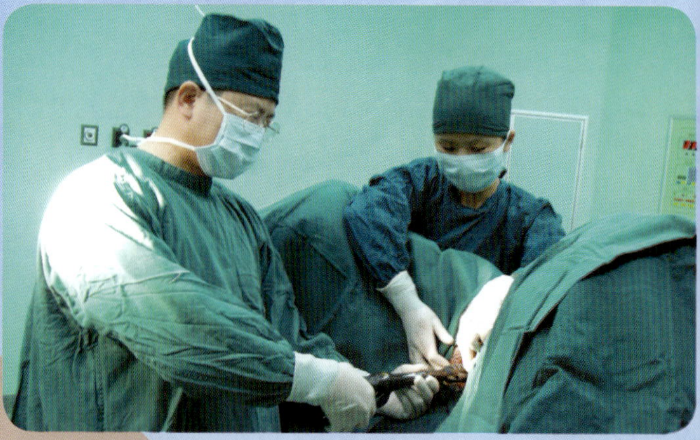

开展腹腔镜微创手术

企石医院

参加镇纪念建党80周年歌唱比赛

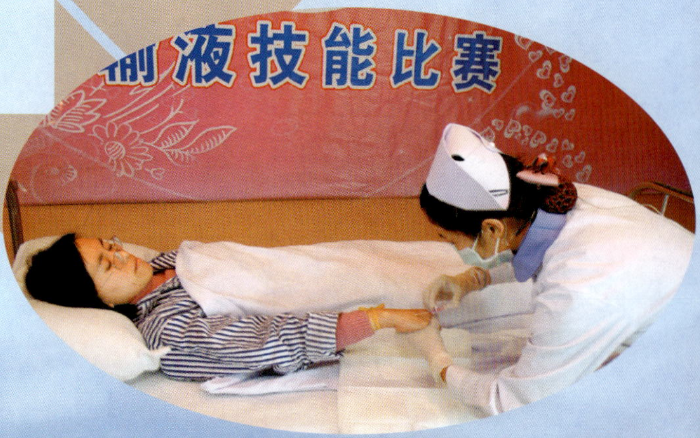

2009年护理操作比赛

企石医院门诊大楼（摄影 钟辉）

（上接250页）

【技术改造】 2008年，广西来宾东糖集团有限公司为挖潜扩能、环保节能进行多项技改工程，总投资8400多万元，其主要项目有：完成对广西来宾东糖迁江有限公司榨蔗由1.3万吨/日扩至1.5万吨/日改造工程，投资达3500多万元；为适应纸业公司对原料蔗渣的含髓要求，分别投资870万元和600多万元对广西来宾东糖凤凰有限公司和广西来宾东糖石龙有限公司进行提高除髓能力的专项改造；根据国家节能减排达标排放的要求，投入2200多万元对广西来宾东糖迁江有限公司和广西来宾东糖石龙有限公司开展节能减排专项技改工程，对制糖终端废水进行生化处理。同时，投资7000万元完成广西天等俊杰糖业有限公司日榨甘蔗2000吨扩大到4000吨工程。2008年10月，投资1.28亿元的220吨循环硫化床锅炉技改工程顺利投产，该环保节能工程与旧炉相比对煤质要求低，提高热效率，降低了烟气含硫量，符合国家环保标准，有利于节能减排。

【职工队伍建设】 2008年，东糖集团坚持以人为本的管理理念，重视员工知识、能力提升。全年开展各种培训5326人次，使员工专业水平和综合素质得到提高，更适应岗位工作，激励起员工的工作热情；面对物价上涨，为提高员工生活质量，公司虽身处困境，但在年中仍给全体员工提高工资，平均增幅达8.8%；从稳定大局出发，对调整、关停企业富余人员想尽办法分流安置；广泛开展富有激情的企业文化活动，营造团结、和谐的氛围，增强员工对企业的凝聚力。同时东糖集团不忘履行社会责任，在四川汶川大地震后，迅速捐赠善款100万元。员工个人争相献爱心参与捐助，共捐款27.51万元。　（姜合萍）

附：2008年东糖集团有限公司领导名录

董事长：陈尧燊
总　裁：李锦生

东莞市供销合作联社

【概况】 2008年，受国际金融海啸等不利因素影响，东莞市供销社系统销售总额62.2亿元（不含已转制的直属公司，下同），利润总额3030万元，创税3100万元，各项主要经济指标与上年同期基本持平，全系统经济发展速度有所放缓。长安、虎门、茶山、常平、东城、沙田、大岭山、寮步、塘厦、凤岗、东坑11个基层社分别进入全国2007年度“销售百强基层社”和“利润百强基层社”。

【商贸服务业发展】 2008年，“愉康”连锁超市稳步发展，全年新增愉康连锁超市6家。截至2008年，全系统共有愉康连锁超市49家，经营面积3万多平方米，年销售总额近3亿元。召开“供销联社”品牌产品和总经销、总代理商品推介工作会议，加强品牌商品的代理经销业务。虎门供销社粤华家电公司增加“海尔”等品牌洗衣机的代理权，代理品牌数达到8个、产品14种；塘厦供销社取得法国“凯尔特”系列高级洋酒东莞地区独家经销代理权；华商公司取得38度茅台酒在东莞地区的代理权。组织厚街等3个单位参加惠州农产品展销会。全系统共推广销售贺年礼盒2.9万盒，同比增长10.9%；推广销售“供销联社·愉康”品牌月饼8.15万盒，同比增长5.8%。

【重点工程项目建设】 2008年，长安供销社投资经营、占地56万平方米的广东众源五金商品城一期，13万平方米的国际饰品精品配件交易中心A、B馆招商工作进展顺利，9月被中国商业联合会商品交易市场专业委员会授予“长安—中国饰品市场产业基地”和“长安—中国饰品交易中心”称号，12月28日试业。长安供销社愉康商业广场建设工程已通过招投标，顺利开工，建成后将成为长安镇又一标志性商业广场。虎门供销社大亨物流配送综合大楼交付使用，该社正抓紧对镇口社区博头仓改建为集商场与出租屋于一体的综合型大楼。桥头供销社大厦改造基本完成；樟木头供销社新综合业务楼已出租；沙田供销社加紧筹建新业务楼二期工程；东坑供销社综合业务楼正在筹建中；塘厦供销社抓紧落实新行政中心区地块项目的开发；市果菜公司农产品批发市场项目正在加紧筹建。清溪、南城、茶山等基层社纷纷对重点物业进行升级改造。

【为农服务】 2008年，东莞市供销合作联社和郁南县政府签订合作意向，由市果菜公司与郁南县供销社共同出资组建莞联农产品专业合作社，帮助郁南县30万果农解决近2万公顷沙糖桔的销路，年销售沙糖桔近10万吨，实现产销对接，帮助农民增产增收，为市民提供优质水果。沙田供销社盈港水产品专业合作社聘请专门的技术监督员和当地30多名无业的农村妇女，运用传统技术将新鲜鱼、虾晾晒成味道鲜美的鱼干、虾干，通过加工、包装成特色海味推向市场，解决当地农村富余大龄妇女的就业问题。东坑供销社为民阴菜专业合作社充分发挥“供销联社”品牌和网络优势，引导当地农户大量种植“阴菜”，把“东坑阴菜”打造成东莞特色的农副产品。

【废品回收行业管理】 2008年，东莞市供销合作联社召开废品经营管理工作座谈会，加快办理废品站点牌照进度，全系统共有30个基层社废品回收公司共803个废品回收站点办理牌照。制定废品回收市场参考价，在东莞再生资源网上公布，成为全市废品交易价格的依据。以开展废品回收站点专项整治为切入点，认真贯彻落实《东莞市供销社系统安全管理办法》。进一步完善安全生产责任机制，要求系统所有办理工商牌照废品站点签订《安全生产责任书》。规范流动收购人员管理，全市有5200多名流动收购人员按照具体要求纳入规范化管理，大大改善社会治安环境。

【财务资产管理】 2008年，东莞市供销社系统共化解历史债务970万元，其中清还集资款760万元。加大内部审计力度，对桥头等4个单位进行了离任审计。完善财务资产管理制度，出台《东莞市供销社工程建设招投标监督管理办法》。定期组织对各单位进行制度执行情况检查，加大了对企业的监督管理力度。争取政府资金扶持，全系统共有13个单位取得财政扶持资金合计380万元。

【队伍建设】 2008年，东莞市供销合作联社组织市社机关副科以上和下属单位副职以上领导干部参加中山大学EMBA研修班学习；组织下属单位11人次参加了总社、省社举办的各类技能培训班；举办全系统办公室人员业务培训班，全系统全年共举办培训班153期（次），累计培训4481人次，投入培训经费90多万元。市社机关提拔科长1名，转正副科长2名。对桥头等11个单位的领导班子进行调整充实，提拔6名正职领导和4名副职领导；对凤岗等12个单位试用期满的14名正副职领导干部按规定进行考察并转正。全年共发展党员5名，预备党员转正6名。

【维护员工权益】 2008年，东莞市供销合作联社妥善解决原市副食公司石龙分公司退休干部职工的经济补偿金问题；化解市果菜公司退休人员对企业改制方面存在的误解；解决中堂供销社和市拍卖行集资款问题；认真处理解决市副食公司和太平副食分公司企业转制问题。贯彻执行新《劳动合同法》，进一步规范企业用工行为，健全劳动合同管理制度，维护员工的合法权益。

【爱心互助与文明建设】2008年，东莞市供销社系统开展爱心互助活动，为四川汶川灾区捐款115万多元，对在地震中家庭受灾的川籍员工进行了慰问。东莞市供销合作联社爱心互助会共支出爱心互助金9.8万元，帮扶困难员工及家属59人。春节期间，全系统慰问老寿星、离休干部、孤寡老人、患病的历届领导班子成员、特困职工共260多人，送上慰问金23.9万元。进一步加强工会、共青团、妇联、学会、协会等工作，推动精神文明建设，创建和谐的发展氛围。常平供销社被评为市"文明标兵单位"、"春运工作先进单位"、"春运工作奉献爱心单位"；长安、虎门基层社工会被市总工会评选为"东莞市先进职工之家"，严联根被评为全国优秀工会工作者获中华全国总工会表彰；厚街供销社刘包稳获全国供销社系统书法绘画摄影大赛摄影类一等奖。（莫志良）

附：2008年东莞市供销合作联社领导名录

主　任：彭日东（10月到任）
　　　　袁维新（任至9月）
副主任：叶加胜　王锦绣
　　　　李福新（1月到任）
纪检组长：田为华

东莞市物资集团有限公司

【经营业绩】2008年，东莞市物资集团有限公司面对严峻的经济局面，董事会和经营班子顺应国家经济政策的变化，在动荡激烈的市场竞争中，寻找机遇，理顺内外关系，改善经营环境，强化基础管理，为扩大业务经营创造条件。同时，根据市场变化，及时调整经营目标和经营策略，完成预期的经济指标，全年物资购进和销售同比分别增长9.2%和10.4%，继续保持经济增长的势头。

下属公司坚定地执行集团公司的发展方针，力促效益，扎实工作。东物剧毒化学物品有限公司在开年之初，就抓好年度业务经营的衔接，利用市场短期需求量增大的有利机遇，扩大销售，虽然下半年市场转化，销量锐减，特别是贵金属市场的剧烈波动，使经营决策的难度加大，但仍然保持较好的效益。物资再生利用有限公司主动出击，掌握有关政策和相关信息，以变应变，细化公关，力保回收资源的覆盖率；同时根据经营物资商品的特点，精打细算，挖掘潜力，做好拆解分类，努力实现利润最大化。民用爆破品有限公司在完善仓储及配套设施建设等方面做了大量的工作，通过安全评估和年审；在细致市场调查的基础上，落实第一手资源，确保用户需求；提高服务质量和服务水平，做好配送经营，完成预期的经营指标，经济效益稳中有升。旧机动车交易中心在硬件建设上，扩宽场地容量，开通多个出口，完善基础设施；在软件建设上，借国家《机动车登记》新规定出台之机，主动的与有关部门联系沟通，注重细节，提前做好应对措施，根据要求更换了一站式交易系统。化建有限公司根据市场变化，采取"以需定购，以销定进"的经营策略，加强经营各环节的管理，控制信用数期结算业务，加强资金的周转回笼；调整经营思路，加强与生产企业的沟通与协作，谋求产供企业优势互补；加大环氧树脂产品技术的开发力度，提高经营附加值。广南沥青有限公司在沥青业务开拓过程中，克服经营品种单一、品牌优势不明显、货源受上游制约等困难，一方面巩固与设计单位、业主的关系，另一方面加强横向联系，与多家公司建立良好的合作关系，及时掌握沥青市场变化的第一手资料，为业主提供材料供应和施工配套服务，为沥青业务开拓提供了便利。钢材市场出现"过山车"行情，金属材料有限公司发挥"船小好调头"的优势，一方面积极关注政策面的变化，另一方面冷静分析市场动向和价格走势，低进高出，快进快出，不存现货，虽然批量不大，但也产生一定的效益；在开拓业务过程中，与有关客户建立了良好稳定的合作关系，达到保生存、求发展的目的。

【企业管理】2008年，东莞市物资集团有限公司通过实施ISO9001：2000国际质量标准体系的贯标工作，强化各项管理和制度建设，应用计算机NC—ERP财务管理和物流管理软件系统的对接升级，使财务管理、物流管理更加规范，提高工作效率和管理质量，企业管理有了质的变化。集团还把员工整体素质和技能培训作为企业发展的战略任务来抓，通过各种形式的学习培训工作，员工队伍整体素质、服务技能和服务水平也有了较大的提高。

加大安全生产管理力度，切实解决生产经营中的不安全问题，消除事故隐患，取得全年安全无事故的成绩。集团公司被评为"东莞市2008年度安全生产先进单位"。（王　昕）

附：2008年东莞市物资集团有限公司领导名录

董事长兼总经理：陈灿光
监事长、人力资源总监：钟锦辉
董事、财务总监：萧小萍
总经理助理：刘颖刚

▲东莞市物资集团有限公司大楼

烟草专卖

【机构】广东省东莞市烟草专卖局、广东烟草东莞市有限公司成立于1988年10月。机构设置有办公室、专卖监督管理办公室、人事劳资科（含督察考评中心）、监察审计科、财务科（含财务结算中心）、信息中心、营销管理中心、物流配送中心、安全保卫科7个专卖管理分局和3个中转站。全市烟草商业系统有员工732人，其中聘用员工648人。

【经济运行】2008年，东莞市烟草专卖局经济运行总体情况较好，购销基本同步，销售结构稳中有升。"按客户订单组织货源"工作全面落实。网络建设工作常抓不懈，信息化程度不断提高。对信息系统功能进行升级，在原有基础上增加专卖管理系统，原来手工操作的案件管理、市场监管、内部监督管理等日常工作实现全程计算机管理。开展管理创新，通过营销与专卖部门的密切配合，增强责任心，提升工作质量。全年各项经济指标同比均取得较大幅度增长。

2008年，销售卷烟29.12万箱，同比增长15.8%；销售收入42.41亿元，同比增长24.4%；实现税利12.46亿元，同比增长33.9%；实现利润10.21亿元，同比增长33.2%。

【专卖管理】2008年，东莞市烟草专卖局在专卖管理上不断加大市场监管力度，制度和措施进一步落实到位。一是卷烟打假工作不断深入，联合办案制度进一步落实。二是市场监管和清理力度不断加大，市场净化率逐步提高，市场经营秩序不断规范。三是认真落实“严格规范年”有关部署，加强内部专卖管理监督和各项规范工作，确保企业经营严格规范。

全年查处各类案件525宗，查获卷烟3243.54万余支，货值1573万余元；烟机制假窝点5个，查获制假烟机4套（8台），案值197万余元。查处非渠道进货案件181宗，卷烟394.5万余支，货值128万余元；无证运输案件15宗，卷烟711.64万余支，货值217万余元；售假案件323宗，假烟986万余支，标值375万余元;非法运输假烟案1宗，假烟1151.41万余支，标值656万余元。抓获制售假人员27人，拘留27人，逮捕16人。（刘　洁）

附：2008年东莞市烟草专卖局（公司）领导名录

局长、总经理：刘恒建
副局长：郭正光
副局长、纪检组长：汪　利
副总经理：管伟华

食盐专卖

【东莞市盐务局挂牌】2008年6月，东莞市编委会下发《关于广东省东莞盐业总公司加挂东莞市盐务局牌子等有关问题的通知》。7月，东莞市盐务局成立，开始负责全市的盐业管理和执法工作。8月，经市政府同意，增补东莞市盐务局为市食品安全委员会成员单位。是年，盐务局先后组织30人分期参加法制局的执法培训考核，提高执法人员素质和能力；根据有关盐业行政执法规定，联系实际情况，完善盐业行政管理制度。

【食盐销售网点重新布局】2008年，东莞盐业总公司在全市范围内启动“放心盐”工程。根据各大农贸市场客流量大、辐射范围广、食盐批发集中，也是私假盐集散地的特点，按物流配送最优化、覆盖效能和经济效益最大化及利于盐政执法、利于掌控市场的原则，对各分公司的网点布局和管理区域进行重新调整。将3个分公司改为5个，销售阵地前移，将分公司直接设在大型农批市场，并在人员安排、车辆配置上进行资源整合。年内，新增销售网点106个，建立各类客户档案594个。

【集体食堂食盐统一配送】2008年5月，市经贸局下发《关于配合我市集体食堂食盐统一配送有关工作的通知》。东莞盐业总公司按照方案在保证服务质量和效率的同时，努力扩大直接配送覆盖面。至年末，1000人以上集体食堂直达配送客户280户，有效保证东莞市集体食堂用盐的安全。

【碘缺乏病防治】2008年，省消除碘缺乏病协调小组对东莞市石龙镇碘缺乏病防治工作情况进行抽查。检查结果表明，居民户食用碘盐合格率100%，碘盐覆盖率93.06%。（马丽华）

附：2008年东莞盐业总公司领导名录

总经理：陈耀嘉
副总经理：欧柏根　陈焕济（7月到任）

东莞石油分公司

【概况】中国石油化工股份有限公司广东东莞石油分公司（东莞石油分公司）是中国石油化工股份有限公司属下国有企业。至2008年底，东莞石油分公司拥有加油站146座，其中水上加油站6座，公司加油站分布在东莞市32个镇区，为成品油用户提供油品服务。公司下设油品经营部13个，在32个镇区各设经营点,为终端客户提供油品配送服务。拥有寮步、威远2座油库，总库容9.5万立方米，其中汽油库容5万立方米、柴油库容4.5万立方米，油库均由计算机系统调控，实现油品装卸、计量自动化。此外，拥有油罐车40多辆，在威远油库设调度中心，对油罐车进行统一调度指挥，资源配置装运和销售配送能力强。2008年，东莞石油分公司投巨资改造加油站，提升中国石化加油站形象，加大资源调配力度，保障东莞工农业生产用油和群众车辆用油，发挥成品油主渠道作用。坚持“质量合格、数量准确”的宗旨，提高服务质量，强化规范化管理。2008年，销售总量120万吨，同比增长幅度18.6%，增幅在全省16个地级市石油公司中排前列。（刘中华）

附：2008年东莞石油主要领导名录

经　理：吴征燃
书　记：赵春启

工商企业选介

【广东易事特电源股份有限公司】广东易事特电源股份有限公司成立于2001年，投资总额3亿元，注册资本7710万元。产品主要以UPS电源、EPS电源、电池、新能源等为主，销往全球市场。该公司产品在全国市场占有率居第一位，全球排名第六位，在UPS电源、EPS应急电源、新能源研发等技术方面于同行业具有领先优势。2007年，公司销售额为6.6亿元。2008年，销售额达9.24亿元，比上年增长40%。

【东莞市永强汽车制造有限公司】永强汽车制造有限公司是东莞市唯一一家国家批准的专用汽车生产企业。公司创建于1991年。至2008年，发展成为一家集科研、生产、贸易、服务于一体的国内油罐车第一品牌生产企业。“永强”商标成为广东省著名商标，其产品在全国专用汽车行业综合实力评比中名列前茅。罐车类产品技术领先，获得国家发改委、国家经贸委、国家公安部、中国船级社多项生产授权，成为国际著名石油公司BP在国内唯一的注册供应商和加德士、壳牌、埃索等公司的国内指定产品供应商。公司重点生产节能环保型液罐车系列、节能环保型粉罐车系列、节能环保型厢式车系列的产品，年生产能力为3000辆液罐车、500辆粉罐车和1500辆特种汽车。其与国外合资企业东莞卢森宝亚永强消防车有限公司重点生产AT型多功能抢险救援车、智能型大功率泡沫车、化学事故抢险车和数字化军用特种抢险防爆车，年生产能力为300辆。2007年，公司生产各类专用汽车4000辆，销售收入达4.1亿元。2008年，公司生产各类专用汽车5000辆，销售收入5亿元，比上年增长25%。

【东莞市以纯集团有限公司】东莞市以纯集团有限公司成立于2000年，位于服装名城——东莞市虎门镇，是一家集品牌经营、产品开发、规模生产、市场营销于一体的大型现代服装生产企业。公司旗下的“以纯”品牌休闲服装，获“中国名牌产品”、“中国驰名商标”、“广东著名商标”、“广东名牌产品”称号。依托高品质的产品、先进的生产系统和日臻完善的营销体系，在全国已发展专卖店3000多家，销售网点遍布全国32个省、市、自治区，并已在越南、俄罗斯、香港等国家和地区开设“以纯”专卖店，并在美国、英国、德国、法国、意大利等20多个欧美国家注册商标。2008年，公司销售达15.5亿元，生产服装3000万件，向国家、地方上缴税金8000多万元。（王蔚蔚）

农业·水利·气象

AGRICULTURE · WATER CONSERVANCY · METEOROLOGY

塘厦镇

- 农民人均纯收入居全省第一
- 获评“广东省林业生态市”
- 1957年以来最大的“龙舟水”
- 热带气旋影响频繁

编辑：黄文挺

农　业

【概况】 2008年，东莞市进一步加大农业结构调整力度，推进农业产业化经营，抓好农产品质量安全管理，促进区域协调发展，深化农村集体经济管理，农业农村工作取得较大进展，农民收入稳步增长。全年农业总产值（当年价）25.53亿元，比上年增长27.79%；农民人均纯收入12328元，全省排名第一，增长6.22%。

【种植业】 2008年，东莞市农作物总播种面积23481公顷，比2007年增加2114公顷；种植业产值12.99亿元（当年价），比2007年增加1.56亿元。全年粮食播种面积2720公顷，总产1.20万吨，面积比上年增加566公顷，总产增加0.21万吨。蔬菜总播种面积19175公顷，总产39.12万吨，比2007年面积增3409公顷，产量增4.85万吨。水果总面积11889公顷，比2007年增加995公顷，其中荔枝6330公顷，香（大）蕉4276公顷，龙眼832公顷，其它水果433公顷；水果总产10.15万吨，比2007年减3.01万吨，其中香（大）蕉8.68万吨，荔枝0.85万吨。

【畜牧业】 2008年，受猪肉价格上涨等因素刺激，东莞市畜牧业生产有所回升。年末生猪存栏19.5万头，比上年增加120.09%，全年生猪出栏25.91万头，比上年增长29.55%；“三鸟”年末存栏184.61万只，比上年增加0.54%，上市575.95万只，比上年增加69.40%。畜牧业产值5.32亿元（当年价），比上年增长38.34%；肉类总产量2.41万吨，增长18.71%。

【农业产业化经营进一步推进】 2008年，东莞市为进一步适应农业龙头企业培育发展的需要，修订出台《东莞市农业龙头企业申报认定与监测管理办法》，同时，为全市农业龙头企业发放贷款贴息资金775万元，其中省下拨125万元。

年内，全市新增国家级农业龙头企业1家、省级1家、市级3家，有4家企业未通过市农业龙头企业认定评审，被取消“市级农业龙头企业”称号。截至2008年，全市共有18家农业龙头企业和23家农民专业合作组织，其中省级以上龙头企业4家，国家级龙头企业2家。2008年农业龙头企业销售收入26.3亿元，市场交易额97.6亿元，总资产17.08亿元。全市产业化经营组织带动农户10.8万户，其中市内农户1.15万户；帮助农户增收2.86亿元，户均增收2648元。

【农业救灾复产成效显著】 2008年，东莞市农业生产受年初持续低温阴雨天气和“6·13”、“6·25”暴雨洪灾以及台风“黑格比”袭击，4次受到严重影响。全市农作物累计受灾面积35.43万亩，其中香蕉14.96万亩，蔬菜14.23万亩，直接经济损失4.93亿元。市农业局积极组织开展防灾减灾和救灾复产工作，全年共出动农业技术人员6678人次，举办救灾复产培训班115期，培训受灾农民1.1万人次，实地指导灾农1.68万户次。市、镇财政对受灾农民实行赈济扶助，全年发放农作物救灾复产补助专项资金5813万元，其中市财政4110万元，镇街财政1703万元。

【农产品质量工程有效推进】2008年，东莞市大力实施农业名牌带动战略，以创名牌产品、农产品质量认证、标准化生产为主要手段，推进农产品质量工程扎实开展。年内，全市有4家企业4个产品被评为广东省名牌产品（农业类），2家企业2个产品通过复评。有2个生产基地通过无公害产地认定，4个产品通过绿色食品认证、4个产品通过有机产品认证。截至2008年，全市有广东省名牌产品（农业类）25个、无公害产地16个、无公害农产品45个、绿色食品26个，有机产品8个。

【农业信息化加快推进】2008年，东莞市大力推进农业信息化建设，通过完善东莞农业信息网，建设农村信息服务点，加强信息员队伍建设等措施，促进农业信息网络进一步向基层延伸。2008年，东莞农业信息网获得“中国农业网站100强”称号，网站全年发布文字信息9439条，农产品市场行情7万多条，日均发布图文信息26条、市场价格信息200多条，有100多条原创信息被不同媒体转载，其中《莞蕉区拟建高效农业示范基地》被新华网转载。网站设立万江、塘厦、高埗等11个镇街子网页和27个村级服务点。农村装设电子触摸屏23台。东莞开通“农信通”手机短信服务，免费向农业管理者、生产者、经营者提供农业信息，启动香蕉产销信息服务并取得较好效果。完善“12316”三农服务热线，拓宽举报投诉渠道。

【农业科技硕果累累】2008年，东莞市大力推进科技兴农战略，科研攻关方面，农业局系统有8个项目通过省市科技成果鉴定，获省农技推广三等奖2项，省科技进步三等奖1项，市专利金奖1项，有5个科研项目获市科学技术进步奖，其中二等奖2个，三等奖3个。科技服务方面，2008年举办各类农民培训班238期，培训农民1.8万人次，发放资料8.9万份。农机服务方面，拖拉机驾驶员培训正式实行社会化，东莞鸿泰农机经营部被省农业厅核准为东莞市首家具备《拖拉机驾驶培训许可证》的培训机构，全年培训拖拉机驾驶员214人，核发拖拉机驾驶证214个。

【农资市场整顿规范】2008年，东莞市农业局按照国家和省的部署，以实现“保质量、保安全、助奥运”为目标，采取集中行动和常规检查相结合的方式，在春耕、秋种、重大节假日及奥运期间，开展农资打假、农药肥料专项执法检查、兽药饲料三聚氰胺监督检查和夏季百日行动等一系列行动，大力整顿农资市场，实现农资市场经营规范、有序。2008年全市共出动市、镇执法人员1534人次，检查农资企业773家次，立案查处不法案件7宗，查获一批违法生产和经营的农资产品，货值880元，其中种子25公斤、农药17.5公斤、饲料27公斤、兽药3公斤。

【现代标准农田项目建设】2008年12月，市政府出台《东莞市现代标准农田建设规划》，至2013年全市要建成15万亩现代标准农田。年内，全市共有10个现代标准农田建设点动工，分别选址在麻涌镇南洲村、华阳村、欧涌村、东太村，沙田镇稔洲村，高埗镇保安围村，中堂镇湛翠村、中堂村、槎滘村，石碣镇沙腰村。建设面积共7118.4亩，投入建设资金1973.54万元，其中市财政投入1125.37万元，相关镇、村配套848.17万元。

【农业环境监测体系建立健全】2008年，东莞市农业技术推广管理办公室继续开展农业环境质量监测，在完善25个耕地质量监测点的基础上，农业环境监测点增加到57个，遍及28个镇街，其中农田土壤监测点31个，农用灌溉水监测点17个，农区空气监测点9个，质量监测测定指标扩展为45项。与省生态环境与土壤研究所合作，研究环境质量变化规律，对监测区域环境质量做出定量分析，提出改善环境质量的途径和综合防治污染的措施；正式启用东莞市农业环境质量信息管理系统，进入该系统，可以直接查询全市各镇街土壤、空气和水质等农业环境数据，逐步实现农业环境质量监测信息系统的网络化、智能化。

【农产品质量安全整治】2008年是东莞市农产品质量安全整治巩固深化年，全年市镇两级农产品质量安全检测机构共检测蔬菜样本55.67万份，检测生猪肉品及生猪尿液样本25.03万份，检测数量均居全省第一；蔬菜农残、生猪“瘦肉精”检测合格率分别达到97.30%、99.91%，创历史新高。全年没有发生瘦肉精等动物源性违禁药物残留中毒事件。同时，大力实施产销联建制度，推进异地供莞农产品生产基地建设，截至2008年，发展定点生猪供莞基地110家，合作市县27个，年可供应生猪710万头，是东莞年消费量的2倍。出台《东莞市活猪储备方案》，建立大型农批市场主要农产品供求信息报送机关，保障有效供应。制定《东莞市农产品质量安全事故应急预案》，落实生产环节建立田头档案及签订安全生产协议书，建立健全农产品质量安全信息发布机制等制度。

【动物卫生视频监控系统试点】2008年4月，东莞动物卫生监督远程视频监控系统试点建设，9月份完成莞城屠宰场的机器安装并开始调试运作。试点成功后，将在全市32个镇街的重点场所安装视频监控系统，形成监控网络。通过视频实时监控，实现从生产到屠宰、批发环节监控的无缝衔接，防止不合格产品流入市场；弥补检疫检测监管人手不足、场所分散等方面的缺陷，实现对人和畜禽24小时全方位监控。

【促进区域协调发展】2008年，东莞市继续实施区域协调发展战略和城乡统筹发展战略，全年市财政向11个欠发达镇发放扶贫借款6.5亿元，支付贷款贴息1.08亿元；为47个欠发达村办理借款2.35亿元，支持建设工业厂房和宿舍46.73万平方米，建设综合市场或商业设施9.9万平方米。2008年11个欠发达镇生产总值530.69亿元，税收总额66.32亿元，镇本级可支配财政收入41.41亿元，外贸出口总值75.91亿美元，比上一年分别增长16.28%、18.86%、18.31%、64.66%；82个欠发达村总资产44.44亿元，净资产26.61亿元，经营总收入3.36亿元，经营纯收入1.21亿元，比上一年分别增长7.2%、6.7%、8.2%、3.1%，有60个欠发达村达到年纯收入50万元的脱贫标准。2008年市财政安排600万元专项资金，重点支持17个镇街、31个革命老区村（组）开展基础设施建设，共修建水泥公路14.96公里、卫生站7500平方米、村民活动中心6300平方米，有效改善4.6万名老区群众的生产生活条件。

【首个农机专业合作社挂牌运作】2008年7月18日，东莞市首个农机专业合作社——东莞市桥头丰骏农机耕作专业合作社正式挂牌运作。该合作社共有社员40名，从业人员95人，其中技术人员25人。内设办公室、耕作部、维修部，拥有联合收割机7台、大中型拖拉机51台、小型拖拉机45台、配套机具100多台套。合作社除为社员提供农业生产的产、供、销服务和信息、技术咨询服务外，还开展拖拉机、联合收割机跨区作业以及农机具维修等服务。

【农业产业园建设稳步推进】2008年，东莞市加快10个市级农业产业园建设。其中中堂、桥头、寮步、东坑和市现代农业科技园等5个园区基本完成首期工程建设，6600亩功能区基本建成并投入使用。市、镇累计投入建设资金1.61亿元，其中2008年投入0.89亿元，累计建成水泥机耕路26公里、路基46公里、硬底化排灌渠31公里，建成标准化农田6600亩、现代化温室大棚1.7万平方米，种植绿化苗木3万株，铺设绿化草地9万平方米。同时，招商引资工作同步推进，中堂园区成功引进东莞龙日公司，计划2年内投资1亿元整体开发建设；大朗园区引进的150亩林蛙养殖项目进园生产。

【农经管理制度进一步规范】 2008年，东莞市制定《东莞市农民集体所有土地收入款项管理若干规定》、《关于加强农村（社区）集体经济组织合同管理的意见》和《农民集体所有土地收入款项管理规定》等一系列制度，进一步规范农村集体经济管理。有31个镇街正式出台审查制度文件并具体实施，有31个镇街549个经联社和1913个经济社开设土地款银行专用账户。农村集体资产和财务管理“八镇百村”示范工程顺利通过省验收。全年累计审查农村重大事项6585宗，涉及金额90亿元，完成585个村小组的常规审计和24个村级下属单位的专项审计。

【村均集体总资产超2亿元】 2008年，东莞市村组两级集体总资产1134.99亿元，比上年增长4.26%，占全省同级总资产近四成，村均集体总资产达2.04亿元，首次突破2亿元；净资产859.71亿元，增长4.69%；资产负债率24.25%，下降0.32个百分点；集体经营总收入141.02亿元，增长0.59%，经营纯收入77.68亿元，比上年减少5.04%，是自1989年使用纯收入核算指标以来首次出现负增长；净资产超亿元的村260个，增加8个，纯收入超千万的村242个，增加2个。

【市农技中心更名为农技管理办公室】 2008年11月1日，经市编委同意，东莞市农业技术推广服务中心正式更名为东莞市农业技术推广管理办公室，职能及编制不变（东莞市农业技术推广服务中心是2001年组建的副处级事业单位，直属市农业局管理）。职能主要包括种植业、畜牧业的技术推广，组织农业技术培训和农民技术员培训，开展土壤和农业环境监测，建立农业信息网络，开展农作物病虫害的预测预报，动植物防疫检疫等。

【市种子站更名为市种子管理站】 2008年8月13日，经市编委批准，东莞市种子站更名为东莞市种子管理站，为直属农业局管理的正科级事业单位，职能及编制不变。主要职能包括农作物种子质量的监督和检测，组织落实种子的储备和调拨；农作物品种选育、引进、试验、示范和推广等。 （刘 霞）

附：2008年东莞市农业局领导名录

局　长：胡荏光
副局长：李小帆　林炎隆　叶锦锐　布润泉
纪检组长：陈素平
总兽医师：卢炽根

海洋与渔业

【概况】 东莞市位于广东省中南部，珠江水系的东江入海处，海域面积97平方公里，集中分布于狮子洋、伶仃洋。海岸线长97.2公里，拥有海岸线的主要有长安、虎门、沙田、麻涌等6个镇。拥有威远岛、坭洲岛、木棉山岛、沙口涌岛、虾缯排5个海岛，海岛岸线长34.58公里，海岛面积24.13平方公里。东莞海区属南亚热带浅海区，具有丰富的海洋生物资源、港口及航道资源、滨海旅游资源和浅海滩涂资源。全市用海总面积5498公顷，主要类型是港口航运区2307.1公顷（占41.96%），包括港口、航道和锚地区，其余是渔业资源利用（黄唇鱼保护区）和养护区（渔港）、矿产资源利用区（采砂）、旅游区、海水资源利用区、工程用海区以及特殊利用区（军事用海）等。重大用海项目包括虎门港有关码头港口航运用海和长安新区建设项目用海等。

2008年海洋经济总产值411亿元，增长16.4%，占全市生产总值的11.1%；渔业经济总产值22.9亿元，增长4%；全市水产养殖面积达17.4万亩，增长45.6%；水产品总产量7.2万吨，增长15.7%；水产品总产值6.9亿元，增长15.1%；渔民人均纯收入12344元，增长2%。纯渔业社区（村）3个，分别是虎门新湾社区、沙田先锋村、中堂红锋社区，登记在册的作业捕捞船只588艘，渔民人口13798人。拥有农业部确定的渔港有4个，分别是新湾渔港、新渔村渔港、先锋渔港、红峰渔港，其中新湾渔港是广东省群众性一级渔港。

【海洋综合管理】 2008年，东莞市加强配套制度建设，修改完善《东莞海洋功能区划》，完成《虎门港长安港区建设用海总体规划》、《东莞市海域使用规划》和《东莞市海岸保护与利用规划》初稿；规范用海管理，截至2008年，共发放海域使用证书45个，确权面积1000多公顷，累计征收海域使用金300多万元，新用海项目发证率、海域使用金征收率达到100%；全面完成养殖用海普查登记、海岸线修测工作。建立动态监视监测系统，海域使用动态监管中心建成使用，海域管理实行信息化、规范化管理。2008年，市海域使用动态监管中心获国家海洋局颁发的“国家海域使用动态监管系统建设优秀单位”称号。

【海洋与渔业产业结构调整】 2008年，东莞市进一步抓好海洋与渔业结构调整和转型升级，发展都市型现代渔业。稳妥开展减船转产工作，积极引导渔民转产转业，完成中央减船任务淘汰渔船49艘；推广科学健康养殖模式，发展特色水产品和观赏鱼养殖，加快渔业产业化进程；实施名牌带动战略，已有“绿卡牌中华鳖”、“绿卡牌中华鳖苗”、“绿卡牌乌龟”、“绿卡牌乌龟苗”获“广东省名牌产品”称号，龟鳖类养殖基地扩展达9000亩；建成石排田寮现代观赏鱼养殖基地1000亩，成为全省最大观赏鱼示范生产基地之一。

【水产品质量监管】 2008年，东莞市开展水产养殖业信息和环境调查摸底，水域滩涂养殖证发放工作取得突破性进展，全市准核发养殖使用证4225本，准发证面积达8378公顷，实现从养殖环境、投入品、养殖产品质量和查源溯证的全过程管理；加大水产品质量安全执法检查力度，定期对养殖场、市场和种苗场进行违禁药物使用、塘头档案和持证生产情况专项整治检查；海洋环境监测、水产品质量检测能力进一步提升，检测机构通过国家计量认证，市海洋与渔业环境监测站成为广东省能够承担全省范围内水产品检验任务6家检测机构之一；覆盖全市水产品质量监测网络建成，设立水产品监测网点88个，对水产品批发市场、养殖基地和供莞基地水产品质量开展定时定点监测。2008年全市水产品药残抽检合格率为91.7%，其中养殖源头抽检合格率为96%、市场合格率为86.4%、供莞基地合格率为100%。

【渔业救灾复产】 2008年，东莞市遭受

▲ 江河渔业资源增值放流现场　　（海洋与渔业局供稿）

冰冻、风暴潮、台风等自然灾害袭击，养殖生产和渔民损失严重，据统计，全市渔业受灾面积共计18.93万亩，渔业经济损失达2.06亿元。灾后，市海洋与渔业局全力以赴，积极开展救灾复产工作。深入基层，核查灾情，制定扶持措施，现场指导各镇做好救灾复产工作，并及时把市政府救灾复产资金6000多万元发到养殖灾民手中；同时组织好种苗、药物等供应，分赴各镇进行分类指导，提供复产技术支持，帮助灾民尽快复产。市水产技术推广中心站因此被评为"广东省渔业抗灾复产工作先进集体"。

【支渔惠渔】 2008年，东莞市坚持以人为本、服务渔民，落实各项支渔惠渔政策。协调配合虎门镇制定投资总额达18亿元的《新湾片区发展规划》；加大帮扶力度，鼓励渔民发展第三产业，培训转产转业渔民100多人；落实市财政安排沙田先锋渔港码头建设资金242万元。切实减轻渔民负担，返还涉渔收费110多万元，下拨休渔困难补助款150万元、减船补助经费240万元，发放渔用柴油补贴资金5813万元。

【渔业科技与推广】 2008年，东莞市渔业重点科技项目《东江（东莞段）野生鱼类资源调查与保护利用》、《东江水系野生鱼类染色体及其DNA序列图谱的研制》取得阶段性成果；《蕉田养龟技术研究》项目进展顺利；建立"市、镇、点"三级病害测报网络，对测报点进行了调整优化，统一区划，重新明确测报点和测报体系。在主要养殖区设立了10个病害测报点，监测养殖品种一批，监测面积2920亩，根据测报和分析结果，将病害信息、预防措施等及时发放镇区和养殖户，为指导养殖生产，及时抓好水产病害的防治提供了科学依据，较好地服务渔业生产。继续做好水产科技下乡工作，通过举办培训班、派发宣传资料、塘头现场指导等方式，重点推广应用健康养殖、生态养殖。

【渔业资源与环境保护】 2008年，东莞市实施海洋工程环境影响评价制度，积极开展陆源入海排污、海水增养殖区、海洋自然保护区及近岸海域环境趋势性监测，编制发布《东莞市海洋环境质量公报》；加强海洋防灾减灾体系建设，制定《东莞市赤潮灾害应急预案》和《东莞市风暴潮、海啸灾害应急预案》；加强水生野生动物保护和渔业资源增殖放流工作，在珠江口和东江河人工资源增殖放流淡水鱼苗、虾苗2000多万尾、中华鳖苗13000多只和中华鲟、黄唇鱼等一批，放流中华鳖苗，在东莞市渔业增殖放流中尚属首次；加强黄唇鱼自然保护区建设力度，市黄唇鱼自然保护区管理站和水产研究所被成功入选为全省首批水生野生动物救护基地；认真开展水生野生动物特许证审核和年审工作，全年共完成审核经营利用证54个、驯养繁殖证57个。

【海洋与渔业执法】 2008年，东莞市认真开展海洋工程建设项目专项执法和养殖用海、码头用海、倾废用海、围填海等用海项目的检查，进一步规范海洋开发秩序，加大渔场执法和海洋监察执法力度，全年检查渔业和用海项目3125艘次，查处各类违法违规案件45宗；搞好便民利民服务，市渔政支队再次通过农业部"渔业文明执法窗口单位"验收，被评为"全国渔政工作先进单位"。

【伏季休渔】 2008年是东莞市执行南海伏季休渔制度的第十个年头，市海洋与渔业局认真落实各级领导责任制和管理责任制，制定切实可行的伏季休渔管理工作实施方案，做到早动员、早部署、早准备，按照"平安休渔、和谐休渔"目标，精心组织、齐抓共管、强化管理，保证各项管理措施落实到位，保障了全市241艘休渔渔船安全渡休，实现了休渔船只违规出海作业零个案，"三防"（防风、防火、防盗）安全事故零个案的成绩，渔区渔民稳定、祥和，实现伏季休渔十连胜。　（吴　曦）

附：2008年东莞市海洋与渔业局领导名录

局　长：张月忠

副局长：叶玉培　江日年

林　业

【概况】 2008年，东莞市林业用地面积61539.8公顷，森林覆盖率36.2%，林地绿化率98.5%；城市建成区绿地率40.25%，绿化覆盖率43.2%，人均公共绿地16.25平方米；镇区所在地绿化覆盖率35.1%，村庄绿化覆盖率30.96%。全市建成公园、广场1536个，面积4304公顷；森林生态效益总值达46.7亿元。东莞市林业生态建设得到省的高度评价，2008年5月，东莞市获得"广东省林业生态市"称号。

【造林绿化】 2008年，东莞市林业局按照"生态功能优先，景观效果兼顾"的原则，加快调整优化树种林种结构，大力抓好水源涵养林和风景林林相改造工程，着力提升森林生态质量和林相景观效果。全市完成林相改造1986.67公顷，完成幼林抚育2704.7公顷，营建农田林网60.7公里，种植红树林19.67公顷，营建生物防火林带116.1公里，抚育生物防火林带155.25公里。市林业局突出抓好风景林建设，全面推广种植涵养水源能力强或观赏效果好的乡土阔叶树种，全市种植红荷、红锥、黎蒴、木荷、樟树、山杜英、水蒲桃等乡土阔叶树种30多个228万株，残次果林套种改造面积108公顷，小苗、中苗、大苗种植比例由2007年的1：0.45：0.28提高到1：0.94：0.45，种植面积比2007年增加88%，大大丰富了森林林相景观。

【森林公园建设管理】2008年，东莞市林业局稳步推进森林公园建设进程，全面启动银瓶山森林公园谢岗片区二期及清溪片区一期工程，加紧完善各大森林公园配套服务设施建设。全年新增停车场4个，治安防火亭13座，厕所9座，职工宿舍楼3座，综合服务点3处，建成水濂山森林公园品香醉月、曲径荷香和同沙生态公园映翠湖景点，进一步完善大屏嶂森林公园翠顶山游览区，实施路旁林相改造190.6公顷。在全力抓好森林公园建设的同时，全面优化森林公园管理，完善服务管理机制，制定客流高峰应急预案、森林防火应急预案、森林公园安全旅游预案等旅游服务方案，认真落实“保洁、保绿、保安全”的方针。各大森林公园日益成为广大市民健身休闲度假的首选之地，游客人数逐年攀升，年接待游客1570万人次，日均客流量达4.3万人次，较2007年增长13.2%。

【全民义务植树】2008年，东莞市林业局以“3·12”植树节为契机，利用广播、电视、报刊、网站等宣传媒体，多层次、多角度、多形式广泛深入宣传林业生态建设，营造浓厚的全民义务植树舆论声势和社会氛围。各党政机关、企事业单位、学校、家庭、志愿者等社会各界人士纷纷积极参与义务植树，参与范围之大、社会面之广，为历年来之最，全民义务植树运动不断向纵深发展。据统计，全市共有112.38万人次参加义务植树，植树354.68万株，尽责率93%，建立“南都读者林”、“和谐林”等义务植树基地69个，面积达286.6公顷，有45个单位团体参加认建认养绿地活动，认养绿地面积达42.4公顷。全社会办林业，全民搞绿化活动持续深入开展，2008年度又有东莞市气象局、南城区阳光第五小学等25个单位被评为“园林式单位”，长安镇锦厦社区、石龙镇西湖村等5个社区（村）评为“绿化模范社区（村）”。

【林业科技】2008年，东莞市林业局开展科研创新，提升林业生产科技含量。相继开展中日国际合作项目“中国热带亚热带区地带性植被及其生态功能恢复技术”、“东莞市森林生态系统碳储量及动态研究”等林业科研攻关课题20多项，撰写学术论文近20篇，出版《珠江三角洲风水林群落与生态公益林造林树种》专著。其中，“基于3S的古树名木信息分析与管理研究”与“也门铁工厂化离体繁殖技术体系的建立及变异控制”课题取得两项达国内领先水平科研成果，“基于3S的古树名木信息分析与管理研究”成果获2008年东莞市科技进步奖一等奖。

【森林防火】2008年，东莞市林业局加大森林防火工作力度，严格落实森林防火行政领导负责制，加大森林防火宣传力度，加强队伍培训演练，充实防火基础设施设备，森林防火工作取得实效，全市仅发生山火2宗，过火面积33.74公顷，没有发生较大山火和人员伤亡事故。东莞市林业局注重加强对森防队伍的建设管理，全市组建8支200人专业扑火队伍，先后举办14期森林防火工作培训班，培训治安员、基层护林员、打火队员、村委会干部1541人，全面提高扑火队员的综合素质能力。在全市大力推广以水灭火工程，购置4台森林消防水泵和建设消防蓄水池一批，莲花山、水濂山实现消防系统全覆盖。全市进一步配足配齐防扑火工具，购置隔火服250套、风力灭火机20台、消防水带2000米、扑火把3000把等扑火工具一批，各有关镇（街）和国营林场基本上都配备必要的扑火灭火工具。

【林业有害生物防治】2008年，东莞市林业局把有害生物防治列入森林资源保护的重要组成部分，做到从源头上抓管理，在管理上抓提高，建立健全森林病虫害防治检疫机构，严把植物进出人关，努力遏止各种有害生物侵入和扩散。2008年东莞市林业有害生物主要是松材线虫病、尺蠖、薇甘菊、椰心叶甲、松突圆蚧、湿地松粉蚧、刺桐姬小蜂等，累计发生面积1.61万亩，有效防治面积1.58万亩，无公害防治率87.34%；实施监测面积121.6万亩次，占应实施监测面积128.6万亩的94.61%，测报准确率达99.38%。

【古树名木保护】2008年，东莞市人民政府公布第二批1874株古树名木名录，全市古树名木总数达3940株。东莞市林业局严格落实对古树名木的保护管理，建立古树名木监测管理体系，对全市古树实施设置围栏、培土复壮、竖立保护标志牌、引根固干等保护措施，并落实专人管护责任。

【封山护林】2008年，东莞市林业局继续完善封山护林各项基础设施建设，扩大封山护林的宣传面和覆盖面。全年共新增设封山护林警示牌204个、铁丝围网4500平方米，全市封山护林警示牌共达610个，铁丝围网18535平方米。经过2006—2008年的封山护林，森林资源保护成效显著：封山护林区内没有出现乱砍滥伐行为，没有发生一宗毁林种果的案件，森林植被明显增加，生态质量逐年提升。截至2008年，全市活立木总蓄积量为190.90万立方米，较2007年净增12.40万立方米，净增长率6.9%。

【林业执法】2008年，东莞市林业局注重宣传教育和行政执法相结合，加大森林资源保护宣传力度，严厉打击破坏森林资源违法犯罪活动。东莞市林业局联合森林公安、工商、渔政等部门，在全市先后开展“护绿行动”、“飞鹰行动”、“秋季旋风行动”等一系列打击破坏森林资源和野生动植物资源的行动，共出动执法人员250多人次，查处野生动物案件12宗，行政处罚12人，收缴国家和省保护野生动物2288只（头），其中国家一级保护动物绿孔雀等动物8只、国家二级保护动物猕猴1只、省重点及“三有”保护动物2279只，对收缴的活体保护动物全部放归大自然。

【学习实践科学发展观活动】2008年，东莞市林业局积极开展实践科学发展观活动，领导班子坚持开门搞活动，通过召开各类座谈会、下发征求意见表、设立意见箱、开通热线电话等形式，广泛征求基层群众意见，共征集到各类意见建议189条次。东莞市林业局把推进林业科学发展作为主题贯穿于活动始终，深入思考解决制约林业科学发展的突出问题，学习活动取得重大突破：一是建立林业生态补偿机制。从2008年起，市财政给予31.5万亩非经济林地每年每亩100元的补贴，极大地提高各级政府保护生态的积极性；二是推进国营林场改革。确定国营林场转为市财政全额核拨的公益性事业单位，与森林公园管理处合署办公，实施“两个牌子”、一套人马管理；三是确立东莞林业科学发展的思路。按照市委、市政府建设宜居生态城市的战略目标，市林业局制订《东莞市林业发展“十一五”和中长期规划》，明确了林业发展目标和方向。

（刘宇红）

附：2008年东莞市林业局领导名录

局　长：罗松茂

副局长：陈　坚　胡炽海　詹惠航

水 利

【概况】 东莞市地处珠江口东岸，境内96%的面积属东江流域，地形地貌多样，境内易受“风、洪、涝、潮、咸”的侵袭，根治水患，兴水之利、避水之害，是水利工作的重中之重。截至2008年，全市已建成：中型水库7宗，小（一）型水库45宗，小（二）水库66宗，总库容3.84亿立方米；建成引水工程4宗，设计引水流量63立方米/秒；电力排灌装机4864台，装机容量783万千瓦；堤围108条,其中江堤78条，海堤30条, 堤围总长度达990.8公里，捍卫面积111.5万亩；河道水闸280座，其中，中型水闸32座，小（一）型水闸153座，小（二）型水闸95座。

【城乡水利防灾减灾工程】 自2006年东莞市启动新一轮水利防灾减灾工程建设以来，市定的水利防灾减灾工程建设项目435宗，总投资达35.5亿元。2008年，市水利部门以抓好水利工程建设与管理为重点，进一步加快水利防灾减灾工程建设步伐。截至12月底，首批207宗防灾减灾项目相关前期工作已全部完成，完成招投标204.7宗、开工202.7宗、完工116.7宗、验收66.2宗。第一批158宗补充申报项目完成勘探测量154宗、方案设计审查137宗、施工图设计131宗、财审100宗、招投标78.8宗、开工78.8宗、完工45宗、验收16.2宗。第二批70宗补充申报项目，完成勘探测量36.5宗、方案设计审查13宗、施工图设计12宗、财审10宗、招投标10宗、开工10宗、完工2宗、验收1宗。

【冬修水利】 2008年，东莞市冬修水利共完成面上水利工程207宗，投入资金10.9亿元，全市共完成土方4521万立方米、石方373.94万立方米、混凝土66.96亿立方米，加固维修江堤167.04公里，加固维修海堤167.04公里，小型水库除险加固17座，疏通河道59.2公里，加固闸窦21座，改善治涝面积15.15万亩，改善治涝面积3.83万亩。

【三防工作】 2008年，对东莞市有影响的热带气旋有“浣熊”、“风神”、“北冕”、“鹦鹉”、“黑格比”。其中受2008年第14号强台风“黑格比”影响，东莞市出现超200年一遇的风暴潮，沿海各镇水位均创下历史最高纪录。6月份，东莞市先后经历“6·13”和“6·25”两场暴雨洪水。在抗御风暴潮和暴雨洪水过程中，市领导亲临一线，靠前指挥，并安抚受灾群众和企业。市、镇两级三防部门切实落实24小时值班制度，密切注视汛情变化和灾害成因的特点，并根据情况变化，果断采取措施应对。在2008年防汛抢险工作中，市防汛仓库调共拨土工布12卷、编制袋12.6万只、钢筋笼210个、救生衣60件、雨衣40件、冲锋舟和橡皮艇各2艘，有力支持了各镇街的抢险救灾工作。在市委、市政府的领导下，全市三防工作经受了重大的考验，也取得“无水库垮坝、无大堤围溃堤、无群死群伤”的重大胜利，将灾害损失降到最低，最大程度地保护了人民群众生命财产安全，捍卫了全市经济发展和社会和谐稳定。

【水利信息化建设】 2008年底，东莞市三防指挥系统计算机网络系统、分中心会商系统已经通过初步验收。水准点测量工程及报告成果编制、东莞市三防指挥系统水利基础信息代码规则及决策支持系统综合数据库资料收集整编录入建设提交项目成果。信息采集系统、远程视频会议系统完成设备安装并通过初步验收。三防综合数据库与决策支持系统建设项目；专业应用系统建设项目防洪态势图开发及东莞大堤、东引运河、寒溪水三维仿真系统；专业应用系统建设项目城区内涝监测预警系统建设；东江三角洲、寒溪水洪水预报计算模型与预警系统开发建设项目已经提交《用户需求说明书》和《概要设计说明书》等。东莞市三防指挥系统工程配套土建工程已完成40个点的建设工作。

【水政水资源管理】 2008年，东莞市水利系统进一步加大水法律法规的宣传力度，多形式、全方位开展“世界水日”“中国水周”宣传活动。3月21日，邀请资深水利专家、中国水利水电科学研究院刘树坤教授，在行政办事中心主楼一楼会议厅举办一场题为“中国水利的反思和出路”专题报告会。进一步加大执法力度，全年共查处水事违法案件57宗，其中现场纠正47宗，立案处理10宗（违法采砂案7宗、非法取水案1宗、其他案件2宗），共处罚金额16万元；查处违章取水4个单位，整改或封井16口；签发停违通知书32 份。不断加强取水许可管理，2008年共受理申请6件，予以行政许可5宗，不予行政许可的1宗，更换到期《取水许可证》93套。继续开展全市取水户普查工作。完成32镇（街）共402户取水户的资料信息采集，至此全面完成全市取水户基本情况的普查，为建立水资源信息管理系统提供数据支撑。加大规费征收力度，2008年征收水利规费84016万元，其中堤围防护费81246万元，分别比上一年度增长9.78%和6.67%。

【水利工程管理体制改革】 2008年，东莞市根据国务院和省有关水利工程管理体制改革的文件要求，结合实际，积极稳妥地开展水利工程管理体制改革的各项工作。市属水利管理单位的体制改革工作基本完成，已于2008年7月顺利通过省验收组验收。“双费”（人员经费、年维修养护费）和“双定”（单位定性、人员定编）工作已经得到落实。

【水库移民后期扶持工作】 2008年，东莞市财政安排水库移民专项资金600万元，有针对性地逐步解决移民安置区生产生活基础设施存在的突出问题，重点解决黄江镇星光村、大岭山镇下连平村下高田村民小组等22个移民村（组）的道路、挡土墙、村内排污等突出问题，逐步改善移民群众的居住环境和移民村投资环境，有效推进移民安置区社会主义新农村建设。根据省水库移民后期扶持领导小组办公室的要求，在各有关镇（街）积极配合下，按照省水库移民后期扶持管理办法，组织编制《东莞市2008年度水库移民后期扶持项目计划报告》，并上报市政府审定和省有关部门审批，相关项目计划将于2009年全面组织实施。

【水资源综合规划】 2008年，东莞市按照国家、省对开展全国水资源综合规划的统一部署和要求，在2003年2月正式启动的东莞市水资源综合规划工作，在市委、市政府的高度重视下，通过各相关部门的通力合作和努力，包括《东莞市水资源综合规划》总报告和12个专题报告，于6月通过省水利厅的审查，并于9月经市政府批准。规划成果是东莞市水资源开发、利用、配置、保护、节约与管理的基本依据，对指导东莞市水资源开发利用、经济社会可持续发展的具有重要意义，同时也为开展城市供水规划等专业规划奠定基础。

【节水型社会建设】 2008年，东莞市针对水资源开发利用中存在的问题和未来经济社会发展对节水型社会建设工作的要求，组织编制《东莞市节水型社会建设规划工作大纲》和《东莞市节水型社会建设试点工作大纲》。年内，完成第三批全国节水型社会建设试点城市的申报工作，并获批准，这标志着东莞市节水型城市建设工作的全面启动。

【内河涌综合整治】 2008年，东莞市水利局根据《东莞市运河综合整治工作实施方案》任务分工，制定《关于运河综合整治清淤、活源工作实施意见》，成立“东莞市运河综合整治清淤、活源工作专项工作小组”，紧抓各项工作落实。东引运河及寒溪水流域、石马河流域、挂影洲中心涌开展综合整治规划、清淤和活源工作正式启动，各项工作进展顺利。

【东江与水库联网供水水源工程】 截至2008年，东莞市于2006年启动东江与水库联网水源工程建设进展较为顺利。作为应急工程的松木山水库至莲花山水库段于2006年12月底开工，正抓紧建设，预计2009年建成后将缓解长安、虎门两镇较为严重的缺水问题。作为联网水源工程骨干工程，东江至松木山水库的输水干线工程已完成该段工程的招标图，东江抽水泵站已开工，正在开展设备采购及施工招标工作；在水源保护方面，已完成水源保护规划和水库清淤可研工作。（吴九华）

附：2008年东莞市水利局领导名录

局　长：刘伟全

副局长：陈汝钦　陶　谨　张国麟　倪佳翔

气　象

【概况】 2008年，东莞市主要天气气候特点是：低温阴雨影响重，降水严重偏多且时空分布不均，热带气旋影响早而且频繁，高温日数多。严重的气象灾害导致直接经济损失达到29亿元。全市年降水量2711.2毫米，比常年平均值（1780毫米）偏多52%；年平均气温22.2度，比常年平均值22.3度略低0.1度，高温日数突破历史记录；全年日照总数为1879.3小时，与常年同期1919.7小时相比偏少40.4个小时；全年灰霾天数达146天，较2006年、2007年明显回落；年内影响东莞的热带气旋多达6个。年初出现历史罕见的低温阴雨天气；5月21日到6月20日，东莞遭遇1957年以来最大的“龙舟水”天气过程；4到10月热带气旋影响频繁，“浣熊”、“北冕”、“鹦鹉”、“黑格比”和“海高斯”接连给东莞带来不同程度的风雨；11月中旬以来，冷空气影响频繁，但降水严重偏少，森林火险指数居高不下。

【主要气候事件】 低温阴雨。2008年1月24日至2月14日，由于受冷空气不断补充和海洋暖湿气流持续交汇影响，东莞市出现历史罕见的长达22天的低温阴雨天气，期间平均气温仅8.3℃，较常年同期偏低6.1℃，创历史同期新低，累计降水量高达143.5毫米，比历年同期偏多280%，创历年同期新高。这次低温阴雨天气日气温之低、持续时间之长、降水量之多已刷新自1957年有气象记录以来连续低温阴雨的记录。持续寒冷、阴雨天气正值春运高峰期，不但给东莞春运造成严重影响，也给能源供应、电力传输、农业及人民群众生活造成严重影响和损失，特别是农业、渔业、林业损失惨重，仅农业直接经济损失就约1.74亿元。

暴雨。2008年4月19日开汛之后，东莞频频出现连续大暴雨甚至特大暴雨的强降雨天气过程，尤以6月最为突出。东莞国家基本气象站录得年暴雨天数为13天，其中1月和4月各1天，7月2天，10月1天，而6月就多达8天，为历年来暴雨天数最多的月份。全年市气象台一共发布40次暴雨预警信号，其中29次黄色，9次橙色，2次红色。

主要的暴雨过程如下：

4月：19日受台风“浣熊”登陆后形成的低压槽影响，东莞大部分地区出现暴雨到大暴雨，局部大暴雨，测站19日降水量为85.1毫米（详见“热带气旋”部分）。

6月：月内有8天达到或超过暴雨级别，为历年来暴雨天数最多的月份，其中13日和25日出现特大暴雨，18日和29日出现大暴雨。暴雨降水过程主要有5次：

6日早晨至7日晚上，受低压槽和西南暖湿气流影响，连续两天出现强降水。6日08时至7日08时，东莞大部分自动站降水量均超过100毫米，为大暴雨降水。最大累计降水量出现在长安，为183.8毫米，最大时降雨量出现在虎门，为47毫米。6月7日08时至17时，降水超过50毫米的镇区有14个，最大在茶山，为91.4毫米；最大时降雨量出现也在茶山，为58.5毫米。

12日夜间至14日早晨，受高空槽和西南暖湿气流影响，东莞出现特大暴雨。12日20时至14日07时，全市共有53个自动站降雨量超过250毫米，为特大暴雨降水过程，其中有27个自动站降雨量超过300毫米，塘厦雨量424毫米，凤岗雨量403.5毫米，均属历史罕见。13日东莞国家基本气象站记录到日雨量为343.3毫米，是东莞自1957年有气象观测记录以来第三大日雨量；本次过程最大连续三小时雨量为219.4毫米，突破东莞50多年来的资料记录。该次强降水造成严重积涝，全市直接经济损失达19.8亿元，因灾死亡6人，其中保险业损失超过2.8亿元。

18日白天，受切变线影响，东莞普降暴雨到大暴雨，东莞国家基本气象站记录到日雨量为147.1毫米，为全市最大。

25日至26日，热带气旋“风神”给东莞带来持续性强降水。25日东莞国家基本气象站记录到降雨量为270.1毫米，为特大暴雨，26日降雨量63.0毫米（详见“热带气旋”部分）。

29日，受高空槽影响，东莞再次出现大暴雨，东莞国家基本气象站记录到降水量为138.5毫米，为大暴雨。

7月：7日至8日，受南海热带扰动的影响，东莞中部和东部地区出现暴雨到大暴雨，其余地区出现中到大雨，降水时间主要集中在7日20时到8日05时，录得最大雨量为樟木头156毫米，东莞国家基本气象站录得的日降水为58.9毫米。7月30—31日，受2008年第8号台风减弱的低槽影响，东莞部分地区先后出现大雨到暴雨强降水，其中最大降水量为大岭山镇，日降水量为97.5毫米，东莞国家基本气象站录得的日降水为51.7毫米。

10月：受热带风暴“海高斯”影响，5日东莞普降暴雨到大暴雨（详见“热带气旋”部分）。

1957年以来最大的“龙舟水”：5月21日到6月20日是降水集中期，也称“龙舟水”。2008年“龙舟水”期间东莞先后在5月29—30日、6月2—3日，6月6—7日、6月12—13日、6月16—18日出现五次大范围的强降雨过程，期间暴雨的强度、过程时间间隔为历史罕见；过程累计降水量达950毫米，是历年同期平均降水量的3倍，占历年年平均降水量54%，打破2006年同期的最高纪录，比2006年多出171.7毫米，是1957年有气象记录以来同期最高值。

热带气旋。2008年影响东莞的热带气旋多达6个，从4月份登录华南的“浣熊”到10月份的“海高斯”，影响之频繁前所未有。全年市气象台一共发布16次台风预警信号，其中5次白色、6次蓝色、4次黄色、1次橙色。

4月“浣熊”：台风“浣熊”具有登陆早、移动快、雨量大、强度强的四个特点。2008年第一号台风“浣熊”于15日生成于南海南部，18日22时30分在海南省文昌市龙楼镇首次登陆，并于19日14时15分在阳江市阳东县东平镇沿海地区再次登陆。受“浣熊”环流的影响，东莞从18日夜间起风力明显加大，全市风力普遍达到4—5级，阵风6—7级，沿海沿江沿湖地区风力达5级，阵风6到

7级。受其登陆后减弱的低压环流的影响，19日白天起东莞普遍出现降水，其中强降水时段出现在傍晚到夜间，19日08时到20日08时，东莞各镇街录得的降水普遍达暴雨到大暴雨，局部大暴雨，最大降水量为凤岗水利所187毫米，部分镇街受水浸。“浣熊”登陆时间比常年东莞初台登陆时间提早2个多月，也是1949年中华人民共和国成立后登陆中国最早的台风。

6月“风神”：0806号强热带风暴“风神”6月19日上午8时在菲律宾东部洋面上生成，20日上午加强成台风，后横穿菲律宾群岛，于22日傍晚进入南海中南部海面；23日中午11时减弱为强热带风暴；25日早晨在广东省近海减弱为热带风暴，并于5时30分在深圳葵涌沿海地区登陆。“风神”登陆后继续向西北方向移动，强度持续减弱，6月25日9时左右进入东莞，由东南向西北横穿该市，17—18时离开，在莞逗留超过8个小时。受“风神”的环流和其减弱后的低压槽及西南暖湿气流共同影响，东莞25日早上8点开始出现持续强降水。6月25日08时到26日08时，东莞普降大暴雨，有9个镇街出现特大暴雨（日降水量超过250毫米），最大为大岭山363毫米。“风神”也给东莞带来大风，东莞国家基本气象站25日录得平均最大风力达14.3米/秒（7级），阵风9到11级。

8月“北冕”：0809号热带风暴“北冕”8月5日上午在南海海面上生成，6日早晨加强为强热带风暴，6日19时45分在阳西县溪头镇沿海登陆，中心最大风力10级，达到25米/秒，中心最低气压980百帕。受“北冕”影响，东莞5日夜间开始风力加大，6日普降大到暴雨，局部大暴雨，最大在凤岗，录得124.3毫米，其次是清溪，录得106.2毫米；大部分镇街出现八级或以上大风，最大出现在凤岗，达到25.1米/秒（10级）。

8月“鹦鹉”：位于菲律宾东部洋面的0812号强热带风暴“鹦鹉”于19日凌晨2时加强为台风，20日夜间进入南海东北部海面，一直稳定西北西行，于22日16时55分在香港西贡登陆，登陆时中心风力12级，22日22时10分在中山再次登陆，登陆后减弱为强热带风暴，23日早晨移到佛山境内，23日08时减弱为热带低压。受“鹦鹉”影响，东莞22日白天风力开始明显加大，下午开始普遍加大到7到8级，阵风10到11级，全市32个镇街都出现8级以上的阵风，15个镇街出现过10级以上的阵风，5个镇街阵风达到11级，其中16时到22时风力最大，2分钟平均风力普遍在六级以上，其中有5个镇街达到8级以上，松山湖松木山水库最大两分钟平均风速达到25.9米/秒。全市普降中到大雨。

9月“黑格比”：0814号热带风暴“黑格比”19日夜间在菲律宾以东的西太平洋洋面上生成，20日下午加强为强热带风暴，21日14时加强为台风，22日14时加强为强台风，24日早晨6时45分在茂名电白县陈村镇沿海地区登陆，登陆时中心气压950百帕，中心附近最大风速48米每秒（15级）。该台风具有移动路径稳定、强度强、移动快、范围广的特点，且加强为强台风后基本以时速25—30公里每小时左右的速度向偏西方向移动，从菲律宾东部洋面加强为台风直至登陆历时仅仅64个小时，中心最大风力达15级（50米/秒），强度维持到登陆，是2008年登陆广东省最强的台风，也是1998年以来在广东省登陆时强度最强的台风。受强台风“黑格比”环流的影响，23日中午起东莞风力明显加大，23日夜间到24日早上，全市普遍出现5—6级大风，阵风8—10级，山区片和沿海片的风力达6—7级，阵风10—11级，全市共有17个镇街平均风力达6级，其中8个镇街平均风力达7级，最大阵风出现在松山湖松木山水库，为34.5米每秒（12级）；从23日下午起到24日白天，全市普降中雨到大雨，局部暴雨，最大雨量出现在清溪，为50.6毫米，全市持续多日高温酷热的天气得到缓解。强台风“黑格比”虽然给东莞带来的风雨影响不大，但由于正值天文大潮期，24日引发东莞超200年一遇的风暴潮，沿海各镇普遍潮水位创历史新高。麻涌镇潮水位2.78米，比历史最高水位超出0.15米；洪梅镇潮水位2.9米；虎门镇潮水位2.8米；沙田镇潮水位2.8米；望牛墩镇潮水位2.78米；长安镇潮水位2.7米；道滘镇潮水位2.54米。受潮水的顶托，东江水位上升，24日7时石龙（北）水位2.47米，比23日8时水位高1.55米。寒溪河、东引运河、石马河水位有所上涨，但水情平稳。据媒体的报道，东莞南部沿海片、西部水乡片成了一片泽国，厂房、农田等受浸，造成不同程度的损失。

10月“海高斯”：0817号热带风暴“海高斯”于9月30日上午在菲律宾南部以东的西北太平洋洋面上生成，10月3日22时15分在海南文昌市龙楼镇沿海地区第一次登陆，之后继续向偏北方向移动，逐渐靠近粤西沿海。4日17时10分再次在广东省吴川市大山江镇登陆。受“海高斯”影响，5日东莞普降暴雨到大暴雨，全市平均风力普遍达到4到5级，部分地区平均风力达6级，阵风8到9级。最大降水量出现在谢岗，为158.5毫米，东莞国家基本气象站录得降水量为109.3毫米。

雷暴。2008年雷暴日数为83天，比常年平均值（76天）偏多7天，与上年持平。全年市气象台一共发布雷暴和强降水警报75次，发布雷雨大风蓝色预警信号8次。雷电灾害以6月最为严重，雷电日数多达22天，其次是7月为19天，5月和9月分别为12和13天。初雷日是3月22日，终雷日是11月8日，均偏迟。强雷暴造成人员伤亡，还使很多工厂和企业的建筑物及电子设备遭雷击，造成较大经济损失。6月12日中午麻涌一化工厂的竹棚遭雷击起火，幸无人员伤亡和大经济损失；6月15日横沥镇2人遭雷击倒地，其中1人死亡；7月20日4名游客在谢岗镇银瓶嘴山被雷击倒地，其中2人轻伤；8月4日长安镇沙头南区一女菜农在种菜时遭雷击身亡。8月10日中堂镇的供电铁塔遭雷击，两相电线被击断，造成该工业区的工厂和居民全部断电。

高温。东莞国家基本气象站全年记录到高温（≥35℃）日数为11天，与上年持平，其中6月1天，7月5天，8月3天，9月2天。年内最高气温为36.8℃，出现在7月28日。市气象台全年一共发布9次黄色高温预警信号，其中9月10日发布的黄色高温预警信号直到9月23日才解除，是高温预警信号维持时间最长的一次。

6月22—24日，受副热带高压和强热带风暴“风神”外围下沉气流共同影响，东莞连续三天最高气温超过34℃，其中23日最高气温35.5℃。受副热带高压及第8号台风“凤凰”外围下沉增温的影响，7月下旬东莞出现连续的炎热高温少雨天气，其中25—29日东莞国家基本气象站录得连续5天日最高气温超过35℃，与历史同期持续时间最长持平，最高气温为28日36.8℃。28日最高气温≥35℃持续时间长达9小时（13时到21时），全市各地自动监测站在26—28日录得的最高温为37—39℃。受副热带高压及两个热带气旋的外围下沉增温的影响，8月上旬前期和中旬中后期都出现高温的天气，月内日最高气温在35℃以上的天数为3天，而33℃以上的则有12天。受副热带高压及两个热带气旋（“森拉克”和“黑格比”）的外围下沉增温的影响，东莞9月10日至23日连续14日最高气温超过33℃，其中22日最高为36.0℃。

灰霾。2008年灰霾天气日益恶化趋势有明显好转。2007年东莞灰霾日超200天，是有记录以来最多的年份，但随着东莞经济、社会双转型的进展，环保力度的加大和汽车尾气排放标准的提高，东莞灰霾天数恶化趋势得到扭转。2008年灰霾日在冬春两季明显多于夏秋季，3月份最多，达到22天，8月份最少，只有3天。与2007年相比，东莞灰霾天数同比减少31%，减少幅度达65天。全年共发布3次灰霾黄色预警信号，均在上半年。灰霾天气极易给交通安全带来隐患，也影响人们日常活动，给人体健康带来不利影响。

冷空气。除造成1月下旬到2月中旬低温阴雨的冷空气外，2008年上半年的冷空气势力明显偏弱，影响不大；进入11月以来，冷空气活动开始频繁，11月有4次冷空气过程，分别出现在上旬前期、上旬中后期、中旬中后期、下旬后期，日平均气温降幅分别为4.1℃、8.8℃、7.5℃、7.2℃。11月的前两次冷空气过程由于伴随高空槽的活动，还给东莞带来强降水和雷暴，其中11月3日东莞西北部镇街出现大到暴雨，部分地区伴有雷暴，其他地区出现小到中雨，中堂雨量最大达44毫米；11月8日夜间西北部出现暴雨降水，局部地区伴有雷暴和短时雷雨大风，南城板岭测站录得日降水量为47毫米，处在深秋季节的11月出现强降水和雷暴的天气现象较少，历年来仅有4次记录。11月最低气温为9.6℃，出现在29日，比常年同期最低温的平均值10.2℃偏低0.6℃。12月有4次较明显的冷空气过程，分别出现在上旬中期、中旬中期、下旬前期和下旬后期，日平均气温降幅分别为5.5℃、6.3℃、10.3℃、4.3℃，23日早晨最低气温只有5.4℃，为入冬以来最低值，也是2005年以来12月的气温最低值。但由于除前2次冷空气过程带来微量降水外，其余时间滴雨未下，致使空气非常干燥，森林火险指数居高不下，市气象台于11月11日发布森林火险黄色预警信号，11月25日升级为橙色，至12月27日解除，持续时间长达47天。

【获评“全国气象部门文明台站标兵”】2008年，市气象局以完善新局为龙头，建设现代气象业务体系，全力以赴做好气象防灾减灾工作，气象现代化建设取得进展，分灾种气象灾害预报系统投入业务运行，防雷工作稳步推进，队伍建设有新的突破，出色完成各项工作任务，得到各级领导和社会各界的充分肯定，被中国气象局授予2007—2008年度“全国气象部门文明台站标兵”称号，被市委、市政府评为2008年度先进单位。

【气象现代化建设】2008年，东莞市首次以市政府名义组织召开全市气象防灾减灾大会，贯彻落实国务院办公厅《关于进一步加强气象灾害防御工作的意见》、全国气象防灾减灾大会和全省气象工作会议精神，分析总结全市气象防灾减灾工作取得的成绩和面临的形势，研究部署下一阶段全市气象灾害防御工作的任务措施，市政府副市长李小梅、省气象局纪检组长邹建军出席会议并作重要讲话，各镇街和各有关单位分管领导参加会议；为贯彻国务院和省政府有关文件，市政府下发《关于进一步加强全市气象防灾减灾工作的通知》、《关于加强气象灾害预警信息发布工作的通知》等文件，推进了气候生态站建设、预警显示屏建设、部门联动机制建设、气象协理员队伍建设和预警信息发布机制建设，成为加快全市气象事业发展的行动指南。

在进一步优化发展环境的同时，大力推进气象现代化建设。办公环境不断优化，初步建成集预报预警中心、高性能计算中心、综合探测基地、科普教育基地为一体的气象防灾减灾综合系统，并在汛期前正式投入使用；大屏幕会商系统与市三防办实现联网；完成vaisala自动站建设和梯度观测系统项目建设；主干网由100兆升级为1000兆，核心交换机实行双机备份；分灾种的业务系统不断健全，先后完成台风业务系统、强对流预报系统、突发性暴雨预报系统、精细化天气预报系统建设；与清溪镇政府签订土地供应协议，松山湖和麻涌两个气候生态指标站的建设正全力推进；气象移动应急车初步建成；气象影视中心进入节目试运行阶段；年内新增一个大气负离子自动监测系统。

【决策气象服务和重大活动保障】2008年，东莞市气象局定期通过快报、专报、天气报告、手机短信等方式及时为市委、市政府及有关部门提供决策气象信息；重大灾害性天气、关键性天气、转折性天气期间，主动加密服务，局领导主动向市领导和相关部门汇报天气情况及防御建议。全年共发布《重大气象信息快报》160期，专报10期，天气报告49期，为全市4000多名各级领导干部发布决策短信227次。年初五十年一遇的低温阴雨、“6·13”特大暴雨、台风“黑格比”等重大灾害性天气过程的气象服务工作都得到市委、市政府和省气象局的肯定和赞扬。全年为春运、元宵节活动、市委赈灾晚会、端午龙舟赛、高考、中考、沙角部队、桥头荷花节、东莞网通奥运信息传播、“十一”黄金周、全市重大工程竣工典礼等重大活动提供准确及时的气象保障服务，共制作发布重大气象活动保障气象专报443期。年初五十年一遇的低温阴雨灾害恰逢东莞春运返乡高峰期，市气象局准确预报，主动服务，为东莞及时停售北上汽车票、市委市政府发布告市民书、积极劝留新莞人留莞过年等重大决策提供科学依据，受到市委、市政府的充分肯定，作为全市向省委推荐的先进单位。“5·12”汶川大地震发生后，及时在气象公众网最显眼的地方发布灾区未来五天天气预报，方便川籍新莞人了解家乡的天气情况。北京奥运会刚结束，东莞市网通公司就专程送来“鼎力支持，共保奥运”锦旗和感谢信，对奥运期间市气象局为其提供的优质高效服务表示感谢。

【气象科普宣传】2008年，东莞市气象科普宣传工作突破以往格局，将应对气候变化、加强防灾减灾作为科普宣传工作的重点，加强与科协、广电、媒体等部门和行业的沟通合作，不断丰富科普宣传的内容，拓宽科普宣传的渠道，切实提高公众的气候变化意识和防灾减灾能力，被市科协确定为科普教育基地。“3·23”世界气象日期间，在《东莞日报》开辟专版刊发科普文章，邀请相关部门领导座谈，举办气象综合探测基地免费开放日等活动；与市科协、科技局共同承办“东莞创新论坛”第6期“全球气候变化背景下的气象防灾减灾论坛”；将中小学生和外来工等弱势群体作为气象科普宣传教育的重点对象，采取“走出去”与“请进来”相结合的形式，着力强化对中小学生和外来工应急避险和自救互救能力的宣传教育。年内组织技术骨干到东莞市第一中学、玉兰中学和蕉菜所开展科普讲座；邀请东莞理工学院、东莞第一中学等师生参观气象综合探测基地；编印《2007年东莞市气候公报》、《预防胜于救灾》、《天行有常》、《2008年东莞市大气成分公报》、《全球气候变暖下的东莞气候变化特征》等科普资料。同时，还积极撰写大量的新闻稿件，全年在地方媒体发稿100余篇，在中国气象局网站、新气象网站、《中国气象报》发稿29篇，为宣传气象起到良好作用，被省气象局评为宣传工作先进集体。（何春燕）

2008年东莞市气象资料

雨量（毫米）	2711.2
平均气温（℃）	22.2
日照时数（小时）	1879.3
暴雨日数（日）	13
热带气旋（个）	6
低温（日）	2
高温（日）	11
霜日（日）	0

注：所有数据除特别注明者外，均来源于东莞国家基本气象站。

附：2008年东莞市气象局领导名录

局长、党组书记：贯天清

副局长、党组副书记：陈明先

纪检组长、党组成员：陈润全

TOURISM 旅游业

凤岗镇

■ **接待游客达1871.93万人次**

■ **确定东莞旅游形象主标识、宣传语**

■ **旅游行业管理**

编辑：何　青

【概况】 东莞市旅游局直属市政府管理，属正处级事业单位，市政府赋予其旅游行业管理职能。2008年，市旅游局设办公室、质量规范与管理科、资源与市场开发科，下属单位有市旅游局质量监督管理所和市旅游监察大队。市旅游局有局长1名，副局长3名，科长6名，副科长5名。2008年，东莞市旅游局深入贯彻落实科学发展观和市政府《关于进一步加快旅游业发展的意见》，以建设国际性新型旅游目的地为目标，融入中心，服务大局，解放思想促转型，开拓创新谋发展，加大营销塑形象，努力开创东莞市旅游工作新局面。2008年，接待游客人数达1871.93万人次，比上年增长8.51%；旅游总收入128.69亿元，比上年增长8.25%；国际旅游外汇收入45613.74万美元，比上年增长6.82%。2008年，东莞市星级酒店97家，其中五星级酒店18家、四星级酒店25家；旅行社46家，其中国际社9家，国内社33家，非法人分公司4家。

【旅游宣传促销】 2008年，东莞市旅游局继续通过城市营销的模式，整合与旅游相关的要素，确定"多彩的玉兰"和"为东莞喝彩！"为东莞旅游形象主标识和宣传语；拍摄制作东莞旅游推介宣传片，编印东莞旅游景点指南等系列宣传资料；组团参加大京九经济协作带第十届市长联席会议、广州国际旅游展销会、中国（香港）第22届国际旅游展销会、广东国际旅游文化节、东莞旅游（郑州）专场推介会；努力加快旅游网站的建设；把"春节"、"十一"两大黄金周作为全年旅游的重头戏常抓不懈；出版多期《凤凰周刊东莞城市特刊》；整合与旅游相关的要素，建立"政企联手、部门联合、区域联盟、上下联动"的旅游宣传促销机制，实施联合促销、全员促销、媒体促销、网络促销四大策略，突出以城市旅游为营销核心，面向目标市场，境内外推介兼顾，多方出击，在宣传东莞、拓展客源市场等方面取得较好的成绩，增强了东莞旅游的吸引力和知名度，形成城市营销合力。

【旅游行业管理】 2008年，东莞市旅游局本着"在管理中服务、在服务中管理"的思路，体现旅游部门在行业的引领作用，着重抓好旅游行业的建设。对东莞市旅游市场进行全面的清理整顿；对部分景区的安全工作进行督查；对导游带团及持证上岗情况进行检查；市旅游饭店协会研究制定《东莞市饭店业守法诚信经营公约》，举行2008市旅游饭店协会年会；举办市"尚佳杯"饭店业服务技能大赛，协助省旅游局举行全国旅游饭店服务技能大赛广东赛区"嘉华杯"选拔赛；全市有90家星级饭店进行了星级复核；成立东莞市旅行社行业协会；常平镇、樟木头镇、虎门镇、桥头镇、石排镇、横沥镇被评为广东省旅游特色镇，石排镇塘尾村、茶山镇南社村被评为旅游特色村。

【旅游节庆活动】 2008年，东莞市旅游局加强与镇街的联系合作，整合包装全市节庆活动资源。邀请了2300名海外嘉宾出席广东国际旅游文化节开幕式，设计制作花车、花船参与巡游活动，组织企业参加旅游经贸等领域展销洽谈会；做好国际花园城市评选决赛活动的组织接待工作；参与策划、联合举办东坑"卖身节"、桥头荷花艺术节、谢岗登山节、东城啤酒节、南城美食节、松山湖中美滑水明星对抗赛、石排旅游节、

"欢乐常平"旅游文化节等节庆活动。

【旅游教育培训】2008年，东莞市旅游局继续聘请旅游专家丘曦为顾问，定期给局全体干部职工讲授国外旅游管理部门的运作方式及最新的旅游知识，加大对旅游从业人员的培训力度；着力抓好队伍建设，制定《东莞市饭店业管理人员认证标准》，组建培训中心，举办东莞市饭店首批管理人员培训班，组织酒店管理人员参加"关于国际酒店业发展趋势与管理"的学术讲座，完成2008年度第一次、第二次全国导游人员资格考试工作和2008年全国中级导游员等级考试工作，切实提高旅游从业人员的素质。 （钟金伟）

附：2008年东莞市旅游局领导名录

局 长：蒋小莺

副局长：李耀辉 余建民

李亚鹏（11月到任）

东莞市主要旅游景点及参观点一览表

名 称	地 址	电 话	传 真
鸦片战争博物馆	虎门镇解放路88号	85512065	85527770
威远炮台	虎门镇威远岛	85527154	85527770
沙角炮台	虎门镇沙角	85563429	85527770
海战博物馆	虎门镇威远岛	85500322	85507115
可园博物馆	城区可园路32号	22223600	22242151
东莞展览馆	新城市中心区鸿福大道97号	22834001	22834008
东莞科学技术博物馆	市新城市中心区元美中路2号	22835268	22835269
松山湖风景区	松山湖管委会A3五楼	22890176	22890179
隐贤山庄旅游风景区	常平镇丽城大道6号	83398888	83395787
观音山国家森林公园	樟木头镇石新区	87799666	87708666
冠和博物馆	樟木头镇莞惠大道中心广场商场三楼	86269189	86267388
旗峰公园	莞城旗峰路	22461655	22461595
虎英郊野公园	东城迎宾大道	22663531	22666821
榴花公园	东城峡口	22690577	22014800
袁崇焕纪念园	石碣镇水南村委会	86300160	86303212
新华南MALL·生活城	万江万道路三元盈晖大厦	88778866	22430055
南社村古建筑群	茶山镇南社村	86403588	86408882
蒋光鼐故居	虎门镇南栅村	85561504	85225988
粤晖园	道滘镇粤晖路1号	88389263	88387126
广东东江纵队纪念馆	大岭山镇大王岭村	85651000	85655236
水濂山森林公园	南城水濂山森林公园	22678983	22678983
大岭山森林公园	虎门镇惠德村远丰大岭山森林公园	85256277	85024109
金威啤酒	松山湖科技产业园区北部工业园	22898008	22898000
唯美陶瓷博物馆	高埗镇北王路唯美陶瓷总部	88463333	88463333
同沙生态公园	莞长路与环城路交汇处东城同沙	22626006	22267344
东莞饮食风俗博物馆	万江金泰大道1号	22717483	22781031
人民公园	莞城向阳路1号	22225792	22221792
银屏山森林公园	东莞东部谢岗镇	87761291	87761291
大屏嶂森林公园	塘厦镇大坪村林坪路1号	87289927	87289927
东莞蚝岗博物馆	南城胜和社区龙船塘	22459922	
塘尾明清古建筑群	石排镇塘尾村	86527111	86651798

东莞市旅行社名录

序号	名　称	类　别	许可证编号	地　址	电　话	传　真
1	国际旅行社	国际社	L-GD-GJ00065	莞城东城大道188号新华大厦三楼	22458168	22477878 22473428
2	中国旅行社	国际社	L-GD-GJ00066	南城元美路华凯广场A栋2楼	22218288	22859997
3	国泰旅行社	国际社	L-GD-GJ00189	莞城新芬路66号	22232168	22229068
4	康辉旅行社	国际社	L-GD-GJ00190	莞城东纵大道1号	22488666	22001666
5	腾龙假日国际旅行社	国际社	L-GD-GJ00205	莞太路79号腾龙大厦二楼	22341888	22347708
6	青年旅行社	国内社	L-GD-GN00240	莞城新芬路42号（科书博广场内）	22239388	22228961
7	泰平旅行社	国内社	L-GD-GN00002	虎门镇龙泉宾馆七楼	85223236	85112748
8	石龙旅行社	国内社	L-GD-GN00055	石龙绿化中路二号	86613888	86626323
9	丰行旅行社	国内社	L-GD-GN00092	莞城罗沙路126号金沙大厦	22388863	22388863无自动
10	讯通旅行社	国内社	L-GD-GN00128	莞城莞太大道5号讯通大厦	22498698	22486469
11	明珠旅行社	国内社	L-GD-GN00247	南城莞太路8号综合大楼五楼	22335888	22300700
12	阳光旅行社	国内社	L-GD-GN00179	莞城和阳路1号	22825888	22825885
13	南北旅行社	国内社	L-GD-GN00414	莞城南城大厦902室	22112222 22110773	22033016
14	志诚旅行社	国内社	L-GD-GN00413	东城南路联和大厦六层609号	22666777	22339576
15	华南旅行社	国内社	L-GD-GN00440	新城市中心区簪花路18号华南建设大厦	22481078	22498457
16	四海旅行社	国内社	L-GD-GN00481	莞城东城大道东平街223号	22339888	22339998
17	南方观光旅行社	国内社	L-GD-GN00482	莞太路口6号二楼	22502788	22508366
18	华夏旅行社	国内社	L-GD-GN00483	南城元岭路4号	22386666	22385828
19	广之旅旅行社	国内社	L-GD-GN00581	莞城东城大道188号新华大厦三楼A单位	22348363	22480235
20	景鸿旅行社	国内社	L-GD-GN00586	东城东城南路联和大厦8楼	22313888	22326555
21	君达假期旅行社	国内社	L-GD-GN00587	东莞市世博广场K区303	23135678	23133456
22	开心假日旅行社	国内社	L-GD-GN00604	南城莞太路7号之一2楼	22036666	22031311
23	东华旅行社	国内社	L-GD-GN00606	东城东路5号东华大厦3楼	22663333	22623333
24	幸福假期旅行社	国内社	L-GD-GN00607	东城南城路93号3楼	22117808	22117708
25	新华旅行社	国内社	L-GD-GN00629	虎门镇金洲北坊新区2号	85569955	85569977
26	康福旅行社	国内社	L-GD-GN00711	莞城八达路124号电子大厦8楼	23039333	23039993
27	金旅假期旅行社	国内社	L-GD-GN00712	厚街镇深水坑路嘉逸楼1-2层	85087788	85998283
28	粤晖旅行社	国内社	L-GD-GN00713	道滘镇外环工业大道大罗沙路段	88387111	88382623
29	南方阳光商务旅行社	国内社	L-GD-GN00776	虎门黄河时装城八楼8001、8002	85181777	85229747
30	文康旅行社	国内社	L-GD-GN00885	长安镇长中路22号	81768999	81768867
31	光大交通旅行社	国内社	L-GD-GN00886	万江曲海社区市汽车总站二楼1室	22788666	22788866
32	欢泰旅行社	国内社	L-GD-GN00902	虎门镇太沙路81号地铺	85044444	85198388
33	东行天下旅行社	国内社	L-GD-GN00916	东城旗峰路国泰大厦大堂内一号铺	22026666	22026668
34	畅游天地旅行社	国内社	L-GD-GN00942	东莞市莞城县正路12号	22229917	22116234
35	永泰旅行社	国内社	L-GD-GN00957	南城新城市中心区菊香苑35幢182号二楼B1室	22416888	22988288
36	优游旅行社	国内社	L-GD-GN01011	东城新世界花园东城支路5号A铺	22336999	22337999
37	携程旅行社	国内社	L-GD-GN01012	南城莞太路与建设路交汇处福民大厦北楼709号B	22880005	23198087
38	天马旅行社	国内社	L-GD-GN01040	常平镇常东路华美酒店一楼	81091988	81099008
39	松山湖旅行社	国内社	L-GD-GN01052	松山湖松科苑3号楼2楼	22891116	22891263

续上表

序号	名　称	类　别	许可证编号	地　址	电　话	传　真
40	广之旅东莞分公司	国际社	非法人分社	莞城东湖花园第7座第1屋713A号	22347870	22348193
41	深圳国旅东莞分公司	国际社	非法人分社	东城岗贝旗峰路1号国泰大厦902室	22231188	22100201
42	省中旅东莞分公司	国际社	非法人分社	莞城东城大道东平街223号景怡酒店一楼	22338328	22339998
43	省国旅东莞分公司	国际社	非法人分社	新城市中心区第一国际C座906号	21683999	21681777

东莞市星级酒店名录

序号	酒　店	星级	联系电话	酒店传真	邮　编	地　址
1	银城酒店	五星	22818888	22818228	523070	南城莞太大道48号
2	樟木头三正半山酒店	五星	87799333	87793456	523631	樟木头镇石新大道
3	凤岗金凯悦大酒店	五星	87759888	87759388	523690	凤岗镇凤深大道66-68号
4	龙泉国际大酒店	五星	85188688	85113855	523907	虎门镇连升路金洲段
5	豪门大饭店	五星	85117888	85111445	523907	虎门镇港口路
6	丽城假日酒店	五星	83398888	83397893	523560	常平镇隐贤山庄大道8号
7	嘉华大酒店	五星	85928888	85923888	523949	厚街镇家具大道口
8	富盈酒店	五星	85888888	85888889	523940	厚街镇赤岭路段
9	索菲特御景湾酒店	五星	22698888	22696666	523129	东城迎宾路8号
10	莲花山庄	五星	85538388	85538662	523846	长安镇莲花山
11	长安海悦花园大酒店	五星	85318888	85539788	523840	长安镇霄边管理区二环路
12	长安国际酒店	五星	85333333	85332222	523843	长安镇锦绣路1号
13	石龙金凯悦大酒店	五星	86188888	86183288	523325	石龙镇莞龙路西湖路段
14	喜来登大酒店	五星	85988888	85908888	523962	厚街镇S256省道莞太路段
15	新都会怡景酒店	五星	87883888	87925439	523712	塘厦镇环市东路6号
16	太子酒店	五星	83363333	83364422	523749	黄江镇江北路
17	塘厦三正半山酒店	五星	87299333	87299999	523710	塘厦镇迎宾大道
18	汇华国际饭店	五星	83938888	83028288	523560	常平镇常平大道2号
19	帝豪花园酒店	五星	83122222	83138228	523788	大朗镇美景中路769号
20	丰泰花园酒店	五星	85708888	85239028	523900	虎门镇原107国道大板地路段
21	寮步金凯悦大酒店	四星	83326328	83327888	523400	寮步镇教育路1号
22	文华大酒店	四星	85911111	85592666	523949	厚街镇莞太路新塘路段
23	珊瑚大酒店	四星	85826888	85813988	523962	厚街镇S256省道莞太路段
24	东莞宾馆	四星	22222222	22214494	523005	莞城东正路11号
25	江龙大酒店	四星	85838888	85812788	523962	厚街镇S256省道莞太路段
26	新都会酒店	四星	87713333	87717833	523625	樟木头镇维多利商业大道38号
27	君爵酒店	四星	22288888	22288889	523040	万江石美广深路段
28	宏远酒店	四星	22418888	22814630	523070	南城宏远路1号
29	汇美酒店	四星	83918888	83818288	523560	常平镇中元路9号
30	花园酒店	四星	87799888	87180208	523618	樟木头镇南城广场
31	长安酒店	四星	85532388	85532482	523841	长安镇中心S358省道旁
32	桥头三正半山酒店	四星	83341868	83342222	523520	桥头镇碧莲路
33	司马假日酒店	四星	83391888	83392332	523570	常平镇司马管理区
34	新世纪酒店	四星	83338888	83336668	523560	常平镇常平大道8号
35	梵尔赛酒店	四星	83816888	83813888	523560	常平镇下墟工业区
36	厚街海悦花园大酒店	四星	85885888	85831837	523962	厚街镇厚街大道东
37	华翔国际酒店	四星	83728888	83729999	523460	横沥镇瑞康路

续上表

序号	酒　店	星级	联系电话	酒店传真	邮　编	地　址
38	汇源海逸酒店	四星	85244888	85244333	523907	虎门镇虎门大道
39	业丰大酒店	四星	83113888	83103928	523770	大朗镇莞樟路金朗大道23号
40	万盈酒店	四星	88828888	88825888	523130	麻涌镇麻涌大道
41	中汇文华酒店	四星	88788888	88783333	523270	高埗镇振兴路
42	方中假日酒店	四星	86866666	86868686	523399	茶山镇茶山大道西28号
43	半岛酒店	四星	83988888	83988999	523562	常平镇北环路
44	华禧酒店	四星	85383888	85338118	523869	长安镇S358省道上沙路段
45	嘉辉会酒店	四星	87563388	87553444	523709	凤岗镇官井头嘉辉路
46	美怡登酒店	四星	83028888	83028889	523560	常平镇中元路
47	石龙宾馆	三星	86613333	86617617	523326	石龙镇绿化中路2号
48	广彩城酒店	三星	22402088	22404196	523077	南城莞太路
49	石碣豪华大酒店	三星	86633333	86634679	523290	石碣镇新城区
50	金湖粤海酒店	三星	87869888	87869399	523710	塘厦镇塘厦大道南99号
51	莲城酒店	三星	85536888	85534688	523847	长安镇莲峰路接一环路口
52	乌沙大酒店	三星	85548888	85549988	523850	长安镇乌沙环东路
53	黄江假日酒店	三星	83362888	83362036	523750	黄江镇黄江大道3号
54	西湖大酒店	三星	22822888	22822788	523083	南城西平板岭
55	明苑大酒店	三星	85122918	85105138	523918	虎门镇金龙大道南
56	盛御酒店	三星	86111888	86110128	523325	石龙镇西湖大道1号
57	篁胜酒店	三星	22463888	22496632	523009	莞城体育路11号
58	宝石大酒店	三星	86662188	86662328	523500	企石镇振华路1号
59	恒丰酒店	三星	83343333	83346333	523520	桥头镇恒丰新村2号
60	西湖酒店	三星	86112288	86111668	523325	石龙镇西湖区
61	金岛山庄	三星	87729018	87729020	523710	塘厦镇128工业区
62	绿洲酒店	三星	88832788	88839668	523170	道滘镇振兴路160号
63	沙头酒店	三星	85418888	85543888	523863	长安镇沙头管理区
64	华通城大酒店	三星	86732288	86722228	523511	企石镇湖滨南路
65	丰田酒店	三星	87771199	87772970	523699	凤岗镇雁田管理区怡安路
66	丽江酒店	三星	88872888	88873333	523270	高埗镇捷达工业村13座
67	嘉福海港酒店	三星	88682888	88682718	523981	沙田镇中心区港口大道17号
68	中明酒店	三星	88883368	88811767	523220	中堂镇新兴路1号
69	乐怡酒店	三星	85823888	85823928	523962	厚街镇康乐北路
70	御轩酒店	三星	22186888	22705950	523042	万江107国道拔蛟窝路段
71	莱莉雅酒店	三星	87507888	87507999	523690	凤岗镇永盛商业大街中银大厦
72	东逸酒店	三星	85396388	85396288	523847	长安镇莲峰路103号
73	鸿茂酒店	三星	83508888	83508888	523560	常平镇常黄路
74	四季酒店	三星	88566666	88556899	523196	望牛墩镇新电城A8座
75	宏信假日酒店	三星	87363888	87380688	523658	清溪镇香芒西路
76	美景湾酒店	三星	83739888	83731888	543260	横沥镇沿江路1号
77	天鹅湖酒店	三星	83338388	83338288	523562	常平镇天鹅湖路8号
78	富豪酒店	三星	83998888	83330348	523579	常平镇金美路256号
79	金澳花园酒店	二星	22496966	22496966	523008	东城大道金澳花园A座
80	福威酒店	二星	22888222	22811323	523071	南城莞太路篁村路段
81	耀豪酒店	二星	88865333	88863588	523981	沙田镇中心区
82	东海酒店	二星	83335484	83917114	523560	常平镇东元路1号

续上表

序号	酒　店	星级	联系电话	酒店传真	邮　编	地　址
83	银星酒店	二星	83987333	83987717	523560	常平镇木抡大道9号
84	雄狮大酒店	二星	83911540	83334678	523560	常平镇振兴路1号
85	永丰酒店	二星	83938111	83933893	523573	常平镇板石南埔村
86	盈丰酒店	二星	83333333	83332988	523560	常平镇振兴路中段
87	新港大酒店	二星	83331000	83334984	523560	常平镇新市一街6号
88	悦华大酒店	二星	83336888	83336688	523560	常平镇东兴路275号
89	海霞酒店	二星	83815222	83815111	523573	常平镇板石霞村路段
90	昇平酒店	二星	83812888	83818318	523560	常平镇中元街
91	冠城酒店	二星	83337788	83337733	523560	常平镇中元街常平广场
92	龙源大酒店	二星	85551028	85558039	523925	虎门镇S358省道北栅路段
93	恒安酒店	二星	88682066 88868868	88682066	523981	沙田镇横流中心区
94	海月酒店	二星	85926888	85597888	523947	厚街镇涌口海月公园侧
95	悦凯酒店	一星	83398808	83913856	523560	常平镇东元东路28号
96	冠华酒店	一星	83338633	83338633	523560	常平镇常平大道霞村路段

▲ 虎门海战博物馆

FINANCE·TAXATION 财政·税务

茶山镇南社古建筑群

■ 财政收入达601.06亿元

■ 国家税收达339.08亿元

■ 地方税收达307.79亿元

编辑：潘朝明

财政工作

【概况】东莞市财政局是市人民政府组成部门，正处级行政单位，主管财政收支、财政政策、财务管理、财政监督和行政事业资产及政府资源性资产监督管理等工作。2008年，市财政局内设16个职能科室，下辖直属分局、市会计核算中心（含国库集中支付中心）、市财政投资审核中心、市财政局票据监管中心、市财政局信息中心、市政府物业管理中心、松山湖财政分局、虎门港财政分局、生态园财政分局、市注册会计师协会等10个直属单位。截至2008年，共有在职在编人员243人。

2008年，全市财政收支预算执行情况良好，来源于东莞的财政收入601.06亿元，比上年增长11.40%。其中：上划中央325.28亿元，增长9.43%；上划省66.56亿元，增长19.20%；市一般预算收入209.22亿元，比上年增长12.21%，比预算超收4.13亿元。市一般预算收入加上预算外收入12.75亿元，基金预算收入37.50亿元，上级税收返还、上级补助收入、上年结余、其它调入资金等86.85亿元，市财政2008年可支配财力为346.32亿元，比预算增加21.18亿元。市财政支出273.88亿元，比预算减支3.01亿元，省追加支出18.98亿元，专项上解（含出口退税超基数市负担7.5%部分）14.31亿元。收支相抵，结余39.15亿元。

【财政收入平稳较快增长】2008年，市财政部门面对国际金融危机爆发和国家宏观政策大幅调整等多种不利因素，加强分析预测，召开协调会，积极配合税务部门强化征管，实现税收收入稳定增长。同时，认真贯彻落实国家提高耕地占用税征收标准的政策，积极组织预收。加强与相关单位的协调配合，强化土地闲置费征管、继续做好小汽车牌号拍卖和户外广告牌经营权竞价、完善污水处理费征收办法，切实提高非税收入征收水平。推进行政事业性资产管理工作深入开展，实行精细化管理，2008年实际收缴经营性资产收益共5648万元。2008年，东莞市财政收入实现了高基数上的稳步增长。

【财政职能积极有效】*积极主动应对国际金融危机。*2008年10月东莞市新增设立10亿元“重点中小工业企业和加工贸易企业融资支持计划”专项资金，用于帮助企业缓解资金紧缺问题，主要包括：直接贷款支持计划，市财政按银行新增贷款的2%设立风险补偿金，对银行新增贷款发生的本金损失给予50%的风险补偿；贷款担保支持计划，市财政按担保机构新增贷款担保金的3.3%设立风险补偿金，对担保机构新增贷款担保金发生的本金损失给予50%的风险补偿；贷款贴息，对重点中小工业企业和加工贸易企业新增贷款给予不超过1年、年利率2%的贴息，每家企业最高贴息50万元。同时，积极减轻企业负担。减免部分行政事业性收费，主要包括从2008年11月起，对制造业企业缴纳的堤围防护费按50%的比例实施先征后返还等。此外，通过有效发挥财政资金引导作用，组建东莞首家本土创投公司。市财政投入3,000万元，引导筹集社会资金2.70亿元组建市科技创业投资有限合伙公司，完善和丰富市科技投融资体系，解决科技创业的融资难问题。

全力以赴支持救灾工作。一是支持四川地震灾区有力度。“5·12”四川汶川特大地震举国震惊，东莞市紧急拨付救灾捐款1,000万元；从全市筹集的捐款中拨付2.23亿元用于建设临时安置板房；同时根据国务院规定，按2007年市一般预算收入1%拨付1.87亿元设立对口援建专项资金，专用于对口支援映秀镇的恢复重建工作。二是支持市抗寒救灾有广度。积极应对2008年初雨雪冰冻灾害，东莞市开展全面救灾复产工作，主要包括：向受灾香蕉种植户和水产养殖户发放救灾复产补助资金共3833万元；投入520万元，为滞留在东莞火车站的候车旅客提供御寒衣物、食品、医药和进行旅客疏导；垫付2400万元，组织冻肉货源供应，确保春节期间东莞市肉菜市场的正常供应；借款2亿元给市本地发电企业购买燃料，保障春节期间电力供应。三是支持市抗洪救灾有速度。全力救助“6·13”特大暴雨和“黑格比”等台风的受灾群众，东莞市迅速发放救济救灾款共7404万元，及时帮助受灾群众解决灾后生活生产困难，重建家园。

民生保障工作扎实推进。2008年，东莞市社会保障的相关标准不断提高，提升困难群众补助标准和养老保障待遇。投入9789万元，将东莞市农（居）民最低生活保障标准统一提高至每人每月400元；将低保家庭在读高中生、大学生的助学金分别提高到每人每年3000元和7000元；将低保边缘户在读高中生、大学生纳入助学金补助范围，按上述标准的50%发放补助。全市共有27738名大学生和高中生受惠。2008年市财政投入1.1亿元，使所有符合条件的农（居）民每月可领取200—300元的养老保险金。

关爱弱势群体大胆尝试新方法。在全国消费物价上涨的拉动下，2008年1—3月，东莞市消费物价水平上涨7.1%，其中占总支出约30%的食品价格上涨17.9%。物价持续高位运行，对群众的日常生活造成了较大负担。为此，东莞市大胆探索实施一次性临时生活补贴的措施。共投入1.99亿元，向包括低保对象、优抚对象、五保户、非低保对象的一至四级残疾人、孤寡老人、弃婴、已治愈的麻风病人和户籍低保边缘户（家庭人均月收入为低保至低保1.5倍间即401—600元的人员），发放每人1000元的一次性临时生活补贴，切实缓解物价上涨给困难群众造成的经济压力，全市共有8万多户家庭受惠。此举措在全国尚属首创。

医疗卫生服务体系进一步完善。一是健全公共医疗卫生服务网络。2008年，东莞市总投资20.2亿元，加快建设市人民医院新院、市妇幼保健院新院、第三人民医院和市疾病预防控制中心。投入2.59亿元，推进社区卫生服务体系建设，至2008年底，全市已有318个社区卫生服务中心（站）建成投入使用，初步建立起较为健全的社区医疗服务网络。二是实现基本医疗保障城乡零差距。2008年，市财政投入1.3亿元实施新医保制度，彻底消除东莞市医疗保障待遇的城乡差距。具体为：从7月起，将农（居）民参保人住院基本医疗费的报销比例从70%提高到95%，年度报销限额从3.5万元提高到4万元；投入7772万元，实行城乡一体的社会基本医疗保险制度，从10月起，为职工参保人和农（居）民参保人统一增加门诊待遇，医疗费可报销40%，不设限额。

深入推进市民就业创业帮扶工作。2008年，东莞市财政投入1.76亿元，为2243名符合条件的市民发放为期两年3—8万元的免息创业资金小额贷款，较好地解决了市民创业资金短缺的问题。此外，投入3323万元，对转型从事公交出租车行业和大中巴行业的户籍摩托车搭客司机分别给予增驾培训补贴并免费提供上岗培训。实施就业引导和培训激励政策，帮助失业人员、农村富余劳动力、大中专毕业生、退役士兵等各类人员参加职业技能培训。实施岗位培训补贴及社保补贴政策，鼓励企业录用户籍人员，扶持村（社区）建立灵活就业基地，多形式开发岗位促进就地就近稳定就业。

教育事业发展得到有力保障。科学有效推进办学体制改革，在巩固办学体制三级转二级改革成果的基础上，积极推进学校教育经费管理体制改革，市财政从2008年起按照生均教育成本（高中4600元/人·年，初中3700元/人·年，小学1500元/人·年）和在校学生人数核定学校办学经费，逐步形成稳定、科学、合理的财政投入机制，优化教育资源配置，调动学校办学积极性。同时积极减轻市民教育负担，从2008年9月起，东莞市开始免收户籍义务教育阶段借读生杂费差额，户籍借读生从此真正享受到义务教育全免费。投入4800万元，从2008年起为东莞市户籍，外市城镇困难及农村家庭的中等职业学校学生，提供连续两年每人每年1500元的助学金，减轻学生家庭负担。

全面投入支持宜居城市建设。一是保障社会治安和生产安全。在科技强警方面，2008年东莞市财政投入科技强警项目资金1.41亿元，主要用于网络系统建设、办案装备购置等；从优待警方面，市财政2008年投入3076万元，对市直公检法单位干警发放特殊岗位津贴。安全生产方面，2008年市财政共投入1.69亿元，有效地提高了消防抢险救灾等维护安全生产的能力，保证广大群众的生命财产安全。二是优先发展公共交通。加大财政扶持力度，不断完善公交网络，加快快速公交道、港湾式候车亭等公交基础设施建设；2008年市财政投入6110万元，为老年人、残疾人和学生乘车优惠，对公交企业因油价上涨、承担优惠乘车等社会公益服务而减少的收益，由市财政给予补贴。三是加大环保基础设施建设。加快污水处理厂和配套截污主干管网工程建设；推进东引运河和内河涌整治，逐步解决运河黑臭问题；市财政安排专项资金3.25亿元用于公厕和垃圾转运站建设项目。四是优化城市生态环境，截至2008年，市财政累计投入1.2亿元，深入推进农村环境“五整治”。此外，市财政全年投入8.6亿元，大力推进生态公益林建设，支持森林培育和森林资源保护，对黄旗山城市公园进行高标准规划建设。

促进城乡协调发展有新举措。建立生态补偿机制。从2008年起，市财政每年投入1.33亿元对全市基本农田保护区和林地面积较大的村进行补助，着力缓解因承担生态保护任务对镇村造成的发展制约，促进东莞市区域协调持续发展。同时，继续认真落实扶持镇村政策。包括：继续落实镇街工商税收超收奖励分成，拨付镇街税收超收奖励3.91亿元，进一步调动镇街发展经济、增加财税收入的积极性；投入10.58亿元，补助镇街办学经费，减轻基层教育办学负担；多方筹措资金，落实欠发达镇村扶贫贷款贴息政策。全年贴息支出1.22亿元，并帮助欠发达镇增加扶贫贴息贷款10.11亿元，帮助69个欠发达村增加扶贫贴息贷款3.43亿元，进一步增强镇村发展后劲和公共服务供给能力。

【财政体制改革不断深化】 继续深化部门预算管理改革。一是推行预算日常化申报，进一步细化预算内容。2008年，东莞市项目预算申报方式从年底集中一次性申报改为日常申报，使项目库动态全面地反映单位项目实施需求。同时，进一步完善项目预算分类科目，将项目预算编制细化到支出经济科目和政府采购具体品目。二是开展绩效预算试点工作，强化绩效观念。2008年，东莞市建立和完善项目绩效预算的申报、审核和反馈机制。除政策性和经常性公共项目、专项补充公用经费类项目外，单位申报其他项目超过50万元的，填报2009年度项目绩效预算申报表。三是推进预算管理与资产管理相结合，部门预算精细化管理取得新突破。2008年，东莞市明确公用经费和项目支出中设施购置预算的划分标准，其中一般办公设施购置属于公用经费开支范围。预算单位配置资产，需做到以存量制约增量、以增量调整存量的要求。单位增购资产，须结合资产存量情况分析增购需求，由市财政部门根据资产配置标准和单位资产存量情况对资产增量预算进行审核，通过把关和合理调整，促进资产管理合理配置和有效使用。

创新思路推进集中支付改革。2008年，东莞市制定非国库财政资金实行集中支付的操作办法，将国库集中支付改革的资金范围扩大到堤围防护费、学杂费等预算外资金。选取会计核算业务代表性、综合性强的5个单位开展财务会计集中监管改革试点工作。为进一步提升市国库集中支付业务服务水平，实行国库支付中心与代理银行集中办公，为市直预算单位提供更为高效的财政服务。

有效加强行政事业单位国有资产管理。2008年，东莞市积极探索市直行政事业单位经营性资产试行公开招租管理，制定《政府物业招租规则》和《政府物业招租程序》，用制度为公开招租管理试点工作的顺利开展保驾护航。通过公开招租，9个试点单位的16处政府物业月租金总额由底价（原租金水平）16.81万元提高到23.82万元，增幅达41.73%。切实加快推进资产动态化管理，在做好资产清查的基础上，加大力度推进资产管理信息系统的构建及推广工作，选定8家制度建设基础较好、技术力量较强的市直单位开展试点工作。

大力推进绩效评价工作。2008年，东莞市严格按照财政部、财政厅的规定程序，对2007年度市财政安排200万元以上和跨年度项目进行了自我绩效评价，共有292个项目涉及资金81.2亿元。对2003—2005年共118个科研发展专项进行绩效评价。对全市社区卫生服务信息化建设专项经费进行了事前绩效评价，节约财政资金2亿元。选择47个重点项目引入专家评审机制，47个试点项目总预算申请金额7亿元，经过绩效评价，专家建议安排3亿元。

继续强化政府采购管理。2008年，东莞市不断优化政府采购系统，完成政府采购网相关账号CA认证，实现政府采购无纸化审批。改进专家抽取工作办法，广泛征集专家信息，健全政府采购评审专家库。加大对政府采购违法违规行为的查处力度，注重建立和维护诚信，确保政府采购活动公平公正。将东莞市政府采购网与东莞市行政审批电子检察系统实行数据对接，充分发挥纪检监察部门对提升政府采购管理的监督促进作用，从源头上遏制腐败。

不断提高财政监督管理水平。2008年，东莞市全面完善和落实财政资金监督管理制度，市财政部门通过严格监督检查，不断促进财政资金的安全和规范使用。通过开展全市农村通水通路工程专项资金检查、预防接种经费等专项检查，对不规范使用财政专项资金的问题进行严格整改，堵塞了财政支出的监管漏洞。开展契税征管检查，对二手房评估价偏低、未按规定申报契税等问题，也及时进行整改，有效堵塞了契税征管漏洞。

【财政管理水平全面提升】注重完善内部管理体系。2008年，东莞市财政局制定《东莞市财政局落实2008年党风廉政建设和反腐败专项工作任务的工作安排》，将由财政部门牵头办理或配合办理的20项专项工作分解落实到科室（单位），制定《东莞市财政局行政处罚职责分解方案》和《东莞市财政局行政处罚工作流程图》，将市财政部门行政执法责任分解落实到经办人员，有效促进了市财政部门科室之间的协作配合，提高工作效率和质量。制定《资金安全增值流程》，进一步规范定期存款存取流程，确保财政资金安全、增值。

注重规范业务管理。2008年，东莞市财政局针对重大项目资金，制定规范性文件，细化资金审核、拨付等管理流程并根据实际情况适时调整，确定财政资金安全。其中制定、完善关于污水处理厂BOT项目运营费支付、农村环境卫生整治工作财政补助以及市财政资金投资建设工程财务管理办法等。与各镇街财政分局重新签定行政执法委托书，进一步明确市财政局委托各镇（街）财政分局的行政执法事项和权限。　（刘长青）

附：2008年东莞市财政局领导名录

局　长：詹文光

副局长：陈锐康　王锐江

罗军文（任至10月）　叶树平

谢　涛（11月到任）

纪检组长：李长福

国家税务

【概况】东莞市国家税务局于1994年9月底税务机构分设后成立，为中央直属单位。2008年，市国税局机关共设12个行政科室、2个直属机构和3个事业单位；下设33个派出机构，其中正科级建制的分局27个，副科级建制的分局6个。全系统在职在编干部职工735人，管辖全市纳税户20.1万户。负责征收管理的税种有增值税、消费税、企业所得税、储蓄存款利息所得个人所得税、车辆购置税、教育及教育费附加。

【税收收入稳定增长】2008年，全球性金融危机和东莞产业结构内部调整等多种因素，给组织收入工作带来一定冲击，市国税局牢固树立科学的经济税收观，合理制定收入计划,及时掌握税源变动情况，严格落实各项税收政策，加大纳税评估和清理欠税力度，不仅保证量的增长，更实现了质的提升。2008年共组织工商税收收入339.08亿元，同比增长10.9%。其中，国内税收收入285.04亿元，同比增长14.22%；海关代征税收收入54.04亿元，同比下降3.85%。国税税收形成市级财政收入62.41亿元，同比增长15.07%。

抓好税源分析监控。扩大重点税源监控范围，将监控业户从2007年的223户增加至305户。开展全市税源调查工作，将纳入调查范围的企业从2007年的927户大幅增加至2008年的1789户。组织对全市非个体定期定额户纳税人进行信用等级评定，共有482户纳税人被评定为A级纳税人。实行个体“双定”户分月汇总申报，推广个体工商户计算机核定定额操作系统，将全市8万多户纳税人纳入系统管理。加强与协管部门的合作，2008年共清理漏征漏管户1.2万户，形成国税收入12.57亿元。

严格各税管理。2008年共清理和认定超标小规模纳税人7492户，截至2008年，全市共有增值税一般纳税人28388户，一般纳税人占增值税纳税人比例为15.4%。2008年共实现国内增值税、消费税收入228.79亿元，同比增长16.01%。全面实施新企业所得税法，圆满完成2007年度企业所得税汇算清缴工作，实际汇缴36071户，汇缴应纳税额7.66亿元，同比增长21%，汇缴入库率达100%。2008年实现企业所得税收入40.76亿元，同比增长26.32%。加强出口退（免）税管理，进一步完善预警分析机制，2008年共评估检查出口企业646户，调增入库税款和滞纳金5662万元。加强企业关联交易申报管理，完成2家企业的反避税调查，累计调增应纳税所得额1.98亿元，累计应纳税额1407.94万元。加大亏损企业的监管力度，切实纠正“虚亏实盈”的现象，汇缴显示全市涉外企业亏损面为23.9%，同比下降13.47%。做好车购税管理工作，2008年共办理征税车辆105465台，征收税款13.14亿元，同比减收14.03%。

加强评估和稽查。纳税评估以严控异常面为重点，对全市580户税负偏低企业、50户抵扣异常，特别是利用海关完税凭证抵扣异常企业进行专项评估，开展木制家具和汽车销售行业评估，制定相关行业评估指引，大力遏制涉税违法行为，2008年共完成重点评估1359户，简易评估878户，调增应纳税所得额6.89亿元,评估形成税收收入（含滞纳金）1.68亿元。税务稽查以专项检查为重点，对东莞烟草行业、房地产及建筑安装业、家具制造业以及中国平安、中国人寿等重点行业和企业开展针对性的检查，与公安等部门联合开展专项整治行动，2008年共完成省局交办案件30宗，查处群众举报案件312宗，查补税款合计1.71亿元。

大力清理欠税。落实欠税公告办法，向全社会公告4期共1221户正常经营的纳税人欠税情况及全市非正常户情况，大力清理旧欠和严防新欠发生。

【征管质效明显提高】2008年，市国税局抓住外部检查的有利时机，通过内外结合，全面审视税收管理各环节，针对发现问题研究落实整改措施，促进征管质量进一步提升。

基础检查抓规。开展税收征管专项检查，对全系统18个分局实施重点检查，其余16个分局实行抽查，从资料档案管理、征收管理、办税流程、发票管理等方面全面检查税收征管基础，着重规范各环节操作管理。落实税收征管资料档案分级管理办法，对全市34个分局的征管资料档案管理进行检查评定，其中20个分局被评为A级，14个分局被评为B级，并根据评级对B级分局提出限期整改要求。制定推行基层分局发票库房分级管理办法，全市基层分局发票库房均达到A级标准。

专项检查重实效。加强执法管理信息系统跟踪督导，全年系统反映市国税局税收执法正确率为99.65%，在全省20个地级以上市局中位居前列。强化“四小票”（海关完税凭证、运输发票、废旧物资发票、农产品收购发票）分析监控，对异常情况进行实地调查，有效防止企业骗抵进项税额。开展增值税专用发票存根联滞留票核查工作，共提取8641户购方企业的77254份滞留发票信息，经核查做补税处理的发票5853份，补罚税款合计4263.91万元。

全面检查促提高。2008年，省局巡视检查组和省财政监察专员办事处都对市国税局进行了全面检查。结合省局巡视组和省财监提出的问题和整改意见，市国税局重点围绕执行税收政策、行政执法行为、班子建设、财务管理等方面，全方位查找管理中的薄弱环节，迅速研究落实整改意见，制定加强企业所得税查账征收的有效措施，切实提高了管理水平。

【纳税服务不断优化】2008年，市国税局增强纳税服务意识，一方面采取有效措施，切实减轻纳税人负担，提供更为方便、快捷的办税服务；另一方面加大政策宣传和引导力度，帮助企业抵御总体经济环境恶化带来的不利影响，为经济税收的可持续发展打下坚实基础。

积极开展“两个减负”。一是清理简并办税资料和流程。2008年共取消办税业务3项，涉税业务审批28项，涉税资料100多种，全市纳税人一年至少减少报送纸质涉税资料800多万份，年累计减少上门办理约100万户次，大大减轻了纳税人和分局前台的工作负担。同时,对现行电子、纸质双轨审批项目进行清理，完善电子审批工作流，取消不予加收滞纳金和定额核定的纸质审批，逐步实现审批无纸化。二是深入推进办税服务厅建设。统一办税服务厅的基本设置，实行服务标准规范化，开展纳税服务之星评选活动。三是大力拓展网上办税。启用网上数据采集系统，全市6.5万户网上申报的小规模纳税人和非增值税纳税人可从网上报送财务会计报表，其他涉税资料也可进行网上采集。随着网上办税功能的拓展，纳税人网上申报的比例不断提高，东莞增值税小规模纳税人网上申报达90.76%，一般纳税人网上申报达86.61%，企业所得税网上申报比例为84.01%。四是合理优化工作流程。放宽发票领购的次购量，减少前台领票户次。加强对个体“双定”户发票稽核异常数据的检查，减少“双定”户的前台补税次数。五是广泛征求各方面意见。开展纳税服务问卷调查，征集纳税服务意见及建议1443条。开通“纳税服务大家谈”论坛，收集干部职工对纳税服务工作的意见和建议130多条。

全面加强政务公开工作。对外加强政策宣传，利用国税网站发布各类政策文件、办税指南、通知公告，回复纳税人提出的涉税问题，搭建税企互动的重要平台。通过参与“阳光热线”直播节目，播放电视公益广告、设立大型宣传广告牌、派发宣传手册、向社会公告纳税信用A、D级纳税人和欠税户名单等，广泛扩大政务信息覆盖面。对内贯彻落实《中华人民共和国政府信息公开条例》及相关制度规定，制定实施依申请公开、保密审查等制度，开发应用政务公开申请审批系统，大大提高政务公开管理质效。

加大税收政策扶持力度。迅速加大出口退（免）税优惠政策宣传力度，引导和协助企业加快收集单证，提出退税申请，同时采取措施清理简并出口退税业务涉税资料，减少审核审批环节，明确来料加工贸易免税和外商投资企业购买国产设备退税的操作流程，切实加快出口退税审核办理速度，基本实现“上月申报，下月退税”，有效缓解企业资金周转压力。2008年累计办理出口退（免）税159.2亿元，同比增长50.9%。其中办理出口退税90.5亿元，同比增长63.7%；办理“免、抵”调库68.7亿元，同比增长36.9%。此外，还积极宣传落实好其他税收优惠政策，与市外经贸局合作举办软件行业税收政策宣讲会，为全市5446户小型微利企业办理减免企业所得税2000余万元，以及执行好高新技术及软件开发企业过渡期优惠政策，促进东莞产业结构转型升级。

【队伍素质不断提高】发挥领导班子带头作用。2008年，市国税局领导班子带头深入推进解放思想活动，亲自承担调研课题，大兴务实调研之风。同时，建立市局领导基层联系点制度，大力增强对基层工作的指导力度。2008年，市局领导共在《国税调研》等内部刊物上发表文章13篇。进一步优化基层班子结构，加大轮岗交流力度，落实好基层班子民主生活会，深入开展巡视检查、内部审计和离任审计，抓好“回头看”，全面加强对基层领导班子的监督管理。

探索科学选人用人机制。2008年，市国税局探索多样化的干部选拔任用方式，通过民主推荐、党组票决、差额考察等程序，选拔任用市国税系统稽查局长以及公选26名副科级干部，选拔过程民主、公正、公开，有效激发干部队伍的工作积极性和创造性。加大干部轮岗交流力度，在机关与基层、基层领导班子之间累计轮岗72人次。

开展形式多样的教育培训。2008年，市国税局陆续开展解放思想学习讨论活动、机关形象讨论活动、制度学习月活动以及党支部理论学习活动等学习教育活动，增强干部队伍的政治理论素质。制定实施全系统谈心制度，推行“一对一”个别谈心教育，通过领导干部与下属、党员与群众谈心交心，及时了解人员思想动态。加大岗位业务培训力度，出台教育培训管理办法，举办数据分析应用、EXCEL数据强化应用、来料加工免税操作业务、所得税汇算清缴、纳税评估案例、税收计会统等业务培训班合共56期，累计3344人次参加，全面打造高素质和多层次的人才队伍。

营造文明向上的文化氛围。2008年，市国税局积极开展一系列多姿多彩的活动，包括举办以“爱的奉献”为主题的纪念汶川大地震征文比赛，组织全系统干部职工为汶川地震灾区捐款106.4万元；召开庆“七一”暨总结表彰大会，表彰机关优秀党务干部和优秀党员；开展书画、摄影、征文比赛以及全系统篮球、乒乓球、游泳比赛，定期组织机关青年和妇女干部职工参加爬山、木兰拳等锻炼活动，丰富业余生活。

【内部管理进一步规范】进一步加强廉政建设。2008年，市国税局在全系统开展以“增强‘三纪’（党纪、政纪、法纪）意识，推进廉政建设”为主题的纪律教育学习月活动，组织预防职务犯罪讲座，学习防腐倡廉教育读本，举行全体人员“三纪”知识考试，着重利用系统内的反面典型案例进行警示教育。大力加强廉政文化建设，组织观看廉政书画展，评选印制一批廉政标语宣传画，积极开展谈心活动。此外，继续抓好“一书一卡”工作，发挥纪检监察员和社会特邀监察员的监督作用，积极开展执法和效能监察，对违反党纪政纪的人员进行严肃处理。

扎实推进财务改革。2008年，市国税局制定落实财务集中管理改革方案，从8月份起改革全系统财务管理模式，建立全系统1个单位的财务核算及管理模式。在此基础上，进一步加强部门预算编制、固定资产、基本建设项目和后勤管理，规范政府采购行为，强化内部审计，通过对各项经费支出实行细化、限额管理，以进一步控制经费开支，规范各项资金使用，集中有限的财力，发挥资金最大的效益。第四季度全系统基本支出比2007年同期大幅节减22.11%。

拓展电子工作流管理。2008年，市国税局依托自主开发的综合管理平台，将内部工作的流转逐步纳入电子工作流系统，将政务公开、因私出国（境）、考勤、接待申请、派车管理、后台提取数据、软件需求、系统权限申请以及设备维修等工作全部纳入相应模块，所有申请审批程序都可以通过电子申请表流转完成。（欧　薇）

附：2008年东莞市国税局领导名录

党组书记、局长：利巨强

党组成员、副局长：刘　丹　祁　雄　杜志康　傅平辉

党组成员、总经济师：谭岳华

党组成员、纪检组长：邓进强

党组成员、总会计师：邝照东

地方税务

【概况】东莞市地方税务局为广东省地方税务局领导的直属机构，2008年内设10个科室（增设机关党委办公室），设立1个直属行政单位（稽查局，副处级单位，内设6个正科级机构）和2个事业单位，下设33个税务分局（撤销登记分局，把原来的南城、万江、东城、莞城等4个直属行政单位调整为基层税务机构）。截至2008年，全系统共有在编干部职工830人，其中，大学本科以上学历680人，占81.93%；大专学历130人，占15.66%；党员539人，占64.94%。主要负责营业税、企业所得税、个人所得税、房产税（城市房地产税）、资源税、车船税、城市维护建设税、城镇土地使用税、土地增值税、印花税等11个税种的征管和社会保险费、教育费附加、文化事业建设费、堤围费、残疾人就业保障金、水资源费（部分镇区）等6项规费的征收工作。

2008年，市地税局圆满完成了以组织收入为中心的各项工作任务，在严峻挑战面前取得了新的成绩，被东莞市委、市政府评为“中央和省属驻莞机关先进单位”。截至2008年，全市共有地方税务登记户277719户，其中内资企业72580户，外商投资企业9703户，个体工商户192446户，其他 2990户。

【组织收入】2008年，市地税局共组织各项税费收入307.79亿元，同比增长23.9%，历史性地突破了300亿元大关。其中税收收入197.09亿元，同比增长19.3%，增收31.91亿元；社会保险费收入98.34亿元，同比增长38.5%，增收27.35亿元，征缴率达到99.91%，加上堤围防护费、残疾人就业保障金、教育费附加、文化事业建设费等其它收入12.36亿元，东莞地税征收规费收入合计110.7亿元，首次突破100亿元大关，圆满完成了各项税费收入任务。

税源监控。认真做好重点税源调查工作，定期对经济税源数据进行综合分析，及时掌握东莞税源变化情况和增收潜力。在此基础上做好收入的预测和监控，每日跟踪各分局的入库进度，每月对各分局上、中旬上报的预测情况进行量化统计并定期公布，对于重点税源出现异常变动的及时跟踪了解，从总体上预测并合理监控全市税收入库进度。

规费征收。在社保费征管方面，认真做好社保费全责征收准备工作，成立领导小组，制定工作规划，组织人员培训，开展模拟环境的测试和差异分析，做好数据关联登记和欠费数据的清理；完善社保费欠费管理制度，进一步强化社保费的催缴工作，全年移送法院强制执行68户，涉及欠费金额585万元；组织了两次社保费自查自纠，确保社保资金的安全。在堤围费征收工作上，落实市政府对堤围防护费征收的各项优惠措施，及时制定实施操作指引和做好宣传解释工作。加强与残联部门的沟通协调工作，强化对欠费的催缴，做好残疾人就业保障金征收工作。

【依法治税】2008年，市地税局在坚持依法行政、严格执法的同时，坚决落实各项税收调控优惠政策，有力推进了依法治税，税收法治环境进一步优化。

税收执法。积极应用税收行政执法责任制考核系统，不断规范执法行为，逐步实现全市过错行为、考核扣分数量双下降。全年重点对10个基层分局实施执法检查，科学制定检查项目，通过“大集中”系统获取基础数据，对检查发现的问题及时出台规范指引。落实重大税务案件审理制度，全年共审理了5宗重大案件。积极争取法院支持，全年申请了强制执行、参与财产分配案件3宗，成功追缴税款117万元。

税收征管。做好新企业所得税法的贯彻实施，加强宣传、指引和情况反馈工作，继续推行中介机构出具查账报告制度。做好年所得12万元以上个人所得税自行申报工作，全市有24486名纳税人进行了自行申报，申报人数比上年增长32%。做好土地增值税全面清算工作，全年征收入库税款高达12亿元，同比增

长272.8%。2008年初对土地使用税税额标准进行调整及实施扩面征收，征收范围包括外资企业并扩大到全市行政区域，截至2008年，全市土地登记户数为8477户，征收入库税收3.63亿元，比上年同期增长了17倍。

整顿税收秩序。做好欠税公告和清缴工作，对2户欠税金额较大的纳税人采取冻结存款保存措施。开展以房地产业、烟草行业、建筑安装业、税务代理中介机构、金融业为重点的地方税收专项检查工作。加强与检察、公安机关的协调配合，应用好行政执法与刑事司法信息平台，对达到移送标准的2宗案件移送公安机关处理；联合公安机关开展打击制售假发票和非法代开发票专项整治行动。全年稽查局查结涉税违法案件38宗，查补税款入库及滞纳金加罚款 5428万元。加大反避税工作力度，全年开展反避税专案检查7宗，结案3宗，调增应纳税所得额3亿元，追补企业所得税2631.3万元；加强电子行业质疑工作，调增税款2698.5万元；对基层分局下达33宗反避税工作任务，完成19宗，调增应纳税所得额3063万元，补征税款341万元。

税收调控。联合市科技局、市经贸局、市国税局落实企业研究开发经费税前扣除办法具体操作指引。全年办理外商投资企业和外国企业再投资退税和购买国产设备抵免企业所得税41宗，共退抵税款1.14亿元；将土地使用税、房产税困难减免的适用范围由内资企业扩大至所有企业，为长期亏损的外资企业减轻税负。将土地增值税预征率从3%调落到1.5%，及时落实调整二手房交易相关税收政策。落实抗震救灾及灾后重建的税收政策，为捐献企业和个人减少所得税负担2832万元。

【税收管理】 2008年，市地税局以信息化为依托，继续深化改革创新，积极推进科学化、专业化、精细化管理，税收管理效能进一步提升，全系统830名干部职工人均组织税费收入超过3700万元，人均征收额大幅增加。

信息化建设。加强信息应用工作，年所得12万元以上个人所得税实现网上申报，有8441人采用网报方式，占申报总人数的34.5%；积极做好财务会计报表电子化采集模块上线和推广应用。截至2008年，全市共开通网上办税82371户，实际使用79817户，分别占自行申报纳税人数量的71.6%和69.4%。推广应用税收分析系统，完善和优化内部查询系统。深化企业基础数据共享平台应用，开发新的应用模块读取共享平台的工商数据并与地税数据进行对比，方便进行新税务登记录入和筛选地税漏管户。对税收管理员平台的参数设置进行科学调整，保证对具有一定规模并且增减幅度应引起重视的业户进行有效跟进管理。主动向省地税局提出发票电子应用需求，积极配合做好发票在线应用系统开发前期工作。

规范化管理。制定出台来料加工企业就地不停产转型有关税务处理的操作指引。进一步明确市内跨区（镇）经营登记和报关行业用票的税收管理。开展发票专项检查，共抽查发票33000多份，认真查纠各类发票使用问题。继续推进税务协管工作，抓好巡查摸底，加大对钉子户的清理力度，进一步明确税务与协管部门的工作职责。截至2008年，全市纳入税务协管并已办理地税登记的零星税源户共162335户，全年征收地税收入7.09亿元，同比增长25.35%。加强内部管理，进一步规范银行账户设置，强化经费支出管理。制定全系统固定资产管理办法，规范固定资产处理。积极倡导建设节约型机关，加大办公用水、用电等资源的节约力度。

【纳税服务】 2008年，市地税局注重优化纳税服务，为纳税人解困释难。全年纳税人服务中心共受理电话、网站、来访、传真、信函等各类咨询投诉事项共22786宗，同比增长36.57%，办结率达99%以上。做好每月局长接访日工作，参与东莞电台的“阳光热线”节目，及时为纳税人解疑释难。继续办好东莞地税网站、东莞地税报及地税热线专题电视栏目，发放税收宣传小册子12万多份，举办4期“税法进企业”活动，每月参加全市“外商投资企业集中服务日”咨询服务活动，组织企业代表13000多人举办新企业所得税法宣传培训会60多场，派员赴香港参加市政府举办的“帮扶在莞港企促进扎根发展”活动，使广大纳税人及时了解最新的税收法规政策。结合税务制服换装工作，严格工作纪律，规范服务礼仪，统一着装仪表，提升纳税服务质量。加强办税服务厅建设，常平分局新办公楼投入使用，对南城等9个分局办公楼进行修缮，改善办税环境。

【队伍建设】 2008年，市地税局坚持以人为本，着力抓好人力资源整合和优化配置，狠抓思想建设、干部队伍建设和党风廉政建设，地税队伍素质大大提高。

思想建设。认真开展了为期半年的解放思想学习讨论活动，顺利组织完成了学习宣传、讨论调研和决策部署三个阶段工作，在全系统深入开展思想发动，组织专题调研，认真查摆问题，积极探索谋划科学发展的新思路、新办法。

干部队伍建设。做好干部选拔工作，公开民主推荐选拔了6名正科级领导干部、25名副科级领导干部、9名副主任科员。通过竞争性选拔考试从应往届本科以上毕业生中择优录取了60名国家公务员，充实人员力量。推广应用“广东地税教育培训学习管理系统”，积极鼓励干部职工参加学历教育，组织全系统科级干部到国家行政学院进行更新知识培训，举办了新企业所得税法、国际税收、反避税、发票鉴定等各类教育培训21期，培训1955人次，提高了干部队伍的综合素质和岗位技能。

党风廉政建设。抓好廉政教育和文化建设工作，做好廉政提醒。通过组织预防职务犯罪讲座和“一把手”讲党课，组织全体干部职工进行廉政风险排查并初步形成《廉政风险防范备忘录》，召开特邀监察员和企业代表座谈会，与纳税人共同探索税企联合预防措施等，加强廉政风险防范。落实税务系统领导班子和干部监督管理办法、廉政谈话、述职述廉等廉政监督制度，加强“两权”（税收执法权、行政管理权）监督。集体审议决定领导干部民主推荐、物资采购、基建工程招投标、减免税等涉及人员调动提拔、经费开支、税收管理的重大事项。对2名领导干部实施离任审计，对5名领导干部实施任期经济审计。积极参与市行政审批电子监察第三期的上线工作，并将该系统拓展延伸到基层分局使用。从严控制国（境）内外参观考察活动、公车购置和办公楼建设，降低公用经费支出，支援灾区重建。

精神文明建设。开展精神文明创建活动，石排分局获全国“青年文明号”称号。全年对系统内困难干部职工发放救急济难互助金2.57万元，向汶川地震灾区捐助特殊党费13.9万元、特殊团费0.33万元以及大批棉被和衣物，积极协助对口帮扶对象解决困难。组织干部职工参加东莞市机关运动会，举办书法兴趣班和亲情互动活动，努力建设和谐地税文化。（陈群弟）

附：2008年东莞市地方税务局领导名录

党组书记、局长：刘茂坤
党组副书记：马致远
党组成员、副局长：莫灿洪　尹进城　叶　胜
党组成员、纪检组长：黄　真
党组成员、总会计师：黄见洪
党组成员、总经济师：吴锡昌

金融业

BANKING

东莞市行政办事中心

■ 东莞金融总量继续列广东省第四位

■ 10亿元融资支持计划

■ 银行各项存款余额突破4000亿元

编辑：李缙文

银行业

【概况】 2008年，面对复杂多变的国际国内经济形势，东莞推进产业结构调整升级，全市经济保持平稳增长，金融业总体保持平稳发展态势，金融各项指标均保持良好的发展势头，全市主要金融指标再上新台阶。截至2008年，全市经营性银行业金融机构18家，营业网点1198个，金融从业人员1.83万人。

各项贷款增速大幅回落。2008年，全市本外币各项贷款余额2432.88亿元，比年初增加232.95亿元，增长10.5%，较2007年少增209.77亿元，少增14.4个百分点。其中，人民币贷款余额2380.36亿元，比年初增加241.18亿元，增长11.2%，较2007年少增183.03亿元，少增13.3个百分点；外汇贷款余额7.69万美元，比年初减少0.61万美元，下降7.9%，较2007年少增3.54万美元，少增58.3个百分点。

各项存款实现持续快速增长。2008年，全市本外币各项存款余额4460.25亿元，比年初增加616.8亿元，较2007年多增237.79亿元，较年初增长16%，增幅比2007年提高5.1个百分点。其中，储蓄存款增量创纪录，2008年储蓄存款增加513.47亿元，比2007年多增423.35亿元。企事业单位存款余额1239.96亿元，比年初增加47.68亿元，较2007年少增125.7亿元，比年初增长4%，增幅较2007年回落了12.8个百分点。

现金投放继续呈现净回笼态势。2008年，东莞市银行业金融机构累计现金收入9134.38亿元，同比增长1.1%，现金支出合计9071.05亿元，同比增长1%，收支轧差后净回笼63.33亿元，较2007年多回笼7.43亿元。

全市银行结售汇继续保持大额顺差，外汇收支继续保持经常项目和资本与金融项目双顺差态势，结售汇顺差保持较快增速，2008年全市结售汇顺差较2007年增长11.3%。

全市银行业金融机构实现当年结益93.83亿元，比2007年增加8.48亿元，增长9.9%，但增幅比2007年回落46.4个百分点。2008年，东莞市银行业金融机构不良贷款继续保持“双降”。12月末，东莞市银行业金融机构不良贷款余额比年初下降8.4亿元，不良率控制在3%以下，比年初下降0.6个百分点。若剔除11月份农业银行东莞分行核销的不良贷款，2008年东莞市银行业金融机构贷款质量仍保持较高水平，银行信贷风险控制能力较强。东莞金融总量继续列广东省第四位。

【信贷投放结构】 2008年，东莞市信贷结构继续呈现不均衡态势。按行业结构划分，各行业贷款增长不均衡，房地产开发贷款增速回落最大。全市银行业金融机构投向纺织生产行业的贷款新增额为2.14亿元，比年初增长13.2%，增幅较2007年减少20.6个百分点；投向房地产开发行业的贷款新增额为16.38亿元，比年初增长6.6%，增幅较2007年减少56.1个百分点；投向机械行业的贷款新增额为2.53亿元，比年初增长13%，增幅较2007年减少0.4个百分点；投向电子行业的贷款新增额为5.69亿元，比年初增长6.4%，增幅较2007年减少14.2个百分点；投向化工行业的贷款额较少2.15亿元，比年初减少5.8%，增幅较2007年减少46.8个百分点；投向能源开发生产和供应行业的贷款额减少2.71亿元，比年初减少4.7%，增幅较2007年减少48.2个百分点；投向交通运输行业的贷款新增额为13.98亿元，比年初增长17.9%，增幅较2007年多增4.2个百分点。

按贷款期限划分，短期贷款和中长期贷款增速双双下降，票据融资大幅增长。全市短期贷款余额1020.44亿元，比年初增加91.65亿元，增长9.7%，较2007年少增57.68亿元，少增9.1个百分点；中长期贷款余额1217.73亿元，比年初增加63.91亿元，增长5.5%，较2007年少增214.47亿元，少增26.2个百分点。票据融资余额161.35亿元，比年初增加74.83亿元，增长86.5%，较2007年多增70.92亿元，多增81.8个百分点。

按企业规模划分，中小企业贷款增幅低于大型企业。大、中和小型企业本外币贷款余额均有增长，分别比年初增加67.76亿元、61.47亿元和14.82亿元，中型和小型企业的贷款增幅明显低于大型企业。在经济环境恶化，企业信用风险不确定时，银行将信贷资源重点投向大型企业。

2008年，全市个人消费贷款增幅明显回落。截至12月末，个人消费贷款余额565.35亿元，比年初增加8.43亿元，增长1.5%，比上年同期少增151.72亿元，增幅回落38.9个百分点。其中住房贷款余额490.07亿元，比年初增加10.62亿元，增长2.2%，比上年同期少增151.72亿元，增幅回落38.9个百分点；住房装修贷款余额15.37亿元，比年初减少1.85亿元，下降10.7%，比上年同期少增11.61亿元，增幅回落141.7个百分点；汽车贷款余额19.19亿元，比年初增加1.82亿元，增长10.5%，比上年同期少增1.65亿元，增幅回落14.5个百分点。

与此同时，涉农贷款、国家助学贷款下降，小额创业贷款增长迅猛。2008年末，人民币涉农贷款余额10.28亿元，比年初减少16.44亿元，下降59.7%；国家助学贷款余额0.18亿元，比年初下降26.5%；而小额创业贷款发展迅速，截至2008年，已发放贷款2673户，比年初增加1836户，贷款余额2.09亿元，比年初增加1.44亿元，增长220.2%。

【10亿元融资支持计划】 2008年，为应对金融危机对东莞中小工业企业和加工贸易企业的不良影响，东莞市人民政府适时出台10亿元融资支持计划，对银行的新增贷款和担保公司的新增贷款担保分别进行风险补偿和奖励，并对符合条件企业的新增贷款进行贴息。截至2008年12月20日，全市有184家名录企业贷款余额比2008年9月底（基期）增加18.66亿元。

【支付结算服务体系】 2008年11月14日，东莞市辖区“缴费一户通”集中代收付业务成功启动，为广大企业市民缴纳各种费用提供更加便捷高效的服务平台。小额支付系统银行本票业务得到推广，辖区中信、恒生、汇丰三家银行顺利上线运行支付系统，全市支付结算服务体系进一步完善。2008年，东莞市大额实时支付系统共处理业务881.1万笔，清算资金5.3万亿元；小额支付系统处理业务444万笔，清算资金502亿元。全国支票影像系统提出支票88.72万笔，金额288亿元，提入支票26万笔，金额112亿元。

【银行各项存款余额突破4000亿元大关】 2008年6月底，东莞市银行各项存款余额突破4000亿元大关，余额达到4086.17亿元，这是继2005年底存款超3000亿元之后，用两年半的时间，存款再增1000亿元。由此，东莞成为继广州、深圳、佛山之后广东省第四个存款总量超4000亿元的地区。

【银行业机构增至20家】 2008年2月，中国银监会批准东莞市商业银行更名为东莞银行股份有限公司；12月16日，东莞银行广州分行正式开业，这是东莞银行首家异地分行，实现了跨区经营，向成为全国区域性银行迈出重要的第一步。5月29日，上海浦东发展银行东莞支行挂牌成立，它是浦发银行广州分行的第一家异地机构。9月23日，中国民生银行东莞支行正式开业。至此，全市政策性银行、国有商业银行、股份制商业银行、城市商业银行、邮政储蓄银行、信托投资公司、农村信用社、外资银行（代表处）等各类银行业金融机构增至20家。 （齐红梅）

中国人民银行东莞市中心支行

【金融调控】 2008年，为加强和完善金融宏观调控，全面、准确地贯彻执行金融调控政策，提高货币政策执行的水平和效率，中国人民银行东莞市中心支行（简称人行东莞中支）认真贯彻落实金融宏观调控政策，不断创新金融调控手段，维护辖区经济金融平稳运行。

一是全面准确贯彻执行金融调控政策，充分发挥信贷政策“窗口指导”作用。2008年，国际国内经济金融形势复杂多变，货币政策也随之发生较大变化，由年初的“从紧”货币政策转为下半年的“适度宽松”货币政策。作为货币政策传导和金融稳定维护职能的基层执行者，人行东莞中支根据总行宏观调控的要求，结合东莞辖区经济发展的实际情况，通过强化基层央行货币政策执行手段，发挥货币传导、风险防范、金融信息三个平台作用，正确把握宏观调控节奏，适时调整、不断提高金融宏观调控的针对性和灵活性，切实加强窗口指导，应对国际金融危机和地方产业转型升级的复杂局面。以每季度信贷联席会议为平台，不断加强与各经济管理部门、金融监管部门和金融机构的信息交流与沟通，加强对“从紧”转为“适度宽松”货币政策的解读、宣传和政策效应反馈，合理引导社会预期。通过组织银政企三方座谈、举办国际科技周、主持召开企业融资问题专家咨询会、实地访谈等途径，主动深入镇区、企业，及时准确地解释和传达宏观调控政策，统筹货币政策目标与地方经济发展的关系。联合召开信贷工作与房地产金融联席会议，及时出台《东莞辖区房地产信贷管理要点》，督促相关金融机构落实好房地产调控政策，解决开展房地产信贷业务的实际问题。出台《信贷政策导向效果评估办法（试行）》，改进信贷政策传导机制，提高信贷政策实施效果。

二是密切关注区域经济金融发展形势，为推动辖区经济金融发展建言献策。在推进产业转型升级的关键时期，人行东莞中支发挥专业优势，及时制定《促进东莞产业转型升级的信贷指导意见》，向市政府提出具有前瞻性指导意义的意见。通过按季撰写《经济金融形势分析报告》、“专事专报”等形式，及时向市政府提供最新金融调控动向、重大金融事件情况等。参与制定《关于解决我市中小企业融资难问题的指导意见》以及《东莞市重点中小工业企业和加工贸易企业融资支持计划操作规程》等一系列文件，努力推动“10亿元融资支持计划”的落实，引导金融机构以合理的信贷投放支持辖区产业转型升级。解决东莞宏威数码公司等中小企业融资难问题，促进科技创新融资。此外，还通过拓展金融统计调查的广度与深度，针对辖区经济金融运行中融资难、汇率改革、利率改革、新《劳动合同法》、劳动力价格、出口形势等热点问题进行重点监测分析和风险提示，努力提高经济金融监测水平，为地方政府决策提供第一手材料。

【外汇业务监管】2008年，人行东莞中支以推进外汇管理工作改革为突破口，加强有效监管，创新服务手段，有力地促进了地方外向型经济发展。

一是强化监管职能，严格外汇资金流出入管理。全年共核定“结汇关注企业”80家。把好异常资金流入关，对异常并购进行跟踪，完善对外国投资者并购境内企业及境内居民返程投资的监管。推进服务贸易管理改革，试运行“服务贸易非现场监管系统”，搭建全面、高效的服务贸易外汇数据信息监测平台。推广贸易信贷登记管理系统，努力落实货物贸易项下外债及对外债权登记管理政策。加大外债监测力度，严把外债资金流入和汇兑关，规范企业对外举债行为，防范外债风险。疏通资金流出渠道，支持企业“走出去”。2008年，共核准境外投资企业外汇资金来源审查7家，办理境外投资外汇登记企业7家。

二是完善制度建设，加大检查力度，力促国际收支动态平衡。开展国际收支非现场核查和专项核查，全年共核查国际收支申报数据64.74万笔，金额569.55亿美元。落实出口收结汇联网核查办法、外商投资企业外汇资本金支付结汇管理政策、贸易信贷登记管理政策、企业货物贸易项下对外债券登记管理政策等一系列新政策，促进跨境资金有序流动。完善检查手段，开展银行执行“关注企业”外汇管理政策情况、银行执行外商投资企业外汇资本金结汇管理政策情况等专项调查，共查处案件113宗，共发出处罚决定书103份，罚款金额共计351.98万元。

▲ 金源中心

三是强化服务理念，以便利企业为核心，进一步提升外汇服务水平。2008年，通过组织开展专题培训、政策宣讲会等累计对3000多人进行了外汇业务培训，提升银行和企业工作人员的外汇政策水平。探索“三来一补”企业开立保证金专用账户可行性，解决“三来一补”企业台账保证金汇入问题。针对中石油、中石化公司加油款落地结汇情况，解决过境车辆加油问题，便利企业经营。推动市农信联社在全国首先试点开展代理远期结售汇业务，丰富远期外汇业务市场主体。开展外商投资企业外汇年检，办理年检企业6856家，参检率超过100%。大力推广直接投资外汇业务信息系统，确保7103家企业数据真实准确导入系统。2008年，累计发放出口收汇核销单322.29万份，办理核销出口额1010.39亿美元。

【辖区金融环境】2008年，人行东莞中支从维护辖区经济金融稳定发展的大局出发，以开展“金融服务年”为抓手，加强辖区金融服务基础工作，维护辖区金融稳定，促进辖区金融生态环境进一步改善。

一是深入推进辖区征信体系建设，不断优化社会信用环境。扎实开展全市中小企业的信用信息建档工作，累计建档中小企业2.2万户，分别与市劳动局、环保局、住房公积金管理中心、市中级人民法院达成协议，推动非银信用信息采集工作。依托人民银行征信系统，全力配合东莞市政府做好重点中小工业企业和加工贸易企业数据库的构建工作，审核重点中小企业信用状况，创建辖区中小企业融资的良性信用环境。

二是建立健全反洗钱监控新机制，提升基层央行反洗钱监管效能。制定《东莞市金融机构反洗钱工作考核暂行办法》，强化反洗钱约束激励机制。深入开展对东莞中行、平安人寿、海通证券等金融机构的反洗钱现场检查，督促各金融机构完善反洗钱内控制度建设。与东莞市工商局签订《反洗钱合作备忘录》，强化反洗钱工作的部门协作机制。

三是依法履行基层央行职责，大力整顿和规范辖区外汇市场秩序。通过组织开展诚信兴商活动、打击地下钱庄专项活动等，整顿外汇市场秩序，确保辖区金融平稳、健康发展，维护区域市场经济稳定有序。2008年，人行东莞中支开展“雷霆飓风”打击地下钱庄的专项行动，配合公安部门成功捣毁三个非法买卖外汇窝点。

【金融服务基础设施】2008年，人行东莞中支不断加强金融服务基础设施建设，创新技术手段和服务平台，推动全社会金融服务质量和水平整体提升。启动东莞辖区“缴费一户通”集中代收付业务，为广大企业市民缴纳各种费用提供更加便捷高效的服务平台。加强和规范了银行卡管理，联合市公安局排查银行卡交易体系安全隐患，落实账户实名制及银行卡业务规定，营造安全高效的银行卡支付环境。完成小额支付系统银行本票推广运行工作，组织辖区中信、恒生和汇丰三家银行顺利上线运行支付系统，做好对辖区6家支付系统直接参与商业银行支付清算风险度的评估监测，完善支付结算服务体系。加强银行结算账户监督管理，2008年，共颁发开户许可证3.49万份，空头支票行政处罚结案960件。

【人民币反假防线】2008年，人行东莞中支安全高效做好货币发行管理，进一步改进现金管理，确保辖区现金的正常供应和国家资金安全运行，做好辖区现金投放回笼工作，通过优化券别结构，配合分行押运中心做好发行基金押送工作，克服困难做好辖区现金投放回笼工作，2008年，完成发行基金投放回笼合计1432.54亿元，确保辖区现金正常供应。争取短缺小面额券别的调入量，使辖区小面额人民币紧缺局面得到一定缓解。在全市各镇街设立反假货币工作站，开展反假货币宣传，推进反假工作，2008年累计收缴假人民币29.33万张，面值1664.64万元。

【经理国库职能】2008年，人行东莞中支认真履行人民银行经理国库职能，安全高效做好财政拨款、退库工作及出口退税业务。全年共完成财政拨款业务3.97万笔，预算收入退税业务2.3万笔，有力地支持地方经济发展。启动与太平海关、虎门国库联网对账工作，提高了数据共享能力和工作效率，保证对账工作顺利开展。将预算外资金纳入国库进行专户管理，解决堤围防护费预算外转预算内的问题，进一步扩大了国库服务领域。通过采取有效措施，确保“奥运”期间辖区各项业务系统的网络安全，为辖区构建起更加安全便捷的资金清算体系。开辟救灾款项应急汇划绿色通道，保证财政救灾资金及时拨付到位，大力支援灾区救灾和重建工作。此外，为加强国库数据集中核算、整合国库资源、优化系统配置、提高工作效率及进一步防范化解国库资金风险，人行东莞中支自2008年11月起，收回虎门镇国库、长安镇国库经办的海关税收业务，太平海关、长安海关税款直接缴入中华人民共和国国家金库东莞市中心支库。（齐红梅）

附：2008年中国人民银行东莞市中心支行领导名录

行　长：林　平
副行长：甄润赞　刘凯文　麻文奇
工委会主任：邱　姗
纪委书记：左运光
调研员：吴灼均

东莞银监分局

【概况】东莞银监分局成立于2004年，属于中国银行业监督管理委员会（简称中国银监会）派出机构。2008年，东莞银监分局认真贯彻落实银监会、广东银监局的工作部署，坚持以科学发展观统领全局，突出监管重点，优化监管方式，强化监管能力建设，提高监管有效性，推动监管创新与金融创新，强化辖内银行业金融机构的风险管控能力和竞争力，促进地方经济金融的持续稳健发展。东莞银监分局对辖内银行业金融机构的监管工作做到抓政策落实、抓法人监管、抓金融创新、抓合规建设；加强非现场监管机制建设、加强现场检查、加强规范行政许可、加强调研、加强内部管理。截至2008年，全市银行业金融机构各项存款余额4460.25亿元，比年初增加616.89亿元，增长16%；各项贷款余额2432.88亿元，比年初增加214.95亿元，增长9.7%；共实现利润93.83亿元，同比增加8.48亿元，增长9.9%。

【落实国家宏观调控政策】2008年，东莞银监分局多次组织调研并召开座谈会，督促辖内银行业金融机构结合东莞市实际，认真贯彻落实国家宏观调控政策。一是结合东莞市经济社会双转型发展战略和市政府提出的10亿元“重点中小工业企业和加工贸易企业融资支持计划”，督促银行业金融机构调整自身经营策略，坚持“区别对待、有保有压、分类指导”的原则，推进中小企业金融服务工作。2008年末，工、农、中、建、交五大银行省分行分别与东莞市政府签订共计2200亿元的信贷支持协议。二是多次召开监管座谈会，督促各银行业金融机构严格防范外资企业和外向型企业风险、集中度风险、集团客户授信风险、房地产与相关行业风险、新工具和新产品风险等五类风险。三是继续加强对不良贷款的监管工作。四是督促法人银行机构加强流动性管理，指导法人银行机构开展资金流动性和房地产贷款的压力测试，切实提高资金流动性和房地产贷款抗风险能力。

【加强对银行业法人机构监管】2008年，东莞银监分局继续鼓励支持东莞银行上市工作和“走出去”发展战略，年内支持其成功设立广州分行、入股邢台市商业银行以及筹建重庆开县村镇银行，实现跨区经营，扩大品牌影响力。督促东莞银行对全行风险状况进行评估，加强风险管理部门建设，逐步提高风险识别、监测和控制水平。推动东莞农信的产权升级改革，研究东莞农信实行股份制改造、组建农村商业银行的可行性；继续督促其加强对大额贷款的监测工作，及时退出风险潜在企业，合理控制贷款投向的规模和节奏，适时调整优化信贷资产结构。督促东莞信托继续完善法人治理结构、健全内部控制，鼓励和支持东莞信托加大业务创新步伐。同时督促东莞银行、东莞信托、东莞农信3家地方法人机构完成对2007年年报的信息披露工作，主动接受社会公众和舆论的监管与约束。

【鼓励和支持金融改革创新】2008年，东莞银监分局继续鼓励和支持各银行业金融机构在经营依法、风险可控、成本可算、信息充分披露的前提下，大胆探索、大胆试验、大胆创新。一是推动银行同业协会的创建，东莞市银行业协会于9月挂牌成立，以利于营造和谐有序的产业竞争环境和金融生态环境。二是鼓励和支持内部管理规范、经营情况良好的银行业金融机构进入东莞市，促进东莞银行业市场的规范、有序竞争。2008年，浦发银行东莞支行及民生银行东莞支行先后开业。至年末，东莞市银行业金融机构增加到20家，营业网点扩大到1198个。三是指导东莞农信按规定程序申请以利润转增注册资本1.78亿元，进一步增强抗风险能力。四是及时反映对广发行东莞分行的监管情况，配合广东银监局做好属地监管工作。五是立足邮储银行机构改革的实际，督促其进一步加强内部管理、健全内控制度、规范业务流程、提高人员素质。六是密切关注农行股改上市情况，督促其不断完善内控管理、理清资产权属关系，确保股改过程顺利进行。

【银行业合规和自律建设】2008年，东莞银监分局着力开展银行业合规建设和案件治理工作，推动辖内银行业金融机构强化内部管理、提高风险管控水平。开展案件防控“百日大清查”活动，成立活动专项督导小组并先后到辖内15家银行业金融机构的总（分）行、联社，以及21家支行、信用社进行现场督导，提升银行业内控管理水平。加强辖区合规风险管理建设，深入推进案件专项治理工作，督促各银行业金融机构加强内部防控工作，及时通报全国各类银行业案件情况，要求辖内银行进一步落实案件治理工作责任制，加强自查自纠，及时堵塞漏洞。

【完善银行业非现场监管机制】2008年，东莞银监分局按照银监会和广东银监局的部署做好非现场监管信息系统运行的推广工作；做好风险评估及监管评级工作；执行监管走访制度，加强与被监管机构的联系和沟通。

【强化银行业现场检查】2008年，东莞银监分局共组织开展20余项现场检查，包括：对辖内各银行业金融机构案件防控“百日大清查”专项活动开展情况现场督查、对东莞工行信贷资产质量及小企业贷款现场检查、对兴业银行个人创业贷款现场检查、对东莞银行新增贷款情况现场检查、对农村信用社外资企业贷款检查等，及时摸清、摸透辖内银行业金融机构的风险苗头问题，做到早预防、早整改、早收效。

【规范行政许可】2008年，东莞银监分局严格按照行政许可有关规定审核申请事项，做到无超范围核准、无超时限审批的要求。全年共为160家机构网点办理机构迁址、更名、筹建、开业等审批事项，共办理高管人员任职资格核准96人次、驳回申请2人，并对东莞农信以利润转增注册资本、投资入股中国银联等事项进行初审。

【加强银行业调研】2008年，东莞银监分局对突发性事件进行快速调查，掌握上报有关情况并做好统计分析和调研。每月编制《东莞市金融监管月报》，撰写《银行业运行情况分析报告》，结合东莞市地方实际及银行机构发展动态，及时组织人员进行调研。应用银行机构客户风险预警系统信息，定期整理有关统计信息，如每月形成《东莞分局辖内国有银行、股份制银行客户风险信息》、每季度形成《东莞市主要银行机构大额授信及零售贷款情况简析》等，为领导和监管部门提供更全面有效的监管信息，提升监管效率。（熊　瑜）

附：2008年东莞银监分局领导名录

党委书记、局长：陈云青

副局长：王红杏　陈晓勇

纪委书记：匡才满

调研员：黄巨文

【中国农业发展银行东莞市分行】 2008年，面对严峻复杂的宏观经济形势，中国农业发展银行东莞市分行（简称农发行东莞市分行）抢抓机遇、迎接挑战，树立现代银行的效益理念，统一思想和行动，不断推进业务全面稳健发展。截至2008年，各项贷款余额7.5亿元，比年初增加1.44亿元；各项存款余额1.76亿元，比年初增加1961万元；中间业务收入11.43万元，同比增加3.04万元；利润总额首次突破2000万元，人均91.71万元，利润创分行同期最高水平；不良贷款期末余额为0。

业务发展。2008年，农发行东莞市分行准确把握政策，做好传统的政策性业务——地方储备粮轮换工作，保证储备粮贷款余额的稳定和地方粮食储备的安全。

加大支农力度，积极拓展新业务。一是支持农业和农村基础设施建设。在强化市场经济危机感的同时，进一步增强业务发展的责任感和紧迫感，紧贴新农村建设的节拍，提高营销能力和提供至诚的客户服务，完善管理。新发放农村基础设施建设中长期贷款1.3亿元，在支持新农村建设的同时，实现农发行东莞市分行自身业务的有效发展。二是发展商业性短期流动资金贷款业务。坚持以防范风险为前提，加大对农业产业化信贷支持力度，以优先支持老客户、优先支持优质核心资产抵押的企业客户、优先支持介入重点行业优质企业、优先支持事关国计民生的优质储备企业，特别是对重点支持的加工企业，根据客户风险状况设计贷款方式和贷款额度，并与企业进行充分的沟通协调，在控制风险的前提下，使企业能享受农发行的各项优惠政策。三是大力拓展存款和中间业务规模，发掘新的效益增长点。农发行东莞市分行代理保险品种实现多元化，寿险和财险同步发展。代理的主要险种有储备粮库存、车辆保险、财产保险等。全年共完成财险保额3.17亿元，代理保费收入42万元，实现代理手续费收入9.1万元。

强化管理。2008年，农发行东莞市分行深入推进精细化管理工作，使各项管理工作不断制度化、规范化。以信贷、会计业务为重点，依托CM2006信贷管理系统和综合业务系统，严格按照操作规范，以适应系统管理要区为标准，认真履行职责，严格把关，进一步整合梳理业务流程，规范业务环节操作，有效地加强防范风险作用，消除一切风险隐患。同时规范评级授信管理，做好客户评级和最高内部授信额度工作。将最高综合授信额度作为客户总体风险承受能力的警戒线，加强客户用信管理，遵守先授信后用信的基本原则，严格商业性贷款业务必须先核定最高授信额度才能办理贷款调查审查审批手续。为了进一步控制贷款风险，改进和加强贷款审查审议工作，规范贷前调查和贷后监管，实行精细化管理。

夯实基础。2008年，农发行东莞市分行贯彻落实科学发展观的基本要求，制定明确的发展战略和经营目标，建立有效的内部控制体系和有效的激励和约束机制，以夯实基础，对各项改革、管理措施和规章制度、操作流程等重点抓检查、抓巩固、抓完善、抓提高。树立以人为本，加强领导班子建设和队伍建设，扎实推进岗位绩效考核管理，充分激发员工队伍活力，加强党风行风建设，努力防范案件发生，加强企业文化建设，营造良好的发展环境。围绕提升“建设新农村银行”形象，大力开展对外宣传，加强与政府及企业的沟通与联系，密切银政、银企关系。

（叶小云　刘永洪）

附：2008年中国农业发展银行东莞市分行领导名录

行　长：黄建平

副行长：何国坚　朱云标

【中国工商银行股份有限公司东莞分行】 2008年，中国工商银行股份有限公司东莞分行（简称工行东莞分行）应对国内外经济形势变化，加强市场拓展，推进经营转型，加快改革创新，强化风险管理，促进业务规模、资产质量和经营效益协调发展。截至2008年，人民币全部存款余额582.07亿元，比年初增长92.73亿元；人民币各项贷款余额358.07亿元，比年初增长12.8亿元；中间业务收入5.1亿元，继续保持全省工行系统首位；全年实现拨备前利润18.14亿元，拨备后利润16.52亿元，分别同比增长17.4%和18.7%，均位列全省工行系统第一；获省行“突出贡献奖”“资产负债管理先进集体”等称号，连续9年跻身中国工商银行全国二级分行经营30强之列。

业务发展。2008年，工行东莞分行依托区域经济资源，加快业务发展步伐。一方面，进一步强化存款基础作用，树立抓存款也出效益的观念，全行上下联动，把握重点，改进服务，筹资揽存取得良好成效，全年人民币存款净增92.73亿元，增幅为18.95%，为历年最好成绩。另一方面，发展资产业务，加快贷款结构调整，优化资金投向。抢夺大型优质项目，全年发放项目贷款17.83亿元，比年初净增11亿元；配合市政府对全市中小企业和加工贸易企业的10亿元融资支持计划，开展小企业“百日营销”竞赛活动，2008年末小企业贷款余额达51.4亿元；加强住房开发贷款与个人按揭业务的联动发展，个人住房按揭贷款余额111.52亿元，继续保持同业首位；广开票源提升服务，全年票据贴现累计56.23亿元，同业市场占比居第一；加大贸易融资发展力度，全年贸易融资累放额达13.04亿美元。

经营转型。2008年，工行东莞分行积极推进经营转型，从传统的资金供应商转变为金融服务商。推广“套餐+菜单”的全产品营销模式；发展投资银行业务，实现投资银行上市顾问业务和并购业务“零”的突破；信用卡存量卡在全国二级分行率先突破30万张大关，全年新发信用卡量位居同业首位；国际结算量首次突破百亿美元，外汇中间业务收入首次突破亿元大关；电子银行业务、银保业务、理财业务均取得突破性发展。

改革创新。2008年，工行东莞分行积极把握市场和客户需求，完善创新机制，强化管理、产品、服务创新力度，促进全行业务发展步伐和服务水平提升。针对上半年国家宏观调控信贷规模有限的状况，创新推出“票贸宝”产品组合；针对个人客户金融服务需求，创新推出“财富三宝”产品组合；推出EMS缴交交警罚款项目和自助终端缴交电费项目；推出“大额定存+远期结汇”和“大额定存+海外代付”业务模式；推出“一块饼”工程，为客户科学进行风险测评并量身定制理财方案；率先推出牡丹电话通业务；推进渠道建设，启动网点流程改造项目试点，加快财富中心建设和“金融便利店”改造步伐。

风险控制。2008年，工行东莞分行继续坚持“依法合规从领导做起，案件防范从员工抓起”原则，强化内控监督检查和风险防范机制。组织领导干部赴

韶关监狱、东莞监狱开展警示教育和案例学习；开展“纪律、制度、法制”、“学规定，促合规”和“百日大清查”活动，促进合规意识和内控管理水平提高；构筑内控信息交流平台，严防操作风险和道德风险；多部门联合落实反洗钱工作要求和检查。全年实现“无事故、无案件、发案率为零”的工作目标，并被中国人民银行东莞中心支行评为2008年反洗钱先进工作单位。

（朱　宇）

附：2008年中国工商银行股份有限公司东莞分行领导名录

行　长：吴传武
副行长：罗健强　黄少卿　陈淦林
　　　　李海华　陈景新
纪委书纪：黄桂秋

【中国农业银行东莞分行】2008年，中国农业银行东莞分行（简称农行东莞分行）各项经营指标实现历史性突破，经营管理迈上新台阶。全年本外币各项存款达534亿元，比年初增加73.3亿元；本外币各项贷款达284亿元，比年初增加27亿元；中间业务收入达4.78亿元，同比增加7532万元；全年实现拨备前利润16.94亿元，同比增加3.4亿元。

业务拓展。2008年，农行东莞分行在负债业务方面，抓住资本市场资金回流银行的机遇，加快推进网点经营转型，狠抓规范化服务建设，坚持以借记卡业务为重点，进一步加快发展自助设备并加强精细化管理，拓宽服务渠道，提高服务质量，储蓄存款实现较快增长。截至2008年，储蓄存款余额378.83亿元，比年初增加80.64亿元，储蓄存款余额与增量均居东莞四大行首位。

在资产业务方面，通过调整信贷客户结构，并建立固定资产贷款项目库，依照好中选优的原则对项目进行筛选，培育一批抵押物充足、资产实力雄厚的房地产、酒店类优质客户，提高了客户质量。同时，大力发展个人贷款业务，2008年发放个人住房按揭贷款11.85亿元，余额比年初增加1.27亿元，增量居东莞四大行第一位。

在中间业务方面，加强自助设备精细专业管理，大力营销银行卡，发展个人理财，中间业务收入大幅增长，增幅居东莞四大行首位。其中，自助设备收入达9450万元，同比增加2450万元；实现银行卡业务收入3.03亿元，2008年新开借记卡158万张，借记卡总量突破640万张，发放贷记卡超5万张；基金销售在东莞同业的市场份额从年初的13%上升至19%；代理保险业务收入1445万元。

内控建设。2008年，农行东莞分行细抓管理，风险管理基础进一步夯实。一是操作风险防控能力持续提升。建设会计档案中心，实施会计档案集中管理；加强监管队伍建设，强化业务培训和考核，提高会计业务人员素质；整章建制，出台一系列加强操作风险的管理办法，规范自律监管工作，推进新会计准则的实施应用。通过外审和报表转换，规范全分行的会计核算。二是信贷风险管控能力得到加强。加强信贷风险排查力度，多次组织信贷风险的全面排查，按行业建立客户名单制管理；强化贷后管理及风险监测工作，严格执行贷后管理例会制度，适时开展贷款风险监测，风险掌控能力不断加强；实现信贷档案集中管理和法人信贷业务网上审批，开发应用信贷档案管理系统，实现集中统一的电子化信息化管理。三是案件防控能力进一步提高。开展全行性案件防控活动，逐级签订《案件专项治理责任书》，层层落实防控责任；认真落实检查、整改工作，建立整改系统，设立电子整改台账和督办台账，落实整改责任制；推行守押社会化，完成经警队伍、金库守卫和押运的社会化改革，提高管理效率，降低押运和守库风险。

企业文化。2008年，农行东莞分行努力构建“和谐、进取、合规”的企业文化。一是深入开展学习实践科学发展观活动，增强进取意识。分支行两级班子召开专题民主生活会，向全体员工广泛征集意见，并积极转化为经营管理策略和具体工作措施。二是开展《员工行为守则》教育检查活动，进一步强化合规意识。树立28个员工行为守则先进典型，营造全员参与、全员合规、全员防范案件的合规氛围。三是组织开展系列活动，进一步构筑“和谐快乐之家”。在全分行深入开展企业文化建设大讨论活动，举办“服务与责任”演讲比赛，组织系列大型文体活动，增强队伍的凝聚力和战斗力。

金融服务。2008年，世界经济形势严峻，国内经济压力增加，但农行东莞分行时刻用实际行动践行“大行德广，伴您成长”的社会承诺，与广大客户朋友携手并肩、共渡时艰：提供信贷资金支持，帮助客户发展壮大；开发新型自助设备，满足客户的个性化需求；推行投资银行业务，为客户量身打造专业服务；努力打造一支“敬业、创业、专业”的团队，为社会各界提供全方位的金融服务。截至2008年，东莞农行共有离行式自助银行9个、离行式自助服务区103个，对外服务的自助设备超过6500台。通过建设自助银行、自助服务点，投放自助设备、推广电子银行等组合措施搭建起强大的现代化电子金融服务网络，逐渐替代传统的柜面服务，让广大市民和企业拥有“身边的银行，居家的银行”。

（封晓庆）

附：2008年中国农业银行东莞分行领导名录

行　长：何绍成
副行长：麦建红　苏顺棉（5月到任）
　　　　尹相华　林　刚
调研人：叶国键

【中国银行股份有限公司东莞分行】2008年，中国银行股份有限公司东莞分行（简称中行东莞分行）设立二级分行20周年。在业务发展中，中行东莞分行紧跟国家宏观政策调整，应对市场变化，较好地实现各项主营业务跑赢大市；在经营管理中，不断提升安全运营、内部控制与客户服务水平，精细化经营管理成效进一步显现。全年实现实现营业利润15.30亿元，人均营业利润86.15万元；实现税后利润10.95亿元，人均税后利润61.63万元；总资产净回报率为2.1%，风险调整后的资本回报率69.5%，经济价值增加值90572万元。各项贷款余额283.52亿元，同比增长28.27亿元。各项存款余额483.98亿元，同比净增77.96亿元。全口径授信不良资产不良比率为0.94%，比上年底减少0.12个百分点。先后获得“总行级奥运服务先进单位”、“广东银行业文明规范服务示范单位”、“中国银行广东省分行中间

▲ 中国银行

业务先进集体”、“中国银行广东省分行跑赢大市先进集体”、“中国银行广东省分行精神文明建设工作先进单位”等称号。

中间业务净收入突破5亿元。中行东莞分行坚持在产品创新、业务推广、客户服务上狠下功夫，进一步确立中间业务在系统和同业中的领先优势。至2008年10月，实现中间业务净收益达5亿元，成为省系统内第一家中间业务净收益突破5亿元的二级分行。全年共实现中间业务净收入5.66亿元，同比增长28.5%；“四行”（中行、农行、工行、建行）毛收入中行占28.8%，较上年底提升2.65个百分点，继续居当地市场第一位；中间业务净收入在营业收入中占26.2%，比上年末上升1.8个百分点；中间业务绝对量、完成任务率、同比增幅位居省中行系统第一位。

储蓄存款余额突破300亿元。中行东莞分行坚持储蓄存款基础地位不动摇，切实抓住资本市场持续低迷为储蓄业务带来的发展机遇，提高基层网点软硬件服务水平，提高柜台业务处理能力。2008年10月，人民币储蓄存款余额达到300.5亿元，成为省中行系统内首家储蓄存款余额突破300亿元的银行。全年共实现人民币各项存款余额483.98亿元，比上年底净增77.96亿元；共实现外币各项存款余额4.38亿美元，比上年净增1.22亿美元，全口径市场份额57%，比上年底上升20.5%。

奥运服务。2008年，中行东莞分行共销售奥运门票5400多张，销售奥运特许商品6965万元，圆满完成东莞地区奥运金融服务工作。同时，有力提升客户服务水平，全年新开网点4家，原址改造网点11家，搬迁改造8家，新投放自助设备256台，对外服务的自助设备达到439台，客户营销和引导分流的服务能力有力提升。新建完成总行级50家财富管理中心之一，共有80余人通过理财规划师认证考试。

战略合作。2008年12月，中国银行广东省分行与东莞市政府签订500亿元的全面金融服务协议，约定中行东莞分行在两三年内为东莞提供总值500亿元的金融支持，重点支持市政基础设施、重点建设项目、双转移项目、自主创新项目、节能减排和高新技术产业、环境保护项目、中小企业、房地产等领域的开发建设。

内控管理持续加强。2008年，中行东莞分行以打造“不想为、不能为、不敢为”的内控长效机制为目的，深入开展“内控执行力”教育评价年活动和“百日大清查”专项活动，全年实现无大案要案、无重大风险事故的安全运营。加强制度建设，建立起三道防线联席会议制度，实行行领导分片区内控挂钩制度，制定和严格执行内控问责制度和诫勉谈话制度，贯彻职权与责任对等的原则。依靠科技内控，研发内控服务管理系统、特殊科目监督内控管理系统、对外合同内控管理系统、现金管理内控监督系统、代收付内控管理系统、岗位内控管理系统和印章内控管理系统七大内控管理系统。创新内控手段，建立支行行长内控日制度，建立全员内控风险揭示制度，调动全员内控。整合内控资源，重整并强化视频监控中心效能，启动全新的视频监督模式。先后组织重要过渡性科目检查、春节及国庆期间突击检查、反洗钱专项检查、网点代职检查以及机构负责人离任检查，提高全行内控管理水平。　　（吕　林）

附：2008年中国银行股份有限公司东莞分行领导名录

行　长：刘　劲

副行长：苏胜傍（7月到任）　钟国军
　　　　张丹敏　孙路希（12月到任）
　　　　陆　涛（任至10月）

纪委书记：夏永元

【中国建设银行股份有限公司东莞分公司】2008年，中国建设银行股份有限公司东莞市分行经营管理实现又好又快发展，先后获“2008年度中央和省驻莞机关先进单位”和“全国模范职工之家”等称号。

业务发展。2008年，建行东莞市分行紧密围绕“又好又快、好中求快、能快则快”的工作要求，推动各项业务实现健康、快速发展。一是经营效益明显提升，全年实现账面利润10.5亿元，同比增加1.5亿元。二是中间业务收入完成情况良好，实现净收入4.06亿元，同比增加5015万元。三是负债业务稳定增长，全口径存款余额584.03亿元，比年初新增57.78亿元。四是资产业务稳步发展，各项贷款余额为189.75亿元，比年初新增11.72亿元。五是战略性业务指标完成情况良好，国际结算、电子银行、投资银行和代理保险等业务均实现超常规发展。全年实现国际结算量124亿美元，同比增长37.8%；电子银行客户净增数量达到51.86万户；电子银行中间业务收入达到3024万元，同比增长87.4%；银行卡中间业务收入突破1亿元，同比增长40%；实现代理保险业务收入达2647万元，同比增加1390万元；实现基金销售33.62亿元。六是实现不良资产处置1.17亿元，不良资产现金回收额为6199.5万元。

基础管理。2008年，建行东莞市分行进一步夯实基础，细化管理，理顺经营管理体制与机制，打造新的业务发展平台：一是启动经营管理体制改革。成立路桥、城际交通、环保等16个专业化经营团队，加大对重大客户和项目的直接经营力度；推行网点扁平化管理模式，对大城区范围28个网点和14个镇区单点型网点实行市分行直管；对分行本部各部门职能进行重新定位，明确划分直接经营和服务管理的职能范围，建立“大后台”的服务保障体系，实现中后台业务的集中处理和集约化管理。二是充实对公网点的管理力量和营销力量，对36个对公网点配置分管对公业务的副职和45名公司客户经理。三是继续推进对公外汇业务下放工作，不断丰富支行外汇业务品种竞争力。四是开展金融创新。组织金融创意大赛，累计向省分行提交创意119个，执行创新计划6个；加强本地特色项目开发工作，完成国际业务业绩考核系统二期、指纹身份认证系统等创新项目的开发；完成广电及安盈保险等代收费项目的开发与上线工作。

风险防范。2008年，建行东莞市分行加强内部控制，严防风险，确保各项业务在安全运行的基础上实现快速发展。通过抓好新增客户准入管理、加强贷后管理、持续推进信贷结构调整、积极开展“压逾促降”工作、大力推进平行作业等，切实防范风险。通过加强会计及运营部位检查、狠抓会计基础管理工作、提高重点客户对账考核标准等措施，严防操作风险。深入开展“安全年”活动，组织开展员工行为集中排查、反赌禁赌专项排查和员工思想行为专项排查，排查面达100%；通过开设合规学习专栏开展警示讲座、拍摄“第三只眼睛看员工职责操守”教育短片等，提升员工的合规意识；组织开展反洗钱宣传月活动，举办反洗钱主题演讲比赛，开展反洗钱业务知识竞赛。

客户服务。2008年，建行东莞市分行始终坚持以客户为中心，以市场为导向，客户服务水平不断提升。推进服务文化建设，每月开展“客户接待日”活动，行领导主动与来访客户坦诚交换服务、产品等方面的意见与建议。安排本部中层干部每月到网点担当大堂经理，深入了解客户的需求，畅通客户信息反馈渠道。全分行推广转岗转授权项目，使网点排班更加灵活机动。加强网点建设与自助设备管理。成立网点建设办

▲ 建行东莞市分行财富管理中心

公室，加强网点建设的统筹协调力度和网点建设工作效率；进一步优化网点布局；加大自助设备投入与管理，提升客户服务水平，提高客户满意度。完成新设立江南支行等4个网点的选址、租金谈判、方案设计和上报等工作；全年共对25个网点进行改造建设；全年净投放自助设备196台，新增自助银行6间。

企业文化。2008年，建行东莞市分行坚持以人为本，关爱员工，营造和谐的企业文化氛围。重新修订完善补充医疗保险暂行办法，提高对员工的医疗补助，全年共资助85名员工，报销补充医疗费用27.1万元；实施弹性福利积分计划，作为薪酬制度的重要补充；开展"健康年"系列文体活动，举办趣味运动会、广播体操比赛、系统篮球赛等；成立志愿服务队，组织和参与到市北大博雅外国语学校慰问东莞汶川班儿童等一系列的公益活动；开展向四川汶川地震灾区捐款活动，全分行共捐款达62万元。　（罗旭林）

附：2008年中国建设银行股份有限公司东莞市分行领导名录

行　长：王　雄（任至10月）
　　　　李洪茂（10月到任）
副行长：周楚良　葛新华　戴雪里
　　　　李宝生
风险主管：闻　丹
行长助理：李永彤　康　扬

【广东发展银行东莞分行】 广东发展银行东莞分行（简称广发东莞分行），是广东发展银行（简称广发行）的一级分行，1988年10月正式挂牌营业。截至2008年，在东莞市各镇街共设立54个营业网点，全分行员工1245人。

2008年，广发东莞分行顺应宏观调控政策，及时做出反应，在保持业务增长的同时，强化信贷风险的控制，各项业务保持良好发展势头。截至2008年，广发东莞分行人民币各项存款余额286.94亿元，比年初增加25.83亿元；人民币各项贷款余额188.53亿元，比年初增加15.13亿元，增幅8.7%；实现税后利润4.94亿元。各项经营指标在广发系统中排名前列，成为系统内规模较大、效益较高、管理较好的几家分行之一。

2008年，广发东莞分行被中央精神文明建设指导委员会评为"全国文明单位"；被人民银行东莞市中心支行评为"东莞市2008年度金融统计先进单位"；分行办公室被东莞市国家保密局评为"2008年度保密先进单位"；南城支行被广东银行同业公会评为2008年度"广东银行业文明规范服务示范单位"。

业务发展。2008年，广发东莞分行各项业务健康发展。税前利润同比增加1.62亿元，增幅32.8%，业务总体发展情况良好。存款业务平稳增长。截至2008年，人民币各项存款余额比年初增加25.83亿元，其中储蓄存款比年初增加16.14亿元。对公贷款增长明显，人民币各项贷款余额比年初增加15.13亿元，增幅8.7%。中间业务对利润的贡献度不断提高。其中外汇结算量稳步增长，同比增幅42%，创造历史最高增幅，是全国、全省、本市市场平均增速的两倍多。优化业务结构的同时，也拓宽利润来源。

风险防范。根据省银监局要求，开展"百日大清查"专项活动，并以此为契机加强各项业务专项检查，加强对支行的督促、指导。

加强会计基础管理，有效防范操作风险。一是出台系列有效控制风险的规章制度，包括对结算账户预留印鉴作出具体操作指引，重新规范印鉴卡的采集要求、重建或补建印鉴卡的交接程序，制定《支行行长巡检营业厅工作要求》和《相关内控管理制度要点》等；二是对符合轮岗条件的29家支行营业部经理进行全面轮换，并由会计结算部进行现场监交；三是加强各种形式的检查，进一步规范会计结算工作。完成39家支行的营业部经理履职检查，对16家支行的营业部经理进行代职；春节及国庆长假期间，共对19家支行进行了突击检查；累计对158个网点（次）的现金、重要空白凭证和柜台业务录像进行了检查。

加强稽核工作，使风险端口前移。开展常规稽核、专项检查、任期稽核检查，加强对重要岗位、重要环节、重点业务的监控和管理，防范业务风险。

加强安全保卫管理，维护银行正常秩序。制定《重大节日安全防范指引》等规章制度，进一步完善重大突发事件应急管理体系；坚持经常检查，到支行现场检查170余次，及时发现问题、解决问题；加强设施建设，对部分离行式柜员机和在行式自助设备的视频监控设施进行加装和更新改造，进行分行视频监控二期改造工程，并对12个网点的安全保卫设施进行搬迁升级改造。

队伍建设。狠抓思想建设，确保队伍稳定。广发东莞分行结合纪律教育学习月活动，组织全行党员参观廉政教育图文展和东江纵队纪念馆，加深党员干部的爱国主义及党性教育；在全行开展禁赌教育，与全行员工签订《禁赌责任书》；加强对员工的思想道德教育，通过观看警示教育片等进行廉洁从业教育；全面开展"坚持解放思想，推动科学发展"学习讨论活动，并开展主题读书活动，提高全体员工的思想政治素质和专业知识水平；严格执行重要岗位人员警示谈话制度，坚持开展重要岗位和敏感环节工作人员八小时内外行为失控监察活动，有效防范员工道德风险。

加大培训力度，打造核心竞争力。全年组织850人次进行各类专业培训，覆盖面达到70%；采取"培训+参观讨论"形式，轻松活跃的学习氛围、贴心高效的运作方式令培训课程圆满成功。通过筛选，初步建立起分行储备干部数据库，并为此制定持续的培训培养计划。

加强企业文化建设，营造活跃团队气氛。深入开展员工家访活动，及时资助家庭生活困难、生病住院员工；汶川地震期间组织全行员工慷慨解囊、奉献爱心，共向灾区人民捐款近37万元。举办一系列的员工活动活跃团队气氛，包括分行开业二十周年系列活动启动仪式中的松山湖环湖跑活动、分行运动会、党员参观教育活动、主题读书节、东莞市篮球“银协杯”及“企业杯”比赛等，为广大员工提供相互观摩和交流学习的平台。

网点建设。2008年广发东莞分行加大网点建设力度，全年共搬迁、改造网点12个，其中年内完工网点9个、局部改造网点3个。网点改造全部按现代化商业银行标准进行，网点形象得到大幅提升。　　（赵　亮）

附：2008年广东发展银行股份有限公司东莞分行领导名录

行　长：卢少斌

副行长：朱　超　曾泽夫　黄志军

纪委书记：陈少岳

【中信银行股份有限公司东莞分行】 2008年，中信银行股份有限公司东莞分行（简称中信银行东莞分行）以业务基础为平台，合理推进网点建设，新增万江、石龙、清溪3家支行。资产规模稳步增长，管理质量快速提升，经营效益稳步增长，客户结构日趋优化、合理。连续两年在中信银行等级行考评中获“优秀行”称号。

业务发展。2008年，中信银行东莞分行应对全球金融危机和复杂的经济形势，通过不断完善制度、健全内控机制，稳健经营、逆市成长，各条业务主线均出色地完成任务。截至年末，中信银行东莞分行实现利润近4.5亿元，增幅近47%。一是围绕“构建中小股份制银行对公业务主流银行”的战略目标，开展投资银行业务、网银业务、关贸e点通、产业金融和第三方存管业务，提升业务创新能力，优化客户结构。截至2008年12月底，中信银行东莞分行存款近130亿元，比2007年新增20多亿元，占全市金融机构新增公司存款的18%。二是抓住机遇实现突破性进展，明确发展重点，坚持储蓄、管理资产为立行根本；加快建立零售业务组织架构，全面加大基础体系建设工作；加强团队建设和考核建制，强化业务管理，加强零售业务的营销推动，各项业务完成总行计划多倍，并排名全行前列。三是制定相应的操作流程和管理办法，通过不断丰富业务品种，加强3S营销活动，业务衍生能力被充分挖掘，与客户合作逐渐向多元化方向发展，推进国际业务和资金资本市场业务的稳步发展，各项业务均超额完成总行计划任务。

内控管理。2008年，中信银行东莞分行注重管理水平的提升，坚决加强风险防控，通过进一步统一思想，明确工作重点和经营方向，优化流程，工作效率日益提升，各项业务全面发展。通过不断创新，开展对外宣传与全员营销，走多元化发展道路，挖掘客户潜在需求，全面开展各项回馈客户活动；通过完善风险管理制度，加强风险文化建设，把贷前调查和贷后监督、管理结合，控制不良，有效规避风险。至2008年末，在从未核销的前提下不良资产率仅为0.21%，比2007年下降了0.1%。在监管评级中被中国银行业监督管理委员会东莞监管分局评为资产质量一级行。通过完善会计内部控制，建立有效的会计控制系统，严格执行会计准则、会计制度，进一步加强内控建设和检查监督力度，防范操作风险。通过强化稽核力度，加强内部合规审计，规范各项业务的操作，营造合规文化氛围，提高了全行风险防范意识和驾驭风险的能力。通过在安全保卫、设备管理、系统维护、技术支持、软件开发等工作上加强管理，促进效益、质量、规模的协调发展。　　（胡小星）

附：2008年中信银行股份有限公司东莞分行领导名录

行　长：彭周福

副行长：王志雄　翟少安

【东莞银行】 2008年，东莞银行以结构调整和优化为主线，强化风险管理、销售管理和服务管理，进一步推进产品和服务创新，优化资源配置和完善激励机制，风险管控能力日益增强。虽然受全球经济衰退和金融风暴影响，经营压力和风险管理的难度不断增大，但经营管理水平得到较大提升，盈利能力和风险管理能力增强，各项业务实现平稳、较快增长，总体经营保持良好的发展态势。

截至2008年12月底，东莞银行辖下107个营业网点，正式员工2152人。资产总额达700.41亿元，比年初增加62.62亿元，增长9.8%；各项存款余额为497.68亿元（未含财政性存款0.19亿元），比年初增加42.48亿元，增幅9.3%；贷款余额为281.47亿元，比年初增加14.92亿元，增幅5.6%；存贷比为56.6%；全年实现利润总额11.34亿元，比上年增加0.43亿元，增幅3.9%；净利润为9.05亿元，比上年增加1.16亿元，增幅14.7%；不良贷款率为1.9%，比年初下降0.53个百分点；拨备覆盖率达157.8%，比年初上升48.78个百分点。每股净资产为2.14元，每股收益为0.55元。

健全管理。一是进一步修订完善公司章程，确保章程依法合规。二是按程序组织召开股东大会和董事会会议，依法依规对有关事项进行审议。三是进一步健全董事会管理架构，各委员会各尽其职，运作水平进一步提高。重新选举审计委员会、战略发展委员会委员，完善各专门委员会议事规则。各委员会运作更规范有序，履职水平不断提高，为董事会提出有效、具有建设性的建议和意见。四是重新调整高级管理层下设4个委员会的管理架构和职能，进一步完善各委员会的议事规则，明晰委员会的内部分工和职责，促进各委员会有效运作，提高东莞银行经营管理决策的民主性和科学性。

发展战略。2008年，原东莞市商业银行更名为东莞银行股份有限公司。实现更名后，突破地域限制，由一家地方性城市商业银行向区域性乃至全国性股份制商业银行迈进。经过全行各有关部门统一协调、通力合作，做好各项上市申报材料的准备，并顺利向监管部门呈报上市申请。东莞银行广州分行于12月开业。配合董事会做好入股邢台市商业银行相关工作及开县泰业村镇银行的筹建工作。通过冠名广东宏远篮球队，利用体育运动和新闻媒介树立企业健康品牌，提升东莞银行的知名度，扩大东莞银行的社会影响力。

内控管理。开展案件防控“百日大清查”专项活动，及时发现并及早排除各种案件风险隐患。2008年5月，根据监管部门部署，东莞银行结合实际，组织开展案件防控“百日大清查”专项活动，认真排查内部风险隐患，活动取得良好成效。

2008年，东莞银行就会计、信贷、安全保卫等方面的内控管理及制度执行情况对全行网点展开业务大检查，使存在的风险及未暴露的风险点得到有效的防范和控制。

继续加强信贷风险管理制度、操作流程方面的建设；加强操作风险管理，初步建立操作风险报告体系和监测指标体系；逐步形成并不断完善资金业务风险管理相关制度；加强市场风险管理，建立和完善资金业务的中台监控机制；加强贷前审查和贷后管理工作，加大对授信业务的风险监控力度；结合市场变化加强头寸管理，开展流动性压力测试，按照监管机构风险监管指标对东莞银行的流动性风险进行比例监控，不断提高东莞银行的风险管理能力。

加大反洗钱制度建设，及时发布

法律风险提示和案例提示，制定《合规手册》，修订《东莞银行合规管理办法》等合规管理制度，为全行员工提供较为完整的合规指引，为形成“人人合规”、“事事合规”的企业合规文化奠定了基础。

综合创新。2008年，东莞银行大力推进管理体制创新。实施组织管理体制创新，对全行组织架构进行全面梳理和调整，制定《东莞银行组织架构调整与设置方案》，进一步明晰了岗位职责、工作流程和管理架构；在考核机制方面，适时调整新岗位的职能，重新划分岗位分类和设定各类别的薪酬职等；在信贷管理体制上，重新调整业务流程和明确岗位的职责，实现后手对前手负责，实行风险平行管理。

深入推进管理意识和模式创新。2008年，行领导及全行各部门先后就业务发展情况、部门履职情况等内容深入支行调研，了解基层现状和存在问题，为改进管理方式方法，提高管理水平，提供了重要依据；针对全行业务发展出现下滑趋势的情况，创新管理方法，逐步对业绩完成情况较差的支行长实行黄牌警告模式，加强对管理者的约束。

加大产品业务创新。继续根据市场需求开发理财产品，全年累计向市场推出90余款理财产品；成功取得基金代销业务资格；加强对新业务和产品的开发，发行香港旅游卡、虎门名镇卡，推出企业网银等。

企业文化建设。2008年，东莞银行组织开展“感恩之旅”，给员工带来精神上的冲击和思想上的提高，促进总行部室及支行之间的交流与沟通。同时，制定《东莞银行企业文化推进方案》，通过访谈、网点调研、问卷调查等多种形式，完成东莞银行企业文化愿景、使命、核心价值观的提炼工作，形成《企业文化手册》和《行为规范手册》，分别组织高管正副职、中管人员、广州分行共5期文化宣讲及体验之旅，让学员们体验东莞银行“责任、专业、稳健、团队、快乐”的核心价值观，为下一步企业文化的全面推广奠定基础。

（李小嘉）

附：2008年东莞银行领导名录

董事长：廖玉林
监事长：王国栋
行　长：卢国锋
副行长：张　涛　张孟军　黄晓雯
财务总监：邓奕婷

【东莞市农村信用合作联社】2008年，面对国际金融危机及东莞市地方产业升级转型的双重压力，东莞市农村信用合作联社（简称东莞农信）坚持服务中小企业和社区居民的零售银行定位，围绕“扎实基础、精细管理、协调发展、加速转型”的工作思路，一手抓各项基础管理建设，一手抓经营模式与盈利模式转型，改革发展取得阶段性成果。

经营发展。截至2008年，东莞农信资产总额达到964亿元，比年初增加139亿元，增幅17%，资产规模接近国内中型银行机构水平。其中，各项本外币存款余额849亿元，比年初增加111亿元，增幅15%；贷款余额457亿元，比年初增加48亿元，增幅12%，存贷款总量自1996年以来连续12年居东莞市银行业首位。

不良贷款比例（按五级分类标准）2.75%，比年初下降0.65个百分点，降幅19%，不良贷款余额和不良贷款比例实现双降，拨备覆盖率176%，比年初上升39个百分点；核心资本充足率和资本充足率（按照商业银行标准）分别为13.7%、17.6%，远高于4%、8%的监管标准。全年实现拨备前利润22.8亿元，同比增长5.9亿元，增幅达35%；非信贷业务收入占财务总收的比例为40.22%，比年初提升3.37个百分点。2008年，东莞农信获得广东省“金融创新二等奖”、东莞市“青年文明号”、广东及全国银行业“文明规范服务示范单位”等多项集体荣誉称号。2004年统一法人后5年，东莞农信共向国家纳税达16亿元，其中2008年纳税金额达3.46亿元，在全省纳税百强企业中排第87名。

风险管理。一是加强信贷风险管控，有效应对经济周期变化。深入开展存量贷款的风险排查，建立村组贷款和厂房租赁实时监测排查制度，实施各信用社信贷经营管理能力的等级划分，按贷款行业和贷款额度实施贷款户分类管理，分别由市联社、基层社按照“一村一企一户一策”原则，逐户分解到人，落实优化和处置方案，有效压缩存在较大风险隐患的贷款。二是以“百日大清查”为抓手，加强案件风险管控。领导班子多次到部门、下基层贴近风险点调研，精心组织开展了案件防控“百日大清查”专项活动，安全性工作交叉检查、案件专项治理“回头看”深度排查等工作。大力充实稽核工作队伍，达到每2.1个营业网点配备1名稽核员，加强合规建设与培训教育，风险管理基础进一步夯实。

优化资产结构。严格执行国家“有保有压、区别对待”的贷款投放政策，进一步向环保节能产业、市政盈利性建设项目、中小企业的产业集群、优质零售类贷款等优质行业、企业、客户倾斜，充分发挥资金优势，有效挖掘非信贷资产业务的收益。截至2008年，东莞农信中小企业贷款余额超过300亿元；投向13个镇区供水供气工程信贷资金10亿元，授信金额超15亿元，投向东莞市35个污水项目中的18个项目信贷资金5亿元，授信金额超过11亿元，投向垃圾发电及处理项目信贷资金近2亿元。

巩固负债业务优势。抓吸存，推出全员吸存、全员营销的营销策略，收效明显，储蓄存款年增超百亿元；巩固“创富理财”品牌，推出现金管理增值服务，有效稳定储源。

拓展银行卡和代理业务。开展多项用卡营销活动、加快自助设备投产，提高有效卡量和交易总量，截至2008年，东莞农信信通卡存量卡402万张，全年共投产70台ATM，使全社ATM投产总台数达569台。代理业务品种日益丰富，代理业务覆盖范围加大，为市民提供全方位便捷的金融服务。扩大外汇业务市场份额，重点拓展售汇、贸易融资、信用证等业务。

打造“961122”服务品牌。对原有电话银行业务进行全面升级，建成客户服务中心，建立起一支24小时服务的金融服务队伍，是东莞市首家设立24小时客户服务中心的银行机构，抓紧建设网上银行。

电子化建设。完善综合业务系统、国际业务系统、升级代收付业务功能、完善支票影像系统、完善数据仓库管理系统与绩效管理系统、完善和升级反洗钱系统、完善信贷管理系统，为全社的业务运营、风险防范和日常管理提供有效的技术支撑；客户服务中心系统按计划正式投产，综合信息管理系统（OA系统）顺利投产并全面推广，网上银行项目全面推进，银行承兑汇票业务、手机钱包业务、小额支付系统本票业务相继开发投产，行内影像传输系统项目试运行，广东金融服务平台集中代收付业务上线，电子银行服务渠道初步完善，为产品创新、服务创新和管理创新提供了坚实的科技支撑。

企业文化建设。开展东莞农信第三届书法和绘画比赛、举办东莞农信第二届员工运动会，通过开展一系列丰富多彩的企业文化建设活动，丰富员工的业余生活，增强员工的归属感、凝聚力。

奉献爱心活动。对湛江市50名和梅州市6名困境儿童进行爱心帮扶活动，2008年帮扶款项达1.68万元；四川汶川地震发生后，全力做好各项抗震救灾金

融服务，通过直接的现金捐赠以及间接的手续费减免，东莞农信支持灾区同胞的资金超过460万元。（周浩球）

附：2008年东莞市农村信用合作联社领导名录

理事长：何沛良
监事长：关锦荣
主　任：陈锐强
副主任：叶满霖　王庆辉　朱小伟　刘晓东

【交通银行股份有限公司东莞分行】交通银行股份有限公司东莞分行（简称交通银行东莞分行）成立于2003年3月。截至2008年，全行资产余额总计69.10亿元。交通银行东莞分行拥有正式员工217人，其中本科以上学历占员工总数的76%。拥有营业网点8家，在虎门、长安、莞城、南城、东城、厚街、大朗、塘厦等镇区开设支行，初步形成覆盖东莞市经济发达镇区的网点布局。信贷投放累计达到211.4亿元，贷款的行业涉及电力、纺织服装、房地产业、电子信息、通讯制造、交通运输、食品等。在产业结构调整，中小企业面临生存压力的形势下，交通银行东莞分行扶持中小企业发展，适时推出"展业通"和"蕴通财富"两项业务，为优质中小企业提供供应链融资，帮助中小企业度过难关，提高自身竞争力。

交通银行东莞分行坚持继承与创新并重，以诚信立行，以服务取胜。根据经济发展和市场需求的变化，逐步推出"沃德财富账户"、"交银理财""盈通账户"、"满金宝"、"展业通"等金融新品，并通过建立"沃德财富管理中心（OTO）"为高端客户提供专业细致的一对一服务。同时交通银行还拥有像"外汇宝"、"太平洋卡"、"基金超市"等品牌产品。（王　石）

附：2008年交通银行股份有限公司东莞分行领导名录

行　长：朱木森
副行长：王　影
行长助理：陈进文

【招商银行东莞分行】招商银行东莞分行成立于2004年5月，是招商银行在全国地级市设立的第一家一级分行。

招商银行东莞分行立足本土，合规经营，大胆创新，坚持效益、质量、规模协调发展。截至2008年，招商银行东莞分行客户规模达30万户，全折人民币自营存款余额超100亿元，全折人民币自营贷款余额近100亿元，全年实现税前利润超亿元。

2008年，招商银行推进机构建设和人才建设，拥有近500名员工，网点机构12家，分布于厚街、长安、虎门、南城、常平、大朗、塘厦、万江、石龙、寮步等镇街，形成立足莞城、辐射重点镇街的网点服务体系。招商银行东莞分行利用一卡通、一网通、金葵花理财、点金理财、财富账户等系列金融品牌，为社会各界提供金融服务。2008年，招商银行东莞分行参与扶持中小企业10亿元融资计划，推出绿色金融——东莞市LED路灯改造项目贷款、货权质押、机械设备不动产抵押、建设工程投标保证金贷款等系列中小企业融资产品，同时联合各镇街举办多期中小企业融资推介会，并与当地镇政府签订多项中小企业融资合作协议，搭建适合中小企业特点的融资平台。（骆高华）

附：2008年招商银行东莞分行领导名录

行　长：王耀球
副行长：欧阳忠　刘冬兰
行长助理：卢伟文

【兴业银行东莞分行】兴业银行成立于1988年8月，是经国务院、中国人民银行批准成立的首批股份制商业银行之一，总行设在福州市。2007年2月在上海证券交易所挂牌上市，注册资本50亿元。兴业银行坚持与客户"同发展、共成长"的经营理念，致力于为客户提供全面、优质、高效的金融服务，成长为全球银行200强和全国银行10强，完成由地方银行、区域银行、全国银行到上市银行的四级跨越。

兴业银行股份有限公司东莞分行成立于2005年6月，是兴业银行广州分行在东莞的分支机构，位于东莞市南城。2008年，兴业银行东莞分行秉承"依法经营、稳健经理、文明经营"的方针，以市场为导向，以客户为中心，以效益为目标，在当地政府及银行监管部门的监督指导下，"立足东莞，服务东莞"，为东莞各界提供优质、高效的金融服务。（陈　政）

附：2008年兴业银行东莞分行领导名录

行　长：刘永革
副行长：林国华　王朝晖

【中国邮政储蓄银行有限责任公司东莞分行】2008年，中国邮政储蓄银行有限责任公司东莞分行（简称邮储银行东莞分行）面对金融危机冲击、资本市场低迷、同业竞争激烈等不利因素，调整发展策略，采取有效措施，实现改革与发展两不误，促进邮储金融业务的稳步发展。在负债业务方面，截至12月底，储蓄存款余额达130.43亿元，同比增长26%。在资产业务方面，全年发放小额贷款7780万元，没有出现不良贷款。在中间业务方面，银信通业务从2007年末6万户发展到55.27万户，商易通客户达7490户，各项业务发展指标居全省邮储银行系统前列。

体制改革。2008年，邮储银行东莞分行坚持"邮银一家、和谐共赢"的改革原则，稳步推进体制改革。明确邮银双方在运行机制、考核机制和网点管理的权责关系，建立协作、协调、沟通日常机制，形成互利协作、共赢发展的合力。先后完成市分行、各级支行的挂牌与组织建设、人事安排、业务交接、财务独立核算、风险控制以及队伍稳定等一系列的工作。分行设置8个职能部室和10个一级管理支行，62个二级网点支行及18个邮政代理网点。

自助化建设。2008年，邮储银行东莞分行加快自助化建设，更好地为广大客户服务。截至12月底，全市ATM机800台，全市投放自助汇款机75台，绿卡发行量突破400万张，95580电话银行全面投入使用。这一系列便民措施，有效地缓解营业厅排队等候时间长的被动局面，满足广大储户24小时可以存取款和汇款的需求。

便民服务。2008年，邮储银行东莞分行充分依托和发展邮政网络优势，完善服务功能，为新莞人、社区居民、中小企业、个体工商户等提供特色金融服务，继续发挥邮政金融作为沟通城乡居民个人结算和资金流通主渠道的作用。全年共汇出汇票1400多万张，金融业务异地交易量达1272万笔，通过邮政金融渠道流向全国的个人资金结算额高达650多亿元。响应市政府"服务农民工"政策，开发"邮政储蓄亲情汇款"和"商易通"商务自助汇款业务，利用手机发送短信、电话自助终端就可以办理账户查询、手机充值、跨行行内汇款业务，实现"足不出户，随时随地汇款"的功能。2008年，该行鸿福支行获得广东银行业"文明规范服务示范单位"称号。

加强管理。2008年，邮储银行东莞分行进一步加强内部管理，提升综合运营水平。一是盘活人力资源。坚持"控编制，少增人"工作方针，建立健全组织架构，实行分行—中心支行—网点支行三级管理模式，优化事后监督流程，将全市事后监督检查工作集中到分行事后监督班统一管理。二是开展重点培训。重点加强中层干部、基层支行长以及营销人员三支队伍的培训，提升专业素质，加强人才队伍建设。三是实施素质工程。鼓励员工参加学历教育和技术职称考试，大力引进高素质人才。

风险管控。2008年，邮储银行东莞分行进一步加强内控管理和安保管理，营造安全稳定的发展环境。一是健全机构，明确职责。成立安全工作委员会、反洗钱领导小组、风险控制委员会和案件专项治理工作小组，并签订分级责任书。二是推动押款外包工作，将现金押运与清分、离行ATM加钞与管理等实行外包，化解资金风险。三是实行集中审计与分级管理相结合审计模式，开展“百日大清查”案件专项检查活动，组织以内控评价“回头看”、章戳与凭证管理、资金划款通道等项目为主题的专项审计。四是加强人员管理，开展谈心、人员排查、员工家访等活动，落实好轮岗制度。全年无发生案件、资金损失和安全事故。

企业文化。2008年，邮储银行东莞分行推进企业文化建设，营造和谐温馨的职工家园。推进员工健康工程，倡导“每天锻炼半小时，快乐工作每一天，健康生活一辈子”的健康理念。开展春节团拜会、员工生日晚会、松山湖赏花行、登山、篮球比赛等文体活动。在首届东莞银协杯篮球赛中获得第一名，全市邮政系统员工运动会获得团体第三名，获得东莞邮政独立运营十周年“最佳团队奖”、晚会节目获得第一、三名。 （张惠超）

附：200年中国邮政储蓄银行有限公司东莞分行领导名录

行　长：王毅燕

副行长：黄志广　刘芳敏

【浦发银行东莞支行开业】 2008年4月，浦发银行东莞支行获批在东莞开业。浦发银行东莞支行作为广州分行的第一家异地支行，基本上按照二级分行架构配置，设置综合部、风险管理部、个人业务部、运营部、公司业务一部和二部6个部门。全支行有41名员工，其中研究生学历4人，占10%；本科学历27人，占70%；其余为大专，占20%；高级职称3人，占8%。

浦发银行东莞支行依托前沿科技，引入现代服务理念，在金融服务领域创出品牌，已形成集公司业务、个人业务、中间业务于一体的完整的产品服务体系，拥有一支高素质的金融服务队伍，打出“浦发创富”、“轻松理财”等服务品牌。 （梅国华）

附：浦发银行东莞支行领导名录

行　长：徐建华

副行长：罗乐贤　刘文钦

行长助理：莫沃林

【汇丰银行（中国）有限公司东莞分行】 香港上海汇丰银行有限公司于1865年在香港和上海成立，是汇丰集团的创始成员和亚太区的旗舰，也是香港特别行政区最大的当地注册银行及三家发钞银行之一。

汇丰银行（中国）有限公司于2007年4月开业，总行设于上海，是香港上海汇丰银行有限公司全资拥有的外商独资银行，其前身是香港上海汇丰银行有限公司的原中国内地分支机构。截至2008年，汇丰银行（中国）有限公司共有85个网点，包括19间分行和66间支行。各分行提供全面的金融和银行服务，包括个人金融服务、工商业务和企业及金融机构业务等相关的金融服务。汇丰银行（中国）有限公司对内地教育、环保和慈善事业的捐款累计超过2亿元。

汇丰银行（中国）有限公司东莞分行位于市中心元美路华凯广场C座首层，于2007年10月开始营业，并于同年12月，获批准提供全面人民币服务。企业和工商服务包括商业融资、存贷款、贸易服务和现金管理等，而个人金融服务主要侧重提供理财服务。 （庾桂滢）

附：2008年汇丰银行（中国）有限公司东莞分行领导名录

行　长：刘少莉

副行长：马瑞霞　陈础桥

【东莞信托有限公司】 截至2008年，东莞信托有限公司自有总资产7.79亿元，总负债2666万元，所有者权益7.52亿元。管理信托资产103亿元，人均管理信托资产达2.17亿元。实现利润1.4亿元，税后利润1.36亿元，人均创利286万元。

推动市场化建设。2008年，东莞信托有限公司以强化部门职能、拓展销售渠道、加大业务创新为重点，拓展市场化业务，信托业务稳中有升。一是加强银信理财产品拓展，与地方银行机构建立更紧密的长期战略伙伴合作关系，突破业务销售瓶颈，促进业务创新与研发。全年发行银信理财产品7个，较上年增加5个，产品资金规模达16.59亿元；二是主动深入市场，加强调研，挖掘潜在需求，储备项目资源，推动产品创新和服务创新；三是丰富营销手段，加强产品宣传，通过项目推介会、与合作伙伴合办理财讲座等方式进行理财知识及产品宣传，提升公司形象，培育客户资源，公司市场化业务比重稳中有升。全年新增19个信托项目，募集资金规模达21.95亿元。公司实现信托业务手续费收入6260万元，比上年同期增加2356万元，上升60.4%。

加强资产管理。2008年，东莞信托有限公司加强对外股权投资企业的管理与指导，督促投资企业完善法人治理机制，降低投资风险。同时，选择适合时机转让投资企业股权，实现投资增值。

法人治理完善。2008年，东莞信托有限公司进一步完善公司治理机制。设立信托委员会，董事会架构进一步完善；补选职工监事，发挥职工监事的监督作用；根据业务需要，调整董事长、总经理授权，完善决策、约束机制；制定2008—2010年三年发展规划，明确公司战略定位和发展目标，为公司可持续发展提供指导；完善部门架构，强化部门职能，信托部、投资部更名为信托一部、信托二部，增加人手，加强信托业务拓展。

内控合规管理。2008年，东莞信托有限公司坚持将合规建设作为完善公司治理的一项长期基础性工程来抓，结合机构调整，逐步健全合规风险管理架构，打造合规文化。将合规部升级为风险管理部，明确部门职能，加强对业务审查和把关；稽核部调整为对董事长负责，提高内审稽核的独立性、权威性，同时，改进稽核方式，加大稽核力度，提高稽核的广度、深度，堵塞风险漏洞，提高员工合规意识；开展百日大清查专项活动，切实加强案件防范工作，认真排查内部风险隐患，取得良好成效；全面梳理各项业务流程，优化流程设置，规范内部管理；完善管理制度，全年制订、修订近20项制度，适应业务发展需要；加强合规教育，营造合规文化；加强反洗钱制度建设，开展反洗钱宣传和业务培训，提高员工反洗钱技能；配合监管部门对公司2007年度的监管评级和业务专项检查，认真落实整改措施。

系统信息化建设。2008年，东莞信托有限公司在前期调研基础上，加快信息化系统建设步伐，全面推进系统软硬件建设。计算机机房投入使用，公司网络管理由分散向集中转变；OA办公系统、电子档案管理软件上线运行，内部信息交流得到加强，文件流转更加高效，档案管理利用水平有所提高；推进涵盖业务管理、财务管理、客户管理、投资管理的综合管理信息系统建设，配合软件商做好需求调研，并对前期需求进行细化、完善，为系统全面实施打下基础。

人力资源管理。2008年，东莞信托有限公司加强人力资源管理，通过完善激励机制，引进专业人才，加强培训锻炼，员工专业素质得到提升，队伍凝聚力和战斗力得到提高。充实人力资源管理部门力量，加强人力资源规划和管理；引进人才，优化团队结构，为公司发展注入新鲜血液；加强培训，内训与外训相结合，在邀请专家上门授课的同时，为部门经理提供讲课机会，鼓励员工参加各类培训班，员工专业技能得到提高；改善办公条件，营造舒适办公环境；增加集体活动，增强员工凝聚力和归属感。（冯　杰）

附：2008年东莞信托有限公司领导名录

董事长：何锦成
总经理：丁暖容
副总经理：刘绮澜
副监事长：王兆鹏

保险业

【概况】1950年10月，中国人民保险公司广东分公司在人民银行东莞县支行设立保险代理处，办理国营企业财产保险业务，东莞始有保险业。1951年1月，中国人民保险公司广东分公司东莞支公司成立，扩大财产保险业务，开办人身保险、牲畜保险、货物运输保险等。1958年6月后，除正常贸易出口运输货物保险由人民银行代办外，其它保险业务一度停办。1979年2月，人民银行东莞县支行恢复代办涉外“三来一补”的企业财产和进出口运输货物保险，3月挂牌恢复成立中国人民保险公司广东分公司东莞支公司。1980年10月起，东莞各项国内保险业务陆续恢复。

1993年7月，中国平安财产保险股份有限公司东莞中心支公司成立，同年9月对外营业。1994年，中国太平洋保险（集团）股份有限公司在东莞设立机构。1996年7月，中国人民保险公司改组为中国人民保险（集团）公司，下设中保财产保险有限公司（后更名为中国人民财产保险公司）、中保人寿保险有限公司（后更名为中国人寿保险公司）和中保再保险有限公司（后更名为中国再保险公司），实现产、寿险分业经营。2002年11月，美国友邦保险公司东莞支公司成为东莞保险市场上第一家获准营业的外资保险公司。2003年11月，中国人民财产保险股份有限公司东莞市分公司、中国人寿保险股份有限公司东莞市分公司相继举行揭牌仪式。此后，又有30多家国内外保险公司在东莞设立分支机构。

2005年3月，东莞市保险行业协会成立。该协会制定同业竞争自律规章，加强行业自律，规范保险市场，打击“地下保单”，参与纠纷调解，促进行业发展，为经济社会服务。

全市保险业开办的险种有国内财产保险、人身保险、人寿保险和涉外保险等几大类。国内财产保险有：企业财产保险、家庭财产保险、国内货物运输保险、机动车辆（船舶）保险、农业保险、国家规定必须办理的机动车辆（船舶）第三者责任保险等；人身保险有：健康保险、伤害保险（包括医疗保险、人身意外伤害保险、团体人身意外保险、中小学生平安保险、建筑工人人身意外伤害保险）；人寿保险有：养老保险、简易人身保险；涉外保险有：财产保险、进出口货物运输保险、建筑及安装工程保险、雇主责任保险、利润损失保险、机器损坏保险、公众责任保险、现金保险、雇员忠诚保险、人身意外保险、汽车及第三者责任保险等。

至2008年末，全市有各类保险公司37家，比上年增加7家；保险中介机构24家，增加2家。全年保费收入90.3亿元，比上年增长33.6%。其中财产险保费收入31.9亿元，增长14.7%；人身险保费收入58.4亿元，增长46.7%。全年支付各类保险赔款及给付28亿元，增长44%。其中财产险19.6亿元，增长56.2%；人身险8.4亿元，增长21.7%。（李缙文）

【中国人民财产保险股份有限公司东莞市分公司】2008年，中国人民财产保险股份有限公司东莞市分公司（简称人保财险东莞市分公司）克服因台风、洪涝、火灾灾害频发、经济金融环境动荡等诸多因素带来的困难，紧盯市场，加快发展，完成保费收入10.77亿元，同比增长23.9%；实收保费10.61亿元，同比增长23.5%。

细分市场，差异服务。2008年，人保财险东莞市分公司树立服务意识，构建服务体系。公司根据客户的保费规模、赔付率等指标将客户分成等四个等级，并相应制定四套服务流程和标准，通过后端选择前端，实行差异化服务，从而吸纳更多的优质业务，防范经营风险，使有限的资源发挥最大的效用。

创新手段，提升服务。2008年，人保财险东莞市分公司研发推出远程定损及自动派修电子服务平台，调整理赔案件流程，将理赔工作重心前移，把理赔的重点放在查勘定损和核损环节，减轻理算和核赔的压力，加快案件处理速度。公司提高与合作单位的合作深度，调动协作单位的资源，建立保险车辆增值服务网络，为客户提供保险事故车辆救援服务、非保险事故车辆救援服务、优惠代办年检服务及代交违章罚款服务等四项增值服务，以服务赢市场。

改革销售，扩大市场。2008年，人保财险东莞市分公司召开首届营销员大会，制定《销售人员职级和福利管理暂行办法》，对销售队伍推行团队化管理。各经营单位根据自身的情况以多种方式组建自己的销售队伍，销售队伍经过一段时间的发展、壮大，条件成熟的团队主动进行裂变。建立以营销人员业绩为取向的上升通道，为营销人员谋划职业生涯，采用滚动考核、梯级奖励的分配方案，调动基层展业积极性。加强与人保寿险、人保健康险的合作，签订《产寿健互动合作协议》，整合销售资源，实现产寿险、健康险客户的资源共享，提升综合开拓能力。

防范风险，合规经营。2008年，人保财险东莞市分公司始终把防范风险作为公司可持续发展的生命线，坚持一手抓加快发展，一手抓依法合规。公司以签订“党风廉政建设责任状”、向理赔中心查勘定损人员发送“查勘定损人员廉洁自律提示函”等形式落实党风廉政建设责任制；加强内控合规建设，抽调业务骨干成立合规管理部，按照公司各项业务流程及内控管理要求，对现有的规章制度进行梳理和完善，提高其规范性、有效性，定期对下属经营单位进行效能执法监察审计，确保员工在工作中有章可循，合规经营；推动保险行业自律，保证业务健康发展。分公司多次牵头召开车险自律工作会议，规范市场，避免行业主体无序竞争。

服务社会，造福人民。2008年，人保财险东莞市分公司坚持以服务社会、造福人民为己任，参与和谐社会建设。发挥保险在灾害救助、经济补偿、稳定社会方面的职能作用，全力做好灾后理赔工作，帮助受损客户及时恢复正常的生产和生活秩序。分公司全年共支付100万元以上大额赔付21起，其中1500万元以上巨额赔付2起。东莞“6·13特大暴雨案”中，分公司在4个工作日内即对受损客户进行现场赔付。配合东莞的外向型经济发展，推行出口产品质量责任险和短期贸易信用险，为出口型企业提供保障支持和法律援助。分公司常平营业部等先后成立党员义工服务队、志愿者服务队，投身社会公益事业，利用双休节假日，为群众做志愿义工服务，如“送法下乡”、“慰问孤寡老人”、“清远助学”、“广西扶贫”、“救灾义卖”、“义务植树”、“为雪灾滞莞旅客派送御寒衣物”等，以此增强员工的社会责任感，提升公司的社会影响力。2008年，人保财险东莞市分公司被授予“中国人保精神文明建设先进单位”称号，常平营业部党支部被评为中国人保先进基层党组织。（何惠知）

附：2008年中国人民财产保险股份有限公司东莞市分公司领导名录

总经理：钟 诚

副总经理：杨松柏 黄健超

工会委员会主席：黄桂伦

【中国太平洋财产保险股份有限公司东莞中心支公司】 经营状况。中国太平洋财产保险股份有限公司东莞中心支公司（简称太保财险东莞中心支公司）的前身，是1992年中国太平洋保险公司在东莞派驻的代表机构。2008年，太保财险东莞中心支公司的业务规模达到6.26亿，在职员工人数达590人，各镇区分布的营业网点数达38个。太保财险东莞中心支公司秉承全心全意为客户排忧解难的服务宗旨，坚持“步步为营，稳中求进”的发展策略，合规经营，强化危机意识、风险防范意识，积极应对全球金融危机带来的负面影响。

绩效管理。2008年，太保财险东莞中心支公司进一步完善员工绩效管理制度，坚持多元化管理，完成绩效工资制度改革，理算员工计件工资制度改革。细化、量化技术人员的工作，合理利用公司的人力资源。

增值服务。2008年，太保财险东莞中心支公司客户服务中心通过问卷调查等方式收集资料，整合公司资源，设计并印制《随车宝典》，方便太保车险客户的出行及理赔，丰富保险产品的内容，向保险增值服务迈出积极的一步。

心系灾区。太平洋财险东莞中心支公司第一时间组织全体员工为“5·12”汶川大地震灾区同胞捐款，筹集捐款15.12万元。“六一”儿童节，太保财险东莞中心支公司联合《东莞时报》，开展“天涯咫尺，九洲同心，太保情深，与你同行”迎接灾区小朋友过“六一”儿童节，让灾区小朋友感受太保温情，重树生活信心。并在活动结束后，组织员工及客户为灾区小朋友捐资助学，帮助他们渡过灾后难关。（赵喜梅）

附：2008年中国太平洋财产保险股份有限公司东莞中心支公司领导名录

总经理：郭振雄

副总经理：何晓东

【华安财产保险股份有限公司东莞中心支公司】 华安财产保险股份有限公司（以下简称华安保险）是经中国人民银行批准，于1996年10月创立的一家专业性保险公司，总部设立于深圳，主要经营各种财产险、责任险、信用保证险、农业险、意外伤害险、短期健康险和金龙理财险业务。华安保险东莞中心支公司于2002年4月进驻东莞市场。2008年，华安保险以社区居民为主要服务对象，保险业务稳步发展。

坚持规范经营。2008年，华安保险东莞中心支公司贯彻保监会政策法规，摒弃不规范经营业务，坚持实施规范经营。12月，实行见费出单制度，防止应收保费丢失的现象出现。

“万家连锁店”建设。根据总公司“万家连锁店”建设目标，东莞中心支公司8家连锁式营销服务部于2008年上半年挂牌经营。随后，又在10月底完成另外两家新连锁式营销服务部的装修工作。至年底，东莞中心支公司有10家连锁式营销服务部开业，分布在南城、石碣、中堂、常平、长安、沙田、清溪等镇街。连锁式营销服务部共完成保费收入131.5万元。

金龙理财险销售。截至2008年8月3日全国华安金龙理财险老产品停售前，华安保险东莞中心支公司共销售金龙理财险4.55亿元，完成基本目标的151.8%，完成奋斗目标的126.5%，完成挑战目标的101.2%。提前200天完成总公司下达理财险的全年任务。

出租屋保险业务。具有东莞特色的出租屋人身意外险和常规业务是全国首创。2008年，出租屋保险业务网点设在东莞长安，在长安、虎门、厚街等镇得到当地政府的支持，华安保险东莞中心支公司的出租屋保险业务保费收入为138.65万元，常规业务保费为445.71万元。（江燕娜）

附：2008年华安财产保险股份有限公司东莞中心支公司领导名录

总经理：杨寿军

【中国人寿保险股份有限公司东莞分公司】 中国人寿保险股份有限公司（简称中国人寿）是国内最大的寿险公司，总部位于北京，是中国人寿保险（集团）公司的核心成员。2008年，中国人寿连续六年入选世界企业500强，排名159位，同时再度入选“世界品牌500强”，排名280位。截至2008年，中国人寿保费收入同比增长50%，占境内市场份额的40.3%。

中国人寿东莞分公司系中国人寿驻莞机构。2008年，在突出业务发展的同时，加强组织和队伍建设，完成组织架构调整和员工薪酬改革，是年，营销队伍达到3000多人。业务发展取得历史性突破，全年总保费收入首次突破20亿元，达到21.94亿元，同比增长55.7%，市场份额37.6%，比上年同期增长2个百分点。

2008年6月，中国人寿东莞分公司在东莞世博广场成功举办以“牵手国寿，健康长寿”为主题的第二届“国寿客户节”活动，柜面员工和各业务渠道伙伴向出席活动的客户及市民开展产品、保全、核保、理赔等宣传及服务。是年，中国人寿东莞分公司先后与东莞市麻涌、洪梅、横沥、大岭山、望牛墩、中堂等镇政府签订“村民团体补充医疗和重大疾病保障”投保协议，为上述各镇居民提供团体补充医疗和重大疾病保险保障。

2008年2月，中国人寿东莞分公司组织员工开展“抗雪灾，献爱心”捐赠活动，为南方遭受特大冰冻雪灾的灾区人民奉献爱心共募集善款近4万元。“5·12”汶川大地震发生后，迅速组织全体员工和业务伙伴共计2000多人踊跃投入抗震救灾活动，共募集捐款17万多元。同时，全体党员和团员青年积极响应党组织和团组织的号召，踊跃捐缴“特殊党费”46901元、“特殊团费”5970元。同时，于6月向地震灾区派遣1名理赔人员和2名专职司机，参与抗灾一线工作。

2008年，中国人寿东莞分公司被东莞市精神文明建设委员会命名为“创建全国文明城市公益宣传合作伙伴”。9月，在广东省质量协会和广东省用户委员会联合举行的“广东省用户满意企业”表彰大会上，中国人寿东莞分公司获“广东省用户满意企业”称号。年内，中国人寿东莞分公司获东莞市“2007年度莞城区人口和计划生育工作先进单位”。（严传彪 王珍珍）

附：2008年中国人寿保险股份有限公司东莞分公司领导名录

总经理：李秋文
副总经理：何志超　李　毅
工会副主席：张延国
总经理助理：张延国　尹创基

【中国太平洋人寿保险股份有限公司东莞中心支公司】 中国太平洋人寿保险股份有限公司，是由中国太平洋保险（集团）股份有限公司控股设立，于2001年11月注册成立，总部设在上海，截至2008年，注册资本为51亿元。

2001年，中国太平洋人寿保险股份有限公司东莞中心支公司（简称东莞太平洋人寿）成立，秉承“诚信天下，稳健一生，追求卓越”的核心价值观，通过持续的产品创新和服务创新，满足客户多方面的保险需求。

截至2008年，东莞太平洋人寿的服务网络遍布东莞各大镇街，拥有代理人1450人，员工107人。全年实现保费收入2.05亿元，同比增长41.5%；折算成标保保费收入为2.86亿元，同比增长34.6%。在全国太保系统中支公司标保排名第九位，比上年上升22位；总标保在广东分公司太保系统内排名第二位；在东莞保险市场份额排名第五位，与上年持平。

在经营管理方面，一是调整业务结构，发展核心业务，抓住机遇，搭好架构，稳中求增，创建个险健康持续发展平台。2008年，实现个险标保24803万元，同比增长38.8%。二是广纳贤才，拓宽渠道，实现银保规模与效益并举，银保队伍从无到有，引进5名高级渠道筹备经理及15名客户经理。三是增加以常平为中心的东片区培训基地，为发展营销业务、提升综合服务能力打下基础。四是加强内控管理，坚持合规经营，执行人民银行的反洗钱管理规定，履行反洗钱义务。五是应对金融危机，组织全体干部员工学习科学发展观的理论，坚持理论与实际相结合，深入基层进行调研，适时找出解决存在问题的办法。

2008年，地震、水灾等自然灾害相继侵袭。在抗震救灾活动中，东莞太平洋人寿发动公司职工及社会热心人士捐款捐物，发动党员缴纳特殊党费，为四川汶川地震灾区筹集善款财物60余万元。6月13日，一场暴雨袭击莞邑大地，洪水水浸公司办公职场、虎门营销代理人宿舍，情况严峻，东莞太平洋人寿领导克服重重困难，深夜解救被洪水所困人员，所有人员未受到伤害。（肖钰）

附：2008年东莞太平洋人寿保险股份有限公司东莞中心支公司领导名录

总经理：叶学辉
副总经理：曾　勇
总经理助理：汤　平

【美国友邦保险有限公司东莞支公司】 友邦保险集团是第一家获准在中国经营保险业务的外资保险公司，于1992年在上海设立友邦保险上海分公司。2002年，美国友邦保险有限公司东莞支公司（简称友邦保险东莞支公司）成立，为客户提供专业人寿保险服务，产品范围包括储蓄及保障、个人意外、住院、医疗、年金、投资以及财富管理等多个领域，帮助客户发挥全面的财富潜力并达成财务目标。截至2008年末，友邦保险东莞支公司的营业网点已遍布南城、莞城、虎门、常平、石龙、塘厦、长安、厚街、樟木头及凤岗等10个镇街，保险营销员及员工队伍发展至1200多人。

2008年，友邦保险推出的新产品“金喜年年年金保险（分红型）”继续秉承友邦保险“关注本地市场、服务客户需求“的产品研发理念，在第二届深圳金融风云榜获 “最佳长期回报奖”。5月，四川汶川发生地震后，友邦保险捐资600万元赈济灾民，帮助灾区重建。9月，友邦保险推出“未来，你，好”的全新市场营销主题，与客户共同探索、构建不同人生阶段、全面稳健的财务风险规划。（林淑霞）

附：2008年美国友邦保险有限公司东莞支公司领导名录

总经理：李正本
业务发展总监：纪孔哲

【新华人寿保险股份有限公司东莞中心支公司】 新华人寿保险股份有限公司东莞中心支公司（简称新华保险东莞中心支公司）成立于2002年6月，是新华保险系统内最大的中心支公司。在东莞有9家营销服务部，公司内外勤员工超过4000人。经营的产品体系涵盖传统保障型产品、分红类产品以及理财功能较强的万能和投连产品。2008年，新华保险东莞中心支公司实现年度规模保费8.26亿，同比增长56.4%。作为核心业务的个险新契约、续期业务、银代期缴、法人短险等保费同比增速超过80%。截至年底，新华保险东莞中心支公司的市场份额为14.4%，比上年递增0.9个百分点，继续居东莞寿险市场前三（其中，个人业务排名第三，新单排名第三；团体业务排名第三；银代业务市场排名第二）；系统内，摘得全国团体业务、个人业务、银代业务3项桂冠，被新华保险总公司授予“2008年度系统级团体金牌奖”和“2008年度卓越中心支公司”称号。

目标提前完成。2008年，新华保险东莞中心支公司将其定位于“干部成长年、队伍建设年、合规经营年”，以“又好又快发展”为主题，提出争创“团体业务、个人业务、银代业务全国第一”的工作目标，确定全年任务按11个月来安排的“快速”工作流程，提前半年完成全年的个人营销和银代业务。

业务迅速发展。2008年，新华保险东莞中心支公司优化业务结构，核心业务呈现突破性增长。个人业务新契约标保达8920万元，同比增长95.9%；银代期缴保费1.44亿，同比增长583%，团体短险保费1130万元，同比增长4.2%。

机构网点发展。2008年，新华保险东莞中心支公司网点已辐射东莞全境，其辖下长安营销服务部获全国首批晋升为支公司。

整体实力增长。2008年，新华保险东莞中心支公司通过有计划地实施内勤干部、外勤主管的高层次轮训与集训，做好人才经营文章，在东莞寿险市场上培育高级管理团队，公司管理水平全面提升，团队整体实力日益增长。

推进合规经营。在打造“合规经营年”活动中，新华保险东莞中心支公司通过规范管理，建立流程，完善制度等大力推进合规经营，逐步形成“专业经营、价值贡献、差异管理、科学发展”的经营管理体系，有效地规避经营风险。同时，坚持以创新促发展，以创新铸品牌。随着公司持续、健康、和谐的发展，公司品牌价值也在不断提升。

捐款捐物赈灾。2008年，“5·12”汶川8级地震后，新华保险东莞中心支公司以各种方式举全公司之力赈灾，公司及员工捐款近40万元，为灾区兄弟公司捐赠帐蓬100余顶，并为受灾的学校捐赠教学设备和物资。（谭运政）

附：2008年新华人寿保险股份有限公司东莞中心支公司领导名录

总经理：唐鹤飞
副总经理：朱诚良　卢河萍　陈绍华
总经理助理：黄松武

证券业

【概况】 1988年6月东莞证券有限公司（1996年更名为东莞证券有限责任

公司）成立。这是东莞首家具有主承销资格的综合类证券商，经营范围包括经纪、承销、自营、受托资产管理等综合业务，在东莞各镇街和上海、深圳等地设立20多家经营网点。1994年3月，广东发展银行东莞分行设立虎门证券营业部。1998年3月，光大证券有限责任公司收购中国建设银行广东省信托投资公司证券交易东莞营业部，成立光大证券东莞营业部。此后，又有中国银河证券有限责任公司、南方证券有限公司等相继在东莞设立营业部。

2008年末，全市各类证券公司共有开户数34.68万户，比上年减少23.05万户。全年股票总成交额3320.41亿元，比上年下降68.1%。年末保证金余额76.17亿元，比上年末下降46.5%。

【上市公司】 2008年7月，位于长安镇的广东方达集团重组上海华源制药股份有限公司，公司更名为：东莞市方达再生资源产业股份有限公司；公司注册地由上海迁至东莞松山湖；股票简称由“ST源药”更名为“ST方源”，将上市公司主营业务由制药变更为工业废弃物和农林废弃物的无害化综合开发利用；完成重组后，于7月起在上海证券交易所恢复上市交易。

方达再生资源产业股份有限公司实现借壳上市，使东莞上市公司增至5家，即：东莞宏远工业区股份有限公司（股票代码：000573，股票简称:粤宏远A）、东莞发展控股股份有限公司（股票代码：000828，股票简称：东莞控股）、广东生益科技股份有限公司（股票代码：600183，股票简称：生益科技）、广东博信投资控股股份有限公司（股票代码：600083，股票简称：ST博信）、东莞市方达再生资源产业股份有限公司（股票代码：600656，股票简称：ST方源）。 （李缙文）

【东莞证券有限责任公司】 东莞证券有限责任公司（简称东莞证券）成立于1988年6月，注册资本5.5亿元，由东莞市市属国有企业控股，是全国性综合类证券公司、规范类证券公司，并成为全国首批承销保荐机构之一。

2008年，东莞证券拥有净资本13亿元，经纪业务在东莞地区的市场份额超过60%，证券投资者开户数50余万户，客户托管资产超过400亿元。

东莞证券拥有20家东莞镇区以及深圳、上海等窗口城市的营业网点。公司投资银行部推进企业的改制、辅导及境内外发行上市，先后完成伟星股份、广东榕泰等公司定向增发项目的主承销工作以及多家公司股改和再融资工作。资产管理业务作为公司重点发展的业务之一，为客户提供各种低风险、高收益的投资品种。 （简雪霖）

附：2008年东莞证券有限责任公司领导名录

董事长：游锦辉
总　裁：张运勇

【光大证券股份有限公司东莞营业部】 光大证券股份有限公司（简称光大证券）是由中国光大（集团）总公司投资控股的全国性综合类证券公司。公司注册资金28.98亿元，是国务院直属的大型券商。光大证券是中国证监会批准的首批三家创新试点证券公司之一、首批17家A类A级证券公司之一及十六家获准期货IB业务资格的券商之一。

光大证券东莞营业部是光大证券公司全资设立的分支机构，并在厚街设有服务部。东莞营业部地处东莞经贸中心四楼。

至2008年，光大证券东莞营业部开通深、沪交易所的A股、B股、基金、国债、企业债券、可转债、权证交易、债券回购以及三板市场、开放式基金代销等所有交易品种，提供集合理财、财务顾问、资产重组、配股承销、新股发行及承销等专业服务。 （徐丽昕）

附：2008年光大证券股份有限公司东莞营业部领导名录

总经理：代卫国
副总经理：张　毅

【广发证券股份有限公司东莞业务总部】 广发证券股份有限公司东莞业务总部组建于2002年12月，是广发证券股份有限公司在东莞地区的代表。截至2008年，下辖虎门、中堂、东城、长安4间证券营业部。

至2008年底，广发证券股份有限公司东莞业务总部托管资产近36.02亿，成交量为380.89亿元，利润总额为3737.16万元。

2008年，广发证券股份有限公司东莞业务总部完善分工会组织，分工会在维护职工的权利和义务方面发挥应有的职能，成立各具特色的俱乐部，组织活动丰富职工的业余生活，加强沟通，使职工对企业产生归属感。 （林兰兴）

附：2008年广发证券股份有限公司东莞业务总部领导名录

总经理：张忠新
总　助：康少华　李志文

▲ 望牛墩镇望洪公路

ECONOMIC MANAGEMENT 经济管理

中心广场一景

- “十一五”规划中期评估
- 散裂中子源项目推进
- 轨道交通立项报批
- 《珠江三角洲地区改革发展规划纲要》编制前期工作
- 第二次全国经济普查
- 第二次全国农业普查
- 三鹿问题奶粉事件处理

编辑：施雪芬

发展和改革

【概况】 市发展和改革局（挂市粮食局牌子）是市人民政府组成部门，负责研究提出全市国民经济和社会发展战略、发展规划和政策，进行总量平衡、结构调整，指导总体经济体制改革，负责粮食行政管理和粮食安全，组织国民经济动员的宏观调控部门。2008年，内设11个科（室）：办公室、综合科、规划科、产业经济科、投资科、社会发展科、经济体制改革科、粮食调控科、粮食管理科、人事监察科、国民经济动员办公室。局机关在编干部职工54人。

【计划编制和实施】 2008年，市发展和改革局组织编制《东莞市2008年国民经济和社会发展计划》，确定东莞市2008年经济社会发展的主要预期目标，提出贯彻宏观调控政策，推进产业优化升级，完善科技创新体系，推进节能减排，推动外源性经济转型升级，统筹区域协调发展，完善体制机制，加强社会管理，发展社会事业等方面的工作任务。2008年，东莞市国民经济保持平稳较快发展态势，产业结构调整稳步推进，节能减排工作扎实开展，和谐社会加快构建，较好地完成市十四届人大三次会议确定的各项主要预期目标和工作任务。

【经济分析与重大问题研究】 2008年，市发展和改革局注重加强经济分析和重大问题研究，及时向市委、市政府建言献策。及时掌握国际国内形势，定期撰写季度、半年度和年度经济形势分析及计划执行情况等报告供市委、市政府决策参考。借助中山大学力量开发东莞市经济社会发展监测预测与分析评价系统，启动预测分析评价系统试运行，对经济态势进行预测分析，更好地把握经济发展趋势。对粮食安全、投资管理、主体功能区规划、产业结构调整、人口调控、现代产业体系构建、加工贸易企业转型升级、构建和谐社会、中小企业发展、完善粮食储备制度、轨道交通建设等方面展开深入调研，形成一批调研成果。组织编印《2007—2008东莞经济社会发展概览》。

【产业结构调整】 2008年，市发展和改革局开展产业政策和产业规划研究制定工作，推动产业结构调整升级。开展产业结构调整规划及产业导向目录课题研究，编制《东莞市产业结构调整规划》和《东莞市产业导向目录（2008年本）》。起草《关于加快发展生产性服务业的实施意见》，上报市政府审定。加强产业专项规划编制实施，组织编制《东莞市热电联产规划》，为发电项目核准提供基本依据；编制完成《东莞市石化下游产业发展及布局规划》，获专家评审通过；启动编制《东莞市新能源与可再生能源产业发展专项规划》。加强产业相关研究，撰写《规划建设主体功能区，促进科学均衡发展》、《关于抢抓机遇，大力发展核技术应用产业的意见》、《东莞农村工业化的实践与经验》等调研报告。

【“十一五”规划中期评估】 2008年，市发展和改革局按照国务院、省政府关于加强国民经济和社会发展规划实施评估工作的要求，制定“十一五”

规划中期评估工作方案，组织有关部门、专家对“十一五”规划确定的发展指标、工作任务及十大重点工程等的完成情况进行评估，形成《东莞市“十一五”规划实施中期评估报告》。报告指出，规划实施两年多来，提出的主要经济社会发展指标完成情况好于预期，主要任务有效推进，总体实施情况良好。报告分析规划实施中存在的问题，提出进一步实施好规划的建议。11月28日，市第十四届人大常委会第十三次会议审议通过该评估报告。12月，组织编印《东莞市“十一五”规划实施中期评估报告汇编》。

【固定资产投资管理】 2008年，市发展和改革局全面贯彻中央和省关于加强和改善宏观调控的要求，严格执行产业政策、行业规划、土地、环保、技术、安全、节能评估等方面的准入标准，做好项目审批、核准和登记备案工作，全年办理固定资产投资项目332项，总投资489.8亿元。

【建设项目招投标核准】 2008年，市发展和改革局全面开展固定资产投资项目招标范围、招标组织形式和招标方式的核准工作。2008年，核准招标项目102项，总投资177.8亿元，其中：公开招标80项，投资88.3亿元；邀请招标22项，投资89.5亿元。

【重点建设项目管理】 2008年，市发展和改革局加强重点建设项目管理，协助和督促各重点项目建设单位落实项目用地，重点做好省以上批准权限项目的上报工作，推进重点项目建设。做好列入2008年省重点建设的14个项目的跟踪服务，每月定期了解项目建设进度，掌握存在问题，及时向上级及有关部门反馈建设信息。推动市重点项目立项，市妇幼保健院、市第三人民医院、市疾病预防控制中心、市篮球中心等的项目建议书获省发改委批复。做好申报广东省2009年重点建设项目计划的工作，确定33项有助于促进投资增长的重点项目申报省2009年重点项目计划，其中重点建设项目16项，重点预备建设项目17项。

2008年东莞市经济社会发展的主要预期目标及完成情况

指标名称	计算单位	计划数		实际数	
		绝对数	增长（%）	绝对数	增长（%）
生产总值	亿元		14	3702.5	14
全社会固定资产投资总额	亿元	966	15	943	12.1
社会消费品零售总额	亿元	806	16	838	20.5
外贸出口总额	亿美元	649	10	655	8.9
实际利用外资（新口径）	亿美元	23	10	24.5	15.5
居民消费价格指数	上年100	103	3	105.5	5.5
城镇居民人均可支配收入	元	29457	9	30275	12
农村人均纯收入	元	12320	7	12328	6.2

2008年市发改局固定资产投资项目立项汇总表

行业类型	数量（个）	投资额	
		投资额（万元）	同比增长（%）
农林牧渔	2	4968	-89.58%
水　利	0	0	-100%
能源交通通讯	16	202564	32.26%
工　业	58	598875	55.48%
房地产业	80	3224487	9.27%
文教卫及福利	19	105674	-55.62%
服务业	3	82500	39.39%
厂房设施	111	313437	-54.55%
市政设施	24	250022	-31.29%
机关团体设施	1	6423	174.49%
其他行业	18	109059	-16.86%
合　计	332	4898009	-2.49%

【节能减排】 2008年，市发展和改革局开展调查研究，制定相关政策措施，推进节能减排工作。组织编制《东莞市节能减排工作实施方案》和《东莞市单位GDP能耗考核体系实施方案》，报市政府下发执行。做好节能自查工作，形成《2007年东莞市节能工作进展和节能目标完成情况自查报告》，报省发展和改革委。制定《全市节能减排工作专项督查工作方案》，组成市节能减排工作督查组，于11月19—21日，开展全市节能减排情况专项督查。响应国务院“上大压小、节能减排”决策，推动由市电化集团公司和中广核能源开发公司合作的东莞“上大压小”2×60万千瓦超临界洁净燃煤机组热电联产发电项目建设，协助国家发改委工作组开展小火电机组关停核查工作。会同东莞新奥燃气有限公司在全市进行汽车加气项目试点。按照《广东省固定资产投资项目节能评估和审查暂行办法》规定，9月1日起启动投资项目节能评估审查工作，全年完成5个项目的节能评估审查。

【体制改革】 2008年，市发展和改革局提出加快推进市财政投资建设项目的实施意见，起草《东莞市财政投资建设项目前期工作实施细则》，着力破解财政投资项目建设体制障碍。配合市审改办推进第三轮行政审批制度改革，调整行政审批事项108项，取消10项；探索网上审批和并联审批，下放审批权限，提高行政效能。参与东莞市上市后备企业认定，鼓励上市融资和金融创新，推动金融业发展。完成电子行政审批应用系统建设，实现与市电子监察系统的无缝对接，规范行政审批行为。

【粮食储备】 2008年，市发展和改革局根据储备粮两年轮换1次的要求，分两批委托广东华南粮食交易中心竞价销售和采购储备粮，完成年度储备粮轮换任务。6—9月，分3个阶段开展粮食行业安全生产隐患排查治理工作，78个粮食经营单位进行自查，整改40项安全生产隐患。开展春秋两季粮食安全普查工作，组成32个普查小组，对53个储备粮承储单位开展粮食普查，重点普查粮食数量、质量和安全储藏情况等，督促承储单位完善储备粮管理制度，提高安全储存能力。组织力量做好防风防汛工作，确保储备粮食安全渡汛。加强对社会代储大米的检查监督，会同市财政局对所有大米代储企业每半年全面实地检查1次，督促各基层粮所按照属地管理的原则对当地大米代储企业每月至少检查1次。提出改变粮食储备费用结算办法，由固定的利息标准改为浮动利息进行结算。加强粮食储备库基础设施建设和旧仓库维修，投入200万元维修23个仓库项目。稳步推进粮库建设，加快建设麻涌角美粮库，拟定莞城粮食储备库选址规划。制定《东莞市储备粮单据保管制度》，为各基层单位的储备粮单据保管提供制度依据和标准。

【粮食产销合作】 2008年，市发展和改革局两次组织粮食基层单位部分负责人及粮食经营大户前往江西宜春、鹰潭以及广西贵港举办粮食产销合作洽谈会，与当地粮食行政管理部门签署《关于粮食产销长期合作协议书》，加强两地粮食产销合作关系，巩固东莞市粮源。

【粮食统计】 2008年，市发展和改革局做好覆盖全社会的粮食仓储统计工作，及时掌握社会粮食实情。3月，组织33个基层单位统计人员到广东省贸易职业技术学校进行统计培训，提高统计人员素质。9—11月，采取分片交叉检查形式在全市范围内开展粮食流通统计检查，范围包括粮食批发市场、连锁超市、农户、城镇居民户、粮食经营企业和粮食转化企业，重点检查粮食流通统计制度执行情况、粮油统计数据真实性等。

【粮食市场管理】 2008年，市发展和改革局继续完善粮食市场监测预警体系，重点监测常平镇、樟木头镇粮食批发市场，指定专人每天汇总上报粮产地、交易数量、品种和价格，及时掌握东莞市粮食进货、销售、货存和价格动态，每旬编印粮情简报。积极应对雨雪冰冻灾害，采取粮情“一日一报”制度，密切监控粮食供销情况，引导粮食经营企业通过各种渠道从产粮区组织粮源来莞，保障市场粮油供应，保持粮食价格基本稳定。加强与质监、工商、物价等部门的联系沟通，检查监督粮食批发市场、粮食经营加工企业，维护粮食市场流通秩序。完善粮食应急供求体系，重新确定全市粮食应急加工企业23家，供应企业32家，运输企业5家，确保必要时粮食应急预案有效实施。开展以“维护市场秩序，服务宏观调控”为主题的《粮食流通管理条例》四周年宣传教育活动和世界粮食日宣传活动。

【军粮供应保障】 2008年，市发展和改革局执行军粮供应政策保障军粮供应，选定莞城军供站为中心军供站，指导樟木头军供站与驻樟木头部队签订食用植物油供应协议，加强粮食供应质量检查，按时、按质、按量、按品种保障驻莞部队的粮油供应，获评“双拥优属先进单位”。

【国民经济动员】 2008年，市发展和改革局结合军事需求任务，走访动员企业，调查企业运行状况，核实人员变化，系统检验各项国民经济动员任务的落实情况，进一步充实完善国民经济动员预案。开展国民经济动员潜力调查，及时更新经济动员潜力数据，保证潜力数据真实可靠。加强国民经济动员专业保障队伍建设，严格落实人员定岗、物资和设备定位，使专业保障队伍具备随时抽组集结的能力，不定期对各专业保障队伍的落实情况进行检查。组织参加专业培训和演练，提高经济动员队伍素质。

【散裂中子源项目推进】 2008年9月28日，中国散裂中子源项目建议书获得国家发改委批复。5月20—21日，“2008年北京正负电子对撞机年会暨加速器物理和技术交流会”在东莞市大朗镇召开，100多名国内外专家学者应邀参加会议。6月17日，国家环境保护部在东莞召开中国散裂中子源项目环境影响评价专家评审会，与会专家通过散裂中子源项目的环境影响报告书。10月13日，国家发改委副主任张晓强考察散裂中子源项目进展情况，中科院副院长詹文龙院士就征地、七通一平、吸引人才等具体事项与市政府进行沟通协商。11月8—9日，“中子质子科技及工业应用国际研讨会暨第二届中美中子合作会议”在东莞市大朗镇召开，研讨会讨论加速器及中子应用技术，以及有关中子、质子、谬子研发的技术转换和市场前景等问题，70多位国内外专家参会。

【轨道交通立项报批】 2008年初，市发展和改革局承担轨道交通立项报批任务。3月底，国家发改委正式委托中咨公司启动对轨道交通建设规划的技术评估。5月16—17日，中咨公司来莞召开“东莞市城市快速轨道交通近期建设规划评估会”，肯定轨道交通建设的必要性、可行性和紧迫性。9月，与广东省铁投公司就穗莞深、莞惠城际轨道交通与东莞市轨道交通在线路规划、功能定位的问题达成共识。12月，中咨公司向国家发改委提交评估报告，轨道交通项目进入国家发改委审批程序。

【映秀镇恢复重建协调工作】 2008年10月底，东莞市对口支援地震灾区灾后恢复重建工作领导小组办公室从市政府应急办调整设置在市发展和改革局。市发展和改革局协调推进映秀镇灾后恢复重建总体规划编制，该项规划12月底通过专家的初审。协调制定东莞市对口援建映秀镇总体项目方案，初步提出援建项目58项，总投资约7.06亿元。协调安排1亿元的对口援建启动资金，其中1000万元已拨付到映秀镇指定的专户。协调启动第一批6个援建项目，包括Y021中黄路、过渡安置点广播电视、映秀中心卫生院、村卫生站、映秀镇过渡安置点文化服务站和C019中渔路项目等。协调开展系列暖冬行动，确保映秀群众安全过冬。及时跟进对口援建工作进展情况，做好相关信息的收集、整理、上报、发布等工作。

【信息产业国家高技术产业基地建设推动】 2008年，市发展和改革局大力推进信息产业国家高技术产业基地建设。2月，上报《东莞市信息产业国家高技术产业基地申请报告》，2月29日，国家发改委授予东莞“信息产业国家高技术产业基地”称号。4月，“东莞市信息产业国家高技术产业基地挂牌仪式暨LED照明产业发展论坛”在松山湖举办。5月，完成《东莞市信息产业国家高技术产业基地总体发展规划》编制工作，上报国家发改委。7月，编制《东莞市信息产业结构调整和转型升级试点工作方案》，指导松山湖、石碣镇、石龙镇、清溪镇等4个试点示范区制定试点工作方案。8月，协助召开信息产业结构调整和转型升级试点工作会议，全面部署信息产业结构调整和转型升级工作，推动信息产业基地建设取得初步成效。依托国家对“信息产业国家高技术产业基地”的扶持政策，支持生益科技、易事特等企业获得国家800万元产业化专项资金。

【《珠江三角洲地区改革发展规划纲要》前期工作】 2008年9月18—22日，

东莞市积极配合国家发改委副主任杜鹰带队的《珠江三角洲地区改革发展规划纲要》国家调研组各专题小组，就金融、自主创新、能源、社会事业、粤港澳合作等开展专题调研。10月，对《珠江三角洲地区改革发展规划纲要（大纲）细化编写分工方案》和《珠江三角洲地区发展规划纲要（汇报稿）》提出意见和建议。12月，提出东莞市贯彻落实《珠江三角洲地区改革发展规划纲要》的初步意见。（王永球）

附：2008年东莞市发展和改革局领导名录

局　长：叶景图（任至6月）
　　　　张俊阳（9月到任）
副局长：张晓程　梁应科　王钊鸿
　　　　姚铸锐
纪检组长：刘启宇

统　计

【概况】 2008年，东莞市统计局设6个职能科（室）：办公室、法规制度科、综合核算科、经济统计科、人口和社会科技统计科、统计信息化管理科（挂计算中心牌子）。下属3个事业单位：统计普查中心、统计年鉴编辑部、统计人员培训中心。另有1个省属事业单位城乡调查队。市统计局的编制设置为：局机关编制总额28名（其中行政编制25名，后勤服务人员事业编制3名）；城乡调查队事业编制10名，隶属局管理；统计普查中心事业编制10名，直属局管理；统计年鉴编辑部事业编制5名，归口局管理；统计人员培训中心事业编制5名，归口局管理。2008年，市统计局获人力资源和社会保障部、国家统计局评选的“全国统计系统先进集体”称号，这是自2004年以来连续第二次获得该项荣誉。

2008年，国家统计局东莞调查队设7个职能科（室）：办公室、综合法规科、农业调查科、住户调查科、价格调查科、工业和投资建筑业调查科、商业服务业调查科，调查队设置信息技术应用科，与市统计局计算中心（站）合署办公。国家统计局东莞调查队事业编制25名。

【统计任务完成】 严格把关综合统计。2008年，东莞市统计局完成省布置的地区生产总值核算年报、《城市基本情况年报》和《市、县（区）国民经济指标年报》等工作。做好镇（街）级、村级综合年报，以及镇街核算年报的布置、审核、数据处理、汇总、归档等大量工作。做好各种定期报表：《镇街宏观经济监测月报》、《东莞统计快报》和《东莞统计月度报告》，每季度编印《东莞市主要行业发展信息》；按时做好珠三角12市区月度统计资料的上网交换工作；按要求完成《地区生产总值季报》和《民营经济增加值季报》工作。

完成经济类统计。完成农业、工业等14个经济类专业的各项统计工作任务。共对10457家（个）企业（项目）全面发放统计报表和开展统计调查，其中规模以上工业企业5356家，限额以上商业企业726家，房地产企业318家，资质建筑企业及劳务分包企业418家，固定资产投资项目3595个。报表上报频率为按月度报送。完成1286多家限额以下商业月度抽样调查、1392个农户月度MPPS多目标复合抽样调查、部分行业能源消费量调查、国家创新科技企业跟踪调查等。

完善社会科技统计。完成高新技术产品专项调查。做好社会发展水平综合评价工作。完成《妇女儿童两个规划》重点监测统计年报工作。开展人口变动、劳动力和群众安全感调查。编辑出版《东莞社会发展概要—2008》和《东莞社会科技—2008》。

做好企业调查工作。加强企业景气调查，完成服务业重点行业抽样调查，做好规模以下工业报表和企业集团报表。加强城市调查工作，夯实城市调查工作基础。按照省调查队《关于规范城市社会经济调查基础工作规则的通知》要求，建立城镇住户、工业品价格、居民消费和流通价格权数审核，保证各项调查业务统计数据的准确与可靠。配合省委专题调研组在东莞市开展城乡居民收入专题调研活动，为上级及有关部门决策提供科学依据。

完成各专项调查任务。包括：干部群众对组织工作满意度调查；城镇居民医疗调查和城镇劳动力流动与生活质量调查；东莞市公众对城市环境保护满意率调查和文明城市测评问卷调查；城市住户收支预期调查；2000户“新莞人”居住教育情况问卷调查；市领导班子贯彻科学发展观情况群众满意度测评调查；东莞市卷烟市场消费情况调查和报告等。同时还有规模以下工业企业成本费用调查，东莞市企业用工成本调查，东莞市出租屋市场调查，东莞市大朗镇毛织行业调查，东莞市中小企业困境调查，邮政普遍服务满意度专项调查，广东省组织工作满意度、选人用人公信度、组工干部形象认可度专项调查等。

【统计服务】 做好专题分析。2008年，东莞市统计局先后完成“东莞市产业调整升级系列研究”、“试算四笔帐”、“东莞市人口现状与发展问题研究”、“改革开放30年系列报告”等专题分析，受到市委主要领导的好评，其中《东莞城市化进程中的人口问题研究》专题分析，市委书记刘志庚读后作批示，认为“本文分析较到位、深刻，提出的建议也很有建设性”，并将该文发至市主要领导和部门参阅。另外，东莞市产业调整升级系列研究报告获广东省优秀统计分析报告一等奖，《物价上涨对东莞低收入家庭影响较大》一文获广东调查总队三等奖。

打造统计资料品牌。宏观经济监测月报、统计公报、统计摘要和统计年鉴，已打造成为东莞统计资料的品牌，受到广泛好评。为使统计资料更能反映经济社会转型的要求，调整、充实统计资料的内容。改版统计公报，增加和细化专业统计资料，增加所有制结构、区域经济、社会管理、资源环境等内容，改版后的统计公报所采用指标更贴近民生，更能体现经济社会双转型的发展转轨状况。在统计年鉴中，增加能耗指标，改版镇街主要指标，提高统计产品的实用价值。

改进编辑工作。进一步做好《东莞发展动态》的编审出版工作，加大专题分析的份量，进度分析求新求变，加强时效性，专题统计分析报告的广度和深度提高。全年审编统计分析报告50多篇，出版《东莞发展动态》49期，其中增刊5期，有多篇文章的观点进入决策层或被多个部门采用。

及时发布统计信息和新闻。加强统计新闻的发布工作，全年向新闻媒体发布新闻稿20篇，除每个季度公布全市经济运行情况外，2008年加强对CPI、房地产和节能降耗、改革开放30年总结报告等专题信息的发布，受到社会各界的关注。全年向市委、市府办报送的统计信息80多条。做好接待社会公众的来电、来访，做好统计信息资料查询服务。比较受关注的指标，如职工工资收入、物价水平、人口数量、GDP等，一年来接受咨询达数百次。

【统计法制建设】 2008年，东莞市统计局制定《2008年东莞市统计法制工作要点》和《2007年统计年报及2008年定期统计报表制度》，将统计法制工作制度化、经常化；完成东莞市在地统计工作方案的起草工作；建立统计负责人登记备案制度，制定相关工作方案。

扩大统计普法宣传影响。印发《东莞市基层统计单位统计基础工作标准化》宣传读本1万册，并将省统计局编印的《统计法规宣传读本》1000份、《统计法宣传教育漫画》6000多份发放到基层，将《统计法宣传动画》放上市统计局信息网。编辑出版2007年东莞市统计系统“视统计信誉为生命”主题演讲比赛优秀作品集。加强统计法律法规知识培训。7月30日，召开全市私营企业统计执法检查工作会议。

加强统计执法力度。与市普法办、市工商行政管理局和市中小企业局联合开展全市私营企业统计执法检查工作。开展全市统计巡查暨私营企业统计执法重点检查工作。全市统计巡查工作与私营企业统计执法重点检查阶段工作同步展开。全年共发现屡次迟报单位32家。经立案调查，对屡次迟报的15家企业予以警告，并通报批评。

【统计信息化建设】2008年，东莞市统计局完成公文流转系统和档案管理系统建设。利用计算机及网络的技术优势，对统计档案和统计资料实行无纸化管理，提高工作效率。

扩大网上直报的覆盖范围。摸索开发企业景气网上直报系统，经过反复测试，6月投入使用。9月对直报系统进行升级，对限额以上商业企业报表采取由镇街代填的方式进行网上直报，计划在2009年推广到由商业企业自行网上填报。

做好普查数据处理工作。认真进行数据汇总，做好东莞市第二次全国农业普查资料的开发工作。开展第二次全国经济普查的数据处理工作。自行编写清查阶段录入程序。

做好信息化设备和系统的维护工作。关注着信息化设备和系统运行状况，一旦发现故障，马上进行紧急抢修，保障统计信息设备的正常运转。

【第二次全国经济普查】2008年，东莞市经济普查工作进展顺利。全市各镇街（包括松山湖、虎门港）和村（社区）相继成立经济普查机构，市级普查人员有41人、镇街900余人、村（社区）4180余人。完成经济普查试点工作，在石碣镇塘洪社区进行普查综合试点工作，为完善经济普查方案和组织方式积累经验。结合地方工作实际，制订《东莞市第二次全国经济普查实施方案》，制发配套文件和设计相关表式，指导和规范全市单位清查和个体经营户普查工作。完成清查工作，对全市30多万户的个体经营户和6万多户的法人和产业活动单位，展开全方位、地毯式的调查登记，为正式普查做好充分的准备。加强部门之间的协调配合，市经济普查办公室与市财政局联合下发文件要求各镇街加强经济普查经费的落实，与编制、民政、国税、地税、工商、质监等部门进行沟通协调，共同做好单位行政登记资料提供和查找认定工作。做好普查宣传工作，通过电视、电台、手机短信、宣传横幅、流动宣传车等多种方式和手段广泛铺开宣传面。加强对普查工作的检查和督导，市经济普查办公室分赴各镇街检查督促经济普查的落实情况，促进经济普查工作在全市范围的广泛铺开和落到实处。

【第二次全国农业普查】2008年，东莞市统计局对农业普查资料进行深入开发利用。发布东莞市第二次全国农业普查公报，向全社会公布东莞市第二次全国农业普查的主要数据资料；联合有关部门对农业普查资料进行研究和分析，先后发表《东莞农民生活状况解析》、《东莞城市化进程中的人口问题研究》等文章，获得市主要领导的肯定；完成《东莞市第二次全国农业普查资料》的编辑出版工作。做好总结表彰，东莞市获得国家级先进集体5个、省级先进集体10个、市级先进集体17个；国家级先进个人18人，省级先进个人48人和市级先进个人117人。

【统计改革与建设】推进调查队管理体制改革。2008年，在广东省调查总队人事处和市委组织部的共同考察下，任命了国家统计局东莞调查队的正、副队长。

完善考评体系。2008年，东莞市统计局结合实践科学发展观的最新要求，对全市镇街领导班子量化考核及村级两委会评比方案进行大量的修订完善；提出按照科学政绩观要求全新设计的考评构想方案。2008年全市镇村量化考核工作完成。协助市政府、市监察部门开展2008年“市民评机关”活动。

组织投入产出调查。2008年，东莞市统计局采用市镇企业三级审核方法，层层把好数据质量关，有效地保证东莞市投入产出调查数据质量。被国家统计局评为投入产出调查工作先进单位。

加大能源统计力度。2008年，东莞市统计局完成涉及5000多家规模以上工业企业，300多家供煤、供油单位，20多家供气单位以及相关职能部门的能源专业调查，完成2007年度东莞地区能源平衡表的编制工作。参与市节能降耗有关工作，全年向相关部门提供大量能源统计资料，为市委、市政府及相关部门分析全市节能降耗情况，制定管理措施及工作方案提供重要依据；先后参与《东莞市单位GDP能耗考核体系实施方案》、《东莞市节能减排工作实施方案》、《东莞市“十一五”期间主要污染物总量减排工作方案》、《东莞市重点能耗企业节能行动实施方案》等一批文件的起草办文工作，协助完成东莞市的节能自查报告，与相关部门协商建立全市GDP能耗指标公报制度，并参与市政府组织的全市节能减排工作专项督查工作。

组织开展部门统计报表制度清查工作。2008年，东莞市统计局完成对上级业务主管部门布置下达的和本部门向下级布置下达的定期、不定期全面调查或抽样调查，进一步摸清各市直部门各类统计报表及统计指标情况，为构建科学合理、简便高效的统计资料采集体系提供基础资料。

强化法人单位以及三上企业统计负责人的统计备案工作。2008年，东莞市统计局按照《关于印发〈东莞市基层统计单位基础工作标准化建设实施办法〉的通知》的要求，自当年起对全市法人单位以及三上企业统计负责人实行统计备案制度。安排专人设计建立网上登记备案系统，已进入实用测试阶段。

（钟锦漩）

附：2008年东莞市统计局领导名录

局　长：吕琦元
副局长：王志勋　叶力强　张永艳
调研员：李水庭　陈志田

2008年国家统计局东莞调查队领导名录

队　长：王志勋
副队长：李向阳　梁昶成

物价管理

【概况】东莞市物价局是东莞市人民政府主管全市价格工作的职能部门，2008年有编制28人，设有办公室、价格管理科、收费管理科、价格检查科、成本调查监测科。下属单位有东莞市物价局价格认证中心，事业编制15人。价格认证中心被国家发改委评为“2006—2008年度价格认证机构规范化建设示范单位”。

【价格变动】2008年，东莞市场价格异

常波动明显，居民消费价格指数一直在较高位运行，全年累计上涨5.5%。

一是价格总水平呈前高后低走势逐步回落。2008年价格总水平从快速上涨到平稳回落，总体上经历一个缓慢下行阶段。从原因上看，与国际社会联系越来越紧密，与经济社会运行越来越紧密，受社会突发事件影响越来越明显。从时间上看，1、2月为快速上涨阶段，3—9月为高位平稳回落阶段，10—12月为较速回落阶段，在高位运行持续时间较长。从区域上看，东莞全年居民消费价格指数上涨5.5%，在广东省21个地级市中属于中间水平。

二是食品类价格指数上涨是拉动物价上涨的主要动力。全年食品类价格指数保持两位数的增长，累计上涨15.1%，是拉动物价上涨的主要动力。（一）肉禽及其制品类涨幅突出。前三季度，猪肉价格持续居高不下，推动肉禽及其制品类同比上涨27.3%，其中以食用畜肉及副产品升幅较大，同比上涨35.4%，蛋类上涨12.9%。进入第四季度，猪价高位回稳并逐月回落，年底回落到20.8%。（二）油脂类价格大起大落。上半年，受国际市场大豆和植物油价格持续大幅上涨的影响，推动油脂类价格指数大幅上涨52.5%。下半年，受金融危机影响，与国内现货市场联系密切的国际豆油期货市场跌势不止，国内食用油价格随之大幅下跌。（三）水产品价格波动明显。年初，雨雪冰冻灾害导致断收，促使水产品价格短期内迅速上涨，使得水产类价格累计上涨19.4%。第四季度，三聚氰胺事件导致水产品出口要严格“双检”，出口量锐减，加上年初价格上涨，养殖户增产，使年末供应增加，并且遇到金融危机消费不畅,价格不断回落,但总体价格水平仍然比上年同期水平高。（四）粮食价格一直在较高位运行。前三季度，受国际粮食价格持续大幅上扬传导影响，粮食价格逐步上升，涨幅不断加大，累计上涨8.8%。自10月中下旬新粮陆续上市后，晚稻米市场价逐步走低。但总体价格水平仍在较高位运行。

三是成本对价格的影响更加明显。2008年，成本对价格涨落的推动作用明显，表现在：（一）成本上升直接推动物价上涨。首先从劳动力成本上看，2008年东莞市最低工资标准上调后，劳动工资涨幅达11.6%；其次从原材料上看，受水、电等资源环境价格改革、上游生产资料价格上涨和环保成本上升的影响，下游企业的生产成本上升趋势明显。在成本上升、盈利减少的情况下，企业消化新涨价因素的能力减弱，原材料生产企业和消费品生产企业的提价意愿明显增强，有些逐步向居民生活必需品等下游产品、最终消费品传导。（二）成本下降物价随之回落。从2008年9月开始，受金融危机拖累，国际大宗商品等原材料的价格纷纷回落，成本走低带动价格回落。

【价格调控】2008年，东莞居民消费价格总指数比上年累计上涨5.5%，低于全省0.1个百分点，在全省21个地市中由高到低排序第七名。东莞市全年物价走势是上半年不断上涨，下半年平稳回落，总体价格运行是与经济运行相适应的，价格的变动是合理可控的。

加强价格监测分析。全市常规性价格监测点从24个增加到28个，新增价格应急监测点17个。新增面粉、米面制品、大米、豆、食用油、肉及其制品、牛奶及制品等七类价格监测品种，进一步完善价格监测点的布局。全市共汇总上报各种监测数据1194条次，为全面分析和把握市场价格变化提供详实数据。先后组织开展大米、食油、生猪、化肥、成品油、液化气等市场深度调查，全面分析价格上涨的原因，科学预测价格走势，及时上报价格动态分析，全年共上报分析文章73篇，为各级领导全面掌握市场价格变化提供重要依据。

实施价格干预措施。为防止价格过快上涨，东莞市从2008年1月28日起，对东莞市粮油饮料批发市场、东莞沃尔玛百货有限公司等18家经营生活必需品的批发、零售企业实行调价备案制度。要求列入调价备案的企业，凡1次调高价格4%（含4%）以上的，或10日内连续调高价格累计6%（含6%）以上的，或30日内连续调高价格累计10%（含10%）以上的，均应在调价实施后24小时内将调价书面报告送达市物价局备案。调价备案的品种有粮、油、奶制品、牛肉，鸡蛋等。实行临时价格干预措施有效地抑制上述商品价格的不合理上涨。临时价格干预措施已于同年12月3日解除。

应对粮食价格异常波动。2008年3月，受国际粮食价格大幅上涨影响，东莞市粮食价格出现明显上涨，为及时掌握粮食市场供应及价格情况，市物价局采取积极应对措施：一是扩大粮食价格监测范围。增设规模较大的加工企业、批发企业、商场超市和集贸市场作为粮食价格监测点，对东莞市销量较大的袋装、散装进口大米和国产大米的价格和销售情况进行监测，发现价格异常波动情况迅速报告并加强跟踪监测。二是加强市场巡查。组织巡查组分赴各粮食专业市场、商场超市和集贸市场巡查，在

2008年东莞市价格变动情况
（以2007年价格为100）

项　目	价格指数（%）	比上年升降幅度（%）
居民消费价格指数	105.5	5.5
食品	115.1	15.1
其中：粮食	109.6	9.6
肉禽及其制品	120.8	20.8
油脂	140.0	40
蛋	110.6	10.6
鲜菜	121.0	21.0
水产品	118.7	18.7
烟酒及用品	102.0	2.0
衣着	97.5	-2.5
家庭设备用品及维修服务	102.3	2.3
医疗保健和个人用品	101.3	1.3
交通和通信	100.7	0.7
娱乐教育文化用品及服务	99.3	-0.7
居住	103.8	3.8
商品零售价格指数	107.9	7.9
工业品出厂价格指数	101.7	1.7

较短的时间内协调有关部门平抑粮食价格，保障市场供应。

落实价格补贴措施。2008年，为最大限度地减轻物价上涨和成品油价格调整对低收入群体生活和相关行业生产经营带来的影响，市物价局配合有关部门落实临时价格补贴措施，制定对渔业、林业、城市公交、出租汽车等的补贴方案，全年补贴款项达16152.73万元，其中：渔业用油补贴5813万元、林业用油补贴79.4万元、城市公交用油补贴3503.3万元、出租车用油补贴2390.3万元、农村道路客运用油补贴4186.9万元、水路客运用油补贴179.83万元。2008年春节期间投放价格调节基金186.87万元，对低收入群体发放临时价格补贴，缓解价格上涨对低收入群体生活的影响。

加强舆论引导。加强价格法律法规政策宣传，解答民生热点价格问题。编发《一周监测信息》44期，在东莞及外地驻莞媒体发布稳定市场物价工作信息200多条次。

【价格改革】 全面推进阶梯水价。2008年，市物价局根据居民用水阶梯水价试行情况，在广泛听取各方面意见的基础上，调低各级水量基数，明确实施时限。印发《关于全面实施居民生活用水阶梯式计量水价制度的通知》，要求各镇街于2008年10月1日前实施居民生活用水阶梯式计量水价制度。截至2008年，全市各镇街已基本实施阶梯水价制度。在成本监审基础上，重新核定洪梅、厚街、石碣、常平、黄江、南城、虎门等镇街的自来水价格。

运用价格政策缓解电力供需矛盾。2008年，市物价局根据省政府的规定，从3月1日起向大工业用户收取每千瓦时4.5分临时燃气燃油加工费。落实省对东莞市樟洋、高埗、通明、东兴等燃油电厂的发电补贴，多次提高燃油电厂临时结算价。调整工业、商业用电价格，从7月1日抄见电量每千瓦时提高2.78分，商住小区临时台变电价中的商业用电也相应调整为85.03分/千瓦时。相应调整燃油、燃煤机组上网电价，其中燃油机组每千瓦时上调0.025元，燃煤机组每千瓦时上调0.026元。

【价费秩序整治】 加强药品价格管理。2008年，市物价局将医疗单位自制（配）药物实行政府定价管理，下调2515个品种规格药品价格，减轻病患者的药费负担。核定市人民医院、市中医院、市慢性病防治院的自制（配）药物价格。

加强教育收费管理。2008年，市物价局继续抓好莞籍学生义务教育免收书杂费和课本资料费政策的落实，规范中小学校和职业技术院校的服务性收费和代收费，配合有关部门落实对家庭困难学生的各项救助措施。加强学校学费、住宿费管理，严格控制收费标准上调。进一步规范高中阶段择校生收费行为。贯彻落实职业技术教育收费管理政策，取消中等职业技术教育实习实验费项目，规范职业技术院校退费办法。

加强游览参观点门票价格管理。2008年，市物价局在落实政府投资的公园实行免费开放政策的基础上，会同市财政等部门，逐步对政府投资的展览馆、博物馆实行免费开放。督促各游览参观景点认真贯彻落实春节期间的价格优惠政策，春节期间全市各游览参观景点共减免收费总额为1930万元。

规范停车服务收费管理。2008年，东莞市修改、完善并以政府令颁发新的《东莞市机动车停放服务收费管理办法》，从10月1日起执行。新的管理办法将写字楼、商场、娱乐场所、宾馆酒店、物流园区、专业市场等配套停车场以及镇中心区外的露天及简易停车场停车服务费列入政府指导价管理范围；适当缩短车辆免费停放时间。并制定商场、娱乐场所、宾馆酒店、写字楼、物流园区和专业市场等配套停车场机动车停放服务费的政府指导价。

规范价格秩序。2008年，市物价局加强清费减负工作，落实国家和省取消各种收费，减轻企业和群众负担2亿多元。落实商品房明码标价制度和经济适用住房价格扶持政策，提高商品房出售的透明度，减少房地产经营中的价格欺诈，减轻购房者的经济负担。抓好收费综合年审，会同市财政、审计、监察、税务等部门组成市收费综合年审办公室，在各执收单位自查自纠的基础上，重点审查12个镇街共108个收费单位的收费执行情况，核（换）发收费许可证1.2万个、收费员证5500个。

【价格监督检查】 2008年，市物价局开展春运价格、涉农收费、农资价格、医疗服务及药品价格、教育收费、邮政电信资费、成品油价格、液化气价格等10多个专项检查，全年共查处价格违法案件20宗，查处金额2929.44万元，其中退款2457.86万元、没收469.29万元、罚款2.3万元。深入开展价格服务进农户、进学校、进医院、进社区、进商场、进景区、进企业活动，多种形式提供价格服务，调动社会力量监督价格行为。共受理群众价格咨询、投诉举报473件，“12358”价格举报网络作用进一步发挥。

【价格认证】 2008年，市物价局价格认证中心把涉案物价格鉴定作为价格认证工作的重点。全年共受理司法、行政执法部门委托的涉案物品价格鉴定1万多宗，涉及金额1亿多元，无一宗发生重新估价和复核，为公正司法、执法提供有力的价格鉴证保障；开展对假冒伪劣商品价值和公物拍卖底价鉴定工作，开展对拆迁征地补偿标准认证，为委托机关解决因此而产生的价格纠纷，在东莞市价格鉴定领域取得零的突破。

（罗德泉）

附：2008年东莞市物价局领导名录

局　长：邓浩全

副局长：陈志超　陈慕齐　邓卫洪

工商行政管理

【概况】 东莞市工商局是东莞市负责市场监管和行政执法的职能部门。2008年，市工商局市局机关共设置办公室、人事教育科、财务科、监察室、机关党办、法规科、经济检查科、登记注册科、企业监督管理科、市场合同管理科、商标广告管理科、督察队等12个内设机构，直属行政单位有经检支队和33个基层工商分局，下辖消费者权益保护委员会和机关服务中心2个事业单位。

截至2008年，东莞市工商局有在编在岗干部职工864人，其中：公务员811人，工勤人员52人，事业编制干部1人。全系统大专以上学历806人，占全系统的93.3%。其中研究生学历24人，占全系统的2.8%；本科563人，占全系统的65.2%；大专219人，占全系统的25.3%，高中及以下学历58人，占全系统的6.7%。

【工商行政管理工作取得新突破】 2008年，市工商局各项工作取得新突破，得到上级工商部门和市委、市政府的充分肯定。国家工商总局副局长王东峰、纪检组长石见元，省政府副省长林木声先后莅临视察指导工作，对市工商局开发应用的绩效管理系统、“信誉通”食品备案信息系统等给予高度评价。市工商局被人力资源和社会保障部、国家工商总局评为“全国工商系统先进集体”，连续第六年在全市高票当选为“中央和省驻莞机关先进单位”，并在2008年全市“市民评机关”活动中名列前茅。

【市场主体登记注册】2008年，市工商局进一步简政放权，明确登记审批权限，在全市行政审批电子监察绩效测评中连续9期排名第一。一年来，新登记各类市场主体81852户，其中个体工商户64968户，私营企业14217户，外资企业790户，内资企业1800户，三来一补企业67户。截至2008年，全市累计在册市场主体504988户，仅次于广州、深圳，居全省第三。其中，个体工商户412674户，私营企业63241户，外资企业9437户，内资企业13074户，三来一补企业6552户，农民合作社10户。

2008年，市工商局协调有关部门，出台优惠措施，解决“三来一补”企业转型的设备转厂、合同转签等难题，推动“三来一补”企业转型为三资企业，核准转型名称140户，核准转型设立登记38户。落实省工商局有关政策，扶持个体户升级为企业，为41家个体户办理升级手续。支持条件成熟企业通过免冠行政区域、冠省名、试行股权出资等形式做大做强，帮助11家企业申请免冠行政区域名称，指导21家企业申请冠省名，支持10家企业办理农民专业合作社。规范登记注册工作，废除个体户给予4年有效期、企业涉及许可证的经营范围给予有效期的规定。

【企业监督管理】完善市场监管机制。2008年，市工商局推行“分组包片、综合执法”监管模式，分片包干完成片区内市场主体抽查、监管食杂店建立台账、取缔无照经营、查处案件等四大任务，突出发现问题的后续处理工作，促进履职到位。一年来，全系统抽查各类市场主体15.5万户，占2007年底市场主体总数的32.55%；其中抽查新登记市场主体4.5万户，占新登记数的55%。

加强亮照经营管理。2008年，市工商局将亮照经营作为日常监管的重要内容，加大宣传、监管、服务和督察力度，按照“先中心、后边远”的原则，推进全市亮照经营管理。截至2008年，全市各镇街中心区主要道、市场的亮照经营比例已基本达到100%。

组织开展年检验照工作。2008年，市工商局通过红盾信息网以及市、镇两级报纸、电视、宣传栏等形式宣传年检验照工作，并在全市范围内大量发送手机短信，提醒企业自觉年检验照。全市各类企业应检76871户，实检60818户，参检率为79.12%，完成2008年检工作。

【流通领域食品安全监管】推广应用“信誉通”食品备案信息系统。2008年，市工商局召开全市推广动员千人大会，以大型商场、超市、批发部为首批应用单位，指导经营者建立电子进货台账，巩固产品质量和食品安全专项整治成果。截至2008年，全市已有2000多户食品经营户递交加入系统申请书，1511户经营户正常上线运行，安装触摸屏式一体查询机488台，电话查询机1399台，基础数据库录入信息达278万条，建立电子台账472万条，基本覆盖辖区流通领域的包装食品。

创建样板市场。提出农贸市场超市化改造的思路，争取市政府支持，由市整农办牵头，市镇两级财政给予补贴，以东城友谊市场为示范，在全市32个镇街各选取1个以上市场，从市场硬件、软件等方面进行高标准改造，建设食品安全样板市场。截至2008年，全市有15个市场改造完毕，改造面积达4万平方米，有17个市场在改造中。

应对“问题奶粉”事件。“三鹿奶粉”事件爆发后，迅速启动市场监管应急预案，利用“信誉通”的快速定位和追溯功能，锁定重点清查的商场、超市、批发部，及时切断问题乳制品流入市面的主要渠道。通过电视、广播、“信誉通”网站、宣传栏等各种途径，广泛发布预警信息，督促商家及时下架和回退问题奶粉。截至2008年，检查经营主体17397户次，下架问题奶粉23679公斤、液态奶20689公斤，处理消费者有关奶粉的咨询、申诉和举报2039件，协助消费者退换奶粉229公斤，销毁问题奶粉21350公斤。

继续开展商品质量监测。将监测方式从抽查商品为主调整为抽查经营单位为主，以批发市场和大型综合商场为重点，按抽检合格率高低进行排名，同时加大监测信息的曝光力度，在各大主流媒体开辟专题宣传板块，在全市建立700多个监测信息公示栏，全年开展商品质量监测18次，抽查商品6708批次，出具检验结果6608批次，合格率为88%，发布监测信息9期，曝光不合格商品313批次，查处商品质量监测类型案件215宗。

【市场经济秩序整顿和规范】开展公平交易执法。2008年，市工商局进一步调整办案权限、理顺办案流程，拓宽办案领域，提升办案层次，重点突出查办商业贿赂、不正当竞争、侵犯奥林匹克标志专用权等新型案件。全年查办新型案件4268宗，其中商业贿赂案件82宗，仿冒知名商品特有包装、装潢案件83宗，商标侵权、假冒案件444宗，侵犯奥林匹克标志专用权案件68宗，向公安机关移送涉嫌犯罪案件18宗。

严厉打击违法传销行为。保持对传销违法活动的高压打击态势，全面铺开创建无传销社区工作，继续运用简易程序查办传销案件，严厉查处为传销活动提供场所的违法行为，坚决向司法机关移送涉嫌犯罪传销人员，全年查处涉嫌传销窝点117个，教育遣散传销人员1414人，办理简易程序案件411宗，立案查处传销案件7宗，查处为传销活动提供场所案件2宗，公安、司法机关追究刑事责任或治安责任10人，全市建成无传销社区160多个。

加强广告监管。组织召开广告监管联席会议，加大广告案件查处力度，全年查办各类广告违法案件196宗。

查处各类违法违章行为。加大对非法拼组装车、走私贩私、制售假冒伪劣

▲ 寮步国际汽车城

商品等违法违章行为的打击力度，全年办结各类违法违章案件22653宗。

提高办案质量。做好听证、复议和诉讼工作，对案件审批程序、办案文书使用、强制措施实施等进行相应调整和规范。一年来，向公安机关移送案件17宗；办理行政复议案件8宗，诉讼案件13宗。

【无照经营清理】2008年，市工商局进一步明晰各部门在清理无照经营工作中的职责。在与环保部门明晰20个行业的无照经营由环保部门牵头、工商部门协助查处的基础上，从3月开始，将食品、饮食行业的无照经营监管执法权移交到城市综合执法局。在第29次市党政领导班子联席会议上，明确文化部门作为网吧、歌舞娱乐场所的主管部门，卫生部门作为桑拿行业的主管部门，工商部门作为沐足行业的主管部门的清理无照经营职能分工，明确各主管部门承担对主管行业的审批、监管和查处职责，形成主管部门牵头负责、相关部门积极配合的综合治理格局。一年来，全市工商系统累计清理无照经营27721户，立案查处无照经营户13078户，查处为无照经营提供经营场所案件19宗。。

【品牌建设】2008年，市工商局继续实施商标带动战略，完成全市商标普查工作，以“自有品牌，东莞风采”为主题实施大规模的商标宣传，推荐50家企业参与2008年度广东省著名商标的认定。2008年，全市新增驰名商标1件、著名商标38件，实现32个镇街都有著名商标的历史性突破。召开全市“守合同重信用企业”和“文明诚信市场”表彰大会，公示“守合同重合同”企业718家，评选“文明诚信市场”176个。开展“百城万店无假货”创建活动，南城富民步行街和莞城新兴装饰材料城获“广东省‘百城万店无假货’示范街（店）”称号。

【消费者权益保护】2008年，市消委会创新消费维权机制，协调市中级人民法院提供支持消费者诉讼的绿色通道，联合手机行业协会举办手机消费“放心店”评选，与东莞阳光网社区频道联手合作推出“网上维权我帮您”活动，坚持开展不公平格式条款点评活动，提高社会各界的消费维权意识。一年来，受理消费投诉2613宗，成功调解2319宗，为消费者挽回经济损失539万元；“12315”投诉举报中心受理各类投诉咨询9.84万件，其中申诉3064件，举报6640件。“3·15”活动期间，广泛宣传“保护消费者的合法权益，是全社会的共同责任”维权理念，全市各镇（街）张贴“3·15”宣传海报176张，悬挂标语横幅313条。各职能部门出动工作人员约1752人、企业约1038人、参与群众约7.03万人。现场接待消费者咨询4.77万人次，受理投诉422宗，免费派发宣传资料31.63万份。（袁　洪）

附：2008年东莞市工商行政管理局领导名录

党组书记、局长：袁志强

党组副书记：黎自力

副局长：范燕彬　陈　玺　王争光　陈仕全（兼纪检组长）

质量技术监督

【概况】东莞市质量技术监督局（简称“市质监局”）是管理全市标准化、计量、质量、生产加工环节食品安全、特种设备安全监察综合管理及行政执法职能的省属驻莞机关。2008年，局机关内设办公室、政策法规科、质量科、食品监管科、标准化科、计量科、锅炉科、特种设备科、人事教育科等职能科室，市打假办为市属挂靠单位，稽查分局为市局直属行政单位，下设第一分局（在虎门）、第二分局（在常平）、第三分局（在塘厦），下属3个事业单位，分别是东莞市质量计量监督检测所（简称“市质计所”）、东莞市质量技术监督标准与编码所（简称“市标码所”）、广东省特种设备检测院东莞分院（简称“特检分院”，实行省垂直管理）。全系统在编人员278人，其中大专以上学历261人，硕士、研究生40人；工程师以上职称78人，高级工程师20人。

【源头食品安全监管】确保供奥食品安全。2008年，东莞市质监局狠抓供应奥运会食品安全。一是建立保障体系。向市政府申请供奥运食品生产企业监管经费，确保监管工作有效开展；成立专项领导机构，制定《定点企业监管工作实施方案》和《驻厂监管工作规范》，根据企业具体情况有针对性地制定驻厂监管方案，组成驻厂监管小组。二是全面摸底调查。对4家定点供奥食品生产备选企业进行摸底调查和跟踪监管，全面掌握企业情况；从4月开始，开展产品销往北京等6个奥运比赛城市的食品生产企业专项摸底调查，建立质量档案和动态监管数据库，实时监控企业情况。三是严格驻厂监管。对4家定点供奥企业实施24小时驻厂监管，共监管15个品种26吨供奥食品，联同公安部门完成运送交接任务。四是加强监督抽查。奥运期间，以肉制品、乳制品、豆制品、饮料和蜜饯等5类高风险食品为重点，对全部供奥城市企业实施1次以上监督抽查和2次以上卫生抽检；对使用动物源性原料生产销往奥运比赛城市的食品企业进行专项检查，共抽检27家企业62批次产品。五是严格规章制度。落实出厂强制检验制度，监督相关企业对出厂产品批批检验；督促企业完善原辅材料进厂登记和产品销售台账，做好生产过程、工艺流程等记录，每批产品做好留样工作，确保产品质量可追溯。

积极应对三聚氰胺事件。2008年9月，三鹿婴幼儿配方奶粉事件发生后，东莞市质监局快速反应，积极应对，出动1700人次，检查企业509厂次，抽检乳制品原材料及成品742批次。一是驻厂监管乳制品企业。对1家以羊乳为原料的液态乳制品生产企业实施驻厂监管，组成帮扶小组针对检查发现的问题进行指导，帮助该企业完成整改并恢复正常生产；严把原材料进厂和产品出厂关口，原材料和产品都要经检验不含三聚氰胺，由驻厂监管人员签字确认合格后方可放行。二是全面开展相关产品企业检查。主动扩大监管范围，成立3个工作组，对全市26家含乳饮料、冷冻饮品生产企业实施包厂监管，对乳粉原材料及成品进行抽样检验；对全市177家糕点、饼干、奶糖等使用奶粉原材料的食品生产企业进行全面检查，共检查企业177家次，抽检奶粉原料和成品、样品267批次。针对检查发现的问题，责令相关企业停产整顿，查封不合格原材料和成品，对流入市场的不合格产品实施一级召回并进行统一销毁。三是开展三聚氰胺专项检查回头看工作。出动608人次，检查企业304家，抽检原材料93批次、成品105批次。四是坚持整治帮扶并重。召开全市乳制品及相关产品监管工作会议，约谈企业负责人，及时宣贯上级要求，引导企业自觉增强质量安全主体意识；成立服务小组，深入企业开展帮扶，帮助停产整改企业尽快恢复生产。

开展食品生产加工小作坊整治。2008年，东莞市质监局以米粉、调味品、挂面、河粉、糕点等5个获证企业市场占有率、小作坊集中度较高的行业为突破口，全面整治食品生产加工小作坊，30%的小作坊通过整改获得食品生产许可证，全市食品小作坊从年初的455家减少到269家。一是全面收回食品质量安全承诺书。分行业、分阶段收回5个行业食品小作坊承诺书，要求按食品生产许可的规定完善必备的生产、检验条件，尽快申办食品生产许可证。二是加强服务帮扶。对每个行业限定整改期，在整改期内加强指导帮扶，开设生产许可证办理绿色通道，分行业、分批次举办食品生产许可培训班，组织小作坊负责人到获证企业参观学习，推动食品小作坊向企业转变。三是全面清理查处。整改期结束后，分行业对仍未取得生产许可证的食品小作坊进行统一无证查处，全面清理5个行业的食品小作坊。四是推动小作坊集中加工场建设。对豆制品、水产加工品等不具备取证条件的行业，推动有条件的镇街建立小作坊集中加工场，做到“五个统一”：统一采购、统一生产、统一包装、统一检验、统一管理。截至2008年，全市共有12个食品小作坊集中生产加工场投入使用。

推进食品质量安全市场准入制度。一是开展宣传发动。2008年，东莞市质监局通过报刊、网络、电视等多种渠道，加大对相关文件精神的宣传力度，营造28类食品无证查处的社会氛围。二是严厉打击无证生产行为。对28类食品无证生产行为及食品用包装材料无证生产行为进行全面查处，共查处食品案件115宗，其中无QS证生产食品案件67宗，无证生产食品容器案件22宗。三是发挥办事中心和审查中心的作用。做到“一次性告知、一个窗口办所有事”，提高办事效率；发挥审查中心作用，在严格把关的基础上，加快申请受理、现场核查速度；加强证后监管工作，定期和不定期对取证企业实施突击检查，发现问题及时进行处理。

【特种设备安全监察】 专项整治。一是完成简易外控载货电梯专项整治。2008年，东莞市质监局出动检查人员18760人次，检查企业6201家，检查设备8414台，发出安全监察指令书3338份，查封存在严重隐患设备1545台，登记在册的9640台简易电梯全部完成整治，清除未登记简易电梯354台，整治完成率达100%。二是全面开展起重机械深化整治。从10月开始，在全市开展为期1年的起重机械深化整治，通过企业自查、各镇（街）质监站排查和安全监察机构现场检查等手段，以重点高危行业在用起重机械整治为主线，结合场（厂）内机动车辆牌照更换工作，分步骤开展整治工作。三是深化气瓶专项整治工作。不断加大对气瓶充装单位的检查力度，对全市32家气瓶充装单位开展了3次全面安全检查，排查监控危险源174台，现场考核工作人员116名，纠正违规违章操作15起，排除隐患12处，发出安全监察指令书61份，对15家存在非法充装行为的单位进行立案查处。

重点、“飘红”设备监察。一是继续加强“飘红”设备治理。2008年，东莞市质监局制定“飘红”治理工作制度，发挥局综合巡查队和兼职安全监察员队伍的作用，加大巡查力度，对“飘红”和停用特种设备进行逐台核查，发出特种设备安全监察指令书12798份，特种设备“飘红”率控制在5%以下。二是加强重点设备监控。对全市重点监控特种设备进行1次以上现场安全监察，对一类重点监控设备及其使用单位进行了3次以上现场安全监察，现场发现安全管理措施不落实或超期未检的一律责令停止使用并限期整改；在重大节假日前对大型游乐设施及客运索道进行逐台检查，发出安全监察指令书86份，查封设备17套。

隐患排查治理工作。2008年，东莞市质监局按照国家质检总局和省质监局的统一安排，从2月起在全市范围内开展隐患治理工作，出动检查人员11758人次，掌握并处理非法使用特种设备单位1699家、非法安装单位26家、非法制造单位5家，排查出存在各类特种设备安全隐患的设备4186台，查封存在严重安全隐患设备1638台，立案查处1325宗。

建立完善动态监管体系。2008年，东莞市质监局及时清理、核实和更新动态管理信息系统数据库，确保数据准确可靠；创新监管思路，争取各镇（街）支持，推进村（居）级特种设备兼职安全监察员队伍建设，共有1098人申报兼职安全监察员；狠抓兼职安全监察员培训，编印《东莞市特种设备安全检查指引》，在石碣、樟木头、塘厦、大朗等镇举办4期培训班，在现场详细讲述特种设备监察业务基础知识和巡查要点，提高兼职安全监察员队伍的工作能力。

推动企业落实安全主体责任。一是调动社会监督力量。2008年，东莞市质监局制定《东莞市质量技术监督局举报特种设备安全违法行为奖励办法》，向社会公布，调动群众举报投诉特种设备违法行为的积极性，通过社会监督提高企业负责人的危机意识。二是全面推行安全承诺制度。采取企业特种设备安全承诺制度、约谈存在重大安全隐患的特种设备使用单位负责人、树立特种设备安全管理“标杆”单位等多种措施，督促和帮助企业落实安全主体责任，近500家特种设备使用单位签订了《特种设备使用安全承诺书》，市人民医院等10家单位被评为特种设备安全管理“标杆”单位。三是提高企业应急救援能力。开展液化石油气储罐泄漏应急演练和二氧化碳槽车泄漏应急救援演练，将技术交流与应急演练有机结合起来，确保演练的针对性和实用性；组织全市气瓶充装单位安全管理和作业人员开展气站安全及应急救援培训，共有25个气瓶充装单位的70名工作人员参加了培训。

【以质取胜战略实施】 开展出口转内销企业帮扶。一是开展调研工作。2008年，东莞市质监局制定了《东莞质监系统帮扶出口转内销企业工作方案》，在厚街、长安、大朗等镇进行试点，组织召开出口转内销企业培训会，为企业讲解国内质量、标准、计量和特种设备知识，共有200多家企业参加。二是实现名牌工作新转变。扶持出口转内销企业创名牌，有12家出口转内销企业申报名牌免检产品，同比增长300%，占新申报企业总数的25%；改变以往单纯注重名牌数量的做法，规划建立名牌培育梯队，帮扶培育产业前景看好、质量水平过硬的企业；通过召开座谈会、集中开展省专项监督抽查、联合相关部门开具证明、帮助企业完善申报材料等多种手段，全力推进名牌工作，全市新增广东省名牌产品26个，黄江、横沥镇实现名牌数量零的突破。截至2008年，全市拥有中国名牌产品18个，广东省名牌产品108个。

加大产品质量监督力度。一是全力确保抗震救灾物资质量。2008年，东莞市质监局为确保援助汶川地震灾区的活动板房、帐篷等救灾物资质量，加大对相关企业的巡查力度，坚持每天到企业巡查1次，及时解决发现的问题；集中对钢带、彩钢夹板、油漆等关键原材料实施抽查，共抽取8家企业30多个批次，检测不达标的要求企业整改；及时将巡查和抽样情况上报市应急办，做好对外协调工作；配合市民政局对集中采购的援川物资进行专项监督检查，针对援川棉被质量问题，对相关的棉被生产企业进行监督检查，确保产品质量。二是深入开展产品质量和食品安全专项整治。协调全市产品质量和食品安全专项整治工作，牵头组织开展“五小”经营单位（小商店、小农资店、小作坊、小餐饮店和小屠宰场）整治；狠抓家具、玩具、服装及油漆涂料等10类产品质量专项整治工作，重点解决10类产品中有毒有害物质限量超标等问题，全市1222家10类产品生产企业100%普查建档，1087家涉及内销的企业100%完成监督抽查，

198家涉及生产许可证和3C认证管理的企业100%获证，105家新获证产品100%完成监督抽查，76家企业的117个产品标准100%完成复审。三是建立质量安全风险预警机制。吸取三聚氰胺事件教训，逐步建立产品质量安全预警机制，对装饰材料、文具、家具、儿童玩具、儿童服装等5种涉及人身健康和安全的产品加强监管，首次制定专项监督抽查计划；深圳“9·20”火灾后，向省质监局提出对使用聚氨酯海绵的沙发、床垫等产品开展产品质量安全风险评估的建议。四是加大名牌企业监督力度。率先在全省制定《东莞市名牌免检企业巡查制度》，加大对名牌免检企业的巡查力度，要求企业建立原材料和半成品进厂检验制度、生产过程质量责任制度、出厂检验制度、检验检测制度；全面落实监督抽查、警示和约谈制度，监督抽查名牌产品74批次，对26家名牌企业发出整改通知书。

推进技术标准战略。一是推动联盟标准和标准化示范镇建设。2008年，东莞市质监局首次发布长安五金模具联盟标准《模架用导向装置　第1部分：压入式滑动导向导柱》和《模架用导向装置　第3部分：滑动导向导套》，相关企业签署联盟协议，完成横沥镇塑胶模具联盟标准初稿；8月，大朗镇政府印发《大朗建设毛织专业镇标准化示范点实施方案》，标志大朗镇创建毛织标准化示范专业镇进入实质性阶段。二是争取政策、资金支持。制定《东莞市推进制造业标准化工程实施办法》，经市长联席会议讨论通过，修改后印发实施；5家企业获“广东省实施技术标准战略专项资金”资助，6家企业和单位提出申请。三是开展“标准化良好行为企业”创建活动。组织召开现场会，由通过确认的企业介绍经验，进一步提高企业申报积极性，共有13家企业通过确认。四是组织企业参与全国专业技术委员会申报。组织14家企事业单位申报17个全国TC/SC/WG，其中3个分技术委员会/工作组已被国标委公示拟筹建。五是推进标准制修订工作。全市企业共参与68个国标、行标的制修订工作，其中26个标准已正式颁布；组织和发动企事业单位申报地方标准制修订项目，申报地方标准制修订项目9个，获批立项项目6个；协助市农科中心“糯米糍荔枝生产标准化示范区”申报工作，成功获批广东省第六批全国农业标准化示范区。六是加强企业标准化人才培养。通过举办技术标准与自主创新专题报告会、企业标准化战略与多体系文件整合方略讲座、企业知识产权战略和专利技术标准化高层论坛等形式，对300多家企业的600多名标准化负责人和工作人员进行培训。

计量监管工作。一是开展能源计量和节能降耗工作。2008年，东莞市质监局对年耗煤万吨以上的企业执行《用能单位能源计量器具配备与管理通则》情况进行验收，共验收企业26家；与市经贸局、发改局、统计局联合制定《东莞市重点耗能企业节能行动实施方案》，明确重点耗能企业的节能责任、目标和要求，进一步细划各职能部门在节能降耗工作中的职责和保障措施。二是开展计量器具强制检定工作。完成市场、超市、餐饮酒楼等单位46825台（件）衡器检定工作，没收各类作弊器具500台多（件）；完成交警执法用测速设备的检定，检定合格设备249套；开展民用计量器具检定，检定水表59975只、煤气表68278只、加油机10174枪、出租车计价器9360台、验眼配镜用计量器具675台（件）、电子汽车衡708台；继续开展医用计量器具强制检定，巡查大型医院63家、门诊部323个，完成6662台（件）医用计量器具备案工作，完成57家医院4468台（件）医用计量器具强制检定工作。三是加强商品量监管及计量投诉处理。完成定量包装商品净含量监督抽查工作，对9家不合格企业的11个产品进行整改和复检，对1家经复检仍不合格的企业进行立案查处；检查液化石油气充装企业43家次，代充点177家次，立案查处102宗；处理各类计量投诉92宗。四是加强企业计量工作。共对19家定量包装商品生产企业进行计量保证能力评价服务，指导企业建立健全计量保证体系，完成7家企业243种规格产品的“C”标志评价，72家企业三级计量保证体系确认，3家企业二级计量保证体系确认。

质量技术培训工作。2008年，东莞市质监局举办各类培训班218期，培训9380人次，后续教育培训5452人次，为225家企业提供各类咨询服务。一是突出特种设备作业人员考试及考前辅导。结合特种设备监察工作，加强与镇（街）政府、质监站和社会办学机构的联系，全力突出特种设备作业考试及考前辅导，共举办特种设备作业人员考前辅导班213期，培训9130人次。二是加大服务企业力度。以开展东莞质监服务企业百日行动为契机，为企业提供各种质量技术培训服务：为东莞新奥天然气有限公司等30多家企业举办特种设备考证培训班；为东莞五星太阳能有限公司举办法律知识培训班；为300多家出口转内销企业举办免费的质量、标准、计量等知识讲座。三是加强国家有关技术标准宣贯工作。联合省标准化协会、计量协会等单位，邀请部分国家标准起草人和相关专家，举办企业标准化人员培训班、计量内审员培训班、广式腊肠标准培训班和新的月饼国家标准宣贯班。

【行政执法把关】提高执法工作成效。2008年，东莞市质监局创新巡查工作模式，成立综合巡查队，全面负责食品监管、特种设备安全、质量、标准、计量巡查和监督抽样工作。制定综合巡查相关程序、责任和制度，有效扩大巡查监管范围，共巡查企业14175厂次，新增监督抽查企业1366家，建档4846家，建立巡查表13363份，发出责令整改书3165份，采集建立卫星定位数据3451个，监督抽样企业9344家，抽取样品17412批次。

加大执法工作力度。2008年，东莞市质监局围绕食品安全、生产许可、特种设备安全、打假维权和民生计量等5大重点开展执法工作，把查处食品、特种设备违法行为作为重点，有效消除各种安全隐患。出动执法人员8293人次，立案查处各类违法案件955宗，端掉窝点64个。其中：查处食品案件115宗，食品容器案件22宗；查处特种设备违法案件445宗，查封存在严重安全隐患的特种设备1466台；加大计量欺诈违法行为查处力度，立案查处133宗，其中液化石油气90宗，查封瓶装液化石油气2716瓶，电线案件8宗，餐馆22宗，加油站3宗，出租车10宗；严打各类制假造假行为，立案查处123宗，端掉52个制假窝点；发挥“12365”举报投诉中心和情报室作用，扩大案源，收到举报投诉7251宗，受理和处理案件259宗。

开拓行政执法新领域。一是开展木工机械执法抽检工作。2008年，东莞市质监局检查木工机械生产企业14家，立案查处7家，没收不合格木工机械11台。二是开展食品容器无证查处。查处案件21宗。三是开展出租车计量违法查处。主动与交通部门开展联合行动，立案查处出租车计量违法案件10宗，初步摸索出联合执法模式。四是开展能源效率标识专项执法检查。检查生产企业6家、销售企业2家，查处应标注而未标注能源效率标识的案件2宗。

发挥打假办综合协调作用。2008年，东莞市打假办落实打假工作责任制，组织召开市打假联席会议和市打假工作会议；狠抓常平打假警示区域整治工作，成立领导机构，制定整治方案，深入发动，大力宣传，取得明显成效；以食品、农资、卷烟和酒类为重点，组织农业、质监、工商、公安、烟草专卖、酒类专卖等部门大力开展打假工作。全市共出动打假执法人员13136人次，先后开展食品、家用电器、生活用品、农业物资、建筑材料、药品和医疗设备、印刷行业、卷烟、酒类、食盐等产（商）品专项打假工作，立案查处案件1135宗，端掉制假售假窝点450个，抓获各类制假售假违法人员15人，判刑6人，销毁各类假冒伪劣食品141批次。

【技术机构建设】推进产品质量检测基地建设。2008年，东莞市质监局完成东莞市产品质量检测基地项目可行性报告、项目用地规划许可证等手续；综合检测楼、食品化工产品检测楼、国家信息技术设备检测中心、国家纸制品检测中心、机械产品检测楼、配电房等6栋主体建筑工程全面铺开，弱电工程、消防工程、室外市政工程等已完成招标并进场施工，办公室家具等其他项目在办理招标。纸制品国家中心和信息技术设备国家中心已分别招标采购设备，修改筹建任务书，进一步明确建设项目和设备配置表，确保2个国家中心的检测能力能覆盖筹建任务书中规定检测项目的95%以上。

提高质量计量检测技术。2008年，东莞市质计所申报各类科技项目28项，5个项目获得省、市科技项目立项支持；联合中国家具协会和全国标准化中心等40多名家具行业专家、代表对8项家具国家标准和行业标准进行审定；主持参与《壁纸》、《太阳能路灯》等行业标准和地方标准制修订工作；纸制品国家中心1名技术骨干获邀参加在美国举行的造纸国际学术交流会议，并在会上宣读学术论文；主持召开LED路灯节能认证技术研讨会，就LED路灯节能认证的可行性和技术规范进行深入细致的讨论，为政府、用户对LED路灯节能评价建立可行方法；市质计所先后与香港科技大学、华南理工大学、西安工程大学、中国科学院计算机研究所、长春应用化学研究所等机构开展交流互访活动，签订战略合作框架协议，就资源整合、人才培养、科研开发、学术交流、业务开拓等方面达成合作意向；联合哈尔滨理工大学、上海电缆研究所等15家单位成立信息传输（线缆）省部产学研创新联盟，致力解决产业发展中急需的关键技术、核心技术和共性技术问题；与东莞其他科研平台加强合作，共同组建东莞产业支援联盟，帮助企业有效提高自主创新能力、增强企业核心竞争力。2008年，监督检验产品19622批次，同比增长43.4%；委托检验产品22676批次，同比增长40.9%；计量检定248652台（件），计量校准75825台（件）。

开展标准研究和编码咨询服务。2008年，东莞市标码所受理457家企业申请制修订标准748份，受理并完成64家企业采标认可110份；按照市科技局要求，及时提交"公共环境标识标准体系建设项目"验收材料并通过验收；协助大朗镇政府制定《大朗建设毛织专业镇标准化示范点实施方案》，开展标准信息平台建设，推进毛织产品采标认可和创建示范企业等工作；为30家企业免费提供标准信息会员服务；完成72708家企业《代码证》新办、变更、换证，增办IC卡45742多张，年检88432多家，制作数字证书12907个，向省编码中心上报数据7万多条，达标率为99.9%；商品条码注册企业304家，胶片订制5944张，完成条码续展498家，续展率73%，完成48家企业968个产品编码，完成66家企业210916条产品条码境内备案。

增强特种设备检测能力。2008年，东莞市特检分院完善检验管理系统统计查询功能，增加手机查询系统，检验员可随时随地查询特种设备业务信息；建立对外业务网站，扩大对外信息交流渠道；特种设备定位监管系统的主要功能开发完成，进一步提升特种设备动态监管的有效性和可靠性；引进安全阀在线检测技术，实现对安全阀不停机免拆卸在线校验，校验结果准确，避免锅炉停炉造成企业损失；多项检验业务实现突破性增长，特别是机电类设备，验收检验量达到历史新高。完成特种设备检验72162台（次），同比增长28.54%，检验区域覆盖率保持在95%以上。

（林祖军）

附：2008年东莞市质量技术监督局领导名录

局　长：张活力

副局长：邓志波　刘东兴（任至10月）
　　　　欧健强　林　刚（4月到任）

食品药品监督管理

【概况】2008年，东莞市食品药品监督管理局内设药品安全监管科、药品流通监管科、医疗器械监管科、保健品化妆品监管科、食品安全协调科、稽查局、人事教育科、办公室、监察室（党办）、第一分局、第二分局、第三分局等13个科室（局），下设市级药品检验所1个。整个系统在编工作人员100人。

2008年，市食品药品监督管理局制定分局（工作组）"三定"方案，对3个分局与市局的职能重新调整，进一步扩大分局的职能范围；将电子监察系统延伸到分局（工作组），赋予分局部分行政许可权限等更多的监管职责。

2008年，市食品药品监督管理局获"东莞市2008年度食品安全工作先进单位"、"东莞市供北京奥运食品安全保障工作荣誉单位"、"东莞市兴奋剂生产经营专项治理工作荣誉证书"等称号。奥运会、残奥会期间，东莞市供奥运食品未发生一起食品安全问题，供奥运食品100%合格，受到省检查组的肯定。

【食品安全议案办理】2008年，市食品药品监督管理局成立工作领导小组，制定具体办理方案，协助市政府召开相关会议和拟办各种文字材料，开展督查指导，抓好市人大《加强食品安全工作，建立健全食品安全保障体系的议案》办理。编辑《工作简报》24期9000多份。11月，组织完成对28个镇街（长安、大朗、石龙、清溪4个镇除外）的食品安全综合考评。12月19日，市第十四届人大常委会第十四次会议同意市政府关于议案办理情况的报告。

【食品安全示范镇创建】2008年，东莞市把创建省食品安全示范镇（街）作为一项重要任务来抓，市食安办制定工作方案，协助市政府召开全市创建工作会议，组织各镇（街）、市食安委相关成员单位前往中山、佛山，实地参观学习创建做法和经验，成立市创建示范镇工作组，派驻有关镇街具体指导创建工作。截至2008年，石龙镇、大朗镇和长安镇通过省食品安全示范镇考评验收组的现场考评验收，成为东莞市首批获"广东省食品安全示范镇"称号的镇街，东莞市拥有省级食品安全示范镇的数量位居全省前列。

【三鹿问题奶粉事件处理】2008年，三鹿奶粉重大食品安全事件发生后，市食品药品监督管理局高度重视，密切关注事件动向。在第一时间发出紧急通知，要求各镇街和相关职能部门采取措施做好事件处置工作，与市委宣传部、东莞日报社和东莞电视台联系发布预警提示，得到省食品安全委员会办公室的肯定。严密关注事件处置进展，每天收集上报各镇街、各部门的处置工作情况，连续召开3次领导小组会议，布置三鹿奶粉处置工作。截至2008年，东莞市未发生一起因“问题奶粉”引起的治安事件和群体性事件，受到省政府检查组的高度评价。

【《广东省食品安全条例》宣贯】2008年，为了更好地宣传贯彻《广东省食品安全条例》，市食品安全委员会办公室组织开展了多渠道、多形式的宣传活动。加强《条例》的培训，与市法制局联合举办培训班，邀请省人大法工委和省食安委领导就《条例》有关内容，对各镇（街）、市食安委成员单位等相关人员进行培训；通过媒体进行广泛宣传，在《东莞日报》全文刊登《条例》，通过中国移动、联通发送宣传《条例》的信息15万条，在《与法同行》栏目宣讲《条例》的重点内容，在东莞电视台黄金时段滚动播放《条例》宣传标语达50多次，提高全社会对《条例》的了解和认识；组织全市各镇（街）同步开展“宣传食品安全条例，共建和谐平安东莞”主题宣传周活动，通过举行现场会、开办培训班、电视广播媒体宣传等各种形式对食品安全工作进行全方位的宣传。

【食品安全应急管理】2008年，市食品安全委员会办公室从健全机制入手，注重预防为主，最大限度防止食品安全事故的发生。组织开展重大食品安全事故应急通讯演习；发布预防食物中毒事故的预警。根据四季豆、面豆上市季节以及春节期间由于雨雪冰冻天气造成大量新莞人留莞的特殊情况，及时印发《关于做好预防食用豆中毒事故发生的通知》等多项通知，要求各镇（街）、各单位高度重视，履行监管职责，做好各项预防措施，将中毒事故危害降低到最低。

【兴奋剂专项治理】2008年，为确保奥运会期间不出兴奋剂问题，市食品药品监督管理局牵头市各有关职能部门，联合开展治理工作。与市有关药品生产经营企业负责人签订《兴奋剂生产经营专项治理工作承诺书》，组织执法人员对全市相关药品生产经营企业进行拉网式检查。专项整治受到市委、市政府的高度重视，市财政为此专门拨出经费41.3万元。全市出动检查6016人次，检查药品生产、经营企业6463家，有效防止药源性兴奋剂管理问题的发生，确保正常的药品类兴奋剂生产经营秩序。加强经营企业、生产企业购进特殊药品原料药的监督检查，会同市公安局禁毒支队开展盐酸麻黄碱原料药专项检查，确保特殊药品实时监控，安全使用。

【药品流通市场规范】2008年，为进一步推进药品质量安全专项整治，规范药品零售企业的经营行为，解决GSP认证老大难问题，市食品药品监督管理局制定工作方案，明确从9月开始，集中3个半月时间，对逾期未通过GSP认证的药品零售企业进行专项整治，共检查相关企业639家，对于逾期不改的零售药店，按《药品管理法》有关规定做出严肃处理。

严格市场准入，从源头规范药品经营秩序。认真执行药品零售企业申办新标准，严肃处理提供虚假证明材料、文件资料或者采取其他欺骗手段取得《药品经营许可证》的行为。全年核准新开办药店1033家，核发医疗器械经营企业许可证66家，核发保健食品经营企业卫生许可证652家。依法注销药品经营许可证922家、医疗器械经营企业许可证12家，保健食品经营企业卫生许可证105家，保证市场的良性竞争和优胜劣汰。

【药品、医疗器械、保健食品和化妆品监管】2008年，市食品药品监督管理局继续开展驻厂监督，完成市内2家注射剂生产企业驻厂监督46次；在东莞市所有药品生产企业中全面铺开质量受权人制度；完成了对2家企业14个品种的注射剂处方和生产工艺的核查。提高对高风险医疗器械生产企业的检查频次，确保高风险医疗器械得到重点监管，全年检查生产经营企业178家次，保证群众的用械安全。开展保健食品生产原料使用情况专项核查，推进保健食品生产企业GMP的全面实施；加强国产特殊用途化妆品、化妆品标签标识等专项整治，进一步规范化妆品市场秩序。

【社区医疗药品监管】2008年，为配合完善社区卫生服务体系工作的开展，市食品药品监督管理局采取有效措施，加强对医疗机构药品使用环节的监管。进一步加强医疗机构药房药库的规范化管理，重点针对医疗机构的药品购进、储存、特殊药品等管理问题开展检查，促进医疗机构不断改善储存条件，提高管理水平。继续加强药品不良反应监测工作，全年完成上报不良反应监测报告表2640例。

【药品打假】2008年，市食品药品监督管理局开展以兴奋剂、生物制品、特殊药品、物理治疗设备、隐形眼镜等高风险品种为重点产品，以生产、经营高风险品种的药品、医疗器械生产经营单位为重点单位，以制售假劣药械违法行为高发的城乡结合部等为重点区域的整治行动。全年组织出动3000多人次（含分局、工作组），检查全市32个镇街的药品、医疗器械、保健食品和化妆品生产经营单位2500多家，抽检药械、保化产品1320批，处理投诉、举报案件396宗，做出行政处罚539宗，没收违法药械950多箱（件），标值73.6万元，罚没款217.5万元。

【食品药品监督协管员聘请】2008年，市食品药品监督管理局从各镇村聘请105名食品药品监督协管员，于8月举办第一期协管员培训班，现场颁发聘书和检查员证，进一步加强基层监管力量，实现将监管触角延伸到镇村。

【食品药品技术监督】2008年，市药检所化妆品检测的资质认定扩项通过省实验室资质认定评审组的现场评审，标志着该所正式具有化妆品检测的能力，实现从药品检测向化妆品检测的扩项。市药检所与省医疗器械检验所合作共建的生物性能实验室经过近1年的运行，各项工作步入正轨，全年发出检验报告765份，检验费收入248多万元。通过自筹资金购置和省局统一采购配置等渠道，添置气相色谱仪、微波消解仪等一批仪器设备，较好地缓解部分仪器设备紧缺和老化的状况，提高工作效率。市药检所的3个科研课题被列入省食品药品监督管理局“科技支撑计划项目”，科研能力不断增强。

【抗震救灾】2008年，汶川地震发生后，市食品药品监督管理系统干部职工踊跃捐助，捐款12.08万元。组织全市药械生产经营企业捐赠，累计收到企业捐款181.17万元，捐赠急救药械2919件，价值259.74万元。（叶建荣）

附：2008年东莞市食品药品监督管理局领导名录

局　长：钟新力

副局长：陈　锋（任至4月）
赵毅华（任至11月）
张建浩（任至11月）
尹锡棋（11月到任）
梁少华（11月到任）
张惠洪（11月到任）
黄　江
（11月到任，兼纪检组长）
张钰英
（11月起不再兼纪检组长）

党组成员、稽查局长：
周穗杰（11月到任）

审 计

【概况】2008年，东莞市审计局有在职干部职工56人，其中：研究生学历4人，本科学历44人，大专学历6人；获中级以上职称34人。在职干部中有党员45人。机关编制61名。设有办公室、综合法规科、内审指导科、财政金融审计科、行政事业审计科、固定资产投资审计一科、固定资产投资审计二科、经济责任审计一科、经济责任审计二科、经贸审计科。

全年完成审计和审计调查单位（项目）44个，查出违规金额8860万元，损失浪费金额437万元，管理不规范金额178190万元，促进上交财政5370万元，核减建设成本3600多万元，提交专题审计报告、信息44篇，其中被批示采用15篇。2008年，市审计局被评为市直机关先进单位、全市行政执法先进单位、全市抗震救灾先进集体、全市人口与计划生育工作先进单位和部门决算先进单位。

【预算执行审计】2008年，市审计局以促进财政收入稳步增长、规范财政资金运行、防范财政资金风险、提高资金使用效益为目标，突出加大对财政收入征收和重点专项资金支出环节的审计力度，注重对资金主线末端环节的审计，重视审计成果的运用。通过审计，促进3055万元税收及时征缴入库；促进有关部门加大执法力度，及时上缴非税收入541万元；促进多项财政专项资金有效监管，发挥应有效益；促进有关部门单位健全和落实内部管理制度，提高依法理财能力。市主要领导对审计工作报告作出重要批示；市人大高度评价审计工作严谨细致，重点突出，审计成效显著，并向市政府提出4条办理落实意见，较好地促进审计成果的转化，其中：市人大向市政府提出进一步加强镇街内审工作的审议意见，推动审计机关增设内审指导科，加强内审建设。

【经济责任审计】2008年，市审计局发挥审计“免疫系统”功能的要求，切实推进经济责任审计工作。全年实施11个经济责任审计项目，查出违规金额421万元，纠正管理不规范资金69600万元。

一是监督关口有效前移。进一步提高任中审计比重，全年完成4项任中经济责任审计，占37%，使领导干部履行经济责任审计情况提前进入组织人事部门视野，更有利于加强对领导干部的考察、任用，增强干部免疫力，前移防腐防风险的关口。

二是依法理财能力有新提高。审计揭示反映9454万元国有资产收益未及时收缴；374万元行政事业性收费收入未及时上缴市财政；150万元专项资金没有严格按规定用途使用；个别镇对部分镇属工程和费用支出涉及2943万元未依规取得发票；镇属工程招投标未严格执行市有关招投标规定等问题，引起领导干部高度重视内部管理制度的建设，有效堵塞管理漏洞，规避管理风险，提高理财能力。

三是领导决策意识和能力有新提升。市审计局将领导干部对财政资金运用方面的决策纳入审计重点，注重揭露和反映一些风险性、苗头性问题，其中审计揭露某部门未按合同规定及时收回借出资金，导致资金未能发挥应有效益，促使有关部门及时采取有效措施整改，增强民主科学决策的意识，加大资金追收力度，减少潜在损失风险。

【“民生”专项审计】2008年，市审计局突出群众关心的热点难点问题，开展对汶川抗震救灾款物、水库移民后期扶持资金、社保基金等“民生”资金和项目的审计。

一是抗震救灾款物审计，向群众交出“明白账”。分阶段对汶川抗震救灾款物和特殊党费的募集、拨付、管理情况开展全过程跟踪审计，共审计资金5亿多元，审计反映有关部门存在的管理不规范问题，及时提出相应的审计建议，促进严格规范救灾款物管理，保证救灾款物真正用于灾区和受灾群众。

二是涉农扶贫资金审计，促进提高资金效益。对中央大中型水库移民后期扶持资金和农田水利基本建设资金效益情况开展审计，揭示占用水库移民后期扶持资金47万元；扶持项目监管力度不够，涉及340万元扶持资金使用效益得不到充分发挥；部分资金分配不合理等问题后，及时提出纠正和改进建议，促进专款专用，落实有关配套资金，提高资金使用效益。

三是社保基金审计，保护群众合法权益。审计揭示和反映部分单位和个人欠缴五项社保费、个别企业未及时为员工参保、一些企业未如实申报缴费基数、社保基金运营增值潜力有待进一步挖掘、保险退保现象值得重视等问题，维护群众的切身利益，为政府进一步完善社保申报缴收工作，挖掘社保基金运营增值潜力等提供重要的决策信息。

【固定资产投资审计】2008年，市审计局加大对固定资产投资事前、事中审计力度，前移审计关口，安排8项固定资产投资审计，其中5项为预算执行审计，占63%。揭示工程损失浪费、由于工程进度缓慢导致增加投资成本、工程招投标工作存在漏洞、项目前期工作不够细致导致部分单项工程疏漏等问题。通过预算执行审计，将一些苗头性问题及时完善整改，有效预防和抵御各种风险，防止重大问题的发生。

【镇级财政审计】2008年，市审计局围绕财政资金、资产的安全性有效性开展对两镇2007年度财政决算审计，揭示和反映违规集资未清还并高额支付股息分红，加大财政负担和风险；虚增财政收入；担保债务多，形成巨大风险；大量应收和预付款长期未清理；一些应收款存在较大的回收风险等问题。引起有关镇的高度重视，提高对应对危机和风险的意识，抓紧制定可行计划加强整改。通过揭问题、堵漏洞、防风险，有效保障资产安全。

【经贸审计】2008年，市审计局审计6家企业，揭示反映企业有近2000万元的投资分红未及时足额收取、少反映利润1026万元、少申报缴纳税收300多万元等问题，促进有关单位依法经营，完善内部管理，防范经营风险，提高经营效益，确保国有资产的安全、保值和增值。对全市9家市属持股改制企业固定分红情况进行审计调查后，向有关部门提出规范国有资产分红收益征缴制度，保证国有收益及时征缴入库等多条意见和建议，调查结果为政府加快市属持股改制企业的改革步伐提供重要的决策依据。

【配合上级审计机关工作】2008年，市审计局抽调业务骨干，配合上级审计机关对东莞市开展政府还贷公路审计调查、市财政决算审计和劳动社保专项审计等审计工作。

【内部审计】2008年，市审计局加强内部审计指导监督工作，截至11月，全市建立内审机构287个，其中专职94个，配置内审人员1192人，其中专职519人，完成审计单位3082个，查出违规资金23569万元，查出损失浪费256万元，促进增收节支11720万元，促进上缴财政7874万元，提出审计建议意见被采纳4555条，全市内审工作取得新的进步。

一是内审机构建设步伐加快。通过加强内审指导，促进4个镇街和2个部门建立专职内审机构。截至2008年，已建立专职审计机构的镇（街）达到22个。

二是内审推优工作成效较好。寮步镇人民政府被评为“全国内部审计工作先进单位”，虎门镇审计办等2个内审单位被评为“全省内部审计先进单位”，张亦骥等3名内审人员被评为“全省内部审计先进内审工作者”。

三是内审业务培训有效开展。依托内审协会，组织3期内审业务培训班，培训内审人员近300人次，提高审计人员的综合素质；联合市农资办分别为横沥镇和麻涌镇举办农村审计知识讲座，培训400多名审计人员和财务人员，提高内审人员业务素质。

四是内审协会作用充分发挥。市内审协会与省内部审计协会联合在东莞召开全省农村集体经济审计工作经验交流会，东莞选派3个镇审计办介绍经验；编印《东莞内部审计通讯》，扩大内部审计宣传；发展团体会员4个，扩大内审协会影响力。（何建东）

附：2008年东莞市审计局领导名录

局　长：杜沛游

副局长：梁渠森　卢炳辉　王汝铭

安全生产

【概况】东莞市安全生产监督管理局（市安全监管局）于2006年6月正式单独设置，作为市人民政府主管安全生产综合监督管理的工作部门，正处级建制，加挂东莞市安全生产委员会办公室牌子，履行安全生产综合监管和行政执法职能。2008年，市安监局内设7科1室：办公室、监管一科、监管二科、监管三科、政策法规科、综合协调科、执法监察科、重大危险源监管科。全市32个镇街、松山湖、虎门港全部成立安全监管分局，落实行政事业编制303名。

【安全生产形势稳定好转】2008年，东莞市共发生各类事故5419宗，同比减少443宗，下降7.56%；死亡634人，同比减少93人，下降12.79%。其中，工矿商贸事故死亡31人、受伤12人，分别比上年同期下降6.06%和50%；火灾事故11宗，死亡12人，分别比上年同期下降31.25%和73.91%；道路交通事故5377宗，死亡590人，分别比上年同期下降7.52%和8.39%；水上交通事故3起，死亡1人，分别比上年同期下降25%和75%。2008年，全市没有发生重特大事故，各项指标均呈现下降趋势，总的来说安全生产形势稳定好转。

【安全隐患排查整治】2008年是安全生产“隐患治理年”，市安监局抓重点领域、重点行业和重点企业的隐患排查，加强对重大危险源的安全监控和挂牌督办，防范和遏制重特大事故发生。

危险化学品行业专项整治。2008年，结合“隐患治理年”和“百日督查”等活动，先后下发《关于迅速组织开展危险化学品安全大检查的通知》和《东莞市危险化学品和烟花爆竹生产经营企业安全生产百日专项督查工作方案》，采取企业自查、安监分局检查和市安监局督查的方式进行，全面排查危化企业安全隐患。在道滘“4·18”事故发生后，联同经贸、消防和工商等部门对部分重点镇街的易燃易爆场所进行消防安全检查。为确保奥运圣火传递期间路况安全，联合交通、交警等部门加大对危险化学品运输车辆安全监管，制定危险化学品道路运输临时路线、应急预案等。各安监分局按照市安监局要求，重点加强对重大危险源企业监控和监管，根据各重大危险源的危险特性以及发生事故时需要采取的应急措施，统一为每家重大危险源企业制作《重大危险源公示牌》并现场悬挂，进一步规范重大危险源的现场管理；2008年，东莞市安监系统执法人员共检查危险化学品生产、经营、储存企业以及剧毒品使用单位1419家，企业自查自改隐患8744处，发出整改指令书935份，强制措施决定书65份。

非煤矿山行业安全专项整治。2008年，市安监局按照“百日督查”的方案，继续加大对非煤矿山的安全生产监管和检查力度。由于东莞市采石场数量较少、员工不多、管理基础较好，没有重大安全隐患。在专项整治中专门派员深入山区片，调查摸底，未发现无证采矿企业，乱采滥挖等违法行为得到有效遏制，矿产资源开发秩序和安全生产条件得到根本好转。

打“三非”反“三违”专项行动。2008年，在打“三非”（非法经营、非法建设、非法生产）反“三违”（违章操作、违章指挥、违反劳动纪律）行动中，市安监局及34个安全监管分局共出动执法人员1905人次，检查企业1918家，发现隐患2037处，发出整改指令书442份、强制措施决定书42份，依法取缔无证非法经营危险化学品企业21家，形成新闻报道81条。在打击“三违”的过程中，比较突出的问题是特种作业人员未持证上岗、员工没有佩戴符合国家或行业标准的劳动防护用品（口罩、手套、耳塞）、企业未建立健全安全生产规章制度和操作规程。对存在问题的生产经营单位，下达整改指令书，责令其立即停止违法行为，同时对企业负责人和员工进行现场教育，增强其安全生产意识。行动中，市安全监管局采取全面发动，周密安排的工作方式，将打“三非”反“三违”工作逐级落实，不断加大打击取缔力度，及时引导一批“三非”企业走上合法经营轨道。

【安全生产基础夯实】坚持以信息化创新安全监管体系。为充分利用东莞市安全生产信息管理网络资源，加强安全生产的基础监管，市安全监管局探索建立全市企业信息系统。2008年，整个安全监管系统动员人力180多人，开展全市生产企业基础普查工作，通过普查，掌握基础数据，并全部录入新建立的信息系统，为长期开展工作提供检索、登记、跟踪等方面的便利，提高工作效率。为下一阶段建立危险化学品生产经营、剧毒品使用单位基本数据库奠定基础。系统注册企业18796家，完成企业普查的生产经营单位18126家，录入重大危险源数332个。

开展安全教育培训。健全市、镇街两级培训网络体系，对员工安全教育培训情况登记造册、记入档案，实行先培训后上岗，从业人员安全意识和安全技能得到提高。2008年，举办电工、焊接工等各类特种作业、安全管理人员培训、复审班156期，培训特种作业、安全管理人员近1.09万名，复审、换证的特种作业人员4764人。通过加强对执法人员、特种作业人员和安全管理人员的培训力度，全面提升全市安全监管整体水平。

应急救援演练。2008年，全市332家重大危险源单位、810家危险化学品生产经营企业、3家非煤矿山企业、18家烟花爆竹经营企业、92家危险化学品运输企业全部完成应急预案的编制工作。在应急预案编制的基础上，组织多次大型应急救援演练，全市应对突发公共事件能力、应急救援水平不断提高。重点加强危险化学品事故的应急救援演练，11月27日，由市安全监管局主办、东莞市大宝化工制品有限公司协办的东莞市危险化学品事故应急救援演练在东莞市大岭山镇湖畔工业区大宝化工制品有限公司湖畔分厂B4生产车间举行，此次演练检查、评价了东莞市危险化学品重大事故应急救援预案的科学性、应急救援工作的周密性，加强和提高各个部门之间的协同能力及应急能力。

危险源普查登记。2008年，由于此前危险源普查的标准是按照国家安全生产监督管理局和国家煤矿安全监察局在2004年联合下发的《关于开展重大危险源监督管理工作的指导意见》，让企业对照自行上报，因此数据错、漏较多，参考价值不大。2008年，省里关于重大危险源的界定标准有所改变，为全面掌握东莞市重大危险源的基本情况，市安监局联合各安监分局重新按照国标《中华人民共和国国家标准重大危险源辨识》，普查登记全市的重大危险源企业。经统计，东莞市有重大危险源企业332家，重大危险源有339处（不含压力管道、锅炉、压力容器）。通过普查登记，基本摸清高危行业重点企业危险源点分布情况。

把好行政许可关。2008年，市安全监管局坚持实施“重心下移，关口前移”工作方针，建立和完善行政许可台帐，严把准入关口，加大审批监察力度。2008年，市安全监管局受理105家《危险化学品经营许可证（乙种）》的新办或换证申请，连同2007年已受理的共审查和发放110个经营许可证；受理155家加油站《危险化学品经营许可证（甲种）》的换证申请，经审查合格报省安全监管局122家；受理34家企业的危险化学品储存安全备案申请，审查合格予以备案18家；受理12家危险化学品建设项目设立安全审查申请，连同2007年已受理的审查合格予以通过18家；受理17家危险化学品建设项目竣工验收申请，连同2007年已受理的审查合格予以通过22家；受理19家危险化学品生产企业安全生产许可证变更申请，经审查合格予以通过18家；受理28家危险化学品经营单位非药品类易制毒化学品备案证明申请，经审查合格予以备案28家；受理121家剧毒化学品使用单位安全评价报告备案，审查合格予以备案121家。

【安全生产“隐患治理”活动】规范执法行为。2008年，市安全监管局针对执法机构建立时间短、执法机制不够完善的实际，从建章立制入手规范执法队伍的执法行为。不断总结推广经验，先后多次召开执法监察工作会、调度会和现场会，加快推进安全执法工作规范化、程序化和法制化的进程。

创新执法工作新思路。2008年，市安全监管局制定相关的工作意见，建立“突出重点、分级负责、查改结合、规范运作”的执法工作新机制，合理划分市、镇街两级执法监察范围和工作职责，理顺执法关系，避免重复执法、互相撞车的现象。2008年，安全生产执法人员检查生产经营企业达3117家，发出整改指令书1989份，强制措施决定书424份，行政处罚罚款达796万元。

严肃事故责任追究。2008年，市安全监管局高度重视生产安全事故调查处理工作。8月，市安全监管局根据《国务院安委会办公室关于做好重特大事故责任追究落实情况的通知》和省纪委等七部门联合下发的《关于对较大和重大安全责任事故追究落实情况进行督查的通知》等文件精神，联合市纪委、法院、检察院、公安、监察、司法和安全监管等部门，对全市2006年1月以来已经结案的较大和重大安全事故的调查处理及责任追究落实情况进行全面的检查。东莞市2006年1月以来发生并已经结案的较大和重大安全责任事故有6宗，其中2007年1月26日发生的“1·26”大岭山重大火灾事故和2007年12月12日发生的“12·12”樟木头镇名典咖啡语茶厅重大火灾事故，按相关规定由省有关部门组成调查组进行处理。对其余4宗较大事故，市安全监管局依照有关规定的程序和时限如实上报，及时依法依规组织事故调查组进行调查处理。此次检查统计，对上述事故的事故责任人分别作出如下处理：追究14人的刑事责任，23人受到党纪处分，7人受到政纪处分。经检查，以上处理全得到落实，没有出现对事故责任人员异地升职安排、降低处分档次、违规保外就医或减刑、假释等情况。市安全监管局通过政府网站等渠道向社会公布处理结果。

【安全监管队伍建设】2008年，市安全监管局加强人员的学习交流。不定期组织系统工作人员学习安全生产法、行政诉讼等法律法规，实行以局领导带科长、科长带副科长、副科长带科员等逐级“传帮带”有效机制，重点提高新进人员的法律意识、执法能力和工作技巧，同时实行科室分片联系镇街执法、抽调安全监管分局人员到市安全监管局跟班学习、召开分片座谈会等，加快分局熟悉业务、培养人才；向长安、虎门港、石排、高埗等分局借调人员到市局熟悉业务，既加强市局与分局沟通与联系，也提高借调人员综合能力。加强执法业务培训，2008年10月20—26日，省安全监管局于东莞市举办1期全省安全生产执法监察业务培训班，培训对象为东莞市安全监管系统具有行政执法职责的工作人员，165名学员参加，培训采取脱产式培训，由省局有关业务处室领导及聘请法律领域的专家授课。

【安全监管工作方式创新】安全生产调研。2008年，市安全监管局组织相关人员到浙江杭州、宁波，江苏苏州、扬州等地学习考察安全监管经验做法，到珠海高栏港学习考察危险化学品监管经验，到佛山市顺德区实地考察调研安全生产“双基”工作，在东莞实地调研工伤预防工作，在考察中形成的《坚持解放思想，创新工作思路，努力探索我市危险化学品安全监管模式——关于虎门

2008年东莞市安全生产事故表

类别	事故宗数（宗）			死亡人数（人）			受伤人数（人）			经济损失（万元）		
	2008年	2007年	同比（%）	2008年	2007年	同比（%）	2008年	2007年	同比（%）	2008年	2007年	同比（%）
工矿商贸事故	28	28	持平	31	33	-6.06	12	24	-50.00	400.9		
火灾事故	11	16	-31.25	11	46	-76.09	1	16	-93.75	7.02	77.18	-90.90
道路交通事故	5377	5814	-7.52	590	644	-8.39	5985	6516	-8.15	640.61	701.71	-8.71
水上交通事故	3	4	-25.00	1	4	-75.00	0	0	持平	292	180	62.22
合　计	5419	5862	-7.56	633	727	-12.93	5998	6556	-8.51	1340.53	958.89	39.80

港立沙岛安全生产监管情况的调研与探索》、《解放思想、积极探索，努力打造我市危险化学品经营企业统一规划、集中管理新模式》、《解放思想，主动出击预防死亡事故，以人为本、努力构建平安和谐新东莞》等调研报告得到省、市有关领导一致肯定。

电气检测试点工作。2008年，吸取全市火灾事故六成以上因电气短路引起的教训，联合消防、供电等部门人员组成试点工作指导小组，制定《东莞市电气消防安全检查检测试点工作实施方案》，选定樟木头、石碣、寮步等镇为试点镇，先行开展检查检测试点工作，召开试点工作会议。

与市社保局联合成立东莞市工伤预防工作小组，有效扭转市加工制造业工伤事故多发的局面。2008年，东莞市发挥两部门的优势，把查处安全生产违法案件、处理生产安全事故和工伤预防有效结合起来，坚持以联合执法、宣传教育、工伤预防培训等手段推动工伤预防，减少人员伤亡，促进安全生产，逐步形成推动安全生产工作的一项长效机制。通过制定开展各项工作的计划，并着手开展大规模的工伤预防知识宣传等工作，重点对工伤事故较多的企业进行检查，督促企业更换设备、改进工艺、规范操作流程、完善完全措施，进一步压减工伤事故。截至2008年，全市的工伤事故有了大幅度下降，90%以上的镇街工伤事故发生率同比下降20%左右，大岭山、寮步、虎门等镇下降30%以上。

【安全生产群防群治】用制度保障和鼓励群众参与监督。2008年，市安全监管局制定《东莞市安全生产监督管理投诉信访审批办理程序》、《东莞市安全生产监督管理局行政效能投诉处理办法》，在局执法科设立局行政效能投诉中心，专设投诉电话0769—22229800，专门负责受理服务对象的行政效能投诉，进一步规范信访投诉工作程序，在奥运会等敏感期间要求局党组成员带班、科长轮值，认真处理各类群众投诉和上级、部门转来的投诉信件，及时调查跟进处理，并做好归档工作。2008年受理有效投诉61宗，办结率达100%。

发挥媒介的宣传监督作用。2008年，东莞市安全监管部门不断完善信息报送和发布等制度，开通、拓宽各种信息报送和发布渠道，及时上报安全管理、事故快报、专题报道等信息。每月出版1期《东莞安全生产》报，向社会公开公布东莞市安全生产工作情况；建立安全生产新闻定期发布制度，把群众关心的安全生产政策法规、隐患整改、整顿关闭、事故发生及处理等情况，通过新闻媒体定期发布，让群众拥有更多的知情权。

组织“安全生产月”活动。2008年，围绕“治理隐患，防范事故”的活动主题，在莞城文化广场举行启动仪式，约1000多名群众冒雨参加。活动期间，全市开展形式多样的活动。开展安全生产宣传服务咨询活动，6月6日，各镇街分别举行安全生产宣传服务咨询日活动，通过图片展示、现场讲解、资料派发、消防演练等形式，宣传安全生产法律法规和知识，来自镇街、企业和社区近5.3万人参加咨询活动，派发宣传资料8万份。开展安全生产执法警示活动，落实“查处一个违法企业，整治一片区域”指导方针，将执法警示活动与日常执法检查紧密结合起来，通过曝光违法违规企业，对其他类似违法违规行为起到警示作用。通过“安全生产月”活动，让群众受到教育、学到知识、增强安全意识。（吴剑锋）

附：2008年东莞市安全生产监督管理局领导名录

局　长：陈建国
副局长：符基英　康仁非
执法支队长：高景荣

国有资产监督管理

【概况】东莞市人民政府国有资产监督管理委员会（国资委）是市政府直属正处级特设机构，代表市政府履行出资人职责，指导推进国有企业改革和重组，对所监管企业国有资产的保值增值进行监督，推进国有企业的现代企业制度建设等。2008年，内设人秘科、改革发展科、统评预算科，机关编制20名，主任1名，副主任3名。

【市属企业历史遗留问题处理】市属关停、破产企业职工移交社区工作。2008年，国资委按照《关于原市属关停企业在职职工实施社会化管理问题的复函》，草拟《关于颁布实施〈东莞市市属企业关停、破产企业原在册在职固定职工移交社区管理办法〉的请示》。12月25日，市政府出台《东莞市市属关停、破产企业原在册在职固定职工移交社区管理的暂行办法》，就理顺原市属关停企业在职人员在实施社会化管理问题提出解决意见，采用一揽子办法，由市按每人2000元托管费的标准，对市属关停企业约5000名解除劳动关系、并支付经济补偿金的在册固定职工，一次性向所在社区支付管理费约1000万元。由原企业把有固定住所的关停企业在职职工按户籍所在地移交社区实行属地管理，社区为托管人员提供办理社会保险、再就业培训、思想政治教育、社会保险政策查询、户口迁移等职工管理跟踪管理和细化服务，使市属企业关停、破产企业在职固定职工实现由“企业人”向“社会人”的角色转换。2008年，市国资委就市属企业改制遗留问题进行专门的调研，并形成专门的调研报告上报市政府

市属企业实施改制前发生因工伤残人员补偿工作。2008年，国资委组织有关部门和评残专家对第三批15名人员进行劳动能力鉴定，评定伤残等级，按照规定的补偿支付标准发放补偿68万元。

退休职工生活补助费落实。2008年，国资委就3家原市烟花炮竹厂退休职工生活补助费的问题及原东糖集团退休教师享受政府办中小学同类人员待遇等问题提请市政府。经市政府同意，为952名退休职工发放补贴约408万元；为27名退休教师发放生活补贴96.6万元。

【市属企业监督管理】出台规范性文件。2008年，国资委出台《东莞市市属企业投资监督管理暂行办法》和《东莞市市属企业重大投资决策失误追究暂行办法》，为切实履行出资人职责，有效监管市属企业投资活动和有效防范投资风险提供法律依据和制度保障。

加强对国有资产收益管理。加大对国有资产收益的收缴力度，全年实现国有资产收益23897万元。其中股权分红收入9858万元，产权转让收入591万元，资产实物转让收入628万元，清缴债权收入11377万元，其他的周转金、利息、租金、退回工龄补偿、经营权使用等收入1443万元。

加强国有资产处置监管。建立和完善资产处置审批程序，对国有企业有关资产处置的请示调查审核后予以批复处理，对需上报市审定的，则提出具体审核处理意见报市政府审批处理，防止国有资产未经审批而处置的现象发生。

开展市属企业法人治理结构构建工作。针对市属企业法人治理结构不够完善，如企业公司章程不够规范，企业没有设立董事会、监事会、工会、纪委书记或党委书记等内部组织机构，董事、监事和经营班子的产生方式不规范，董

事、监事、经营班子职权不清晰等问题，国资委依据新的《公司法》和结合东莞市实际初步探索开展市属企业法人治理结构构建工作，经过民主测评、讨论、酝酿、考察、公示等一系列程序，完成广东石东实业集团公司、虎门港澳客运公司的法人治理结构搭建工作。

【市属企业股权、债权调整】 东莞新奥燃气有限公司股权比例进行合理调整。2008年，经第13次市党政领导班子联席会议讨论，同意对东莞新奥燃气有限公司的股权比例进行调整。市国资委在详细分析东莞市广联会计师事务所出具的《东莞市新奥燃气有限公司2008年度1—6月份专项审计报告》和东莞市东企平资产评估有限公司出具的《关于东莞新奥燃气有限公司股东全部股权评估意见》后形成方案报请市政府，获市政府讨论通过。股权转让后，东莞市所占比例由原来的51%调整为45%、新奥公司所占比例由原来的49%调整为55%。

东江水务有限公司整体收购市自来水股份有限公司产权。2008年，国资委与市城管局、莞城街道办事处等单位就东江水务有限公司整体收购市自来水股份有限公司产权一事交换意见。经过清产核资、资产评估、论证等程序，形成最终收购方案报请市政府，获市政府讨论通过。2008年11月6日，东江水务与市自来水公司签订整体受让协议，受让价格为32207.12万元。

东莞银行上市前期工作。2008年，国资委与东莞银行做好包含99笔债权的“债权包”的配套资料、凭证的移交及分类保管工作，开展债务追讨工作，参与凌高企业集团破产案债务清偿、东莞市长城联合制冷设备厂等破产案的债务清偿谈判等。

东莞证券公司股权调整。2008年4月，经过法定程序，城信电脑将持有的东莞证券公司20%的股权以公开挂牌的方式转让至东莞发展控股股份有限公司。9月，根据中审会计师事务所有限公司出具的《东莞证券有限责任公司2008年9月30日财务报表审计报告》及广州立信资产评估与土地房地产估价有限公司出具的《东莞市东糖实业集团公司股权转让涉及东莞证券有限责任公司股东全部权益资产评估报告书》，通过产权交易中心公开挂牌公开转让，东糖实业将所持有的东莞证券公司15.6%的股权分别转让至锦龙股份和东莞市新世纪科教拓展有限公司（其中锦龙股份受让11%，世纪科教拓展有限公司受让4.6%）。

【信访工作】 2008年，国资委处理各类来信105宗、接待群众来访30宗，组织协调解决：莞城水运公司退休人员要求落实经济补偿金，原炮竹一、二、三厂近千名退休工人反映的生活补助，原糖集团退休教师要求提高退休待遇，二轻金属制品厂部分退休职工要求落实退休待遇，二轻欢乐米粉厂退休职工补偿待遇等信访案件。

【市属企业安全生产】 2008年，国资委做好安全生产各项工作，加强对重大危险源监管，有效地防范重特大安全事故的发生。9月28日，组成专门的督查小组，对东莞市各市属企业进行专门督查。在检查中提出，各企业要切实制定整改措施、整改方案和计划，严格落实，做好事故的防范工作，进一步缝全应急管理，开展应急预案的演练，确保关键时刻能切实起到应急组织的作用，防止安全生产事故的发生。

【产权交易市场建设】 2008年，国资委认真贯彻落实《关于国有集体资产进入产权交易市场规范交易行为的通知》精神，加强东莞市产权交易中心建设，进一步健全和完善产权交易制度，狠抓业务拓展。2008年通过产权交易中心完成产权交易79宗，成交额为45268万元。比拍卖底价高出3400万元，增值8.12%，其中：企业产权交易项目（包括企业股权1宗、机器设备4宗，房产51宗）56宗，交易额39381万元，市政公共资源产权交易项目23宗，交易额5887万元。

（黄健翔）

附：2008年东莞市人民政府国有资产监督管理委员会领导名录

主　任：梁建新

副主任：林　波　陈润技　尹可非

▲ 大朗镇长富广场

SCIENCE AND TECHNOLOGY·SOCIAL SCIENCES 科学技术·社会科学

樟木头镇东城文化广场

■ 东莞市入选中国城市综合创新能力50强

■ 东莞市科技创业投资合作企业成立

■ 设市科学技术奖市长奖

■ 首届哲学社会科学优秀成果奖表彰大会

编辑：何　青

科学技术

【概况】东莞市科学技术局、知识产权局是全市科技和知识产权工作主管部门，2008年，内设8个科室，下属3个事业单位，局机关在职在编人员32人。2008年，东莞市科技局（知识产权局）围绕全市产业调整升级发展战略，加快实施“科技东莞”工程，增强区域自主创新能力，东莞市科技创新各项事业取得明显进步，入选中国城市综合创新力50强。

【高新技术产业平稳发展】2008年，东莞全市高新技术产业产值2464.65亿元，比上年增长10.66%，占全市工业总产值34.13%；高新技术产品工业总产值2028.39亿元，比上年增长14.07%；高新技术企业工业总产值1471.74亿元。高新技术产业成为东莞市应对金融危机和引领产业调整升级的重要力量，特别是新材料、生物医药等新兴科技产业逆势快速发展，产品产值分别比上年增长21.34%和44.21%。

【科技创新型企业发展壮大】2008年，东莞市新增约500家科技型企业，其中新认定157家国家重点扶持高新技术企业，新增3家广东省科技创新型试点企业家、55家广东省民营科技企业、1家广东省知识产权战略试点企业和4家广东省知识产权优势企业；新认定246家市级民营科技企业、101家市专利培育企业和36家专利试点企业。全市科技创新型企业队伍不断壮大，同时，企业研发能力也得到较大提升，全市新增9家省级企业工程中心和10家市级企业工程中心。

【科技政策体系调整优化】2008年，东莞市科技局认真研究调整了“科技东莞”工程第一批部分配套政策，对企业研发投入资助、科技贷款贴息、工程中心认定、专利申请资助等的标准或条件进行适当调整，并重新修订《东莞市科学技术奖励办法》及其实施细则，首次设立百万元市长奖，进一步加大政府支持和奖励力度。同时，市科技局研究起草了《东莞市重点实验室资助计划操作规程》、《东莞市科技创新基础条件平台管理暂行办法》、《东莞市重大科技专项资助计划操作规程》等“科技东莞”工程第二批配套政策，全市科技创新政策环境得到进一步优化。

【公共创新平台运作】2008年，广东电子工业研究院、东莞华中科技大学制造工程研究院等已建7个公共创新平台建立了定期工作会议制度，市科技局不定期组织召开创新平台汇报会，并联合松山湖管委会积极引导平台到各镇街巡回推介，加强平台与镇街和企业之间的对接，推动平台高效运作。全年共组织专场对接会21场次，组团回访大学本部10次，参与企业近400家。各平台累计调研企业约2000家、服务企业超过1000家，积极提供各类产品研发和技术检测服务，与企业联合开发新产品以及共同承担广东省重大科技专项、省部产学研结合项目等。与此同时，市科技局还积极推动中山大学、工业和信息化部第五研究所、华南新药创制中心等在东莞搭建研发平台，东莞中山大学研究院获市政府批准建设。

【行业技术平台和专业镇技术创新平台建设】 2008年，东莞市科技局突出重点、优势行业，继续依托科技型龙头企业，整合企业及国内外相关行业科研力量，积极策划新建阻燃化工技术研究院、高分子材料研究院、专用汽车研究院、光伏发电产业技术研究院等多个行业技术平台。同时，积极组织申报认定专业镇和专业镇技术创新平台，分别新认定2个广东省专业镇和2个专业镇技术创新平台。

【科技计划项目实施】 2008年，东莞市科技局强化指导，加强主动策划力度，全市企事业单位承担省级以上科技计划项目71个，获得立项经费1.4亿元，市级科技计划立项740个，给予项目经费约3.1亿元。其中，组织企业和科研单位申报“节能减排与再生资源”和“产业共性技术”2个省重大科技专项，共有9个项目获得立项和6050万元的经费支持，项目数和资助经费均排全省第一位；推荐企业申报国家科技型中小企业技术创新基金，有12个项目获得立项和790万元资助金额，为历年最多，并有42个项目获得市科技型中小企业技术创新资金项目的支持，立项经费1890万元；积极组织在电子信息、生物医药等5个领域开展粤港关键领域重点突破项目招标，有33家企业36个项目中标（包括东莞专项），获得省市财政资助5640万元；受理企业研发报销资助申请212项，资助147项、金额1.4亿元；受理申请科技贷款贴息项目68项，立项57项，贴息金额1478万元；高校科研机构和医疗卫生科研项目以及软科学研究项目分别立项315项和9项。

【产学研考察开展】 2008年，东莞市科技局在充分调研了解企业技术和项目需求以及高校院所科研资源力量的基础上，通过“走出去”和“请进来”方式，先后组织四批民营企业赴浙江、江西、陕西、上海等地的高校院所、科研机构开展产学研交流考察，并邀请中山大学和南昌大学等高校前来东莞洽谈，积极搭建交流平台，促成企业与高校院所达成110项产学研项目合作意向。同时组织10家企业申报省部产学研结合示范基地，推荐40个项目申报省部产学研合作项目，立项28个，获得4670万元项目经费，其中3项属于重大科技专项。

【国际科技合作推进】 2008年，东莞市科技局进一步推进东莞市与瑞士、德国、意大利、荷兰、印度、香港、台湾等国家和地区的科技合作，特别是加大相关国际科技合作项目建设力度。中瑞合作项目——中瑞精密制造技术中心取得较大进展，首届中瑞精密制造工程硕士课程9月份正式开班，中意合作项目——东莞康达新能源研究院暨太阳能热发电技术国际合作研发平台运作顺利，中荷合作项目——生物质餐橱垃圾厌氧消化工业及菌种研发示范工程被立项列入科技部重点合作项目；莞港生产力促进基地建设按计划推进，研究确立了新的合作模式与方案，“台资企业转型升级服务团”在东莞率先启动。此外，以项目为纽带，通过互访会谈、国际论坛、技术交流等形式，进一步推进了与美国、韩国、印度等国家的科技合作。

▲ 塘厦镇华强三洋电子公司

【科技融资平台建设】 2008年，东莞市科技局进一步强化国家开发银行东莞科技型中小企业融资平台的功能作用，借助平台的政策优势，引导多个担保机构加盟，并进一步加大组织对接力度，融资平台累计为科技企业贷款超过2.4亿元；进一步推动发展科技担保事业，广汇科技投资担保股份有限公司（原市科技投资担保公司）为企业新增担保贷款近6亿元，科技企业占83%；进一步加快科技企业资本上市步伐，先后组织召开科技企业上市工作会议和现场交流会等，分门别类，认真指导企业筹备上市，并对40多家拟上市科技企业开展土地、房产办证等情况的摸底调研，协调企业解决上市过程中遇到的问题，新认定了18家科技企业作为第二批重点培育的上市后备科技企业。

【东莞市科技创业投资合伙企业成立】 2008年，东莞市科技局牵头策划，由市政府委托市信托公司出资3000万元，联合社会资金2.7亿元，依托海外风险投资团队，采取有限合伙的方式，组建了东莞市第一家风险投资机构——东莞市科技创业投资合伙企业（有限合伙）。合伙企业7月正式注册成立，9月举行新张典礼并正式投入运作，截至2008年，已开展对生物医药、新能源等领域120多个项目前期考察评估。

【知识产权工作推进】 2008年，东莞市专利申请量14406件、授权量8903件，分别位居广东省第二位和第三位，专利结构进一步优化，发明专利和实用新型申请占专利申请总量比重由2007年的31.5%提升至40.2%。市科技局（知识产权局）大力推进知识产权试点示范工作，全年新认定1个省知识产权试点区域、2所中小学知识产权教育试点学校、6个知识产权示范镇街和10个知识产权试点镇街；加大知识产权保护力度，积极联合省知识产权局开展专利执法活动，立案11宗专利行政执法侵权纠纷案件、调解调处7宗知识产权纠纷案件、查处3宗专利假冒案件和10宗专利侵权案件；加速推进专利技术产业化，积极借助国家（东莞）专利技术展示交易中心，组织开展各类专利技术展示交易活动，并成功举办第二届中国专利技术展示（东莞）交易周，展出2万多项专利和科研成果项目，全年组织评选了5项市专利金奖和20项专利优秀奖；培育和规范专利代理市场，全年新增专利代理机构7家，并联合市工商局开展查处取缔非法从事专利代理行为专项行动，查处7家非法代理机构；加强宣传培训力度，召开了2008年全市专利工作会议暨专利奖励大会，并借助“4·26”世界知识产权日广泛开展宣传，全年组织举办“中国企业如何应对美国337条款”等7场知识产权高级专题论坛，共1200多人次参与，举办3期“企业专利工作者培训班”，培养专利工作人才225人；与中国生产力促进中心协会联合承办中欧知识产权保护项目（二期）之“中小企业和科技中介知识产权高级研修班”，培养70多名高级知识产权人才；此外，加强专利服务体系建设，成立了市知识产权研究会和市知识产权维权服务中心。

【科技投入资金绩效管理】 2008年，东莞市科技局加强调查研究，认真开展实施“科技东莞”工程中期回顾与分析评价，并初步形成《科技局实施“科技东莞”工程财政科技投入使用情况的中期报告》及其15个专题子报告；积极做好2006—2007年“科技东莞”工程专项资金执行情况的审计调查工作，协助审计部门共抽查市级科技计划项目516项，涉及市财政科技资金3.03亿元，形成《关于“科技东莞”专项资金2006至2007年度财政预算执行情况的报告》，并针对存在问题，督促相关承担企业和单位加强整改；开展了对2006年度市级科技计划项目的执行情况检查，共检查2006年度立项项目313项，涉及市财政资金1.07亿元，并形成《2006年度市级科技计划项目执行情况》上报市政府，督促和部署已到期项目申请验收；开展财政支出项目绩效评价，完成了对2004年—2005年度立项的科研发展专项资金项目的绩效评价工作以及2007年立项的粤港招标东莞专项、华中科技大学东莞制造工程研究院等15个科技专项的绩效评价自评工作，并着手开展对58家国家级、省级和市级企业工程中心绩效评价。

【2008年东莞国际科技合作周举办】 由东莞市人民政府、广东省科技厅共同主办，东莞市科学技术（知识产权）局、广东省科学技术厅对外科技合作处联合承办的2008年东莞国际科技合作周于10月16—19日在市科学技术博物馆举办。本届合作周包括科技投融资对接会、产学研合作和对外科技合作对接会以及工业设计大赛等三大主题活动，开展了机构形象展示、科研成果展示、科技论坛、项目发布、项目签约、颁奖典礼等十多项活动。活动期间，东莞市科技企业与省内外70多家金融机构、20多所高校院所、创新平台等开展了广泛交流与洽谈，达成各类合作项目近100项，取得良好实效。其中签订37项科技投融资结合项目，意向融资金额超过7亿元，签订40项重点产学研合作项目，签订中美软件外包项目、中韩技术转移合作项目各5项，另有11件优秀工业设计作品现场签约。

【传达贯彻省科技大会精神暨科技奖励大会召开】 2008年10月8日，东莞市召开传达贯彻省科技大会精神暨科技奖励大会，东莞市委、市政府主要领导出席大会并作重要讲话。大会传达了省科技大会的精神，并提出进一步强化自主创新理念、突出自主创新重点、加强自主创新支撑、增强自主创新活力和营造自主创新氛围。大会还对100项2008年东莞市科学技术奖授奖项目进行了奖励，其中市长奖5项、科技进步奖83项和创新企业奖12项。广东志成冠军集团有限公司、广东众生药业股份有限公司和东莞高能电气股份有限公司获本年度科学技术奖荣誉类市长奖。

【全市科技形势分析会召开】 2008年2月27日，东莞市科技局在松山湖科技产业园区召开主题为“解放思想找差距，创新思路谋发展”的东莞市科技形势分析会。东莞市委常委、常务副市长冷晓明出席会议并作讲话，市科技局局长何跃沛对2008年全市科技工作提出了具体意见。松山湖科技产业园区管委会、全市32个镇街科技工作分管领导和负责人、广东电子工业研究院、东莞华中科技大学制造工程研究院等5个创新平台负责人以及科技局机关副科以上干部近100人参加分析会。形势分析会对东莞科技发展的现状与存在问题进行了深入分析，提出把握机遇，突出重点，真抓实干，扎实推进实施“科技东莞”工程。

【市科技馆服务功能提升】 2008年，东莞市科学技术博物馆通过提升科技内涵，创新展厅展示项目，启动首届特殊电影展映月和社区电子学习辅助中心，突出科普剧和科技课两大重点项目，并举办“汶川大地震特别展”、“地震科普知识专题展”、“天外来客陨石展”、“我们与水”等专题临时展，进一步增强了展馆的吸引力和知名度，强化服务功能。全年共接待海内外各类参观嘉宾和游客约40万人次，继续排全国同级别科技馆前列。同时，积极改造和更新部分展品，并在科技馆南门广场塑造了邓锡铭、莫伯治、李衍达、毛柄权、何镜堂等5位莞籍院士铜像。另外，科技馆成功举办全国科普场馆科普互动剧创作表演大赛、“我为父母建网站”大赛等大型科普活动以及20多期“东莞创新”论坛，拓展科技下乡教育活动途径与内容，进一步提升了科普宣传水平。 （柳景蛟）

附：2008年东莞市科学技术局（知识产权局）领导名录

局　长：何跃沛

副局长：梁凤鸣　严济荣　吴美良

纪检组长：吴璇瑜

信息化建设

【概况】 东莞市信息化办公室原名东莞市信息中心。2008年，内设科室4个，分别是综合科、信息技术科、网络工程科和应用推广科。有工作人员21人，干部19人，职工2人，其中设主任1名，副主任2名。

2008年，东莞市信息化办公室以信息资源整合、利用为基础，以建设网上政务服务系统为重点，深入推进全市电子政务建设，提高电子政务应用层次和服务水平，统筹协调全市信息化建设，全面完成各项工作任务，促进全市信息化水平的提高。全市信息化综合指数达到72%，在较高的水平上继续保持稳步提高。

【信息化综合指数达标】 2008年，东莞市信息化综合指数达72%（按常住人口计算），达到率先基本实现现代化要求的信息化综合指数为60%以上的要求。

【政务网络基础平台日常维护和安全检测】 2008年，东莞市信息化办公室对全市政务网站群平台做好数据收集、交换和存储等各项日常维护工作，保证虚拟主机、数据库等公共基础平台的稳定性和安全性，规范主机托管的日常管理制度，保障统一存储备份系统的正常运作。对市民邮箱、公务员邮箱、办公资源网、视频点播系统、电视直播系统、短信平台、中宏网、国研网等进行日常的更新和维护。

对公众服务平台的所有应用及托管在信息办机房的主机进行全面的安全检测，探测系统中所存在的漏洞及安全隐患，为建设单位提供修复漏洞的技术支持。

▲ 2008年8月4日，刘志庚、黄双福、王道平等市领导通过网络参加“百万市民网上签名寄语活动”签名（程永强 摄）

【全市网上政务服务系统开发、建设】 2008年，全市统一网上服务平台正式投入运作，一期建设已经完成，将原有分布在各政府部门网站和应用系统中的行政审批服务及身份认证汇聚到平台中，已经汇聚的网上服务共有50多种。二期建设将政府部门800项的流程、表格等放在平台上，连接部门网站审批事项，未建网站的部门可将审批事项直接进入此平台，实现网上服务。

建设和开发与网上审批相关的各项基础系统，为全市开展网上审批打好技术基础，包括：1. 政府信息公开系统，这是与行政服务办公室共同建立的全市统一的政府信息公开系统平台。2. 电子表单系统——一套可以支撑全市各部门实现统一的网上服务和行政审批的基础技术平台。3. 电子政务公众服务汇聚系统，通过服务交换的方式，形成一个“服务汇聚、服务交换”的平台。4. 实名市民邮箱系统，该系统于2008年完成一期建设，是开展网上审批必要的配套邮件系统。5. 短信发布系统，是网上审批系统的辅助信息发布平台。这些系统的建设，使全市开展网上行政审批的技术基础已经基本具备。

【网上行政办公系统功能完善】 2008年，东莞市信息化办公室根据各部门的需要，把完善OA功能作为工作重点。在功能充实和完善方面，主要完成了网上传真系统项目二期、移动OA办公系统项目一、二期建设及试点推广、移动办公基础建设项目需求确定及项目招标、“东莞市协同办公系统”建设等工作，为全市网上办公和网上审批项目系统提供技术支持。在协助各部门开发具有针对性的功能方面，主要完成市府督查室“人大政协建议提案网上办理系统”、市委办公室“市委办专栏”、市公安局内部办公自动化系统、市军分区内部办公自动化系统、市行政服务管理办公室“政府信息依申请公开系统”、市委督查室“市领导批示件办理系统”、市委会务科和机关事务管理局“会议室申请管理系统”等，满足了各部门的需求。

【网络运行保障】 2008年，东莞市信息化办公室遵循防患于未然、最快反应的原则，加强对全市政务网络的监控，严格执行各项管理制度，全年没有出现较严重的断网和信息安全事件，有力保障政务网络平台的稳定、安全运行，较好地完成作为全市信息系统网络基础支撑的工作任务。新增的SSL-VPN（一种从互联网安全的接入内部网的联接方式）和CA（电子身份证）平台建设和应用取得阶段性进展。SSL-VPN将在非专线联网用户和移动办公方面发挥安全接入作用；CA平台将起到类似银联的作用，将各部门业务系统、CA证书提供商和CA终端用户联系起来，大大减少资源浪费和各种安全隐患，对提高整个网络的安全性和稳定性起到重要的作用。

【政府网站管理水平提高】 2008年，东莞市信息化办公室按照“公开、权威、全面、便民”等原则，协调全市各政府部门，共同做好政府网站的维护管理工作，使网站管理水平达到一个新的层次。在政务公开方面，和市行政服务办公室一起，把全市种类政务信息做到网站和报纸同步公开，加强分类管理，便于市民查找。在提高网站服务水平方面，将各部门分散的网上审批项目集中链接到中国东莞网站上，建设了统一的“网上服务平台”，能提供62个部门共

2008年东莞市信息化综合指数主要指标

指标名称	实际指标	实际指数	权重%	按权重指数
综合指数				72%
国际互联网的网络终端数/百人	96.37万户	13.9	25	3.5
电话用户数/百人	1898.52万户	100	27.5	27.5
广播人口覆盖率	100%	100	12.5	12.5
电视人口覆盖率	100%	100	12.5	12.5
城镇居民每百户拥有电脑数	100台	100	12.5	12.5
城镇人均年交通、通信、娱乐、教育、文化服务消费占总消费比重	34.15%	34.15	10	3.5
2008年末常住人口	694.98万人			

注：1. 电话用户普及率、广播电视人口普及率、城镇居民电脑普及率等四项超出100%的指标，计入实际指数时按100%计。
2. 年末电话用户数包括：固定电话、小灵通、移动电话（含充值卡）。

850项电子政务服务的查询业务，其中行政许可的办事事项359项，非行政许可办事事项491项。在技术升级方面，对全市政务网站群进行升级改造，改善内容发布引擎，增强各个环节的管理。改造信息发布模式，搭建防篡改系统，增强系统的安全性。推出政府网站的WAP（手机版）版和纯文字版，丰富网站群的访问模式。

【信息化项目建设统筹、协调】2008年，东莞市信息化办公室参与市财政投资信息化项目的技术预审，指导、协调各政府部门的电子政务和信息化建设，避免重复建设和资源浪费。全年共对市卫生局、人防办、公安局、交通局等17个单位的信息化建设项目提出技术审核意见。配合市应急办和各电信运营商编制、发布《东莞市通信保障应急预案》，对突发事件和紧急情况下的通信保障工作提出处置程序和意见，确保通信安全畅通。协助监察局做好电子监察系统的建设工作，实现镇街电子监察系统与政务公开、村务公开监察、政府采购电子监察等，建设网上监察系统，公布监察情况及办事状态查询等功能。联合市保密局对各单位进行计算机及信息安全保密检查，加强计算机网络的安全管理。支持石龙镇的“信息化城镇”及“数字广东”试点建设，加强与各级部门的沟通，在数字社区、电子信息产业集群电子商务公共服务平台、数字市政建设等各方面开展探索，取得良好的社会和经济效益。协助市公安局做好全市治安（含出租屋、公交）视频监控系统建设。协助市民政局开展社区信息化管理，在全市推广社区管理信息化系统。

（方丽荷）

附：2008年东莞市信息化办公室领导名录

主　任：刘　杰

副主任：谭永康　香伟文

科学技术协会

【概况】东莞市科学技术协会（简称市科协）是东莞市广大科技工作者的群众组织，是中国共产党领导下的人民团体，是市委、市政府联系广大科技工作者的桥梁和纽带。2008年，市科协机关在编人员15人，设有办公室、科普部、学会部（学术交流部）等工作部门，下辖东莞科学馆、东莞科技进修学院、东莞市翻译服务中心、东莞市科技咨询服务中心4个事业单位。至2008年底，市科协所属组织包括46个市级学会（协会、研究会）、32个镇（街）科协、5个直属企业科协，联系着2万多名会员。2008年，市科协围绕市委、市政府的中心工作，完成了市科协七届二次全会确定的年度目标任务，被省科协、省文明办联合评为全省社区科普先进集体。

【科技工作者服务开展】2008年，东莞市科协在市人事部门的支持下，探索在基层科协组织开展专业职业技术职称评审（认定）服务试点工作，市化工学会、建筑学会、莞城区科协等6家基层科协组织作为第一批试点单位，开展了面向广大一线企业科技工作者的职称评审（认定）服务工作。

市科协出台《关于促进青年科技人才成长资助办法（暂行）》，对全市青年科技工作者参加国内外高层次学术交流活动，晋升专业技术职称，出版原创性科技著作进行经费资助。

市科协组织成立第三届东莞市优秀科技工作者评选委员会，经各单位推荐、专家组初评复评、组织考察、社会公示等程序，推选出丁少波、尹金华、朱剑云、张桂标、谷历文、林诗庄、郑芝波、徐醒华、陶谨、傅轶（以姓氏笔划为序）10人为第三届东莞市优秀科技工作者正式候选人，已获市政府审批确定。

市科协组织开展全市科技工作者状况调查，抽取全市不同领域的一线科技工作者代表2000人进行问卷调查。市科协及时召开全市川籍科技工作者代表座谈会，组织科协常委前往汶川慰问派驻当地的东莞市医疗科技工作者，组织慰问团赴韶关市新丰县慰问东莞市农业科技工作者。

【《全民科学素质行动计划纲要》贯彻】2008年，东莞市科协开展首次公民科学素质调查和《全民科学素质行动计划纲要》实施、评估方法研究。调查访谈了东莞市2650名18至69岁的户籍和外地常住成年公民，调查结果：东莞公民具备基本科学素质的比例为3.01%，比2007年广东省公民具备科学素质3.1%的比例要略低，形成了《2008年东莞市公民科学素质调查报告》和《东莞市〈全民科学素质行动计划纲要〉实施及评估方法研究》两份专题报告。市科协草拟《关于贯彻实施<全民科学素质行动计划纲要>的意见》上报市政府，以东莞市人民政府文件发布。

【科普阵地建设】2008年，东莞市科协制定社区科普设施建设标准指导意见，推动大城区范围内75个社区实现科普“一站一栏一员”全覆盖。全市新增科普画廊128个，展长1280米，新增科普活动站128个，面积约6400平方米；新认定第二批9个东莞市科普教育基地、19所东莞市科普特色学校和34个东莞市科普社区；新开通东莞科普网（www.dgkp.gov.cn）；新建展馆面积达400平方米的地震科普馆；《东莞日报》、《东莞经济》杂志、东莞电视台和广播电台等主流媒体增设科普宣传栏目。

【大型科普活动开展】2008年，东莞市科协联合有关部门开展了消防科普宣传年暨“珍爱生命、防火自救”大型科普展览活动，活动历时7个多月，巡展镇街达22个，共免费派发消防科普小册子3万册、消防科普挂图8万张，吸引社会各界16万人次参与。科技进步月期间，市科协联合常平镇政府举办了主题为“携手建设创新型东莞，促进产业升级转型”的大型科普集市活动。市科协还先后组织举办健康科普系列讲座“健康讲坛”，地震科普巡展及天文科普展览等大型科普活动，累计参观人数超过6万人次。

【青少年科技活动举办】2008年，东莞市科协以品牌赛事活动带动全市青少年科技工作，联合相关部门先后举办了全市首届青少年机器人竞赛、小学生天文航空知识竞赛、青少年科技创新大赛、中小学航空航天模型竞赛、中小学车辆模型竞赛、青少年遥控车三对三足球友谊赛及科普动漫艺术节和科普互动剧巡展表演等活动，共计345所学校，4200多名同学参与竞赛活动。东莞科学馆和市青少年教育科技协会组织东莞市学生参加了9次全国、全省青少年科技赛事活动，获得全国奖63个（其中一等奖37个、二等奖18个、三等奖7个、优秀奖1个）、省级奖65个（其中一等奖21项、二等奖28项、三等奖14项，优秀组织奖2项）。

【学术交流】2008年，东莞市科协在“东莞创新论坛”基础上，增设科技风险投资和节能减排技术两大系列论坛。全年共举办20期东莞创新论坛，7期科技风险投资系列论坛，10期节能减排技术系列论坛，邀请专家教授达140人，参加交流的科技人员达5630人。市直各学会全年共组织学术交流活动298场，邀请两院院士10人，外籍专家28人，撰写科技报告、论文1583篇。

【学会工作】2008年，东莞市科协新增市直学会3个，学会分会1个。各市直学会（协会、研究会）积极开展各项科技交流和科技服务。市博士创业促进会积极献言献策，提交了《关于进一步加强引进高端人才的建议》，得到市委书记刘志庚的重视，批示印发至各单位和镇街参阅。市知识产权研究会先后开办企业专利工作者培训班，举办企业专题分析报告会，深入企业义务开展发明专利申请辅导活动。农业类学会积极投入到年初寒灾复产和科普惠农工作，建立抗灾复产示范基地（示范户）推广实用技术，安排农业专家到点指导农业复产。环境科学学会承接建设项目的环境影响评价报告书和专项规划的评审工作，为企业开展环境管理、环保技术、清洁生产咨询等科技服务。广播电视技术学会通过电视、广播和阳光网等媒体载体广泛宣传科普知识和营造创新氛围。市土木建筑学会举办多场大型学术活动，开办《东莞建设科技》期刊。另外，市会计学会、医学会、中医学会、预防医学会、化工学会、老科协等学会组织也根据自身专业优势，积极承接政府服务职能和开展科技服务。

【镇街科协工作开展】2008年，东莞市各镇街科协在镇街党委和政府的大力支持下，工作机构日益健全，在发展非公有制企业科协、承办消防科普巡展、加强科普基础设施建设、推荐科普特色学校（社区、基地）、举办科普集市、建设科普志愿者队伍等工作中取得成绩。莞城科协开展“科普论坛进社区”活动、厚街科协开展“科普活动剧进社区”活动。莞城科协还被省科协、省文明办联合评为全省社区科普先进集体。据统计，各镇（街）科协全年共举办科普讲座、科普展览、科技下乡共683场次，派出科技人员1404人次，派发科普挂图5698套，印发科普资料53万份。

（黄　顿）

附：2008年东莞市科协领导名录

主　席：冷晓明

专职副主席：连希波

专职副主席：李小兵（11月到任）

社会科学

【概况】东莞市社会科学界联合会（简称市社科联）成立于1993年12月，是中共东莞市委和东莞市人民政府直接领导下的学术性群众团体，是东莞市社会科学界学术性社会团体的联合组织，联系着高校系统、党校系统、社会研究所、党政部门研究机构和军事院校机构等社会科学队伍。2008年，所属学会（协会、研究会）25个，设有办公室、学术研究部，办有会刊《东莞社科论坛》和社科资讯类刊物《东莞社科资讯》。

2008年，东莞市社会科学界联合会紧紧围绕市委、市政府的中心工作，积极团结和组织广大哲学社会科学工作者开展课题调研、学术交流、社科理论宣传普及和决策咨询等工作，为推动东莞市哲学社会科学的繁荣和发展，推进东莞经济社会双转型提供思想保证和智力支撑。

【解放思想学习讨论和实践科学发展观活动开展】2008年，东莞市社科联根据市委的统一部署和市委宣传部的安排，认真组织社科界开展解放思想学习讨论活动和深入学习实践科学发展观活动。

召开“市社科理论界学习省委十届二次全会和市委十二届二次全会精神座谈会”。1月7日，市社科联迅速联合市委宣传部、市委党校召开了“以新一轮思想大解放推动新一轮大发展——东莞市社科理论界学习省委十届二次全会和市委十二届二次全会精神座谈会”，市有关部门领导和专家学者围绕省委书记汪洋在省委十届二次全会上的重要讲话和市委书记刘志庚在市委十二届二次全会上的讲话精神，结合本地区本单位本部门实际，就充分认识解放思想的重要意义、如何贯彻落实市委提出的以“五个立足”继续解放思想、如何围绕科学发展观的要求解放思想、东莞解放思想所要解决的重大问题、东莞解放思想的具体路径以及继续强化“五破五增”等方面展开了座谈讨论。

精心策划市社科界解放思想系列专题论坛。先后举办了“解放思想与东莞产业升级转型”、“解放思想与东莞社会管理”、“解放思想与提升东莞文化软实力”等系列专题论坛。

开展“我为东莞科学发展建言献策”活动。3月初，市社科联联合市委宣传部在全市社科理论界开展“我为东莞科学发展建言献策”活动，并在东莞阳光网“社科联”网页开辟建言献策专栏。建言献策活动主要围绕市委提出的进一步解放思想、破解双转型10大难题以及推进东莞科学发展19个重大调研课题展开，并结合社科工作特点，细化为13类80个具体问题。来自高校、党校、科研机构、政研单位，以及部门单位、市社科联所属学会（协会、研究会）和基层的广大社科理论工作者和实际工作者200多人，通过电子邮件、来信和传真等方式积极建言献策，共收到470多条（次）对策建议。东莞市社科联对征集到的建议和对策进行了整理综合，共梳理成十大方面的问题，形成情况综述。市委书记刘志庚审阅后，并作出了“此活动组织得好，更主要是提出了很多很好的意见和建议”的批示，指示作为市委理论学习中心组解放思想学习讨论活动参阅资料印发。

在媒体和内部刊物开设宣传专版专栏专题。在《东莞日报》“笔谈版”上刊登96篇体会文章，在《东莞社科论坛》专栏上刊登34篇文章，在《东莞社科资讯》上编辑4册《东莞市解放思想学习讨论活动专辑》。同时，开展“解放思想纵横谈”大型征文活动，并将部分优秀论文结集出版《解放思想，科学发展——东莞市解放思想学习讨论活动社科理论笔谈》一书。

参与市解放思想学习讨论活动办公室的日常工作。编印简报112期；安排专人担任深入学习实践科学发展观活动联络员，专门负责信息和情况的及时报送。

【论坛和理论研讨活动举办】为纪念成立地级市20周年和改革开放30周年，2008年，东莞市社科联举办了两场高层次、高规格的论坛。

举办“纪念东莞建立地级市20周年高层论坛”。1月29日，市社科联与市委宣传部、市委政策研究室联合举办“纪念东莞建立地级市20周年高层论坛”。邀请来自中央政策研究室、经济日报社、中国社科院、省政府发展研究中心、省社科联、省社科院、深圳市社科院、中山大学、暨南大学、南方日报社等国内有关部门领导、专家为东莞进一步解放思想，坚持改革开放，推进经济社会双转型把诊号脉、出谋划策，力求集思广益，科学决策，推进科学发展。会后，《经济日报》、《南方日报》等驻莞媒体及东莞日报、东莞广播电视台、东莞阳光网等市直媒体做了重点详细报道。《东莞社科资讯》出版了《“纪念东莞建立地级市20周年高层论坛”专辑》。

举办“东莞市纪念改革开放30周年高层论坛”。10月24日，联合市委宣传部、市委政策研究室举办“东莞市纪念改革开放30周年高层论坛”，邀请中财办、中央党史研究室、中国社科院、《求是》杂志社、省委政策研究

室、省社科联、省社科院等有关部门领导和知名专家参会，全面系统地总结和深入宣传东莞市改革开放的历史进程、辉煌成就和宝贵经验。同时，联合市委宣传部、市委党史研究室在全市范围开展“东莞市纪念改革开放30周年”理论征文活动，挑选部分参加征文活动的文章，连同论坛上专家学者的发言以及中央有关部门组织撰写的重大调研文章，公开出版《东莞三十年——一个沿海开放地区建设中国特色社会主义的成功实践》一书，在全国新华书店公开发行，作为纪念改革开放30年的献礼之作。

【重大课题调研】2008年，东莞市社科联围绕东莞双转型和科学发展观实践中的重大理论和实践问题，特别是围绕省委书记汪洋视察东莞的指示精神，组织省市专家学者深入开展“东莞发展模式转型研究”、“东莞社会管理研究”、“提升东莞文化软实力研究”、“东莞亚市民现象研究”、“东莞和谐社区建设研究”等重大课题的专题调研和对策研究，并在此基础上编撰出版“东莞社科书系”之“科学发展观与东莞双转型实践”系列研究丛书。积极参与市委办、市政研室牵头组织的东莞学习世界先进城市调研工作，联合撰写详尽的调研报告和备选方案报市委、市政府。组织力量开展东莞模式的调研，参与撰写《东莞模式：成功与启示》，参加省委宣传部等有关部门举办的“广东省纪念改革开放30周年理论研讨会”理论征文活动。

【表彰大会暨丛书首发式举行】2008年10月14日，东莞市社科联召开东莞市首届哲学社会科学优秀成果奖表彰大会暨《科学发展观与东莞双转型实践研究丛书》首发式，首次以市委、市政府的名义对获奖的75项优秀社科成果进行表彰，同时对《跃迁大未来——东莞发展模式转型研究》、《构筑大和谐——东莞社会管理研究》、《铸就城市之魂——东莞文化软实力研究》、《农民的嬗变——东莞亚市民现象研究》和《打造城市之基——东莞和谐社区建设研究》5本书进行展示和推介。

【社科普及开展】2008年，东莞市社科联联合莞城街道办承办了以“提升广东文化软实力与振兴中华国学”为主题的第39期岭南学术论坛，来自省社科界和省市区党委、政府有关部门负责人、省内部分科研院校的专家学者50余人参加了研讨。开展2008年东莞市社会科学普及周暨学术月活动，以“继续解放思想、推动科学发展”为主题，省市联动，举办一场学术活动、打造一批省社科普及示范基地、开辟一期社科专家访谈栏目、组织一场广场咨询活动和举办一场社科知识普及讲座等活动。与市委宣传部、市文广新局、市图书馆联合举办东莞市理论社科书展，在10—12月份期间集中展示和推介改革开放30年来东莞市公开出版的200余部理论社科重点图书，为纪念改革开放30周年献礼。继续办好《东莞社科论坛》、《东莞社科资讯》，共刊登各种文章100多篇，加强“东莞社科网页”网页管理和内容更新，使之成为东莞市社科研究宣传普及和提高市民人文素质的重要载体。举办社科社团负责人培训班，继续加强对学会的协调与指导，加强对社团负责人进行业务培训，加强与社团的联络与交流。

【东莞市社会科学院筹建】2008年，东莞市社科联根据东莞经济社会的发展和市有关领导的指示精神，积极筹备东莞市社科院。在充分调研的基础上，形成了《全国部分社科院情况调研报告》和《东莞社科院（筹备）工作方案》，向市委报告。经市党政领导班子联席会议研究，并经市编委批复同意成立东莞市社会科学院。（赵　凯）

附：2008年东莞市社科联领导名录

主　席：王思煜（11月到任）
　　　　叶泽驹（任至11月）
副主席：龙家玘（11月到任）
　　　　王思煜（任至11月）

▲ 东坑镇夜景

教 育 EDUCATION

横沥镇

■ 全市每万户籍人口升大学人数名列全省第一

■ 实施完全免费义务教育

■ 东莞理工学院本科教学水平评估为“良好”

■ 广东医学院申请博士学位授予单位建设

编辑：刘 丹

普教事业

【概况】 东莞市教育局是市政府主管教育事业的工作部门，正处级行政单位。2008年内设10个行政科室，6个事业单位。

2008年，全市教育事业持续快速健康发展，教育综合实力和整体水平有新的提高。幼儿教育快速发展，优质幼儿园有较大增加，幼儿入园（班）率达95.02 %；普及九年义务教育水平稳步提高，东莞户籍适龄儿童、少年入学率分别为100%和99.15%；普通高考再创佳绩，高考录取率达84.3%；成人教育持续发展，参加各类培训的农民、职工达62万人次，共有2.71万人报名参加成人高考，报考规模位居全省第三，被成人高校录取2.02万人；有5.33万人报名参加高等教育自学考试，报考规模位居全省第三；中小学德育工作得到加强和改进，教育科研实力进一步提升，教育科研成果在数量和质量上都稳居全省前列。

【教育教学质量提高】 2008年，东莞市初中和小学的教学质量稳步提高。全市参加高中阶段学校招生考试的中学138所，参加考试4.13万人，参考率达99.83%，六科文化课原始分平均分为469分，合格率达69.6%，同比提高6.3个百分点；优秀率达32.4%，同比提高7.2个百分点。小学语文、数学、英语教学质量抽查的合格率分别为99.04%、97.35%、96.44%，比上年有所提高。初中信息技术会考，全市公办学校合格率继续保持90%以上。普通高中信息技术等级考试平均合格率达99.13%。全市学生在国家和省组织的各类学科竞赛中，有1289人次获奖。学生身体素质不断增强，运动竞技水平不断提高。

普通高考上线录取人数持续攀升。2008年，全市参加高考2.36万人，其中普通类1.98万人，高职类3829人。在普通类考生中，上第一批本科线1842人，与上年基本持平；第二批本科以上上线总数7035人，比上年增加564人，增长8.7%。第三批B线以上上线总数1.50万人，比2007年增加1772人，增长13.3%；上线率为75.98%。高分段人数位居全省前列，27名考生进入省定第一高分段（650分），575名考生进入省定第二高分段（600分）。

普通类考生被全国普通高等院校录取1.67万人，比上年增加1034人，增长6.6%，录取率为84.3%，比全省平均录取率高13个百分点。被第一批重点本科院校录取2101人，比上年增加 172人，增长8.9%。被第二批本科以上院校录取8080人，比上年增加263人，增长3.4%，比上线入围人数多1045人。本科录取人数占录取总数的48.4%。被名校录取的人数大幅度增加。全市有12名学生被清华大学和北京大学录取，有9名学生被香港大学、香港中文大学、香港科技大学等录取。高职类考生入围1134人，比上年增加312人，增长37.96%；录取1414人，录取人数占全省总数的1/11。2008年，全市每万户籍人口升大学为92人，升本科为43人，分别名列全省第一和第二；全市户籍人口普通高等院校本专科在校生5.35万人，每万户籍人口普通高校在校生312人，位居全省前列。

【教育投入】 2008年，东莞市教育总投入71.10亿元，比上年增加3.86亿元，增长5.74%。其中，财政性投入48.0亿元，比上年增加5.35亿元，增长12.54%。

落实“三级转二级”办学体制，保障对镇街教育经费的投入。2008年，市对公办中小学的生均教育成本和教育经费进行重新核定，并逐步加大对镇街教育经费的投入，对镇街教育经费补助总额为11.14亿元，比上年增加8343万元，增长8.09%。市财政还向镇街下拨1683.17万元免费义务教育补助等专项经费。

重视校舍建设的投入。2008年，全市公办中小学基建总投入5.27亿元，全年新建、扩建、改建学校46所（含跨年度建设学校），建筑面积达58.81万平方米。截至2008年，小学生均校舍面积9平方米，中学生均校舍面积20平方米。

加大对各类公办学校教育装备的投入。2008年，市镇财政对全市各类公办学校教育装备的投入1.64亿元，其中投入电教、信息类装备1.57亿元，图书资源类设备735.1万元。截至2008年，全市各类公办学校教育装备总值达16.81亿元，比上年增加2.96亿元，增长21.37%。

民办教育经费投入保持增长。2008年民办教育经费总投入17.09亿元，比上年增加1.64亿元，增长10.61%，民办教育经费总投入占全市教育经费总投入的24.04%。

【教育督导】 2008年，东莞市教育优质均衡发展有了新的提高。研究制订《东莞市民办中小学督导评估管理办法（试行）》，加强民办中小学的督导评估，推进优质化建设。继续推进义务教育学校规范化建设，对74所义务教育公办中小学进行督导验收，提前两年实现省定的广东省义务教育规范化学校全覆盖目标。截至2008年，全市有广东省国家级示范性普通高中6所，省、市一级学校共259所。全市公办中小学优质学校比例达80.2%，优质学位比例达87.5%。继续抓好教育强镇复评工作，南城、虎门、东坑和石龙等4个镇街顺利通过“广东省教育强镇”的复评验收。

【清理整顿无证办学】 2008年，东莞市教育局下发《关于迅速开展清理整顿无证办学工作的通知》，加强督查，并召开全市清理整顿无证办学工作会议，要求各镇街迅速采取行动，形成高压态势，对辖区内的无证办学行为进行彻底的清理整顿。全年共清理无证中小学（幼儿园）81所，督促65所无证中小学（幼儿园）完善开办条件，提出开办申请。至2008年底，全市基本消除无证办学行为。

【高中阶段学校布局调整】 2008年，东莞市高中阶段学校布局调整各项工作扎实推进。成立高中阶段学校布局调整协调领导小组。各有关镇街积极配合，落实学校建设用地，对不符合土地规划的学校建设用地纳入新一轮的东莞市土地利用整体规划调整修编。各有关部门紧密协作，开通“绿色通道”，简化审批程序，推动塘厦理工学校、塘厦中学、厚街中学和市第二高级中学（东城高级中学）、市第八高级中学（樟木头）、麻涌中学等6所学校的建设进入实施阶段。

【实施完全免费义务教育】 2008年，东莞市进一步完善九年免费义务教育政策。从2008年秋季起，全市在原免收本市户籍义务教育阶段学生杂费和课本资料费基础上，免收义务教育阶段东莞户籍借读生杂费差额，真正实现所有本市户籍义务教育阶段学生全免费教育。免收杂费差额后少收部分每年3625.76万元的教育经费全部由市镇财政分担，并按二级办学的有关规定，全部纳入正常公用经费渠道供给。

【幼儿教育】 2008年，东莞市共有幼儿园599所（其中公立集体办园163所，民办园436所），其中省、市一级幼儿园92所，比上年增8所。3—6周岁在园（班）幼儿15.64万人，入园（班）率达95.02%，比上年提高0.06个百分点。全市幼儿园教职工1.9万人，其中园长、教师共1.19万人，幼儿园教师学历达标率为94.9%，大专以上学历占47.1%，园长持证上岗率为98%。

【九年义务教育】 2008年，东莞市小学共有349所，比上年减少20所，小学在校生52.86万人，比上年增加7960人，适龄儿童入学率达100%，东莞户籍小学毕业生升学率100%。全市有完全中学25所，初级中学58所，九年一贯制学校81所。初中在校生18.45万人，比上年增加11053人，东莞户籍适龄少年入学率为99.15%，辍学率为0.22%，毕业率为99.78%。以上各项指标均达到或超过国家和省的要求。

2008年，东莞户籍初中毕业生3.44万人，升入各类高中阶段学校就读的学生3.32万人，升学率达96.6%，比上年提高1.4个百分点。

【普通高中教育】 2008年，东莞市有普通高中（含完中）41所，在校生6.4万人，普通高中在校生与中等职业技术教育在校生的比例约为6：4。清溪、凤岗、桥头、横沥4个镇停止普通高中阶段学校招生，由塘厦中学和常平中学面向以上4个镇招收高一新生。在民族教育方面，积极做好东莞高级中学招收536名新疆学生的组织实施工作，强化管理力度，在资金投入、师资配备等方面提供有力保障。

【中等职业教育】 2008年，东莞市有公办中等职业学校19所（含市高级技工学校），民办中等职业学校7所。其中国家级重点中职学校10所，省级重点中职学校1所，有2所普通中学附设职业高中班。2008年全市中等职业学校招生1.69万人，在校生4.4万多人，其中重点中等职业学校在校生人数占71%，每万户籍人口中等职业教育在校生人数所占比例位居全省第二。

中等职业学校开设的专业有电子、计算机、会计、金融、服装、毛织、家具、模具、数控技术、汽车、旅游等30多个种类，其中省级重点建设专业有9个。出台《东莞市中等职业学校骨干专业设置方案》，围绕全市产业需求，统筹规划骨干专业设置，整合职教资源，全面提升中等职业学校专业教学水平和培养能力。

开展中等职业学校与广东省东西两翼和山区市县联合办学，招收学生1090人。采取“2+1”的教学模式，学生第三年在东莞学习一年专业技能，毕业后留莞就业及创业。贯彻落实国家对中等职业学校学生资助政策，2008年，在东莞就读的符合条件的一、二年级中等职业学校学生全部领取国家助学金每生每年1500元，全市有2.81万名中等职业学生领取国家助学金，共计3638.4万元。

加强中等职业学生动手能力培养，大力推广“双证书”制度。2008年，全市1.37万名中等职业学生考取技能等级证书或从业资格证书，其中获得中级以上技能证书的有5200人。

【特殊教育】 2008年，东莞市认真贯彻执行《教育法》、《残疾人保障法》和《残疾人教育条例》及省有关文件精神，认真落实特殊教育“十一五”规划，着力抓好特殊教育学校管理工作。全市残疾儿童少年在校生437人，适龄残疾儿童入学率98.75%，比上年提高0.03个百分点，适龄残疾少年入学率为98.1%，比上年提高0.96个百分点。

【民办教育】 2008年，东莞市认真贯彻执行《中华人民共和国民办教育促进法》、《中华人民共和国民办教育促进法实施条例》以及国家和省关于民办教育的有关法律、法规，坚持“积极鼓励、大力支持、正确引导、依法管理”的方针，推动和规范民办教育的发展。全市经教育行政部门批准开办的民办中小学有233所，比上年增加13所，其中小学层次的有116所，初中有9所，九年一贯制学校有96所，高级中学有2所，完全中学有2所，从幼儿园到高中层次的民办学校8所；批准开办的民办幼儿园有463所，比上年增加92所。全市民办中小学和民办幼儿园在校生达50.2万人，其中，民办中小学39.1万人，民办幼儿园11.1万人。全市民办中小学校有205所为专门招收新莞人子女的民办学校。

【成人教育】2008年，东莞市有成人高等教育机构5所，乡镇成人文化技术学校32所，其中省级示范成校8所，市级示范成校24所，民办成人教育机构294个。各类成人教育培训量达62万人次。全市有2.71万人报名参加成人高考，比上年增加3952人，报考人数在全省21个地级以上市中排列第三位，被成人高校录取2.02万人。报名参加自学考试人数达5.33万人，位列全省第三位，有1562人领取自学考试毕业证书。

大力发展成人高等学历教育，依托各镇街成校、民办成人教育机构与高等院校合作办学，全市有31所成校、19个民办成人教育机构分别与北京大学等37所高校联合举办成人本科、大专函授班，开办专业30多个，在学人数达3.66万人。广泛开展各类成人培训活动，举办各类技能培训、职业资格认证培训、文化艺术类培训、成人高考辅导与自学考试考前辅导培训等。加强对民办成人教育机构管理，严格做好民办成人教育机构办学许可证的发证和换证工作，完善年度评估制度，促进民办成人教育机构健康发展。

【青少年学生思想道德建设】2008年，东莞市教育局继续推进思想道德建设和文明礼仪教育，深化文明、进取、和谐、有序的校园文化建设，构建和谐校园。深化社会主义核心价值体系教育，开展“成长、奋进”主题教育，15万学生参观了东莞展览馆、东纵纪念馆等爱国主义教育基地。开展现代公民意识教育活动，围绕改革开放30周年、东莞地级市建市20周年，开展“改革开放看东莞”网上知识竞赛，大力弘扬“海纳百川、厚德务实”的东莞精神。开展书香校园创建活动，举办“沐浴书香、做文明小公民”为主题的学生现场作文比赛，东莞中学等8所学校被省委宣传部、省教育厅评为“书香校园”。参与文明城市创建工作，举行“迎奥运、树新风、创文明城市”启动仪式，实施校园暖流行动，开展校园“讲文明、促和谐八个一活动”和以“我为东莞文明加分”为主题的第三届书信文化活动。加强家庭教育工作，开展“千师访万家”活动，关爱新莞人子女、单亲家庭子女、困难家庭子女和留守儿童，与市妇联共同举办416场家庭教育报告会，有16万多名家长参加。开展初中生人生规划指引专题教育工作，确定东莞中学初中部等13所学校为初中生人生规划指引专题教育试点学校。举行优秀班主任专业能力比赛，在全省的比赛中，有2名选手获得一等奖，1名选手获得二等奖。大力开展法制教育，遵循学生的认知规律，大力普及与学生生活密切的法律知识，增强学生明辨是非的能力，强化学生的法治观念。

▲2008年11月4日，东莞市召开高等教育现场办公会　（郑家雄　摄）

【艺术教育】2008年，东莞市教育局进一步加大艺术教育工作力度，进一步规范各类艺术活动，营造良好活动环境。举办2008年东莞市中小学生书法、绘画现场比赛，共有281名中小学生参加比赛。开展2008年东莞市中小学生艺术展演（艺术表演类）活动，有281个节目参加分区展评，114个节目进入全市声乐、器乐、舞蹈和校园剧四个专场决赛，评出一等奖22个，二等奖34个，三等奖58个，少儿歌曲创作优秀作品5件，优秀创作节目奖8个。

【体卫工作】2008年，东莞市教育局组织了多项体育比赛，全市中小学生的体育竞技水平进一步提高。3月份举办全市中学生羽毛球、毽球、排球比赛。4月份顺利完成全市初中毕业生体育考试工作。5月份举办全市中学生乒乓球比赛。6月份组队参加省中学生乒乓球锦标赛，获得甲、乙组团体第三名；完成普通高中学校招收体育特长生的集中测试工作。7月份组团参加广东省第九届中学生运动会，东莞市代表团获得“体育道德风尚奖”，团体总分列全省第五名，体育科学论文报告会总分列全省第二名，一批运动员获得“个人体育道德风尚奖”。9月份承办2008—2009年粤港澳学界埠际游泳锦标赛，并代表广东省组队参赛。10月份举办全市中学生篮球比赛。11月份举办全市中学生田径比赛，10人（队）13次打破9项市中学生田径纪录，54人72项达国家二级运动员标准。12月份，承办2008—09年中国高中男子篮球联赛（CHBL）广东东莞赛区的比赛，东莞群英学校获得广东赛区冠军。

3月份举办东莞市初中健康教育教师培训班，全市初中162名健康教育骨干教师人参加培训。4月份在大岭山中学举办全市学校卫生工作人员培训班，全市有200多人参加。11—12月份开展2008年学生体质健康监测网络现场检测工作，采用整群随机抽样方法，获取了3930名6—18岁学生包括身体形态、生理机能、体能素质、健康状况等4个方面15项指标的数据。

【校园安全】2008年，东莞市继续加强学校安全工作，改善育人环境，建设“平安校园”、“和谐校园”。开展安全宣传教育，召开安全工作现场会；发放10万份消防宣传小册子和500套安全教育挂图，联合市消防局向学校赠送了2300套消防宣传资料和书籍。推进交通安全文明，开展交通安全文明学校创建活动，表彰“交通安全文明学校”49所。提升突发公共事件应急能力，组织突发公共事件应急管理培训班，培训教师1.5万人。开展应急疏散演练，每学期开展一次全市集中演练，平时则利用课间操强化训练。消除安全设施隐患，开展消防安全设施检查，确保学校消防设施达标；开展学校建筑安全督查，建立相关台账，预防安全事故。净化学校周边环境，开展全市学校及周边地区治安综合整治行动，打击各类危害校园安全与稳定的违法犯罪。进一步加强法制副校长工作，将法制副校长工作纳入综治考评范围，与市公安局联合下发《东莞市公安局进一步落实中小学法制副校长制度工作方案》，法制副校长聘请率达100%。

【心理健康教育】 2008年，东莞市教育局继续推进“心理健康教育促进工程”，规范心理健康教育发展，促进青少年学生健康成长。开展教师心理健康教育培训，实施心理健康教育A、B、C证培训，全年培训教师4600多名。构建心理健康教育交流平台，成立东莞市中小学心理健康教育研究会，组织开展交流活动，开通“心理氧吧”网站，构建全市师生、家长交流平台。开展学校之间心理健康教育交流活动和示范活动，规范心理健康教育发展，建立健全中小学校心理咨询室，推动心理健康教育科学、规范发展。

【现代教育信息网络管理】 2008年，东莞市建成教研网站群、教学管理、名师博客、教学科研信息化平台、心理氧吧等一批教育教学信息化应用平台。针对现代教育技术实验学校工作，制定《进一步加强现代教育技术实验学校工作的指导意见》（征求意见稿），明确实验学校工作的目标任务与实施措施。成功组织全市中小学信息学奥赛、中小学电脑制作活动、中小学智能机器人竞赛活动、教师多媒体教育软件竞赛活动、读书节网上Flash动漫设计大赛等五项全市性竞赛活动，有效提高了师生信息技术素质和能力。

【成人高考】 2008年，东莞市有2.71万人报名参加成人高考，其中报考专科起点升本科类1.04万人，高中起点升本科类49人，高中起点升专科类1.65万人，党校文史类167人，报考人数比上年增加3952人，在全省位于前列。成人高考录取2.02万人，比上年减少764人，减幅3.64%，减少幅度低于全省招生计划数。全市设东莞中学、市第一中学、市高级中学、东华高级中学等20个考场，共910个试室。

【自学考试】 2008年，东莞市报名参加高等教育自学考试共5.33万人次，报考11.3万科次，比上年下降6.03%，全省下降4.3%。报考人数在全省21个地级以上市排列第三位。全年共1571有人获得专、本科资格。共设东莞中学初中部、实验中学、可园中学、南城中学、东城一中、理工学校、经贸学校、市职业技术学校、东城职中、南城职中、东莞电大、东莞监狱等12个考场。

【东莞广播电视大学】 2008年，东莞广播电视大学共招生2647人，其中本科为398人，专科为2249人。开设会计学、工商管理、行政管理、法学、物流管理、英语、学前教育、电子商务等本专科专业。在校学生6430人，比上年增长12.4%。

2008年，东莞广播电视大学在黄江、长安、塘厦、大岭山和麻涌镇新开辟5个办学点。截至2008年，在12个镇和3个企业设有15个分教点，在横沥镇和东坑镇设立2所分校，在校学生2537人。

【教师队伍】 2008年，东莞市普教系统在职在编公办教职工2.34万人，其中专任教师2.26万人，具有高级职称1356人，中级职称1.03万人。全年共接收东莞生源毕业生182人，其中研究生3人，本科毕业生132人，专科毕业生47人；接收外地生源毕业生329人，其中研究生49人，本科毕业生280人。从外省市引进教职工348人，其中高级职称35人，中级职称167人。为253名师范类应届毕业生和1006名社会申请人办理了教师资格认定手续，为716名新任教师办理了转正定级手续。通过高级专业技术资格评审186人，中级专业技术资格评审1411人，初级专业技术资格评审343人，大中专毕业生初次认定899人。

2008年，市教育部门主动拓展培训渠道，在完成国家、省下达的培训任务的同时，加强和省内外高校的联系，与教育部中学校长培训中心、中山大学、西南大学、广东省校长培训中心和广东教育学院共同举办从教育管理干部（教办主任）到学科教师的一系列培训班，培训754人次。为镇街搭桥引线，充分调动镇街宣教办的积极性，有力地推动镇街教师培训工作的开展。科学调整培训内容，实现培训内容从通识学习向学科教学技能培训的转变。举办小学转岗英语教师口语能力提高培训班、初中物理、化学、生物实验教学培训班、初中数学骨干教师研修班，指导部分镇街开展各类学科教师培训班，共培训500多人次。努力转变培训形式。采用小班教学模式，减少报告会式和传统的课堂教学模式的培训，广泛采用深入基层的现场体验式培训模式。选派中小学校长到外地名校进行跟岗学校、挂职锻炼，或选派中小学校长参加国家级、省级的各类研修班，培训157人次。推进海外培训计划。拓展中小学英语骨干教师海外培训，选派44名中学教师赴英国、40名小学教师赴澳大利亚进行为期6周的强化培训；加大高中校长海外培训力度，选派12名校长参加省教育厅组织的赴英培训。

【教育科研】 2008年，东莞市申报广东省中小学教育创新成果奖，申报参评51项，获奖25项，其中，二等奖3项，三等奖22项，获奖总数占全省的27%。申报获奖率及获奖总数继续稳居全省前列。制定《东莞市普教系统教育科学研究课题招标实施办法（试行）》，首次通过课题招标，确定东莞市普教系统“十一五”教育科研课题中标项目21项。（周　益）

附：2008年东莞市教育局领导名录

局　长：杨晓棠
副局长：王任槐　黄金海　王旭辉　陈启明
纪检组组长：黄健勇

东莞理工学院

【概况】 东莞理工学院是一所综合性全日制普通高等院校。1990年经广东省人民政府批准筹办，1991年7月经国家教委批准先行招生，1992年4月经国家教委批准建院，2002年3月经教育部批准变更为普通本科院校。诺贝尔物理学奖获得者杨振宁博士任名誉校长。

东莞理工学院有松山湖校区（主校区）和莞城校区。松山湖校区坐落在松山湖科技产业园区内，占地103.71万平方米，校区环境优美，是一座花园式、现代化的校园。

2008年，东莞理工学院设有计算机

学院、电子工程学院、化学与环境工程学院、机械工程学院、工商管理学院、文学院、政法学院、师范学院、建筑工程系、经济贸易系、外语系、体育系、思想政治理论教学部、成人教育学院共14个教学机构；图书馆、网络与教育技术中心、学报编辑部、工程技术研究院、社会发展研究院、后勤集团、科技产业公司、学术交流中心、体育场馆中心等教辅、研究、后勤、产业机构；设有东莞分布式能源研究中心、东莞市清洁生产科技中心等18个研究中心；开设有24个本科专业，面向全国招生。2008年9月，普通本、专科生9318人，成人教育学生1.23万人。

▲ 东莞理工学院

东莞理工学院办学条件和教学设施日臻完善。松山湖校区校舍面积39万平方米；图书馆藏书（含电子图书）143万册，拥有期刊总数（含电子期刊）万余种；直接用于教学的计算机2272台；教学科研仪器设备9261万元；拥有标准田径运动场、体育运动中心、学生活动中心和礼堂等一整套文化体育活动场所；校外教学实习基地115个。

【党建与思想政治教育】2008年，东莞理工学院出台《东莞理工学院2008年党委中心组、教职工政治理论学习的意见》、《东莞理工学院开展深入学习实践科学发展观活动方案》，学以致用、以用促学，切实加强党的建设。学校党委认真贯彻落实胡锦涛总书记倡导的作风建设要求，举行关于深入开展“继续解放思想，坚持改革开放，争当实践科学发展观的排头兵”学习讨论活动，先后召开党员干部民主生活会，进一步加强领导班子建设及组织建设。出台《教学教辅后勤单位党政负责人届满考核和换届工作实施方案》，《中共东莞理工学院党总支（直属支部）委员会选举工作方案》，举办“东莞理工学院2008年中层干部暑期学习班”，进一步完善理论学习制度，着力建立理论学习的长效机制，加强对各级党员、干部的教育工作。认真开展基层党组织工作量化考评工作，继续认真抓好固本强基工程。进一步加强党风廉政建设，努力建立和完善反腐保廉的长效机制。

【教学工作】2008年，东莞理工学院出台《东莞理工学院关于贯彻实施教育部质量工程的若干意见》，围绕又好又快提高教学质量和人才培养质量为主线开展工作。学校一手抓迎评促建（以迎接本科教学水平评估来促进学校建设），一手抓日常教学，完善教学管理制度、规范教学过程、完善教学环节、教学质量标准，深入实施质量工程。召开全校教学工作会议，继续深化人才培养模式改革；加强教研室、实验室在教学工作中的基层堡垒作用，加强重点校外实习基地建设，聘请校外实习顾问；强化实践教学，精心组织英语应用能力强化训练、计算机应用能力训练、电子电工实验技能强化训练、金工技能训练和大学物理实验技能训练，取得显著效果。

【迎评促建】2008年，东莞理工学院认真执行“以评促建、以评促改、以评促管、评建结合、重在建设”的工作方针，按照“理清思路、加快建设、加强管理、深化改革、培育特色、突出成效”的总体要求，做到硬件建设与软件建设协调发展，日常工作与评建工作有机结合，全面推进教育工作建设。3月，省教育厅组织由中山大学原党委书记李延保教授为组长的预评估专家组，对学校进行预评估。5月，由福州大学校长吴敏生教授为组长的教育部本科教学工作水平评估专家组，进驻学校开展为期6天的正式评估。专家组认为，在东莞市委、市政府的高度重视和大力支持下，学校取得了快速发展，教学质量不断提高，形成“依托东莞，紧贴地方，培养基层适用人才”的鲜明特色，为地方社会经济发展作出了贡献。12月，经过教育部专家委员会全体委员投票，确定校本科教学工作水平评估结论为“良好”。为学校申报新增硕士学位授予单位奠定良好基础，为升格“东莞大学”创造了必要条件。

【师资建设】2008年，东莞理工学院大力实施人才兴校战略，推进“百名教授、博士办名校”人才建设目标，引进一批有领军人物、学术大师等高层次人才来提升师资队伍的整体水平，进一步的强化师资队伍建设。学校规范和加强人事制度建设，进一步推进教职工进修、教师资格认定、导师制培养等工作。加大力度引进学科带头人和优秀博士毕业生。截至2008年，教职工中具有正高职称80人，博士105人，在读博士生67人。同时，做好人员编制动态管理工作以及岗位聘任期满的考核工作，努力完善调聘结合的人才引进制度。

【科研工作】2008年，东莞理工学院学校加强科技工作规划和组织协调，创新激励机制，加大奖励力度，鼓励和支持教师积极申报科研项目，切实加强学科团队建设，努力形成浓厚的科研氛围，进一步提高科研创新能力。继续完善清洁生产科技中心的建设，举办“循环经济与传统行业转型升级”论坛；分布式能源中心的实验室建设出现成效，获授权发明专利1件，受理专利2件，发表论文10余篇，并参加“中国工程热物理年会”以及第四届“GREEN ENERGY”国际会议。2008年，科研总经费1561.4万元；获得立项74项，经费共计1410.5万元，其中：“863”重点项目子课题1项，国家基金重大项目1项，国家基金重点项目子课题1项，教育部人文社科项目2项，省自然科学基金项目3项，省科技计划项目4项，参与省部产学研项目2项，省关键领域重点突破项目4项，省哲学社会科学项目2项，省高校共青团工作课题1项，省高校思想政治教育课题1项，市软科学课题2项，市科技计划项目29项、市配套15项，横向项目19项。2008年，学校教师发表科研论文564篇，其中中文核心期刊145篇；共验收项目19项，通过成果鉴定3项，获得东莞市首届哲学社会科学优秀成果奖15项，其中含著作类和论文类一等奖各1项；1项目获市科学技术进步奖一等奖，2项目获市科学技术进步奖二等奖。

【学生工作】2008年，东莞理工学院进一步加强和改进大学生思想政治教育。切实加强学风建设，开展内容丰富、形式多样的学风建设活动，大力营造良好的学习环境和氛围。

学校继续实施“阳光工程”，完成市委、市政府布置的招生任务。原计划招生2750人，实际录取3367人，实际完成原计划的122.4%；此外还录取了189名本科插班生；招生平均分比省线高出13分；本专科生中，东莞生源所占比例保持在46%以上；毕业生一次性就业率保持在98%以上，位居省内高校前列。成人教育学院招生继续保持良好势头。

继续开展内容丰富、形式多样的校园文化巡礼活动，着力打造校园文化品牌；进一步深化大学生暑期“三下乡”社会实践活动，被中宣部、中央文明办、教育部、团中央、全国学联联合授予“2008年全国大中专学生志愿者暑期‘三下乡’社会实践活动先进单位”，被广东省教育厅、公安厅、国家安全厅联合授予“第六届‘挑战杯’广东省大学生创业计划竞赛‘优秀组织单位’”等。学生素质不断提高，在学术竞赛、文化、体育等活动中屡获佳绩。

（李忠红　李利平）

附：2008年东莞理工学院领导名录

党委书记：周致纳

党委副书记、校长：杨晓西

党委副书记：王江水

党委副书记、纪委书记：黄碧莲

党委委员、副校长：安少华　邹晓平　戴炳源

东莞理工学院城市学院

【概况】2008年，东莞理工学院城市学院办学水平、办学实力进一步提高，办学特色进一步凸显，呈现出良好的发展势头。学院将文学与艺术系分设为文学与传媒系、艺术系，对城市与环境科学系单列管理，社会科学系更名为政法系，并配齐各部门主要负责人。截至2008年，学院设有计算机与信息科学系、机电工程系、财经系、管理系、政法系、文学与传媒系、金融与贸易系、城市与环境科学系、艺术系、高等职业技术教学部、体育教学部、思想政治理论课教学部共12个教学系部，开设42个本、专科专业。在校学生8859人，新生报到率和毕业生就业率位居全省同类院校前列。学院已发展成为一所深受东莞老百姓欢迎的地方本科院校，为地方培养出大批“肯干、好用”的合格人才。

【教学工作】2008年，东莞理工学院城市学院继续深化“教学质量工程”建设，采取措施和办法，确保教育教学质量的稳步提高。完成2009版本、专科人才培养方案的修订工作；对全院26个教研室进行全面评估并评出8个优秀教研室；成立各本科专业建设指导委员会；在原有47个教学实践基地的基础上又新建27个实践基地；创建印刷工程、物流、电子创新3个实验教学示范中心；通过立项评审，确定2门院级精品课程和7门院级重点课程；《思想道德修养与法律基础》入选广东省精品课程，是全省独立学院中唯一入选的省级精品课程。

【内部管理】2008年，东莞理工学院城市学院出台以岗位定编、绩效考核与薪酬挂钩为主要内容的薪酬分配制度改革；进一步引入竞争上岗机制，通过全院“公开推选”，选聘一批部门内设二级机构负责人；继续鼓励教职员工开展工作创新，评选“十大工作创新奖”项目；出台《东莞理工学院城市学院院聘岗位讲师、副教授、教授资格条件》、《东莞理工学院城市学院教职工继续教育管理规定》、《东莞理工学院城市学院退休返聘人员管理暂行办法》等一系列管理规章制度；继续推行工作问责制，推动学院各项工作迈上新的台阶。

【师资队伍建设】2008年，东莞理工学院城市学院继续加大招聘教职工的工作力度，引进教师76人，其中教授8人、副教授9人、博士5人。截至2008年，学院有教职工712名，其中专任教师495人，高级职称占32.5%。继续实行新进教职工岗前培训和青年教师导师制，严格实施初次任课教师资格准入制，开展中青年教师讲课和实验教学操作比赛等，提高教师的讲课水平和实验操作能力。

【校园文化】2008年，东莞理工学院城市学院以科技文化艺术节为主要形式的校园文化科技活动蓬勃开展，如工商模拟市场、网页设计大赛、DV大赛、“舞林大赛”、口语表达比赛、校园十大歌手比赛、“五月鲜花”文艺晚会、“快乐体育周”、教职工广播操比赛、大学生就业创业论坛、新年音乐会等形式多样，异彩纷呈；校运会盛况空前，邀请奥运冠军李小双、李大双前来助兴，更添校运会热闹气氛；学生参加国家、省、市开展的科技和文化大赛，获得全国一等奖1人次，全省一等奖5人次，二等奖7人次，三等奖9人次的成绩。

【学术活动】2008年，东莞理工学院城市学院教职工积极开展科学研究，有1项和3项教改课题分别获得教育部和省教育厅立项，3项科技项目获得市立项资助；出版《地方院校举办的独立学院办学质量与特色探析》、《城市学院大讲堂》、《在城院听讲座》、《论苑撷英》等多本著作；有多名专家教授多次应邀参加东莞各种战略发展研讨会，还为“纪念改革开放30周年，进一步解放思想，推进东莞社会双转型”活动撰写多篇论文并被收录引用；城市学院大讲堂和大学生科学文化论坛全年开讲26次，其中，邀请凤凰卫视高级策划王鲁湘教授、中国科学院院士蔡睿贤研究员、国务院国资委徐东华研究员、中国人民解放军后勤指挥学院大校祝尔坚博士等一批专家学者前来讲学，增添浓厚的学术氛围。

【对外交流】2008年暑假，东莞理工学院城市学院组织首批大学生游学团赴美游学；组织一批在一线工作的中青年教师代表赴美国考察学习，并与美国北爱荷华大学、英国斯旺西大学等多家国外高校签署合作办学协议，对外合作办学进入实操阶段；美国北爱荷华大学、澳大利亚国立巴拉瑞特大学、香港中文大学、华中师范大学武汉传媒学院、电子科技大学中山学院等一批国内外高校客人来院交流访问。

【校园建设】2008年，东莞理工学院城市学院投资8000多万元，建筑面积近3万平方米的新图书科技信息中心大楼工程于7月动工；樟村校区后续工程逐步完成，园林绿化、道路交通、校园广播等已投入使用，校区饭堂，运动场、停车场改造已接近尾声；暑期，学院组织人员抢工期，保质量，完成4栋教学楼的翻新改造，兴建4号楼顶层艺术系排练厅；校园网络改造工程已基本完成并投入使用，正在进行后期的稳定测试及校园无线网络调试工作；校门、校道及部分景点的灯光亮化工程也相继竣工，校园环境更加优美、更加舒适。（曾少烘）

附：2008年东莞理工学院城市学院领导名录

董事长：杨晓西（兼）
院　长：安少华（兼）
党委书记：朱志德
学术副院长：程发良
党委副书记：朱　冰
行政副院长：张　林
院督学：林世俊（任至8月）
　　　　陈丁堂（8月到任）

广东医学院

【党建和思想政治工作】 2008年，广东医学院党委认真贯彻落实全国、全省高校党建工作会议精神，加强基层党组织建设，做好党员发展和班子建设工作，调整和选举东莞校区基础学院和人文与管理学院党总支委员会，规范组织建设和党务工作的程序和要求；补选5名学校党委委员，加强学校党委的组织建设；对任期内的中层干部进行届中考核和试用期考核工作，调整部分处级干部。严格执行党风廉政建设责任制，完善《广东医学院领导班子党风廉政建设责任制实施细则》，结合纪律教育学习月活动，有针对性地在全体师生中广泛开展以“增强党性观念，推进科学发展”为主题的专题教育，促进学校党风廉政建设。

广东医学院围绕“解放思想、改革创新、科学发展”这一主题，组织开展解放思想大讨论，取得较好的成绩，得到省委和省领导的肯定。学校在广东省民主评议政风行风工作中被评为“满意”单位。思想政治课程以良好的成绩通过省教育厅的思想政治课程建设评估。制定《广东医学院学生思想政治教育规划》，进一步加强和改进大学生思想政治教育工作。通过健康普查，咨询、培训和开展活动，加强大学生心理健康教育和心理咨询工作。做好国家助学贷款和国家、省交给的各项奖助工作，全年完成2425人的国家助学贷款申请、审核和上报工作，3109名学生获国家奖学金、国家励志奖学金、国家助学金，共发放金额536.7万元。学校团委获得“全国‘五四’红旗团委创建单位”、“全国大学生志愿者暑期‘三下乡’社会实践活动优秀团队”等称号。

【校庆活动】 2008年，广东医学院举行50周年校庆活动。进行校园文化建设，新建校史馆、编写校史、开展新校徽征集活动；举办学术活动，开展校庆志愿服务活动；对校园环境进行建设和整治，在校内增加多个人文景观。成功地举办两校区庆典大会、欢迎宴会和答谢宴会。接待上级领导和海内外嘉宾600多人及校友5000多名。校庆活动得到上级领导和社会各界的关注和支持，特别是广大校友积极参与，并以各种方式回报母校，据统计校友为50周年校庆慷慨解囊，捐款捐物，助学兴学，捐赠物、钱总值510多万元。通过回顾历史，总结经验，凝聚人心，深入挖掘深厚文化底蕴，弘扬广东医人精神，展示学校办学成就，使50周年校庆成为教育节、文化节、形象节、科技节、团圆节，进一步提高学校地位和声誉，为实现学校新一轮发展注入生机与活力。

【申请博士学位授予单位工作】 2008年，广东医学院狠抓学科建设，积极争取新增博士学位授予单位立项建设单位。申博建设规划已通过二轮专家评审，进入了最后冲刺阶段。国家人力资源与社会保障部批准在学校设立博士后科研工作站。在湛江校区设立博士后科研工作站临床基地，在东莞校区设立基础医学基地。

【依法治校】 2008年，《广东医学院章程（试行）》开始实施，广东医学院形成依法治校的制度体系框架，为构建现代大学制度奠定坚实的法治基础；同时加强管理基本规范的建设，对学校现行的管理制度进行分类清理、修订及查漏补缺，力使行政决策纳入科学化、民主化、法制化的轨道。党政信息公开化，师生员工参政议政的渠道畅通有效，法律意识和法治观念明显增强，依法行政、依法办事的能力明显提高。广东医学院被评为“广东省依法治校示范校”。

【教学质量稳步提高】 2008年，广东医学院规范教学管理，出台《广东医学院本科教学质量与教学改革工程意见》，对学校教学工作提出明确的建设目标；修订完善《学生学籍管理实施细则》、《考试管理规定》、《教材建设和管理办法》等相关管理文件。

加强专业建设。临床医学、医学检验、护理学3个专业被批准为教育部高等学校特色专业建设点，并获得全额建设资金的资助。完成药学、法医学和公共事业管理等3个专业的学士学位授予权申报并获得批准；圆满完成思想政治课建设评估工作。

加强课程建设。病理学、病理生理学2门课程进入省级精品课程行列，毛泽东思想、邓小平理论和三个代表重要思想概论课程进入省级优秀课程行列。对原有15门精品课程进行检查评估，生化、病理、病理生理3门课程获得优秀；儿科护理学、外科护理学、医学免疫学、医学统计学、医院信息系统被评为2008年校级精品课程，校级精品课程达到20门。

深化临床教学改革。在东莞校区继续实施和完善临床见习“5+5模式”改革，并主要在精心挑选典型病例、制作典型病种录像、完善手术直播系统等方面进行完善。制定《临床教学与国家执业医师考试接轨改革实施方案》，按照国家执业医师考试大纲的要求，开展临床教学课程、授课、训练和考试改革。

【科研工作】 2008年，广东医学院主要加强学科团队的培养，全年共引进高层次人才56人，其中教授2人，副教授2人，博士18人，硕士31人。

学科基础的建设和科研工作取得显著成效，项目申报工作保持平稳上升的态势。全年共获校外科研资助项目142项，其中，获国家自然科学基金资助7项，比上年增加一项；获省自然科学基金获资助11项，省科技计划项目资助22项，立项10项；教育部留学归国人员基金资助项目4项，省中医药局项目资助8项，卫生厅资助项目12项，获得市级项目资助78项。总科研经费600多万元。完善东莞校区科技平台建设和管理，东莞校区3个研究所相继投入使用，投入500万元，购买共焦显微镜等一批大型仪器。同时，拓宽科研平台的服务领域，增加形态学和机能学科研实验室，筹备增建2000平方米实验室。强化科学技术成果管理工作，推动产学研发展，全年组织申报科学技术奖12项，获奖7项；获省级奖励3项；组织申报发明专利5项；通过10项成果鉴定。

【附属松山湖医院建设】 2008年，广东医学院与东莞市松山湖管委会创新合作模式、发挥优势互补、开展强强联、合作共建东莞市第二人民医院（广东医学院附属松山湖医院），合作共建方案经市党政联席会议讨论通过，并列为东莞市委、市政府2009年重点建设项目之一。附属松山湖医院的建设，将解决东莞校区学生的临床教学、见习、实习基地严重不足问题，有利于提高人才培养质量，有利于促进更快更好的“融入东莞、依托东莞、服务东莞”，也将满足全市人民群众对高质量医疗卫生服务的需求，有利于改善松山湖科技产业园区的投资创业环境，有利于东莞市高水平医院的合理布局，有利于推进东莞市医疗卫生事业的建设和发展。

【招生与就业】 2008年，广东医学院招生与就业工作态势良好。全年实际招生录取4409人，其中湛江校区1131人，东莞校区3278人。生源质量较好，临床医学专业平均录取分为540分，最高分577分，最低录取控制分数线为530分。第一志愿上线人数3300人，是计划人数的80%，同比增长30%。录取成人教育本、专科学生7565人，其中本科生4228人，专科生3337人，录取人数仍高居全省医药院校之首，创历史新高。另外，成人教育在校生达2.3万人。

学校采取积极措施，拓宽就业渠道，完成毕业生就业任务。2008年毕业生3178人（其中普通本科生2847人，普通专科生331人），比上年毕业生人数增加近100%。截至2008年12月1日，毕业生总体就业率为85.5%，其中本科毕业生的总体就业率为86.8%，专科生总体就业率为74%。有52名毕业生考上硕士研究生。在医学类专业中，医学影像学、麻醉学、护理学、医学检验专业就业率均在96%以上。　（沈玉洁　黄祖辉）

附：2008年广东医学院领导名录

党委书记：高志青
党委副书记、院长：周克元
党委副书记：侯小慧　黄　钢
副院长：郑学宝　符学三　颜大胜
　　　　丁元林　杨云滨

东莞南博职业技术学院

【概况】 东莞南博职业技术学院于2003年3月由东莞南博科技有限公司投资创办，2004年3月经广东省政府批准设立、国家教育部备案的全日制民办普通高等院校，是东莞市第一所多科性、培养高技能型人才的职业技术学院。

学院坐落在东莞市南城，北接东莞大道，南面西平湖，东临植物园。2008年学院占地面积757.2亩，建筑面积30.7万平方米，拥有各类图书80万册，建成计算机、数控机床、机械加工、汽车检测与维修、电工电子、服装等一流实验实训室28个，校内外实训基地200多个，教学仪器设备达8000多万元，学院还建有标准田径场、各类球场、学生文化活动中心及若干文体活动场所。2008年学院设计算机系、机电工程系、应用英语系、管理系、财经系、艺术系、基础部和继续教育学院。在校学生由2003年创办之初的500多人，发展到2008年的1万余人。截至2008年，学院专任教师474人，其中享受国务院特殊津贴的专家4人，教授27人，副高以上职称136人，研究生学历136人，在读硕士生27人，学院还聘请10多名知名教授为学院客座教授，40多家企业负责人为学院顾问，40名企业管理专家为学院专业顾问委员会顾问。

【党组织建设】 东莞南博职业技术学院在2003年建校时即成立党组织，2006年11月经上级党组织批准成立党委。2008年，党委下设4个党总支，11个党支部，25个党小组。有党员595名，其中教工党员239名，学生党员356名。党委成立以来，认真宣传和执行党的路线、方针、政策以及党中央和上级党组织的决议，充分发挥党组织在民办高校中的政治核心作用和战斗堡垒作用以及党员的先锋模范作用。学院党组织先后被评为“东莞市固本强基示范点单位”和“东莞市固本强基工程示范点标兵单位”。

【办学特色】 截至2008年，东莞南博职业技术学院按东莞市建设现代化制造业名城发展需要设置专业，培养高技能人才；实施产、学、研相结合，校企联合办学，在专业建设、学生动手能力培养、困难学生资助、学生就业等方面与社会开展全方位合作；依托企业建立一支结构合理、素质优良的专家与专职相结合的“双师型”教师队伍；突出应用性、实践性原则，结合国家职业标准要求，构建职业化课程体系，实行“一体化”教学；与国内外名校合作，高质量办学，高标准育人。

【办学成果】 截至2008年，东莞南博职业技术学院牢牢把握办学规范从严，基础建设从严，学院管理从严的方针，建立了良好的校风、教风、学风。教学质量突出，2008年，学院成为“广东省职业技术教育综合改革推进计划”试点学校。各类职业资格证书考试通过率都位居省同类院校前列。本着“育人为先，技能过硬，全面发展”的指导思想，学院十分重视学生专业技能的训练和综合素质的培养。学院2006、2007、2008年连续三年获“广东省民办高校竞争力十强单位”和“广东省民办高校就业竞争力十强单位”称号。2007、2008年连续两年获“广东省诚信办学先进单位”称号。

【就业渠道】 截至2008年，东莞南博职业技术学院积极开展订单式培养，大力推进校企联合办学，先后与深圳网图网络技术有限公司、东莞长安国际酒店、永立模具厂、济海模具厂、江南农副产品批发市场等200多家企业达成合作协议，建立教学实习基地，让学生到企业、工厂、酒店感受真实的工作环境和业务工作流程，通过实际动手操作，提前了解实际工作岗位对人才的真正需求。学院为学生开通了畅通的就业渠道，连续三届毕业生的就业率都在98%以上。　（童月成）

附：2008年东莞南博职业技术学院领导名录

名誉院长：许学强　林国梁
院　长：章有土
党委书记、常务副院长：梁瑞雄
党委副书记、副院长：黄　弢
党委副书记：刘玉侠
党委委员、院长助理：刘志扬　彭纳新

▲ 松山湖教研区

文 化

CULTURE

■ 李长春、习近平视察东莞文化建设

■ 公益文化招商

■ 推行广播电视栏目制片人制

■ 实施改革开放30年文艺创作工程

编辑：卢　敏

文化广电新闻出版工作

【中央领导视察东莞市文化建设】 2008年7月4日，中共中央政治局常委、中央书记处书记、国家副主席习近平莅莞视察唯美陶瓷博物馆、长安图书馆，对唯美陶瓷创新制作工艺和内涵，把文化元素注入产品，并通过唯美陶瓷博物馆的平台实现文化建设与企业经营相结合的做法给予充分肯定，对东莞市文化建设和开展对外来工的关爱活动给予高度评价。10月19日，中共中央政治局常委李长春莅莞实地考察万江拔蛟窝社区、岭南（可园）文化区、唯美陶瓷有限公司等基层单位文化建设情况，对免费开放岭南画院和可园博物馆服务市民、构建公共文化服务体系以及加强企业文化建设的做法表示赞赏。

【图书馆之城建设】 2008年，东莞市文化广电新闻出版局借助东莞市自主研发的“区域图书馆集群网络管理平台”，大力推进总分馆制实施，总分馆网络壮大为40个分馆和102个服务站，图书馆ATM（图书自助服务站）增至5台，图书设施网络更加完善。创新开展读书节活动，在全市大兴讲座论坛之风，深化市民学堂“公益讲座”、“打工学堂”、“公益课堂”系列品牌活动，举办公益文艺培训、文物鉴赏大讲堂、松山湖“湖畔沙龙”以及科技、教育等各类行业专业论坛，镇（街）、村（社区）知识讲座蓬勃开展。并将学习设施状况、学习活动开展等知识传播工作纳入基层文化建设考评，通过“快乐读书人”优秀读者评选、阅读推荐书目书评征文、读书成果巡讲等活动强化学习机制。

【东莞图书馆成为国家数字图书馆首家地方分馆】 2008年9月27日，东莞市政府与中国国家图书馆举办“中国国家数字图书馆东莞分馆签约仪式”。国家图书馆馆长詹福瑞与市政府副市长吴道闻共同签订《中国国家数字图书馆东莞分馆协议书》，标志着东莞图书馆正式成为中国国家数字图书馆的首家地方分馆。东莞图书馆成为国家数字图书馆分馆后，可通过建立镜像站的方式向广大企业、市民提供国家数字图书馆的自建数字资源和拥有知识产权的数字资源信息服务，还能共享国家图书馆的学术讲座、展览资源。东莞图书馆于6月获得美国图书馆协会授予“2008年度国际创新奖”，成为美国境外第一次，也是中国唯一受到美国图书馆协会表彰和奖励的图书馆。

【第四届读书节】 2008年9月28日，东莞第四届读书节在莞城市民广场开幕。读书节围绕企业转型升级和“双转移”的中心工作，打造知识传播品牌，营造城市阅读氛围，提升市民素质，让读书学习成为全体市民，尤其是新莞人、未成年人、农民自发追求的一种生活方式、一种内在需要的目标。立足“阅读·和谐·发展”主题，策划举办了市民学堂公益讲座、动漫节、“我的打工成才路”巡回演讲、“学习之家”评选以及儿童故事大王比赛、网络阅读知识竞赛等共计449项丰富多彩的读书活动，吸引了350多万人次参与。

【博物馆之城建设】 2008年，可园博物馆新馆、李任之生平事迹陈列馆、大朗长塘展览馆、塘厦艺术博物馆、塘厦民俗博物馆等建成开馆，石龙博物馆、麻涌香飘四季博物馆（岭南水乡民俗博物馆）、清溪博物馆、兴隆鞋文化博物馆、杏林春凉茶博物馆、耀邦家具博物馆等按计划开展筹建工作，各镇（街）利用祠堂、会堂等阵地优势加强村史展览建设，开展了优秀贴心的博物馆服务。截至2008年，全市共有已建博物馆25座，村史展览馆60个。策划了以“改革开放·东莞文明·城市形象”为主题的2008“走进东莞文明”系列活动，集中展示了东莞文明历程、改革开放成就和城市形象。大力推进第三次全国文物普查工作，全市摸查登记1412条文物线索，其中复查429条，新发现983条，新发现率为69.62%。年内，石龙镇成为东莞市首个“中国历史文化名镇”，寮步镇西溪村入选第一批“广东省历史文化名村”。

【“走进东莞文明”活动】 2008年5月20日，由东莞市委宣传部、东莞市精神文明建设委员会办公室、东莞市文化广电新闻出版局等单位共同主办的“走进东莞文明”活动暨“东莞巨变——纪念改革开放三十周年、东莞地级市设立二十周年巡回展”启动仪式在东莞展览馆正门广场举行。“走进东莞文明”活动是东莞市纪念改革开放30周年的重要内容，也是东莞创建国家文明城市的具体行动和提升东莞城市形象的重大举措，活动紧扣“改革开放·东莞文明·城市形象”主题，开展东莞巨变类、历史巡礼类、民俗风采类、文博知识类四大类别共37项活动，通过讲座研讨、体验探寻、竞赛参与、巡回展览四大形式，共吸引超过70万名的群众参与，集中展示了东莞文明历程、改革开放成就和城市形象。

【广场文化之城建设】 2008年，东莞市、镇、村（社区）三级广场设施不断完善，“绚丽大舞台”、“都市彩虹”、“文化周末”、“粤韵金声”、“越唱越红”、“粤剧黄金周”、“快乐周末”、“K歌之王”等广场文化活动品牌不断强化，“共享文化阳光”、“岭南中国星”等广场活动新品牌创新推出。各镇街立足本土文化特色，举办以广场为载体的系列文化节庆活动，包括石排镇“中国镇·岭南韵”体育文化艺术科技节、万江龙舟文化节、石排体育文化艺术科技节、“欢乐常平”商贸旅游文化节、道滘镇龙舟锦标赛暨美食文化节、东城文化体育艺术节、东坑二月初二“卖身节”、虎门文化艺术节、企石“千年秋枫”文化节、桥头荷花艺术节、东莞国际啤酒节以及长安、大朗、凤岗内容丰富的文化艺术节等，广场文化影响力和辐射力不断增强。2008年全市共举办群众性广场舞21041场次，综艺晚会810场，专项比赛537场，各类艺术展览活动348期，参与人数达1093.5万人次。

【公益文化招商】 2008年，东莞市按照“社会文化社会办，社会办社会文化”的思路，继续发挥市场力量，走市场化运作、个性化策划、规范化组织、整体化推进、多元化着手和品牌化打造的路子。完善公益文化招商，促进社会文化活动开展。围绕东莞改革开放30周年和地级市设立20周年、关爱新莞人等主题，充分整合传统文化资源、人才资源、广场资源、地域优势资源，全年面向社会共推出91个招商项目和19个招标项目，签约项目76项，总签约资金为6830万元，活动参与群众达2000万人次，实现政府得解脱、群众得实惠、活动得提升、企业得回报的多赢局面，有力地促进文化事业的繁荣和文化产业的发展。

【文艺创作】 2008年，大型交响合唱《大岭山之歌》和大型组歌《香飘四季》成功创演；莞城舞蹈《红红火火炸糖环》和东坑木鱼说唱《三个萝卜一个坑》参加“首届中国农民文艺汇演”，分别获得广东省唯一的“金穗奖”和“丰收奖”；樟木头镇麒麟队在天安门广场出色地完成“北京2008”城市奥运文化广场首场演出；市华强三洋马达有限公司相声《整治对象》和南城御花苑商品住宅有限公司小品《进了这家门就是这家人》参加“广东企业纪念改革开放30周年文艺晚会”。此外，长安镇（粤剧、醒狮）、樟木头镇（麒麟）、道滘镇（粤曲）成功入选“中国民间文化艺术之乡”名录，虎门大宁社区获“全国文化先进社区”称号。

【对外文化交流】 2008年7月，莞产音乐剧《蝶》赴韩国参加第二届大邱国际音乐剧节，获本届音乐剧节的最高奖项特别奖，这是中国音乐剧第一次走出国门，也是中国原创音乐剧首次获得该项大奖。5月，石排醒狮队赴意大利罗马参加“中国艺术节”，演出得到国家文化部的充分肯定。7月，清溪镇麒麟队作为中国唯一的麒麟代表队走进维也纳金色大厅，参加了第二届“文化中国”青少年文艺晚会演出，以其浓郁的岭南风情，精彩的情节设计和巧妙的套路编排一举夺得晚会演出金奖。12月，“莞城金凤凰合唱团”赴澳门参加由中国合唱协会、澳门合唱协会、澳门文化局、澳门基金会共同举办的第九届中国（澳门）合唱节，获得银奖。

【承办省第四届群众音乐舞蹈花会】 2008年11月14—17日，广东省第四届群众音乐舞蹈花会在东莞市举行。本届花会共有来自全省21个地级市和省群众艺术馆的22支代表队参加，共有81个音乐、舞蹈节目，1000多名演职人员参与角逐，规模为历届之最，并分别在莞城文化广场、虎门沙角部队、大岭山广场、东莞理工学院开展巡演、展演、慰问、联欢活动。花会共评选出音乐节目金奖17个、银奖26个，舞蹈类节目金奖20个、银奖18个，组织奖7个。其中，东莞专场《玉兰飘香》获得“特别金奖”，东莞市人民政府获得“特别荣誉奖”，市文化广电新闻出版局、东莞群众艺术馆获得“优秀组织奖”。清溪镇女子群舞《绣》、道滘镇群舞《莞草情》、石龙镇群舞《别样青春》、莞城街道群舞《红红火火炸糖环》、东莞群众艺术馆古筝四重奏《阿妹谣》、虎门镇女生三重唱《千年玉兰》6个节目获得金奖；市机关第二幼儿园女子群舞《探中秋》、厚街镇女子群舞《腊味飘香》、女声独唱《东莞，我在歌里听到你》、凤岗镇新客家民谣独唱《冇相干》、大岭山镇男声四重唱《山里的妹子》5个节目获得银奖。

【承办第十届省艺术节】 为向纪念改革开放30周年献礼，2008年11月21—30日，省文化厅举办第十届广东省艺术节，这是广东省最高水平的专业艺术表演盛会。本届艺术节在东莞市玉兰大剧院、长安镇分别设立分会场，举行港澳演出和全省小戏小品大赛。这是省艺术节首次在东莞设立分会场，也是首次在同一个市设立两个分会场和首次设立镇级分会场。玉兰大剧院先后上演麻涌镇大型组歌《香飘四季》、澳门中乐团音乐会《中国风·濠江情》、香港舞蹈团大型舞蹈诗《清明上河图》；长安镇分会场共上演包括广东省直属院团和市、县级剧团，以及区、乡镇业余艺术团的24支小戏小品队伍的26个精彩作品。东莞市参赛作品获多项大奖，其中，大型交响合唱“大岭山之歌”获音乐一等奖、剧目二等奖；大型组歌《香飘四季》获表演一等奖、剧目二等奖、导演二等奖；小戏小品比赛中，长安镇小粤剧《老头子的秘密》获一等奖，厚街镇小品《寻人启“示”》获二等奖，寮步镇戏剧小品《洪峰小夜曲》获三等奖。

【大型交响合唱《大岭山之歌》】2008年11月21日，大型交响合唱《大岭山之歌》在广东星海音乐厅上演。这是东莞市为纪念改革开放三十周年而创作的重点文学艺术创作项目，《大岭山之歌》由市文化广电新闻出版局、大岭山镇人民政府主办，大岭山镇文化广播电视服务中心承办，并作为省第十届艺术节中唯一一部全新创作的本土题材交响合唱作品和开幕首演之作。作品以抗战时期大岭山抗日根据地广为流传的革命歌曲《东江纵队之歌》（即《大岭山之歌》）为切入点，回顾革命先辈的奋斗历程，融汇东纵文化、莞香文化、荔枝文化等多种文化元素，通过气势磅礴的交响合唱，展现独具岭南特色的风土人情，体现在波澜壮阔的改革大潮中东江儿女勇立潮头、开拓进取的壮志豪情。

【大型组歌《香飘四季》】2008年6月下旬，大型组歌《香飘四季》在玉兰大剧院公演。组歌以“昨天、今天、明天”为时间空间，展示麻涌改革开放前后的景象以及对未来的展望，集美声、民俗和通俗“三声部”，综合音乐、舞蹈、朗诵等艺术形式，展现独具岭南特色的水乡民俗风情。

【首届岭南美术节】2008年4月22日至5月19日，可园博物馆新馆、岭南画院启用暨首届岭南美术节举行。开幕式上，举行可园博物馆文物捐赠、岭南画院特聘画家签约，以及岭南画院油画研究所、国画研究所、画学研究所授牌仪式。可园博物馆新馆和岭南画院围绕“岭南文化”主题，举办创作板块、展示板块、研讨板块、培训板块、经营板块等五大部分活动，包括“与岭南名家面对面”东莞少儿临摹岭南名家作品大赛、回望家园——第二届东莞风情画展、东莞市收藏家协会第十届会员藏品展、岭南美术讲坛系列讲座、可园传统文化大讲堂系列讲座、岭南画院首届当代岭南画家美术作品拍卖会以及全国画院院长作品系列展、第五届广东省中国画艺术大展、岭南画派精品展、首届广东雕塑大展、岭南画院首届作品展等46项精彩项目。整个系列活动均免费开放，约10万名市民和新莞人参观展览和参与有关活动，充分领略了岭南美术的无穷艺术魅力。

【支援四川抗震救灾】2008年“5·12”汶川特大地震灾害发生后，东莞市文化广电新闻出版系统迅速行动，以多种形式开展推进全民救灾抗灾的工作。全系统（不含东莞广播电视台、东莞日报社）广大干部职工和党员捐募赈灾款和缴纳特殊党费共计149.93万元。5月22日晚，举办由省文化厅和市人民政府主办，市委宣传部和市文化广电新闻出版局等部门协办的“大灾无情，人间有爱——东莞市抗震救灾大型募捐晚会”，共筹集善款1.47亿元和10万港元。广大作家和文艺工作者，围绕地震题材创作诗歌《祈祷奇迹》、《祝福四川》等30余首，歌曲《中国坚强》等6首，产生了良好的社会反响；全市各级文化部门深入基层、深入企业，积极关心、慰问川籍新莞人，为他们送上丰富多彩的文化节目和慰问金，稳定他们的情绪，解决后顾之忧，防止出现恐慌和盲目返家。全市各级文化执法部门认真落实“全国哀悼日”有关工作的要求，开展紧急行动，全市共出动执法人员520多人次，检查歌舞娱乐场所1200间次，授权网吧4500间次，切实停止一切娱乐活动，确保哀悼活动有序进行。

▲ 塘厦广播电视大楼

【服务新莞人春节文化生活】2008年春节期间，中国南方地区遭受前所未有的冰雪和冻雨严重自然灾害，导致交通运输严重受阻，大批新莞人因此而无法返乡过年。为安排好新莞人的节日文化生活，增强城市亲和力和新莞人归属感，全市开展“城市暖流行动”，组织了“绚丽大舞台”、“都市彩虹”、“粤韵金声”等品牌表演活动；以图书馆之城、博物馆之城、广场文化之城“文化三城”为主要平台，大力开展面向新莞人的公共文化服务活动；各企业响应号召，推出各种人文关怀文化活动。通过多项精彩纷呈的文化活动，让新莞人在喜庆的文化氛围中度过了欢乐的节日。

【纪念改革开放三十周年专题音乐会】2008年12月15日，《东莞放歌》——东莞市纪念改革开放三十周年专题音乐会在玉兰大剧院举行。《东莞放歌》由《序曲：走进历史的画卷》、《第一乐章：东莞之路》、《第二乐章：东莞创造》、《第三乐章：东莞速度》、《尾声：永远是春天》五部分组成，通过气势磅礴的交响合唱，展现东莞经受严峻考验、战胜各种困难、发生沧桑巨变的三十年，体现东莞人民敢为天下先的胆略和“海纳百川 厚德务实”的精神。

【文化市场管理】2008年，东莞市文广新局全面规范文化市场秩序，促进文化市场健康有序发展。探索出台放开歌舞娱乐场所审批、加强歌舞娱乐场所管理的意见，引导歌舞娱乐市场规范经营和健康发展；建立并实施文化市场审批与执法工作联席会议制度，切实提高文化市场管理效能。强化文化市场综合执法，开展“创建文明文化市场行动执法季”和“扫黄打非”等文化市场专项整治行动，全年共出动执法人员近10万人次，取缔“黑网吧”234间次、“黑影吧”593间次、无证照投影场422间次、地下图书和音像批发点83个，收缴电脑主机、电视机等设备1.2万多台，翻版盗版音像制品148万张（套、盒），文化市场管理取得了显著成效。市文化市场综合执法大队获全国“迎奥运 保稳定‘扫黄打非’先进集体”称号。

【人才队伍建设】 2008年，东莞市文化广电新闻出版局围绕文化建设的热点、难点、重点问题，全年举办11期以前瞻性、实务性、权威性为特色的高端系列讲座“东莞文化论坛”，邀请各方面权威专家，授课培训全市文化广电新闻出版系统干部职工3080人次；结合各镇（街）文广中心人才需求，面向全国推出84个岗位，采取网上纳贤和有针对性上门求贤的方式，赴陕西、湖南、四川、广州等地高校招揽人才，共收到简历9971份，应聘人数再创历史新高。经过严格的面试、考核，局直属单位共确定试用人员22人，其中有研究生7人，占31.8%，本科生17人，占68.2%，文化人才总量不断充实，结构逐步改善。

【印刷业】 截至2008年，东莞市有各类印刷企业3062家，约占广东省的15%，其中外商投资企业640家，占全市印刷企业总数的21%。2008年，印刷工业总产值272亿元，增长15%；印刷从业人员16.8万人，投资总额143亿元，出口总值176亿元，印刷产品和服务遍布全球60多个国家和地区。2008年，全市审批设立印刷企业217家，其中外商投资企业15家，投资额4.47亿元；办理境外印务1995宗，经审核同意入境加工印制的出版物3万多种，涉及加工数量约为4亿册；包装装潢和其他印刷品来（进）料加工备案941宗，出口总值达115亿元。协助企业提高内部资料性出版物水平，确保正确舆论导向，指导出版印刷业协会创办出版《东莞市出版印刷业信息》；举办东莞市出版印刷业协会会员联谊会，发挥协会桥梁纽带作用，加强行业沟通交流；召开东莞市出版印刷业协会理事会议，邀请机器设备供应商介绍2008年德鲁巴（drupa）印刷展的最新印刷技术；组织印刷复制类企业组团参加“第三届泛珠印刷复制业合作与发展论坛既项目洽谈会”，寻求壮大东莞市印刷业的合作伙伴，推动印刷业做大做强。

【出版业】 2008年，东莞市第一份都市报《东莞时报》正式创刊；《东莞日报》总收入突破亿元；全市新增《东莞青年》、《东莞宣传》、《东城商贸》、《才富》、《红楼》等5家省属连续性内刊。截至2008年，全市有《东莞日报》、《东莞时报》、《东莞乡情》、《东莞理工学院学报》和《东莞理工学院院报》等5家全国统一刊号出版单位，有中国新闻社东莞支社、南方日报东莞记者站和羊城晚报东莞记者站等3家登记备案的驻莞出版机构。全市有省属连续性内部资料出版单位53家，其中企业内刊编辑出版单位33家。全年核发一次性内部资料性出版151份，定期出版的编辑部门约30家。全年公开发行出版物出版总量达5603万份（册），总收入1.39亿元；全市图书型内部资料出版物出版数量为5.6万册，报型内部资料出版物出版数量1214.05万份，刊型内部资料出版物出版数量158.32万册。不断完善“农家书屋”工程建设，全市有“农家书屋”270家，其中2008年完成建设任务130家，书屋累计投入资金2118万元，建设面积达1.85万平方米，藏书（图书）75.7万册、报刊3271种、音像制品及电子出版物6763张。

【版权业】 2008年，东莞市深入开展版权宣传教育，大力普及市民的版权意识。制定并印发《东莞市2008年“保护著作宣传周”工作方案》和《“创新与未来——青少年版权保护主题教育活动”实施方案》。在2008年“保护著作权宣传周”期间，举办松山湖科技产业园获“广东省版权兴业示范基地”等称号揭牌仪式暨“创意松山湖”知识产权论坛，开展“版权保护在东莞”专题报道。通过各镇（街）有线电视系统、东莞日报等新闻媒体开展各式宣传活动，组织对全市各大型书城、电脑市场、印刷复制企业以及网吧等经营单位的大规模宣传执法行动，有力提升全社会的版权保护意识。组织举办大规模的盗版制品公开销毁行动，深入打击和震慑盗版盗印侵权违法违规行为。推荐、帮助版权产业企业和产业园申报“广东省版权兴业示范基地”的评选，成功推选粤晖园成为“广东文化（创意）产业园区”，唯美陶瓷工业园有限公司成为“广东省版权兴业示范基地”，永正图书创意产业园成为“东莞市创意产业园区”。同时，做好版权审核工作和对涉嫌非法出版物的鉴定工作，全年共对电脑光盘版权和内容合法性的审核工作达1021宗，涉及进出口光盘总数为4.42亿张（盒），涉及生产总值7.53亿元；为各基层执法单位作出出版物鉴定共106宗，涉及各类出版物1674种。

【发行业】 截至2008年，东莞市共有各类书报刊和电子出版物销售网点1220个，民营资本投资的比例达97%以上，占绝对优势。其中出版物批发单位10家，书报刊零售网点658家，电子出版物网点117家，邮政书报亭435家，形成遍布城乡的发行网络。 （沈志攀）

附：2008年东莞市文化广电新闻出版局领导名录

党组书记、局长：吴维保（任至9月）
陈志伟（9月到任）
党组成员、副局长：陈健秋 蔡建勋
董红 黎寿康
党组成员、市文化市场综合执法大队大队长：陈志满
党组成员、纪检组长：王海明
助理调研员：何环珠（8月到任）
周汉标（8月到任）

文联

【改革开放三十年文艺创作工程实施】 2008年，市文联重点围绕实施改革开放30年文艺创作工程，对东莞30年来改革开放的宏伟历程作全方位的深度叙写和立体刻画，推出一批反映改革开放、体现时代精神、具有东莞特色和民族气派、思想精深、艺术精湛的精品力作。重点配合市委宣传部拍摄由著名作家张胜友撰写的大型电视政论片《东莞城市传奇》，电视片全面、生动地反映东莞改革开放的成就和经验，相继在广东卫视与东莞电视台黄金时间播出。组织策划出版长篇报告文学《东方光芒——东莞改革开放30年史记》，是东莞市截至2008年仅有的一部全景式正面剖析东莞改革开放全过程的报告文学作品，已列入中国作协十部“中国改革开放30年丛书”之一，由作家出版社出版发行。市文联成立调研组，由蔡文学主笔撰写调研报告《东莞文艺事业现状及未来发展》，收入由市委宣传部、市社科联、市委党史研究编著的《东莞三十年——一个沿海开放地区建设有中国特色社会主义的成功实践》一书，并被《中国文化报》《南国风华南要闻版》以题为《繁荣文艺事业，打造文化新城——广东东莞改革开放30年文学艺术发展综述》刊登。市文联还进行了“唱响东莞”歌曲创作，约请全国著名歌词作家车行创作《一天一个样》和《建设者》两首歌词。编写出版《东莞文艺三十年》评论集。编辑出版《东莞当代文学艺术精品选》（2006—2007），对东莞

▲ 长安镇上角社区图书室 （唐寿新 摄）

2006—2007年文学艺术创作成果进行全方位展示和检阅。另外，各文艺家协会举办一系列的纪念活动，其中有庆祝改革开放30周年暨东莞建市20周年大型征文、纪念改革开放30周年东莞市书法精品展、庆祝改革开放30周年美术书法摄影精品镇街巡展，纪念改革开放30周年东莞、大连两市硬笔书法联展，并协助中国摄影家协会与长安镇人民政府在北京王府井商业大街举办了《“长安杯”纪念改革开放30周年全国摄影大展》开幕首展。

【人才培养】2008年，市文联进一步做好“聚才、用才、育才、展才”工作，全年举办各类创作培训班、改稿会、讲座100多场次，其中摄影家协会举办各种形式的讲座活动近30场；书法家协会与中国书画函授大学东莞分校协作，培养书法大专班学员80多人，深入10多个镇街开展书法辅导和作品点评工作，并建立全市首个青少年书法培训基地；民间文艺协会协助省文联、省民协在清溪镇举办广东省古村落培训班。硬笔书法协会在中小学开展多渠道、多形式的硬笔书法教学推广活动，受训教师1000多人，并建立东莞市硬笔书法考级基地，51人参加1—6级的硬笔书法等级考试。音乐家协会协助举办星海音乐学院吉他艺术水平等级考试。市作家协会组织作家参加省作协举办的文学创作专业技术职称评审继续教育培训，10人报评，通过高级1人，中级4人。舞蹈协会面向文艺骨干、舞蹈老师进行中国舞蹈考级1—3级教师资格培训。在培养人才、发现新人方面，市文联进一步办好《东莞文艺》与《南飞燕》，使之成为东莞市培养文艺创作人才的主要阵地。市文联以东莞打工文学创作培训中心为依托，着力打造打工文学品牌，培养新莞人作家，大力构建人才培育的长效机制。选拔5名新莞人作家参加广东外来青工文学创作培训，占全省接受培训名额的三分之一，并在《作品》第二期推出《东莞青年作家作品专号》。2008年，《南飞燕》开设“本刊推荐”栏目，每期重点推介两名新莞人作家。为全面、准确地掌握东莞市打工文学作者队伍状况，更好开展服务工作，市文联在全市范围内开展打工文学作者调查登记工作，建立东莞打工文学作者资料库。

【精品战略工程推进】2008年，市文联紧紧围绕精品战略工程，大力提升东莞创作实力。东莞文学艺术院首届签约18件创作选题《喋血淞沪——蒋光鼐将军传》、《三梦》、《祖》等全部完成创作。2008年，文艺作品获奖层次之高、获奖项目之广、获奖人数之多均超历史。东莞文学艺术院副院长曾小春获冰心儿童文学奖大奖和《儿童文学》擂台赛银奖，东莞文学艺术院签约作家郑小琼获庄重文文学奖、王十月获冰心散文奖、塞壬获2008年度人民文学散文奖；曾明了、郑小琼、柳冬妩成为广东文学院第三届签约作家。各文艺家协会也根据各艺术门类的特点，制订和完成各自的精品创作计划。摄影作品共有近300幅在各项影赛中入选和获奖，有20多幅（组）被《中国摄影》等全国、省级著名摄影专业刊物登载和国家级有关部门收藏；王海明被省文联、省摄协评选为“新世纪之星”，张村城、曹永富入选广东省文联、广东省摄协主办的《星河展——广东省第三届青年摄影家作品展》；在广东省第22届摄影展览中，东莞市获得5金4银7铜，50幅（组）入选的好成绩，获得奖项总数居全省各市首位。书法作品共有51件入选全国性书法展，203件入展全省性书法展，颜奕端等10人获得全国第九届书法篆刻展览组委会和省书协颁发的书法创作（学术）奖；12月5日，由中共广东省委宣传部、省文联主办的2008年“新世纪之星”书法展开幕，东莞市颜奕端入选，获广东省“新世纪之星”称号，展出书法作品20多件；周汉标、詹少彤、颜奕端、陈广权、黄品功的书法作品由北京奥委会安排悬挂在奥运村及收入作品专集。美术创作方面，关坚入选全国美展，75人入选省展，5人在省展中获奖。在舞蹈创作方面，由刘影编导的《南国雄狮攀高峰》应中国舞协的邀请参加了首届中国秧歌节，并应邀赴意大利罗马参加由中国文化部外联局与意大利罗马音乐厅联合举办的中国艺术节。在音乐创作方面，莫一军创作的歌曲《一个队礼》等获省级以上奖项8个，出版专辑2部；罗瑜创作和演唱的《不爱我就离开我》获广东省文化厅等单位联合主办的大学生原创歌曲大赛第一名。

【群众团体组织建设】2008年，东莞文学艺术院办公大楼投入使用。东莞文学艺术院大楼是市委、市政府重点建设的文化设施之一，是展示东莞文学艺术的窗口，是文学艺术创作、研究、交流和培训的中心。文联、各文艺家协会集中办公，东莞市率先在全国地级市文艺家协会实现有专人办公、有财政经费、有办公场所。2008年，作家协会成立了2个分会，属下团体分会达到21个。摄影家协会新增1个团体分会，属下团体分会达到35个，并协助有关镇区获3个“广东省摄影之乡”和1个“全国摄影之乡”的称号。美术家协会发展1个分会，分会达到17个，创作基地6个。舞蹈协会新增4个分会，分会达到27个。书法家协会下属分会达到31个，并首次在基层社区设立了书法创作基地。音乐家协会新增8个分会，下属分会达到26个。市戏剧曲艺协会新增分会2个，下属分会达到25个。市民间文艺家协会新成立4个分会和1个创作基地，并帮助有关镇区开展各种创建工作，桥头镇被授予“广东省荷花艺术之乡”称号，大岭山镇鸡翅岭村被授予“广东省女儿香艺术之乡”称号，清溪镇被授予“中国麒麟文化传承基地”，茶山镇南社村被批准为广东省首批27个古村落之一。

【文艺活动】2008年，市文联紧紧围绕“贴近实际、贴近生活、贴近群众”的重要原则，充分利用和挖掘东莞市独特的文艺资源，举办100多次专业性的文艺节庆、演出、展览、比赛、研讨、培训、采风等各类文艺活动。市文联与有关部门联合主办或协办的较有影响的活动，书法方面有“东莞书法进万家”活动、“迎奥运、庆奥运、颂奥运”书法艺术活动、广东省第三届青少年书法大赛东莞选拔赛、“翰墨莞邑”东莞市优秀书法作品邀请展、新莞人书法大赛、新莞人硬笔书法大赛；摄影方面有“厚街杯”广东省第22届摄影展览、“赏荷胜地，魅力桥头”全国摄影大赛、首届“廉泉杯”廉政文化摄影大赛、东莞市首届群众摄影大赛；音乐方面有“海纳百川，厚德务实”东莞城市精神主题歌征集活动、省港澳粤语流行歌曲大赛东莞选拔赛、东莞第三届打工歌曲创作大赛；美术方面有岭南画派画展、第二届东莞风情画展、第一届“回望家园”国画专题美术作品创作展和第一届“阳光城市”油画专题美术作品创作展等，形式多样、丰富多彩，展示文联的形象。东莞市各文艺家协会与负责人受到上级文艺部门的充分肯定，市书法家协会连续获省书协的贡献奖和组织奖，周汉标获全国第九届书法篆刻展筹展工作先进个人奖，在中国书协“中国书法家进万家”行动中，市书法家协会被评为先进基层单位。市民间文艺协会被省文联、省民协授予优秀组织工作奖，会长王少文被省民协评为先进工作者。此外市文联还精心筹划组织各种形式的赈灾活动。汶川大地震发生后，为了能更大限度地全力支持灾区人民，市文联及下属协会精心筹划多种形式的赈灾活动。其中，市摄影家协会联合省摄协，举办“抗震救灾·影人同心”爱心汗衫并举行义卖活动、广东千名摄影家赈灾大行动，共募捐36.1万元。长安镇摄影分会赴京参加“中国摄影家协会主席团赈灾义卖交接仪式”，认购一套价值50万元的由中国摄影家协会主席团成员集体创作的作品集，为灾区赈灾进行募捐；市美协举办作品义卖活动，将所得款项17.03万元全部捐给灾区；市作协组织数十位知名作家举办作品义卖活动，驻会干部侯平章在地震第二天即飞赴灾区采访，创作纪实文学《北川亲历记》在《上海文学》发表；市戏曲协会和市舞协组织艺术家精心编排戏目，在多个场所进行义演，充分体现东莞市广大文艺工作者与灾区人民群众心连心、同呼吸、共命运的高尚品格。

【文艺批评】 2008年，市文联围绕创作实际，切实加强文艺批评工作，开展一系列的文艺批评活动。田根胜的文艺评论专著被列为教育部人文社会科学研究青年项目，柳冬妩的文艺评论专著被列为广东省哲学社会科学“十一五”规划2008年度项目，柳冬妩成为广东省重点文学创作扶持资金第二届签约作家。田根胜的专著《近代戏剧的传承与开拓》、柳冬妩的论文《在生存中写作：“打工诗歌”的精神际遇》获东莞市首届哲学社会科学优秀成果奖一等奖。黄忠顺、胡磊、陈庆祝等十余人的30多篇文学评论文章刊登于《文艺争鸣》、《南方文坛》、《莽原》、《当代文坛》等学术期刊上，吴玩清、胡克嘉等人的8篇摄影论文被《中国摄影》、《大众摄影》等专业刊物刊登，黄品功等人的3篇书法论文入选岭南书法论坛，汪晟发表一系列的美术评论文章。同时，市文联举办文艺思潮、文艺现象和文艺作品理论研讨会，如摄影家协会承办广东省第六届摄影理论研讨会；作家协会与评论家协会举办《底层写作的现状与出路》、《中国当代文学的前沿与思潮》等研讨会20多场。民间文艺协会与省民协联合主办岭南客家文化研讨会。各文艺家协会积极配合东莞时报举办东莞改革开放30年与东莞文艺发展的文艺沙龙，共举办9场。 （蔡文学）

附：2008年东莞市文联领导名录

主　席：黄贵田（任至11月）
　　　　林　岳（11月到任）
专职副主席：林　岳（任至11月）
　　　　　　宋　媛（11月到任）

广播电视

【重大报道策划】 2008年，东莞广播电视台围绕市委、市政府中心工作，精心组织、精心策划完成“党代会及两会”、“西南纪行”、“创建全国文明城市”、“全市领导干部会议”、“社会治安”等一系列重大主题报道，组织策划“纪念改革开放30周年和建地级市20周年暨莞城建城1250周年”、“关于‘开展继续解放思想，坚持改革开放，争当实践科学发展观的排头兵’学习讨论活动”等宣传方案。全年共播发电视新闻6018条，广播新闻25920条，同比增长37%；共播出专题588部，同比增长22.5%；上送省台电视新闻1303条，被采用614条，采用率达67%，同比增长43.5%；中央电视台采用本台电视新闻26条，同比增长25%；被省广播电台采用新闻稿量连续六个月排在全省地级市电台首位。

【产业结构调整和转型升级宣传报道】 2008年，东莞广播电视台组织广播、电视、网站三大媒体运用新闻、专题、访谈等多种方式对东莞市产业结构调整和转型升级进行全方位宣传。其中广播栏目《东莞早晨》推出《东莞在双转型中告别‘世界加工厂’》等专题报道48条，新闻简讯126条；广播栏目《市民热线》和《财经第一线》全年共播出近200期与产业转型升级相关的节目。电视栏目《东莞新闻》连续推出《本台评论：就地转型是根本》、《本台评论：面对危机更须坚定转型升级的信心》等新闻评论近100篇；电视栏目《焦点关注》全年共制作播出了80多期与产业转型升级相关的节目，策划制作了10多个有关民生问题的系列专题节目。东莞阳光网全年共采写发布有关“东莞产业转型升级”稿件1400条，策划推出专题35个，收到合理化建议建言2300多条，总点击量达1367万人次。推出的《刘志庚书记邀请网民当面“灌水拍砖”》专题点击量达130万人次；《东莞难题我来解》专题更是引发百万网友积极建言，共收到建言500多条，总点击量达300多万人次，为东莞市产业结构调整和转型升级营造了浓厚的舆论氛围。

【制片人制推行】 从2008年5月份起，东莞广播电视台在66个广播和电视栏目实行制片人制，进一步激发媒体活力，优化资源配置，合理利用有限的频道资源，收效明显，全台自办栏目月平均收听（收视）率提高12%。据权威收视调查公司统计，2008年东莞广播电视台两个电视频道总收视率和市场份额保持稳定发展态势并略有增长，新闻综合频道2008年的平均收视率和市场份额比上年同期提高4倍。9月22日至10月12日，东莞广播电视台电视自办频道黄金时段平均收视率和市场份额首次连续三周蝉联东莞地区第一名。电视自办栏目《今日莞事》全年居东莞地区收视榜首，广告经营创收超过2600万元。

【数字电视整体转换】 截至2008年，东莞市完成数字电视整体转换130多万户，整体转换率高达130%，远远超过整体转换前的模拟电视用户数，是全国整体转换城市中整体转换速度最快的城市之一，整体转换数量在全国地级市中位居第一。同时，这也标志着东莞市数字电视整体转换工作已全面完成，并进入扫尾阶段，重点转向酒店、出租屋等非居民用户。

【广播节目实现全天播出】 2008年5月，广播两频道的节目由40小时播出增至48小时，实现24小时不间断播出，广播收听率增长5%，市场份额增长22.3%，稳占全市七成以上市场份额，成为东莞地区100多万名听众的首选频道。

【阳光网站发展势头强劲】 2008年，东莞阳光网相继推出阳光房产网、阳光汽车网等行业推介平台，日均浏览量近200万次，日最高浏览量达233万次，比成立之初增长10倍，经营创收与2007年同期相比翻了近三倍。在中国网站最新排名中，东莞阳光网跃居全国省市分类网站排名前20强。

【广告经营】 2008年，东莞广播电视台坚持“以客户为中心”的经营理念，积极探索媒体发展规律，充分发挥媒体优势，把可经营的资源分离出来，成立自主经营的运营主体，9月28日东莞市精彩影视艺术团挂牌成立，12月18日，东莞市精彩影视制作有限公司挂牌成立。在全国、全省各地级市广播电视广告经营收入普遍大幅度下滑的情况下，东莞广播电视台广告经营收入再创新高，2008年东莞广播电视台及下属单位经营收入累计为28203万元，比上年增长2853万元，增长率为11%。

【精品生产】 2008年，东莞广播电视台组织录制的广播剧《追梦的人》获第八届中国广播剧研究会广播剧专家评析连续剧金奖，实现广播剧全国奖项零的突破。首次拍摄的电视栏目剧《家园》播出后受到社会的好评，收视率连续大幅上升，最高收视率达到3.74%，在2008年全国第三届电视栏目剧创优评比中获三等奖。与新疆电视台合办的卫视栏目《南海潮》在新疆卫视汉语一频道播出，节目覆盖中国大陆及周边8个国家，结束东莞新闻节目只在东莞播出和覆盖的历史，进一步拓展东莞对外宣传的渠道。在市级以上各类专业评奖中，东莞广播电视台共有58篇作品获69个奖项，其中获全国专家奖金奖1篇，全省政府奖一等奖2篇，全市一等奖8篇。

【“八有”主题教育学习月活动开展】 2008年9月，东莞广播电视台开展以“有规有矩、有分有寸、有始有终、有情有义”的“八有”教育学习活动，进一步统一员工的思想，增强党员干部的防腐拒变能力。党员干部和全台员工通过讨论会、谈心会、演讲会、墙报等形式，在全台形成学习“八有”、践行“八有”，争做“八有”广电人的良好氛围。

【安全播出】 2008年，东莞广播电视台通过加强领导、制度建设、岗位培训、视频监控等措施，加强安全管理。安装视频监控点56个，出动5000多人对广电网络进行巡查，在北京奥运会、全国“两会”等重要保障期内，实现安全播出。2008年，副台长李树祥获南方传媒集团颁发的“安全播出先进个人”称号。

【情系灾区】 汶川大地震后，东莞广播电视台向东莞市慈善会捐献61万元现款，通过南方广播影视传媒集团向灾区捐献50万元现款，捐赠价值47万元的广电设备支援灾区广播电视设施重建，还派专人赶赴四川绵阳灾区捐赠100万元，修建南街小学莞香楼图书馆。为灾区捐款捐物达258万元。（郑远龙　莫斌彬）

附：2008年东莞广播电视台领导名录

台　长：黄永贵

副台长：梁志刚　李树祥　杨清仿　唐和平

总编辑：郑远龙

台长助理：刘全凤

▲ 洪梅镇海滨长廊

桥头镇

市委书记、市人大常委会主任刘志庚到亚历集团调研企业生产经营情况

市委常委王道平到桥头洛定工业城调研

桥头镇迎春慈善长跑活动

东部工业园桥头园区

市民晨运

2008年6月，第五届东莞桥头荷花艺术节盛况

莲湖晨曲

桥头镇石水口村

市委副书记、市长李毓全到石水口村视察

石水口村位于桥头镇的西南部，紧靠东莞东部工业园桥头园区，东深路、莞桥路贯穿全村，交通便捷，地理位置优越。全村面积7.8平方公里，常住人口20000多人，其中户籍人口4484人，新莞人16000多人。相传是南宋绍光年间(1131-1162年)，先祖从南雄珠玑巷迁此立村，是个文化底蕴深厚，充满活力和商机的置业投资热土。

石水口人坚持以“三个代表”重要思想为指导，认真落实科学发展观，切实推动区内经济社会“双转型”，经济快速发展，城市建设日新月异。区内银行、综合市场、医院、市一级学校、文化广场等市政、文化娱乐设施一应俱全，生活、投资环境日臻完善。2008年底，石水口村有企业130多家，其中外商企业80多家。工业园区配套完善，村自建厂房面积28万平方米，初步形成了覆盖五金压铸、电子、毛织制衣、注塑、灯饰、玩具等行业现代化的工业体系。2008年，完成工农业总产值82608万元，集体净资产26327万元，村组可支配总收4501万元，集体经济纯收3039万元。近年，石水口村积极实施“实业兴村”的战略，投资6000多万元筹建了永泰压铸厂，进一步完善优化了村集体资产的配置，发展后劲明显增强。

石水口村村风民风纯朴，村民文化生活丰富，社会治安良好。村组建醒狮队、舞蹈队、篮球队，很多企业成立了文娱小组。每晚村民都在广场开展健身舞活动，每年各大小节日村都举办一系列的文娱表演和比赛活动，深受村民和广大新莞人欢迎。2008年石水口村投入了700多万元启动了高岭公园建设，村文化设施得到进一步完善。

石水口村三个文明建设成果丰硕，先后被上级政府评为“安全小区”、“文明村”、“省卫生村”；村党总支连续多年被镇党委评为“先进党支部”。进入新时期，石水口人将以全新的精神面貌，热诚欢迎广大朋友前来投资，携手共创新辉煌。

村舞蹈队活动

高岭公园

桥头镇第二小学

工业区企业

村委会办公楼

工业区一角

莞城

发展篇

莞城稳步推进旧城改造工作，进一步推动了城市升级。图为东莞市几套班子领导视察莞城可园北路景观工程

3月4日，莞城荣获“广东省精神文明单位”并挂牌

莞城区纪念中国共产党成立87周年暨表彰命名大会

莞城召开应对金融危机经验交流座谈会，帮扶企业应对金融海啸

10月30日，由东莞市文明委主办的“光荣属于你——中国移动 东莞市‘推进双转型、建设新东莞’杰出企业颁奖晚会”在玉兰大剧院举行，会上东莞市共表彰了61家杰出企业，其中莞城独占8家

西城楼大街是莞城遵循“改造旧城，改旧如旧”原则，全力推进旧城改造又一亮点

莞城率先推出社区改革的新模式，各社区建立“一站式”便民服务窗口，居民办事在社区服务窗口就可全部“搞掂”

东莞第一楼——莞城汇峰中心，建筑面积平方米，市值约为15亿元，该项目建成后将业总部基地和研发中心

文化篇

2月1日，东莞首个由街道办事处创办的综合性、多功能现代美术馆——莞城美术馆正式开馆

为提高市民艺术修养，激发市民爱国热情，莞城将画展与慈善活动有机结合。图为市委书记、市人大常委会主任刘志庚在画家的陪同下参观“云海归来”画展

9月28日，东莞第四届读书节开幕暨全市首家艺术、古籍收藏的专业图书馆——莞城图书馆开馆仪式

8月28日，市委副书记、政法委书记黄双福，市委常委、宣传部部长王道平率有关部门负责人，深入莞城商业街、医院、社区、市场等地“督战”，检查指导文明创建工作

“纪念改革开放30周年——首届中国农民文演”在苏州市举行，莞城街道送选的《红红火糖环》取得了本届大赛广东省代表队中唯一的奖”，并以最高分夺得全省9个选送节目中的

王蒙在莞城文化周末大讲坛中解读《红楼梦》中的政治”

莞城文化周末少年合唱团与香港屯门儿童合唱团举行“传递城市乐音 展现莞港文明”交流活动

安全篇

市委书记刘志庚视察莞城消防安全工作

2008年，莞城以创建“平安社区”为契机，狠抓社会治安综合治理。图为8月29日，市长李毓全为获评“平安社区”的莞城创业社区揭牌

12月4日，东莞市中心市区“治摩”工作座谈会在莞城建设小学召开，市委书记、市人大常委会主任刘志庚，市委副书记、市纪委书记黄双福，副市长邓志广及市公安局、交通局等有关部门和莞城、东城、南城、、万江街道的主要领导参加了会议

安全生产暨莞城召开安全工作暨创建省食品安全示范镇(街)动员会议

7月30日，莞城公安分局举行了“平安奥运平安莞城”武装大巡游活动，共出动200名民警、300名治安员和73辆警车

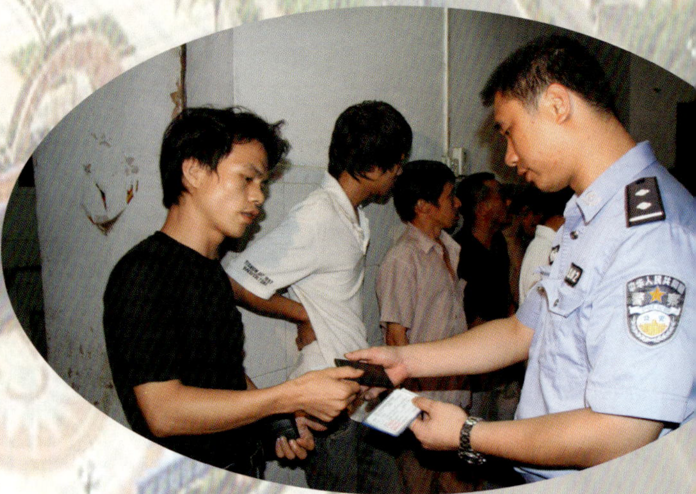

10月23日，莞城联合公安、交警、工商、城管等多部门联合行动，cr
出租屋

民生篇

12月3日，副省长佟星携省政府副秘书长林英，省政府副秘书长、省人口计生委主任张枫等领导，专门就计划生育工作莅临莞城调研

“八一”建军节前夕，副市长李小梅在莞城街道党委副书记、办事处主任陈志坚的陪同下，深入基层慰问困难群众

为北京奥运会成功举办和改革开放30周年纪念活动顺利进行创造良好的社会环境，莞城深入开展党委书记大接访活动。图为莞城街道党委书记王检养热情而耐心地接受群众来访

为倡导文明、发扬志愿精神，莞城团委、妇联在人民公园开展“爱护树木”活动

7月22日下午，全国“百城市道德模范巡讲网上行”东莞启动仪式暨首场到的模范事迹报告会在莞城市民广场报告厅举行

3月20日，全市首个“市人大代表联络群众访谈室”在莞城北隅社区揭牌

石龙镇

石龙镇“金沙漾月”入选东莞新八景

“数字石龙”是“数字广东”试点单位

石龙科技创新中心，展示石龙科技信息事业成果

石龙曾获得全国群众体育先进单位，全民健身观念深入民心

石龙位于东莞北部，东江下游北干流和南支流交汇处，全镇土地面积11.30平方公里，总人口15万人，其中户籍人口6.9万人。辖老城区、西湖区、新城区，每平方公里的人口密度高达1万多人。2005年起，每平方公里土地为国家贡献税收达6000万元以上。是广东省中心镇。石龙有800年可考历史，自宋代开始就有人定居。明末清初，已成为岭南重镇。清朝末年，随着广九铁路的开通，石龙因商业发达而与广州、佛山、顺德陈村齐名，并称广东四大名镇，旧称“省、佛、陈、龙”。孙中山、蒋介石等历史名人先后多次到石龙。

2008年，全镇完成GDP 47亿元，同比增长（下同）10.10%；完成规模以上工业产值126亿元，与2007年基本持平；按海关统计口径全年累计出口14.23亿美元，增长35.50%，增幅排在全市第3位。2008年，石龙荣获全市每百元GDP税收额第3名，GDP能耗计划完成率第2名，每平方公里已用土地GDP第3名，每万元税收耗电第5名，每平方公里已用土地税收第3名的好成绩。

石龙拥有中小学校10所，在校人数近2万人，中考成绩超过市平均分28分，户籍人口升大学率全市排名第一，升本科比例全市第二，成功通过广东省教育强镇复评。拥有2所二级甲等医院，其中人民医院已有105年历史，全镇户籍人口与医生的比例达到国内大城市水平，科教文卫事业发达。

石龙先后被国家、省市等上级领导部门评定为国家星火技术密集区、国家信息化试点镇、国家卫生镇、全国小城镇综合发展水平1000强、全国文明镇、广东省电子信息产业集群升级示范区、广东省教育强镇。2008年，喜获本年度东莞市镇街工作量化考核评比一等奖（第九名）、中国历史文化名镇、广东省科技进步特等奖、广东省食品安全示范镇等殊荣。在由人民网主办、200多万名网友参与投票的“改革开放30年30个最受关注乡镇”评选中排名第一位。

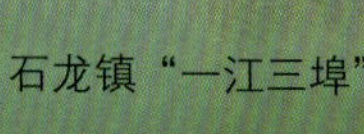
石龙镇“一江三埠”

石龙新城区

集防洪、娱乐、休闲于一体的金沙湾公园

东莞市“石龙杯”龙舟竞赛开幕式盛况

石龙一景——石龙古镇壁画

为纪念孙中山先生，石龙公园改名为中山公园

城市建设飞速发展，图为新建的商住区外景

国家中低压输配电设备质量监督检验中心

国家质检总局党组成员、认监委主任孙大伟莅临CNCE调研指导工作

国家中低压输配电设备质量监督检验中心（简称CNCE）是IECEE-CB实验室，国家认监委授权的CCC认证检验机构，CNAS认可实验室。主要从事高、中、低压电器的检测认证技术服务。

CNCE投资1.2亿元，占地面积为43亩，建筑面积为1.85万平方米，大电流短路试验能力为450V，280KA（全国短路试验能力最大），在国内外同行业中处于领先地位，已成为具有国际先进水平、国内领先的实验室。

CNCE可出具CCC、CQC、节能、电能(PCCC)认证检验报告、CB、CE证书，国外荷兰KEMA、英国ASTA、德国VDE、加拿大CSA、巴西UCIEE、新西兰、沙特认证的检验报告，使客户享受到一次检验，全球通用好处。

联系人：陈小姐
联系电话：86106768　传 真：0769-86106166
E-mail:cong_1214@163.com
地 址：东莞市石龙镇西湖东路68号 邮编：523325
http://www.cnce.asia

东莞市委书记刘志庚莅临CNCE检查指导工作

广东省质量技术监督局局长赖天生莅临CNCE检查指导工作

CNCE技术人员在总控制室进行通断试验控制

国家中低压输配电设备质量监督检验中心

石龙镇新维村

2008年10月31日，市委书记刘志庚莅临新维村调研

2008 年10月31日，市委书记刘志庚莅临新维村调研，与村支部书记叶包权亲切谈话

新维村位于石龙镇西北部，毗邻石龙火车站，全村总面积0.57平方公里，2008年，有常住人口545人，外来人口2000多人。

改革开放以来，新维村大胆改革，开拓创新，从零起步，利用交通地理优势和有限的土地，大力发展商贸业和进行厂房建设，积极招商引资，取得明显的成效。2008年村集体总收入2100万元，人均收入3.76万元，据统计，村的集体资产总额已达12000万元。新维村先后被评为“东莞市文明村”、“东莞市文明村标兵”、“东莞市两个文明建设综合得分第3名”、“东莞市主要经济指标单项人均水平第一名”、“东莞市民主自治示范村”、“东莞市固本强基工程市级示范点”、“东莞市文化建设达标村”和“东莞市计划生育先进村”“东莞市平安村（社区）”等殊荣。在经济快速发展的同时，新维村不忘加强文化建设，建立和谐社区。村先后投入130多万元重修了“新维村门楼”、“新维村东门楼”、“叶氏宗祠”、“荣阳书院牌匾”和“武举人石碑”等一大批极具研究价值的岭南特色建筑文物，并投入200多万元建立了小公园、篮球场及文化活动中心等文体设施。配备了电影院、图书阅览室、老人活动室、棋牌室、青少年活动室、展览厅、体育健身室、乒乓球室以及宣传栏等文化活动阵地，也对村场环境进行了整治和绿化美化，村容村貌焕然一新。与此同时，村建立健全了《乡规民约》，组织开展了一系列体育竞赛活动、举办各种培训班、“美德在农家”活动和“读书周”书展活动。健康的文化娱乐活动蔚然成风，全村呈现了祥和、文明、知礼、诚信的良好氛围和各行各业蓬勃发展的景象。村社区以满足村民日益增长的物质文化生活需求和提高居民文明素质为已任，全心全意为村社区群众服务，不断规划建设，使得服务设施和文化娱乐设施较为完备，设有老年人活动中心、青少年活动中心、健身室、村社区医疗站、图书馆、小博士幼儿园等设施，以及完善各道路、水电、通讯等网络设施，进一步优化了村民的生活居住环境。

新维村获市“平安社区”称号

村社区大力推动科学知识、科[illegible]思想、科学精神和科学方法在村社区宣传教育和普及传播。通过创建“东莞市固本强基工程示范点”单位、“东莞市文化达标[illegible]单位等工作和实践，提升了村社区领导班子和社区工作者的综合素质，促进了村社区各项工作的发展，培育了村社区健康向上的人文风貌。

村社区充分发挥自治职能，以满足村民需求，提高生活质量，调节人际关系，共建文明村社区为宗旨，以“党建统揽全局，科技走向生活，道德进入万家，文化面向群众，法律深入人心，卫生服务村民”为工作目标。秉承“一流管理，一流服务”村社区理念，在村民管理、计划生育、治安防范、社会保障等方面实行规范化运作。村党支部紧紧围绕 “科学发展观”重要思想要求、有力地推动社区建设向社会化、现代化、科学化方向发展。

村区环境优美

五整治成果——开辟新的休闲公园

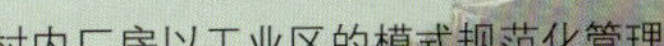

村内厂房以工业区的模式规范化管理

红棉路——新维村商贸大厦

虎门镇 HUMEN

2008年11月14日，中共中央政治局常委、国务院总理温家宝(右二)在省、市、镇领导的陪同下深入虎门企业与工人亲切交谈

2008年11月13日，市委书记、市人大常委会主任刘志庚在镇委书记、镇人大主席吴湛辉的陪同下视察东莞冠越玩具有限公司

虎门全景

镇委书记、镇人大主席吴湛辉在龙泉天桥检查点督导“治摩”工作

镇委书记、镇人大主席吴湛辉(中)代表虎门镇领取全市镇街工作量化考核结果综合总分一等奖奖牌

镇委副书记、镇长任洪杰深入基层检查工作

吴湛辉、任洪杰等镇领导赴港拜访虎门港企香港总部老板

虎门龙眼派出所荣获“全国一级公安派出所”称号，吴湛辉、陈伟强、叶浩钿等领导为其揭牌

镇领导在新湾渔区视察

缅怀虎门籍爱国将领蒋光鼐光辉业绩

宜居虎门添新姿

社区卫生服务机构启动仪式

台新门诊部开业剪彩仪式

虎门学生为地震灾区捐款

虎门各界为灾区捐款

东城新区

城市封面 宜居新区——东莞东城

同沙生态公园

东城区是东莞相对成熟的城市新区，城市环境舒适怡人，被外界誉为东莞的“城市封面”。东城以都市化为发展方向，坚持高标准规划，高强度投入，大规模建设，建成了东城文化广场、峰景高尔夫球场、索菲特御景湾酒店、四大城市公园等颇具代表性的城市基础设施，以及一批配套完善、环境优美的现代住宅小区，使整个城市面貌焕然一新，吸引了大批高素质、高收入的社会精英居住创业。2008年，东城区正全面实施中心区“东扩、南接、北拓、中优”城市发展规划，积极推进总投资超过80亿元的17项重点工程建设，进一步拓宽城市空间，拉开城市发展框架，营造一个布局更加合理、格调更加高雅的城市生活新空间。

东城行政商务中心

现代住宅小区

世博广场——“一站式”娱乐购物休闲广场

seebal group
世 博 集 团

世博领寓——珍稀中心城 完美生活家

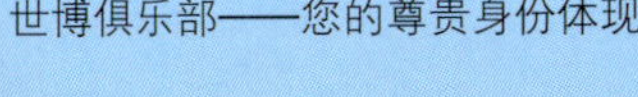
世博俱乐部——您的尊贵身份体现

世博沐足——您心灵休憩的驿站

天源电脑城——东莞电脑大本营

天源数码港——IT旗舰店码头

世博儿童世界——儿童用品 一站购齐

汇安图文——专业数码印刷

世博通讯城——东莞的华强北

东坑镇

2008年6月17日，市政协主席刘树基调研神山新排站

2008年3月9日，市领导庞国梅、吴道闻等在镇委书记黄为国的陪同下步入“卖身节”开幕式会场

2008年6月20日，市委常委、副市长江凌对东坑镇产业结构调整进行调研

2008年4月30日，镇委书记黄为国、镇长张耀洪为神山新排站进行机组试运行

2008年3月18日，东坑镇第十五届人民代表大会第四次会议召开

在东坑镇第十五届人民代表大会第四次会议上镇委书记黄为国当选为镇人大主席、张耀洪当选为镇长

2008年5月30日，东坑镇荣获“广东省卫生镇”称号

东坑镇开展镇委书记大接访活动

“卖身节”人才交流活动吸引了近百家企业到场招聘，现场为求职者提供了4300多个就业机会，涉及管理、技术、普工等多方面的岗位

“卖身节”在东坑世纪广场盛大开幕

2008年6月4日，副市长李小梅视察神山新排站农业产业园

内河下游经过清淤、裁弯取直以及扩宽河道，初见成效

神山新排站投入使用，在防汛期连场暴雨中发挥了明显的效用

万 江 WAN JIANG

2008年10月21日，中共中央政治局常委李长春视察万江

2008年5月13日，市委书记、市人大常委会主任刘志庚到万江指导深入学习科学发展观转段工作

2008年7月16日，市委副书记、市长李毓全到万江督查大接访工作

万江全景

2008年6月27日，深入学习实践科学发展观活动中央督查组到万江督查

万江街道深入学习实践科学发展观活动动员大会

禁摩行动

烈祝贺万江区荣获“东莞市文明镇街”称号

万江街道获“东莞市文明镇街”挂牌仪式

东莞市2008年"青春暖流"行动启动仪式暨关爱新莞人子女手拉手活动

万江街道首届女子运动会开幕仪式

万江龙舟文化节

万江龙舟文化节之2008年广东(东莞)端午传统文化体验日

万江灯火

华南MALL

万江街道首届茶文化艺术展开幕式

2008年5月26日，万江深入学习科学发展观之产业结构调整和城市升级高峰论坛

四通八达的交通

领导关怀 Lingdao Guanhuai

2008年7月19日，中共中央政治局常委、国务院总理温家宝视察南城企业

2008年10月19日，在宏威数码机械公司，中共中央政治局常委李长春认真听取企业负责人介绍生产情况

2008年5月26日，副省长雷于蓝视察南城流动人口计划生育服务管理工作

2008年3月24日，省委常委周镇宏视察宏威数码公司

2008年5月21日，市委书记、市人大常委会主任刘志庚到南城调研

2008年9月28日，市委副书记、市长李毓全视察南城消防安全大宣传大培训整治工作

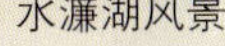
水濂湖风景

文化南城 Wenhua Nancheng

南城体育公园

蚝岗遗址博物馆

华灯初上耀新城

宏威数码公司厂区

装备制造业高科技产品

华坚集团外景

新能源电子公司

宏成五金机电模具城

高铁实验室

科旺公司

2008年7月8日，中堂现代农业生态园项目举行签约仪式。属地村下芦、马沥、四乡三个村，中堂农业生态园管理有限公司分别与东莞市龙日实业投资有限公司签定了项目承包合同。图为农业生态园承包项目签约仪式现场

经济稳步发展

2008年，中堂镇按照产业升级促发展，城市升级促发展，环境优化促发展，统筹协调促发展，和谐稳定促发展的思路，全力破解发展难题，积极应对经济危机，有力推动全镇经济社会稳步发展。2008年全镇完成生产总值66亿元，同比增长12.06%；工农业总产值171.8亿元，增长8.29%；各项税收总额8.5亿元，增长3.6%；镇本级财政收入4.2亿元，增长22.52%；全镇固定资产投资总额16.2亿元；出口总额2.8亿美元，增长4.87%；各项存款余额65.9亿元，比年初增长8.78%；社会消费品零售总额9.2亿元，同比增长20.9%；农民人均纯收入10973元，增长6.78%。

纸品企业生产车间

社会建设水平不断提高

2008年，中堂镇将办好民生实事、改善民生民计作为构建和谐社会的有力抓手，大力实施就业帮扶和创业支持计划，促进2740多名本地群众就业创业。建成启用1个中心6个站点的社区卫生服务机构，落实为本地户籍老人、妇女提供免费体检和建立健康档案。由镇财政投入约436万元为全镇7.26万户籍人口购买重大疾病医疗保险；完善农民医疗保险，提高社会保险参保率，扩大覆盖面，低保标准提高到每月400元。新增公汽14辆，线路9条，延长公汽营运时间，增建公交基础设施，有效完善公交服务。

2008年8月28日，市政协主席刘树基等市领导莅临中堂镇潢涌村，为该村荣获东莞市“平安社区（村）”称号揭牌

2008年12月11日，中堂镇举行农(居)民重大疾病医疗保险投保仪式

2008年9月28日，中堂镇举行社区卫生服务中心(站)暨社区门诊医疗保障启动仪式

教育事业蓬勃发展

2008年，是中堂镇教育事业发展不平凡的一年。落实了由镇财政补贴各村（社区）校车运营经费，减轻村级经济负担。大力推进“科教文体”发展，高、中考保持优异成绩，其中，中考人均成绩482.47分，高于全市13.23分，位于全市的上等位置；高考成绩每万人口升大学本科和升大学率分别居全市第四、第五位，其中群英学校继续稳居全市面上中学第一。投资1.8亿元建成启用实验中学，并于9月1日顺利开学，这标志着该镇初中联合办学全面完成，也标志着《中堂教育布局调整方案》实施全面完成。投入近1100万元改善中堂中学办学条件，并于11月1日隆重举行中堂中学50周年校庆活动，营造了尊师重教的良好氛围。

2008年9月8日，中堂镇举行“中堂镇庆祝2008年教师节暨教育工作会议”

2008年9月12日，中堂镇举行2008年中堂镇第四届读书节启动仪式

2008年9月1日，中堂实验中学正式建成并投入使用。图为中堂实验中学落成暨开学典礼现场

城市环境不断改善

2008年，中堂镇坚持“规划、建设、管理”并重，改善城市环境，增强城市功能。结合产业布局和用地需要，认真做好土规修编，同步推进环卫、绿化、供水、燃气、公交等专项规划，做到规划建设“一盘棋”。建成湛凤路、袁鹤路和规划一路；启动南潢路的升级改造；建成启用供水厂办公楼，加快9万吨/日生产线扩建工程建设。完善内河涌整治规划方案，对部分河段实施了清淤疏道。有效改善了城市环境和群众生活环境。

107国道、北王公路、中堂振兴路交汇处

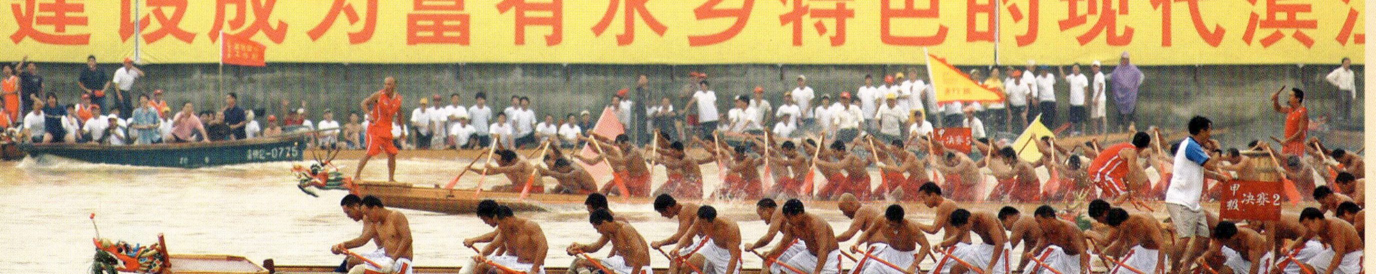

2008年6月16日，中堂镇举行2008年龙舟文化体育节

节日文化

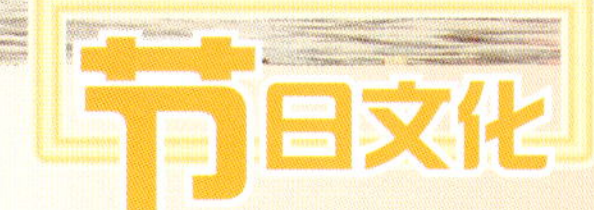

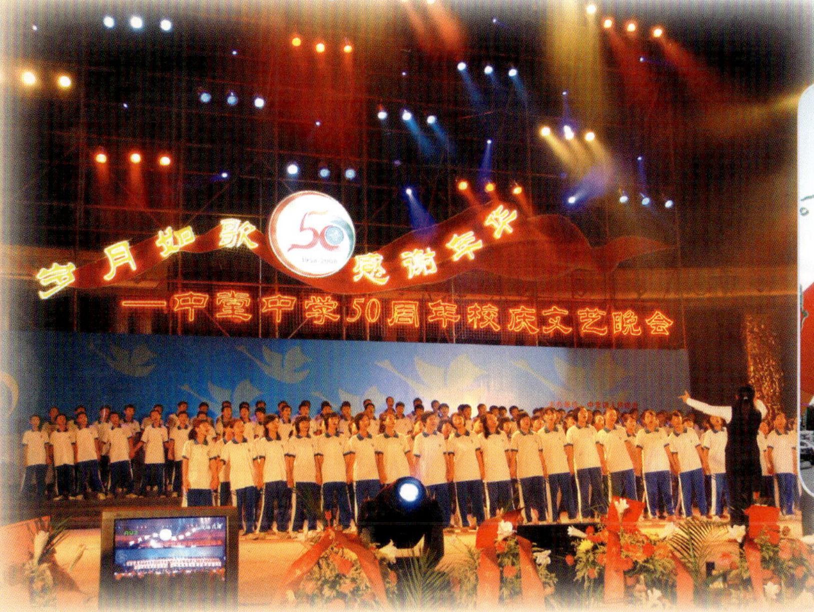

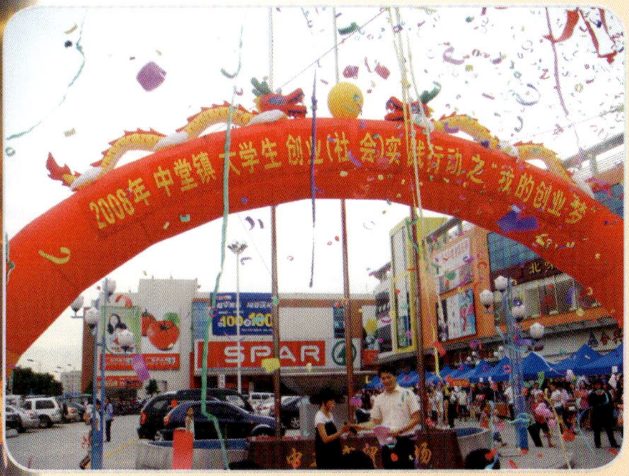

2008年8月8日，中堂镇举办“中堂镇大学生创业(社会)实践行动”

2008年11月1日，中堂镇举行主题为“岁月如歌，感谢年华”的中堂中学50周年校庆文艺晚会

中堂文化广场

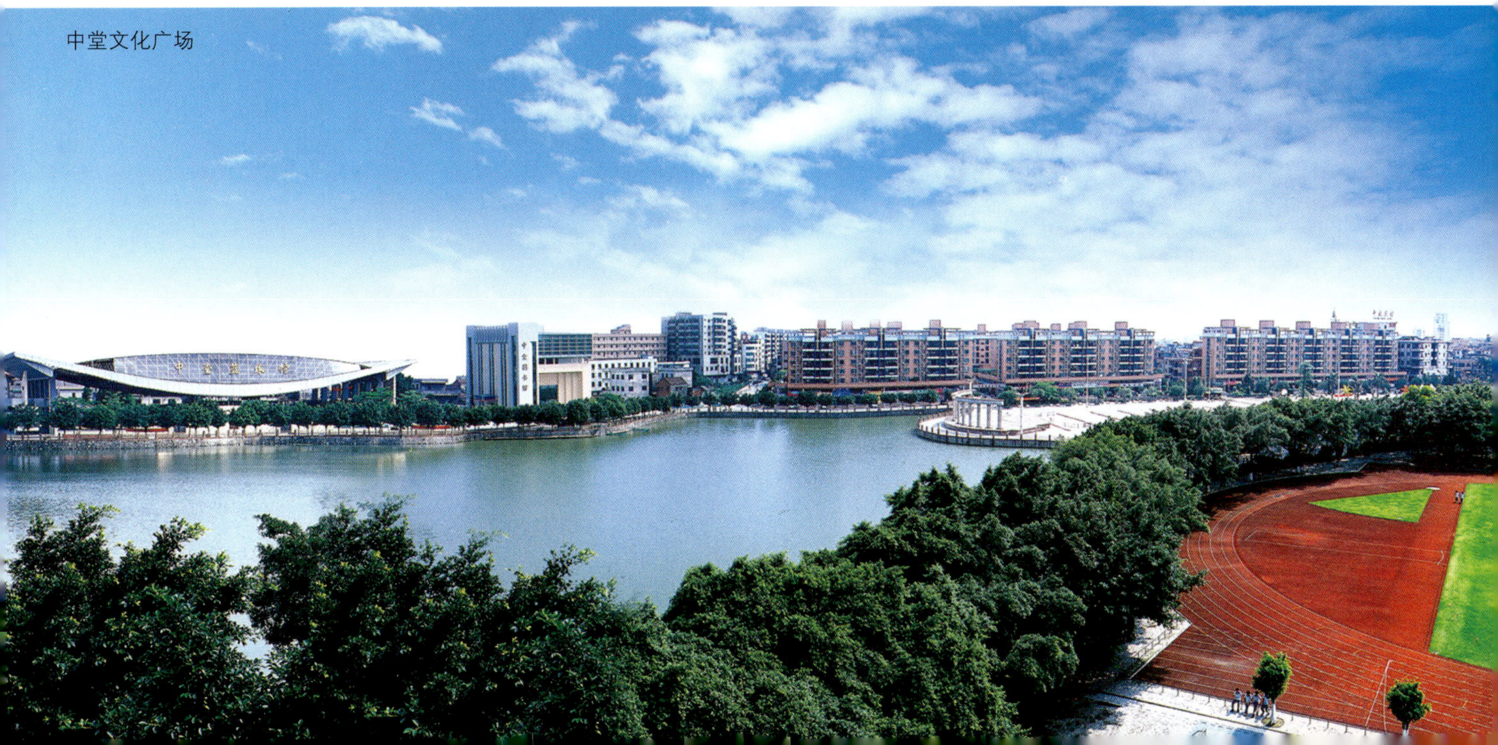

望牛墩镇

东莞西部宜工宜商宜居的现代滨江水城

望牛墩镇区

望牛墩镇为村(居)民购买补充医疗保险签约仪式

补充医疗保险签约仪式

望牛墩镇社区卫生服务中心启用

望牛墩镇滨江体育休闲公园奠基

望牛墩实验小学

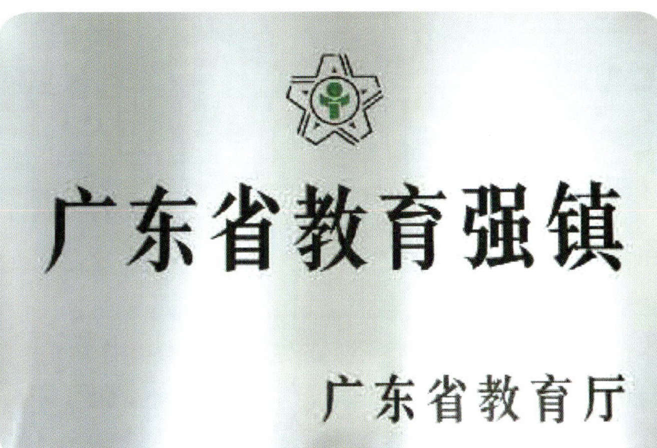

省级教育强镇

七月七民俗风情节文艺晚会

粤剧黄金周

五月初五赛龙舟

广深高速望牛墩出入口

望牛墩镇规划图

市环城路与广深高速连接线

科技产业园

十大龙头企业之一

望牛墩新中心区规划图

麻涌镇

麻涌镇新一届领导班子成员合影

2009年1月5日，市人大常委会副主任张顺光(中)到麻涌镇调研，与镇委书记邓流文(左)及镇长莫伟权(右)座谈

副市长李小梅(右)视察麻涌镇香蕉受灾情况

省外经厅厅长梁耀文一行在玖龙纸业考察调研

2008年12月12日，市关工委领导到麻涌镇调研

2008年8月7日，市委副书记、市长李毓全到麻涌镇督导大接访活动

镇委书记邓流文慰问困难群众

麻涌镇领导班子督导禁摩工作

镇委书记邓流文带队到韶关市开展结对帮扶活动

麻涌镇表彰2008年度先进单位

麻涌镇新沙港

香飘四季农业园规划建设

麻涌镇中远船务项目

位于麻涌镇的新沙港是国家一类口岸

麻涌镇新沙港汽车滚装码头

南玻集团落户麻涌镇，引来上下游配套企业纷纷入驻麻涌

麻涌镇四通八达的交通网络

麻涌镇夕照

麻涌镇水乡风情

2008年11月20日，市委常委、组织部部长庞国梅(左二)在茶山镇委书记卢少雄(右一)的陪同下到茶山食品企业进行调研

2008年8月28日，茶山镇举行“平安社区”挂牌仪式

2008年3月28日，茶山镇文学艺术界联合会成立

茶山新景

茶山镇举行东莞市“创建文明镇工作先进单位”和“文化建设达标镇”挂牌仪式

茶山镇南社村举行“广东省文明村”挂牌仪式

茶山镇“实践科学发展观文化三贴近活动”启动仪式

茶山镇第五届“劳动者之歌”歌唱大赛颁奖晚会

茶山镇各界踊跃为四川地震灾区捐款

茶山镇赈灾物资运往四川地震灾区

中国食品名镇—茶山

王文哲
二〇〇八年三月二十六日

2008年6月19日，中国食品工业协会授予茶山镇“中国食品名镇”称号，镇委书记、镇人大主席卢少雄(右一)从中国食品工业协会会长王文哲(左一)手中接过牌匾

截至2008年，茶山镇拥有食品企业200多家，从业人员3万多人，全镇食品行业固定投资超10亿元，行业完成工业总产值达22.8亿元，占全镇工业总产值近30%，初步形成了以制造、销售及其他产业配套为一体的食品产业集群，成为茶山镇经济的支柱产业之一，推动了全镇经济的发展。

2008中国(宁波)食品博览会茶山镇展厅

中国名镇博览会“茶山食品”展厅

中国食品名镇——茶山展台

茶山食品

茶山食品企业

茶山镇集聚了一批国内外知名食品企业，既有雀巢、嘉顿食品等世界著名企业，也有本土成长起来的华美食品、圣心食品等国内知名企业。此外，镇内还有禾田食品、彩田食品、雪波比冷冻食品、佛泉矿泉水、内蒙古伊利、天城酒业、腾晖商贸等多家食品企业和食品贸易企业，产品涉及糖果、饮料、饼干、调味品等15大类2000多个品种。

华美食品系列(精美糕点)

创造时尚美味，体验快乐生活

石碣镇

2009年3月24日，市委书记、市人大常委会主任刘志庚到石碣镇指导工作

2008年2月1日，市政协主席刘树基，市委常委、纪委书记甄瑞潮，市人大常委会副主任冯同恩参加台达公司志愿服务站揭牌仪式

2008年4月11日，市委副书记黄双福到石碣镇指导工作

2008年7月25日，市委常委、组织部部长庞国梅到石碣镇视察人才工作

江滨新城启动仪式

石碣射击馆"中国射击协会后备人才培训基地"挂牌

2008年9月28日，镇委书记、镇人大主席刘始团，镇委副书记、镇长王伟东等领导为12个社区服务中心(站)启用剪彩

2008年7月24日，镇委书记、镇人大主席刘始团出席"和谐奥运 平安石碣"誓师大会，并为公安干警发放警用装备

镇委书记、镇人大主席刘始团带队深入广西开展帮扶工作

袁崇焕纪念园

莞深高速石碣站

石碣镇沙腰污水处理厂

袁崇焕大道

增莞深高速石碣出入口

石碣新城市中心效果图

石碣镇无公害蔬菜基地

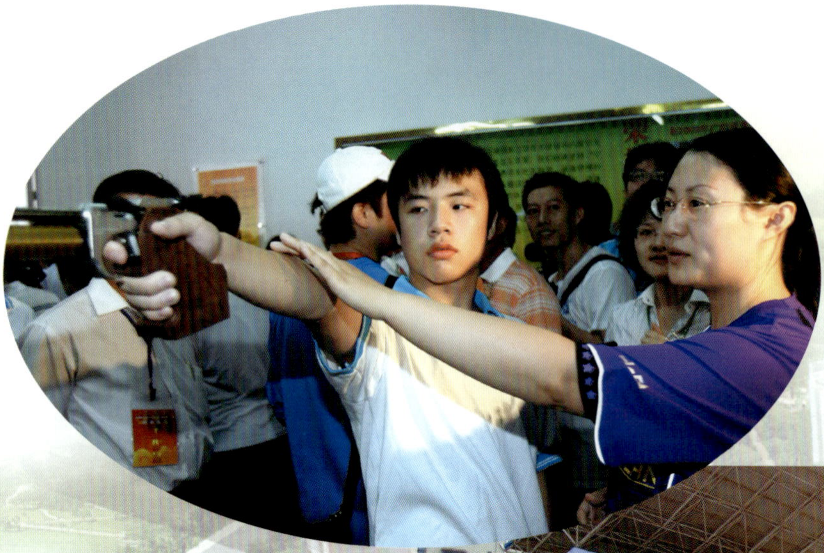

奥运冠军指导学员射击训练

石碣镇第二届文化体育艺术节

石碣青川班学生集体过生日

集体婚礼

SPORTS·HEALTH

体育·卫生

樟木头镇观音山国家森林公园

■ 东莞运动员参加奥运会有新突破

■ 发展社区卫生服务

■ 年内全市66个村（社区）通过“广东省卫生村”考核

编辑：卢　敏

体育事业

【概况】2008年，东莞市体育工作深入贯彻落实科学发展观，把握机遇，全面推动体育事业发展。群众体育以“全民健身与奥运同行”为主题，举办系列全民健身活动千余次；体育组织服务不断完善，全年培训社会体育指导员1433人；竞技体育水平稳步提升，全年获世界大赛金牌2枚，全国大赛金牌18枚，全省比赛金牌49枚；体育销票售达3.47亿元，再创历史新高，在全省地级市排名第一。获评全国全民健身活动优秀组织奖、广东省体育工作突出贡献单位、2008年广东省体育彩票工作特别突出贡献奖。

【东莞奥运火炬手惠州传递】2008年5月9日，北京奥运火炬在惠州传递，东莞的6名火炬手郭东林、梁惠权、尹锦培、梁国沛、罗秀芳、冼傍娣，在惠州分别传递第44棒、第61棒、第112棒、第136棒、第138棒、第139棒。

【全国幼儿基本体操表演大会在莞举行】2008年6月11—15日，全国幼儿基本体操表演大会在东莞举行。这次活动由全国幼儿基本体操中国关心下一代工作委员会、中国体操协会等单位联合主办，由东莞市体育局承办。活动分别在东莞体育运动学校和市体育中心体育馆举行。有解放军、武警部队、中央直属各部委、各省、自治区、直辖市、各行业体协等基层幼儿园55个队伍，共约1200人参加。东莞市长安、南城、莞城、大岭山、清溪5个镇街15支队伍参加比赛，共13支队伍获得一等奖。

【东莞体育亮相“国家名片”】2008年6月22日，“中国邮政中国男篮特许纪念品首发仪式”在市体育中心广场举行。国家体育总局领导、中国篮协领导、省邮政公司领导及市委、市政府领导出席仪式。中国男篮明星易建联为首发仪式揭幕、盖纪念邮戳。此次发行的纪念封纪念戳以“中国VS立陶宛2008.6.22中国东莞”为主题，东莞宏远运动员易建联、朱芳雨、杜峰等国家男篮队员首次亮相“国家名片”——个性化邮票及明信片。

【广东百万老年人迎奥运东莞健身行举行】2008年6月25日，市体育局、市老干局、市老龄办联合举办“银发飞扬耀五环——广东百万老年人迎奥运东莞健身行”活动。市委常委、组织部部长庞国梅，副市长吴道闻，组织部副部长、市老干局局长陈柏南以及市老干局、体育局、老龄办有关领导出席启动仪式，并与1400多名老人冒雨参加步行活动，走完全程。系列活动还安排了迎奥运知识竞赛、乒乓球比赛、健身操展演和健身气功展演。

【东莞2008只信鸽放飞同庆奥运】2008年8月8日8时8分，为庆祝北京奥运会开幕，“体育彩票杯”南粤八万信鸽庆奥运（东莞）活动在东莞市体育中心广场举行。2008只信鸽承载着东莞人民对奥运的祝福、对中国的祝福振翅齐飞，本次活动由东莞市体育局主办，东莞市体育彩票管理中心和东莞市信鸽协会协办。东莞市人民政府副市长吴道闻等领导参加了信鸽放飞仪式，市体育局副局长詹志斌主持仪式。

【机关运动会举行】 2008年9月8—26日，东莞市体育局、东莞市直工委、东莞市机关事务局联合主办了东莞市机关运动会。共设篮球、网球、羽毛球、乒乓球、中国象棋、拔河、自行车竞慢、跳绳、登山、工间操、俯卧撑仰卧起坐11个项目，共有2000多人次参加比赛。

【亚运会组委会来莞调研】 2008年9月18日，由省体育局副局长叶细权带队的第16届亚运会组委会各部代表来东莞市调研东莞分赛区筹备工作。第16届亚运会将于2010年下半年在广州举行，佛山、东莞、汕尾三市分别为亚运会分赛区协办城市。东莞市体育中心体育馆将承办亚运会举重项目比赛。

【中美滑水明星对抗赛承办】 2008年9月29—30日，由国家体育总局水上运动管理中心、东莞市人民政府主办的2008年中美滑水明星对抗赛在东莞市松山湖举行。17名美国选手和25名中国选手参加比赛。松山湖赛道长1200米、宽200米。赛事包括特技空翻、水上芭蕾、集体罗汉、趣味滑水、拖船转向、双人技巧、回旋穿花、男女跳跃滑、男女花样滑等数十项目。

【全民健身活动月深入社区】 为全面贯彻《全民健身计划纲要》，营造全民健身的氛围，推动东莞市全民健身活动进一步开展。2008年11月，东莞市在各镇（街道）举办2008年“体彩杯”东莞市全民健身活动，还在全市40个东莞体育先进村（社区）进行了巡回展出和开展趣味性赛事，有6万人参与活动。

【东莞市第三届龙狮麒麟大赛举行】 2008年11月8—9日，东莞市体育局主办、大朗镇人民政府承办的“2008年东莞市第三届龙狮、麒麟大赛”在大朗镇长盛广场举行，比赛项目分设南狮桩阵自选套路（自带桩阵）、传统南狮（非桩阵）：地青、台凳青等，自选套路以及舞麒麟自选套路等。全市共有26支代表队参加比赛。

【东莞主办第三届“杨官璘杯”全国象棋公开赛】 2008年11月15—20日，由中国象棋协会、广东省棋牌运动管理中心、东莞市体育总会主办，东莞市凤岗镇人民政府承办的第三届“杨官磷杯”全国象棋公开赛在凤岗镇举行，此次赛事规模盛大，吸引了众多强手参加，专业组24人，公开组186人，其中现役的特级大师有6人，大师27人，澳大利亚、文莱、香港、印尼、日本、澳门、马来西亚、缅甸、菲律宾、新加坡、中华台北、泰国、越南、柬埔寨等国家和地区均派代表参赛，其中9名国际特级大师，9名国际大师。

【欧米茄观澜湖高尔夫世界杯在莞举行】 2008年11月26日，欧米茄观澜湖高尔夫世界杯在东莞观澜湖高尔夫球会举行，赛事为期4天。来自28个国家和地区的56名球手以及来自全球的1000多位嘉宾出席开幕式。

【全市领导干部网球队成立】 2008年12月2日，东莞市领导干部网球队正式成立，市领导刘志庚、何嘉琪成为球队的名誉领队，副市长吴道闻担任球队领队。市委书记、市人大常委会主任刘志庚出席在市体育中心网球场举行的成立仪式，并参加比赛。

【广东省高尔夫球协会换届会议在莞举行】 2008年12月11日，广东省高尔夫球协会换届会议在东莞观澜湖球会举行。广东省政府副省长林木声、原广东省政府副省长许德立、中国高尔夫球协会主席袁伟民、观澜湖高尔夫球会主席朱树豪等近100名领导和嘉宾出席会议。会议选出许德立出任新一届广东省高尔夫球协会主席，并向第6届广东省高尔夫球协会领导成员颁发聘书。

【迎春慈善长跑举行】 2008年12月16日，万人迎春长跑起跑仪式在市体育中心广场举行。刘志庚、李毓全、冷晓明、江凌、王道平、吕兢、吴道闻、成洪波、朱伍坤、袁德和、洪讲厚、陈锦鸿等市领导和社会各界群众共约1.5万人参加迎春慈善长跑。本次迎春慈善长跑共筹集到善款65万元，款项全部移交给市慈善会。

【第13届环南中国海国际自行车大赛在莞举行】 2008年12月16日，第13届环南中国海国际自行车大赛（东莞站）在市中心广场路段举行。本届大赛从12月14日—12月21日分别在香港、广东、澳门、东莞等地区共设八个赛段举行。参加东莞站比赛的有洲际职业队、国家队、地区队及俱乐部队等共17支参赛队，比赛运动员、组委会工作人员以及本地工作人员约300人。东莞站比赛进行111公里的绕圈赛，总共30圈。

【东莞运动员参加奥运会有新突破】 2008年，东莞市运动员朱芳雨、黎笑媚、李振强参加北京奥运会比赛，参赛运动员在人数上和项目上均有新的突破。朱芳雨参加的篮球项目，在奥运会中夺得第八名。黎笑媚参加的摔跤、李振强参加的马术项目，均填补了东莞市参加奥运会项目历史的空白，特别是李振强参加的奥运马术障碍赛，是中国首次在该项目上获得参赛资格。东莞市体育局被广东省评为第29届奥运会业余训练突出贡献单位。（麦惠澎）

附：2008年东莞市体育局领导名录

局　长：邹　联
副局长：詹志斌
纪检组组长：罗琼燕
党组成员、调研员：方伟民

▲ 2008年12月16日，东莞市在体育馆启动迎春慈善长跑　（郑家雄　摄）

卫生事业

【概况】 截至2008年，东莞市经登记注册并领取《医疗机构执业许可证》的医疗机构共有2379所，其中医院65所、医院延伸设置的分院24所、社区卫生服务中心（站）322所、门诊部247所、诊所（含个体诊所）166所、卫生站1313所、工厂企业和学校医务室242所。此外，还有市卫生监督所、市疾病预防控制中心（检验中心）、市卫生学校、市中心血站、市医疗救护“120”指挥中心、市卫生统计信息中心等市属医疗卫生单位各1所。65所医院中政府设置的公立医院有41所，社会力量兴办的医院24所，占总数37%。全市开放住院病床总数为16778张，每千人口（以常住人口计算，下同）拥有医院病床数2.4张，全年门、急诊量为4744.54万人次，入院总人次为62.6万人次，病床使用率为87.15%。全市医疗卫生机构卫生技术人员33113人，其中执业（助理）医师11869人，注册护士12001人，每千人口拥有卫生技术人员数4.8人。

【社区卫生服务】 2008年，东莞市人民政府把发展社区卫生服务列入为民办好的十件实事，先后出台了《关于加快发展我市社区卫生服务工作的实施意见》和《东莞市发展社区卫生服务工作方案》以及包括建设规划、设置标准、管理办法、人才建设、财政补助、资金管理、基本用药目录、双向转诊和社会基本医疗保险等23个框架性文件和业务指导性文件。东莞市社区卫生服务坚持政府主导和公益性质，实行镇街政府管理和卫生部门行业管理的双重管理体制，实施以收支两条线为核心的财务管理制度。社区卫生服务机构纳入社保定点医疗机构，社会基本医疗保险参保人凭社保卡，现役军人、军烈属、60岁以上老人、民政抚恤优待人员等凭证明就诊免收挂号费，参保人在社保规定范围内享受基本医疗费用最高报销60%，就诊者可以享受94种常见药品零差率。在社区看病，次均门诊医疗费用为33.21元，远远低于全市公立医疗机构平均水平。发展社区卫生服务对缓解群众看病就医问题初显成效。

【医政管理】 2008年，东莞市卫生局创新医疗机构监管机制，下发《东莞市卫生局医疗机构违规执业行为记分管理暂行办法》，制作全市统一样式的医务人员智能IC卡工作证，实施医疗机构违规执业行为记分管理和医务人员佩证上岗制度。规范门（急）诊病历等医疗文书的使用，建立了全市医疗文书质量评比制度，全市统一使用格式一样的《东莞市医疗机构门（急）诊病历》、《东莞市院前急救病历》和《东莞市医疗机构门（急）诊工作日志》，提高医疗基础质量。开展多种途径的护理学历教育，加强专科护士培训，建立专科护士制度，2008年东莞市有16名护士被广东省卫生厅录取赴港进修专科护士，茶山医院、厚街医院、东莞仁康医院与高等医学院校联合设立了护理成人大专（本科）教学点。加强对新生儿室、产房、爱婴区等重点部门部位的院感管理，开展医院感染管理督查，指导社区卫生服务机构消毒管理工作。2008年全市共有63997人次自愿无偿献血，无偿献血总量达2270.77万毫升，成份输血达99.82%，未发现通过采供血活动感染艾滋病等经血液传播疾病的病例。全市共有49所医院加入“120”指挥调度网络系统，入网救护车84台，后备救护车63台，依托医院急诊科设立了55个急救站，“120”指挥中心受理报警电话数80.03万次，实际派出救护车10.12万台次，救治伤病员8.43万人次。

【卫生执法监督】 2008年，东莞市卫生局开展节假日食品安全、工矿企业集体食堂、桶装水等专项整治，检查食品生产经营单位11.67万次，罚款29.22万元。积极开展供奥运会食品、消毒产品专项监督检查，检查食品生产企业、消毒产品经营单位1100多户，查处违法产品195种，确保北京奥运会顺利举行。对全市102家集中式供水单位进行专项监督检查，保障人民群众饮用水卫生安全。在旅业、歌舞娱乐场所、游泳场所（馆）、美容美发业等经营性公共场所试行公共场所卫生监督量化分级管理制度，逐步提高公共场所卫生监督水平。开展学校卫生专项监督检查，检查学校和托幼机构950所，监管覆盖率达100%。结合东莞市职业病发生的实际情况，对存在常见职业病危害因素隐患的企业开展重点监督检查，指导企业更好地落实职业病防治工作，预防职业病的发生。2008年东莞市食物中毒事故得到有效遏制，与2007年同期相比，中毒起数下降33.3%，中毒人数下降19.2%。2008年全市无发生重大职业危害事故。

【疾病预防控制】 2008年，东莞市共报告法定管理传染病26种27477例，总发病率为376.88/10万，死亡率为0.41/10万，居法定传染病发病顺位前五位的病种分别是：感染性腹泻、肺结核、手足口病、病毒性肝炎和流行性腮腺炎。自9月1日起实施扩大国家免疫规划，全市适龄儿童免费接种11种疫苗，2008年共为全市儿童接种第一类疫苗268.2万人次，全市户籍儿童第一类疫苗基础免疫接种率均达到95%以上。进一步扩大结核病免费治疗范围和对象，2008年全市累计发现肺结核病人4818例，本市户籍人口新发初治涂阳病人治愈率99.2%，复治涂阳病人治愈率94.7%。2008年减免低保低收入精神病患者诊疗费用近20万元，市心理卫生中心接听心理咨询热线电话5188个，为咨询者提供心理干预和调适，个别镇街已建立起社区康复工作站，组织康复期或病情基本稳定的患者进行工娱锻炼、岗前培训。

【妇幼卫生保健】 2008年，东莞市户籍人口7岁以下儿童保健覆盖率85.70%、孕产妇保健覆盖率96.56%、住院分娩率达100%；孕产妇死亡率24.79/10万，婴儿死亡率3.34‰，与2007年相比分别下降了43.30%、24.78%。组织专家对全市已取得《母婴保健技术服务执业许可证》的53所医疗保健机构开展产科质量专项检查，全面了解东莞市各医疗保健机构助产技术发展现状，提高产科质量和技术水平。开展大型“降消”（降低孕产妇死亡率、消除新生儿破伤风）项目宣传教育活动630多次，发放宣传单张40万多份，覆盖20万多人，提高流动人口的孕期保健和住院分娩意识。

【爱国卫生与健康教育】 2008年，东莞市66个村（社区）通过了“广东省卫生村”考核，是历年创建省卫生村之最。凤岗镇、横沥镇和黄江镇创建成为“国家卫生镇”，至此，东莞市已创建“国家卫生镇”15个。大力开展以防控人禽流感、手足口病和三聚氰胺奶粉等健康教育为重点的群众性爱国卫生运动、卫生知识宣传普及活动，制作和派发宣传资料45万份，播放宣传片1万次，出版宣传期刊647期。召开东莞市健康教育暨亿万农民健康促进行动工作现场经验交流会，命名茶山镇、清溪镇为“全国亿万农民健康促进行动”东莞市示范镇，黄江镇袁屋围村、板湖村等18个单位为“全国亿万农民健康促进行动”东莞市示范社区。2008年农村自来水普及率98.8%，农村卫生厕所普及率

99.23%。

【科研教育】2008年，东莞市卫生系统有150个医疗卫生科研项目获市科技计划项目立项，有17个医疗卫生科技成果获市科技进步奖，占全市科技进步奖总数的20.5%。全市共有22所医院被认定为广东省普通高等医学院校教学医院，其中东莞市中医院、东莞市厚街医院和东莞东华医院通过了广东省教育厅、广东省卫生厅组织的高等医学院校非直属附属医院评审组的评审，分别被认定成为广州中医药大学、广东医学院和中山大学非直属附属医院。

【中医药工作】2008年，东莞市卫生局坚持“中西医并重”方针，组织召开中医中药座谈研讨会，为促进中医药事业发展建言献策。举办中医药知识培训和学术活动13场次，培训中医药人员2009人次。东莞市中医院中医骨伤科、脑血管科通过广东省中医药局评估验收，成为广东省“十一五”首批中医重点专科。

【行风建设】2008年，东莞市卫生局简化看病就医流程，在医院原有条件下，增加门诊用房，增多挂号、收费和取药窗口，对原有窗口进行重新调整和分布，使之更趋于合理；实行弹性上班制度，在就诊高峰期，增设临时窗口，调整专家服务时间，适当延长门（急）诊时间，做好分诊工作，缓解病人排队等候时间过长问题；推进医院信息化建设，建立病人看病就医“一卡通”，探索实施电子处方，节约挂号、交费和取药时间。制定了《东莞市医务人员医德考评制度实施办法（试行）》，开展行风评议“回头查”。

【信息化建设】2008年，东莞市卫生局重点做好医院数据交换、医务人员IC卡管理系统、电子地理地图管理系统、突发公共卫生事件应急指挥系统、卫生局机关业务系统的开发与利用，逐步实现机关业务管理信息化、医院数据共享等功能。东莞市卫生局与东莞移动联合开发了“健康小管家”健康信使服务短信发放平台，定期向市民发送健康公益短信，促进了卫生健康教育和宣传。塘厦医院、石碣医院的“数字化医院”建设试点工作进展顺利，初步实现了信息全院共享。

【突发事件应急处理】2008年，抗击冰灾期间，在东莞市常平火车站等地设立了10多个医疗防疫服务点，派出医务人员1600多人次，免费诊治病人5040人次，公益费用达39万元，东莞各旅客滞留点无发生重大食物中毒事故、传染病流行及病情严重患者。抗击手足口病期间，加大卫生防病宣传教育，编印35万多份健康教育资料派发到各工厂企业新莞人手中，同时全力开展救治工作，共诊治病例3365例，消除了群众的心理恐慌，稳定了社会和民心。抗震救灾期间，组建医疗救护、卫生防疫和卫生监督队伍共38人赴川承担救援任务，并制定了过渡期及三年对口支援映秀灾区医疗卫生工作方案，东莞市接收的21名地震伤员于6月底至8月初陆续痊愈出院。在三聚氰胺婴幼儿奶粉重大安全事故发生后，迅速制定医疗救治工作方案，各筛查医院和定点收治医院开设婴幼儿结石专科门诊，落实相关免费政策，全市共筛查食用含三聚氰胺奶粉婴幼儿病例12.26万人次，确诊食用含三聚氰胺奶粉泌尿系统结石患儿825人次，入院治疗183人次，已全部治愈出院，无重症和死亡病例。（程玮斌）

附：2008年东莞市卫生局领导名录

局　长：管敏政

副局长：蔡一平　金行中　林卫平

纪检组长：傅丽娟（12月到任）

▲ 2008年2月22日，宏远男子篮球队第四次夺得CBA联赛总冠军（张村城　摄）

SOCIAL LIFE 社会生活

石龙镇

- 继续实施“创业东莞”工程
- 深化医疗保险制度改革
- 新莞人服务管理局挂牌
- 向19.92万困难群众人均发放千元临时补贴

编辑：黄文挺

劳动工作

【概况】 东莞市劳动局是东莞市人民政府直属正处级行政单位。截至2008年，内设10个科室，有行政编制71名，后勤服务事业编制6名。派出机构包括市劳动局各镇街分局、各镇街劳动就业服务中心，直属单位包括市就业管理办公室、市职业技能鉴定办公室、市职业介绍服务中心、市涉外就业服务中心、市职业技术培训中心、市高级技工学校等。2008年，市劳动局紧抓普法宣传、劳动监察、就业培训、技能培训鉴定、劳动关系协调等各项工作，通过统筹城乡就业，实施“创业东莞”工程、“新莞人培训”工程，加强日常巡查和专项检查，加大劳动争议调解力度，着力促进户籍劳动力就业，提升技能人才储备，优化人才结构，提高企业依法用工、劳动者依法维权意识，构建和谐劳动关系，为东莞市实现经济社会“双转型”提供有效保障。

【劳动就业】 2008年，东莞市完成新增就业岗位13.2万个，财政核拨各项就业补贴款1.5亿元，向1833人落实创业资金小额贷款1.44亿元；城镇登记失业率为1.64%。

全市共组织户籍登记失业人员28086人次参加资助性技能培训，免费向户籍劳动力提供推荐就业服务13097人次（其中6244人成功就业）。向落实岗位培训的企业核拨岗位培训补贴126.80万元，涉及培训人员1268人；向新取得国家职业技术等级或技术职称的14986人次发放岗位成才奖励1456.35万元；为2738名在工厂企业一线岗位上工作的大中专毕业生发放企业岗位津贴580.40万元；为26620名（248854人次）就业困难人员发放工资差额补助8305.51万元；为822名就业困难人员发放灵活就业工资补助24.61万元；为实现灵活就业的3986名下岗失业人员申领个人社保补贴767.49万元；村（社区）劳务组织安置属地劳动力992人，并向安置单位发放安置补贴29.76万元。

健全完善公共就业服务体系。远程见工系统、职业指导室安装增设至31个镇街就业服务平台。完成村级公共就业服务平台建设574个，完成比例达到98.6%。从2008年9月1日起，实施城乡统一的失业登记制度，将每月10日定为“就业服务日”。至年底，共为22122名户籍城乡登记失业人员办理失业登记、发放《失业登记手册》，其中农村户籍12750人，占57.6%。开展“一对一”再就业援助跟踪服务，在全市7610名持《再就业优惠证》下岗失业人员（其中“4050”人员即女40岁以上，男50岁以上的劳动者，4549名）中，累计有5612人实现再就业，再就业率73.7%，其中“4050”人员再就业率74.4%，为3389人。加大力度帮扶“摩的”司机转型就业，组织8099人参加免费（资助）技能培训，全市累计有“摩的”司机29357人成功实现转业，成功转业率达97%。

【劳动监察】 2008年，东莞市劳动局组织开展劳动监察日常巡查，检查各类用人单位2万多家次，涉及劳动者近400万人次；查处举报案件1720宗；督促补发欠薪3亿多元。发出《劳动监察限期整改指令书》3226份，作出行政处罚496宗，罚款金额达1184万元；分四批将74家严重违法企业作出社会公布。举行行政处罚听证会3次，办理行政复议案件5宗。坚持日常巡查与定期检查相结合，加大专项检查整治力度，先后开展工资支付大检查、人力资源市场及非法用工清理整顿、劳动合同签订、《劳动合同法》贯彻执行情况等专项检查行动，共检查企业3.24万家次，涉及员工404.54万人次。以检查为督促，大力推进劳动合同三年行动计划实施，督促企业新签、续签劳动合同72.33万份，劳动合同签订率达98%。新法实施，加重劳资突发事件处理压力，全年处理劳资突发事件1306件，包括妥善处理媒体报道的"四川凉山童工"事件，并协助市政府下发专门的工作意见，督促全市进一步重视和抓好劳动用工管理工作。

【劳动信访】 2008年，东莞市劳动部门加强信访窗口接访，全系统共接待群众来访5.48万批17.3万人次，其中集体访3839批8.91万人次。启用东莞市劳动局客服中心坐席系统，增加10条电话线路，加强"12333"电话接访，接听群众投诉咨询电话88万个次。加强信件、邮件以及领导转办、批办案件的查办、督办，办理群众来信2312件；办理政府热线、阳光热线、市民热线转办件1205件，比2007年增加93.7%。除个别越级到省的集体访案件外，劳资信访案件基本在市内（尤其在基层）解决。

【劳动普法宣传】 2008年，市劳动部门组织举办企业宣讲会106场，集中向1.1万家次企业开展普法；参加市外商投资企业集中服务日、赴港宣讲等活动13次，现场解答企业咨询870多人次，集中书面答复行业协会、企业反映的问题231条。协助市内电台、电视台《阳光热线》、《与法同行》等栏目制作专题节目，协同《中国劳动保障报》、《东莞日报》等媒体制作宣传专版，刊登解读文章，解答群众疑问672条。编发普法宣传手册5.3万份，宣传海报2万多张；将新劳动法律法规列入员工技能培训内容，累计41.6万员工参加劳动普法教育学习。

【劳动关系】 2008年，市劳动部门贯彻实施《劳动争议调解仲裁法》，立足调解，从5月1日起，实行劳动争议仲裁不收费；积极应对劳动争议案件"井喷"，突出"快立、快调、快审、快结"，加快劳动争议案件处理。全市共办理劳动争议案件79912宗，涉及人数190735人次，争议案件80.6%在镇村基层调解解决；其中劳动仲裁庭仲裁及调解案件22176宗，是2007年的2.6倍。加强工资调控指导，将月最低工资标准从690元调整到770元，非全日制（钟点工）小时最低工资从6.6元调整到7.4元。调查4000多家企业300多个工种工资数据，组织编印劳动力市场工资指导价位。

【职业技能培训鉴定】 继续落实"新莞人培训工程"。2008年，市劳动部门组织新莞人培训27.2万人次，其中岗前素质培训16.5万人次；技能提升培训10.7万人次，完成鉴定7.2万人次，为9.9万人核拨专项培训补贴2298.3万元。在组织完成培训任务的同时，加强培训开班、办班情况检查，建立管理登记台账，启用新莞人培训软件系统，完善工作流程，推进业务管理信息化、规范化。

加强技能培训机构管理。2008年，市劳动部门新批职业培训学校36家，办理机构年审260家，组织认定公共就业技能培训定点机构80家。健全鉴定业务网络，提升鉴定层次，鉴定工种增加至39个。组织35683人次参加职业资格等级鉴定，32170人次通过考核鉴定，其中初级23522人，中级8051人，高级597人。

【技工教育】 2008年，东莞市高级技工学校完成招录新生1250人，输送毕业生821人，毕业生就业率继续保持98%以上。组织开展职业技能公共实训中心和高级技校分校区项目调研，邀请人力资源和社会保障部、上海职业技能鉴定中心专家参加项目论证，配合项目在东部生态园区职教城的选址工作，提出项目立项意见书，并委托东莞市规划院作进一步细化。

【农民工工作】 2008年，东莞市劳动部门在整合就业创业、劳务帮扶原有政策措施的基础上，学习借鉴中山、佛山等周边市经验做法，吸纳市相关部门意见，完成《东莞市农村劳动力技能培训及转移就业实施方案》草拟，报市政府审定；转发实施省劳动保障厅贯彻"双转移"的4项配套文件；修改《东莞市企业人才迁户暂行规定》报市政府审定。2008年，全市共受理企业迁户资格申请153家，批准131家，核定迁户名额8354名，办理企业人才迁户232人，随迁家属384人；接收省内东西北地区劳动力就业5.2万人，其中省第四届"山洽会"对口帮扶的韶关市7600人，阳江市1150人，茂名市4500人，云浮市4500人。

在8月、11月，先后推选"全国优秀农民工"10名、"全省优秀农民工"58名，推选市农工办等6个单位为"全省农民工工作先进集体"。11月、12月分别组织"全国优秀农民工"和"全省优秀农民工"赴京、赴省接受表彰。12月31日，组织5名农民工参加省的农民工代表座谈会，与省委书记汪洋等领导座谈。

【就业安置和涉外就业管理】 2008年，东莞市劳动部门落实随军家属、军转干部家属就业安置41人，办理异地调入紧缺人才78人；办理市内工作调动152人。接收转制企业职工托管档案921份，总数达1.95万份。办理外国人及台港澳人员就业登记1.31万人次，其中外国人6277人次，台港澳居民6824人次；办理外商常驻代表机构中方雇员就业证6150人次。（谢艳芳）

附：2008年东莞市劳动局领导名录

局　长：祁达洪
调研员：莫浩良　叶太湖
副局长：陈汉驰　李沛森　黄慧屏　吴柏安
纪检组长：宁　康
副调研员：苏树波

社会保障

【概况】 2008年，东莞市继续巩固和发展社保扩面成果。通过准确把握《劳动合同法》实施后的积极因素，加大扩面征缴政策宣传；通过落实扩面情况检查进度，加大对社会保险扩面征缴工作的跟踪管理与责任落实力度；通过加强与工商、地税部门的信息互通和协同互动，督促用人单位依法参保缴费；通过利用社会基本医疗保险和生育保险的整合工作，全面提高全市城乡居民的医疗、生育保障待遇。至年底，七项保险参保总人次达1950.97万，同比增长34.8%。其中，职工基本养老保险257.9万人，地方养老保险257.9万人，社会基本医疗保险513.25万人，失业保险256.33万人，工伤保险419.47万人，生育保险200.09万人，农（居）民基本养老保险46.03万人。社会保险基金总收入103.55亿元，比1984—2000年16年间的收入总和还多73.95亿元，增长249.83%。年末社保基金累计结余254.64亿元。

2008年，市社保局通过实施"加强依法行政，推行政务公开，规范管理服务，改进工作作风"等系列举措，在

2008年“市民评机关”活动中，以综合得分86.40分，名列全市36个副处以上窗口办事单位第一名，并被评为“市直机关先进单位”、“工会工作先进单位”、“全市信访工作先进单位”、“统计工作先进单位”，市社保局机关党委被评为“市固本强基工程示范点标兵单位”，全市三分之二的社保分局获得省、市或镇（街）表彰。其中，虎门社保分局被评为广东省农民工工作先进集体；莞城、南城、樟木头、谢岗社保分局被评为东莞市青年文明号；石龙、万江、横沥社保分局被评为东莞市“青春暖流”行动先进集体；石龙、樟木头、东坑、企石分局团支部及市社保局咨询信访团支部被评为东莞市五四红旗团（总）支部。全市社保办公室系统被评为“办文工作衔接系统”和“督查工作先进单位”。

【社会保险基金征缴与参保人待遇】 2008年，东莞市在依法核定参保单位应缴社保费的基础上，坚持“社保核定、地税代征”的征收模式，继续强化征收、管理、发放各个环节的管理，加大内部控制力度，发挥财务信息系统监督功能，实现基金应收尽收和近两年基金规模的迅速扩大。至2008年底，全市社保基金征收率达99.66%，七项社保基金当期征收首次突破100亿元，达到104亿元，同比增长34.8%，较2006年增长近60%。基金征收的及时到位，确保社保待遇按时足额发放。东莞市及时对已领取待遇的5.3万名企业退休人员的基本养老金进行年度调整，并提高全市农（居）民的住院医疗年度报销限额。2008年累计核付各项保险待遇52.56亿元，同比增长31%。其中，核付离退休职工的养老保险待遇8.6亿元，农（居）民基本养老保险待遇6.7亿元，地方养老保险待遇3.78亿元，社会基本医疗保险待遇13.38亿元，失业保险待遇1.37亿元，工伤保险待遇3.9亿元，生育保险待遇0.25亿元。

【医疗、生育保险】 2008年，市社保局从东莞实际出发，经过严密测算和系统调整，坚持“广覆盖，保基本”的原则，突破传统的社保发展模式，深化医疗保险制度改革。从7月1日起在全市范围建立起“制度统一、标准统一、管理统一、基金调剂使用统一”的社会基本医疗保险制度。城镇职工、城乡居民、灵活就业人员、退休人员及失业人员平等参保缴费，同等享受医保待遇，彻底打破医保的城乡二元分割。10月1日，社区门诊医疗保险正式实施，全市所有社会基本医疗保险参保人均可在指定的社区卫生服务机构享受普通门诊医疗保障，费用报销60%，不限金额和次数。实现由过去“保大病、保住院”的单一保障模式向“门诊、住院保障兼顾”的全面保障模式转变，全面提高了医疗保障水平。医保制度的改革解决了城乡居民“因病致贫、因病致困”问题，促进了“人人享有基本医疗保障”目标的实现，基本建立起统筹城乡、覆盖全民、待遇适度、无缝衔接的全民医疗保障体系。东莞市门诊医保制度与社区卫生服务机构建设的紧密联动，得到国家、省有关部门的高度肯定，中央电视台于10月3日作专题报道，省市新闻媒体也向社会积极开展宣传，广大群众更是给予高度评价。

2008年底，全市社会基本医疗保险参保人数513.25万，同比增加166.95万，全年核付社会基本医疗保险待遇13.38亿元。参加生育保险200.09万人，核付生育保险待遇0.25亿元。2008年，为更好地满足人们日益增长的基本医疗待遇和计划生育医疗待遇需求，市社保局向市政府呈报增加符合计划生育规定的生育医疗待遇方案并获得批复，决定从2009年1月1日起增加生育医疗险待遇。

2008年1月，东莞市出现多起手足口病（EV71感染）的病例，报经市政府批准，由基本医疗保险基金全额支付手足口病参保患者的住院、检查、治疗等全部住院治疗费用。

截至2008年，全市社会基本医疗保险定点医疗机构达到131家，比上年同期增加10家；定点零售药店数量达到108家，同比增加16家；新增定点社区卫生服务机构326家。

【养老、失业保险】 2008年，东莞市参加职工基本养老保险和地方养老保险各257.9万人，办理新增正常退休业务4945宗；特殊工种提前退休业务193宗，因病提前退休业务29宗；完成市外户籍参保人退保业务113.02万宗；完成地方养老保险待遇审核、发放业务1629宗；完成个人账户及一次性养老保险待遇核发业务1750宗；办理离退休人员死亡待遇核拨业务1117宗。全市参加失业保险256.33万人，办理新增按月申领失业保险金业务2590宗；办理参保人领取一次性失业保险生活补助业务43.38万宗。

2008年，分别对51132名退休职工的基本养老金以及失业人员失业保险金进行调整，调整后，企业退休人员月均基本养老金水平达1349.76元/人，同比增长15.76%；失业人员月平均失业金599.49元，同比增长8.57%。

2008年，开展退休人员社会化管理服务试点，积极推进镇（街）退休人员管理中心建设，其中，退休人员较多的莞城、虎门、东城三镇（街）的退休人员管理中心正在筹办当中。

2008年，根据省劳动和社会保障厅《关于解决早期离开省属国有集体企业人员社会保险有关问题的通知》精神，市社保局结合全市实际，通过一次性缴费的办法，妥善解决早期离开市属单位人员的社会保险问题，保障其老年基本生活，促进社会和谐。

【工伤保险】 2008年，东莞市社保系统大力推进农民工参加工伤和医疗保险工作，并继续加快探索以工伤补偿为主体，向工伤预防、工伤康复延伸的“三位一体”制度体系，将工伤预防作为工伤保险工作重点，与市安监部门紧密合作，利用工伤保险工伤事故预防工作小组的组织设置，将工伤保险关口前移，积极开展工伤预防宣传，对全市各镇（街）工伤事故多发的近700家企业、约2000多名企业安全责任人和管理人员进行全面、系统的工伤预防培训，工伤预防取得积极成效，基本完成“全年全市工伤事故降低20%，重点行业降低30%”的目标任务。

推进全市范围的工伤康复工作。加强工伤康复宣传工作，树立全社会以“关爱”为核心的工伤康复理念；加强康复机构科学化管理，创新工伤康复协议管理模式；加强康复业务指导，规范工伤康复业务流程；加强康复服务管理，完善了虎门、桥头工伤康复中心建设，初步实现工伤康复“管理统一、业务规范、服务到位”的基本工作目标。2008年共支付各项工伤康复费用1300万元，惠及工伤职工560人次，有近65%的工伤康复职工重返工作岗位。

推进劳动能力鉴定的法制化、科学化和规范化。完善劳动能力鉴定专家库，在全市主要大医院增加40余名有权威的专家，参与劳动能力鉴定工作。修订计算机操作程序，简便鉴定申请手续。理顺鉴定的工作环节，制定明确的管理制度、各鉴定环节的工作职责和鉴定业务操作规范，保证鉴定的质量。2008年，全市共进行劳动能力鉴定29044人次，其中工伤鉴定28235人次。全市工伤保险参保人数达419.47万人，同比增加59.37万人，增长16.5%。

【农（居）民基本养老保险】2008年，东莞市农（居）民养老保险参保人数46.03万，同比减少0.74万人，主要原因是东莞市原农村户口部分年轻的劳动力呈现逐步向市内城镇企事业单位转移的趋势，随着全市城乡一体基本养老保险制度的逐步实施，现行农（居）民养老保险将纳入职工养老保险的轨道，其养老保险待遇将有一个较大的提高。

【社保宣传咨询服务】2008年，东莞市社保局结合医保改革和工伤预防两项重点工作，制作播放电视系列宣传片和电台广告，组织工伤预防知识竞赛和宣传口号有奖征集等活动，新闻发布工作在报道数量、篇幅、版面和层次上均大大超过往年，一些有关社保工作的报道受到网络媒体的广泛转载。

“12333”咨询热线继续作为沟通社保与社会的桥梁，共回答来电咨询183万次，同比增加32.6%；做好“局长信箱”、东莞阳光网和“市政府热线”群众留言回复；积极参与市组织的“民声热线”活动，局领导多次走进市广播电台，倾听群众心声，加强与群众沟通。做好信访监察工作，全系统共受理群众信访事件7909件，及时处理日常投诉，防止矛盾激化。

【社保调查研究】2008年，东莞市社保系统将调查研究作为社保部门加强自身建设，改善工作方法的有效手段，实现调研工作的有效突破。相继成立社会保险政策研究室和东莞市社会保险协会，结合科学发展观学习实践活动，社保局领导班子带头调查研究，产生一批有价值的调研成果，撰写《发展社保事业建设崭新东莞—谈东莞社会保险的科学发展》系列调研论文，还对破解城乡基本养老保险制度统筹6个难题进行理论探讨。完成《大力整合社保管理资源促进东莞社保民生事业发展》等理论研究文章。《改革开放30年东莞市医疗保险制度探索与思考》一文被市委宣传部收录进《东莞三十年》一书。经过近三年时间编纂，一部近百万字、历史跨度20多年的《东莞市社会保险志》通过终审。

（李凤友）

附：2008年东莞市社会保障局领导名录

局　长：梁　冰

副局长：张亚林　郭荣新　李宝珊
　　　　梁绍光

人口与计划生育

【概况】2008年度（2007年10月至2008年9月），东莞市户籍人口1719867人，出生18382人，出生率10.77‰，政策生育率96.28%，自然增长率6.23‰，与上年同期基本持平，年度人口计划执行结果对比省下达的出生率11‰和自然增长率6.7‰的指标分别低0.23和0.47个千分点，顺利完成2008年度人口和计划生育各项工作任务。

【人口计生工作目标责任管理】2008年初，市委副书记、市长李毓全与各镇街、市各计生兼职单位主要领导签订人口计生工作目标管理责任书，各镇街、村（社区）、单位层层签订2008年人口计生工作目标管理责任书。副市长、人口计生分管领导李小梅对人口计生重大工作亲自布置，亲自参与流动人口计生服务管理工作调研。同时，市人口计生局制定《东莞市2008年镇人口和计划生育工作目标管理责任制考核评估方案》。各镇街党委、政府明确责任，坚持考核内容与工作责任相一致，与经济发展、社会管理统筹考虑，综合决策，不断落实一把手责任制。经考核，全市32个镇（街）和22个计生兼职单位均完成2008年人口计生工作目标任务。

【“两无”活动】2008年，东莞市继续开展“镇（街道）无政策外多孩出生、村（社区）无政策外出生活动”（简称“两无”活动），落实“一孩上环、二孩结扎，政策外怀孕及早采取补救措施”的生育节育政策，减少非意愿妊娠，提高政策生育率；继续加强孕前型管理、孕情跟踪、查环查孕服务和已婚育龄妇女信息登记、录入、反馈、变更等工作，控制政策外出生，稳定低生育水平。通过现场评估，随机抽查，评估“两无”单位生育情况，提高长效避孕措施的落实率、及时率和有效率。2008年，全市实现无政策外多孩出生镇（街）16个、无政策外出生村（社区）327个，分别占全市镇（街）、村（社区）的50%和55.42%。

【出生人口性别比综合治理】2008年，东莞市严格按照《国家人口计生委关于深入开展关爱女孩行动综合治理出生人口性别比偏高问题的意见》，综合治理，力促出生人口性别比趋向平衡。一方面，加大打击“两非”（非法胎儿性别鉴定、非医学需要人工终止妊娠）的力度。5月份，配合省药具站检查组对该市服务所和药具管理工作进行检查。8月会同市卫生局、市城市综合执法局打掉东城2间进行非法B超性别鉴定服务的黑诊所，现场查获2台B超机等医疗器械和药品。全年协助外省市处理打击“两非”案件共12宗。另一方面，抓孕情跟踪管理。指导各镇街加强对符合政策生育二孩对象的孕情跟踪管理，防止胎儿性别鉴定和选择性别终止妊娠的发生；对怀孕后擅自终止妊娠的，坚决取消原生育指标，再生育的按超生处理。2008年全市户籍人口出生性别比为111，较上年同期下降1.11。

【流动人口计生工作】创建示范村（社区）。2008年，东莞市制定《东莞市创建流动人口计划生育示范村（社区）工作方案》，将示范点创建工作列为年度流动人口计生管理服务工作的考核评估内容，通过以创建示范点为载体，逐步带动全市基层村（社区）夯实流动人口计生管理服务工作基础。4月份对各示范点进行全面检查验收，并组织各村（社区）召开经验交流会，全面推广示范点的成功经验和有效做法。

开展服务管理专项工作。根据省人口计生领导小组文件要求，于5至6月份在全市开展流动人口计生服务管理专项活动。6月份组织市综治办、公安局、卫生局、民政局、工商局、劳动局、建设局、房管局、社保局、新莞人服务管理局以及各镇街计生办，组成检查组对32个镇街开展专项活动情况进行检查考核。全市共清查出租屋140761间、商铺68237间、工地467个、住宅小区473个、窝棚909个，检查流动人口已婚育龄妇女498277人次，查验流动人口计划生育证明327898人，为流动人口提供查环查孕服务183692人次，落实避孕节育措施5902例。5月副省长雷于蓝率领督查组到该市督查，指出东莞流动人口计生服务管理工作为全省乃至全国创造了新经验。

专题评估。对全市开展流动人口计生服务管理工作进行专题评估，8—9月，督查组共抽查21条村（社区），对413户流动人口已婚育龄妇女进行入户访谈，对其基本信息、婚姻生育、子女出生、落实措施、查环查孕、技术服务等方面进行问卷调查。

构建“一盘棋”格局。根据国家和省对加强流动人口计生服务管理区域协作工作要求，10月份东莞市与韶关市、清远市签订《加强流动人口计划生育服务和管理区域协作协议书》，共同探索和建立以居住地为主，户籍地与居住地协调配合的流动人口计生“统一管理、优质服务”体制，构建“一盘棋”格局。

【计生利益导向机制】推进“节育奖”制度实施。2008年，东莞市根据中央《关于全面加强人口和计划生育工作，统筹解决人口问题的决定》中全面实行计生节育奖制度的工作要求，草拟《东莞市计划生育节育奖暂行办法》，将对该市户籍只生育一个子女后领取《独生子女父母光荣证》并自愿落实结扎和农村纯生二女户自愿落实结扎的夫妇，实行“即扎即奖”，鼓励公民及时落实长效避孕节育措施。

实施免费技术服务管理制度。2008年，东莞市制定《东莞市计划生育免费技术服务管理制度》，对符合条件的户籍人口和流动人口免费提供查环查孕、避孕药具及计生“四术”服务。各镇街制定和出台相关规定，落实服务经费，确保免费技术服务的有效实施。市常住人口免费服务落实率达到100%，流动人口免费服务落实率也达到80%以上。

计生养老扶助奖励制度受肯定。2月份，副市长李小梅在全国人口和计划生育利益导向机制暨农村计划生育家庭养老保险论坛上作了题为“城乡一体，利益共享，全面实行计划生育养老制度”的经验发言，为全国计生利益导向机制提供典型经验，受到国家、省人口计生委领导和专家学者的充分肯定。截至2008年9月，全市共向7037名计生养老保险金领取人发放计生养老保险金6055万元。

【人口计生执法】开展城镇违法生育专项治理行动。根据国家、省有关文件精神，2008年，东莞市人口计生领导小组于5月份发出《关于开展城镇违法生育专项治理行动的通知》，行动从发文日起至9月30日在全市范围内开展，成立由市人民政府副市长李小梅任组长的城镇违法生育专项治理行动领导小组，召开全市镇街人口计生工作会议，对专项治理活动进行全面动员部署。全市共有6803名违计生育者自觉填写《城镇居民个人生育情况申报表》，6769名违计生育者落实避孕节育措施。24名非干部党员中，5人被开除党籍，19人进行党纪处理。10名一般干部中，其中3名属党员干部，已被开除党籍和公职；其余7名属非党员干部，1人被降级，2人被开除，4人进行政纪处理。

把好村（社区）“两委”换届选举人口计生关。在2008年村（社区）“两委”换届选举中，东莞市共有3名因违反计生政策超生，被征收社会抚养费和落实结扎长效避孕节育措施未满5年的高票直接当选人被“一票否决”。

启动行政处罚简易程序。对通知限期补办和交验有效婚育证明后仍未补办和交验的流动人口已婚育龄妇女，启动行政处罚简易程序。据统计，截至2008年9月份，全市对无证流动人口执行简易程序行政处罚共6571例，缴交罚款131420元。进一步规范流动人口的证件管理，提高流动人口持证、验证、保管证的意识。

【计生技术服务】2008年，东莞市按照国家、省有关文件要求，下发《关于开展计划生育技术服务机构外观形象“六统一”和“三室”基建达标的通知》，对市计生服务中心和镇街计生服务所的硬件建设提出“六统一”（机构招牌、门牌、灯箱、大堂标牌、科室名称、工作人员服装统一）的要求，并对手术室、消毒供应室和检验室“三室”基建提出具体的建设装修标准，要求所有新建、扩建、改建以及重新装修的镇街计生服务所按照该标准进行建设。同时，进一步完善全市计生药具各项管理制度，制定《药具站工作职责》、《避孕药具计划统计制度》、《避孕药具发放管理制度》等相关工作制度，从管理、供应、发放和随访工作四方面明确责任，规范操作。6月，顺利通过省计生科技考核评估小组对计生药具工作的抽查。

【计生宣传教育】生育文化进企业活动全面启动。2008年3月，东莞市发出《东莞市关于开展婚育新风进万家——企业员工生殖健康优质宣传服务活动的实施意见》，要求各镇街选取1—2家工厂企业建设企业生育文化试点，通过培树标杆，以点带面，实现创新发展。“7·11”世界人口日活动期间，各企业员工主动取用避孕药具2万多盒，借阅婚育文化书刊3000多册（次），观看读报栏、宣传展板、音像DVD等达5000多人（次）。在发出1万多份调查问卷中，有80%的员工表示非常欢迎生殖健康优质宣传服务活动走进企业。6月，副省长雷于蓝考察东莞流动人口计生服务管理工作的时候，对“生育文化进企业”活动给予充分肯定。

政策宣传进传媒。2008年，东莞市要求各镇街有线电视开展人口计生政策法规、生育节育保健知识等宣传，通过统一制作5期教育科普类专题节目，设计“人口计生警示标语口号”，节选“一法一条例一规定”等政策法规内容，供各镇街有线电视播放使用。据统计，全市各镇街播放人口计生知识专栏共计3000多分钟，开办人口计生专题栏目的镇街有线电视达到100%。

规范“一校三栏”建设。2008年，东莞市各村（社区）综合式功能会议室100%设置婚育分校。各镇街在人流相对集中的主要街道、市场、村（社区）办公楼邻近点建起规范、醒目、亮丽的“三栏”（宣传栏、读报栏、公开栏），不断充实内容，规范管理。

【人口计生队伍建设】开展计生科技大练兵活动。2008年，东莞市制定《东莞市计划生育科技大练兵活动实施方案》，在2008、2009年组织全市计生技术服务人员科技大练兵活动。4月份选派各镇街服务所技术服务人员600多人参加省“三百人才工程”培训班旁听，积极推进练兵活动。

开展培训评议活动。2008年，东莞市组织46名统计员参加广东省2008年信息应用升级班；对镇级流动人口信息统计员共73人进行一次为期5天的专业培训；组织镇街计生办统计员78人参加东莞市和复旦大学国际关系与公共事务学院共同举办的人口计生统计人员能力建设培训班；先后组织市镇两级计生干部共120人次到河源、佛山、韶关和清远等地学习流动人口计生管理服务工作先进经验。在“请流动人口农民工评计生”活动中，广大市民对计划生育部门工作人员工作态度及作风的评价满意度达98%以上。

实施“强基工程”。2008年，东莞市制定《东莞市人口计生公共服务管理网络“强基工程”实施方案》，通过加快职业化建设步伐，建立全方位的干部培训和职业化培训体系，力争5年之内，基本实现市、镇、村三级人口计生队伍职业化。在全省乡镇机构改革试点地区基层人口计生机构建设研讨会上，省人口计生委党组成员、巡视员梁桂英对东莞市基层人口计生机构建设给予肯定。

（罗俊兰）

附：2008年东莞市人口计生局领导名录

局　长：徐诠清

副局长：曾瑞微　方泽槐

纪检组组长：冯学宸（10月到任）

新莞人服务管理

【概况】 截至2008年，东莞市常住人口700多万，其中外来常住人口552.5万人。调进或通过人才市场招聘各类人才11.78万人，全市人才总量达到110.36万，全年共接收4.4万名新莞人入户东莞；办理各类社会保险1519.46万人次（除生育保险和农居民基本养老保险外，参保人中新莞人均占主要部分）；为新莞人子女免费接种第一类疫苗260万人次，为新莞人减负超过1100万元；为已婚育龄新莞人妇女提供计划生育手术服务近4.5万例，提供查环查孕服务196.7万人次；办理租住人员人身意外保险54万份，出租屋综合险6000多份，受保人数达70万人；为新莞人子女提供12.6万个公办学位，全市公办、民办学校共接收非莞籍中小学生47.8万人；安排8750万元培训经费，组织培训新莞人20.12万人次，完成鉴定14.78万人次；在600多家非公有制企业建立团组织，全市建立“两新”党组织2600多个，实现流动党员100%纳管；承办新莞人法律援助案件1032宗；各级新莞人服务管理部门受理新莞人及出租屋业主各类咨询、投诉495宗，处理率达100%。

【新莞人服务管理组织架构完善】 2008年2月27日，根据《关于印发〈东莞市新莞人服务管理局职能配置内设机构和人员编制规定〉的通知》，在市城市管理局加挂市新莞人服务管理局牌子。新莞人服务管理局负责全市新莞人和出租屋房屋管理工作。根据职能调整，市新莞人服务管理工作领导小组成员单位从22个调整到25个，新增市委宣传部、市社保局、市城市管理综合执法局等3个单位，明确市新莞人服务管理局的统筹协调职能和各成员单位的主体责任，实现由各部门独立作战到联合作战的转变。各镇街新莞人服务管理领导小组相应进行调整，通过逐步配置市新莞人服务管理局机关及镇（街）服务中心领导和工作人员，完善组织架构，明确责任。

【新莞人服务管理局挂牌】 2008年11月6日，市新莞人服务管理局挂牌及成立文艺晚会在会议大厦举行。市委书记、市人大常委会主任刘志庚出席活动，并为市新莞人服务管理局揭牌。副市长李小梅在晚会致辞指出，东莞市在全国率先成立流动人口专职服务管理机构——新莞人服务管理局，将流动人口的工作重点从管理转移到服务上，既体现了东莞“海纳百川，厚德务实”的城市精神，更体现了东莞市委、市政府以人为本，与时俱进的科学发展思路。面对新形势，东莞市将坚持以科学发展观为指导，认真贯彻落实党的“十七大”关于“建立健全党和政府主导的权益保障机制，加强流动人口服务和管理”的精神，以市民化待遇为目标，提高新莞人在教育、医疗、就业等方面的保障水平；通过建立和完善新莞人培训体系，扩大新莞人的受训范围，提高新莞人的技能水平，为东莞市经济发展提供合适的人力资源；协调各职能部门，共同解决好转型过程中的新莞人问题，促进社会和谐稳定，全力推动经济社会双转型，努力使东莞市流动人口服务管理工作继续走在全省乃至全国前列。

【举办首个“新莞人服务日”】 2008年11月6日，市新莞人服务管理局联合劳动、司法、计生、妇联、公安等部门在32个镇街首次开展“新莞人服务日”咨询活动。工作人员向过往群众分发涉及新莞人和出租屋服务管理法律法规、消防安全、妇女和职工权益保护等宣传手册和单张，同时，就出租屋视频监控系统安装和出租屋及流动人员意外保险业务进行重点宣传。为更好地服务新莞人，加强有关流动人口和出租屋服务管理的法律法规宣传，东莞市将11月6日设为“新莞人服务日”，此后每年的这一天都会举行咨询活动，为新莞人提供现场咨询服务。

【“让祝福满格·新春关爱行动”启动】 2008年12月25日，由市新莞人服务管理局联合共青团东莞市委、中国移动东莞分公司共同举办的“让祝福满格·新春关爱行动”在常平火车东站启动。市有关部门领导以及新莞人代表、青年志愿者等400多人出席启动仪式。活动旨在通过提供免费长途电话服务、关爱求职服务、保险关爱、派发慰问品等各类服务，为广大新莞人奉献更多的温暖，在全市营造安定祥和、和谐团结的社会氛围。

【出租屋综合整治】 2008年，东莞市加强出租管理，预防和减少出租屋内违法犯罪案件的发生，先后组织两次涉及出租屋的专项清查行动：一是开展“创建全国文明城市，出租屋管理综合整治”行动，重点整改超范围经营旅店和无牌无证“三小”场所（小商铺、小作坊、小档口）以及消防安全等问题隐患的出租屋，推动东莞市创建全国文明城市。全年共排查问题隐患出租屋54906栋（套），督促整改48130栋（套）。二是开展出租屋内未成年人租住人员专项排查，集中检查出租屋内未成年人及其监护人的身份登记情况，查验有无合法身份证件，尤其重点摸查集中居住在出租屋且监护人情况不明的未成年人。在此次专项行动中，全市共处罚管理责任不落实的二手房东11名，批评教育4名，由劳动部门遣返未成年租住人员5名。此外，各镇街还组织开展各种清查整治行动。2008年，全市共开展各类整治行动2530次，出动各种力量189457人（次），排查并落实监管“五类人员”（无合法身份证明人员、无固定居所人员、经济收支反常人员、“两劳无业”人员、可疑人员）8480人；配合公安机关抓获违法犯罪嫌疑人2814人，打掉各类犯罪团伙245个，有效遏制重大刑事案件的发生。

【全面推广流动人员和出租屋意外保险】 2008年6月，东莞市流动人员人身意外保险和出租屋综合险正式在全市32个镇街铺开。截至年底，全市共办理流动人员人身意外保险54万份，出租屋综合险6000多份，受保人数达70万人，理赔56宗，有效保障了新莞人和出租屋业主生命及财产安全。

【建设出租屋视频监控系统】 2008年，东莞市出台《关于加强我市出租屋视频监控系统管理工作的指导意见》，并于6月召开“东莞市出租屋视频监控系统工作协调会”，向全市铺开出租屋视频监控系统建设的宣传动员、调查摸底等准备工作，8月份正式转入投建阶段。截至年底，全市共签订视频监控安装协议近25000套（按每套1个摄像头计算），完成设备安装9960套，正式开通6605套。 （陈 玫）

附：2008年东莞市新莞人服务管理局领导名录

局　长：伦锦洪

副局长：王国雄

民　政

【概况】 2008年，东莞市民政系统核定编制324名。局机关内设12个科室。下设市民间组织管理局（副处级）、市救助管理站（正科级）、市社会福利彩票发行中心（正科级）、市军用供应站（正科级）、市儿童福利院（正科级）、市社会福利院（正科级）、市金菊福利院（正科级）、市军队离休退休干部休养所（正科级）、市殡葬管理所（正科级）、市殡仪馆（不定级）、市光荣院（不定级）、市社会捐助接收站（正科级）和市婚姻登记管理中心（正科级）等13个直属单位。

2008年全市共有社会组织1479个（其中社会团体277个，民办非企业单位1202个）；敬老院31间，其中省一级敬老院26间，省二级敬老院5间；公益性公墓8家，经营性公墓4家。

【最低生活保障】 2008年1月1日始，东莞市最低生活保障实际补差从108元提高到153元，全年全市最低生活保障对象有13656户、37037人（约占户籍人口的2.16%），年保障金共6777.67万元。

低保家庭在读大学生补助标准，从原来每人每年度补助5000元，提高到7000元；高中生（含职校）从原来每人每年度补助2000元，提高到3000元，低保边缘户按上述标准分别给予50%的补助；小学、初中生每人每年度分别补助800元和900元，保持原有标准不变。2008年，全市低保户（含低保边缘户）在读子女共有37061人，共发放助学金9044.34万元。全市低保家庭在读子女中学寄宿生1853人，市财政补助148.24万元，镇财政补助161.33万元，合计补助309.57万元。

【救灾救济】 自然灾害救济。2008年，东莞市在支援抗击雨雪冰冻灾害过程中，广泛开展“送温暖、献爱心”捐赠活动，共接收社会捐款近900万元，棉被485床、衣服15000多件，并及时将救灾款物送到广东省乳源、广西河池等地的受灾群众手中。

四川省汶川地震发生后，全市各界和广大市民踊跃参与支援抗震救灾活动，全市共接收捐款5.1914亿元，接收捐物价值4826万元（已全部发送到灾区）。另外，全市向对口援建地震灾区映秀镇，捐赠了一批御寒物资（包括棉被6100套、军用棉大衣2000件、电热毯3000床、绒衣绒裤6100套），4台生活用车和一批办公用品（包括手提电脑17台、轮椅桌100多套），价值259.5万元。在开展向汶川地震灾区捐赠衣被活动中，全市社会各界踊跃捐赠衣物，共收到衣服29520件、棉被11005床、牙刷3400支，价值240万元。在整个支援抗震救灾中，捐赠款物总金额在全省地级以上市中列第三位。

在应对洪涝灾害和台风过程中，全市共下拨专项救灾资金5208.38万元，对受灾民众进行补贴。

春夏荒、冬令、休渔期救济。2008年，东莞市广泛开展春节扶贫济困送温暖活动，共救济困难群众11358户、30055人，发放慰问金和慰问物资1276万元。全市安排春、夏荒救济款20万元，对全市困难户13576户、36843人实施救济。在休渔期间，共对272户、1737人休渔期困难渔民补助救济款139万元。

临时救济。2008年，东莞市为应对物价上涨，共向19.92万名生活困难群众，人均一次性发放临时补贴1000元，共发放1.99亿元。

【老龄工作】 敬老优惠制度。2008年，东莞市以为老年人办理免费乘车卡为切入点，积极开展各项为老年人服务工作，重建老年人档案，负责收集、审批申领资料、发放、补办、核销和错卡更正等工作，为全市户籍老年人办理《东莞市敬老乘车卡》。2008年，全市提出申领的有19.26万人，已办理并发放敬老乘车卡19.26万个。

老年人文体活动。2008年，东莞市通过举行迎奥运东莞健身行系列活动，组织参加全省老年文艺调演，组织市老干健身队到香港参加世界华人“金夕年华”邀请赛，成功举办老年人运动会，丰富全市老年人群体的文体生活。其中市老干健身队获得“金夕年华”邀请赛“大金奖”、“优秀组织奖”、“最佳编导奖”。在全省老年文艺调演中，市委老干部局报送的舞蹈《红配绿》、厚街镇报送的小提琴独奏《西班牙斗牛士》均获得银奖。第九届老年人运动会设16个比赛项目、30个组别，2600多名运动员参赛，莞城、虎门、石龙、横沥、塘厦等镇街分获团体总分前5名。樟木头、凤岗、莞城、横沥、桥头、黄江、沙田、东坑、沙角A电厂等镇街和单位承办了老年人运动会部分比赛项目。

【社会福利】 居家养老试点。2008年，东莞市财政安排160万元居家养老专项经费，积极推进居家养老工作。全市居家养老工作已覆盖3个镇街8个社区，共有163名老人接受居家养老服务。

敬老院建设和五保供养。2008年，东莞市财政从福利资金中安排450万元推进敬老院建设，敬老养老服务水平得到较大提高。全市共有五保对象1446人，其中集中供养1006人，占总人数的70%，分散供养440人，占总人数的30%。2008年12月，市政府批准市五保供养标准从每人每月550元提高到600元，供养经费由市、镇分别按照2∶8、4∶6、6∶4、8∶2四个档次比例负担。

“星光计划”建设。2008年，东莞市为建设和改善老年人活动服务设施，从市福利资金中安排1025万元用于全市“星光计划”老人活动中心建设。全市有16个镇28个社区“星光计划”老人活动中心得到资助。

孤残老人、儿童福利事业。2008年，东莞市共为金菊福利院201名残疾老人申领《东莞市重度残疾人专项补助对象补助金证》，报销医疗费近21万元，发放300多把拐杖、79辆轮椅、25副助听器。全市新增收养弃婴435名，比2007年同期多37名。同时，为70名残疾儿童实施手术，康复率100%。全市共依法办理208宗国内收养（其中港澳台4宗、三代以内送养1名、国内收养203名），办理123宗国外送养。

【慈善事业】 慈善募捐。2008年，东莞市慈善会开通专门网站，加大慈善宣传力度，增强全民慈善意识；组织《东莞时报》创刊义卖、抗震救灾募捐晚会、慈善长跑、“时报玉兰助学金”设立暨发放仪式等大型慈善公益活动，协调7家行业协会举办公益募捐活动，广泛募集社会慈善资金，全年共募集慈善资金1151万元。同时，全年预算和拨付专项资金共545万元，开展慈善医疗救济、扶老助残等活动。

“慈善光明”活动开展。2008年，东莞市拨付专项资金200万元，在市人民医院、东华医院，为东莞市400名白内障患者免费进行复明手术。预算300万元，对患急、重、危等伤病的生活困难群众实施医疗救济。

社会公益资助。2008年，东莞市积极开展“送温暖”活动，为全市1500名五保老人，每人购买一件御寒羽绒服（300元/件）。拨付慈善资金10.73万元，为全市31间敬老院和2间社会福利院各捐助5部轮椅（650元/部），方便部分残疾人生活。

慈善超市资助。2008年，东莞市为莞城、石龙、虎门、万江、东城、南城、寮步等7个镇（街）开办的慈善超市各拨付10万元（共70万元），购置生活必需品，解决低保群众生活困难。

【福利彩票发行销售】 2008年，东莞市按照“安全运行、健康发展”的要求，进一步巩固投注站专营化建设，逐步完善投注站的信息管理，有效开展“刮刮乐”即开票销售活动，全市福利彩票销售取得新的突破。2008年，全市共销售福利彩票8.15亿元，同比增长2.33亿元，增幅达39.8%，完成省下达市销售任务的131.8%（是全省首个完成任务的地级市），占全市彩票市场份额的70.13%，销售总额创历史新高。筹集社会福利资金2.51亿元，市留成福利资金9277万元，代缴个人中奖所得税2752万元，取得较好的社会效益和经济效益。

【社区建设】 社区管理信息系统建立。2005年，市政府投资1000多万元，建设市、镇、村（社区）、村（居）民小组四级应用的社区管理信息系统，到2008年，逐步完成系统开发、软硬件系统集成等工作。9月5日，市政府组织召开市社区管理信息系统推广应用工作会议，正式启动该系统推广应用工作。

特色示范社区创建活动。2008年，东莞市依据《东莞市六好平安和谐社区示范创建实施方案》，选取莞城街道的北隅社区、东城街道的火炼树社区等20个社区为创建点，开展特色示范社区创建活动，打造特色社区，为全市社区建设树立典型。

社区基础设施建设。截至2008年，全市590个社区居（村）委会均有办公用房，其中98%的办公用房面积超过150平方米，大部分“村改居”社区的办公用房达1000平方米以上。全年有42个社区被省评为“六好”平安和谐社区，累计占全市社区总数的35.3%。

农村社区资助。2008年，东莞市财政核拨840万元，资助全市84个经济欠发达村开展农村社区建设，促进全市社区建设的平衡、和谐、科学发展。

【基层政权建设】 村居“两委”换届选举。2008年，东莞市依法开展了第四届村委会、第三届社区居委会换届选举工作。全市383个村委会、207个社区居委会全部依法顺利产生新一届的村（居）委会班子。新当选的“两委”成员成份、结构、素质得到优化。大专以上学历占38.5%；平均年龄41岁，其中40岁以下的占47.6%；村（居）委会成员中妇女干部占16.7%；交叉任职有1165人，交叉率达55.5%。

村（居）民自治。2008年，东莞市建立健全社区议事规则、社区财务管理制度、居民代表大会制度等，规范村（居）务公开栏，社区财务、重大事务按时公开，完善居民自治章程和规定，成立居务公开监督小组和民主理财小组，村（居）民自治建设得到加强。全市有10个镇（街）被评为市级“村务公开民主管理示范镇”，60个村（社区）被评为市级“村务公开民主管理示范村（社区）”。

【民间组织登记管理】 社会组织登记。2008年，东莞市新登记社会组织199个，其中社会团体30个（行业性7个，学术性2个，联合性11个，专业性10个），此外，还批准设立51家社会团体分支、代表机构；民办非企业单位169个。

行业协会整改、重新登记。2008年，东莞市完成对50个行业协会整改和重新登记工作，原在行业协会、商会兼职的42名在职国家机关工作人员在整改后全部退出。

执法监督。2008年7月，东莞市开展专项执法查处工作，对累计3年不按照规定接受年度监督检查的126家社会组织作出撤销登记的行政处罚，并在各大媒体刊登了公告。

【区划地名管理】 地名公共服务工程。2008年，东莞市地名公共服务工程建设取得较大进展。在市域国道、省道、县道入口设置市牌18块，30个镇街全面铺开地名设标工作，20个镇街开展地名调查和数据库建设工作，其中长安镇率先启动地名触摸屏服务，《东莞市地名总体规划》编制完成，并于5月颁布实施。

地名日常管理。2008年，共审批同意90宗建筑物的命名（更名），614条道路的命名（更名），审批“广场”命名1宗，并对705宗地名资料进行归档。

界线管理。2008年，市民政局经调查核实向市政府提出关于“交椅湾”养蚝保护区问题处理的初步意见，并完成东莞与深圳市界五年一次的联检工作。同时完成全市镇界签约管理协议书的签订，并报省民政厅备案。督促指导部分镇街完成村界签约管理协议书的签订。

地名文化保护。2008年，东莞市被民政部地名研究所认定为“千年古县”。另外，《中国地名故事（广东省卷·东莞篇）》摄制工作进展顺利。

【殡葬管理】 殡改宣传月活动。2008年，东莞市共出动巡回宣传车2880辆次，张贴标语17037多条，悬挂横联1292幅，印发宣传资料13220多份，出版宣传栏、墙报、黑板报190多期，电视宣传1760次，在全市营造浓厚的殡改宣传氛围。全市火化率始终保持在100%。

违规建坟清理整治。2008年，东莞市民政部门联合国土、林业部门在全市范围内开展清坟工作“回头看”活动，查处虎门、茶山、常平等镇违规修坟事件3起。

清明节期间安全祭扫。2008年清明节是国家实行清明“小长假”的第一年。为保证广大群众在清明节期间祭扫安全，市民政局专门制定和实施清明期间祭扫应急预案，并做好配套服务，确保清明节期间祭扫活动安全有序。

“殡仪服务优质年”活动。从2008年3月份开始，东莞市民政局组织市殡仪馆、各殡葬服务队干部职工学习有关殡仪服务管理工作规定和规范性文件，向群众公开服务操作流程、服务标准。组织职工参加省殡协组织的业务培训，组织骨干人员到外地殡仪馆参观学习。建立职工年终考核制度，公开收费项目，接受群众监督，切实规范殡仪工作。

绿色殡葬。2008年9月26日，东莞市在沙田泥洲渡口成功举行首次海葬活动，当天共有52具骨灰撒向大海，新的文明丧葬方式正式启动。

【救助管理】 2008年，东莞市严格贯彻执行有关救助管理的办法、规定和细则，进一步明确岗位职责，规范队伍管理，完善基础设施建设，提高救助管理工作质量。全年，全市共实施救助10041人次（比上年增加10.3%），其中，救助未成年人1883 人次。

【双拥工作】 国防和双拥宣传教育。2008年，东莞市共举办国防教育、形势报告会、演讲会、座谈会、联欢晚会118场次，受教育人数达15万人次。《解放军报》、《广东民政》、《东莞日报》等报刊杂志陆续刊登东莞市双拥工作以及双拥调研论文稿件共25篇，东莞电视台播放双拥新闻消息125条，东莞电台播放双拥新闻稿47篇，东莞阳光网和民政网共发布双拥信息66条，市双拥办共编辑《东莞双拥简报》10期，进一步弘扬革命传统和爱国主义精神，增强广大军民的爱国拥军观念。

拥军优属。2008年，东莞市以支持部队做好军事斗争准备为重点，积极开展各项拥军活动。在春节、“八一”节期间，全市共召开各种拥军优属座谈会、茶话会1500多场（次），举办军民联欢会20多场，组成拥军慰问团（组）700多个，共送出拥军优属慰问金2200多万元。另外，在支援驻军信息化建设、完善训练场地生活设施、增加驻军官兵的生活补贴等方面，全市共投入拥军资金1亿多元，援建项目共40个。

拥政爱民。2008年，驻莞部队在履行职责的同时，积极投身新东莞建设，不断推进军政军民关系向深层次发展。在支援地方经济建设中，驻莞部队主动承担地方急难险重任务，先后出动兵力6万多人次，投入劳动力2万多个，机械车辆4050余台（次），参加重点工程建设项目45个。其中在抗击雨雪冰冻灾害中，出动官兵2500多人，车辆139台（次），往返行程3000多公里，清除积雪冰冻路段80多公里，疏通滞留车辆6万多台，疏导群众8万多人；清除废塔188座，架设水泥电杆800多根，人工架线336公里。在抗击台风洪涝灾害中，出动官兵和民兵预备役1980多人次，车辆100多台次，安全转移群众2320多人，转移物资90多万元，排除险情50多起，挽回经济损失达500万元。为支援四川抗震救灾，部队捐赠现金80多万元、衣物3000余件，缴纳“特殊党团费”196万多元。

2008年，东莞市连续第七次被省评为“全省双拥模范城”。大岭山、虎门等镇人民政府获全省“爱国拥军模范单位”称号，市民政局局长杜度、黄江镇镇长钱伟忠，分别获全省“爱国拥军模范”称号，东莞边检站检查员刘洋、市消防支队寮步大队政治教导员李凌分别获“拥政爱民模范”称号。

【优抚工作】优抚对象抚恤补助标准自然增长。2008年，东莞市依据自然增长机制，及时对全市3623名优抚对象的抚恤、定补标准进行调整，发放抚恤补助金1852.09万元（其中自然增长款约95万元），切实保障优抚对象的生活水平同步提高。

为优抚对象解决“三难”。2008年，东莞市财政预算专项经费，着力解决优抚对象生活、住房和医疗等“三难”问题。其中下拨29.75万元，为125户重点优抚对象解决临时困难；下拨30万元，为他们改善住房条件；“八一”前夕，全市共组织31支“关爱功臣巡回医疗队”，为925名重点优抚对象送医送药，配送各类药品价值31.78万元，拨给一至六级残疾军人医疗门诊补助金9.66万元，较好地解决优抚对象看病困难。

【安置工作】退役士兵接收安置。2008年，东莞市接收2007年冬季退役士兵590人，其中城镇兵157人、农村兵382人、复员士官41人、转业士官10人。根据《东莞市退役士兵安置办法》有关规定，对退役义务兵、转业士官全面推行自谋职业，并足额发放安置补助金。

退役士兵职业技能培训。2008年3月10日至6月10日，东莞市在市南博职业技术学院举办退役士兵考前辅导班，55名退役士兵参加学习。同时，依据有关文件规定，核实退役士兵参加培训人数，拨付退役士兵培训资金，尽量减少退役士兵培训费用。2008年，退役士兵实际入读中、高等职业技术院校的有69人。

离退休人员保障。2008年，东莞市为3100名军队退役人员增补服役阶段的社会养老保险，加强对军休干部、无军籍退休职工服务管理，有关部队安置政策得到较好执行；接收安置军休干部并依据标准发放军休干部离退休费，军休干部的待遇得到较好落实。

军供保障。2008年，东莞市通过组织应急演练活动，不断提高军供保障能力，顺利通过广州战区军供应急保障能力建设考评。2008年共接待过往部队50多批次，15000多人次，先后为部队补贴近40万元，较好地完成各项军供任务。

【社会工作】专门机构成立。2008年4月，东莞市委、市政府正式成立加强社会工作人才队伍建设推进社会工作发展领导小组。同时，在市民政局设立东莞市社会工作办公室，并增加行政编制3名，作为社会工作的日常办事机构。

学习和培训集中组织。2008年，东莞市通过举办培训班，邀请知名教授作专题讲座，组织市社会工作领导小组成员和有关工作人员进行系统的社会工作知识培训，提高各级党委政府领导和相关工作人员对社会工作的认识，同时增长了专业知识。

调查研究开展。2008年，东莞市先后组织党政代表团前往香港、深圳等地，学习借鉴外地开展社会工作的先进经验和做法，逐步明确东莞市发展社会工作的思路，并着手编写社会工作制度文件，为全市社会工作的全面铺开奠定基础。（周宪平）

附：2008年东莞市民政局领导名录

局　长：杜　度（任至9月）
　　　　杨东如（9月到任）
副局长：易志兵　郑锦堂　袁佩霞
　　　　黄容开
党组成员、纪检组长：李建武

残疾人工作

【概况】2008年，东莞市残疾人联合会内设科室6个；直属正科级事业单位5个：市残疾人劳动就业服务中心、市残疾人康复中心、市残疾儿童学前教育中心、市残疾人辅助器具服务中心、市残疾人托养中心。

截至2008年，东莞市残疾人事业实现跨越式突破。残疾人康复需求得到不断改善，逐步形成较完善的社会化康复服务体系，康复质量和服务水平不断提高。全面落实最低生活保障制度，对1—4级困难残疾人实行每人每月专项补助，残疾人的生活得到有力保障。全面推进分散按比例安排残疾人就业，通过组织残疾人参加免费职业技能培训、举办就业专场招聘会、集中安置等多渠道、多形式安排残疾人就业的模式，使有就业需要的残疾人就业率达到85%以上。市政府先后投入5000多万元兴建残疾人基础服务设施，每年为580多名残疾儿童免费提供康复教育训练服务，投资4200多万的市残疾人综合服务康复大楼正在动工兴建。残疾人文化体育工作成绩喜人，涌现一批优秀残疾运动员和特殊艺术人才，在全国、全省等各类体育、文化比赛中获得金、银、铜各类奖牌490多枚。建立健全残疾人法律援助网络，残疾人合法权益得到保障，社会扶残助残蔚然成风，残疾人事业发展环境更加文明。先后获得“全国残疾人体育工作先进单位”、“全国残联专门协会工作先进单位”等称号。

【残疾人康复】2008年，东莞市大力开展残疾人康复训练服务，广泛宣传康复知识,各项康复任务得到全面落实。全年为56名患重病、大病、慢性病残疾人提供医疗救助；为2100多名困难精神病患者提供免费服药、评残定级、辅助检查等服务，对172名发病精神病患者送院进行治疗，评估精神病康复者246名；免费为140418名60岁以上老人患白内障情况进行检查，初步检出疑似白内障患者25050人。认真做好残疾人辅助器具适配和后续服务工作，全年为1200多名残疾人完成适配辅助器具评估，为310名残疾人适配了助行器、拐杖、机动代步车、装配假肢等。为4852名残疾人完成康复需求调查评估，提供康复训练3620人次。检出精神病患者9325人，检出率6.1‰，监护率90%，社会参与率80%，无肇事肇祸事件发生。东莞市残疾人康复中心全年为310名智力、听障儿童免费提供抢救性康复教育训练，康复有效率达85%以上。

【残疾人就业】2008年，东莞市依法

开展按比例安排残疾人就业年审工作，办理残疾人就业年审企业21267家。通过举办残疾人就业专场招聘会、残疾人就业网发布招聘信息、镇（街）和村（社区）推荐等多种就业服务途径，新增安排残疾人就业3765人次，采取政府购买岗位集中安排170名残疾人在福利网吧就业。举办家电维修、电工、盲人计算机、烹饪、面包制作等各类技能培训8期，培训残疾人650多人次。

【残疾人教育扶贫】 2008年，东莞市适龄残疾儿童少年入学率达96%；贯彻落实《广东省扶残助学工程》，对全市119名考取中高等院校的困难残疾人或其子女共发放教育补助金46.6万元；为全市16377名困难残疾人发放专项补助金3113.16万元；为14879名户籍残疾人发放1000元一次性临时生活补贴；发放残疾人“爱心乘车卡”400余张；全市各镇街走访慰问困难残疾人家庭1150多户，发放慰问金和慰问品折价共计320多万元；东莞市残疾儿童学前教育中心全年为300多名各类残疾儿童免费提供特殊教育、自理能力及社会适应能力服务。

【残疾人信访与维权】 2008年，东莞市扎实开展残疾人信访与维权工作，通过残疾人法律维权热线、网上法律咨询等多种方式，接待残疾人及其亲属来访（包括电话、书信来访）780余件，提供法律援助352人次，现场处理外来残疾人群体性事件8次，95%以上的信访事件在初信初访后得到妥善解决。

【东莞市残联第五次代表大会召开】 2008年4月25日，东莞市残联第五次代表大会在市会议大厦召开。东莞市市委书记刘志庚接见出席会议的代表，并与代表合影留念。出席本次大会的代表共485名，含正式代表235名，特邀代表36名，列席代表214名，其中残疾人正式代表158名，占正式代表总数的67.2%。大会推举产生新一届残联领导班子、各专门协会正副主席以及出席省残联第五次代表大会的代表，完成换届选举任务。

【东莞市残疾人托养中心建成使用】 2008年5月18日，东莞市残疾人托养中心揭牌成立，正式投入使用。东莞市委常委、常务副市长冷晓明，广东省残联副理事长孙俊明、东莞市副市长李小梅、市长助理陈林佐等领导出席揭牌仪式。同时，在市残疾人托养中心成立“中国移动全国特奥活动示范社区”。年内，为160多名精神、智力和其他重度残疾人提供基本生活能力、人际交往和劳动技能训练及托养等服务，帮助残疾人回归社会。

【助残日宣传和残疾人文体活动】 2008年，东莞市围绕第18次“全国助残日”，举办“感动你我，共建和谐”系列活动。大力开展残疾人文体活动，举办“阳光伴我行”东莞市首届残疾人艺术风采大赛；组织参加2008年广东省残疾人田径、游泳锦标赛”，取得田径项目团体总分和金牌总数两个第一，游泳项目团体总分第五和金牌总数第八的优异成绩，并获体育道德风尚奖。

【残疾人状况监测】 2008年，严格按照省残联部署和要求，对南城街道两个监测点39户监测对象进行入户调查，准确、全面地掌握残疾人状况的变化，并将数据及时汇总归类上报给省残联，为国家和省制定、调整、评估有关政策、法规提供依据。 （唐祖高）

附：2008年东莞市残联领导名录

理事长：梁应昌

副理事长：叶润芳　陈志忠

民族宗教

【概况】 2008年底，东莞市经市民族宗教事务局批准登记的宗教活动场所共有49处。其中，有佛教寺（庵）34个，道教宫观5个，基督教福音堂8个、活动点1个，天主教堂1个。东莞市各种宗教和睦相处，保持了宗教领域的稳定与和谐。

【国家、省上级部门领导来莞调研民族宗教工作】 2008年6月23—24日，由国家民委副主任杨健强带队的检查组在省民族宗教委的陪同下来莞检查工作，市委书记、市人大常委会主任刘志庚，市委常委、副市长江凌，市政府副秘书长黄冠球接待检查团一行。6月23日，检查组听取市民宗局领导的工作汇报。6月24日，检查组在市委常委、副市长江凌和市民宗局领导的陪同下到市工商局莞城分局检查穆斯林办证绿色通道和服务窗口，听取市工商局领导的汇报，最后在东莞会展国际大酒店与10多名少数民族代表人士进行座谈。

2008年7月7—8日，广东省民族宗教委主任陈绿平带领调研组到东莞市开展调研活动，与东莞市委书记刘志庚就如何做好东莞市民族宗教工作和维稳工作进行深入交谈，并在市委常委、副市长江凌和市民宗局领导的陪同下，走访黄旗观音古寺、万江穆斯林临时礼拜点等宗教活动场所，倾听穆斯林代表人士和佛教界代表人士的心声，勉励他们进一步加强自身建设，提高综合素质，树立良好形象，为促进东莞经济社会和谐发展发挥积极作用。在市委常委、副市长江凌的主持下召开座谈会，陈绿平听取市民宗局领导的工作汇报后，对东莞市民族宗教工作和维稳工作给予“有特色、有创新、更有成效”的高度评价，并提出新要求。

【市领导检查民宗工作】 2008年2月3日，东莞市委常委、副市长江凌到市民宗局检查工作，与工作人员召开座谈会，听取局领导的工作汇报，肯定2007年来的工作成绩，并向全体工作人员致以节日问候。江凌还与局领导一起分析东莞市民族宗教工作的新形势，对2008年民族宗教工作提出新要求。

2008年2月26日，东莞市人大常委会副主任李秀冰带领市人大常委会教科文卫华侨外事工作委员会工作组到东莞市民宗局检查工作，在座谈中听取局领导的工作汇报，并就全市民族宗教工作中的一些难点问题进行深入探讨。此后，在市民宗局领导陪同下，实地考察万江穆斯林临时礼拜点，与阿訇、穆斯林代表人士亲切交谈。

2008年7月2日，市委常委、副市长江凌亲临市民宗局，与市佛教协会班子成员亲切座谈，就东莞市佛教界关心的话题，进行深入交谈。江凌耐心听取大家的意见，并要求佛教界新时期要有新气象：一是佛教活动场所建设要有新发展；二是佛教人士要树立新形象；三是发挥佛教积极作用要有新路子。

2008年12月22—25日，东莞市公选上任的副市长严小康高度重视民族宗教工作，连续视察宗教活动场所，到黄旗观音古寺、大岭山观音寺等场所走访，与宗教人士亲切交谈，了解民意，体察民情，现场办公，指示有关部门加强协调，妥善解决场所危房改造问题，切实为场所排忧解难。并指出，搞好宗教活动场所建设是做好信教群众工作的基础。严小康还到东莞市有千年历史的名寺资福寺遗址察看历史遗迹和现存文物，要求有关部门认真做好宝贵历史传统文化遗产的挖掘和保护工作，更好地发挥宗教在促进社会和谐发展方面的积极作用。

【民族宗教工作占镇街量化考核比重增大】东莞市民族宗教事务局作为市政府组成部门于2002年7月成立以来，东莞市市委、市政府就把民族宗教工作纳入镇街领导班子年度工作实绩量化考核，民族宗教工作纳入社会公共管理考核项目，在市直主管部门分配的总分1000分中，市民宗局分配有20分。市民宗局对全市32个镇街建立独立的民族宗教工作档案系统，真实记录各镇街民族宗教工作情况。2008年开始，统战工作也纳入量化考核，作为政治建设考核项目，在政治建设工作绩效评价1000分中，统战工作分值为180分。其中民族宗教工作分配有30分，使得东莞市民族宗教工作在量化考核中的分值大大增加，达到50分。这对促进东莞市镇街基层民族宗教工作，将起到更大的积极作用。

【宗教人士座谈会】2008年1月18日，市民宗局组织召开全市宗教界上层人士迎春茶话会，来自佛教、道教、基督教、天主教界的70多名上层人士参加会议。

2008年4月17日，市民宗局组织全市佛教、道教、基督教、天主教界60多名上层人士召开学习会，了解“3·14”事件真相，揭批达赖集团在西藏拉萨策划组织的打砸抢烧严重暴力犯罪事件，声讨达赖集团勾结西方反华势力，图谋分裂祖国、破坏北京奥运会的罪恶行径。宗教界代表人士还结合各自宗教的特点，表达决心引导和团结广大信教群众做好本职工作，实践科学发展，服务社会和谐，为服务奥运特殊时期国家政治大局作出应有贡献的共同心声。

2008年9月2日，东莞市民宗局组织全市佛教、道教、基督教、天主教等宗教界代表人士60多人欢聚一堂，举行迎国庆、贺中秋茶话会。会上，大家对工作中存在问题建言献策，并对市民宗局在学习实践科学发展观活动和解放思想大讨论活动取得成果给予高度评价，在当场进行的群众评议中，“很满意”率达到98.8%。

【少数民族座谈会】2008年1月16日，全市少数民族代表人士迎春茶话会在市委旧礼堂召开，30多名来自各界的少数民族代表人士积极参加。大家就东莞市城市民族工作取得的成绩、存在的问题、工作计划，尤其是穆斯林子女就近读书难、成立伊斯兰教协会等涉及穆斯林的民生问题，展开热烈的讨论。

2008年4月30日，东莞市民宗局组织召开第二季度全市穆斯林代表人士座谈会，21名来自青海、新疆、甘肃的新莞人穆斯林代表共聚一堂。市民宗局领导向大家介绍“3·14”事件真相，深入揭批达赖集团在西藏拉萨策划组织的打砸抢烧严重暴力犯罪事件，勾结西方反华势力，图谋分裂祖国、破坏北京奥运会的罪恶行径。介绍西藏的历史和在中央大力支持下西藏经济社会发展状况，宣传党民族宗教政策的优越性，使大家进一步明确“只有共产党的领导才能建设好中国，只有共产党的领导才能发展中国，只有共产党的领导才能使各族人民都过上好日子”的真理。同时，结合东莞市穆斯林大多是经营清真拉面店的实际情况，要求他们提高警惕，警钟长鸣，切实搞好食品卫生工作，抓好“四防”（防火、防爆、防食物中毒、防流行疾病）工作，提高危机意识，保护自己的利益。

2008年11月26日，东莞市民宗局组织召开第四季度全市穆斯林代表人士座谈会，来自青海、新疆、甘肃的新莞人穆斯林代表参加会议。会上，市民宗局邀请莞城工商分局的工作人员为穆斯林作关于办理营业执照相关知识的报告。

【宗教界植树】2008年3月12日植树节，东莞市民宗局组织全市100多名佛教、道教、基督教人士和信教群众，齐聚黄江宝山芙蓉寺附近的樟木头林场，开展义务植树活动，共计植树3000多株，植树面积8000多平方米。黄江镇、樟木头林场等有关部门领导也积极参加这次植树活动，并给予大力支持，保障活动的顺利进行。这是自2007年“一十百千万”行动以来的第二次，已经成了市宗教界的一个传统项目。

【民族宗教界慈善活动】2008年1月和5月中国分别遭遇罕见的雪灾及“5·12”汶川特大地震灾害。东莞市民族宗教事务局在灾情发生后迅速向全市民族宗教界发出捐款赈灾的倡议，市佛教和基督教两会立即行动，展开动员部署，全市各宗教活动场所率先响应，纷纷慷慨捐助，众多信教信众、在莞穆斯林群众自发捐款，全市民族宗教界捐赠善款40多万元及救灾物资多批。多个宗教活动场所还举行宗教仪式，祈求死者安详、生者坚强，用宗教特有的形式向灾区人民表达祝福与关爱。大家众志成城，万众一心参与抗震救灾，体现了东莞市民族宗教界慈悲为怀、人间有爱的优良传统精神。

2008年8月26日，东莞市基督教、天主教、佛教、道教等各宗教界代表10多人，在东莞市民族宗教事务局的带领下，赴沙田镇大流村开展扶贫助学活动，将10万元捐款亲送60多名贫困大学生手中。这是东莞市宗教界与大流村2006年结成扶贫对子以来的连续第三次活动，受到镇委、镇政府、村和社会各界的广泛好评，镇、村领导在捐赠仪式上的讲话中，对市民宗局和宗教界坚持扶贫的善举给予高度评价，并向宗教界代表赠送锦旗。受助学生代表也在发言中表达“自强不息，学好文化，感恩反哺，建设家乡”的美好愿望。各宗教界代表在接受媒体采访中，都结合各自教义诠释了本次扶贫助学活动的积极意义，体现了东莞市宗教界积极参与构建和谐社会的良好风貌。

【市佛教协会揭牌仪式】2008年3月2日，东莞市佛教协会在琉花寺举行新春活动茶话会暨佛协揭牌仪式，东莞市民宗局领导干部到场祝贺，市佛协和全市各佛教场所负责人及信徒参加仪式。

【穆斯林欢度“两节”】2008年9月30日及12月8日分别是穆斯林的开斋节和古尔邦节，分别有3500多名及3000多名穆斯林在东莞市旗峰公园广场举行大型聚礼活动，欢度佳节。东莞市民宗局为此做了大量协调工作，并经市政府同意，仍然选定市区中心的旗峰公园广场作为开斋节和古尔邦节穆斯林聚礼活动的临时场地，并在公安、东城街道办、公园等有关部门的密切配合协调下，现场秩序井然，气氛祥和，活动圆满完成。为全市广大穆斯林群众办了一件大好事，深得民心，为东莞市城市民族工作顺利开展打下良好基础。

【金融危机下天主教基督教度祥和圣诞】2008年12月24日及25日，在基督教、天主教徒欢度他们的宗教节日——平安夜和圣诞节之时，东莞市民宗局与市公安部门工作人员到基督教、天主教活动场所巡查，检查各场所安全保卫工作落实情况，现场秩序维持得井井有条，为广大基督教、天主教徒度过一个欢乐祥和的平安夜、圣诞节提供有力保障。宗教人士和信教群众对政府部门的关爱表示感谢，祝愿祖国繁荣昌盛，人民安康幸福。据了解，2008年到天主教堂过圣诞节的信徒人数与上年相仿。而到基督教堂过圣诞节的教徒人数与上年相比略有下降，反映在当前金融危机寒流中，有一些基督教信徒离开了东莞。

（林　睿）

附：2008年东莞市民族宗教事务局领导名录

局　长：张灿炎

副局长：胡炳棋

镇 街 URBAN AND TOWNSHIP

厚街镇广东现代国际展览中心

- 虎门镇为四川地震灾区捐款居全国乡镇之首
- 长安镇连续第13年获全市镇街工作实绩量化考核结果综合总分第一名
- 沙田镇建立东莞首个咸水歌创作培训基地
- 凤岗镇杨官璘象棋广场启用
- 中美男篮赈灾义赛在塘厦镇举行
- 常平镇圆满完成极端艰巨的铁路春运工作

编辑：林 清 李缙文 何 青 张德全 刘 丹 卢 敏 黄文挺 施雪芬

莞 城

【概况】2008年，莞城街道完成生产总值98.5亿元，同比增长16.5%；完成工业总产值63.0亿元，同比增长9.3%；完成出口总值5.5亿美元。新签外资项目及增资项目合同39宗，合共合同利用外资金额3374万美元，同比增长28.8%。完成财政收入5.87亿元，同比增长31.7%；国税收入5.61亿元，同比增长18%；地税收入18.1亿元，同比增长37.5%。社会消费品零售总额90.9亿元，同比增长25.4%。2008年，莞城每平方公里已用土地税收排名第一、每平方公里已用土地国内生产总值排名第一、每百元国内生产总值税收额排名第一，先后被评为"维护稳定和社会治安综合治理先进镇（街道）"、"全国精神文明建设工作先进单位"、"公民道德教育工作先进镇（街道）"、"广东省文明单位"、"创建全国文明城市工作突出贡献单位"，同时获得了2008年度镇（街道）领导班子工作量化考核综合总分一等奖。

【"文化莞城"战略实施】2008年，莞城街道积极实施"文化莞城"发展战略，通过抓好一系列的形象宣传和文化工程，深入开展文明创建活动，打造文化品牌，筹建和完善莞城美术馆、莞城图书馆，传播和倡导高雅文化，营造浓厚的文化氛围，促进了市民素质的提升。

开展文明创建活动。莞城街道注重完善创建机制，成立街道创建办，动员和督导全区各相关部门、各社区积极开展创建全国文明城市活动，通过开展实地模拟测评，将创建和整改任务层层分解，落实责任，督促各单位落实整改措施。注重创新活动载体，通过举办文明礼仪知识巡回讲座、组织志愿者上街纠正不文明交通行为、举办专题文艺晚会等活动，着力提升市民的整体素质。注重加强创建工作宣传，通过制作广告灯箱和灯柱旗，派发宣传海报单张、文明知识读本和创文环保袋等方式，营造浓厚的创建氛围，为全市成功创建全国文明城市作出应有的贡献。同时，莞城街道获中央文明委颁发的"全国精神文明建设工作先进单位"称号。

打造"文化周末"品牌。莞城街道创新文化发展模式，精心打造"文化周末"系列文化品牌，使其得到迅速发展，逐步走上系列化、产业化发展轨道，初步显示出"文化周末"品牌产业化发展的良好效应。截至2008年，"文化周末"晚会已举办了180多期，平均上座率达85%以上；《文化周末报》已出版180多期，每期发行2.5万份；"文化周末"杂志连续两年被评为"东莞市优秀刊物"；"文化周末"少年合唱团通过"请进来"、"走出去"的方式，扩大了对外艺术交流；文化周末大讲坛先后邀请了王蒙、贾平凹、王安忆等华语文化界的标志性人物莅莞开讲，为广大市民带来了前所未有的文化盛宴。

办好莞城美术馆、图书馆。莞城街道投资3000多万元建成了现代化、专业性的莞城美术馆和莞城图书馆。莞城美术馆自2008年初开馆以来，成功举办了馆藏名家精品展、奥运珍品展、抗震救灾图片展、广东省集邮展、宜兴紫砂壶古今真品展、"云海归来——叶森槐、唐湘子、也墨三人行黄山采风画展"等22场有影响力的展览，接纳参观者15万人次以上，接待团体100多个，成为莞城乃至东莞市民接受艺术熏陶、普及艺术知识的良好平台。莞城图书馆于2008年9月28日开馆，并成功承办东莞第四届读书节启动仪式，截至2008年共接待读者13000多人次，为文艺爱好者提供了一个古籍、艺术类书籍阅读和研究的平台，同时也为广大读者提供了一个良好的学习场所。

发挥文化阵地作用。莞城街道积极发挥文化阵地和平台作用，倡导优良文化。"和阳夜韵"、"凤凰之约"、"粤韵金声"等群众性文化活动参与人数达40余万人次。通过开展特色文化社区创建活动，使各社区形成了自身的文化品牌，如东正社区的粤曲文化，北隅细村社区的奇石文化等。同时，积极做好重点文物保护以及却金碑公园、容庚故居等新一批文化设施的筹建工作。

发展优质教育。莞城街道以"办人民满意的教育、打造'学在莞城'品牌"为目标，深化教育改革，坚持教育创新，优化教育管理，着力推动教师培训、教学科研、校园文化三大重点工作，进一步巩固了教育强镇的地位。加强硬件建设，投入大量资金用于完善教育设施，进一步改善了办学环境。采取"走出去"、"请进来"等方式，组织教师赴国内外先进地区学习，并聘请专业教授对教师进行培训，提升了教师队伍的素质。打造校园文化活动品牌，积极开展以"创建书香校园"、"真情系莞邑，携手创未来"、"创建全国文明城市"等为主题的校园文化活动和各类课外活动，在增强德育实效性的同时，也提高了学生的综合素质。2008年，莞城师生共有280多人次在市级以上各类竞赛和展演活动中获奖。

【产业升级】2008年，莞城街道重点抓好产业升级转型，促进产业结构不断优化，保持了经济的平稳增长。

抓园区经济促升级。莞城街道不断创新思路，积极推动企业转型升级。一是加快东部工业园莞城园区的开发建设和招商引资步伐。园区基础设施建设已全面启动；宏大项目土地已转为建设用地，即将入园动工建设。二是鼓励和支持原有企业增资扩产。其中东莞万宝至电机设备制造有限公司在先后增资四次的基础上再增资2800万美元，拟升级为集团中功能最全，集马达生产、研发、销售于一体的企业；巨汉灯饰有限公司增资85万美元，用于灯饰制品的技术研究开发；东部工业园莞城园区的首个签约项目宏大电器制品有限公司在实现注册资本769万美元到位的基础上再增资512万美元。三是大力发展创意产业。对原联丰工业区进行整体设计改造，将其打造为承载创意产业、软件产业、动漫产业等现代高端服务业的东莞市创意产业中心园区。积极争取省、市在资金、技术、人才、服务等方面的支持，并出台了《关于促进东莞市创意产业中心园区发展的扶持政策（试行）》等一系列政策，扶持和鼓励创意产业的发展。

抓科技创新促升级。莞城街道制定出台《关于实施科技东莞工程的政策配套奖励办法》，计划每年投入350万元，连续安排三年共投入1050万元对符合科技产业政策和发展规划要求的单位实行扶持。对成功申报市科技项目获资助资金的科技企业，共给予配套奖励资金近250万元。同时，积极申办研发中心，截至2008年已创建3个省级研发中心、2个市级科研中心和2个市级技术中心，推动了企业就地转型升级。

抓现代商业促升级。莞城街道通过抓规划、抓网点、抓品牌，提高了商业的档次，使产业结构更加优化。一是完成《莞城区2007年—2015年第三产业规划》的编制，进一步完善商业布局，为商贸的可持续发展提供理论依据。二是抓好商业网点建设。积极开展商业网点规划工作，完善商业服务功能，并巩固和挖掘商业街区。罗沙新兴装饰材料城成功创建为省"百城万店无假货"示范街；八达路五金机电一条街、东门广场、新风路、向阳路等路段无假货商业区域的创建工作亦在组织实施中。三是积极扶持民营经济，鼓励企业争创名牌。培育、扶持和发展了一批"两自"企业和龙头企业。大地通讯、东莞国药和智通人才3家广东省著名商标企业分别获莞城财政30万元奖励。东莞市TR轴承有限公司和东莞京滨汽车电喷装置有限公司被评为"东莞市工业龙头企业"，大地通讯、东莞国药、杏林春凉茶、时尚电器、东莞宾馆等5家企业被评为"东莞市商贸龙头企业"。获评的7家企业均获颁发"办事优先卡"，享受"绿色通道"特事特办等各项优惠措施。

【社会管理】2008年，莞城街道加大改革和创新力度，推进社区管理体制改革，探索城市管理新模式，强化社会公共管理，实现了管理和服务水平的进一步提升。

坚持抓好社区服务管理。莞城街道不断推进社区服务管理体制的建设，在改革的路上又迈进了一大步。一是实行社区管理体制改革。将社区行政管理与集体经济管理分离，对社区财政实行政府统筹、财政支付，并出台了一系列措施，鼓励原农村集体经济组织实施转制，克服农村集体资产管理和经营体制上的不足，更有效地保障股民的利益。二是理顺了社区管理架构和职能设置。对北隅细村社区实施合署办公，将居民小组从72个撤并到42个，全面建立社区"一站式"便民服务窗口，并将工作重心转移到为居民提供优质的服务上，进一步加强了社会管理和城市管理的功能。三是顺利完成了社区"两委"换届选举。对"两委"成员全部实行交叉任职，精简了领导职数，理顺了"两委"关系，增强了班子整体效能。

坚持抓好城市公共管理。莞城街道不断强化城市管理，推动管理规范化、正常化。一是实施城市管理网格化。率先启动了城市"网格化"工作管理模式，建立城市管理监督、指挥、执法、处置的信息化、网格化平台。通过即时的巡查信息反馈，重点解决了城市管理中出现的卫生保洁质量差、市政设施破损等问题，为创建全国文明城市、全面提升城市管理水平和服务能力提供了重要的支撑平台。二是加大城市管理综合执法力度。大力整治乱摆卖、占道经营、违章建筑、无证照经营、城市"六乱"行为，营造了整洁的市容环境。三是着力解决内涝问题。完成了澳南路下水道的改造，使该片区的内涝问题得到了有效解决。同时，博厦排涝站和珊洲河排涝站正在进行方案设计。四是全面开展全国污染源普查工作。对莞城街道1400多家污染源进行了普查，建立污染源档案和信息数据库，为科学编制各类规划、优化区域产业结构、科学制订环境保护和经济社会协调发展政策等提供了重要依据。五是大力开展违法违规用地查处整治行动。对辖区内的3宗违法用地进行了处理和复绿，并及时了解掌握新增建设用地情况，从严从紧控制违法违规用地。

坚持抓好公共安全管理。莞城街道把抓好公共安全摆在突出位置，以铁的手腕狠抓重点领域的专项整治，取得了明显成效。一是抓好社会治安综合治理。莞城街道加强各项治安管理和防范，完善人民内部矛盾纠纷排查调处机制，努力化解矛盾；深入开展"08粤安"、"打黑除恶"、"奥运安保"等专项行动，严厉打击和震慑各类违法犯罪；以创建"平安社区"为契机，在各社区建立起严密的治安防范网络，率先实现辖区科技防范全覆盖，使创业社区成为全市首批"平安社区"之一。全年共立刑事案件1312宗，同比下降2.3%，涉命案件侦破率100%，查处各类治安案件1983宗，打掉系列性犯罪团伙13个，为全区创造了一个良好的治安环境。二是抓好“治摩”“禁电”工作。认真开展“治摩3、4、5号”等专项整治行动，积极创建“无摩托车非法营运、无电动自行车上路行驶社区”，积极做好“摩的”司机的转型就业工作，进一步巩固了“治摩”成果。全年共查处摩托车交通违法913宗，非法营运227宗，暂扣摩托车182辆，公开销毁非法摩托车200多辆，帮扶“摩的”司机转型就业658人。三是抓好安全生产监管。积极开展危险化学品安全、交通运输安全、建筑施工安全、消防安全、学校安全、特种设备安全等专项督查，消除安全隐患。同时，举办危化品从业人员培训班和消防安全培训班，组织社区、学校和企业举办消防演练，进一步提高安全意识和应对安全事故的能力。四是抓好产品质量和食品安全整治。以创建省食品安全示范镇（街）为契机，加强食品抽检监测，落实市场食品准入管理制度，坚决查处食品违法行为。全年共开展各类专项检查40余次，出动检查人员13780人次，检查食品生产经营户22200多户次，销毁假冒伪劣产品、食品26240多公斤。五是抓好医疗卫生工作。加强对合法医疗机构的日常监督，保障医疗安全。同时，加快发展社区卫生服务，投资930多万元建成了8个社区卫生服务中心和服务站，并正式投入使用。六是抓好文化市场经营管理。通过创新工作制度，落实监管责任，推进综合执法，有力推动了全区文化市场的健康有序发展。

【城市建设】2008年，莞城街道按照“改造一片，建设一批”的思路，加强项目规划，稳步推进旧城改造工作，在拆迁和重点工程建设上取得了新的进展，进一步推动了城市升级。

积极做好项目规划。莞城街道根据“两点两线两面”的旧城改造规划方案，积极做好可园历史片区城市设计、汇峰中心景观及室内装修设计、中心小学、步步高小学、天宝研发楼、莞城体育训练馆等一批工程项目的前期规划方案设计。同时，协助市完成《东莞市住房建设规划2008—2012》、《莞城区绿地规划》、《莞城区环卫规划》、《污水处理专项规划》、《饮用水源保护区规划》，以及莞城至高埗大桥—梨川大桥工程的前期协调工作。

不断加快拆迁步伐。可园公交首末站、凤来地块和青少年宫地块已完成拆迁工作，并已进入施工阶段。中心小学地块、中医院地块、档案馆地块、东莞中学地块的拆迁已进入扫尾阶段。可湖路、平乐坊路、创业路、兴贤街等重点区域的拆迁正逐步推进，西城地块（即原供销社大厦、西正路、运河东二路、原中医院运河门诊部所围区域）的拆迁工程亦已开展实地丈量工作。

全力推进重点工程建设。可园博物馆、岭南画院及文学艺术院竣工并全面投入使用；中心小学B区工程已封顶，并将完成土建及装修工程；青少年宫工程开工以来进展顺利；西隅社区和北隅社区办公楼装修已完成，创业文体活动中心工程正进行主体建设；汇峰中心主体结构已封顶；创业西路桥工程已完成90%，平乐坊路桥工程已完成30%；莞城干部活动中心已完工，即将投入使用；可园公交首末站等工程也正在进行前期工作，即将动工。

▲ 莞城香港街

【民生工程】2008年，莞城街道认真办好民生实事，促进社会和谐稳定，人民安居乐业。一是切实为困难户解决“住房难、看病难、读书难”问题。开展低收入住房困难家庭住房状况调查工作，并深入推进住房保障工作，为86户困难家庭解决住房难问题；发放医疗救济款50.9万元，临时救济款24.3万元，帮助困难群众解决看病难问题；为355名低保中小学生、47名边缘户高中生、120名低保大学生及529名边缘户大学生发放助学金334万元，切实解决群众读书难问题。二是认真做好残疾人康复工作。定期组织有关专家、医生对残疾人进行身体康复检查，制定相关的康复档案，并做好各项残疾人优惠工作。三是加强劳动就业帮扶工作。共开发就业岗位5108个，推荐失业人员（包括大中专毕业生）就业3036人次，成功就业的有1841人，成功率达60.6%。四是积极推进医保制度改革。实现了医疗保险城乡一体化，让广大职工和城乡居民共同享有门诊医疗保险待遇，进一步提高医疗保障水平。五是不断加强和改进信访工作。通过设立信访热线电话、信访信箱、网上信箱、信访司法调处室，开展信访专项治理、“万人大下访”、“党委书记大接访”等活动，进一步拓宽信访渠道，及时化解矛盾和纠纷，切实维护群众的合法权益。六是大力发展公共交通。开通了万园东路、八达横街（香港街）、振华路、大西路、洲面横街的公交线路，解决群众出行难问题。七是以人为本抓好计生工作。通过创新宣传模式，强化管理服务，提高了人口和计划生育工作的水平。八是充分发挥人大代表和社会团体力量关注民生。创新人大代表活动方式，成立全市首个“人大代表联络群众访谈室”，贴近群众，收集和反映社情民意，强化了人大代表联系选民和群众的桥梁和纽带作用。同时，工、青、妇等社会团体积极维护职工的合法权益，调动团员青年的积极性，切实维护妇女儿童权益，共建和谐社会。此外，莞城街道积极做好抗震救灾工作，动员社会各界及广大群众开展捐赠活动，共收到捐款913万元，捐赠物品折合人民币10多万元。

【党政建设】2008年，莞城街道以提高执政能力和干部综合素质为目标，全面加强党的建设和各级干部队伍建设，筑牢了基层执政基础。

加强党风廉政建设。莞城街道通过组织参加《廉泉杯》文化摄影大赛、“廉政小品小戏”创作大赛，开展“我廉洁、我幸福”家庭廉政文化大家谈活动，深入推进反腐倡廉教育，确保领导干部廉洁从政。同时，不断加强监督制约，深化治本抓源头工作，深入推进法制宣传教育工作，促使领导干部正确行使权力。

夯实基层组织基础。莞城街道完成了社区“两委”换届选举，并对2006—2008年未进行换届选举的基层党支部实行统一换届选举，使一批年富力强、有水平、有经验、能干事的党员进入了基层党组织领导班子，充实了基层党组织的班子力量。同时，切实抓好全区第二批21个“两新”组织固本强基工程镇级示范点的创建工作，为促进辖区集体企业和“两新”组织的稳定健康发展提供了坚强的组织保障。

加强政治理论教育。莞城街道组织学习了党的十七大、十七届三中全会、市委十二届二次全会精神，并根据中央、省、市的安排部署，组织开展了解放思想学习实践科学发展观活动，通过各党组织领导班子带头，党员干部群众参与，在全区上下掀起了开展解放思想学习讨论活动和深入学习实践科学发展观活动的热潮。

强化干部队伍建设。莞城街道制定了机关、行政事业单位、直属企事业单位和社区编内外人员的“三定”方案并予以实施，规范和促进了各单位、各部门人员队伍的健康发展。组织领导参加镇街党政副职领导干部轮训班，以及组织人员参加各类培训，提高了干部队伍的综合素质。同时，莞城街道进一步加强机关作风建设，结合解放思想学习讨论活动，查摆和整改在机关作风建设中存在的突出问题，从而使各部门、各单位在年终“市民评机关”活动中的群众满意度得到了提高。　（李杰华）

附：2008年东莞市莞城街道党委、人大、办事处领导名录

党委书记：王检养
党委副书记：陈志坚　郭志祥
党委委员：张锐均　李少琼　单志雄
王徐坚　尹敬华　叶建华
吴志恩　吴　晓　张彤飚
张俊华
人大联络委员会主任：王检养
人大联络委员会副主任：李少琼　陈小萍
办事处主任：陈志坚
办事处副主任：张锐均　彭　雷

2004—2008年莞城主要经济指标

指标＼年份	2004	2005	2006	2007	2008
户籍人口（人）	156481	154747	160242	160578	164215
外来暂住人口（人）	92258	89376	77213	82433	71213
面积（平方公里）	14	14	14	14	14
国内生产总值（万元）	552370	633189	768007	845460	984961
工业总产值当年价（万元）	372745	476354	560704	575945	629635
农业总产值当年价（万元）					
总用电量（万千瓦时）	47030	48264	48273	51220	55826
全社会固定资产投资总额（万元）	182267	211823	168279	185729	249452
社会消费与零售总额（万元）	318029	377709	528140	724716	908795
外贸出口总额（万美元）	26554	35705	51306	57597	55125
实际利用外资（万美元）	4018	5534	6903	2620	3374
镇级可支配财政收（万元）	29627	43938	39050	44592	58708
各项税收总额（万元）	58020	119909	144990	228540	314243
金融机构各项存款余额（万元）	5745391	5866815	5533437	6011229	6106216
城乡居民储蓄存款余额(万元)	1446667	1593844	1759598	1695886	1917542

石龙镇

【概况】石龙镇位于东莞北部，东江下游北干流和南支流交汇处，北靠广州，相距69公里，南临深圳，相距78公里，毗邻香港。2008年，全镇总面积13.83平方公里，辖老城区、西湖区、新城区、红海区四区。总人口14.6万人，其中常住人口6.7万人。每平方公里的人口密度高达1万多人。

2008年，石龙镇获东莞市镇街工作量化考核评比一等奖（第九名），获全市每百元GDP税收额第三名，GDP能耗计划完成率第二名，每平方公里已用土地GDP第三名，每万元税收耗电第五名，每平方公里已用土地税收第三名。获东莞市维护稳定和社会治安综合治理先进镇街、东莞市社会公共管理单项奖、社会发展单项奖等多项荣誉。在全市开展“万名市民评机关”活动中，石龙镇政府机关满意度排名全市第一。

2008年，石龙镇被评定为中国历史文化名镇，是东莞市第一个获此殊荣的镇（街）。

【镇域经济】2008年，石龙镇完成GDP47亿元，同比增长（下同）10.10%；完成规模以上工业产值126亿元，与2007年基本持平；按海关统计口径全年累计出口14.23亿美元，增长35.50%，增幅排在全市第三位；全社会固定资产投资16.60亿元，增长10.11%；各项税收总额8.60亿元，增长22.80%；社会消费品零售总额24.60亿元，增长3.36%；各项存款余额96.10亿元，增长

12.80%；镇本级财政收入4.03亿元，增长15.14%。村组两级资产总计15.11亿元，与上年基本持平，村组两级集体总收入1.57亿元，增长5%。全镇规模以上民营经济工业总产值11.40亿元，民营经济实力不断增强，其中，众生药业位列2008年度东莞市纳税前10名民营企业，单项药品销售额超1亿元；泽龙线缆获东莞市升级转型奖。2008年，石龙镇面对“金融海啸”的侵袭，制定并出台多项扶持政策。年内，仅有2家污染和高能耗企业外迁，正常注销终止企业5家，总产值不超过500万元。龙头外资企业稳步发展，共有10家企业增资扩产，总增资额达1431万美元；全镇外资企业内销总额10.20亿元，同比增长50%；京瓷美达被评定为东莞市2008年度实际出口前10名外资企业，京瓷株式会社获得东莞市外资企业杰出贡献奖。

【城镇建设】 交通设施建设。2008年，根据市政府的批复，轨道交通R2线与广深铁路接驳车站选址在石龙镇西湖，并确定由石龙镇负责车站的具体建设工作，截至2008年，石龙镇已完成石龙火车站迁建工程征地工作，立项报批工作基本完成；滨江路改造首期工程拆迁补偿工作进展顺利；东桥扩建工程已完成工程招投标；西湖三路（南）、东江大道下穿广深铁路隧道工程基本完成工程施工。配套设施建设。2008年，新城区污水处理厂已完成主体建筑物的桩基作业，配套截污主干管网工程已基本完成前期论证资料的编制；红海区污水处理厂进入初步设计编制阶段；石龙新城区排涝站工程、山洲围水利防灾减灾工程有序推进；大力发展房地产业，推出的中央豪门和帝景湾两个高档楼盘得到市场认可。

【产业升级】 制定方案。2008年，石龙镇被确定为全市信息产业行业试点之一，为做好该试点工作，制订出台《石龙镇信息产业结构调整和转型升级试点工作方案》，选定10家企业作为信息产业试点，大力推动企业技术改造及创建名牌。

科技创新。2008年，石龙镇制定《石龙镇促进科技创新，推动产业升级转型实施办法（试行）》和《石龙镇促进科技创新，推动产业升级转型实施办法（试行）操作规程》，每年安排不少于1000万元作为石龙镇科技创新专项资金，鼓励企业进行科技创新和推动产业升级。2008年，开普互联、巨龙信息、龙信数码科技等软件企业不断发展壮大，肉品流通信息监管系统、社区信息服务系统及网商“365”电子商务平台在全市推广应用。数字市政项目、数字城镇原型系统顺利通过专家验收并投入使用。全镇新增省重点新产品2个，高新技术产品4个，通过科技成果鉴定2项，科技计划项目验收9项。获省科技进步特等奖1项，三等奖1项；市科技进步一等奖2项，二等奖1项，三等奖4项。被认定国家高新技术企业9家，省民营科技企业4家，市民营科技企业2家。共获得3300万元省市科技创新基金资助。

【石龙现代信息服务园】 2008年，石龙镇为适应经济发展需要，镇委、镇政府决策建立石龙现代信息服务园。该园总建筑面积约15000平方米，旨在鼓励和扶持从事现代信息服务业的科技型企业、创业个人和创业团队，为其提供一个孵化、产业化集聚平台，力争在石龙形成良好的现代信息服务业发展氛围。石龙现代信息服务园主要吸引从事软件开发、数字内容、工业设计、信息服务、IT专业培训等现代服务业企业进驻。企业成功进驻后除了可享受国家、省、市提供的科技优惠政策以及服务园的租金减免优惠外，还可以享受石龙镇设立每年1000万元的镇财政科技资金支持。

【中国外运东莞物流中心项目】 2008年，石龙镇与中国外运集团签约建设中国外运东莞物流中心工程，项目位于东莞市石龙港区，由中国外运广东有限公司和东莞市石龙镇工业总公司共同出资建设，旨在建立珠三角地区重要的水/铁/公路联运中心、货物集散中心及国际货物分拨中心。项目以铁路、公路货运为主，以水路货运为辅，建设集进出口拼/拆箱、保税物流、库存管理、金融物流、国际采购订单处理、产品展示、多式联运，以及货物仓储、加工、分拣及配送等综合服务为一体的示范性物流园区，打造符合国际标准的物流服务基地，为广大客户提供集物流、资金流、信息流于一体的高层次综合物流服务。中国外运东莞物流中心工程总面积达64万平方米，拟分两期进行。首期建设面积为10万平方米，投资10亿元。

【公共安全】 2008年，石龙镇建成9个标准统一的警务室，中山东社区、中山西社区、新维村、蒲溪村成功创建平安社区。相继组织开展“百日严打整治行动”、“粤安08”、“春雷行动”和“治爆缉枪”等专项行动。2008年，全镇共立刑事案件951宗，同比下降6.1%，破案275宗，打掉犯罪团伙30个，破获团伙案件188宗。深入开展安全生产隐患排查治理工作，整改各类安全隐患4642处，有效防范遏制重特大事故发生。在农村、社区、企业和学校建立健全食品安全应急机制，获“广东省食品安全示范镇”称号。

【关爱民生】 2008年，石龙镇向四川灾区捐款821.6万元，捐赠各类生活、医疗物品等赈灾物资价值651.3万元。全年共为低保户发放最低生活保障金176万元、低保户家庭在读子女助学金和补助金191万元。在全市率先成功发放千元红包，使石龙镇5210人受益。

【教育·文化·卫生】 2008年，石龙镇中考成绩超过市平均分28分，户籍人口升大学率全市排名第一，升本科比例居全市第二。年内，镇财政拨款232.5万元对优秀教师和学校进行奖励，并成功通过广东省教育强镇复评。编制《文艺创作奖励办法》，鼓励文艺创作，繁荣市民文化。编制出台《石龙镇社区卫生服务体系建设规划》，加大投入推进社区医疗卫生建设，社区卫生服务中心和4个站点已全部开诊营业；按三甲规模建设的石龙人民医院新院址投入使用，使全镇户籍人口与医生的比例达到国内大城市水平。

【“治摩”“禁电”】 2008年，石龙镇取缔摩托车非法营运，禁止电动自行车上路，实行本地摩托车分片区分时段禁行。举办7期“摩的”司机专场招聘会，提供4000多个就业岗位，帮助1770名“摩的”司机转型就业。在首批投放60台“小公汽”的基础上，又陆续投入75台“小公汽”，方便市民出行与促进市民就业。调整镇内公交线路，新增公交车12辆。

【获评广东省食品安全示范镇】 2008年，石龙镇制订出台《生猪宰前检疫和检测工作规程》、《生猪宰后检疫操作规程》，对屠宰生猪实行“天天检、车车检”制度，健全猪肉品质检验和质量安全追溯制度，采用试纸检测法和酶联法进行生猪“瘦肉精”检测。通过加强农贸市场、超市食品安全监管和严格检验，保障了畜禽产品质量安全。于2008年10月通过广东省食品安全示范镇验收，“广东省食品安全示范镇”称号。

（戴晓东）

附：2008年东莞市石龙镇党委、人大、政府领导名录：

镇委书记：冼周恩
镇委副书记：黄贵洪、周年友
镇委委员：林汝辉　林　山　陈耀林
梁李文　叶进田　袁燕霞
阮兆强　赖松波　王敬波
刘雄波（7月到任）
镇人大主席：冼周恩
镇人大副主席：林　山　王润成
镇　长：黄贵洪
副镇长：林汝辉　陈智武（12月到任）
刘焕霞　黎明英
陈海翔（12月到任）

2004—2008年石龙镇主要经济指标

指标＼年份	2004	2005	2006	2007	2008
户籍人口（人）	67757	67900	68470	69001	69645
外来暂住人口（人）	71289	77465	78156	81976	78436
面积（平方公里）	12.87	13.83	13.83	13.83	13.83
国内生产总值（万元）	317521	349301	384329	427216	470012
工业总产值当年价（万元）	1231274	1337288	1563482	1316656	1324893
农业总产值当年价（万元）	235	523	187	17	12
总用电量（万千瓦时）	59277	64356	65469	67495	67936
全社会固定资产投资总额（万元）	87888	101821	77906	149472	166400
社会消费与零售总额（万元）	177897	201212	219352	237981	246417
外贸出口总额（万美元）	76125	83772	98543	104971	130354
实际利用外资（万美元）	4680	6964	2616	4269	8204
镇级可支配财政收入（万元）	28183	30800	33781	37397	40318
各项税收总额（万元）	39122	40965	50288	70059	86534
金融机构各项存款余额（万元）	657677	716610	797891	852563	967440
城乡居民储蓄存款余额（万元）	513525	568617	618035	622292	754728

虎门镇

【概况】2008年，虎门镇国内生产总值达214.77亿元，增长17.43%；工业总产值493.66亿元，增长7.71%；固定资产投资总额56.77亿元；镇本级可支配财政收入达11.88亿元，增长7.03%；各项税收总额38.72亿元，增长21.91%；农民人均纯收入14391元，增长3.42%；实际利用外资9849万美元，增长19.5%；出口总额25.31亿美元；社会消费品零售总额85.53亿元，增长8.43%；每万元GDP能耗0.39吨标准煤，低于市下达的目标0.47吨标准煤，降低率33.54%，超额完成市下达的降低率目标5.84%。社区集体经济实力不断增强，区组两级总资产为90.53亿元，增长1.83%；区组两级纯收入7.91亿元；有13个社区进入全市村组可支配收入总额超3000万元的前50名，受到市政府的表彰。镇属集体经济健康稳定发展，税利达1.71亿元，增长10.42%。

2008年，虎门镇获“2008年中国乡镇综合实力500强（第一名）”、全市镇街工作量化实绩考核结果综合总分一等奖，以及社会公共管理单项奖、维护稳定和社会治安综合治理先进镇街。

【帮扶企业】2008年，受金融危机影响，企业生产经营困难。虎门镇、社区领导干部深入走访企业，为企业解决实际困难，增强企业战胜困难的信心。镇政府建立了每月一次的联系外资企业制度，为企业提供优质服务，指导企业用足市委市政府出台的帮扶政策，帮助企业用好加工贸易转型升级10亿元专项资金、中小企业融资10亿元专项资金、10亿元“科技东莞”专项资金。搭建融资平台，联合建行东莞分行举办中小企业融资推介会，现场为虎彩印刷、曙光实业等6家企业融资9400多万元。组织企业参与“民营企业面对面”活动，共有180多个企业管理者参加了9期企业管理讲座，增强企业间的沟通联系。协助以纯集团和虎彩有限公司等民营企业申办大型企业办事优先卡；组织符合条件的企业申报“东莞市50强民营企业”。

【社会稳定】2008年，虎门镇投入16371万元深化社会治安综合治理，开展了“粤安08”、“百日行动”、“春雷”、集中整治“黄赌毒”、“雷霆08”、“平安奥运”等专项行动，强化严打，压减刑事犯案，成功侦破了“1·14”、“3·11”等命案22宗。狠抓事故多发路段的排查和治理工作，新增视频监控点160个。2008年10月8日，虎门公安分局龙眼派出所被公安部评为全国一级公安派出所。依法维护劳资利益，排查化解劳资纠纷案件7600多宗，涉及人数29400多人，工资金额5320多万元。建立了企业薪酬发放监控机制，打击恶意欠薪逃匿行为，有效地保护了劳动者的合法权益，维护社会稳定。

【“省教育强镇”通过复评验收】2008年12月17日，虎门镇通过了“省教育强镇”复评验收。自2005年被评为“广东省教育强镇”以来，虎门镇不断整改创建教育强镇中的薄弱环节，不断巩固和扩大教育强镇成果，结合实际实施“快乐教育”，全力打造“学在虎门”品牌，使全镇教育事业持续快速发展，迈上了新的台阶。省复评验收专家组高度评价了虎门镇优先发展教育，实施“快乐教育”，全力打造“学在虎门”品牌的举措与经验，肯定了虎门镇推行的“快乐教育”在全省是一种开创性的尝试。

【黄河客运站搬迁】 2008年4月25日，黄河汽车客运站完成了搬迁。黄河汽车客运站位于虎门中心城区黄河时装城门前狭小的广场，原有客运班线60多条，进出班次频密，人员过度集中，候车环境较差，经常造成中心区特别是虎门大道交通堵塞。60条线路全部迁出，其中，跨省市线为主的班车分流到永安车站，市内跨镇及深圳线路班车分流到中心客运站。班线迁出和分流后，中心城区各个路口车辆畅顺通行，大大改善中心城区的交通环境。

【土地利用总体规划重新修编】 2008年2月28日，虎门镇第十五届人大三次会议审议通过了《虎门镇土地利用总体规划修编》。虎门镇原执行的土地利用总体规划于1999年编制，规划期限为1997年至2010年。由于当时编制技术不高、土地需求估计不足、规划执行不严格等原因，规划中所确立的各项控制指标部分已经突破，严重滞后于虎门镇经济社会的快速发展。修编后，虎门镇落实了基本农田保护区23977.8亩，减少农田保护指标2500亩，减少耕地保有量2495亩；新增了建设用地指标18534亩，全镇建设用地总规模为122200.7亩。新增的建设用地指标将优先保证省市重点工程项目、镇公共设施配套项目和镇重点工程项目，并向欠发达社区倾斜。修编后的土地利用总体规划的用地空间布局与城市规划的布局基本一致，大大提高规划的协调性和可操作性。

【为四川地震灾区捐款居全国乡镇之首】 “5·12”四川汶川大地震发生后，虎门人民情牵灾区。“抗震赈灾，众志成城”，虎门镇各界迅速行动，掀起为灾区捐款捐物的热潮，帮助灾区人民渡过难关。镇委、镇政府启动了“党心·真情”特殊党费捐缴活动，全镇的各基层党组织和“两新”党组织积极响应行动，发动党员捐缴，共有120多个支部、3500多名党员捐缴了特殊党费250多万元。

5月21日，虎门镇举办各界援助地震灾区大型筹款活动，镇、社区领导，外驻单位负责人，镇属单位负责人，机关办公室正副职全部前往现场捐款，镇内众多企业、市民、新莞人也自发前往捐款，现场爱心涌动，场面感人。自赈灾活动开始至21日，共筹得善款1618.8万元。此后，全镇各界捐款热情高涨，至5月28日，赈灾善款激增到4200万元，捐赠衣物21万件，数额之巨创下了该镇历次捐款之最，人民网报道称，虎门是全国为灾区捐款最多的镇。此后，虎门镇人民爱心不断,继续通过各种形式，捐款捐物，截至2008年12月31日，全镇累计捐款4466万元，捐赠衣物21万多件。

【虎门城市管理综合执法分局成立】 2008年1月25日，东莞市城市管理综合执法局虎门分局正式成立。该分局有公务员10人，执法人员共112人。虎门综合执法分局成立后，镇城管、环保等八个部门的部分或全部执法职能，将以该局根据市城市管理综合执法局的名义依法执法，有关部门将不再行使相关的行政执法职能。这些职能包括对辖区城市规划、市政、环境卫生、绿化、环保、工商、食品安全、非法行医等8个管理方面违法违规行为的监督检查、行政处罚和行政强制，以及履行省政府规定的其它职责（简称8+1职能），涉及具体执法事项共106项。

【纪念蒋光鼐诞辰120周年活动举行】 2008年12月16日，市委、市政府在虎门镇龙泉国际大酒店举行虎门籍爱国民主人士、著名抗日爱国将领蒋光鼐诞辰120周年纪念活动。国家、省、市、镇领导以及蒋光鼐亲属、十九路军将属联谊会、驻莞部队等单位来宾及镇直相关单位负责人共180余人参加了座谈会。

蒋光鼐是中国伟大的民主革命先行者、杰出的爱国主义者和著名的抗日英雄，一直是故乡虎门的骄傲，早年追随孙中山，从普通士兵到杰出将领，从抗日英雄到共和国首任纺织工业部长。纪念活动号召学习蒋光鼐捍卫国家主权，维护民族利益，热爱祖国，以民族大义为重，为祖国统一大业不懈努力，热爱家乡、造福家乡、情系桑梓的精神。

【渔区三社区合并成新湾社区】 2008年2月27日，新湾社区暨该社区党总支部挂牌正式成立。2007年6月，虎门镇委、镇政府作出了合并新湾片原三个社区的决定，并成立了新湾社区合并领导小组。通过居民代表大会表决结果表明，新湾渔区有76.4%的居民同意将原三个社区合并为新湾社区，表决结果合法有效。镇委、镇政府向市委、市政府报请将三东、新兴、渔港三个社区合并获得批准。新湾社区成立后，成立中国共产党新湾社区总支部委员会，由11人组成，下设四个党支部，隶属党总支管理。成立后的新湾社区，总人口达11000多人，是全市人口最多的一个社区。原三个社区的11个居民小组设置暂时不变，其经济关系不变。

【出租屋管理】 2008年12月4日，公安部治安管理局副局长黄双全莅虎门镇调研时指出，虎门的新莞人和出租屋服务管理工作走在了东莞乃至整个广东省的前列，尤其在积极探索出租屋市场化方面为出租屋市场化管理提供了可以借鉴的经验。虎门镇在流动人口和出租屋的服务管理方面的经验主要是：实行“双责制”（出租屋业主应尽管理义务；管理员要履行巡查职责）和“三自一包”（业主自管、服务站自查、中心自控和职能部门责任承包），打牢日常管理基础；以创建“安全文明出租屋”为抓手，促进业主自管责任落实；创新管理模式，实行出租屋物业市场化管理；推广租住人员人身意外伤害保险制度，增强租住人员意外保障能力；推行视频监控，提高出租屋管理科技水平。

【社区书记公推直选】 2008年，虎门镇社区“两委”进行了换届选举，全市选择了16个社区党组织开展书记公推直选试点，由党员直接选举党组织书记和班子成员。村头社区党支部成为虎门镇首个试点单位，开了社区书记公推直选虎门先河。

【东莞首家台资医疗机构在虎门成立】 2008年7月1日，由虎门台资企业台德兴钢材有限公司投资创建的东莞市首家台商独资执牌医疗机构——东莞虎门台新门诊部正式开张营业。

【虎门镇第五届镇运会】 2008年7月22日至9月27日，虎门镇成功举办第五届镇运会。本届运动会是虎门镇历史上规模最大的一次体育盛会。项目最多，共20个大项；金牌、奖杯数量最多，共设386枚金牌，324座奖杯；代表团数量最多，共有58个代表团；参加运动员最多，共有3800余人次参赛；比赛场地最多，达19个。另外，本届运动会开幕式盛况空前，参加开幕式表演的人数为历届运动会之最。

【虎门公共卫生大楼封顶】 2008年8月5日，虎门镇公共卫生大楼建设工程举行封顶仪式。该大楼位于连升路计生所旁，占地面积4000平方米，建筑面积约1万多平方米，高十层，总投资约7000万元，于2007年下半年动工建设，是虎门镇政府2008年为人民群众拟办的十件实事之一。该大楼建成后，将集疾病控制、计划免疫、公共卫生监督、食品卫生检验和职业健康检查功能为一体，是东莞规模最大、功能最齐全的镇级公共卫生大楼，在全省镇一级也处于领先水平。

【温家宝莅虎门调研】 2008年11月14日，中共中央政治局常委、国务院总理温家宝，在省、市、镇相关领导的陪同下，考察了虎门镇冠越玩具有限公司。在冠越玩具有限公司，温家宝与企业负责人、技术人员及一线工人进行了亲切交谈，详细了解企业在金融海啸冲击下所遇到的经营困难与问题，以及企业在市场拓展、产品开发、企业融资、劳工运用等方面的情况，并深入车间与工人握手、亲切交谈，了解员工的工资、福利待遇等。温家宝深入虎门企业调研指导，增强了企业克服困难的信心。

【东莞第一高楼黄河中心大厦封顶】 2008年5月28日，位于银龙路与虎门大道交汇处、有着东莞第一高楼之称的黄河中心大厦封顶。黄河中心大厦由黄河集团投资6亿元，于2007年1月动工兴建，总建筑面积10万平方米，地下一层，地上62层，高230米，是东莞第一高楼。该大厦6层以下规划为商场，6层至27层暂定为商务写字楼，27层以上是五星级酒店，建在顶楼的观光中西餐厅将是东莞市最高的观光厅，市民可登楼顶观虎门全貌，楼顶将设直升机停机坪。大厦从动工到封顶，仅用了不到一年半的时间，创造了虎门建筑史上最快的速度。黄河中心大厦建成后，将成为虎门乃至东莞具有现代感的标志性建筑之一。

【虎门镇奖励考取北大、清华学子】 2008年，东莞市高考文科状元、理科数学单科状元、语文科单科状元及文科基础单科状元被虎门籍考生夺得。虎门镇共有4名虎门籍学子考取了北京大学、清华大学，他们均在虎门接受了从小学到初中的良好基础教育，创下了历年高考之最。8月1日，虎门镇举行颁奖大会，重奖考取北大、清华的虎门籍学子，每位学生分别获得镇政府5万元奖金；另外，宴岗社区奖励考取北大的本社区学子5万元，路东社区奖励考取清华的本社区学子20万元。

【实践科学发展观】 虎门镇深入学习实践科学发展观活动结束，于8月22日召开了总结大会。全镇225个单位6789名党员在学习实践科学发展观活动中，解放思想，勇于创新实践，进一步推动了虎门经济社会发展。在学习实践科学发展观活动中，虎门镇委、镇政府广开言路，坚持向各方问计，以座谈会、专题会、问卷调查、网络调查等形式，倾听民声,集中民智，共征集到各类意见459条，建议362条。经过梳理，共查摆出影响和制约虎门镇产业结构调整升级、群众反映强烈的“五缺乏”（企业缺乏竞争力，部分群众对转型缺乏信心，产业调整和产品升级转型缺乏相关政策的支持，缺乏高端人才、技术型和实用型人才，群众还缺乏安全感。）、“五不到位”（环境治理不到位，资源整合不到位，公共服务不到位，食品安全监管不到位，卫生监管不到位。）和“十难”（高楼价令许多低收入家庭出现住房难，“治摩”后公交服务尚未完善产生群众出行难，部分低收入家庭子女上学难，偏远社区患病群众就医难，转型就业、重新就业难，民企进一步发展难，部分行业经营难，财产性收入增加难，社会管理难，化解劳资矛盾难。）等20个突出问题，并采取切实有效措施着力解决。

【虎门镇与官渡镇实行基层党组织结对共建】 2008年12月23日至24日，虎门镇委、镇政府两套班子领导以及怀德、大宁、龙眼、北栅等19个社区的两委领导及相关办公室负责人等近百人，来到粤北韶关市翁源县官渡镇，开展两镇基层党组织“一帮一”结对共建活动。

东莞和韶关两市经济协作和交流活动十分密切，在互来互往中结下了深情厚谊。虎门、官渡两镇基层党组织结对共建，为两镇学习交流开辟了新的渠道，提供了一个新的平台。镇委对参与结对共建活动的虎门镇19个社区提出了“务求实效、求取真经、统筹协调和实现双赢”等要求。虎门和官渡两个镇在经济社会、基层党建等方面各有优势，官渡镇在土地、资源、环境、劳动力等方面优势明显，党建基础扎实，创新举措比较多；虎门虽然在经济基础、科技、信息等方面有一定优势，但面对经济社会发展“双转型”的压力，原有的优势已经不明显，而当地所长正是虎门所短。各参与社区党组织将大力推动包括组织交流、干部交流、民间交流在内的双向交流，实现优势互补，互动共赢，共同发展。

（陈先礼　梁高鸿）

附：2008年东莞市虎门镇党委、人大、政府领导名录

镇委书记：钟淦泉（任至8月）
　　　　　吴湛辉（8月到任）
镇委副书记：任洪杰　梁文荣
镇委委员：钟淦泉（任至8月）
　　　　　吴湛辉（8月到任）
　　　　　任洪杰　梁文荣　陈锦波
　　　　　卢伟尧　黄桂莲　郑敏华
　　　　　方广茂　刘劲智　叶浩钿
　　　　　邹芳芳　李鼎如　李三牢
镇人大主席：钟淦泉（任至9月）
　　　　　　吴湛辉（9月到任）
镇人大副主席：陈锦波　唐明生
镇　长：任洪杰
副镇长：卢伟尧　祁耀权　潘继军
　　　　林超明

▲ 虎门镇

2004—2008年虎门镇主要经济指标

指标 \ 年份	2004	2005	2006	2007	2008
户籍人口（人）	116985	119941	121212	122666	124232
外来暂住人口（人）	607107	611783	520546	487400	450333
面积（平方公里）	178.5	178.5	178	178	178.5
国内生产总值（万元）	1139827	1274265	1484531	1828884	2147651
工业总产值当年价（万元）	1424309	2159000	2881815	4583417	4936550
农业总产值当年价（万元）	39076	31239	22413	20068	25122
总用电量（万千瓦时）	273776	309202	331438	365450	359566
全社会固定资产投资总额（万元）	3950001	515815	530076	599725	567682
社会消费与零售总额（万元）	566892	623581	685939	788829	855300
外贸出口总额（万美元）	133246	147891	193249	260978	257371
实际利用外资（万美元）	15650	16429	20392	8273	9849
镇级可支配财政收入（万元）	65228	87739	96469	110965	118800
各项税收总额（万元）	220078	266529	308232	317618	387200
金融机构各项存款余额（万元）	2214797	2629600	2973974	3159848	3695492
城乡居民储蓄存款余额（万元）	1514597	2309157	2327020	2429775	2895356

东 城

【概况】 东城街道位于东莞市中部。2008年，面积110平方公里，辖22个居民区和2个国营林场，常住人口约20万人，其中户籍人口7.71万人；新莞人20.99万人。全街道完成生产总值189亿元，比上年(下同)增长16.20%；工业产值251.18亿元，增长1.91%；各项税收40.70亿元（不含契税），增长25.7%；出口总额17.04亿美元，同比增长3.83%。新签合同外资金额16.76亿港元，新签项目30个，增资项目19个，其中千万港元以上项目13个，占总项目数的26.5%，占引资总额的89.8%。

2008年，东城街道领导班子工作实绩量化考核综合总分在全市32个镇街中排名第三，并获得多个单项奖；全街道共有13个社区可支配收入总额超过3000万元，12个社区两级净资产超过2亿元。

【科技创新】 2008年，东城街道立足优化产业结构，致力于发展高新技术产业以及研发、教育等知识密集型产业，与中科院、华南理工大学等科研院所合作，引进了“拓扑先进材料研究中心”等10项产学研项目。大力推动实施“科技东城”工程，将1.65亿元的科技基金提高到2亿元，并拨款369万元对50多家企业进行奖励，鼓励科研和争创名牌。全年新增省民营科技企业5家，市民营科技企业18家，市工程研发中心1个，省工程研发中心1个；新增省名牌产品1个；申请专利2173项，已授权专利814项。截至2008年，科技型企业累计近200家，新型工业体系已具雏形，主导产业优势明显，特别是徐记食品、罗门哈斯、科威医疗器械等龙头企业、大税源企业，科研实力强大，规模效应凸显，发展势头良好。

【金融危机应对】 2008年，全球金融危机给东城经济发展造成冲击，部分中小企业和劳动密集型企业开始关停并转，截至2008年，空置厂房约50万平方米。为应对危机，促进企业稳定健康发展，东城及时成立企业服务领导小组，深入企业广泛调研，并积极落实措施，扶持企业共御危机。重点落实资金扶持政策，调减2008年度流动人员调配费，并将2009年度三资企业管理费和来料加工外汇留成中的街道办事处分成部分减半征收，为企业减轻负担1200万元。在积极帮助重点企业申请市政府免息贷款的基础上，与中国银行东莞分行等金融机构合作，签订战略合作协议，推出不少于10亿元的融资计划，解决辖区内中小型企业融资难的问题。同时，完善各级领导干部联系企业制度，保证领导干部每月不少于一次到企业联系点进行走访，积极帮助企业解决实际困难。并在此基础上，形成了《东城区促进企业稳定健康发展的措施》，全方位帮扶企业共渡难关。

【第三产业发展】 2008年，东城街道全力促进第三产业发展，成功承办第四届东莞国际啤酒节，吸引30多万人前来参观消费，带动了酒店、餐饮、旅游、购物、贸易等相关产业的发展。进一步改善了世博广场、世纪广场、友谊广场等大型主题购物中心消费环境，引进了一批国内外知名的购物、餐饮、酒店等品牌项目，完善了主题消费、餐饮连锁、酒店服务、金融证券等特色商贸服务模式。2008年，社会消费品零售总额83.65亿元，三大产业结构比例为0.02：44.03：55.95，在税收贡献方面，第三产业比例也高达57.95%。

【城市建设】 2008年，东城街道以创建全国文明城市为抓手，重点提升城市品位和功能，加强城市设施建设，完善城市功能配套，强化城市管理。全年投资超过2.5亿元，新建续建大小工程27项，其中启动了温增路、光明二路、新街路、山湖路、堑头路等5条道路的升级改造，基本完工；完成了公安大楼主体工程，敬老院新大楼续建工程，计生服务中心大楼、特警宿舍楼、同沙派出所和堑头派出所装修工程。投入1500万元新建和改造了一批垃圾压缩转运站、二类公厕等公共卫生设施；投入368万元，修复15条主干道路的配套设施，大大改善了城市环境。加大拆迁力度，共拆迁面积23488平方米，合计补偿1886万元。投入资金7900多万元，完成了第二批9个社区旧村改造任务，并顺利通过市检查验收，其中柏洲边社区还夺得全市最高分。同时启动了第三批旧村整治工作，完成了12个社区相关情况的调查摸底等工作。

【社会保障】 2008年，东城街道坚持以民生为重，着力提高群众的“幸福指数”。重点健全最低保障系统，基本实现动态管理下的“应保尽保”，2008年共发放最低保障金34.64万元。加大社保基金征缴力度，进一步扩大社会保险覆盖面，参加各项社会保险人数达77.53万人，同比增长22.78%，征缴社保基金3.73亿元，支付各项待遇约1.16亿元。健全救灾救济应急机制，有效防御了汛期几次较强台风暴雨袭击，及时帮助牛山社区等受灾地区群众修复损毁房屋，恢复生产，并筹集善款1455万元，支援汶川灾区灾后重建。

【医疗卫生】 2008年，东城街道进一步加快卫生事业改革步伐，投入3000万元，基本完成“1+15”（1个中心，15个站）社区卫生服务体系建设工作，初步建起了安全、有效、便捷、价廉的社区公共卫生服务体系，实现了社区卫生服务“从无到有，从有到优”的目标。积极实施人口计生工作综合治理机制，全面完成市委、市政府下达的人口计生责任指标，政策生育率达97.35%，被市评为“无政策外多孩生育镇街”，有14个社区被评为“无政策外生育社区”。

【文化教育】 2008年，东城街道解决新莞人子女入学问题，在公办小学增加180个学位招收新莞人子女；加大教研课改力度，全年普教系统共有15项课题通过市审批立项，广大教职工参加各类竞赛获国家级奖项14项，省市级奖项24项；户籍初中毕业生升学率为98%，在全市排名第一。精神文明建设成果丰硕，街道办事处被评为“广东省文明单位”，并成功获得“广东省摄影之乡”美誉；火炼树等4个社区被评为广东省“六好”平安和谐社区。组队参加市篮球联赛、龙狮麒麟大赛均取得优异成绩，其中男子篮球获甲组第二名、女子篮球获乙组冠军、传统舞狮获市一等奖。东泰社区篮球队还代表市参加省第九届体育节珠江三角洲村际男子篮球邀请赛并获得第一名。成功组织实施了纪念改革开放30周年文化项目，承办了广东省摄影协会成立50周年庆典、东城文化体育艺术节、第四届读书节、都市绿洲摄影展等一系列参与面广、水平较高的文化活动，丰富了群众的精神文化生活。

【就业创业】 2008年，东城街道针对金融危机引发的就业难问题，举办免费招聘活动，并将每月10日定为“就业服务日”。重点开展企业员工技能培训，全年共组织6290人次参加岗前素质培训、6184人次参加技能提升培训。落实就业扶持措施，共为1万多人发放公共就业补贴近600万元。同时，妥善化解劳资矛盾，处理劳动争议案件2477宗，结案率达100%。

【社会公共管理】 全面强化治安防控。2008年，东城街道落实社会治安综合治理各项措施，积极推进“平安社区”创建工作，结合“粤安08”、“春雷”、“平安奥运”等专项行动，重点打击严重暴力性犯罪、多发性侵犯财产犯罪、毒品犯罪。全年共立刑事案件1976宗，破案451宗，打掉各类犯罪团伙28个。全面开展“治摩4号”、“治摩5号”等专项整治行动，查扣摩托车2479辆、电动车5415辆，实现了治安和交通环境明显好转。

排查整改安全隐患。坚持开展安全生产大检查，加大隐患整改力度，重点整治工厂企业、危险化学品企业、重大危险源、人员密集场所、“三小”场所和出租屋等场所安全隐患，将事故隐患消灭在萌芽状态。全年共检查各类单位场所13649家次，整改安全隐患3376处，采取停电、停水或责令停产、停业企业、场所84间。

妥善化解信访矛盾。积极开展万人大下访、书记“大接访”活动，落实领导包案制，对涉及群众切身利益的信访问题特别是购房入户、土地管理、社保、拖欠工资、财务公开等领域的问题进行认真梳理，妥善解决了一批热点难点问题。

【党建工作】 开展学习实践科学发展观活动。2008年，东城街道各级各部门召开党委（党支部）理论中心组学习会118次，参加人次3421人，其中党委中心组学习会3次。举办专题辅导83场次，参加人次3327人，各级各部门党员领导干部撰写心得体会文章500多篇。党委领导还带头到基层调查研究，带动党员干部共收集意见建议112条次，形成调研报告105份，并在此基础上形成了推进转变的工作思路，落实了一系列措施，破解了一批难题，解决了一批热点问题。

做好基层换届选举工作。2008年，东城街道完成了社区两委换届选举以及机关战线单位党组织换届选举和相关工作衔接。其中，新一届社区党组织班子成员平均年龄40岁，大专以上学历占55.3%。新一届社区居委会班子成员68人，新进30人，平均年龄41岁。

抓好机关纪律建设。2008年，东城街道公开效能投诉中心举报电话，加强了群众监督力度，受理群众来信来访来电13宗，查结12宗，并对1名有违纪行为的党员干部进行立案查处，对1名单位负责人进行诫勉谈话。以开展纪律教育月活动为切入点，举办4期基层干部培训班，加强了基层干部的法制观念和廉洁从政意识。制定完善了《东城区社区集体经济组织收款票据统一管理规定》、《东城区社区集体经济组织重大事项审查制度》等制度，优化了社区资产管理和财务管理，有效防范了社区集体资金风险。

【创意产业园建设】 2008年，东城街道以发展实用型数字创意产业为突破点，制定系列扶持政策,大力推进创意产业的发展。由街道办事处派出专门人员与东莞市数字创意产业有限公司共同成立数字创意产业领导小组，通过“政府主导、民间运作”的方式，与广东省17家国家、省市重点数字创意产业企业达成合作意向，启动了“东莞市数字创意产业园”建设工作，充分利用原主山钜旺鞋厂旧厂房资源，及其周边配套完善等优势，将该厂区改建为占地达42000平方米的创意产业园。截至2008年，广州天海威数码技术有限公司、银都集团广州市新图电脑系统有限公司、广东士丹尼多媒体技术有限公司等15家国内知名数字创意公司已经签约落户。

（潘　健　阮晓帆）

附：2008年东莞市东城街道党委、人大、办事处领导名录

党委书记：黄少文（8月到任）
　　　　　游其晃（8月离任）
党委副书记：卢润江　袁国超
党委委员：钱爱勤　陈柱杰　谢润根

周日佳　钟朝佳　冯锦新
邓勐彪（挂任）　潘　健
徐建文　袁秀娟

人大联络委员会主任：黄少文（9月到任）
游其晃（9月离任）
人大联络委员会副主任：钱爱勤　李润明

办事处主任：卢润江
办事处副主任：陈柱杰　刘尹波
吴沛林　陈　协

2004—2008年东城主要经济指标

指标 / 年份	2004	2005	2006	2007	2008
户籍人口（人）	61187	63324	66733	70773	77104
外来暂住人口（人）	258022	259953	265000	266638	209857
面积（平方公里）	110	110	110	110	110
国内生产总值（万元）	392410	1081018	1323694	1628719	1892571
工业总产值当年价（万元）	509656	1630000	2063611	2464603	2511786
农业总产值当年价（万元）	2846	1306	1267	1576	2328
总用电量（万千瓦时）	157860	182868	226905	246710	231910
社会固定资产投资总额（万元）	173800	265489	332383	382300	286701
社会消费与零售总额（万元）	140800	550000	632500	727400	836510
外贸出口总额（万美元）	71674	107097	136689	164106	170393
实际利用外资（万美元）	16764	14491	12121	16553	20969
镇级可支配财政收入（万元）	53616	60188	76411	86766	107766
各项税收总额（万元）	146176	187191	245922	384575	418611
金融机构各项存款余额（万元）	1331460	1580663	4176106	4643242	4951643
城乡居民储蓄存款余额（万元）	930074	1010851	1788021	1849150	1996967

万　江

【概况】万江街道位于东莞市区西部，地处粤港澳经济走廊，邻近珠江入海口，面积48.6平方公里，下辖28个社区居委会，共133个居民小组。2008年，全街道有户籍人口73482人，外来暂住人口90673人。全年完成生产总值60.2亿元，同比增长14.21%；各项工商税收累计8.93亿元，同比增长9.71%；本级常规性可支配财政收入4.75亿元，同比增长1.05%；全社会固定资产投资总额26.3亿元，同比增长30.74%，其中民营经济固定资产投资总额18.52亿元，同比增长45.42%；城乡居民储蓄存款余额65.2亿元，同比增长28.73%；社会消费品零售总额21.86亿元，同比增长9.19%；三大产业比例也从2002年的5.1：50：44.9调整为0.6：40.1：59.3。

2008年，万江街道综合总分在全市排名第八位，比上一年进步了6位，跨进了一等奖镇区的行列。获得了“广东省先进基层党组织”、“维护稳定和社会治安综合治理先进镇街”、“社会公共管理单项奖”、“科技工作先进镇街一等奖”、“人口和计划生育先进单位”等称号。

【经济建设】自主创新做大工业经济。2008年，万江街道不断提高科技创新能力，大力实施“科技万江”工程，从2008年起，每年拨出2000万元作为“科技万江”工程专项基金，连续5年共投入1亿元用于扶持企业科技创新。截至2008年，万江有8家国家高新技术企业，35家省级民营科技企业、国家火炬计划重点企业1家和市级民营科技企业94家，数量居全市前列；2008年，万江街道企业共获省、市科学技术奖4项，创新企业奖1项，还获第一批“东莞市知识产权试点镇（街）”称号。深入实施名牌带动战略，截至2008年，共有中国名牌产品1个、国家免检产品5个、省著名商标5个、省名牌产品6个，共有东莞市金翔电器设备有限公司等33家企业获市“守合同重信用企业”称号；着力促成大规模、高科技、高利税的项目落户，已引进东莞神华环保水煤浆项目，投资总额为2亿元，投产后项目总规模年产将达500万吨。

凸显特色做活商贸经济。2008年，万江街道利用区位优势大力发展现代服务业，逐渐形成了以“新华南MALL·生活城”为龙头，茶叶、建材装饰等11个专业市场为配套的区域商贸圈；依托环城路、港口大道、莞穗大道等交通网络，大力发展仓储物流项目；利用水岸优势，大力发展房地产，吸引了上东国际、滨江公馆和风临美丽湾等大型楼盘进驻。

优化服务做强内外源经济。2008年，万江街道积极采取措施增强企业信心，实行重点企业挂点联系，16位班子成员对金田纸业、科达机电、基业水煤浆、中玲制衣等16家企业实行挂点联系；先后成立了重点企业贴身服务小组、企业上市服务小组，为企业提供优质、高效的服务；积极落实、细化扶持民营经济发展的政策措施。截至2008年，全街道已注册的民营企业及个体工商户累计达14269家，规模以上工业总产值中民营经济达39.34亿元，同比增长26.14%；加大招商引资力度，利用外资的质量和水平进一步提高。按新口径全街道合同利用外资3477万美元；实际利用外资5869万美元，同比增长209.7%，其中广东慧谷城市策略有限公司新投资5238万美元；出口总额累计3.43亿美元，同比增长5.67%。

【城市建设】注重区域特色，高起点规划。2008年，万江街道坚持“规划先行”理念，全面推进城市规划管理工作，完成规划成果15项，正进行规划编制的有10项。其中包括重新调整中心区城市规划，配套编制环卫专项规划和水利水环境专项规划等。

注重城市功能，高标准建设。2008年，万江街道不断加大投入，推进各项工程建设。投入大约1.5亿元完成东江西岸工程，投入大约1亿元对教育路、万福路、莞穗大道等进行全面升级改造和立面装饰；水利防灾减灾工程建设不断推进，大汾围、新村围、胜利围等河堤工程共17段已进入完工验收阶段；积极推进镇际、村际联网路建设，辖区联网路拆迁工作已基本完成；积极加快新万江医院、汾溪路升级改造及截污管网工程、污水处理厂BOT项目及填土工程、行政文化中心区首期道路市政工程进度，进一步完善了城市功能。

注重综合治理，高效能管理。2008年，万江街道投入1.98亿元用于推进生态整治，增加绿化面积总量58.92万平方米；切实取缔违章建筑，重点巡查监控区域，有效遏制违章建筑行为发生4宗，自行拆除违法违规用地5宗，责令补办证照共22宗，涉及建筑面积24810.5平方米；积极深入推进旧村整治工作，大莲塘、牌楼基、莫屋、坝头、水蛇涌、新城和万江墟等社区的旧村整治工作初见成效；农贸市场容貌得到明显改观，规范管理水平明显提高；大力整治城市“六乱”现象，不断推进市场管理模式，成立了整治环境卫生工作督导小组，将全街道分六大片区进行分工督导，环境卫生专项规划和绿地系统专项规划的最后修改文本已完成，正上报审批；通过深化内河涌整治、加快推进企业在线监控系统建设等措施整治环境污染。

【社会管理】社会治安综合治理。2008年，万江街道共投入了9000多万元加强治安综合治理和改善社会治安环境，同比增加了35%。狠抓“三基”工程建设工作，全街道28个社区均建成标准统一的警务室，设立了社会治安视频监控中心，共安装各类大小视频监控探头7250个；切实开展了以曲海社区等为试点的“平安社区”创建工作，开展了以拔蛟窝社区为试点的“双无”社区、“平安家庭”创建工作，开展了以金泰社区为试点的“无传销社区”创建工作；“治摩”、“治吧”、“治窝”、社会治安综合治理等专项工作成效显著，强制、提前和自行迁出摩托车3251辆；查处取缔和关闭“黑网吧”79家；成功创建“文明出租屋”1575间；全街道共立刑事案件1095宗，群众对治安满意率逐年提高，2008年底提高到93.2%，同比上年提高4.2个百分点。

配合做好全国文明城市创建工作。2008年，万江街道按照国检要求，出台了专门的整改方案，安排分管领导包干跟踪整改情况，引导各社区、各部门结合实际，将活动的具体工作落实到行政人员、司机、乘务员身上，并开展了“三心社区”等形式多样的迎国检活动，组织志愿者上街宣传、带头做好文明人；加强管理巡查，纠正“不文明”现象，积极深入配合推进创建全国文明城市工作。

安全生产监督管理。2008年，万江街道全面落实安全生产责任制，不断强化街道、社区、企业三级安全生产监督管理网络；深入对28个社区的“三小”场所、出租屋加强专项整治，顺利复查了“三小”场所、出租屋13596家，整改完成率逐年上升；严密防治禽流感等传染性疾病，重点抓好各农贸市场、超市的检查。实施食品放心工程，深刻吸取全国性“三鹿牌奶粉”事件教训，大力开展产品质量和食品安全专项整治，保障全街道食品安全。取缔查扣非法行医和无证照食品加工15家，停业整改9家，教育警告11家。全街道安全生产形势整体相对平稳，没有发生重特大生产安全事故。

信访矛盾纠纷调解。2008年，万江街道积极推行“万人大下访活动”及领导大接访活动，进一步健全领导包案和责任单位负责制度，对社区信访工作实行目标管理，将信访工作目标管理纳入社区领导班子年度实绩量化考核范畴，信访案件办结率达94.96%。强化劳资纠纷处置，成功调解劳资案件1095宗。不断提高社会矛盾处置能力。完善了处置突发性事件的快速反应机制，并以“出嫁女”问题、征地拆迁、劳资纠纷等矛盾为重点，全面加大不稳定因素的排查力度，有效防止了重特大群体性事件的发生。

人口计划生育工作。2008年，万江街道大力创建“无政策外多孩生育镇区”，截至2008年，创建无政策外生育社区已达17个；2008年全街道人口出生率2.28‰，计划生育率为98.80%，进一步稳定了万江街道的低生育水平，较好地完成了市下达的人口与计划生育各项任务。

【民心工程全面实施】人民生活水平不断提升。2008年，万江街道金融系统的各项存款余额90.28亿元，同比增加20.07%，其中城乡居民储蓄存款达到65.18亿元，同比增加28.73%。

社会保障水平不断提高。2008年，万江街道不断加大社会保障投入力度。全街道参加社会养老保险2.2万人，基本医疗保险5.2万人。医疗保障更加完善，街道1个社区卫生服务中心和10个社区卫生服务站正式投入运作，并再投入1000万元用于完善各种医疗设备，真正实现了“一刻钟健康圈”，有效缓解了群众看病难的问题。各种促进就业创业的措施得到有效落实，安置就业人员1056人。全面加快社区供水设施建设和道路升级改造，使群众“行路难、饮水难”等问题得到有效解决。

教育事业不断发展。2008年，万江街道投入教育经费1.24亿元，不断推进学校的硬件、软件建设。不断推进二级统筹办学、改善教育教学条件、落实教师福利待遇；不断深化教育改革、完善奖教奖学制度、营造浓厚的科研氛围，教学质量稳步提高，万江中学、北师大翰林学校、万江二中连年来分别在普通高考和职业高考中取得优异成绩；按照有关规定放开公办学校学位，不断规范民办学校管理，有效解决新莞人子女读书问题。

文化建设不断深化。2008年，万江街道积极筹办首届女子运动会、首届老年运动会、首届阳光海岸国际茶文化节、2008年“金鳌粤韵情”粤曲下乡演出等，让基层群众和新莞人享受充实的文化生活；成功举办“2008年万江龙舟文化艺术节”和“万江街道2008年文艺系列大赛”；大力推进“文化三城”建设，结合拔蛟窝社区成功创建为“广东省第一批农村书屋示范点”，积极推动坝头、滘联等6个社区图书室成为东莞市首批“农家书屋”；大力倡导全民读书，成功举办了第四届万江街道读书系列活动。

【执政能力建设】领导班子建设。2008年，万江街道通过完善党委中心组集中学习、街道班子成员挂点联系家访、民主决策等制度，建设坚定贯彻落实科学发展观、善于领导科学发展的坚强领导集体。

固本强基建设。2008年，万江街道深入开展“固本强基工程示范点”创建工作，创建的4个市级点、20个镇级点，已通过全市进行的检查验收，达标率100%；夯实社区党组织建设，社区“两委”换届选举，共产生了160名新一届社区党组织班子成员和80名社区居委会成员。

干部队伍建设。2008年，万江街道先后通过开展“纪律、效能、职责、奉献”主题活动、“知恩、知责、知足”为主题的“三知”教育活动等活动，进一步增强了干部队伍的凝聚力、战斗力和创造力。

政府效能建设。2008年，万江街道大力实施“行政提速提质工程”，强化优质服务。严格按照《行政许可法》的要求，清除了不合法的审批事项；深入贯彻落实政务公开制、首问责任制、行政过错责任追究制等制度，有效提升了政府办事效率。

党风廉政建设。2008年，万江街道健全党风廉政建设责任网络，各社区、部门均成立了预防职务犯罪工作领导小组；推行公务用车、建设工程项目招投标、政府采购等制度创新，推进源头治腐。认真开展纪律教育学习月活动，构筑思想防线。

【学习实践科学发展观活动试点工作】2008年，万江街道抓住作为深入学习实践科学发展观活动市委联系点的契机，紧扣市委“争做先行者，争创示范点，争当排头兵”的指示精神，大胆尝试，积极创新，分阶段抓好思想发动、学习调研、征求意见、召开民主生活会和党员代表会、评议公开分析报告、制定整改方案、公开整改承诺、落实整改措施、通报整改情况、开展群众满意度测评、完善机制等环节的工作，辖区内181个学习实践活动单位的556名领导班子成员和3542名党员100%参与了活动。群众对活动及问题整改的满意率均超过98%。整个学习实践活动突出了保障实、步骤优、形式活、气氛浓、特色显、效果好的特点，受到中央试点办和市委的充分肯定。 （谭武贤）

附：2008年东莞市万江街道党委、人大、办事处领导名录

党委书记：陈志超

党委副书记：吴志刚　颜伟儿

党委委员：王耀明　邹顺高　陈榴基　陈练球　周建卫　张汝春　叶爱青　黄向阳　何日亮　莫国庆

人大联络委员会主任：陈志超

人大联络委员会副主任：何日亮　袁换兰

办事处主任：吴志刚

办事处副主任：王耀明　黄顺明　刘沛林

2004—2008年万江主要经济指标

指标＼年份	2004	2005	2006	2007	2008
户籍人口（人）	69399	70058	70968	71935	73482
外来暂住人口（人）	95165	67835	94886	76112	90673
面积（平方公里）（含水域面积）	50.5	50.5	50.5	50.5	50.5
国内生产总值（万元）	329849	378908	445936	526818	601662
工业总产值当年价（万元）	385380	470202	572106	806638	948601
农业总产值当年价（万元）	2505	1431	5769	5208	5919
总用电量（万千瓦时）	77069	85669	99464	108868	107938
全社会固定资产投资总额（万元）	167861	197966	171292	201234	263088
社会消费与零售总额（万元）	56818	65325	79188	93678	218646
外贸出口总额（万美元）	14074	25793	31535	35633	36700
实际利用外资（万美元）	1430	1359	1441	1603	3096
镇级可支配财政收入（万元）	27558	36083	36583	47002	47494
各项税收总额（万元）	34750	45543	58253	81411	89317
金融机构各项存款余额（万元）	476592	597644	661839	751877	902768
城乡居民储蓄存款余额（万元）	330967	422697	481781	506358	651829

南　城

【概况】南城旧称篁村。2008年，面积59平方公里，下辖17个社区，常住人口6.2万人，新莞人约15.3万人。完成生产总值183亿元，同比增长16.40%；工业总产值（当年价）184.4亿元，同比增长20%。南城街道是东莞市的新城市中心区，地理位置十分优越，处于穗港经济走廊中间，广深高速公路、莞太大道、东莞大道、南城科技大道纵贯全境，市区二、三、四、五环路横越全区，构筑了“四纵十横”的快捷交通网络。

2008年，南城街道获“广东省文明单位”称号，且再度评为全市镇（街道）工作实绩量化考核综合总分一等奖（综合总分连续五年居全市排名第二名），可支配财政收入、每万元GDP耗电、每万元税收耗电等多个单项经济指标位居全市第一名，被市政府授予“经济发展”、“社会发展”、“社会公共管理”单项奖和“维护稳定和社会治安综合治理先进镇街”称号。

【经济发展】2008年，南城街道完成生产总值183亿元，同比增长16.40%；各项税收31亿元，同比增长15.2%。在外源经济方面，实际利用外资2.3亿美元，同比增长78.80%；全年外贸出口总额13.1亿美元（海关口径），同比增长13.80%。在民营经济方面，辖区新增私营企业1194家、个体工商户2358户，新增注册资金18亿元；累计私营企业5607家、个体工商户11776户，累计注册资金131亿元。私营企业和个体工商户纳税

7.90亿元，同比增长7%，占全街道税收总额的25%；民营经济固定资产投资总额46.11亿元，占全社会固定资产投资总额的64.42%。

【外经工作】 2008年，南城街道产业支援服务业利用外资比例提升，原有部分大型外企增资势头持续，外贸出口稳中有升。全年签订利用外资协议22宗，实际利用外资2.3亿美元，同比增长78.80%，其中共有15家企业增资，增资合同6729万美元；全年外资企业出口总额达13.1亿美元（海关口径），同比增长13.80%。截至2008年，南城街道拥有诺基亚、雀巢咖啡、杜邦电子、可口可乐、新科电子、金霸王电池和沃尔玛等12家全球500强企业，成为东莞市全球500强企业最密集的镇街。充分发挥区位优势，不断完善东部工业园南城园区的配套设施，积极做好工业区的招商引资，采取“选商、安商、惠商”政策，积极为外资企业发展提供“保姆式”贴身服务。着力开展“退二进三”工作，发展第三产业和优质的高新企业，使部分低质量、低效率、高能耗的劳动密集型外资企业逐步外迁。同时，主动联络和跟踪有意前来投资的外商，加紧加快在谈项目的洽谈进度。

【集体经济】 2008年，南城街道集体经济保持平稳发展。社区一级集体经济实现可支配收入（扣除土地、物业转让收入）2.8亿元，同比增长3%；资产总额46.7亿元，增长1.6%。村小组一级集体经济实现可支配收入（扣除土地、物业转让收入）1.8亿元，同比增长7%；资产总额13.4亿元，增长3.2%。

【应对危机】 2008年，南城街道面对不断恶化的经济环境，党政班子积极研究对策，及时出台降租减费政策，尽量减轻企业负担，表明地方政府与企业共渡难关的态度和决心。实施“三免一返”政策，决定从2009年起暂免收取辖内企业的三资企业管理费、来料加工管理费、绿化费等3项收费；对收缴的流动人员调配费，在完成市规定的上缴任务和扣除成本后，剩余部分全部返还给没有拖欠工人工资情况的相关企业。实施“租金双减”政策，决定2009年内区属土地出租金额在原有标准上每平方米降低10%；厂房物业出租金额在原有标准上每平方米降低1元。同时，深入推进融资支持工作，组成专门工作组深入企业宣传政策；积极发挥桥梁作用，举办融资座谈会，搭建融资平台；落实重点单位服务责任制，主动做好融资支持跟踪服务，已有5家重点中小工业企业和加工贸易企业与银行落实融资项目，融资金额1.5亿元；正在洽谈的融资项目22宗，计划融资金额12.9亿元。

【总部经济】 2008年，南城街道实施以总部经济为龙头的发展思路，以优越的地理位置和投资环境使南城成为知名公司企业的争夺要地，除了原有的宏威数码、宏远集团、新科磁电、可口可乐等国内外知名公司和地区性公司总部外，2008年，又有汇丰银行、民生银行、卓博信息、正欣科技、中域电讯等一大批金融机构和知名公司的地区性总部落户。在市行政办事中心周边规划建设高档写字楼，截至2008年，已建成第一国际、华凯大厦、中环财富广场、华凯广场、胜和广场、中盛大厦、汇成大厦、南峰大厦等写字楼超过70万平方米。在东莞大道旁整合出近500亩土地规划建设企业总部基地，计划兴建一批总部大厦，着力引进一批大型公司总部进驻。该设想得到了市委市政府的充分肯定和支持，许多大型企业公司纷纷表达了进驻的意愿，社会反响非常好。2008年，总部基地第二轮城市设计方案和控制性详细规划方案已基本完成。

【鸿福商圈建设】 鸿福商圈是南城打造现代商业和商务中心的一个重点之一。该商圈以鸿福路为中央轴线，东至东莞大道，西至莞太路，中间贯穿东莞市行政中心广场，总范围达1.5平方公里。

2002年以来，南城以东莞市行政中心迁入和鸿福路建设为契机，大力推进旧村改造和“退二进三”工作，截至2008年，拆除了大量旧房建新城，建成第一国际、中环财富广场、时尚岛、腾龙大厦、曼哈顿广场、希尔顿广场、华凯广场等数十栋商业建筑物，拥有写字楼67.75万平方米，商铺44.78万平方米，吸引了沃尔玛、海雅百货、时尚岛、百安居、苏宁电器、时尚电器、国美电器等国内外著名大型零售商进驻，家乐福、吉之岛等企业也已签定进驻合同。同时，中国银行、工商银行、建设银行、农业银行、汇丰银行、兴业银行、民生银行、浦东发展银行、友邦保险、平安保险、中域电讯、卓博人才网等诸多金融、保险、证券、贸易、通信、法律等现代服务业企业纷纷在这片区域设立法人总部或地区性总部，大量资金、人才、技术、信息等高端资源逐步聚集。

2008年，为推动现代服务业发展，南城正式将这片区域定名为鸿福商圈，并进行重新规划和建设。依托独特的区域优势，鸿福商圈的发展和建设步伐得到明显加快，并已初步成形。南城已制定计划推进胜和、亨美以及三元里片区约18万平方米旧城（村）的“退二进三”改造，进一步完善鸿福商圈和新城市中心区的建设。

【城市建设】 2008年，南城街道突出新城市中心区地位和可持续发展战略，坚持规划先行，在总规的基础上，基本完成了道路网络建设；同时不断深化各片区控规，初步形成各个片区之间既有功能区分，又紧密联系的合理布局。同时，通过加强总量调控，引导不同种类的房地产项目形成合理的布局，正吸引越来越多的高素质人员居住，打响“宜居南城”的品牌。加快东片区行政文化中心的路网工程，完成投资额3272万元、总长3.6公里的东六路、东八路、东骏路、下塘路建设工程，启动投资额4735万元、总长2.6公里的东骏东路、东四路、坡头路建设工程。另外，对社区主、次干道升级和环境设施建设给予大力补贴，全年财政拨付补贴款1260万元，支持4个社区完成道路升级工程，支持修建13个垃圾转运站和6个公厕。扎实开展违法违规用地查处整治行动，拆除违法建筑9.3万平方米，复耕复绿22.6万平方米，对水濂山进行绿化约6万平方米。

【科技创新】 2008年，南城街道新增国家级高新技术企业13家、省级创新型试点企业1家、省级高新技术企业2家、省级民营科技企业8家、市级民营科技企业17家；有8家企业8个项目获得市科学技术进步奖；获得科技计划立项24项，其中2项为国家级，3项为省级，19项为市级，协助企业申请科研经费约3000万元；专利申请量达710件，同比增长53.68%；专利授权量达319件，同比增长121.53%；获得2008年度东莞市专利金奖1项、专利优秀奖1项；新增2个广东省著名商标；建立市科普社区4个、市科普特色学校3间、市科普教育基地1个。截至2008年，南城街道有国家级高新技术企业13家、省级创新型试点企业1家、省高新技术企业26家、省民营科技企业26家、市民营科技企业72家；1个东莞市科普示范社区；共有1个中国名牌产品，3个国家免检产品，1个国家进出口免验产品，5个广东省名牌产品和8个广东省著名商标。

2008年，南城街道加快天安数码城

等大项目进度，协助其尽快完成项目的前置审批手续，力争使其成为全国知名的科技园区。辖区内20多家企业与清华大学、电子科技大学、华中科技大学、中山大学、华南理工大学等高校开展了产学研合作，促进了企业的自主创新。2008年12月，南城街道召开传达贯彻省市科技大会精神暨科技奖励大会，斥资752.75万元对东莞新能源电子科技有限公司等42家企业进行重奖；对东莞宏威数码机械有限公司等20家企业34个项目进行配套资助。

【财税·金融】2008年，南城街道的经济实力保持增长势头，全年街道本级可支配财政收入13.40亿元，各项税收合共31亿元，同比增长15.2%；银行存款余额419亿元，同比增加11.5%；银行贷款余额390.52亿元，同比增长8.30%；全社会固定资产投资总额71.6亿元，其中民营经济固定资产投资总额46.11亿元，房地产投资42.34亿元，销售额近33.93亿元。中国银行、农业银行、工商银行、建设银行、民生银行、友邦保险及平安保险等众多金融机构东莞总部均坐落在南城街道，随着以汇丰银行为首的外资银行东莞总部陆续进驻，南城街道作为东莞市金融中心的地位日益巩固。

【人民生活】2008年，南城街道居民人均收入11704元，比上年增长6.7%。参加各种社会保险人次442895人，同比上年增长15.8%，其中失业险90886人，增长10.2%；工伤险127548人，减少3.3%；农民参加养老险11477人，减少2.87%；医疗险126208人，增长48.7%；社会保险基金总收入3.30亿元，较上年增长44.2%。社会消费品零售总额50.4亿元，同比增长29%；拥有集市贸易市场18个，集市贸易市场营业面积达42754平方米。公共绿地面积103公顷，绿化管理总投入848万元。拥有文化站、公共图书馆、广电站各1个，影剧院1个，公园（含小游园）60个，公园总占地面积79公顷。拥有医疗机构88个，比上年同期增长25.71%。拥有公办中小学校共9所，有民办中小学8所。共有11个文明社区，5个文明小区，2个文明单位，13856户文明户。

【教育·体育·文化】2008年，南城街道坚持统筹兼顾，促进教育、体育等各项事业不断进步。实施教育优先发展战略，顺利通过省教育强镇复评工作，启动投资3900万元的南城中学学生宿舍区工程，实施名教师培养计划，基本形成了学前教育、义务教育、高中教育、成人教育和社区教育协调发展的良好局面。

体育事业不断进步。藉2008年我国举办奥运之机，大兴全民健身热潮，以南城体育公园和文化广场全民健身活动示范点为龙头，带动各社区文化活动场所和社区体育辅导站定期进行舞蹈和健身操的辅导工作（每周一、三、五、六晚都有健身教练进行辅导练习）。南城街道男子、女子篮球队参加2008年全市联赛，其中女队获得了亚军的好成绩。少年男足参加2008年全国U15阿迪达斯杯获第八名的好成绩，为广东、东莞和南城争得了荣誉。其中，新基社区在省城市体育先进社区评选中被省体育局评为“广东省城市体育先进社区”。

推进“文化三城”建设，充分利用原有图书馆、书画馆、博物馆、文化广场等设施资源，开展丰富多彩的文化活动。东莞蚝岗遗址博物馆和苏氏宗祠获“省级文物保护单位”称号，南城艺术文化中心有序筹建，全街道的文化产业进一步繁荣。

【医疗卫生】2008年，南城街道投入1000余万元推进社区卫生服务机构（1个中心，8个站点）建设，年内建成并顺利投入使用。设立社区医疗救济基金制度，对社区群众在大病就医或住院时进行补贴，全年向困难群众拨款约20万元，有效解决群众“看病贵”问题。提高公共卫生监督和执法能力，全年检查医疗机构389间次，取缔非法行医窝点9个，查处无证医疗机构2间，保证群众就医安全。

【计划生育】2008年，南城街道进一步完善计生服务管理机制，创新工作模式，提升服务管理水平，流动人口计划生育示范社区和生育文化进企业活动取得较大成效，人口出生率和自然增长率保持下降趋势，完成了市下达的人口计划任务。2008年街道总人口6.2万人，出生人数为972人，人口出生率16.42‰，自然增长率为13.3‰，计划生育率为96.71%。各项指标均达到市计生局下达的要求和街道计生工作计划预期的目标，居全市计生工作第一名。

【抗灾防灾】2008年，南城街道面对“5·12”汶川大地震，迅速组织开展“送温暖、献爱心”捐赠活动，累计向灾区捐款捐物2100多万元；面对“6·13”、“6·25”洪涝灾害，及时启动应急预案，及时发放抗灾救济金138万元，支持救灾复产。同时抓紧水利防灾工程建设，启动投资额1680万元的篁村排涝二站、白马排涝二站、袁屋边排涝站、水濂山水库排洪渠整治、新基河清淤、水濂社区内河清淤、袁屋边三禾市河挡土墙（二期）、新基河密封河段上游沉沙池、西平水库涵管改造等9项工程，加快解决雨季水浸街和内涝问题。

【社会管理】创建“平安南城”。2008年，南城街道在积极推行群防群治的基础上，南城公安分局进一步完善巡逻防范机制，加强路面控制，始终保持对杀人、绑架、抢劫等严重影响群众安全感的严重刑事犯罪和多发性犯罪的高压态势，严厉打击暴力犯罪。全年破获刑事案件544宗，破案率达42%，其中命案连续第三年保持全破，大要案侦破工作继续走在全市前列；查处治安案件864宗，处理治安违法人员588人，行政拘留人员494个；连续第七年获得“维稳综治先进单位”称号。

整治环境卫生。2008年，南城街道以文明建设为契机，大力开展城市“六乱”整治，全年整治游卖、无牌小贩、乱摆乱卖1400多宗；查处占道经营720多宗、无证照经营600多宗、乱堆放240多宗、各类违章招牌700多宗、各类乱拉乱挂横幅930多宗、乱开挖行为120多处、工地污染道路150多宗，城市秩序得到有效管理。

狠抓信访调处。2008年，南城街道靠前化解矛盾，及时妥善处理群体性事件苗头，接访群众有222批962人次，其中5人以上集体上访42批721人次，重访97批420人次，受理市长专线、政府热线、领导信箱及市信访局转办的事项177件，及时落实了责任领导和单位跟进调处，切实履行了维稳的第一责任，信访部门获“2008年度东莞市镇街信访办公室先进单位”称号。

推动“创业东莞”工作。2008年，南城街道完善街道、社区两级就业服务工作，深入实施人才强区战略，进一步优化“引才、育才、聚才、用才”环境，促进人才工作与经济社会协调发展。大力推进就业创业步伐，针对640名本地户籍失业居民，采取灵活多样的方式开展培训，不断增强居民创业意识、开拓创业思维、提高创业技能和创业成功率，有507名本地失业居民成功实现就业。大力开展新莞人培训工程，全年有3523名新莞人完成了相关培训项目。

【出租屋管理】2008年，南城新莞人服务管理中心共管辖出租屋12297栋（套），租住人员58301人；出租屋换证11677份，换证率达100%；出租屋47722户缴税244.96万元，税费缴交率达到100%。2008年，对出租屋实施分类管理，并联合有关职能部门开展“三小”场所、出租屋消防安全隐患专项整治工作、打击非法行医违法犯罪活动专项行动、食品安全综合整治行动，着力维护出租屋居住环境。全年出租屋发生案件共275起，无重大安全事故发生。针对2008年底金融危机对出租物业的冲击，积极及时更新出租屋管理队伍思想，加强文明礼貌培训，推行租赁、保险、医疗、入学、劳务等信息的咨询服务，有效降低了房屋空置率。

【安全生产】2008年，南城街道共发生各类事故225起，死亡22人，全年无较大以上的事故发生。道路交通安全事故197起，同比减少4.83%；死亡22人，同比减少24.14%；受伤160人，同比减少7.14%；直接经济损失60万元，同比增长0.81%。无重大火灾事故发生，一般火灾事故28起，与2007年持平，无人员死亡，直接经济损失约49万元。

【食品安全整治】2008年，南城街道认真贯彻落实《南城街道关于〈加强食品安全工作，建立健全食品安全保障体系的议案〉的办理实施方案》，加强对无证照食品生产加工场的清理，加强对餐饮企业、集体饭堂等的监管，加大奶粉、猪肉、蔬菜的检测力度，抓好农贸市场长效管理机制，进一步巩固了食品安全专项整治工作成果，全年出动食品安全巡查队共巡查各个社区达190多次，巡查各个农贸市场310多次，巡查各个超市230多次，巡查各个商铺达3900多间次，发出整改通知书230多份。检查无证照餐饮130多户，督促办证112多户，有效率达87.5%。出动食品卫生监督员6300余人次，检查食品销售单位近4000多间次、餐饮单位3800多间次、集体食堂530多间次，清理无有效卫生许可证餐饮单位50多间并移交相关部门处理。落实层层责任制，开展不定期考核评比制度，确保全街道食品安全，其中塘贝、沙苑、宏远、石鼓、白马等5个农贸市场获市“文明诚信市场”称号。

【“治摩”“禁电”】2008年，南城街道治理本地摩托车的各项工作宣传广泛，措施得力，取得明显成效。妥善解决搭客司机工作和生活出路。完善了公共交通网络和建立自行车专用道解决群众出行问题，街道财政拨款300多万元购买小巴，开通3条线路，对辖内29个公交盲点进行有效补充；扎实推进公交优先发展，截至2008年，拥有营运线路36条，公交车站100多个，实现了社区公交全开通，公交覆盖率达到97%。辖区道路交通秩序明显好转，全年辖内涉及摩托车的交通事故同比上年下降70%，涉及电动自行车的交通事故下降76%。

（霍永健）

附：2008年东莞市南城街道党委、人大、办事处领导名录

党委书记：钱　超
党委副书记：刘林宏　苏东
党委委员：邱　刚　张小燕　张耀平　吕庆鸿　叶洪辉　陈创建　马小其　潘立新　刘丽芬
人大联络委员会主任：钱　超
人大联络委员会副主任：张小燕　张永红
办事处主任：刘林宏
办事处副主任：邱　刚　麦允谦　黎福庆　张建良

▲南城富民商业步行街（张德全　摄）

2004—2008年南城主要经济指标

指标＼年份	2004	2005	2006	2007	2008
户籍人口（人）	46951	51942	55126	58037	62089
外来暂住人口（人）	59120	101602	102327	127494	152836
面积（平方公里）	59	59	59	59	59
国内生产总值（万元）	741609	1053085	1316357	1572422	1830299
工业总产值当年价（万元）	643943	1052038	1372946	1623951	1844095
农业总产值当年价（万元）	3700	3760	3958	4028	3238
总用电量（万千瓦时）	59973	67309	76262	82840	85997
全社会固定资产投资总额（万元）	539650	657870	887237	793273	715807
社会消费与零售总额（万元）	79800	107000	390411	348581	503630
外贸出口总额（万美元）	51485	70667	80085	91229	130746
实际利用外资（万美元）	7085	13089	10831	12601	22531
镇级可支配财政收入（万元）	29512	65932	66467	98807	130048
各项税收总额（万元）	94842	147856	214052	294449	351649
金融机构各项存款余额（万元）	1684704	2005174	2894519	3369221	4382924
城乡居民储蓄存款余额（万元）	642627	765170	976721	1012860	1469005

中堂镇

【概况】中堂镇位于东莞市西北部，地处穗港经济走廊中间。全镇面积60平方公里，下辖20个村（社区），户籍人口7.26万人，外来暂住人口5.55万人。2008年全镇完成生产总值66亿元，同比增长12%；工农业总产值171.8亿元，增长8.3%；各项税收总额8.5亿元，增长3.6%；镇本级财政收入4.2亿元，增长22.5%；全镇固定资产投资总额16.2亿元；出口总额2.8亿美元，增长4.9%；各项存款余额65.9亿元，比年初增长8.8%；社会消费品零售总额9.2亿元，同比增长20.9%；农民人均纯收入10973元，增长6.8%。被评为2008年度中国乡镇综合实力500强、维护稳定和社会治安综合治理先进镇、“双无建设（建设无摩托车搭客营运、无电动自行车上路行驶社区、村）达标镇。

【产业结构升级转型】2008年，中堂镇推动纸品行业增资扩产和集聚集约，全镇6家纸品企业增资12.2亿元，完成10条生产线扩产，年产能增加104万吨，全镇纸品制造业年产能提升至500万吨。加强排污监控，累计关闭4家5万吨以下产能的纸品企业和14家洗漂、印花、电镀等污染企业，并于年底全面拆除镇内红砖厂。协助理文造纸等5家企业开展内销品牌创建工作以及建晖纸业等8家外资企业开展内销业务。深入实施名牌带动战略，促进企业从“贴牌加工”向“品牌创造”转变。中堂镇现代农业生态园项目于7月9日签约，成为东莞市首个完成招商的生态园。

【民营经济】2008年，中堂镇民营经济工业总产值（现价）72.72亿元，同比增长12%，占全镇工业总产值的42.6%；民营经济税收总额5.62亿元，占全镇税收总额的66.3%；全年累计新增民营企业181家，累计新增注册资金1.09亿元。截至2008年，工商登记期末实有民营企业1114家，总注册资金25.96亿元。其中，东莞市莲子村陶品有限公司、东莞市东兴铝材制造有限公司、东莞市东皇照明科技有限公司3家企业成功申报为市民营科技企业，东莞市广益食品添加剂实业有限公司、东莞市东兴铝材制造有限公司、广东丹宝利酵母有限公司、广东一品鲜生物科技有限公司、东莞市金波罗电业科技有限公司等5家企业成功申报为国家高新技术企业。截至2008年，中堂镇有市民营科技企业21家，广东省民营科技企业2家，广东省高新技术企业6家，国家高新技术企业5家。此外，“广益”、“日之泉”被评为广东省著名商标。

【城镇建设】2008年，中堂镇坚持“规划、建设、管理”并重，稳步铺开31项重点工程建设，不断改善城市环境，增强城市功能。建成湛凤路、袁鹤路、规划一路，启动南潢路的升级改造，加快槎滘大桥改扩建工程，基本完成中心区横路升级改造。穗莞两地就迎宾大道（中望公路）项目已达成建设共识。建成并启用供水厂办公楼，加快9万吨/日生产线扩建工程建设。加快五大联围各堤段、水闸、排涝站的规划建设，完成全镇内河涌整治的规划方案，对部分河段实施清淤疏道。同时规范镇村主干路段的管理。

【社会管理】2008年，中堂镇进一步健全社会管理长效机制，加大综合治理力度，全力维护社会安定。建成启用17个标准警务区，收编村级275名优秀治安队员，完成毗邻镇街的6个治安岗亭建设，建成20个村（社区）视频监控系统，成功创建6个平安社区（村）。深入开展安全生产百日督查行动和安全生产大检查活动，全面排查整治消防、交通、建筑、出租屋、食品安全等安全隐患，大力开展打击“非法行医”、“黑网吧”、“咳药水”等专项行动。组织开展“党委书记大接访”活动，推动重信重访专项治理，解决一批群众关注的热点难点问题。

【民生实事】2008年，中堂镇以十件民生实事为抓手，认真落实就业、医疗、环保、保障等民计民生工作。充分发挥服装产业优势，以鹤田、凤冲、江南、槎滘等村（社区）为试点，分片分类实施“手牵手”就业帮扶、“星光创业”计划和在开达玩具厂等企业组建“村民车间”，弹性上班时间，累计帮扶失业群众2740多人，促进群众就业创业初见成效；建成启用一中心六站点的社区医疗卫生服务中心（站），落实为本地户籍的老人、妇女提供免费体检服务，建立健康档案；落实最低生活保障措施；并完善农民医疗保险，提高社会保险参保率，扩大覆盖面，低保标准提高到每月400元，并为当地户籍人口购买重大疾病险。

【村党组织换届选举】2008年3月，中堂镇完成全镇农村党支部换届选举工作。全镇20个村（社区）新一届党组织领导班子平均年龄42岁，比换届前年轻4岁，其中35岁以下有24人。换届后，村（社区）党组织成员文化素质明显提高，其中本科以上学历的6人，占5.5%；大专以上学历的37人，占比33.9%，比换届前提高11%。此外，新一届村（社区）党组织女支委有20名，占全镇支委总数18.3%，占比提高2.2%。

【村（居）民委员换届选举】2008年4月至5月，中堂镇坚持公平、平等、竞争、择优原则，依法选举产生新一届村（居）委会。该次换届选举，全镇登记选民55834人，参加投票55829人，参选率为99.99%。20个村（居）委会各项职务拟定职数在第一轮“二合一”选举中全部一次当选，共选出主任20人，副主任21人，委员32人。在全镇138个村（居）民小组中，选举产生正、副组长141名（其中副组长3名）；选举产生村民代表1213人。新一届村（居）民委员会成员73名，连选连任的有46名，占63%，其中主任职务连任的15名，占同职数的75%；“两委”交叉任职成员42人，交叉率为57.5%。在年龄结构方面，30岁以下的有20人，占27.4%；31至40岁的有14人，占19.2%；41至50岁的有29人，占39.7%；51岁以上的有10人，占13.7%。在学历层次方面，大专以上学历的有32人，占43.8%；高中或中专学历的有29人，占39.7%；初中或初中以下的有12人，占16.4%。新一届村（居）委会成员年龄结构明显优化、文化层次显著提高、能力素质有效增强。

【“治摩”“禁电”】2008年，中堂镇稳步推进“治摩”工作，大力开展“治摩4号”、“治摩5号”系列行动，依法查扣假牌套牌和非法从事搭客营运的摩托车2219辆，违规上路的电动自行车107辆，全镇摩托车实际存量进一步减少；全镇登记在册的846名“摩的”司机中，全部顺利转型就业；路面“双抢”犯罪同比下降12%，涉摩交通事故下降28.1%，被评为市第二批“双无建设”达标镇街。同时，中堂镇不断优化公交服务，新增公汽10辆、线路7条，延长公共汽车运行时间，增建公交基础设施，解决“治摩”、“禁电”后的群众出行难问题。

【文教体育事业】2008年，中堂镇将文化工作日常经费和专项经费列入财政预算，并鼓励社会力量投资公益文化事业和文化产业，年利用社会资金发展公益文化事业300万元以上；推进“科教文体”事业发展，镇图书新馆、国际级龙舟广场等正式投入使用；群英学校成功转制为市第四中学，投资1.8亿元建成启用实验中学，基本完成三级转二级办学体制改革，高、中考继续保持优异成绩，全镇教学布局日趋完善，教育质量不断提高。

【解放思想大讨论】2008年1月至6月，中堂镇按照省委、市委的统一部署，紧紧结合中堂实际，认真开展解放思想学习讨论活动，总结有利于科学发展的意见和建议。整个学习活动中，领导班子成员带头学，组织党委理论学习中心组学习会3次，领导班子座谈会5次，专题组织生活会54次，“解放思想大家谈”活动3次，理论报告会3次，领导干部撰写发表学习体会文章295篇；领导班子成员带头宣讲，组织宣讲团1个，宣讲50多次，听众达2343人次；除了大街小巷挂宣传标语、宣传栏做专题宣传之外，电台节目采用85则，电视台报道27则，还制作5个电视专题栏目，互联网专栏（专题）1个。

【科学发展观实践】2008年3月至8月，中堂镇根据市委的统一部署，深入学习实践科学发展观活动。确立佛山市顺德区乐从镇为该镇的学习标杆，并分别树立潢涌村、江南社区、财政分局、供电公司、群英学校等5个标杆典型，其中潢涌村被确定为市学习实践科学发展观活动的五个标杆之一，营造比学赶超、争当排头兵的良好氛围。深入开展调研工作，形成8份有深度、有高度、有广度的调研报告，共发出征求意见表515份，回收征求意见表515份，综合梳理出意见建议共3大类30项，明确中堂镇的工作重点和目标方向。开设“站在时代新起点，推进思想大解放”、“落实科学发展观，关注百姓身边事”等电视专栏5个，采访镇领导、各村（社区）两委干部36人次，报道动态新闻50多条，各级党员干部撰写学习体会文章295篇，并在政府网站开设专栏，掀起学习活动热潮。认真做好辅导材料、信息简报编印工作，共编印专题辅导读本1本；解放思想大讨论活动简报43期；学习实践活动简报56期，其中被市采用8期。

【社会捐赠活动】2008年，中堂镇多次组织党员干部和发动社会各界力量，开展多项支援捐赠活动，向灾区人民捐款赠物。在“送温暖，献爱心”活动中，共筹集帮扶资金14.9万元，以及防寒衣物、食品一大批，为受雪灾影响的灾区群众送去温暖；在“支援汶川捐赠活动”中，累计筹得救灾款605万余元，赈灾物资一批。其中，发动各党组织和党员，缴纳“特殊党费”支援灾区抗震救灾，累计捐缴特殊党费106万余元。

【龙舟技艺与龙舟节】2008年6月，中堂镇龙舟制作技艺正式被国务院批准列入第二批国家级非物质文化遗产名录。6月16日，中堂镇举行第三届龙舟文化体育节，启用能承办国际级龙舟比赛的“国际标准龙舟赛场”，弘扬具有地方特色的龙舟体育文化，对扩大中堂龙舟品牌影响力起到重要的推动作用。当天，中堂镇举行以“龙腾东江迎奥运”为主题的龙舟锦标赛。龙舟竞渡采用甲乙级组比赛，最终马沥队、槎滘队、潢涌队分获甲组前三名，江南队、袁家涌队、一村队分获乙组前三名。　（黎锡浩）

附：2008年东莞市中堂镇党委、人大、政府领导名录

镇委书记：袁东平
镇委副书记：林广华（任至9月）
　　黎志辉
　　黎玉岗（12月到任）
镇委委员：袁东平　林广华（任至9月）
　　黎志辉　黎玉岗（12月到任）
　　罗耀东　莫汉成　李良润
　　刘巨文　丁志洪　郭陈明
　　吴炽谦　黎兰芳
　　刘建东（1月到任）
　　黎建波（4月到任）
镇人大主席：袁东平
镇人大副主席：莫汉成　廖志祥
镇　长：林广华（任至9月）
　　黎志辉（9月到任）
副镇长：罗耀东　周国志　李德良
　　黎玉岗（任至12月）

2004—2008年中堂镇主要经济指标

指标＼年份	2004	2005	2006	2007	2008
户籍人口（人）	69072	71678	72102	72289	72631
外来暂住人口（人）	56603	60169	64436	64541	55495
面积（平方公里）	60	60	60	60	60
生产总值（万元）	338808	426085	511688	588762	659756
工业总产值（当年价）（万元）	970128	1103043	1357735	1575380	1705636
农业总产值（当年价）（万元）	8636	9256	9321	10633	11878
总用电量（万千瓦时）	79305	85624	95019	105778	114494
全社会固定资产投资总额（万元）	124628	168042	192215	218861	162007
社会消费与零售总额（万元）	44457	52482	63198	76172	92116
外贸出口总额（万美元）	15256	18385	24328	27117	28438
实际利用外资（旧口径）（万美元）	5800	5812	2053	1453	4577
镇级财政收入（万元）	17066	23932	27600	34393	42139
各项税收总额（万元）	27901	36774	62593	81831	84777
金融机构各项存款余额（万元）	388315	460616	512498	605947	659159
城乡居民储蓄存款余额（万元）	277434	317676	367259	398635	470779

望牛墩镇

【概况】望牛墩镇位于东莞市西北部，东江下游，地属水乡。2008年，面积31.57平方公里。总人口9.08万人，其中户籍人口4.46万人，外来暂住人口4.62万人。下辖21个村和1个社区。离市中心区10公里，北距广州40公里、南往深圳90公里；广深高速、107国道、东莞市环城路、西部干道以及建设中的城际轻轨在该镇交汇；同时全镇有10多公里的河岸线可容纳两千吨的船停泊，离广州新沙港、东莞虎门港5公里。

2008年，全镇实现生产总值23.4亿元，增长20.2%；工业总产值52.9亿元，增长16.4%；可支配财政收入2.9亿元，增长33%；各项税收总额3亿元，增长26%；固定资产投资总额9.6亿元，增长12.9%；社会消费品零售总额2.1亿元，增长18.6%；各项存款余额30.3亿元，增长23.1%；实际利用外资2315万美元，增长53.6%；出口总额1.5亿美元，增长27.8%。截至2008年，全镇共有企业518家，其中规模以上企业102家。

【社会管理】2008年，望牛墩镇深入开展社会治安、消防安全生产、劳资纠纷、食品安全等综合整治行动，全年安排2699万元治安经费，全面加强社会治安整治，推进“三基”工程建设，投入400多万元添置大批公安装备，建成13个社区警务室，继续保持命案全破、恶性案件快速侦破，社会治安持续明显好转；人性化开展“治摩”、“禁电”整治，涉摩交通事故同比下降32%，全镇645名“摩的”司机已实现转型就业590人，转型就业率达91.5%；开展“安全生产隐患治理年”活动及安全生产百日督查专项行动，共排查治理各类企业、单位311家次，排查出一般事故隐患304项，整改301项，整改率达99%；开展为期4个月的食品安全专项整治，检查餐饮副食店186家，查处“黑诊所”11家，重拳整治违法违规用地，全面完成查处整治任务。同时，建立劳资纠纷、信访调处等社会要情周报制度，不断增强社会管理，提高应急能力。

【城镇建设】2008年，望牛墩镇立足环境就是第一竞争力，确立“抓环境就是促发展”的理念，进一步加大基础设施的投入力度，完善城市功能配套，提升城市整体竞争力。全面加快控制性详细规划的编制工作，先后完成了镇中心区等控制性详细规划的编制；投入100多万元对全镇主干道出入口进行景观改造；投入177万元对广深高速望牛墩段、石横路、镇南路沿线进行绿化；投入1867万元新建大洲路、杜屋村马沥桥连接北环路路段，升级改造宝华路；投入500多万元新购了垃圾压缩车及运输车；全面加强生态环境整治，分批拆除镇内14家红砖厂，大力推进望洪污水处理厂建设，全镇镇容村貌靓丽整洁。

【民生改善】2008年，望牛墩镇坚持一手抓经济发展，一手抓民生改善，加快推进“四围一河”23宗水利工程建设，发放“低保户”最低生活保障金380多万元，困难家庭子女发放助学金79万元；农业救灾复产资金634万元；低保边缘户临时物价补贴1036.5万元，财政投入1200多万元建成了社区医疗卫生服务中心及新联站，逐步完善“一中心四站点”的社区医疗服务网络；加大公交投入力度，新增公汽25台，新建公交候车亭11个，大力解决群众出行难问题；投入280万元为户籍人口购买30种疾病商业保险，出台《望牛墩镇促进本地人就业实施方案》，投入900多万元促进社会就业，通过改善民生，让发展成果惠及每一个老百姓，进一步密切党群干群关系。

【机关效能】2008年，望牛墩镇深入开展思想大解放和学习实践科学发展观活动。以各种形式广泛开展调研活动，召开外资企业代表座谈会、民营企业座谈会、老干部座谈会、机关工作会等，深入农村基层和企业车间，聆听百姓心声和企业发展困境，集思广益，广泛听取各方对望牛墩发展的建议和意见。全面推行“一线工作法”，开展“镇委书记大接访”活动，人大代表活动日组织全镇领导干部赴山区、丘陵片六镇学习取经活动，全面开展“百千系千企”亲商护商爱商暖流行动，心系民生建设和企业发展，着力打造“廉洁、务实、高效”的服务型政府。

【“百千系千企”活动】2008年，望牛墩镇面对全球金融海啸对实体企业的冲击，全面深入开展“百千系千企”亲商护商爱商暖流行动，成立为企业排忧解困调研服务组及帮扶企业融资指导小组，了解企业所急所需，展现政府与企业共渡难关的信心与决心。通过调研，设立了推动科技进步实施名牌带动战略奖、税收贡献奖以及确立十大龙头企业和十大重点培养企业，对驰名商标、高新技术企业和重税收型企业进行奖励，对龙头企业和培养企业重点扶持。

（梁丽英）

附：2008年望牛墩镇党委、人大、政府领导名录

镇委书记：邓流文（任至9月）
胡浩举（9月到任）
镇委副书记：叶孔新　梁寿如
镇委委员：李志雄　谭树棠　谭叙棉
伦楚能　黄德洪（2月到任）
罗志海　卢广新　袁雪明
镇人大主席：邓流文（任至9月）
胡浩举（9月到任）
镇人大副主席：谭树棠　梁远全
镇　长：叶孔新
副镇长：李志雄　伦宝明　周近有

▲ 中韩桥工业园

2004—2008年望牛墩镇主要经济指标

指标＼年份	2004	2005	2006	2007	2008
户籍人口（人）	43119	43829	44219	44643	45006
外来暂住人口（人）	37471	42885	45623	46217	38452
面积（平方公里）	31.57	31.57	31.57	31.57	31.57
国内生产总值（万元）	106086	128396	158000	194750	234123
工业总产值当年价（万元）	267983	293290	369391	454942	529371
农业总产值当年价（万元）	6060	5644	5549	5431	5312
总用电量（万千瓦时）	35616	41035	45662	50348	52531
全社会固定资产投资总额（万元）	44216	65297	60726	85000	95939
社会消费与零售总额（万元）	9869	11655	14848	18112	21485
外贸出口总额（万美元）	6494	7310	9944	11754	15022
实际利用外资（万美元）	3309	4871	5302	1507	2315
镇级可支配财政收入（万元）	9850	12900	15044	21610	28739
各项税收总额（万元）	8910	11815	15886	23978	30306
金融机构各项存款余额（万元）	183080	210574	228848	246160	303286
城乡居民储蓄存款余额（万元）	130940	152299	172784	185086	227871

麻涌镇

【概况】麻涌镇位于东莞市西北部，东距东莞市区22公里，西距广州市区29公里，南临珠江口内狮子洋。拥有狮子洋深水岸线7.4公里和可建1000吨以上泊位的内河岸线10.56公里。2008年，全镇总面积91平方公里。人口11万多人，其中，户籍人口7万多人，外来暂住人口4万多人。下辖13个村，2个社区。

2008年，麻涌镇完成生产总值（GDP）75.6亿元，增长23.8%。实现工业总产值418.5亿元，增长38.7%。规模以上工业总产值412.4亿元，增长39.4%。完成税收12亿元，增长36.7%。镇本级可支配财政收入4.5亿元，增长31.79%。外贸进出口总额35.3亿美元（海关口径），增长30.11%。年末各项人民币存款余额59.5亿元，比年初增长4.5%。固定资产投资总额22.5亿元，同比基本持平。社会消费品零售总额5.1亿元，增长15.2%。截至2008年，全镇民营企业（含个体工商户）4773户，增长12.89%。其中民营工业企业558家，规模以上民营工业企业35家。民营注册资金总额7.43亿元，增长2.06%。

【发展质量提升】2008年，麻涌镇被确定为全市产业结构调整升级试点镇后，把产业结构调整升级作为落实科学发展观最核心的任务，积极稳妥推进试点工作。

推进产业结构调整升级。完善工业、现代服务业和农业等发展规划，充分调动各种发展要素，促进企业与政府互动，全镇产业调整升级试点工作取得了初步成效。选择玖龙纸业东莞基地、深圳南玻绿色能源产业园、中远船务等3家企业作为重点培育对象，努力将其发展成为年产值超100亿元企业。其中玖龙基地已实现产值101.4亿元，税收2.2亿元；中远船务一期实现产值23亿元；南玻产业园实现产值10.8亿元，缴税7063万元。

实施“产业招商”、“精细招商”。成立了加快推进企业项目上马工作领导小组，突出攻大项目、抓大投入，全年引进外资项目11宗，合同利用外资1.78亿美元，实际利用外资2.3亿美元，增长10.3%；引进民营项目8宗，合同计划投资额3.5亿元，实际利用民营资金总额8.9亿元，增长3.41%。

提高政府服务企业的能力。大力帮扶企业渡过难关，成立协调企业的工作小组，为企业争取政策支持，为企业解决实际问题。通过争取市对产业结构调整升级试点单位在办证办事、资源投放等方面的优惠政策，力争在申请市优质项目问题上取得突破。

提高自主创新能力。推荐11家企业申报市民营科技企业、专利培育企业和专利试点企业，新增省级民营科技企业2家、市级民营科技企业6家、省级工程研发中心1个、上市后备企业1家。

【发展环境优化】2008年，麻涌镇把工作重心转到城市建设，以城市升级带动产业升级，搭建中心城镇的城市框架，完善城市配套功能，不断优化发展环境。

城市规划不断完善。大力完善各项规划，新中心区控规和新沙港后方地块控规划通过市的审批。完成了15条总长43.3公里的市政道路的规划设计。

城市功能不断完善。加强城市基础设施建设，完成新中路（一期）、中小企业园一横路、中小企业园二横路、马士基道路扩建等4条总长5.6公里的道路建设。麻涌办事服务中心、麻涌图书馆和社区卫生服务机构投入使用，有效解决了配套设施建设滞后的问题。

城市管理不断加强。加快镇中心区“退二进三”改造，拆除建筑物占地面积达2万多平方米。完善镇、村两级城市管理综合执法机构，建立较为完善的城市管理综合执法系统。深化农村环境“五整治”工作，5条村通过了创建省卫生村市级验收，城市环境不断改善。落实土地利用年度计划执行责任制，开展违法用地专项整治，拆除违章建筑面积5000多平方米，复耕复绿近20公顷。

生态建设不断推进。创建全国环境优美乡镇，启动万亩生态公益林建设，计划以租用土地的形式种植上万亩的生态林，最大限度地改善生态环境。完成滩涂湿地红树林种植3.6万平方米，全镇绿化面积明显提高。

环境保护不断深化。把9家企业列为清洁生产试点企业，采取政策引导、技术支持的方式，大力推动企业节能减排降耗。中成化工、玖龙纸业、德广隆洗水3家企业通过了审核，还有5家企业提交清洁生产审核申请。加强重点能耗企业的监管，完成38家企业的排放口规范化建设，查处环境违法企业34家，查封、转移或关闭污染企业9家。完成截污主干管网工程建设19.4千米。

【城乡发展】2008年，麻涌镇按照统筹城乡发展的思路，加强对村级集体经济发展的扶持，实现统筹管理农村干部，努力探索农村转型发展的新路子、新办法。

创新农业农村发展模式。以漳澎村和大盛村为试点，促进农村发展模式转型升级。努力提高农业生产效益，新建现代标准农田153公顷，并通过对农户改种其他高效农作物实施一次性补贴，成功实现农业改种300多公顷，农业种植结构不断优化。

抓紧“香飘四季”农业园建设。完成路基2690米，开挖排灌渠3915米，完成景观大道1、2号桥桥梁钻桩工程。

加强农村集体资产管理。培训基层财务人员440多人次，建立集体经济组织重大事项审查制度，实施重大事项审查21宗，通过审查21宗，审计资产总额1.1亿元。

大力开展水利筑闸联围建设。共有5个堤段和1个水闸通过验收，水利设施不断完善。

【社会管理】2008年，麻涌镇不断提高社会管理水平，为经济社会发展提供保障。

社会治安管理。深入推进“三基”工程建设，开展了“治摩”、“春雷”、“平安奥运”等专项行动，成功把大步村创建成为“平安村”。全镇无发生一宗杀人案件，基本无发生对市造成重大影响的群体性事件，社会治安进一步好转。

安全生产管理。深入开展安全生产月、“安全生产百日督查”和安全生产大排查大整治工作，基本完成安全隐患排查摸底和隐患整治工作，工矿商贸安全生产事同比下降33%。

信访维稳工作。认真开展劳动监察执法工作，成功处置一系列影响社会稳定的劳资纠纷事件。开展大接访活动，实现奥运期间零进京上访和零群体性事件的目标，信访案件办结率达到100%。

【社会事业发展】2008年，麻涌镇不断加大投入力度，让群众共享改革发展成果，各项事业蓬勃发展。

抗灾救灾。成功抵御了阴雨低温天气、台风和洪涝灾害，积极支持“5·12”地震灾区救援和重建工作。投入了2300万元帮助受灾农户实施农业复产，筹得捐款625万元援助地震灾区。

完善社会保障体系。向困难群众发放1000元补贴，发放最低生活保障金658万元，为低保家庭和边缘户子女在读学生提供共839万元助学金。投入400万元实施村民保险补充医疗保障计划，全镇15个社卫中心（站）全部投入使用，有效缓解了群众的“看病难”问题。

促进群众就业创业。举办各类培训班24期，培训962人次。先后推荐就业889人次，全部为当地劳动力，其中成功就业429人次，全部在当地上岗。

发展教育事业。实施奖教奖学办法，加快中山大学新华学院建设，抓紧完善教育基础设施，教育水平不断提高，每万户籍人口升大学比例为98，每万户籍人口升本科比例为43，均排在全市前列。

文化建设推进。积极开展创建全国文明城市迎检工作，深入开展文化“三下乡”等各项工作，成功举办“香飘四季”组歌宣传活动、第五届“香飘四季”艺术节和麻涌镇第一届运动会。

人居环境改善。继续推进危房改造工程。推动新世纪、海滨花园、南峰时代广场等一批房地产项目建设。优先发展公共交通，建成公交站点54个，增开1条“一元公交”线路，开通麻涌至中堂的公交线路。

加强人口计生和食品药品安全工作。深入开展人口计生“两无”创建活动，努力提高人口素质。加强食品药品安全监管，推动创建省食品安全示范镇工作稳步开展。（梁泽鹏）

附：2008年东莞市麻涌镇党委、人大、政府领导名录

镇委书记：陈志伟（任至8月）
邓流文（8月到任）
镇委副书记：莫伟权 袁政军
镇委委员：陈志伟（任至8月）
邓流文（8月到任） 莫伟权
袁政军 陈旭林 薛幼东
赖剑云 郭佳荣 李杰雄
杜学民 周伟峰 黎德庆
何云航 吴晓峰
镇人大主席：陈志伟（任至9月）
邓流文（9月到任）
镇人大副主席：薛幼东
镇 长：莫伟权
副镇长：陈旭林 陈文龙 祝永欣
卢炽华

▲ 麻涌镇新沙港汽车滚装码头

2004—2008年麻涌镇主要经济指标

指标＼年份	2004	2005	2006	2007	2008
户籍人口（人）	69521	70041	70346	70861	71260
外来暂住人口（人）	31085	39981	40907	43996	42877
面积（平方公里）	84	84	84	91	91
国内生产总值（万元）	292911	375700	476606	610000	756029
工业总产值当年价（万元）	1667908	1952722	2249438	2910000	4185160
农业总产值当年价（万元）	15494	15521	13062	10760	13385
总用电量（万千瓦时）	114163	144667	164827	264460	81563
全社会固定资产投资总额（万元）	155109	154307	213903	228900	225389
社会消费与零售总额（万元）	49989	56487	64113	44644	51430
外贸出口总额（万美元）	44562	52208	65461	108620	123232
实际利用外资（万美元）	8804	11847	20359	20845	22989
镇级可支配财政收入（万元）	16348	22981	27578	34097	44936
各项税收总额（万元）	41912	55808	82036	88185	120512
金融机构各项存款余额（万元）	241990	282992	402673	570781	595487
城乡居民储蓄存款余额（万元）	150198	174636	211418	226378	280718

石碣镇

【概况】 石碣镇地处广深走廊之间，位于东莞市北部，与市区一衣带水，隔江相望，是明末民族英雄袁崇焕的故乡，被国画大师关山月誉为“东江之珠”。2008年，全镇总面积36平方公里，下辖14个村和1个社区，户籍人口4万多人，外来暂住人口18万人。石碣镇生产总值111亿元，同比增长9.1%，工业总产值359亿元，同比增长1.8%；上交税收13.9亿元，增长26.4%，其中完成国税9.1亿元、地税4.8亿元，分别增长20.3%、46.5%；各项存款总额114亿元，比上年底增长15.6%；镇本级可支配财政收入3.9亿元，镇、村、村民小组三级集体总资产达60.5亿元，增长8.0%，其中镇本级总资产达23亿元，增长16.7%；村级总资产达24.6亿元，增长3.7%；村民小组级总资产12.8亿元，增长2.5%。在东莞市2008年度总结表彰大会上，石碣镇获镇（街）工作量化考核综合总分一等奖、社会发展单项奖、政治建设单项奖、维护稳定和社会治安综合治理先进镇等26个集体奖项。

【城镇建设】 2008年，石碣镇以建设成江滨花园式电子信息产业名镇和东莞靓丽的“北大门”为目标，把城镇建设作为新一轮发展的重点。做好《石碣镇中部片区控制性详细规划》、《石碣镇西北片区控制性详细规划》和《石碣镇北部片区控制性详细规划》三个片区的规划编制工作。大力推进江滨新城与新城市中心建设，江滨新城已正式开工建设。抓好黄泗围、石碣、唐洪、水南旧村改造，规划部署征地拆迁前期工作，基本完成东江北堤堤外建筑物的拆迁工作。镇先后投入1.2亿元，完成黄泗围公园、西南公园、涌口公园、梁家村公园、沙腰公园、鹤田厦公园、刘屋公园、祈福公园（鸡公庙）等8个东江沿线公园及配套工程建设；投入6亿元，全面优化升级全镇主干道路，“三横三纵”（袁崇焕大道、沿江路、滨江路、银河路、东风路、刘沙路）及科技路、高龙路等8条主干道路已完成改造升级。投入2.6亿元，推进全镇水利、电网等基础设施建设，全面完成挂影洲大堤达标第五期工程建设，完成污水处理厂与截污主干网两大主体工程建设，启动截污次支管网规划设计工作，全镇污水处理工程已初成体系。投入1800多万元，兴建公安民警宿舍大楼，完成石碣中学教学楼扩建改造工程。台达电子物流中心、富盈皇冠假日酒店、富盈财富商贸广场及七里香商贸广场也相继竣工，城市功能进一步完善，城市面貌进一步改观。

【“全国环境优美乡镇”创建】 2008年，石碣镇开展创建全国环境优美乡镇工作，并将创优工作列入镇年度财政预算，在财政计划中拨出80万元作为专项资金。成立领导小组，不断加大环境卫生整治力度，通过加强村环卫办公室建设、加强环境卫生知识宣传、加大除“四害”力度，全面改善石碣镇环境卫生水平。落实门前“三包”责任制，全面治理“六乱”，唐洪、涌口、桔洲村列为首批市容环境优美村的创建对象。积极开展“环境安全大检查”、“重点污染企业大检查”和“黑烟囱”等专项整治，严厉打击企业违法排污行为。集中开展违法违规用地查处整治行动，8宗1.99公顷违法违规用地已全部拆除，完成复耕复绿面积95%。大力开展生态环境整治工作，累计投入6702万元，完成生态整治工程项目36项，增加绿化面积41.09万平方米，全镇建成区公共绿化地面积达258.95公顷，人均公共绿地面积11.2平方米，主要道路绿化普及率100%。9月，省创优考核评审组同意推荐石碣镇为“全国环境优美乡镇”。

【科技创新】 2008年，石碣镇继续实施“科技强镇”战略，积极推进科技创新，鼓励企业争创名牌。镇技术创新服务中心与前锋电子、三立灯饰、杰洋电子等企业开展产学研合作，开发了LED路灯大功率开关电源，并批量应用于生产。石碣镇被评为“东莞市第一批知识产权示范镇”、被省科技厅认定为“广东省火炬计划东莞石碣电子信息特色产业基地”，前锋电子等企业申报“国家高新技术企业”通过专家评估，乐邦电子和智高文具等商标被评为省著名商标。台达电子电源（东莞）、东莞莫仕连接器2家企业被评为市“工业商贸龙头企业”，台达电子工业股份有限公司获得“东莞市外资企业杰出贡献奖”。

【石碣（兴宁）产业转移工业园建设】 2008年，石碣镇继续加强石碣（兴宁）产业转移工业园工程建设，充实办公人员，加强招商引资。进园企业达24家，其中承接珠三角转移企业13家，已投产的有7家，产业转移工业园开始税收共享。2007—2008两年共分享税收分成100多万元，实现建园投入转向盈利分红。

【社会管理】 2008年，石碣镇以构建和谐石碣、平安石碣为目标，积极开展打击“两抢一盗”、黑恶势力、禁毒和查处老虎机等专项斗争，保持严打高压态势，有力震慑违法犯罪分子。2008年，全镇共发刑事案件1144宗，比上年下降0.7%；共侦破各类刑事案件361宗，破案率为31.5%，高于市平均水平，打掉作案团伙70个，全镇治安形势进一步好转。继续深化“治摩、禁电”工作，全年共查处非法营运918宗，暂扣摩托车7678辆，查扣电动自行车4459辆，查处摩托车交通违章546宗，安排1711位“摩的”司机转型就业，安置率达96%。同时，石碣镇全面加强交通管理，规划建设交通路网路标，大力整治交通黑点盲点，优化交通秩序；加大安全生产监督管理力度，层层落实安全生产责任制，加强对重点行业、重点企业、重点地区危险源的防范和整治，加强对出租屋和“三小”场所消防安全排查整治，全面取缔“黑网吧”、“黑影吧”，切实消除安全隐患，确保社会和谐稳定。

【第二届文化体育艺术节举办】 2008年9月至11月，石碣镇举办第二届文化体育艺术节，主要活动内容包括纪念改革开放30周年系列文艺活动和石碣镇第二届运动会。文艺活动内容丰富，精彩纷呈，主要有：纪念改革开放30周年文艺晚会、纪念改革开放30周年知识竞赛、石碣镇第二届“崇焕杯”诗歌、散文朗诵大赛、石碣镇摄影大赛及作品展、石碣镇书法大赛及作品展、石碣镇首届“明日之星”才艺选拔大赛、石碣镇首届“崇焕杯”陶艺品制作大赛以及石碣镇“文化百千万下基层”系列活动。第二届运动会共设11个大项46个小项，全镇共28个体育代表团1700多名运动员参加了比赛活动。

【“中国射击协会后备人才培训基地”挂牌】 2008年，石碣镇射击馆被国家体育总局射击中心命名为“中国射击协会后备人才培训基地”。10月26日，国家体育总局办公厅及射击射箭运动管理中心领导、国家射击队总教练王义夫及郭文珺、陈颖、杜丽、庞伟、邱健等5位北京奥运会射击冠军亲临石碣，指导射击馆学员开展射击训练，并参加了射击馆挂牌仪式。

【教育水平提高】 2008年，石碣镇继续加大对教育的投入，保证办学经费足额落实；关心教师生活，不断提高教师待遇和地位；推进教育教学改革，激活学校内部管理机制；加强对民办学校的管理，提高民办教育安全系数和发展水平，全镇整体教学质量稳步提升。全镇中考成绩全面超过市线，高考成绩进一步提高，小学素质教育进一步巩固。全镇中小学学生个人或团体在各类比赛中获国际奖项1个，国家级奖项150多个，省级奖项 80多个，市级奖项160多个。

【医疗卫生水平提高】 2008年，石碣镇继续开展全镇户籍人口免费健康体检活动，健康体检“直通车”开到石碣镇15个村（社区），户籍农民、居民可以足不出村享受免费健康体检。2008年全镇参检人数达17709人，参检率为45.9%。全面建设社区卫生服务网络，已投入运营1个中心10个站。深入开展打击非法行医和超范围经营行动，取缔黑诊所13间，确保人民群众就医安全。积极推广医疗卫生进工厂、进学校、进社区宣讲普及活动，群众卫生保健意识和健康水平进一步提高。

【人口与计生工作开展】 2008年，石碣镇加强查环查孕及落实“四术”措施，进一步规范流动人口计划生育日常管理和服务工作。全面兑现镇府人口计生工作三项奖励，发放计生养老保险30.24万元，发放农村独生子女户奖励280万元，发放计生家庭节育奖18万元。全镇户籍人口已婚育龄妇女8100人，出生人数为453人，计划生育率95.81%；流动人口已婚育龄妇女33364人，出生人数为2062人，计划生育率86.81%。新增采集流动人口信息2万多条，全面完成市下达的人口与计划生育指标任务。

（赵金阳）

附：2008年东莞市石碣镇党委、人大、政府领导名录

镇委书记：刘始团

镇委副书记：王伟东　黎灿辉

镇委委员：刘始团　王伟东　黎灿辉　叶仲球　刘锦松　周明贵　黄子成　叶景良　袁灿怀　袁莉雯　詹耀东　龚良宝　何志伟（12月到任）

镇人大主席：刘始团

镇人大副主席：刘锦松　钟灿桥

镇　长：王伟东

副镇长：叶仲球　梁锡坚　叶浩平　唐满全　刘建俊（12月到任）

▲ 石碣镇丽景豪庭住宅区

2004—2008年石碣镇主要经济指标

指标＼年份	2004	2005	2006	2007	2008
户籍人口（人）	39297	40724	41325	41999	42608
外来暂住人口（人）	128691	138693	182251	181295	172095
面积（平方公里）	36	36	36	36	36
国内生产总值（万元）	590604	738255	886122	1019495	1112271
工业总产值当年价（万元）	2309034	2949789	3254079	3729291	3596901
农业总产值当年价（万元）	6150	6375	4173	4023	4086
总用电量（万千瓦时）	130686	147178	163752	166303	152880
全社会固定资产投资总额（万元）	141217	179438	208122	198147	185872
社会消费与零售总额（万元）	98497	113567	132759	154000	169948
外贸出口总额（万美元）	339545	391034	409960	494913	389853
实际利用外资（万美元）	11293	5597	4337	2909	4272
镇级可支配财政收入（万元）	23456	29367	33949	37641	39005
各项税收总额（万元）	56388	69617	83434	110256	138570
金融机构各项存款余额（万元）	620309	767871	892964	989304	1143627
城乡居民储蓄存款余额（万元）	415434	519450	610736	644756	784860

高埗镇

【概况】 高埗镇地处珠三角经济开放区，位于东莞市北部水乡，紧靠市中心区。东江支流三面环绕，水陆交通便利，距107国道1公里、东莞东站45公里、虎门港35公里，北王公路、广园东快速路接驳道路、市环城路北环路段穿越镇内。2008年，全镇面积34平方公里，下辖1个社区，18个村。户籍人口3.7万人，外来暂住人口13.65万人。

2008年，全镇生产总值65.31亿元，与2007年相比（下同）增长18.8%。各项税收总额7.8亿元，增长31.4%。其中国税5.99亿元，增长41%，地税1.81亿元，增长7.1%。镇本级可支配财政收入3.3亿元，增长11%。各项人民币存款余额55.28亿元，增长17.3%。全社会固定资产投资11.34亿元。总用电量13亿千瓦时，总供水量3254万立方米。全镇合同利用外资1.05亿美元，实际利用外资7076万美元。出口总值13.48亿美元，增长12.6%。三大产业比例由2007年的1.18：69.30：29.52转变为2008年的1.01：69.12：29.87。

【产业转型升级】 2008年，高埗镇以增强自主发展能力促转型，经济发展释放新活力。强化政策扶持，市镇拨款1300多万元，支持唯美陶瓷、正业电子等企业开展技术改造、技术创新等工作。鼓励企业研发自主技术，共设立企业研发机构24个。新增1个省著名商标、6家市民营科技企业。全镇新增民营企业207家，增长14.4%；新增个体工商户2214户。民营经济上缴税收2.8亿元，占全镇各项税收总额的35.9%。以扩大内销业务促转型。引导企业开展针对国内市场适销对路产品的研发设计，创立内销品牌，建立国内市场营销网络和流通体系，推动更多的企业扩大国内市场份额。全镇有内销业务的企业56家，内销金额2.25亿美元。以稳定企业促转型。为增强企业应对金融危机的能力，高埗镇开展了一系列帮扶企业、稳定企业的措施，进一步优化服务，用活用足中央省市政策，取消或降低了多项收费，为企业落实融资4450万元，鼓励企业增强信心，扎根发展。在逆境中，企业增资扩产势头良好，增资扩产35家，增资合同总额8379万美元。

【城镇规划建设】 2008年，高埗镇城市规划进一步完善。实施《东莞市高埗镇总体规划（2004—2020）》和6个工业地块控制性详细规划，加快对《旧中心区控制性详细规划》的编制，使城市规划进一步适应经济社会和环境的发展需要。城市配套进一步优化。配合市完成环城路北环高埗段建设，使高埗镇加快纳入大城区，融入“一小时生活圈”。总投资2亿多元，对新区大道、高埗大道北及北王路进行升级改造，进一步完善道路基础设施。市政府基本同意立项建设梨川大桥。该桥对促进高埗镇第三产业发展，掀起高埗新一轮发展具有重要的推动作用。投资约400万元的中心涌低涌中桥已竣工。高豪花园用地已完成场内拆迁。总投资1.2亿元的高埗新医院，已完成规划选址、填土、图纸设计和工程预算编制等工作。截污管网工程铺设17公里，完成总工程量的80%。污水处理厂主体工程已基本完成，待截污管网工程完成即可调试使用。11万伏卢溪变电站、11万伏江城变电站、22万伏低涌变电站等电力设施加紧规划建设。完成挂影洲围四期达标整治工程，第二期芦村围达标整治工程、河涌清淤、旧村整治等工作有序开展。城市管理进一步健全。投入400多万元，加强对市政设施、环卫、绿化等管理和维护，确保镇容镇貌整洁。开展违章广告牌清拆、燃气安全联合大检查和道路综合清理整顿工作。深化农贸市场整治，将第二综合市场升级改造成样板市场。加强道路交通管理，开展客运车违章行驶专项整治行动，规范交通秩序。开展造纸企业污染整治、大气综合整治、机动车尾气整治、“黑烟囱”整治和挥发性有机物整治，缓解高埗镇环境污染压力。

【公共安全管理】2008年，高埗镇进一步加强公共安全管理，群众安全感不断提高。严抓治安管理。打造镇、村、企业、出租屋“四位一体”的立体视频监控网络，建设治安视频监控点53个，村级视频监控点47个，出租屋摄像头3071个。在全镇19个村（社区）建立警务室，在全镇千人以上工厂、企业建立驻厂警务室17个。全镇治安岗亭增至90个，构建起“棋盘化”动态防控模式。深化“治摩”“禁电”，完成“无‘摩的’搭客、无电动自行车上路行驶村（社区）”建设工作。加大刑事犯罪打击力度，开展“春雷”专项整治行动和打击团伙犯罪、“路财”犯罪及公交车犯罪等专项行动，治安形势保持稳定。高埗镇被评为市“2008年度维护稳定和社会治安综合治理先进镇街”。强化安全生产管理。坚持长年开展危险化学品管理、特种设备、道路交通、消防火灾、建筑施工、学校安全等安全专项整治，对全镇的危险化学品生产经营单位、重大危险源单位、重大消防隐患单位、生产企业、出租屋和“三小”场所、商场、酒店等人员密集场所进行重点检查，共排查隐患达2800多处。加强食品安全管理。加大食品生产加工企业和小作坊的整治力度，全镇食品企业领证率、出厂检测率100%。开展“3·15”食品产品打假、“五一”期间放心食品整治、夏季食品打假、月饼产品质量检查、奶制品整治等专项行动。强化食品抽查监督力度，积极推广食品“信誉通”，为人民群众构筑食品安全的坚固防线。积极解决矛盾纠纷。深入排查调处各种矛盾纠纷，及时解决群众的合法诉求。共受理群众来信、来访、来电326宗，办结率95%。处理劳资突发事件17宗，监察检查用人单位500多家次，督促用人单位补签劳动合同6000多份，为劳动者追回拖欠工资700多万元。

【社会保障体系完善】2008年，高埗镇坚持以人为本、以民生为重，社会保障体系日臻完善。认真贯彻落实关系民生的政策措施，切实维护广大人民群众的根本利益。落实农（居）民医疗保险、农（居）民医疗门诊保险、农民基本养老保险、“一保五难”、临时生活补贴等社会保障措施。改善就医环境。投资500多万元，建设社区卫生服务中心及5个社区卫生服务站，基本实现社区医疗卫生全覆盖。加强医疗卫生市场的监管，对全镇51家医疗机构进行经常性巡查和监督管理，确保群众安全放心就医。促进就业与再就业。实施“创业东莞”工程，统筹抓好城乡就业再就业工作。举办“春风行动”服务月、“就业服务日”等活动，收集和发布就业岗位信息，提供就业平台。共为2500多人次提供免费就业服务，落实各项就业补贴564万元，成功推荐就业267人，全镇就业形势保持相对稳定。

【农村经济发展】2008年，高埗镇加大对欠发达村的扶持，增强其造血功能。总投资4.3亿元，铺开对高龙路等6条村际联网路的升级改造，提升发展环境。2008年，村、组两级总收入2.32亿元，增长7.6%；纯收入1.46亿元，增长4.1%。农村人均纯收入11872元，增长5.4%。在2008年度全市总结表彰大会中，下江城村和凌屋村获得村级两委会工作实绩量化考核经济建设单项奖（前50名），冼沙村、保安围村、下江城村和高埗村获得村组可支配收入总额超3000万元奖，分列第66名、118名、129名和139名。

【社会事业发展】2008年，高埗镇坚持教育优先发展，深化教育改革，加大教育投入，强化素质教育，提高教育质量，促进教育公平。以低涌中学建校五十周年校庆活动为平台，展示高埗镇教育发展成果。根据市的高中布局调整方案，高埗中学变更为市第五高级中学，加紧学校扩建征地工作。教育科研水平明显提高，获得市级科研成果奖2项，28篇论文获国家、省、市级奖励。全镇学生在各级各类学科竞赛中，50人次获国家、省、市级奖励。大力发展成人教育，培训2.4万人次。

加强人口与计生管理。落实计生目标管理责任制，实行“一票否决”，把领导干部落实人口计生目标管理责任制度的情况作为衡量政绩和选拔、任免、奖惩干部的重要内容。开展创建流动人口计划生育示范村（村区）活动，低涌村、保安围村通过市检查验收。实施计生养老保险和“节育奖”，引导群众自觉执行计生政策，政策生育率提高1.28%，新创社区实现无政策外出生村（社区）。

繁荣文化事业。深入开展文明城市创建活动，为全镇经济社会发展营造了良好的文化氛围。“文化三城”建设成果丰硕，已建成村级文化公园、广场17个，高埗图书馆新增图书2000册，共有藏书25750册，建成理文、唯美、裕元等20多家企业图书室。举办高埗镇第三届企业文化艺术节、第四届读书节、传统龙舟竞赛和男子篮球赛，全年共举办各类文体活动160多场。积极开展救灾救济工作，为地震灾区人民募集救灾款951万元以及救灾物资一批。

【执政能力建设】2008年，高埗镇突出加强执政能力建设，政府执行力和公信力不断提高。深入学习实践科学发展观活动，领导干部深入基层进行专题调研，形成《高埗镇领导班子学习实践科学发展观整改方案》，提出了16个方面共66项整改内容，为完善科学发展思路、推动产业结构调整升级和加强社会管理提供了强有力的决策参考。加强党员干部培训，建立19个村级远程教育终端接收站。加强基层组织建设。顺利完成村“两委”换届选举，优化基层组织的年龄结构及文化层次。第四批干部下基层驻农村活动取得实效。完善“两新”组织党建工作。健全党员及镇属单位人员的管理，提高党员干部队伍的素质。加强财政管理。围绕财政“三集中”和“收支两条线”，强化财政管理机制，确保财政收入稳定增长。采用单一账户和资金管理模式，从源头上控制经费支出。加强作风建设。转变机关作风，提高办事效率。深化人大监督职能，对文化广播电视服务中心进行工作评议，有效促进机关作风好转。推进党风廉政建设。全面落实党风廉政建设责任制，完善政府采购、财审、建设工程招投标和土地、产权交易等制度，将源头防腐工作前移。（林　郁）

附：2008年高埗镇党委、人大、政府领导名录

镇委书记：李柏林（9月到任）
　　　　　郭惠良（任至9月）
镇委副书记：黄耀成　黄锦昌
镇委委员：李柏林（9月到任）
　　　　　郭惠良（任至9月）
　　　　　黄耀成　黄锦昌　杨石光
　　　　　熊才安　黄钱发　莫献来
　　　　　杜伟洪　莫桂华　罗有通
　　　　　郑晓徽　苏惠英
镇人大主席团主席：李柏林（9月到任）
　　　　　郭惠良（任至9月）
镇人大主席团副主席：熊才安　李祥根
镇　长：黄耀成
副镇长：廖淑英　陈树有　刘志坚

2004—2008年高埗镇主要经济指标

指标 \ 年份	2004	2005	2006	2007	2008
户籍人口（人）	35627	36637	36873	37209	37409
外来常住人口（人）	80238	88532	92261	101217	136527
面积（平方公里）	34	34	34	34	34
国内生产总值（万元）	282716	366861	451928	549859	653120
工业总产值当年价（万元）	718163	880125	1077656	1132853	1457325
农业总产值当年价（万元）	15588	15611	11132	10875	12360
总用电量（万千瓦时）	80294	100285	118494	129089	130017
全社会固定资产投资总额（万元）	123760	142941	139793	149894	113368
社会消费品零售总额（万元）	79410	91936	118539	138349	159350
出口总额（万美元）	49283	78665	113145	119756	134837
实际利用外资（万美元）	6633	6667	6534	7351	7076
镇级可支配财政收入（万元）	17774	20576	24991	29665	32929
各项税收总额（万元）	25449	35088	48387	59387	78015
金融机构各项存款余额（万元）	256372	342677	410665	471213	552798
城乡居民储蓄存款余额（万元）	179215	228604	296471	322875	409584

洪梅镇

【概况】 洪梅镇地处东莞市西北部，毗邻珠江口，居于粤港经济走廊腹地，地理位置优越，水陆交通便利，是广东省教育强镇、广东省卫生镇。2008年，全镇户籍人口2.13万人，外来暂住人口3.33万人，下辖9个村和1个社区，全镇生产总值20.7亿元，同比增长25%；工业总产值83亿元，同比增长65.31%，其中规模以上工业总产值78亿元，同比增长64.52%；各项税收总额2.7亿元，同比增长15.56%；可支配财政收入1.89亿元，同比增长11%；社会消费品零售总额7.0亿元，同比增长17%。

【招商引资】 2008年，洪梅镇以大项目引进为重点，着力引进一批关联度高、带动能力强的核心项目，钢铁物流城、SPAR零售业物流中心、南华运动制品有限公司、元晖德丰光电有限公司等重点项目相继落户洪梅。全镇新签外资各类项目5宗，合同利用外资总额2437万美元，实际利用外资9938万美元，全市排名第七；全年外资企业工业总产值64亿元，同比增长37.07%，其中内销总额达31.78亿元，同比增长106.12%；据海关统计口径全年进出口总值22711万美元，同比增长4.9%。

【民营经济】 2008年，洪梅镇大力扶持民营经济发展，民营经济实力得到大幅提升，内源型经济发展战略初见成效。全年共引进民营项目计划投资额达4亿元，同比增长93.7%；实现规模以上工业总产值15.90亿元，同比增长165.96%；全镇72家民营企业中，获省民营科技企业1家，市民营科技企业7家，取得省著名商标1家，国家免检产品1家。

【村级经济】 2008年，洪梅镇加大镇村统筹发展力度，积极扶持农村发展。加大镇财政对村级教育、治安、市政管理等方面的投入，深入开展旧村整治，进一步改善农村人居环境；用好用活扶贫政策，统筹市对6个欠发达村每村500万元的扶贫贴息贷款。加强农村集体资产管理，修订农村（社区）集体资产管理实施办法，开展农村财务检查，切实提高集体资产管理水平。全镇村级集体总资产5.10亿元，同比增长3.15%；各村累计经营性总收入4849万元，同比增长5.78%，纯收入2220万元，同比增长30.05%。农民人均收入8452元，同比增长6.2%。

【农业生产】 2008年，洪梅镇加强农业技术指导和培训，促进农业健康发展。全镇全年种植水稻面积4309.39亩，亩产300公斤，总产量1292.82吨，其中早稻2054.32亩，晚稻2255.07亩；全年播种玉米面积127亩，亩产228公斤，总产29吨；全年种植薯类400亩，亩产300公斤，总产120 吨；合计粮食播种面积5259.39亩，粮食总产量1852.82吨，超额完成市下达的粮食任务。全年种植香（大）蕉面积7670.69亩，比2007年增加118.19亩，平均亩产1500公斤，总产11506吨。种植蔬菜面积218亩，播种面积654亩，亩产1250公斤，总产为272.5吨，花卉（含草皮）873.73亩。

【城市建设】 2008年，洪梅镇切实抓好城市建设管理，改善城市环境，提升城市品位。大力推动基础设施建设，镇际联网路桥中的洪金路、桥东路等工程动工，粤晖大桥完成施工图设计，通过市航道、交通、规划、环保、水利、海事等部门审批；太阳洲大桥完成设计方案，东海大桥积极准备航道等级的调整；村际联网路中的桥西路和黎涌路竣工；雄东南路、振华路扩建工程，公共汽车站亭工程，敬老院宿舍综合楼扩建工程竣工。着力提升城市管理水平，成立城市管理综合执法分局；认真开展整治城市“六乱”工作；抓好危房危桥整治工作，详细检查鉴定为D级危房的11座房屋和做好鉴定为C级、B级建筑的加固前期准备工作，对9座危桥进行拆除重建。加强环境保护和环境整治工作，完成望沙路、雄东南路污水排水等环保建设工程；完成绿地专项规划，各村（社区）新增绿化面积5.94公顷；开展造纸企业和黑烟囱专项整治，加强建筑节能技术的宣传推广，对洪梅电器厂进行建筑节能改造。

【安全生产】 2008年，洪梅镇投入100多万元设立安全生产专项资金完善安全设备。深入开展 “百日督查”行动，以及危险化学品、重大危险源、交通安全、散装水泥库等专项整治；开展建筑电气消防安全专项监测，对各村（社区）督查率、企业完成隐患自查率以及隐患整改率均达到100%，有效遏制了重特大安全事故的发生；开展全镇消防隐患大排查，强化“三小”场所、出租屋及娱乐经营场所消防安全整治，组织举行消防演习和消防知识宣传，提高企业和群众的自防自救能力；全镇新增和修复消防栓186个，完成消防规划并报市审批。各村（社区）均成立了安全办，黎洲角等试点村设立了基层消防站。

【“治摩”工作】 2008年，洪梅镇按照市委、市政府的统一部署，组织开展“治摩3号—5号”以及“双无”行动，重点查处摩的搭客营运、电动自行车上路等行为，共查扣摩托车757辆，违法上路行驶电动自行车190辆。坚持“和谐治摩、人本治摩”的原则，积极做好摩托车报废补偿和摩的司机转型就业工作。全年共接收提前报废摩托车708辆，回收无牌无证或过期摩托车202辆，发放各类补偿款315万元。大力发展公共交通，解决“治摩”后群众出行问题，全镇公交覆盖率达100%。

【民生工程】 2008年，洪梅镇抓好困难户的审核以及低保金、助学金、救济金、残疾人补助的发放工作，为全镇5170名群众申领发放一次性千元临时生活补贴，向785名低保边缘户高中（中专）学生发放助学金补助117.75万元。帮扶群众就业创业，积极帮助群众就业和再就业，新增就业462人，实现再就业445人，其中“4050”人员141人；举办专场招聘会积极促进大中专生就业，共有66人申领大中专生企业岗位津贴；帮助14名户籍劳动力申请小额贷款，发放贷款金额112万元。完善社区医疗服务，启动社区卫生服务机构以及社区门诊医疗保障服务，有效缓解了“看病难，看病贵”问题；积极推行社会基本医疗保险制度改革，投入122多万元为全镇20460名户籍居民购买“20种重大疾病”保险，提升参保人员医疗保障水平。关爱新莞人，继续推进新莞人培训工程，举办各类培训班12期，参加人数达1233人；积极解决新莞人子女接受教育问题，公办学校共招收新莞人子女1070名；深入开展“城市暖流行动”，开展新春送温暖、关爱新莞人女工、慰问新莞人子女等活动，促进社会和谐共融。

【计划生育】 2008年，洪梅镇全年完成市下达的人口计划指标，全镇出生人数201人，人口出生率为9.50‰，同比下降0.22‰；自然增长率5.53‰，同比上升1.15‰；计划生育率96.02%，同比上升0.43%。全年户籍人口完成手术195例，其中结扎41例（纯女结扎9例），上环136例，妇检率为97.53%。全镇共有1299人参加了计生养老保险，全镇农村独生子女与纯生二女户投保率98.5%，发放计生保险金21.63万元。同时抓好流动人口计划生育管理，落实流动人口已婚育龄妇女的计生工作，落实流动人口手术252例，其中结扎42例，上环187例。

【教育·文化建设】 2008年，洪梅镇进一步巩固创建省教育强镇的成果，积极做好各项文化建设，全镇文体事业繁荣发展。加大教育事业投入，镇财政用于教育事业的支出达3462.18万元，同比增长44.38%；整合教育资源，大大改善师生教学环境，提前实现“全镇学校100%为市一级学校”的目标；推进“三转二”改革，免收本市户籍学生杂费、课本费。促进文体事业发展，举办迎春、龙舟、粤剧黄金周、文化服装节、第四届读书节、正腾杯篮球赛等文体活动，洪梅龙狮团在省、市比赛中屡获佳绩；筹建洪屋涡村农耕博物馆，投入20多万元升级改造洪梅图书馆；加大文化市场管理力度，深入开展文明创建工作，规范和维护了文化市场经营秩序。

【维稳综治】 2008年，洪梅镇以全面开展“平安社区”创建工作为契机，全面推进社会治安综合治理。加大社会治安整治力度，深入开展“粤安08”、“春雷”、“平安奥运”等专项行动，加强“黄赌毒”整治和出租屋管理，推进“三基”工程和“平安社区”创建工作，加紧推进视频监控系统建设，全镇治安形势保持稳定。全年共立刑事案件264宗，同比减少16.2%，其中双抢案件减少6宗，同比减少12.5%。尧均村、洪屋涡、乌沙村成功创建“平安村”。各村（社区）全部完成封闭式半封闭式管理，建成12个警务室。全面加强应急信访工作，认真开展镇委书记大接访活动，切实抓好人民调解工作。全年共调解民间纠纷349宗，无发生越级到省进京上访事件，无发生造成重大损失的群体性事件。　（林金富）

附：2008年东莞市洪梅镇党委、人大、政府领导名录

镇委书记：王建周
镇委副书记：吴淑萍　叶沛森
镇委委员：王建周　吴淑萍　叶沛森　周玉佳　谭志强　陈宏发　郭　旺　莫宇东　陈艳芬　梁裕英　麦沛坚
镇人大主席：王建周
镇人大副主席：谭志强　钟燕华
镇　长：吴淑萍
副镇长：周玉佳　李耀文　王　晖

▲ 洪梅镇

2004—2008年洪梅镇主要经济指标

指标＼年份	2004	2005	2006	2007	2008
户籍人口（人）	20036	20728	20952	21134	21289
外来暂住人口（人）	21190	27003	29285	30143	33318
面积（平方公里）	33	33	33	33	33
国内生产总值（万元）	73015	102412	124952	165761	206785
工业总产值当年价（万元）	171683	240743	322143	502017	829932
农业总产值当年价（万元）	5817	5425	4816	5367	8285
总用电量（万千瓦时）	22839	30349	38720	41038	41949
全社会固定资产投资总额（万元）	72504	97735	115352	129294	134592
社会消费和零售总额（万元）	33480	42931	50988	60176	70356
外贸出口总额（万美元）	11031	16181	19676	21654	22711
实际利用外资（万美元）	7099	3627	13993	17447	9938
镇级可支配财政收入（万元）	7654	9831	14459	17001	18860
各项税收总额（万元）	6762	11139	17482	22381	27190
金融机构各项存款余额（万元）	73608	85801	116194	122638	152798
城乡居民储蓄存款余额（万元）	46567	58055	73890	80730	100525

道滘镇

【概况】道滘镇位于东莞市西部，地处东江南支流下游水网地带。2008年，全镇总面积54平方公里，下辖13个村，1个社区，户籍人口5.55万人，外来暂住人口8.54万人。全镇生产总值（GDP）44.1亿元，增长16%；工业总产值91.9亿元，增长6%；镇本级可支配财政收入4.81亿元，增长57%；社会消费品零售总额5.2亿元，增长10%；金融机构各项银行存款余额47.0亿元，增长15%，其中城乡居民储蓄存款余额35.4亿元，增长21%；各项税收总额7.00亿元，增长10%，其中国税分局征收额5.17亿元，增长6%，地税分局征收额1.83亿元，增长21%。在全市镇街领导班子工作实绩量化考核排名中，道滘镇排名由2007年的27位跃升到2008年的21位，成为全市综合排名前进幅度最大的镇街之一。

【经济建设】2008年，道滘镇推进产业结构调整和转型升级。积极应对加工贸易政策调整、人民币升值、原材料价格上涨以及全球金融海啸等不利因素影响，确保外源经济稳步增长。广泛开展帮扶企业渡难关、促发展活动。组织各级干部深入企业一线调研了解企业经营状况，帮助企业解决发展难题，增强企业稳定经营信心。创新引资方式，注重借助各级各类庆典和大型活动的机会，积极宣传道滘，吸引外商投资道滘、扎根道滘。着力强化服务保障，启用了道滘镇办事中心，为企业提供“一站式”和“保姆式”服务，引导和帮助优质企业发展壮大。2008年，全镇新签外商直接投资项目（含增资）15宗，实际利用外资金额2,500万美元，出口总额3.68亿美元；增资项目9宗，按新口径计算，增资额为1,413万美元，占新签（含增资）利用外资总额的74.8%。

坚持把民营经济发展放在重要位置，用足用活“新48条”等民营经济优惠扶持政策，落实各项民营发展奖励制度，强化服务平台建设，配合做好“中国信保中小企业融资服务”系列推介活动，促进民营经济做大做强。2008年，全镇民营经济实现工业总产值24亿元，同比增长15%，占全镇工业总产值的26%；全镇新注册私营企业175户，个体工商户393户；累计在册私营企业955户、个体工商户4805户；个体私营企业累计注册资金7.15亿元，同比增长24%。全镇民营经济纳税总额达3.52亿元，占全镇税收总额的51%。

大力实施“商贸强镇”战略，推动第三产业稳步发展壮大。文一商贸城、尚佳酒店用品专业市场、汇丰国际珠宝玉石市场等多个专业市场的建设已逐步完成；江月湾、广华中心广场、耀盈城市广场、永顺春天等一批综合性商业项目相继竣工并对外招商销售；上川城、御水湾、金色阳光等项目建设接近完成；道滘创业园配套员工公寓等房地产项目建设进展顺利；协益电子厂旁、南阁工业园、掌洲及马洲尾等商业地块招商工作全面铺开。

【科技创新】2008年，道滘镇大力推进品牌创建和科技创新工作，积极培育发展科技企业和“两自”企业。一是品牌创建工作有新进展。搜于特服装有限公司申报国家免检产品；诺华家具有限公司的红木家具申报省名牌产品；文一集团有限公司、康德威变压器有限公司、搜于特服装有限公司等3家公司申报省著名商标，并通过了评审部门的现场评审。另外，食品企业申办QS认证工作取得新进展。全镇9家米粉企业及8家饼、糕点、粽子制品生产企业成功领取了QS认证。二是科技创新工作硕果累累。银禧工程塑料有限公司及其研发的阻燃增强耐候型PET节能灯具，分别获东莞市2008年创新企业奖和市2008年科学技术进步三等奖。骏业纸业有限公司的牛卡纸生产线项目以及威隆五金实业有限公司的全自动无尘静电喷涂线项目分别获市技术改造项目专项资金200万元及60万元。2008年，全镇企业申报专利共 251件，其中发明专利 12 件，实用新型专利65 件，外观专利105件；已获授权专利共78件。

【33项重点工程竣工】 2008年1月9日，道滘镇举行33项重点社会基础设施工程竣工典礼，市委书记刘志庚、市委副书记黄双福等出席并参加了典礼仪式。33项重点工程建设，包括10个综合楼建设项目、9个道路升级项目、5个景观改造项目及9个其他项目，共投资近30亿元。33项重点社会基础设施工程的建设，对加快道滘现代和谐水乡新城建设步伐、快速融入东莞大市区、更好实现跨越式发展起到了重大的促进作用。

【村委会换届选举完成】 2008年，道滘镇完成村（社区）两委班子换届选举工作，新产生的两委班子整体素质和年龄结构得到了改善和提高。新一届村（社区）两委班子成员80人，其中支委67人，村委44人，交叉任职31人；平均年龄38.7岁，较上届下降4.2岁；当选的两委成员中具有中专、高中以上文化程度占90%，其中大专以上文化程度占35%，进一步优化了村（社区）两委班子结构，群众满意率较高。

【创建省卫生镇】 2008年，道滘镇坚持“属地管理、重点突破、全面推进、巩固提高、长抓不懈”的工作方针，深入推进创建省卫生镇工作。镇村共投入2300万元全面做好“软”、“硬”环境建设，先后新建、改建垃圾压缩转运站17座、公厕26座，添置更换果皮箱500多个，制作“门前三包”责任牌6000块，成功实现镇中心区除“四害”工作及各村环卫保洁市场化；成立卫生死角突击队，加强环境卫生监管力度，确保创建任务全面落实。深入推进污染综合整治，拉网式排查全镇26家重点污染企业，建立企业环境安全隐患登记台账；并组织市、镇人大代表开展环境保护工作视察活动，进一步强化对环保工作和环保执法的监督。同时，继续深化农村环境“五整治”工作，全面加强和完善城市各项管理，全镇城市面貌焕然一新。2008年12月，成功获得“省卫生镇”称号。

【龙舟锦标赛暨首届美食文化节】 2008年6月4日至9日，道滘镇成功举办“济川龙腾迎奥运”2008年龙舟锦标赛暨美食文化节活动。整个活动分为龙舟锦标赛、摩托艇表演、水上舞台表演和水乡美食文化节等。其中在美食节期间共推出美食展销、美食文化展、研讨会、烹饪大赛等9项主题活动，邀请世界中餐交流协会100多位名厨、美食专家参与活动，并邀请10名岭南美食界专家以及市有关部门代表参与研讨。期间世界中餐名厨交流协会赠予“美食名镇·道滘”题字。活动发挥端午龙舟节的载体作用，全面融合端午赛龙舟的传统习俗以及富有水乡特色的美食资源，广泛展现道滘特有的文化色彩、传统美食和投资环境。

【教育卫生】 2008年，道滘镇坚持“教育强镇”发展理念，积极深化教育内部改革，加强教师专项培训和管理，制定中小学校长责任制、优秀教师优秀班主任评选方法、普通高考奖励、职高考奖励、中考奖励等系列方案。2008年，济川中学共有37名高考学生分数上本科线，高考完成任务率和增长幅度名列全市镇办高中第二位，中心小学学生在全国遥控航模比赛中获金奖，济川中学学生的《水乡经济发展模式探究》调研报告获省主题爱国主义教育活动二等奖。同时，积极推进中高等教育发展，成功吸纳东莞市卫生学校及市属2所高中落户，并顺利完成湖南工业大学东莞实习基地的落户工作，进一步提升了全镇教育综合实力，增强了教育发展后劲。

大力推进医疗改革。确定全镇“1中心7站点”的社区医疗卫生服务体系规划，投入近1000万元，完成了1个社区卫生服务中心和5个社区卫生服务站的建设，有效解决了群众“看病贵”及“看病难”问题。

【文化体育】 2008年，道滘镇深入推进“文化新城”战略实施，先后开展了《巨变三十年》报道、老照片网上展览、“和谐道滘，活力新城”摄影大赛等纪念改革开放30周年系列活动，并承办2008年国际花园城市东莞市粤晖园嘉年华活动，向国际友人充分展示了道滘特有的岭南水乡文化，提升了全镇的知名度。举办第六届粤剧黄金周，组织“粤韵舞影耀江滨”粤剧曲艺表演交流活动，制作并顺利完现代大型粤剧《虎门砥柱》公演，擦亮了“曲艺之乡”品牌。精心打造广场文化活动品牌，组织策划“K歌之王”擂台赛、群众艺术花会等系列文化艺术活动。2008年，国家文化部授予道滘镇“中国民间文化艺术之乡”的称号。

大力推动体育事业创新。成功举办道滘镇体校成立50周年庆典活动，邀请1000多名体校校友聚首一堂共谋道滘体育事业新发展；承办了东莞市游泳冠军赛，并获得团体总分和奖牌数第一名的成绩。2008年道滘镇先后选派运动员15名进入市游泳队集训，参加国内外各类比赛共获得金牌34枚、银牌37枚、铜牌31枚，道滘“游泳之乡”的优良传统得以继承和发扬。积极开展“亿万农民健康促进行动”，加大村级体育基础设施建设，动员各村委会积极参与“市体育先进村”评比。2008年，道滘镇获得“东莞市体育工作特殊贡献奖”称号，南城、北永、南丫等3个村获得“市体育先进村”称号。

【人民生活】 2008年，道滘镇发扬“一方有难、八方支援”精神，迅速组织和广泛动员社会各界，帮助“5·12”四川地震灾区同胞渡过难关，累计筹集捐款570多万元，捐缴特殊党费60多万元。积极应对“黑格比”风暴潮侵袭，全力做好救灾复产工作，在市救灾补助措施出台之前，提前制定了《道滘镇遭受“黑格比”风暴潮灾害农业救灾复产专项补助方案》和《道滘镇因“黑格比”风暴潮灾害造成家庭生活困难救助方案》，迅速度落实资金帮助受灾群众恢复正常生产生活，市镇两级共发放救灾复产补助资金830多万元。积极帮助群众就业创业，开展各类职业技能培训，特别是对“零就业家庭”和“4050”人员实施专项援助，成功推荐农村富余劳动力就业650多人。进一步完善社会保障救助体系，提高农民基本医疗保险待遇，落实最低生活保障制度。2008年，全镇共发放各类社会救济资金1977万元，其中发放困难市民临时生活补贴1200万元，最低生活保障金272万元，低保家庭助学金349万元，低保中学生住宿费8万元，复员退伍军人、参战涉核人员定补款80万元，退伍士兵自谋职业补助金68万元，有效帮助困难群众和有需要人群解决生产生活问题。

【社会综合治理】 2008年，道滘镇坚持经常性打击与重点突击相结合，开展“春雷”行动、“打黑除恶”、“扫除黄赌毒”、“打盗抢抓逃犯”、“打击电子游戏机赌博”、“迎奥运、创建全国文明城市社会治安百日专项整治”等专项行动和破案战役，有效维护全镇治安形势的稳定。2008年，全镇共立刑事案件473宗，破案155宗；打掉犯罪团伙47个，抓获各类犯罪嫌疑人247人。

大力推进“平安社区（村）”建设，充分发挥南丫和大岭丫2个试点村的示范带动作用，以点带面推进全镇平安社区创建工作。至2008年，全镇共建成封闭半封闭式小区32个，村(社区)实施封闭半封闭管理率达100%。大力推进视频监控系统建设，在原有60个视频监控点的基础上，在各村组主要出入口和人员密集场所增加安装32个视频监控点，进一步扩大监控范围。积极实施警务前移战略，组织开展社区警务建设工作，筹措资金100多万元，加强警务室硬件建设，并大力推进一村（社区）一警制度，全镇14个村（社区）全部设立了社区警务室。着力加强出租屋及租住人员管理，推进出租屋视频监控系统安装工作及流动人员意外保险制度。2008年，全镇新办理安装出租屋视频监控系统293户，办理综合险、个人险等各类保险业务1260份，参保人数达13216人。

深入推进“双无”建设，强化“治摩”工作部署和宣传力度，进一步加大对摩托车搭客营运及违法车辆的执法检查，重点加强对“摩的”聚集点的巡逻监控，减少摩托车非法搭客营运。2008年，全镇共出动执法人员53200多人次，查扣摩托车3818辆次，电动自行车760辆次。同时，大力帮扶“摩的”司机转型就业，通过举办企业现场招聘会和定期举办电工、烹调、汽车维修等职业技能培训，提高“摩的”司机的就业技能，“双无”创建工作进展顺利。

【信访工作】 2008年，道滘镇强化矛盾纠纷排查调处工作，认真开展镇（街）书记大接访活动。镇主要领导现场办公，为群众调处解决信访案件6宗。进一步完善和落实镇、村、企业三级信访排查调处网络，充分发挥“镇长热线”电话、镇长网络信箱和工、青、妇等群团组织的作用，构建矛盾排查调处大格局。全镇共排查受理各类矛盾纠纷364件，调解成功352件，调解成功率达96.7%。加大《劳动合同法》的宣传和执行力度，组织开展多项劳动执法大检查，共检查企业625家，涉及企业员工61240人；调处劳资纠纷1495宗，涉及企业员工11746人，为企业员工追回工资1290万元。严厉打击“黑律师”，警惕和防控“黑律师”恶意教唆企业员工采取过激方式维权的行为，有力维护了企业的正常生产经营秩序，确保了社会大局的和谐稳定。

【基层党建工作】 2008年，道滘镇以开展解放思想学习讨论活动和学习实践科学发展观活动为契机，大力加强党员干部队伍教育，抓好基层组织建设和反腐倡廉建设工作。积极运用新的干部培训方式和载体，创新干部教育管理，7月至8月，分四期四批组织新一届村、组干部外出到博罗县委党校进行脱产封闭式学习培训。制定了《道滘镇2008年村、组干部学习培训班学员守则》及《道滘镇2008年村、组干部学习培训班学习成绩考核办法》。结合全市农村党员干部现代远程教育网络体系建设，建立15个远程教育终端接收站，搭建党员干部网上教育新平台。同时积极借助网上教育平台组织各村（社区）开展党员干部网上教育。结合“两新”党组织换届选举工作，调整优化全镇3个片区非公企业联合党支部，分别设立镇流动党员管理服务中心党支部、南城村“两新”组织联合党支部和兴隆社区“两新”组织联合党支部，使“两新”党组织设置架构更趋合理。推进“两新”组织固本强基示范点创建，银禧工程塑料公司党支部等5个“两新”党支部成为了镇级示范点党支部，进一步提升“两新”党组织的整体形象。（卢润志）

附：2008年东莞市道滘镇党委、人大、政府领导名录

镇委书记：李柏林(任至9月)
　　陈灼林（9月到任）
镇委副书记：陈灼林（任至9月）
　　贾贵斌（9月到任）
　　黄启光
镇委委员：贾贵斌（任至9月）
　　蔡树辉　谢炳华　陆宝军
　　赖锡池　刘转南　卢泽新
　　丁全诺　赖华锋（2月到任）
镇人大主席：李柏林（任至9月）
　　陈灼林（9月到任）
镇人大副主席：蔡树辉　卢和平
镇　长：陈灼林（任至9月）
　　贾贵斌（9月到任）
副镇长：贾贵斌（任至9月）　卢林明
　　布润泉（任至3月）　卢耀辉
　　叶润森（3月到任）

2004—2008年道滘镇主要经济指标

指标 \ 年份	2004	2005	2006	2007	2008
户籍人口（人）	53845	54252	54694	55112	55493
外来暂住人口（人）	84964	86933	86126	88148	85365
面积（平方公里）	54	54	54	54	54
国内生产总值（万元）	217400	261560	316410	379865	441029
工业总产值当年价（万元）	474500	559900	695763	869393	919023
农业总产值当年价（万元）	17282	10464	9423	10346	11777
总用电量（万千瓦时）	70476	84464	100635	120125	110624
全社会固定资产投资总额（万元）	76465	98019	67300	131591	139468
社会消费与零售总额（万元）	38806	41975	45690	46736	51587
外贸出口总额（万美元）	21825	26536	33878	37605	40010
实际利用外资（万美元）	4972	4207	4231	4234	2973
镇级可支配财政收入（万元）	14882	17152	20629	30666	48128
各项税收总额（万元）	19221	29122	47138	63698	70016
金融机构各项存款余额（万元）	267413	319305	365525	406394	470452
城乡居民储蓄存款余额（万元）	201515	225407	282296	290851	354480

厚街镇

【概况】厚街镇位于珠江三角洲东岸，穗港经济走廊中段，北连东莞市区，南邻虎门港。广深高速公路、256省道及规划中的珠三角城际轻轨和环莞快速路纵贯全镇，即将动工的穗港客运高速铁路新东莞站座落其中，全镇总面积126.15平方公里。2008年，户籍人口9.5万人，外来常住人口40多万人。全镇生产总值161亿元，同比增长12.5%；工业总产值372亿元，同比增长8%；税收总额21亿元，同比增长13%；镇本级财政可支配收入7.9亿元，同比增长7%；固定资产投资30亿元，同比增长5%；社会消费品零售总额42亿元，同比增长16%；年末金融机构各项人民币存款余额225.7亿元，同比增长17.5%；农村人均纯收入14660元，同比增长7%。总用电量33亿度，同比减少2%；总供水量1亿吨，同比减少7.5%。全镇23个村（社区）中，有16个村组两级可支配财政收入总额超3000万元，有14个村组两级净资产超2亿元。

【经济增长】2008年，在全球性金融危机的冲击下，厚街镇经济仍保持平稳增长。全镇新签外商投资和增资项目134宗，实际利用外资1.9亿美元，同比增长19.9%；外资工业企业总产值266亿元，同比增长3.7%。外贸出口46亿美元，同比增长12.6%，居全市各镇街出口总额第三位。民营经济发展势头强劲，全镇民营企业3583家，个体工商户25909户，其中民营高新技术企业13家、省民营科技企业14家、市民营科技企业45家。民营工业企业产值达到101.7亿元，同比增长21.1%。民营经济实现税收10.6亿元，超过全镇税收一半。

会展经济有新成就。全年共举办各类展览29场，其中新拓展项目5个，展览总面积82万平方米，参展商1.1万多家，接待专业观众100多万人次，举办各类会议1001个。名家具展继续保持世界大展地位。酒店、餐饮、零售业蓬勃发展，会展业对制造业的促进作用继续加大，中国会展名镇的知名度和影响力不断提升。

发展总部经济取得新突破。世纪新城总部商务区规划已经确认，一批总部型项目已完成前期筹备工作。名家具设计研发院正式成立，世界鞋业（亚洲）总部基地项目进入建设申报阶段。创科、爱高、华宝、绿洲等外资企业总部功能不断扩展，兴业、华源、昌明、富盈等越来越多的民营企业向总部企业目标迈进。

重点项目建设不断加强。TTI新厂工程、南峰一期、鸿运二期、富民商业街等一批重点经济建设项目竣工开业；兴业家具之都、祥鸿农产品批发中心等项目破土动工；广场片区改造工程启动，南兴木工机械总厂及研发总部已完成规划设计，华宝等外资企业总部化项目有所推进。

【产业结构调整】2008年5月，厚街镇被确定为市特色产业升级试点镇，厚街镇以此为契机，通过实施领导和部门工作责任制、搭建政策、科技、商贸三大平台等措施，开展3大行业、1个村委会、80家企业的转型升级试点工作。三大产业结构不断优化，第三产业的比重继续提升，工业企业升级的速度明显加快。全镇投资500万美元以上的外资企业73家，占全镇投资总额的69%。机电行业集群优势增强，出口占全镇出口总额的72.4%。鞋业和家具两大传统行业保持较强的生命力，向高附加值的创意产业迈进。长盈电脑等9家来料加工企业就地转为“三资”企业。泰科、三星、昆盈等14家企业增设研发机构。南兴、金河田、东方科技等企业完成阶段性技术升级改造。东方科技、龙记环保的科技项目荣获08年东莞市科学技术三等奖。新增广东省名牌产品7个，广东省著名商标3个。琪胜鞋业等多家企业产品成功打进奥运市场。厚街集体商标保护工作取得新进展，“厚街濑粉”、“厚街家具”两类地方品牌商标权顺利收回。

【城市建设】规划工作取得历史性推进。2008年，厚街镇新的中心区控规得到市的同意批复，北部、桥头、沙溪、白濠片区、会展片区控规完成评审修改，东部生态风景区进入概念性设计，行政体育文化区、世纪新城商贸区和职业教育园区规划通过专家论证，防洪排涝水利规划进入深化论证，出台了经营性用地管理办法。

基础设施建设有新进展。完成教育路延长段、西环路北段的新建工程，富康路延长段一期、高速公路至福东路工程基本完成。家具大道东升级改造工程全面完成。环保重点工程污水主干管网建设37.4公里，完成总工程量的70.3%，沙塘污水处理厂建设取得新进展。水利工程及内河涌整治取得阶段性成果。

城市管理继续细化。村组环境“五整治”成效显著，村容村貌大为改观。白濠、陈屋、珊美等11个第二批整治村全面完成相关的旧村整治项目，厚街、新塘、沙塘等8个第三批旧村整治全面展开。优先发展公共交通，完成了全镇交通规划的编制，完善公共交通设施建设，建立了公共交通的投入和补偿机制，规范正常运营秩序，新增15辆镇内公共汽车投入运营，方便群众出行。市政管理进一步加强，镇财政投入4000多万元，完善中心区及主干道路的环卫保洁和绿化养护市场化、标准化管理，保持整洁、优美的市容环境。市政基础设施建设力度进一步加大，镇投入320多万元对中心区五个垃圾压缩转运站进行改造，并支持厚街、汀山、涌口、寮夏、新围、大迳等村完成了“一村一站”目标。

生态建设不断加强。投入900多万元进行生态环境整治。完成凤山公园一期绿化工程和虎门灌渠、大陂河整治工程，以及双岗、白濠村田间绿化。实施道路绿化工程，完成环湖路、东宝路、兴隆路绿化工程，博览大道西快速林工程，南环路、西环路接驳段绿化工程和湖景大道绿化改造工程。神仙水、凤山公园二期工程设计方案已基本确定，即将进入实施阶段。

【农村集体资产管理】2008年，厚街镇重点加强土地资源管理，积极做好土地二次开发规划，加快旧厂、旧村改造，提高土地使用效率。全镇纳入改造项目125宗，盘活土地面积达3410亩，寮厦、珊美、陈屋、双岗等村村组土地利用效益明显提高。加强集体经济管理，规范农村集体股东预分红款管理、党员干部外出参观活动管理、村委会工作人员和村组治安队员定编管理。增加集体经济收入，压缩经费开支，开展村组债务清理专项行动，追收欠款4.5亿元。农村集体经济保持稳定发展，全镇村组两级总资产83.49亿元，资产负债率下降0.83%。经营性总收入11.05亿元、纯收入5.30亿元。

【综治维稳】2008年，厚街镇抓好治安工作，强化治安综合治理，治安状况明显好转。全年共立刑事案件2059宗，同比下降6.7%。打掉涉黑犯罪团伙7个、盗抢犯罪团伙67个，成功侦破一批重特大案件。推进“治摩”“禁电”工作，共查扣违法摩托车6468辆、电动自行车8546辆，依法销毁非法摩托车3350辆，涉摩交通事故下降50%。完善治安视频监控系统，建成第一、二期视频监控点103个，治安视频监控已逐步延伸到内街小巷。建立出租屋“红黄绿”牌制度，签订出租屋业主和二手房东治安责任书2.2万多份。继宝塘村之后，白濠、寮厦、宝屯村被评为全市第二批“平安社区”。开展领导干部“大接访，大下访”活动，处理信访案件52宗，调解民间纠纷9宗，解决积案难案20宗，为民办实事13件。扎实抓好奥运期间安全防范工作，及时掌握不稳定苗头，平息化解群体性事件，确保了奥运期间无大规模群体性事件和进京、到省上访。加大安全生产隐患治理力度，检查重大危险源单位336间次，消除隐患25处；检查危险化学品生产经营单位1320间次，整改安全隐患156处，查处地下化工厂2家，开展人员密集场所及公共娱乐场所火灾隐患排查等专项行动100多次，整改火灾隐患147处，查封、停业整顿2家，杜绝了重特大生产安全事故发生。加强宣传培训，落实季度演练工作，开展消防演练1136间次，进一步提高了全民消防安全意识和应急能力。加强企业风险管理，规范企业劳资管理，化解劳资矛盾，全年开展执法监察1000多次，纠正企业违规行为159起，化解劳资纠纷700多起，解决企业欠薪逃匿事件50多宗，有效控制了恶性群体事件发生，维护企业和劳动者合法权益，确保了企业正常生产经营秩序。

【社会事业】 *教育*。2008年，厚街镇教育资源进一步优化，教学质量不断提高。高考成绩进入全市各镇区前列，中考成绩连续12年在全市平均水平以上。推进联合办学，扩建厚街中学，筹建厚街专业技术学校新校、广东创新科技职业学院，建设职业教育园区等，都有新的进展。*文体活动*。投资90多万元建成松山公园文化碑廊工程，完善爱国主义文化宣传教育基地。积极推动摄影、书画、音乐、舞蹈等群众性文体活动，举办各类群文活动471场，开展大型体育竞技活动20余场，获得市甲级篮球联赛女子冠军等体赛奖30余项，“广东摄影之乡”申报成功。*医疗卫生*。全镇首批17个社区卫生服务定点机构启动，社区门诊医疗保障制度实施，35万参保人员可在门诊刷卡看病，群众“看病难，看病贵”等问题得到有效解决。坚决打击非法行医，检查医疗机构500多间次，取缔无牌诊所136间。医疗市场秩序进一步好转，医疗卫生行风不断改善。*社会保障*。积极推进农职保一体化。全镇农居民参加养老保险21.99万人，同比增长23.59%；参加医疗保险35.46万人，同比增长60.82%，1.34万人次享受门诊医疗保险待遇共27.24万元，医疗费用报销率达58%。向576户1872名低保对象发放补助金311.4万元，向4103名低保边缘户发放一次性临时生活补贴410.3万元。向676名低保家庭在读子女发放助学金13.94万元，向263名低保家庭中学寄宿生发放生活补助金45.24万元，为51户困难边缘户进行住房改造。全镇530名多干部、22个单位参与帮扶活动，643个困难家庭受惠，帮扶资金100多万元，“5·12汶川大地震”后，全镇积极开展救灾赈灾活动，共向灾区捐款2600多万元，捐物230多万元。*劳动就业*。1208名本地居民和4236名新莞人接受了就业技能培训，3000多人被推荐就业或再就业，自主创业、就业乐业氛围正在形成。

【支持北京奥运】 2008年，厚街各界群众积极支持北京奥运会。一是传递奥运火炬，体现厚街精神。三星视界有限公司的方桂超等5人被北京奥组委确认成为北京奥运会火炬手，参加了5月16日在江西省南昌市举行的奥运圣火传递活动。其中方桂超为厚街籍火炬手。二是生产奥运产品，展现厚街特色。圣木威家具有限公司制造的1万多件家具产品成为奥运会开、闭幕式主席台的桌椅以及奥运村、新闻中心等场所的家具用品，总价值超过1亿元；琪胜鞋厂耗费近3个月时间，为奥运会开幕式中国代表团和中国奥组委官员手工制作了2000双专用皮鞋；金龙珠宝首饰有限公司为奥运会独家生产金鸟巢和银鸟巢纪念品。

（王锦霞）

附：2008年东莞市厚街镇党委、人大、政府领导名录

镇委书记：黎惠勤

镇委副书记：陈仲球　王敬才

镇委委员：黎惠勤　陈仲球　王敬才　熊仕权　方德佳　欧顺畴　林伟忠　梁志振　王健文　袁润堆　李慧芬　曾庆云　林景畅

镇人大主席：黎惠勤

镇人大副主席：方德佳　李育材

镇　长：陈仲球

副镇长：欧顺畴　方活力　刘创胜　陈锐雄

2004—2008年厚街镇主要经济指标

指标 \ 年份	2004	2005	2006	2007	2008
户籍人口（人）	91258	93048	93829	94428	95055
外来暂住人口（人）	260431	403479	391455	324665	292967
面积（平方公里）	126.15	126.15	126.15	126.15	126.15
国内生产总值（万元）	878666	1038109	1206395	1431481	1608690
工业总产值当年价（万元）	2138571	2479281	2670098	3000677	3717300
农业总产值当年价（万元）	28910	20667	11760	12755	14934
总用电量（万千瓦时）	255474	288629	320813	336641	329671
全社会固定资产投资总额（万元）	191519	212408	245323	286340	300802
社会消费与零售总额（万元）	248185	284816	319130	361366	419920
外贸出口总额（万美元）	280516	311771	333421	409996	461755
实际利用外资（万美元）	17374	13841	7321	8093	19432
镇级可支配财政收入（万元）	40978	57026	61217	72159	77820
各项税收总额（万元）	95536	133550	154568	184903	211445
金融机构各项存款余额（万元）	1253672	1489623	1755751	1920244	2256745
城乡居民储蓄存款余额（万元）	904158	1099232	1314894	1392020	1725009

沙田镇

【概况】沙田镇位于东莞市西南部、珠江三角洲狮子洋东岸和东江南支流出海口交汇处，拥有海岸线28公里，具备深水港的建港条件，是虎门港的主港区。面积107平方公里，下辖16个村和1个社区，是全国“龙舟之乡”、“中国港口物流重镇”、“广东省教育强镇”。2008年，户籍人口3.9万人，外来暂住人口约8.5万人。全镇生产总值58.2亿元，同比增长11.88%；工业总产值137.5亿元，同比增长2.32%；镇级可支配财政收入4.49亿元，同比增长1.45%；各项税收总额7.75亿元，同比增长1.7%；固定资产投资总额18.3亿元，同比增长20%；社会消费品零售总额8亿元，同比增长10%；银行存款余额57.8亿元，同比增长14.4%；城乡集市贸易总额6.19亿元，同比增长11.06%；邮政汇出款总额3.56亿元，同比增长15.74%；总用电量8.80亿千瓦时，总用水量3057万吨；农民人均纯收入8895元，同比增长4.62%。

【城镇建设】2008年，沙田镇围绕建设滨海城市发展定位，高起点进行城市规划，不断加大城市建设力度，健全城市管理机制，挖掘和展示滨海水乡特色，滨海城市格局进一步凸显。将全镇规划与虎门港港区规划紧密联系，推进全镇总体规划、中心区规划、南部片区规划和环保城规划修编工作，做好与广深沿江高速、番莞高速、广深港高速铁路、城际轨道交通、常虎高速虎门港支线等省市道路的衔接规划。建设完成环湖南路一期、湖西路粤港花园段、环湖南岸景观、沿河路等一批城建工程建设。完成防灾减灾水利工程建设12宗。基本完成全镇自然村通路通水工程。加强城市管理，依法加大城市综合执法力度，建立镇村两级城市管理综合执法体系，探索整治城市“六乱”工作机制，镇容镇貌明显改善。

【环境整治】2008年，沙田镇扎实推进省卫生镇创建工作，投入300多万元专项经费，完善公厕、转运站、果皮箱等环卫基础设施，全镇的环境卫生得到明显的改善和提升。大力推进结构减排和工程减排，引导企业改善污水处理设施和开展清洁生产。加大市政道路设施日常管理维护，修补沥青路面349平方米，修补水泥砼路面1280平方米，改造或新增排水管网236米。实施灯光工程，对全镇的灯光广告统筹规划，统一标准，按城市景观要求建设，抓好灯光设施日常维修养护，保证亮灯率达99%以上，设备完好率达97%以上。强化绿化维护管理，重点做好拆违还绿、规划建绿、添景增绿等工作，新增绿化维护面积1800多平方米。

【招商引资】2008年，沙田镇围绕“发展港口经济，建设滨海城市，构建和谐沙田”发展定位，以发展港口经济为主攻方向，重点引进发展临港工业、物流产业、石化产业、港口配套产业、现代服务业。2008年，全镇新引进项目4宗，增资项目19宗，实际利用外资（新口径）达8528万美元，同比增长58%；出口总值（海关口径）达67629万美元，同比增长2.29%。

【民营经济】2008年，沙田镇通过表彰纳税大户和优秀民营企业家、建立重点企业联系制度、组织企业主参加培训活动、帮助民企“走出去”，积极培育“两自”企业，推动邦泽电子等企业申报市级工程中心，帮助顺发集团公司、福化集团公司加快上市等措施，加大对民营企业的扶持力度。2008年，全镇民营个体及企业共有6478家，同比增加26.35%；其中个体工商户5614家，同比增加26.87%；企业864家，同比增加23.08%；全镇民营企业注册资金14.60亿元，同比增加11.89%；其中个体工商户注册资金1.31亿元，同比增加15.59%；企业注册资金13.29亿元，同比增加11.53%。

【产业结构调整和转型升级】2008年，沙田镇把产业结构调整和转型升级作为推动科学发展的核心任务，制定《沙田镇产业结构调整和转型升级试点工作方案》，确定物流业为试点行业，斜西村为“退二进三”类试点村，选取了新长桥塑料有限公司等6家企业为试点企业，出台系列帮扶措施，包括两年内暂停企业缴交镇府费用递增部分，一年内核减企业综合服务费总额的30%，新增企业免征综合服务费等。积极帮扶企业提高自主创新能力，重视科技投入和产品研发，提高产品的科技含量和附加值，推动诚达鞋业有限公司成立了自主研发中心，圣雅洁具有限公司建设占地300亩的生产研发基地，井上建上汽车部件有限公司投资500多万元专款用于汽车部件研发。帮助外资企业扩大内销市场，提高内销份额，共有43家外资企业开展内销业务。大力发展商贸服务业，沙田商贸中心以及SPAR超市、肯德基等全球知名商业企业正式开业。

【农业农村发展】2008年，沙田镇致力调整优化农业结构，推进农业产业化，特别是做精做强种植业，增加花卉、蔬菜、果蔗种植面积，稳定水稻、水产面积，调减香蕉面积，组建木瓜试验示范基地。扎实推进经济发展由粗放型向集约型转变，着力解决好村、组集体经济结构单一、收入不平衡等问题。利用市贴息扶持贷款，联合相关村，采用股份制形式，成立宝田实业有限公司和盈莱服装有限公司，投资建设丽海工业园区一期和二期工程。加大农村基础设施建设，推进旧村、旧厂房改造，加快农村道路升级改造步伐，不断优化农村发展环境。加强农村集体经济管理，先后出台集体资产管理、财务管理、债权债务管理、议事规则、土地管理等规章制度。2008年，村级总收入1.33亿元，同比增长16%；纯收入达5800万元，同比增长17%；农民人均纯收入8895元，同比增长4.62%；村级集体资产总额14.34亿元，同比增长11.6%；资产负债率为30%，同比下降1.25%。

【拆迁安置】做好拆迁工作。2008年，沙田镇积极配合广深港高速铁路沙田段、广深沿江高速沙田段道路建设，开展沿线房屋拆迁工作，全面完成沿线房屋拆迁合同的签订。加快安置区建设。沙田镇全力配合虎门港开发建设，把虎门港拆迁安置工作作为镇委、镇政府的一项重要工作来抓。西大坦和福禄沙安置区建设完工，立沙岛安置区全面动工建设。

【就业创业】2008年，沙田镇出台《关于进一步加强创业就业工作意见》，制定“3040”人员全日制岗位工资差额补助、创业小额贷款贴息等实施细则。加大资金扶持力度，为就业困难人员发放工资差额补贴140多万元；向53名进工厂企业工作的大中专毕业生发放企业岗位津贴11万元；向获得岗位成才奖的260人发放奖励金23.45万元；帮助创业人员申请小额贷款46人次，贷款额达351万元。实施培训工程，举办技能培训班47期，培训3000人次。开展欠薪整治、劳动合同签订、规范用工等多项执法检查，督促企业签订劳动合同6.3万份，查处黑职介及无牌无证家政4家、招用童工企业2家、违法用工企业77家。

【扶贫保障】2008年，沙田镇低保标准提高到每人每月400元，发放低保金681万元、低保助学金217万元。积极解决困难家庭住房问题。向户籍困难群众发放农业损失补助金、一次性临时生活补贴、柴油油价补贴共约5525万元。对全镇48名优抚对象进行帮扶，向17名退役士兵发放补助金50万元。建立城乡一体的社会基本医疗保险制度，建成“1个中心5个站点”的社区卫生服务体系。做好养老保险、工伤保险和失业保险的参保工作，督促企业及时进行社会保险登记，足额为员工参保，提高社会保险覆盖面。

【文教体育】2008年，沙田镇加强教研工作，狠抓教学质量督导评估，加强对民办学校、幼儿教育、成人教育的规划管理和帮扶，制定《沙田镇新莞人子女入读公办及民办学校（幼儿园）的规定》，妥善解决新莞人子女教育问题，清理整顿无证办学，共清理整顿7所无证幼儿园，其中取缔6所，1所取得“办学许可证”。精心策划举办融竞技性和趣味性于一体的第二届运动会，确定30个单位列入2008—2009年度文化建设重点培养对象，争创市文化建设达标（先进）单位，并稳妥推进文化建设先进镇申报工作。加大咸水歌的传承保护力度，成立全市首个咸水歌创作培训基地，设立5个创作培训点，创作具有现代特色的咸水歌《海边遐想》，并筹备出版咸水歌书和编写咸水歌乡土教材。积极举办文艺晚会、“欢乐·关爱”沙田行、龙舟巡游、烟花晚会等一系列群众性的文化体育活动。推进“图书馆之城”建设，完善镇图书馆设施，建成穗丰年等13个村（社区）图书馆，设立首批8家“流动图书馆”，举办读书节，丰富群众书香文化。

【人口计生】2008年，沙田镇加强对村一级计生工作的考核，扎实开展创建“无政策外多孩生育镇街和无政策外生育村（社区）”活动，实施“节育奖”，推行计生养老保险，加强流动人口计生管理与服务工作，在村一级推行计生、治安、出租屋管理“三合一”联合办公管理模式，为流动人口提供免费查环查孕等5项优质技术服务。全镇户籍人口出生467人，政策生育率为97%；流动人口出生961人，政策生育率为85.22%。

【社会治安】2008年，沙田镇扎实开展社会治安专项行动。开展“粤安08”、“春雷”、打黑除恶、公交治安秩序整治等多个专项行动，破获一批大案要案。在全镇范围内广泛开展治安大排查大清查，对稔洲村水上队组、环保城工业园区、镇中心区等3个治安复杂地区进行重点整治。加强授权网吧的管理，落实网吧包干责任人轮换制度，全年共清理“黑网吧”5家。

实施科技强警工程。加快“金盾工程”建设步伐，使公安信息化软、硬件建设实现“五个100%”。加强警务技能培训，提高民警执勤的实战能力。扎实推进视频监控等信息化建设进程，已投入使用各类视频监控探头2000多个。

积极创建平安社区（村）。横流社区、阇西村、齐沙村、西太隆村被评为东莞“平安社区”。2008年，共立刑事案件337宗，同比下降2.9%，共破获刑事案件153宗，破案率达46%，打掉各类犯罪团伙24个，抓获犯罪团伙成员120名，侦破各类团伙案件89宗。

【治摩工作】2008年，沙田镇加强宣传发动，深入开展治摩工作，创建5个“无摩托车示范单位”，集中警力深入开展“治摩3号、4号、5号”等行动，全面推进无“摩的”搭客、无电动自行车上路行驶村（社区）建设工作，查处摩托车、电动自行车违法行为2700余起，依法扣留非法摩托车1846辆、电动自行车713辆，并被评为全市首批“双无建设”（无摩托车搭客营运、无电动自行车上路行驶）达标镇街。全镇辖区范围内已杜绝摩托车、电动自行车销售点，摩托车非法营运得到有效遏制，交通和治安秩序明显好转，无发生一起因“治摩”引发的群体性事件。

【新莞人和出租屋服务管理】2008年，沙田镇加强“两证一税”（暂住证、出租房屋租赁证、出租房屋租赁税）办理，办证率、换证率和征税率均达99%以上。推行统包统租管理模式，镇中心区推广到先锋、斜西、杨公洲、齐沙等村，扎实开展“安全文明出租屋”创建活动，推进出租屋视频监控建设，完成创建“安全文明出租屋”986栋，已签定安装协议1278个，安装完成1047个，完成率88.75%。全年共清查出租屋1035间，责令整改17间，核查“五类人员”53人，催办暂住证2351人。

【安全生产】2008年，沙田镇落实安全生产责任制，开展村级安全生产责任制和消防安全责任制考核。开展季度安全生产大检查、“隐患治理年”、安全生产百日督查等多个专项行动，全年执法检查企业196家，对7类重点场所进行重点监督，强制停产整顿工矿商贸企业24家、危化企业17家，整改隐患企业102家；开展食品安全专项行动17次，查封食品加工黑点4家、无证餐饮单位7家；取缔非法行医18宗、黑诊所12家。组成培训工作组，采取集中培训和抽调教员进村培训相结合的方式，对全镇工厂企业、“三小”场所、出租屋、酒店娱乐场所、人员密集场所负责人和管理人员、机关干部、村（居）委会骨干人员和安全生产负责人进行集中培训，培训人数累计10万多人。加大宣传力度，开展“安全生产月”宣传活动，悬挂横幅20多条，发放安全生产资料5000多份、安全生产宣传明信片1万多份。

【沙田镇第二届运动会】2008年，沙田镇第二届运动会于11月8日举行，11月21日结束，以“运动·和谐”为主题，运动会共设置机关企事业组和农村组两组，共27个代表团，其中机关企事业组设10个代表团，农村组设17个代表团，共设置18个大项目，有5000多名运动员参加。

【东莞首个咸水歌创作培训基地】2008年7月23日，东莞首个咸水歌创作培训基地在沙田镇成立，标志着沙田咸水歌文化发展进入一个新的阶段。2008年，沙田咸水歌成功申报为广东省非物质文化遗产，泥洲村村民黄锦玉入选省级非物质文化遗产项目代表传承人。在此基础上，沙田镇在东莞群众艺术馆的协作下，成立“东莞群众艺术馆咸水歌创作培训基地”，首先推出1个社区、1个村、1所学校、2家企业为第一批培训点，采取以点带面的架构，推动基地运作，进一步拓宽沙田镇传统文化领域，深入挖掘打造疍家文化传统。（罗新强）

附：2008年东莞市沙田镇党委、人大、政府领导名录

镇委书记：陈志明

镇委副书记：方灿芬（任至9月）
蔡家华（9月到任）
钟浩滔

镇委委员：冯　妹　刘振邦　梁满棠
赵植槐　何福明　陈继业
陈成枝　翟丽娟　黄丽香
陈金水

镇人大主席：陈志明

镇人大副主席：梁满棠　王　珠

镇　长：方灿芬（任至9月）
蔡家华（9月到任）

副镇长：冯　妹　蔡北星　梁　全
邓浩森（任至4月）

2004—2008年沙田镇主要经济指标

指标＼年份	2004	2005	2006	2007	2008
户籍人口（人）	37191	37978	38444	38833	39362
外来暂住人口（人）	75625	78120	79190	85120	85278
面积（平方公里）	107.08	107.08	107（含水域）	107（含水域）	107（含水域）
国内生产总值（万元）	310921	369996	45158	537993	582204
工业总产值当年价（万元）	914411	972793	1165893	1343458	1374626
农业总产值当年价（万元）	29892	26801	25065	22919	25266
总用电量（万千瓦时）	53105	65365	76233	89022	88010
全社会固定资产投资总额（万元）	70234	91255	120287	152103	182523
社会消费与零售总额（万元）	41533	52165	61789	72571	79828
外贸出口总额（万美元）	36646	41344	48758	66118	67629
实际利用外资（万美元）	10474	10719	11055	5396（新口径）	8528
镇级可支配财政收入（万元）	18361	24185	32835	44274	44915
各项税收总额（万元）	24422	33866	49059	76244	77519
金融机构各项存款余额（万元）	259479	329083	397699	505064	616067
城乡居民储蓄存款余额（万元）	143093	184063	226773	259539	349542

长安镇

【概况】长安镇地处东莞市南端，东邻深圳市，南临珠江口，西连虎门港，北倚莲花山，陆地面积83.4平方公里，辖13个社区。2008年，户籍人口4万多人，外来流动人口60多万人，旅港同胞3万多人。全镇完成生产总值202.1亿元，同比（下同）增长14.6%；工农业总产值502.1亿元，增长12.5%；企业出口总额（海关口径）62.6亿美元，增长14.4%；各项税收收入27亿元，增长14%。获得“中国市场名镇”、“中国粤剧之乡”、“广东省食品安全示范镇”等称号，连续第十三年获得全市镇街工作实绩量化考核结果综合总分第一名。

【产业升级】2008年，长安镇作为东莞市产业结构调整和转型升级综合试点镇，积极稳妥地推进各项试点工作。聘请中山大学教授、学者驻点长安镇开展产业升级调研，形成《东莞市长安镇产业结构调整和转型升级研究报告》，提出产业升级的长远构想、总体战略和对策措施。积极应对全球金融危机带来的影响，帮扶企业度过难关，设立重点企业办事绿色通道，实施《长安镇名牌发展带动战略》，拨款259万元重奖企业；投入1000万元专项资金扶持民营企业发展；鼓励银企合作，帮助中小企业解决融资难等问题。大力开展对外经济合作交流，成功举办第八届中国（长安）国际机械五金模具展览会和第三届海峡两岸模具技术（东莞）高峰论坛；发动企业参加粤港经济技术贸易合作交流会；组团赴欧洲推介机械模具产业；组团赴东北考察，学习沈阳等城市在产业升级、发展特色文化产业方面的经验做法等。经过努力，长安的产业升级取得初步成效，第三工业区商业改造完成旧建筑拆迁；东莞福安纺织印染有限公司基本实现整体搬迁；广东众源五金商品城被授予“中国饰品市场产业基地”和“中国饰品交易中心”称号；由旧厂房改造而成的长安五金饰品配件市场集聚效应突显，已有800多家五金饰品商户进驻；乌沙时富广场、东莞普思电子有限公司成功实现转型升级。市试点企业日新电线实业有限公司和冠辉五金有限公司获得“广东省著名商标”称号。

【科技创新】2008年，长安镇加大财政投入，促进自主创新，全年投入5459万元支持科技创新，占地方财政支出的4.45%，增长45.61%；与德国亚琛大学的合作共建五金模具测量中心；在东阳光电容器公司和日新传导科技公司分别组建省、市级技术研发中心；推动东莞劲胜精密组件股份有限公司与华南理工大学联合共建“聚合物新型成型装备国家工程研究中心”；帮扶方达集团成功借壳上市，成为长安镇第一家上市民营企业、全市第五家上市企业。在第八届中国（长安）国际机械五金模具展览会上增设“创意展区”，为企业提供展示新产品新技术交流平台。截至2008年，全镇共有省级民营科技企业22家、市级96家，省民营高新技术企业18家，省知识产权优势企业2家，被认定发明专利8项，完成国家科技成果鉴定1项。

【城市建设】2008年，长安镇科学合理地调整控制性规划，城市功能布局不断完善。沙头南部片区、乌沙片区控规通过市审批，水利防洪排涝规划通过专家评审。基础设施不断优化，完成明珠广场南路、沙涌排涝站、横圳水库排洪渠整治等近20项工程建设；完成长安停车场和公共汽车站选址报建；完成长安新区征地补偿协议签订。镇财政投入环卫、市政等整治经费约1亿元，实施镇中心区绿化美化工程，新建市政配套设施一批；推进环卫管理市场化工作，全镇市场化覆盖率达80%。实施公交优先战略，加快制定公交专项规划和公交视频监控系统的安装，公交覆盖率达98%以上；筹建社区城市综合管理办公室，开展城市“六乱”整治，镇中心区环境得到明显好转。

【环境保护】2008年，长安镇严把环保审批关，严控减排总量，严查违法偷排行为，加快“污染企业在线监测系统”项目建设。实施路灯节能改造工程，努力推进建筑节能。实现三洲水质净化厂正常运营，积极筹建垃圾焚烧发电厂；完成环保专业园规划，咸西、霄边、长盛3个社区旧村整治通过验收。园林绿化水平不断提高，完成莲花山风景区、莞长路等绿化改造工程，在南部沿海滩涂种植红树林295亩，获首批“广东省园林城镇”称号。完成土地利用总体规划修编方案，开展违法违规用地查处整治，拆除违法建筑6宗共50多亩，复耕复绿1400多亩。

【劳动就业】2008年，长安镇加强就业服务，每月定期举办“就业服务日”活动，组织居民参加职业技能免费培训，培训学员402人，成功推荐就业19人；向大中专毕业生、“4050”人员和零就业家庭人员发放各类就业补贴225万元；继续实施“新莞人培训工程”，开班83期，培训学员7500多人；大力宣传贯彻《劳动合同法》，成功调处劳动争议案件3000多宗；加强劳动监察，开展《劳动合同法》签订情况、工资支付情况、劳务派遣公司规范运作等的专项执法检查，严厉打击非法职介，清理非法用工，有效保障了劳动者的合法权益。

【社会保障】2008年，长安镇积极推进社保扩面工作，全面完成各类险种年度目标任务；稳妥推行医保农保改革，做好工伤预防试点工作，全镇参保单位达到5813家，工伤保险参保人数46.5万人，职工养老、失业保险参保人数均达到24.9万人，职工医疗保险参保人数达44万人；落实最低生活保障线制度，面向弱势群体发放各类救助款1000多万元；成立长安慈善会，推动慈善事业新发展；积极开展救济赈灾捐款活动，为雪灾地区和四川地震灾区募得善款3253万元及食品等救灾物资一大批；积极开展拥军优属活动，妥善安置退伍军人，全年向优抚对象发放补助款64万元。

【食品安全】2008年，长安镇积极推进创建省食品安全示范镇工作，以此为契机，实行进货检查验收、索票索证、不合格食品退市制度，大力推广“信誉通”食品信息电子备案系统，坚决打击无证照经营，严格查处制假售假违法行为，同时完善食品安全应急处理机制。全年查处违规经营食品案件166宗，查扣各类假冒伪劣食品一批，有效净化了食品市场。三鹿奶粉事件发生后，长安镇广泛宣传问题奶粉的危害性，加强对各商场、超市的检查，责令所有商家将9月14日前生产的奶制品下架，及时有效清理问题奶制品，防止了危害婴幼儿健康事件的产生。

【民主法制】2008年，长安镇不断规范政府行为，推行干部经济责任审计；努力推动阳光政务，扩大政务居务公开范围；严格执行建筑工程公开招投标和经营性用地、工业用地招拍挂制度，共进行招投标项目90项，总预算金额21131.5万元，总中标金额17624.9万元，对比下浮16.6%。切实加强财政财务管理，优化审批程序，规范政府采购和财政投资审核，共组织政府采购47宗7929万元，节约资金1552万元，节约率16.4%；完成财政投资审核项目101宗48510万元，核减3521万元，核减率为6.8%。组织人大代表开展民主评议、巡视和执法检查，推动依法行政；稳步推进乡镇综合配套改革试点。

【社会治安】2008年，长安镇重拳打击各类违法犯罪，坚持开展“春雷”、“平安奥运、打击“两抢一盗”等严打整治专项行动，打掉涉黑涉恶犯罪集团8个，侦破命案要案78宗，查处涉赌涉黄案件140宗，收缴“老虎机”4200多台，打掉1个特大跨省武装制贩毒集团。“平安社区”创建稳步推进，长盛社区成为首批市“平安社区”之一。加强出租屋管理，17万租住人员购买了人身意外保险。推广交通警务区建设，提升道路交通管理水平；“治摩”、“禁电”成效显著，成为全市首批“双无建设”达标镇。加强建筑质量安全监督，开展消防安全隐患排查整治、安全生产百日督查等专项行动，确保了安全生产形势稳定。深入开展重信重访问题专项治理和领导干部“万人大下访”、镇委书记、镇长大接访活动，妥善处理了一批信访案件，有效维护社会和谐稳定。认真做好武装工作，征集25名新兵，圆满完成征兵任务；加强军政训练，提高应急作战能力，为经济社会发展提供了安全保障。

【教育卫生】2008年，长安镇继续完善教育资源整合，组建长安镇金沙小学和中山小学；教学质量再创新高，中考成绩综合排名列全市前茅；长安中学高考成绩在全市同类学校排名跃升至第3名。教育条件进一步改善，拨出100万元专款扶持民办教育，责令关停无证办学机构；妥善安置近60名从汶川地震灾区赴长安读书的学生。医疗卫生工作取得新突破，建成和启用1个社区卫生服务中心、15个卫生服务站；加强对疾病的预防控制，出色完成手足口病和食用含三聚氰胺奶粉致泌尿系统结石婴幼儿的诊治工作；坚持开展清理无牌无证游医行动，规范了医疗市场经营秩序。做好计生政策、生殖保健等知识的宣传教育，加强计生检查和服务，保证了低生育率和人口质量。

【宣传文体】2008年，长安镇认真做好解放思想、实践科学发展观宣传教育工作，通过省、市、镇电视、报纸等媒体宣传长安实施科学发展，推动产业升级等的决策措施和工作成效；邀请省有关部门和高校的专家学者，开展“文化建设”专题调研。成功举办镇第三届文化艺术节；启动反映长安改革开放30年发展成果的“六个一”工程，前往北京举办“长安杯”纪念改革开放30周年全国摄影大展；率先实现社区图书馆全覆盖，成为全市唯一的“图书馆之镇”；获“中国粤剧之乡”称号。竞技体育实现历史性跨越，李振强成为中国参加奥运会马术障碍赛第一人；武术、少儿体操、青少年乒乓球、龙狮等体育项目分别在国家、省级赛事中获得多个奖项。

【党的建设】2008年，长安镇积极组织开展解放思想学习讨论、实践科学发展观等专题学习活动，组织基层大调研活动，摸清镇情民意，征求群众意见和建议，统一了思想认识，明确了发展思路。顺利完成基层领导班子换届选举工作，在厦岗社区成功推行“公推直选”党组织工作；在机关单位增设多个党（总）支部，创建23个“两新”组织镇级示范点；选派第四批“十百千万”干部驻社区挂职锻炼，组织广大党员向灾区群众捐赠“特殊党费”250多万元。强化非机关单位党员的管理和服务工作，建立镇流动党员登记管理服务中心和“两新”组织党员志愿者服务中心。进一步强化纪检监察工作，落实各项纪律措施，预防职务犯罪取得良好效果。

【群团工作】2008年，长安镇工会组织覆盖面不断扩大，作用更加明显，新成立工会委员会60家，新发展会员1.8万多人；深入开展依法维权和扶贫助困工作，帮助职工解决各种劳资纠纷和实际困难，为员工挽回经济损失1200多万元；经常组织开展各种劳动竞赛和文体活动，提升员工素质，丰富其文化生活。共青团工作再上新台阶，组织“青春总动员，欢乐满园区”系列活动，纪念建团86周年，举办大学生暑期社会实践、新莞人十佳青年评选等活动，极大丰富青年文化生活；组成志愿者救灾小分队前往四川地震灾区救援，扩大了长安志愿组织的影响。妇联针对本地人和“新莞人”的不同特点做好服务，开展各种知识讲座、就业培训和“巾帼助困”等活动，为妇女群众提供良好的帮扶服务。

【长安镇第三届文化艺术节】2008年11月23日至12月1日，长安镇以“文明小城、和谐长安”为主题举办长安镇第三届文化艺术节，共举行文化大巡游、文化学堂、文化展览、文化专场、文化比拼、文化大表彰等6大类24场文化活动，是对长安镇文化工作的集中展示和检阅，对改革开放30周年的礼赞和回顾。同时加入了“广东省第十届艺术节长安分会场”、“千名中外摄影家看长安”等新元素。来自全国各地的秧歌队与长安当地的10多支秧歌队一起表演、巡游，使艺术节蕴含着浓厚的传统艺术气息；来自英、美等国和全国各地的千名摄影名家，与当地摄影爱好者一起，通过镜头为长安留下了一笔宝贵的文化财富；邀请杨锦麟、舒婷等文化艺术界名人前来开讲的文化学堂，以及来自全省各地的小戏小品献演，充分代表了艺术节的高水准。　（肖艾平）

附：2008年东莞市长安镇党委、人大、政府领导名录

镇委书记：欧林高
镇委副书记：陈福坤　孙景森
镇委委员：欧林高　陈福坤　孙景森　郭炳基　陈卫江　唐耀文（任至6月）　王志明　陈伟文　谢伟昌　李福笑　李冠洲　蔡向春　孙海波　黄国权（8月到任）
镇人大主席：欧林高
镇人大副主席：陈林发　李平康
镇　长：陈福坤
副镇长：郭炳基　孙沛文　麦锦彪　李初雄

2004—2008年长安镇主要经济指标

指标＼年份	2004	2005	2006	2007	2008
户籍人口（人）	37948	38687	39427	40187	41234
外来暂住人口（人）	509872	466000	466071	451457	360986
面积（平方公里）	83.4	83.4	83.4	83.4	83.4
国内生产总值（万元）	1162826	1337428	1522236	1764272	2020980
工业总产值当年价（万元）	2892031	3450995	4027232	4448336	5009932
农业总产值当年价（万元）	23301	24033	13427	13663	10963
总用电量（万千瓦时）	361652	404705	469506	497691	504909
全社会固定资产投资总额（万元）	358423	361023	501005	481259	500017
社会消费与零售总额（万元）	173000	188000	212000	288315	356698
外贸出口总额（万美元）	336000	410057	463400	547235	626166
实际利用外资（万美元）	31500	36900	47100	49173	37163
镇级可支配财政收入（万元）	84073	100300	105412	117297	114080
各项税收总额（万元）	139300	171000	200482	237081	270360
金融机构各项存款余额（万元）	1497000	1866000	2255222	2445321	2905799
城乡居民储蓄存款余额（万元）	1056000	1314000	1588161	1665527	2084900

寮步镇

【概况】寮步镇地处东莞市地理几何中心，位于松山湖高新科技产业园、东莞市主城区、东莞东部生态园、同沙生态公园“四位一体”的中心位置，拥有丰富的自然资源和优美的生态环境。2008年全镇总面积71.15平方公里，下辖10个社区和20个村，常住人口24.42万人，其中户籍人口6.58万人，外来人口17.84万人。寮步镇是国家电子信息产业基地、中国电子信息产业名镇、国家卫生镇、广东省教育强镇、广东省光电数码技术创新专业镇、广东省火炬计划光电数码特色产业基地、东莞市知识产权示范镇。2008年，寮步镇被市政府授予镇街领导班子量化考核一等奖、经济发展单项奖、社会公共管理单项奖。

2008年，全镇实现国内生产总值101.3亿元，同比增长14.1%；工业总产值306亿元，增长7.3%；出口总额43.2亿美元，增长27.4%；实际利用外资1.66亿美元，增长2.2%；固定资产总投资27.7亿元，增长13.6%；社会消费品零售总额86.2亿元，增长14.9%；各项税收总额16亿元，增长29.6%；镇本级可支配财政收入7.06亿元，增长15.3%；金融机构各项人民币存款余额93.8亿元，增长19%；农民人均纯收入10591元，增长4%。

【产业结构优化】2008年，寮步镇以产业升级为重点，加大实施“优二扩三”（优化第二产业，扩张第三产业）力度，着力优化产业结构，提高效益，增强后劲。三个产业比例从0.11：58.06：41.83调整至0.09：57.04：42.87。

产业结构调整和转型升级试点。将石龙坑、坑口、塘边、良边4个村（社区）为主体的镇中心东部区域作为产业升级试点片区，总面积约7平方公里，投入3200多万元用于试点片区的路网升级、管网铺设等基础设施建设，突破以单一村（社区）为试点的局限，整合片区土地、产业等资源，抓好基础设施、产业布局、城乡规划一体化的统一规划建设。成立以镇委书记为组长的领导小组和产业升级试点工程办公室，制定《寮步镇产业结构调整和转型升级试点工作方案》，推进产业升级试点工程全面工作。

推动加工贸易企业升级转型。响应市委、市政府提出的加工贸易转型升级政策，开展东莞市加工贸易重点企业认定推荐工作，帮助企业申请加工贸易转型升级专项资金，推荐加工贸易重点企业279家，加强政策指导服务，引导和鼓励加工贸易企业升级转型。

加快园区开发建设。加快华南工业城二期建设，完善园区基础配套设施；启动开发香市科技产业园前期工作，完成初步规划设计。

推动商贸服务业发展。以东莞国际汽车城为依托，申报广东省汽车产业集群升级示范区和中国汽车销售名镇，进一步提升寮步车市的档次和市场竞争力。全年汽车销售额51.4亿元，上缴税款5163万元。景泰时代广场、东方新天地相继开业，商业集聚效应更加凸显。

【千人扶千企】2008年，受国际金融危机、人民币升值、劳动力成本大幅上升等因素的影响，寮步镇以出口为主的加工贸易型企业受到较大冲击，企业经营面临前所未有的困难。为稳定企业，增强企业发展信心，以中共中央政治局常委、国务院总理温家宝7月和11月两次视察寮步为契机，举全镇之力开展“千人扶千企”活动。成立“千人扶千企”工作领导小组和专职机构，组织1000多名干部深入走访1000多家企业，与企业共度时艰。重点实施“五大”（“信心、资金、技术、人才、市场”等方面）帮扶工程，投入5000万配套资金，制定一系列帮扶政策措施，帮助企业应对危机，促进企业升级转型。召开镇内及市内金融机构两次融资会议，共为镇内企业意向融资达7.17亿元，其中实际融资3.25亿元。

【科技创新】2008年，寮步镇新增7家国家重点扶持的高新技术企业、3家省级民营科技企业、29家市级民营科技企业、11家市知识产权企业，新增专利授权441项，累计专利授权达1126项，获国家级科技计划项目2项、国家重点新产品3项、省高新技术产品6项、省重大科技专项项目1项、市科学技术奖7项，市级各类科技项目58项，获各类科技经费2600多万元。“金业电子”经司法认定为中国驰名商标，三联科技有限公司“符合欧盟ROHS指令环保型热缩管的产业化”项目获广东省科技进步三等奖，永强汽车制造有限公司的“液罐运输车的罐体”获东莞市专利金奖，寮步科技创新服务中心组建“寮步镇光电数码专业镇技术创新平台”项目获东莞市科技局立项支持。

2008年，寮步镇首次召开科技创新表彰大会，镇财政共拿出1334.4万元，对43家企业91个科技创新项目给予表彰与支持。出台《关于实施科技寮步工程建设创新型城镇的意见》、《寮步镇企业科技创新奖励暂行办法》、《寮步镇鼓励企业参展的试行办法》和《关于实施人才培训“1+1”资助计划的试行办法》等政策文件。与华中科技大学签订产学研合作框架协议，组织23家科技型企业赴华中科技大学进行产学研学习交流。2008年，寮步镇财政科技投入达4000余万元（含市财政投入部分）。寮步镇被广东省科技厅认定为“省级火炬计划光电数码特色产业基地”，被东莞市知识产权局认定为“首批知识产权示范镇”。

【城乡发展统筹】2008年，寮步镇紧紧抓住市区东拓和“四位一体”大市区建设带来的历史性机遇，主动融入主城区，促进城乡协调发展，加快城市建设与改造步伐，提高城市管理水平和城市形象。

实施规划修编。寮步镇总规纲要文本通过专家评审；完成了华南工业城、凫山、良平、中心区东片区等8项片区控规编制或调整并送市规划局审批。

加快基础设施建设。投资1.2亿元，启动并完成佛岭公园二期景观工程、镇内公交候车亭和站牌建设、汽车客运东站周边环境升级改造、香市路石龙坑段升级改造、寮城中路道路升级、香市农业生态园园林景观建设、星城北路道路工程、荔园路升级改造等8项镇属重点工程项目的建设。

提升城市管理。改革城市管理体制，成立城市管理综合执法分局和城市管理综合执法工作领导小组，统筹协调全镇的城市管理与执法工作。同时成立各村（社区）城市综合管理办公室。加大宣传与执法力度，全力整治城市“六乱”，配合市创建全国文明城市。

加强环保管理。全面开展创建国家环保模范城市工作，推进节能减排，审批建设项目351个，拒批污染项目17个，环评执行率达100%。加快环保基础设施建设，寮步污水处理厂主体工程通过市环保局验收并正式运营，推进截污管网工程建设。开展植树绿化，累计完成路、街和堤围绿化面积近58.7万平方米，公园绿化面积2.8万平方米。开展创建优美村活动，药勒村、横坑社区和岭厦社区创建市容环境优美村（社区）。

土地统筹。成立镇土地储备中心，探索镇村统筹开发、利益共享的发展模式，推进集约化发展。整治违法违规用地，拆除违法违规建筑6宗，占地面积3.97公顷，建筑面积1.81万平方米；复绿49宗，面积47公顷。

规范农村集体资产管理。进一步规范农村土地款管理、村民小组财务管理，落实对农村集体经济的每月监测。2008年，寮步镇村组两级总资产55.3亿元，总收入7.68亿元。

【社会管理】社会治安。2008年，寮步镇坚持专项整治与加强防控相结合，全力打造“平安寮步”。开展“治摩、禁电”、创“双无”［无摩托车搭客营运、无电动自动车上路行驶社区（村）］、“春雷”、“平安奥运”等专项行动。开展创建“平安社区（村）”活动，刘屋巷村成为全市首批32个达标的“平安社区（村）”之一。巩固“三基”建设，购置警用汽车13辆、警用摩托车一批，安装视频探头600多个，完成29个警务区公安网接入工作，公安信息化水平大幅提升，单警装备100%配齐，公安分局培训基地投入使用。共立刑事案件1240宗，打掉各类犯罪团伙22个，破获各类刑事案件251宗，命案13宗，抓获各类犯罪嫌疑人673人，其中盗窃机动车同比去年下降31.6%，全镇没有发生性质恶劣、影响重大的刑事案件，是全市发案较少的镇区之一，获东莞市2008年度“维护稳定和社会治安综合治理先进镇街”称号。

安全生产和消防安全。以全镇危险化学品生产经营单位、公众聚集场所、木器厂等行业和领域为重点，分别深入开展3次季度大检查、3次节前安全生产大检查，共检查企业522间次，整改隐患1188处；与全镇25家危险化学品生产经营单位签订安全生产责任书，检查危险化学品生产企业328间次，整治安全隐患539处；举办电工、焊接工等各类特种作业和安全培训1538人次；推进家具、机械压力机标准化达标工作，42家家具制造企业全部落实了标准化管理；开展一系列消防安全专项整治和消防安全“大宣传大培训”，培训人员10万多人次。全镇没有发生一起重特大安全事故，被市评为2008年度“安全生产先进镇”。

产品质量和食品安全整治。认真做好三聚氰胺奶粉排查、肉食品安全整治和农贸市场日常监管工作。共检疫生猪8.53万头，无害化处理阳性生猪39头、病死生猪43头；检查市场50个次，没收销毁私宰及走私肉900多公斤，不合格猪内脏492公斤；没收假劣食盐约1300公斤；立案查处各类食品违法案件182宗。

信访维稳。实行镇委书记（镇长）大接访制度和镇党政领导班子成员及后备干部主动下访制度。其中书记（镇长）共接访75次，办结率95%，帮助群众排忧解难，切实维护群众利益。加强劳资调解，劳动部门接待群众上访7410人，调解成功率92%。

【文化教育】2008年，寮步镇西溪古村获评为广东省首批历史文化名村并参评国家历史文化名村；推动香市广场申报全国特色文化广场。深入推进三级转二级办学体制改革，开展“素质教育推进年”活动，教育质量进一步提升，高考、中考成绩连续六年取得突破；规划用地12公顷，确定市第六高级中学校址。全镇小学入学率、13—15周岁少年入学率及镇区“三残（智残、体残、肢残）儿童”入学率均达100%，初中非正常辍学率控制在0.2%以内，初中毕业生升学率达100%，全镇普及三年学前教育。

【就业创业】2008年，寮步镇共投入1755.6万元就业创业专项资金，其中镇财政投入228.6万元，举办新莞人培训班35期，培训人数3207人，为113名优秀人才办理入户手续；举办农村劳动力技能培训班38期，参训人数1523人，完成技能鉴定发证1432人；提供适合本地人就业的岗位636个，其中企业岗位554个，公益性岗位82个，安置原“摩的”司机171人。做好本地大学生就业工作，全年共收录大学应届毕业生354人，选派95名优秀大学毕业生作为“种子”派到机关、村（社区）、企事业单位中培养。全镇登记失业率控制在3%以内。

【社会保障和救助】2008年，寮步镇财政投入500多万元为本镇户籍6万多人购买商业保险。农（居）民医疗保险年度支付限额从1万元/人提高到4万元/人，发放农（居）民医疗保险1780.7万元，同比增长了93.7%。发放低保生活补助金、低保助学金394万元。首次设立了3000万元见义勇为专项资金。全镇为四川汶川大地震灾区共募捐善款1323.67万元和衣物4万多件。

【发展社区医疗】2008年，寮步镇共投入1714万元建设并启用1个社区卫生服务中心和12个卫生服务站。严肃查处非法行医行为，查处15所无医疗机构执业许可证的“黑诊所”。

【人口与计生管理】2008年，寮步镇出台计生专干管理办法，首次实行计生专干招聘制度。做好流动人口示范村的创建工作和流动人口查验工作，全镇政策内生育率达标，共创建15个无政策外生育村（社区），获东莞市2008年度“人口和计划生育工作先进镇”称号。

【发展公共交通】2008年，寮步镇进一步完善公交发展规划，完成70个公交候车站亭建设和94个公交站牌的制作安装；确定西溪、凫山、石龙坑、牛杨、上底等镇内公交首末站的建设用地。镇公汽公司投入80台公交车，开通8条公交线路，优化公交线路网络布局和延长服务时间，解决“治摩、禁电”后的群众出行问题。

【水利防灾减灾工程建设】2008年，寮步镇投入8362万元，完成第三批共24项防灾减灾水利工程，启动第四批34项水利工程中的25项，经受住汛期和台风考验，发挥了积极的防灾减灾作用。

【党建工作】2008年，寮步镇进一步加强基层党组织和民主法制建设，完成29个农村“两委”干部（含132个村民小组）、44个单位和58个“两新”组织党（总）支部的换届选举工作。开展城乡基层党组织互帮互助活动，组织29个单位党支部与全镇29个村（社区）进行“一帮一”结对共建。组建光华医院和永强汽车制造有限公司2个企业党支部。开展党政领导班子轮训，组织13名镇党政领导班子到市委党校和北京大学进行集中轮训。举办专题培训班，邀请国家、省、市的专家学者为全镇干部队伍分别举办思想解放大讨论篇、产业篇、基础业务培训篇、礼仪篇、城市篇等5期专题培训班。开展战线业务培训，共举办各类业务培训班79期，有2500人参加培训。（刘勋良）

附：2008年东莞市寮步镇党委、人大、政府领导名录

镇委书记：殷焕明（任至9月）
何绍田（9月到任）
镇委副书记：何绍田（任至9月）
罗军文（9月到任）　谢杨锦
镇委委员：殷焕明（任至9月）　何绍田
罗军文（9月到任）　谢杨锦
黄浩泉　刘一强　黄富新
尹汉源　韩胜海　黄镇源
刘沛声　韩巧轩　尹淦林
镇人大主席：殷焕明（任至9月）
何绍田（9月到任）
镇人大副主席：黄浩泉
镇　长：何绍田（任至9月）
罗军文（9月到任）
副镇长：刘一强　刘松泰　韩巨登
尹广军

▲ 寮步镇横坑村

2004—2008年寮步镇主要经济指标

指标 \ 年份	2004	2005	2006	2007	2008
户籍人口（人）	62532	63770	64112	65034	65898
外来暂住人口（人）	186260	186278	191866	188368	178391
面积（平方公里）	79	79	79	79	71.15
国内生产总值（万元）	498253	602557	740656	887553	1013011
工业总产值当年价（万元）	755813	931000	2323964	2473432	3060494
农业总产值当年价（万元）	5327	7765	2810	2365	4313
总用电量（万千瓦时）	124441	140468	160866	180013	189268
全社会固定资产投资总额（万元）	173000	206000	181180	243885	277000
社会消费与零售总额（万元）	99200	109000	628700	750000	862000
外贸出口总额（万美元）	161355	201670	242110	339051	432072
实际利用外资（万美元）	11461	13985	16222	16557	16920
镇级可支配财政收入（万元）	24869	33930	40946	61230	70589
各项税收总额（万元）	47571	64599	95576	123766	160191
金融机构各项存款余额（万元）	493663	576313	711004	788658	938400
城乡居民储蓄存款余额（万元）	339458	398983	486849	538309	650185

大岭山镇

【概况】 大岭山镇位于东莞市南部，地处东莞新城市中心——松山湖科技产业园——同沙生态旅游区"三位一体"的中间，面积95平方公里，下辖23个村（社区）。2008年底，全镇人口约24万人，其中户籍人口4.26万人。大岭山镇是著名的莞香产地、荔枝之乡，是全国工业卫星镇、全国千强镇。先后被授予"中国家具出口第一镇"、"中国家具出口重镇"、"广东省教育强镇"、"广东省卫生镇"、"广东绿色名镇"等称号。2008年，大岭山镇又获得"全国环境优美乡镇"、"广东省爱国拥军模范单位"、"东莞市年度维稳综治先进镇街"、"东莞市新莞人服务管理工作先进镇街"、"东莞市无政策外多孩出生镇"等称号，领导班子年度工作量化考核获全市总分一等奖。

2008年，大岭山镇完成生产总值95.6亿元，同比增长15.5%；工农业总产值227.5亿元，增长16.3%，其中规模以上工业总产值193.9亿元，增长1.1%；各项税收总额11.1亿元，增长17.6%；各项银行存款余额83.3亿元，增长17.2%；镇本级可支配财政收入6.7亿元，增长11.1%；固定资产投资总额27.2亿元，增长18.1%；社会消费品零售总额25.5亿元，增长30.2%；三级集体总资产51.8亿元，增长4.2%；农村人均纯收入12156元，增长5.2%。

【应对金融危机】 2008年，大岭山镇关注经济运行动态，稳定企业经营，帮助企业化解危机。出台"改进工作作风、全力服务企业"政策措施，组织镇、村、组三级干部全面下企业调研，多次召开镇领导与企业家代表座谈会，增强企业发展信心，外资企业增资占合同利用外资总额的66.9%，提高12.4%；成立企业融资服务机构，帮助173家企业申报市10亿元中小企业专项扶持资金，为企业实现融资2.4亿元，意向融资4.1亿元；成立企业法律服务中心，帮助企业解决经营发展中遇到的法律问题。把来料加工企业结汇费和"三资"企业协助费均下调1/4，暂停收取企业义务植树代工费，规范村委会对企业的收费，每年为企业减负1300多万元。鼓励、引导出口型企业在国内建立营销网络，全镇出口型企业国内销售额达3亿美元，增长45.5%。

【产业转型升级】 2008年，大岭山镇成立产业升级办公室，专职负责研究制定全镇产业结构调整和升级规划，加强对产业集群发展的扶持和引导，重点做好家具产业集群升级规划。促成大岭山职业技术学校开办家具专业，与元宗家具有限公司共建家具产教合作基地，培育更多的家具产业人才。农场社区成功创建"市商业示范社区"。房地产保持良好发展势头，金地二期、新世纪一期推出市场销售，金亿利"领尚天地"项目已奠基动工。

【外向型经济】 2008年，大岭山镇利用外资32宗，协议利用外资金额8155万美元。实际利用外资1.58亿美元，增长44%。全年引进的13宗新项目有3家是科技型企业，其中三星道达尔工程塑料有限公司投资额为1100万美元，属于国家鼓励类企业。此外，还引进投资5亿元的金立电子项目，引进金亿利酒店和房地产项目。2008年，大岭山镇成功引导4家来料加工企业转为三资企业，引导4家来料加工企业转为民营企业。加工贸易出口总值18.57亿美元，下降1.45%，位居全市各镇街的第11位。

【民营经济】 2008年，大岭山镇继续实施《大岭山镇领导班子成员与重点民营企业挂钩帮扶方案》，协助企业解决劳资纠纷50多宗；促进全市最大的铝制品企业奥达铝业新厂以及全国最大的信报箱生产企业天利来科技公司投产；为民营企业办理投资、纳税入户150多个，出台《大岭山镇鼓励本地户籍大学生到民营企业工作的暂行规定》，由镇财政补贴工资招聘35名本地户籍大学生到民营企业工作，有效缓解民营企业“引智难”的问题。全年新增个体工商户及民营企业2552家，实现规模以上民营经济总产值29.9亿元，增长14.7%；民营经济纳税总额3.9亿元，增长36.6%。

【自主创新】 2008年，大岭山镇制定《关于实施科技大岭山工程建设创新型城镇的意见》，设立专项资金，对获得名优品牌称号企业实行奖励，鼓励企业自主创新。培育“两自”企业，新增国家高新技术企业1家，省高新技术企业6家，省民营科技企业5家，市民营科技企业12家。截至2008年，全镇有各类名牌产品、科技称号企业50家，专利申请805项、居全市第3位，大岭山镇被评为“市知识产权工作试点镇”。

【经济管理】 2008年，大岭山镇成立企业普查工作小组，开展全镇外资、民营企业普查摸底工作，及时掌握企业动态。制定企业倒闭后工人工资垫付解决办法，减少因企业倒闭给经济社会带来的冲击。加强对村集体经济组织重大事项审查，全面完成23个村（社区）的财务检查工作，对8个村的委派会计进行了轮岗，并将农村集体资产管理工作移交到镇会计核算中心。

【城镇建设】 2008年，大岭山镇按照“建设年”的各项部署，加大城市规划、建设和环境治理力度，拓宽产业承载空间。组织开展全镇总体规划调整工作，启动全镇控制性详细规划的编制，完成全镇防洪排涝规划（2006—2020）。完成东纵路、振华路升级改造工程和莞长路两旁绿化工程，杨朗路、连马路、建设路、南一路升级改造工程有序推进。完成15宗河道清淤工程和5宗水利建设工程。基本完成全镇供水旧管网改造，新自来水厂完成选址征地。体育休闲公园、交警指挥中心、大岭山屠场、消防指挥中心全面动工，图书馆、社保大楼、法庭大楼等工程已做好施工前期准备，长途汽车客运站、老人院改造、老人活动中心完成初步方案设计，大岭山中心市场已完成项目选址。和美、畔山变电站进入施工招标阶段，基本完成配套截污主干管网铺设，燃气管道铺设范围扩大。

【环境整治】 2008年，大岭山镇加大投入改善城乡环境，铺开总投资额2100万元的6座垃圾压缩转运站的规划建设，投入30多万元更换镇中心区及各主干道的果皮箱，投入17万元统一制作全镇公厕和垃圾转运站标志牌，村（社区）投入1800万元加强环卫基础设施建设，投入151万元做好护林育林工作。开展违法用地专项整治，拆除9宗违章建筑；深入开展黑烟囱整治等环保执法工作和残旧管线、违章广告专项整治行动，铺开市容环境优美村（社区）创建活动，7条村基本完成旧村改造任务，5条村成功创建市卫生村。

【社会管理】 2008年，大岭山镇深入推进社会治安、消防安全等各项整治工作，切实维护全镇安全稳定的社会局面。

社会治安。完成首批65个视频监控点建设，组建全市首个自行车巡逻队，添置防暴运兵车等装备一批；开展“平安社区”创建工作，百花洞村被评为全市首批“平安社区”；深化“三基”工程建设，大岭山公安分局被评为全省“三基”工程建设先进集体，在全市公安机关“三基”工程建设评比中总分排名全市第一，连平派出所创建为全国一级公安派出所；举办处突演练暨“平安奥运”行动誓师大会，严打违法犯罪。

“治摩禁电”。查扣非法上路摩托车、电动自行车4526辆，公开销毁非法摩托车1317辆、电动自行车1065辆。全镇没有发生“摩的”司机参与串联上访、闹事等不稳定事件，涉摩交通事故下降19.7%。

矛盾调处。深入实施领导班子成员包案责任制，开展领导班子成员大接访活动，完成北京奥运、全国两会期间越级上访“零记录”的目标；全力解决企业拖欠工人工资问题，共调处各类劳资纠纷996宗，调解成功993宗，成功率达99.7%；化解群众矛盾纠纷，共受理群众上访案件551件次，办结547件，办结率为99.3%。

消防安全。设立村一级专职安全办，镇财政按每人5000元/年的标准补贴工资，全面加强消防安全监管工作，全年火灾事故宗数下降22%，因火灾导致的死亡人数为0；排查整改出租屋安全隐患876宗，安装出租屋视频监控421个，购买租住人员人身意外保险8万份。

食品安全。加大食品安全检测力度，在镇内26个大型超市、市场安装使用“信誉通”，成立肉品综合执法队进行驻点监管，全年检测果蔬样本2.09万份、检疫猪肉样本1.39万份，被市评为“年度食品安全先进镇街”。

工伤、交通事故预防。加强工伤事故预防，工伤事故下降24.2%；在107国道安装了交通防护栏，交通事故死亡人数减少5人，下降速度全市第一，镇交警大队被评为“全省预防道路交通事故先进大队”。

【就业·保障·资助】 2008年，大岭山镇落实各项就业创业政策，开展“就业服务日”活动，推荐290名当地户籍农村劳动力就业，并提供灵活就业工资差额补贴88份、小额贷款237份；开展职业培训，共培训526名农村群众和2412名新莞人；劳动就业服务中心被评为“省就业工作先进集体”；发放389.5万元“摩的”司机转型就业补贴，投放“公的”70辆，解决140名“摩的”司机的就业问题，全镇756名“摩的”司机成功转型就业，转型就业率达到97.1%。扩大社会保险覆盖面，全镇社保各险种参保人数55.7万人次，增长12.5万人次，社保基金共支付医疗待遇1268.7万元；投入250多万元，为全镇户籍居民购买20种重大疾病商业保险，已为51人共理赔255万元。突出帮扶困难群众，抓好低保户、低保边缘户1000元一次性临时生活补贴发放工作，发放金额456.6万元；抓好“6·13”洪涝灾害的市救济款发放工作，发放金额18.6万元；提高困难家庭在读高中生、大学生的助学金标准，为1221名困难家庭学生共发放助学金247.5万元；在市对优抚对象发放抚恤金的基础上，作为全市首个镇参照市补贴标准发放相同补贴，共发放金额72万元；出台《大岭山镇计划生育家庭奖励暂行办法》，在全市率先对独生子女、纯二女户家庭每月发放计生奖励金，共发放2600人、金额52万元。

【教育·卫生】 2008年，大岭山镇中心幼儿园成功创建市一级幼儿园、华强学校成功创建全市首批“三星级民办学校”。全镇高考考取大专以上431人，其中本科211人、重点本科50人，每万户籍人口升大学105人、升本科51人，分别在全市排名第五位、第七位，相比2007年度均上升三位。欢送大学生上学，并发放奖学金和助学金共50.2万元；全年为143名住宿学生发放补助款24.6万元。组织培育骨干教师100多人。成立23个市民学校，广泛开展市民教育。投入1600万元，建成一个社区医疗中心和七个服务站，从2008年9月至12月，共接诊3.56万人次。

【文化·体育】2008年，大岭山镇创作大型交响合唱“大岭山之歌”，在省艺术节上获音乐金奖、节目银奖。该节目被市委选为东莞纪念改革开放30周年专场晚会唯一演出曲目，在玉兰大剧院演出，并获全市特别贡献大奖。举办“绿色大岭山·激情大广场”国际花园城市晚会和省第四届群众音乐舞蹈花会节目展演，在节日期间举办多项文化体育活动。实施“文化暖流进企业”活动，指导企业文化建设，打造新莞人文化活动基地。加强文化场所监管，共检查文化经营单位4654家次，查处各类违法、无证照或超范围经营场所240余家。

【农村扶贫】2008年，大岭山镇财政投入3360.5万元，与村共建14宗水利设施工程；继续落实零星税源税收分成奖励，返还村税收分成款248万元。落实市财政扶贫贷款政策，引导4条扶贫村申请2000万元扶贫贷款；落实欠发达村经济帮扶政策，投入300万元补助9条欠发达村的公共事务管理和日常经费支出，进一步增强欠发达村发展后劲。落实省扶持资金268.8万元，帮助旧飞鹅村实施修路工程和村民建房修房；落实市扶持资金60万元，完成大岭村道路、水朗和鸡翅岭卫生站3宗帮扶工程。

【抗震救灾】2008年，大岭山镇支援汶川地震灾区，共筹得捐款1080.8万元，捐献物资折合人民币约33万元，筹得“特殊党费”133.5万元；捐赠价值280多万元的家具、玩具给映秀镇的受灾群众；共接收77名灾区学生到大岭山镇就读，举办与灾区学生共庆中秋节活动，协助四川省慰问团举办在莞灾区学生慰问活动；2名医护人员赴四川参加救援工作，派遣2名民警赴灾区参与重建。

【党建工作】2008年，大岭山镇加强镇领导班子的建设，增加3名镇委委员，对班子成员的分工进行适当调整，使分工更清晰、责任更明确、队伍更团结；完成农村党支部和村委会的换届选举，各村都配备35岁以下专职副书记，村支部班子成员年龄下降4.3岁，农村基层组织的战斗力不断加强；进一步理顺“两新”党组织管理，组建铃鹿富士施乐电器厂党支部、兴昂鞋业有限公司党支部等7个独立式党支部，推动金铭电子、欧文集团、万诚彩印等11个企业党支部成功创建固本强基工程镇级示范点；新发展党员61人、党员转正165人。（黎爱英）

附：2008年大岭山镇党委、人大、政府领导名录

镇委书记：梁荣业
镇委副书记：胡浩举（任至8月）
　　黄庆辉（8月到任）
　　陈锦波
镇委委员：张祖民（任至3月）
　　欧阳振球　李凤婵　李新平
　　李伟平　陈福华　黄志峰
　　黄兆良（4月到任）
　　何德祺（4月到任）
　　蔡培光（4月到任）
镇人大主席：梁荣业
镇人大副主席：欧阳振球　蔡容稳
镇　长：胡浩举（任至9月）
　　黄庆辉（9月到任）
副镇长：张祖民　叶美高　李　元
　　吴美娇

▲ 大岭山镇

2004—2008年大岭山镇主要经济指标

指标＼年份	2004	2005	2006	2007	2008
户籍人口（人）	39423	40678	41202	41941	42580
外来暂住人口（人）	177500	196546	213813	212960	196209
面积（平方公里）	95	95	95	95	95
国内生产总值(万元)	447412	552553	682403	829945	958583
工业总产值当年价（万元）	1318625	1484215	1610688	1948822	2262029
农业总产值当年价（万元）	10184	8682	3063	2962	3884
总用电量（万千瓦时）	100675	117051	138703	149928	150688
全社会固定资产投资总额（万元）	92365	139251	219132	230271	271931
社会消费与零售总额（万元）	68930	93469	148080	196058	255268
外贸出口总额（万美元）	105718	134198	166151	195868	185719
实际利用外资（万美元）	9483	9677	9947	10970	15396
镇级可支配财政收入（万元）	20833	31800	43190	60235	66902
各项税收总额（万元）	45352	60320	74330	94151	110989
金融机构各项存款余额（万元）	430556	539038	661142	710760	832629
城市居民储蓄存款余额（万元）	290945	366132	446873	484984	586891

大朗镇

【概况】大朗镇位于东莞市中部，面积118平方公里，辖28个社区（村）。2008年末，户籍人口6.8万人，流动人口近30万人。大朗素有“荔枝之乡”美誉，是“中国羊毛衫名镇”、“中国电子信息产业名镇”、“国家卫生镇”、“省教育强镇”、“省体育先进镇”、“省专业镇技术创新试点单位”、“省民族民间艺术之乡（醒狮）”。

2008年，大朗镇生产总值110亿元，同比增长7.8%；工业总产值250亿元，增长15%；各项存款余额123亿元，增长22.3%；社会消费品零售总额21亿元，增长20.8%；全镇财政总收入15亿元，增长11%；镇本级可支配财政收入5.6亿元，增长19.3%；企业及个体工商户1.92万户，对比年初增加1272户，其中私营企业（含有限责任公司）增加293户，总量达1966户。

【产业调整升级】2008年，大朗镇被市定为产业结构调整和转型升级试点镇。大朗镇紧抓机遇，借势做优做强毛织产业，大力发展装备制造业和电子信息产业，加快培育商贸服务业和新兴产业，形成毛织业、电子信息产业、装备制造业三大工业支柱产业协调发展局面。

毛织产业加快改造提升。全镇规模以上毛织企业由87家增至90家。以信息化改造和提升毛织产业，购置数控织机1500多台，总数增至4800多台，总价值超过15亿元；缝神机械有限公司、盛星电脑科技有限公司等本土数控织机生产企业发展壮大，年产数控织机600多台。推广毛织驿站（手机网站），筹建电子商务创业中心、大朗毛织行业电子商务网。成功举办第一届中国(大朗)毛织服装网上设计大赛和第六届中国（大朗）毛织服装设计大赛、“大朗镇毛织行业规范劳动管理知识讲座”、“毛织企业如何开拓海外市场研讨会”、“09春夏流行趋势、设计细节元素”、“大朗毛织产业形势与营销通路发展论坛”等行业活动共11项。组织镇内12家企业参加2008年全国毛针织名优精品推荐活动。筹建电子商务创业中心、大朗毛织行业电子商务网。启动大朗（西安工程大学）博士生创新基地。“大朗毛织质量检测平台”项目通过省市专家组的验收鉴定。

电子信息产业异军突起。全镇共有1400多家企业从事电子信息行业的生产、销售、服务，在大朗生产加工的国际知名品牌电子信息产品40多种，年产显示屏200万个，集成电路3500万块，电容、电阻器等电子元件3500亿只，交换机100万台，网卡150万个，硬盘50万个，蓝牙适配器150万个，优盘200万个，蓄电池超1亿只，太阳能电池板50万个，组合音响1500万部。镇内6700多家企业及个体工商户在中国制造网、环球资源网、阿里巴巴等网站开展电子商务。华新电线电缆、华科电子被认定为2008年东莞市信息产业百强企业，排名分别为第8位和第17位。

装备制造业蓬勃发展。全镇共有装备制造业企业500多家，涉及数控机床、自动化机械、精密模具、注塑辅助设备等领域。引进投资600万美元的世界精密零件行业龙头英国奈那卡斯公司，投资960万美元的雅美金属制品公司。26家重点装备制造业企业中已有14家建立研发中心。95家规模以上装备制造企业工业总产值102亿元，增长13%，占全镇工业总产值的40.8%。

现代服务业活力勃发。全镇个体工商户、私营企业（含私营有限责任公司）登记在册数量1.8万户，增长7.5%，社会消费品零售总额21亿元，增长20.8%。全镇有综合性商场15家，营业面积7.6万平方米，有银行、保险、证券等金融机构15家，金融网点53个，有酒店旅馆87家，其中五星级酒店1家，四星级酒店3家。大朗（国际）物流中心进驻物流企业100多家，日货运量达4100多吨。引进东莞标检产品检测有限公司、美国钜邦家具设计有限公司、美国信安达档案管理公司等现代生产性服务企业。

创意产业正在崛起。大朗镇创意产业园被市认定为东莞市创意产业园。按照“一园三区”思路，规划建设三大创意区：依托中国·大朗毛织贸易中心，建设建筑总面积6万平方米，集毛织服装研发设计、展示、交流和销售等功能于一体的高端毛织服装时尚集聚区，打造毛衣时尚设计创意区；依托改造位于松佛路旁2.6万平方米的旧厂房，集聚本土互联网企业、软件企业和科技企业，打造现代信息服务创意区；依托广东永正有限公司投资10亿元建设的广东永正图书创意产业园，建设图书产业基地、图书创作基地、版权交易中心、图书翻译中心、798创意广场、商务创意酒店，打造图书出版设计创意区。

【自主创新】2008年，大朗镇设立“创新型大朗”工程专项资金，镇财政每年投入2000万元，连续五年共投入1亿元，支持企业提高自主创新能力。全镇专利申请量567件，净增356件，增长168%，其中发明专利41件，增长193%，专利授权量178件，增长26%。境外专利授权实现新突破，获得美国申请发明专利授权2件。新增市专利培育企业4家、专利试点企业1家、省民营科技企业1家、市民营科技企业7家、省名牌名标5个。全镇共有国家重点扶持高新技术企业7家，省高新技术企业13家，省、市民营科技企业47家，市专利培育企业12家，专利试点企业2家，企业博士后工作站1个，省、市工程技术研究开发中心4个，国家免检产品4个，省级名牌名标17个、各项专利992项。大朗被确定为“东莞市知识产权试点镇”，“广东省火炬计划毛纺织特色产业基地”。

【第七届“织交会”】2008年11月2日—5日，第七届中国（大朗）国际毛织产品交易会（简称“织交会”）在大朗毛织贸易中心举办。展会共设展位2000多个，其中成衣类企业约占70%，机械类企业约占20%，原辅料及其他类企业约占10%。四天会期有5万多人次专业采购商到场参观采购，其中国内采购商达4.8万多人次，主要包括国内服装品牌公司500多家、各省总代理商400多家，武汉、株洲等国内主要大城市30多个大型专业批发商，全国180余家大型商场采购团以及中国百货业协会、中国超市联合采购交易联会、ITAT买家团等。国外采购商达2000多人次，主要来自印度、俄罗斯、意大利、法国、南非、巴基斯坦、埃及、韩国等30多个国家和地区。

【散裂中子源项目】2008年，大朗镇先后协助散裂中子源项目组完成地质勘探和环境评价，协助中国科学院、省产业发展研究院完成多项调研工作。10月，国家发展改革委向中国科学院正式下发散裂中子源国家重大科技基础设施项目建议书批文，散裂中子源项目正式立项。11月，与中国科学院联合举办BEPC’2008年会暨加速器物理和技术交流会，协助举办中子质子科技及工业应用国际研讨会暨第二届中美中子合作会和第四届散裂中子源多学科应用研讨会。

【城镇建设】2008年，大朗镇确立“借势松山湖，对接松山湖，融入大市区，打造一个城市中心区和三个聚焦点”的城市发展战略，确定和陆续启动48项重点项目建设。

规划编制深入推进。土规修编形成初稿，实现建设用地规模未突破计划，农保超量完成任务。长盛、银朗、美景3个片区控规通过市审批。至此，全镇13个片区中已有5个通过市审批。完成长盛核心区、银朗核心区的城市设计，通过专家评审。

重点工程项目加快建设。投资5000多万元建成9.07公顷的荔香湿地公园。新马莲至屏山等5项道路工程建成使用，石厦路升级改造工程、美景东路接驳常平环城路路段即将竣工。污水处理厂主体工程和截污主干管网工程基本完成。完成甲木桥排渠等3项水利工程。建成110千伏银朗变电站。行政服务中心及商会大楼即将投入使用。大朗艺术幼儿园新园、新中心小学、大朗医院住院大楼、荔香农业科技园正在抓紧建设。

【城市管理】2008年，大朗镇成立长富社区居委会，探索现代城市社区管理体制。明确城市管理综合执法分局职能，28个社区（村）成立城市管理综合办公室，初步形成“大城管”网络。成功创建松佛路为“城管执法示范路”。长塘、求富路、佛新、巷头、大井头等11个社区（村）投入2900多万元整治旧村，通过市考核验收。全面整治无证照生产经营食品、非法行医、占道经营、违章广告、噪音扰民等行为，全年共教育改正913宗，立案50宗。深入整治城市“六乱”，重点对示范路、大井头市场、大朗市场及中心区主干道进行综合整治，全年教育改正城市“六乱”行为2404宗。严厉查处违法用地，查处违法建筑15宗，违章用地面积7.8公顷，拆除建筑面积4.7万多平方米，完成复耕复绿125宗，面积94.33公顷。顺利通过国家卫生镇复检。

【综治维稳】2008年，大朗镇深入推进整治工作，社会保持安全稳定局面。

加强治安管理。共破获刑事案件358宗，查处治安案件640宗，打掉各类犯罪团伙42个，建成治安视频监控指挥中心（点）9个，监控摄像头1900多个；完善出租屋视频监控系统，全镇共安装视频监控摄像头1884个；成功把长塘、求富路、圣堂、佛新、宝陂等五个社区创建成“平安社区”。

加强安全生产监管。成立大朗镇“三小”场所出租屋消防安全隐患整治办，开展“百日专项整治”和“安全生产执法监察”专项行动，初级安全主任培训850多人，取缔31间废品回收站，6个非法生产经营危险化学品的仓库、地下工厂，排查整治危房366间，开展汛期房屋安全使用排查，整体拆除112宗。

加强农贸市场监管。推进产品质量和食品安全集中整治，新办卫生许可证1095份，营业执照3109份，从业人员补办健康证4906份，查处食品案件53宗，查获假盐5.66万公斤，缴获私宰肉5640公斤，销毁不合格食品9713公斤。成功创建成为广东省食品安全示范镇。

加强信访调处。实施副股级干部在信访办挂职锻炼制度，深入开展“大排查大接访”活动，共落实领导包案68宗，全年妥善处理信访案件445件，停访息诉率为97%。

【社会民生】2008年，大朗镇切实加强社会建设，推进共建共享改革发展成果，和谐社会进一步增强。

教育质量实现跨越提高。出台进一步加快教育发展意见，改革中小学教师聘任办法，落实奖教奖学措施，高考和中考均取得新突破，高考上重点本科线2人，上普通本科线39人，上三A线以上84人，上三B线以上233人；中考全镇考生平均分474.82分，超出全市平均分10.64分，合格率72.9%，超出全市合格率4.3个百分点，全镇600分以上147人，比2007年增加77人。大朗中学和大朗第一中学双双获得东莞市初中教育质量奖；大朗中学通过省一级学校评估验收。

医疗卫生体系继续健全。成立大朗镇卫生办，建成“一个中心13个服务站”的社区医疗服务体系，社区（村）残疾人协会增至11个，残疾人康复站4个。投入2.3亿元新建大朗医院住院大楼，容纳床位820多张。落实社会基本医疗保险改革，实施职工住院基本医疗保险和农（居）民基本医疗保险统筹运作，建立城乡一体的社会基本医疗保险制度。

文化体育生活精彩纷呈。创办“永正大讲堂”，共举办涉及经济、哲学等讲座4场；举办首届青年集体婚礼；开展大学生创业实践活动；继续开展“一号关爱”、读书节等活动。大朗图书馆获得“东莞市图书馆之城建设项目二等奖”。大朗男篮蝉联2008年东莞市篮球联赛冠军，女子获得第三名，大朗射击队获得2008年东莞市射击锦标赛团队总分第二名。

就业工作成效明显。开展“春风行动”、“公共就业服务”等大型专业招聘会，共提供901个招聘工种、4315个岗位，合共帮助1786人现场与招聘企业达成就业意向，共有211名户籍劳动力与企业签订就业协议；新增设4个本地人就业车间，总数增至12个，解决509名户籍人口就业；在各社区（村）就业服务平台设立“摩的”司机“转业服务”专岗，继续加大“摩的”司机就业帮扶力度，对671名“摩的”司机进行增驾小汽车培训；加大就业培训力度，共举办本地人就业培训班12期，380人完成培训并通过鉴定，组织新莞人培训班34期，3023人通过鉴定考核。

社会保险覆盖面扩大。强化基金征缴，全镇参保率达98%，全年征收社保基金总额达1.9亿元，比2007年增长4.3%；加强出租屋及租住人员意外保险工作，全年共销售保险2.8万多份，保险销售收入达28万元，完成率94%。

公交体系更加健全。投资2000多万元新购80台公交车，新开辟16条公交线路，公交车总数达到137台，公共的士达到95台，公的运营管理步入规范化。

抗灾救灾有效开展。成功抗御“6·13”、“6·25”水灾。支援汶川大地震的抗震救灾，募集善款1478万元，捐赠物资18万件，折款370万元，大朗丰源钢铁制品公司完成5600套安置板房生产任务。

【党建工作】2008年，大朗镇扎实开展解放思想学习讨论活动和深入学习实践科学发展观活动，形成符合科学发展观要求、符合大朗实际的领导班子贯彻落实科学发展观情况的分析报告。完成社区（村）“两委”换届选举、机关单位、“两新”组织党（总）支部换届选举、农村集体经济组织换届选举，产生新一届“两委”干部共172人，其中交叉任职60人，求富路社区完成市公推直选试点换届选举工作。启明学校、盈利时表业（东莞）有限公司等15个“两新”组织党支部通过第二批“两新”组织固本强基镇级示范点的检查验收，全镇市级固本强基工程示范点增至15个，固本强基工程镇级示范点增至26个，确立水霖学校等12个“两新”组织党支部为第三批镇级示范点创建单位。组织“两新”组织书记共88人到市培训。

（傅锐良）

附：2008年东莞市大朗镇党委、人大、政府领导名录

镇委书记：尹景辉

镇委副书记：莫厚良（任至9月）
谢锦波（9月到任）
祁沛全

镇委委员：尹景辉　莫厚良（任至9月）
谢锦波（9月到任）　祁沛全
林熙仿　黄锦发　傅振华

陈根照　陈慧娟
游耀波（新疆挂职）　骆伟东
叶惠明　叶桂平　韩暖渠
夏建中（12月到任）

叶淑帆（12月到任）
镇人大主席：尹景辉
镇人大副主席：傅振华　陈志芬
镇　长：莫厚良（任至9月）

谢锦波（9月到任）
副镇长：黄锦发　李创业　傅秩恩
叶效怀　覃春（12月到任）

2004—2008年大朗镇主要经济指标

指标＼年份	2004	2005	2006	2007	2008
户籍人口（人）	64122	65036	66015	67069	68134
外来暂住人口（人）	155346	163131	182190	200019	190280
面积（平方公里）	118	118	118	118	118
国内生产总值（万元）	574604	707369	850356	1025864	1105810
工业总产值当年价（万元）	1166060	1456451	1780198	2175420	2504013
农业总产值当年价（万元）	15879	30678	3170	4462	1881
总用电量（万千瓦时）	122175	140961	157109	170802	170974
全社会固定资产投资总额（万元）	293849	334110	362082	304445	283995
社会消费与零售总额（万元）	98980	117596	143567	173028	209018
外贸出口总额（万美元）	54019	60293	72412	94569	100495
实际利用外资（万美元）	14522	16259	19692	20008	21802
镇级可支配财政收入（万元）	28502	36969	39538	47316	56433
各项税收总额（万元）	39708	53521	76721	103266	110364
金融机构各项存款余额（万元）	709746	821109	933965	1004732	1228426
城乡居民储蓄存款余额（万元）	549823	656975	753166	795611	988068

黄江镇

【概况】黄江镇位于东莞市东南部，总面积98平方公里，2008年，辖3个社区、11个村，户籍人口2.31万人，外来暂住人口约20万。全镇完成国内生产总值71.3亿元，同比增长22.4%；工业生产总值167亿元，同比增长6.4%；全社会固定资产投资总额21.7亿元；社会消费品零售总额13.8亿元，同比增长15.7%；外贸出口总额40亿美元，同比增长5.3%；各项税收总额8.5亿元，同比增长11%；镇本级财政可支配收入4.6亿元，同比增长1.9%；各项人民币存款余额75.9亿元，同比增长15.3%。2008年，在东莞市年度镇级领导班子工作实绩量化考核中获得总分一等奖、经济发展单项奖、社会发展单项奖并被评为“维护稳定和社会治安综合治理先进镇”等称号。

【推动企业扎根发展】为应对全球金融危机，从2008年10月15日起，黄江镇启动“真诚服务　提高效率　共渡难关”企业帮扶活动，出动14个工作组210名工作人员，深入全镇512家企业。全面了解企业经营状况、面临的困难及相关建议，尽最大努力帮助企业解决当前遇到的困难，与企业共渡难关。累计收集企业需解决的问题和困难共有6个方面，分35类188个。加强与重点企业的联系，着重协调和解决企业转型升级中的问题，促进企业发展内销及建立品牌、自主创新、研发、融资等工作。针对企业成本高、经营难问题，黄江镇出台多项帮扶措施帮助企业渡过难关，其中包括工缴费和协作费下调10%，共为企业减负700万元，降低企业成本；召开融资工作会议，联系银行、融资专家为企业融资提供帮助和服务，协助企业申请市10亿元的加工贸易企业转型升级专项资金，解决企业融资难问题；同时，把每月10日定为就业服务日，在黄江广场、南康百货等人口流动量大的地方设立招工试点站，为企业招工提供服务平台，解决企业招工难问题。

【招商引资】2008年，黄江镇新签利用外资协议13宗，合同利用外资总额9000多万美元，实际利用外资1亿多美元，同比增长15.8%。引入海陆通电子、迈科实业、高新奇等11家内资企业，落实合同投资总额达20.9亿元；增资项目192宗，增资额超500万美元的有7家企业；引导和扶持来料加工企业转型，有8家“三来一补”企业完成转为“三资企业”，有4家转为民营企业。世界500强的沃尔玛、全国最大体育用品零售商胜道正式签约星光城；成功实现聚富农贸市场、南康百货商场的“退二进三”，带动周边经济发展。

【民营经济】2008年，黄江镇民营（私营及个体）企业总产值为8.95亿元，同比增长5%；市场主体投资活跃，全镇新登记注册各类市场主体1756户，同比增长0.3%。引导惠伦顿堡、矽谷科技、莱钢等8家企业上市。支持企业争创名牌产品、免检产品和驰名、著名商标，太子酒店获评“广东省著名商标”，富邦科技、东辉、建益等企业获评民营科技企业。

【农村经济】2008年，黄江镇村、组两级资产总额14.9亿元，同比增长3.8%；村、组两级可支配收入2.2亿元，同比增长1.8%；村、组两级负债总额2.7亿元，同比降低6.5%；农村居民人均纯收入1.08万元。

【城市建设】2008年，黄江镇土地利用总体规划修编的图件、数据制作完成，已上报审批。先后进行新城市中心区、板湖片区、刁朗片区、南部新区、长龙片区、北岸片区、黄京坑片区、黄江大道北片区等8个片区的控制性详细规划编制工作，规划覆盖率接近90%。其中5个已经通过规划局的审批，并完成网上公示。抓好新中心区规划调整，增加经营性用地，以提高中心区人气，拉动中心区发展。

2008年，黄江镇以路网建设为抓手，强化区位优势，为优化经济建设造好交通环境。完成拥军一路、黄江大道东延长线改造工程。31号联网路完成65%，生态路完成46%，启动教育路、环城路、黄江大道西延线3条路贯通升级和刁朗工业园入园路建设。启动新黄江医院建设，完成土方工程总量80%，进入结构设计阶段。基本完成蚬壳海河床挖深工程，推进中心区排水与黄牛埔水库排水交汇处河道弯位改造工程，着力改善镇中心区内涝问题。污水管网建设主体工程已封顶，总体工程装修完成90%，截污管网工程完成89%。市医疗废物处理中心建设用地已进场道路施工。梅塘农民公寓完成外墙工程。新中心区拆迁工作完成全部拆迁任务的75%。

【环境整治】2008年，黄江镇配合市创建文明城市，全力推进创建工作，市容环境卫生日常管理全面加强，环卫硬件设施基本得到落实，市容市貌有了明显改善，8月顺利通过省、市爱卫会领导专家的考核验收。大力开展“六乱”整治，改善城市面貌，一方面，通过在人民公园、江海城设立集中摆卖试点，引导商贩进驻经营，实行集中化、规范化的管理，以达到既安置商贩又规范管理的双重效果；另一方面，通过加强对镇中心区主要街巷的巡查执法力度，遏制流动商贩乱摆卖，全年共对5363宗“六乱”现象发出教育整改通知，共暂扣物品641宗，开出违法行为通知书605宗，作出行政处罚37宗。投入1260万完成黄牛埔水库周边改造林工程，增加绿化面积96万平方米，种植乔木13万株。全镇绿化覆盖面积达5940万平方米，绿化覆盖率约为60.6%，人均拥有公共绿地约14.5平方米。同时，对聚富路、广龙路、拥军二路等道路进行绿化，优化道路交通环境。对合路、鸡啼岗、袁屋围、玉堂围、新市社区、胜前岗6条村共投入资金6276.29万元，完成全部旧村整治项目。

【公共安全管理】社会治安。2008年，黄江镇进一步完善社会治安防控体系，实行警力下沉，加强科技强警和基础设施建设，实行警长挂职农村副书记制度，依法严厉打击各种刑事犯罪。全镇共打掉犯罪团伙40个、查破“黄赌毒”治安、刑事案件265宗，销毁赌博游戏机近2000台，确保社会治安更加好转。

深化“治摩禁电”工作。2008年，黄江镇加大对交通违法行为的打击力度，净化道路交通环境，推进“治摩2号”、“治摩3号”、“治摩4号”，成功创建“无摩托车搭客营运、无电动自行车上路行驶”社区，成为全市第一批“双无”建设达标镇。145名本地户籍人员取得公共的士上岗证，公共的士在黄江镇正式营业运行。

信访调解。2008年，黄江镇扎实开展“镇委书记大接访”活动，实行包案责任制，加强劳资调解，有效化解一批群众关注的热点难点问题。全年共受理来信来访来电350宗，已办结335宗，办结率达95%以上。加强对企业运行情况监控，全面清查欠薪企业，有效预防群体性劳资纠纷的发生。

安全隐患整治。2008年，黄江镇开展隐患治理年行动，深入推进“三小”场所、出租屋、娱乐场所、危旧桥梁厂房等安全生产和消防安全隐患的整治。开展各种消防安全专项整治，建立村级安全生产巡查办，形成镇、村、企业三级监督管理模式。全年共检查1069家工厂企业，发现隐患446处，发出整改指令书28份，停产停业整顿6家，作出行政处罚7宗。同时，加大消防执法力度，加强消防知识宣传，着重增强市民群众的消防安全意识。

产品质量和食品安全工作。2008年，黄江镇重点解决食品生产、加工和流通环节中的质量和卫生问题，突出抓好重点产品、重点单位、重点区域的专项整治，特别认真做好三聚氰胺奶粉查处，共检查商场、超市、便利店及婴儿用品店30多间，责令其下架退货的有问题奶粉3400多罐/袋，保证市面没有三聚氰胺奶粉流通。

出租屋管理。2008年，黄江镇原来的出租屋管理中心正式更名为新莞人服务管理中心；动员租住人员和出租屋业主购买租住人员人身意外保险4705份，安装出租屋视频监控1215套，创建“安全文明出租屋”1704幢，督促配合消防部门整治存在消防隐患出租屋302幢，落实租住人员登记的出租屋705幢，整治存在超范围经营出租屋366幢，建立封闭、半封闭小区20个，建立市场化试点1个。

应急管理。2008年，黄江镇面对“6·13”“6·25”等台风暴雨带来的灾害，及时启动应急预案，把损失降到最低。完善防汛应急制度，按常住人口每人5—10元的标准设立预备金，设立救灾物资储备仓库，购置棉被、棉大衣、毛毯、雨衣、席子、救生衣等解决灾民基本等生活的救济物资，并与黄江医院和大型商场建立联系制度，需要时及时派出医疗和防疫人员和调拨物资。

【文化教育】2008年，黄江投入3500万元改善办学条件，重建黄江中学学生饭堂，扩建学生宿舍，扩建中心小学教学楼、第二小学功能楼、实验小学人行天桥、梅塘小学文化设施、中学电脑室等。长龙小学通过市一级学校督导评估。公办学校为新莞人子女新增350个学位，优化新莞人子女学习环境。高考招生中，全镇户籍考生有26人被全国重点大学录取，为全镇有史以来上录取全国重点大学人数最多的一年。全年举办纪念改革开放30年系列活动、慈善马拉松比赛、登山比赛、读书节、元旦晚会等文化活动。大力推进农家书屋建设，评选出田美社区、田心村等5间村级“十佳”农家书屋。鸡啼岗村的“黄氏宗祠”成功列为市级第八批文物保护项目。

【民心工程】2008年，黄江镇继续抓好社保扩面征缴，为全镇579名低保户购买B档农医保，全镇各险种参保达41.40万人次。完善最低生活保障制度和社会救助体系，全年发放低保金118万元，使全镇低保对象得到保障；发放临时救济款6万多元，解决临时有困难群众的生活；发放助学金62万元，解决204名“低保”家庭子女的读书问题；镇村两级共出资170万元为全镇户籍居民购买一份意外和健康保险，为全镇户籍居民提供重大疾病保障；为106户困难户申请住房保障。大力支持灾区抗震救灾，全镇共捐款1155万元。社区医疗服务1个中心、7个站点正式投入使用，医疗卫生体系建设不断完善。

【党建工作】深入开展学习实践科学发展观活动。2008年，黄江镇党委班子深入开展学习实践科学发展观活动。围绕如何促进全镇经济社会科学发展这个主题，确定18个重点调研课题，召开座谈会或者实地调研达82场次，完成镇委、镇政府落实科学发展观情况分析报告，并向社会公开，吸纳各方面意见，形成了推动黄江镇新一轮发展工作思路。

基层组织明显增强。2008年，黄江镇全镇11个村民委员会、3个社区居民委员会按照法定程序，顺利完成换届选举工作。并对新当选的干部全部进行换届后的廉政谈话，严肃组织人事纪律。开展第四批“十百千万”干部下基层驻农村活动，密切党群干部关系，切实改变作风。

作风建设明显加强。2008年，黄江镇府机关加强督促检查制度，对全镇各项工作分解到各部门、各村进行实施，责任到人。成立镇督查室，督查室将各部门目标分解表的完成情况定期通过手机短信发送到班子成员、单位负责人，通过网上、电视等媒体向社会公布，并建立人大与部门联席制度，人大代表每季度听取部门负责人各项工作的落实情况，监督各项重点工作的进展情况。开展纪律教育学习月活动，通过教育片、座谈会、纪律辅导课等方式，加强廉政教育，提高党员干部的防腐拒败能力。顺利完成文化广电系统的行风评议工作。实行委派会计轮岗制度，有效强化对农村集体资产监督管理。（刘丰华）

附：2008年东莞市黄江镇党委、人大、政府领导名录

镇委书记：伦锦洪（任至3月）
杨礼权（3月到任）
镇委副书记：钱伟忠 袁俊森
镇委委员：伦锦洪（任至3月）
杨礼权（3月到任）
钱伟忠 袁俊森 黄伟伦
李权昆 黄映秀 黄兆棠
谭浩强 程军（5月病故）
利沛钦 李日宏 温泉华
莫永康（3月到任）
镇人大主席：伦锦洪（任至3月）
杨礼权（3月到任）
镇人大副主席：李权昆 叶凤莲（专职）
镇 长：钱伟忠
副镇长：黄伟伦 蔡耀芬 任沛东
袁柱波

2004—2008年黄江镇主要经济指标

指标＼年份	2004	2005	2006	2007	2008
户籍人口（人）	20398	21117	21741	22372	23144
外来暂住人口（人）	170000	192000	214523	209716	208000
面积（平方公里）	98	98	98	98	98
国内生产总值（万元）	331432	372198	448031	553600	713119
工业总产值当年价（万元）	391179	508748	1244828	1518260	1672166
农业总产值当年价（万元）	0	0	0	0	1122
总用电量（万千瓦时）	84616	89290	99132	107335	129207
全社会固定资产投资总额（万元）	95531	103960	114590	219222	216509
社会消费与零售总额（万元）	45312	56915	66092	119639	138405
外贸出口总额（万美元）	153950	192185	268700	379489	399643
实际利用外资（万美元）	9575	16594	18530	8884	10087
镇级可支配财政收入（万元）	26628	33895	41545	45077	45912
各项税收总额（万元）	33605	48428	67559	76436	84875
金融机构各项存款余额（万元）	384116	482631	544213	658217	759068
城乡居民储蓄存款余额（万元）	268828	355567	381633	460821	568969

樟木头镇

【概况】2008年，樟木头镇经济指标高位良性调整和平稳增长。实现工业总产值98.95亿元，同比增长11.1%；合同利用外资6381万美元，同比增长65.91%；社会消费品零售总额18.63亿元，同比增长7.85%。各项税收6.65亿元，同比下降10.5%；常规性可支配财政收入4.49亿元，同比下降7.4%。

【开展“感恩商家，帮扶企业”活动】2008年，樟木头镇在全国率先提出“感恩商家，帮扶企业”活动，为80家企业解决用地指标、消防及土地办证、投资配套、工程立项、人才入户、科技项目申报等困难；将64家企业纳入融资计划，协助5家外资企业完成8350万元融资，使一些资金链断裂、濒临倒闭的企业及时得到帮助。同时，企业也以实际行动回报政府，如隽思印刷厂主动提前缴交2009年租金和管理费。创造政企互相感恩、携手共渡难关和谐局面。此外，“感恩商家，帮扶企业”新闻发布会被中央电视台、广东卫视和湖南卫视等大媒体分别以新闻和专题的形式进行报道，树立了樟木头良好的投资品牌和口碑，引来上市公司蓝星化工集团等“金凤凰”。

【工业经济取得突破性进展】因地制宜，全力推动招商引资工作。2008年，樟木头镇引进外资从量变到质变，保持强劲势头。全镇新签外资项目8宗，三资和来料加工企业增资项目共115宗。合同利用外资6381万美元，同比增长65.91%，全市排名第三；实际利用外资3693万美元，同比增长56.28%，全市排名第四；全镇出口总值82185万美元，同比增长2.1%。整合土地资源，提高引资质量。利用有限土地资源集中引进大型企业，其中德国博世集团成功收购樟木头贝盈激光仪器有限公司，实现世界500强企业落户的突破。与美国GUESS集团签订投资意向书，与台湾富鸿集团洽谈引资3000万美元设立生产基地，首期投资1.56亿港元的味千拉面集团华南地区生产总部和物流配送中心正式投产。引进东莞宜家发塑料制品、东莞镁胜印刷、力衡电器制品厂3家高新技术企业。选好优质企业，重点协助增资扩产。樟木头镇为企业增资扩产营造良好的服务环境，提供保姆式服务，包括构筑优惠政策、优质服务、资金支持、产业配套、技术创新等平台，鼓励和促进企业增资扩产，激发众多企业把企业做强做大的信心。全年共有115家外资企业进行不同程度的增资扩产。集美化妆品、隽思印刷、太洋橡塑、小猪班纳、华泰金属、承达木材等大企业均有2000万港元到5000万港元不同程度的增资。

趋利避害，及时引导外资企业扩大内销业务。2008年，樟木头镇为使企业加工贸易转内销渠道畅通无阻，建立内销跟踪管理和服务机制，及时掌握外商投资、加工贸易企业在扩大内销方面遇到的困难和问题，积极予以协调解决。同时，支持企业创立内销品牌，扩大产品在国内的知名度和影响力，积极协助企业办理增设国内分销业务。十和田电子厂通过升级转产内销，2008年纳税额达2390万元。

因势利导，重点培育主导产业。以专利培育、技术创新强化主导产业。2008年，樟木头镇专利申请量212件，同比增长59%，培育贰发、怡丰、金六福、明华等企业的专利品牌。大力推动小猪班纳服饰有限公司、柏百顺化工有限公司筹备上市。贰发、永洪等2家企业被评为国家高新技术企业，新增7家市级民营科技企业，获得1个国家星火计划项目，成为首批东莞市专利试点镇和东莞市金融服务创新试点镇。全面推动企业自主研发。东莞市柏百顺阻燃技术研究院组建成立并成为市的行业研发平台，贰发、科绿盛、太粮、泰龙等企业均建立技术研发中心，智维数控科技有限公司已开展深圳大学智能技术研究院的筹建工作，企业核心竞争力明显增强。

【特色产业做强做大】2008年，樟木头镇商贸服务业稳步发展。从建设规模和现代化经营模式上提高市场竞争力。正式启动塑胶市场第四期开发建设，做强了粮食市场、农批市场、电子城等专业市场，拓展市场物流配送、信息化、电子交易等领域，逐步转向现代化经营模式。专业批发市场大量的人流、物流、资金流带动了百货零售、酒店餐饮、旅游消费和房地产业的发展。建筑面积近10万平方米的天一商业城完成主体工程建设，并已落实日本吉之岛百货项目。斥资近1亿元进行装修的五星级三正半山酒店已重新开业。房地产业继续保持优势。以香樟绿洲、香樟半岛、绿茵山庄、富盈花园、星耀国际等房地产精品项目为新亮点，全面带动御景花园、碧河花园、帝雍园等大型楼盘的销售。

【城市环境切实优化】2008年，樟木头镇狠抓环境“五整治”，重点进行治山、治水、治尘、治脏、治道。启动旧村整治，投入292.5万元对樟罗和樟洋两社区进行旧村改造，对6个社区完成调查摸底，并按计划逐步开展整治。强化环卫管理，严格监管，以明确的检查考评制度进行巡查，提高环卫清扫保洁工作市场化运作的质量。优化生态环境，投入40万元进行环卫及绿地专项规划；投入231万元，完成滨河公园环境改造，观音山和竹排、上南、仙泉、大坑口、黄泥乙水库的水源涵养林的林相改造，共1202亩，全年完成幼林抚育1099亩；重新规划官仓河建坝蓄水和两岸美化工程，对河道开展清淤疏浚、景观规划及河岸绿化，改善城市配套设施。做好道路升级改造，改造镇中心区、东城区、南城区等街道的基础设施，完成镇区联网路32号樟木头段工程总量的75%，南城新区规划二路工程总量的42%；加快怡安街延长至永隆街、樟木头大道连接龙林高速路口道路改造的前期准备工作。抓好排污设施建设，截污主干管网建设进度达到总工程量的76%，污水处理厂二期建设工程基本竣工。搞好重要对外窗口环境，投入800万元改造火车站广场、道路、停车场等设施，优化周边环境及彻底解决交通拥堵、管理混乱等问题。

【社会和谐稳定】社会治安持续好转。2008年，樟木头镇强化社会治安整治，持续开展打击“两抢一盗”、打黑除恶、大案要案侦破、“冬季攻势”清查整治、“治摩5号”等专项行动，严厉打击各类违法犯罪，全年刑事立案860宗，同期减少113宗，同比下降15%。全年8宗命案全部告破，治安状况保持稳定。规范出租屋管理，深入开展“治窝”行动，完成30套以上出租屋安装视频监控系统，对“二手房东”分社区分批次进行业务培训，所有出租屋实行“六星级”评估管理，成功创建“安全文明出租屋”1150栋。开展打击赌博专项整治，从机关干部抓起，从源头上依法打击赌博违法犯罪活动，共查处涉赌案件104宗，抓获犯罪嫌疑人175人，收缴赌资10万余元。加强科技强警，以“三基”（抓基层、打基础、苦练基本功）建设为载体，增加视频监控系统32个监控点，构建警务综合运用平台和各警种业务信息系统。

安全生产整治持续有效。2008年，樟木头镇扎实开展安全生产百日督查行动，将每月19日确定为樟木头镇“安全日”，构建安全生产管理长效机制；重点抓好“三小”（小档口、小作坊、小娱乐场所）场所及人员密集场所的消防隐患排查，持续检查全镇各类场所、工厂8349间，查处无证照经营场所287间，整治安全隐患2284间；对全镇1980年代的建筑进行了安全检测、登记和维修。全面启动“食品安全日”活动，落实食品安全联检，以肉品安全信息化监管系统为载体，通过抓源头、抓基础、抓重点，保障肉类、酒、食盐及乳制品安全销售。

矛盾纠纷调处成效突出。2008年，樟木头镇畅通和拓宽信访渠道，建立健全领导包案制、镇领导接访日制、劝返责任制和信访热点问题督查督办制度。在处理合俊集团欠薪事件中，镇党委、镇政府高度重视，迅速启动应急预案，采取果断措施控制事态发展，在一个星期内为7633名员工垫发2485万元工资，突显民生政府、责任政府、感恩政府的良好形象。为及时防止类似事件发生，创设了企业安全经营“红、黄、橙、绿”预警机制，提出了设立垫付工人工资基金的设想，并在全市进行推广。

【社会事业协调发展】文化科技成绩显著。2008年，樟木头镇教育工作跨上新台阶，实验小学的《农村小学实施养成教育内容系列研究》被中央教科所列为国家级重点科研课题，中心小学的“读经诵典”和“大课间”活动科研课题经省、市教育部门批准立项后，再获教育科研成果奖。“小手拉大手”工程，被列入国家级教育科研课题，校版教材获人民教育出版社授权出版。文体事业蓬勃发展，配合“创建全国文明城市”活动，开展“学习之星”、“创业之家”、“关爱新莞人”等一系列和谐活动，在全镇9个社区挂牌成立“市民学校”；大力宣扬麒麟文化，组织樟木头麒麟队赴京参加奥运会系列表演；强化“扫黄打非”和“黑网吧”整治行动，推动文化市场健康有序发展；历经6年修志正式出版发行《樟木头镇志》，创立《樟木头报》，全面升级了樟木头门户网站并在东莞阳光网站开通“阳光樟木头”专版，扩大网站宣传和影响力。

医疗卫生进步显著。2008年，樟木头镇医院重点培养专科人才和学科带头人。完善突发公共卫生事件管理，积极开展食用三聚氰胺奶粉婴幼儿结石救助工作和手足口病预防工作。完善社区医疗卫生服务网络，建立1个中心服务站和6个站点，实现了社保用药零差价、医疗费用报销60%的福利，解决了群众看病难、看病贵的问题。

全民就业得到大力推动。2008年，樟木头镇把促进就业作为一大战役来攻坚，将每月10日定为“就业服务日”，落实“新莞人就业培训工程”和“创业东莞”工程，出台《关于进一步加强我镇群众就业的意见》，设立就业创业办，在各社区成立8个“村民车间”和“青年车间”，解决群众就业257人，营造全民就业的氛围。

困难群众得到倾心帮扶。2008年，樟木头镇实行“分类施保”，重点救助重病、重残和无经济收入等低保家庭，成立社区服务中心，选取樟罗社区为试点，开展居家养老服务。加强基层残联组织建设，配备残协专职委员，规范残协建档工作和各项工作流程。

人口计生效果显著。2008年，樟木头镇户籍人口计划生育率98.55%，流动人口计划生育率85.22%，7个社区实现无政策外出生。广泛宣传人口计生政策和计生办事程序，为育龄群众免费发放计生用品，系统管理已婚育龄妇女计生信息，全面落实查环查孕等专项行动，顺利通过市流动人口计划生育专项活动考核验收。

社区发展和管理成效显著。2008年，樟木头镇社区建立两委干部和村民小组长每周例会制度，进一步规范和统一两委干部的职责分工，建立社区经济运行分析制度，真正发挥驻社区工作组的作用，走访群众家庭工作得到落实，社区追收欠款和还息转贷等减负措施付诸行动，并收到实效。

【政风建设】2008年，樟木头镇深入贯彻落实党的十七大精神，以强化作风建设、廉政建设带动政务建设，增强干部队伍的凝聚力和战斗力。以制度创新促机关作风建设。创建“两讲评”制度、机关办公室主任每月例会制度，制定《关于进一步密切党群干群关系的决定》等三项制度；恢复和健全党委中心组学习制度，建立领导班子联席会议纪要印发制度。以活动开展促机关作风建设。组织主任以上干部赴西南考察，深入开展解放思想学习讨论和践行科学发展观活动，开展“细化创新工作，提高办事效率”等活动，全面推动机关作风建设。以机制督促机关作风建设。设立“人大热线”和“政协热线”，强化人大监督和政协参政作用。成立参政议政办公室，充分发挥社会各界人士和老干部作用。依法推进居委会和集体经济组织换届选举工作，落实社区审计监督措施。 （蔡俊斌）

附：2008年东莞市樟木头镇党委、人大、政府领导名录

镇委书记：张俊阳（任至8月）
李满堂（8月到任）
镇委副书记：陈略宇（任至8月）
罗伟伦（8月到任） 赵智佳
镇委委员：蔡传胜 詹振锋 苏景旺
张 健 张燕琼 蔡伟明
赖远强 黄育辉（1月到任）
镇人大主席：张俊阳（任至8月）
李满堂（8月到任）
镇人大副主席：蔡传胜 卢志贤
镇 长：陈略宇（任至8月）
罗伟伦（8月到任）
副镇长：徐鸿飞 黄美青 蔡献军

2004—2008年樟木头镇主要经济指标

指标 \ 年份	2004	2005	2006	2007	2008
户籍人口（人）	22810	23587	24272	25041	26071
外来暂住人口（人）	119818	121318	141318	135810	127390
面积（平方公里）	66	66	66	66	119
国内生产总值（万元）	291893	329338	389730	453787	497577
工业总产值当年价（万元）	515221	639002	784448	890609	989481
农业总产值当年价（万元）	7312	5818	1017	991	604
总用电量（万千瓦时）	76841	84864	88288	91460	76390
全社会固定资产投资总额（万元）	187733	92903	131243	110048	90170
社会消费与零售总额（万元）	111390	151945	164959	172558	186109
外贸出口总额（万美元）	42779	50090	55389	80485	82185
实际利用外资（万美元）	3206	3593	3669	3342	5359
镇级可支配财政收入（万元）	48219	46882	57139	57285	47931
各项税收总额（万元）	29994	35825	42088	63885	62633
金融机构各项存款余额（万元）	453374	518843	597512	656230	788812
城乡居民储蓄存款余额（万元）	342701	410680	466100	492589	641044

说明：全镇土地面积2007年66.6平方公里，2008年119平方公里，增加52.4平方公里，系广东省樟木头林场属地划入。

凤岗镇

【概况】 凤岗镇地处东莞市南端，三面与深圳接壤，交通十分便利，到香港、深圳和广州机场、港口都在1小时车程之内。截至2008年，全镇面积82.5平方公里，辖11个村民委员会、1个居民委员会。全镇户籍人口22338人，新莞人14 .2万人，近2万华侨华人分布世界36个国家和地区，是广东省著名的侨乡，也是国家卫生镇、广东省教育强镇、广东省卫生镇、东莞市文明镇。

2008年全镇完成生产总值90亿元，同比增长19.1%；实现各项税收总额12.4亿元，同比增长27.4%；实现财政收入5亿元，同比增长10.8%；各项存款余额108亿元，比年初增长16.7%，其中城乡居民存款余额72亿元，比年初增长19.7%；社会消费品零售总额17.8亿元，同比增长26.8%。外贸出口总额20亿美元。在全市2008年度镇街工作量化考核综合排名第五，获一等奖。同时，还获得“2008年度维护稳定和社会治安综合治理先进镇街”称号，入围“政治建设单项奖”和“经济发展单项奖”。

【产业结构调整和转型升级】 2008年，凤岗镇制定《凤岗镇产业结构调整转型升级试点工作方案》，铺开村、项目、企业等14个试点工作。选定雁田村和中兴通讯、联泰、宇阳、阳华等企业为试点村和试点项目，选取黄洞业兴、大龙诚发等20家企业作为来料加工转型为三资的试点企业。出台《凤岗镇促进产业结构调整转型升级奖励办法》，对纳税总额前十名的外资、民营企业，和纳税增长前十名的外资、民营企业，以及对被新认定的省市民营科技企业等分别给予奖励，有42家企业获奖，奖励金额达600万元。

【外源型经济】 2008年，凤岗镇新签“三来一补”和“三资”协议32宗，合同利用外资达3944万美元（新签），同比减少36.9%。实际利用外资14422万美元（包括三资和三来一补企业），全年增资229宗，新增外资金额1.14亿美元，同比减少45.6%。其中，万金机械配件（东莞）有限公司、东莞华联有成实业股份有限公司等大型企业增资较大。外贸出口总额201207万美元（海关统计），同比下降1.9%，其中“三资”企业出口值为95135万美元，同比下降4.7%，“三来一补”企业出口值105903万美元，同比增长2.7%；外贸进出口企业出口170万美元，同比下降91.7%。全镇“三来一补”工缴费9018万美元，同比下降6.62%；“三资”产值181374万美元，同比增长10.1%。

【内源型经济】 2008年，凤岗镇认真落实扶持民营经济发展的各项政策措施，大力推进“两自”（自有品牌和自主技术的企业）企业发展，营造良好的发展环境。全镇个体、民营企业达13020家，其中民营企业1250多家。全镇有“广东省著名商标”2个，“国家免检产品”1个，市级民营科技企业13家，民营进出口经营资格企业110家。

【村组经济】 2008年，凤岗镇村级资产43亿元，增长22%，总负债5亿元，增长39%。资产负债率11%，增长1%。村组两级集体经济总收入为6亿元，增长6%；总利润为4亿元，增长5%；总资产为57亿元，同比增长18%。

【第三产业】 *房地产业*。2008年，凤岗镇完成投资5.5亿元，施工面积达44万平方米，竣工面积20.2万平方米；商品房总销售面积11.2万平方米，销售总套数1068套，销售总额为8.1亿元。年内有永江大厦、翠湖豪苑、景泰花园、三正财富新地等近10个大型房地产项目相继建成发售。

酒店娱乐业。2008年，占地200亩的雁田奥威斯国际酒店已完成征地和方案设计，通过招投标，正在规划建设之中。投资额达1.5亿元的南天酒店也已完成设计方案，即将启动建设。排沙围酒店、翡翠山湖酒店等一批星级酒店也正在筹划之中。

商贸物流业。2008年，沃尔玛签约入驻三正财富新地，中国连锁商业30强——人人乐集团签约入驻永江大厦；凤岗物流园进出口业务持续增长，物流量迅猛增加，2008年进出货物总量45963万吨，进出仓货物的总价值为9.1亿美元。

【城市建设】 *重点工程*。2008年，凤岗镇总投资约1亿元的第二水厂基本建成供水。总投资1000万元的成人文化技术学校主体工程及室内外装修基本完成。总投资约1.5亿元的竹塘污水处理厂及配套截污干管工程正式投入使用。雁田污水处理厂配套截污干管工程已完成总工程量90%。公墓园一期已经基本完成，拥有6000个墓位，二期正抓紧施工建设。

城市管理。2008年，凤岗镇全面实施城市卫生市场化管理，新建、改建公共厕所82座、生活垃圾转运站155座，垃圾压缩中转站2座，第三座垃圾压缩中转站正在规划筹建。全镇投入2000多万元进行市政设施维护、环卫作业和绿化养护市场化；投入30余万元整治垃圾填埋场、护堤坡和市政排水系统。加强环卫作业市场化的监督管理，积极开展农村环境卫生整治，大力开展创建“东莞市市容环境优美村（居）”活动，成功创建了国家卫生镇。大力整治城市“六乱”（乱扔吐、乱堆放、乱拉挂、乱张贴、乱搭建、乱摆卖），全年共3189宗，其中查处乱摆乱卖1832宗，整治噪音扰民行为659宗，抓拍乱停乱放1304车次，处理泥头车撒漏29车次，城市管理综合执法不断规范，城市秩序得到明显改善。

环境保护。2008年，凤岗镇加强土地执法，大力整治违章建筑和违法违规用地，拆除违章建筑5宗，用地面积3万多平方米，建筑面积2万多平方米，复耕复绿24宗，面积28万平方米。大力整治红砖厂和采石场，全镇6家红砖厂和18家采石场全部拆除关闭，逐步进行复耕复绿。大力提高建设用地利用效率，深入推进闲置土地处置和“三旧改造”（旧城镇、旧厂房、旧村居改造）工作。全镇23宗闲置土地，已累计处置22宗，收取土地闲置费1727万元。旧农贸批发市场和工商分局对面的旧城改造项目的计划经营性用地指标已获市批准通过。

【综治维稳】 2008年，凤岗镇完善村级社会治安考核机制，大力开展严打整治专项行动，组织开展“粤安08”、“春雷”、大排查大清查、平安奥运等一系列严打整治专项行动，有力震慑违法犯罪。全镇共立刑事案件1365宗，破473宗，破案率为34.65%；抓获犯罪嫌疑人585人，其中刑事拘留568人；查处治安案件1581宗，行政拘留1392人；打掉各类犯罪团伙54个，抓获团伙成员229人。大力推进社区视频监控建设，建成封闭半封闭式小区63个，安装监控视频700多个，有效遏制抢夺、盗窃等案件的发生。竹尾田村、黄洞村、竹塘村、凤德岭村成功创建“平安社区”。深化“治摩禁电”工作，成功创建“无摩托车搭客营运、无电动自行车上路行驶”的“双无”建设达标镇。开展整治利用“老虎机”赌博专项行动，共查处“老虎机”赌博违法案件193起，处理违法人员205人，缴获并销毁“老虎机”、“俄罗斯转盘”等赌博工具2600台。

2008年，凤岗镇建立健全信访调解机制，不断完善矛盾纠纷排查调处网络。全镇有各类人民调解组织139个，调解员851人，其中新成立的企业人民调解委员会41个，工业园区人民调解委员会6个，中小企业建立调解小组76个，还有262家企业设立调解联络员。全年共处理群众来信来访4949宗，同比增长13.1%，调解处理劳动争议4641宗，涉及劳动者1.2万人，及时稳妥地处理劳资纠纷和群体性事件。

【安全生产管理】 2008年，凤岗镇深入开展“隐患治理年”活动，加大安全生产执法监察力度，全面排查和整改安全事故隐患，建立隐患排查治理长效机制。全面落实安全生产百日督查行动，加强对重点行业的监管，开展消防安全、危险化学品、交通安全、建筑施工、燃气行业等重点领域和行业的整治，落实监管措施，消除各类安全隐患。安全生产形势明显好转，全年没有发生工厂企业生产安全死亡事故。

2008年，凤岗镇开展产品质量和食品安全专项整治。建立肉品流通跟踪监管信息平台和“信誉通”食品监管电子化平台，食品信息化系统进一步完善。全镇农贸市场的信息登记工作已基本完成，并签订肉品信息化系统安装合同，有80家大中型超市、商场和农贸市场签订了“信誉通”安装协议，录入台账 30多万条，食品信息备案近7万条，备案数在全市排在前列。建立进货台账和索证索票制度，组建农贸市场食品质量安全监督队和农产品质量检测专业队伍，严把食品安全质量关。全年累计出动2368人次，开展联合执法行动60多次，检查各种商户场所589处，查处无证照经营270多户，取缔无牌无证黑作坊20间，销毁不合格食品1000多公斤。

【社会保险】 2008年，凤岗镇大力推进城乡一体的基本医疗保障制度改革，继续提高基本养老保险覆盖面。全镇企业职工养老保险、地方养老保险、失业保险参保人数11万人，住院基本医疗参保人数13万人，工伤保险参保人数21万人，各险种基金征收金额达3亿多元。大力推进社会基本医疗改革，投入1300多万元，建成社区卫生服务中心1个、卫生服务站12个，全镇社区卫生服务覆盖率达100%，基本形成网络较齐全、功能较完善的社区卫生服务体系。

【体育】 2008年9月15日，凤岗镇顺利举办了为期两个月的第三届全镇运动会，共有59个代表团，4000多人次运动员，参与了13个大项53个小项的比赛。运动会期间，还举办由中国象棋协会、广东省棋牌运动管理中心和东莞市体育总会主办，凤岗镇人民政府承办的第三届“杨官璘杯”全国象棋公开赛，70多位中国象棋大师、特级大师和来自港澳台、法国、美国以及东南亚15个国家和地区的共249名象棋选手参赛，总奖金达40多万元，其中专业组冠军奖金高达5万元。《杨官璘象棋新编》新书首发式也同时举行，该书是杨官璘大师的遗作，由其子杨健明编辑完成。凤岗镇体育委员会被国家体育总局授予“2008年全国全民健身活动先进单位”称号。

【卫生】 2008年，凤岗镇开展医院管理年活动，以提高医疗服务质量、整治食品安全、打击非法行医、治理医药购销领域商业贿赂、开展药品阳光采购、医疗收费专项检查等作为工作重点，较好完成各项工作任务。投资1.8亿元的新华侨医院正在进行二次装修。全院共有职工566人，其中卫技人员464人，高级职称43人，中级职称89人。全年完成门诊病人87.92万人次，出院病人1.11万人次，同比分别增长2.82%、16.93%，住院手术4599人次，病床使用率97.36%，病床周转次数46.24次/年，出院病人平均住院日7.63天。

【计生】 2008年，凤岗镇建立依法管理、村（居）自治、优质服务、政策推动、综合治理的计生工作新机制，突出抓好流动人口综合治理，做到有机构、有人员、有经费，与户籍人口同宣传、同管理、同考核的管理机制，提高计生服务与管理水平。2008年，计划生育率为95.49%，出生率为11.59‰，自然增长率为8.5‰，户籍人口共完成“四术”（结扎、上环、人流、引产）275例，流动人口共做“四术”973例，较好完成市下达指标任务。

【教育】 2008年，凤岗镇对全镇公办中小学教师实施绩效考评，在公办中小学的一年级开始实施小班化教学，将雁田小学转为由政府全额拨款的全市第一所以招收新莞人子弟为主的公办学校；制定并实施了新的《奖教奖学助学方案》，由镇财政和各村委会共同出资200万元成立教育奖励基金，对76名贫困学生给予补助19.3万元，对72名考入本科以上院校的本地学生奖励28万元，对249名在职提高学历青年奖励30万元，对学业成绩优秀的中小学生奖励15.7万元，对教学成绩优秀的教师奖励34.5万元，共计发放127.5万元奖教奖学助学金。

【党的建设】 2008年3月3日，凤岗镇正式启动深入学习实践科学发展观活动，全镇45个单位1700名党员、领导干部参加学习实践活动，推出雁田村、工商分局、嘉利集团、宇阳电子厂、民兴电缆厂等5个先进典型，收集各类意见建议五大项81个问题1235条次，梳理出突出问题20多个，查摆出影响和制约科学发展的突出问题和群众最关心、最直接、最现实的热点问题。镇领导班子广泛征求意见，完成调研课题报告16篇。并将16篇研究报告汇编成册，努力转化吸收调研成果，形成破解难题的思路举措，圆满地完成了各项任务。2008年，凤岗镇大力推进固本强基工程，认真开展“理想、责任、能力、形象”教育活动和组织干部下基层驻农村工作，按照市规定选派12名干部驻村挂任村党（总）支副书记，充实农村干部队伍。开展“党心、真情”特殊党费捐款活动，共收到特殊党费925000多元。

【村两委选举】 2008年3月20—21日，凤岗镇各农村支部换届选举，顺利选举产生了各农村支部成员。全镇“两新”党组织换届选举工作也同时进行，选举产生31个两新组织党支部。全镇两新组织党支部共有68个，其中11个为联合式党支部，57个独立党支部，共登记流动党员890多人。

【国家卫生镇创建】 2008年，凤岗镇委、镇政府拨出500万元作为创建国家卫生镇工作专项经费，成立创建国家卫生镇工作领导小组，建立责任追究制，健全长效管理机制。突出抓好群众创卫意识、基础设施建设、环境保护、环境卫生整治、食品安全、传染病防控以及检查整改等工作。通过派发《创卫倡议书》，编印创卫简报，利用宣传栏、大型公益广告牌、候车亭广告栏，以及深入各村、学校、工厂举办创建国家卫生镇工作论坛和创卫知识竞赛，营造了全民参与，人人创卫的氛围，2008年7月凤岗镇通过国家考核验收，12月12日被评为“国家卫生镇”。

【杨官璘象棋广场启用】 2008年1月29日，总投资400多万元，占地面积4500多平方米的杨官璘象棋广场正式启用，广场内建有杨官璘人物雕塑和杨官璘主题雕塑，50多张大型象棋擂台桌及10多个象棋景观座凳等设施。 （林汉筠）

附：2008年东莞市凤岗镇党委、人大、政府领导名录

镇委书记：任焕林

镇委副书记：朱国和　李海文

镇委委员：张瑞波　张伟胜　巫惠平
　　　　　杨志钦　张凌峰　邓金祥
　　　　　黎锦波　罗永光　张永雄
　　　　　曾爱红

镇人大主席：任焕林

镇人大副主席：张瑞波　王孟德

镇　长：朱国和

副镇长：张伟胜　罗永林　陈志鹏
　　　　张新伟

2004—2008年凤岗镇主要经济指标

指标＼年份	2004	2005	2006	2007	2008
户籍人口（人）	20086	20633	21182	21649	22338
外来暂住人口（人）	199208	192273	202313	152860	142116
面积（平方公里）	82.5	82.5	82.5	82.5	82.5
国内生产总值	373309	522562	636032	756328	900584
工业总产值当年价（万元）	903918	1152828	1341192	1664355	1629787
农业总产值当年价（万元）	4310	3535	3512	3509	3423
总用电量（万千瓦时）	116867	128582	142859	161893	163420
全社会固定资产投资总额（万元）	113721	140192	192677	225584	168851
社会消费与零售总额（万元）	85580	99367	117845	140622	178304
外贸出口总额（万美元）	128517	131238	154692	205017	201207
实际利用外资（万美元）	9120	5807	6807	7708	9022
镇级可支配财政收入（万元）	19698	26203	34490	45232	50109
各项税收总额（万元）	48435	58938	74296	97258	123877
金融机构各项存款余额（万元）	601594	711175	830853	924601	1078965
城乡居民储蓄存款余额（万元）	434860	507958	576692	602462	721104

塘厦镇

【概况】塘厦镇位于东莞市东南部，东连清溪镇，西邻黄江镇，北接樟木头镇，南与凤岗镇和深圳市观澜街道接壤，莞深高速、龙林高速、东深公路贯穿而过，是东莞东南部的交通枢纽。2008年，全镇总面积128平方公里，下辖20个社区，户籍人口4.2万人，外来人口近50万人。全镇实现国内生产总值145亿元，比上年增长11.5%；各项税收总额24.9亿元，增长19.7%；镇级可支配财政收入9.1亿元，增长6.1%；社会消费品零售总额20.7亿元，增长7.3%；银行各项存款余额154.6亿元，增长14.2%；城乡居民存款余额102.3亿元，增长25%；社区群众人均收入16079元，增长6.9%。

【产业转型升级】2008年，塘厦镇推动企业增加科技投入，全镇新增国家级"高新技术企业"7家，省、市级民营科技企业10家，新增专利授权410项，志成冠军集团设立了博士后科研工作站，研制的"大容量不间断电源"获中国专利金奖。塘厦镇重新修订《塘厦镇实施名牌带动战略工作方案》，推动企业争创名牌，全镇新增绿色食品10个。同时，塘厦镇加强政策辅导，推动恒利化工等10家来料加工企业就地转为"三资"企业，推动华强三洋电子有限公司等9家企业开展内销业务，使"三资"企业内销总额达到49.8亿元。

【产业结构优化】2008年，塘厦镇立足镇内96家规模以上电子信息企业，吸引美国、澳大利亚和国内的其他同行企业进驻，形成通讯电子、汽车电子、航空电子三大产业链，壮大了电子信息产业。同时，塘厦镇帮助、推动民营企业排忧解难，加快发展，全镇民营企业总数达到3513家，同比增长30.6%，民营经济继续壮大发展，内外源经济进一步实现均衡发展。塘厦镇三大产业比重为0.9：60：39.1，与上年相比，第三产业提高3.7%。

【企业帮扶】2008年，塘厦镇组织镇、社区两级干部深入全镇企业走访调研，深入宣讲帮扶政策，表明政府与企业共克时艰的立场，增强企业扎根塘厦谋发展的信心，其中外资企业合同增资1亿美元。塘厦镇改革"三资"企业合作管理费收费制度，给予2年25%的减免优惠，每年为"三资"企业减轻负担5100万元，降低企业的经营成本。同时，塘厦镇搭建平台，促成金融机构为镇内企业提供总额为60.3亿元的授信协议，为中小企业和加工贸易企业落实贷款18.6亿元，帮助企业解决融资难题。

【城市建设管理】2008年，塘厦镇聘请专业机构高标准做好塘厦镇总体规划和土地利用总体规划，初步形成科学合理的功能分区和空间布局。同时，完成改造桥蛟路和新建石鼓跨铁路桥等工程，开工建设桥清路等工程，构建起更加便捷的交通网络；改造供水管网，保护虾公岩水库水质，提高供水能力和质量；建成启用110千伏林村变电站，缓解用电压力，加快城市基础设施建设。完善市政设施，持续开展城市"六乱"（乱扔吐、乱堆放、乱拉挂、乱张贴、乱搭建、乱摆卖）综合整治，查处整治各类违法违章行为2万多宗，规范城市秩序；

深入开展违法违规用地查处整治行动，共清拆违法建筑16宗，完成复耕复绿54宗，遏制违法用地频发势头。

【环境保护】2008年，塘厦镇完成生态环境整治工程5项，新增绿地68万平方米，林村、石桥头污水处理厂BOT项目全面投产，开工建设凤凰水厂废水零排放、虾公岩水库截污管网等工程。拒批环保不合格项目25宗，关停塘厦电力有限公司等一批污染企业，成功创建为“全国环境优美镇”。塘厦镇坚持节约优先方针，大力推进节能节水节地工作，全镇每万元GDP能耗与上年同比下降5.6%，每万元税收耗地下降31.5%、耗电下降31.8%、耗水下降34.7%。

【社会综合治理】2008年，塘厦镇增强基层派出所的力量，提高路面见警率。以防为主，安装7000多个治安摄像头，形成人防、物防、技防相结合的立体监控网络。综合治理，强化出租屋和流动人口管理，成功创建沙湖等5个平安社区。“治摩禁电”，共查扣可疑车辆1.5万辆次，销毁非法车辆3500辆，由摩拖车和电动自行车引起的交通事故下降68.3%。除恶灭罪，持续开展专项行动，成功侦破“11·9”绑架儿童案、“12·22”特大抢劫案等一批严重暴力性案件，刑事案件破案率上升8.3%，命案发案率下降20%，治安形势更加好转。塘厦镇深入开展“隐患治理年”活动，狠抓安全生产，大力推进“三小”（小档口、小作坊、小娱乐场所）场所、出租屋、农贸市场、危化品、非法行医、无证照经营、危旧桥梁建筑、产品质量和食品药品安全等专项整治，全年未发生重特大安全生产事故。扎实开展“领导大接访”活动，加强劳资纠纷调解，全面排查各种社会矛盾，解决一批群众关注的热点难点问题，有效维护社会和谐稳定。2008年，塘厦镇被评为维护稳定和社会治安综合治理先进镇。

【社会保障和服务】2008年，塘厦镇抓好社保扩面征缴，全镇各险种参保共93.9万人次，增加13.4万人次，住院、门诊、工伤保险支付日趋规范，返乡农民工退保业务有序办理。塘厦镇以农村人口和流动人口为重点，加强计生管理，户籍人口计划生育率96.9%，人口自然增长率5.65‰。

【民生工程实施】2008年，塘厦镇共投入公交车辆149辆，开辟公交线路15条，新建公交候车亭139座、公交候车站牌314个，方便了群众的出行。建成使用社区卫生服务中心和第一批9间社区卫生服务站，“一刻钟健康圈”初步形成，缓解了群众“看病难”问题。同时，为住院基本医疗保险参保人员增加普通门诊医疗保障，降低住院起付标准，提高最高赔付标准，缓解了群众“看病贵”问题。塘厦镇还发放了租房补贴，解决农村困难群众的住房问题；实行统包统租，为低收入家庭和新莞人提供廉租房930套；向符合条件的低保家庭就读子女发放补助61万元，向低收入“新莞人”家庭子女发放学费补助81万元，全年发放低保金112万元，发放临时救济款22万元；向586名残疾人提供专项补助以及康复、就业服务，资助举办技能培训47期、4600人次，开办“村民车间”12个，发放企业生产一线补助243万元，发放大中专毕业生创业贷款36万元，促进了群众创业就业。

【文教事业】2008年，塘厦镇投入1.8亿元建成启用初级中学新校区，顺利实现初高中分离；挖掘公办学校资源，提高民办学校教育质量，解决2.3万多名新莞人子女的读书问题；开办半工半读班，提供三成学费补助，发展企业员工职业教育，实现教育事业均衡发展。组织开展读书节、“越唱越红”歌唱大赛、第三届打工歌曲创作大赛获奖歌曲巡回演唱会、迎春体育竞赛等文体活动，协助举办CBA篮球联赛、第二届观澜湖高尔夫世界杯，实现文体事业全面繁荣。

【行政服务效能】2008年，塘厦镇坚决执行镇人大的决议，自觉接受人大的法律监督、工作监督以及社会各界人士的民主监督。认真办理人大代表意见、建议和群众来信来访，办复率100%。严格执行党风廉政建设责任制，规范财政资金审批管理，强化行政监察和审计监督，从源头防范腐败发生。落实政务信息公开和服务承诺制度，开展民主评议行风和“市民评机关”活动，强化督办监察，提高办事效率。

【党建工作】2008年，塘厦镇委认真组织开展学习实践科学发展观活动，广泛向社会征求意见和建议1200条，梳理出6项影响和制约塘厦科学发展的突出问题和8项群众最关心、最直接和最现实的利益问题，并制定整改方案，落实23项具体整改措施，学习活动的群众满意度达到99%。塘厦镇完成20个社区党组织、45个单位党组织、76个“两新”（新经济组织、新社会组织）党组织的基层党组织换届选举，其中凤凰岗社区完成“公推直选”试点工作。塘厦镇全面开展“讲党性、重品行、作表率”活动，扎实推进结对共建活动，精心组织20名机关单位干部下基层驻农村，继续深化固本强基成果，并成功创建林村社区党委和广东志成冠军集团公司党支部。

【中美男篮赈灾义赛】2008年5月28日，中国国家男子篮球队与美国孟菲斯大学篮球队在塘厦体育馆进行一场“情系灾区，奉献爱心”中美男子篮球赈灾义赛。该义赛由东莞日报“爱心联盟”发起，意在响应党中央号召，为四川灾区人民献爱心，共募集捐款426万元，以实际行动对四川灾区表示最大支持。

【“6·13”特大暴雨灾害】2008年6月12—13日，塘厦镇普遍出现暴雨到大暴雨，甚至局部地方出现特大暴雨。13日凌晨1时至14日凌晨1时，全镇24小时连续降雨量达到422.8毫米，为50年一遇，灾情较为严重，导致全镇多处地方水浸，水浸最深约达3米，导致交通瘫痪，更是引发洪水、积涝、危房倒塌、山体滑坡、通讯中断、供电线路受损等诸多水灾事故。对此，塘厦镇委、镇政府采取领导坚持靠前指挥、切实明确抗灾要求、紧急启动应急预案、细化抗洪救灾职责、加强后勤支援保障和及时发布电视公告等6项举措，迅速、有效地应对水灾，并扎实开展做好安抚灾民、排查建筑隐患、开展卫生防疫、恢复供电供水、抢修市政设施、加强救灾演练等灾后重建工作。同时，塘厦镇委、镇政府还落实100万元作为应急物资专款，拨出1000万元作为社区灾后重建补助金，并统一采购45艘橡皮特艇和5艘冲锋舟。据统计，此次水灾造成全镇受灾人口达34843人，造成2人死亡，直接经济损失达78868万元；全镇共有1260多栋房屋48条村道9所学校11所幼儿园15763亩农作物受浸；822间房屋倒塌；153家工厂受损，全镇工矿企业损失达57338万元；47回10千伏线路停电。

【塘厦初级中学新校区落成启用】2008年12月12日，塘厦初级中学新校区举行落成庆典活动，这标志着占地180亩、总建筑面积8.5万平方米、可容纳教学班60个、学生3000人的塘厦初级中学新校区正式投入使用。新校区教学装备按省一级示范性普通初中的标准配备，为塘厦镇打造东莞东南部初中教育示范基地、创建优质品牌初中奠定坚实

基础。 （刘碧峰）

附：2008年东莞市塘厦镇党委、人大、政府领导名录

镇委书记：张国平（任至9月）
叶锦河（9月到任）
镇委副书记：叶锦河（任至9月）
方灿芬（9月到任）
崔伟奇
镇委委员：罗金玉 郑兆鹏 刘兆福
赵如发 郭锦河 谢汉康
卢海祥 叶浩昌 黄北强
黄国文
镇人大主席：张国平（任至9月）
叶锦河（9月到任）
镇人大副主席：罗金玉 黄耀光
镇 长：叶锦河（任至9月）
方灿芬（9月到任）
副镇长：郑兆鹏 罗万新 黄秀英
杨晓斌

2004—2008年塘厦镇主要经济指标

指标＼年份	2004	2005	2006	2007	2008
户籍人口（人）	37065	38023	39326	41144	42493
外来暂住人口（人）	270695	334318	345792	327898	358672
面积（平方公里）	128	128	128	128	128
国内生产总值（万元）	882099	1049698	1153067	1299213	1452889
规模以上工业总产值当年价（万元）	2066287	2932695	3698106	3813194	3529639
农业总产值当年价（万元）	20439	18177	12479	11081	14251
总用电量（万千瓦时）	210739	237295	269195	285753	277086
全社会固定资产投资总额（万元）	220510	265108	256875	281278	240907
社会消费品与零售总额（万元）	107440	135030	152852	192899	206884
外贸出口总额（万美元）	282747	317319	319895	402730	393853
实际利用外资（万美元）	17027	18967	18916	85000	9283
镇级可支配财政收入（万元）	61359	71426	76021	91640	90930
各项税收总额（万元）	86433	112695	140213	208366	249299
金融机构各项存款余额（万元）	786698	909798	1142504	1353134	1545860
城乡居民储蓄存款余额（万元）	511710	622328	743554	817766	1022482

谢岗镇

【概况】 谢岗镇位于东莞市东部，与惠州市惠城区沥林镇相邻，是东莞市的东大门；京九铁路、广梅汕铁路和省道S357线横贯谢岗；建筑中的常惠（常平—惠州）高速和博深（博罗—深圳）高速贯通谢岗，交通方便。2008年全镇面积103平方公里，辖11个村和1个社区。全镇总人口89998人，其中户籍人口19947人，新莞人70051人。

2008年全镇国内生产总值246370万元，同比增长10.2%；工业总产值438523万元，同比增长6.35%；规模以上工业总产值324609万元，同比增长2.82%，其中外资经济291957万元，同比增长3.58%，民营经济27593万元，镇区本级财政收入24273万元，同比增长24.56%，各项税收总额23536万元，同比增长36.72%；社会消费品零售总额66735万元，同比增长22.66%；全年实际利用外资3942万美元，同比增长21.29%；外贸出口总值34388万美元，同比增长18.3%；金融机构各项存款余额275937万元，同比增长13.08%；城乡居民储蓄存款余额210749万元，同比增长22.29%。

【企业扶优做强】 2008年，谢岗镇被列为东莞市产业结构调整和转型升级试点镇。在东莞市推进产业升级转型和结构调整中，谢岗镇旗利得电子（东莞）有限公司（日商独资企业）、东莞市金娃食品工业有限公司、东莞市鑫宇五金制品有限公司被列为东莞市扶优做强企业试点，其中，外资企业1家，民营企业2家，含电子、食品、五金等行业。谢岗镇抓住产业结构调整和转型升级这一契机，成立试点工作领导小组，对一批重点企业加强转型辅导，帮助企业解决生产经营中的问题，促进企业科技创新。2008年，全镇获认定的省、市级高新技术企业有10家，全镇企业申请各类知识产权专利39件，授权专利47件。

【化危为机】 2008年，面对全球金融危机的巨大冲击，谢岗镇成立以镇长为组长，分管领导为副组长、相关职能部门负责人为成员的工作领导小组，研究制订稳定企业和帮扶企业的计划和措施，开展“进企业、访企情、解企困”活动，组织镇村两级干部深入300多家企业调研，深入了解企业生产经营的情况，尤其是金融海啸冲击下企业所遇到的困难。召开现场办公会，为企业排忧解难，为企业解决了25个问题。举办3场专题讲座，宣传应对金融海啸的有关政策、措施。积极帮助企业解决融资问题，首批有51家企业参与市融资支持计划，融资额达1.6亿元。实行重点企业办事优先卡制度，及时推出减轻企业负担的优惠政策，帮助企业减负，与企业共度难关。2008年，全镇企业基本保持稳定，全年实际利用外资3942万美元，同比增长21.29%；外贸出口总值34388万美元，同比增长18.2%。

【民生工程】 2008年，谢岗镇对3300

人进行技能培训，千方百计提高群众的就业能力，帮助389名“摩的”司机转型就业，就业率达98.2%；进一步完善公交系统，建成62个公交候车亭并投入使用，镇内公交线路增至5条，村村通公共汽车，镇财政投入160万元补贴镇内公汽；投资500万元改造谢岗医院门诊大楼，并添置医疗设备，完善群众就医环境；投入近400万元充实社区卫生服务机构，已有1个中心和2个站建成并投入使用；助残济困，帮助残疾人就业，将最低生活保障标准提高到每人每月400元，全镇低保家庭全年一次性发放生活补贴1200元。

【基层组织建设】 2008年，谢岗镇完成镇主要领导届中调整，以及农村基层党组织换届选举与第四届村（社区）委会换届选举工作。新一届村（社区）“两委”班子成员趋向年轻化、知识化，30—49岁的占78%，高中以上学历的占71%，其中大专以上学历占30.6%。

【维稳综治】 2008年，谢岗镇围绕“社会治安根本性好转”和保奥运平安的目标，加大综合治理力度，维护社会安定。投入80万元购置防暴车及一批警用装备，完善村（社区）警务区设备，创建黎村、稔子园2个平安社区。扎实开展“粤安08”、查禁赌博等专项行动，对“三小”场所、出租屋、酒店、网吧、人员密集场所进行大检查，全年没有发生重大安全生产事故。治摩工作深入开展，全年共查扣摩托车462辆，报废和迁出摩托车719辆，帮助389名“摩的”司机转型就业。完善信访机制，开展镇委书记大接访活动，落实领导包案制度，共受理信访案件143宗，领导批示件办结率为100%。全年立刑事案件314宗，共受理治安案件98宗，同比下降21%。拆除违法广告、招牌160件，拆除违章搭建35宗，整顿乱摆卖429宗。

【谢岗镇首届运动会】 2008年1月7日，谢岗镇首届运动会在谢岗中学运动场开幕。市体育局局长邹联、谢岗镇委镇政府有关领导、各界群众代表共3000多人出席开幕式。这届运动会的宗旨是“与奥运同行，与和谐同步”。谢岗机关单位、各村（社区）、企业战线组成17支代表队，3000多名运动员参加了田径、足球、篮球、羽毛球、乒乓球、登山等10个比赛项目的角逐。运动会期间，有一人次破市运会纪录。

【教育】 2008年，谢岗镇整合教育资源，将全镇11所小学整合为3所，实现联合办学的目标。投资6000多万元的谢岗中心小学新校正式投入使用，该校有48个教学班，有2300多名学生。政府和民间集资200多万元绿化、美化谢岗中学校园，在校园内的飞鹅山建生物园，绿化率达到97%，成功创建“广东省绿色学校”。谢岗中学师生成立校园观鸟队，极积开展第二课堂活动，教育教学质量不断提高。

【谢岗镇第五届登山节】 2008年9月19日，由东莞市旅游局、东莞市体育局、东莞市谢岗镇人民政府主办的谢岗第五届登山节在银瓶山举行开幕式。这届登山节历时3天，以“登银瓶览胜，为东莞喝彩”为主题，并启动环保健康行。开幕式上，登山节组委会向市民免费派发2000个环保手袋。东莞市人大常委副主任吕兢、市政协副主席游敏达等市领导和数千名登山爱好者出席了开幕式。本届登山节异彩纷呈，奖品丰富。

【东莞森林野生植物资源调查】 2008年3月26日，中科院华南植物园专家组刑福武教授、曾庆文研究员、王发国副研究员，带领助手林瑞芬、陈林、戴建阅等研究生，到银瓶山进行为期一个多月的东莞野生植物资源调查。谢岗镇林业站负责人阙宋来、护林员林伟光、林锦辉等人先后担任向导。他们翻山越岭，涉水爬坡，发现逾千种植物种类，其中珍稀濒危植物有三尖杉、穗花杉、短萼仪花、野生莞香、野生兰花、东莞润楠、粘木等。三尖杉属国家一级保护植物，是优良的抗癌药用植物，对血癌和淋巴肉瘤有特殊的疗效。穗花杉，当地人又称“金龙杉”，是国家一级重点保护野生植物，保护级级别与国宝大熊猫相同。穗花杉是治疗癌症药物的主要元素。野生兰花、野生莞香属国家二级以上保护植物。

【志愿服务】 2008年，谢岗志愿者人数达3000人。四川汶川大地震发生后，志愿者积极开民抗震救灾活动，全年开展志愿活动40多场次，全镇累计捐款捐物500多万元。 （何飞林）

附：2008年东莞市谢岗镇党委、人大、政府领导名录

镇委书记：卢贯纪（任至9月）
尹照容（9月到任）
镇委副书记：尹照容（任至9月）
万卓培（9月到任）
罗树华
镇委委员：卢贯纪（任至9月） 尹照容
万卓培（9月到任） 罗树华
罗满桥 王居乐 罗锦泉
蒋共超 何智斌 王笑娟
李学畴 罗佑发
镇人大主席：卢贯纪（任至9月）
尹照容（9月到任）
镇人大副主席：王居乐 赵灿文
镇 长：尹照容（任至9月）
万卓培（9月到任）
副镇长：罗满桥 黄润波 谢伟平

▲ 谢岗镇

2004—2008年谢岗镇主要经济指标

指标＼年份	2004	2005	2006	2007	2008
户籍人口（人）	18406	19240	19496	19816	19947
外来暂住人口（人）	82018	80473	69098	68303	70051
面积（平方公里）	103	103	103	103	103
国内生产总值（万元）	97780	141768	189317	223961	246370
工业总产值当年价（万元）	197078	269835	343286	412355	438523
农业总产值当年价（万元）	9864	10781	9710	10260	15715
总用电量（万千瓦时）	40978	47590	53513	60457	58296
全社会固定资产投资总额（万元）	44799	53121	91230	109594	63561
社会消费与零售总额（万元）	51682	54850	65218	67406	66735
外贸出口总额（万美元）	15588	17960	23601	29950	34388
实际利用外资（万美元）	4468	5531	2478	3250	3942
镇级可支配财政收入（万元）	11069	14181	16155	19750	24273
各项税收总额（万元）	7862	10856	13579	16450	23536
金融机构各项存款余额（万元）	143156	179452	222625	238707	275937
城乡居民储蓄存款余额（万元）	109043	133613	163435	167081	210749

清溪镇

【概况】 清溪镇位于东莞市东南部，毗邻惠州、深圳。全镇面积140平方公里，下辖20个村，1个社区。2008年末，全镇户籍人口约3.4万人，外来暂住人口约25.3万人。2008年，清溪镇坚持以科学发展观统领全局，继续解放思想，深化改革开放，围绕“建设环境优美的现代制造业重镇”的目标，着力提升经济发展水平，推动产业结构升级，加强城市规划建设，实现经济社会的持续健康发展，在2008年度镇街领导班子年度工作量化考核评比中，清溪镇名列第七位。

【经济稳步发展】 经济实力继续提升。2008年，清溪镇实现生产总值143.8亿元，同比增长11%；规模以上工业产值433.5亿元，同比增长3.7%；全镇完成各项税收14.7亿元，同比增长37.7%；镇级可支配财政收入5.66亿元，同比增长15.05%；全镇银行各项存款余额88.97亿元，同比增长16.91%；农村人均纯收入13718元，同比增长8%。

外源经济稳步增长。2008年，全镇外资企业加工贸易直接出口总值60.81亿美元，同比增长6.77%，全市排名第二；新签利用外资协议23宗，协议利用外资0.28亿美元；协议增资企业42宗，协议增资金额1.07亿美元；新口径实际利用外资2.47亿美元，同比增长106.62%。

民营经济不断壮大。2008年，清溪镇涌现出一批实力较强的私营企业，其中市级民营科技企业8家，省级民营科技企业6家，高新科技企业1家。2008年，全镇规模以上民营企业工业总产值为13.6亿元，占全镇工业总产值的3.3%。全镇共有私营企业和个体户13985户，同比增长16.3%。

第三产业更加活跃。2008年，清溪镇重点建设清溪森林公园、生态农业园等工程，着力开发生态旅游资源；大力发展嘉信广场、凤凰花园、御鹿华庭等项目，致力开发房地产业；加快“退二进三”工作，对拆除旧村、旧厂后获得的土地，重新进行规划，从而增强城市发展配套能力和经济活力；内需持续增长，全镇社会消费品零售总额15.7亿元，同比增长15.72%。

【产业结构调整】 2008年，清溪镇研究制定《清溪镇产业结构调整大胆尝试实施方案》、《清溪镇着力建设“四类经济”，全面推动产业结构调整和转型升级》等政策规划，确定产业结构调整的目标、思路、方法与步骤，明确产业发展的方向、结构调整的重点以及各村各部门在结构调整中的责任；以科技工程为动力，从2008年起每年投入1500万元，推进科技创新和经济结构的战略性调整；以试点工作为突破，紧抓清溪镇被市列为信息产业转型升级示范区域试点的契机，制定《清溪镇信息产业结构调整和转型升级试点工作方案》，积极探索加快信息产业结构调整的经验做法；以发展第三产业为导向，全面规划发展商贸业、服务业、酒店业、娱乐业，增强城市发展配套能力和经济活力。

【村组干部换届】 2008年3月和4月，清溪镇相继完成农村党支部及村委会的换届选举工作，并按照“先培训、后上岗”的工作思路，组织村“两委”干部与村小组长共405人参加农村基层干部培训班，进一步提高广大村干部的思想素质和业务水平。

【社区卫生服务】 2008年，清溪镇作为全市社区卫生服务门诊的试点镇之一，积极开展社区门诊医疗试点工作，投入3300多万元建设1个社区卫生服务中心和20个社区卫生服务站，对新招聘的140多名工作人员进行岗前培训，于2008年9月全面投入使用，进一步强化医疗保障。

【第三届客家文化艺术节】 2008年11月28日，清溪镇以“感恩改革开放·展现客家风情”为主题的第三届客家文化艺术节开幕，通过开展客家民俗研讨会、客家山歌大家唱、客家麒麟套路编排比赛、新莞人专场晚会等系列活动，发掘深厚的传统文化底蕴，弘扬本土优秀文化，积极打造清溪文化品牌。

【“全国文明村镇”创建】 2008年，清溪镇作为2008年度“全国文明村镇”全市唯一候选对象，精心开展创建工作，广泛开展创建活动，努力提升文明社会品位，城乡文明程度和公民素质不断提高，中央文明委于2009年1月授予清溪“全国文明村镇”称号，这是清溪自2003年成功创建“广东省文明示范镇”、2005年荣获“全国创建文明村镇工作先进村镇”之后获得的第三个文明建设的主要荣誉。

【教育文化】 2008年，清溪镇继续加大对教育文化事业的投入，6月，清溪第二小学、第三小学被评为“市一级学校”，标志着清溪1所中学、4所小学全部迈入市一级以上学校行列；清溪中学落实《东莞市高中阶段学校布局调整方案》，停止招收高一新生，部分高中教师分流到塘厦中学；1所中学、4所小学、1所成人学校、1所幼儿园的公办教育格局健康稳定，并呈现良好发展态势；7月，清溪麒麟再度走出国门，舞进奥地利维也纳金色大厅；11月，清溪被中国民间文艺家协会授予“中国麒麟文化传承基地”称号。

【城市建设】 强化城市规划。2008年，清溪镇严格控制详细规划，在全面完成中心区控规的同时，继续抓好各村、各片区的控规。严格科学划分各类功能空间，控制开发强度，规范开发秩序，逐步形成人口、经济、资源、环境相协调的空间开发新格局。严格统筹公共基础设施，建设现代化、一体化的供水排水、供电供气、防灾减灾、环境保护、信息工程等基础设施网络。严格执行生态绿线规划，确保绿线与全镇发展协调一致。

加强城市管理。加快旧城、旧村、旧厂改造工程，进一步改善城乡生态环境；大力推广道路绿化、环卫作业社会化管理模式，将环境管理逐步推向市场化、专业化、社会化轨道；开展违法用地专项整治，拆除建筑面积6500平方米，复耕复绿351.9亩。

推进重点工程。着力抓好、抓紧2008年度镇属十大重点工程建设，进一步完善城市配套，健全城市功能，提高城市品位。至2008年12月，维稳指挥中心综合办公楼封顶，清溪敬老院、商会大厦、博物图书馆三项工程处于立项审批阶段，其余六项工程正加快建设。

【社会治安】 2008年，清溪镇严抓社会治安，坚持长期严打不动摇，重点打击团伙性、系列性犯罪，开展“天网”、“秋风”等打黑除恶专项行动；继续推进“治摩禁电”工作，防止路面“两抢”犯罪、涉摩交通事故反弹；普及出租屋视频监控系统安装，完成1650个监控摄像头的布点工作。2008年，全镇共立刑事案件734宗，比2007年减少198宗，下降21.1%，破获301宗，破案率为41%；打掉各类犯罪团伙142个，抓获各类犯罪嫌疑人1649人，比2007年减少18人；全年共受理治安案件1023起，查处818起，抓获违法人员1169人。2008年度，清溪镇被评为“广东省三年禁毒人民战争工作先进单位”、“东莞市维护稳定和社会治安综合治理先进镇”。

【公共安全管理】 安全生产监督管理。2008年，清溪镇加大安全生产防范和检查的力度，加强对违规企业的检查整治。共巡查企业470家次、人员密集场所165家次，并对14家违法企业进行处罚。

食品安全整治。2008年，清溪镇加强排查监管，进一步规范食品市场，全面检查农贸市场、超市、餐饮单位以及集体饭堂，取缔无证照经营餐饮户30家，取缔无证照销售食品经营户6家，发出整改通知书353份；抓好肉食品质量安全，开展打击私宰行动，共取缔私宰窝点12个，收缴私宰肉13363公斤；妥善应对三鹿奶粉事件，对“三鹿”牌奶粉全部执行下架退市制度，共下架封存不合格奶粉1308包。

矛盾调处。2008年，清溪镇建立镇、村、组、企业四级信访工作网络，争取全面化解社会矛盾；建立领导干部信访机制，开展“党委书记接访日”活动，领导班子带头示范做好接访、下访工作；开展矛盾排解，深入各村、各工厂企业，对土地利用、劳资纠纷、安全生产、废品经营等问题隐患进行全面排查，对信访老案、难案进行全面跟踪，积极将矛盾化解在基层。

【就业与保障】 2008年，清溪镇登记大中专应届毕业生184人，为历年之最，其中研究生2人，本科48人，大专125人，中专9人。针对严峻的就业形势，一方面加强培训服务，提高毕业生创业意识和就业能力；另一方面及时了解各单位、各村（居）及外资企业、民营企业等用人单位的用人结构与人才需求情况，合理推荐毕业生到用人单位就业。与此同时，制定《清溪镇选拔2008年应届大专以上毕业生到农村基层实习锻炼的实施方案》，通过考核，选拔21名大学毕业生到农村基层实习锻炼。组织“摩的”司机开展各类培训班，成功推荐部分人员转型就业，并为180名50岁以上转业“摩的”司机申请工资差额补助。

【党建工作】 2008年，清溪镇深入开展科学发展观学习实践活动，全镇230个学习实践单位党组织、2684名党员严格按照要求，努力做到“规定动作”完成好、“自选动作”有创新，提高运用科学理论引领实践创新、解决实际问题的能力。通过开展纪律教育学习月系列活动，强化机关工作人员“学习、服务、群众、效率、节约、纪律、进取”七种观念。以信访部门轮岗锻炼、下基层驻农村活动为载体，把干部量化考核与各项实践活动有机结合起来，继续从各单位选派21名年轻干部驻各村挂职副书记；继续推进干部培训模式创新，分别组织80多名中层干部到武汉大学学习、150多名普通干部到惠州市举行拓展活动。成立新莞人服务管理中心二手房东党支部，将27名二手房东流动党员纳入党组织管理；成立流动党员管理服务中心党支部，吸收9名党员；创建第二批固本强基工程镇级示范点共23个，进一步完善“两新”组织党组织的硬件设施；成立“两新”组织党员志愿服务中心，组建永成、高力公司等10支党员志愿服务队，招募党员志愿者共200人。

（杜文宇　吴　广）

附：2008年东莞市清溪镇党委、人大、政府领导名录

镇委书记：陈浩林

镇委副书记：黄沛林　殷子胜

镇委委员：谭全河　张喜民　蔡家树　罗建军　杨文峰　殷雪林　李子标（8月到任）　林超明　姚伟民　黄托坤

镇人大主席：陈浩林

镇人大副主席：张喜民

镇　长：黄沛林

副镇长：谭全河　王润成　杨俊丽　尹德明

2004—2008年清溪镇主要经济指标

指标 \ 年份	2004	2005	2006	2007	2008
户籍人口（人）	32552	33281	33749	34193	34679
外来暂住人口（人）	283428	332857	315416	318728	253800
面积（平方公里）	140	140	140	140	140
生产总值（万元）	848426	1000520	1128054	1304335	1438000
工业总产值当年价（万元）	3027360	3517390	3760282	4180567	4334690
农业总产值当年价（万元）	14417	13030	10695	8815	7515
总用电量（万千瓦时）	178338	198130	214792	227288	217652
全社会固定资产投资总额（万元）	109116	176354	197713	204204	156600
社会消费与零售总额（万元）	142159	116194	127633	150183	172197
外贸出口总额（万美元）	291761	330323	390175	582282	608106
实际利用外资（万美元）	25057	17448	18983	14756	17861
镇级可支配财政收入（万元）	31896	40424	41520	49171	56570
各项税收总额（万元）	60875	65544	76041	106909	147231
金融机构各项存款余额（万元）	531685	634002	718328	760971	889684
城乡居民储蓄存款余额（万元）	337680	422896	495695	518290	640066

常平镇

【概况】常平镇位于东莞市东部地区，地处穗港经济轴的中心。常平是大京九铁路、广梅汕铁路、广深铁路的交汇处，是全国唯一设有两个大型客运站（东莞站、东莞东站）和一个国家一类铁路口岸的镇，客流量达1500万人次。2008年，全镇面积108平方公里，下辖32个村（居）委会，户籍人口7.1万人，外来暂住人口25.24万人。全镇生产总值144亿元，比上年增长12.21%；规模以上工业总产值258亿元，增长1.84%；外贸出口总额33.03亿美元，增长15.7%；社会消费品零售总额47亿元，增长19.54%；固定资产投资总额26.28亿元，增长19.94%；金融机构各项存款余额175亿元，增长14.74%；全镇各项税收总额17.03亿元；镇级当年可支配财政收入8.81亿元。2008年，常平镇获得“中华餐饮名镇”、“全国亿万农民健康促进行动广东省示范镇”等称号。

【对外经济贸易】2008年，常平镇对外经济贸易保持平稳发展。全镇已投产及已立项的外资企业650家，其中“三资”企业323家，来料加工企业327家。新增进出口经营权的民营企业33家，全镇累计105家。实际吸收外资金额15679万美元；新签项目23宗，总额2763万美元；“三资”企业增资项目40宗，合计4829万美元。新增电子行业10家和五金塑胶业7家。其中香港20家，日本3家，新加坡、美国、台湾、新西兰各一家。增资项目电子机械领域增资项目12宗，合计2154万美元，五金塑胶领域增资项目9宗，合计1666万美元。

【民营经济】民营企业发展水平不断提升。2008年，常平全镇累计个体户25959家，新增2064家；私营企业3897家，新增551家。民营经济完成固定资产投资额10.5亿元，同比去年增长18.23%，占全镇固定资产投资总额的48.89%；规模以上民营工业总产值7.92亿元，同比增长62.38%；个体、私营企业税收总额5.57亿元，同比增长18.01%，占全镇总税收的41.6%。

民营企业科技含量提升。2008年，在金融危机的影响下，常平镇民营企业更加注重对产品技术和质量的提高，引进各类先进设备和生产工艺，积极与科研院校合作。其中，圣旗路时装有限公司电脑改造毛衣生产工艺。勤上企业成立广东省半导体照明技术与应用工程中心，生产的LED灯被列入2008年“广东省重点产业专项”和“国家重点新产品”计划。

民营经济经营领域逐步拓宽。截至2008年，常平镇民营企业除了分布在制造业、批发零售贸易餐饮业、交通运输业、社会服务业等传统行业外，部分私营企业在生物技术、新型材料、精细化工、医药等领域形成一定优势，IT产业、电子商务、以及教育等行业和领域也都有私营企业涉足。

【商贸物流】2008年，常平镇落实商业网点规划编制工作，做好专业批发市场、商业步行街、大型商场和餐饮业调研，开展升级改造试点。以企业为主体，扶持具有影响力的商贸龙头企业与服务业名牌发展，大力推进服务业信息化、标准化和规范化，指导服务业企业完善经营管理，争创服务业名牌。进一步整合和发挥常平的区位优势、交通优势、产业优势及“中国最佳物流名镇”的品牌优势，着力完善各项物流基础设施，致力于“发展大商业，培育大会展，搞活大流通”，塑造物流产业的浓重特色，形成以大京九物流基地为平台，以会展中心、大京九塑胶城、大京九农批市场、东站货场、铁路口岸货场等设施为依托，以东迅公司、常盛公司、黄埔快件速递中心等企业为核心，以铁路货运和仓储、农产品和工业产品批发、快件配送等为主业务的大流通格局。协助世通快件公司成功申报物流保税中心（A型）项目，成功申报东莞市商贸流通业专项发展资金200万元，其中扶持资金100万元，贴息贷款100万元。

【农业和农村工作】 稳定农作物种植面积，提高农作物综合生产能力。2008年，常平镇粮食作物面积2500亩，亩产331.6公斤，总产829吨。其中：冬种春收面积1550亩，总产535吨；春种夏收面积950亩，总产294吨；粮食总产值102万元。蔬菜播种面积1.56万亩，总产2.7万吨，总产值6453万元。落实抓好农业支柱产业水果业生产，保证农业收益，2008年，全镇有水果面积9787.3亩，其中：荔枝8801.1亩、龙眼641.7亩、杂果272亩；水果总产175.5吨，其中：荔枝66吨、龙眼为69.55吨、杂果39.95吨；水果总产值120万元。发展“三高”渔业，2008年，全镇水产养殖面积为3698亩；水产品总产量1882吨，比上年增加332吨；平均亩产508.9公斤；水产品总产值1080万元。

2008年，常平镇以农村“两委”干部换届选举工作为契机，切实抓好农村领导班子建设。完成全镇32个村（社区）“两委”干部换届选举工作，共选举产生村（社区）“两委”干部231人，“两委”交叉任职，平均年龄39.9岁，大专以上学历有102人，占4%。

【城镇建设】 2008年，常平镇投入2.63亿元加快推进城乡建设，促进城市功能完善、环境优化、管理有序。

规划先行，坚持抓好城镇建设和管理的先导工作。积极组织编制全镇主要区域的控规，全年有5项控规成果获批准实施，另有6项控规和2项专项规划已完成编制并上报审批。

坚持抓好硬件建设，提高城镇功能。投入1.84亿元新建和改造市政道路17条，建成总里程16公里；投入1484万元推进水利防灾减灾工程建设，先建排站扩建工程顺利完工并投入使用，新桥、屋厦桥等4个排站扩建工程和仁和水、寒溪河桥沥水整治工程完成方案设计；新建10项电网工程。

坚持抓好城镇整治，优化提升城市环境。完成东莞站站前广场、常东路等一批绿化改造工程，新增绿化面积35.7万平方米；深入推进环境“五整治”，持续改善了农村环境质量；加强环保生态建设，西部污水处理厂及配套截污主干管网分别完成总量的76.2%和81%，东部分别完成总量的19.4%和82.9%。深化污染行业整治，狠抓节能降耗减排，拒批污染项目16个，关停污染企业30家，单位生产总值耗电下降8.54%，耗水下降17.99%；全面开展违法用地专项整治，拆除建筑面积3.1万平方米，复耕复绿653.6亩。

【社会综合治理】 2008年，常平镇继续改善治安状况，深入开展严打整治系列专项行动，出动警力12.8万人次，出色完成春运抗寒救灾、奥运安保反恐等中心任务。加强对出租屋及治安复杂场所管控，严打“两抢一盗”、游戏机赌博等违法犯罪，纵深推进“治摩行动”，试点引领铺开平安社区创建，新建视频监控系统112套、视频监控探头129个、社区警务室34个。全年缴获销毁赌博游戏机3636台，刑事立案同比下降12%，命案破案率达100%，“两抢一盗”破案率上升16%。

强力整治安全隐患。持续开展消防安全、交通安全、建筑安全隐患综合治理，整改“三小”场所和出租屋7827间次，查处各类交通违法行为13多万宗，完成5.1万间民房的核查和登记，有效遏制重大安全事故。

深入开展产品质量、食品安全专项整治，销毁不合格食品3.6万公斤，查处关停违法经营店铺121家，全镇食品安全协调机构100%建立，生猪定点屠宰率实现100%。

积极化解矛盾纠纷，深入开展镇领导大接访活动，接访群众333批2517人次，现场为80批600人次解决问题。积极排查调处各类矛盾纠纷，全年调处各类矛盾纠纷案件745宗3974人次，调解率达97%。

【教育事业稳步发展】 教学指导力度进一步加强。2008年，常平镇成立镇语文、数学、英语三个中心教研组，每个教研组由3至4名教学水平高的教师组成，教研组有计划地开展教学活动，重点对已经实现联合办学的实验小学和第四小学教学指导。全面完成镇属中小学864名教职人员定编工作。

教育科研取得新的突破。在东莞市第九届普通教育科研成果颁奖大会上，常平镇有5篇论文获奖，5个获得省奖励的课题得到表彰；振兴中学、常中初中、板石小学、松柏塘小学等共14个课题向市提出申请立项，其中7个课题被批准为市“十一五”第四批立项课题；振兴中学、第一小学、中心小学分别有省级的立项课题；常平镇参与东莞市教育系统“十一五”科研课题公开招标，常平中学、振兴中学、第一小学、实验小学等4个课题中标，中标课题数量位居全市第一。

教学成绩取得较大的进步。全镇有1403名初中毕业生参加升学考试，总平均分超市2.43分，总合格率均超过市的平均水平。1180名初中户籍生升读高中阶段学校，升学率为96.8%，超过全市平均升学率。常平中学参加全国高等教育考试人数达到新高，有 789人，上大专B线人数为556人，上大专A线339人，上本科人数196人，其中重点线13人，各项指标均超市商定的目标。黄水职业中学组织学生参加高职类高考，入围人数97人，比上年增长78人。

【科学技术】 科技投入显著增长。2008年，常平镇财政科技投入1.1亿，占全镇财政总支出的12.9%，其中6028万元用于科技基础设施、企业技术改造、科技企业奖励扶持、科技经费等项目，5000万元用于设立科技创新资金，专门用于鼓励企业自主技术和自有品牌。另外还将镇属南埔工贸工业区划出8000平方米用于建设东莞市湖大汽车新技术研究中心。

创新企业明显增多。2008年，常平镇企业共申报专利400多项，授权268项，被评为“省知识产权试点区域”和“东莞市知识产权示范镇”。

自主创新创出新路子。2008年，常平镇建立与高校、科研单位的经常联系机制，积极为企业牵线搭桥，推动产学研的横向科技联系和科技协作，成功为勤上光电与清华大学、西北工业大学、中山大学，益新五金与华南理工，宇洁公司与东莞理工学院，南方通用与华北电力大学建立长效合作机制，使全镇企业与高校达成的产学研项目超过20项，为企业提供技术支撑；积极推动企业建立研发中心，协助太力生物医药组建省内首家从事生物科技研究的民间研究院，勤上光电建立LED半导体照明行业科技创新平台，龙昌公司组建“东莞智能型机器人工程中心”，富林集团设立中国林科院富林地板研发中心。突出抓好物流、电子、汽车零配件等行业公共科技服务平台的建设，投入300万元启动常平物流技术创新平台建设。设立东莞市湖大汽车新技术研究中心和博士后工作站，孵化常平汽车零配件和汽车电子行业，规划一个占地30亩的科技产业区，用以承载科技企业孵化器、汽车新技术研究中心、物流研究院等公共科技创新平台。

【文化事业】 2008年，常平镇新建改造图书室、村史展览馆15家，成功举办“欢乐常平”、读书节、美食节等大型文娱活动，吸引近50万人次群众参与。成立镇文物普查办公室，全面开展第三次全国文物普查工作，对普查中发现的新线索及时上报存档，通过文物调研，提供文物线索，保障文物普查工作顺利开展；加强文物单位保护，对李任之故居、秀祉公祠、浣薇书屋等文物进行进一步维修工作，并抓好对粤剧曲艺、醒狮、麒麟、旱木龙等民俗文化的挖掘整理。整合《常平》报、常平广播电视两大媒体资源，加强软硬件建设，发挥两媒体的宣传主阵地作用。

【医疗卫生】 2008年，常平镇投入1629万元建成启用20个社区卫生服务机构，打造“十五分钟卫生服务圈”，群众看病更方便、更实惠。不断优化医疗救治应急反应的工作预案，提高应对突发公共卫生医疗救治的能力，圆满完成各种突发公共卫生事件医疗救治的任务。

加强食品卫生管理工作，严格食品卫生许可，旅游景点、大排档等集中经营场所的餐饮企业（单位）卫生许可证取证率达100%。推行食品卫生量化分级管理制度，学校食堂食品卫生量化分级管理达到100%，餐饮业食品卫生监督量化分级管理达到100%以上，通过推行量化管理争取增加A级单位数量。加大食品卫生监督抽查力度，大、中型餐饮单位和学校食堂餐饮卫生抽检合格率达95%以上，并基本消除使用无证食品的违法行为。开展预防性和经常性卫生监督工作，减少食源性疾患。全年完成食品卫生许可证年审和换发证1519户。开展从业人员体检1.9万人，合格1.8万人，合格率96.1%；从业人员卫生知识培训1.86万人，培训合格率100%。对镇区内食品生产加工行业、食品批发销售行业、饮食行业和集体食堂进行巡回监测监督，共对食品经营单位发出550户次的警告或责令整改，立案查处7户次，行政罚款共14400元。

【人民生活】 2008年，常平镇大力实施民心工程，坚持为群众办实事、办好事，人民群众得到更多实惠。群众就业更加充分，全年累计培训群众7618人次，新增就业岗位563个，免费推荐就业1038人次；发放230万元帮扶1528名群众实现再就业。社会保障不断完善，投入763万元推动农医保改革，提高农民基本医疗保险待遇；投入600万元保障293户低保户和298户低保边缘户的基本生活及其子女读书。进一步加强对全镇住房保障工作的领导，成立住房保障工作领导小组，开展全镇低收入住房困难家庭住房状况调查工作，按照住户人均收入和资产分为两种保障类型，符合廉租房保障的有105户，符合经适房保障的有21户，为下一步制定具体的保障措施提供依据。

【第八届大京九农副产品食品（常平）交易会】 2008年11月8—10日在常平会展中心举办，全国各地10个省份53个地区共300多家企业参展，设立430个标准展位，22个特装展位。相比往届，参展本届农交会的区域性品牌产品和企业显著增加，如四川福仁堂、成都海山莱、山西好想你、新疆沙漠枣、福建前进食品等名牌；参展的休闲食品企业显著增加，占了总数的40%以上，充分展现了食品行业“与科技相结合，和绿色相挂钩”的发展方向。为其3天的农交会，共接待观众12万人次，意向成交额达15.6亿元，现场成交额1280万元。

【铁路春运】 在2008年1月中旬至2月中旬铁路春运期间，东莞东站作为广东省5个铁路春运重点车站之一，承受着巨大的运送返乡过年民工的压力。其时适逢广东遭受中华人民共和国成立以来罕见的持续大范围低温雨雪和冰冻极端天气，南方铁路运输受阻，京九铁路客运一度中断，大批返乡民工滞留东莞东站。春节前后数天，东莞东火车站每天滞留旅客3万多人，最高峰一天（1月27日）滞留旅客5万多人。为配合铁路部门疏导滞留旅客，常平镇党委、镇政府，启动应急预案，开放12个安置点分流滞留车站的旅客到安置点休息候车。常平镇在火车站和各个临时安置点间迂回疏运分流的旅客达60多万人次。同时，全镇出动干部、民警、民兵3000多人维护车站秩序，向旅客提供食物，保障旅客人身安全。为旅客送出5万瓶水，9万套雨衣，近4000条毛毯，价值30多万元的药品，期间治疗患病旅客2000多人次。在最严峻的时刻，省委书记汪洋夜访东莞火车东站，抚慰返乡民工，并对春运作出明确指示和具体部署。经一个多月紧张有序的工作，此次极端艰巨的铁路春运工作圆满完成，前后数十万旅客安全返乡或留莞过年，无一人员伤亡。3月25日，在中共广东省委、省政府召开的全省抗灾救灾表彰大会上，常平有2个先进单位和8个先进个人得到表彰。

（周浩佳）

附：2008年东莞市常平镇党委、人大、政府领导名录

镇委书记：梁海卫

镇委副书记：陈满新
万卓培（任至8月）
周少华（12月到任）

镇委委员：任卓效　张　冲　叶润娣
周锡英　袁庆华　赵东阆
陈庆贵　孙　捷　黄景鹏
殷河满（12月到任）

镇人大主席：梁海卫

镇人大副主席：任卓效　陈松峰

镇　长：陈满新

副镇长：张　冲　任绍平　黄伟荣
袁派瑜

▲ 常平中学高中部

2004—2008年常平镇主要经济指标

指标＼年份	2004	2005	2006	2007	2008
户籍人口（人）	66483	67814	68986	69942	71167
外来暂住人口（人）	348449	362200	367419	272378	252377
面积（平方公里）	108	108	108	108	108
国内生产总值（万元）	796108	947538	1110313	1286408	1443478
工业总产值当年价（万元）	1804763	2079286	2391675	2745143	3063427
农业总产值当年价（万元）	22173	20436	10493	11477	9363
总用电量（万千瓦时）	214730	235442	252627	266970	237500
全社会固定资产投资总额（万元）	188753	227383	279334	328270	262804
社会消费与零售总额（万元）	241224	279338	323672	395039	472213
外贸出口总额（万美元）	178698	222113	236248	285483	330316
实际利用外资（万美元）	15610	18214	15475	18261	16541
镇级可支配财政收入（万元）	47298	59856	68224	81676	88110
各项税收总额（万元）	78467	109413	140978	167749	170304
金融机构各项存款余额（万元）	1018467	1213659	1400671	1529338	1754828
城乡居民储蓄存款余额（万元）	727387	886534	1010040	1061346	1294271

桥头镇

【概况】 桥头镇位于东莞市东北部，全镇面积56平方公里，下辖17个村（社区），2008年，常住人口11.4万人，其中户籍人口3.5万人。地处穗、深、港经济走廊之间，距京九铁路、广深铁路和广梅汕铁路交汇处东莞站仅8公里；镇区东北部有广惠高速公路、东部快速干线与广州、东莞市区相连，西南部有常虎高速公路与莞深高速公路、广深高速公路和京珠高速公路互交，在约一小时车程内有香港、广州、深圳等机场和葵涌、盐田、黄埔等港口。境内有闻名中外、供水香港的东深供水工程。是“国家卫生镇”、“全国综合实力千强镇”、“广东省教育强镇”、“广东省重点工业卫星镇”、“广东省旅游特色镇”、“广东省荷花文化艺术之乡”。

2008年，桥头镇实现国内生产总值50.7亿元，同比增长14.1%；工业总产值96.39亿元，增长2%；镇级可支配财政收入3.83亿元，增长8%；各项税收收入5.36亿元，增长11.2%；金融机构存款余额56.1亿元，增长22.3%；农村居民人均纯收入12140元，增长7%。

【内外源经济实力提升】 2008年，桥头镇大力扶持企业扎根发展，保持企业稳定，促进一批加工贸易企业就地转型升级。大力开展招商选资，促使一批成长型企业逆市而上，增资扩产额3725万美元，同比增长51.5%；新引进东莞市美盈森环保科技有限公司、东莞市日新传导科技股份有限公司等一批重点企业入驻桥头，实际利用外资5468万美元，同比增长22.5%；外贸出口总额22.18万美元，增长67.1%。大力发展第三产业，创建莲城社区为市级商业示范社区、大洲市场为样板示范市场；全镇房地产交易297宗，交易面积7.39万平方米；第三产业增加值24.8亿元，同比增长23.3%，增速快于第二产业11.3个百分点；三大产业比例从0.6：54.1：45.3调整为0.6：50.5：48.9。大力推进技术创新和品牌创建，帮助10家民企与科研院校建立产学研合作，新增技术专利129件，新增省级民营科技企业1家、市级民营科技企业8家，广东三正集团获“广东省著名商标”称号。

【集体经济增长】 2008年，桥头镇整合镇、村两级资源，科学规划，集约开发，严格控制高消耗、高污染、低效益的投资项目，大力发展高质量经济。加强对镇办企业财务、村、组资产管理，镇办企业总收入9900万元，实现利润3842万元；村、组两级集体资产总额23.3亿元，集体经济总收入3.05亿元，集体经济纯收入1.7亿元；镇、村两级总资产23亿元，同比增长8%。

【城市功能增强】 基础设施不断完善。2008年，桥头镇建成桥头污水处理厂，配套截污主干管网工程完成90%以上；全面完成桥常路升级改造，基本完成三环路主体路面改造。推进东江路、岗头路、纬四路等村际联网道路建设。建设石竹山水园三、四期工程。完成桥头、岭头、大洲、迳联等社区的旧村整治试点工作。

生态环境不断优化。整治畜禽养殖业、货运机动车排气以及东引运河桥头段污染企业，关闭一批酸洗、清洗企业。集中开展违法违规用地查处整治专项行动，全面完成拆除和复耕复绿任务，新增绿化面积14万平方米，绿化覆盖率达36%。推进“东莞市市容环境优美村（社区）”活动，严格落实门前“三包”（包卫生、包秩序、包绿化）责任制，农村环境不断优化。

城市管理水平不断提高。推进城市管理综合执法，依法加强市政设施、市容市貌、公共卫生等方面的管理。全力抓好“六乱”整治和环境卫生综合治理，及时查处各类影响市容市貌的违规行为，城市整体形象明显提升。

【安定和谐局面巩固】 社会治安持续好转。2008年，桥头镇坚持科技强警，分别建成30个治安视频监控点、552个出租屋视频监控点及171个公交车视频监控点。加强群防群治，严打违法犯罪，全镇刑事案件、“两抢”案件发案率分别比上年下降2.1%和5%。

“治摩禁电”工作扎实推进。坚持广泛宣传发动，精心组织实施，开展“治摩禁电”专项行动，出动警力6950人次，查扣摩托车7583辆、电动自行车6380辆，成功创建“双无”（无摩托车搭客、无电动车上路）建设达标镇。

矛盾纠纷得到有效化解。认真做好北京奥运会维稳工作，开展重信访专项治理和镇党政班子成员大接访活动，并在镇、村两级设立镇专职信访员和村级联络员，建立上下贯通、左右衔接的排查网络。从4月上旬至8月上旬，在全镇集中开展重信访问题专项治理和镇、村两级领导干部“万人大下访”活动，由信访、维稳、劳动、公安、司法等部门及村（社区）密切配合，每天都派出工作人员协助接访。大力加强劳资纠纷调解，调解率达98%。

安全生产形势明显好转。加大安全生产执法和检查整治力度，深入开展消防安全知识大宣传大培训活动，接受培训人数达12万人次。同时，深入推进“三小”（小商铺、小作坊、小娱乐场）场所、出租屋、无证照经营、危旧桥梁厂房、产品质量和食品药品安全等专项整治，全镇安全生产事故死亡人数下降26.6%。

【文明创建推进】 2008年，桥头镇成立了镇精神文明委员会，围绕推进社会主义荣辱观、现代公民教育、城市暖流行动及和谐创建活动，组织开展了“树新风、迎奥运、创文明城市”全民行动，开展“文明三有序”主题教育活动，参与“推进双转型，建设新东莞”杰出企业评选活动，建立莲湖爱国主义教育基地。推进“平安社区”、“平安单位”、“平安学校”建设，并创建“市民学校”17所，围绕市民素质、城乡治理、卫生保健、妇女权益等内容开展教育培训。学校开展“文明校园”创建活动，司法部门开展法律知识宣传，工商部门开展“百城万店无假货”活动，交通部门开展公交、的士司机文明礼仪培训活动等。此外，建立镇中心区主干道“桥光大道”为公民道德教育一条街，悬挂横幅标语、安装灯柱广告，大力宣传《东莞市文明公约》等文明礼仪；组织200多名志愿者成立“文明创建志愿者队伍”，定期到公园、广场等公共场所开展“传递文明，你我共建”活动，提高群众对创建文明城市的知晓率和参与率，增强市民的文明礼仪及社会公德意识，群众的综合素质得到明显提升，创建文明城市工作卓有成效。同时，开展节日慰问弱势群体、慰问新莞人、志愿者服务等“城市暖流行动”，进一步增强城市凝聚力与亲和力。

【文化事业繁荣】 文化活动丰富多彩。2008年，桥头镇坚持节庆活动与常规活动相结合，主题系列活动与专题单项活动相结合，群众参与活动和欣赏活动相结合，开展春节文娱系列活动、元旦书画大赛、广场文化活动月、第二届新莞人系列活动、新莞人才艺大赛等，丰富广大群众的精神文化生活。同时，大力打造荷文化品牌，成功举办第五届东莞桥头荷花艺术节，先后获“广东省荷花摄影创作基地”、“广东省荷花文化艺术之乡”等称号。此外，还与《中国摄影报》、广东省摄影家协会、东莞市摄影家协会等联合举办“我的城市、我的家”、“盛世荷花、桥头美景”等摄影比赛。2008年，全镇开展书法、美术、文学、摄影、歌舞等文艺活动54项，文艺演出1500多场。出版《桥头文学作品选》、《理发问题》、《莲城文丛》（6册装）等文集。

文化公共服务设施日趋完善。新建屋厦广场、石水口公园等村级文化设施，设立岭头、田头角、东江广场等图书馆及“农家书屋”9个。建成以莲湖风景区为中心的休闲文化区，以桥头广场为中心的商贸文化区。全镇共建镇级广场3个，社区级广场12个，商业广场4个，并形成以邓屋的“篮球广场”、莲湖的“象棋广场”、岭头的“粤剧广场”、田新的“卡拉OK广场”、石水口的“醒狮广场”等“一广场一品牌”的格局。

教育优质均衡发展。继续加大教育投入，完成桥头中学、第三小学的等级学校的创建工作，开展奖教奖学活动，狠抓校风学风建设，着力优化育人环境，中心小学被评为广东省“书香校园”。巩固教育强镇成果，加强教师队伍建设，提高教育教学质量，小学毕业会考、中考、高考各项主要指标均取得较好成绩。在参加各级教学竞赛中，获得国家级奖励2项、省级奖励4项、市级奖励22项。

【计生工作加强】 2008年，桥头镇加强人口和计划生育管理，较好地完成市下达的人口控制任务。

层级动态管理职责明确。建立经常考评制度，把计生考核评分纳入各村（社区）、各单位年度考核内容，实行计划生育与干部报酬挂钩，使户籍人口和流动人口的计划生育率分别达到95.8%、85.6%。

开展生育文化活动。举办“关爱女孩行动”、“婚育新风进万家”、“生育文化进企业”、“新家庭文化屋”等活动，积极开展生殖健康讲座、避孕药具发放、性与生殖健康知识图片展览、义诊服务等。

完善制度规范管理。扎实做好“两无”[乡镇（街道）无政策外多孩出生、村（居委）无政策外出生]工作，完善流动人口出生、“四术”（输卵管结扎术、中期引产术、人工流产术、放取宫内节育器术）月报制度，进一步抓好季度妇检工作，准确掌握孕情，做好跟踪随访。并完善术后随访制度，不断提高长效避孕节育措施的落实率。

创建流动人口计划生育示范点。要求各村（社区）按照市《关于创建流动人口计划生育示范村》标准，统筹规划，加大投入，完善管理制度，实行标准化管理。

【民生工程推进】 2008年，桥头镇实施民生工程，建立城乡一体化的社会基本医疗保障制度，实现城乡居民医疗保险全覆盖；建成1个社区卫生服务中心和6个社区卫生服务站，解决群众“看病难、看病贵”问题；相应调高低保户的基本生活补助、基本医疗补助以及子女读书的资助标准，全年向205户共566名低保对象发放各类保障金145多万元，向149名低保边缘户在读大学生发放助学金52万多元；完善社会救助体系，向群众提供医疗救济、临时帮困款达27多万元；实行镇、村两级负担，为全镇户籍人口购买了重大疾病医疗保险。完善城乡一体化公共就业服务平台，各村劳动服务站实现场地、人员、工资待遇三到位；加大职业教育和技能培训力度，有计划、有步骤地免费举办美容、计算机、厨师、汽车修理等各种岗位技能培训，参加培训人员804人，推荐就业340人；择优选拔39名户籍大学应届毕业生到镇机关和部门工作，协助自主创业人员申请创业贷款480多万元；2008年社会消费品零售总额23亿元，增长13%；城乡居民储蓄存款余额44.7亿元，增长22.4%。同时统包统租300套廉租房，解决新莞人住房难问题。在社会救助方面，发动社会各界向汶川灾区捐款836多万元，全镇党员募集特殊党费109多万元。此外，加快推进东江农民公寓建设，加快筹建石水口村解困房。新增2条公交线路，新投入38辆公交车，新建6个大型公交站、44个风雨候车亭，更新108个公交指示牌，全镇公交线路覆盖率达98%。

【党的执政能力增强】 思想理论建设扎实推进。2008年，桥头镇扎实开展解放思想学习讨论活动，中心组集中学习会12场，宣讲报告会4场，分组讨论会43场，参加学习讨论的干部群众达1万人次；拟定16个专题，分头开展调研，形成390多篇调查报告。

干部队伍建设切实加强。举办农村“两委”干部、“两新”组织党务工作者等培训班，先后组织部分镇村干部赴中山市小榄、古镇、佛山南海区里水镇以及西南考察学习，镇村干部的综合素质和工作能力明显提高；完成农村“两委”干部和农村集体经济组织换届工作，农村干部队伍建设得到切实加强。

党风廉政建设深入开展。进一步健全党风廉政建设责任制，深入推进反腐倡廉，加强审计、监察工作，规范建设工程招投标管理和农村福利分红。

【政府自身建设加强】 行政效能不断提高。2008年，桥头镇组建各村（社区）人大工作联络队，办理人大代表议案和建议，开展镇长约请人大代表座谈会，广纳群言，接受监督。强化行政服务中心功能，推进“一站式”服务。电子政务平台广泛运用，在各村（社区）、各单位实行无纸化双向传输。科学编制各类应急预案，突发公共事件应急机制进一步健全。健全政府工作程序和议事规则，全面实施行政执法责任制。

财政管理不断规范。完善政府采购、工程招投标以及行政事业单位资产处置等制度，全面落实“收支两条线”和“一个窗口”收费制度，增强财政管理工作的科学性和透明度。强化预算管理，优化支出结构，全年公用经费支出比上年节约1466多万元，节约率24.4%。推进政府采购、建设工程招投标和工程款支付审核制度，共实施政府采购58宗，采购金额节约率达4.6%；完成投资项目审核111项，减少金额1086多万元，核减率10.3%。

作风建设不断改善。深化行政执法体制改革，成立城市综合执法分局、新莞人服务管理中心，不断强化社会管理。加强学习调研，组织干部深入基层，了解实情，加强指导，为政府科学决策提供依据。（刘庆华）

附：2008年东莞市桥头镇委、人大、政府领导名录

镇委书记：谭全安（任至9月）
莫厚良（9月到任）
镇委副书记：李庆新（任至8月）
翟耀东（9月到任）
邓　辉（任至3月）
欧阳官友（5月到任）
镇委委员：谭全安（任至9月）
莫厚良（9月到任）
李庆新（任至8月）
翟耀东（9月到任）
邓　辉（任至3月）
欧阳官友
莫树培（8月到任）
莫满森　谭连合　何健铭
刘学新　张树坚　莫志华
吴柏安（任至8月）　邓志辉
镇人大主席：谭全安（任至9月）
莫厚良（9月到任）
镇人大副主席：莫满森
镇　长：李庆新（任至9月）
翟耀东（9月到任）
副镇长：莫树培　邓任洪　曾婉玲
陈进昌（9月到任）

▲ 桥头镇

2004—2008年桥头镇主要经济指标

指标／年份	2004	2005	2006	2007	2008
户籍人口（人）	33432	33963	34331	34669	35140
外来暂住人口（人）	104979	106900	100576	95699	78904
面积（平方公里）	56	56	56	56	56
国内生产总值（万元）	275000	316000	378124	445065	507000
工业总产值（万元）	439160	618575	839000	979261	963942
农业总产值（万元）	9564	11148	3226	3410	6983
总用电量（万千瓦时）	88600	98000	105734	114115	121042
全社会固定资产投资总额（万元）	81872	125427	154749	151200	85315
社会消费与零售总额（万元）	75100	119000	164328	207049	240690
外贸出口总额（万美元）	63500	83800	85600	132766	221823
实际利用外资（万美元）	4545	5487	5760	6636	5468
镇级可支配财政收入（万元）	22553	27600	29515	35380	38343
各项税收总额（万元）	22798	27000	36312	49667	53661
金融机构各项存款余额（万元）	318442	366000	424983	459483	561835
城乡居民储蓄存款余额（万元）	243036	290000	342152	365266	453921

横沥镇

【概况】横沥镇地处广州、深圳、香港经济走廊腹地，地理位置优越，与广深高速、莞深高速、广惠高速联通的东部快速路贯穿全镇，常虎高速公路和即将动工建设的从莞高速又使横沥与周边路网的连接更加快捷方便。2008年全镇面积50平方公里，下辖16个村，1个社区，户籍人口3.5万人，外来人口20万人。全镇完成国内生产总值51.5亿元，同比增长16.2%；完成工业总产值91.4亿元，同比增长12%；财政收入9.58亿元，同比增长8.7%；镇本级可支配财政收入3.69亿元，同比增长5.7%；两税收入5.7亿元，同比增长15.9%；社会消费品零售总额15.1亿元，同比增长17.2%；各项存款余额62.1亿元，同比增长14.7%；总用电量11亿千瓦时，同比增长5.5%。

【招商引资】2008年，横沥镇始终把招商引资作为全镇工作的重中之重，继续推进中介招商、奖励招商、人人招商等工作，创新招商模式，大力推行定点招商、任务招商和外出主动招商，全方位挖掘招商资源，确保招商引资工作持续快速发展。全镇新签项目56宗，合同利用外资1.13亿美元，实际利用外资1.08亿美元，同比增长28.5%，外贸出口总值11.04亿美元，同比增长31.8%。共有189家外资企业增资扩产，增资总额达到4169.4万美元，占合同利用外资的36.7%。新增的项目和资金，为全镇经济发展注入了新的动力和活力。

【企业帮扶】2008年，面对金融风暴的冲击，横沥镇组织全镇干部深入企业走访调查，及时实施扶持企业的“五大措施”：政府让利，降低综合管理费收费标准，为全镇企业让利近2500万元；政府担保，帮助企业融资，重点加强与市政府10亿元贴息贷款的对接，充分利用好优惠政策，筛选出外资70强企业和民营30强企业进行重点融资帮扶，调配资金，帮助企业转贷，由镇政府适当利用财政资金，帮助企业办理转贷手续，解决流动资金短缺问题；优化服务，扶持企业转型，成立企业转型服务中心，镇、村联合开展“情系企业”活动，全面实施联系企业制度，积极开展企业投资协会座谈会活动；优化环境，创建投资优势，突出抓好治安、卫生和法制环境建设，营造投资者满意的综合环境，使投资横沥更加舒适安心。

通过以上措施，重点帮扶7家企业融资接近1亿元。积极帮扶企业转型升级，8家来料加工企业就地不停产转为“三资”企业。成立开展内销工作小组，制定推动外资企业开展内销工作方案，40多家外资企业开展内销业务，实现内销总额16.3亿元，推动21家外资企业创立自主品牌，协助30家企业进行品牌创建。大力培育和推动企业上市，成立推动企业上市工作小组，从人才、技术、资金等方面入手，帮助有实力的企业上市。通过扎实有效的帮扶措施，增强企业信心，稳定发展大局。

【民营经济】2008年，横沥镇私营企业注册资金2.76亿元，新增注册资金6288万元，私营企业达到680家，个体工商户达到7820家。新增4家省民营科技企业、2家省级标准化良好行为企业、10家市民营科技企业和2家市专利培育企业。截至2008年，全镇共有省著名商标3个，省名牌产品1个，国家级高新企业1家，省高新企业6家，省民营科技企业6家，自有品牌企业30多家。模具城建设全面推进，已签约进驻商户400多家，租赁情况喜人。模具名牌战略得到推进，申报“广东省模具制造专业镇”获得成功立项，首届机械及模具制造博览会前期筹备工作进展顺利。房地产业继续发展，罗马景苑、长裕棕榈园、盛世华庭、翠园、三江商住地等新项目稳步推进，全年共销售商品房645套，销售面积

5.9万平方米，销售金额2.3亿元。民营经济比重稳步上升，对经济增长的贡献更加明显。

【城市建设】2008年，横沥镇坚持以城市建设为龙头，着力提高城市综合竞争力，统筹城乡建设，完善城市功能，全面推进城市建设和管理升级，城市魅力进一步彰显。投入3500多万元，升级改造北环路、和平路、天桥路和中山路，完成天桥路、中山西路的沥青铺设。投入1200多万元，扩建横沥大桥，建成横沥新塘公路桥。推进24项水利工程建设，完成17段堤围加固主体工程，建成半坑排站。推进截污管网工程和污水处理厂建设，铺设管道4000多米，完成总工程量的25%。

【环境卫生】2008年，横沥镇通过凝聚全镇人民的力量，动员社会各界积极参与，成功创建国家卫生镇，横沥的整体形象得到提升。铺开环境优美村（社区）创建活动，6个村顺利通过整治旧村工作考核验收。扎实开展以城市“六乱”为重点的综合整治，针对整治中出现的新情况、新问题，开展5次“攻堡垒”、“拔钉子”联合整治行动。积极开展以无证照加工生产食品、噪音扰民、非法行医、违法建筑、铁路沿线景观为重点的专项整治，不断优化人居环境。推进卫生健康知识进家庭活动，将每月第一个星期日设定为“家庭清洁日”，群众家庭卫生意识不断增强。投入1100万元，新增绿地57.9公顷，公共环境更绿更美。持之以恒抓好环境卫生整治，推进环卫工作市场化，公共环境呈现新气象。

【社会治安】2008年，横沥镇以建设“和谐横沥”为目标，全力维护社会稳定。坚持加强防范网络建设与严打整治相结合，保持对刑事犯罪的高压势头。刑事案件发案数同比下降18.9%，破案率提高5.9%。加强打击“黄赌毒”工作，社会更加风清气正。加大治安经费投入，新购置防暴指挥车、消防云梯车和多功能泡沫灭火车等警用、消防车辆，创建3个“平安村”，增设20个村级警务室。推进科技强警，投入200多万元，新建治安视频监控点63个，截至2008年总数达到129个。组建特警中队，增添特警运兵车、防暴装甲车。完善刑事技术室建设。巩固“治摩”、“禁电”成果，道路交通环境进一步优化。创新新莞人服务管理工作，受到社会各界的广泛好评。

【安全生产】2008年，横沥镇大力开展“安全日”活动和安全生产专项行动，全年火灾事故同比下降83.2%，工伤事故同比下降9.5%，交通事故同比下降38.9%，安全生产形势保持稳定。开展消防隐患大排查大整治专项行动，加大消防宣传力度，不断提高群众消防意识。加强重大危险源监控管理，明确镇、村、企业各级的责任人，落实“一盯一”监管责任制。开展危险化学品专项整治，检查危险化学品生产、经营、储存单位147家。抓好企业工伤事故的预防工作，进一步规范全镇生产安全事故的报告和调查处理程序，落实生产安全事故责任追究制度，进一步减少工伤事故。同时加强联合执法，认真开展废品收购站、校车、建筑工地等专项整治。

【信访调解】2008年，横沥镇进一步健全信访、司法部门联合接访机制，引导群众通过合法途径解决矛盾纠纷。全年共受理群众来信来访165宗，接听镇长热线235宗，受理“阳光热线”问题67件次，问题全部得到及时处理。加大矛盾纠纷排查调处力度，及时化解各类矛盾纠纷377件，调解成功率达99.5%，有效维护社会稳定。继续做好法律服务及法律援助工作，提供法律咨询200多件次，妥善解决法律援助案件32宗。

【创业就业】2008年，横沥镇突出抓好创业就业工作，努力提高人民生活质量。全年新增“村民车间”4个，开辟16个“村民车间”和2个“青年车间”，解决群众就业2300多人。继续推进“百名模具师傅培训工程”，投入214.3万元，培训模具学员193人。推进“五大员”（外资企业的厂长、报关员、会计、出纳、主管）学习培训，不断提高业务水平。设立600万元的创业资金，帮助群众进行创业。出台《横沥镇创业就业办事指南》，为市民咨询就业创业问题提供方便和指导。做好对大中专毕业生的就业指导工作，引导高校毕业生进一步转变就业观念，提高就业竞争能力。

【社会保障】2008年，横沥镇加大对困难群体的帮扶力度，为7000多名生活困难市民发放一次性临时生活补贴。投入550万元，对全镇313户低保家庭进行帮扶，并为全镇户籍人口购买社保补充保险。继续推进“双助”（助学助业）工程，累计解决229名困难学生的读书问题。投入180万元，推动村（社区）残疾人服务工程，成立村残疾人协会12个，残疾人办事更加方便。继续开展“千干扶千户”工作，做好市镇458名干部“结对子”帮扶，落实帮扶资金30.5万元。积极开展抗震救灾活动，做好“党心·真情”特殊党费捐缴工作，发动社会各界捐款1068万元。全面发展医疗卫生事业，组建流动人口计生协会54家，在全市率先启动“1个中心7个站”社区卫生服务网络。

【文化建设】2008年，横沥镇大力加强精神文明建设，开展各类文化活动，促进文教事业发展。启动实施以文明礼仪全覆盖、“双学历”（原则上凡40岁以下干部均要求参加与本职工作相关的第二学历进修学习）、“共建共享”关爱新莞人为主要内容的文明横沥“三项工程”。授予107户新莞人家庭“和睦家庭”称号。编印《新莞人服务手册》。开展第四届读书节系列活动，举办纪念改革开放30周年图片展、《村民车间谱新篇》粤曲巡回演出和“快乐周末”等活动，拍摄《横沥地名故事》纪录片，设立职工书屋、妇女书屋、妇女学校、市民学校40多间。投入200多万元，完善村（社区）老人活动中心设施。筹集资金130万元，新设户外大型电子屏幕2个。举办第二届“让爱飞翔”慈善集体婚礼，99对新人喜结良缘。巩固创建省教育强镇成果，加快推进教育现代化，强化教师队伍和校园文化建设。广泛开展全民健身与奥运同行活动，推动文体活动进社区、进学校、进企业，大力打造乒乓强镇，共获各类乒乓赛事冠军15个。

【队伍建设】2008年，横沥镇扎实开展学习实践科学发展观活动和解放思想大讨论活动，组织镇、村干部赴西南学习考察，使镇村干部思想得到洗礼，精神得到锤炼，观念得到更新。顺利完成村委会换届选举，村级干部结构进一步优化。选聘17名优秀大学生到各村（社区）工作。主动接受人大的工作监督和法律监督，共办理人大代表议案和建议15件。进一步改进机关作风，队伍廉洁从政。全面铺开提升村级综合管理水平工作，重点建立和完善村（社区）综合办公室等管理平台。进一步改进机关作风，继续深入开展“六个一”（一张笑脸相迎、一张椅子请坐、一杯热茶解渴、一腔热情办事、一定时限办成、一声再见相送）活动和“企业服务月”活动，政务公开、村务公开、厂务公开工作得到落实。 （下转591页）

活力江滨新城 高埗镇

2008年，是高埗镇在发展道路上极不平凡的一年，是应对危机、艰苦奋斗的一年，是稳妥转型、稳步发展的一年，是夯实基础、蓄势待发的一年。在这一年里，高埗镇积极贯彻落实党的十七大精神，以"三个代表"重要思想和科学发展观为指导，迎难而上，沉着应变，深入推进"双转型"，围绕构建和谐、宜居、文明高埗，强信心，保稳定，促发展，经济社会保持健康协调发展。

突出发展为第一要务，产业升级在逆境中取得新突破。针对产业结构不合理、资源主导、外向依存度高、抗御风险能力不强等问题，积极稳妥推进产业结构调整升级，以政策引导，以试点引路，以企业为主体，以研发创新为平台，产业结构调整升级初见成效。科技创新能力增强，应对国际市场风险能力提高，增资扩产势头良好，企业发展信心提升。

突出环境为第一前提，城市化水平在发展中取得新提高。找准城市发展定位，城市规划更加科学。加快重点工程建设，城市功能更加完善。建立长效机制，城市管理更趋精细。

突出稳定为第一责任，社会管理在考验中得到新强化。狠抓打击防范，营造稳定的治安环境。狠抓巡查整治，营造良好的消防安全环境。狠抓排查调处，营造和谐的社会环境。被评为市"2008年度维护稳定和社会治安综合治理先进镇街"。

突出民生为第一目标，公共服务体系在改革中得到新完善。完善产品质量和食品安全监管体系，为人民群众构筑食品安全的坚固防线。完善社会保障体系，落实"一保五难"。完善医疗卫生体系，确保群众安全放心就医。完善教育体系，加大对教育的投入，扩大办学规模，提高办学质量。完善劳动就业体系，积极实施"创业东莞"工程，全镇就业形势保持相对稳定。

2008年10月，中共中央政治局常委李长春(右一)到高埗镇视察

2008年7月，中共中央政治局常委、中央书记处书记、国家副主席、中央党校校长习近平(右二)在省、市领导的陪同下视察唯美陶瓷博物馆

突出和谐为第一追求，可持续性发展在实践中开创新局面。坚持环保优先、开源节流、计生国策、改善村级经济、文化育人，促进经济社会健康协调发展。

突出廉政为第一保障，党的执政能力在建设中得到新加强。抓思想、抓基层、抓作风，夯实基层组织建设，转变工作作风，提高办事效率。

展望2009年，是形势依然严峻、困境重重的一年，也是高埗镇应对内外挑战，把握发展机遇，抢抓发展主动，转变发展模式的关键之年和突破之年。高埗镇将紧紧围绕"一扣三优五提升"的工作思路（"一扣"，即紧扣一个目标——打造活力江滨新城；"三优"，即以优化产业升级、商贸经济和城市建设为切入点；"五提升"，即致力推动文化建设、农村发展、民生保障、社会管理和党的建设进一步提升），坚持强信心、保发展、重民生、促和谐，协调推进经济、政治、文化和社会建设，将高埗全力打造成生态环境优美、人民生活幸福、社会文明和谐的活力江滨新城！

副市长李小梅到高埗镇调研社区门诊医疗保障工作

“治摩5号”统一行动

“治摩5号”公开销毁非法摩托车现场会

食品安全专项督查工作现场会

靓丽的东江风光

亲水公园

优美的小区公园

高埗镇中心区

高埗镇2009年工作动员大会

东莞四洲肉类制品有限公司开业典礼

低涌中学50周年校庆

高埗龙舟节活动

1984年高埗大桥通车典礼，开全国地方公路桥过桥收费先河

如今，高埗大桥已停止使用，并入选全省“改革开放30年感动广东事件”候选事件

休闲的购物环境

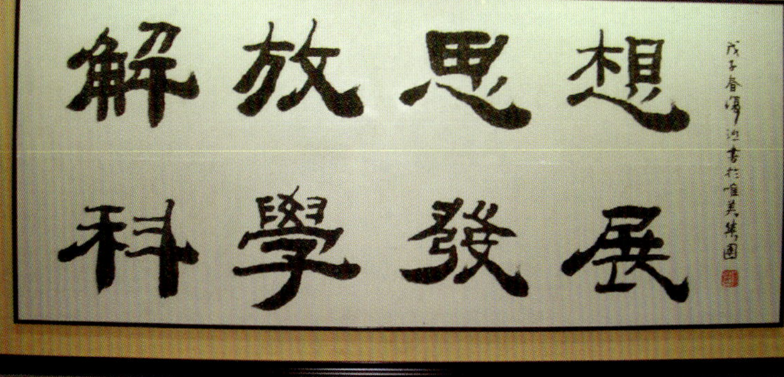

唯美陶瓷博物馆展品

洪梅镇

2008年7月3日，市委副书记、市长李毓全(前左三)赴洪梅镇调研，镇委书记王建周(前左二)、镇长吴淑萍(前右二)陪同

2009年1月21日，市委常委、公安局长崔健(前左二)到洪梅镇指导工作，镇委书记王建周(前左一)、镇长吴淑萍(前右一)陪同

2008年9月27日，副市长李小梅(前中)深入洪梅指导台风“黑格比”袭击后的救灾复产工作，镇委书记王建周(前左一)，镇委委员陈宏发(右一)陪同

2008年3月9日，副市长吴道闻(右一)到洪梅镇梅沙村社区卫生服务站检查基层医疗机构运作情况，镇长吴淑萍(前中)、镇人大副主席钟燕华(左一)陪同

2008年10月21日，副市长邓志广(前右三)到洪梅镇检查指导安全生产工作，镇委书记王建周(前左三)、洪梅公安分局局长梁裕英(前左二)陪同

2009年2月13日，副市长成洪波(前左二)到洪梅调研，镇委书记王建周(前右二)陪同

2008年9月29日，市公安局副局长梁均耀(右一)到洪梅镇万泰制衣厂检查安全生产工作

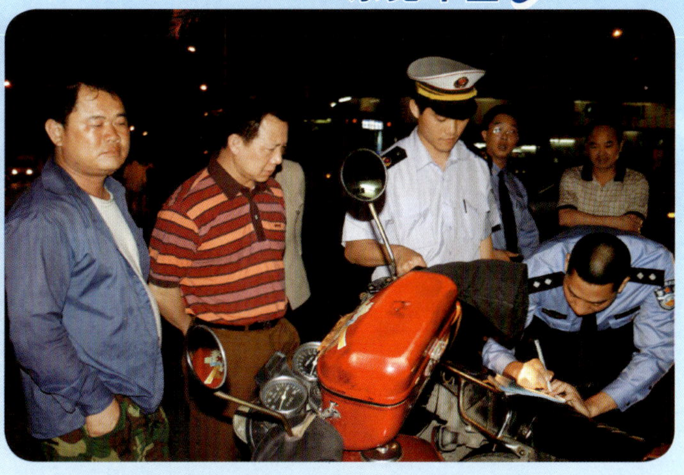

2008年4月7日晚，洪梅镇“治摩4号”打响，镇委书记王建周(前左二)等镇领导赴治摩现场指导

2009年1月16日，镇委副书记叶沛森(左一)慰问梅沙村困难党员和低保户

2008年12月2日，洪梅镇召开消防专项规划专家评审会

2008年8月27日，洪梅镇召开深入学习实践科学发展观活动总结大会

2009年1月9日，洪梅镇政府和上海永翔投资集团有限公司举行"钢材城"签约仪式(前排左一为镇长吴淑萍，右为上海永翔投资集团有限公司的项目负责人肖木久)

2008年10月15日起，洪梅镇50多名基层普查人员开始第二次经济普查单位清查工作

2008年11月17日，洪梅镇举办金融机构座谈会

2008年9月4日，洪梅镇法律援助宣传周活动在镇文化广场上举行

2008年5月20日，洪梅镇新庄村举办现场捐款活动，为四川地震灾区筹集善款

2009年2月24日，洪梅镇副镇长李耀文率团远赴安徽省古城滁州，探望去年入伍的洪梅籍新兵

2008年12月29日，洪梅镇举行“迎元旦、贺新年”青年联欢晚会

2008年6月6日，洪梅镇举办龙舟赛

2009年1月16日，洪梅镇“正腾杯”篮球赛圆满结束

2007年11月23日，东莞市戏剧曲艺家协会洪梅分会、东莞市书法家协会洪梅分会、东莞市摄影家协会洪梅分会举行挂牌仪式

和谐道滘

2008年1月9日，市委书记刘志庚、副书记黄双福、市人大常委会副主任陈国辉、副市长李小梅、纪委副书记陈锦洪等出席并参加道滘镇33项社会设施重点工程竣工典礼

2008年11月5日，市委副书记、市长李毓全在镇委书记、镇人大主席陈灼林，镇委副书记、镇长贾贵斌，镇委委员、党政办主任赖锡池的陪同下，来到东莞市百代苹果皮革公司调研

2008年9月24日凌晨，受台风“黑格比”影响，道滘镇大面积街路和农田受浸，市委常委、常务副市长冷晓明，市政府副秘书长梁近东在道滘镇委副书记黄启光陪同下，前往一线指导抢险救灾工作

2008年6月20日，市委常委、副市长江凌参加道滘镇产业结构调整和转型升级调研会

2008年10月24日，副市长李小梅走访道滘企业，鼓励企业要积极转型创新，主动与政府沟通合作，共谋发展

2008年11月9日，第12届国际花园城市评选决赛东莞粤晖园嘉年华活动，国际花园城市评选小组一行在副市长梁国英，镇领导陈灼林、贾贵斌等陪同下莅临道滘镇粤晖园

2008年6月4日，世界中餐名厨交流协会赠送“美食名镇·道滘”题字

2008年11月4日至7日，《东莞巨变——纪念改革开放30周年暨东莞地级市设立20周年专题巡回展》在道滘济川体育馆内展出

2008年，道滘镇开展创建省卫生镇活动，在全民行动日，镇领导及群众对街道卫生死角进行大清扫。同年，道滘镇获得“省卫生镇”称号

2009年3月12日，道滘镇获东莞市“文化建设先进镇”称号

2008年7月5日至8月2日，道滘镇2008年村、组干部(博罗党校)学习培训班

2008年12月13日，道滘镇举行体校成立50周年庆典活动

2008年8月26日，湖南工业大学与道滘镇产学研基地共建签约仪式暨湖南工业大学东莞实习基地揭牌仪式庆典活动举行

2008年9月28日，道滘镇社区卫生服务机构正式启动并投入使用

“济川龙腾迎奥运”道滘镇2008年龙舟锦标赛暨美食文化节举行

“香港食神”梁文韬及世界中餐名厨交流协会美食家钟情道滘美食

厚街镇

2008年11月14日，中共中央政治局常委、国务院总理温家宝来厚街镇视察指导工作

2008年4月9日，中央办公厅副主任张建平到厚街镇调研

2008年3月25日，中共中央政治局委员、省委书记汪洋等到厚街镇调研

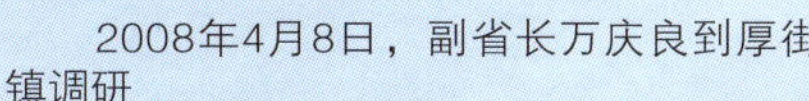

2008年4月8日，副省长万庆良到厚街镇调研

2008年2月27日，诺贝尔物理学奖获得者、著名物理学家杨振宁博士到厚街镇参观考察

2008年3月16日，第十九届国际名家具展览会开幕

厚街镇企业生产的奥运“鸟巢”

晨曦中的镇中心区

车水马龙的厚街康乐南路

亚洲最大造纸企业：正隆纸业有限公司落户厚街

厚街大地

桥头村端午舞旱木龙习俗

厚街镇体育公园全景

沙田镇

2008年1月30日，省委常委、常务副省长黄龙云(左二)率省“送温暖”慰问团到沙田镇慰问困难群众和留莞过年的新莞人

2008年11月15日，市委副书记、市长李毓全和副市长梁国英等市领导到沙田镇调研东引运河整治工作

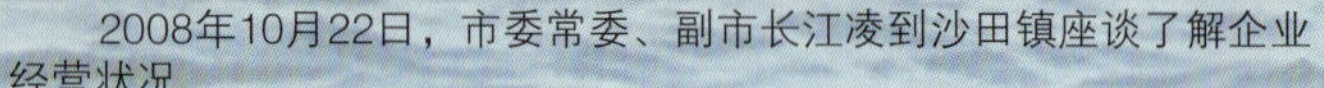

2008年10月22日，市委常委、副市长江凌到沙田镇座谈了解企业经营状况

镇领导深入一线视察重点工程

开展走访企业活动

召开产业发展与经济转型座谈会

召开解放思想大讨论学习活动大会

召开实践科学发展观活动总结大会

成立全市首个咸水歌创作培训基地

成立社区卫生服务中心

沙田镇商贸中心

滨海中心商业街

环湖南路

繁忙的沙田港口作业区

石化产业蓬勃发展

沙田镇第二届运动会开幕式及沙田文明形象“莎莎”和“田田”

沙田镇第二届运动会开幕式

中心区一湖两岸靓丽景观

西大坦安置新区

福禄沙安置新区

大型水上烟花晚会

优越的生态环境

经济社会稳步发展

2008年，面对全球金融危机和各种自然灾害的冲击，长安镇党委、政府科学谋划，积极应对，大力推进产业结构调整和转型升级，不断完善社会管理，确保了经济社会持续稳步发展。全年实现工农业总产值502.1亿元，税收总额27.4亿元，企业出口总额（海关口径）62.62亿美元，各项主要经济指标均取得较大增长。荣获了"中国市场名镇"等国家级荣誉，镇领导班子工作实绩量化考核综合总分连续第13年居全市第一名。

2008年7月4日，中共中央政治局常委、中央书记处书记、国家副主席习近平(右二)莅临长安视察

和谐生活

工业新区

产业升级 有效推进

长安镇是全市唯一的产业结构调整和转型升级综合试点镇。2008年，长安镇以此为契机，积极探索，开拓创新，邀请中山大学教授、学者驻点长安开展产业升级调研，对产业的升级发展进行了长远规划；建成广东众源五金商品城，并被授予“中国饰品市场产业基地”和“中国饰品交易中心”称号；大力扶持和推动万濠、日新、普思、冠辉等多家企业转型升级并取得阶段性成效。有效实现了全镇经济逆势而上，持续发展。

第八届中国(长安)国际机械五金模具展览会开幕典礼

长安——国家火炬计划模具产业基地

广东众源五金商品城——中国饰品交易中心（摄影　莫艳芬）

东阳光科技城（摄影　占有兵）

城市功能不断完善

长安镇坚持把完善基础设施和城市功能作为有力抓手，不断推进城市优化升级，新建和升级改造了振安路、莲湖路等多条道路，建成了沙涌排涝站等多项水利设施。环境保护进一步加强，实现了三洲水质净化厂正常运营，并抓紧规划建设垃圾焚烧发电厂、环保专业基地和体育公园、新汽车站等设施。绿化美化和旧村整治扎实推进并取得显著成效，较好地营造了优美完善的投资环境和生活环境，为经济社会的发展提供了有力保障。

长安行政办事中心（摄影 唐寿新）

繁荣的商贸交通

长安国际酒店

生态绿城（摄影 李发枝）

莲湖路

广东省一级学校——长安实验中学

社会事业继续加强

长安镇坚持“文化立镇”、“教育强镇”战略，大力推进文化教育事业。2008年，顺利组建金沙小学和中山小学，继续大力扶持民办教育。医疗卫生设施不断完善，组建并启用社区卫生服务中心和15个卫生服务站。文体事业更加繁荣，启动反映长安改革开放30年发展成果的“六个一”工程，成功举办镇第三届文化艺术节，马术、少儿体操等项目取得突出成绩；并被授予“中国粤剧之乡”称号。人民生活持续改善，社会保障和扶贫助困等工作深入开展，进一步促进了社会的繁荣、和谐和稳定。

长安镇第三届文化艺术节开幕式（摄影 陈康水）

长安医院（摄影 唐寿新）

民办振安中学

领导关怀

2008年7月19日，中共中央政治局常委、国务院总理温家宝(左)到寮步镇视察时与寮步镇委书记何绍田亲切握手

2008年11月14日，中共中央政治局常委、国务院总理温家宝再次视察寮步，图为温总理与寮步镇镇长罗军文(右)亲切握手

国务院总理温家宝参观先锋高科技有限公司

2008年3月26日，中共中央政治局委员、广东省委书记汪洋在市委书记刘志庚的陪同下视察民营企业永强汽车制造有限公司

2008年7月30日，省委副书记、省长黄华华莅临寮步调研，鼓励加工贸易企业争创自主品牌、促进转型升级

产业升级

2008年6月11日，寮步镇召开产业结构调整和转型升级试点工作动员大会

2008年10月14日，寮步镇召开“千人扶千企”动员大会，组织了1000多名干部深入走访1000多家企业，帮助企业排忧解困，共克时艰

政企携手 共渡时艰，寮步镇举办首场企业融资帮扶会

百业国际汽配城

2008年11月25日，寮步镇召开第二场企业融资现场咨询会，中国银行等22家金融机构与300多家企业进行了合作洽谈，累计帮助企业实现意向融资达7.17亿元，实际融资达3.25亿元

2008年9月22日－25日，寮步镇企业组团参展第五届中国国际中小企业博览会

副市长李小梅(前左二)一行在镇委书记何绍田的陪同下参观香市农业生态园

寮步镇干部培训学习班

城市升级

东莞寮步竹园污水处理厂截污主干管网工程动工仪式

寮步污水处理厂截污主干管网工程动工仪式

东方商业街新貌

香市广场夜景

寮步，打造现代绿色新香市

寮步香市农业生态园

自主创新

2008年6月19日，寮步镇召开科技创新表彰大会，镇财政拿出1334.4万元对永强汽车制造有限公司等43家企业共91个项目给予表彰和支持

康达新能源技术研究院项目评审会

东莞市科隆威自动化设备有限公司举办新产品发布会，公司自主研发的全自动钢网印刷机获2008年国家重点新产品认定

由加工制造转型打造自主品牌，东莞市新泽谷机械有限公司走向自主创新之路

文化活动

2009年春节寮步镇麒麟醒狮大巡游

2009年寮步镇元宵文艺晚会

大岭山镇

☆转型升级稳妥推进☆

2008年，大岭山镇坚定不移地把产业结构调整作为落实科学发展观最核心的任务，加快完善产业集群规划，积极帮助企业渡过难关，鼓励加工贸易企业就地转型，深入推进企业自主创新，壮大发展第三产业，成功引进一批优质项目，实现内外源型经济协调发展，产业结构逐步优化，经济保持平稳健康增长。

2008年5月13日，商务部副部长姜增伟(左三)在市委常委、副市长江凌(左二)，镇委书记、镇人大主席梁荣业(左一)等领导的陪同下深入台升家具有限公司就台资企业转型升级进行调研（摄影 庞清明）

2008年12月10日，市委书记、市人大常委会主任刘志庚，市人大常委会副主任张继雄等领导带领东莞市的全国、省人大代表深入大岭山的企业调研，鼓励企业增强信心、转型发展（摄影 毕中林）

中国家具协会会长贾清文(左二)到大岭山镇调研家具产业发展现状（摄影 庞清明）

镇委副书记、镇长黄庆辉(前排中)与家具企业家共商促进家具产业集群升级之策

金亿利“领尚天地”房地产项目奠基（摄影 毕中林）

☆城市形象不断提升☆

抓环境就是抓生产力，环境是大岭山新一轮发展的生命线。2008年，大岭山确立“建设年”的发展思路，加快完善全镇规划修编，高标准抓好基础设施建设，铺开创建“国家卫生镇”工作，深入开展环境综合治理，全面改善大岭山镇经济社会发展承载环境。

全国环境优美镇

中华人民共和国环境保护部

二〇〇八年四月

2008年，大岭山镇被评为“全国环境优美乡镇”

2008年9月20日，由国家环保部规划司司长舒庆带领的《珠江三角洲改革发展规划纲要》编制调研组到大岭山镇连马污水处理厂调研
（摄影 庞清明）

大岭山镇体育休闲公园规划图

大岭山全力打造宜商、宜居、宜创业的现代化生态城镇

2008年11月8日，大岭山镇成功举办“绿色大岭山·激情大广场”国际花园城市文艺晚会，外国嘉宾在尽情欢舞（摄影 李勇）

2008年11月16日，广东省第四届群众音乐舞蹈花会在大岭山镇举行优秀节目展演（摄影 毕中林）

☆文化事业蓬勃发展☆

文化是一个城市综合实力的重要体现。2008年，大岭山镇全面普及大众文化，组织开展读书节、摄影展、广场晚会等一系列文体活动，大力发展高雅艺术，精心创作交响合唱“大岭山之歌”参加省艺术节，城市文化品位不断提升，城市文化软实力稳步增强。

大岭山镇要将新图书馆打造成“中国家具图书馆”

2008年11月21日，《大岭山之歌》交响合唱在省第十届艺术节开幕式上成功上演（摄影 毕中林）

2008年9月10日，省委常委、公安厅厅长梁伟发（右二）到大岭山镇连平派出所调研（摄影 庞清明）

2008年8月28日，市委书记、市人大常委会主任刘志庚到大岭山镇百花洞村了解“平安社区”创建情况，并为该村“平安社区”揭牌（摄影 李勇）

☆社会大局和谐稳定☆

2008年，大岭山镇坚持把维护稳定作为第一责任，继续推进社会治安、“治摩禁电”、“三小”场所和出租屋消防安全隐患、建筑安全、产品质量和食品安全、打击非法行医、水利防灾减灾、信访调处等八大整治，全镇社会大局进一步和谐稳定，连续五年被评为“东莞市维护稳定及社会治安综合治理先进镇街”。

2008年12月25日，副市长邓志广、成洪波到大岭山镇检查企业消防安全（摄影 毕中林）

2008年，大岭山镇组建全市首个自行车巡逻队加强治安巡逻（摄影 李勇、陈建峰）

2008年7月29日，大岭山镇举行千人“处突”演练暨“平安奥运”行动誓师大会（摄影 毕中林）

大朗镇

DARUN

大朗镇按照“借势松山湖，对接松山湖，融入大市区”的发展定位，确定和陆续启动48项重点工程建设，打造“一个城市中心区三个聚焦点”，掀起新一轮城市大建设。

大朗新貌

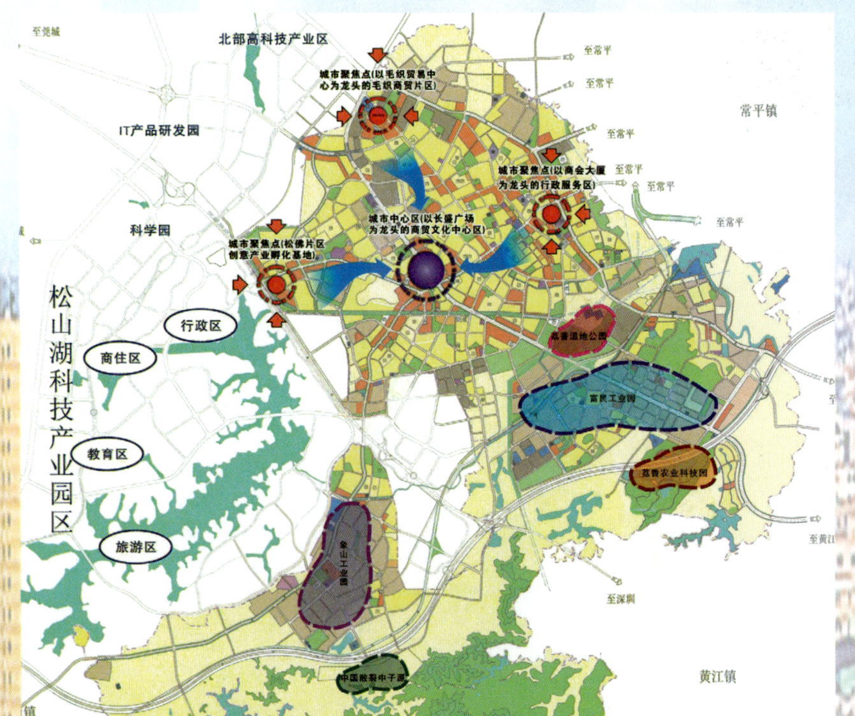

大朗镇城市发展战略构想

行政服务中心

大朗中心区夜景

碧水天源住宅小区

荔香湿地公园

大朗房地产蓬勃发展

建设中的荔乡农业科技园

松佛路

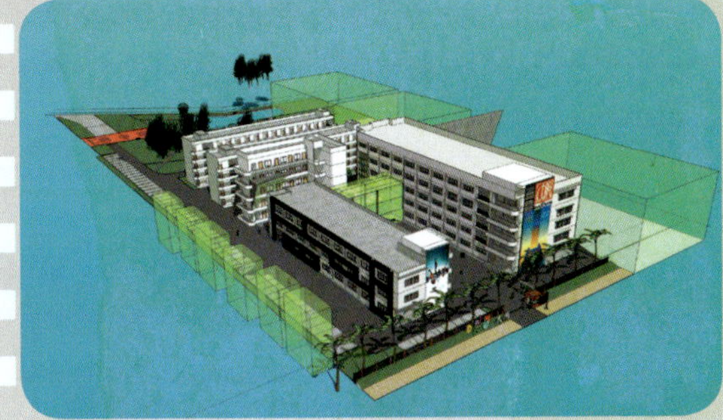
建设中的大朗现代信息服务创意区

美景路

大朗艺术幼儿园效果图

新中心小学鸟瞰图

华南国际汽配城

散裂中子源效果图

大朗镇

DARUN

大朗镇抓住被定为全市产业结构调整和转型升级试点镇的契机，坚持“整体推进，重点突破”，着力做强做优毛织特色产业和装备制造业，加快发展现代服务业，大力培育新兴产业，初步构建起现代产业体系。

2008年3月26日，中央政治局常委、省委书记汪洋到东莞调研，图为汪洋书记(中)视察大朗镇茂荣集团

国家发改委副主任张晓强(左二)到大朗视察散裂中子源项目选址情况

大朗(西安工程大学)博士生创新基地揭牌仪式

第七届“织交会”开幕式

第七届“织交会”研讨会·知识论坛

东莞标检产品检测有限公司实验室

MLCC球磨室车间(东莞市华科电子有限公司)

COG帮定车间 (东莞市飞尔液晶显示器有限公司)

装备部门车间(东莞市大朗信易电热机械有限公司)

数控织机

第六届中国(大朗)毛织服装设计大赛

大朗镇

大朗镇坚持以人为本，紧抓医疗卫生、教育文化、劳动保障、公共安全等民生工作，大力发展各项社会事业，促进改革发展成果共建共享。

丰收的喜悦

长塘展览馆

2008-2009年度CBA联赛东莞猎豹队比赛瞬间

大朗第一小学

大朗镇新民小学

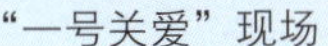

“一号关爱”现场

元宵游园活动

2008年大朗镇青年集体婚礼

蔡边村福德堂

天域歌剧院

黄江镇

2009年1月9日，东莞市委书记、市人大常委会主任刘志庚到黄江镇视察工作，并与黄江镇党政班子领导以及各村(社区)支部书记合影

镇委书记杨礼权走访精成集团

黄江镇领导现场办公，解决内涝问题

黄江镇领导下基层慰问困难群众

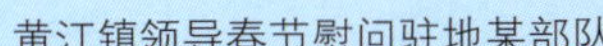

黄江镇领导春节慰问驻地某部队

黄江镇开展“党委书记大接访活动”

黄江镇慰问四川灾区部分在莞务工人员

黄江镇军民积极开展植树造林活动

黄江镇赠送新春贺卡温暖新莞人

沃尔玛公司入驻黄江镇星光城签约仪式举行

黄江镇一角

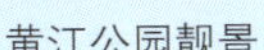

黄江公园靓景

黄江公园夜景

黄江夜景

美丽的清泉水库

风景秀丽的黄牛埔水库

little HongKong ZHANGMUTOU 缤纷小香港 樟木头

gongyexinzhangchen 工业新樟城

在产业转型中，樟木头镇积极优先发展先进制造业，使科技先进企业逐渐成为工业主体。扶持发展“产学研”一体的科技进步企业，规划和支持企业孵化基地建设，围绕科研成果项目落地生根，配套上下游企业，完善产业链，推动产业集群发展。大力支持和鼓励环保节能、循环经济型企业在我镇生根壮大。一个精尖、环保、节能、循环利用等先进产业发展的硅谷呼之欲出。

广东电网东莞500千伏变电站位于樟木头金河工业区

东莞深能源樟洋电厂

金河工业区

樟木头全景

A	B
	C
D	E

A、东莞明彩纸品有限公司

B、东莞市柏百顺石油化工有限公司

C、东莞市小猪班纳服饰有限公司

D、东莞贰发毛绒有限公司

E、东莞十和田电子厂

shanmaoxinzhangchen

商贸新樟城

樟木头镇积极打造一圈四网交通环境，为商贸物流发展提供保障，以塑胶、电子、鞋业皮具、粮油、汽车、小商品、重油、农批、水果、建材等十大专业市场为带动，依托铁路、轻轨、高速公路和两大主道构建大物流网络，深度挖掘商贸潜力，精度提升商业价值，重塑大商贸形象，振兴小香港品牌。商贸业已成推动樟木头经济发展主引擎之一。未来的樟木头将成为东莞南部和山区片最具吸引力的现代商业物流强镇。

南方汽车博览中心

樟木头塑胶市场

wenhuaxinzhangchen

文化新樟城

樟木头镇持之以恒地复兴客家文化、弘扬观音文化、培育感恩文化、倡导生态文化，四大特色文化互为一体，互为补充，让中国特色社会主义文化在樟木头镇具体体现，四大特色文化凝聚着樟木头人的精神，提振着樟木头人的信心，提升着樟木头人的素质，提高着樟木头镇形象的强大动力。未来樟木头将是一个有丰富内涵、有深厚底蕴的文化重镇和文明镇。

客家古村落

lüyouxinzhangchen

旅游新樟城

2009年1月3日，樟木头镇被评为“广东省旅游特色镇”，并被授予“缤纷小香港”称号。

冠和博物馆

由东莞市政府主办，东莞市旅游局协办的“东莞试行国民旅游休闲计划”启动仪式在樟木头举行。市委常委、副市长江凌和市旅游局领导参加

hexiexinzhangchen

和谐新樟城

和谐小香港，平安新樟城。樟木头镇通过提升社会管理水平，强力除恶灭罪，加强安全生产，提高群众的安全感和客商认同感，合力优化安全环境，创立新莞人自治模式，完善公共安全应急体系，高度重视社会矛盾调处，并积极关心弱势群体，创设村民车间促进群众就业，军民共建展现新篇章。力争构建“学有所教、劳有所得、病有所医、老有所养、住有所居”的平安和谐社会，形成一股团结奋进、共建和谐平安的良好镇风民风，使樟木头社会更加平安稳定，人民更富裕安康。

2008年，全国首创“感恩商家、帮扶企业”活动，为社会营造着“善待投资者、尊重投资者、支持投资者”的良好氛围，“感恩文化”受到中外媒体的广泛关注，社会效应良好。

军民共建

youjuxinzhangchen

优居新樟城

科学规划城市功能布局，顺势引导商贸、旅游、居住、工业主体功能分区，打造优美沿河风景，并按“顺山顺水顺势，高低别致有主题”的特色，围绕“整合资源、分期分批，旧区改造、新区精造，一园一区、整体规划、功能配套，做大盘、做精品、高增值”的思路，使得房地产先发优势和品牌优势得以充分显现。

樟木头的居住环境已逐步由粗放的创业型、商业型、安居型向精致高尚的生态型、优居型、休闲型和旅游型进化。一个风光优美、生活陶醉、景色如画的城市脱颖而出。

嘉多利山花园

星耀国际

中惠·香樟绿州

加州阳光海岸花园

村民车间

镇领导十分关心老同志，亲切交谈送温暖

樟木头镇创造性开展“感恩商家，帮扶企业”活动，受到广泛的关注

专家深入企业调研，做好帮扶工作

2008年7月30日，省委副书记、省长黄华华率省调研队来到凤岗镇联泰制衣公司调研产业升级，鼓励企业加强研发，实现从贴牌生产向自有品牌转变

2008年11月12日，香港特区行政长官曾荫权到凤岗调研，了解凤岗镇港资企业发展情况

2008年4月15日，市委副书记、市长李毓全来到凤岗镇调研产业升级、产业转型情况

2008年2月18日，省委常委、省公安厅厅长梁伟发等一行莅临凤岗镇调研公安"三基"工程建设

凤岗全景

2008年，凤岗镇竹尾田村、黄洞村、竹塘村、凤德岭村成功创建"平安社区"。图为8月28日，市政协副主席邝明子等领导为市首批平安社区竹尾田村挂牌

2008年3月6日，凤岗镇荣获的"东莞市文明镇"、"文化建设先进镇"正式挂牌。当天，荣获"广东省文明村"的雁田村也同时举行挂牌仪式

2008年12月21日，占地35万平方米的大运城邦项目奠基仪式

2008年1月13日，东莞市城市管理综合执法局凤岗分局正式挂牌成立。市交通局综合行政执法局凤岗分局也同时挂牌

2008年，凤岗镇成立教育奖励基金，共发放127.5万元奖教奖学助学金。图为颁奖现场

2008年，凤岗镇投入1300多万元，建成社区卫生服务中心1个、卫生服务站12个，全镇社区卫生服务覆盖率达100%。图为9月28日，凤岗社区卫生服务机构暨社区门诊医疗保障启动仪式

2008年3月3日，凤岗镇正式启动深入学习实践科学发展观活动。图为领导班子学习实践活动专题民主生活会

“5·12”四川汶川地震发生后，凤岗镇党员干部积极行动，为灾区人民献爱心，共募捐2014万元支援四川灾区重建。图为抗震救灾募捐晚会现场

2008年8月8日,凤岗镇集体婚礼上，50对新人在园龙山公园上欢庆这一特别的日子

2008年9月15日，凤岗镇举办为期两个月的第三届全镇运动会。共有59个代表团，4000多人次的运动员，参与了13个大项53个小项的比赛。图为第三届“杨官璘杯”全国象棋公开赛暨第三届运动会开幕式晚会现场

总投资400多万元的杨官璘象棋广场于1月29日正式启用

2008年11月15日，为期5天的第三届“杨官璘杯”全国象棋公开赛拉开帷幕。图为专业组第一轮，北京张强与广东许银川准备开战

黄金海岸

塘厦镇

2008年10月19日，国家住房和城乡建设部副部长仇保兴视察林村农民公寓

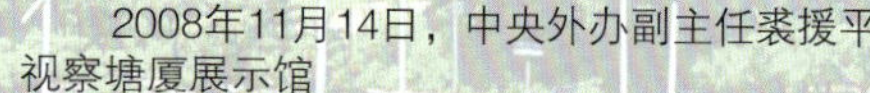

2008年11月14日，中央外办副主任裘援平视察塘厦展示馆

2008年5月10日，国务院发展研究中心调研组领导与专家到塘厦志成冠军集团公司考察调研

2008年7月30日，省长黄华华视察塘厦华强三洋电子有限公司

2008年3月8日，副省长佟星视察塘厦展示馆

2008年12月12日，市委书记刘志庚到塘厦坚朗公司视察调研

2008年11月7日，李毓全到塘厦建永数码科技有限公司视察调研

2008年8月26日，外国驻穗领事高级代表团参观塘厦展示馆

2008年10月16日，市人大常委会在塘厦举行检查《东莞市河道堤防管理规定》执行情况座谈会

2008年9月17日，塘厦主要领导深夜深入一线靠前指导开展全市统一的“治摩”行动

2008年12月11日，塘厦镇举行欢送新兵入伍仪式

2008年5月15日，塘厦镇召开学习实践科学发展观转段动员大会

2008年11月25日，塘厦镇举行重点中小工业企业和加工贸易企业融资支持计划动员大会暨银企座谈会

2008年12月24日，塘厦镇在举行危险化学品事故救援演练前召开企业动员座谈会

2008年4月28日，塘厦镇举行实践科学发展观暨庆“五一”、迎“五四”大型交响乐演唱会

“6·13”水灾救灾场景

2008年7月16日塘厦公安分局组织开展防洪演练

2008年5月28日，塘厦体育馆举行赈灾中美篮球赛

2008年5月28日，塘厦体育馆举行赈灾中美篮球赛之前，国家队队员捐款

塘厦初级中学新校区落成庆典

2008年12月12日，举行塘厦初级中学新校区落成庆典

2008年11月17日，CBA2008年至2009年赛季揭幕战在塘厦体育馆举行

新落成启用的塘厦初级中学

谢岗镇

镇委书记、镇人大主席尹照容出席第五届登山节开幕式

镇委副书记、镇长万卓培出席第五届登山节开幕式

谢岗镇充分利用“东莞第一峰”——银瓶山，致力于打造生态休闲名镇。图为谢岗镇第五届登山节开幕式

金融风暴下，镇委、镇政府领导积极走访企业，了解企业经营情况、存在困难等。图为镇委书记、镇人大主席尹照容深入企业了解情况，为企业排忧解难

"一方有难，八方支援"。在四川大地震发生后，镇委、镇政府积极响应号召，组织募捐

第五届登山节"环保健康行"启动仪式现场

"东莞第一峰"——银瓶山风光

谢岗镇第五届登山节联欢晚会

谢岗镇田园风光

谢岗镇加大镇容镇貌整治力度，美化投资环境。图为镇中心区升级改造后的柏油路

谢岗镇崖山古迹

谢岗中学——省绿色学校。镇委、镇政府先后投入2000多万元对谢岗中学进行升级改造，实现师生们"让校园成为小鸟的天堂，师生的乐园"的梦想。图为谢岗中学观鸟队在银瓶山开展观鸟活动

环境优美的度假村

清溪镇

2009年1月17日，中共中央政治局委员、广东省委书记汪洋(左二)一行到清溪调研国家可持续发展实验区建设情况

2008年2月14日，市委书记刘志庚(左一)、市长李毓全(左二)等市领导到清溪视察城建“亮点”工程

2008年9月1日，清溪社区卫生服务中心(站)挂牌启动仪式

清溪全景

清溪文化公园

优美的自然生态环境

清溪镇标

长山头污水处理厂

银利高尔夫球场

宜居清溪

清溪麒麟在维也纳金色大厅表演

2008年2月21日，清溪镇首届麒麟舞大赛举行

2008年11月27日，清溪镇第三届客家文化艺术节开幕式晚会举行

青湖工业园

清溪生态农业园效果图

电脑生产线

清溪镇首批“农家书屋”

和·谐

生·活

和谐生活

常平镇

东莞火车东站站前广场改扩建工程

东莞火车东站（以下简称“东站”）地处东莞市常平镇东部，位于京九线和广深线的交汇处，是大京九铁路唯一在东莞经停的车站，截至2008年，始发和途经的长途旅客列车54对，年进出旅客近千万人次，春运最高峰期间日发送量达到9万人次，是东莞市与国内腹地联系的主要交通枢纽，也是推动东莞东部城市发展的重要引擎。

随着东莞火车东站客流量的日益增长，东站原有规模逐渐不适应群众出行的实际需求。为此，东莞市委、市政府在2006年春节过后的第一次市委常委、副市长联席会议上作出了对东站进行升级改造的决定，并将东站升级改造工程列为市级重大建设项目。东站的升级改造，近期目标是要打造国内一流的等候式大站，远期目标是打造以交通换乘为主导，集铁路客货运、地铁、公交于一体的区域性综合交通枢纽、商贸物流中心。东莞火车东站的整体改造包括了站房内改造、站房外广场改造、公共汽车站场建设、莞惠城际铁路轨道站点建设、东莞市内轨道R3线站点建设和周边商贸区建设六部分，改造总面积76公顷，预计总投资超过20亿元。本次东莞火车东站站前广场改扩建工程主要是站房外广场的改造。而东站站房内的改造也已经被铁道部门纳入京九铁路电气化改造的范围，预计2009年下半年可正式动工。

东莞火车东站站前广场改扩建工程预计投资4.6亿元，改造主要内容包括：第一，南调常东路水平线型，使广场面积由原来的1.5公顷扩大至4.0公顷。第二，在站场北侧增设站前架空平台，上层作为客流进站区连接站房，下层设置公的营运区，实现以平台换空间，一方面增加人流疏散和休闲面积9000平方米，另方面简化客流、车流进出站流线。第三，未雨绸缪，在站场地下预留城际轨道站点和市内轻轨站点及出口，以接驳未来的轨道交通。第四，整合站场周边地块，规划14公顷用作车站配套，进一步提升东站为广大旅客服务的能力和水平。与此同时，结合东站广场改造，常平镇计划投资超过2亿元在东站站场附近同步规划建设新的长途汽车总站，并设置空中走廊，实现火车站与汽车站无缝接驳，逐步在东站广场区域内实现铁路、轻轨、公交各类交通“零换乘”，打造一个“高效、有序、安全”的车流、客流集散系统。东站站前广场改造工程力争于2010年春运开始前完工。

随着从莞高速、莞惠高速、莞惠城际轨道、东莞市内轨道R3线、常平新汽车总站等重大交通设施的规划建设在东站区域逐步铺开，东莞东站综合交通枢纽区的建设将逐步成形，常平作为珠三角交通枢纽的地位将得到进一步巩固和提升。

站前广场效果图

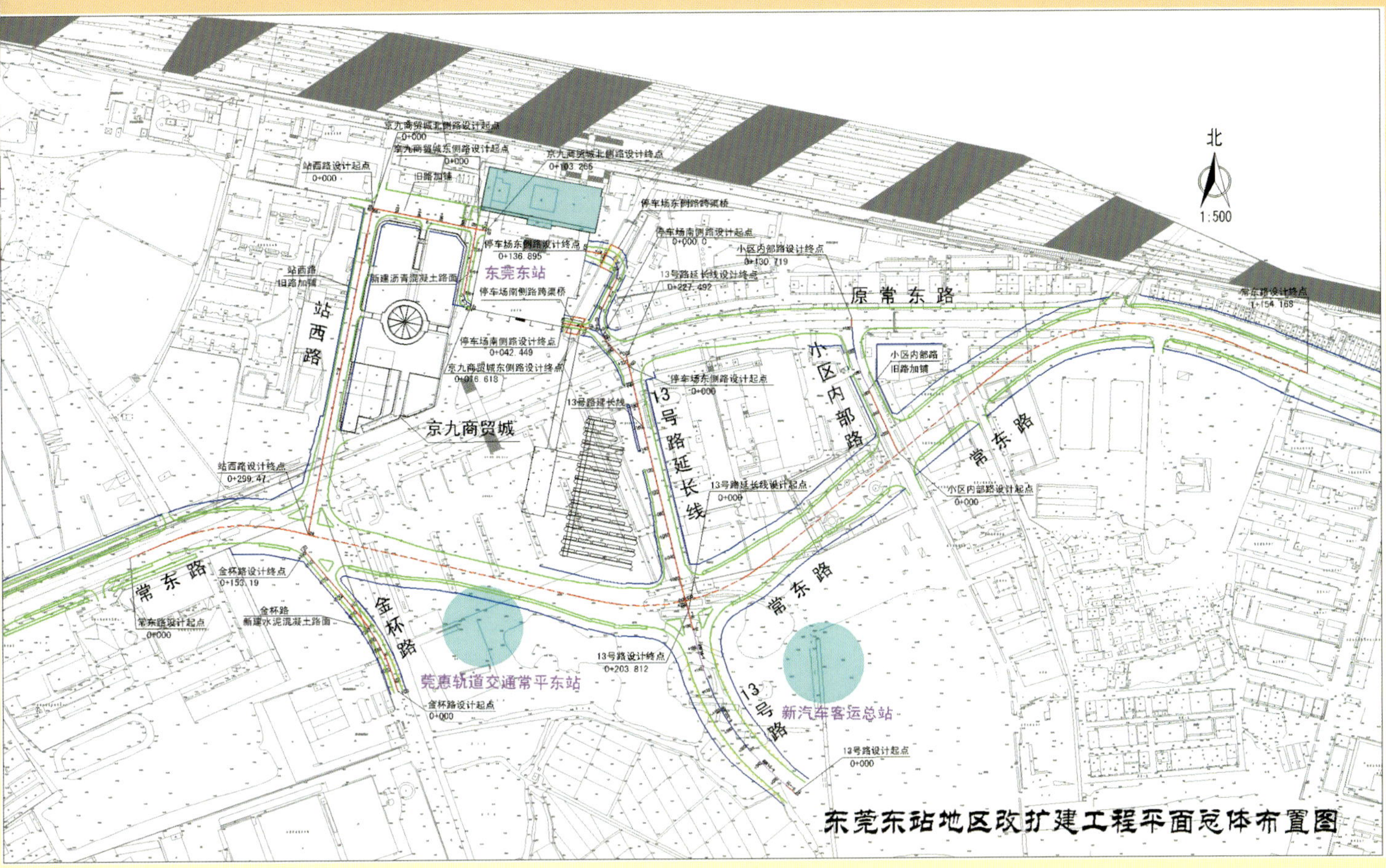

东莞东站地区改扩建工程平面总体布置图

火车东站区域改扩建工程总体布局图

京九商贸城效果图

二层平台效果图

城际轨道交通

中共中央政治局委员、省委书记汪洋宣布项目开工

省委副书记、省长黄华华作重要讲话

省、市领导出席项目开工仪式

东莞市、惠州市及广东省有关部门及当地群众近千人参加了开工仪式

东莞至惠州城际轨道交通项目是经国务院批准的珠三角城际轨道交通线网规划的放射线之一。该项目线路走向起于穗莞深城际轨道交通东莞洪梅站,在东莞境内经道滘、南城、东城、寮步、松山湖、大朗、常平、谢岗等镇(区);在惠州境内经沥林、陈江、惠环、惠城等镇(区);终点为惠州市惠州大道,线路全长约97公里,全线设站13个,速度目标值为200公里/小时。项目建设总工期为3年半,预计在2012年底建成通车。该轨道交通项目于2009年5月8日在常平开工,城际轨道从大朗经常朗路进入常平,沿常平大道,经铁路公园、东莞东站,向东跨东深公路进入谢岗境内,在常平境内长约15.3公里,线路敷设为高架形式。该城际轨道在常平设两个站点,分别设在东莞火车站和东莞火车东站。轨道交通建成后常平将融入珠三角1小时经济生活圈,届时,城轨将与京九线、广梅汕线以及市内轨道交通R3线实现无缝连接,在东莞东火车站实现转乘。城轨沿线的旅客可直接坐城轨来到东莞东火车站转乘出省的火车。常平交通枢纽的作用得到进一步增强,常平的辐射力扩散到了惠州,惠州的旅客和货物均可转到常平,进入内地,大大降低各项经济和社会运营成本。

常平镇板石村

2008年12月23日，省政府应急办主任纪家琪在镇委书记梁海卫、镇长陈满新及板石村支部书记梁煜光的陪同下调研

板石村位于常平镇中心区周边地区，总面积3.4平方公里，在常朗、常黄、常东、常马公路交汇处，紧邻东莞火车站。下辖旧围、新围、霞村、南埔、吴屋5个自然村，2008年共609户，户籍人口1890人。

改革开放以来，板石努力完善投资环境，抓紧基础设施建设，积极招商引资，努力调整经济结构；认真落实安全生产，优化治安管理；努力提升党员干部和全体村民的综合素质；加大文化投入，开展文娱康乐体育活动，在教育宣传工作等方面也取得了瞩目的成就，各项经济指标都能按计划或超额完成，壮大了集体经济，增长了村民的福利，营造了一个团结、稳定、可持续发展的新局面。

改革开放以来，板石村坚持村委、村小组、私营经济三级经济同步发展方针，大力发展工商业，吸引外商投资兴办了毛织、制衣、玩具、眼镜等多家企业。2008年，村组两级资产2亿元，集体年纯收入3147万元；全村有外资企业13家，私营企业及个体工商户850家。同时，获得“常平镇2007年度精神文明建设先进村；常平镇2007年度维护稳定和社会治安综合治理先进村；常平镇2007年度城市规划建设管理先进村；常平镇2007年度农村两委班子量化考核先进村；常平镇2007年度安全生产工作先进村；常平镇2007年度先进妇代会；2007年度东莞市人口和计划生育工作无政策外出生村（社区）；东莞市文化建设先进村；东莞市先进调解委员会；常平镇2008年春运工作先进单位”等多个光荣称号。

副市长邓志广、镇委书记梁海卫、镇长陈满新、板石村支部书记梁煜光为板石村“平安社区”牌匾揭牌

板石人民欢度元宵喜迎奥运

横沥镇

2008年10月5日，副市长吴道闻(右一)到横沥镇调研社区卫生服务工作

2008年12月23日，副市长严小康莅临横沥镇调研东莞生态园建设有关工作

2008年12月4日，副市长成洪波莅临横沥镇调研

2008年11月21日，市政协副主席周楚良深入横沥镇企业调研

2008年9月16日，新疆维吾尔自治区人民政府考察团到横沥镇考察

横沥一河两岸全景

蓬勃发展的房地产业

双龙舫步行街街景

横沥一河两岸夜景

2008年10月31日，横沥镇举办“快乐周末”年度总决赛

2008年8月27日，横沥镇社区卫生服务中心启动

www.dhim.com

横空出世 沥诚天下

横沥汇英国际模具城，汇聚天下模具精英

横沥汇英国际模具城

横沥汇英国际模具城
Hengli Huiying International Mold Market

汇聚模具精英 缔造行业神话

华南地区功能齐全 规模宏大的专业模具产业基地

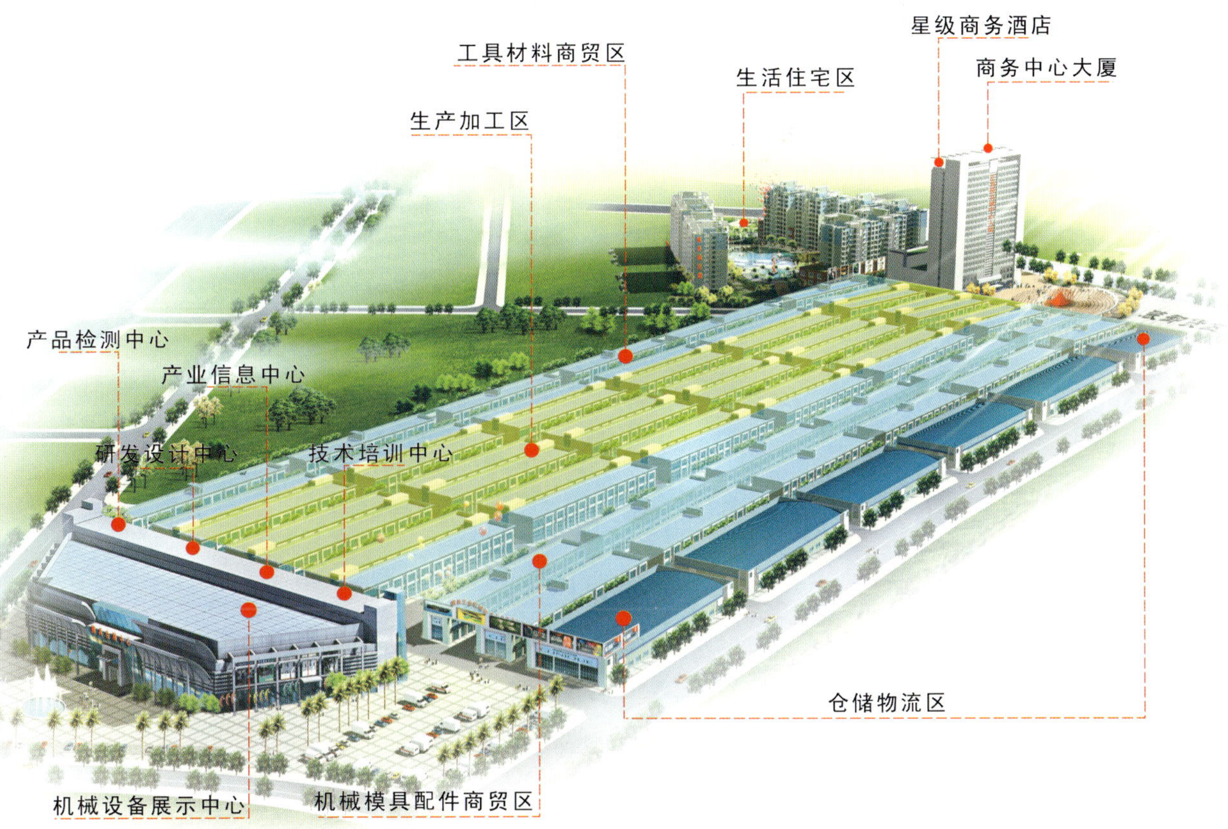

“横沥汇英国际模具城”是由东莞市横沥镇委、镇政府牵头组织联合横沥商会组织成立的东莞市汇英实业投资有限公司开发。横沥汇英国际模具城是一个集加工、生产、贸易、销售、研发、展示、信息、人才培训于一体的大型模具工贸平台。

横沥汇英国际模具城以**“立足东莞、面向珠三角、幅射全中国、服务全球”**的定位，以**“服务、创新、高效、共赢”**的理念为所有进驻模具城的企业提供专业管理服务。我们相信，**汇英国际模具城将成为华南地区最具发展潜力的模具产业工贸平台，引领模具行业发展。**

Add:东莞市横沥镇兴业大道1号
Http://www.dhim.com.cn
E-mail:dhim@dhim.com.cn

财富热线 0769-8373 9999

镇中心区

石排镇

2009年3月17日，广东省副省长万庆良到石排镇调研

2009年3月17日，东莞检验检疫局石排检测基地开检仪式

石崇现代制造业中心

2009年1月9日，东莞检验检疫局与石排镇政府签署合作备忘录

2009年1月5日，东莞海关与石排镇政府签订工作备忘录

2008年11月8日，华南国家计量测试中心动工兴建，广东省副省长佟星(右三)等领导出席

繁华的石排中心区夜景

2009年1月3日，新莞人返乡专列首发仪式

2008年9月19日，“中国镇首届体育文化艺术科技节”系列活动之中国镇邮册首发式

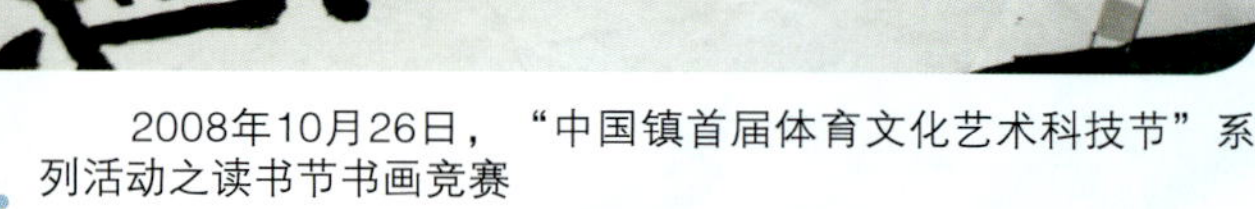

2008年10月26日，“中国镇首届体育文化艺术科技节”系列活动之读书节书画竞赛

一年一度的中国镇“集结号”集体婚礼

锦绣江南别墅区

（上接514页）

【党的建设】2008年，横沥镇坚持立党为公、执政为民，不断加强党的建设。扎实开展学习实践科学发展观活动和解放思想大讨论活动。坚持和完善党委中心组理论学习制度，不断丰富学习内容。成立“两新”组织党员志愿服务中心（队），建成农村党员远程教育终端站点18个，继续做好固本强基工程镇级示范点创建工作，已成功创建市、镇示范点25个，进一步巩固和发挥示范点作用。加大对优秀青年和入党积极分子的培训力度，培训入党积极分子186人，发展新党员134人。围绕“五个好”（领导班子好、党员干部队伍好、工作机制好、工作业绩好、群众评价好）党支部的标准，健全集体议事、民主生活会、调研、学习日等制度，不断提高基层组织执行能力。抓好党风廉政建设，认真开展纪律教育学习月活动，组织全镇党员收看《怀德之治》、《镜鉴》、《廉洁治家警示录》等警示教育片，参观市“廉泉杯”廉政文化摄影大赛作品展览，不断增强党的队伍的凝聚力、创造力和战斗力。认真开展民主评议和行风评议活动，做好村（社区）“两委”班子及其成员述职述廉和民主评议工作，加强预防职务犯罪、治理商业贿赂等专项治理，全年办理群众举报和“阳光热线”反映问题84件次。（刘浩霖）

附：2008年东莞市横沥镇党委、人大、政府领导名录

镇委书记：谭全安（9月到任）
　　李满堂（任至9月）
镇委副书记：杨永存　叶可阳
镇委委员：谭全安（9月到任）
　　李满堂（任至9月）　杨永存
　　叶可阳　陈细钿　香兆明
　　叶浩宁　谢建玲　梁新钦
　　朱柱明　李志军　谢发枝
　　何善通　陈志坚
镇人大主席：谭全安（9月到任）
　　李满堂（任至9月）
镇人大副主席：香兆明　张翕明
镇　长：杨永存
副镇长：陈细钿　黄志明　丁永盛
　　朱仲平

2004—2008年横沥镇主要经济指标

指标＼年份	2004	2005	2006	2007	2008
户籍人口（人）	34298	34880	35149	35507	35823
外来暂住人口（人）	89644	143713	146915	138072	123141
面积（平方公里）	50	50	50	50	50
国内生产总值（万元）	253887	307245	377910	442926	514608
工业总产值当年价（万元）	414120	538958	676829	815933	914312
农业总产值当年价（万元）	15514	17105	11392	7273	11922
总用电量（万千瓦时）	72013	85236	95539	105016	104349
全社会固定资产投资总额（万元）	81922	72386	49071	71036	75288
社会消费与零售总额（万元）	80270	92945	109300	128829	151028
外贸出口总额（万美元）	38359	45212	54569	83706	110357
实际利用外资（万美元）	7312	4791	6273	8438	10843
镇级可支配财政收入（万元）	16889	19624	24100	34926	36922
各项税收总额（万元）	22391	28094	38081	49237	57048
金融机构各项存款余额（万元）	312035	413321	543342	541503	619643
城乡居民储蓄存款余额（万元）	205105	263668	317636	337480	430973

东坑镇

【概况】东坑镇位于东莞市中部，地处穗、深、港黄金走廊之间，毗邻松山湖科技产业园、东莞生态园和东莞火车站，东部快速、莞深高速、常虎高速接驳镇内，地理位置优越、交通便利。2008年，全镇总面积27平方公里，总人口8.89万人，其中户籍人口2.98万人，外来暂住人口5.91万人，下辖14个村委会，1个社区居委会。东坑镇先后获市“班子量化考核进步奖”和“市维护稳定和社会治安综合治理先进镇”、“广东省卫生镇”称号。

【经济发展】2008年，东坑镇实现生产总值38亿元，同比增长15%；完成工业总产值89.7亿元，同比增长16%；镇本级可支配财政收入3.5亿元，增长35%；各项税收总额4.2亿元，增长31%；实际利用外资8384万美元，与上年持平；外贸出口总额13.2亿美元，同比增长10%；累计合同9900万美元，同比增长87%；增资合同金额9257万美元，同比增长229%；私营企业和个体工商户4538户，民营经济工业总产值2.33亿元，同比增长9%；民营经济固定资产投资总额3.2亿元，同比增长67%。井美村成功申报商业示范社区，金利怡卫浴有限公司的“金利怡”商标成功创建省著名商标，实现东坑镇零的突破。外资与民营经济已成为东坑经济发展的两个重要支柱。

【应对金融危机】2008年，东坑镇新一届党委政府面对金融危机，早决策、早应对，把帮扶企业工作，放在应对危机、确保增长的首要工作和重点工作抓实抓好，通过主动服务企业、积极落实上级优惠政策、成立劳资关系关注小组稳定劳资关系等措施，进一步稳定企业、稳定社会。主动加强银企沟通，解决融资难题，积极下访企业，及时出台产业调整方案。2008年，为企业减负厂租、管理费近1000万元，并对全镇30多家企业的台账保证金作担保，达成企业融资意向金额2.1亿元。通过科学应对，全镇企业稳定生产，没有出现大规模企业倒闭现象。

【产业结构调整】2008年，东坑镇坚定不移地把产业结构调整作为核心的任务来抓，制定《东坑镇产业调整“三落实”工作实施方案》和“产业倍增计划”，全面落实“产业创新、农村建设、统筹管理”三项核心工作。在产业创新方面，重点扶持60家优势企业做大做强，重点推动企业经营业务、经营方式、经营路径转型和企业技术、产品、设备、市场、环境升级，重点突破汽车电子、节能光电、平板技术和信息服务业新兴产业关键领域，逐渐形成新的产业优势，构建现代产业体系。在农村建设方面，坚持统筹发展，以旧村改造、盘活土地、农民增收、拓宽就业、改善环境为抓手，努力促进城乡一体化。在统筹管理方面，以提高管理效率、降低行政成本为目标，全面优化政务、服务、创业环境，降低管理成本，提升服务水平，提高管理效率。

通过全力推动“产业低成本升级、企业就地不停产转型”，镇内多家“三来一补”企业成功转为“三资”企业；全年引进内资固定资产投资额1.1亿元，同比增长60%；全镇外资企业内销总额1096万美元，增长15%；民营固定资产投资3.2亿元，同比增长67%；单位GDP耗能同比下降13%，单位GDP耗电同比下降14%，单位GDP税收同比增长13%；全镇产业增加值增长速度，第三产业比第二产业超过4%，三大产业结构进一步优化。

【民心工程推进】2008年，东坑镇把重民生作为一切工作的出发点和落脚点，加快推进“教育培训、群众就业、社会保障”三项民心工程。在环境治理方面，污水处理厂主体工程完成桩基建设；截污网管工程完成3.24公里；复耕复绿面积330多亩；清污工作全面完成。在新莞人服务方面，成立新莞人服务管理中心，为新莞人办理人身意外保险3200多份；提供免费业务培训4500多人次；解决公办学位600多个。在信访调解方面，越级上访批次同比下降16%，越级上访人数同比下降20%，信访结案率达98%，调解率达98%，获评市“信访工作先进镇”。在民本民生方面，提高定期抚恤、定量补助标准，低保户入保率达100%，解决群众就业701人；积极完善医疗保障体系，大力解决看病难、看病贵问题；开通35辆公汽、45辆“公的”，全面解决群众出行难问题。

【维稳综治】加强社会治安管理。2008年，东坑镇深入开展“春雷”、“粤安08”、“平安奥运”、“治摩5号”等30多个专项打击行动，全年共破获各类刑事案件132宗，同比增长55%，获市“维护稳定和社会治安综合治理先进镇”称号。着力整治安全隐患，成立消防大队，完善消防街长管理。深入开展危险化学品安全、道路交通安全、消防安全、食品安全等专项治理，全镇火灾事故宗数、死亡人数、直接经济损失分别下降56%、50%、95%。

重视安全生产工作。2008年，东坑镇对全镇企业和“三小”场所进行普查，并着手整改。开展安全专项整治，全面听取企业领导的汇报，查阅相关安全生产规章制度和资料，实地查看生产车间、仓库、宿舍。对安全设施、安全通道、易燃易爆危险品的存放和产品进行检查。对上年普查的8000多家“三小”场所和出租屋进行继续跟踪，发出整改指令书286份，口头整改500次，强令关闭23家火灾隐患严重的商户。

开展食品安全专项治理行动。2008年，东坑镇积极开展食品安全检查，全年开展专项执法检查60多次，出动检查人员2380多人次，检查户数3640多家，销毁不合格食品5000多公斤，有效保障全镇人民的食品安全。

【教育·文化】实施科教兴镇战略。2008年，东坑镇大力推进素质教育，完善三级转二级办学机制。积极解决新莞人子女读书问题，为其提供1700多个公办学位。在各类学科竞赛中，全镇学校获市级以上奖励383项，其中国家级奖181项，省级奖28项，市级奖170项。学科论文获市以上奖励的有22人次。

推进图书馆建设。截至2008年，东坑镇建成11个村级图书室，7家“农家书屋”。东坑图书馆已纳入市总分馆体系，2008年借阅图书量超过1万册，接待读者2万多人次，并建成为“全国文化信息资源共享工程中心”，为1万多人次提供上网服务，获“市图书馆之城建设服务”三等奖。

推进博物馆之城建设。2008年，东坑镇建成3个村史展览室，积极开展非物质文化遗产保护，全力做好《木鱼歌》申报省级非物质文化遗产工作。全面铺开第三次全国文物普查工作，开展对各文物线索点的调查、复核、登记建档、线索排查及上报工作，复查文物保护单位21处，新发现文物线索点6处。

鼓励文艺创作。2008年，东坑镇设立文艺创作专项资金和文艺奖励专项资金，并制定实施办法，扶持粤乐社等社会办艺术团（队），以及各文艺协会，激发创作热情。积极筹建东莞（东坑）木鱼歌创作基地，实施《木鱼歌》进课堂，东坑中学成为东莞群众艺术馆少儿木鱼歌培训基地，木鱼书《三个萝卜一个坑》获市第四届小品小戏创演大赛金奖和优秀剧本奖。创编的《木鱼说唱“卖身节”》，获“首届中国农民文艺汇演丰收杯奖”。

【医疗卫生】2008年，东坑镇完成社区卫生服务网络的建设，并全部投入使用。对工作人员实行上岗前全员培训，加快社区卫生服务全科人才的培养，派出12人参加全市的全科医学转型培训，所有护理人员均通过社保收费系统培训。建立转诊机制，完善社区卫生服务机构同上级医院的双向转诊机制，做好医保部门、医疗单位和患者三方的协调工作，合理利用卫生资源，实现小病进社区、大病进医院，并加强医院对社区卫生服务机构的技术指导。

【城市建设】2008年，东坑镇产业规划不断完善，改造、建成一批路桥、供电、水利等基础设施工程，鹰岭公园完成了两期工程；16号、25号镇街联网路改造完成并通车；消防安监大厦挂牌；电大分校工程基本完成教学楼工程建设，正在筹划建设宿舍楼；内河硬底化工程有效推进，中凯国际酒店营业；东裕广场、皇家公馆等一批房地产项目先后建成发售。成立了城市管理综合执法分局，改变东坑镇以往多头执法、重复执法的局面。拆除违法建筑4.5万平方米，复耕复绿329.7亩，城市面貌有了明显改善，并成功创建“省卫生镇”。

【农业产业园建设】2008年，东坑镇农业产业园主干道路路基填筑已完成总工程量的87.21%。完成土方69.23万立方米和砼方11.63万立方米，箱函工程完成砼方1583立方米。加快组建农业产业园经营公司，制定《关于推进东坑农业产业园建设的实施方案（草案）》，加快东坑镇农业产业园经营公司的组建，确保农业生态园区的顺利建设及正常运转，进一步提升东坑镇农业发展水平。

【二月初二"卖身节"】2008年，东坑镇二月初二"卖身节"以"民俗风情大荟萃，二月初二展新颜"为活动主题，总体活动安排主要包括：开幕式、民俗风情展演、特色巡游、射水狂欢、啤酒狂欢、迎奥运趣味体育活动、"关爱新莞人创业英雄会"、文物博览、特色商品展销、美食展销、人才劳务招聘等，活动共发出2万封邀请函，吸引40多万人集聚东坑，美食、商贸等活动直接拉动经济消费3000多万元。人才交流活动吸引了近100家企业到场招聘，现场为求职者提供了4300多个就业机会，涉及管理、技术、普工等多方面的岗位，获得了良好的社会效益和经济效益。

（李进强）

附：2008年东莞市东坑镇党委、人大、政府领导名录

镇委书记：杨礼权（任至3月）
黄为国（3月到任）

镇委副书记：黄为国（任至3月）
张耀洪（3月到任）
梁轼文

镇委委员：杨礼权（任至3月） 黄为国
张耀洪（3月到任） 梁轼文
李树容 卢浩华 苏灿辉
黄醒光 李爱连 丁寿均
黄晨光 刘晓冬（挂职）
梁伟依 苏庆中

镇人大主席：杨礼权（任至3月）
黄为国（3月到任）

镇人大副主席：李树容 苏佛养

镇　长：黄为国（任至3月）
张耀洪（3月到任）

副镇长：卢浩华 丁炜涛 卢柏波

2004—2008年东坑镇主要经济指标

指标＼年份	2004	2005	2006	2007	2008
户籍人口（人）	28962	29163	29369	29590	29788
外来暂住人口（人）	65018	71236	71393	60927	59104
面积（平方公里）	27.5	27.5	27.5	27.5	27.5
生产总值（万元）	230057	265118	301747	329458	380365
工业总产值当年价（万元）	559286	611499	703532	775542	896645
农业总产值当年价（万元）	14237	20901	10083	7781	7283
总用电量（万千瓦时）	59838	69530	74215	76324	73074
全社会固定资产投资总额（万元）	31205	24400	40338	47103	65855
社会消费与零售总额（万元）	25339	29452	34644	39963	56589
外贸出口总额（万美元）	50403	64819	81933	120052	131531
实际利用外资（万美元）	6357	8098	8200	8364	8384
镇级可支配财政收入（万元）	12284	15086	20789	25982	35049
各项税收总额（万元）	15515	20588	29114	32254	42105
金融机构各项存款余额（万元）	199575	254151	319036	333604	401330
城乡居民储蓄存款余额（万元）	151919	192418	230835	248981	304779

企石镇

【概况】企石镇位于东莞市东北部，东江中下游南岸，西眺广州，东望惠州，南邻深圳、香港，面积59平方公里。2008年，辖19个行政村和1个社区，总人口10万人，其中户籍人口4万人，外来人口6万人。镇内山水资源丰富，文物古迹众多，生态环境优越，基础设施完善，广深高速、广惠高速、东部快速及省道S120等多条干线公路从镇内及周边经过，道路交通十分便利。

【经济发展】生产总值增长较快。2008年，企石镇生产总值达29.4亿元，较上年增长3.9%；工业总产值达55.8亿元，同比增长2.7%。社会固定资产投资总额达5.8亿元，同比增长14.8%；外贸出口总值达3.5亿美元；社会消费品零售总额达7.8亿元，同比增长11.2%。

财税收入保持稳健。镇级可支配财政收入达2.5亿元（不含市划拨的创建教育强镇等一次性补贴），同比增长9.7%；各项税收总额达3.5亿元，同比增长28.9%。

城乡居民收入持续增长。城乡居民存款余额达25.6亿元，同比增长12.8%；农民人均纯收入达10172元，同比增长5.6%。

【产业升级】2008年，企石镇面对来势凶猛的国际金融危机，及时制定帮扶企业渡过难关的具体措施，有效提振信心，稳定企业，促进转型。

光电产业发展初见成效。"2008年光电企业（企石）峰会暨光电产业发展论坛"成功举办、"广东省光电产业基地"正式挂牌和光电产业园的规划为促进该镇光电产业发展、实现优质光电企业集群搭建了良好的平台。截至2008年，全镇有各类光电企业40多家。

招商引资工作成效明显。第三代半导体氮化镓衬底材料项目已经签约落户，LED（发光二极管）半导体照明工程研发及产业化项目、300兆瓦太阳能光伏项目正在积极洽谈推进中。共有33家外资企业和多家民营企业实现了增资扩产，全镇实际利用外资2425万美元，增长18%。

自主创新能力不断增强。全镇市级

民营科技企业增至23家，省级民营科技企业增至5家，国家级高新科技企业增至3家；拥有市专利试点企业1家，专利培育企业4家；东莞市凯晟灯头实业有限公司获得市科技进步二等奖和创新企业奖。企业创品牌的意识越来越强，已有凯晟灯头、佳彩数码、森世纪木业等3个省著名商标。

【城乡建设】 城市规划进一步完善。2008年，企石镇先后编制完成总体规划以及东山片区规划、木棉片区规划、环境卫生、环境保护、绿地系统、供水系统等专项规划，土地利用总体规划、旧城及西片区、科技工业园片区、清湖片区、铁岗片区、博夏片区等规划正在完善或审批当中。

重点工程进一步落实。截至2008年，2006年以来实施的24项重点工程已有11项竣工并投入使用，汽车客运站、污水处理厂、霞朗农民公寓、东部工业园木棉片区、若美电子公司、德芳油墨公司、广裕通物流公司等7项工程已完成项目规划、手续报批、征地拆迁等前期准备工作；江南小学、江边古村落保护工程已进入主体施工；钻石半岛酒店、东引河南岸除险加固工程、霞朗排涝站、十二丫排涝站已完成工程总量的50%以上。

人居环境进一步改善。2008年，企石镇在镇中心区实行环境卫生“门前三包”网格化管理，各村公厕、垃圾中转站已完成选址和图纸设计等工作。对东部快速、环城路、企桥路、莞龙路两侧和镇中心区企业的锅炉、发电机和黑烟囱进行专项整治，完成对全镇货运机动车的排气污染检测；依法加大违规建筑的拆除力度，共拆除36宗面积达2800余平方米；镇23项生态整治重点工程已完成20项，增加绿化面积7.4万平方米。企石镇被国家环境保护部命名为“全国环境优美乡镇”，铁岗村创建省绿色社区工作已通过省的考评验收，铁岗、东山、南坑等3个村通过市整治旧村考核。

【社会治安】 2008年，企石镇在镇中心区、各主要路段、各村（社区）、企业、出租屋等安装电子监控摄像头120个。深入开展整治摩托车、电动车、出租屋、利用“老虎机”赌博等专项行动，共查扣无牌无证摩托车1342辆、电动自行车1406辆、“老虎机”1346台，查处摩托车非法营运103宗，集中销毁摩托车800辆、电动自行车565辆、“老虎机”890台，“双无”达标工作得到市考核验收组的高度评价。创建安全文明出租屋810栋（间），约占全镇出租屋总数的30%，为租住人员办理保险3620份，约占租住人员总数的42.5%。始终保持严打态势，全年发案率与2007年相比下降幅度较大，破案率进一步提高，社会治安形势持续明显好转；以“党委书记大接访活动”为契机，积极开展镇、村两级领导公开挂牌接待来访群众活动，实行领导干部下访、巡访和包案制度，认真做好奥运会等重要时期的信访维稳工作，2008年，企石镇被市授予“维护稳定和社会治安综合治理先进镇街”，霞朗村被评为市首批平安社区示范点。

【民生民利】 教育事业健康发展。2008年，企石镇教育投入明显加大，投入600多万元用于企石中学、东山小学、星光小学等新建或改造教学设施，市第七中学已完成项目规划报批等前期工作，江南小学主体大楼首层基本竣工；进一步落实教育减负政策，提高低保家庭在读高中生（3000元）、大学生（7000元）的助学金标准，对低保边缘户在读大学生每人每年补助3500元，为户籍中职学校在读生提供每人1500元助学金；免收义务教育阶段户籍借读生杂费差额，真正实现义务教育全免费。大力推进创新型企石建设，广泛开展科技知识普及活动，学科学、用科学蔚然成风，东平村被市授予“科普示范社区”称号。

文化事业方兴未艾。2008年，企石镇文博广场完成立项等前期工作，建立“全国文化信息资源共享工程”企石基层中心，举办镇第二届体育运动会等大型文体活动，成立舞蹈、醒狮、麒麟、武术、曲艺、锣鼓舞龙等23支群众文艺队伍，全镇已有60%的村（社区）建成图书室（馆）。

交通网络逐步完善。2008年，企石镇新增公交车5辆、公交线路1条，共开通公交线路5条、投入公交车35辆，基本实现“村村通公汽，路路有公汽”。

就业工程顺利推进。2008年，企石镇在下截等村设立村民就业车间，进一步拓宽农村劳动力就业渠道；举办户籍劳动力就业技能培训班48期、新莞人培训班29期，培训人数分别达1687人、2390人；举办各类人才招聘会20场次，帮助1544名人员成功实现就业；继续帮扶“摩的”司机转型就业，“摩的”司机搭客现象大大减少；落实小额创业贷款384万元，帮助48人实现自主创业。

卫生事业加快发展。2008年，企石镇投入1640万元建成1个社区卫生服务中心、8个社区卫生服务站，方便了群众就医。

应急能力明显提升。2008年，企石镇积极应对三鹿婴幼儿奶粉事件，对市面上的奶粉进行全面排查，筛查婴幼儿2061人，收治患儿45例。通过多种途径和形式支援四川抗震救灾工作，共为灾区募集善款417万元，并组织各村和有关部门单位慰问四川籍员工。“6·13”、“6·25”等台风暴雨灾害发生后，及时启动应急预案，把损失降到最低程度，及时发放抗灾补贴，支持救灾复产。

扶贫帮困措施落实。2008年，企石镇切实做好困难群众千元临时生活补贴发放工作；不断完善社会救助和保障体系，全年共发放低保金、救助金、救灾款以及各类补贴1100多万元，全镇各类保险参保人数达11.8万人次，使老百姓更好地享受到改革发展的成果。想方设法筹集资金，帮扶村发展集体经济，有效地增强村集体经济发展的活力。

【解放思想学习讨论活动和学习实践科学发展观活动】 2008年，企石镇把解放思想学习讨论活动和学习实践科学发展观活动作为最大的政治、最大的机遇来抓，全镇共有92个党支部，1672名党员参加活动，党员参与率达100%；充分发扬民主，掀起了党员、群众议政高潮，征集到影响和制约企石科学发展的突出问题和群众最关心、最直接、最现实的利益问题共12项60个问题389条次，并据此形成了8个方面共63项内容的整改落实方案，用解放了的思想明确了企石推进转型、科学发展的新思路新举措。

【光电论坛】 2008年9月5日，企石镇继成功举办“2007中国光电企业峰会暨中国光电产业发展高峰论坛”之后，再次举办“2008光电企业（企石）峰会暨光电产业发展高峰论坛”。旨在促进光电领域专家学者和企业家的对话、交流，研究和探讨光电产业发展的最新前沿技术、行业热点、发展趋势。在论坛上，企石镇被广东省信息产业厅授予“广东省（企石）光电产业基地”的称号。省信息产业厅副厅长彭平，市委常委、市委组织部部长庞国梅，及国内相关科研院所的领导共同为“广东省（企石）光电产业基地”进行揭牌。

为引导和重点扶持发展光电产业，该镇制定《企石镇光电产业发展规划》，明确发展目标、重点、途径和措施，已引进LED（发光二极管）企业18家，激光企业5家，并成立了华南理工大学创普（企石）激光技术研发基地、中国机械工程学会南方企业技术创新促进中心等创新平台。按照省市加快产业集群发展的要求，认真做好基地的规划，在用地、财政、人才等方面对光电企业给予优惠和扶持，吸引光电产业上下游企业的聚集，提高基地光电企业的自主创新能力。

【企石镇第二届运动会】 2008年11月26日至12月15日，企石镇第二届运动会举行。市人大常委会副主任张继雄，副市长吴道闻，市体育局局长邹联，企石镇委书记、镇人大主席麦广钦，镇委副书记、镇长邓辉等三套班子领导出席开幕式，各村支部书记、商会会长，镇直属机关全体干部职工以及来自全镇各村、各条战线的运动员共3000余人参加开幕式。共有27支体育代表团参赛，分为竞技体育项目和群众性体育项目两种形式，共设田径、篮球、乒乓球、拔河以及万人长跑等17个项目，比第一届运动会新增挑沙袋、三人踏板、象棋等群众性、趣味性强的项目。该届运动会设村（社区）、单位组和企业组，共有13000余人次参与角逐180枚金牌，涵盖了老、中、青、少等各个层面。群众参与的热情高涨，“我很健康、我很快乐，我充满希望”的主题深入人心。

（王道辉）

附：2008年东莞市企石镇党委、人大、政府领导名录

镇委书记：麦广钦
镇委副书记：邓　辉　张仲林
镇党委委员：麦广钦　邓　辉　张仲林　黄玉婵　姚灿光　张佛祥　袁兆桂　温志均　梁耀权　刘丽权　黄振忠
镇人大主席：麦广钦
镇人大副主席：黄玉婵　姚飚培
镇　长：邓　辉（3月到任）
　　　　张耀洪（任至3月）
副镇长：姚灿光　麦阳柱　杨永成

2004—2008年企石镇主要经济指标

指标＼年份	2004	2005	2006	2007	2008
户籍人口（人）	39033	39620	40101	40514	40926
外来暂住人口（人）	43390	53540	57075	58263	59152
面积（平方公里）	59	59	59	59	59
国内生产总值（万元）	167279	201236	241735	283431	294399
工业总产值当年价（万元）	268901	318161	413406	543500	558089
农业总产值当年价（万元）	8817	7551	4935	3803	4583
总用电量（万千瓦时）	52449	58642	64503	64338	63029
全社会固定资产投资总额（万余）	27280	36357	50623	50888	58422
社会消费与零售总额（万元）	50673	56811	63022	69865	77735
外贸出口总额（万美元）	25865	27172	29677	36592	35197
实际利用外资（万美元）	3006	3226	3445	2052	2425
镇级可支配财政收入（万元）	12074	14295	16655	22780	24993
各项税收总额（万元）	11832	16716	21311	27582	35574
金融机构各项存款余额（万元）	201862	243412	272222	293154	374267
城乡居民储蓄存款余额（万元）	145842	190330	216023	227163	256214

石排镇

【概况】 石排镇位于东莞市东北部，东江中下游南岸，江岸线14.5公里，西距市区20公里、广州50公里，东邻企石镇，南往深圳70公里，北与惠州市博罗县隔江相望。2008年，全镇面积56平方公里，下辖18个行政村和1个社区，户籍人口4.18万人，外来暂住人口9.65万人。

2008年，石排镇实现生产总值达41亿元，同比增长16.16%；工业总产值达80.04亿元，同比增长19.73%，镇本级可支配财政收入达4.53亿元，同比增长12.81%；全镇工商税收总额4.37亿元；全社会固定资产投资达22.78亿元；社会消费品零售总额达10.93亿元，同比增长12.3%；全镇城乡居民储蓄余额40.37亿元，同比增长29.53%；农民年均纯收入1.15万元，同比增长7%。

【城市建设】 2008年，石排镇以土地统筹储备、道路交通建设和重点项目上马为抓手，加快“造新城”工程。城市规划体系日臻完善，完成总规、土规、控规、专规及单体设计的规划设计体系，镇中心城市设计全面铺开，石崇现代制造业中心控规等近30项规划进入扫尾阶段，投入400万元启动全镇18个行政村建设规划全覆盖工作。土地统筹工作进展顺利，全镇完成15个村近1万亩土地统筹任务。道路建设不断加快，石崇横路、石崇大道和工业大道升级改造工程即将完工，龙岗大道、石排大道升级改造工程及石洲—石横大道被纳入市域联网公路统一实施，向沙路等一期9条道路全部完成规划设计及预算财审工作并即将动工，下沙、庙边王等8个村82条道路纳入第二批“村村通公路工程”。重点项目建设不断加快，完成东莞出入境检验检疫局石排检测基地、管道天然气首期主干网等25项重点项目建设，推进广东省计量科学研究院第二检测基地等10项重点项目上马。镇村基础设施一体化工程深入实施，推进节能减排工作，镇级路灯全部更换为LED节能路灯，节约60%的电费，完成一类公厕26座、垃圾压缩站14座的建设。

【农村发展】2008年，石排镇积极推进村组经济社会发展，解决融资难问题，设立5000万元帮扶资金，重点解决后进村组的启动资金问题，投入1600多万元扶持谷吓、沙角村头等一批后进村组，使其在净资产总额及人均水平等方面跃入全镇前列。

加快农业产业化建设，启动田寮观赏鱼养殖基地改造升级工程，“一园区三基地”（现代生态农业园、沙角花卉种植基地、田寮观赏鱼养殖基地、鲤鱼洲果蔬种植基地）现代农业产业平台建设得到有效强化。

加快农村造环境工程，全镇18个村顺利实现省卫生村全覆盖。

圆满完成第四届村组换届选举工作，新当选两委成员平均年龄41.17岁，具有高中以上学历的占71.19%，农村基层组织建设进一步夯实。

2008年，石排村组两级总资产达22.73亿元，同比增长3.46%；固定资产总值16.41亿元，同比增长10.07%；总收入2.72亿元，同比增长7.30%；纯收入1.60亿元，同比增长10.61%；农村人均纯收入达11484元，同比增长7.02%。

【民营经济】狠抓品牌创建。2008年，石排镇获得市级科技资助500多万元，推动了企业自主技术的开发、自有品牌的创建，全年新增省著名商标2个、市级研发中心1个、产学研合作项目1个，全镇国家免检产品、省著名商标累计达到10个。

狠抓内源经济壮大。重点扶持2008年选出的300家优质本地民营企业，全镇民营企业增到1893家，其中本地民营企业780家，比上年增长29.9%；稳步提升民营固定资产投资，实现民营固定资产投资占全社会固定资产投资近50%的比重；繁荣兴旺商贸服务业，实现城乡集市贸易成交额3.39亿元，同比增长12.35%，尤以餐饮美食业势头最为强劲。

狠抓全民创业工程。实行减免规费、税费和提供小额贷款等扶持政策，全年共协助231名户籍人员成功申领创业资金小额贷款1831.8万元，全民创新创业热潮高涨。2008年，全镇新增民营企业290多家，市场主体突破1.1万户。

【助商引资】2008年，在面对全球金融危机蔓延，冲击实体经济的不利局面下，石排镇深入开展“亲商、安商、助商”等活动，帮扶企业度过难关。一是减轻企业资金压力，最大限度地为企业争取市政府的10亿融资专项资金等政策，2008年10月1日至今，全镇共有8家企业与银行机构达成融资协议，融资金额达8186万元。二是促进外资转型升级，推出500万元企业转型升级专项资金，重点扶强做稳50家优质外资企业，全面激发企业转型升级的积极性，全年转型企业20家，其中，“来料加工企业”转“三资企业”10家，“外资企业”转“民营企业”10家。三是帮扶企业拓展内销市场，选出4家企业作为内销试点，落实专人负责跟踪服务，在一定程度上缓解出口订单减少带来的不利影响。四是加强引资工作，吸引来自港澳台、新加坡等地的投资，2008年新签外资项目23宗，累计投资额2770.46万美元；实际利用外资（新口径）近5300万美元，同比增长26.14%。

【社会管理】社会治安。2008年，石排镇全面落实平安社区创建、“治摩”、“禁电”等各项工作，全年共立刑事案件545件，破案302件，破案率达55.4%，被市评为2008年度市维稳及综治工作先进镇（街）。落实推进镇领导大接访活动，全年受理市转办案件、群众来信来访来电等案件共180宗，同比下降43.21%。

城市管理。2008年，石排镇实现省卫生村全覆盖，田边、埔心、田寮、向西、赤坎等村在环境整治中成效显著，并启动“市容环境优美村（社区）”的创建工作；有序落实“三整一植”（整治大气、污水和垃圾污染，全面推进植树绿化）工作，完成海仔河一期整治、东部快速路绿带、塘尾古建筑群一期维修等24项重点工程的整治任务。

市场经济秩序。2008年，石排镇共查处无证照经营案件368宗；积极开展产品质量和食品安全等专项整治，共组织开展联合行动90多次，专项行动200多次；严厉打击制假售假违法行为，共查处假冒伪劣案件41宗。

【安全生产】2008年，石排镇共发生各类事故526起，死亡15人（交通事故）、受伤225人，直接经济损失135.36万元，与2007年度同期相比分别上升13.85%、下降6.25%、上升17.18%和上升33.89%。其中，发生道路交通事故166宗，同比下降2.35%；发生工矿商贸企业事故301宗，同比上升18.03%，无人员死亡；发生火灾事故33宗，同比下降10.81%，无人员死亡。安全生产形势基本保持平稳的态势。

【为民办好实事】在建设本地人居住中心方面，加快推进石岗本地人居住中心的征地、拆迁工作。在创建平安社区方面，完成赤坎、黄家垦、李家坊的平安社区创建。在创业就业方面，扎实推进“零失业”工程，成功推荐368名户籍劳动力就业，实现埔心、中坑、向西、赤坎的“零失业村”创建。在医疗保障方面，城乡医保的报销比例由原来的70%提高到95%，全镇“一中心十个站”社区卫生服务体系顺利投入使用，参保人在指定的社区医疗门诊看病可享受60%的基本医疗费报销。在结对帮扶方面，全年共为477户1354人低保对象发放低保金275.38万元；为1199名低保和低保边缘学生发放助学金295.70万元；为8219名困难群众发放一次性临时生活补贴821.90万元。在关爱新莞人方面，全年共完成新莞人岗前素质教育9923人，技能提升培训3776人，完成新莞人廉租公寓一期建设，启动10趟专列、100多趟专车运送新莞人返乡。

【教育·文化·体育】2008年，石排镇以打造“教育名镇”为目标，以东莞职教城建设项目的落户为契机，加快启动基础教育、职业教育和成人教育的规划工作。镇财政在教育方面全年投入8666万元，全面完善公办学校的软硬件设施，加快推进新中心小学和新中心幼儿园的规划设计，并在全市率先实施户籍人口从小学到高中阶段免费教育；2008年9月19日至10月19日，成功举办为期一个月的首届中国镇体育文化艺术科技节，其中包括中国镇邮册首发仪式、“岭南中国星”启动仪式、岭南学堂、“书香金秋”读书系列活动、“文化暖流”行动启动仪式、龙狮麒麟大展演、“集结号”集体婚礼、“久久洪福，千岁重阳”敬老活动等18项丰富多彩的活动，全面表现石排的实力、活力、魅力，逐步打响“中国镇”的品牌知名度。（韩　亮）

附：2008年东莞市石排镇党委、人大、政府领导名录

镇委书记：翟崇碧
镇委副书记：简任昌
　　邓旭文（任至8月）
镇委委员：翟崇碧　简任昌
　　邓旭文（任至8月）　陈伟楚
　　梁暖光　香灼培　王旭深
　　姚灿光　黄沛成
　　袁万田（任至12月）　陆奕彪
　　王永权　杨永佳（12月到任）
镇人大主席：翟崇碧
镇人大副主席：梁暖光　袁达胜
镇　长：简任昌
副镇长：陈伟楚　李谢权　邓柱洪
　　刘丽红

2004—2008年石排镇主要经济指标

指标＼年份	2004	2005	2006	2007	2008
户籍人口（人）	39196	40546	40767	41277	41772
外来暂住人口（人）	73668	84816	86778	95456	96458
面积（平方千米）	56	56	56	56	56
国内生产总值（万元）	174089	227673	284276	353005	410036
工业总产值当年价（万元）	341519	411061	513263	668547	800437
农业总产值当年价（万元）	9834	8853	8909	9425	10018
总用电量（万千瓦时）	74991	82498	93041	98164	98493
全社会固定资产投资总额（万元）	63586	82565	145662	377977	227786
社会消费零售总额（万元）	72630	79933	88277	97338	109311
外贸出口总额（万美元）	25867	28626	36739	44476	52452
实际利用外资（万美元）	3293	3349	3653	4968	5974
镇级可支配财政收入（万元）	15413	18417	28096	40156	45300
各项税收总额（万元）	15722	22450	30493	41463	43744
金融机构各项存款余额（万元）	265927	313824	409334	449883	534875
城乡居民储蓄存款余额（万元）	197496	241603	288976	311700	403738

茶山镇

【概况】 茶山镇位于东莞市北部，地处穗、深、港黄金经济走廊之间。2008年，全镇面积56平方公里，下辖17个村（社区），户籍人口4.4万人，外来暂住人口7.38万人。

2008年，全镇生产总值57.8亿元，同比增长21.6%；工业总产值120亿元，同比增长5.8%；实际利用外资8788.8万美元，同比下降15.36%；各项税收总额6.8亿元，同比增长19.1%；各项存款余额70.9亿元，同比增长21.3%，其中城乡居民存款余额49.5亿元，同比增长26.8%；固定资产投资17.5亿元，同比减少11%。2008年，茶山镇获“中国食品名镇”、“广东省技术创新专业镇”、“东莞市供北京奥运食品安全保障工作荣誉单位”、“东莞市知识产权试点镇”等称号，获东莞市镇街领导班子工作实绩量化考核综合总分二等奖、东莞市镇街领导班子工作实绩量化考核进步奖等奖项。

【城建规划】 2008年，茶山镇围绕城市副中心的定位，结合东莞生态园、轨道交通R2线和东莞新客运站等市属重点工程，委托中山大学规划设计院制定《茶山镇发展策略规划》。加快控规编制，完成控规规划控制面积21平方公里，占全镇总面积45.9%。累计投资1.4亿元，污水处理厂主体工程基本完成，建成截污主干管网1.3万米，占总管网长的72.8%。累计投资1.4亿元，完成旧中心区路网及员头山大道的升级改造。配合生态园建设，书面确认上交土地1.5万亩，占应交地面积的98.7%，确保生态园工程施工顺利进行；完成并送审超朗村拆迁户安置农民公寓规划设计方案。投入1736万元，完成南社、茶山、卢边和刘黄四个村旧村整治项目291宗，并通过市的考核。投资1亿元加固寒溪河两岸堤段，新建、扩建、改建4个排站，大大改善排涝系统，防灾减灾工程在2008年汛期发挥重大作用。将道路清洁、养护、绿化等推向市场，进行市场化管理。开展违规违法用地查处整治，完成复耕复绿76宗，面积69.4公顷；拆除各种建筑物包括简易建筑物共65宗，占地面积24.3公顷，建筑面积25万平方米。加快推进公厕、垃圾压缩转运站和垃圾填埋场等三项工程，建成公厕14座、垃圾压缩转运站8座。进一步改善农村生活环境，整治村道巷道5250米，整治排水排污管道1850米，闲置地和见缝插绿58宗，修建河塘栏杆3250米。

【外源经济】 2008年，茶山镇应对全球“金融海啸”，及时采取有效措施，转变招商引资观念，整合工业园、村集体、私人闲置用地、闲置厂房等各方招商资源和力量，充分利用和推介茶山镇服务好、收费低、交通便利等各种比较优势，开展招商引资工作。2008年，全镇新签外资项目（含增资）102宗；全年合同利用外资金额6997万美元，全镇新签外资项目金额3265.68万美元，其中新投资额较大的有东莞东星电业有限公司首期投资500万美元、东莞晶锐光电科技有限公司首期投资300万美元。全镇增资金额6525.93万美元，其中增资额较大的企业有：东莞荣成塑胶五金制品有限公司增资257万美元、东莞豪力机械有限公司增资658万美元、阪和钢板加工有限公司增资1750万美元、东莞中瀛涂料有限公司增资500万美元、东莞森玛仕格里菲电路有限公司增资1946万美元。日立化成公司已购买2万多平方米土地，增资不少于1000万美元。外贸出口保持稳定，全年全镇出口总额4.66亿美元;外资企业内销销售额达27.08亿元。

【名牌带动战略】 2008年，茶山镇实施名牌带动战略，从放宽投资领域、培育“两自”企业等方面，扶持民营经济加快发展。继续执行《茶山镇名牌带动战略实施方案》，出台《茶山镇支持名牌名标企业发展贷款贴息办法》，镇财政预算安排160万元，引导企业本土化发展，支持企业争创名牌名标，壮大品牌队伍。全年新增国家免检产品1个、广东省著名商标2个、广东省名牌产品1个，有10家企业被列为市重点培育对象。

【自主创新】2008年，茶山镇以打造“科技茶山”为抓手，着力推进技术建设，落实科技政策，完善科技创新体系，加快发展高新技术产业，自主创新能力不断增强。镇财政安排500万元，扶持企业开展技术创新。全年全镇协助企业申报各类科技项目25项，获得扶持资金505万元；新增广东省民营科技企业3家，累计达14家；新增东莞市民营科技企业3家，累计达47家；1家企业被认定为市培育上市后备科技企业。至2008年底，有广东省高新技术企业2家，市级工程技术研发中心2个；申请专利199件，获得授权122件。

【公共安全】2008年，茶山镇不断加大综合整治力度，狠抓社会治安综合治理，维护社会安定。新建警务室5个，升级改造13个，配备警长21名；新安装视频摄像头53个，完善治安防控体系；刑事案件立案率下降7.5%，社会治安明显好转；深化“治摩禁电”，创建“两无社区”，各类交通事故下降10.6%，死亡人数下降25%，直接经济损失下降19%，交通秩序明显好转。开展安全生产百日督查、消防安全隐患检查等一系列整治行动，消除一批安全隐患，全镇无重特大事故发生，事故宗数、死亡人数、直接经济损失3项主要指标全面下降。开展产品质量和食品安全整治，查处无证照食品生产经营店铺，取缔地下食品加工生产点，清退不合格奶粉325公斤。开展文化市场综合执法，取缔非法音像、书报摊档71个，“黑影吧”29间。此外，还开展综合治理流动人口、建筑安全检测等整治活动，确保人民生命财产的安全。狠抓社会矛盾排查调处，建立健全镇、村、企业信访工作体系，强化领导包案、信访督查等制度，开展重信重访问题专项治理和镇党委书记大接访活动，群众反映问题得到有效解决。

【公共交通】2008年，茶山镇稳步推进公共交通事业发展。在8.9公里长的石大路（茶山段）以及镇中心区完成规划建设30个公交候车亭，满足群众出行的需求。借开展禁止摩托车载客营运活动的契机，向群众发放《东莞市城巴乘车指南》、《东莞市跨镇客运线路乘车指南》、《东莞市镇内客运线路乘车指南》共1000份，发放500份彩色的、图文并茂的《茶山镇道路客运线路乘车指南》。至2008年末，茶山镇有公汽线路5条，公共的士70台，长途汽车站1个，长途汽车上落点2个。茶山汽车站建设正在规划中。

【水利建设】2008年，茶山镇重视水利建设，投资1亿元分两期加固寒溪河两岸堤段，完成土方59.86万立方米， 石方7.91万立方米，砼3.37万立方米。其中寒溪河二期加固工程的上元段、上元段二基、茶山圩段、横江段、坑棠段、坑棠段二基、沙墩段、塘边段、孙屋段、刘黄段、上周塘段等已验收；寒溪河茶山村段、寒溪水村段因受寒溪河综合整治影响未能如期实施建设。新建上元新排站、卢边排站、增埗北围排站、横江新排站。坑口水闸已完成投入使用，大大改善了排涝系统。

【医疗卫生】2008年，茶山镇成立社区卫生服务工作协调小组，制定《茶山镇社区卫生服务发展规划（2007年－2010年）》。投入1428万元，按照“一中心八站”的总体规划，建立起由位于塘角村的茶山镇第三小学旁的社区卫生服务中心和增埗、卢边、京山、上元、刘黄、粟边、超朗、南社等8个社区卫生服务站组成的规模适当、布局合理、服务方便适宜的社区卫生服务机构网络，医疗服务覆盖全镇95%以上的人口。全镇9个社区卫生服务机构已于2008年10月全面启动，并同时成为社会保险定点社区卫生服务机构，实施门诊医疗保障制度。推进制度改革，将职工医保与农民医保合并为社会基本医疗保险，农民住院基本医疗费报销比例从70%提高到95%，年度内报销限额从3.5万元提高到4万元。同时，茶山医院新住院大楼主体工程建设基本完成。

【社会保障】2008年，茶山镇落实社会保障工作，进一步健全社会保障体系。全年工伤、医疗、养老和失业保险的参保人数分别达到8.31万人、8.24万人、4.26万人和4.13万人。

全年投入低保金86万元，共有216户、634人纳入最低生活保障，保障率达100%。全年为118名低保家庭在读子女发放助学金43.58万元；为123名边缘在读子女发放助学金32.85万元；为24名低保家庭在读中学生补助住宿费4.3万元，较好地解决困难群众“读书难”问题。自2008年起，预算安排住房保障资金133.72万元，分2年解决74户廉租住房保障对象住房问题。全年为因雨灾困难群众发放每人400元的生活补助金，每间损坏房屋补助3000元，使受灾群众的基本生活得到保障。全年市安排3500元，镇安排1万元春夏荒救济款，为困难群众购买大米和食油，确保困难群众顺利过荒期。全年发放千元临时生活补贴505.8万元。2008年，镇安排100万元作为救灾预备金，预备金标准达到茶山镇常住人口每人20多元。

【赈灾与助残】2008年，茶山镇社会各界为雪灾捐款7万多元；为四川汶川地震捐款760多万元，捐赠物资折价244万元；慈善长跑和“慈善一元捐”活动分别筹得善款16万元和9000多元。2008年，南社村、茶山圩、粟边村、塘角村和卢边村分别成立社区残疾人协会和康复站，各协会和康复站都配备专职的工作人员。

【劳动就业】2008年，茶山镇广泛宣传“创业东莞”各项工程政策，并结合招聘会、就业援助、帮扶“摩的”司机转型就业等活动，为2685人次的户籍劳动力提供免费推荐就业服务，帮助1132人成功就业，为398人提供免费和资助性技能培训，免费派发就业政策宣传单4500多张、宣传手册1700多份。全年落实“创业东莞”工程各项政策，为2140人就业发放工资差额补助；办理45人小额贷款、71人岗位成才奖、43人岗位津贴、36人社保补贴、176人定向培训津贴。各项补贴津贴等涉及金额达373.22万元。全年举办24期“新莞人”服装缝纫专项培训，共有2100人参加，涉及21家企业。

【文化建设】2008年，茶山镇深化“文化三城”（图书馆之城、博物馆之城和文化广场之城）建设，全年镇财政共拨出文化经费499.36万元，不断完善基础设施，繁荣文化艺术。2008年3月，茶山镇文学艺术界联合会成立；《茶园报》出版周期由不定期更改为两个月一期；茶山镇图书馆迁移新址，实现与市图书馆的业务对接；圣心糕点博物馆已经启动一期布展工程；“农家书屋工程”继续推进；规划建设镇中心文化广场和文化广电大楼。茶山镇盆景协会于2008年6月迁移到茶山镇产业公园，配备近7000平方米的盆景协会创作活动和展览基地。7月18日，“茶山风采”实践科学发展观文化三贴近活动启动仪式在塘角村文化广场启动，通过粤剧专场、“文化暖流进社区”演出、“共享文化阳光”晚会等系列活动，丰富群众的文化生活，时间持续长达两个多月。全年举办各种大型晚会、活动20多场，并举办茶山镇第四届读书节，开展近十项主题活动。

【精神文明】2008年，茶山镇成立“茶山镇精神文明建设委员会”，设立镇文明办，并落实专职工作人员，制定具体的创建工作方案，组织开展东莞创建全国文明城市的有关工作。通过开展“文明三有序”（公共交通礼让有序、公共场合和谐有序、公共环境整治有序）习惯养成活动、“文明协管员”劝导市民、印发3万多份宣传小册子、繁荣企业文化、举办《“树新风、迎奥运、创文明城市之学文明礼仪，当文明市民”学习论坛》、设立“东莞因你而文明”大型公益宣传广告牌、建立“公民道德教育一条街”等方式，宣传发动，形成自觉践行文明，营造良好的舆论氛围。以市民学校、南社爱国主义教育基地、电影进工厂活动、“杰出企业”评选活动，“文明从我做起”干部职工示范行动、粘贴“文明车”标识等为突破口，加强公民道德教育，自觉践行文明行为，推进创建活动顺利开展。

【教育事业】2008年，茶山镇学前一年教育全部普及，学前三年教育基本普及，学前教育普及率达到95%以上；全镇有幼儿园15所，3—6周岁在园幼儿3232人，入园率达100%。全镇公办小学5所，在校生4617人，适龄儿童入学率达100%，小学毕业率达100%；民办小学8所，在校生1.06万人。全镇初中生4835人，其中公办学校2057人，民办初级中学2828人；户籍适龄少年入学率为100%，升学率为96.6%，超额完成市教育局规定指标（95.5%）。全年在校高中生达1455人。2008年茶山镇创市一级幼儿园1所，省绿色学校1所，市绿色学校（幼儿园）1所；茶山中学、中心小学被确定为市文化先进学校培养对象，第二小学被确定为市文化建设标兵学校培养对象。2008年，茶山镇户籍初中毕业生894人，其中考入普高492人，占全镇考生55%；考入各类职高、中专的372人。初中毕业生升学率96.6%。2008年，普通高考升学人数（不含3＋1考试录取数）为349人，其中本科146人；万人升大学比例在各镇（街）排名22位，比上年前进2位；万人升本科比例，全市各镇（街）的排名25位，比上年前进2位。

【环境整治】2008年，茶山镇依据《第一次全国污染源普查宣传方案》的相关要求，开展污染源普查工作，组织近100名工作人员参加培训会，发放各类宣传品共计1000余份，普查工业源表1300余份，生活源类表近300份。开展创建国家环保模范城市工作，全镇共有59家企业参与“一源一档”（指对排污企业所有资料进行集中管理，做到一个单位一个档案）资料收集。

【中国食品名镇】2008年3月26日，茶山镇被中国食品工业协会认定为“中国食品名镇”。这是东莞市首个获此称号的镇。6月19日，茶山镇举行“中国食品名镇—茶山”授牌庆典仪式。中国食品工业协会会长王文哲，省经贸委副主任温国辉，省质监局副局长任小铁，省食品药品监督局副局长陈德伟，中食协副会长、省食协会长张俊修，市委常委组织部部长庞国梅，副市长邓志广等出席。2008年，全镇有食品企业200多家，其中有雀巢、嘉顿、华美、圣心等知名食品企业，形成以制造、销售以及其他产业配套为一体的食品产业群，产品涉及糖果、饮料、饼食、调味品等15大类，2000多个品种。茶山镇以“中国食品名镇”为主题，分别参展“第五届中国国际中小企业博览会”和“2008中国食品博览会”。（李焕华）

附：2008年东莞市茶山镇党委、人大、政府领导名录

镇委书记：卢少雄
镇委副书记：黄志豪（任至7月）
黄少峰（9月到任）
陈永光
镇委委员：卢少雄 黄志豪（任至7月）
黄少峰（9月到任） 陈永光
卢任昌 汤锡祥 袁邦湖
李中文 黎晃厚 吴剑洪
张拔海 刘巧莲
镇人大主席：卢少雄
镇人大副主席：汤锡祥
镇 长：黄志豪（任至7月）
黄少峰（9月到任）
副镇长：卢任昌 钟偲仔 麦柱强
陈荏畴 张立鹤（12月到任）

2004—2008年茶山镇主要经济指标

指标＼年份	2004	2005	2006	2007	2008
户籍人口（人）	42199	42990	43320	43692	44050
外来暂住人口（人）	100086	125967	138095	105100	73841
面积（平方公里）	56	56	56	56	56
国内生产总值（万元）	180300	310088	391273	475681	578241
工业总产值当年价（万元）	469045	653857	866062	1135487	1201331
农业总产值当年价（万元）	11037	10921	5776	6407	8730
总用电量（万千瓦时）	89039	99106	103910	118063	114935
全社会固定资产投资总额（万元）	120064	132593	169208	196877	175269
社会消费与零售总额（万元）	62543	74163	87527	99387	113351
外贸出口总额（万美元）	28633	35036	40757	47283	46598
实际利用外资（万美元）	10037	10103	8658	6915	8788.77
镇级可支配财政收入（万元）	16388	22596	28523	33903	36547
各项税收总额（万元）	29086	35501	45588	57133	68053
金融机构各项存款余额（万元）	337319	398429	551708	584862	709357
城乡居民储蓄存款余额（万元）	230823	285067	360668	390596	495217

2008年各镇街主要经济指标

指标 镇（街）	户籍人口（人）	外来暂住人口（人）	面　积（平方公里）	国内生产总值（万元）	工业总产值当年价（万元）	农业总产值当年价（万元）	总用电量（万千瓦时）	全社会固定资产投资总额（万元）
莞　城	164215	71213	14	984961	629635		55826	249452
石龙镇	69645	78436	13.83	470012	1324893	12	67936	166400
虎门镇	124232	450333	178.5	2147651	4936550	25122	359566	567682
东　城	77104	209857	110	1892571	2511786	2328	231910	286701
万　江	73482	90673	50.5	601662	948601	5919	107938	263088
南　城	62089	152836	59	1830299	1844095	3238	85997	715807
中堂镇	72631	55495	60	659756	1705636	11878	114494	162007
望牛墩镇	45006	38452	31.57	234123	529371	5312	52531	95939
麻涌镇	71260	42877	91	756029	4185160	13385	81563	225389
石碣镇	42608	172095	36	1112271	3596901	4086	152880	185872
高埗镇	37409	136527	34	653120	1457325	12360	130017	113368
洪梅镇	21289	33318	33	206785	829932	8285	41949	134592
道滘镇	55493	85365	54	441029	919023	11777	110624	139468
厚街镇	95055	292967	126.15	1608690	3717300	14934	329671	300802
沙田镇	39362	85278	107（含水域）	582204	1374626	25266	88010	182523
长安镇	41234	360986	83.4	2020980	5009932	10963	504909	500017
寮步镇	65898	178391	71.15	1013011	3060494	4313	189268	277000
大岭山镇	42580	196209	95	958583	2262029	3884	150688	271931
大朗镇	68134	190280	118	1105810	2504013	1881	170974	283995
黄江镇	23144	20800	98	713119	1672166	1122	129207	216509
樟木头镇	26071	127390	119	497577	989481	604	76390	90170
凤岗镇	22338	142116	82.5	900584	1629787	3423	163420	168851
塘厦镇	42493	358672	128	1452889	3529639	14251	277086	240907
谢岗镇	19947	70051	103	246370	438523	15715	58296	63561
清溪镇	34679	253800	140	1438000	4334690	7515	217652	156600
常平镇	71167	252377	108	1443478	3063427	9363	237500	262804
桥头镇	35140	78904	56	507000	963942	6983	121042	85315
横沥镇	35823	123141	50	514608	914312	11922	104349	75288
东坑镇	29788	59104	27.5	380365	896645	7283	73074	65855
企石镇	40926	59152	59	294399	558089	4583	63029	58422
石排镇	41772	96458	56	410036	800437	10018	98493	227786
茶山镇	44050	73841	56	578241	1201331	8730	114935	175269

社会消费与零售总额（万元）	外贸出口总额（万美元）	实际利用外资（万美元）	镇级可支配财政收入（万元）	各项税收总额（万元）	金融机构各项存款余额（万元）	城乡居民储蓄存款余额（万元）
908795	55125	3374	58708	314243	6106216	1917542
246417	130354	8204	40318	86534	967440	754728
855300	257371	9849	118800	387200	3695492	2895356
836510	170393	20969	107766	418611	4951643	1996967
218646	36700	3096	47494	89317	902768	651829
503630	130746	22531	130048	351649	4382924	1469005
92116	28438	4577	42139	84777	659159	470779
21485	15022	2315	28739	30306	303286	227871
51430	123232	22989	44936	120512	595487	280718
169948	389853	4272	39005	138570	1143627	784860
159350	134837	7076	32929	78015	552798	409584
70356	22711	9938	18860	27190	152798	100525
51587	40010	2973	48128	70016	470452	354480
419920	461755	19432	77820	211445	2256745	1725009
79828	67629	8528	44915	77519	616067	349542
356698	626166	37163	114080	270360	2905799	2084900
862000	432072	16920	69020	160191	938400	650185
255268	185719	15396	70589	110989	832629	586891
209018	100495	21802	56433	110364	1228426	988068
138405	399643	10087	45912	84875	759068	568969
186109	82185	5359	47931	62633	788812	641044
178304	201207	9022	50109	123877	1078965	721104
206884	393853	9283	90930	249299	1545860	1022482
66735	34388	3942	24273	23536	275937	210749
172197	608106	17861	56570	147231	889684	640066
472213	330316	16541	88110	170304	1754828	1294271
240690	221823	5468	38343	53661	561835	453921
151028	110357	10843	36922	57048	619643	430973
56589	131531	8384	35049	42105	401330	304779
77735	35197	2425	24993	35574	374267	256214
109311	52452	5974	45300	43744	534875	403738
113351	46598	8789	36547	68053	709357	495217

人 物 CELEBRITIES

道滘镇粤晖园

- 2008年新任职市领导
- 2008年获国家部委以上、省委、省政府、省总工会表彰先进个人
- 全国五一劳动奖章获得者
- 第四届东莞市巾帼十杰
- 第三批"东莞市荣誉市民"

编辑：李文蔚

2008年新任职市领导

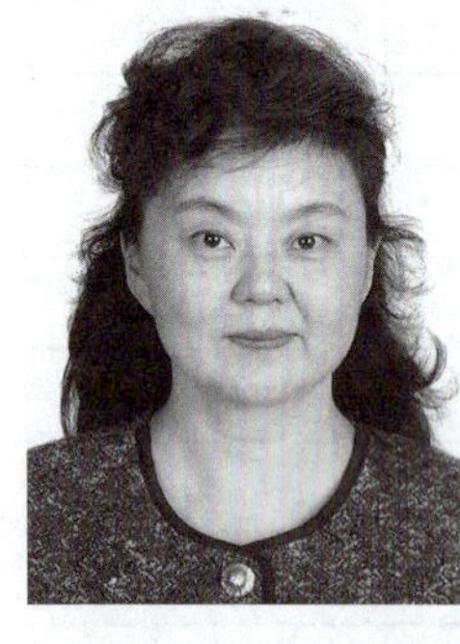

顾春芳 东莞市人民政府副市长（挂职）、党组成员。女，河北阜平人，1961年3月生，1983年8月参加工作，1981年12月入党，北京外贸学院外贸英语专业，本科学历。

1979年9月至1983年8月，北京外贸学院外贸英语专业学生；1983年9月至1993年2月，经贸部进出口司工作（其间：1987年8月至1988年6月，中央国家机关赴江西讲师团工作）；1993年2月至1994年3月，经贸部、外经贸部贸管司干部；1994年3月至1998年9月，外经贸部贸管司配额处、纺配处副处长；1998年9月至2001年5月，外经贸部贸管司加工贸易处处长；2001年5月至2001年12月，外经贸部对外贸易司加工贸易处处长；2001年12月至2002年3月，外经贸部进出口公平贸易局进口反补贴及保障措施处处长；2002年3月至2008年11月，外经贸部、商务部进出口公平贸易局副局长；2008年11月至2008年12月，东莞市人民政府副市长（挂职）；2008年12月起，东莞市人民政府副市长（挂职）、党组成员。

严小康 东莞市人民政府副市长，党组成员。男，江西南康人，1963年10月生，1984年7月参加工作，1985年6月入党，中央党校函授学校经济管理专业，在职本科学历（全日制教育：韶关师专，大专学历）。

1981年9月至1984年7月，韶关师专读大专；1984年7月至1986年8月，广东省韶关市翁源县六里区公所办公室干事、主任；1986年8月至1988年3月，韶关市委组织部干部科科员；1988年3月至1991年11月，清远市委组织部干部一科副科级组织员；1991年11月至1993年7月，清远市委组织部干部一科副科长；1993年7月至1993年11月，清远市委组织部干部一科正科级组织员；1993年11月至1997年10月，清远市委组织部干部二科科长（其间：1995年10月至1997年10月，挂任清远英德市委常委）；1997年11月至1999年1月，清远市团委副书记（主持工作）；1999年1月至2000年9月，清远市团委书记；2000年9月至2003年7月，清远市文化局党组书记、局长；2003年7月至2004年2月，清远市佛冈县委副书记、副县长、代县长；2004年2月至2008年8月，清远市佛冈县委副书记、县长；2008年8月至2008年10月，东莞市人民政府副市长人选；2008年10月至2008年12月，东莞市人民政府副市长；2008年12月起，东莞市人民政府副市长、党组成员。

成洪波　东莞市人民政府副市长、党组成员。男，湖南湘乡人，1971年8月生，1992年7月参加工作，1991年4月入党，英国博尔顿大学工商管理专业，硕士学位（全日制教育：湘潭大学中文系，本科学历）。

1988年9月至1992年6月，湘潭大学中文系汉语言文学专业学生；1992年7月至1993年8月，肇庆市总工会宣教部见习干部；1993年8月至1994年11月，肇庆市总工会宣教部科员；1994年11月至1995年6月，肇庆市委办公室政文科科员；1995年6月至1997年7月，肇庆市委办公室政文科副科长；1997年7月至2002年6月，肇庆市人大常委会办公室秘书科科长；2002年6月至2003年10月，肇庆市人大常委会副秘书长（其间：2002年9月至2003年9月，在英国博尔顿大学工商管理学院学习，获得工商管理硕士学位）；2003年10月至2003年12月，肇庆市政府副秘书长；2003年12月至2004年12月，肇庆市政府副秘书长、党组成员；2004年12月至2005年2月，肇庆市旅游发展局局长、党组书记；2005年2月至2007年3月，肇庆市旅游局局长、党组书记（其间：2006年9月至2006年12月，在省委党校中青年干部培训一班学习）；2007年3月至2008年11月，肇庆市委副秘书长（正处级）；2008年11月至2008年12月。东莞市人民政府副市长；2008年12月起，东莞市人民政府副市长，党组成员。

2008年获国家部委以上表彰先进个人

获奖项目	获奖者	工作单位	授予单位	授予时间
全国“双学双比”先进工作者	袁秀娟	东城街道办事处	全国妇联	2008年1月
全国“平安家庭示范户”	黎永贞	中堂镇	全国“平安家庭”创建活动领导小组、全国妇联	2008年1月
全国妇女“双学双比”活动女能手	胡元敬	东莞市石碣全发蔬菜公司	全国妇联、全国农村妇女“双学双比”活动领导小组	2008年1月
全国农村妇女“双学双比”活动先进个人	谢建玲	横沥镇妇联	全国妇联、全国农村妇女“双学双比”活动领导小组	2008年1月
全国“三八红旗手”	易健华	东城法庭	全国妇联	2008年3月
第五届“南粤巾帼十杰”提名奖	易健华	东城法庭	全国妇联	2008年3月
全国优秀工会工作者	严联根	市供销社	中华全国总工会	2008年4月
2008年全国“五一”劳动奖章	茹敬宏	广东生益科技股份有限公司	中华全国总工会	2008年4月
2008年全国“五一”劳动奖章	李少辉	联志玩具礼品（东莞）有限公司	中华全国总工会	2008年4月
全国优秀工会工作者	黄柳爱	万江街道总工会	中华全国总工会	2008年4月
全国优秀工会积极分子	黄柱林	万江街道新村社区	中华全国总工会	2008年4月
全国丝虫病防治先进个人	冯志阶	市疾病预防控制中心	卫生部	2008年6月
全国边防部队“高举伟大旗帜，履行边防使命”主题教育优秀教员	章　俊	东莞边防检查站	公安部边防管理局	2008年6月
2008年整治排污企业保障群众健康环保专项行动先进个人	任永康	东莞市环境保护局监察分局	环保部	2008年7月
全国抗震救灾医药卫生先进个人	何仲佳	市人民医院	卫生部、国家食品药品监督管理局、国家中医药管理局、总后勤部卫生部	2008年9月
全国抗震救灾医药卫生先进个人	徐晓明	南城医院	卫生部、国家食品药品监督管理局、国家中医药管理局、总后勤部卫生部	2008年9月
抗震救灾先进个人	傅晓炜	市建设局	住房和城乡建设部	2008年9月
2007年全国投入产出调查先进个人	何燕华	石碣镇计统办	国家统计局	2008年10月
2008年奥运会期间婚姻登记先进个人	王丽娟	市婚姻登记管理中心	国家民政部	2008年10月
全国解决建设领域拖欠工程款工作先进个人	汤锦华	市建设局	住房和城乡建设部	2008年10月
2007年全国投入产出调查先进个人	陈敏娴	石碣镇计统办	国家统计局	2008年10月
2007年全国投入产出调查先进个人	叶柱新	石龙镇	国家统计局	2008年10月
全国公安宣传思想工作先进个人	章　俊	东莞边防检查站	公安部	2008年12月
2008年度全国提高边检服务水平工作成绩突出个人	刘　洋	东莞边防检查站	公安部	2008年12月
2008年度新闻宣传先进个人	徐东华	东莞边防检查站	公安部	2008年12月
全国“五五”普法中期法制宣传先进个人	李晓丹	市司法局宣教科	全国普法办公室	2008年12月
全国东西扶贫协作先进个人	刘始团	石碣镇委	国务院扶贫开发领导小组	2008年12月
2008年全国文化市场行政执法优秀个人	代　宇	东莞市文化市场综合执法大队	文化部	2008年12月

2008年获省委、省政府、省总工会表彰先进个人

获奖项目	获奖者	工作单位	授予单位	授予时间
广东省工会干部教育“三家”培训工作先进个人	黄丽红	横沥镇总工会	广东省总工会	2008年1月
广东省抗灾救灾先进个人	陈练球	万江街道党委	广东省委、省政府	2008年2月
广东省抗灾救灾先进个人	张顺全	市民政局	广东省委、省政府	2008年2月
广东省抗灾救灾先进个人	范永柏	市农业局	广东省委、省政府	2008年2月
省五一劳动奖章	邓志华	东莞市仙津保健饮料食品有限公司	广东省总工会	2008年4月
广东省抗震救灾先进个人	傅晓炜	市建设局	广东省委、省政府	2008年7月
广东省抗震救灾先进个人	萧志坚	市墙改节能办	广东省委、省政府	2008年7月
广东省抗震救灾先进个人	张顺全	市民政局	广东省委、省政府	2008年7月
广东省抗震救灾先进个人	黎小成	市建设局	广东省委、省政府	2008年7月
广东省拥政爱民模范	刘　洋	东莞边防检查站	广东省委、省政府	2008年7月
广东省抗灾救灾先进个人	钟向阳	市慢性病防治院	广东省委、省政府	2008年7月
广东省抗灾救灾先进个人	李润深	市卫生监督所	广东省委、省政府	2008年7月
广东省抗灾救灾先进个人	罗　东	市卫生监督所	广东省委、省政府	2008年7月
抗震救灾优秀工会干部	崔伟奇	塘厦镇人民政府	广东省总工会	2008年9月
南粤女职工之友	黄秀英	塘厦镇府妇联	广东省总工会	2008年12月

全国五一劳动奖章获得者

茹敬宏 男，1969年8月生，广东生益科技股份有限公司高级工程师。研制的国家重点新产品计划项目“CEM-3覆铜箔层压板”（第三完成人）和广东省重点新产品计划项目“LED显示屏用覆铜箔层压板（S2136）”（第一完成人）、“S2132彩电高频调谐器用覆铜箔层压板”（第一完成人）、“高CTI环氧玻纤基覆铜板（S1600/S2600）”（第一完成人）、“无卤环保型FR-4覆铜箔层压板及粘结片（S1155/S0155）”（第一完成人）先后于1997年、1999年、2000年、2004年、2007年通过广东省科技厅科技成果鉴定，获广东省优秀新产品三等奖、东莞市科技进步奖一等奖和二等奖各2次；负责研制的无卤环保型CEM-3覆铜板（S2155）于2002年3月开始试产试销；申请3项发明专利。2006年9月，研制出阻燃型聚酰亚胺薄膜挠性覆铜板及其配套产品。主持研制东莞市科技计划项目“环保型挠性覆铜板”，是广东省经贸委产业结构调整项目“高性能聚酰亚胺薄膜挠性覆铜板的研发及产业化”主研人员。发表学术论文18篇。多次获省级和市级表彰，是2007年广东省五一劳动奖章获得者。2008年4月，被评为全国五一劳动奖章获得者。

李少辉 男，1972年12月生，东莞横沥联志玩具礼品有限公司行政经理。爱岗敬业，勇于创新，积极学习和借鉴优秀管理经验，创建一整套切实可行的管理制度和管理体系。心系职工，依法维权，推行和创新厂务公开民主管理工作，完善及健全企业规章制度、推行集体合同和劳动合同，规范公司用工行为，维护职工合法权益和民主权益。以人为本，构建和谐，开展“双爱双评”活动，创建员工满意企业，努力构建和谐劳资关系，组织工会参与“安康杯”竞赛活动，提升公司安全生产管理水平，营造公司大家庭和谐气氛。思想进步，积极进取，热爱党、热爱祖国。乐于奉献社会，经常组织探望养老院老人，参加扶贫捐赠、植树、服务社区等活动，支持河源家乡教育事业建设。先后获得“广东省双爱双评优秀员工”、“广东省厂务公开民主管理先进个人”、首批“东莞市优秀外来员工”、2007年东莞市劳动模范、“东莞市精神文明百名杰出人物”提名奖，2007年当选为东莞市第十一届政协委员。2008年4月，被评为全国五一劳动奖章获得者。　（东莞市总工会供稿）

第四届东莞市巾帼十杰

戴　红 24岁，中共党员，东莞边防检查站常平分站执勤业务二科武警检查员。2007年3月，戴红以优异的成绩通过公安部和联合国甄选，成为公安部第五支赴海地维和警察防暴队队员，主要担任法语翻译工作。

黎笑媚 21岁，共青团员，13岁到省摔跤队正式接受训练，后成为国家摔跤队主力队员，参加2008年北京奥运会。

谢慧卿 52岁，中共党员，莞城西隅社区居民委员会党总支部书记。在社区工作33年，以务实工作赢得群众的信任，并不断完善社区服务体系，成立社区服务中心、劳动服务站等服务网络。

温小燕 49岁，群众，东莞康达玩具礼品有限公司、东莞雄业制衣有限公司、东莞恒力化纤有限公司董事长。经过10年的努

力，把一个小作坊发展成一个与世界同行并肩前行的大企业。并被评为“热心公益，关爱儿童”先进个人。

黄凤琴　37岁，中共党员，东莞市中级人民法院刑二庭副庭长。审理多宗全市或全省影响大的案件，快审快结大量的重大、疑难刑事一审案件。尤其对未成年人犯罪，她通过耐心的说服帮教工作，使很多未成年人改过自新。

钟羽坡　30岁，中共党员，中国移动广东东莞分公司中区分公司副总经理兼公司团委副书记。她于2002年率先在东莞提出了以移动“内涵”服务为基础，整合优质商家，为客户提供附加的“外延”服务为体系的贵宾服务思路。

钟凤群　59岁，群众，中玲制衣有限公司董事长兼总经理。1989年走上自主创业之路，经过18年的跌打滚爬，把一个仅有十几名员工、20多台机器的小企业，发展成总资产上亿元的大企业。吸纳200多名下岗职工和农村富余劳动力就业。

邱国凌　38岁，中共党员，东莞市商业银行塘厦支行行长。2004—2007年，塘厦支行存款余额由接任时的5.1亿元升至22.2亿元，贷款余额由4.4亿元升至9.6亿元。2007年，塘厦支行综合业绩考评在全市30家支行中名列第一。

杨俊瑜　46岁，中共党员，东莞市教育局教研室主任，特级教师。主持制订多种教研管理制度和评价激励制度，为东莞市教育质量的提升提供制度保障。

安玉红　26岁，中共党员，东莞永成电器制品厂副经理，兼任永成党支部组织委员。黑龙江省哈尔滨市人。1998年起，到东莞永成电器制品厂工作。作为新莞人代表，她出席了清溪镇第十一届党代会和东莞市第十二届党代会。

（刘念宇摘编自2008年2月5日《东莞日报》）

第三批东莞市荣誉市民

太田义胜　日本人，柯尼卡美能达株式会社董事总经理
徐　流　中国台湾人，东莞徐记食品有限公司副董事长
郑钦明　中国台湾人，东莞明门幼童用品有限公司董事长
黄凰洲　中国台湾人，东莞实盈电子股份有限公司董事长
大沼公纪　日本人，东莞京滨汽车电喷装置有限公司董事长
朱有义　中国台湾人，东莞华科电子有限公司董事长
谢志龄　中国香港人，东莞大朗中编印刷厂董事长
李明晃　中国台湾人，春雨（东莞）五金制品有限公司董事长
孙少文　中国香港人，东莞东兴商标织绣有限公司董事长
陈浩成　中国香港人，万裕三信电子（东莞）有限公司董事长
彭如强　中国台湾人，统一嘉吉（东莞）饲料蛋白科技有限公司总经理
戈大卫　英国人，可耐福石膏板有限公司（东亚区）执行总裁
长濑宁次　日本人，日立化成工业株式会社社长
宋本中　中国香港人，特新机电（东莞）有限公司董事长
叶民发　中国香港人，东莞洪梅电器厂总经理
内藤真　日本人，先锋高科技（东莞）有限公司董事长兼总经理
内山修　日本人，三和盛电子科技（东莞）有限公司董事长
王明康　中国香港人，东莞精明五金科技有限公司董事长
吴松柏　中国台湾人，东莞超艺家具有限公司董事长
陶伟洪　中国香港人，塘厦林村太阳茂森金属制造厂董事长
郑可明　澳大利亚籍华人，东莞雅康皮塑五金有限公司董事长
李文演　中国香港人，信义汽车玻璃（东莞）有限公司执行董事
郭山辉　中国台湾人，台升家具有限公司（东莞）董事长
刘绚强　中国香港人，东莞永洪印刷有限公司董事长
郑崇华　中国台湾人，台达电子（东莞）有限公司董事长
蔡其能　中国台湾人，裕元集团董事长
唐庆年　中国香港人，东莞美维电路有限公司董事长
神崎芳郎　日本人，日本太阳诱电株式会社社长
郑弘讃　韩国人，东莞三星视界有限公司总经理
刘晓星　韩国人，东莞三星电机有限公司董事长
陈棠华　美籍华人，东莞新能源电子科技有限公司董事长
郑新华　中国香港人，东莞运城制版有限公司副董事长
尹凯实　美国人，阿克苏诺贝尔涂料（东莞）有限公司亚洲区销售总裁
廖有章　中国台湾人，东莞新长桥塑料有限公司董事长
林进登　中国台湾人，东莞康桥家具有限公司董事长
王九全　中国台湾人，东莞劲胜塑胶制品有限公司董事长
洪焕青　中国台湾人，新崧塑胶（东莞）有限公司董事长
刘伟燊　新加坡籍华人，东莞森昶仓储有限公司 董事长
陈如月　中国香港人，祖籍东莞厚街涌口
蔡其建　中国台湾人，台湾宝成集团董事长
邓　焘　中国香港人，东莞东华机械有限公司董事长
朱嘉乐　中国香港人，曾任万博宣伟全球公关公司总监
张德杏　中国香港人，市外商投资企业协会常务副会长
积　臣　美国人，宏远篮球俱乐部有限公司运动员
叶宏灯　中国台湾人，东莞台商子弟学校董事长
张汉文　中国台湾人，东莞市台商投资企业协会第四、五届会长
叶春荣　中国台湾人，东莞市台商投资企业协会第八届会长
梁煇崇　中国台湾人，东莞桥头田新奇联电子制品厂副董事长
谢庆源　中国台湾人，东莞市台商投资企业协会执行常务副会长

（刘念宇摘编自2008年1月15日《东莞日报》）

高级专业技术资格人员名单
（截至2009年5月共533人）

正高级（共78人）

主任药师（1人）

姚国新

主任医师（50人）

张巧利　李楚凌　郭剑锋　王　栋　郭炯光　陈贵丰
罗桂平　陈敏瑜　叶淦湖　兰　军　周浩云　张秀果
代炳梅　罗　莉　钟向真　杨志宏　谭琦瑄　张礼鹃
涂建华　陈昱明　张　伟　李志伟　王金林　王洪伟
滕范文　甘求恩　李　斌　王　炜　郝永钟　刘激文
冯清亮　蔡　涛　孟　兵　冯伟文　阿尔泰　马　诚
彭晓云　梁　宇　王谷丰　陈杭军　吴润桂　胡　光
潘伟彪　曹文斌　郑东文　郭发良　王　前　陈小林
覃亚勤　江惟苏

主任中医师（4人）

邱明英　谢广中　张志峰　康丰成

主任护师（9人）
余桂珍　温冬娣　付庆华　王　芳　师清莲　饶小英
陈丽静　熊莲花　张建仪
主任技师（3人）
陈祥洪　张拔山　王德文
文学创作一级（2人）
曾明了　周　柏
一级律师（1人）
赵文群
高校教授（4人）
刘永安　马崇武　陈　洪　熊金志
农业科学系列研究员（3人）
叶永昌　刘颂颂　罗华建
广播电视新闻高级编辑（1人）
李志良

副高级（共455人）

副主任医师（118人）
杨伟华　曾宇明　古展东　王跃新　冼　志　谢健生
刘小明　王　华　吴书华　谢　旭　李仕忠　樊天觉
刘永民　顾　丽　陈华佳　叶健章　简素珍　黄小玲
张　勇　郭可瑜　吴昔林　刘月华　欧阳火桂　漆云良
胡　灏　林秀华　李　苗　钟春华　李志玲　杨育非
杨红星　李忠辉　李　云　钟秋英　刘吉祥　高建荣
谭学君　张绍伟　欧阳晓明　莫昌期　涂昌灼　吕　铭
陈　曌　黄军荣　熊巨新　林建勤　闫淑丽　蒋双兰
董应梅　周曼恬　谢玉珏　何国荣　莫积铭　谭平先
吴　松　谢水安　王　虎　孙永建　何春雷　潘文泽
廖文杰　王　智　廖德允　余海滨　冯永洪　单仁勇
李文辉　刘书钥　余　革　李　瑞　徐　鹏　孟祥军
李玉勤　周连愿　梁浩凡　赵　平　李月春　林志强
叶根榕　陈　凯　董国徽　冼华寿　陈敬洪　吴坤南
余继超　廖锵云　黄文飞　刘德宝　陈　卓　张代龙
陈学华　陈　臻　王　擎　李声方　翟洁卿　王　伋
孙庆凯　陈天雷　石平荣　李建辉　刘宏胜　吴新爱
潘　勇　张　建　杨光宝　罗西明　张惠琴　夏治民
朱咏瑶　张　健　陈宇浩　陈小针　苏　民　袁伟杰
夏俊梅　熊素春　梁红生　吴贵平
副主任中医师（15人）
郑　智　刘南琼　张惠煊　王兴水　谢庆祥　庄沙斌
陈海标　刘宏珍　杜国如　黎建德　王志红　莫冰泉
王织红　王文辉　刘焕泰
副主任药师（4人）
刘元欢　李　军　蒋江卫　汤远亮
副主任技师（8人）
尹有群　黄　桦　刘　芳　付文金　谭旭明　黎四平
肖永贵　刘景春
副主任护师（61人）
宋海燕　邓新征　李碧香　朱晓燕　黄雪群　黎小玲
黎秋妹　梁瑞华　陆　琳　刘　翔　陈瑞香　周燕飞
夏丽霞　邓思东　邓蕉兰　熊　伟　邹秀珍　何惠卿
张美容　杨　玲　赖江明　邓文清　周　柯　陈海莺
谢映辉　蔡伟英　陈菊香　冯明开　陈　平　庄闪花
张海平　袁丽娟　蒋壮志　苏仁芳　彭顺清　曹军香
黄雪梅　曾朝辉　肖秋香　彭爱红　任卫红　林　冰
吴惠芬　袁湘瑜　叶　婷　莫雪微　陈彩芹　陈秀东
周　雪　郭洁欣　余毅玲　邓凤妍　杨芳琴　曾　文
朱淑兴　周兰英　陈凤玲　蔡晓霞　吕　萍　陈淑卿
蔡春芳
中学高级教师和小学高级教师（184人）：
胡慧亮　潘中琼　黄满香　黎雪贞　潘小红　熊秀华
余伯宁　黄启彪　王建新　黄秀文　陈　瑛　陈日利
徐桂娟　邵　蓓　葛天斌　樊会芳　杨森林　徐福隆
杨黎红　袁若萍　吴树春　罗建梅　李秋美　刘　炜
周伟毅　谢伯余　陈亦男　但颂春　邓　羽　陈建文
王式莹　张先富　邱　琼　罗泽海　陈劲松　彭学文
吴兴铁　张淑芝　黄　柱　诸葛斌　刘惠顶　张木胜
刘碧珍　邓信如　李兆丹　黄祖庆　张　青　熊　红
谌云丽　罗来淑　钟海英　綦晓春　石日新　石国光
张红俐　王　冬　彭　民　陈凤玲　刘冬梅　黄　瑛
杨晓苏　张县菊　欧阳晓艳　曾先锋　李国光　张晓华
唐高逵　康素琴　龚桂英　张金城　高容兰　李　智
方宁秀　谢　辉　周利华　何海英　王桂芝　林　欢
苏立光　陈知贤　黄蔚然　李晓莹　艾　斐　陈明德
赖文生　石雪梅　刘　华　林文强　孙　瑛　古兰英
李　晶　甘　霖　刘俊芳　秦智权　彭　城　郝玉红
黄　文　廖妙新　张贤滔　龙文峰　杜　咎　赵亚莉
董立斌　井秋菊　李饶英　刘配红　廖志芬　朱金凤
杨玉艳　罗佑纯　钱焕银　陈笑联　吴汉忠　谢红玉
陈鹏飞　程旭升　谢欧华　谢彦辉　杨潮喜　代伟华
卢婉燕　林　华　袁顺景　封福泉　汪成翔　傅尔羽
黄战波　黄永峰　宋建国　陈忠绪　黄妙琼　王爱平
贺烜君　张作春　欧带好　曾凡保　刘学忠　姚杨海
曾　培　刘江伟　钟　林　曾云霞　王　政　何　钊
黄少雄　张海飞　朱厚涛　梁修兵　陈小泉　李燕玲
何苏南　贺文莉　黄小燕　王永福　杨如清　张天久
刘志琳　曾东明　张海平　钱秀英　付春梅　李雪梅
赖桂婷　姚广联　李许茂　魏立文　张　燕　邓顺丰
朱俊青　吴太江　张金英　刘宝建　邓华声　冯书刚
周胜利　邓高均　戴景林　叶永华　徐　敏　金学文
周春宝　钟晓宇　蔡柱权　陈晓燕
党校副教授（1人）
王学敏
高校副教授（14人）
黎婉勤　胡必武　李　胜　吕斯濠　肖妮妮　张腾云
黄仁泰　周赛红　朱　君　周立英　潘荣远　黄辉宇
Sekou Singare　唐元松
环保工程技术高级工程师（5人）
何　明　姚　国　华松林　温信均　戴吉胜
测绘高级工程师（1人）
宾洪超
水利工程技术系列高级工程师（5人）
卢兆佳　陈润来　钟良旺　符益仁　彭田生
电子工程高级工程师（1人）
王维昀
机电工程系列高级工程师（2人）
赵道军　黄秋生
化工高级工程师
丁　红　刘煜平
标准、计量工程技术高级工程师
何洪波

档案副研究馆员（1人）
高单飞
生物学副研究员（1人）
张仁怀
高级经济师（2人）
张健芬　朱圣开
高级会计师（10人）
杜惠忠　尹款梅　王锦浩　邹胜美　杨美丽　刘　科
王庆明　罗贵林　李志良　赵松春
高级讲师（10人）
黎　泉　王成勇　江述华　吴信华　何玉莹　文永新
罗惠颜　章朝阳　钟　达　莫　锋
高级实习指导教师（1人）
刘海涛
高级设计师（1人）
赵长庆
制药高级工程师（2人）
田福生　谢称石
副主任中药师（1人）
李顺浓
副主任药师（2人）
张映娜　林慧菁
广播电视新闻主任记者（1人）
郑　路
文学创作二级
詹谷丰

（东莞市人事局供稿）

2008年东莞输送运动员参加全国以上比赛成绩（省专业队）

项目	姓　名	性别	时间	地点	比赛名称	小项	名次	输送单位
摔跤	黎笑媚	女	2008年1月	山西	2008年女子摔跤世界杯赛	女子团体	1	高埗
蹼泳	陈小平	女	2008年10月	俄罗斯	2008年蹼泳世界杯总决赛	女子4×100米蹼泳	1	中堂
蹼泳	陈小平	女	2008年10月	山东烟台	2008年蹼泳亚洲锦标赛	女子4×200米蹼泳	1	中堂
体操	梁富亮	男	2008年5月	天津	全国锦标赛暨奥运选拔赛	男子团体	1	莞城
体操	梁富亮	男	2008年5月	天津	全国锦标赛暨奥运选拔赛	男子自由操	1	莞城
花样游泳	黄巧榆	女	2008年10月	江苏南京	全国花样游泳锦标赛	集体自由自选	1	道滘
花样游泳	黄巧榆	女	2008年10月	江苏南京	全国花样游泳锦标赛	集体技术自选	1	道滘
游泳	刘润良	男	2008年3－4月	浙江绍兴	全国冠军赛暨奥运选拔赛	男子4×100米自由泳	1	道滘
现代五项	郭建力	男	2008年10月	北京	现代五项全国锦标赛	男子团体	1	麻涌
赛艇	黎志明	男	2008年9月	上海	全国赛艇锦标赛	男子轻量级2000米双人双桨	1	中堂
激流回旋	黎应峰	男	2008年10月	贵州麻江	全国激流回旋锦标赛	男子双人划艇团体	1	中堂
篮球	朱芳雨	男	2008年	广东东莞	2007-2008年度甲级联赛	男子篮球	1	南城
射击	王　旭	男	2008年10月	云南昆明	全国步枪系列赛暨个人、团体锦标赛	男10米气步枪团体	1	虎门
射击	何兆辉	男	2008年10月	云南昆明	全国步枪系列赛暨个人、团体锦标赛	男10米气步枪团体	1	长安
射击	李佩璟	女	2008年10月	广东广州	全国步枪系列赛暨个人、团体锦标赛	男10米气步枪团体	1	长安
马术	李振强	男	2008年10月	北京	全国马术场地障碍锦标赛	场地障碍团体	1	长安
马术	巫　辉	男	2008年10月	北京	全国马术场地障碍锦标赛	场地障碍团体	1	长安
羽毛球	朱李华	男	2008年10月	江苏苏州	全国羽毛球锦标赛	男子双打	1	石龙
蹼泳	周伟航	男	2008年11月	山东烟台	全国蹼泳锦标赛	男子400米蹼泳	1	莞城
蹼泳	周伟航	男	2008年11月	山东烟台	全国蹼泳锦标赛	男子1500米蹼泳	1	莞城
蹼泳	周伟航	男	2008年11月	山东烟台	全国蹼泳锦标赛	男子4×200米蹼泳	1	莞城

（东莞市体育局供稿）

社会经济统计资料 STATISTICS OF SOCIAL ECONOMY

沙田镇风景

编辑：潘朝明

2008年东莞市国民经济和社会发展统计公报

东莞市统计局 国家统计局东莞调查队

（2009年3月17日）

2008年是国内外形势异常复杂的一年，经济发展经受了诸多不利因素的冲击。但东莞人民在市委、市政府的正确领导下，继续解放思想，深入落实科学发展观，深化改革和扩大开放，积极应对经济发展中的各种挑战和考验，稳妥转型、稳中求进，经济发展在逆境中保持较快增长，社会和谐稳定，人民生活持续改善，荣获"全国文明城市"称号。

一、经济发展

经济总量

初步核算，2008年东莞市生产总值（GDP）3702.53亿元，按可比价格计算，比上年增长14.0%。其中第一产业增加值12.3亿元，下降3.2%；第二产业增加值1954.17亿元，增长6.9%；第三产业增加值1736.06亿元，增长23.8%。三大产业比例为0.3：52.8：46.9。在第三产业中，交通运输、仓储和邮政业增长6.0%，批发和零售业增长9.7%，住宿和餐饮业增长7.6%，金融业下降3.5%，房地产业增长23.7%，其他服务业增长35.2%。人均生产总值达53285元，增长12.4%。

全年来源于东莞的财政收入601.06亿元，比上年增长11.4%。其中市财政

1978—2008年地区生产总值及增长速度

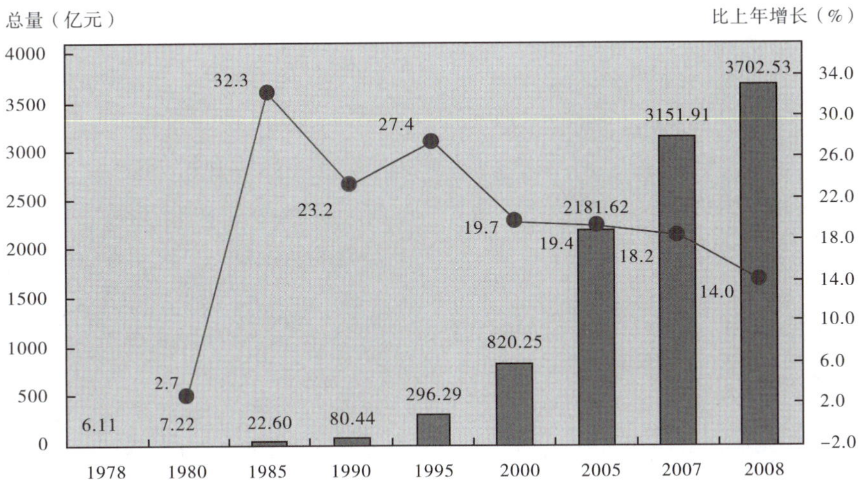

一般预算收入209.22亿元，增长12.2%。在市财政一般预算收入中，增值税55.25亿元，增长16.5%；营业税42.24亿元，增长10.9%；企业所得税18.45亿元，增长6.3%；个人所得税8.79亿元，增长16.0%；城市维护建设税8.41亿元，增长16.0%；房产税6.56亿元，增长3.7%；契税11.35亿元，下降68.0%。全年全市完成工商税收536.17亿元，比上年增长13.9%。其中国税339.08亿元，增长10.9%；地税197.09亿元，增长19.3%。全年地方一般财政支出215.83亿元，比上年增长16.6%。其中，一般公共服务支出16.55亿元，增长19.4%；公共安全支出25.71亿元，增长21.7%；教育支出25.04亿元，增长22.5%；科学技术支出9.34亿元，增长4.0%；文化体育与传媒支出2.49亿元，增长29.7%；社会保障和就业支出17.22亿元，增长122.6%；医疗卫生支出4.19亿元，增长165.0%；环境保护支出0.78亿元，增长44.2%；城乡社区事务支出1.96亿元，增长7.5%；农林水事务支出4.48亿元，下降23.7%；交通运输支出4.95亿元，增长43.4%；工业商业金融等事务支出15.44亿元，增长350.3%。

所有制结构

初步核算，在全市生产总值中，公有制经济增加值944.19亿元，比上年增长10.8%，占25.5%；民营经济增加值1203.34亿元，增长15.6%，占32.5%；外资经济增加值1555.00亿元，增长14.1%，占42.0%。

在全市规模以上工业总产值中，国有控股工业总产值511.73亿元，比上年增长2.6%；集体工业总产值65.27亿元，下降6.7%；外商投资工业总产值2230.35亿元，增长10.6%；港澳台投资工业总产值2743.62亿元，增长2.5%；私营经济工业总产值487.01亿元，增长3.8%。

固定资产投资

全年完成全社会固定资产投资总额943.03亿元，比上年增长12.1%。

在全社会固定资产投资总额中，基本建设投资378.26亿元，比上年增长9.9%；更新改造投资81.51亿元，增长20.6%；房地产开发投资270.15亿元，增长29%。从产业投向看，投资集中在二、三产业。第二产业投资394.21亿元，其中制造业投资360.97亿元；第三产业投资548.1亿元。从投资主体看，国有经济投资88.42亿元，比上年增长23.4%，占固定资产投资总额的比重为9.4%；集体经济投资213.56亿元，增长0.6%，占22.6%；民营经济投资368.20亿元，增长29.6%，占39.0%；外商及港澳台投资254.22亿元，增长7.9%，占27.0%。

价格

全年居民消费价格总水平比上年上涨5.5%。其中食品类价格上涨15.1%，居住类价格上涨3.8%，医疗保健和个人用品类价格上涨1.3%，家庭设备用品及维修服务类价格上涨2.3%，烟酒及用品类价格上涨2.0%，娱乐教育文化用品及服务类价格下降0.7%，交通和通信类价格上涨0.7%，衣着类价格下降2.5%。商品零售价格上涨7.9%。工业品出厂价格上涨1.7%。

农业

全年完成农业总产值25.53亿元，比上年增长27.8%。其中种植业产值12.99亿元，增长13.5%，占50.8%；林业产值0.36亿元，增长12.5%，占1.4%；牧业产值5.32亿元，增长38.5%，占20.8%；渔业产值6.03亿元，增长79.5%，占23.6%。全年粮食种植面积4.08万亩，粮食产量1.20万吨；水产品产量7.23万吨，增长52.9%；蔬菜产量39.12万吨，增长14.2%；生猪出栏数25.91万头，增长27.3%；家禽出栏数732.28万只，增长40.4%。

新增市级农业龙头企业3家、国家级和省级龙头企业各1家。目前全市有18家市级龙头企业和23家农民专业合作组织，国家级龙头企业2家、省级龙头企业4家。年末全市共有省名牌产品（农业类）27个、无公害农产品45个、绿色食品26个、有机食品8个。

工业

全年全市实现工业增加值1871.79亿元，比上年增长7.1%，占GDP的比重为50.6%，工业对经济增长的贡献率为27.7%。全年完成工业总产值7222.38亿元，增长6.5%。其中规模以上工业总产值6372.28亿元，增长6.2%。在规模以上工业中，重工业产值3582.37亿元，增长5.4%，所占比重为56.2%；轻工业产值2789.91亿元，增长7.3%，占43.8%。大中型企业完成工业总产值4637.89亿元，占规模以上工业总产值的72.8%。全年全市规模以上工业企业利润总额123.45亿元，比上年下降36.4%；资产负债率为60.9%；工业经济综合效益指数为116.03，比上年下降4.13个点。

东莞工业形成了以电子信息制造业为龙头的比较完整、门类齐全的工业体系。以通信设备、计算机及其他电子设备制造业为代表的一批技术密集型的高附加值的行业已成为龙头产业。全年规模以上八大支柱产业总产值4104.85亿元，比上年增长6.4%。其中通信设备、计算机及其他电子设备制造业产值1688.1亿元，增长6.5%。全年规模以上电子信息制造业产值2775.01亿元，增长7.6%；实现利润总额54.82亿元，下降18.3%。

建筑业

全年实现建筑业增加值82.38亿元，比上年增长13.1%。

1978—2008年全社会固定资产投资总额及其增长速度

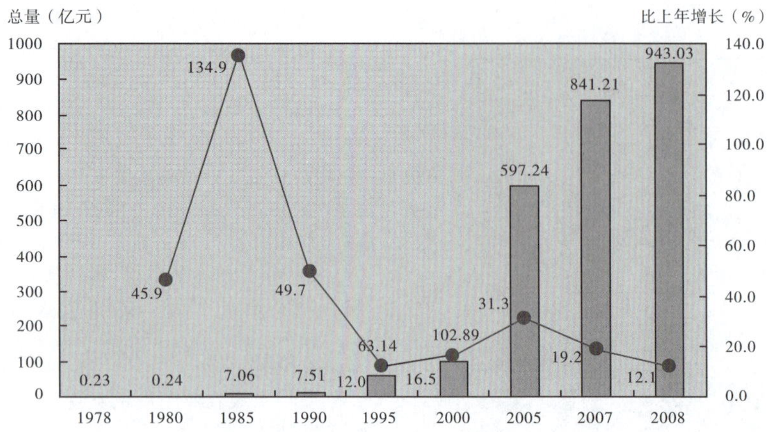

1978—2008年居民消费价格涨跌幅度

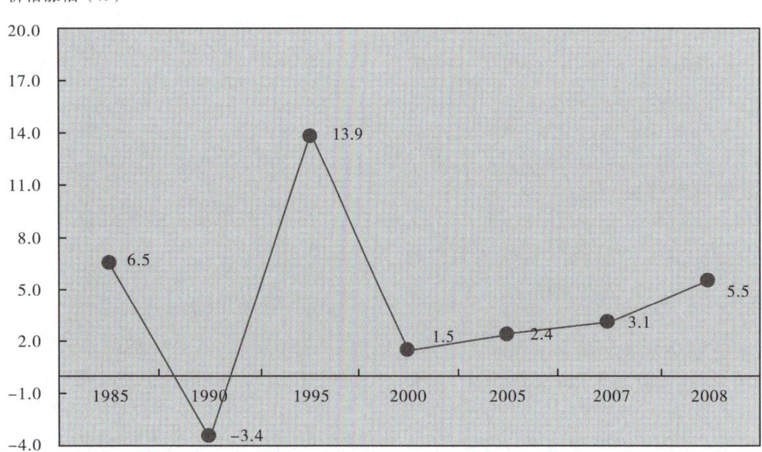

2008年价格变动情况

类　别	价格指数（%）	比上年升降幅度（%）
居民消费价格指数	105.5	5.5
食品	115.1	15.1
其中：粮食	109.6	9.6
肉禽及其制品	120.8	20.8
油脂	140.0	40.0
蛋	110.6	10.6
鲜菜	122.2	22.2
水产品	118.7	18.7
烟酒及用品	102.0	2.0
衣着	97.5	-2.5
家庭设备用品及服务	102.3	2.3
医疗保健及个人用品	101.3	1.3
交通和通信	100.7	0.7
娱乐教育文化用品及服务	99.3	-0.7
居住	103.8	3.8
商品零售价格指数	107.9	7.9
工业品出厂价格指数	101.7	1.7

建筑企业完成施工产值116.92亿元，比上年增长3.6%；施工面积956.9万平方米，下降26.3%；竣工面积536.47万平方米，下降23.5%。建筑企业按施工产值计算的全员劳动生产率人均达18万元，比上年提高21.4%。

交通运输、仓储和邮政业

全年实现交通运输、仓储和邮政业增加值38.39亿元，比上年增长6.0%。

年末全市境内公路通车里程（含乡村道路）4000.9公里，公路密度162.3公里/百平方公里。其中等级公路3884公里，密度157.6公里/百平方公里；高速公路158.6公里，密度6.43公里/百平方公里。年末全市机动车保有量122.53万辆，受禁摩影响，摩托车减少，比上年仅增长4.0%。其中汽车保有量70.16万辆，增长15.2%。公路货物运输5282万吨，公路货物周转量30.33亿吨公里；水路货物运输689万吨，水路货物周转量7.11亿吨公里。全年公路运输完成旅客发送5.60亿人，增长50.8%，旅客周转量137.58亿人公里；水路运输43万人，旅客周转量2860万人公里。全年港口旅客吞吐量43.72万人，港口货物吞吐量3208.48万吨。

全年完成邮电业务收入172.38亿元，比上年增长3.5%。其中电信业务收入165.02亿元，增长3.7%；移动业务收入106.54亿元，增长7.5%；邮政业务收入7.37亿元，下降0.6%。全年发送信函6621万件，比上年增长9.0%；特快专递479万件，增长17.7%；全年邮政汇款汇出金额238.78亿元，增长14.6%。

国内贸易

全年实现批发和零售业增加值278.60亿元，比上年增长9.7%；实现住宿和餐饮业增加值70.88亿元，增长7.6%。

全年完成社会消费品零售总额838.23亿元，比上年增长20.5%，扣除物价因素，实际增长12.3%。分行业看，批发零售贸易业实现零售额725.32亿元，增长21.3%；住宿餐饮业零售额112.85亿元，增长15.5%。

居民在娱乐、家用电器、衣着饰物、交通等方面消费支出增长加快，消费品市场呈现新特点。在限额以上贸易业中，日用品类、食品饮料烟酒类、通讯器材类、家用电器和音像器材类、金银珠宝类、石油及制品类、服装、鞋帽、针纺织品类和汽车类的零售额分别比上年增长43.3%、35.3%、90.3%、59.4%、13.7%、32.0%、68.6%和27.6%。

全年批发零售贸易业实现商品销售总额1435.52亿元，比上年增长15.4%。

金融业

全年实现金融业增加值99.08亿元，比上年下降3.5%。

全年新增各类金融机构10家。年末全市有各类金融机构72家，其中银行类机构20家，保险类机构37家，证券类机构15家。

年末全市金融机构各项人民币存款余额4354.53亿元，比年初增长16.1%。其中企业存款余额1183.90亿元，增长3.0%；财政性存款余额49.54亿元，下降12.9%。贷款余额2380.36亿元，比年初增长11.2%。其中工业贷款余额222.58亿元，增长9.0%，商业贷款余额175.38亿元，增长0.01%，个人消费贷款余额565.08亿元，增长1.5%，其中个人住房按揭贷款余额489.8亿元，增长2.2%，个人汽车消费贷款余额19.19亿元，增长10.5%。全年金融机构现金收入9134.38亿元，现金支出9071.05亿元，收支相抵现金净回笼63.33亿元。全市金融机构不良贷款率比上年下降0.62个百分点。各类银行机构人民币资产总额4964.53亿元，增长18.0%。

年末全市各类证券公司共有开户数34.68万户，比上年减少23.05万户。全年股票总成交额3320.41亿元，比上年下降68.1%。年末保证金余额76.17亿元，比上年末下降46.5%。

年末全市有各类保险公司37家，比上年增加7家；保险中介机构24家，增加2家。全年保费收入90.3亿元，比上年增长33.6%。其中财产险保费收入31.9亿元，增长14.7%；人身险保费收入58.4亿元，增长46.7%。全年支付各类保险赔款及给付28亿元，增长44.0%。其中财产险19.6亿元，增长56.2%；人身险8.4亿元，增长21.7%。

房地产业

全年实现房地产业增加值361.03亿元，比上年增长23.7%。

全年完成房地产开发投资270.15亿元，比上年增长29.0%。商品房施工面积1695.18万平方米，增长11.4%；竣工面积98.66万平方米，下降28.2%；销售面积509.63万平方米，下降11.1%，其中商品住宅销售面积494.0万平方米，下降8.7%。全年商品房销售额283.70亿元，下降3.8%，其中商品住宅销售额267.31亿元，下降2.3%。

民营经济

年末全市民营单位登记注册户数47.63万户，比上年增长5.2%。其中私营企业增长较快，达到6.32万户，增长

2008年规模以上工业主要产品产量

产品名称	计量单位	产　量	比上年增长%
发电量	亿千瓦时	360.89	-10.4
化学纤维	吨	41312.93	53.7
纱	吨	42863.82	-11.9
服装	万件	98262.90	-8.0
皮鞋	万双	30885.46	2.3
人造板	万立方米	3.08	-25.2
家具	万件	7310.31	-17.9
机制纸及纸板	万吨	714.74	10.8
塑料制品	万吨	152.64	-2.7
平板玻璃	万重量箱	1343.05	15.9
金属切削机床	台	3919	-23.3
泵（液体泵）	万台	1218.89	-6.3
交流电动机	万千瓦	163.67	-6.5
变压器	万千伏安	1485.06	27.9
电话单机	万台	3638.98	-17.1
传真机	万台	1.04	-29.5
移动通信手持机（手机）	万台	913.07	-9.8
微型电子计算机	万台	1.75	-76.8
打印机	万台	273.64	-58.1
激光视盘机	万台	3870.08	19.9
集成电路	万块	74524.50	22.0
电子元件	亿只	7000.45	6.4
印制电路板	亿块	24.51	-7.0
彩色电视机	万台	479.95	10.5
组合音响	万台	2954.00	6.9
自动化仪表及系统	万台（套）	68.45	-40.7
电工仪器仪表	万台	307.91	0.3
光学仪器	万台	5.24	-16.6

1978—2008年社会消费品零售总额及其增长速度

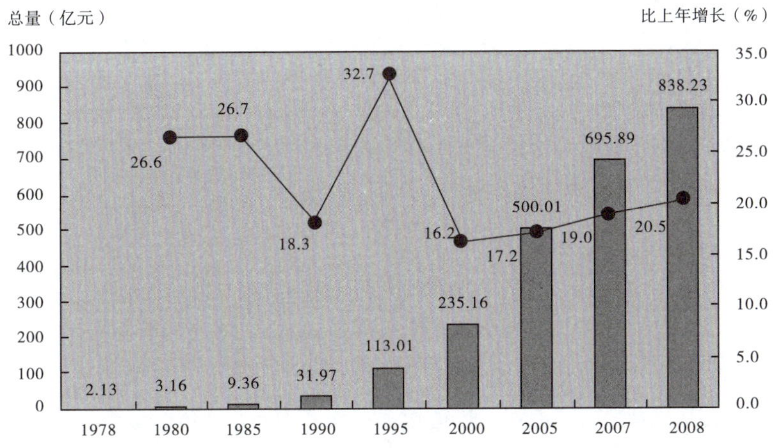

17.4%；个体工商户41.27万户，增长3.6%。全年规模以上民营工业完成总产值909.95亿元，增长10.7%；民营经济完成固定资产投资368.20亿元，增长29.6%；消费品零售额696.19亿元，增长19.9%；缴税总额200.40亿元，增长9.7%。

区域经济

年末全市32个镇街本级总资产803.94亿元，净资产539.57亿元，分别比上年增长8.0%和8.6%；全年税收总额417.63亿元，增长19.7%。年末全市村组两级集体资产总额1134.13亿元，增长4.2%；净资产862.98亿元，增长4.2%；全年可支配纯收入179.89亿元，下降3.3%。当年可支配财政收入超10亿元的镇街有4个，GDP超100亿元的镇街有12个。可支配收入（扣除土地物业转让纯收入）超亿元的村有18个，超千万的村有385个，比上年增加16个，超5千万的村有65个，增加3个。

全年11个欠发达镇工商税收总额66.32亿元，比上年增长17.3%；可支配财政收入41.41亿元，增长17.0%。82个欠发达村总资产44.4亿元、净资产26.6亿元，分别增长7.2%和6.7%；资产负债率为40.1%，微升0.3个百分点；经营总收入3.4亿元，纯收入1.2亿元，分别增长8.2%和3.1%。在82个欠发达村中，58个村有净资产且年纯收入高于50万元，达到了脱贫标准。

松山湖全年引进项目105个，合同引资85.4亿元。虎门港5号、6号泊位建成投产，获批的深水泊位增至17个，成为对台直航首批港口之一，保税物流中心（B型）获国家批准设立。东莞生态园12项基础工程动工建设。长安滨海新区规划建设前期工作开始起步。

二、改革开放

体制改革

推进第三轮行政审批制度改革，调整行政审批事项108项，取消10项。探索并联审批，下放审批权限。46个单位和17个镇街设立了“一站式”办事窗口。成立新莞人服务管理局，城市综合执法管理局挂牌运作。健全监督考核体系。制定镇街领导班子和领导干部落实科学发展观评价考核办法。从预算编制、审批、执行等环节入手，加强财政绩效评价管理。完成行政审批电子监察系统三期工程，在全省率先实行审批绩效测评结果向社会公布。

产业转型升级

制订《关于推进产业结构调整促进产业转型升级的意见》等“1+26”政策文件，铺开了镇、村、行业、企业等4大类共62个试点单位的工作；设立10亿元专项资金，加强政策指导服务，帮助加工贸易企业就地转型升级。全年全市来料加工企业转“三资”企业和民营企业197家，外资企业设立研发机构12个，内销品牌215个。以产业和劳动力双转移为推动力，与惠州、韶关合作筹建两个市级产业转移园，接收广东省东西北地区5100名学生到东莞市就读职校，接收劳动力就业33.6万人。

对外贸易

全年外贸进出口总额1132.99亿美元，比上年增长6.1%。其中进口总额477.62亿美元，增长2.5%；出口总额655.37亿美元，增长8.9%。

按经济类型分，国有企业出口159.04亿美元，下降0.7%；集体企业出口10.74亿美元，增长118.5%；三资企业出口380.13亿美元，增长7.7%；民营企业出口105.27亿美元，增长25.0%。

按贸易方式分，一般贸易出口48.72亿美元，增长36.1%；加工贸易出口601.40亿美元，增长6.8%；其他出口5.26亿美元，增长64.6%。

按出口的国家和地区分，对亚洲出口303.48亿美元，增长8.8%；对欧洲出口131.07亿美元，增长13.0%；对北美洲出口190.71亿美元，增长6.5%；对拉丁美洲出口17.25亿美元，增长14.0%；对大洋洲出口9.90亿美元，下降2.3%。

机电产品出口的主导地位增强。全年机电产品出口483.66亿美元，增长10.8%，占出口总额的比重为73.8%，比上年提高1.3个百分点。

高新技术产品出口201.49亿美元，增长1.9%，占30.7%。

吸收外资

按新口径统计，全年全市新签外商直接投资项目553宗，合同外资金额25.87亿美元（含增资和减资），比上年下降17.2%；实际利用外资24.47亿美元，增长15.6%。增资项目815宗，合同增资金额17.04亿美元，下降8.2%。全市新签项目投资总额超千万美元的23宗，合同外资金额2.54亿美元；增资额超千万美元的项目有42宗，合同增资金额6.29亿美元；世界500强企业新投资及增资项目10宗，合同外资9552万美元。重点引进现代物流、会展、服务外包、中介服务、金融保险、信息服务、现代商贸业和旅游业等现代服务业项目，使服务业吸收外资有了快速增长。2008年全市新签第三产业项目110宗，比上年增加29宗；合同外资3.07亿美元，增长16.8%，第三产业所占比重提高3.4个百分点，服务业吸收外资涉及行业范围进一步拓宽。

旅游

年末全市有星级酒店99家。其中五星级酒店20家，四星级酒店25家，三星级酒店32家，二星级酒店20家，一星级酒店2家。全市有旅行社42家，其中国际旅行社9家，国内旅行社33家。全年接待国际及港澳台旅游入境人数268.19万人次，比上年增长8.1%。其中入境外国人102.89万人次，增长1.1%；港、澳、台同胞165.30万人次，增长13.0%。国际旅游外汇收入4.56亿美元，增长6.8%。全年接待国内旅游人数1603.74万人次，增长8.7%。国内旅游总收入128.69亿元，增长8.3%。

三、城市建设

城市绿化

东莞成功创建广东省林业生态市，进一步提升了城市绿化水平。年末全市建成区土地面积706.54平方公里，公共设施用地面积19.28平方公里。全市林业用地面积61780公顷，全市森林覆盖率36.2%，林地绿化率98.5%；城市建成区绿地率40.97%，绿化覆盖率44.25%，人均公共绿地15.19平方米；镇街所在地绿化覆盖率35.1%，村庄绿化覆盖率30.96%；全市建成公园、广场1446个，面积4189公顷；森林生态效益总值达46.7亿元。

公用事业

年末全市有公交线路90条，公交运营车辆1337辆，运营出租小汽车6811辆。全年市内公共汽车客运量2.48亿人次。

全市自来水日供水能力达到650万立方米，全年自来水供水总量17.36亿立方米。年末供水管道总长度9551公里。全年全社会用电量514.16亿千瓦时，下降0.2%，其中工业用电392.81亿千瓦时，下降0.7%；照明用电93.55亿千瓦时，增长8.8%。年末全市液化石油气家庭用户87.66万户，天然气家庭用户8.23万户。全年液化石油气供应量39.45万吨，天然气供气量1.88亿立方米。

信息技术应用

进一步加强电子政务公众服务体系的建设。全市统一网上服务平台正式投入运作，目前，一期建设已经完成，已将50多种分布在各政府部门网站和应用系统中的行政审批服务及身份认证汇聚到平台中。二期建设拟将政府部门800项的流程、表格等放在平台上，同时连接部门网站审批事项，未建网站的部门可将审批事项直接进入此平台，实现网上服务。

2008年信息化综合指数为72（按常住人口计算）。年末全市普通固定电话195.40万户，比上年增加17.20万户；移动电话用户1454.29万户，增加46.06万户，其中充值卡用户1362.91万户，增加63.32万户。全年长途电话通话时长185.44亿分钟，比上年增长9.3%。其中对国际及港澳台电话通话时长3.05亿分钟。年末互联网用户96.37万户，比上年增加23.59万户；宽带接入用户91.62万户，增加27.55万户。

四、社会事业

科技

全年建成公共技术创新平台6个。新增省级企业工程中心和技术中心11个，总数达34个。新认定省专业镇和专业镇技术创新平台各2个，总数分别达到11个和10个。新增企业博士后科研工作站4家。全年获批国家高新技术企业153家，新增省民营科技企业55家，总数达到470家。获国家和省资助项目110个。全市高新技术产业工业总产值2403亿元，占全市工业总产值的33.4%。

全年专利申请量14406件、授权量8093件，分别比上年增长4.1%和19.9%。其中发明专利申请量1188件，授权量115件；实用新型申请量4606件，授权量3616件；外观设计申请量8612件，授权量4362件。

教育

全市共有幼儿园617所，比上年增加58所，其中公立集体办园163所，民办园454所。共有省、市一级幼儿园92所。3—6周岁在园（班）幼儿共156362人，入园（班）率达95.02%，比上年提高0.06个百分点。绝大部分镇街基本普及三年学前教育，实行六周岁入小学。

全市共有小学352所，比上年减少17所；在校学生52.86万人，比上年增加7960人；适龄儿童入学率达100%，本市户籍毕业生升学率达100%。全市有初中139所，初中在校学生18.45万人，比上年增加1.11万人，户籍适龄少年入学率为99.15%，辍学率为0.22%，毕业率为99.78%。

全市有高中阶段学校67所，在校学生10.94万人，其中普通高中（含完中）41所，在校学生6.40万人，中等职业技术学校26所（含技工学校1所），在校学生4.54万人。本市户籍初中毕业生3.44万人，升入各类高中阶段学校就读的学生3.32万人，其中普通高中1.98万人，中职学校1.34万人。本市户籍初中毕业生升学率达96.6%，比上年提高1.4个百分点。普通高中在校生与中等职业技术教育在校生的比例约为6：4。

全市有成人高等教育机构5所、乡镇成人文化技术学校32所、民办成人非学历教育机构294个，各类成人教育年培训量达62万人次，成人高等学历教育在校学生2.1万人。

全市有普通高等院校4所。其中本科院校2所，专科院校2所。在校学生2.87万人。全年普通高等院校共招收本科、专科学生1.02万人，毕业生6486人。

文化

全年面向社会推出了91个招商项目和19个招标项目，签约项目76项，总签约资金6830万元。年末全市有群众艺术馆1个，文化站33个，公共图书馆387个，博物馆23个，文化广场653个，艺术表演场所62个，电影放映单位40个，网吧1056间，公共文化设施建筑面积626万平方米。全市有公共广播节目66套，公共电视节目37套。广播、电视综合覆盖率均达到100%。有线电视“村村通”工程继续推进，全市覆盖率达100%。全年共出版报纸6647.3万份，各类杂志158.32万册，图书5.6万册，《东莞日报》发行量4380万份，电影放映1.29万场次，观众320.56万人次。

卫生

年末全市医疗机构总数2375个，其中门诊、诊所、卫生站、医务室、社区卫生服务机构等基层医疗机构2286个，卫生技术人员18273人，医院病床数16495张。全市建成并投入使用的社区卫生服务机构318个，其中，社区卫生服务中心33个，社区卫生服务站285个，覆盖了全市300多个村（社区）。全年突发公共卫生事件总数下降12.5%，病例总数下降70.6%。

体育

全年东莞运动员共获得68枚金牌、71枚银牌、55枚铜牌。其中夺得国际赛金牌2枚；夺得亚洲赛金牌1枚；夺得全国赛金牌16枚；夺得广东省赛金牌49枚、银牌71枚、铜牌55枚。

全年举办市级综合和单项比赛11次，参加人数3000人次；举办镇街级单项比赛32次，参加人数3200人次；举办全民健身活动33次，参加人数2.60万人次。全市有体育彩票发行网点430个，销售总额3.47亿元，体彩公益金2702万元。

社会福利与救助

年末全市有收养类福利事业单位37个，其中社会福利院2个，儿童福利院1个，敬老院31个，敬老院供养老人1476人。社会福利事业单位34个，收养人数2586人，安排“四残”人员就业人数252人，全年社会救济人数3.97万人。城市居民最低生活保障支出1051.9万元，社会救济福利费用2.14亿元，自然灾害救济费用2563.8万元，慈善基金来源5.62亿元。全市纳入“五保户”对象有1438户1441人，“五保户”费用支出954万元。32个镇街全部建立了社会保障网络，纳入街道级最低生活保障范围的有1531户3653人，纳入镇级最低生活保障范围的有12125户33384人。向低收入户发放“千元”红包，全年发放人数19.92万人，总金额达1.99亿元。

农村扶贫

落实欠发达村扶持借款。为47个欠发达村办理借款2.35亿元，支持建设工业厂房和宿舍46.73万平方米，其中已建成投入使用21.2万平方米；建设综合市场或商业设施9.9万平方米。

组织开展结对帮扶活动。各镇街和市直有关单位积极开展“扶贫送温暖”和“千千扶千户”活动，帮助解决群众生产生活困难事宜7400多宗，援助资金1900万元。

社会稳定

全年市财政安排公共安全支出25.71亿元，比上年增长21.7%。深化“三基工程”建设，推进警力下沉，基层一线警力占总警力的89.1%。完成110、119、122“三台合一”首期工程，在用各类视频监控点12.8万个。加强群防群治，严打违法犯罪，深化“治摩禁电”，治安形势保持平稳，飞车抢夺案下降42.2%，涉摩交通事故下降27.3%。扎实开展重信重访专项治理和市镇领导大接访活动，大力加强劳资调解，有效化解了一批群众关注的热点难点问题，群众越级到省上访批次下降9.5%，劳动争议案件调解率为80.6%。在全市范围内开展消防安全知识大培训，全年培训人员达800多万人次。

安全生产

开展隐患治理年行动，继续狠抓安全生产，深入推进“三小”场所、出租屋、非法行医、无证照经营、危旧桥梁厂房、产品质量和食品药品安全等专项整治，全市火灾事故宗数、死亡人数分别下降22.6%和78.0%。

全年共发生各类生产事故5419宗，比上年下降7.6%；死亡633人，受伤5998人，分别下降12.9%和8.5%；直接经济损失1340.53万元，增长39.8%。其中，道路交通事故5377宗，下降7.5%；造成死亡590人，受伤5985人，直接经济损失640.61万元，分别下降8.4%、8.1%和8.7%。亿元地区生产总值生产安全事故死亡率为0.17，道路交通万车死亡率为4.51。

资源和环境保护

全年雨日天数202天，全年日照时数1879.3小时，平均气温22.2摄氏度，相对湿度69%。全年降水量2710.9毫米，全社会总用水量21.47亿立方米，年末全市中型水库蓄水总量8694万立方米。

年末全市有开放公园744个，公园面积5607公顷。森林公园16个，林地面积88.6万亩，生态公益林37.46万亩，林木积蓄量227.9万立方米，林木总生长量15.22万立方米。全年完成水源涵养林改造1986.67公顷，种植乡土阔叶树苗木228万株，完成幼林抚育2704.7公顷，种植红树林19.67公顷。

环境整治继续深化，推进机动车排气污染整治。全年整治车辆34091辆，整治超标车辆1259辆，排气合格率由上年的84.4%上升到91.2%。主要污染物得到有力控制和削减。初步核算，全年全市二氧化硫比上年净减排4.58万吨，化学需氧量比上年净减排2.21万吨。开展市级环境友好企业评价工作，40家企业通过“东莞市环境友好企业”审核，健全环境信用管理制度，评价范围扩大到545家企业，并实行动态管理，评定绿牌企业324家、黄牌企业161家、红牌企业60家。

1978—2008年城市居民人均可支配收入及其增长速度

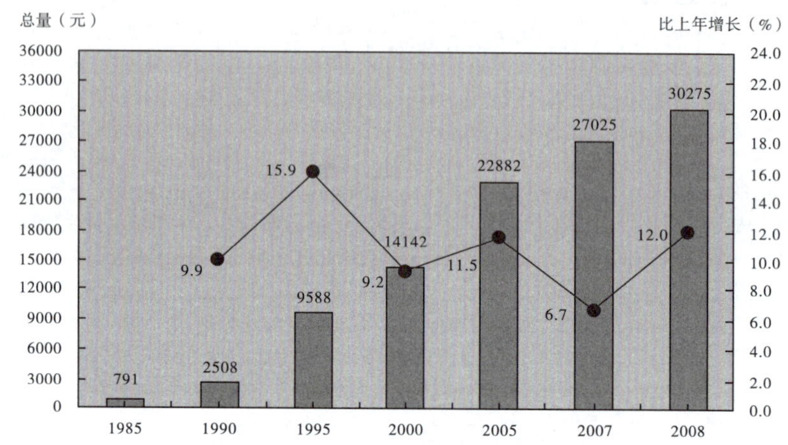

1978—2008年农民人均纯收入及其增长速度

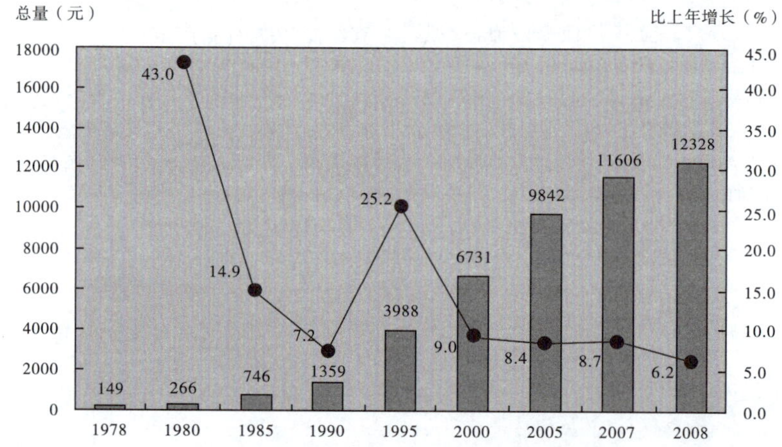

2008年居民收支情况

指　标	收入或支出额（元）	比上年增长（%）
城市居民人均可支配收入	30275	12.0
#工资性收入	20872	10.3
财产性收入	3527	-27.3
转移性收入	3047	45.1
城市居民人均消费性支出	23028	7.7
#食品	7778	11.7
衣着	1349	11.2
居住	2585	35.8
家庭设备用品及服务	1537	14.7
医疗保健	1332	54.9
交通和通信	4461	-14.3
教育文化娱乐服务	3464	-1.4
其他商品和服务	699	29.9

五、人民生活

1978—2008年城乡居民储蓄存款余额及其增长速度

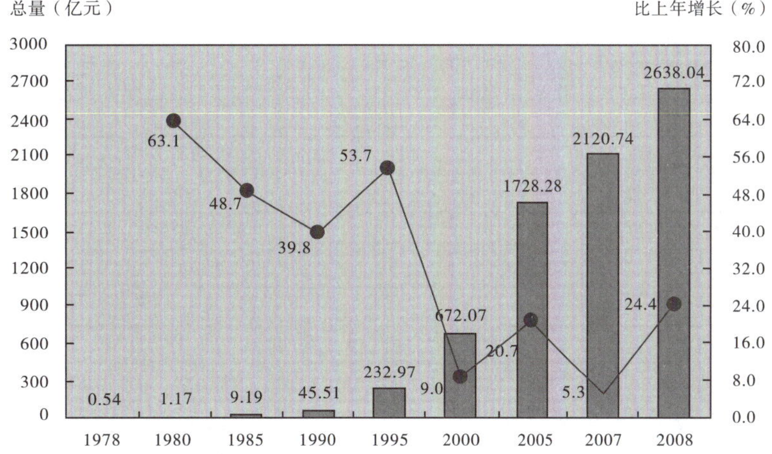

人口

年末全市户籍人口174.87万人。全年出生人口1.84万人，出生率为10.77‰；死亡人口7752人，死亡率为4.54‰；人口自然增长率为6.23‰。年末全市常住人口694.98万人。人口城镇化率为86.39%。

就业

全年接收大中专毕业生1.50万人。全年人才市场求职登记人数197.01万人，比上年增长20%；成功应聘人数85.97万人，下降14.1%。年末城镇实有登记失业人数7630人，全年失业人员安置就业人数7515人，城镇登记失业率为1.64%。

居民收入

初步预计，2008年全市职工年平均工资13523元，比上年增长9.3%。其中，城镇在岗职工年平均工资39516元，增长12.0%。初步统计，城市居民人均可支配收入30275元，农村居民人均纯收入12328元，分别比上年增长12.0%和6.2%，扣除价格因素，实际增长6.2%和5.6%。城镇最高10%收入组人均可支配收入66034元，城镇最低10%收入组人均可支配收入11172元。

居民消费

全年城市居民人均消费性支出23208元，比上年增长7.7%。其中食品消费支出7778元，增长11.7%；衣着消费支出1349元，增长11.2%；居住消费支出2585元，增长35.8%；家庭设备用品及服务支出1539元，增长14.7%；医疗保健支出1332元，增长54.9%；交通和通信支出4461元，下降14.3%；教育文化娱乐服务支出3464元，下降1.4%；其他商品和服务支出699元，增长29.9%。城市居民家庭恩格尔系数为33.5%。在农民生活消费现金支出中，食品消费支出占35.1%，衣着消费支出占6.4%，居住消费支出占13.8%，家庭设备用品及服务支出占5.7%，医疗保健支出占5.0%，交通通讯支出占16.5%，文教娱乐用品及服务支出占11.0%，其他商品和服务消费支出占6.5%。

根据抽样调查资料显示，年末平均每百户城市居民家庭耐用消费品拥有量：家用空调200台，组合音响59套，移动电话248部，家用电脑100台，淋浴热水器127台，家用汽车47辆。年末城市居民人均住房建筑面积53.53平方米。平均每百户农村居民家庭耐用消费品拥有量：彩电183台，摩托车84辆，洗衣机107台，淋浴热水器142台，移动电话261部，影碟机95台，家用空调234台，家用电脑97台，家用汽车67辆。

居民储蓄

年末全市城乡居民人民币储蓄存款余额2638.04亿元，当年新增517.32亿元。其中，定期储蓄存款余额1103.90亿元，新增370.58亿元；活期储蓄存款余额1534.15亿元，新增146.74亿元。

社会保障

年末全市参加职工基本养老保险262.63万人，基本医疗保险513.25万人，失业保险256.33万人，工伤保险419.47万人，生育保险200.09万人，地方养老保险257.90万人。全年社会保险基金总收入103.55亿元，保险基金总支出45.92亿元，年末保险基金累计余额254.64亿元。全市农（居）民基本养老保险人数46.03万人。全年累计征缴各项保险（不含机关养老保险）基金97.53亿元，比上年增长26.2%。

国民经济和社会发展中存在的主要困难和问题是：土地资源、能源和环境的约束矛盾突出；在出口受阻、生产成本上升、融资困难等多重因素的影响下，企业生产经营困难；物价涨幅较大；经济结构不合理，自主创新能力偏弱；安全消防隐患需进一步整治等。

注：

1. 本公报数为初步统计数，最后统计数据以《东莞统计年鉴-2009》为准。

2. 地区生产总值、各行业增加值、工业总产值绝对数按当年价格计算，增长速度按可比价格计算。

3. 全市职工年平均工资的调查范围为东莞市辖区内除农户以外各类经济实体，具体包括：①辖区内中央、省、市属各类企业、事业、机关单位；②各镇街办企业；③村及村以下办企业；④私营企业和个体工商户。

城镇在岗职工年平均工资的调查范围包括：①东莞市辖区内中央、省、市属全部独立核算的企业、事业、机关单位；②莞城、石龙、虎门3个镇街范围内镇街属单位（不包括莞城、石龙、虎门3个镇街以下及其它镇街的单位、全市的私营单位和个体工商户）。

以上两个指标的调查范围不同，调查结果不同，请勿误用。

4. 阅读本公报时，请注意统计指标的时间、口径和计算方法等。

国民经济和社会发展主要指标

指 标	单位	2008年	2007年	2008年比2007年增长（%）
一、人口与劳动力				
年末常住人口	万人	694.98	694.72	0.03
年末户籍户数	万户	50.64	49.25	2.8
#非农业户	万户	22.42	21.51	4.2
年末户籍人口	万人	174.87	171.26	2.1
#非农业人口	万人	76.80	73.67	4.2
二、经济总量				
生产总值	亿元	3702.53	3151.91	14.0
第一产业	亿元	12.30	11.90	-3.2
第二产业	亿元	1954.17	1790.97	6.9
#工业	亿元	1871.79	1718.15	7.1
第三产业	亿元	1736.06	1349.04	23.8
人均生产总值（按常住人口计算）	元	53285	46027	12.4
三、农业				
年末耕地面积	万亩	47.93	48.37	-0.9
农林牧渔业总产值	亿元	25.53	19.98	12.1
粮食播种面积	万亩	4.08	3.23	26.3
粮食总产量	万吨	1.20	0.99	21.2
蔬菜播种面积	万亩	28.76	23.65	21.6
蔬菜总产量	万吨	39.12	34.27	14.2
水果面积	万亩	17.83	16.34	9.1
水果总产量	万吨	10.15	13.16	-22.9
禽畜总肉量	万吨	2.41	2.03	18.7
水产品产量	万吨	7.23	4.73	52.9
四、工业				
工业企业数	个	22697	22587	0.5
工业总产值	亿元	7222.38	6667.86	6.5
规模以上工业企业主要指标				
工业企业数	个	4987	4987	
工业总产值	亿元	6372.28	5851.51	6.2
资产总额	亿元	4800.16	4632.91	2.3
负债总额	亿元	2924.27	2689.21	0.9
利税总额	亿元	216.56	369.54	-23.9
#利润总额	亿元	123.45	189.18	-36.4
资金利税率	%	4.51	7.98	-1.56
产值利税率	%	3.40	6.32	-1.47
五、固定资产投资				
全社会固定资产投资总额	亿元	943.03	841.21	12.1

注：1. 2008年生产总值为初步核算数，增长速度按可比价计算。
2. 农业总产值、工业总产值绝对数按当年价计算，增长速度按可比价计算。
3. 工业数据来源于2008年12月快报，增长速度是与2007年快报数作同口径对比计算，下同。
4. 规模以上工业企业是指年主营业务收入500万元及以上的工业法人企业，下同。

续上表

指　标	单位	2008年	2007年	2008年比2007年增长（%）
#基本建设	亿元	378.26	344.29	9.9
更新改造	亿元	81.51	67.56	20.6
房地产开发	亿元	270.15	209.42	29.0
商品房销售面积	万平方米	509.63	573.00	-11.1
商品房销售额	亿元	283.70	294.99	-3.8
六、运输与邮电				
公路通车里程	公里	4001	3924	2.0
#高速公路	公里	159	158	0.6
机动车辆保有量	万辆	122.53	117.84	4.0
旅客周转量	亿人公里	137.86	126.50	9.0
货物周转量	亿吨公里	37.44	35.67	5.0
邮电业务收入（新口径）	亿元	172.38	166.55	3.5
邮政汇款汇出总额	亿元	238.78	208.39	14.6
程控电话用户数	万户	254.13	241.98	5.0
移动电话用户数	万户	1454.29	1408.23	3.3
互联网用户	万户	96.37	72.78	32.4
七、国内贸易与物价				
社会消费品零售总额	亿元	838.23	695.89	20.5
商品零售价格总指数	上年=100	107.9	104.2	7.9
居民消费价格总指数	上年=100	105.5	103.1	5.5
工业品出厂价格指数	上年=100	101.7	101.4	1.7
八、对外经济贸易				
进出口总额（海关口径）	亿美元	1132.99	1068.73	6.1
进口额	亿美元	477.62	466.41	2.5
出口额	亿美元	655.37	602.32	8.9
利用外资项目（新口径）	宗	1368	1633	-16.2
新签项目	宗	553	678	-18.4
增资项目	宗	815	955	-14.7
合同外资金额（新口径）	亿美元	25.87	31.26	-17.2
实际利用外资（新口径）	亿美元	24.47	21.18	15.5
九、供用电				
总供电量	亿千瓦时	507.35	507.89	-0.1
总售电量	亿千瓦时	487.32	482.56	1.0
#工业用电	亿千瓦时	392.81	395.61	-0.7
十、财政、税收、金融				
来源于东莞的财政收入	亿元	601.06	539.54	11.4
财政总收入	亿元	523.47	457.48	14.4
#中央财政收入	亿元	247.69	215.19	15.1
省级财政收入	亿元	66.56	55.84	19.2
市财政一般预算收入	亿元	209.22	186.45	12.2
市财政一般预算支出	亿元	218.26	193.10	13.0
工商税收总额	亿元	536.17	470.93	13.9
#国税（不含关税）	亿元	339.08	305.75	10.9

注：1. 公路通车里程含专用公路和村道。
2. 2008年小灵通数据使用新口径，2007年数据作同口径调整。

续上表

指　标	单位	2008年	2007年	2008年比2007年增长（%）
地税	亿元	197.09	165.18	19.3
各项人民币存款余额	亿元	4354.53	3751.83	16.1
#城乡居民储蓄存款余额	亿元	2638.04	2120.74	24.4
各项人民币贷款余额	亿元	2380.36	2154.77	11.2
各项本外币存款余额	亿元	4460.25	3843.36	16.1
#城乡居民储蓄存款余额	亿元	2677.51	2164.06	23.7
各项本外币贷款余额	亿元	2432.88	2217.93	10.1
十一、人民生活				
城镇在岗职工年平均工资	元	39516	35284	12.0
全市职工年平均工资	元	13523	12372	9.3
城市居民人均可支配收入	元	30275	27025	12.0
城市居民人均消费性支出	元	23208	21545	7.7
农民人均纯收入	元	12328	11606	6.2
十二、工商注册登记情况				
年末工商注册登记户数	户	504988	476125	6.1
#国有企业	户	1313	1404	-6.5
集体企业	户	3385	4487	-24.6
股份合作企业	户	559	607	-7.9
公司	户	7784	6863	13.4
外商投资企业	户	8034	7973	0.8
三来一补企业	户	6552	7417	-11.7
私营企业	户	63241	48955	29.2
个体户	户	412674	398379	3.6
其他	户	33	40	-17.5
年末工商注册资金				
#国有企业	亿元	12.62	12.54	0.6
集体企业	亿元	64.68	72.62	-10.9
股份合作企业	亿元	19.63	17.84	10.0
公司	亿元	195.68	164.31	19.1
外商投资企业	亿美元	281.24	265.45	5.9
私营企业	亿元	806.07	702.11	14.8
个体户	亿元	95.01	96.81	-1.9
其他	亿元	1.31	1.44	-9.0
十三、镇村组三级资产负债及各项收入				
资产总额	亿元	1938.07	1832.53	5.8
负债总额	亿元	535.53	507.54	5.5
净资产总额	亿元	1402.54	1324.99	5.9
可支配纯收入	亿元	371.75	361.18	2.9
#常规性收入	亿元	325.15	300.42	8.2
十四、社会保险				
参加各类社会保险人次数	万人次	1909.67	1295.06	33.6
社会保险基金总收入	亿元	103.55	73.63	40.6
社会保险基金总支出	亿元	45.92	33.43	37.4
十五、教育、文化、卫生				

注：公司包含有限责任公司和无限责任公司。

续上表

指　标	单位	2008年	2007年	2008年比2007年增长（%）
在校学生数				
普通高等学校	人	28656	25178	13.8
中等职业技术学校	人	45419	37366	21.6
普通中学	人	248442	234578	5.9
小学	人	528644	520684	1.5
学龄儿童入学率	%	100.00	100.00	
小学毕业生升学率	%	100.00	100.00	
初中毕业生升学率	%	96.60	95.20	1.4
高中毕业生升学率	%	91.00	89.10	1.9
高考省线入围人数	人	9987	9185	8.7
各种报纸发行量	万份	6641	4665	42.4
各种图书出版印数	万册	6	11	-50.2
各种杂志出版印数	万册	158	167	-4.9
卫生机构病床床位数	张	16778	15227	10.2
卫生技术人员数	人	33113	28758	15.1
# 医生	人	11869	10446	13.6

注：在校学生数含新莞人在读子女。

全国主要年份主要经济指标

指标名称	单位	1995年	2000年	2005年	2008年
年末户籍人口	万人	121121	126583	130756	132802
国内生产总值	亿元	60794	99215	183085	300670
工业增加值	亿元	24951	40034	77231	129112
全社会固定资产投资总额	亿元	20019	32918	88774	172291
社会消费品零售总额	亿元	20620	34153	67177	108488
出口额（海关口径）	亿美元	1488	2492	7620	14285
实际利用外商直接投资	亿美元	375	407	603	924
财政收入	亿元	6242	13395	31649	61317
财政支出	亿元	6824	15887	33930	62427
金融机构各项本外币存款余额	亿元	45956	135484	300209	478444
# 城乡居民人民币储蓄存款余额	亿元	29662	64332	141051	217885
金融机构各项本外币贷款余额	亿元	44627	99371	206838	320049
居民消费价格总指数	上年 = 100	117.1	100.4	101.8	105.9
城市居民人均年可支配收入	元	4283	6280	10493	15781
城市居民人均年消费性支出	元	3538	4998	7943	11243
农民人均纯收入	元	1578	2253	3255	4761

2008年珠三角十二市（区）年度主要经济指标

指标＼市别	东莞市	广州市	深圳市	珠海市	佛山市	惠州市	肇庆市	江门市	中山市	番禺区	顺德区	南海区
地区生产总值（亿元）	3702.53	8215.82	7806.54	992.06	4333.30	1290.36	715.85	1280.59	1408.52	727.60	1560.60	1490.75
比上年增长（%）	14.0	12.3	12.1	9.0	15.2	11.5	14.2	10.8	10.5	13.1	15.5	16.5
全社会固定资产投资总额（亿元）	943.03	2101.45	1467.60	372.30	1258.65	588.74	348.85	386.70	445.08	205.77	301.74	414.07
比上年增长（%）	12.1	13.1	9.1	7.9	15.5	21.6	18.3	19.2	11.5	14.0	12.0	14.0
社会消费品零售总额（亿元）	838.23	3140.13	2251.82	359.74	1177.84	423.36	233.81	489.34	476.95	415.47	397.51	375.74
比上年增长（%）	20.5	21.0	17.6	19.3	24.4	19.6	18.8	19.5	20.5	25.0	24.2	25.2
出口额（亿美元）	655.37	429.64	1797.14	211.72	289.60	179.89	24.17	96.61	187.02	90.82	129.96	73.39
比上年增长（%）	8.9	13.4	6.6	14.6	10.6	23.2	11.3	11.1	8.1	9.7	8.6	24.6
地方财政收入（亿元）	209.22	621.96	800.36	92.32	227.99	78.06	43.56	74.68	100.12	43.88	79.34	76.24
比上年增长（%）	12.2	18.8	21.6	21.8	17.2	25.8	33.0	19.6	16.3	18.0	16.0	21.0
工商税收总额（亿元）	536.17	2207.66	2335.47	280.28	629.85	290.20	80.78	187.30	234.28	169.23	220.12	200.39
比上年增长（%）	13.9	17.7	-2.4	29.7	15.0	25.2	25.7	11.0	17.7	10.5	17.9	15.9
居民消费价格总指数（%）	105.5	105.9	105.9	104.6	104.9	104.3	105.3	104.5	105.5	105.9	105.2	104.7
比上年增长（%）	5.5	5.9	5.9	4.6	4.9	4.3	5.3	4.5	5.5	5.9	5.2	4.7
总用电量（亿千瓦时）	487.32	507.22	583.80	89.60	396.00	153.58	78.08	140.26	156.60	73.17	108.06	144.17
比上年增长（%）	1.0	4.4	4.4	6.8	-0.6	5.5	14.3	-0.2	1.8	10.1	1.3	-1.0

注：广州市数值包括番禺区，佛山市数值包括顺德区、南海区。

2008年长三角十六市年度主要经济指标

市别	地区生产总值（亿元）	比上年增长（%）	地方财政收入（亿元）	比上年增长（%）	出口额（亿美元）	比上年增长（%）	社会消费品零售总额（亿元）	比上年增长（%）
上海市	13698.15	9.7	2382.34	13.3	1693.50	17.7	4537.14	17.9
南京市	3775.00	12.1	386.56	17.1	235.97	14.2	1651.82	19.7
苏州市	6701.00	13.0	668.91	23.5	1317.23	10.7	1551.45	24.1
无锡市	4419.50	12.4	365.43	21.6	357.85	22.0	1391.48	22.6
常州市	2202.20	12.4	185.19	17.2	132.40	34.5	758.20	24.1
镇江市	1408.14	12.8	85.66	6.7	42.54	15.4	410.21	23.8
南通市	2510.13	13.3	159.59	25.0	117.52	30.3	915.10	24.2
扬州市	1573.29	13.4	104.83	22.3	45.67	40.5	521.30	24.4
泰州市	1394.20	13.5	99.26	18.0	48.87	65.4	395.73	23.3
杭州市	4781.16	11.0	455.35	16.3	336.14	12.2	1558.38	20.2
宁波市	3964.05	10.1	390.39	18.6	463.26	21.1	1238.02	19.6
嘉兴市	1815.30	10.7	126.87	20.6	141.04	20.8	599.61	19.6
湖州市	1034.89	10.6	71.61	16.1	49.01	33.4	382.11	19.7
绍兴市	2222.95	9.0	143.60	17.6	174.95	26.7	618.89	20.1
舟山市	490.25	14.5	43.15	23.1	32.86	37.7	157.83	19.2
台州市	1965.27	9.6	126.05	15.8	117.64	25.6	709.71	19.0

索　　引

说　明

1. 本索引采用主题分析法编制，主题词按汉语拼音字母顺序排列。
2. 篇目未作索引，分目采用黑体字，条目采用宋体字，插图、表格采用楷体字。
3. 主题词后的数字表示内容所在页码，数字后的a、b、c分别表示该页码的左、中、右栏。

A

B

C

D

E

H

J

K

L

R

S

T

（编辑 刘念宇）